韓非子新校注

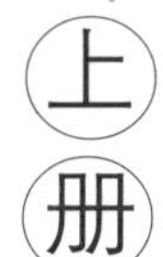

[戰國] 韓非 著
陳奇猷 校注

上海古籍出版社

《中華要籍集釋叢書》入選的圖書，以中國傳統文化典籍為主，包括哲學、歷史、文學等各個學科。叢書各種均選擇精良的版本加以校勘，以彙集前人注釋成果和體現當代學術水準為主。叢書各種雖有大致統一的體例，但撰者在闡釋和評注方面可有各自的特色，以體現不同的風格及整理者的學術成果。

本叢書由錢伯城先生任主編，編輯出版工作由上海古籍出版社承擔。

上海古籍出版社

二〇〇〇年七月

前言

一九三八年夏，余謁孫蜀丞（人和）先生，請教以治學之要。先生曰：「治學莫若注釋古籍。注釋古籍最宜於促使學業增進。經、子二部，注經者多，注子者少。若選注若干種諸子，既可增進學業，又有益於文壇。」余唯唯領教，即選定韓非子、吕氏春秋、莊子、淮南子四書為之注釋。自此起即搜集有關此四書之資料。歷數年之久，資料大致已備，於是先整理韓非子，詳加考校，稿經四易，定名為韓非子集釋，一九五八年由中華書局上海編輯所出版。書出，頗受歡迎，以後一再重印，至一九六四年已重印五次，一九七四年再印，竟印至十萬部之多。（雖被有關方面肆意删改，然大體未遭破壞。而最令人遺憾者是將附録與補編删除，尤其是附録中之引用書目不存，則集釋中所引前人校説未知出自何書。）韓非子集釋出版後，即整理吕氏春秋，名曰吕氏春秋校釋，一九八四年由學林出版社出版，由於讀者需要，至一九九五年已第三次重印。

吕氏春秋校釋出版後，重讀韓非子集釋，發現錯誤不少，其中最大錯誤是同意陳澧對韓非「仁、義、禮」之説，其言曰「韓非解仁、義、禮三字之義則純乎儒者之言，精邃無匹」（詳解老篇「禮者所以情貌也」節注八）。余由於對韓非思想之此一錯誤認識，導致注釋韓文時發生淆亂，甚至失誤。於是余對韓非之思想體系不得不重新考研。韓非之思想確是如司馬遷所説「歸本於黄老」（見史記韓非傳）。韓非之思想實是據老子「小國寡民」之理想社會引導出其法治之理想社會，借老子之文發揮其法治理論（詳附録拙作韓非與老子）。執此韓非思想體系以注韓文，多數問題皆得迎刃而解。又韓非子集釋出版後之數十年間，更收集不少新資料，尤以收集到不少新出土文物，如老子、黄帝四經、馬王堆帛書戰國策（我以為即漢書藝文志縱横家所著録蘇子三十一篇之殘本，蘇子即蘇秦）、包山竹簡等等，更為可貴。資料增多，又以對韓非思想的新認識，於是重寫韓非子注解。書成，不但字數大增，而注解與集釋比較，已面目全非，因定名為韓非子新校注。今者，年事已高，精力衰退，不能再整理莊子與淮南，所收集此二書之資料，已成廢紙矣。

一九九九年冬陳奇猷識

凡例

一、本校注以清吴鼒翻刻宋乾道黄三八郎本（簡稱乾道本）為底本，參之以商務印書館四部叢刊影印黄丕烈影抄的黄三八郎本（簡稱叢刊本）。此二本雖同源於黄三八郎本，但亦略有差異。

一、黄三八郎本之後，明以下刻本甚多，其足以引為校勘者有道藏本（簡稱藏本）、趙用賢本（簡稱趙本）。顧廣圻識誤稱「今本」者即此本）、韓子迂評本（簡稱迂評本）。迂評本雖多肆意删改，但其源自元何犿本，何犿本雖失傳，但其與黄三八郎本不同源，故迂評本亦有可觀。其他明刊本有凌瀛初本、張鼎文本（盧文弨拾補所稱張本即此本）、張榜本、孫月峯本、周孔教本、王道焜本、孫鑛本、秦季公本等等，然皆無可取。清光緒元年浙江書局二十二子中之韓非子是據吴鼒本翻印，僅有數字之差，堪稱善本。

一、除以刻本校勘外，并搜輯諸類書、經史子及昭明文選等舊注所引韓非子文以資參校。

一、校注中所引前賢校説，僅題其名，其所著書則見於附録引書目録中。

一、所引前賢校説皆條録繫於校注中，以供讀者參考。其數説相同者，則取其最完善之一説，餘則僅説明某人校説相同，不具引其文，但其説相同而論證不同者，仍二家之説俱録。

一、所録前賢校説，皆指明其是非。指明其非者皆予以證明，而指明其是者亦多為之疏證。

一、凡韓非子書中有問題之處，本校注皆有交代。其能作答者，固詳加解説，其不能作出答案者，亦説明疑難所在。

一、本校注以文義分章節。所分章節與乾道本不同者，皆予以説明，以見乾道本之舊。

韓非子序

奇猷案：此篇乃删節史記韓非傳，當係黄三八郎所為。今存於此，以見乾道本之舊。篇中「五十五篇」四字，韓非傳無，當為黄氏所增。

韓非者，韓之諸公子也。喜刑名法術之學，而歸其本於黄、老。其為人吃口，不能道説，善著書。與李斯俱事荀卿，李斯自以為不如。非見韓之削弱，數以書干韓王，韓王不能用。於是韓非病治國不務求人任賢，反舉浮淫之蠹而加之功實之上。以為儒者用文亂法，而俠者以武犯禁，寬則寵名譽之人，急則用介胄之士，所用非所養，所養非所用，廉直不容於邪枉臣。觀往者得失之變，故作孤憤、五蠹、内外儲、説難五十五篇，十餘萬言。人或傳其書至秦，秦王見孤憤、五蠹之書，曰：「嗟乎，寡人得見此人與游，死不恨矣！」李斯曰：「此韓非之所著書。」秦因急攻韓。韓始不用，及急，乃遣韓非使秦。秦王悦之，未任用，李斯害之秦王曰：「非，韓之諸公子也。今欲并諸侯，非終為韓，不為秦，此人情也。今王不用，久留而歸之，此自遺患也。不如過法誅之。」秦王以為然，下吏治非。李斯使人遺藥，令早自殺。韓非欲自陳，不見。秦王後悔，使人赦之，非已死矣。乾道改元中元日黄三八郎印。

目録

奇猷案：藏本無目録。

卷一

初見秦第一〔一〕

臣聞不知而言不智〔二〕，知而不言不忠〔三〕，為人臣不忠當死，言而不當亦當死〔四〕。雖然，臣願悉言所聞，唯大王裁其罪〔五〕。

〔一〕王先慎曰：史記秦本紀、六國表并以韓非使秦在始皇十四年，韓非傳屬之王安五年。案秦攻韓紀、表未書，始皇十三年用兵於趙，十四年定平陽、武城、宜安，而後從事於韓，則非之使秦當在韓王安六年，紀、表為是。吴師道以非為韓王安五年使秦，據世家言之，不知作五年者，史駁文也。又案：趙本篇目頂格，下同，不復出。⊙奇猷案：秦策作張儀説秦王。因此，此篇是否出韓非之手，其説紛紜，兹摘録其要，以供讀者參考：（一）以為非出韓非之手者：（甲）沙隨程氏謂既有存韓篇，故李斯言非終為韓不為秦，此篇有舉韓之論，乃范雎書也。（見王應麟漢藝文志考證引）（乙）梁啟超謂篇首言成從以與秦為難，明為蘇秦合從時形勢，而為張儀説秦惠王之詞。（見要籍解題及其讀法）（丙）太田方謂篇中有親齊、燕語，乃從人為齊、燕説秦。（見韓非子翼毳）（丁）容肇祖謂存韓篇言韓未可舉，而本篇言亡韓甚易，彼此矛盾，若存韓為真，則本篇即非出於韓非，而實為蔡澤説秦王書。（見韓非子考證）（二）以為出於韓非之手者：（甲）吴師道、盧文弨、顧廣圻、張文虎等謂篇中述儀後事，秦策誤為張儀作。

(乙)陳祖釐謂韓非説以先舉趙而後亡韓，乃所以緩韓之急，其亡韓即所以存韓，故此云亡韓，與存韓篇實不抵觸。(見韓非子別傳，光華大學半月刊二卷四期)(丙)松皐圓以為此言亡韓者，以見韓非不黨於宗國，入説之道，似有不得不然者。(見韓非子纂聞)(丁)高亨以為本篇列舉秦破趙、破魏、破楚及五國入齊事，而未明言破韓，是非為祖國諱；且非急於用世，果得志於秦，必不難於滅韓。(見韓非子初見秦篇作於韓非考，古史辨第四册)(三)以為張儀作而韓非襲用之，尹桐陽有此説。(見新釋)猷案：此篇以出韓非之手為是。據史記韓非傳，韓王安遣韓非使秦，目的是要保存韓，故韓非至秦即上秦王書言存韓，即後存韓篇。後以李斯之譖，韓非入獄。李斯譖韓非之言曰「非，韓之諸公子也。非終為韓，不為秦」，故韓非在獄中上秦王書不言存韓而言亡韓，即此初見秦篇。上書本無篇名，此所謂「初見秦」者，乃後人所加。其實不詞。蓋「秦」是國名，初見秦猶言初見秦國，不通之至。又：存韓是入秦時之上書，初見秦是獄中上書，故初見秦壓在存韓之上，後人編韓非子者因題為「初見秦」。又：此篇中未有作者姓名，編戰國策者收入戰國策誤以為張儀説秦王耳。

〔二〕奇猷案：秦策「聞」下有「之」字。

〔三〕王先慎曰：秦策「言」下并有「為」字。

〔四〕盧文弨曰：「言而不當」，策作「言不審」。⊙奇猷案：「不當」之當字讀去聲。三而字猶如也、若也；詳王引之氏經傳釋詞。

〔五〕王先慎曰：爾雅：「裁，度也。」罪，即指上「言而不當亦當死」而言。國策高誘注訓裁為制，失其義。⊙奇猷案：王説是也。淮南子主術訓「取民則不裁其力」，注：「裁，度。」

臣聞天下陰燕陽魏〔一〕，連荆固齊，收韓而成從〔二〕，將西面以與秦强為難〔三〕。臣竊笑之。世有三亡，而天下得之〔四〕，其此之謂乎！臣聞之曰：「以亂攻治者亡，以邪攻正者亡，以逆攻順者亡〔五〕。」今天下之府庫不盈，囷倉空虛〔六〕，悉其士民，張軍數十百萬〔七〕。其頓首戴羽為將軍，斷死於前，不至千人，皆以言死〔八〕。白刃在前，斧鑕在後，而却走不能死也〔九〕。非其士民不能死也，上不能故也〔一〇〕。言賞則不與，言罰則不行，賞罰不信，故士民不死也〔一一〕。今秦出號令而行賞罰，有功無功相事也〔一二〕。出其父母懷衽之中，生未嘗見寇耳〔一三〕。聞戰，頓足徒裼〔一四〕，犯白刃，蹈鑪炭〔一五〕，斷死於前者皆是也〔一六〕。夫斷死與斷生者不同〔一七〕，而民為之者，是貴奮死也〔一八〕。夫一人奮死可以對十，十可以對百，百可以對千，千可以對萬，萬可以剋天下矣〔一九〕。今秦地折長補短，方數千里，名師數十百萬。秦之號令賞罰、地形利害，天下莫若也。以此與天下，天下不足兼而有也〔二〇〕。是故秦戰未嘗不剋，攻未嘗不取，所當未嘗不破，開地數千里，此其大功也〔二一〕。然而兵甲頓〔二二〕，士民病，蓄積索〔二三〕，田疇荒，囷倉虛，四鄰諸侯不服，霸王之名不成，此無異故〔二四〕，其謀臣皆不盡其忠也〔二五〕。

〔一〕舊注：燕北故曰陰，魏南故曰陽。⊙王先慎曰：高注：「陰小陽大。」案舊注是，高注非也。此不過舉關東地形而言，燕在陰，魏在陽耳。周禮柞氏疏引爾雅：「山南曰陽，山北曰陰。」陰陽隨山水所指，無庸取大小為說。

⊙奇猷案：鮑彪注曰：「陰北陽南」，與此同。舊連上，今提行。

〔二〕盧文弨曰：策作「收餘韓成從」。⊙奇猷案：鮑彪注曰：「韓時弱，多喪地，今存者其餘也。」

〔三〕盧文弨曰：策無「强」字，此倒，當作「强秦」。⊙顧廣圻曰：「秦强」當作「强秦」，策無「强」字。⊙王先慎曰：盧説非，强，音其兩切。⊙奇猷案：盧、顧説是。此正是稱頌秦之辭。又案：鮑彪云：「赧王五十九年與諸侯從，此五十一年。」

〔四〕舊注：知三亡者得天下。⊙盧文弨曰：「世有三」，注同。宋本「二」，吴師道補注國策亦云韓子作「二」。謂天下得亡之形也。舊注：「知二亡者得天下」，謬甚。⊙顧廣圻曰：吴師道引此「三」作「二」，策作「三」，末多「以逆攻順者亡」一句，或此脱。⊙張文虎曰：三亡，即下所云「以亂攻治者亡，以邪攻正者亡，以逆攻順者亡」。（今本脱，依秦策。）三端也。「天下」二字承上「臣聞天下」云云來，謂天下之攻秦者，犯此三亡也。注乃云：「知三亡者得天下」，不解其所謂。⊙王先慎曰：吴據誤本引作「二」，盧説宋本即指吴所引而言，乾道本作「三」，張榜本、趙本并同，不當作「二」。顧、張説是。⊙奇猷案：御覽三百十八引亦作「三」不誤。又案：張釋是，舊注誤。又案：盧所謂宋本非指吴所引，乃指馮己蒼校宋本，拾補卷首有説明，王誤。

〔五〕盧文弨曰：策有「以逆攻順者亡」一句，故上作「三亡」。⊙王先慎補「以逆攻順者亡」句曰：張榜本有，與策合，是也。上言三亡，此不當少一句，御覽三百十八引有「以逆攻順者亡」六字，是宋人所見本不脱。⊙奇猷案：王説是，今據補。

〔六〕奇猷案：高誘曰：「圓曰囷，方曰倉。」

〔七〕王先慎曰：策作「張軍數千百萬」，姚本云：「曾作張軍聲」，案有「聲」字者是也。此「十」字，當從策作「千」，虚張其軍號稱數千百萬耳。下云：「秦師數十百萬」，則天下之士民應不止此，況自張其聲乎，「十」字涉下而誤。

⊙奇猷案：張，陳也。此謂府庫不盈，囷倉空虛，而猶悉以其士民陳軍數十百萬而征戰也。又案：數十百萬，言其多也，非一實數，王改「十」為「千」，非。

〔八〕盧文弨曰：此上二十字策無。「頓」國策補注引作「頡」。説文：「頡，直項也。」頓字無理。⊙松皐圓曰：「至」，當作「止」。不止千人，謂不寡也。⊙孫詒讓曰：頓首，疑作「頓足」，下文「頓足徒裼，犯白刃，蹈鑪炭，斷死於前者皆是也」，正與此文相應，是其證。⊙王先謙曰：文選羽獵賦：「賁、育之倫，蒙盾負羽。」後漢賈復傳：「被羽先登。」謂繫鳥羽為標識也。戴與負、被，其義一耳。「千」當為「干」，形近致誤。干，犯也。「不至干人，皆以言死」，謂未至犯敵人時皆言必死。⊙王先慎曰：「頓首」，當依策注作「頡首」，猶言抗首也。頓足亦通，然與戴羽文義不貫。⊙尹桐陽曰：周禮大祝：「二曰頓首。」注：「拜頭叩地也。」因借以為俯伏聽令之詞。⊙高亨曰：斷，猶必也。趨難而誓必死謂之斷死，臨難而求必生謂之斷生，荀子富國篇：「故為之出死斷亡以覆救之」，王霸篇：「百姓貴之如帝，親之如父母，為之出死斷亡而不愉。」斷亡與斷死同意，蓋皆古之成語也。至，止也。説文：「至，鳥飛從高下至地也。從一，一，猶地也。象形，不上去而至下來也。」鳥至地則止，是至有止誼，一證也。説文室、屋、臺皆從至，以其為人所止矣，是至有止誼，二證也。荀子禮論：「社止於諸侯」，史記禮書作「社至於諸侯」，是至有止誼，三證也。詩泮水：「魯侯戾止。」傳：「止，至也。」止訓至，則至亦可訓止，是至有止誼，四證也。張軍數十百萬，則為將軍者必逾千人，故曰不止千人也。王先謙説失之。⊙奇猷案：王先謙謂戴羽為繫鳥羽為標識，高謂趨難而誓必死謂之斷死，至，止也，皆是也。「其頓首戴羽為將軍」句絶。頓，謂整理也。文選陸士衡演連珠：「頓網探淵。」注：「頓，猶整也。」整首戴羽者，蓋古人長髮，欲戴羽，必先整理其首。此文謂在數十百萬軍中，其整首戴羽而為將軍，皆言斷死者，不止千人，然實不能死也，故下文云「白刃在前，斧鑕在後，而卻走不能死也。」孫謂頓首當作頓足，舉下文「頓足徒裼」為證，然下文之頓足乃跌足也，與此文頓字義別。

〔九〕王先慎曰：也與者同義，說見王氏經傳釋詞。策無「也」字及下「非」字，有「罪」字，是合「也、非」二字而誤，當依此訂正。⊙奇猷案：前有敵之白刃，不進則為敵所害，敗北則有斧鑕之誅。（難二篇云「敗軍之誅以千百數，猶北不止」，是敗北有誅之證。）即所謂前後也。今前有白刃之威，後有斧鑕之誅，仍卻走不能死。

〔一〇〕王先慎曰：「不能故」策作「不能殺」。案「殺」乃「故」字形近而誤。士民之不死，其故由上之不能。賞罰無信，正不能之實也。若作「殺」則文氣不屬。⊙陶鴻慶曰：案：「故」疑當為「政」，政與正同，謂正其賞罰也。下文「言賞則不與，言罰則不行」云云，正承此言。此作「故」，國策作「殺」，皆以形近致誤。⊙尹桐陽曰：故，同辜，辠也。言上不能正其辠也。

〔一一〕奇猷案：上不能故也，猶言上不能作適當措施之故。（措施，即此文之賞罰。）難二篇載：趙簡子圍衛之郛郭，鼓之而士不起，簡子曰：「吾士數弊也。」燭過對曰：「亦有君之不能耳，士無弊者。」用意與此全同可證。諸說皆不確。

〔一二〕盧文弨曰：「有功無功相事也」，策作「不攻耳無相攻事也」。⊙俞樾曰：事者，治也。高注呂氏春秋、淮南內篇屢見，詩卷耳毛傳「采采，事采之也」，正義引鄭志答張逸云「事，謂事事一一用意之事」，蓋事訓治，故一一用意謂之事也。此言有功無功相事，正一一用意之義。謂分別其有功無功不混淆也。秦策作「不攻耳無相攻事也」，與上下文義不屬，蓋後人不達事字之義而臆改。其功與攻則古文通用。⊙高亨曰：爾雅釋詁：「相，視也。」此言有功無功視事論定，無所阿私。俞說失之。⊙奇猷案：此當有譌脱，以上下文義求之，疑當作：「有功必賞，無功必罰，不以虛言為事也。」相字即「不以」二字之譌。（以，古書作目，與「不」字合即形近於「相」而譌為「相」字。）今既有功必賞，無功必罰，故下文謂：「斷死於前而民為之者，是貴賞也。」諸說皆不確。

〔一三〕盧文弨曰：當句。策「耳」作「也」。⊙松皐圓曰：策「衽」作「袵」，同。注：「衣衿也。」⊙奇猷案：懷衽，猶言懷抱也。生，謂有生以來。

〔一四〕王先慎曰：「裼」，趙本及策均作「裼」，誤。爾雅釋訓：「襢裼，肉袒也。」郭注：「脱衣而見體。」史記張儀傳：「秦人捐甲徒裼以趨敵。」索隱：「裼，袒也。謂袒而見肉也。」⊙奇猷案：頓足，即跌足。頓足徒裼，謂跌足肉袒，示心狠而意决也。

〔一五〕太田方曰：「爐炭」，國策作「煨炭」。左傳：「盈其隧炭，陳以待命。」墨子説守禦事云：「五步一灶，門有爐炭。」説苑：「齊兵至莒城下，莒人以炭置地，隰侯重仗盾伏炭，華舟、杞梁乘而入。」⊙尹桐陽曰：蹈爐炭，言犯火攻。

〔一六〕奇猷案：「皆」策作「比」。比亦皆也，詳王氏經傳釋詞。

〔一七〕盧文弨曰：「者」，藏本、張本「者」作「也」，策同。

〔一八〕王先慎曰：策無「死」字。高注：「奮，勇也。」⊙奇猷案：「貴」下當脱「賞而」二字，承上「出號令而行賞罰」，及敵下「一人奮死」云云。

〔一九〕王先慎曰：四「對」字策作「勝」。⊙奇猷案：吴師道云：「韓作『對』，當也。」義長。

〔二〇〕劉師培曰：案：與，當作舉。下文「隨荆以兵則荆可舉」，又曰「然則是趙舉則韓亡」，均與此文「舉」同。⊙奇猷案：「足」上「不」字因下諸「不」字而衍。「今秦地折長補短」云云至此，亦見下文，「不足」二字作「可」，（足可義近）足徵此文不當有「不」字。與、舉通。墨子書中以「與」作「舉」屢見，天志中：「天下之君子與謂之不祥」，畢沅云：「與，同舉。」此文蓋謂以秦之强而舉天下，天下足兼而有也。下文謂「霸王之名不成」，與此文反正相承，若有「不」字則義不可通。

〔二一〕王先慎曰：策「其」作「甚」，是也。先言秦之功極大，為下「霸王之名不成」作反勢。若作「其」，則文氣平實。

「其」當為「甚」之殘字。⊙奇猷案：秦策鮑彪注：「當，相值也。」

〔二二〕奇猷案：策鮑彪注：「頓，言其勞弊。」

〔二三〕奇猷案：說苑權謀篇：「索也者，盡也。」

〔二四〕王先慎曰：異故，猶他故。⊙奇猷案：外儲說右上篇：「所以然者，無他故異物。」異物，猶言他事也，與此可互證。

〔二五〕盧文弨曰：「謀」上「其」字可省，策無。⊙王先慎曰：不省亦可，盧說非。

臣敢言之：往者齊南破荆〔一〕，東破宋〔二〕，西服秦〔三〕，北破燕〔四〕，中使韓、魏〔五〕，土地廣而兵强〔六〕，戰剋攻取，詔令天下〔七〕。齊之清濟濁河，足以為限〔八〕，長城巨防，足以為塞〔九〕。齊五戰之國也〔一〇〕，一戰不剋而無齊〔一一〕。由此觀之，夫戰者，萬乘之存亡也〔一二〕。且聞之曰〔一三〕：「削迹無遺根，無與禍鄰，禍乃不存〔一四〕。」秦與荆人戰，大破荆，襲郢，取洞庭、五湖、江南〔一五〕，荆王君臣亡走，東服於陳〔一六〕。當此時也，隨荆以兵則荆可舉〔一七〕，荆可舉，則民足貪也，地足利也〔一八〕，東以弱齊、燕〔一九〕，中以凌三晉〔二〇〕。然則是一舉而霸王之名可成也，四鄰諸侯可朝也〔二一〕。而謀臣不為〔二二〕，引軍而退，復與荆人為和〔二三〕，令荆人得收亡國，聚散民，立社稷，主置宗廟，令率天下西面以與秦為難〔二四〕，此固以失霸王之道一矣〔二五〕。天下又比周而軍華下〔二六〕，大王以詔破之，兵至梁郭下〔二七〕，圍梁數旬則梁可拔〔二八〕，拔梁則魏可舉，舉魏則荆、趙之意絶〔二九〕，荆、趙之意絶則趙危。趙危而荆狐疑〔三〇〕。東以弱齊、燕，中以凌三晉。然則是一舉而霸王之名可成也，四鄰諸侯可朝也。而謀臣不為，引軍而退，復與魏氏為和〔三一〕，令魏氏反收亡國，聚散民，立社稷，主置宗廟，令〔三二〕。此固以失霸王之道二矣。前者穰侯之治秦也，用一國之兵而欲以成兩國之功〔三三〕。是故兵終身暴露於外，士民疲病於内〔三四〕，霸王之名不成，此固以失霸王之道三矣。

〔一〕奇猷案：史記田齊世家：「齊閔王二十二年與秦擊敗楚於重丘。」即此所指。又案：舊連上，今提行。

〔二〕王先慎曰：東，策作「中」，誤，當依此訂。下云：「中使韓、魏」，五戰之事備矣。⊙奇猷案：史記：「閔王三十八年伐宋，宋王出亡，死於温。」

〔三〕奇猷案：史記「閔王二十六年齊與韓、魏共攻秦，至函谷軍焉。二十八年，秦與韓河外以和，兵罷。」

〔四〕津田鳳卿曰：鮑注：（猷案：即國策鮑彪注，下同。）「閔王十五年。」吴注：（猷案：即國策吴師道注，下同。）「齊宣王二十九年伐燕，取之。」按閔王破燕，史表在十年，吴氏據孟子以破燕為宣王事，不可從。

〔五〕奇猷案：説文：「使，令也。」謂中令韓、魏也。史記齊閔王二十六年與韓、魏共攻秦，是令韓、魏也。

〔六〕王先慎曰：策無「土」字。

〔七〕奇猷案：史記田齊世家云：「齊閔王欲以并周室，為天子，泗上諸侯鄒魯之君皆稱臣，諸侯恐懼。」可見閔王確有詔令天下之意。

〔八〕王念孫曰：限，本作阻。（詳讀書雜志二戰國策校）⊙王先慎曰：策作濟清河濁，誤。史記蘇秦傳與此同。⊙奇猷案：説文：「限，阻也。」則限、阻同義，不必改。又案：史記蘇秦傳正義云：「濟、漯二水，上承黄河，並淄、青之北流入海。黄河又一源從洛、魏二州界北流入海，亦齊西北界。」

〔九〕張琦曰：長城，起今平陰縣北二十九里。⊙王先謙曰：水經濟水注：「平陰城南有長城，東至海，西至濟，河道所由，名防門，去平陰三里。齊侯塹防門即此也。其水引濟，故瀆尚存。」續漢郡國志濟北國盧縣下劉昭注引史記蘇代説燕王曰：「齊有長城、巨防。」巨防，即防門。⊙王先慎曰：策作「鉅坊」。案鉅、巨字通。坊誤，當作防，史記亦作防。⊙奇猷案：御覽六十一、又三百十八引與此同。燕策燕王噲曰：「吾聞齊有清濟濁河，可以為固，長城鉅防，足以為塞。」

〔一〇〕舊注：謂五破國也。⊙鮑彪曰：上所謂南破、中破之類。⊙吳師道曰：謂四面及中央受敵。⊙物双松曰：齊地偏東，不可言四面受敵。吳注非。⊙奇猷案：鮑説是。謂對南東西北中皆為敵國。

〔一一〕舊注，為樂毅破齊於濟西。⊙王先慎曰：見齊世家。「無」字張榜本、趙本作「不」。⊙奇猷案：無齊，謂齊亡也。又案：注「為」當作謂。

〔一二〕奇猷案：「夫」字當衍。

〔一三〕王先慎曰：「且」下脱「臣」字，策有。⊙奇猷案：王説是，迂評本正有「臣」字。

〔一四〕舊注：言禍敗之迹，削去本根則無禍敗。言秦宜以齊為戒。⊙門無子曰：起下文秦破三國而不取，復與為和，是不除根也。⊙盧文弨曰：「削迹無遺根」，策作「削株掘根」。⊙顧廣圻曰：當從策。⊙奇猷案：根、鄰、存，韻。

〔一五〕張琦曰：故郢城，今荆州府北十里紀南城，即故郢也。府東北三里又有故郢城，則平王所築，自頃襄以上皆居此。洞庭在今岳州府城西南一里，一名巴邱，通青草、赤沙，亦謂之三湖。五湖，即太湖，在蘇州府西南三十里。江南今湖南及湖北之武昌，東包兩江皆是。⊙盧文弨曰：「湖」，策作「都」，一作「渚」。⊙顧廣圻曰：吴師道云：「都，當從韓作湖。」今按吴説非也。燕策云：「四日而至五渚。」蘇秦列傳同。集解引戰國策：「取洞庭、五渚」，渚、都同字，「湖」，是「渚」之譌。⊙王先謙曰：史記秦紀：「昭王三十年，取江南為黔中郡。」正義引括地志云：「黔中故城在辰州沅陵縣西二十里。」又「三十一年，楚人反我江南。」六國表云：「秦所拔我江旁反秦。」楚世家所謂江旁十五邑也。⊙王先慎曰：蘇秦傳集解引戰國策云：「秦與荆人戰，大破荆，襲郢，取洞庭、五渚。」然則五渚在洞庭。案裴説誤讀策文耳。高注：「郢，楚都也。洞庭、五渚、江南，皆楚邑也。」索隱：「五渚，五處洲也。劉氏以為五渚，宛、鄧之間，臨漢水，不得在洞庭。」「湖」乃「渚」之誤。顧説是。⊙奇猷案：顧廣圻謂「湖」為「渚」誤，非也。吕氏春秋順民篇云：「越與吴戰於五湖，吴師大敗，禽夫差。」即有五湖之名。且越敗吴於五湖而禽夫差，則五湖必是吴地。史載，楚威王敗越，盡取故吴地（詳史記楚越世家），是吴亡後，五湖屬越，至楚威王時入楚，故五湖前於此（楚頃襄王）時已為楚所有（詳下句「荆王君臣亡走，東服於陳」注），至此秦破荆之後，五湖又奪於秦。五湖從屬之迹，歷歷可考，其非誤字殆無可疑也。史記集解引國策作「五渚」，渚、湖同義，今本策作「都」者，蓋「渚」字之譌耳。王先慎引史記索隱謂五渚臨漢水，謬甚，蓋越與吴戰於五湖，而越、吴皆東南之國，豈有去國千里而戰於楚之漢水之理，其説不攻自破也。

〔一六〕張琦曰：漢志屬淮陽國，今河南陳州府是。⊙盧文弨曰：「服」，策作「伏」。⊙張文虎曰：當依策作「伏」。史記楚世家：「頃襄王二十一年，秦將白起遂拔我郢，燒先王墓，夷陵，楚襄王兵散，遂不復戰，東北保於陳城。」（六國表作「王亡走陳」，白起列傳作「東走徙陳」。）故云伏，謂竄伏也。又案：此秦昭襄王二十九年事，秦策以此篇為張儀説秦王文。案儀以秦武王元年去秦入梁，在前三十三年矣。又下文稱秦攻魏，軍大梁，白起擊魏華陽軍，及長平之事更在其後，足以明國策之誤矣。⊙劉師培曰：案，服，與保通。老子「保此道者不欲盈」，淮南道應訓引作「服」，是保、服古通。史記楚世家「楚襄王兵散，遂不復戰，東北保於陳城」，此其證。（張文虎舒藝室隨筆云：「當依國策作『伏』，謂竄伏也」，非是。）⊙奇猷案：劉說是。老子「夫唯嗇，是謂早服」，服亦當訓保可證。

〔一七〕孫子書師曰：案史記樗里子甘茂列傳云：「智伯之伐仇猶，遺之廣車，因隨之以兵。」⊙傅佛崖曰：隨與追為叠韻互訓字。⊙奇猷案：舉，拔也。

〔一八〕陶鴻慶曰：案「可」字涉上而衍耳。下文云「圍梁數旬則梁可拔，拔梁則魏可舉，舉魏則荆、趙之意絶」，文例與此同。⊙奇猷案：陶説是，秦策作「舉荆」。又案：策「則」下有「其」字。

〔一九〕顧廣圻曰：「弱」，策作「强」。高注：「言以强於燕、齊也。」下文同。⊙王先慎曰：「弱齊、燕」與「凌三晉」對文。齊、燕遠於秦，非兵力所能驟及，我滅敵勢强，則齊、燕自畏而親附，故但言弱也。下文兩言弱齊、燕，尤其明證，策誤，高順文為説，亦未合。⊙奇猷案：王説是。高依誤文為解，故難通。

〔二〇〕盧文弨曰：張本「凌」作「陵」，下同，策同張本。⊙奇猷案：王逸注楚辭九歌國殤：「凌，犯也。」

〔二一〕王先謙曰：史記秦紀：「昭王二十九年，取郢為南郡，王與楚王會襄陵。」此所謂軍退復和也。楚世家：「襄王二十三年（六國表，昭王三十一年），襄王收東地兵，得十餘萬，復西取秦所拔江旁十五邑以為郡距秦」，下文所謂「與秦為難」也。

〔二二〕奇猷案：此時穰侯為秦相。

〔二三〕奇猷案：史記楚世家，頃襄王二十七年，「復與秦平」。

〔二四〕顧廣圻曰：「稷」字，策無。策讀「廟」字句絶，「令」字屬下，下文策亦無「令」字。⊙俞樾曰：策是也。收亡國，聚散民，立社主，置宗廟，皆三字為句，後人誤以「令」字上屬成四字句，遂於上句加「稷」字配之耳。置宗廟令，義不可通。此言荆人置宗廟，非言其置令也。古宗廟亦未聞有令，足知其非矣。下文云「令魏氏反收亡國，聚散民，立社稷主，置宗廟，令，此固以失霸王之道二矣」，「稷」字亦衍文，「令」下亦當有「率天下西面以與秦為難」十字，秦策闕此句，後人據以删韓子，而「令」字誤屬上讀，故得僅存耳。夫率天下以與秦為難，故失霸王之道。若惟是收亡國、聚散民、立社主、置宗廟，則是魏之得猶未足以見秦之失也。然則此句不可闕。因一字之幸存，而全句轉可據補。⊙王先慎曰：「令」字下屬，是也。「立社稷主」四字不誤。白虎通社稷篇云：「土地廣博，不可徧敬，五穀衆多，不可一一祭，立社稷而祭之。」故謂之社稷主。策無「稷」字，自是脱文。必欲以四句為對文，亦太泥矣。⊙奇猷案：此當衍主字，立社稷，置宗廟，乃古人常語，乃存其國之意。亡國則曰「宗廟不祓除，社稷不血食。」（二語見十過篇）立社稷，與置宗廟，相對為文，亦明此當衍「主」字。後人知其為對句，但誤讀「令」字句絶，遂增一「主」字與「令」字相對。俞謂衍「稷」字，「立社主」與「置宗廟」并不相對，雖立社稷即置主其内，但古人僅言立社稷，不聞言立社主者。王謂「立社稷主」，更不確，即其所舉白虎通，亦可證此當衍「主」字也。

〔二五〕奇猷案：「失」，策作「無」，蓋「亡」之誤，亡、無古同字，後人不知此當作亡，而以亡、無同字而寫作無耳。

〔二六〕顧廣圻曰：「周」，當作「意」。下文云「天下皆比意甚固」，策兩「意」字皆作「志」。⊙太田方曰：華下，華陽之下也。⊙王先謙曰：高注：「華下，華山之下也。」案：據史記紀、表、世家參之，秦昭王九年，魏、齊、韓共敗秦軍函谷，十一年，齊、韓、魏、趙、宋、中山攻秦，文蓋指此。天官書：「中國山川東北流，首在隴、蜀，尾没勃、碣。」張守節所謂「自南山、華山渡河，東北盡碣石」者，是函、崤諸山皆華嶽支麓，故函谷亦得稱為華下。戰國之兵，始終未逾秦關一步，華山之下固非天下所能軍也。比意，猶言合謀。⊙高亨曰：史記六國表：「秦昭王三十四年，白起擊魏華陽軍，芒卯走，得三晉將。」魏世家：「安釐王四年，即秦昭王三十四年，秦破我及韓、趙，走我將芒卯，予秦南陽以和。」魏策：「秦敗魏於華，走芒卯而圍大梁，須賈為魏說穰侯，乃罷梁圍。」顯學篇：「魏任孟卯之辯，而有華下之患。」所記為一事甚明。此處所云：「天下比意」與六國表所云：「三晉」，魏世家所云：「我及韓、魏合」，其為秦昭王三十四年事明矣。王先謙說失之。⊙奇猷案：太、高以華下為華陽之下，是也。又案：左文十八年傳：「頑嚚不友，是與比周。」杜注：「比，近也；周，密也。」墨子所染篇：「創作比周。」則比周有集結之意。本書用「比周」字屢見，有度篇「則臣離上而下比周」，說疑篇「皆朋黨比周以事其君」，（例尚多，不列舉。）義與此文「比周」同。天下又比周而軍華下，即謂天下又集結而軍華下也。「周」字不誤。下「比意甚固」，義與此別。顧說非。

〔二七〕王先慎曰：策無「下」字。

〔二八〕奇猷案：秦本紀，秦昭王三十三年（六國表列在三十四年），「白起擊芒卯之魏華陽軍，破之，魏入南陽以和」。此役，秦軍可能已至大梁郭下，魏危，故入南陽以和。若僅破華陽軍，魏不須急於入南陽以和也。既至大梁（魏都）郭下，若圍之數旬，拔大梁則魏亡，故下文曰「魏可舉」。

〔二九〕鮑彪曰：魏居二國之中而為與國，故舉魏則二國不通。⊙奇猷案：「舉魏」二字當倒，與上文「荊舉」，下文「趙舉」句例同。

〔三〇〕顧廣圻曰：「狐」，當從策作「孤」，衍「疑」字，策無。⊙俞樾曰：存韓篇云「趙氏破膽，荊人狐疑」，則「狐疑」字不誤，顧說非。⊙王先慎曰：彼趙云破膽，則楚云狐疑，既趙云危，則楚不得僅云狐疑也。孤危之與破膽、狐疑，語言輕重，大相逕庭，從策作「孤」為是。⊙奇猷案：「狐疑」二字不誤。荊、趙之相通，以魏為通路，今魏舉則荊、趙被隔，而意不能相通，故曰：「荊、趙之意絕。」趙既孤立，而近秦，故趙危。荊本可攻在魏之秦軍以緩趙之急，但意不能相通，未知趙與秦是否另有他約，因此必生狐疑之心。此所論情勢甚明，無庸改字。策脫「疑」字，遂改「狐」為「孤」矣。顧、王說非。盧文弨與顧說同，亦非。

〔三一〕王先謙曰：據史記六國表、魏世家，秦昭王三十二年，魏安釐王二年也，秦軍大梁下，韓來救，予秦溫以和。又穰侯傳：「穰侯圍大梁，納梁大夫須賈之說而罷梁圍，明年，魏背秦，與齊從親」，即其事也。⊙奇猷案：「和」，四部叢刊本作「利」，誤。

〔三二〕王先慎曰：「令」下脫「率天下西面以與秦為難」句，說詳上。⊙奇猷案：王說是。此亦當刪「主」字，說詳上。

〔三三〕舊注：穰侯營私邑，謀秦，故非諷云兩國。⊙王先謙曰：高注：「穰侯，魏人。治，猶相也。穰侯相秦，欲興秦而安魏，故曰欲成兩國之功。」案舊注非，高注尤謬。穰侯得罪憂死，下文明斥其非，不須諷也。史傳云「宣太后異父弟，姓魏氏，其先楚人」，則非魏人明矣。又屢用兵於魏，何云安魏乎？蓋穰侯志在併國拓地，故云：「欲成兩國之功耳。」⊙陳千鈞曰：穰侯志在併國拓地，安能謂之兩國？按穰侯傳云：「穰侯與白起客卿胡傷復攻韓、趙、魏，破芒卯華陽下，斬首十萬，取魏之卷、蔡陽、長社、趙氏觀津，益趙以兵伐齊。」又「昭王三十六年欲伐齊」云云，是以范雎譏之。蓋穰侯益趙以兵伐齊，即用秦一國之兵而欲成兩國之功也。定法篇云「昭襄王即位，穰侯越韓、魏而東攻齊，五年而秦不益尺寸之地，故乘强秦之資，數十年而不至於帝王」，正與此文相似。⊙奇猷案：陳說是。

〔三四〕黄丕烈曰：策「露」作「靈」，「疲」作「潞」，此當各依本書。策文下句言潞病，潞、露同字，此句不得更言暴露，靈者，零之假借。暴謂日，靈謂雨也。其策文作「潞病」，不與作「疲病」同，高注可證。⊙王先慎曰：案此及策並當作「暴靈於外，潞病於內」。「靈」乃「霝」之借字。說文：「霝，雨零也。」詩定之方中傳：「零，落也。零當作霝。」亦假「靈」為之。鄭風「零露漙兮」，正義本作「靈」，箋云：「靈，落也。」是靈落即霝落矣。「暴靈」二字之義當如黄説。潞病，高注云：「潞，羸。」呂覽不屈篇「士民罷潞」，罷潞與潞病義同。淺人多見暴露疲病，少見暴靈潞病，故改靈為露，改潞為疲，而古義俱湮矣。⊙奇猷案：暴露於外，疲病於內，義可通，不必改。喻老篇：「天下無道，攻擊不休，相守數年不已，甲冑生蟣蝨，鷰雀處帷幄」，即兵終身暴露於外也。十過篇載智伯決晉水灌晉陽，「士大夫羸病」（羸病即疲病），即所謂士民疲病於內。王説非。

趙氏，中央之國也，雜民所居也〔一〕。其民輕而難用也〔二〕。號令不治，賞罰不信，地形不便〔三〕，下不能盡其民力〔四〕。彼固亡國之形也〔五〕，而不憂民萌〔六〕。悉其士民，軍於長平之下〔七〕，以争韓上黨〔八〕。大王以詔破之，拔武安〔九〕。當是時也，趙氏上下不相親也，貴賤不相信也〔一〇〕。然則邯鄲不守〔一一〕。拔邯鄲，筦山東河間〔一二〕，引軍而去，西攻脩武〔一三〕，逾華〔一四〕，絳上黨〔一五〕。代四十六縣〔一六〕，上黨七十縣〔一七〕，不用一領甲，不苦一士民，此皆秦有也〔一八〕。以代、上黨不戰而畢為秦矣〔一九〕，東陽、河外不戰而畢反為齊矣〔二〇〕，中山、呼沱以北不戰而畢為燕矣〔二一〕。然則是趙舉。趙舉則韓亡〔二二〕，韓亡則荆、魏不能獨立，荆、魏不能獨立則是一舉而壞韓、蠹魏、拔荆〔二三〕，東以弱齊、燕〔二四〕，決白馬之口以沃魏氏〔二五〕，是一舉而三晉亡，從者敗也〔二六〕。大王垂拱以須之〔二七〕，天下編隨而服矣〔二八〕，霸王之名可成。而謀臣不為，引軍而退，復與趙氏為和〔二九〕。夫以大王之明，秦兵之强，棄霸王之業，地曾不可得〔三〇〕，乃取欺於亡國，是謀臣之拙也。且夫趙當亡而不亡，秦當霸而不霸，天下固以量秦之謀臣一矣。乃復悉士卒以攻邯鄲，不能拔也〔三一〕，棄甲負弩，戰竦而却，天下固已量秦力二矣〔三二〕。軍乃引而復，并於孚下〔三三〕，大王又并軍而至〔三四〕，與戰不能剋之也，又不能反運罷而去〔三五〕，天下固量秦力三矣〔三六〕。内者量吾謀臣，外者極吾兵力〔三七〕。由是觀之〔三八〕，臣以為天下之從，幾不難矣〔三九〕。内者，吾甲兵頓，士民病，蓄積索，田疇荒，囷倉虛；外者，天下皆比意甚固〔四〇〕。願大王有以慮之也〔四一〕。

〔一〕舊注：趙居邯鄲，燕之南，齊之西，魏之北，韓之東，故曰中央。兼四國之人，故曰雜。⊙王先慎曰：乾道本注「中」上衍「東」字，依趙本删。⊙孫子書師曰：案史記樂毅列傳云：「趙，四戰之國也。」正義：「東鄰燕、齊，西邊秦、樓煩，南界韓、魏，北迫匈奴。」⊙奇猷案：雜民，指工商遊食之民，即亡徵篇所謂寄寓者也。考詳彼。又案：王删是，今從之。又注「國」下當有「之」字，趙本及國策吴師道補注引均有，今據補。

〔二〕鮑彪曰：輕則其志不堅。⊙太田方曰：四通之國，其民大抵輕剽好利，難用於戰鬭也。

〔三〕王先慎曰：高注：「趙王都邯鄲，無險固，故曰不便。」⊙尹桐陽曰：言為四戰之地而不便守。

〔四〕盧文弨曰：「下不」，策作「上非」。⊙俞樾曰：「下」，當從秦策作「上」。惟以上言，故曰其民。若以下言，則但曰不能盡其力足矣。盧氏拾補反以策為非，失之。上文曰「號令不治，賞罰不信」，此正上之所以不能盡民力。民力之不盡，其故在上不在下，當言上不能，不當言下不能也。⊙奇猷案：自趙氏以下，主詞皆為趙氏，此句之主詞當亦為趙氏。此句猶言趙氏下不能盡其民之力，故「下」字不誤。若作「上」，則不成義矣。

〔五〕奇猷案：形，猶言迹象。

〔六〕顧廣圻曰：「萌」，策作「氓」，本書例用「萌」字。⊙王先慎曰：説文：「民，衆萌也。」後人於經傳中「萌」字皆改作「氓」，如周禮遂人「以興耡利萌」，説文引作「萌」，而今本皆作「氓」。又説文衆「萌」字毛本作「氓」之類是也。幸本書尚存其真。⊙奇猷案：史記三王世家：「姦巧邊萌。」索隱云：「萌，一作甿。」漢書劉向傳顔注云：「萌與甿同，無知之皃。」一切經音義云：「萌，古文氓，同。」墨子尚賢上篇：「四鄙之萌人。」管子山國軌篇尹注云：「萌，田民也。」淮南子脩務篇：「以寬民氓。」高誘注：「野民曰氓。」説文：「氓，民也，讀若盲。」又：「甿，田民也。」則萌、氓、甿三字通用。韓非用「萌」字有其定義。難一篇云：「四封之内執禽而朝名曰臣，臣吏分職受事名曰萌。」則以能分職受事者為萌。憂，猶今言關心。難一篇：「夫仁義者，憂天下之害。」又云：「賢者之憂世急也。」憂字皆關心之義可證。

〔七〕張琦曰：長平故城在今澤州府高平縣西北二十一里。⊙尹桐陽曰：史記年表：「秦昭王四十七年，白起破趙長平，殺卒四十五萬。」時趙孝成王六年也。郡國志：「上黨郡泫氏縣有長平亭。」⊙奇猷案：顯學篇云「趙任馬服之辯而有長平之禍」，即此事。

〔八〕張琦曰：史正義云：「秦上黨郡，今澤、潞、儀、沁等四州之地，兼相州之半，韓總有之。」至七國時，趙得儀、沁二州之地，韓猶有潞州及澤州之半，半屬趙、魏，今山西潞安、澤州二府，遼、沁二州，及河南彰德府武安、涉縣，直隸廣平府之磁州等地。⊙尹桐陽曰：史記白起傳：「昭王四十七年，秦使左庶長王齕攻韓，取上黨。上黨民走趙。趙軍長平以按據上黨民。」

〔九〕張琦曰：武安故城在今彰德府武安縣西南五十里。⊙王先慎曰：高注：「趙括封於武安」。武安君將趙四十萬拒秦，秦將白起阬括四十萬衆於長平下，故曰拔武安。⊙奇猷案：文物一九九六年第六期載有發掘長平之戰遺址的報道。長平城位於今山西省高平縣境内，古長平城距高平縣城西北偏北約十二公里。在高平與長平古城之間分布有尸骨坑若干個，今發掘十個，每坑約埋藏個體百三十左右。

〔一〇〕奇猷案：趙争韓上黨而出兵長平，趙豹諫，王不聽趙豹而從趙禹之計，及長平敗，王悔之（詳史記趙世家）。且長平軍原是廉頗將，後换用趙括將，其争將亦必甚激烈。由此，上下必産生深刻的矛盾，故上下不相親，貴賤不相信。

〔一一〕張琦曰：漢志趙國邯鄲下云：「趙敬侯自中牟徙此。」今廣平府邯鄲縣西南二十里有古邯鄲城，俗呼趙王城。⊙王先慎曰：「則」下當有「是」字。此與下文「然則是趙舉」文法一律。策有「是」字。⊙奇猷案：王説是。

〔一二〕張琦曰：漢志河間國注云：「在兩河之間。」史索隱曰：「漳河之間也。」今河間府。⊙盧文弨曰：「筦」，策作「完」，「可聞」，策作「河間」，無「山東」二字。⊙顧廣圻曰：策無「山東」二字，乾道本「河間」作「可聞」，藏本亦作「可」，皆譌。⊙王先慎曰：「完」即「筦」字殘闕，當依此訂正。樂記鄭注：「筦，猶包也。」謂秦軍包舉其地。「可聞」，乃「河間」之譌。改從張榜本、趙本。⊙奇猷案：作「河間」是，今據改。筦，即管字。詩周頌：「磬筦將將。」釋文：「筦音管，本亦作管。」漢書劉向傳「周大夫尹氏筦朝事」，顔注云：「筦與管同。」廣韻：「管，主當也。」謂主當山東河間也。山東乃指六國，以六國皆在太行山之東也。

〔一三〕張琦曰：脩武，今懷慶府縣。⊙尹桐陽曰：漢書地理志河内郡有脩武，本商之甯邑，韓詩外傳：「武王伐紂，勒兵於甯，更名修武。」故城在今河南獲嘉縣治。

〔一四〕張琦曰：羊腸，今澤州府（即晉陽縣）南四十五里天井關南，即羊腸坂。⊙顧廣圻曰：當從策作「踰羊腸」。高誘注：「羊腸，塞名也。」⊙奇猷案：顧謂當從策作羊腸是也。史記魏世家：「魏伐趙，斷羊腸。」羊腸在今山西晉城縣南。秦既攻脩武，復欲攻上黨，其進軍當與魏伐趙之路綫相同，則此當作羊腸無疑。

〔一五〕盧文弨曰：策作：「踰羊腸，降代、上黨。」⊙顧廣圻曰：當從策作：「降代、上黨。」奇猷案：顧説是，絳、降形聲均近而誤。依下二句：「代四十縣，上黨七十縣」，亦可證「絳」下當有「代」字。上黨在今長治縣境。

〔一六〕張琦曰：漢志幽州郡，今宣化府蔚州東北十里有代城。⊙盧文弨曰：「四」，策作「三」，疑是。

〔一七〕盧文弨曰：「七十」，策作「十七」，是。⊙王渭曰：即趙策「今有城市之邑七十」。⊙顧廣圻曰：按史記趙世家彼亦作「十七」。⊙奇猷案：金文「十」作「七」，「七」作「十」，二字易互誤。

〔一八〕奇猷案：策「秦」下有「之」字。

〔一九〕盧文弨曰：「代」上「以」字凌本無，策同。⊙張文虎曰：「以」字疑即上句「也」字譌衍。⊙王先慎刪「以」字曰：案張榜本亦無。⊙奇猷案：「以」，當作「則」。迂評本、凌本與張本同，亦誤。

〔二〇〕鮑彪曰：東陽屬清河。河外，滹沱河之外。

〔二一〕鮑彪曰：中山，漢為國，有盧奴、北平、北新城、唐、深澤、苦陘、安國、曲逆、望都、新市。（見中山策）⊙張琦曰：鮑以漢國説戰國之中山已失之。漢志中山國尚有新處、毋極、陸成、安險遺而不數何也？考中山之境，自今直隸保定府之唐縣、完縣，真定府之獲鹿、井陘、平山、靈壽、無極、定州、新樂、行唐、曲陽，兼有冀州之地。通典曰：「中山都靈壽。」⊙王先慎曰：秦兵力所不及，則齊、燕將分取之。此皆趙地，故下云「趙舉」。⊙尹桐陽曰：史記趙世家「惠文王三年滅中山，遷其王於膚施」，則趙軍長平時，中山已為趙地矣。故城在今直隸（河北）靈壽縣。呼沲，即嘑池。周禮以為并州川，一偁派水，源出今山西繁峙縣東北二十里泰戲山。禮記謂之惡池。

〔二二〕王先慎曰：策作「然則是舉趙則韓必亡」。

〔二三〕奇猷案：蠹，亦壞也。公羊傳宣十二年何休注：「蠹，壞也。」又按：策「拔」作「挾」，是也。此謂壞韓、蠹魏，又挾持荆以期於亡三晉也。

〔二四〕盧文弨曰：「齊」下「强」字衍，凌本無，策同。⊙顧廣圻曰：策作「以東弱齊燕」，無「强」字。⊙張文虎曰：「强」字衍。⊙王先慎删「强」字曰：案據上兩言弱齊，無「强」字。⊙奇猷案：無「强」字是，今據删。

〔二五〕盧文弨曰：「沃」，策作「流」。⊙張琦曰：白馬之口，漢縣，屬東郡，今衛輝府滑縣治，故白馬也，津在縣西。⊙王先謙曰：水經河水注：黎陽縣東岸有故城，險帶長河，謂之鹿鳴城，濟取名鹿鳴津，亦曰白馬濟，津之東南有白馬城，河水舊於白馬縣南泆，通濮、濟、黄溝，故蘇代説燕曰：「決白馬之口，魏無黄、濟陽。」魏世家無忌説魏王曰：「決熒澤水灌大梁，大梁必亡。」後王賁攻魏，卒引河溝灌大梁而取之。⊙王先慎曰：沃、流二字義同。説文「沃」作「浂」，溉灌也。高注：「流灌也。」

〔二六〕王先慎曰：高注：「從者，山東六國。敗，從不成也。」

〔二七〕俞樾曰：策作「大王拱手以須」，吴師道補云：「韓作須之。」然則韓非異於國策者，但句末多「之」字，其「拱手」字必與策同。若作「垂拱以須之」，則吴師道何以不及乎？此必後人所改，當依國策訂正。⊙奇猷案：「垂拱」連文，古書時見。書：「垂拱而天下治。」孔穎達正義曰：「説文：拱，斂手也。垂拱而天下治，謂所任得人，人皆稱職，手無所營，下垂其拱而天下治也。」大王垂拱以須之，猶云大王手無所營垂其拱而須之也。因垂拱與拱手同義，故吴不及之，俞氏援以為説，非。孟子萬章篇：「帝將胥天下而遷之。」趙岐注：「胥，須也。」鮑彪注秦策：「須、胥同，待也。」

〔二八〕盧文弨改「編」為「偏」曰：「編」，高誘注國策本作「偏」，吴（師道）本作「編」云：「以繩次物曰編。」張本、凌本亦作「編」字。⊙顧廣圻曰：藏本同，今本作「偏」，誤。策作「偏」，吴師道引此作「編」。⊙孫子書師曰：案説文：「編，次簡也。」段云：「以繩次第竹簡而排列之。」册字下云：「象其札一長一短，中有二編之形。」是綴簡之絲亦得言編。漢書五十八兒寬傳云「輸租繈屬不絶」，師古曰：「繈，索也。」言輸者接連不絶於道若繩索之相屬也。編隨，猶言繈屬矣。⊙奇猷案：孫師說是。盧氏拾補改「編」為「徧」，非。

〔二九〕奇猷案：此乃韓非的理論，未必可行。蓋此時六國仍有謀臣名將在，如趙之廉頗、藺相如等，仍可與秦周旋也。

〔三〇〕吴師道曰：劉辰翁謂「地，猶第」，皆失考。⊙盧文弨曰：「曾」，策作「尊」。⊙王先慎曰：「尊」字誤，當依此訂正。⊙津田鳳卿曰：「地」字句。或曰：「地」字屬下，猶言基也。⊙尹桐陽曰：「地」字句。業，事也。地，位也。⊙奇猷案：策無「弃」字，「曾」作「尊」。疑此當作「夫以大王之明，秦兵之强，霸王之業也，尊不可得」。尊，指霸王之尊。和氏篇「孝公行之，（指行商君之法）主以尊安」，姦劫弑臣篇「孝公行商君之法，地廣而主尊」，孝公以霸。則所謂尊，當為霸王之尊可證。此文蓋謂以大王之明，秦兵之强，乃霸王之業也，承上霸王之名可成而言。然而霸王之尊不可得，乃取欺於亡國，是謀臣之拙也。今本「弃」字因「兵」字而衍，（兵、古文作[illegible]，弃字作[illegible]，形近。）「也」又訛作「地」，「尊」誤為「曾」，義遂不可通。劉本國策作「伯王業也尊不可得」可證。

〔三一〕尹桐陽曰：史記趙世家：「秦圍邯鄲，楚來救，及魏公子無忌亦來救，乃解。」年表列於趙孝成王九年，在敗長平後二年。

〔三二〕顧廣圻曰：今本「兵」作「負」，誤。「而」下有「卻」字，策有。高注：「卻，退也。」吴師道引此無。「弩」，策作「怒」，吴引作「拏」，不合。張文虎曰：「棄甲兵弩」，言不成文，策作「怒」亦不可通，疑皆有誤。「卻」字則當依策補。⊙王先慎「而」下增「卻」字曰：依今本增。「棄甲兵弩」四字不成文，「兵」當作「與」，說文與古文作[illegible]，兵作[illegible]，二字篆形相近而誤。⊙奇猷案：今本「兵」作「負」，是，今據改。史記司馬相如傳：「拜相如為中郎將，至蜀，蜀太守以下郊迎，縣令負弩矢先驅。」又魏公子傳：「魏公子進兵擊秦軍，秦軍解去，遂救邯鄲存趙，趙王及平原君自迎公子於界，平原君負韊矢為公子先引。」集解引呂忱曰：「韊，盛弩矢。」按此負弩矢、負韊矢皆示和平不戰之意。此云負弩，猶負弩矢、負韊矢也。後人不知負弩之義，又以甲弩皆兵器，遂改負為兵，而義不可通矣。王說改「兵」為「與」，非是。或釋兵為兵器之兵，殊不知甲、弩皆專名，而兵為通名，斷無甲、弩二專名之中而雜一通名之兵字也。又案：「而」下當有「卻」字，亦據今本增。「戰竦」，策作「戰慄」，義同。

〔三三〕鮑彪曰：後志河内有李城，趙封李同之父於此。⊙盧文弨曰：「復」乃「𢓴」之譌。李，吳注：「韓作孚。」⊙張琦曰：李下，今懷慶府温縣即故李城。⊙顧廣圻曰：藏本同，今本「復」作「退」，「孚」作「李」。策作「退并於李下」，高誘注：「李下，邑名。」吳師道引此作「孚」。⊙王先慎改「復」為「退」，改「孚」為「李」，曰：張榜本、趙本「復」作「退」，「孚」作「李」，是。⊙尹桐陽曰：復，反還也。孚，同郛。謂邯鄲外城之下并遇趙軍也。⊙奇猷案：復訓為反，是。此非謂退軍，乃反其兵以待增援，故下云：「大王又并軍而至」，并軍而至，是增援也。孚，當亦地名，但不可考耳。吳師道謂韓作「孚」，是韓子原作「孚」，則張、趙本據策改也。王據張、趙本改，非。

〔三四〕盧文弨曰：「至」，策作「致」。⊙王先慎曰：張榜本作「致」，誤。⊙奇猷案：漢書藝文志顔注：「并，合也。」

〔三五〕盧文弨曰：策作「又交罷卻」。或改「運」作「軍」。⊙顧廣圻曰：「又不能反運」句絶，「反」當作「及」，運讀為餫，「罷而去」為一句，罷讀為疲。策作「又交罷卻」，按無「不能運而」四字不同也。⊙松皐圓曰：秦策「秦使王陵伐趙，戰不利，亡五校，復益發軍，更使王齕代王陵伐趙，圍邯鄲八、九月，死傷者衆而弗下，趙王出輕騎以寇其後，秦數不利，遂罷圍」，是也。⊙俞樾曰：按「運」乃「軍」字之誤，上云「大王又并軍而至」，此云「軍罷而去」，文義正相應。蓋不能勝則宜退，既不能剋又不能反，故其軍至於罷病而後去也。「軍」誤作「運」，義不可通。⊙顧氏識誤斷「運」字為句，謂「反當作及，運讀曰餫」，失之迂曲矣⊙王先慎曰：顧說較長。不能及運，言餽運不繼也。文義甚順，當從之。張榜本「運」作「交」，依策改，非。⊙奇猷案：「又不能反運罷而去」，當作「又不能拔，軍罷而去」。「拔」字壞作「友」，與「反」形近而誤為「反」。既誤為「反」，後人將「軍」字加「辶」為「運」，讀「運」字句絕，謬甚。「又不能拔」應上文「不能拔也」，謂又不能拔邯鄲。罷同疲。「軍罷而去」，謂戰既不能剋之，又不能拔邯鄲，於是軍疲弊而撤退。盧、顧、俞、王說皆未得。

〔三六〕王先慎曰：「固」下當有「以」字，與上文一律，此脱。

〔三七〕奇猷案：極，盡也。罷而去，是盡我兵力也。

〔三八〕王先慎曰：張榜本「觀」作「親」，誤。

〔三九〕舊注：言諸侯知秦兵頓民疲，則從益堅，固曰不難矣。⊙盧文弨曰：「能」，案注是「難」字。策作「豈其難矣」。⊙王渭曰：「能」，當作「難」，舊注未諭。⊙王先慎改「能」為「難」，曰：案張榜本作「難幾殆也」。⊙奇猷案：王改是，今從之。但王訓幾為殆則不確。幾借為冀，希望其事成功之謂，詳姦劫弒臣篇「幾不亦難哉」條。此文幾不難矣，猶言希望從之成不難矣。又案：注「固」字當作「故」。

〔四〇〕俞樾曰：「皆」字衍文，蓋即「比」字之誤而複者。秦策無「皆」字。⊙奇猷案：俞說是。又案：比，讀如「比周」之比。比意，言意志相合。

〔四一〕王先慎曰：高注：「慮，謀也。」

且臣聞之曰：「戰戰栗栗，日慎一日〔一〕。」苟慎其道，天下可有〔二〕。何以知其然也？

昔者紂為天子，將率天下甲兵百萬，左飲於淇溪〔三〕，右飲於洹谿〔四〕，淇水竭而洹水不流〔五〕，以與周武王為難。武王將素甲三千，戰一日〔六〕，而破紂之國，禽其身〔七〕，據其地而有其民，天下莫傷〔八〕。知伯率三國之衆以攻趙襄主於晉陽〔九〕，決水而灌之三月〔一〇〕，城且拔矣。襄主鑽龜筮占兆〔一一〕，以視利害，何國可降〔一二〕？乃使其臣張孟談於是乃潛於行而出〔一三〕，知伯之約〔一四〕，得兩國之衆以攻知伯〔一五〕，禽其身以復襄主之初〔一六〕。今秦地折長補短，方數千里，名師數十百萬，秦國之號令賞罰，地形利害，天下莫如也，以此與天下，天下可兼而有也〔一七〕。臣昧死〔一八〕，願望見大王〔一九〕，言所以破天下之從，舉趙、亡韓，臣荆、魏，親齊、燕〔二〇〕，以成霸王之名，朝四鄰諸侯之道〔二一〕。大王誠聽其説〔二二〕，一舉而天下之從不破，趙不舉，韓不亡，荆、魏不臣，齊、燕不親〔二三〕，霸王之名不成，四鄰諸侯不朝，大王斬臣以徇國，以為王謀不忠者也〔二四〕。

〔一〕太田方曰：黄帝巾機銘曰：「兢兢慄慄，日慎一日。」説苑云：「戰戰慄慄，日慎其事。」⊙楊樹達曰：按六韜文，見意林引，今本六韜無之。淮南人間篇引作堯戒。⊙奇猷案：意林引六韜及淮南人間篇「栗」皆作「慄」。案栗、慄同。爾雅釋詁：「戰慄，懼也。」

〔二〕奇猷案：説文：「慎，謹也。」下文云，商紂、知伯不慎此道，故至於亡。

〔三〕盧文弨曰：「溪」，策作「谷」。⊙張琦曰：淇水出衛輝府輝縣北七里共山，東南至淇縣入衛河。⊙王先慎曰：趙本「溪」作「谿」，御覽六十四、八百九十六、事類賦二十一引「飲」下並有「馬」字，無「谿」字，下同。⊙尹桐陽曰：説文：「淇水在河内共北山東入河。」或曰出隆慮西山。今按或説是也。隆慮即大號山，在今河南林縣，淇水出

其西，至淇縣境入衛河而入海

〔四〕盧文弨曰：「谿」，策作「水」。⊙張琦曰：鮑彪曰：「蘇秦傳注『出林慮』，項紀注『在安陽縣北』，前、後志在良鄉東南。」按今彰德府林縣，古林慮也。西北二十五里林慮山，洹水所出。安陽即今府治安陽縣，洹水經府北又東入衛河。漢志出良鄉者，乃垣水，非洹水。⊙奇猷案：洹水流經今河南安陽小屯。

〔五〕王先慎曰：御覽、事類賦並引作「洹水竭，淇水不流」。

〔六〕太田方曰：章昭吴語注：「素甲，白甲也。武王在喪服，故素甲也。」⊙王先慎曰：策「千」下有「領」字。張榜本、趙本「日」作「夜」，非。高注：「一日，甲子之日也。太公望為號到牧野便剋紂，故曰一日。」

〔七〕太田方曰：周禮注：「國，謂城郭中也。」⊙尹桐陽曰：竹書紀年：「武王十二年，王親禽紂於南單之臺。」⊙奇猷案：史記殷本紀：「武王率諸侯伐紂，甲子日紂兵敗，紂走入，登鹿臺，衣其寶玉衣，赴火而死。周武王遂斬紂頭，縣之白旗。」未云禽紂之身。惟竹書紀年及東晢汲冢書抄曰「周武王親禽紂於南單之臺」，與史異。水經淇水注：「南單之臺，蓋鹿臺之異名也。」

〔八〕王先慎曰：高注：「傷，愍也。」策「傷」上有「不」字，誤。

〔九〕奇猷案：十過篇作趙襄子，下同。

〔一〇〕盧文弨曰：秦策、趙策俱作「三年」。⊙王先慎曰：此誤，下十過篇正作「三年」。⊙高亨曰：按史記六國表：「趙襄子立四年，與智伯分范、中行地，五年，敗智伯晉陽，與韓、魏三分其地。」以此計之，作灌之三月是也。趙策及十過篇作三年，皆誤，當依此訂正。天下豈有決水灌城歷三年之久之事哉？王先慎説失之。⊙奇猷案：高説是。

〔一一〕盧文弨曰：策作「錯龜數筴」，此「筮」上疑脱一字。⊙顧廣圻曰：「筮」，當從策作「數筴」二字。案飾邪篇「鑿龜數筴，兆曰大吉」，凡三見，可證此為脱誤。⊙太田方曰：莊子：「七十二鑽而無遺策。」司馬彪曰：「鑽，命卜以所卜事而灼之。」荀子王制篇：「鑽龜陳卦。」注：「鑽，謂以火爇荆華灼之也。」周禮注：「兆者，灼龜發於火，其形可占者。」⊙王先慎曰：吴師道補云：「錯，韓作鑽。」是韓之異於國策止二「鑽」字，其「數筴」必與策同，當依以訂正。⊙奇猷案：顧説是。策鮑彪注：「灼龜折處曰兆。」

〔一二〕奇猷案：十過篇云：「欲以城下，何國可下。」

〔一三〕顧廣圻曰：今本「潛」下無「於」字。⊙張文虎曰：秦策、吕氏春秋、淮南子皆無「於」字。案「於」疑「游」字之譌，蓋韓子作「游」，他本作「行」，讀者旁注異文，轉寫並存，又以形近譌為「於」耳。游者，泗水也。此時城為水灌，不没者三版，故泗水而出。⊙孫詒讓曰：十過篇云：「張孟談曰：臣請試潛行而出，見韓、魏之君。」潛下亦無於字。⊙奇猷案：此文脱誤頗多。蓋張孟談之潛行而出，非為降而出也。以十過篇證之，此文當作「何國可降，其臣張孟談曰，亡弗能存，危弗能安，則無為貴智矣，於是張孟談乃潛行而出」。今「其」上衍「乃使」二字、「張孟談」下脱「曰亡弗能存危弗能安則無為貴智矣」十五字，「於是」下脱「張孟談」三字，「潛」下又衍「於」字，義遂不可通矣。

〔一四〕顧廣圻曰：今本「知」上有「反」字，策同。⊙張文虎曰：當有「反」字。⊙王先慎「知」上補「反」字曰：案有「反」字是。高注：「知伯與韓、魏攻襄子，張孟談辭於韓、魏，韓、魏與趙同，故曰反知伯之約也。」⊙奇猷案：「知」上不止脱一「反」字，以十過篇證之，當作：「見韓、魏之君，韓、魏反知伯之約。」「見韓、魏之君」屬上為句。反知伯之約者乃韓、魏，故「反」上當有「韓、魏」二字始有主詞也。

〔一五〕奇猷案：「得」上當有「趙」字。得兩國之衆者趙也，無「趙」字無主詞。

〔一六〕盧文弨曰：策作「以成襄子之功」。⊙王先慎曰：張榜本「初」作「功」。⊙松皋圓曰：使趙氏復寧如初。⊙奇猷案：初、功二字均可通。此當各從本書。張本依策改也。

〔一七〕盧文弨曰：「此」上「以」字脱，策同。⊙顧廣圻曰：今本重「天下」，策作「以此與天下，天下可兼而有也」，乾道本「可」作「何」，譌。⊙劉師培曰：案「天下」二字當重。與，當作舉。⊙奇猷案：盧、顧説是，王先慎已補之，今據補「以」「天下」「而」四字，改「何」為「可」。上文「以此與天下，天下足兼而有也」可證。與與舉同，説詳上。

〔一八〕太田方曰：昧，冒也。冒死敢言。蔡邕獨斷云：「漢承秦法，羣臣上書皆言昧死。」漢書注：「張晏曰：秦以為人臣上書當昧犯死罪。」

〔一九〕王先慎曰：策無「願」字。姚校：「劉本作願望。」

〔二〇〕鮑彪曰：三國去秦，遂未可加兵，故親之以寬兵力。其後秦滅諸國，三國獨後亡以此故也。

〔二一〕奇猷案：此承「言」字而來，「成」上「以」字當衍。

〔二二〕盧文弨曰：「誠」，策作「試」。

〔二三〕張文虎曰：依上文，「親」當作「弱」。⊙王先慎曰：此即承上「舉趙，亡韓，臣荆、魏，親齊、燕」而言，不當作「弱」，張説誤。

〔二四〕盧文弨「為」下更增一「為」字曰：據吴注引增。上「為」如字，下去聲。張本「者」下有「戒」字。策作「以主不忠於國者」。⊙顧廣圻曰：當從策作「以主為謀不忠者」。主，謂為主首也，為謀，造謀也。此文例言「大王」，不言「王」，「王」字必誤。吴師道引此無「也」字，是。重「為」字，非。⊙王先慎曰：案姚本國策與盧引同，鮑本與顧同，故所引各異。又策「國」上有「於」字。今案「王」當作「主」，顧説是也。「為」上「以」字當衍，「以徇國為主謀不忠者也」作一句讀，文氣自順。⊙奇猷案：「為」上當有「戒」字。斬而徇國，乃為戒也。張本「者」下增「戒」字，及盧、顧、王所改，於義皆不切洽。

存韓第二〔一〕

韓非上秦王言存韓書〔二〕

韓事秦三十餘年〔三〕，出則為扞蔽〔四〕，入則為蓆薦〔五〕，秦特出鋭師取韓地，而隨之怨懸於天下〔六〕，功歸於强秦〔七〕。且夫韓入貢職，與郡縣無異也〔八〕。今臣竊聞貴臣之計〔九〕，舉兵將伐韓。夫趙氏聚士卒，養從徒〔一〇〕，欲贅天下之兵〔一一〕，明秦不弱，則諸侯必滅宗廟〔一二〕，欲西面行其意，非一日之計也〔一三〕。今釋趙之患，而攘内臣之韓〔一四〕，則天下明趙氏之計矣〔一五〕。夫韓，小國也，而以應天下四擊，主辱臣苦，上下相與同憂久矣〔一六〕。修守備，戒强敵，有蓄積，築城池以守固〔一七〕。今伐韓未可一年而滅，拔一城而退，則權輕於天下，天下摧我兵矣〔一八〕。韓叛則魏應之，趙據齊以為原〔一九〕，如此，則以韓、魏資趙假齊以固其從〔二〇〕，而以與争强〔二一〕，趙之福而秦之禍也。夫進而擊趙不能取，退而攻韓弗能拔，則陷鋭之卒，懃於野戰〔二二〕，負任之旅，罷於内攻〔二三〕，則合羣苦弱以敵而共二萬乘〔二四〕，非所以亡趙之心也〔二五〕。均如貴臣之計〔二六〕，則秦必為天下兵質矣〔二七〕。陛下雖以金石相弊〔二八〕，則兼天下之日未也〔二九〕。

〔一〕奇猷案：考本篇與李斯上秦王駁議韓非書、李斯上韓王書合為一篇，蓋編韓非子一書者連類記録，後人未加審擇，遂以本篇為偽作。其實存韓正文出於韓非，可以此為佐證。至於李斯上韓王書，乃以李斯上秦王書連類而及，實與非書無關。（參閱初見秦篇注）

〔二〕奇猷案：原無此目，今增。

〔三〕奇猷案：史記韓世家，韓釐王二十三年，趙、魏攻韓華陽，韓請秦救，秦敗趙、魏於華陽下。此役距韓非入秦三十餘年。此即秦韓友好之例，韓非以此言韓事秦也。

〔四〕太田方曰：史記田敬仲世家：「趙之於齊、楚，扞蔽也。」韓策：「韓之於秦也，居為隱蔽，出為雁行。」史記注：「扞亦隱。」⊙奇猷案：爾雅釋言：「干，扞也。」注：「相扞衛。」邢疏引孫炎曰：「干盾自蔽。」疏又曰：「周南兔罝云：公侯干城。言公侯以武夫自固為扞蔽如盾。」

〔五〕舊注：出貢以供，若席薦居人下。⊙王先慎曰：乾道本注「人下」二字作「久」，趙本作「人下」。⊙津田鳳卿曰：言喻扞蔽以衛其身，席薦以安其體，出入必事秦，為秦役也。⊙奇猷案：藏本注「人下」作「人」。說郛引作「人下」，是也。兹據改「久」為「人下」。

〔六〕王先慎曰：「韓」字當在「而」下。取地，略地也。下文：「韓與秦兄弟共苦天下。」⊙奇猷案：此文當以「地」字句絶。隨，當讀初見秦篇「隨荆以兵則荆可舉」之隨，即追隨、跟隨之意。「而隨之」三字屬下為句。王氏未得其讀，遂以此文有誤，非是。此文謂韓既服屬於秦，又聽秦之使，今秦又特出鋭師取韓地，則天下之人以秦懷虎狼之心，故而結怨於天下之人矣。

〔七〕王渭曰：「秦」，當作「趙」，見下文。⊙王先慎曰：「秦」字不誤。謂韓則受其怨，秦則得其功也。⊙奇猷案：說文：「縣，繫也。」繫與結義近，是縣有結義。縣、懸古今字。「功」，當為「攻」字之誤。謂韓既出為扞蔽，人為席薦，是韓甚服屬於秦，今秦特出鋭師取韓地，則人心必不服，故隨攻韓之後者，是怨結於天下，而天下之攻伐必歸向於强秦。此非之欲存韓而極言秦攻韓之不利，故下云：「拔韓未可一年而滅，拔一城而退，則權輕於天下，天下摧我兵矣。」王先慎乙「韓」字於「地」字下，而以「之」字為句，非是。又引下文「韓與秦兄弟共苦天下」為證，殊不知彼二語乃李斯上書説韓王語，與此韓非上秦王書義不相屬。且上文既云「韓事秦」，下文又云「韓入貢職與郡縣無異」，則非未嘗目秦、韓為兄弟之國明甚。王渭改秦為趙，更誤。

〔八〕尹桐陽曰：言如秦內轄之地。⊙奇猷案：四部叢刊本「職」作「暗」，「暗」即「職」字壞誤也。

〔九〕盧文弨曰：「今」下「日」字衍，張本無。⊙奇猷案：「日」即「臣」之譌衍，藏本、迂評本亦無「日」字，今據刪。

〔一〇〕顧廣圻曰：藏本、今本「從」下有「徒」字。⊙奇猷案：迂評本、凌本及説郛引亦有「徒」字，今據補。從徒，謂言合從之徒，如蘇代之類。

〔一一〕舊注：贅，綴連也。⊙太田方曰：詩：「贅屬」，疏：「贅，猶綴也，謂繫綴而屬之。」孟子「屬其耆老」，書傳「贅其耆老」，是贅為屬。説苑：「梁王贅其羣臣而議其過。」⊙奇猷案：綴連，猶聯合。

〔一二〕奇猷案：猶云：知不弱秦，則諸侯之宗廟必為秦所滅。

〔一三〕太田方曰：秦在西，故曰西面。⊙物双松曰：蘇秦以來，趙為從長，故曰非一日之計。⊙奇猷案：賈誼新書曰：「秦孝公既没，惠文、武、昭蒙故業，因遺策，南取漢中，西舉巴、蜀，東割膏腴之地，北收要害之郡，諸侯恐懼，會盟而謀弱秦，不愛珍器重寶肥饒之地，以致天下之士，合從締交，相與為一。」可為此文之注。

〔一四〕奇猷案：公羊僖四年傳「攘夷狄」，何休注：「攘，卻也。」依上文「韓入貢職與郡縣無異」，則內臣，猶言內屬之臣。

〔一五〕舊注：韓為內臣，秦猶滅之，則天下從趙攻秦，計為得矣。⊙奇猷案：「計」下當有「得」字，舊注所見本似有「得」字可證。

〔一六〕奇猷案：韓，西有秦，南有楚，東有齊，北有趙、魏，故曰以應天下四擊，即四面受敵之意。

〔一七〕奇猷案：有，讀又。

〔一八〕王先慎曰：説文：「摧，折也。」

〔一九〕舊注：若山原然。⊙顧廣圻曰：「原」當作「厚」。舊注誤。⊙吴汝綸曰：「原」乃「援」之誤。⊙奇猷案：原與援聲同而誤，謂趙恃齊以為後援也。但顧説原、厚形近誤，亦通。又案：詩邶風柏舟：「不可以據。」毛傳：「據，依也。」

〔二〇〕物双松曰：資，助也。假，藉也。言韓、魏叛秦，則與齊、趙合，是助力於趙，藉勢於齊也。⊙奇猷案：此文謂如此則秦以韓、魏資助於趙，而趙又藉齊以鞏固其合從之勢。若如物説，則上「以」字當衍，十一字為一句，亦通。

〔二一〕王先慎曰：與秦争强也。⊙劉師培曰：案以、與古通（見經傳釋詞），當衍其一。

〔二二〕盧文弨曰：「懃」，張本作「勤」。⊙松皐圓曰：懃，一作勤，同。列子：「人有慰喻其懃者。」淮南原道訓注：「勤，勞也。」⊙奇猷案：迂評本亦作「勤」，字同。

〔二三〕舊注：勞餉者。⊙太田方曰：荀子宥坐篇：「任負車登焉。」注：「任負車，任重之車也。」此言運轉輜重之衆。罷，疲同。⊙劉師培曰：案「攻」疑「政」誤。政即「征胥」之征，謂征發弗休也。⊙高亨曰：攻，當讀為「共給」之共。書甘誓：「左不攻於左，右不攻於右。」墨子明鬼篇引「攻」作「共」，即攻、共通用之證。⊙奇猷案：高説是。謂運轉之軍士疲於軍内之供給。

〔二四〕王渭曰：當衍「而共」二字。⊙松皐圓曰：合羣苦弱，謂連合羣困苦危弱者足以敵秦，即指韓、魏之屬也。楚策：「夫約從者，聚羣弱而攻至强也。」又：「是楚、魏共趙也。」注謂：「魏共攻之。」二萬乘，齊、趙也。韓、魏與齊、趙共從親，則趙益强。⊙奇猷案：王說是。此蒙上而來，主詞為秦。合羣苦弱，即勦於野戰之卒及負任之旅。二萬乘，指齊、趙。此文謂秦合羣苦弱之軍旅以敵齊、趙，故下云「非所以亡趙（當作韓）之心」。松氏以此句主詞為韓、魏，而以「敵」字句絶，殊晦澀難通。

〔二五〕顧廣圻曰：「趙」當作「韓」。亡韓，貴人之計也。⊙奇猷案：顧說是。此應上「貴臣之計，舉兵將伐韓」之語，若此作趙，則上伐韓語無交代。且言趙氏之事，乃用以説明韓之不可伐耳。後人見二萬乘指齊、趙，遂妄改此文韓為趙也。殊不知此文謂秦既欲滅韓，今又合羣苦弱以敵二萬乘之齊、趙，既疲於敵齊、趙，又何足以亡韓耶。

〔二六〕舊注：均，同也。謂同其計而用之。⊙盧文弨曰：張本「人」作「臣」。⊙陶鴻慶曰：案均，讀為洵。爾雅釋言：「洵，均也。」均與洵聲同義近，故借均為洵。詩宛邱傳：「洵，信也。」均如貴人之計，言信如其計也。舊注謂：「同其計而用之。」非。⊙奇猷案：陶說是。又案：「臣」，原作「人」，今從藏本、迂評本改。上文「聞貴臣之計」，作「貴臣」可證。

〔二七〕舊注：既進退不能，則同於為質者。⊙顧廣圻曰：質，如字，射的也。舊注誤。⊙津田鳳卿曰：魏策：「君何以釋天下圖智氏，而獨以我國為天下質乎？」荀子勸學篇注：「質，射侯也。」⊙奇猷案：顧、津說是。此文猶言秦必為天下攻擊之目標。舊注非。

〔二八〕太田方曰：蔡邕獨斷云：「陛下者，陛階也，所由升堂也。天子必有近臣，執兵陳於陛側，以戒不虞。」謂之陛下者，羣臣與天子言不敢直斥天子，故呼陛下者而告之。舊注：弊，盡也。盡以召士。⊙盧文弨曰：馮云：「言其時之久也。注解謬。石何可以召士？」⊙洪頤煊曰：案漢尚方鏡銘：「壽敝金石如侯王。」史記龜策列傳：「壽蔽天地，莫知其極。」金石相弊，謂壽命之延長也。⊙王渭曰：文選二十九卷注引此「以」作「與」。以即與也。⊙顧廣圻曰：按七發注亦引作「與」。舊注誤。⊙太田方曰：弊，壞也。史記魯仲連與燕將書：「名與天壤俱弊。」孔叢子：「率由前訓，將與天地相敝。」郭璞不死樹贊：「不死之樹，壽蔽天地。」弊、敝、蔽三字音通。文選古詩：「人生非金石，豈能長壽考？」⊙王先謙曰：與金石相弊，謂與金石齊壽也。雖永壽而無兼天下之日，極言其非計。

〔二九〕蒲阪圓曰：李善注文選古詩及七發引此文并作「兼天下未有日也」。⊙奇猷案：秦策高注：「未，無也。」

今賤臣之愚計〔一〕，使人使荆，重幣用事之臣〔二〕，明趙之所以欺秦者；與魏質以安其心，從韓而伐趙，趙雖與齊為一，不足患也。二國事畢〔三〕，則韓可以移書定也〔四〕。是我一舉，二國有亡形〔五〕，則荆、魏又必自服矣。故曰：「兵者，凶器也」，不可不審用也〔六〕。以秦與趙敵，衡加以齊〔七〕，今又背韓〔八〕，而未有以堅荆、魏之心。夫一戰而不勝，則禍搆矣〔九〕。計者，所以定事也，不可不察也。韓、秦强弱在今年耳〔一〇〕。且趙與諸侯陰謀久矣。夫一動而弱於諸侯，危事也；為計而使諸侯有意我之心，至殆也〔一一〕；見二疎，非所以强於諸侯也〔一二〕。臣竊願陛下之幸孰圖之。夫攻伐而使從者閒焉，不可悔也〔一三〕。

〔一〕顧廣圻曰：藏本「之」下無「遇」字，是也。今本作「進」，誤。⊙王先慎删「遇」字曰：「遇」即「愚」之誤而衍者。⊙奇猷案：顧、王説是。篆書遇作遇，愚作愚，遇壞為愚，即與愚形近，故古書二字多互誤，晏子春秋外篇「盛為聲樂以淫愚民」，墨子非儒篇「愚」作「遇」，莊子則陽篇「匿為物而愚不識」，釋文「愚：一本作遇」，秦策「今愚惑與罪人同心」，姚本「愚」作「遇」，本書南面篇「是以遇贛窳墮之民」，藏本、今本「遇」作「愚」，并遇、愚互譌之證。今本作「進」，蓋又「遇」之形誤也。迂評本亦無「遇」字。今據刪。又案：舊連上，今分段。

〔二〕王先慎曰：重幣，猶言厚賂。

〔三〕舊注：齊、趙。

〔四〕乾道本「韓」作「轉」，今本作「韓」。盧文弨曰：藏本「韓」作「轉」，是。上已云「從韓而伐趙」，則不待再收韓明矣。⊙顧廣圻曰：今本「轉」作「韓」，誤。此言定荆、魏。⊙俞樾曰：「轉」字無義。趙本作「韓」，是也。此篇名存韓，本因秦貴臣之計，舉兵將伐韓，故為是説勸之釋韓而伐趙，趙、齊事畢而韓可移書定，正見韓之不必伐也。乃乾道本、道藏本皆作「轉」，則字之誤久矣。趙本改「轉」為「韓」，是也。盧、顧以上文已云「從韓而伐趙」，此不必更言定韓。今案韓未聞其將伐趙，秦何得從韓以伐趙？且秦之伐趙，亦何必從韓？疑「從」下「韓」字是衍文。蓋既使人使荆，又與魏質，則荆、魏不與我為難矣，於是從而伐趙。「從而」者，繼事之詞。明其事次第當如此，非從他國之謂也。後人不達其義，妄補「韓」字以實之，盧、顧不知上「韓」字之衍，而疑下「韓」字之非，誤矣。⊙王先慎改「轉」為「韓」，曰：案俞説是。張榜本「轉」亦作「韓」。⊙陶鴻慶曰：案「轉」字無義，俞氏平議從趙用賢本作「韓」是也。又云「從韓而伐趙，當作從而伐趙」，則恐未然。從當讀為縱，縱韓而伐趙，言釋韓不攻而專力於趙也。下文云「今秦必釋趙之患而移兵於韓」，語意與此正相反。⊙奇猷案：陶説是，今改「轉」為「韓」。

〔五〕王先慎曰：二國，指齊、趙。

〔六〕奇猷案：老子三十一章：「兵者，不祥之器。」漢書主父偃傳：「兵者，凶器也。」

〔七〕太田方曰：敵，等。衡，平。「衡」屬下讀，非。⊙津田鳳卿曰：「衡」字句。衡，對也，謂稱衡也。有度篇「提衡」、亡徵篇「稱衡」即此義。⊙奇猷案：衡，横也。詩齊風南山「衡從其畝」，釋文「衡，音横，亦作横」，衡即訓為横。

「衡」字屬下為句。齊在秦之東，故曰衡加也。提衡、稱衡非此義，各詳本條。此文謂秦既與勁趙相持，而又横加以齊為趙之助也。

〔八〕松皐圓曰：使秦背韓。⊙奇猷案：荀子解蔽篇「背而走」，楊注：「背，棄去也。」此文當釋為今又棄去韓。上文以韓、魏資趙，故此曰棄去韓也。

〔九〕奇猷案：説文無「搆」字。搆、構同。詩小雅四月「我日構禍」，毛傳：「構，成也。」

〔一〇〕顧廣圻曰：「韓」當作「轉」。⊙俞樾曰：韓、秦强弱，各本皆同。顧氏謂當作「轉」，誤。⊙王先慎曰：顧説是。如貴臣之計，秦為天下兵質，則秦必弱；如非之計，齊、趙可亡，荆、魏必服，則秦强矣；秦計一定，强弱隨之。若韓之强弱，豈非所敢言乎？⊙松皐圓曰：「韓」字誤，當作「趙」。伐韓則趙强，攻趙則秦弱，在此一舉。韓子意欲嫁禍於趙，使韓免於兵也。⊙奇猷案：松説是，下云「趙與諸侯陰謀久矣」可證。

〔一一〕盧文弨曰：張本、凌本「伐」作「我」，趙敬夫（用賢）云：「意秦之伐也，不必作我。」⊙物双松曰：意，疑慮也。我，謂秦也。⊙奇猷案：作「我」是，藏本亦作「我」，今據改。意，讀如莊子胠篋篇「妄意室中之藏」之意，意、臆同。（詳解老篇）謂為計而使諸侯有臆度我之心。

〔一二〕盧文弨曰：「踈」，藏本作「疏」。⊙奇猷案：所謂「見二疏」，即指上文：「一動而弱於諸侯，為計而使諸侯有意我之心。」又案：廣韵「疏」下云：「俗作踈。」

〔一三〕盧文弨曰：「攻」上「夫」字脱。張、凌本有「夫」字。「聞」一作「閒」。⊙顧廣圻曰：「聞」當作「閒」。閒，反閒也。⊙王先慎增「夫」字，改「聞」為「閒」，曰：案盧説是，今據改。存韓文止此，下乃附見其事。⊙奇猷案：藏本亦有「夫」字。「聞」作「閒」，是。今據補、改。又案：「夫攻伐而使從者閒焉不可悔也」十三字，當在「臣竊」句上，與「非所以强於諸侯也」句銜接。「非所以强於諸侯也」與上「一動而弱於諸侯」句相應，「攻伐而使從者間焉」與「為計而使諸侯有意我之心」相應，最末結以「臣竊願陛下之幸釁圖之」。上表體裁，亦當如此。

李斯上秦王駁議韓非書〔一〕

詔以韓客之所上書〔二〕，書言韓子之未可舉〔三〕，下臣斯。臣斯甚以為不然〔四〕。秦之有韓，若人之有腹心之病也〔五〕，虛處則㤥然〔六〕，若居濕地，著而不去，以極走則發矣〔七〕。夫韓雖臣於秦，未嘗不為秦病，今若有卒報之事，韓不可信也〔八〕。秦與趙為難，荆蘇使齊〔九〕，未知何如？以臣觀之，則齊、趙之交未必以荆蘇絶也。若不絶，是悉趙而應二萬乘也〔一〇〕。夫韓不服秦之義，而服於强也。今專於齊、趙，則韓必為腹心之病而發矣〔一一〕。韓與荆有謀，諸侯應之，則秦必復見崤塞之患〔一二〕。

〔一〕奇猷案：原無此目，今增。

〔二〕奇猷案：此下至「願陛下幸察愚臣之計無忽」，乃李斯駁議韓非之上書。舊連上，今提行。

〔三〕顧廣圻曰：今本「韓」下無「子」字。⊙俞樾曰：「子」字衍文。韓非因聞貴臣之計，舉兵將伐韓，故上此書言韓之未可舉，誤衍「子」字，義不可通。趙本無「子」字，當從之。⊙王先慎曰：張榜本亦無「子」字。⊙陶鴻慶曰：案「子」字衍文，當從趙用賢本删，俞氏已及之矣。今案：「書言韓之未可舉」七字，文贅，當是舊注羼入正文。蓋書中所言非一事，秦王獨舉此説下斯議之，故注明之耳。下句當從盧校疊「臣斯」二字。⊙劉師培曰：案吕氏春秋懷寵篇云：「子之在上。」高注：「子，謂所伐國之君。」則此韓子猶言韓君矣。貶君稱子，「子」非衍文。説林下：

「韓子索兵於魏」亦然。⊙奇猷案：「子」字非衍文。韓子猶言韓氏也。子、氏同音假借，與初見秦篇及本篇下云之「趙氏」同一義。

〔四〕盧文弨曰：「臣斯」二字舊本不重，一本有。⊙王先慎曰：「臣斯」二字誤複，以下皆李斯言。⊙高亨曰：一本重「臣斯」二字是也。「詔以韓客之所上書書言韓子之未可舉下臣斯」十八字為一句，謂詔以韓客之所上書下於李斯使議之，其書則言韓之未可取也。史記秦始皇本紀「始皇下其議於羣臣」，是其義也。「臣斯甚以為不然」七字為一句，謂李斯不以韓客所上書所言為然也。自「詔以」以下皆李斯之辭，故并自謂臣斯耳。王先慎删「臣斯」二字，失之。⊙奇猷案：迂評本重「臣斯」二字，是，今據補。

〔五〕奇猷案：趙本「腹心」作「心腹」，下同。國策秦策：「范睢曰：秦、韓之地形相錯如繡，秦之有韓，若木之有蠹，人之病心腹。天下有變，為秦害者莫大於韓。」

〔六〕舊注：恢，妨心腹虛也，而病為妨。喻秦虛心待韓，韓終為妨。恢，音艾。⊙盧文弨曰：注：「恢音艾」，凌本「音改」。案說文「苦也」，胡槩切，玉篇：「恨苦也。」

〔七〕舊注：謂疾得冷，卒然而走必發矣。喻秦雖加恩於韓，有急，韓之不臣之心必見矣。⊙顧廣圻曰：「虛處」逗，平居也，與「極」對文。極，困也。「則恢然若居溼地著而不去」十一字為一句。恢，說文「苦也」，廣韻云：「患苦，胡槩切。」舊注皆誤。「以極」逗，「走」字衍。⊙俞樾曰：顧氏視舊讀為長。然平居不得謂之虛處，且走與處對文，則「走」字非衍也。按此當以「虛處則恢然若居濕地」為句。「虛」乃衍字也，蓋即「處」字之誤而複者。「著而不去」為句，「以極走則發矣」為句。極，猶亟也，古字通用。荀子賦篇：「出入甚極」，又曰：「反覆甚極」，楊注并云：「極讀為亟」，是其證。此言腹心之病附著不去，平居猶可，亟走則發矣。亟走，喻急也。舊注卒然而走，是正讀極為亟也。下文：「今若有卒報之事，韓不可信也」，若有卒報之事與亟走之喻相應。顧訓極為困，而删

「走」字，未得其旨。⊙王先慎曰：俞説是。乾道本注「冷」作「令」，今依趙本。⊙奇猷案：此當以「然」字句絶。虛，當讀揚權篇「虛以静後」之虛。虛為心空虛無所事事。虛處猶言無事而處，故顧以平居釋之。㤥，苦也。著，停留之意，詳外儲説右上「宋人有酤酒者」節。俞讀極為亟，是。此文謂人有腹心之病者，心虛静無事而處則苦之，若居於濕地，停留而不去，雖可苟安於一時，但有時而亟走則疾發矣。此喻謂平時韓足苦秦，有急事則韓必變，下文承此言可證。

〔八〕俞樾曰：報，讀為「赴疾」之赴。禮記少儀篇「毋報往」，喪服小記篇「報葬者報虞」，鄭注并云「報讀為赴疾之赴」，是也。⊙奇猷案：俞讀是。又漢書五行志：「墓門梓柱，卒生枝葉。」顔師古注：「卒，讀曰猝。猝，暴也。」廣韻：「猝，倉猝暴疾也。」又案：章太炎與俞説同。

〔九〕奇猷案：荆蘇，未詳。

〔一〇〕王渭曰：趙當作秦。

〔一一〕奇猷案：吕氏春秋知化篇云：「譬若心腹之疾也，雖無作，其傷深而在内也。」

〔一二〕王先慎曰：謂諸國兵將復至函谷。⊙奇猷案：考書序云「秦穆公伐鄭，晉襄公帥師敗諸崤」，此穆公時事也。齊策云「齊宣王西攻秦，秦為齊兵困於崤塞之上」，此孝公時事也。楚世家云「六國共攻秦，楚懷王為從長，至函谷關」，此惠王時事也。趙策云「昔歲崤下之事，韓為中軍，以與諸侯攻秦」，此昭王時事也。六國表「始皇六年，五國共擊秦」，此始皇時事也。此所謂崤塞之患。

非之來也，未必不以其能存韓也為重於韓也〔一〕。辯説屬辭，飾非詐謀，以釣利於秦〔二〕，而以韓利闚陛下〔三〕。夫秦、韓之交親，則非重矣〔四〕，此自便之計也。

〔一〕王先慎曰：非之來秦，為存韓也，則説雖為秦，心必為韓，故云為重於韓也。⊙孫子書師曰：案「存韓」下「也」字猶者也（見經傳釋詞），此謂非之來，未必不以其能存韓者，取重於韓。下文云「夫秦、韓之交親則非重矣，此自便之計也」，是其義。王説未了。⊙高亨曰：為，猶求也。莊子養生主「已而為知者，殆而已矣」，為知，猶求知也。荀子富國篇「凡攻人者，非以為名，則案以為利」，為名，為利，猶求名、求利也。王制篇「將以為樂，乃得憂焉，將以為安，乃得危焉，將以為福，乃得死亡焉」，為樂、為安、為福，猶求樂、求安、求福也。此言韓非之來，或將以其存韓之功求重於韓也。下文：「秦、韓之交親則非重矣」，即承此而言。王先慎説失之。⊙奇猷案：孫、高説是。謂因説秦不攻韓而求重於韓，故下云：「釣利於秦。」又案：舊連上，今提行。

〔二〕松皋圓曰：淮南主術訓注：「釣，取也。」

〔三〕舊注：闚陛下之意，因隙而入説，以求韓利。

〔四〕舊注：見重於二國。

臣視非之言，文其淫説，靡辯才甚〔一〕。臣恐陛下淫非之辯而聽其盜心〔二〕，因不詳察事情。今以臣愚議：秦發兵而未名所伐，則韓之用事者以事秦為計矣〔三〕。臣斯請往見韓王，使來入見〔四〕。大王見，因內其身而勿遣〔五〕，稍召其社稷之臣，以與韓人為市，則韓可深割也〔六〕。因令象武發東郡之卒〔七〕，闚兵於境上而未名所之〔八〕，則齊人懼而從蘇之計〔九〕，是我兵未出而勁韓以威擒，强齊以義從矣〔一〇〕。聞於諸侯也，趙氏破膽，荆人狐疑，必有忠計〔一一〕。荆人不動，魏不足患也，則諸侯可蠶食而盡，趙氏可得與敵矣〔一二〕。願陛下幸察愚臣之計，無忽。

秦遂遣斯使韓也〔一三〕。

〔一〕奇猷案：離騷注：「淫，邪也。」淫說，姦邪之說也。又案：舊連上，今提行。

〔二〕王先謙曰：浸淫而聽納之。⊙高亨曰：呂覽直諫篇「得丹之姬淫」，高注：「淫，惑也。」淫非之辯，謂惑於韓非之辯。王先謙說失之。⊙奇猷案：高說是。禮記檀弓注：「靡，侈也。」

〔三〕舊注：疑伐己也。

〔四〕奇猷案：後李斯上韓王書即李斯見韓王之上韓王書。

〔五〕盧文弨曰：凌本「大王」二字重。張本不重，是。

〔六〕王先謙曰：韓遣韓非入秦在王安六年，其時滎陽、上黨悉已入秦，存者獨潁川一郡地耳。非存韓之說不得已而為宗社計，李斯所云深割者，即盡入其地之謂也。⊙物双松曰：與韓人約以地易王，如市易然。⊙松皐圓曰：東周策注：「割，謂出地。」⊙奇猷案：市，易也。割，猶制裁也，詳揚權篇。此文蓋謂既不遣韓王反國，則與其主事之臣談條件，故韓可深加制裁也。王說失之。

〔七〕王渭曰：「象」，當作「蒙」。蒙武，見始皇本紀、蒙恬列傳。松皐圓曰：東郡，秦所置，蒙驁伐魏取之。

〔八〕奇猷案：易豐卦「闃其户」，疏云：「闃視其户也。」廣雅釋詁：「闃，視也。」闃兵境上，謂以兵闃視境上也，示威脅敵人之意。

〔九〕王先慎曰：蘇，即荆蘇。秦使之齊絶趙交也。

〔一〇〕奇猷案：説文無「擒」字。劉漢忠禽（擒）字的訓詁及相關事實釋擒為制服（載一九八八年學術論壇第五期），是也。又案：義通議。齊人以議從，即上文所言齊人從蘇之計，亦即上文所言齊與趙絶交。

〔一一〕王先慎曰：荆疑四國，必不欺秦。⊙松皐圓曰：謂以事秦為計也。自秦言之，故曰忠計。

〔一二〕奇猷案：謂可與趙氏為敵也。

〔一三〕太田方曰：此七字為記者之辭。⊙奇猷案：太説是，今以此句另行。李斯上書止於「無忽」。

李斯上韓王書〔一〕

李斯往詔韓王，未得見，因上書曰〔二〕：昔秦、韓勠力一意以不相侵〔三〕，天下莫敢犯，如此者數世矣。前時五諸侯嘗相與共伐韓〔四〕，秦發兵以救之〔五〕。韓居中國，地不能滿千里，而所以得與諸侯班位於天下、君臣相保者〔六〕，以世世相教事秦之力也〔七〕。先時五諸侯共伐秦，韓反與諸侯先為鴈行〔八〕以嚮秦軍於闕下矣〔九〕。諸侯兵困力極〔一〇〕，無奈何，諸侯兵罷〔一一〕。杜倉相秦，起兵發將以報天下之怨而先攻荆〔一二〕。荆令尹患之曰〔一三〕：「夫韓以秦為不義，而與秦兄弟共苦天下〔一四〕。已又背秦，先為鴈行以攻關。韓則居中國，展轉不可知。」〔一五〕天下共割韓上地十城以謝秦，解其兵〔一六〕。夫韓嘗一背秦而國迫地侵，兵弱至今；所以然者，聽姦臣之浮説〔一七〕，不權事實，故雖殺戮姦臣不能使韓復强。

〔一〕奇猷案：原無此目，今增。

〔二〕奇猷案：此十三字亦記者之辭。説文：「詔，告也。」此下始為李斯上韓王書。舊連上，今提行。

〔三〕奇猷案：即下文「與秦兄弟共苦天下」。

〔四〕奇猷案：「時」，藏本、迂評本作「世」。

〔五〕王先慎曰：韓世家：「釐王二十三年，趙、魏共伐韓，韓使陳筮告急於秦，秦昭王遣白起救韓，八日而至，大破趙、魏之師。」據六國表，事在昭王三十一年。

〔六〕松皋圓曰：山云：左傳：「族姓班位。」孟子「周室之班爵禄也」，注：「班，列也。」

〔七〕王先謙曰：韓自懿侯後事見世家者，如昭侯十一年如秦，宣惠王十九年以太子倉質秦，襄王十年太子嬰朝秦，釐王時兩會秦王，非不世世事秦，而無世不被秦兵，常出兵佐秦伐諸侯，其得秦救，惟釐王二十三年一役而已。所謂戮力一意以不相侵，特策士之游談，初無關於事實也。⊙奇猷案：「力」當作「功」。

〔八〕太田方曰：先，謂率為前導也。韓世家：「韓必德王也，必不為雁行以來。」蘇秦傳：「使弱燕為雁行，而强秦敝其後。」皆為同心進旅之義。⊙津田鳳卿曰：魏策注：「雁行，以次進也。」此言韓為諸侯之先鋒。

〔九〕盧文弨改「闕」為「關」曰：「闕」，藏本作「關」。下云「先為鴈行以攻關」。⊙王先謙曰：秦昭王九年，齊、魏、韓共擊秦於函谷；十一年，齊、韓、趙、魏、宋、中山五國共攻秦；韓襄王十四、十六年事也。⊙王先慎改「闕」為「關」曰：案「闕」乃「關」字形近而譌，即函谷關。⊙奇猷案：秦紀：「惠王後七年，韓、趙、魏、燕、齊帥匈奴兵共伐秦，秦使庶長疾與戰修魚，虜其將申差。」又六國表：「惠王後七年，五國共擊秦，不勝而還。」於同年魏、韓、趙、燕、楚五國欄內并載「擊秦不勝」四字，而於齊獨闕，是所謂五諸侯伐秦者，當指此而言。但世家無楚，年表無齊，各有省略耳。王先謙以秦昭王九年齊、魏、韓共擊秦及十一年齊、韓、趙、魏、宋、中山五國共擊秦釋此句，未可從。又案：作「闕」是，迂評本亦作「闕」，今據改。

〔一〇〕奇猷案：禮大學注：「極，盡也。」

〔一一〕王先謙曰：秦割地以和，見表及秦紀，此飾言之。⊙奇猷案：五國不勝而還，非秦割地以和。

〔一二〕顧廣圻曰：今本「失」作「先」。⊙王先謙曰：據表、紀、世家，秦昭王二十七年，楚頃襄王十九年，韓釐王十六年也。自是連三年秦擊楚，破之，遂拔郢。⊙王先慎改「失」為「先」曰：乾道本「先」作「失」，非。⊙奇猷案：王改是，今從之。

〔一三〕奇猷案：諸國稱相，楚稱令尹，但令尹亦掌兵，諸國之相或掌兵或不掌兵未有一定。

〔一四〕王先慎曰：謂與秦為兄弟也。

〔一五〕王先慎曰：展轉，猶反覆也。

〔一六〕王先謙曰：據秦紀及表昭王四十五年攻韓，取十城，未知即此事否？四十七年秦即攻上黨亦未嘗解兵。⊙奇猷案：趙策：「秦王謂公子他曰：昔歲殽下之事，韓為中軍以與諸侯攻秦，韓與秦接境壤界，地不能千里，展轉不可約，日者秦、楚戰於藍田，韓出鋭師以佐秦，秦戰不利，因轉與楚，不固信盟，唯便是從，韓之在我，心腹之疾，吾將伐之何如？公子他曰：王出兵韓，韓必懼，懼則可以不戰而深取割。王曰：善。乃起兵，一軍臨滎陽，一軍臨太行，韓恐，使陽城君入謝於秦請效上黨之地以為和。」案李斯當即指此事。鮑注：「展轉，猶反覆。」

〔一七〕盧文弨曰：張本「人」作「臣」。⊙王先慎改「人」為「臣」曰：案下文亦作「臣」，作「臣」者是。⊙奇猷案：藏本、迂評本亦作「臣」，今據改。

今趙欲聚兵士卒，以秦為事〔一〕，使人來借道，言欲伐秦，其勢必先韓而後秦〔二〕。且臣聞之：「唇亡則齒寒。」夫秦、韓不得無同憂，其形可見。魏欲發兵以攻韓，秦使人將使者於韓〔三〕。今秦王使臣斯來而不得見，恐左右襲曩姦臣之計，使韓復有亡地之患。臣斯不得見〔四〕，請歸報，秦、韓之交必絕矣。斯之來使，以奉秦王之歡心，願效便計，豈陛下所以逆賤臣者邪？臣斯願得一見〔五〕，前進道愚計，退就葅戮，願陛下有意焉。今殺臣於韓，則大王不足以强，若不聽臣之計，則禍必搆矣。秦發兵不留行，而韓之社稷憂矣。臣斯暴身於韓之市，則雖欲察賤臣愚忠之計，不可得已。邊鄙殘，國固守，鼓鐸之聲於耳〔六〕，而乃用臣斯之計晚矣。且夫韓之兵於天下可知也，今又背强秦，夫棄城而敗軍〔七〕，則反掖之寇必襲城矣〔八〕。城盡則聚散，聚散則無軍矣〔九〕。城固守〔一〇〕，則秦必興兵而圍王一都〔一一〕，道不通，則難必謀，其勢不救〔一二〕。左右計之者不用〔一三〕。願陛下熟圖之。若臣斯之所言有不應事實者〔一四〕，願大王幸使得畢辭於前，乃就吏誅不晚也。秦王飲食不甘，游觀不樂，意專在圖趙。使臣斯來言，願得身見，因急與陛下有計也〔一五〕。今使臣不通，則韓之信未可知也，夫秦必釋趙之患而移兵於韓。願陛下幸復察圖之，而賜臣報決〔一六〕。

〔一〕王先慎曰：「兵」字疑衍，上文「夫趙氏聚士卒」，無「兵」字，即其證。⊙奇猷案：王說衍「兵」字是。以秦為事，謂欲攻秦也。或讀卒為猝，屬下，殊嫌累贅。又案：舊連上，今提行。

〔二〕盧文弨重「欲伐秦」三字曰：舊不重，今依張、凌本補。⊙顧廣圻曰：藏本重「欲伐秦」三字，非也。⊙王先慎重「欲伐秦」曰：按重三字文義較足。未必乾道本獨是，衆本皆非也。顧說太泥。⊙奇猷案：此當重「伐秦」二字。無「伐秦」二字則義不足，多一「欲」字則文贅。蓋動兵伐秦，則必先韓，含乘韓不備之意。欲伐秦，則尚未動兵，不得言先韓。

〔三〕王先謙曰：此言魏遣使於秦約共攻韓，秦欲送其使於韓，所以誑恐之。

〔四〕顧廣圻曰：藏本、今本「不」下有「得」字。⊙奇猷案：王先慎依顧校補「得」字，是，今從之，凌本亦有。迂評本作「一得」，誤。

〔五〕奇猷案：句絶。或斷「前」字為句，非。

〔六〕王先慎曰：「邊鄙殘」句，「國固守」句，「聲」下脱「盈」字。⊙太田方曰：「聲」下有一「聞」字是。趙策：「秦攻趙，鼓鐸之聲聞於北堂。」周禮：「族師以鼓鐸旗物帥而至。」司馬職：「司馬振鐸。」按說文：「鐸，大鈴也。」軍法五人為伍，五伍為兩，兩司馬鐸。玉篇：「所以宣教令者也。」周禮地官封人注：「鐸，大鈴也，振之以通鼓。」⊙奇猷案：迂評本、凌本「聲」下有「聞」字，是。

〔七〕顧廣圻曰：「敗軍」，當作「軍敗」，「軍」句絶，「敗」下屬。⊙王先謙曰：言割城而又敗其軍，於義自順，無庸倒文。⊙奇猷案：此謂敗軍棄城而走，非謂割城也。顧說固誤，王說亦未得。

〔八〕舊注：反掖者，謂麾下反以禽君掖也。⊙盧文弨曰：反於掖下，言內變將作也。注迂晦。⊙王先謙曰：謂韓本國之寇，與下秦興兵對文。⊙奇猷案：反，同返，去而再來曰返。在旁者為掖，漢書高后紀「入未央宮掖門」，顔注「非正門而在兩旁，若人之臂掖也」，是以掖為在旁者之義可證。反掖之寇必襲城矣，謂敗軍已棄城而走，則無軍以禦敵，在旁窺視之寇，乘此空虛必返軍而襲城也。

〔九〕顧廣圻曰：藏本、今本重「聚散」。⊙王先慎重「聚散」曰：案城盡則聚者散，聚者散則國無軍，重「聚散」二字語乃明顯。⊙奇猷案：王補是，今從之，迂評本、凌本亦重。聚，即指城内所聚居之民。

〔一〇〕顧廣圻曰：藏本、今本「城」上有「使」字。⊙王先慎曰：城固守與上城盡對文，無「使」字是。⊙奇猷案：迂評本、凌本亦有「使」字。案有「使」字義長。上言城盡，此言若使城固守，乃反上之辭，有「使」字是。

〔一一〕王先謙曰：或云：「一」字當在「道」字下，非也。古城邑大者皆謂之都，不必王所居方為都。孟子云「王之為都者，臣知五人」是也。韓世家「公仲請王賂秦以一名都，楚陳軫言秦得韓之名都一」，正與此文「一都」相類。⊙奇猷案：王説是。十過篇「秦得韓之都一」，都亦謂城邑之大者可證。

〔一二〕王先謙曰：説文：「慮難曰謀。」

〔一三〕顧廣圻曰：「用」，當作「周」。周，密也。⊙奇猷案：顧説是。

〔一四〕奇猷案：此下當有「願就俎戮」一句，否則文義不足。蓋鈔寫者鈔至此「願」字略一間歇，誤以為鈔至下一「願」字，遂脱去四字也。

〔一五〕顧廣圻曰：藏本、今本「身」下有「見」字。⊙奇猷案：王先慎據補「見」字，是，今從之，迂評本、凌本亦有。身見，猶言親見也。

〔一六〕趙用賢曰：此當時記載之文，故并叙李斯語。

難言第三

臣非非難言也，所以難言者：言順比滑澤，洋洋纚纚然，則見以為華而不實〔一〕。敦祇恭厚〔二〕，鯁固慎完〔三〕，則見以為掘而不倫〔四〕。多言繁稱，連類比物，則見以為虛而無用〔五〕。揔微說約，徑省而不飾〔六〕，則見以為劌而不辯〔七〕。激急親近，探知人情，則見以為譖而不讓〔八〕。閎大廣博，妙遠不測〔九〕，則見以為夸而無用〔一〇〕。家計小談，以具數言，則見以為陋〔一一〕。言而近世〔一二〕，辭不悖逆，則見以為貪生而諛上〔一三〕。言而遠俗，詭躁人間，則見以為誕〔一四〕。捷敏辯給〔一五〕，繁於文采，則見以為史〔一六〕。殊釋文學〔一七〕，以質信言，則見以為鄙〔一八〕。時稱詩書，道法往古，則見以為誦〔一九〕。此臣非之所以難言而重患也。

〔一〕舊注：言順於慎，比於班。洋洋，美。纚纚，有編次也。⊙盧文弨曰：順比，不拂逆也。注「言順於慎，比於班」，轉難解。凌本「澤」作「瀉」，誤。⊙王先慎曰：意林引「見」下有「者」字。「為」作「謂」，下同。⊙太田方曰：詩皇矣「克順克比」，管子五輔篇「為人弟者比順以敬」，孔子家語「良工能巧不能順」。順，是當彼意而莫逆之謂也。荀子議兵篇「莫不順比」，注：「比，親附也。」論語「君子周而不比」，皇侃疏：「比是親狎之義。」史記樗里子傳「滑稽」，索隱曰：「辯給之人，言非若是，言是若非。」管子法禁篇「順惡而澤」，注：「善潤飾之，令有光澤。」孟子：「潤澤之在君與子。」是澤，飾字意耳。尚書「聖謨洋洋，嘉言孔彰」，論語「洋洋乎盈耳哉。」纚，色蟹反，所以韜髮也。周禮「追師，掌王后之首服，為副編次」，注：「編，編列髮為之次，次第髮為之，亦纚笄總而已。」故舊注以為有編次也。⊙奇猷案：文選顏延年祭屈原文注引亦有「者」字，非。見，謂見其言，非謂見其言之人，與說難篇「見下節」之見同義。洋洋纚纚，猶言滔滔不絕。太引尚書見伊訓、論語見泰伯、周禮見天官。又案：韓非自稱

「臣」，則此篇亦上韓王書也。

〔二〕王先慎改為「敦厚恭祇」曰：意林引作「敦厚恭祇」，是也。⊙奇猷案：此四字皆獨立為義，作敦祇恭厚亦可通，不必改作。意林泥於「敦厚」為一類而改之耳，不可據。又案：敦，蓋借為惇。段玉裁云：「説文『敦，怒也，詆也，一曰：誰何也，皆責問之意』。詩邶風『王事敦我』，毛曰『敦，厚也』。按心部惇，厚也。然則凡云敦厚者，皆假敦為惇。」爾雅釋詁：「祇，恭敬也。」

〔三〕太田方曰：鯁，骨鯁，謂直也。固，執一堅固也。慎，徐鍇曰：「真心為慎，不鹵莽也。」完，莊子：「不以物挫志謂之完。」⊙奇猷案：慎當訓誠，見爾雅釋詁。

〔四〕顧廣圻曰：藏本、今本「掘」作「拙」。⊙王先慎改為「拙」曰：意林引亦作「拙」。⊙吴汝綸曰：掘、拙通，史記貨殖傳：「田農掘業」，集解引徐廣曰：「古拙字亦作掘。」⊙章太炎曰：掘，借為滑，猶周語鄭武公「滑突」，史記作「掘」也。滑，亂也。書「蠻夷滑夏」，鄭注「侵亂中國」是其義。周語「滑夫二川之神」，晉語「不如置不仁以滑其中」，荀子成相「吏謹將之無披滑」，皆此義。滑而不倫，亂而不倫也。⊙奇猷案：説郛引亦作「拙」，蓋不知掘、拙通而改耳。又案：此仍以笨拙解為宜。説話鯁直誠慎，以其説不貫串、不動聽，故謂其笨拙而又不倫不類（倫，類也）。章説不確。

〔五〕太田方曰：秦策：「繁稱文辭，天下不治。」鬼谷子：「繁稱文辭者博也。」史記鄒陽傳：「辭雖不遜，然其比物連類，有足多者。」禮學記：「古之學者，比物醜類。」⊙奇猷案：禮學記鄭注云：「醜，猶比也。醜類，以事相況而為之。」太引鬼谷子見權篇。

〔六〕太田方曰：揔，括也。説文：「揔，聚束也。約，要也。」孟子：「博學而詳説之，將以反説約也。」淮南要略訓：「總要舉凡而語不剖判。」⊙奇猷案：乾道本「揔」作「惣」，誤，今據藏本作「揔」，説郛引作「總」。總，揔同。説難篇：「徑省其説」，舊注：「徑，直。」徑省，謂言簡易而又少。并詳説難篇「徑省其説」注。

〔七〕王先慎曰：意林「劌」作「訥」。⊙太田方曰：方言：「凡草木刺人，自關而東或謂之梗，或謂之劌。」老子：「廉而不劌。」言其如棘刺之觸膚也。

〔八〕盧文弨曰：「探」，一作「深」。凌本「譖」作「僭」。⊙顧廣圻曰：今本「急」作「意」，誤。⊙王先慎改「譖」為「僭」曰：「譖」，凌本作「僭」，是。意林「急」亦誤作「意」。釋名：「急，及也，操切之使相逮及也。」説文：「探，遠取之也。」疏遠之臣，慮事廣肆，并及人主之親近，以刺取其向背，即説難所謂「非閒已即賣重也」，故見者以為僭而不讓。⊙物双松曰：激急，不婉貌。⊙奇猷案：激急親近，謂語侵人主之親近也。公羊傳莊元年注：「如其事曰訴，加誣曰譖。」説文「僭，假也。」段注云：「以下儗上，僭之本義也。」此處以作「譖」為是。此文謂探知人情，而語有侵及主之親近者，則以為譖誣主之親近，而不以言讓人。（不以言讓人，即不隱惡揚善之意。）則作「譖」義甚通。迂評本與凌本同，皆意改。説郛引仍作「譖」，不誤。

〔九〕王先慎曰：意林「妙遠」作「深而」。⊙奇猷案：意林引「閎」作「宏」，字同。又案：妙、借為眇，易説卦：「神也者，妙萬物而為言者也。」王肅本「妙」作「眇」是其證。楚辭哀郢：「眇不知其所蹠。」是眇即「渺遠」之渺。閎大、廣博、妙遠，皆不可測度者。意林不知妙即渺，見「不測」二字，遂改「妙遠」為「深而」也，非是。

〔一〇〕津田鳳卿曰：謚法：「華言無實曰夸。」

〔一一〕顧廣圻曰：藏本同。今本「家」作「纖」，誤。⊙王先慎曰：此即説難篇所謂「米鹽博辯」也，作「家」字是。⊙太田方曰：疑「具」為「算」字之誤。⊙尹桐陽曰：具，備也。數，計也。備計則詳明。⊙奇猷案：王、尹二氏説均是也。説郛引「家」亦作「纖」，誤。家計皆瑣碎小事，件件計之，故曰具數。

〔一二〕太田方曰：言而近世，謂近世俗之言也。此云世，下云俗，互文也。荀子非相篇：「遠舉則病繆，近世則病傭。」⊙奇猷案：太說是。本書多以世為世俗之意，如姦劫弒臣篇：「世學者」，即謂世俗之學者，是其例。

〔一三〕顧廣圻曰：「逆」當作「遻」，詩「巧言如流」，箋云「故不悖逆」，釋文云：「遻，五故反，本亦作逆。」按說難篇云：「大意無所拂悟。」拂、悖同字，遻、悟同字。作「逆」者，形近之誤也。又禮檀弓注：「噫，弗㾓之聲。」弗㾓即拂悟。正義讀弗如字者，非。今本因之改「弗」作「不」，尤誤。列女傳「不拂不㾓」，亦用「㾓」字。

〔一四〕王先慎曰：釋名：「躁，燥也，物燥乃動而飛揚也。」則躁有華而不實之意。易繫辭：「躁人之辭多。」⊙高亨曰：躁，詐也。方言：「剿，獪也，秦、晉之間曰獪，楚謂之剿。」荀子富國篇：「躁者皆化而愨。」商子墾令篇：「姦偽躁心、私交疑農之民。」本書有度篇「險躁不得關其佞」，說疑篇「譟詐之人不敢北面立談」，詭使篇「險躁反覆謂之智」，又「躁險讒諛者任。」剿、躁音近義同。王先慎說失之。⊙章太炎曰：詭，即恑。說文云：「恑，變也。」周書謚法：「好變動民曰躁。」引申則變動即曰躁。月令「毋躁」，注：「躁，動也。」躁可訓為動，則亦可訓變。人間所說如此，是人所說如彼則是變易人間之說，故曰詭躁人間。有度篇云：「險躁不得關其佞。」說疑云：「譟詐之人」，譟、躁亦同，言變詐也。管子君臣下云「然則躁作姦邪偽詐之人不敢試也」，躁作，亦猶譟詐。作與詐，如為與偽耳。管子正世又云「夫凡民躁而行僻」，亦詭躁之義，謂其好變習俗也。⊙奇猷案：上文謂「言而遠俗」，下文云「見以為誕（怪誕）」，則詭訓為變、躁訓為詐，與上下文義皆不相蒙。詭當釋為怪異（常訓）。躁通譟，說文：「譟，擾也。」一切經音義引說文作「擾耳也」。此文謂其言遠於俗，以怪異之言、擾耳之語說於人前，故見以為怪誕。

〔一五〕奇猷案：給，讀如論語公冶長篇「禦人以口給」之給，利口也。

〔一六〕王先慎曰：儀禮聘記云：「辭多則史。」鄭注：「史，謂策祝，亦言史官辭多文也。」⊙奇猷案：論語雍也篇：「文勝質則史。」集解引包曰：「史者，文多而質少。」

〔一七〕王先謙曰：殊釋，猶言絶棄。⊙奇猷案：王説是。廣雅釋詁「殊，絶也」，是其義。文學，指儒、墨之學，即其詩書，考詳六反篇。

〔一八〕盧文弨曰：「信」，張、凌本皆作「性」。⊙顧廣圻曰：藏本「信」作「性」，是也。⊙奇猷案：考韓非以文學淫麗浮華。五蠹篇云：「學者稱先王之道以籍仁義，盛容服而飾辯説。」學者，指學文學者，飾辯説故淫麗浮華而不可信。相對於文學之士則為法術之士，八説篇曰「息文學而明法度」，以文學與法度對舉，可證法術之士當然守法度，守法度則質樸而忠信。此文殊釋文學以質信言者，謂釋浮麗之文學，而按法度之質信為説，故曰見以為鄙。顧氏不知此義，王先慎從之改，非是。若作質性，猶言質樸之性質，則「以質性言」一語殊不辭。又案：今藏本仍作「信」，迂評本作「性」與張、凌本同。

〔一九〕舊注：誦説舊事。⊙奇猷案：周禮春官司樂鄭注云：「背文曰諷，以聲節之曰誦。」

故度量雖正，未必聽也〔一〕；義理雖全，未必用也〔二〕。大王若以此不信，則小者以為毁訾誹謗，大者患禍災害死亡及其身。故子胥善謀而吳戮之〔三〕，仲尼善説而匡圍之〔四〕，管夷吾實賢而魯囚之〔五〕。故此三大夫豈不賢哉？而三君不明也。上古有湯，至聖也。伊尹，至智也。夫至智説至聖，然且七十説而不受，身執鼎俎為庖宰，昵近習親，而湯乃僅知其賢而用之〔六〕。故曰以至智説至聖，未必至而見受〔七〕，伊尹説湯是也。以智説愚必不聽，文王説紂是也。故文王説紂而紂囚之〔八〕，翼侯炙〔九〕，鬼侯腊〔一〇〕，比干剖心〔一一〕，梅伯醢〔一二〕，夷吾束縛〔一三〕，而曹羈奔陳〔一四〕，伯里子道乞〔一五〕，傳說轉鬻〔一六〕，孫子臏脚於魏〔一七〕。吳起收泣於岸門〔一八〕，痛西河之為秦，卒枝解於楚〔一九〕。公孫痤言國器，反為悖，公孫鞅奔秦〔二〇〕。關龍逢斬〔二一〕，萇弘分胣〔二二〕，尹子穽於棘〔二三〕，司馬子期死而浮於江〔二四〕，田明辜射〔二五〕，宓子賤、西門豹不鬭而死人手〔二六〕，董安于死而陳於市〔二七〕，宰予不免於田常〔二八〕，范睢折脅於魏〔二九〕。此十數人者，皆世之仁賢忠良有道術之士也〔三〇〕，不幸而遇悖亂闇惑之主而死。然則雖賢聖不能逃死亡避戮辱者何也？則愚者難說也，故君子不少也〔三一〕。且至言忤於耳而倒於心，非賢聖莫能聽〔三二〕。願大王熟察之也。

〔一〕奇猷案：解老篇云：「欲利甚則憂，憂則疾生，疾生則智慧衰，智慧衰則失度量。」則「度量」指欲望、行為的準則。但「度量」在本書中有不同的意義，如揚權篇「上操度量以割其下」，「度量」則是指二柄篇之刑、德。當視上下文而定耳。

〔二〕奇猷案：解老篇：「義者謂其宜也。」又云：「理者成物之文也。」

〔三〕奇猷案：伍子胥數諫吳王，王不聽而疏之，後以太宰嚭之讒，王賜屬鏤之劒以自剄死，詳史記本傳。此謂戮，蓋泛言之耳。

〔四〕奇猷案：史記孔子世家：「孔子將適陳，過匡，匡人聞之，以為魯之陽虎，陽虎嘗暴匡人，遂止孔子，孔子使從者為甯武子臣於衛然後得去。」

〔五〕奇猷案：史記本傳：「管夷吾少時，常與鮑叔牙游，鮑叔知其賢，已而管仲事公子糾，及小白立為桓公，公子糾死，管仲囚焉，鮑叔遂進管仲，管仲既用，任政於齊，齊桓公以霸，九合諸侯，一匡天下。」

〔六〕奇猷案：説文：「暱，近也。」昵下云：「暱，或从昵。」史記殷本紀：「阿衡欲干湯而無由，乃為有莘氏媵臣，負鼎俎以滋味説湯。」墨子尚賢上篇：「湯舉伊尹於庖宰之中。」又中篇云：「伊摯，有莘氏女之私臣，親為庖人，湯得之，舉以為相。」（孟子萬章篇辯無其事）皆無七十説而不受之説，惟抱朴子時難篇「伊尹干湯，至於七十」，與此同。又案：戰國時確有兩伊尹學派。漢書藝文志「道家」著録伊尹五十一篇，而「小説家」又著録伊尹説二十七篇。吕氏春秋本味篇述伊尹説湯以至味，殆即謂伊尹「執鼎俎為庖宰」一派之著作；先己、論人、恃君等是孟子所稱者，藝文志著於道家之伊尹學派所為。詳拙作吕氏春秋校釋。

〔七〕奇猷案：謂未必一來便用其説也。

〔八〕顧廣圻曰：藏本、今本「紂」下有「而紂」二字。⊙奇猷案：王先慎據補，是，今從之，迂評本、凌本亦有。又案：史記周本紀：「崇侯虎譖西伯於殷紂，紂乃囚西伯於羑里。」

〔九〕顧廣圻曰：戰國策、史記皆作鄂侯。⊙王先慎曰：左隱五年：「邢人伐翼，翼侯奔隨。」六年「納諸鄂謂之鄂侯。」翼、鄂地近，故相通稱。史記楚世家「熊渠中子紅為鄂王」，吴越春秋句踐陰謀外傳「號翼侯」，可借證翼、鄂通稱。⊙松皐圓曰：史、策云「鄂侯」，淮南子「息侯」，蓋一人也。⊙奇猷案：鄂侯為紂三公之一，紂醢九侯，鄂侯争之彊，辨之疾，并脯鄂侯，見史記殷本紀。吕氏春秋行論篇高注：「肉熟為脯。」淮南子無息侯，松氏誤。

〔一〇〕王先慎曰：史記作九侯，徐廣注：「九侯，一作鬼侯，鄴縣有九侯城。」九、鬼聲近通用。⊙奇猷案：鬼侯亦紂三公之一，殷本紀稱「為紂所醢」，吕氏春秋行論篇「殺鬼侯而脯之」，此云腊，異。

〔一一〕奇猷案：殷本紀：「紂愈淫亂。比干曰：為人臣不得不以死争。迺强諫紂。紂怒，曰：吾聞聖人心有七竅。剖比干觀其心。」

〔一二〕王先慎曰：見晏子。楚辭云：「數諫至醢。」⊙奇猷案：晏子春秋問上：「文王禮梅伯之醢。」呂氏春秋行論：「殺梅伯而醢之」，又過理篇：「紂殺梅伯而遺文王其醢，不適也。文王貌受，以告諸侯。」高注：「梅伯，紂之諸侯也，説鬼侯之女美好，紂受妲己之譖以為不好，故殺梅伯以為醢。醢，肉醬也。」淮南俶真訓：「菹梅伯而醢之。」

〔一三〕尹桐陽曰：國語：「魯莊公束縛管仲。」説苑雜言：「管夷吾束縛膠目居檻車中，起為仲父。」⊙奇猷案：難一篇：「桓公解管仲之束縛而相之。」并詳上注。

〔一四〕松皐圓曰：左傳莊二十四年：「冬，曹羈出奔陳。」公羊傳：「戎將侵曹。曹羈諫曰：戎衆以無義君，請勿自敵也。曹伯曰：不可。三諫不從，遂去之。」

〔一五〕盧文弨曰：即百里奚亡秦走宛事。⊙顧廣圻曰：伯，讀為百。⊙太田方曰：穀梁傳百里奚，釋文：「百本或作伯。」⊙奇猷案：百里奚走宛詳史記秦本紀、晉世家。淮南子脩務訓：「百里奚轉鬻，管仲束縛。」史記鄒陽傳、韓詩外傳：「百里奚乞食於道路。」説難篇：「百里奚為虜。」史記秦本紀：「百里傒謂穆公曰：臣常游，困於齊，而乞食銍人，」即此文所謂「道乞」也。亡秦走宛事在此之後。本書難一篇「伯」作「百」，字同。

〔一六〕舊注：轉次而傭，故曰鬻。⊙奇猷案：「轉鬻」二字蓋「版築」之聲近而誤者。史記殷本紀：「武丁夜夢得聖人，名曰説，以夢所見視羣臣百吏皆非也，於是迺使百工營求之野，得説於傅險中。是時，説為胥靡，築於傅險。」書説命云：「説築傅巖之野。」孔傳云：「傅氏之巖在虞、虢之界，通道所經，有澗水壞道，常使胥靡刑人築護此道，説賢而隱，代胥靡築之以供食。」孔疏引皇甫謐云：「高宗夢天賜賢人，胥靡之衣蒙之而來。且曰：我徒也，姓傅名説。明以夢示百官，百官皆非也。乃使百工寫其形象求諸天下，果見築者胥靡衣褐帶索，執役於虞、虢之間，傅巖之野，名説，以其得於傅巖，謂之傅説。」墨子尚賢中篇：「傅説被褐帶索，庸築乎傅巖，武丁得之，舉以為三公。」未聞傅説轉鬻之説。舊注順文為解，非是。又案：舊注故曰下當有「轉」字。

〔一七〕奇猷案：史記孫子傳：「孫臏嘗與龐涓俱學兵法。龐涓既事魏，得為惠王將軍，而自以為能不及孫臏，乃陰使召孫臏。臏至，龐涓恐其賢於己，疾之，則以法刑斷其兩足而黥之。」

〔一八〕盧文弨曰：「收」，疑是「抆」字，見吕氏春秋長見篇。⊙顧廣圻曰：仲冬紀云：「抿泣」，恃君覽云：「雪泣。」⊙王先慎曰：「收」，當作「抆」，形近而誤。⊙太田方曰：「收」，或「抆」字訛。吕氏春秋長見篇：「吴起治西河之外，王錯譖之於魏武侯，武侯使人召之，吴起至於岸門，止車而望西河，泣數行下。其僕謂吴起曰：竊觀公之意，視釋天下若釋躧，今去西河而泣何也？吴起抿泣而應之曰：子不識，君知我，而使我畢能西河可以王，今君聽讒人之議而不知我，西河之為秦取不久矣，魏從此削矣。吴起果去魏入楚。有間，西河畢入秦。」⊙奇猷案：「收」作「抆」，是。

〔一九〕奇猷案：墨子親士篇：「吴起之裂，其事也。」淮南子繆稱訓「吴起刻削而車裂」，亦見氾論訓及韓詩外傳一。史記蔡澤傳：「吴起定楚國之政，兵震天下，威服諸侯，功已成矣，而卒枝解。」本書和氏篇、姦劫弑臣篇、問田篇皆言「吴起枝解於楚。」淮南子主術訓：「吴起、張儀智不若孔、墨，而争萬乘之君，此其所以車裂支解也。」本書和氏篇、姦劫弑臣篇及此作「枝解」，問田篇作「支解」，枝、支同。王先慎云：「釋名：『車裂曰轘。轘，散也，肢體分散也。』是吴起受轘死。各國名刑不同，韓子亦因而稱之耳。」（見集解姦劫弑臣篇）吕氏春秋執一篇高注、史記本傳不云車裂，蓋文不具耳。

〔二〇〕奇猷案：史記商君傳：「商君者，名鞅，姓公孫氏，事魏相公叔痤為中庶子。公叔痤知其賢，未及進，會痤病，魏惠王親往問病，曰：公叔病，有如不可諱，將奈社稷何？公叔曰：痤之中庶子公孫鞅，年雖少，有奇才，願王舉國而聽之。王嘿然。王且去，痤屏人言曰：王即不聽用鞅，必殺之，無令出境。王許諾而去。惠王既去而謂左右曰：「公叔病甚，悲乎，欲令寡人以國聽公孫鞅也，豈不悖哉！」公叔既死，公孫鞅聞秦孝公下令國中求賢者，迺遂西入秦。」呂氏春秋長見篇亦載其事。

〔二一〕黄生曰：潛夫論云：「豢龍逢以忠諫，桀殺之。」他書多作「關龍逢」，予乃知「關」當讀為豢，即古豢龍氏之後也。若不讀潛夫論，鮮不以「關」為姓，以「龍逢」為名矣。⊙太田方曰：關龍逢，夏桀臣。桀為酒池，關龍逢諫，立而不去朝，桀囚而殺之。見韓詩外傳。

〔二二〕舊注：陎，裂也，勑氏反。⊙王先慎曰：趙本無注六字。莊子胠篋篇釋文引司馬云：「萇弘，周靈王賢臣也。」案：周景王、敬王之大夫，魯哀公三年六月「周人殺萇弘」。一云「刳腸曰胣」。六微篇以為叔向之讒。⊙奇猷案：舊注「陎」當作「磔」，乃「磔」之壞字。

〔二三〕舊注：投之於穽棘之中。⊙顧廣圻曰：未詳。⊙王先慎曰：趙本無注。⊙太田方曰：穽於棘者，陷於棘刺之中。易坎卦「係用徽纆，寘於叢棘」。穽，坎也。大學衍義補制刑獄之具引坎上六程傳云：「以其陷之深，取牢獄為喻。」又云：「坎為刑獄。」荀九家易坎為叢棘。前漢翟方進傳：「莽盡壞義第宅，汙池之，至皆同坑，以棘五毒并葬之。」蓋古有設此刑者矣。⊙尹桐陽曰：尹子蓋尹文公固。左傳昭二十三年：「尹氏立王子朝。」二十九年：「京師殺尹氏固。」

〔二四〕尹桐陽曰：子期，楚子西之弟公子結也，為大司馬，白公作亂，殺子西與子期於朝，事見左哀十六年傳。史記楚世家作子綦。呂覽必已「伍員流乎江」，此云浮江，蓋子期死後慘與伍員同耳。

〔二五〕舊注：非罪為辜，射而殺之。⊙顧廣圻曰：未詳。⊙俞樾曰：舊注曲說，辜射，即辜磔，磔從石聲，與射聲相近，故得通用。辜磔，本疊韻字，荀子正論篇「斬斷枯磔」，以枯為辜，此云辜射，又以射為磔，古書每無定字，學者當以聲求之。周禮掌戮「殺王之親者辜之」，注曰：「謂磔之。」田明辜射即此刑也。字又作「矺」，史記李斯傳「十公主矺死於杜」，索隱曰：「矺與磔同，古今字異耳。」⊙尹桐陽曰：「田」為齊姓。田明蓋齊明，一曰即田光，均見戰國策。

〔二六〕太田方曰：宓子賤，孔子弟子，名不齊。西門豹，魏武侯臣。二人不鬬而死人手，未聞。

〔二七〕王先慎曰：安于，十過、七術篇作閼于，觀行篇作「安」與此同。案安、閼古通，左定十三年傳作「安」，淮南道應訓作「閼」是也。惟趙策安、閼兩有為誤。⊙尹桐陽曰：左定十四年傳：「董安于縊而死，趙孟尸諸市。」⊙奇猷案：本書十過篇：「董閼于，簡主之才臣也。」

〔二八〕松皋圓曰：宰予為田常所殺，家語、呂子、說苑、淮南人間訓、史記李斯傳及仲尼弟子傳並有此說。索隱云：「左氏無宰我與田常作亂之文。然有闞止字子我。田、闞爭寵，子我為陳恒所殺。疑字與宰予相涉。」⊙尹桐陽曰：宰予字我，孔子弟子。呂覽、說苑所載與此所云宰予不免於田常事合也。乃考之左哀十四年傳：「陳恒殺子我。」玩其文義，似指闞止，非宰予也。而史記李斯傳曰：「田常殺宰我於庭。」田齊世家曰：「子我者，監止之宗人。」又曰：「田氏之徒，追殺子我及闞止。」是明明以子我為宰予，與闞止分為二人。左氏之說誤矣。家語：「宰予仕齊，為臨菑大夫，與田常為難，夷其三族，孔子恥之。」仲尼弟子列傳襲其文，讀者不察，遂疑宰予助逆，羣起訾之。不知與者舉也、敵也。家語所謂「與田常為亂」，乃謂舉兵而敵田常耳。⊙奇猷案：與字可訓為以，詳王氏經傳釋詞。與田常為亂，夷其三族，謂以田常作亂而夷三族，非謂同田常作亂而夷三族也。宰予與闞止（即監止）二人，均為田常所殺，闞止因爭權為田常所殺事，又見本書內儲說下篇。此篇所言為仁賢忠良有道術之士，則宰予不免於田常，實不誤矣。

〔二九〕尹桐陽曰：范睢為魏齊舍人所笞擊，折脅摺齒，佯死。（猷案見史記本傳）史記鄒陽傳：「范睢摺脅折齒於魏，卒為應侯。」

〔三〇〕奇猷案：「仁賢」，藏本、迂評本作「人賢」，誤。

〔三一〕顧廣圻曰：今本「不少」作「難言」，誤。案此句下有脱文。⊙王先慎改從今本曰：君子難言，文甚明白易曉。⊙奇猷案：「不少」，當作「不前」，前篆書作歬，壞為屵，與少（少篆書作𡭔）為反向之文，鈔者遂寫作「少」也。上文云「賢聖不能逃死亡避戮辱」，此云「君子不前」，文正相承。孤憤篇云「法術之士，安能蒙死亡而進其説」，亦此義，語法雖與此不同，但其作「進」字與「前」字義同亦可證。今本知「少」為誤文，意改「不少」為「難言」耳。王氏從之，非是。迂評本、凌本與今本同，蓋沿今本之誤也。

〔三二〕奇猷案：外儲説左上篇云：「忠言拂於耳，而明主聽之，知其可以致功也。」

愛臣第四〔一〕

愛臣太親，必危其身〔二〕。人臣太貴，必易主位〔三〕。主妾無等，必危嫡子〔四〕。兄弟不服，必危社稷〔五〕。臣聞千乘之君無備，必有百乘之臣在其側，以徙其民而傾其國〔六〕；萬乘之君無備，必有千乘之家在其側，以徙其威而傾其國〔七〕。是以姦臣蕃息，主道衰亡。是故諸侯之博大，天子之害也；羣臣之太富，君主之敗也。將相之管主而隆國家〔八〕，此君人者所外也〔九〕。萬物莫如身之至貴也，位之至尊也，主威之重，主勢之隆也〔一〇〕。此四美者不求諸外，不請於人，議之而得之矣〔一一〕。故曰人主不能用其富，則終於外也〔一二〕。此君人者之所識也。

〔一〕奇猷案：本篇中因有「臣聞」云云之語，梁啟超以多對時事發言而斷為韓非早年上韓王書（見要籍解題及其讀法）陳千鈞以篇首「愛臣太親，大臣太貴」係指李斯、姚賈而又斷為韓非上秦王書（見韓非子研究）。案：梁說是也。韓非乃因外交而至秦，豈有開罪秦重臣李斯、姚賈之理？此篇言治國之要，顯係勸誡韓王之書。

〔二〕舊注：威權上逼，故危其身。⊙奇猷案：八姦篇云：「側室公子，人主之所親愛也。」備内篇云：「后妃、夫人、適子為太子者，或有欲其君之蚤死者。桃左春秋曰：人主以疾死者不能處半。故曰利君死者衆，則人主危。」據此，則此文所指者為所愛太親，人主易遭劫殺之禍。舊注誤。此親、身為韻。

〔三〕盧文弨曰：一作「人臣太擅，必易主命」，與韻不叶，非也。⊙陶鴻慶曰：案「人臣」當為「大臣」之誤，與上文「愛臣」，下文「主妾」「兄弟」，各有所指。若泛言人臣，則與上下文不類矣。孤憤篇云：「萬乘之患，大臣太重，千乘之患，左右太信。」人主篇云：「人主之所以身危國亡者，大臣太貴，左右太威也。」皆其證。⊙尹桐陽曰：秦策：「左右太親者身危。」⊙奇猷案：陶說是，太田方亦以「人」當作「大」。說疑篇：「無尊大臣以擬其主」，即此旨，作「大臣」亦可證。貴、位為韻。

〔四〕舊注：主，謂室主。⊙奇猷案：古妾稱妻為主母，禮以正室為主婦，則主妾即謂妻妾也。漢書袁盎傳云：「袁盎諫文帝曰：今陛下既已立后，夫人迺妾，妾、主豈可同坐哉。」此所謂妾、主即指夫人與后，可證主為妻之稱也。八經篇云：「禮施異等，后姬不疑。」后、姬與主、妾同義，亦可證。晉麗姬貴，殺申生而立奚齊，即其例，詳備内篇。說郛引「主」作「妻」，蓋不知「主」字之義而改也。

〔五〕舊注：君之兄弟不相從服。⊙劉師培曰：案此與「主妾無等」對文，「服」即「𠬝」字。舊注非。⊙奇猷案：劉說非也。服謂聽從、服從（常訓）。亡徵篇云：「父兄衆强，内黨外援，以爭事勢者，可亡也。」即父兄不服從君主之表現。此文「兄弟不服，必危社稷」，意謂兄弟不服從君主，於是内黨外援以爭事勢，故危及社稷也。劉改作

「㠯」，㠯，治也（見説文），反難通。又案：此等，子、服、稷為韻。

〔六〕王渭曰：「民」當作「威」。⊙劉師培曰：徙其民，猶云移其民，即左傳昭三年所謂「民歸如流水也」。王渭謂「民」當作「威」非是。⊙奇猷案：劉説是。説疑篇「有務慶賞賜予以移衆者」，移衆即徙其民也。此即指田成氏甚得齊民之類。（事詳外儲説右上）

〔七〕太田方曰：凡「臣聞」云者，皆稱古人之語也。孟子：「萬乘之國，弒其君者，必千乘之家；千乘之國，弒其君者，必百乘之家。」與是語同。君曰國，大夫曰家。⊙奇猷案：威指刑戮之權，如子罕用刑而宋君劫，是其例。（事詳二柄篇）此上備、側、國，備、側、國為韻。

〔八〕孫詒讓曰：日本蒲阪圓本作「後主而隆家」云：「物茂卿本『後』作『管』，『隆』下有『國』字。」凌本同，非，八經篇：「家隆劫殺之難。」詒讓案：管主、後主并無義，「管」當作「營」，形近而誤。營主，謂營惑其主也。淮南子原道訓高注：「營，惑也。」「隆國家」，當依蒲阪圓本刪「國」字。隆家，言搆諸大家使爭鬩，詳後八經篇。⊙松皐圓曰：後主，忘君也。孟子：「未有義而後其君者也。」隆家，私家隆勝也。八經篇：「家隆劫殺之亂起。」⊙奇猷案：孫詒讓以「管主」當作「營主」，「國」字衍，是，隆家釋為搆諸大家使爭鬩，非也。「國」字因上而衍。荀子致士篇云：「君者國之隆也，父者家之隆也。隆一而治，二而亂。自古及今未有二隆爭重而能長久者。」隆家之隆與彼同義。隆，盛大也。亡徵篇「大臣隆盛」，亦謂隆盛其家，可明「國」字衍。姦劫弒臣篇：「人主以曩之合己信今之言，此幸臣之所以得欺主成私者也。」欺主成私，即此所謂營主隆家。迂評本改「管主」為「後主」，蓋不知「管」為「營」誤而意改也，不可從。

〔九〕舊注：君當疎外斥遠之。⊙奇猷案：大、害、敗、外為韻。

〔一〇〕顧廣圻曰：藏本同，今本「至貴也」下衍「位之至尊也主威之重主勢之隆也」十四字。⊙王先慎依今本補十四字曰：案下四美即指此「身之至貴也，位之至尊也，主威之重，主勢之隆」而言，少三句則下四美無著。⊙奇猷案：王說是，今從之，迂評本、淩本亦有。荀子正論「天子者，勢位至尊，無敵於天下」。此重、隆為韻。

〔一一〕王先慎曰：「議」當作「義」。義者，事之宜也，人君合其宜則得之矣。⊙松皐圓曰：君自思議行之，乃得四美。⊙奇猷案：王說是。解老篇云：「義者，君臣上下之事，父子貴賤之差也。」又曰：「義者，謂其宜也，宜而為之，故曰上義為之而有以為也。」則此文「義之而得之」者，謂使宜於君臣上下而為之，則四美得矣。松氏順文為解，非。

〔一二〕舊注：既不能用富，臣則竊之。⊙王先慎曰：富之言備也。四美不備，則國非其有矣。⊙奇猷案：說文：「富，備也。」上「得」字與下「識」字為韻。

昔者紂之亡，周之卑，皆從諸侯之博大也〔一〕；晉之分也〔二〕，齊之奪也〔三〕，皆以羣臣之太富也〔四〕。夫燕、宋之所以弑其君者〔五〕，皆以類也〔六〕。故上比之殷、周，中比之燕、宋〔七〕，莫不從此術也。是故明君之蓄其臣也，盡之以法〔八〕，質之以備〔九〕。故不赦死，不宥刑。赦死宥刑，是謂威淫〔一〇〕，社稷將危，國家偏威〔一一〕。是故大臣之祿雖大，不得藉威城市〔一二〕；黨與雖衆，不得臣士卒。故人臣處國無私朝〔一三〕，居軍無私交〔一四〕，其府庫不得私貸於家〔一五〕，此明君之所以禁其邪。是故不得四從〔一六〕；不載奇兵〔一七〕；非傳非遽，載奇兵革，罪死不赦〔一八〕。此明君之所以備不虞者也〔一九〕。

〔一〕舊注：殷諸侯文王，周諸侯秦襄王。⊙王先慎曰：「從」當作「以」，「以」與古文「从」相似，因誤為「从」，校者不審，又改為「從」。下文：「皆以羣臣之太富也」，與此文正一律，明此「從」為以之誤。⊙太田方曰：從，由也。當殷之時，西伯三分天下有其二。春秋之時，諸侯地方過周制，周室遂卑。⊙裴學海曰：從，猶以也。王先慎曰：「從」，當作以。」按從之為因，亦即為以，王改從為以，失之。⊙奇猷案：太說是，不必改字。又案：舊連上，今提行。卑、大合韻。

〔二〕舊注：趙、魏、韓也。

〔三〕舊注：陳恒弒簡公也。

〔四〕劉師培曰：此與「皆從諸侯博大」對文，「以」乃「从」訛，即古「從」字。⊙奇猷案：以，因也。文甚通，不必與上同字。劉說非。

〔五〕王先慎曰：子罕劫宋，子之奪燕。⊙奇猷案：子罕、子之事皆詳二柄篇。

〔六〕孫詒讓曰：「以類」，當作「此類」。⊙劉師培曰：「以」乃「从」之訛。易乾文言曰：「則各從其類。」⊙奇猷案：兩說均通。奪、類為韻。

〔七〕松皋圓「中」下補「比之齊、晉下」五字曰：從山氏補。⊙奇猷案：松補是，依上文當有。但當作「比之晉、齊，下」，上文亦先晉後齊。「齊」與下文「術」為韻。

〔八〕舊注：臣雖有貴賤，同以法也。

〔九〕舊注：謂薄其賞賜也。臣貧則易制。⊙王先謙曰：廣雅釋詁：「質，正也。」備者，未至而設之，所以逆杜其邪心也。舊注誤。⊙劉師培曰：案舊注蓋讀備為富，古籍富、備互訓，故以臣貧為訓，惟其說實非。質之以備，謂減削人臣之備，不使侈張。如公羊定十二年傳「家無藏甲，邑無百雉之城」，是，下云「是故不得四從，不載奇兵，非傳非遽，載奇兵革，罪死不赦」，是其證。⊙奇猷案：質，讀交質之質。八經篇云：「其位至而任大者，以三節持之：曰質，曰鎮，曰固。親戚妻子，質也。」則質之以備者，謂質其親戚妻子以備其變也。王說固未得，劉說亦不妥。蓋質無削減之義，一也；下文「不得四從」云云，皆盡之以法之義，與此句無關，二也。

〔一〇〕舊注：淫，散也。⊙奇猷案：淫，通婬。說文：「婬，ㄙ逸也」。段玉裁注云：「逸，失也。」舊注訓淫為散，散亦失也（見國語齊語注）。此文「威淫」當倒作「淫威」。此「刑」「刑」為韻。「淫威」之「威」與下文「危」「威」為韻。「淫威」者，謂失威也。飾邪篇云「先王明賞以勸之，嚴刑以威之」，內儲說上篇云「必罰明威」，難一篇云「設民所惡以禁其姦，故為刑罰以威之」，故此文謂赦死宥刑是失威也。

〔一一〕舊注：君威散，臣威成，故曰偏威。⊙王先慎曰：乾道本注無「成」字，今從趙本。⊙奇猷案：藏本注亦有「成」字，但無末「威」字，今從趙本。備內篇云：「偏借其權勢則上下易位矣。」則偏威者，謂權勢偏入臣手也。

〔一二〕舊注：市，衆所聚，恐其乘衆而生心也。⊙俞樾曰：「威」字衍文，藉當讀為籍。詩韓奕篇「實畝實籍」，唐石經作「實畝實藉」，是其例矣。漢書武帝紀：「籍吏民馬。」師古注：「籍者，總入籍錄而取之」，即此籍字之義。管子輕重甲篇「桓公欲藉於室屋，欲藉於萬民，欲藉於六畜，欲藉於樹木」，與此正同。言大臣之祿雖大，而城市之地不得藉而取之也。下云「黨與雖衆，不得臣士卒」，臣士卒與藉城市相對成文。今涉上文「是謂威淫」及「國家偏威」而誤衍「威」字。舊注不解威字，是舊本猶未衍也。⊙奇猷案：此文不誤。藉同借。「藉威城市」，謂借城市以成其威，如共叔段借京以成其威（詳左傳隱元年）即其例。威謂威勢。俞氏泥於對句，非。此「市」與下文「卒」合韻。

〔一三〕舊注：謂臣自私朝。

〔一四〕奇猷案：居軍而私交，則必不為國戰鬬逐北，并以成其姦私。內儲說下云：「宋石，魏將也。衛君，荆將也。

兩國搆難，二子皆將。宋石遺衛君書曰：「二軍相當，兩旗相望，唯毋一戰，戰必不兩存，此乃兩主之事也，與子無有私怨，善者相避也。」即其例。朝、交為韻。

〔一五〕舊注：不欲令其樹福也。⊙奇猷案：如田成氏私大斗、斛、區、釜以出貸是，詳外儲說右上。家、邪為韻。

〔一六〕舊注：四鄰之國為私交。⊙孫詒讓曰：注說非也，此四從，四與駟通，謂駟乘也（左文十一年傳注：駟乘，四人共車。）從，謂從車。皆論貴臣隨從車乘之事，下云「不載奇兵」，即蒙上「四從」而言。史記商君傳：「趙良曰：五羖大夫之相秦也，行於國中，不從車乘，不操干戈。」又曰：「君之出也，後車十數，從車載甲，多力而駢脅者為驂乘。」（參乘為驂乘，四乘為駟乘，二者略同。）商君正以從車載兵甲，故為趙良所責，可證此文之義。⊙王先慎曰：四從，孫說是。舊注當在「居軍無私交」下，傳寫誤置於此耳。⊙奇猷案：孫以四從為駟從，是。南面篇：「商君之內外而鐵殳，重盾而豫戒。管仲之始治也，桓公有武車。」鐵殳、重盾、武車，即此駟從、奇兵之類亦可證。但韓非并不反對商鞅、管仲之有鐵殳武車（讀南面篇文自明，今不具引），而反對者為有陰謀者或因寵幸而得之駟從奇兵，如翟璜乘軒騎駕出（詳外儲說左下）之類。又案：王以此舊注當在居軍無私交下，非也。蓋舊注以四為四方之四，故曰四鄰之國，以從為隨從之從，與四鄰之國為私交，故四鄰之國隨從之。舊注雖非，但仍當在此「四從」下，王說非。

〔一七〕王先謙曰：淮南墬形訓高注：「奇，隻也。」奇兵，佩刀劍之屬，與上四從對文。不載，謂不載以從。戰國策秦羣臣侍殿上者，不得持尺寸之兵，即此義也。惟傳、遽以備非常，乃得載兵甲，故下又申言之。秦御臣民至嚴峻，此法制已然者，非之言此，特以中其意。⊙奇猷案：王釋不載為不載以從是，但以臣侍殿上者不得持兵釋不載以從則非，此乃指不載奇兵以從出也。又案：奇，當讀老子「以奇用兵」之奇，乃奇詭之意。蓋有陰謀者，載從之兵，當含詭譎之意，故名之曰奇兵也。王氏以隻訓奇，而舉淮南高注「奇，隻也」為證，考淮南之文曰「奇股民」，奇股民者，一股之民，故高以隻訓奇。此奇兵訓為隻兵，無義。且佩刀劍之屬，亦不得謂之隻兵也。又案：王謂「秦御臣民至嚴峻，非之言此以中其意」，則王氏以此篇為韓非上秦王書。推王氏乃據上文有「臣聞」云云之文而為之說，非。詳上注。從、兵合韻。

〔一八〕松皋圓曰：國語注：「傳，驛也。遽，傳車也。」山云：「革，宜作者。」⊙奇猷案：山說非也。史記秦始皇本紀「不用兵革」，則「革」亦兵器之類。奇，猶今語「特殊的」。奇兵革，猶言特殊的兵革。蓋為姦者當是製作特殊之兵器，以易於藏匿或某種用途。

〔一九〕奇猷案：遽、赦、虞為韻。

主道第五〔一〕

道者，萬物之始〔二〕，是非之紀也〔三〕。是以明君守始以知萬物之源〔四〕，治紀以知善敗之端〔五〕。故虛靜以待令〔六〕，令名自命也，令事自定也〔七〕。虛則知實之情，靜則知動者正〔八〕。有言者自為名，有事者自為形〔九〕。形名參同，君乃無事焉，歸之其情〔一〇〕。故曰：君無見其所欲，君見其所欲，臣自將雕琢〔一一〕。君無見其意，君見其意，臣將自表異〔一二〕。故曰：去好去惡，臣乃見素〔一三〕，去舊去智，臣乃自備〔一四〕。故有智而不以慮，使萬物知其處〔一五〕；有行而不以賢，觀臣下之所因〔一六〕；有勇而不以怒，使羣臣盡其武〔一七〕。是故去智而有明〔一八〕，去賢而有功〔一九〕，去勇而有强〔二〇〕。羣臣守職，百官有常，因能而使之，是謂習常〔二一〕。故曰：寂乎其無位而處，漻乎莫得其所〔二二〕。明君無為於上，羣臣竦懼乎下〔二三〕。明君之道，使智者盡其慮，而君因以斷事，故君不窮於智〔二四〕；賢者敕其材，君因而任之，故君不窮於能〔二五〕；有功則君有其賢，有過則臣任其罪，故君不窮於名〔二六〕。是故不賢而為賢者師〔二七〕，不智而為智者正〔二八〕。臣有其勞，君有其成功〔二九〕。此之謂賢主之經也〔三〇〕。

〔一〕劉師培曰：此篇首節張君房雲笈七籤引之，間與今本殊異，引注亦然。⊙奇猷案：本篇為用韻之文。又案：主道者，為主之道也。本篇主道，主要言主術。其主要宗旨即定法篇所云「術者，因任而授官，循名而責實，操殺生之柄，課羣臣之能者也，此人主之所執也」及難三篇所云「術者，藏之於胸中，以偶衆端而潛御羣臣者也，故術不欲見」。并詳後注〔三〕。

〔二〕舊注：物從道生，故曰始。

〔三〕舊注：是非因道彰，故曰紀。⊙奇猷案：老子二十五章：「有物混成，先天地生，寂兮寥兮，獨立不改，周行而不殆，可以為天下母，吾不知其名，字之曰道。」十四章：「能知古始，是謂道紀。」即韓子此文所本。蓋韓非亦承認道為先天地生，可以為天下母，故曰萬物之始。但韓子取義，又自有其獨立之學說而不盡從於老氏。韓子以為道為萬物之始，則所以成萬物者道也，而成萬物之理者亦道也，故解老篇云「道者萬物之所以成也」，又云「道者萬物之所然也」。道既為萬物所以成，萬物所然，故道可以紀綱萬物。「萬物莫不有規矩」（見解老篇），既有規矩，則是非亦存於萬物中。而道為萬物之紀緒，故曰是非之紀也。（舊注未確）據此，韓非以是非為道紀，與老氏知古始為道紀，根本不同，而韓非主張法治之根源亦在此。韓非以法乃順於道而立，故大體篇云：「法如朝露，純樸不散，心無結怨，口無煩言。」而「道者萬理之所稽也」（解老篇），故法可以在客觀上稽核萬物之是非，是以為人主者執法以行，則為人主者所宜守之道備矣。故守道篇論人主能守法而行，則君人者高枕而守己完矣，本篇名曰主道者，原因亦在此。據此，則韓非所謂道，有廣狹二義：所以成萬物者為廣義之道；順道而立法，以術而治衆，此人主之道，是為狹義之道。本書所用道字，大都是狹義之道。始、紀為韻。

〔四〕舊注：得其始，其源可知也。⊙奇猷案：注「可」字藏本及吴鼒本作「亦」，今從四部叢刊本、張本、趙本。

〔五〕舊注：得其紀，其端可知也。⊙奇猷案：治萬物之紀緒，則得萬物之是非，得萬物之是非，則知善惡成敗之形。舊注未了。源、端為韻。

〔六〕蒲阪圓曰：山曰：「『令』，衍文。揚權篇：『聖人執一以静，使名自命，令事自定。』又：『聖人執要，四方來效。虚而待之，彼自以之。』」⊙松皐圓從山氏删「令」字曰：案吕氏春秋「去想去意，虚静以待」，有度篇（本書）「順上之為，從主之法，虚心以待令而無是非也」。彼説臣道，與此義異。（猷案：松氏之意，以有度篇之「待令」，雖有「令」字，但言臣道，與此篇言主道不同，故此不當有「令」字。）⊙陶鴻慶曰：案「待令」之「令」，當作「之」，有度篇云「虚心以待令而無是非也」，乃指人臣言之。此言明君虚静以待萬物。「待」下不當有「令」字。「之」字草書與「令」相似，又涉有度篇文，故「之」誤為「令」，揚權篇云「虚而待之，彼自以之」，是其證。⊙孫子書師曰：案「令」一字衍文，山、圓説是也。虚静以待，即吕覽「因而不為，使自事之」意。多「令」字，則文不成義。本書揚權篇云：「虚静以後，未嘗用己。」（今本作虚以静後，誤。）虚静以後，即虚静以待也。楚辭遠游篇云：「虚以待之兮，無為之先。」吕氏春秋有始覽謹聽篇云：「愉易平静以待之，使夫自得之。」淮南子主術訓云：「故有道之主，滅想去意，清虚以待。」繆稱訓云：「勿驚勿駭，萬物將自理。勿撓勿攖，萬物將自語。」意亦同。圓引吕氏春秋見審分覽知度篇。⊙奇猷案：「令」字即因下「令」字而複者，高亨説同，不具引。陶氏改「令」作「之」，亦通。待，猶言等待。

〔七〕松皐圓曰：事、名，即形、名也。言者，名也。事者，形也。二柄篇：「審合形名者言異（猷案：「異」字為「與」字之誤，考詳彼。）事也。」⊙奇猷案：韓子所謂虛静，有其特殊之意義，非如老氏以無思無欲為虛静也。韓子不否認人有思慮有意欲，君主之思欲為國强位尊，臣民之思欲為離罰受賞。六反篇云「官治則國富，國富則兵强，兵强而霸王之業成矣」，此人主之思欲也。二柄篇云「慶賞賜予者，民之所喜也，殺戮刑罰者，民之所惡也」，此臣民之思欲也。然君臣之於事也，皆當以虛静處之。心無成見之謂虛，行動不躁之謂静。（解老篇云：「虛者謂其意無所制也。」喻老篇云：「不離位曰静。」又曰：「静為躁君。」是其證。荀子解蔽篇云：「不以所已臧害所將受謂之虛，不以夢劇亂知謂之静。」是韓子本其師為説也。）以人君言，去其好惡則得其虛，按法治衆則得其静。（揚權篇云：「去喜去惡，虛心以為道舍。」又曰：「聖人執一以静。」即此旨。）以臣民言，無是非是得其虛，遵法令是得其静。（有度篇云：「順上之為，從主之法，虛心以待令，而無是非也。」即此旨。）準此旨以求，則本書疑難之處，多可迎刃而解。乃有考偽家者，以此篇言虛静，遂斷為道家之著作，謬甚。揚權篇云：「名正物定，名倚物徙。」是名者，所以定事物性狀者也，故名詞、語言、文字等形容事物之性狀者皆得謂之名，是以有毁譽之名、有名實之名、有名分之名、有法令之名等等。（詳詭使篇「三曰名」條）解老篇云：「欲成方圓而隨其規矩，則萬物之功形矣」，是事為功之因，功為事之形。（松氏謂「事者形也」，非是。）此文蓋謂為人主者，當以虛静處事，君不言其事，使為事者言之，君不定其事，使為事者定之，下文：「羣臣陳其言，君以其言授其事，事以責其功」，即其例。命、定為韻。

〔八〕俞樾曰：下「知」字當作「為」。静則為動者正，猶下文云「不智而為智者正」也。涉上句而誤作「知」，於義不可通。⊙王先慎曰：俞説是。下「者」字張榜本作「之」。⊙奇猷案：俞説非也。静是君。動者是臣。情通誠。此文謂明君虛則知臣之功實是否真誠，靜則知臣之動者是否正而不偏。後文「人主之道，靜退以為實，不自操事而知拙與巧」，即人主靜退可知臣之動作拙或巧，正可與此文「靜則知動者正」相比。若作「為」，則非其旨矣。揚權篇云「虛而待之，彼自以之」，彼自以之，豈可君又為之正耶？俞以不明韓非思想之失也。

〔九〕奇猷案：有其言則必有其名以定其事，有其事則必有其形以定其功，故人主不必名其事，使有言者名其事，人主不必定其功，使有事者形其功。

〔一〇〕奇猷案：「君乃無事焉」五字，當係舊注誤入正文者。此文以名、形、情為韻，不當多此一句。且「君乃無事焉」五字，正是形名參同之注。（詳下）荀子解蔽篇：「參稽治亂而通其度。」楊注：「參，驗。」說文：「同，合會也。」情，讀為誠。形名參同，歸之其情，謂言者既名其事，人主執其事所表現之形（形即事之功）而參驗比對，形與名是否相符，如是則其言之誠否自有依歸。換言之，即循名而責實，則知言之誠否也。揚權篇云：「周合刑名，民乃守職」，民既守職，則人主不勞而治，故舊注以「君乃無事焉」釋形名參同也。情、正、名、形、情為韻。

〔一一〕舊注：臣因欲雕琢以稱之。⊙盧文弨曰：「自將」二字疑倒，當與下文一例。⊙奇猷案：盧說是，太田方、松皐圓說同。漢書韓信傳「情見力屈」，顏注：「見，顯露也。」謂勿顯露其所欲，君顯露其所欲，則臣將自飾其外以為諂諛。八姦篇所謂「先意承旨、觀貌察色、以先主心」，即此臣將自雕琢之義也。欲、欲、琢為韻。

〔一二〕舊注：君見其意，臣因其意以稱之。⊙奇猷案：表異，猶言表其異能以稱君意。意、意、異為韻。

〔一三〕奇猷案：二柄篇：「去好惡，羣臣見素。」謂君無好惡，則臣不雕琢，不表異，而顯露其質素。素，謂質樸而無文飾也。禮檀弓：「奠以素器，以生者有哀素之心也。」注：「哀素，言哀痛無飾也，凡物無飾曰素。」本書難三篇云：「好惡在所見，臣下之飾姦物以愚其君，必也。」亦可明此文之義。此惡、素為韻。

〔一四〕舊注：好惡不形，臣無所效，則戒而自備。⊙王念孫曰：「去舊去智」，本作「去智去舊」。惡、素為韻，舊、備為韻。舊，古讀若忌，詩大雅蕩篇「殷不用舊」，與時為韻，召閔篇「不尚有舊」，與里為韻，管子牧民篇「不恭祖舊」，與備為韻，皆其證也。後人讀舊為巨救反，則與「備」字不協，故改為「去舊去智」，不知古音智屬支部，備屬之部，兩部絶不相通。自唐以後始溷為一類，此非精於三代兩漢之音者，不能辨也。⊙太田方曰：去舊，去巧也。舊，故也。管子「恬愉無為，去智與故」，淮南原道訓「不設智故」，注：「智故，巧飾也。」俶真訓「不以曲故，是非相尤」，注：「曲故，曲巧也。」⊙陶鴻慶曰：案王氏雜志云：「去舊當在去智下，與備為韻。」然此篇之旨，言人君當虚静無事，故上文云「去好去惡、臣乃見素」，此云去智，亦其旨也，去舊則非其倫也。「舊」疑當作「奮」。「奮」字俗作奮，顔氏家訓書證篇「奮奪從雈」是也。「舊」字俗作舊，故「奮」誤為「舊」。下文云「去智而有明」，又云「去勇而有强」，去奮即去勇也。史記太史公自序云「至於大道之要，去健羨，絀聰明」，亦去奮去智之意。自備，舊注解為戒而自備，文義未安，容是字誤，存疑。⊙孫蜀丞師曰：智、故同誼，實古人之恒言。管子「去智與故」，即此文之去智與舊，易「故」為「舊」者，與備協韻也。⊙奇猷案：王説是。本書「智故」二字習見，解老篇「諸夫飾智故」，八經篇「衆諫以效智故」，皆以「智故」連文之例。他書亦多有之，如淮南子原道訓「偃其智故」是也。此文易故為舊者，正如孫師所言與備協韻之故。此文好惡同類，智舊同類，若易「舊」為「奮」，則不倫矣。説文：「備，慎也。」揚權篇云「聖人之道，去智與巧，智巧不去，難以為常」，常謂常法。（考詳彼）是去智與巧則不以智巧害法，不以智巧害法則有常法，有常法則臣下可按法而慎行其事，故曰去智去舊，臣乃自備。若無常法，則下無所循，下無所循，則不能慎適其事，下不能慎適其事，則事無功而亂矣。故用人篇云「釋法術而心治，（心治，即以智巧為治。）堯不能正一國」，即不去智巧之弊也。

〔一五〕奇猷案：處謂處所。此謂人主雖有智，但不以其智慮事，不以智慮事則法有常，法有常則萬物知其自有之處所，萬物知其自有之處所則能歸其自有之處所而不亂也。如國有常法，臣下知其處而慎其事，則事不亂矣。

喻老篇云：「物有常容，因乘以導之，因隨物之容。宋人有以象為楮葉者，三年而成。列子聞之曰，使天地三年而成一葉，則物之有葉者寡矣。不隨道理之數，而學一人之智，此皆一葉之行也。」用其智則樹之有葉者寡，是樹不得其處也，即失其常也。慮、處為韻。

〔一六〕王先慎曰：當作「有賢而不以行」，與「有智而不以慮，有勇而不以怒」文法一律。下文去智、去賢、去勇，不作去行，是其證。⊙奇猷案：王説是。因，由也，從也。此謂人主有其賢，但不以其賢見於其行，觀臣下之所從由，則臣下不因主之賢而欺主也，故揚權篇云：「矜而好能，下之所欺。」行（陽部）、因（真部）合韻。

〔一七〕奇猷案：凡氣勢充盈而不可遏抑謂之怒。内儲説上「越王句踐見怒鼃而式之」，怒字即此義。此文謂人主雖有勇，但遏抑而不發，使羣臣盡其武勇。守道篇云：「使用力者自極於權衡，而務至於任鄙。戰士出死，而願為賁、育。」即此義。怒、武為韻。

〔一八〕舊注：去君智則臣智自明也。⊙奇猷案：此謂君不以智慮，按法為度，則主明於上矣。即姦劫弑臣篇所謂「人主以法為治，則身在深宮之中，而明照四海之内」之意。舊注誤。

〔一九〕舊注：去君賢則臣事自功。⊙王念孫曰：功與明、强、常、常為韻。（見讀書雜志淮南子天文訓「祀四郊」條。）⊙奇猷案：此謂君不自矜其賢而使臣下各盡其能，則功立於天下。功名篇：「古之能致功名者，衆人助之以力。」舊注未了。

〔二〇〕舊注：去君勇則臣武自强。⊙奇猷案：此謂君不矜個人之勇，而用天下之勇，故國强。八經篇云：「力不敵衆，智不盡物，與其用一人，不如用一國，故智力敵而羣物廢。」即此旨。舊注非。

〔二一〕奇猷案：解老篇云：「物之一存一亡，乍死乍生，初盛而後衰者，不可謂常。」是所謂常者，乃永不變易、而又永存者為常。韓非主張法之條文下詳以有常之事例（詳八説篇「法必詳事」條），是有常之事例所以輔法之不足，故其為用與法有同等功效。習，同襲。此文謂羣臣守其職而不踰，百官有其常例之職事而不侵，主因其能而使之，使各盡其能，是謂能襲其常矣。老子五十二章亦有「習常」（河上本作襲），王弼注「道之常也」，與韓子之意旨不同。

〔二二〕顧廣圻曰：漻，讀為寥，正字作「廖」，說文云：「空虛也。」⊙太田方曰：老子「寂兮寥兮」，注：「無形體也。」⊙奇猷案：此謂人君無好惡，去智故，按法而行，若無其位而處其尊者，人臣莫知其心之處所，不可意度其主矣。

〔二三〕盧文弨曰：「乎」，藏本作「於」。⊙太田方曰：悚、竦同。書孔傳：「怵惕，悚懼也。」慧林引字林云：「悚懼，戰慄也。」⊙奇猷案：今藏本仍作「乎」。爾雅釋詁：「竦，懼也。」按法治衆，不以智慮處事，謂之無為。（老子以不事治為無為，與韓子不同。）明君無為，臣不能捉摸，故皆恐懼而不敢為非。處、所、下為韻。

〔二四〕舊注：用臣智，故智不窮。

〔二五〕盧文弨曰：「敕」，一作「效」。⊙津田鳳卿改「敕」為「効」曰：効，致也，「効首虜」之効。舊刊「効」作「敕」，訛。⊙奇猷案：廣雅釋詁：「敕，理也。」此謂賢者理其材以備君之任用。迂評本改「敕」為「效」，非。事、智、材、能為韻。

〔二六〕盧文弨曰：「君」下「子」字衍。⊙顧廣圻曰：藏本無「子」字，是也。⊙王先慎刪「子」字曰：張榜本亦無。⊙太田方曰：名，聲譽也。⊙奇猷案：無「子」字是，迂評本、淩本亦無，今據刪。名即上文「令名自命」之名。名所以定事物之性狀，而事為功之因。（皆詳前）君不自為名，令臣名之，君因其名而責其功，故君不窮於名也。太說非。又案：八經篇云：「事成則君收其功，規敗則臣任其罪。」姦臣則不然，三守篇云：「事敗與主分其禍，而功成則臣獨專之。」

〔二七〕舊注：君雖不賢為賢臣之師。

〔二八〕舊注：為臣之正。⊙盧文弨曰：「為」下衍「上」字，張、凌本俱無。⊙顧廣圻曰：藏本無「上」字，是也。⊙奇猷案：王先慎據盧、顧校刪「上」字，是，迂評本亦無，今據刪。正，猶言準則也。此文謂君雖不智，但為智者之準則。舊注未了。

〔二九〕舊注：君取臣勞以為己功。⊙王先謙曰：依文義文勢讀之，無「功」字為是。正、成、經又相均也。據舊注則所見本已衍「功」字。⊙奇猷案：王説是。成，即成功。揚權篇「因其所為，各以自成」，亦因協韻之故而以成為成功之義，與此同例可證。

〔三〇〕舊注：經，常法也。⊙奇猷案：謂賢主宜守之原則。此名、正、成、經為韻。

道在不可見〔一〕，用在不可知〔二〕。虛靜無事，以闇見疵〔三〕。見而不見，聞而不聞，知而不知〔四〕。知其言以往，勿變勿更，以參合閲焉〔五〕。官有一人〔六〕，勿令通言，則萬物皆盡〔七〕。函掩其跡，匿其端〔八〕，下不能原〔九〕；去其智，絶其能，下不能意〔一〇〕。保吾所以往而稽同之〔一一〕，謹執其柄而固握之〔一二〕。絶其能望，破其意，毋使人欲之〔一三〕。不謹其閉，不固其門，虎乃將存〔一四〕。不慎其事，不掩其情，賊乃將生。弒其主，代其所，人莫不與，故謂之虎〔一五〕。處其主之側〔一六〕，為姦臣〔一七〕，聞其主之忒〔一八〕，故謂之賊。散其黨，收其餘〔一九〕，閉其門，奪其輔，國乃無虎。大不可量，深不可測，同合刑名〔二〇〕，審驗法式，擅為者誅，國乃無賊。是故人主有五壅：臣閉其主曰壅，臣制財利曰壅，臣擅行令曰壅，臣得行義曰壅，臣得樹人曰壅。臣閉其主則主失位〔一一〕，臣制財利則主失德〔一二〕，臣擅行令則主失制，臣得行義則主失明〔一三〕，臣得樹人則主失黨。此人主之所以獨擅也，非人臣之所以得操也。

〔一〕舊注：君道必使臣不可見也。⊙盧文弨曰：張本不提行。⊙奇猷案：藏本亦不提行，誤。

〔二〕奇猷案：此道為狹義之道，指術言。難三篇云：「術者，藏之於胸中以偶衆端而潛御羣臣者也，故法莫如顯，而術不欲見。」定法篇云：「術者，因任而授官，循名而責實，操殺生之柄，課羣臣之能者也，此人主之所執也。」是以曰道在不可見。主用術，變化莫測，使臣下不知主用之術，是以曰用在不可知。內儲説上七術所舉史例，皆人主用術之道。如韓昭侯握爪而佯亡一爪及周主下令索曲杖諸條，皆為用在不可知之例。

〔三〕王先慎曰：人不知虛静之道，反以其闇而疵之。⊙松皐圓曰：君去智巧，深自韜晦，則可以察彼態度，觀其疵瑕也。譬之如居暗室者，內能見外，而使彼不可見我也。矜而自用，則羣臣匿情飾行，雕琢表異，無不為矣。⊙奇猷案：松説是。疵，謂臣下之姦邪。

〔四〕奇猷案：三「而」字猶如也，詳王氏經傳釋詞。見如不見，聞如不聞，知如不知，是謂虛静無事。虛静則可自闇而見人之過。知、事、疵、知為韻。

〔五〕奇猷案：説文：「閱，一曰察也，出門者察而數之也。」書多方「克閱於乃邑謀介」，疏謂「簡閱其事」，據此，則閱者猶言考覈也。又案：或訓往為後，雖古有此訓（論語八佾篇「禘自既灌而往者」，集解引孔曰「既灌之後」，是以後訓往可證），而以後訓此文往亦通，但以後訓下文「保我所以往而稽同之」之往則不可通。往當釋為向往，謂意志所向往之目的。墨子天志篇「志」字多作「之」，而説文又無「志」字，是在名詞上古人當無「志」，而僅有意欲達某一目的之概念，故僅以一動詞「之」字或「往」字（之往同義）表之，如毛詩序「詩者志之所之也」，即以之為向往可證。其後此一概念逐漸發展，成較高又較繁複之意義，如志氣、志趣、志士等時，遂借「標誌」之志為一專用名詞。故從用「之」字到「志」字中間，曾經一段思想演進之歷程。故墨子之「之」字及此文之「往」字，即為表達志最初之形式，亦古義之僅存者。參合，即上文「參同」，參合即謂參合形名。（上文及揚權篇「形名參同」，皆以參同為參同形名可證。）此文謂人主得知臣下之言，即以其言所向往之意向勿變勿更而以形名考覈之，如此，則可知臣下之誠信或姦詐。又案：此「以參合閱焉」下少一句。本書多以「參」「伍」并言，如揚權篇「參之以比物，伍之以合虛」即其例。此僅言「參」，未言「伍」，一也。本篇主要用排句，此「以參合閱焉」無對句，二也。此句又失韻，三也。今參照上所引揚權篇「參、伍」之句，擬補「以伍比察焉」，與「以參合閱焉」相對。如此，則此文往、更為韻，閱、察為韻。

〔六〕顧廣圻曰：揚權篇「有」作「置」。⊙奇猷案：作「置」是，「有」即「置」之壞字。

〔七〕舊注：各令守職，勿使相通，情既相猜，則自静矣。⊙陶鴻慶曰：案顧校讀「萬物皆盡函」為句，文義俱未安。舊注於「盡」字絕句，而釋之云：「各令守職，勿使相通，情既（此下當奪不字）相猜，則自静矣。」據此，是舊本「盡」字本作「静」，言官職不相參越則萬物皆有定分而自静也。揚權篇云：「官置一人，不使自姿，安得移并。」注云「夫兩雄必争，官有二人，適足以增其猜競，故一人則專而不恣，豈有移易兼并之事」，正言萬物皆静之義，足明此文「盡」為誤字矣。⊙奇猷案：陶說是。舊注所見本不誤。下文「函掩其迹匿其端」即承此「萬物皆静」而言。且本篇以虛静發端，上文云「虛静無事，以闇見疵」，此文云「勿令通言，則萬物皆静」，義亦相承。今「静」以音誤為「盡」，義遂不可通。幸乾道本注尚有迹可尋，乃藏本、趙本不知正文之誤，反依誤文改注「静」為「盡」，王先慎又據趙本改，失之。又陶以舊注「既」下奪「不」字，未確。情既相猜，則不比周為姦而静矣。若有「不」字則不可通矣。人（真部）、静（耕部）合韻。

〔八〕盧文弨曰：「掩」字疑是注，凌本無。⊙顧廣圻曰：「則萬物皆盡函」句絶，舊注讀「函」屬下，誤。⊙孫詒讓曰：「函」，當為「亟」，「函」俗作「凾」，形近而誤。爾雅釋詁云：「亟，疾也。」此當以「亟掩其跡」為句。顧讀非，盧校尤誤。⊙陶鴻慶曰：案「函掩其跡」，疑本作「函其跡」，與下文句法一律。函與含通，訓為包容。（史記禮書「函及士大夫」，集解曰「函音含」，索隱作「啗」，云：「啗，音含，謂包容。」）引申則有掩覆之意。函、掩二字聲同義近，此作「函掩其跡」者，一本作「函」，一本作「掩」，寫者誤合之耳。⊙奇猷案：「函」下當有脱文，當作「函其□（句）□其□（句）下不能望（句）掩其迹（句）匿其端（句）下不能原（句）」下文能、望，意即承此言，有「望」字可證此當有「下不能望」一句。而「下不能望」上又必有兩三字句與「掩其跡，匿其端」及下文「去其能，絶其意」相對，明此「函」下脱「其□□其□」五字。又此「函其」云云，「掩其」云云及下「去其」云云皆應上「道在不可見」一語，今「函」下脱九字，遂不可通矣。諸説皆未得。説文：「掩，函容也。」函、含同，漢書叙傳顔注「函，讀與含同」，又禮樂志顔注：「函，包也。」函與脱文第二句第一字及掩、匿義皆相近。望，金文作[illegible]（曶鼎），象人挺立舉目望月之狀，是望之本義為自下望上之意。上既含其□而不見於外，故下不能望見其上之□。端，謂端緒。

〔九〕王先慎曰：「原」，當作「緣」。緣，因也。掩跡匿端則下無所因以侵其主，「不能緣」與下「不能意」同義。原，緣聲近而誤。二柄篇云「人主不掩其情，不匿其端，而使人臣有緣以侵其主」，作「緣」字是其證。⊙奇猷案：韻會「原，推原也」，前漢薛宣傳注：「原，謂尋其本也」，管子戒篇注：「原，察也。」「不能原」即不能推測也。淮南本經訓「淪於不測，轉於無原」，以無原與不測對舉，王念孫謂無原與不測一義。（見讀書雜志淮南子校）又淮南子兵略訓「良將之所以必勝者，恒有不原之智」，又「聖人藏於無原」，「不原」「無原」亦皆不可測度之義。掩其迹，匿其端，故下不能測度也。王先慎未明「原」字之義耳。端、原為韻。

〔一〇〕津田鳳卿曰：意，臆通，度也。⊙奇猷案：人主去智絶能，循法而行，故下無從意度。智、能、意為韻。

〔一一〕奇猷案：往謂意志所向往之目的。（考見上）韓子主張凡舉一事，人主必定其向往之目的（即今謂之主意），故揚權篇云：「人有大命。」此一主意亦可由羣臣考慮，而人主取羣臣意見加以判斷而決定。（揚權篇云：「明君之道，使智者盡其慮，而君因以斷其事。」即謂人君聽羣臣之思慮，而決斷其事所應向之目的，而成為人主之主意。）但無論如何，人主決定其意向以後，不能洩之於人臣，即上文所謂「君無見所欲」，亦即此文「保」字之義。稽，考也。（見小爾雅廣言）考覈事物謂之稽。稽與參字同義，故稽同即參合。則此文之意謂：保守吾所以向往之意向，而考覈羣臣。

〔一二〕奇猷案：柄，即二柄篇「二柄」之柄，即刑德之權。此謂緊握其柄而勿失之於臣。二柄篇云：「君人者釋其刑德而使臣用之，則君反制於臣矣。」

〔一三〕舊注：執柄固則人意望絶也。⊙盧文弨曰：「望」上衍「能」字。注「則人意望絶」，張本作「絶其能望」，亦衍「能」字。⊙顧廣圻曰：藏本同，今本無「望」字，誤。此當衍「能」字。⊙王先慎删「能」字曰：案無「望」字者，因上有「絶其能」而妄删之，不知此「能」字正涉上文而誤衍。注「則人意望絶」，不釋「能」字，明舊本亦無「能」字。依盧校删。⊙奇猷案：此承上「函」云云言之。此有「望」字，可證上文必有「下不能望」之句，而今脱之；上有「下不能意」，此有「破其意」以承之；但上有「下不能原」一句，此未有以應。由此可斷此文當作「絶其望，□其原，破其意，毋使人欲之」。今「望」下脱「□其」二字，「原」字又音誤為「能」，妄人又因上「絶其能」句而倒「能」字於「望」字上，遂不可通矣。今本、凌本删「望」字，迂評本删「能」字，皆不知此有脱誤而妄删之。舊注釋此文甚當。執柄固則人意望絶而無竊柄之欲矣。張本改注以就誤文，非是。握、欲為韻。

〔一四〕舊注：權柄不固，則篡國之虎因而存矣。⊙奇猷案：虎喻權姦。揚權篇「主失其神，虎隨其後」，即此義。門、存為韻。

〔一五〕奇猷案：所，指君位。與，猶今語「投靠」。姦臣弑其主，代君之位，於是人們莫不投靠姦人也。迂評本「弑」作「擅」，「代」作「迫」，疑非韓子原文。此上情、生為韻，所、與、虎為韻。

〔一六〕顧廣圻曰：句絶。與下文忒、賊為韻。

〔一七〕顧廣圻曰：「臣」，當作「以」，「以」正字作目，形相近，屬下為句。⊙王念孫曰：「臣」當為「匿」字之誤也。匿，讀為慝，謂居君側而為姦慝也。逸周書大戒篇：「克禁淫謀，衆匿乃雍。」衆匿即衆慝。管子七法篇：「百匿傷上威。」百匿，即百慝。明法篇「比周以相為匿」，明法解「匿」作「慝」。漢書五行志「朔而月見東方謂之仄慝」，書大傳作「側匿」。是匿與慝古字通。主、所、與、虎為韻，側、匿、忒、賊為韻。若作「臣」則失其韻矣。⊙陶鴻慶曰：案下文「聞」當作「閒」，顧校已及之矣。「為姦奸臣」三字當為衍文。本書有姦劫弑臣篇，上文「弑其主，代其所」云云，謂弑臣也。此云「處其主之側，閒其主之忒」謂姦臣也。疑「為姦臣」三字乃舊注殘字亂入正文耳。顧校謂「臣」當作「以」屬下為句，王志謂「臣」當作「匿」讀為慝，皆未確。⊙奇猷案：陶説是。「處其主之側，閒其主之忒」兩句之義緊接，中間插一「為姦臣」或「為姦匿」之句，殊不倫。此側忒賊為韻。王謂主、所、與、虎為韻，按「主」侯部，「所」「與」「虎」魚部，可以通叶。

〔一八〕顧廣圻曰：「聞」，當作「閒」，去聲。⊙王念孫曰：「聞」，蓋「閒」之譌。閒，伺也。⊙松皐圓改「聞」為「閒」曰：「聞」，誤。忒，謂過失也。外儲説：「内閒主之情以告外。」⊙奇猷案：「聞」作「閒」，是。忒，失也。爾雅釋訓邢疏云：「爽忒，差失也。」是忒訓失之證。安危篇云：「明主堅内，故不外失。」蓋不堅其内，則臣下伺之。

〔一九〕顧廣圻曰：「餘」，當作「與」，下文輔、虎其韻也。⊙吳汝綸曰：餘讀若與，韻與下輔、虎叶。⊙物双松曰：餘，不黨者也。收不黨者以為君之黨也。⊙奇猷案：兩説均通。

〔二〇〕顧廣圻曰：刑，讀為形，揚權篇同。⊙奇猷案：刑、形古通用，史記韓非傳「喜刑名法術之學」，鄧析子叙「好刑名」，皆以刑為形。莊子養生主「為惡无近刑」，司馬彪解刑為形（見文選嵇叔夜幽憤詩注引）是其證。本書形、刑多互用。測，與下文式賊為韻。下文六「壅」字為韻。

〔二一〕奇猷案：迂評本、凌本「位」作「明」，誤。案此「臣閉其主」謂臣閉塞其主使法術之士不得見，臣不得陳忠致功之類言也。孤憤篇云「法術之士操五不勝之勢，以歲數而又不得見。當塗之人乘五勝之資，而旦暮獨説於前。故法術之士奚道得進，而人主奚時得悟乎」，姦劫弒臣篇云「國有擅主之臣，則羣臣不得盡其智力以陳其忠，百官之吏不得奉法以致其功矣。治國若此其過也，而上欲下之無姦，吏之奉法，其不可得亦明矣」。姦臣封閉，法術之士不得見，羣臣不得陳忠，於是姦臣成黨於外，卒致「弒其主，代其所」（見上文），故臣閉其主則主失位也。迂評本、凌本誤以「閉」為「蔽」，故改「位」為「明」，謬矣。此「位」與下文「制」為韻。

〔二二〕王先謙曰：「德」，當作「得」，與上財利相應，此緣聲同而誤。⊙陶鴻慶曰：案「德」當為「惠」，「惠」誤為「悳」，因誤為「德」耳。惠與位、制為韻。八姦篇云「為人臣者散公財以説民人，行小惠以取百姓」，故曰臣制財利則主失惠。⊙奇猷案：此文不誤。二柄篇云：「明主之所以導制其臣者，二柄而已矣，二柄者，刑，德也，何謂刑德，曰，殺戮之謂刑，慶賞之謂德。」按慶賞為以財利賜人之謂，故曰臣制財利則主失德。王、陶説皆非。

〔二三〕顧廣圻曰：藏本、今本「明」作「名」。⊙陶鴻慶曰：案「明」當為「萌」，本書多以萌為民氓字，失萌與下文黨義正相類，萌、黨亦為韻。藏本、趙本「明」作「名」，乃以意改之。⊙奇猷案：陶説是。難三篇：「齊桓公飲酒醉，遺其冠，耻之。管仲曰，公胡不雪之以政。公因發倉囷，賜貧窮，論囹圄，出薄罪。處三日而民歌之。韓子曰，是桓公行義，非為遺冠也。」據此，則行義可以得民，故此文曰：「臣得行義則主失萌。」本書例以萌為氓（詳初見秦篇），因「萌」誤為「明」，義不可通。藏本、今本、迂評本皆改「明」為「名」，王先慎據顧校改，非是。又慶賞、行惠、行義，在本書各有其義。慶賞為以財利賜有功者，如子罕行慶賞是；行惠為以財利賜任何人，不必有功者，如外儲說右上公子尾、公子夏行惠是；行義則不僅以財利賜無功者，而赦死、宥刑皆包括在行義之內。特說明於此，以免誤會。

人主之道，靜退以為寶〔一〕。不自操事而知拙與巧，不自計慮而知福與咎〔二〕。是以不言而善應〔三〕，不約而善增。言已應則執其契，事已增則操其符〔四〕。符契之所合，賞罰之所生也。故羣臣陳其言，君以其言授其事，事以責其功〔五〕。功當其事，事當其言則賞；功不當其事，事不當其言則誅。明君之道，臣不陳言而不當〔六〕。是故明君之行賞也，曖乎如時雨〔七〕。百姓利其澤；其行罰也，畏乎如雷霆，神聖不能解也〔八〕。故明君無偷賞，無赦罰。賞偷則功臣墮其業，赦罰則姦臣易為非〔九〕。是故誠有功則雖疏賤必賞，誠有過則雖近愛必誅〔一〇〕。近愛必誅，則疏賤者不怠，而近愛者不驕也。

〔一〕王先慎曰：「靜退」，當作「虛靜」。此承上「虛靜以待令」而言。下不操事、不計慮而知巧拙、福咎，即申「虛則知實之情，靜則為動者正」之義。今譌作「靜退」，則文之前後不相照應矣。⊙太田方曰：老子云「清靜為天下正」，又云「我有三寶，持而寶之，一曰慈，二曰儉，三曰不敢為天下先」。韓非學源於老子，故以靜退為寶。⊙奇猷案：太說是。慈儉者，靜也。不敢為天下先者，退也。解老篇云：「慈於身者不敢離法度。」循法度而行，不事智能故靜，「靜則知動者正」。（見上文）解老篇又云：「智士儉用其財則家富，聖人愛寶其神則精盛。」則儉者，不動其財寶之謂，故慈儉皆為静。上文「有智而不以慮，有賢而不以行，有勇而不以怒」，皆退字之義。退，即不為人先，下文「不自操事」、「不自計慮」，皆静退而非虛静。王説非。又：舊連上，今提行。

〔二〕奇猷案：君不自操作，使臣操之，而驗之形名，則巧拙自見。君不自計慮，使臣慮之，而責之以名實，則禍福自知。皆静退而無虛義。（解老篇云：「虛者謂其意無所制也。」不自操事，并非不管事。不自計慮，并非不慮事。管事、慮事是意有所制，故非虛。）則上文王改「静退」為「虛静」之誤甚明也。道、寶、巧、咎為韻。

〔三〕顧廣圻曰：藏本、今本「言」下有「而」字。⊙奇猷案：王先慎依顧校增「而」字，是，今從之，依下句當有，迂評本亦有。此謂君雖不言其事之善惡，但人臣必有善言以應之。應上「不自計慮而知福與咎」言。

〔四〕俞樾曰：「增」字義不可通，兩「增」字疑皆「會」字之誤。不言而善應，語本老子「不約而善會」，亦即老子所謂「善結無繩，約而不可解」也，善會猶善結也。「會」誤作「曾」，又誤為「增」耳。⊙王先慎曰：「約」，當作「事」。言已應，事已增，正承上言之。增讀如簪，與上應為韻。俞改「增」為「會」，迂曲不可從。⊙奇猷案：此文不誤。約，猶言約束。説文「增，益也。」不約而善增，謂君雖不約束其事之操作，但人臣必有善功以益之，應上「不自操事而知拙與巧」言。「言已應則執其契，事已增則操其符」，謂人主執其所應之善言，操其所益之善功，如符契然以備考覈，故下文云：「符契之所合，賞罰之所生也。」韓非用老子，不盡同於老子。松皐圓據老子改，非。王改「約」為「事」，亦不確。又案：章太炎曰：「案增借為徵。士昏禮『納徵』，注：『徵，成也。』莊子逍遥游『而徵一國者』，司馬注：『徵，信也。』不約而善增，不約而善成，不約而善信，皆可通。成義為優。」猷案：章説雖可通，但不如增訓增益義長。外儲説右上篇云：「吴起示其妻以組曰：子為我織組。組已就而效之，其組異善。起曰：使子為組，而今也異善，何也？其妻曰：用財若一也，加務善之。」正可明不約而善增之義，推此言之，謂君主無促臣之約，而臣下將加倍努力以增加功效。

〔五〕顧廣圻曰：藏本、今本「事以」作「以事」，按當作「以其事」。⊙王先慎曰：二柄篇作「專以其事責其功」。⊙奇猷案：二柄篇作「專以其事責其功」文勢旁薄有力。如顧説雖可通，但文勢不足。藏本、今本、迂評本不知有脱文，遂倒「事以」為「以事」也。

〔六〕盧文弨「陳」上補「得」字曰：「得」字脱，藏本有。⊙顧廣圻曰：此句下有脱文。⊙王先慎依盧校補「得」字曰：二柄篇亦有「得」字。⊙陶鴻慶曰：案此有脱句。據二柄篇當作「臣不得越官而有功，不得陳言而不當」，承上文「功當其事事當其言」而言。⊙劉師培曰：案「得」字應補，所脱之文亦當援據二柄篇補入。⊙奇猷案：劉説是。此文當作「臣不得越官而有功，不得陳言而不當，越官則死，不當則罪。」又案：今藏本無「得」字，惟迂評本有。

〔七〕顧廣圻曰：曖，讀為愛。⊙物双松曰：曖、藹同。⊙太田方曰：莊子「曖然似春」，楚辭「揚雲霓之晻藹兮」，韻會：「藹，音靉，靉與曖同，雲貌。」⊙奇猷案：物、太説是。曖，形容時雨，不當讀愛。

〔八〕奇猷案：畏、威通。尚書皋陶謨「天明畏」，釋文：「畏，徐音威，馬本作威。」漢書孔光傳注：「解，免也。」

〔九〕盧文弨曰：下「臣」字張本作「人」。⊙太田方曰：偷，苟且也，猶言妄也。申鑒：「明君不妄賞，非徒愛其財也，賞妄行焉則善不勸矣。」⊙奇猷案：墮與惰通，懈也。禮云「民氣解墮」即以墮為惰也。又案：苟且行賞，則可不勞而得，可不勞而得，則民不務事業立功。赦死宥刑，則有罪得免而輕犯法禁，故難二篇云：「賞無功則民偷幸而望於上，不誅過則民不懲而易為非。」即此義。又案：藏本下「罰」字作「罪」，下「臣」字作「人」。

〔一〇〕顧廣圻曰：此句下有脱文。⊙王先慎曰：此下當有「疏賤必賞」四字。⊙太田方曰：張之象鹽鐵論注引有「疏賤必賞」四字。⊙奇猷案：有「疏賤必賞」四字是，與下句「近愛必誅」相對。

卷二

有度第六〔一〕

國無常强，無常弱。奉法者强則國强〔二〕，奉法者弱則國弱〔三〕。荆莊王並國二十六〔四〕，開地三千里，莊王之氓社稷也，而荆以亡〔五〕。齊桓公并國三十〔六〕，啟地三千里，桓公之氓社稷也，而齊以亡〔七〕。燕襄王以河為境〔八〕，以薊為國〔九〕，襲涿、方城〔一〇〕，殘齊、平中山〔一一〕，有燕者重，無燕者輕〔一二〕，襄王之氓社稷也，而燕以亡〔一三〕。魏安釐王攻趙救燕〔一四〕，取地河東〔一五〕，攻盡陶、魏之地〔一六〕；加兵於齊，私平陸之都〔一七〕；攻韓拔管〔一八〕，勝於淇下〔一九〕；睢陽之事，荆軍老而走〔二〇〕；蔡、召陵之事，荆軍破〔二一〕；兵四布於天下〔二二〕，威行於冠帶之國〔二三〕；安釐死而魏以亡〔二四〕。故有荆莊、齊桓則荆、齊可以霸〔二五〕，有燕襄、魏安釐則燕、魏可以强。今皆亡國者，其群臣官吏皆務所以亂，而不務所以治也。其國亂弱矣，又皆釋國法而私其外〔二六〕，則是負薪而救火也，亂弱甚矣〔二七〕。

〔一〕奇猷案：「六」原作「七」，據趙本改。吕氏春秋有度篇高注：「度，法也。」本篇主旨，謂君案法而治，臣依法而行，則國治家安，功成名立。又案：篇中，韓非自稱臣，則亦是史記韓非傳所云「數以書諫韓王」之上韓王書也。又案：本篇原為一統篇，今依文義分段。

〔二〕舊注：强為不曲法從私。⊙盧文弨曰：注「為」字當作「謂」。⊙王先慎曰：為、謂字通。⊙梁啟雄曰：廣雅釋詁：「奉，持也。」執法的官吏堅强（指不曲法從私），國就强；執法的官吏柔弱（指曲法從私），國就弱。⊙校注組曰：奉法者，指執法的君主。强，有力，指堅决按法辦事。⊙奇猷案：王氏、校注組說是。梁氏誤解。下文所舉荆莊王、齊桓公等皆是君主，非官吏。

〔三〕奇猷案：飾邪篇云：「當趙之方明國律，從大軍之時，人衆兵强，辟地齊、燕；及國律慢，用者弱，而國日削矣。當燕之方明奉法，審官斷之時，東縣齊國，南盡中山之地；及奉法已亡，官斷不用，左右交爭，論從其下，則兵弱地削，國制於鄰敵矣。故曰：明法者强，慢法者弱。」可與此文互明。

〔四〕奇猷案：荆莊王即楚莊王，為春秋五霸之一。史記十二諸侯年表載，楚莊王三年滅庸，六年伐宋、陳，八年伐陸渾，九年滅鄭，十三年伐隨、滅舒蓼，十四年伐鄭、晉，十六年誅陳夏徵舒，十七年圍鄭，十九年圍宋。本書喻老篇云：「楚莊王自聽政，所廢者十，所起者九，誅大臣五，舉處士六，而邦大治。舉兵誅齊，敗之徐州，勝晉於河雍，合諸侯於宋，遂霸天下。」可知楚莊是奉法强之君主。

〔五〕舊注：荆全之時與荆亡之時，民及社稷未改易而全亡。遂殊者，則由奉法有强弱故也。⊙顧廣圻曰：「氓」當作「民」，下二句同。舊注未譌。⊙劉師培曰：案注說迂曲。「氓」當作「泯」。左傳宣十二年：「不泯其社稷。」廣雅釋詁四云：「泯，滅也。」泯社稷者，謂泯他國之社稷，冢上并國開地言。蓋以荆既滅國，旋滅於人。下文桓公、襄王泯社稷與此義同，猶云斯為桓公滅人國之事，斯為襄王滅人國之事也，亦冢并國開地言。吕氏春秋慎大覽曰「齊、荆、吴、越皆嘗勝矣，而卒取亡」，亦同此恉。⊙太田方曰：魏策「齊伐釐、莒而晉人亡曹」，注：「凡言亡，非必滅國也。」⊙松皋圓曰：韓策「燕亡於齊」，注：「亡，謂喪地。」⊙唐敬杲曰：呡社稷，謂死也。⊙傅佛崖曰：「呡」疑為「泯」之訛字。廣韻：「泯，滅也，盡也。」泯既訓滅訓盡，亦可訓死。⊙奇猷案：劉說是。飾邪篇云：「恃外以滅其社稷。」滅社稷即泯社稷。訓呡為死，誤也，蓋未聞謂社稷為死者。又案：此社稷即國家之代詞，如外儲說右上篇「社稷不守」，亡徵篇「不顧社稷之利」，皆其例。此文「泯社稷」猶言滅國耳。又案：韓非以國家之大權旁落為亡。孤憤篇「人所以謂齊亡者，非地與城亡也，吕氏弗制而田氏用之；所以謂晉亡者，亦非地與城亡也，姬氏不制而六卿專之也」。八姦篇云：「所謂亡君者，非莫有其國也，而有之者，皆非己有也。令臣以外為制於內，則是君人者亡也。」三守篇云：「人臣有大臣之尊，外操國要以資群臣，使外內之事非己不得行。雖有賢良，逆者必有禍，而順者必有福。然則羣臣直莫敢忠主憂國以爭社稷之利害。人主雖賢不能獨計，而人臣有不敢忠主，則國為亡國矣。」可知韓非以國家之大權旁落為亡國、亡君。此及下文齊亡、燕亡、魏亡、「今皆亡國者」之亡，諸「亡」字皆此義。荀子君道篇云：「孤獨而晻謂之危，國雖若存，古之人曰亡矣。」「亡」字亦此義，則韓非係用其師說。此文謂荆莊王雖滅二十六國，稱霸一時，然其後荆之大權又旁落他人之手。或釋此「亡」字為國家滅亡，誤矣，蓋韓非卒於韓王安六年（公元前二三三年），未及見荆、齊、燕、魏之亡。

〔六〕松皋圓曰：國語：「桓公即位數年，東南多淫亂者，萊、莒、徐、夷、吴、越，一戰帥服三十一國。」荀子：「齊桓公并國三十五」，注：「謂滅譚、滅遂、滅項之類，其餘所未盡聞也。」⊙奇猷案：松引國語見齊語，引荀子見仲尼篇。

〔七〕奇猷案：外儲說右下篇云：「昔者齊桓公愛管仲，置以為仲父，內事理焉，外事斷焉，舉國而歸之，故一匡天下，九合諸侯。」可知治齊國者實是管仲。姦劫弒臣篇云：「有術者之為人臣也，得效度數之言，上明主法，下困姦臣，以尊主安國者也。此管仲之所以治齊，而商君之所以强秦也。」是知管仲奉法甚强，故齊國以强。十過篇云：「管仲病，不能用事。桓公從而問之曰：『仲父有病，即不幸而不起此病，政安遷之？』管仲曰：『隰朋可。

此霸者之佐也，君其用之。』君曰：『諾。』居一年餘，管仲死，君遂不用隰朋而用竪刁。」説疑篇云「齊竪刁、易牙之為臣也，皆思小利而忘法義，進則揜蔽賢良以陰闇其主，退則撓亂百官而為禍難。有臣如此者，皆身死國亡，為天下笑，故桓公身死七日不收。」可知管仲死後，齊桓公用竪刁，而竪刁撓亂法度，釀成内亂，桓公身死七日不收，國勢削弱，此即奉法者弱則國弱。

〔八〕顧廣圻曰：「襄」當作「昭」，下同。史記年表、世家，燕無襄王。下文云「殘齊」，在昭王二十八年。或一謚「襄」也。⊙太田方曰：「襄王」疑「昭王」之誤。史記「燕悼襄王二十九年秦拔我薊，燕王亡，徙居遼東」，以此知非襄王也。⊙校注組曰：燕襄王即燕昭王。馬王堆漢墓帛書戰國縱横家書中叫做昭襄王。⊙奇猷案：顧氏後説及校注組説皆是也。此如秦昭襄王，雙謚。秦昭襄王恒省稱秦昭王，而燕昭襄王或省稱燕昭王，或省稱燕襄王耳。松皐圓改為「昭王」，不確。校注組引戰國縱横家書見第十九章。⊙奇猷案：河即黄河，但其時非今黄河流道，乃自今山東平原東北流經河北河間至静海入海之古河道。境，國境。此云「燕以河為境」，初見秦篇云「齊之清濟濁河足以為限」，可知燕與齊之國土以黄河為界。

〔九〕奇猷案：國謂國都。今北京舊城西南部分即燕國國都薊。

〔一〇〕舊注：方城，涿之邑也。⊙顧廣圻曰：句有誤。⊙太田方曰：襲，如「習坎重險」之習。揚雄城門校尉箴「襲險重固」。爾雅釋山注：「襲，重也。」此謂以涿、方城為國之重蔽也。⊙王先謙曰：襲，謂重繞在外。謂燕都在薊，涿、方城在外，猶左傳言「表裏」也。涿與方城二地，注誤。方城，見燕世家。漢志：涿屬涿郡，薊、方城屬廣陽國。方城，詳見水經聖水巨馬水注中，今直隸固安縣西南有方城村即其地也。⊙奇猷案：太、王説是也。釋名釋喪制曰：「衣尸曰襲。襲，匝也。」匝即圍繞之意，可為王説之證。以衣圍繞尸體所以保護尸體，則襲亦含保護之義。此文「襲涿、方城」，猶言涿與方城圍繞國都薊以保衛國都。又案：燕世家方城，集解引徐廣曰「屬涿」，則舊注謂「方城，涿之邑」亦有所本。又：易坎彖曰「習坎，重險也」，即太所引。又：王所謂「左傳『表裏』」，蓋指左傳僖公二十八年「表裏山河」之語。

〔一一〕舊注：中山，國名。⊙松皋圓曰：殘齊，謂遣樂毅破齊，下其七十餘城，盡以屬燕。飾邪篇「東縣齊國，南盡中山之地」。史表「燕昭王十七年佐趙共滅中山」。⊙奇猷案：史記燕世家：「燕昭王二十八年，以樂毅為上將軍，與秦、楚、三晉合謀以伐齊，齊兵敗，湣王出亡於外，燕兵獨追北，入至臨淄，盡取齊寶，燒其宮室宗廟，齊城之不下者獨唯聊、莒、即墨，其餘皆屬燕。」即所謂殘齊也。

〔一二〕舊注：謂鄰國得燕為黨者則重，反是者輕也。⊙奇猷案：重謂地位增高，輕謂地位降低。

〔一三〕奇猷案：燕昭王與百姓同甘苦，尊敬賢能，以樂毅為上將軍，卒殘齊國；昭王死，子惠王繼立，與樂毅有私怨，罷樂毅而用騎劫，為齊將田單擊敗，燕國從此一蹶不振。詳史記燕世家。昭王賢才是用，是依法行事；惠王因私易將，是違法亂紀。故昭王是奉法者強則國強，惠王是奉法者弱則國弱。燕惠王七年，燕相公孫操弒惠王，立惠王子為武成王，詳史記燕世家索隱。可知燕惠王時，大權旁落於公孫操之手，即所謂「燕以亡」也。

〔一四〕顧廣圻曰：當云「攻燕救趙」。年表：五年擊燕，二十年救邯鄲，二十一年救趙。又世家二十年云「趙得全也」。

〔一五〕舊注：河東，故南燕國所在。時魏救燕，燕人得之，故以河東故國與魏也。⊙盧文弨曰：注「河東故南燕國所在」，凌、張本作「故南燕之地」，無下「河東」二字。「德之」誤作「得之」。⊙王先慎曰：此蓋五年擊燕所得。注謂燕人與魏，非也。⊙尹桐陽曰：謂勝秦而取河東地也。史記魏世家：「昭王六年與秦河東地方四百里。」魏敗秦兵於河外，故仍將河東地取回。⊙奇猷案：魏安釐王取地河東事，史無明文。但史記范睢傳云「王稽為河東守，與諸侯通，坐法誅」，索隱云「秦昭王五十二年」（相當魏安釐王二十二年，公元前二五五）。王稽可能是與魏通，魏以此取地於河東。「取地河東」，非謂取河東，乃取河東部分土地。

〔一六〕舊注：陶，定陶也。⊙顧廣圻曰：「魏」當作「衛」，見本書飾邪篇。⊙松皐圓曰：飾邪篇「魏數年東鄉攻盡陶、衛」。魏策「東至陶、衛之郊」，注：「衛在河、淇之間，與陶接。」按此書「魏」「衛」二字多混，內儲「陽山君相衛」，又云「使齊、韓約而攻衛」，又云「宋石，衛將也」，十過篇「齊、衛之間」，一本作「齊魏」。蓋戰國末，衛削弱屬魏，故謂魏為衛，猶韓之稱鄭耳。⊙奇猷：顧謂當作「衛」，是也，太田方、津田鳳卿說同。此不得以韓之稱鄭為比。蓋韓稱為鄭，乃由於韓滅鄭後都於鄭之故都鄭（新鄭）而然。又魏亦稱梁，是由於魏都大梁而然。至於衛，直至秦二世元年（公元前一九九）衛亡，後於魏亡十六年。且魏亦未移都於衛都濮陽。由此可知，魏不得稱衛。松說未可從。又呂氏春秋應言篇云「魏舉陶削衛」，尤為「魏」當作「衛」之明證。

〔一七〕舊注：言魏加兵於齊平陸以為私都也。⊙太田方曰：家語：「私千乘之魯。」國策：「私商於之地以利也。」⊙校注組曰：平陸，戰國時齊國五都之一，位於今山東省汶上縣西北。⊙奇猷案：私，謂佔有之。呂氏春秋誠廉篇「宜私孟諸」，又慎大篇「以示無私」，「私」字皆此義，可以為比。又案：「五都」之名，見於戰國策燕策及史記燕世家，云「齊宣王因令章子將五都之兵，以因北地之衆以伐燕」，他書未見。何謂「五都」？漢高誘注戰國策未及，唐司馬貞史記索隱云：「五都，即齊也。按臨淄是五都之一。北地，即齊之北邊也。」司馬貞既說五都即齊，又說臨淄是五都之一，然則「五都」是齊之代名抑是五座都邑之總稱？看來司馬貞亦不清楚，故兩言之。至於平陸是否亦五都之一，史、注皆無明文，惟近年出版之新辭海云「五都，可能是臨淄、平陸、阿、即墨及莒」，謂「可能是」，則新辭海亦是以意度之，不可為據。平陸是否為五都之一？待考。

〔一八〕舊注：管，故管叔所都。⊙松皐圓曰：魏策「秦攻韓之管」，注：「後志：河南管縣。」⊙校注組曰：管，位於今河南省鄭州市東北。⊙奇猷案：魏策載：魏信陵君無忌攻管而不下。安陵人縮高之子守管。信陵君威脅縮高令其子降。縮高明以大義後自殺。信陵君聞縮高死，素服縞素辟舍謝罪。此事在安釐王時。縮高死後，信陵君攻管或退兵，策未載。

〔一九〕校注組曰：淇，淇水，衛河支流。⊙奇猷案：此連上「攻韓拔管」，則「勝於淇下」者，猶言勝韓於淇下。

〔二〇〕舊注：魏與楚相持於睢陽，而楚師遁。師久為老。⊙王先慎曰：注趙本「為老」作「而老」，誤。⊙劉師培曰：案「事」當作「爭」，下文「蔡、召陵之事」亦當作「爭」。「爭」「事」二文漢隸形近，因以致訛。⊙校注組曰：睢陽，位於今河南省商丘縣南。⊙奇猷案：「事」字不誤。所謂事，即指某一事件。飾邪篇「劇辛之事」、「鄒衍之事」與此同例。劉說未可從。

〔二一〕太田方曰：魏世家：「右蔡、召陵，與楚兵決於陳郊」，注云：「蔡、召陵二縣，并在豫州。」⊙校注組曰：蔡，指上蔡，位於今河南省上蔡縣西南。召陵，位於今河南省郾城縣東。破，敗。⊙奇猷案：魏世家云：「若道河外，倍大梁，右蔡、召陵，與楚兵決於陳郊，秦不為也。」乃信陵君與魏安釐王論當時形勢之辭，非此文之義。

〔二二〕舊注：兵，魏之兵也。

〔二三〕太田方曰：冠帶之國，諸夏也。蠻夷被髮左衽，異於諸夏冕服采章。韓詩外傳「楚王曰：齊乃冠帶之國」，穀梁傳哀十三年「吳，夷狄之國，祝髮文身，欲因魯之禮，因晉之權，而請冠端而襲」，是冠帶制度皆受之中國，故謂中國為冠帶之國。⊙奇猷案：飾邪篇云：「當魏之方明立辟，從憲令行之時，有功者必賞，有罪者必誅，强匡天下，威行四鄰。」中國，猶言中原各國。

〔二四〕盧文弨「釐」下補「王」字，曰：「王」字脱，藏本有。⊙奇猷案：此省「王」字耳，下文「魏安釐」亦省「王」字。盧說未可從。又案：安釐王死，子景湣王立，無所作為，國土日削，即所謂亡也。

〔二五〕盧文弨曰：「桓」下「公」字衍。⊙顧廣圻曰：藏本無「公」字，是也。⊙奇猷案：王先慎集解據盧、顧校删「公」

字，是，今從之。又案：楚莊王、齊桓公為春秋五霸之二。

〔二六〕舊注：外，謂臣事之也。⊙奇猷案：呂氏春秋長見篇高注：「釋，棄也。」外即大體篇「繩之外」、「法之外」之外。此「外」字承「國法」而言，故此「外」字猶言國法之外。「私其外」謂於國法之外謀其私利，即違法營私也。舊注殊晦。

〔二七〕奇猷案：魏策：「蘇代謂魏王曰：以地事秦，譬猶抱薪救火，薪不盡，火不滅。」韓非此文之意謂：負薪救火，則火勢加劇，猶國既亂弱，加之以釋國法而私其外，則亂弱更甚，國必滅亡也。

故當今之時，能去私曲就公法者，民安而國治〔一〕；能去私行行公法者，則兵強而敵弱〔二〕。故審得失有法度之制者加以群臣之上，則主不可欺以詐偽〔三〕；審得失有權衡之稱者以聽遠事，則主不可欺以天下之輕重〔四〕。今若以譽進能，則臣離上而下比周〔五〕；若以黨舉官，則民務交而不求用於法〔六〕。故官之失能者其國亂〔七〕。以譽為賞，以毀為罰也〔八〕，則好賞惡罰之人，釋公行，行私術，比周以相為也〔九〕。忘主外交，以進其與〔一〇〕，則其下所以為上者薄矣〔一一〕。交衆與多，外內朋黨，雖有大過，其蔽多矣〔一二〕。故忠臣危死於非罪，姦邪之臣安利於無功〔一三〕。忠臣危死而不以其罪，則良臣伏矣〔一四〕；姦邪之臣安利不以功，則姦臣進矣〔一五〕。此亡之本也〔一六〕。若是，則群臣廢法而行私，重輕公法矣〔一七〕。數至能人之門〔一八〕，不壹至主之廷〔一九〕；百慮私家之便〔二〇〕，不壹圖主之國〔二一〕。屬數雖多，非所以尊君也〔二二〕；百官雖具，非所以任國也〔二三〕。然則主有人主之名，而實托於群臣之家也〔二四〕。故臣曰：亡國之廷無人焉〔二五〕。廷無人者，非朝廷之衰也〔二六〕。家務相益，不務厚國；大臣務相尊，而不務尊君〔二七〕；小臣奉祿養交，不以官為事〔二八〕。此其所以然者，由主之不上斷於法，而信下為之也〔二九〕。故明主使法擇人，不自舉也；使法量功，不自度也〔三〇〕。能者不可弊，敗者不可飾，譽者不能進，非者弗能退〔三一〕，則君臣之間明辨而易治〔三二〕，故主讎法則可也〔三三〕。

〔一〕奇猷案：依下文句例，「民」上當有「則」字。曲，邪也。私曲，私邪也。廣雅釋詁：「就，歸也。」

〔二〕奇猷案：私行，即姦劫弑臣篇所謂「姦私之行」。行猶道也，詳後注。

〔三〕舊注：謂得守法度之臣，授之以政位，加羣臣之上，故不可欺以詐偽。⊙顧廣圻曰：「失」當作「夫」。下文「審得失有權衡之稱者」，「失」亦當作「夫」。「加以」當作「以加」，舊注未訛。⊙王先慎曰：顧説是。拾補「加以」作「加於」，是。注趙本「授」誤作「受」。⊙奇猷案：顧説非也。南面篇云：「人主欲為事，不通其端末，而以明其欲，有為之者，其為不得利，必以害反。舉事有道，計其入多，其出少者，可為也。惑主則不然，計其入不計其出，出雖倍其入，不知其害，則是名得而實亡，如是者功小而害大矣。」此韓非闡於「得失」之理論。説文：「制，裁也。从刀、未。未，物成有滋味，可裁斷。」是制有裁斷之義。以猶於也，詳吴昌瑩經詞衍釋。此文謂能審明得失，又有法度之裁斷者，居於羣臣之上，則羣臣不可以詐譎欺其主。「加以」，迂評本作「加于」。舊注不言「得失」，誤。

〔四〕舊注：權衡，所以稱輕重也。臣既妙於輕重，使之聽遠，故不可欺以輕重也。⊙奇猷案：廣雅釋詁：「稱，度也。」下文云「遠在千里外，不敢易其辭」，則此文「遠事」即千里外之事，亦指外國之事。所謂「天下之輕重」，蓋指從横之説。忠孝篇云：「諸侯之言從者曰，從成必霸；言横者曰，横成必王。」演繹此文，即言從者曰，從成則重，否則輕；言横者曰，横成則重，否則輕。由此可證所謂「天下之輕重」，乃指從横之説。韓非極反對從横之説，忠孝云「山東之言從横未嘗一日而止也，然而功名不成，霸王不立者，虚言非所以成治也」，五蠹篇云「從者，合衆弱以攻一强也；而衡者，事一强以攻衆弱也；皆非所以持國也」（請參閲五蠹篇此節全文）可以為證。此文之意謂：能審明得失，又有權衡之度量者聽取外國之事，則君主不可以從横之説欺騙。吕氏春秋有度篇云：「賢主有度而聽，故不過。有度而以聽，則不可欺矣，不可惶矣，不可恐矣，不可喜矣。」有助於理解此文。又案：管子明法篇云：「有法度之制者，不可巧以詐僞；有權衡之稱者，不可欺以輕重。」與此詳略不同。又：此下多同於管子明法篇，蓋韓非用明法篇文改作也。舊注誤解。

〔五〕舊注：能由譽進，所以比周於下，求其虚譽。⊙奇猷案：譽猶今語「吹捧」。比周猶今語「勾結」。説文：「進，登也。」今語謂之「提拔」。

〔六〕舊注：官由黨舉，所以務交，求其親援。⊙奇猷案：管子明法篇「交」作「佼」。説文：「佼，交也。」則佼與交為同義字。不求用於法，謂不求在合法之中進用。孤憤篇云：「不以功伐決智行，不以參伍審罪過，而聽左右近習之言，則無能之士在廷，而愚污之吏處官矣。」可與此文互明。或曰「『用』為『周』之誤。周，合也」，亦通。

〔七〕劉師培曰：管子明法篇「能」作「治」。能、台古通，故假能為治。⊙奇猷案：劉説非也。失能者，無能也。官失能，即無能之士在廷。用人篇云「人臣安乎以能受職」，是受職者必以能。官失能，是受職者為無能之人也。管子作「治」，誤，當依此訂正。

〔八〕奇猷案：廣雅釋詁：「為，施也。」此文謂：以人之贊譽（吹捧）而施賞賜，以人之詆譭而施誅罰。六反篇云：「布衣循私利而譽之，世主聽虛聲而禮之，禮之所在，利必加焉；百姓循私害而訾之，世主壅於俗而賤之，賤之所在，害必加焉。」可明此文之義。

〔九〕王先慎曰：上「行」字當作「法」。「好賞惡罰之人，釋公法，行私術」與上「去私曲，就公法」、「去私行，行公法」、下「行私重，輕公法」、「奉公法，廢私術」相應。四處皆作「法」字，此「行」字涉下文而誤。⊙劉師培曰：案「為」下脱「惪」字，當據明法篇補。⊙孫蜀丞先生曰：詩十月之交箋：「行，道度也。」管子明法篇作「公道」，此作「公行」，其義一也。上文「去私行」，亦謂去私道也。王說非。⊙奇猷案：孫先生此說至確。詩小雅鹿鳴「示我周行」，毛傳：「行，道也。」疏云：「示我以至美之道。」亦是以行為道之義。「行」字，金、甲文皆作╬，為道路之初形。其後╬為「行走」字，於是「道路」字別作「道」也。「公道」一詞，又見於本書姦劫弒臣篇「商君說秦孝公變法易俗而明公道」。公道者，共同循以行進之道路，即共同遵行之路綫，路綫有原則之意。公法者，法是法令，公法是共同遵守之法令，是成文法。可知「公道」與「公法」不同。商君初入秦，其時尚未立法，說秦孝公者為共同遵行之原則，故曰明公道。此文「釋公行」亦謂舍棄共同遵行之原則，故曰公行，可明王改「行」為「法」之不當矣。又案：劉說非也。論語述而鄭注：「為猶助也。」「比周以相為」者，謂相互勾結以相助，有狼狽為奸之意。管子作「比周以相為匿，是忘主死交以進其與」，尹注於「是」字句絶，殊難通，必有誤，不可據。行私術，猶今語「暗地裏要手段」。

〔一〇〕舊注：與，謂黨與也。⊙劉師培曰：案明法篇「與」作「譽」。以明法解勘之，作「譽」為長。下句「交衆與多」，「與」當作「譽」。⊙奇猷案：此仍以作「與」為是。此文外交者，所以增進其黨與，故曰「忘主外交，以進其與」。下文外交衆多，黨與又多，造成外内朋黨，故曰「交衆與多，外内朋黨」。明法篇作「忘主死（當是「外」字之誤）交，以進其譽，故交衆者譽多」，文法不同，自可作「譽」，當各從本書。

〔一一〕奇猷案：薄，微也。

〔一二〕舊注：朋黨既多，遞相隱蔽，雖有大過，無從而知也。⊙奇猷案：管子「大過」作「大姦」，義近。「蔽」下有「主」字，案當作「者」。「其蔽者多矣」，「者」為人之代詞，無「者」字語不完。此文謂：交友多，黨與衆，朝廷内外皆有其朋黨，此人雖犯大過，而為其掩過之人多矣。

〔一三〕舊注：邪臣朋黨，則忠臣横以非罪而見陷，邪臣輒以無功而獲利也。奇猷案：「安利」連文，本書屢見。説文：「安，竫也。」有平穩之意。安利猶平穩得利，即不經危險或勞累而獲得利。孤憤篇云：「法術之士，其可以罪過誣者，公法而誅之；其不可被以罪過者，以私劍而窮之。是明法術而逆主上者，不僇於吏誅，必死於私劍矣。朋黨比周以弊主，言曲以便私者，必信於重人矣。故其可以功伐借者，以官爵貴之；其不可借以美名者，以外權重之。是以弊主上而趨於私門者，不顯於官爵，必重於外權矣。」可與此文互明。

〔一四〕舊注：臣傷其類，故良臣伏也。⊙盧文弨曰：「忠臣」下「之所以」三字衍，一本無。⊙顧廣圻曰：藏本、今本「良」下有「臣」字。⊙王先慎刪「之所以」三字，補「臣」字，曰：按注云「則良臣伏」，是注所見本亦有「臣」字。「之所以」三字不當有，此與下句文法一律。今從盧、顧校改。伏，謂隱也。⊙奇猷案：王刪「之所以」三字、補「臣」字，是，今從之。迂評本無「之所以」三字。迂評本、張本、凌本亦皆有「臣」字。

〔一五〕舊注：同氣相求，故姦臣進也。⊙奇猷案：易乾文言：「同氣相求，各從其類。」

〔一六〕奇猷案：亡徵篇云：「親臣進而故人退，不肖用事而賢良伏，無功貴而勞苦賤，如此者下怨，下怨者，可亡也。」可與此文互明。

〔一七〕舊注：私重，謂朋黨私相重也。⊙王渭曰：「重」字句絶。⊙劉師培曰：案管子明法篇作「重私而輕公」。兩文互勘，知此文當作「重私行，輕公法」。「輕」、「重」對文，「公法」亦與「私行」對文。上文「能去私行，行公法」是其證。下文又云「古者世治之民，奉公法，廢私術」，「私術」即「私行」。或兩「行」字均「術」誤。⊙劉文典曰：案：重，權也。行私重猶言行私權也。說難篇：「與之論細人，則以為賣重。」史記韓非列傳「賣重」作「鬻權」，是其證。注謂「朋黨私相重也」，增「相」字釋之，非是。⊙孫蜀丞先生曰：此文疑當作「若是則羣臣廢法重私而輕公矣」。「行」字、「法」字并涉上而衍，「而」字又誤竄於上，不可通矣。管子作「然則為人臣者重私而輕公矣」。舊注據誤文為說，而王氏從之，非也。⊙奇猷案：此文既言「廢法」，又言「輕公法」，義複，必有誤。管子作「然則為人臣者重私而輕公矣」，與此文互勘，此文當作「若是，則羣臣廢法而行私，重私輕公矣」，「重」下脱「私」字，「公」下衍「法」字，而管子則「人臣者」下脱「廢法而行私」耳。「廢法行私」係本書恒言，如姦劫弑臣篇「廢法行私以適重人」即其例。「廢法而行私」係承上文，上文謂君主「以譽進能」、「以黨舉官」，「以譽為賞，以毀為罰」，於是臣下「比周以相為」，故此承之曰「廢法而行私」。「重私輕公」則是啟下文，下文「數至能人之門」是重私，「不壹至主之廷」是輕公，「百慮私家之便」是重私，「不壹圖主之國」是輕公。王渭從舊注讀「重」字句絶，非是。松皐圓依山氏改「行私重」為「重私行」，亦未確。

〔一八〕舊注：此其所以私重也。⊙顧廣圻曰：「能」當作「態」。態人，即荀子之「態臣」，見臣道篇。⊙王先慎曰：能人，即私人也，見管子明法篇。本書作「能」字不誤。三守篇「不敢不下適近習能人之心」即其證。乾道本注「此」作「比」，今依張榜本、趙本。⊙津田鳳卿曰：能人，當塗專權之臣，君謂其有智能。⊙奇猷案：顧說是。并參閱三守篇「能人」注。舊注「比」，藏本亦作「此」，今從王校。

〔一九〕王先慎曰：趙本「壹」作「一」，下同。⊙奇猷案：凌本與趙本同。壹即一次。「不壹至主之廷」猶言無一次至君主之廷。

〔二〇〕奇猷案：說文：「慮，謀思也。」便，利也，詳存韓注。

〔二一〕奇猷案：圖，謀也，詳存韓注。「不壹圖主之國」猶言無一次為君主之國事圖謀。

〔二二〕舊注：君之徒屬之數雖多，皆行私重，故非尊君。⊙顧廣圻曰：今本「所」下有「以」字。⊙王先慎補「以」字，曰：案依下文當有。⊙奇猷案：王補是，今從之，迂評本、凌本亦有。

〔二三〕舊注：百官雖備，皆慮私家之便，故非任國。任，謂當其事也。⊙奇猷案：謂不足以托付國家重任之人。舊注未了。

〔二四〕舊注：威權不移故也。⊙盧文弨曰：注「下移」誤「不移」。⊙奇猷案：盧説是。托，謂寄托。八説篇：「人主不親觀聽，而制斷在下，托食於國者也。」

〔二五〕舊注：無憂國之人也。臣，韓非自謂也。⊙王先慎曰：此篇多本管子明法篇。⊙奇猷案：亡，即上文「荆以亡」之亡，大權旁落之意，詳上。

〔二六〕劉師培曰：明法篇「朝廷」作「朝臣」。以明法解勘之，作「臣」為長。⊙奇猷案：衰，謂衰落。朝廷衰落是由于朝臣少，故朝廷衰與朝臣少同意。管子作「國無人者，非朝臣之衰也」，案朝臣可以多或少言，不可以衰言，則管子「臣」字當是「廷」之誤。三守篇云：「國無臣者，豈郎中虛而朝臣少哉。」與此文同意，以少言，故作「朝臣」，此文以衰言，則不得作「朝臣」，亦可證管子作「朝臣」之誤。余前校從劉説，訓衰為少，案衰無少訓，余前校誤也，今正。

〔二七〕王先慎曰：張榜本「相益」作「之益」。案「家務相益」，謂務相益其家，與「大臣務相尊」同。相益、相尊對厚國、尊君而言。張榜本「相」作「之」誤。⊙奇猷案：周語「益之以三怨」，韋昭注：「益猶加也。」吕氏春秋貴當篇「其家必益」，高誘注：「益，富也。」是益有增强、富盛之意。「家務相益」，謂家務相互增强富盛，與愛臣篇所謂「隆家」同義。

〔二八〕顧廣圻曰：「奉」當作「持」，見本書三守篇。晏子春秋問下云：「士者持禄，游者養交。」荀子臣道篇云：「以之持禄養交而已耳，國賊也。」又見韓詩外傳。⊙高亨曰：廣雅釋詁「奉，持也」，是奉、持同誼，不煩改「奉」為「持」。⊙奇猷案：高説是。越語韋昭注：「持，守也。」「奉禄養交」者，謂持守其禄，不事官事，但奉養交友以成朋黨。墨子七患篇亦云「仕者持禄，游者養佼」（「養」原作「憂」，校改。佼、交同），是「持禄養交」為古人恒言。

〔二九〕奇猷案：信任臣下為之，不以法為斷。

〔三〇〕舊注：擇人量功之法，布在方册，謂成國之制也。⊙奇猷案：注「册」，藏本作「策」，字同。外儲説左上篇云「申子曰：法者，見功而與賞，因能而受（同授）官」，可與此文互明。

〔三一〕舊注：以法量功，故能不可弊，敗不可飾也；以法飾人，故譽不能進，非不能退也。⊙王先慎曰：張榜本作「蔽」，管子亦作「蔽」，「非」作「誹」，字并通用。⊙奇猷案：弊，讀為蔽。本書多以「弊」為「蔽」，如孤憤篇「朋黨比周以弊主」，以「弊」為「蔽」即其例。此文謂以法量功，能者不能掩蔽其能而不立功，敗事者不能飾辭以避罰；以法擇人，則朋黨所譽之人不能進用，朋黨所誹之人亦不致退廢。南面篇云：「相愛者比周而相譽，相憎者朋黨而相非，非譽交爭則主惑亂矣。」故使法擇人，則譽者不能進，非者不能退，而人主無惑亂之虞矣。注「法」下「飾」字當作「擇」。

〔三二〕舊注：明辯，謂善惡不相掩。⊙孫蜀丞先生曰：小爾雅廣言：「辯，辨也。」辯與辨通。明辯，明別也。「明辯」下當更有「明辯」二字，而今本脱之。管子作「然則君臣之間明別，明別則易治也。」⊙松皐圓曰：賢愚功罪，明白分別，治功自成。⊙奇猷案：孫先生説是。此文當作「則君臣之間明辯，明辯而易治」。而猶則也，詳王氏經傳釋詞。君臣之間明辯，謂君執法，臣循法，各司其事，故明辯。君執法治衆，則臣下之賢愚功罪可得而知；臣循法而行，立功受賞，無違君、私意之罰；故明辯則易治。用人篇云：「釋法術而心治，堯不能正一國；去規矩而妄意度，奚仲不能成一輪；廢尺寸而差長短，王爾不能半中。使中主守法術，拙匠守規矩尺寸，則萬不失矣。明主立可為之賞，設可避之罰，故賢者勸賞而不見子胥之禍，不肖者少罪而不見傴剖背，盲者處平而不遇深谿，愚者守静而不陷險危。」又曰：「明主之表易見，故約立；其教易知，故言用；其法易為，故令行。三者立而上無私心，則下得循法而治，望表而動。」可明此文之義。松氏所釋，僅君對臣，未及臣對君，與「君臣之間」之語不合。

〔三三〕舊注：譬，謂校定可否。⊙孫子書先生曰：按譬猶用也。詩大雅抑「無言不譬」，毛傳：「譬，用也。」漢書王莽傳師古注：「譬，用也。」秦策「棘津之譬不庸」（據四部叢刊本），「譬」「庸」當互易，言求為庸而人不用也。此文「譬法」謂用法也。上文「故明主使法擇人，不自舉也；使法量功，不自度也」，即譬法之義。舊注失之。⊙奇猷案：孫先生說是。或曰：「管子『譬』作『守』。此譬即守之同音假字（二字皆隸幽部）。用人篇云『使中主守法術，則萬不失矣』，是其義也。」亦通。

賢者之為人臣，北面委質，無有二心〔一〕；朝廷不敢辭賤，軍旅不敢辭難〔二〕；順上之為，從主之法，虛心以待令而無是非也〔三〕。故有口不以私言〔四〕，有目不以私視〔五〕，而上盡制之〔六〕。為人臣者，譬之若手，上以脩頭，下以脩足〔七〕，清暖寒熱，不得不救，入〔八〕，鏌鋣傅體，不敢弗搏〔九〕。無私賢哲之臣，無私事能之士〔一〇〕。故民不越鄉而交，無百里之感〔一一〕。貴賤不相踰，愚智提衡而立〔一二〕，治之至也〔一三〕。今夫輕爵禄，易去亡，以擇其主，臣不謂廉〔一四〕。詐説逆法，倍主强諫，臣不謂忠〔一五〕。行惠施利，收下為名，臣不謂仁〔一六〕。離俗隱居，而以作非上，臣不謂義〔一七〕。外使諸侯，内耗其國，伺其危嶮之陂，以恐其主曰〔一八〕：「交非我不親，怨非我不解」，而主乃信之，以國聽之，卑主之名以顯其身，毁國之厚以利其家，臣不謂智〔一九〕。此數物者〔二〇〕，險世之説也，而先王之法所簡也〔二一〕。先王之法曰：〔二二〕「臣毋或作威〔二三〕，毋或作利〔二四〕，從王之指〔二五〕；無或作惡，從王之路〔二六〕。」古者世治之民〔二七〕，奉公法，廢私術，專意一行，具以待任〔二八〕。

〔一〕奇猷案：質，讀如贄。贄，見面禮物。左傳莊公二十四年云：「男贄，大者玉帛，小者禽鳥，以章物也；女贄，不過榛栗棗脩，以告虔也。」杜注：「公侯伯子男執玉，諸侯世子附庸孤卿執帛，卿執羔，大夫執雁，士執雉。」委即五蠹篇「舉圖而委」之委，有貢獻之意（詳彼）。君面南而坐，臣面北而朝，故臣朝君曰「北面」。此文「北面委質」，謂臣面北向君主獻贄為禮，與顯學篇所云「執禽而朝」同意，以此表示臣服也。

〔二〕舊注：朝廷辭賤，則下有缺上之心；軍旅辭難，則士有偷存之志。⊙盧文弨曰：注「觖」譌作「缺」，「士」藏本作「事」。⊙王先慎曰：乾道本注「士」作「事」，今依張榜本、趙本改。⊙奇猷案：王改是，今從之。今藏本作「士」，不作「事」，盧校誤。正文藏本「賤」下有「則」字，蓋即「賤」之譌衍。「觖」即「缺」字，見正字通，不煩改字。又案：此文「朝廷不敢辭賤」，謂不爭尊位；「軍旅不敢辭難」，謂不畏死。玉篇：「缺，虧也。」

〔三〕奇猷案：「為」即今所謂「做事」。外儲説右上篇「魯起衆為長溝，當此之為」，謂當為此事之時，即其比。

〔四〕舊注：為君言也。

〔五〕舊注：為君視也。

〔六〕奇猷案：制，裁也（見說文）。此文謂一是皆由君主裁定。

〔七〕陶鴻慶曰：案「脩」皆當為「循」字之誤。「脩」與「循」相似，古書二字多互誤。揚權篇云「復脩其形」，注「脩」作「循」，即其例矣。說文：「循，順行也。」手之為用，上行可至於頭，下行可至於足，言其周於一身也。故下云「清暖寒熱，不得不救，鏌鋣傅體，不敢弗搏」。⊙奇猷案：脩、修同。周語韋昭注：「修，備也。」備者，戒備。手之為用，上戒備頭之患，下戒備足之禍，故下文云「清暖寒熱，不敢不救；鏌鋣傅體，不敢弗搏」。荀子議兵篇云：「臣之於君也，若手臂之扞頭目而覆胸腹也」，與韓子此文同旨，則韓非源於其師之說。「扞」「覆」二字皆有保衛之意，與韓子此文脩訓戒備義亦近。陶改「脩」為「循」，謂手上行至於頭，下行至於足，未提出保衛或戒備之意，與下文「不敢不救」、「不敢弗搏」之語不相應，可知陶說之誤。

〔八〕舊注：寒則救之以暖，熱則救之以清，凡此皆用手入，故曰不得不救入也。⊙王先慎曰：「入」字衍文。下「不敢弗搏」與「不得不救」相對成文，明此不當有「入」字。舊注不審而曲為之說，非。張榜本刪「入」字是也。又案：「清暖寒熱」，據注文當作「寒暖熱清」。⊙孫蜀丞先生曰：說文：「清，寒也。濪，冷寒也。」古籍多假清為濪。說文：「涼，薄寒也。寒，凍也。」涼、寒並有冷義，古籍間亦混用，故「清」字混用之亦可訓寒訓涼。然如清、寒分言，則清當訓涼，此即其例。⊙奇猷案：此不得無故衍「入」字。張榜本無「入」字，乃妄刪之也。蓋張榜本之舊注與此全同，亦云「用手入」，是解正文「入」字，可知張榜所據本原有「入」字也。「入」字上下當有脫文，其意當為「出入登降，不敢不援」（原文是否如此，不敢必，但原文之意必如此，可以斷言），與上「清暖寒熱，不敢不救」、下文「鏌鋣傅體，不敢弗搏」相對為文。「入」為脫剩之字。舊注以「救入」連文，則此文之脫久矣。幸有此一「入」字之存，韓非之意仍可得而尋。「清」與「寒」、「暖」與「熱」為同類義近字，故舊注混為之解說，不能證明原文當作「寒暖熱清」也，王說未可從。

〔九〕舊注：利刃近體，手必搏之。⊙盧文弨曰：「弗」，藏本作「不」。⊙吳巨禮曰：鏌鋣，劍名。後漢書崔駰傳：「求鏌鋣於明智。」呂氏春秋作「鏌釾」，說文：「鏌釾，吳神劍名。」又作「莫邪」，前漢賈誼傳「莫邪為鈍兮，鉛刀為銛」，應劭曰：「莫邪，吳大夫也，作寶劍，因此得名。」⊙奇猷案：呂氏春秋察今篇作「鏌鋣」，用民篇作「莫邪」，無作「鏌釾」者，吳氏誤記。荀子富國篇楊倞注：「搏，鬬也。」

〔一〇〕舊注：賢哲之臣，事能之士，皆以公用之。⊙奇猷案：「事」字無義，當作「智」，音近而誤。迂評本作「智」。本書恒以「智能」連文，如說難篇「有欲矜以智能」，八姦篇「人臣雖有智能，不得背法而專制」，飾邪篇「臣下飾於智能，則法禁不立矣」，安危篇「使天下皆極智能於儀表」，內儲說上篇「選其客有智能者以為將行」，皆其例（例尚多，茲不列舉）可以為證。此文「無私賢哲之臣，無私智能之士」，謂君主不偏私賢哲之臣，亦不偏私智能之士，皆依法而用之，故下文承此曰「愚智提衡而立」。舊注「事」亦當作「智」。

〔一一〕舊注：既任臣以公，則政平國理，人無異望，無外心，故不越鄉而交，所以無百里之慼。⊙顧廣圻曰：慼，讀為戚。⊙吳汝綸曰：戚、慼同字。尚書「率籲衆慼」。奇猷案：顧讀慼為戚，謂親戚。謂無百里外之親戚，亦是不越鄉而交之意。但慼讀本字亦可通。慼，指弔死問疾，後漢書王商傳「居喪哀慼」，是其義也。無走百里以弔死問疾，亦是不越鄉而交也。上文云：「若以黨舉官，則民務交而不求用於法」，今者君主不私賢哲之臣，不私智能之士，皆依法而用人，故民不務交，所以民不越鄉而交，無百里之慼也。

〔一二〕舊注：愚智各得其所，故提衡而立。⊙松皐圓曰：愚智不清，相對而立，如持衡也。飾邪篇「自以為與秦提衡」；八經篇「大臣兩重，提衡而不踦」；陳琳檄「抗衡上國」，注：「抗，舉也。鄭玄周禮注：『抗衡，謂對舉以爭輕重也。』」⊙陶鴻慶曰：案提言其直，衡言其平。舊注未晰。⊙孫子書先生曰：案漢書杜周列傳贊云：

「相與提衡」，小顏注引臣瓚曰：「衡，平也。言二人齊也。」文選四十六任彥昇王文憲集序：「公提衡惟允」，李善注：「漢書曰：『衡，平也，所以平輕重也。言選曹以材授官，似衡之平物，故取以喻焉。』」據此，則「提衡」原即「稱物」言之，由平衡意引申，則勢均力敵謂之提衡；由平判意引申，則簡選去取謂之提衡；當權用事操予奪之柄者，亦謂之提衡。一云「執衡」，文選卷五十二曹元首六代論「至於桓、靈，奄豎執衡」是也。此文「提衡」，當即勢均力敵之謂。管子輕重乙篇「以是與天子提衡」，亦謂與天子抗衡。舊注謂連衡者，非是。呂氏春秋不二篇云：「智者不得巧，愚者不得拙，所以一衆也。勇者不得先，懼者不得後，所以一力也。故一則治，異則亂；一則安，異則危。夫能齊萬不同，愚智工拙，皆盡力竭能如出一穴者，豈唯聖人乎？」「智者不得巧，愚者不得拙」，即韓子「愚智提衡」之義也。⊙奇猷案：孫先生說至確。「提衡」，即今語所謂「對立」。愚智皆依法而行，各盡所能，不相干涉，相對而立，故曰「提衡」。守道篇云：「度量信，則伯夷不失是，盜跖不得非；法分明，則賢不得奪不肖，强不得侵弱，衆不得暴寡。」亦提衡之意。

〔一三〕奇猷案：大體篇云「上下交撲，以道為舍，治之至也」，可知韓非所謂至治之世，必須「上下交撲，以道為舍」。此文「貴賤不相踰」，各守其職，是貴賤交撲；「愚智提衡而立」，皆依法而行，是以道為舍。此文「貴賤不相踰，愚智提衡而立」與大體篇「上下交撲，以道為舍」同旨，故曰治之至也。

〔一四〕舊注：易亡擇主，心貪者耳，如此之臣，不可謂廉也。⊙奇猷案：此文所謂廉，指不貪爵禄。解老篇云：「所謂廉者，必生死之命也，輕恬資財也。」不貪爵禄亦輕恬資財之一端，故廉有不貪爵禄之義，亦即所謂廉潔也。此文「輕爵禄」云云，蓋指伯夷、叔齊等巖穴避世之士言。姦劫弒臣篇：「古有伯夷、叔齊，武王讓以天下而不受，餓死首陽之陵。若此臣者，不畏重誅，不利重賞，不可以罰禁也，不可以賞使也，此之謂無益之臣也。」史記伯夷列傳云：「伯夷、叔齊聞西伯昌善養老，往歸焉。及至，西伯卒，武王伐紂，伯夷、叔齊叩馬而諫。武王已平殷亂，天下宗周，而伯夷、叔齊耻之，義不食周粟，隱於首陽山。」此即所謂「輕爵禄，易去亡，以擇其主」者。本書外儲説左上所述齊之居士田仲、外儲説右上所述狂矞、華士兄弟亦此類。

〔一五〕舊注：逆法强諫，凌主者耳，如此之臣，不可謂忠也。奇猷案：倍、背同，違也。此如師曠諫晉平公，援琴撞之，詳難一篇。飾邪篇云「人臣稱伊尹、管仲之功，則背法飾智有資；稱比干、子胥之忠而見殺，則疾爭强諫有辭」，是「詐説逆法，倍主强諫」之臣，亦可明此文之義。逆法，與法相抵觸。

〔一六〕舊注：行惠收下，作福者耳，如此之臣，不可謂仁。⊙松皐圓：八姦篇：「散公財以説民人，行小惠以取百姓，使朝廷市井皆勸譽己，以塞其主而成其所欲。」奇猷案：此如二柄篇所説田成之流。

〔一七〕舊注：隱居非上，揚主之惡，如此之臣，不可謂義。⊙顧廣圻曰：藏本、今本無「作」字。奇猷案：王先慎從顧校删「作」字，「離俗隱居而以非上」殊不辭。此有脱誤，疑當作「離俗隱居，而以知詐非上」，今脱「知」字，又形誤「詐」為「作」耳。詭使篇云：「士有二心私學，巖居窞處，托伏深慮，大者非世，細者惑下，上不禁又從而尊之。如此，則士有二心私學者，焉得無深慮勉知詐與誹謗法令以求索。」二心私學、巖居窞處者，即此所言離俗隱居者；勉知詐與誹謗法令，即此所言以知詐非上；是此文脱誤之明證。凌本與藏本、今本同，迂評本删「作」字、改「上」為「主」，皆誤。知詐即智詐，亦即巧詐。本書恒用「巧詐」之詞，如解老篇「衣食之業絶，則民不得無飾巧詐」、説林上篇「巧詐不如拙誠」皆其例，可明此「知詐」之義，亦可證此文之脱誤。

〔一八〕王先慎曰：「陂」字無義，當作「際」。篆文祭上形與皮相近，轉寫殘缺以為「陂」字耳。⊙津田鳳卿曰：陂猶際也。⊙蒲阪圓曰：按當作「伺其危亡」句，「嶮陂以恐其主」句。「亡」訛作「之」，遂錯倒耳。荀子「險陂傾側」，注：「陂與詖同。」⊙松皐圓改作「危亡嶮陂」，曰：「危亡嶮陂」原作「危嶮之陂」，寫者誤耳。鄰敵來侵，危亡將至，乘時伺間，騁其險譎詖智之辯，以恐嚇其君不得不因己謀事也。⊙奇猷案：此文不誤。嶮同險。釋名釋山「山旁曰陂」，是陂為山之邊沿。廣韻「際，邊也」，而字從阜，則際亦山邊之意。可知陂、際同義。伺其危嶮之陂即伺其危險之際耳。蒲引荀子見成相篇「險陂」與此不同義。

〔一九〕舊注：伺危以怨主，毀國以利家，姦雄者耳，如此之臣，不可謂智也。⊙盧文弨曰：注「伺危以恐主」，「恐」誤「怨」。奇猷案：此即三守篇所謂「事劫」。三守篇云：「鬻寵擅權，矯外以勝內，險言禍福得失之形，以阿主之好惡，人主聽之，卑身輕國以資之，事敗與主分其禍，而功成則臣獨專之，諸用事之人，壹心同辭以語其美，則主言惡者必不信矣，此謂事劫。」又案：五蠹篇云：「人臣之言衡者曰：不事大則遇敵受禍矣。事大未必有實，則舉圖而委、效璽而請兵矣。獻圖則地削，效璽則名卑。人臣之言從者曰：不救小而伐大則失天下。救小未必有實，則起兵而敵大矣。救小則以內重求利於外，國利未立，封土厚祿至矣，主上雖卑，人臣尊矣，國地雖削，私家富矣。」與此文對照，「卑主之名」指「效璽則名卑」言，「毀國之厚」指「獻圖則地削」言。據此，「厚」指國土。厚有多訓，可以形容富有，故富有資財而曰富厚，國土是資財中之最可貴者，故以「厚」言之也。

〔二〇〕太田方曰：周禮「大司徒以三物教萬民」，注：「物猶事也。」奇猷案：本書多以物為事，如飾邪篇「設辭托物以來親」，難二篇「人事天功二物者」，皆其例。數物，即上所舉不可謂廉、不可謂忠、不可謂仁、不可謂義、不可謂智之事。

〔二一〕舊注：險世所說，邀取一時之利，先王所簡，必令百代常行。⊙盧文弨曰：簡，棄也。注非。⊙俞樾曰：「險世之說」本作「險世所說」。說，讀為悅。注所據本尚未誤。奇猷案：俞說是，但不必改字，之猶所也，詳吳昌瑩經詞衍釋。此「之法」二字當因下而衍，舊注云「先王所簡」，則其所見本未衍可證。「簡」即顯學篇「人所以簡巫祝」之簡，慢也，輕視之意（簡無棄訓，盧說非）。此文謂：此上所舉數事（即不可謂廉、忠、仁、義、智之事）乃險世所喜悅，而先王所輕視也。若作「先王之法」，祇可言「不容」或「罪罰」等詞，不得言「輕視」，亦可證此不當有「之法」二字。所謂險世，即崇尚去亡擇主、詐説逆法、行惠收下、知詐非上以及恐主之言、卑主以顯其身、毁國以利其家等姦邪言行之世。又案：舊注謂「險世所説，邀取一時之利」，非也，當云「邀取一己之利」始治。又舊注當云「先王所簡。先王之法」。「先王所簡」義屬上，「先王之法」義屬下。今脱「先王之法」一語，於是「必令百代常行」無所麗。

〔二二〕顧廣圻曰：此下五句，文與洪範有異，或别有所出，非引彼也。⊙奇猷案：尚書洪範云：「無偏無陂，遵王之義；無有作好，遵王之道；無有作惡，遵王之路；無偏無黨，王道蕩蕩；無黨無偏，王道平平；無反無側，王道正直。」吕氏春秋貴公篇云：「鴻範曰：『無偏無黨，王道蕩蕩；無偏無頗，遵王之義；無或作好，遵王之道；無或作惡，遵王之路。』」與尚書同。史記宋世家與尚書全同。荀子天論篇云：「書曰：『無有作好，遵王之道；無有作惡，遵王之路。』」亦與尚書同。案吕、荀、史記皆指明引尚書，故同於尚書。而韓非則稱「先王之法」，當是引古法書，非引洪範也。

〔二三〕王先慎曰：張榜本更有「毋或作福」句。奇猷案：此以威、利、指為韻（皆隸脂部），「福」字隸之部，不協韻，不當插入此句。且福與利義近，則「毋或作福」與「毋或作利」義複。「毋或作福」句顯係張氏所增，不可據。

〔二四〕太田方曰：威者，殺戮刑罰也。利者，慶賞賜與也。⊙奇猷案：二柄篇云：「殺戮之謂刑，慶賞之謂德。為人臣者畏誅罰而利慶賞，故人主自用其刑德，則群臣畏其威而歸其利矣。」可證太説。

〔二五〕津田鳳卿曰：指，旨通。

〔二六〕顧廣圻曰：今本「無」作「毋」。⊙王先慎改「無」為「毋」，曰：案作「毋」字是，洪範正作「毋」，「或」作「有」。吕氏春秋貴公篇引亦作「或」，與此同，注「或，有也」。⊙奇猷案：王改非也。無、毋同，不必改作。且韓非所引乃古法書，非引洪範，更不必與洪範相同。凌本作「毋」，乃從洪範改耳。「或」「有」古籍恒互用。此文惡、路為韻，皆隸魚部。

〔二七〕奇猷案：「世治」當作「治世」。解老篇「治世之民」，守道篇「治世之臣」，與此句法同可證。舊注云「治世之人」（見下注），則其所見本不誤，亦可為證。

〔二八〕舊注：治世之人，所具意行，不用之於私，惟以待君之任耳。⊙奇猷案：舊注所釋至確。具，備也，猶言「具備」也。舊注云「所具意行」，亦訓具為具備之意。上文云「好賞惡罰之人，釋公行，行私術，比周以相為也。忘主外交，以進其與，則其下所以為上者薄矣」，與此文義正相反，可與此文互明。

夫為人主而身察百官，則日不足，力不給〔一〕。且上用目則下飾觀〔二〕，上用耳則下飾聲〔三〕，上用慮則下繁辭〔四〕。先王以三者為不足，故舍己能，而因法數，審賞罰〔五〕。先王之所守要〔六〕，故法省而不侵〔七〕。獨制四海之內，聰智不得用其詐，險躁不得關其佞〔八〕，姦邪無所依〔九〕。遠在千里外，不敢易其辭〔一〇〕；勢在郎中，不敢蔽善飾非〔一一〕。朝廷羣下，直湊單微，不敢相踰越〔一二〕。故治不足而日有餘，上之任勢使然也〔一三〕。

〔一〕舊注：言當用法而察之。⊙王先慎曰：乾道本「為」下有「之」字，據張榜本刪。⊙松皋圓刪「為」下「之」字，曰：從荀子注削。⊙奇猷案：王、松説是，今據刪。松引荀子注見王霸篇。説文：「給，相足也。」周禮春官保章氏疏云：「王則光芒，相則內實。」是相有充實於內之意，引申則有滿盈之義。（説文：「滿，盈溢也。」）「相足」猶言滿足。「力不給」者，言精力不能滿足於審察百官之任。

〔二〕舊注：飾觀，則目視不得其真也。⊙奇猷案：觀，外觀。

〔三〕舊注：飾聲，則耳聽不知其僞也。

〔四〕舊注：繁辭，則慮惑於説也。⊙奇猷案：舊注之意謂：繁辭，則君主之思慮被繁説所惑。

〔五〕奇猷案：三者：耳，目，思慮。姦劫弑臣篇云：「託於犀車良馬之上，則可以陸犯阪阻之患；乘舟之安，持檝之利，則可以水絶江河之難；操法術之數，行重罰嚴誅，則可以致霸王之功。治國之有法術賞罰，猶若陸行之有犀車良馬也，水行之有輕舟便檝也，乘之者遂得其成。」可明此文之義。

〔六〕舊注：因法數，審賞罰，用此察之，則百官不得混其真僞。斯術也，先王所守之要。⊙王先慎曰：先王之所守要，即揚權篇「聖人執要」之義。注説非。⊙劉師培曰：「先王」上當疊「法數賞罰」四字，今本脱。⊙奇猷案：王説是。「先王」上當有「此」字。「此」即「因法數，審賞罰」之代詞。荀子王霸篇「知一政於管仲也，是君人者之要守也」，文法相同可證（是、此同義）。劉謂當重「法數賞罰」四字，不確。蓋所守之要，是「因法數，審賞罰」，著重在「因」「審」二字，劉氏忽之。數，謂必然的、不變的自然規律（詳難言篇注）。余前校釋數為術也，不確。

〔七〕奇猷案：君人者，舍己能，因法數，審賞罰，則法雖簡省亦無侵凌之患。并詳八説篇注。

〔八〕顧廣圻曰：藏本同。今本「險」作「陰」，誤。⊙劉師培曰：案關、貫古通。禮記雜記「見輪人以其杜關轂而輠輪者」，「關轂」即「貫轂」，是其例。⊙高亨曰：按關猶置也，措也。問田篇「陽城義渠，明將也，而措於毛伯；公孫亶回，聖相也，而關於州部」，六反篇「親以厚愛關子於安利而不聽」，心度篇「賞功爵任而邪無所關」，淮南主術篇「兩家之難無所關其辭」，論衡實知篇「事有難知易曉，聖賢所共關思也」，諸「關」字同義。松臯圓曰：佞倖傳「公卿皆由關説」，索隱：「關，通也。通其辭説。劉氏云：『有所言説皆關由之。』」⊙唐敬杲曰：險通憸，利口也。躁通譟，多言也。⊙奇猷案：高訓關為置也、措也，義長。廣雅釋詁：「險，衺也」，左傳哀十六年「以險徼幸者」，杜注：「險猶惡也。」是險有衺惡之意。淮南子原道訓「其魂不躁」，注：「躁，狡也。」則躁有狡猾之義。説文：「佞，巧讇高材也。」則佞者善於諂諛之意。此文「險躁不得關其佞」，謂邪惡狡猾之徒不能措置其諂諛之伎倆。唐以險躁為憸譟，則佞當訓口才。（論語公冶長「焉用佞」，邢疏：「佞，口才也。」）此文「憸譟不得關其佞」，譯為今語，猶云「能説會道的人也無法施展他的口才」，亦通。詭使篇有「險躁佻反覆謂之智」及「譟險讒諛者任」之語，可參閱。

〔九〕奇猷案：詭使篇云「士卒之逃事狀匿附託有威之門以避傜賦」，五蠹篇云「事私門而完解舍」，又云「行貨賂而襲當塗」，可知姦邪之人，恒依託於私門（有威之門、當塗之門皆是私門）以謀私利。今者，君主獨制四海之內，依法而行，以賞則賞，以罰則罰，無侵權之臣，自無私門之存，故姦邪無所依。

〔一〇〕奇猷案：遠在千里外，謂出使至他國。

〔一一〕舊注：郎，近侍之官也。⊙俞樾曰：「勢」當作「暬」。國語楚語曰「居寢有暬御之箴」，注曰：「暬，近也。」「暬在郎中」與「遠在千里外」正相對成義。「暬」「勢」形近而誤，或古字通用也。⊙奇猷案：舊注「郎」下當脱「中」字。郎中，官名，近侍之官，傳君令於朝外，聞朝外之事及告臣下之請於君。外儲説右上篇「文公曰：『吾民之有喪者，寡人親使郎中視事。』」外儲説右下篇「秦襄王有病，百姓為之禱，病愈，殺牛塞禱。郎中閻遏、公孫衍出見之」，以告秦襄王；説疑篇「使郎中日聞道於郎門之外」，八經篇「郎中約其左右」，皆可為證。勢者，勢位也。（禮記禮運「在勢者去」，注：「勢，勢位也。」）俞改為「暬」，非。此文謂雖在郎中之勢位，亦不敢蔽人之善飾己之非。蓋郎中既是近侍之臣，又是通報之官，其勢位正足以蒙上欺下故也。俞蓋以「郎中」為「郎門之中」，以與「千里之外」相對，因改「勢」為「暬」以與「遠」相對，意謂近在郎門中之臣，雖亦可通，然「勢」字可解，不煩改字也。

〔一二〕舊注：雖單微直湊，亦令得其職分，而豪强不敢踰。⊙太田方以「湊」字句絶，「單微」下屬，曰：「直」如考工記輪人云「輻也者以為直指」之直。淮南子原道訓「趨舍指湊」，後漢書班彪傳注「直湊，如輻之湊於轂也」，抱朴子疾謬篇：「枉曲直湊，使人愕然。」文選：「雖單門後進，必加善誘。」單，謂寒也。言君勢强則朝廷群臣直指輻湊於君，羣下之勢單力微，故不相踰越，各修其職也。⊙王先慎曰：注説非。説文：「湊，水上人所會也。」故湊有會合之義。此言親近重臣合之疏遠卑賤之人，皆用法數以審賞罰，毋有相違，下文「刑過不避大臣，賞善不遺匹夫」是也。⊙奇猷案：直湊，當如班彪傳注釋為「如輻之湊於轂」，即三守篇「羣臣輻湊」之意，謂群臣歸聚於君如輻之湊於轂，此是由於君主任勢行法獨制四海之内而然。針對上文君不依法行事，則「臣離上而下比周」，「數至能人之門，不壹至主之廷」而言也。單與殫通。説文：「殫，極盡也。」古音隸元部。微，即内儲説下篇「以中山之謀微告趙王」之微，蓋密之假字也（考詳彼）。「殫密」即忠孝篇「古者黔首悗密」之「悗密」。悗，古音隸文部，與元部之殫通轉，則「殫密」即「悗密」也，亦即「黽勉」，努力從事之意，謂羣臣努力從事於其職守，此亦是由於君主任勢行法獨制四海之内而然。針對上文君不依法行事，則「小臣奉禄養交，不以官為事」而言也。「不敢相踰越」，謂朝廷羣下皆努力從事於其職守，不敢越職行事。百官不得越職行事，乃法家家法，二柄篇云「臣不得越官而有功」，「越官則死」，難一篇云「百官不敢侵職」，是其義也。諸家所説「單微」皆誤。

〔一三〕舊注：立治之功，日尚有餘，而功教既已平，群臣既已穆，則上之任用之勢，不違法教使之然也。⊙奇猷案：荀子王霸篇云：「以一人兼聽天下，日有餘而治不足者，使人為之也。」（淮南子詮言訓同）又云：「主道治近不治遠，治近則遠者理。夫兼聽天下，日有餘而治不足者如此也。」楊倞注引尸子云「堯南撫交阯，北懷幽都，東西至日之所出入，有餘日而不足於治者，恕也。」則「日有餘而治不足」乃古人恒言。不與丕通，讀書文侯之命「丕顯文武」之丕。丕，語辭，不為義。此文「治不足而日有餘」，謂治事完足而時日尚有餘。功名篇「親近者不足於信」之「不足」亦此義。

夫人臣之侵其主也〔一〕，如地形焉，即漸以往〔二〕，使人主失端，東西易面而不自知〔三〕，故先王立司南以端朝夕〔四〕。故明主使其羣臣不遊意於法之外，不為惠於法之內〔五〕，動無非法。法所以凌過遊外私也〔六〕，嚴刑所以遂令懲下也〔七〕。威不貸錯，制不共門〔八〕。威制共則衆邪彰矣〔九〕，法不信則君行危矣〔一〇〕，刑不斷則邪不勝矣〔一一〕。故曰：巧匠目意中繩，然必先以規矩為度〔一二〕；上智捷舉中事，必以先王之法為比〔一三〕。故繩直而枉木斲，準夷而高科削〔一四〕，權衡縣而重益輕〔一五〕，斗石設而多益少〔一六〕。故以法治國，舉措而已矣〔一七〕。法不阿貴，繩不撓曲〔一八〕。法之所加，智者弗能辭，勇者弗敢爭〔一九〕。刑過不避大臣，賞善不遺匹夫。故矯上之失，詰下之邪〔二〇〕，治亂決繆，絀羨齊非〔二一〕，一民之軌，莫如法〔二二〕；屬官威民〔二三〕，退淫殆，止詐偽，莫如刑〔二四〕。刑重則不敢以貴易賤〔二五〕，法審則上尊而不侵〔二六〕。上尊而不侵則主強，而守要〔二七〕，故先王貴之而傳之〔二八〕。人主釋法用私，則上下不別矣〔二九〕。

〔一〕王先慎曰：御覽六百三十八引「人臣」作「大臣」。

〔二〕舊注：如地形之見耕，漸就削滅也。⊙王先慎曰：「即」當作「積」，聲之誤也。此謂人之行路，積漸不覺而已易其方，在始未必不知，移步換形，遂不能見，故必立司南以定其方。喻人主為臣侵其權勢，使人主不自知者，非一朝一夕之故，在人主時以法度自持也。喻意言行路，非言耕者，注非。御覽引作「既」，亦誤。⊙太田方曰：「即」一作「積」，是。管子明法解：「姦臣之敗其主也，積漸積微，使主迷惑而不自知也。」賈誼新書：「事之適亂，如地形之惑人也，積漸而往，俄而東西易面，而人不自知也。」外儲説右上：「臣弑君、子弑父者以十數矣，皆非一日之積也，有漸而至矣。」⊙劉師培曰：案太平御覽六百三十八引「即」作「既」，是也。賈子新書作「機漸」。本書假既為機，猶易經「月既望」，「既」或作「幾」也。機漸以往，謂轉運不窮，漸易其方，即下文所謂「東西易面而不自知」也。⊙奇猷案：詩衛風氓「來即我謀」，箋「即，就也」，就有向某一事物靠攏之意，如内儲説上篇「獸鹿唯薦草而就」，謂獸鹿向薦草靠攏，可以為證。史記五帝紀「就時於負夏」，索隱：「就時猶逐時。」説文：「逐，追也。」追逐者，向某一目標靠攏之意。據此，即、就、逐三字有一共通之義，即向某一目標靠攏。此文「即漸」即「逐漸」。「逐漸」一詞，今俗語仍沿用。此文之意謂：人臣侵奪其主之權，如地形之改變，是向前走而逐漸改變。王、太改「即」為「積」，説文「積，聚也」，廣韻「漸，漸次也」，積漸，猶言聚少為多，亦通。劉改為「機漸」，謂轉運不窮，無此訓。太謂「即一作積」者，迂評本作「積」也。王、劉謂御覽引作「既」，乃通行刊本，四部叢刊景印宋本仍作「即」。太、劉引賈誼新書見審微篇，作「機漸」，不作「積漸」，未知太所據何本？劉引易經見小畜。

〔三〕舊注：既以漸來，故雖至於失端易面，而主尚不能自知。⊙奇猷案：端，正也，此謂正確方向。面，向也。此文謂：由於地形逐漸改變，使人主失去正確方向，以致於東西方向改變仍不自知。

〔四〕舊注：司南，即指南車也。以喻國之正法。⊙王先慎曰：御覽引「立」下有「教」字。⊙太田方曰：崔豹古今注：「越裳氏使者迷其歸路，周公錫以文錦二疋，軿車五乘，皆設司南之制。」鬼谷子：「鄭人之取玉也，載司南之車，為其不惑也。」曰「設司南之制」，曰「載司南之車」，可見司南與車二物。舊説司南即指南車，恐誤。司南，其制蓋如今羅盤針，故可以正朝夕也。考工記：「為規識日出之景與日入之景，晝參諸日中之景，夜考之極星，以正朝夕。」管子：「猶立朝夕於運鈞之上，擔竿而欲定其末。」注：「定朝夕所以定東西也。」⊙王振鐸曰：論衡：「司南之杓，投之地，其抵南指。」說文：「杓，料柄也。」司南為受載之物，固非車駕。古之司南用在辨別方向，常與車乘發生關係，故開後人以古之司南為指南車之大錯。王充所謂司南，似一微小如挹注器之小勺，其發明時代至晚當居戰國之末。「指南車」之名始於崔豹古今注。指南車為機械之構造，與指南針毫無關係。其發明動機在於代替古之司南，創制期當居東漢之末葉。（載大公報史地周刊一百十六期指南車之車制模型說）⊙奇猷案：朝夕猶言東西。日朝出自東，夕入於西，故以朝夕為東西也。御覽「立」下有「教」字，誤衍。太引鬼谷子見謀篇，引管子見七法篇。王引論衡見是應篇。

〔五〕舊注：不令遊意法外，為惠法內，皆所以防其侵也。⊙王先慎曰：御覽引「惠」作「慧」。⊙奇猷案：管子明法篇「遊」作「淫」。案遊、淫字通。六反篇「遊居厚養」，借遊為淫，可以為證（例尚多，今不列舉）。遊隸幽部，淫隸侵部，三百篇中此二部有嚴格界限，不相混淆，但戰國以後，多有通轉。請參閱余所著呂氏春秋校釋貴直篇「注十八」。淫謂淫佚，即越出範圍之外。法之外即繩之外，法之內即繩之內。孤憤篇「智術能法之士用，則貴重之臣必在繩之外矣」，安危篇「斲削於繩之內，斷割於繩之外」，外儲說左上篇「言離法而行遠功，則繩外民也」，外儲說右上篇「行私者，繩之外也；而疑之所言，法之內也」，皆其例。何謂繩之外？凡是一切違法行為，如行私之類，皆是繩之外。何謂繩之內？二柄篇云：「田常上請爵祿而行之羣臣，下大斗斛而施於百姓，此簡公失德而田常用之也。子罕謂宋君曰：『殺戮刑罰者，民之所惡也，臣請當之。』於是宋君失刑而子罕用之。」田常施惠，非違法之行；子罕用刑，乃依法而施。然其卒簡公見弒，宋君見劫，故繩內之行，有時必禁，蓋以防田常、子罕之流也。外儲說右上述「子路以其私秩粟為漿飯，要作溝者於五父之衢而飡之」，亦是為惠於法之內之例。此文謂：明主使其羣臣無越出法外行事之意圖，亦使其羣臣不於法之內施惠於下屬。又案：惠、慧字通，如説林下「惠子」，説林上作「慧子」，即其例。

〔六〕舊注：既使羣臣動皆以法，其或凌過遊外，即皆私也。⊙盧文弨曰：「遊外」二字，一本作「滅」。⊙顧廣圻曰：「凌」字未詳。「過」當作「遏」。衍「遊」字。舊注誤。⊙王先慎曰：「過」為「遏」之誤，顧説是也。一本脱「外」字，「遊」作「滅」，是。「凌」為「峻」字形近而譌，當在「法」上，傳寫誤倒耳。「峻法所以遏滅外私也」與下「嚴刑所以遂令懲下也」句正相對，今本譌誤，遂不可讀。⊙孫蜀丞先生曰：此文當作「峻法所以滅過外私也」。「遊」即「過」字之譌衍，一本作「滅」，當在「過」字上而誤脱之。王謂「峻法」是也，但改「過遊外私」為「遏滅外私」則大非。王既不解「外」字之誼，又將三層誤合為一，與下「遂令懲下」不相對矣。呂覽有度篇「則貪污之吏外矣」，注：「外，棄也。」外私，棄私也。「滅過外私」與「遂令懲下」並平列成文，而意實一貫。管子明法篇云「法者所以禁過而外私也」，尤其切證。⊙奇猷案：證以管子，此當作「法所以凌過外私也」。「遊」與「過」形近又因上「遊」字而衍。「凌」即初見秦篇「東以弱齊、燕，中以凌三晉」之凌，有抑制之意。管子作「禁」，猶言禁止，與抑制之義亦近。「法所以凌過外私也」，謂法所以抑制過失而摒棄姦私也。「凌過」與説疑篇「止過」之義亦近。「法所以外私」即詭使篇「立法令者，以廢私也」之意。王改作「峻法所以遏滅外私也」，謬矣。第一：遏、滅、外三字皆動詞，義皆相近，而賓詞皆是「私」，辭義何其繁複？且「遏滅外私」與「遂令懲下」亦不相對。其次：立法所以廢私，度量善惡，不必是峻法也。且「凌」字本不誤，而王氏意改為「峻」，又倒而在上，頗嫌迂曲。

〔七〕舊注：所以嚴刑者，欲以遂令且懲下也。遂，通也。⊙王先謙曰：遂，竟也。刑以輔令而行，使必下竟。⊙奇猷案：禮緇衣「百姓以仁遂焉」，鄭注訓遂為達。舊注訓遂為通，通亦達也。此文謂嚴刑所以使命令通達無阻，即詭使篇「威利所以行令也」之意（威即刑罰，詳上注。行即通行）。王謂必使下竟，亦是通達於下之意，與舊注之意無別。下文「屬(厲)官威民莫如刑」即此「嚴刑所以懲下」之意。

〔八〕舊注：威當主錯，故不貸臣，令錯置當主裁，故不共臣同門。錯，置也。⊙劉師培曰：案明法篇作「威不兩錯，政不二門」。「貸」乃「貳」訛。貳錯即兩錯。⊙奇猷案：劉説是，高亨説同。揚權篇「毋富人而貳焉」，「貳」誤「貸」，可以為比。錯，措也。主道篇云「臣擅行令則主失制」，二柄篇云：「明主之所導制其臣者，二柄而已矣。二柄者，刑、德也。何謂刑、德？曰：殺戮之謂刑，慶賞之謂德。為人臣者畏誅罰而利慶賞，故人主自用其刑德，則羣臣畏其威而歸其利矣。」可知威是指殺戮誅罰，制即制裁、控制，此制指二柄，即刑德，亦即殺戮與慶賞之權。外儲説右下篇云：「以王良、造父之巧，共轡而御，不能使馬，人主安能與其臣共權以為治？」又云：「以田連、成竅之巧，共琴而不能成曲，人主又安能與其臣共勢以成功乎？」可明此文之義。「共轡」「共琴」即貳錯，亦可證「貸」當是「貳」字之誤。共權，共殺戮慶賞之權。共勢，共威勢。

〔九〕舊注：威制共臣，則制邪顯用矣。⊙王先慎曰：注「制邪」當作「衆邪」。⊙奇猷案：王説是。此文謂威勢與臣共掌，則衆邪臣昭彰為姦，肆無忌憚。舊注誤。

〔一〇〕舊注：法不信則後不可行，故君危也。⊙松皐圓曰：「行」當作「位」。家語：「政不正則君位危。」外儲説：「下校上則上位危。」⊙俞樾曰：危，讀為詭。呂氏春秋淫辭篇「所言非所行也，所行非所言也。言行相詭，不祥莫大焉」，與此意相近。蓋法不信，則君之所行前後違反，故曰詭也。作「危」者，古字通耳。漢書天文志「司詭星出正西」，史記天官書「詭」作「危」；淮南子説林篇「尺寸雖齊必有詭」，文子上德篇「詭」作「危」；并其證也。舊注未達叚借之旨。危當以君位言，不當以君行言，足知舊説之非矣。⊙奇猷案：松説是。「行」即「位」字壞誤。上文「法者所以凌過外私」，法不信則過多而私行，故君位必危。下文「法審則上尊而不侵」，與此反正為文，尊以位言，故法不信則上位危。初見秦謂山東諸國「言賞則不與，言罰則不行，賞罰不信，故其士民不死也」，士民不死，則不能却敵，故君位危。飾邪篇云「賞罰敬信，民雖寡，强。賞罰無度，國雖大兵弱者，地非其地，民非其民也。無地無民，堯、舜不能以王，三代不能以强」，賞罰無度是法不信，法不信則兵弱，兵弱則君位危矣。外儲説左上篇云「小信成則大信立，故明主積於信。賞罰不信，則禁令不行」，舉楚厲王擊警鼓為例，云「楚厲王有警為鼓以與百姓為戍，飲酒醉，過而擊之也，民大驚，使人止之。居數月，有警，擊鼓，而民不赴」，有戍擊警鼓是依法行事，無戍而擊警鼓是法不信、民不赴，故君位危矣。周幽王以無寇而擊鼓舉烽燧，卒致身死國亡（詳史記周本紀）。皆可證此文「行」字當作「位」也。依俞説則與上下文皆不相應。松引文見外儲説右上篇。

〔一一〕奇猷案：斷，謂決斷、果斷，如亡徵篇「柔茹寡斷」之斷。不勝，即揚權篇「枝大本小，將不勝春風」之不勝，不勝即不堪（管子入國篇「士民有子，子有幼弱不勝養為累者」，注：「勝，堪也。謂不堪自養為累也。」），亦即今語「禁不住」、「吃不消」之意。此文「刑不斷則邪不勝矣」，謂臣有罪當立即行刑，如不果斷執行，將禁不住姦邪之臣，將為姦邪之臣所害。揚權篇「枝大本小，將不勝春風」，正是此文之比，即枝大本小，若不及時披枝，將禁不住肆虐之春風，摧折樹本。難四篇云「鄭伯將以高渠彌為卿，昭公惡之，固諫不聽。及昭公即位，懼其殺己也，弑昭公而立子亶也」，韓非論之曰：「昭公之及於難者，報惡晚也。明君不懸怒，懸怒則臣罪輕舉以行其計，則人主危。故靈臺之飲，衛侯怒而不誅，故褚師作難；食黿之羹，鄭君怒而不誅，故子公殺君。人君非獨不足於見難而已，或不足於斷制。今昭公見惡稽罪而不誅，使渠彌含憎懼死以徼幸，故不免於殺，是昭公之報惡不甚也。」正可闡明此文「刑不斷則邪不勝」之義。

〔一二〕舊注：匠之目意雖復中繩，而不可用，當其規矩為其度。⊙王先慎曰：注上「其」字當為「以」字之譌。⊙奇猷案：王説是。意，如論語先進篇「億則屢中」之億，字通，度也，有以意揣度之義，即今所謂主觀猜測。莊子胠篋篇「妄意室中之藏」之「意」亦此義。「先」字當因下而衍。謂巧匠雖能以意揣度而中繩，然必以規矩度之。若先以規矩度之，則不必意矣，此不當有「先」字甚明。舊注不釋「先」字，則舊注所見本無「先」字可知。呂氏春秋處方篇云：「今有人於此，為方圓則若規矩，此則工矣巧矣，而不足法。」可與韓子此文互明。又案：目意中繩，繩是繩墨，是直線，則是以矩為度，而曰「以規矩為度」者，乃由於足句而並言之耳。如史記游俠列傳「緩急人之所時有也」，急而言「緩急」，即此之類。

〔一三〕舊注：君知雖敏而中事，不可用，當以先王之法為其比制也。⊙盧文弨曰：注「君知」，藏本作「君智」。⊙王先慎曰：上智，謂極智之人，與巧匠同意，非謂君也。捷，疾也。中事，合於事也。中，音竹仲反。舊注誤。⊙奇猷案：王說是。捷即敏捷，敏亦疾也（詩大雅文王毛傳）。五蠹篇「微妙之言，上智之所難知」，又云「而慕上知之論」，上智、上知（通智）皆是謂極智之人。既言舉而中事，則舉即舉事之意。此文謂極智之人，舉事敏捷，且又合於事情，但必須以先王之法為比，驗其是否合法。例如二柄篇所云「韓昭侯醉而寢，典冠者見君之寒，加衣於君之上。覺寢，因罪典冠，以為越其職也」，典冠加衣於君之上是合於事情，但越職是不合於法，正可闡明韓子此文。又案：注「知」讀智。「制」字當為「擬」音近而誤。

〔一四〕舊注：科，等也。削高等令就下也。⊙門無子曰：夷，平也。⊙津田鳳卿曰：漢書律志：「準，揆平取正之器。」⊙松皐圓曰：易說卦傳「離，其於木也，為科上槁」，釋文：「科，苦禾切，空也。」蓋謂高卑皆削平也。⊙章太炎曰：案科者，科厄也。說文：「科厄，木節也。」亦單稱科，易說卦「為科上槁」是也。木有節則高起而不平，故以準平而削之。此與上句「枉木」皆舉木為說。注以科為等，失之。⊙奇猷案：科即科厄，即木節。「高科」猶言高起之木節，與「枉木」猶言枉曲之木材相對為文。木節是樹木出枝處，向外突出，故以準取平而削平之。又案：說卦「為科上槁」之科，仍當從舊說訓為空。蓋木空則上槁，符合事實；若謂木突出則上槁，殊非其旨。余前校從松說，不確，蓋高則削之使平，卑則無可削也。

〔一五〕舊注：減重益輕，權衡乃平。

〔一六〕舊注：減多益少，斗石乃滿。⊙奇猷案：舊注「滿」字當改作「平」，於義始洽。

〔一七〕舊注：舉法而措之，治自平。⊙王先慎曰：措，當為論語「錯諸枉」之錯。以法數治國家，不外舉錯二者。上文「因法數，審賞罰，先王之所守要」即其義。注說非。⊙安井衡曰：舉錯，行止也。言法所行行之，法所止止之，而國自治矣。⊙奇猷案：王、安說是。八經篇「舉錯以觀姦動」，亡徵篇「不以功伐課試，而好以名問舉錯」，可明此「舉措」之義，蓋有舉法術措賞罰之意。難二篇云：「遇於法則行，不遇於法則止。」亦此意。

〔一八〕奇猷案：詩商頌長發鄭箋：「阿，倚。」禮中庸孔疏：「倚，謂偏有所近。」淮南子主術訓注：「阿，曲從也。」呂氏春秋知度篇「邪撓之人」，高注：「撓，曲。」蓋謂曲從他人之人，是撓有曲從之意。外儲說右上篇述廷理斬楚莊王太子之輈、戮太子之御，即「法不阿貴，繩不撓曲」之例。

〔一九〕南京校注組曰：有智慧的人不能用言語辯解，勇敢的人也不敢用武力抗爭。

〔二〇〕津田鳳卿曰：矯，正也。孤憤篇：「矯人主阿辟之心。」詰，謂窮治也。⊙奇猷案：段玉裁說文解字注「矯」字下云：「柔箭之箝曰矯，引伸之為凡矯枉之偁。」詰訓窮治，見周禮大司馬鄭注。

〔二一〕舊注：絀其健羨，齊其為非。絀，音黜。⊙王先謙曰：羨，有餘也。即上削高、輕重之意。⊙奇猷案：左傳成公十五年杜注：「決，壞也。」壞即破壞，有消除之意。繆即紕繆，錯誤也。（禮記大傳注：「紕繆，猶錯也。」）「治亂決繆」，謂治理混亂，消除錯誤。絀通黜。左傳昭公二十六年杜注：「黜，去也。」說文：「羨，貪欲也。」儀禮既夕禮「馬不齊髦」，鄭注：「齊，翦也。」翦即翦除。非者，一切非法之行為、思想之總名。「絀羨齊非」，謂黜去貪欲，翦除非行。韓詩外傳五「正惡扶微，絀繆淪非」。「絀繆淪非」即此文「決繆齊非」。說文：「淪，没也。」

没與翦除義近，亦可證訓齊為翦除不誤。舊注所謂「絀健羨」出史記太史公自序「去健羨，絀聰明」。荀子哀公篇：「魯哀公問於孔子曰：『請問取人？』孔子對曰：『無取健（楊倞注：「健羨之人」）。』健，貪也。」楊倞注：「健羨之人多貪欲。」則健與羨同義。又健、羨二字古音皆隸元部，是「健羨」為同音聯緜詞。複言之則為「健羨」，獨言之則為「健」或「羨」耳。史記集解、索隱引如淳曰：「知雄守雌，是去健也。不見可欲，使心不亂，是去羨也。絀聰明，不尚賢，絶聖棄智也。」用道家說為解，非韓子義。王訓羨為有餘，不切。

〔一二二〕奇猷案：呂氏春秋不二篇云：「同法令所以一心也。」

〔一二三〕舊注：屬官，欲令官之屬己。⊙王念孫曰：舊注甚謬。「屬」當為「厲」字之誤也。厲官、威民，義正相近。詭使篇「上之所以立廉耻者，所以屬下也」，「屬」亦「厲」字之誤。俗書「屬」字作「属」，形與「厲」相近，故「厲」誤作「屬」。荀子富國篇「誅而不賞則勤厲之民不勸」，今本「厲」誤作「屬」。⊙奇猷案：王說至確。呂氏春秋遇合篇「厲女德而弗忘」，今本「厲」誤「屬」，亦「厲」易誤「屬」之例。厲同勵，勉力也。二柄篇云：「為人臣者陳而言，君以其言授之事，專以其事責其功。功當其事，事當其言，則賞；功不當其事，事不當其言，則罰。」故刑所以厲官，即使官勉力於事。飾邪篇云：「先王明賞以勸之，嚴刑以威之。賞刑明則民盡死，民盡死則兵强主尊。」是刑足以威民而使民盡死也。

〔一二四〕高亨曰：殆，借為怠。論語「思而不學則殆」，釋文：「殆，本作怠。」即殆、怠通用之證。⊙奇猷案：高說是。老子「周行而不殆」，釋文云：「殆，怠也。」亦可為證。

〔一二五〕舊注：不敢以貴勢慢易於賤也。⊙傅佛崖曰：「易」之本字為「傷」。說文：「傷，輕也。从人，易聲。」⊙奇猷案：解老篇云：「所謂光者，官爵尊貴，衣裘壯麗也。今有道之士，雖勢尊衣美，不以誇賤欺貧。」然則無道之士，官爵尊貴，衣裘壯麗，必以其勢尊衣美而慢易賤者。因此，治國者以重刑處之，使之不敢以貴易賤。余前校謂「貴」「賤」二字當互易，不確。

〔二六〕奇猷案：審，明也。上文云「法省而不侵」，與此「法審則上尊而不侵」同旨。解老篇云：「姦起，則上侵弱君。」然則法審則姦不起而無上侵弱君之患矣，亦可明此文之義。

〔二七〕奇猷案：「强」字句絶，「而」下有脱文，當作「而主强在守要」。此承上文「先王之所守要」而言，謂主之强在於守要，總結上文。

〔二八〕舊注：傳之於後。

〔二九〕奇猷案：上云「法審則上尊而不侵」，相反，釋法用私，則下侵上而上不尊，故上下無别也。

二柄第七〔一〕

明主之所導制其臣者，二柄而已矣〔二〕。二柄者，刑、德也。何謂刑、德？曰：殺戮之謂刑，慶賞之謂德〔三〕。為人臣者畏誅罰而利慶賞，故人主自用其刑德，則羣臣畏其威而歸其利矣〔四〕。故世之姦臣則不然〔五〕，所惡則能得之其主而罪之〔六〕，所愛則能得之其主而賞之〔七〕。今人主非使賞罰之威利出於己也，聽其臣而行其賞罰，則一國之人皆畏其臣而易其君〔八〕，歸其臣而去其君矣〔九〕。此人主失刑德之患也。夫虎之所以能服狗者，爪牙也，使虎釋其爪牙而使狗用之，則虎反服於狗矣〔一〇〕。人主者，以刑德制臣者也，今君人者釋其刑德而使臣用之，則君反制於臣矣〔一一〕。故田常上請爵禄而行之群臣〔一二〕，下大斗斛而施於百姓〔一三〕，此簡公失德而田常用之也〔一四〕，故簡公見弒〔一五〕。子罕謂宋君曰〔一六〕：「夫慶賞賜予者，民之所喜也，君自行之；殺戮刑罰者，民之所惡也，臣請當之。」於是宋君失刑而子罕用之，故宋君見劫。田常徒用德而簡公弒〔一七〕，子罕徒用刑而宋君劫〔一八〕。故今世為人臣者兼刑德而用之，則是世主之危甚於簡公、宋君也。故劫殺擁蔽之主〔一九〕，非失刑德而使臣用之而不危亡者，則未嘗有也〔二〇〕。

〔一〕奇猷案：篇中云：「二柄者，刑、德也。何謂刑、德？曰：殺戮之謂刑，慶賞之謂德。」八經篇云：「柄者，殺生之制也。」殺即殺戮。生即慶賞，即德。解老篇云：「德也者，人之所以建生也；禄也者，人之所以持生也。」可以為證。或謂生指赦死，非，蓋韓非反對赦死，愛臣篇云「明君不赦死，不宥刑」可證。又案：本篇係論述人主操殺生之柄與審合形名之旨。徵之定法篇述申不害之術云：「術者，因任而授官，循名而責實，操殺生之柄，課羣臣之能者也。」外儲說右上篇云：「申子曰：『慎而言也，人且知女；慎而行也，人且隨女；而有知見也，人且匿女；而無知見也，人且意女。女有知也，人且臧女；女無知也，人且行女。故曰，惟無為可以規之。』」本篇第一節論操殺生之柄，第二節論審合形名（即循名責實），第三節言去好去惡（即申子所謂無為），則本篇所論皆申不害之術也。又案：本篇從原刻本分段。

〔二〕舊注：導，引也。言道所以引喻其臣而制斷之也。⊙俞樾曰：注訓導為引，此未達古語也。「導」當為「道」。道者，由也。明主所道制其臣者，猶言明主所由制其臣也。本書孤憤篇「法術之士奚道得進」猶言奚由得進也，呂氏春秋貴因篇「孔子道彌子瑕見釐夫人」猶言由彌子瑕見釐夫人也。晏子春秋諫上篇曰「楚巫微導裔款以見景公」，亦言由裔款以見景公，而其字作「導」，可證此文「所導」之即所由矣。八姦篇「凡人臣之所道成姦者有八術」，義與此同。⊙王先慎曰：張榜本「導」作「道」，云「由也」。俞説與之合。藝文類聚十一引「主」作「王」，無「之所導」三字，「臣」下有「下」字。⊙奇猷案：俞説是。導、道字通，不必改字。張榜本誤。又案：説苑政理篇云「治國有二機，刑、德是也」，是柄即機也。

〔三〕奇猷案：慎子内篇云：「明王操二柄以馭之。二者，刑、德也。殺戮之謂刑，慶賞之謂德。」則韓子此篇本慎子之旨立説。然儒家亦以刑、德為二柄。「刑德」二字屢見於左傳，如宣十二年云「叛而伐之，服而舍之，德、刑成矣」是也。其不同之處，在儒、法用刑德有輕重之別耳。説苑政理篇云：「治國有二機，刑、德是也。王者尚其德而希其刑，霸者刑德並湊，强國先其刑而後德。」王者，儒家也；霸者，法家也。韓非確是主張刑德並湊，八經篇云「凡治天下，必因人情。人情者，有好惡，故賞罰可用。賞罰可用，則政令可立而治道具矣」，即其證。欲稱霸諸侯，必先富國强兵，故法家在必要時亦採用先刑而後德之策，如商君書靳令篇云「重刑少賞」（此語亦見本書飭令篇）即其例，此商鞅之所以强秦也。本書内儲説上篇述魯人燒積澤事，仲尼曰「事急，不及以賞。救火者盡賞之，則國不足以賞於人，請徒行罰」，亦是先刑而後德之義。又案：説文云：「慶，行賀人也。」又云：「賀，以禮物相奉慶也。」是慶者，以物奉人祝人納福之意。引申之，則君主以爵禄賜臣使臣受福（解老篇云：「全壽富貴之謂福」。得爵禄即享受富貴，故得爵禄可謂受福）亦可以「慶」言之。下文謂「田常上請爵禄而行之羣臣，下大斗斛而施於百姓」是「簡公失德」，即簡公失慶賞之權，可知慶是指賜爵禄，賞是指賜財物。又：得爵禄則名聲顯榮，故顯其名、揚其聲亦是慶。詭使篇云「顯之以名，化之以實」，顯之以名是慶，化之以實是賞，可以為證。總言之，慶、賞皆是賜財物（爵禄亦是財物），其別在於賞僅及財物，而慶則帶有賜福之意也。

〔四〕奇猷案：「利慶賞」，冀得慶賞之利。威，殺戮刑罰之威。「歸其利」，歸向於慶賞之利。

〔五〕奇猷案：故猶乃也，詳王氏經傳釋詞。松皐圓刪「故」字，未可從。

〔六〕舊注：姦臣所惡，則巧詐媚惑其主，得其威而罪也。⊙盧文弨曰：注「罪之」誤「罪也」。⊙奇猷案：盧説是。又案：內儲説下篇所述費無極使荆令尹殺郄宛，即「所惡則能得之其主而罪之」之例。

〔七〕舊注：姦臣所愛，亦以巧詐媚惑其主，得之恩而賞之。⊙盧文弨曰：注「其恩」誤「之恩」。⊙奇猷案：盧説是。又案：外儲説左上篇述王登舉中章、胥己於襄主，襄主以為中大夫，即「所愛則能得之其主而賞之」之例。

〔八〕舊注：臣用罰則民畏臣而輕君。⊙奇猷案：下文所説「子罕徒用刑」，即其例也。

〔九〕舊注：臣用賞則民歸臣而去其君。⊙奇猷案：下文所説「田常徒用德」，即其例也。

〔一〇〕王先慎曰：乾道本無「於」字。案：以下文例之，當有「於」字，據意林、御覽六三八、八九一、事類賦二〇引補。⊙奇猷案：王補是，今從之。八説篇云：「虎豹必不用其爪牙，而與鼷鼠同威。」

〔一一〕舊注：反為臣所制也。⊙奇猷案：內儲説下篇云：「賞罰者，利器也。君操之以制臣，臣得之以擁君。」與此文可互明。

〔一二〕舊注：請君爵禄而與羣臣，所以樹私德於衆官。

〔一三〕舊注：於下而用大斗斛以施百姓，所以樹私恩於衆庶也。

〔一四〕奇猷案：意林引「簡公」上有「齊」字。

〔一五〕奇猷案：可參閲外儲説右上篇「景公與晏子游於少海」節。又案：據左傳哀公十四年、史記十二諸侯年表、齊太公世家、田齊世家，齊簡公四年（公元前四八一年），田常殺簡公於徐州（左傳作舒州）。

〔一六〕盧文弨曰：此別一人，非春秋之樂喜。⊙蘇時學曰：戴氏篡宋之説，雜見於韓詩、淮南、説苑諸書，而莫始於韓非子。韓非子曰「戴氏奪子氏於宋」，又曰「司城子罕取宋」，又曰「戴驩為宋太宰，皇喜重於君，二人者爭事而相害也，皇喜遂殺宋君而奪之政」。韓非於此事固屢言之，而必與齊之田氏並言，明田氏與戴氏皆篡之臣也。而吕氏春秋於宋偃之亡，亦曰「此戴氏之所以絶也」，不言子氏而獨言戴氏，則戰國之宋為戴氏之宋，而非昔日子氏之宋固甚明。然韓非既言戴氏，又曰皇喜、曰子罕者何也？則戴其氏，而喜其名，子罕乃其字也。凡名喜者多字子罕，若鄭之公孫喜字子罕是也。而宋之名喜者亦有兩子罕焉。春秋時有司城樂喜字子罕，宋之賢臣也；戰國時有司城皇喜，亦字子罕，宋之篡臣也。之二人者，其名同，其字同，其官亦同，而樂、皇二族並出於戴，則其所自出又未嘗不同，而一為賢臣，一為篡臣，其行事又何不相同之甚耶？或曰：戴氏之篡宋固然矣，然則其篡宋當以何時歟？按紀年云：「宋易城肝廢其君璧而自立。」璧者，宋桓侯，而易城肝殆即司城子罕歟！⊙王佩諍曰：王氏國維校補朱氏右曾古本竹書紀年輯佚：「史記宋世家索隱作『剔成肝廢其君璧而自立』。明王文恪公鈔本誤作『肝』，清殿本尚不誤。」「司城」作「剔成」，或係通假。「肝」之與「罕」，音借尚近。⊙奇猷案：蘇説甚精。左傳襄二十七年云：「宋左師請賞，公與之邑六十，以示子罕。子罕削而投之。左師辭邑。向氏欲攻司城(子罕)。左師曰：『我將亡，夫子存我，德莫大焉，又可攻乎！』君子曰『彼己之子，邦之司直』，樂喜之謂乎？」以此觀之，子罕確是一位剛直之大臣。襄二十九年云：「鄭饑而未及麥，子皮餼國人粟，人一鍾，是以得鄭國之民。子罕聞之曰：『鄰於善，民之望也。』宋亦饑，請於平公出公粟以貸，使大夫皆貸。司城氏貸而不書，為大夫之無者貸。宋無饑人。叔向聞之曰：『鄭之罕，宋之樂，其後亡者也。二者其皆得國乎？民之歸也。施而不德，樂氏加焉，其以宋升降乎？』」樂喜以公粟貸，爭取民心，何異於田常「大斗斛施於百姓」之爭取百姓？再審本書外儲説右上篇所載田成子(田常)事：「景公與晏子游於少海，登柏寢之臺而還望其國，曰：『美哉！泱泱乎，堂堂乎！後世將孰有此？』晏子對曰：『其田成氏乎！』景公曰：『寡人有此國也，而曰田成氏有之，何也？』晏子對曰：『夫田成氏甚得齊民。其於民也，上之請爵禄行諸大臣，下之私大斗斛區釜以出貸，小斗斛區釜以收之。殺一牛，取一豆肉，餘以食士。終歲，布帛取二制焉，餘以衣士。齊嘗大饑，道旁餓死者不可勝數也，父子相牽而趨田成氏者不聞不生。故秦周之民相與歌之曰：謳乎，其已乎；苞乎，其往歸田成子乎！今田成氏之德，而民之歌舞，民德歸之矣，故曰其田成氏乎！』」據此，田成子厚施，懷簒奪之心，晏子已察覺，謂其將有齊國。樂喜出貸，實與田成子之用心無異，亦為叔向識破，故叔向謂其將得宋國。其卒果然是田常之曾孫田和簒齊，樂喜之若干代姪孫（樂、皇二族同出戴氏，故皇喜當是樂喜之姪孫行）簒宋。以此言之，樂喜亦田常之類，其剛直之舉，其出公粟以貸，與田常之德民，皆是權謀之術。然則韓非此文與田常並舉之子罕實是指樂喜而非後來簒宋之皇喜。且此文僅謂劫宋君，而不是殺，殺宋君而奪之政者乃後來之皇喜，亦可明此文之子罕係指樂喜而非皇喜。至於忠孝篇所云「戴氏奪子氏於宋」，説疑篇所云「司城子罕取宋」，内儲説下所云「皇喜殺宋君而奪之政」，皆是皇喜事。後人不明真相，見樂喜既有剛直之行，又甚得民心，故目之為賢臣，至於劫君行政，無損於百姓之利益，故百姓置之不問。韓非之立場不同，蓋韓非倡法治，須鞏固君權，故對劫君行政之子罕嚴予貶斥，以為有國之君戒。

〔一七〕舊注：謂不兼刑也。

〔一八〕舊注：謂不兼德也。

〔一九〕顧廣圻曰：「擁」當作「壅」。⊙奇猷案：顧説是。孤憤篇「人主壅（同壅）蔽，大臣專權」，亦以「壅」為之。主道篇云：「人主有五壅：臣閉其主曰壅，臣制財利曰壅，臣擅行令曰壅，臣得行義曰壅，臣得樹人曰壅。」則韓非用「壅」字有其特殊含義，是臣閉塞其主，使上下不相通，又擅制擅行之總名。雖禮記内則「女子出門，必擁蔽其面」，有「擁蔽」之詞，字作「擁」，鄭注云「擁猶障也」，不足以總韓非所予之含義，故韓子此文當以作「壅」為是。

〔二〇〕俞樾曰：「失刑德而使臣用之」，不當有「非」字，「非」字衍文。⊙陶鴻慶曰：案：「非」當為「兼」之壞字，與上文「為人臣者兼刑德而用之」反正相應。俞氏以「非」為衍字，失之。⊙奇猷案：陶說是。松皐圓、劉師培說同。

人主將欲禁姦，則審合刑名。刑名者，言異事也〔一〕。為人臣者陳而言〔二〕，君以其言授之事，專以其事責其功〔三〕。功當其事，事當其言，則賞；功不當其事，事不當其言，則罰〔四〕。故羣臣其言大而功小者則罰，非罰小功也，罰功不當名也；羣臣其言小而功大者亦罰，非不說於大功也，以為不當名也害甚於有大功，故罰〔五〕。昔者韓昭侯醉而寢〔六〕，典冠者見君之寒也，故加衣於君之上〔七〕，覺寢而說〔八〕，問左右曰：「誰加衣者？」左右對曰：「典冠。」君因兼罪典衣與典冠〔九〕。其罪典衣，以為失其事也〔一〇〕；其罪典冠，以為越其職也。非不惡寒也，以為侵官之害甚於寒。故明主之畜臣，臣不得越官而有功，不得陳言而不當。越官則死，不當則罪〔一一〕，守業其官所言者貞也〔一二〕，則羣臣不得朋黨相為矣〔一三〕。

〔一〕「刑名」二字，原不重，今增，說詳後。⊙舊注：言，名也。事，則也。言事則相考則合不可知也。⊙盧文弨曰：案藏本無「異」字，誤。⊙顧廣圻曰：今本「言」下有「不」字，誤。「異」當作「與」。⊙王先慎改「異」為「與」，曰：案張榜云：「『刑』當作『形』。」案刑、形二字本書通用。「與」字依盧、顧校改。⊙陶鴻慶曰：案顧校云「異當作與」，是也。刑讀形。「形名」二字當重。其文云：「人主將欲禁姦，則審合形名，形名者，言與事也。」舊注云「言，名也。事，刑（今誤作「則」）也。言事（今衍「則」字）相考則合不（同否）可知也」，似其所見本不誤。⊙奇猷案：顧、王、陶説皆是也。古者，重文多記以「=」，如鍾鼎銘文「子子孫孫」多作「子=孫=」即其例。此文「刑名刑名」當是本作「刑名=」後脱去「=」耳。今從陶説補「刑名」二字。「異」當為「與」音近之誤，蓋漢以後，之部之「異」轉化而與魚部之「與」音近。呂氏春秋為欲篇「性異非性」，「與」誤為「異」，又辯土篇「無與三盜任地」，劉如寵本「與」誤「異」，又蕩兵篇高誘注「異高辛氏爭為帝」，「與」誤「異」，皆其例。又案：「形名」之「形」當作「形」，作「刑」者借字也，詳主道篇注。審合形名，猶言審核形與名是否相符合，與申子言「循名責實」同旨。實者，事實也，功實也。事實、功實即是形。根據其所提之名（言論、建議、名分等等皆是名，詳主道篇注）而責成其功實即是循名責實。下文即闡明循名責實之大要。

〔二〕顧廣圻曰：藏本同。今本「陳」下有「事」字，誤。案「而」當作「其」，見本書主道篇。⊙奇猷案：而猶其也。本書内儲説下篇「僖侯曰：召而來」，呂氏春秋精諭篇「聞蜻皆從女居，取而來，吾將玩之」，莊子讓王篇「召而來，吾語之」，而字皆其也，可以為證。主道篇作「其」，互文耳。

〔三〕顧廣圻曰：當衍「專」字。⊙王先慎曰：顧説非。謂因其所言之事以求其效，不外使也。⊙奇猷案：王説是。主道篇無「專」字，蓋有脱誤，當依此訂正，詳彼。專者，專一於某事不及其他之謂。此文「專以其事責其功」，謂專就所授予之事責求其功實。

〔四〕奇猷案：八經篇云：「有道之主，聽言，督其用，課其功，功課而賞罰生焉。」與此文可互明。

〔五〕舊注：不當名之害甚於大功。功大震主，亦所以為罰。⊙王先慎曰：「不當名也害」當作「不當名之害」，下「以為侵官之害甚於寒」句法正同，注所見本尚不誤。此言因功失法則國無所守，故不當名之害甚於有大功。注謂功大震主，非也。⊙陶鴻慶曰：案：有大功不得為害。害甚於有大功，義殊難通。舊注云「功大震主，亦所以為罰」，乃曲說也。今案下文云「非不惡寒也，以為侵官之害甚於寒」，則此文當云「非不說於大功也，以為不當名之害甚於無大功」，文義方合，今本「之」誤為「也」，「無」誤為「有」耳。八姦篇云「聽大國為救亡也，而亡亟於不聽」，語勢與此相似。⊙奇猷案：陶說是，但「甚於無大功」，「大」字亦當衍。害甚於無功，而無大功亦不得為害也。

〔六〕王先慎曰：意林「醉」下有「甚」字。⊙奇猷案：韓昭侯，公元前三六二至前三三三年在位。以申不害為相，推行術治。本書載其行術之事，除此「醉寢」事外，有內儲說上篇「使人藏弊袴」、「握爪而佯亡一爪」、「使騎於縣」及內儲說下篇「令人覆廪」、「宰人上食，羹中有生肝，昭侯召宰人之次而譙之」等條，可知韓非十分重視韓昭侯之術。

〔七〕奇猷案：「典冠」、「典衣」皆官名。「冠」下「者」字當衍，下文皆無「者」字可證。

〔八〕舊注：寢寤而覺。⊙奇猷案：注「覺」當作「說」（同悦）。

〔九〕王先慎改「與」為「殺」，曰：意林「與」作「殺」，是也。下文「越官則死，不當則罪」，是其證。⊙奇猷案：上文言「兼罪」，即合典衣與典冠而言，故以「與」字連之。罪，或殺或罰，未可肯定，不必改為「殺」也。且下文「越官則死，不當則罪」，罪亦可能是死罪。又此文改作「兼罪典衣殺典冠」，「兼」字變為羡文矣。王說未可從。

〔一〇〕奇猷案：事，本職之事。

〔一一〕孫蜀丞先生曰：二「官」字，北堂書鈔三二引並作「職」。⊙奇猷案：法家主張分職任官，一人不兼官，一官不兼事，故越官與越職同實。申子云「治不踰官」，踰官亦越職也。揚權篇云「官置一人，不使自恣」，用人篇云「明主使士不兼官，故技長」，又云「人主樂乎使人以公盡力，而苦乎以私奪威；人臣安乎以能受職，而苦乎以一負二。故明主除人臣之所苦，而立人主之所樂。上下之利，莫長於此」，舊注云「以一負二，謂一身兩役也」，難一篇云「明主之道，一人不兼官，一官不兼事」，又云「臣吏分職受事」，飭令篇云「士不兼官」，可知韓非主張人不兼官，官不兼職。既為一官一職，則一官即代表一職，故官、職二字同意。因此，本書「官」「職」二字多互用。難一篇「耕、漁與陶非舜官也」，以「官」為「職」；難三篇「中期之所官，琴瑟也」，亦以「官」為「職」，皆其例也。至於「官職」二字連用，多是指官位言之。如有度篇「官職之遷失謬」，亡徵篇「官職可以重求」，皆其例。蓋一官有一官之本職，遷官位之同時即變換職事，故遷官職即遷官也；求得官位即有此官之職事（官不同於爵，爵有銜而無職，官為任事之官，故必有職），求得官位者有其職事，故求官職即求官也。又案：韓非治不越官之說係本於申不害，本書難三篇、定法篇皆引申子「治不踰官」（踰、越同義）之語。荀子富國篇云：「能不能兼技，人不能兼官」，亦分職任官之旨。荀子為韓非之師，則韓非此論亦承其師說。荀子雖是儒家，然時至戰國末季，各國多趨向法治，荀子受時代之影響而有此說耳。又案：呂氏春秋處方篇云：「韓昭釐侯（即韓昭侯）出弋，靷偏緩。昭釐侯居車上，謂其僕：『靷不偏緩乎？』其僕曰：『然。』至，舍，昭釐侯射鳥，其右攝其一靷適之。昭釐侯已射，駕而歸，上車，選間，曰：『鄉者靷偏緩，今適，何也？』其右從後對曰：『今者臣適之。』昭釐侯至，詰車令。各避舍。故擅為妄意之道雖當，賢主不由也。」與「醉寢」事同類，可參攷。

〔一二〕舊注：守業以當官，守官以當言，如此者貞也。⊙陶鴻慶曰：案此文有訛奪。舊注云「守業以當官，守官以當言，如此者貞也」，疑元文本作「守業以官，守官以言，貞也」，即主道篇「功當其事，事當其言」之意。⊙奇猷案：陶改作「守業以官，守官以言，貞也」，殊不可通。此文當是「守其業，當所言者，貞也」之誤。但此句乃舊注誤入正文者，非韓子原文也（詳後）。今「其」字誤在「業」字下，「當」字壞誤為「官」，義遂不可通。業猶職也。主道篇「賞偷則功臣墮其業」，業亦職也，可證。易乾文言「貞者，事之幹也。君子貞固足以幹事」，孔疏曰：「君子能堅固貞正，令物得成，使事皆幹濟，此法天之貞也。」本書外儲説左下篇「少室周者，古之貞廉潔慤者也」，五蠹篇「貞廉之行」，以「貞廉」連文，是貞者，正直不踰、能幹事之義。「守其業」即主道篇「羣臣守職」之意。此文「越官則死，不當則罪」，緊接下文「則羣臣不得朋黨相為矣」，文義相連，中間插「守其業，當所言者，貞也」，則文義隔絶，殊為不倫。又「守其業，當所言者，貞也」與「越官則死，不當則罪」正反為義，「守其業」針對「越官」言，「當所言」針對「言不當」言，可知「守其業，當所言者，貞也」係為「越官則死，不當則罪」作注，今混入正文。此類混入正文之注，余名之曰「大字注」。今所存之舊注，版刻為小字，余名之曰「小字注」。今小字舊注「守業以當官，守官以當言，如此者貞也」之語，顯明是為「守其業，當所言者，貞也」作注，可知大字注與小字注非出一人之手，時代亦有先後之差，依余考訂，混入正文之大字注為北魏劉昺所為，今存之小字注則是唐李瓚之作，詳附録韓非子舊注考。

〔一三〕奇猷案：為，讀去聲。相為，相互為用，有狼狽為姦之意。有度篇「大臣務相尊，小臣奉禄養交」，相尊、養交，亦是相為。

人主有二患：任賢，則臣將乘於賢以劫其君〔一〕；妄舉，則事沮不勝〔二〕。故人主好賢，則羣臣飾行以要君欲，則是羣臣之情不效〔三〕；羣臣之情不效，則人主無以異其臣矣〔四〕。故越王好勇，而民多輕死；楚靈王好細腰，而國中多餓人〔五〕；齊桓公妬外而好内〔六〕，故豎刁自宫以治内〔七〕，桓公好味〔八〕，易牙蒸其子首而進之〔九〕；燕子噲好賢，故子之明不受國〔一〇〕。故君見惡則羣臣匿端〔一一〕，君見好則羣臣誣能〔一二〕。人主欲見，則羣臣之情態得其資矣〔一三〕。故子之託於賢以奪其君者也〔一四〕，豎刁、易牙因君之欲以侵其君者也〔一五〕。其卒子噲以亂死〔一六〕，桓公蟲流出户而不葬〔一七〕。此其故何也？人君以情借臣之患也〔一八〕。人臣之情非必能愛其君也，為重利之故也〔一九〕。今人主不掩其情，不匿其端〔二〇〕，而使人臣有緣以侵其主〔二一〕，則羣臣為子之、田常不難矣。故曰：去好去惡，羣臣見素〔二二〕。羣臣見素，則大君不蔽矣〔二三〕。

〔一〕舊注：賢者必多才術，故能乘賢以劫其君也。⊙奇猷案：難四篇云：「不肖者煬主不足害明，今不知而使賢者煬己則必危矣。」可與此文互明。本篇下文「子之託於賢以奪其君」，即此文之實例。彼云「託於賢以奪其君」，此云「乘於賢以劫其君」，則乘亦託也，劫亦奪也。託者，依附之意，則乘義亦然。奪者，取也，則劫義亦然。

〔二〕舊注：妄舉，謂不擇賢，則其事必沮而不勝。沮，毁敗也。⊙奇猷案：舊注謂「沮，毁敗也」，是。淮南子脩務訓「力竭功沮」，注：「沮，敗也。」説文：「妄，亂也。」妄舉者，亂舉也，不依法而舉人舉事也。舉，兼舉人、舉事言之。有度篇云「明主使法擇人，不自舉也」，是不妄舉人之義。又云「以黨舉官，人君因而任之」，是妄舉人之義。八經篇云「藏怒持罪而不發曰增亂，其患徼幸妄舉之人起」，則「妄舉」有亂舉事之意。八姦篇云：「為人臣者，事公子側室以音聲子女，收大臣廷吏以辭言，處約言事，事成則進爵益禄，以勸其心，使犯其主，此之謂父兄。明主之於父兄大臣也，聽其言也必使以罰任於後，不令妄舉。」此「妄舉」亦亂舉事之意。綜上所證，是「妄舉」兼亂舉人、亂舉事之義。孤憤篇云「不以功伐決智行，不以參伍審罪過，而聽左右近習之言，則無能之士在廷，而愚汙之吏處官矣」，有度篇云「官之失能者其國亂」，則妄舉人必致國亂，百事皆廢，故事敗不勝也。至於妄舉事，則事敗不勝，乃必然之結果。又案：勝，克也（見爾雅釋詁），故戰而克服敵人謂之「戰勝」。反言之，戰而不能克服敵人則是「不勝」。引申之，不能克服所舉事之毁敗亦可謂之「不勝」，即此文「不勝」之義。戰而不勝則禁受不住敗績之災，故「不勝」有「禁不住」之意，揚權篇「不勝春風」之「不勝」即此義。「禁不住」即「負擔不了」，亦即「不能任」，故說文訓勝為任也。今語「戰勝」之勝讀去聲（shèng），「勝任」之勝讀平聲（shēng）。段玉裁說文解字注云：「凡能舉之能克之皆曰勝，本無二音，俗强分平、去」，其說至通。並詳有度篇注。

〔三〕舊注：飾行則偽外，故其内情不效。效，顯也。⊙太田方曰：要，求也，謂徼射也。韵會：「效，呈見也。」⊙奇猷案：孟子萬章篇「將要而殺之」，趙岐注：「要，遮也。」是「要」有迎於途而截取之之義。字亦通徼，徼亦遮也。徼射者，迎飛鳥而射之也。此文「要君欲」，謂截取君之欲而迎合之也。情，讀為誠。外儲說右下篇「王因收璽自三百石以上皆效之子之」，是以物致人謂之效。此文「羣臣飾行」云云，謂羣臣皆飾其虚偽之行以迎合君之欲，故羣臣不致其誠於君。致與顯見義近，則舊注訓效為顯、太訓為呈見亦不誤，但太訓要為求則誤矣。又案：主道篇云「君無見其所欲，君見其所欲，臣自將雕琢」，可與此文互明。

〔四〕舊注：莫不飾行，故真偽不分也。⊙太田方曰：說文：「異，分也。」⊙奇猷案：禮樂記「禮者為異」，鄭注：「異，謂别貴賤也。」此文「異」謂别誠偽，與彼文以「異」為别貴賤同一文法。羣臣不致其誠於主，皆飾為詐偽之行，「朋黨比周，相與一口，惑主敗法」（語見孤憤篇），三人成虎，因衆而迷，君主無以别其臣之誠偽矣。

〔五〕奇猷案：内儲說上篇云：「越王慮伐吳，欲人之輕死也，出見怒鼃，乃為之式。從者曰：『奚敬於此？』王曰：『為其有氣故也。』明年之請以頭獻王者歲十餘人。」即此文所云「越王好勇而民多輕死」。尸子處道篇云：「句踐好勇而民輕死，靈王好細腰而民多餓。」墨子兼愛中篇、管子七主七臣篇、晏子外篇、荀子君道篇、淮南子主術訓皆言之，但管子越王作吳王、荀子靈王作莊王，疑誤。管子法法篇云：「凡民從上也，不從口之所言，從情之所好者也。上好勇而民輕死，上好仁則民輕財，故上之所好，民必甚焉。」即此旨。

〔六〕顧廣圻曰：藏本「姤」下無「外」字，是也。本書十過篇、難一篇並無。⊙奇猷案：迂評本亦無「外」字，非也。周禮天官宮正「辨外內而時禁」，先鄭云「分別外人、內人」，疏云：「外人，謂男子。內人，謂婦女。」此文謂桓公好女色而嫉妬男子為其管理婦女，故豎刁自宮為其治內。刪去「外」字，不但「妬」字失去賓語，文句不完；而豎刁所以自宮之故亦不明。蓋豎刁欲為桓公治內，但由於身為男子，而桓公又妬男子，故必自宮以消除男子之特性，是豎刁之自宮與桓公之妬外相關，刪去「外」字則事不相應矣。十過篇、難一篇當依此訂正。王先慎集解從顧校刪，余前校又從集解刪，誤也。

〔七〕王先慎曰：「刁」當作「刀」。左傳寺人貂，管子、大戴禮、公羊、墨子作「刀」。刀有貂音，故通用。⊙奇猷案：「豎刁」之「刁」，本書十過篇、難一篇仍作「刁」，他書亦皆作「刁」，惟畢沅呂氏春秋新校正本以為「刁」是俗字而改作「刀」。案「刁」字雖不見於許慎說文解字，但見於莊子齊物論「獨不見之調調之刁刁乎」，則古自有「刁」字，不當與「刀」字相混。王說未可從也。又案：「宮」，十過篇作「獖」，義同，詳彼。

〔八〕顧廣圻曰：當衍「桓公」二字，此與上相應。⊙奇猷案：顧說非也。此文「齊桓公妬外而好內，故豎刁自宮以治內」，「桓公好味，易牙蒸其子首而進之」，「燕子噲好賢，故子之明不受國」，是三個並列句，各自有其主詞，與一般之承上句不同，刪第二句之「桓公」字，文勢不足。

〔九〕顧廣圻曰：藏本、今本「子首」作「首子」。案：作「首子」為是，漢書元后傳有「首子」可證。十過篇及難一篇同。⊙王先慎曰：本書作「子首」，無作「首子」者，十過篇、難一篇兩見可證。彼惟趙用賢本作「首子」，明「首子」為後人所改，古本自作「子首」也。⊙奇猷案：王說是。顧說誤也，詳後。十過篇云「易牙為君主味，君之所未嘗食，唯人肉耳，易牙蒸其子首而進之」，難一篇亦云「易牙為君主味，君惟人肉未嘗，易牙蒸其子首而進之」，則此所謂「好味」之味，不是指鮮美的口味，而是指難得的、特別的菜肴，類似於今人所謂「野味」。易牙蒸其子首而進之，是所進者為特別之菜肴。因此，只須子之首即可，不必取於首子也。漢書元后傳云「羌胡尚殺首子以盪腸正世」，顏師古注云：「言婦初來所生之子或它姓。」則所謂「首子」者，乃婦人再嫁後頭胎所生之子，蓋疑此子為它姓之子，故殺之以盪腸正世。以此言之，則易牙不定有首子以供桓公之餐。疑顧氏誤以首子為長子，故有此說。迂評本、凌本與今本同，亦誤。淮南子主術訓亦誤作「首子」，當依此訂正。

〔一〇〕舊注：子之，燕之臣也。以噲好賢，故陳禪讓之事，令噲不受國以讓己，因此篡之。⊙王先慎曰：即外儲說右下篇潘壽謂燕王事，注非。⊙奇猷案：王說是。八說篇云：「古者人寡而相親，物多而輕利易讓，故有揖讓而傳天下者。當大爭之世而循揖讓之軌，非聖人之治也。」五蠹篇云：「古之讓天子者，是去監門之養而離臣虜之勞也，古傳天下而不足多也。」由韓非此論，可以想見，戰國時存在一股揖讓之風。此風之成：一方面由於說客之鼓吹，如外儲說右下篇潘壽說燕王即其例。另方面則由於君臣沽名釣譽，於是有君讓臣、臣不受之戲，如吕氏春秋不屈篇載：「魏惠王謂惠子曰：『上世之有國，必賢者也。今寡人實不若先生，願得傳國。』惠子辭。王又固請曰：『寡人莫有之國於此者也，而傳之賢者，民之貪爭之心止矣。欲先生之以此聽寡人也。』惠子曰：『若王之言，則施不可而聽矣。王固萬乘之主也，以國與人猶尚可。今施，布衣也，可以有萬乘之國而辭之，此其止貪爭之心愈甚也。』」吕氏春秋論之曰：「夫辭而賢者許由也，是惠子欲為許由也；傳而賢者堯也，是惠王欲為堯也。」即其例。此一雙簧之戲，魏惠王釣得堯之賢名，惠施釣得許由之賢譽。此文子噲、子之事與惠王、惠施之作，如出一轍。但惠王、惠施之戲，演得適宜，未有亂；而子噲與子之則弄假成真，釀成大禍（詳後）。蓋子之是明不受國，暗中則佈置其篡位之勢，觀外儲說右下篇蘇代、潘壽之說，則真相大白也。由上所論，可明「子噲好賢」之義，子噲所好之賢，非通常所說賢能之賢，而是如許由類型能辭天下而不受之賢人。下文「子之託於賢」，是託於許由式之賢，此文「明不受國」即託於許由式之賢也。又案：今出土鍾鼎彝器銘文「燕」多作「郾」，「噲」作「獪」，如中山王譽壺、鼎銘文云「郾君子獪」，即其例。

〔一一〕舊注：匿其端，避所惡也。⊙顧廣圻曰：藏本、今本「君」下無「子」字。⊙王先慎刪「子」字，曰：案此不當有。⊙奇猷案：王刪是，今從之，迂評本、凌本亦無。又案：端，端緒，詳主道篇注。匿端，藏匿其將使君主厭惡之端緒。

〔一二〕舊注：誣其能，欲見用。

〔一三〕舊注：羣臣之情態，皆欲求利。君見其好惡，則知利其所存，故得以為資。⊙俞樾曰：「欲見」當作「見欲」，與上文「見惡」「見好」一例。見好、見惡，即自見其所欲矣。下文云「豎刁、易牙因君之欲以侵其君者也」，正承此而言。主道篇云「君無見其所欲」，可證此文「見欲」之義。⊙王先慎曰：注「利其所存」，「其」當作「之」。⊙奇猷案：俞說非也。「見」猶漢書韓信傳「情見力屈」之見，顔師古注曰：「見，顯露也。」「人主欲見」，猶言人主之意欲顯露於外。本書外儲說右上篇「其無欲見」、「其有欲見」，與此「人主欲見」同例。上文「見惡」「見好」之見亦顯露之意，與此「欲見」無分別，僅文法不同而已。余前校同意俞說，蓋未深考耳。又案：王說是，但舊注未達原文之意。舊注所說，是以「情態」為「心情」或「欲望」之義，非也。此「情態」實是神情、態度、姿態、言行等之總名（楚辭大招「滂心綽態」，王逸注云：「態，姿也。」）。上文所言輕死、餓人、自宮、蒸子首、明不受國皆其例。又上舉子罕謂宋君云云，即子罕知宋君之欲而採取之言行。蓋言是以音義表現之姿態，故言亦為姿態之一種形式。「資」猶今語所謂資料。王羲之與謝萬書「欲與親知時共歡宴，語田里之行，故以為撫掌之資」，撫掌之資即談笑之資料，是其義也。至於憑借舉事之條件，條件者，建立在精神或物質之基礎而成，則條件亦在資料之列，故資又有條件之義，如亡徵篇「不料境內之資而易其鄰敵者，可亡也」，即其例。此文「人主欲見，則羣臣之情態得其資矣」，謂人主之意欲顯露於外，羣臣製訂其對付君主之姿態就有了製訂的資料（條件）。例如八姦篇云「人主樂美宮室臺池，好飾子女狗馬以娛其心。為人臣者盡民力以美宮室臺池，重賦斂以飾子女狗馬，以娱其主而亂其心，從其所欲」，此即君之意欲顯露於臣，臣針對君主之意欲而採取行動（情態）之例。

〔一四〕奇猷案：依託於君好賢而篡奪君之位。事詳後。

〔一五〕奇猷案：因君之妬外好内、好味而侵害其君之生命。事詳後。

〔一六〕舊注：子噲，燕王名也。⊙奇猷案：史記蘇秦傳云：「燕王噲專任子之，已而讓位，燕大亂，齊伐燕，殺王噲、子之。」集解引徐廣曰：「是周赧王元年（公元前三一四年）時也。」可參閲史記燕世家及本書外儲説右下篇、説疑篇。

〔一七〕「户」原作「尸」。⊙盧文弨曰：藏本「尸」作「户」。⊙王先慎改「尸」為「户」，曰：案作「户」是，今據改。十過篇正作「户」。⊙奇猷案：王改是，今從之。趙用賢本亦作「户」。松皋圓亦改作「户」。吕氏春秋貴公篇、説苑尊賢篇亦皆作「户」可證。又案：事詳十過篇及難一篇，可參閲史記齊世家。左傳僖公十七年「冬十月乙亥齊桓公卒。易牙入與寺人貂因内寵以殺羣吏，而立公子無虧。孝公奔宋。十二月乙亥赴，辛巳夜殯」，杜注云「六十七日乃殯」，故蟲流出户而不葬。魯僖公十七年當公元前六四三年。本書十過篇云「身死三月不收，蟲出於户」，謂三月者，蓋以整數言之。

〔一八〕舊注：謂見好惡之情，則臣得以為利，此以情借臣求利者也，患所以生。⊙奇猷案：此文謂君以好惡之意欲借予人臣，使人臣得其為奸之資而釀成之禍患也。

〔一九〕奇猷案：難一篇云：「臣盡死力以與君市，君垂爵禄以與臣市，君臣之際，非有父子之親也，計數之所出也。」可與此文互明。

〔二〇〕奇猷案：藏本「今」下無「人」字，非。「掩其情」，掩其好惡之情。「匿其端」，藏匿其可資臣下揣度我意向之端緒。

〔一一〕舊注：緣其好惡之情，得以侵主。⊙奇猷案：外儲説右上篇云：「好惡見則下有因，而人主惑矣。」可明此文。緣、因同義。

〔一二〕舊注：君無好惡，則臣無因為偽，其誠素自見。⊙顧廣圻曰：藏本、今本「惡」上有「去」字。⊙王先慎補「去」字，曰：案當有「去」字，主道篇云「去好去惡，臣乃見素」可證。⊙奇猷案：王補是，今從之，迂評本、凌本亦有。揚權篇「去喜去惡」與此文義同、文法亦同，亦可為證。又案：揚權篇云「不見其采，下故素正」，與此文同意，采亦指好惡言。

〔一三〕奇猷案：松皐圓改「大」為「人」，是。本書無作「大君」者。

揚權第八〔一〕

天有大命，人有大命〔二〕。夫香美脆味，厚酒肥肉，甘口而疾形〔三〕；曼理皓齒，説情而捐精〔四〕。故去甚去泰，身乃無害〔五〕。權不欲見，素無為也〔六〕。事在四方，要在中央〔七〕。聖人執要，四方來效〔八〕。虛而待之，彼自以之〔九〕。四海既藏，道陰見陽〔一〇〕。左右既立，開門而當〔一一〕。勿變勿易，與二俱行〔一二〕。行之不已〔一三〕，是謂履理也〔一四〕。

〔一〕舊注：揚，謂舉之使明也。權，謂量事設謀也。⊙孫志祖曰：文選蜀都賦劉逵注：「韓非有揚搉篇。」今「搉」作「權」，誤。注説非。⊙顧廣圻曰：當從劉注引作「搉」。廣雅曰：「揚搉，都凡也。」舊注誤。⊙劉師培曰：案「權」舊作「較」，謝靈運山居賦「揚較以揮」，自注云：「韓非有揚較。」是其徵。較、搉古通。別本作「搉」，因訛為

「權」。⊙奇猷案：作「搉」是。莊子徐无鬼「則可不謂有大揚搉乎」，郭象注：「搉而揚之。」釋文引王云：「搉略而揚顯之。」漢書叙傳下亦有「揚搉古今」之語。字又作「攉」。淮南子俶真訓「物豈可謂無大揚攉乎」，是其例。「攉」字不見於說文，蓋俗字也。淮南子注云：「揚攉，無慮，大數也。攉，讀鎬京之鎬。」但蜀都賦李善注引淮南子許慎注「揚搉，粗略也」，字仍作「搉」，則許慎所見淮南子作「搉」，高誘所見淮南子作「攉」也。作「較」者，則又同音通假也。綜上所引諸文觀之，可知「揚搉」有約略、大要之意。本篇論君主掌握「術」之大要。梁啟雄曰：「按：孫、劉二說非。『揚搉』或『揚攉』雖曾見於莊子徐无鬼、淮南俶真、漢書叙傳，都是『約略』意。廣雅『揚搉，都凡也。』用作本篇標題似不恰當。我研究本篇文，『權』字似含二義：（一）權柄，表現在『權不欲見』、『聖人執要』、『聖人執一』等句上。（二）權衡，表現在『物者有所宜，材者有所施』、『因而任之』、『上操度量以割其下』等句上。『揚權』的直譯，是『高舉權柄』；它的意譯，是『崇尚和稱揚君權』。這樣解釋和古本舊注的意思大略相同。」猷案：在本篇文字中，既不見「高舉權柄」之意，亦未見「崇尚和稱揚君權」之義，即梁氏所舉諸句亦只言「執」言「操」，而不是言「揚」。此不多贅，請逕閱後文注釋。又案：舊注「揚」下原有「權」字，今據趙本刪。又案：本篇原分為兩段（自「凡聽之道」起另段），今從文義分段。又案：本篇為韻文。

〔二〕舊注：晝夜四時，天之大命。君臣上下之節，人之大命也。⊙奇猷案：大命，謂自然之數。難一篇云：「管仲有病。桓公曰：仲父不幸卒於大命。」可證此義。以上命、命為韻，隸真部。

〔三〕顧廣圻曰：藏本「疾」作「病」，是也。⊙王先慎改「疾」為「病」，曰：注作「病」（見後）不誤。意林正作「病」。⊙孫子書先生曰：「美」當作「臭」，形近而訛。「香臭」與「脆味」對。⊙奇猷案：此不必改作「病」。一則疾、病二字為同義字，二則本書疾、病二字多互用。如喻老篇述扁鵲見蔡桓公事，前言「疾在腠理」，後言「病在肌膚」，以疾、病二字互用，可以為證。又案：此似仍當作「美」。改作「臭」，與甘口之義不蒙。又案：形，成也。「甘口而疾形」，謂口雖甘之，但疾病已形成。或曰：「形，形體」，亦通。呂氏春秋盡數篇云：「凡食無彊厚味，無以烈味重酒。」

〔四〕舊注：香肥所以甘口也，用之失中則病形。皓齒所以悦情也，耽之過度則捐精；賢材所以助理也，用之失宜則危君也。⊙孫志祖曰：意林及文選七發注引「捐」作「損」。⊙顧廣圻曰：「捐」，當從七發注引作「損」。⊙松皐圓曰：呂覽「靡曼皓齒」，注：「靡曼，細理弱肌，美色也。」⊙奇猷案：説文：「捐，棄也。」悦情則棄其精，義本通，不必改字。舊注云「耽之過度則捐精」，則舊注所見本仍作「捐」。又案：舊注前二句甚當，但第三句以賢才為比，而曰用之失宜則義不洽，當删。松引呂覽見本生篇。本生篇高誘注又云：「皓齒，詩所謂『齒如瓠犀』者也。」（引詩見衛風碩人）又案：以上形、精為韻，皆隸庚部。王先慎集解據孫、顧校改「捐」為「損」，非。

〔五〕顧廣圻曰：藏本、今本無「甚」上「泰」字。⊙王先慎删「甚」上「泰」字，曰：案「甚」上不當有「泰」字，意林無。⊙奇猷案：無「甚」上「泰」字是，今從王氏集解删。此韓非用老子二十九章「是以聖人去甚去奢去泰」縮為四字句（本篇文例以四字句為主）。本書外儲説左下篇云「故君子去泰去甚」，「甚」上亦無「泰」字可證。迂評本、凌本及説郛引亦無。泰，侈也。侈與甚，皆是過其分，即過其標準。香美脆味，厚酒肥肉，曼理皓齒，固是過其分，而君主以好惡見於臣，亦是過其分，故君主去好去惡，則無田常、子之之害（詳二柄篇），可明此文「去甚去泰，身乃無害」之義，亦可明韓非思想之旨。此上泰、害為韻，皆隸微部。

〔六〕顧廣圻曰：句有誤，未詳。⊙王先慎曰：用人之權，不使人見，虛以應物，不必自為，執要以觀其效，虛心而用其長，即權不見，素無為之理。廣雅釋詁：「素，空也。」⊙劉師培曰：案「見素」聯文，合下三字為句。主道篇曰：「臣乃見素。」三柄篇曰：「羣臣見素。」見素者，顯其誠樸也。「為」當作「偽」，謂臣能見素，則無偽情也。「權」上疑脱一字。「不欲」與「無偽」對文。⊙奇猷案：此二語突出，與上下文皆不貫，且又失韻，此二語當是下文「不見其采，下故素正」下之注語，「權」當作「情」，句讀亦當為「情不欲見。素，無為也」，並詳後。

〔七〕舊注：四方，謂臣民。中央，謂主君。⊙王先慎曰：乾道本注「君」作「居」，改從今本。⊙奇猷案：「要」即有度篇「先王之所守要」之要，謂法數賞罰，亦即權。「事」即二柄篇「為人臣者陳而言，君以其言授之事」之事，即事務，亦即今語所謂「工作」。此文謂事務是臣民為之，權則君主執掌。此上方、央為韻，皆隸陽部。又案：王改是，今從之。

〔八〕奇猷案：以物致人謂之效，詳二柄篇注。此文「效」，謂致其功。此上要、效為韻，皆隸蕭部。

〔九〕舊注：以，用也。君但虛心以待之，彼則各自用其能也。⊙奇猷案：以上待、以為韻，皆隸之部。

〔一〇〕舊注：四海，則四方也。藏，謂不見也。其能如此，則君當導臣之陰以見君之陽，陰陽接則君臣通也。⊙王先謙曰：道，由也，詳見二柄篇。由陰見陽，謂由一己之虛靜以見四海之動。注非。⊙王先慎曰：注「以見君」下「子」字從趙本删。⊙奇猷案：王先謙說得之。四海既藏者，猶言四方之臣皆歸其位。四方之臣皆歸其位，於是君以靜觀羣臣之動，有後文所說「上固閉內扃，從室視庭」之意。又案：王删是，今從之。

〔一一〕舊注：左右，謂左輔右弼也。君臣既通，輔弼之臣斯立。如此，則同類相從，同聲相應，四方賢才畢來矣。君但開門而當之，無所遮擁也。當，受也。⊙王先慎曰：乾道本注「類」上無「同」字，「從」作「後」，據趙本增改。⊙梁啟雄曰：呂覽注：「當，合也。」後漢書注：「立猶定也。」這是說：君主左右的人既已建立這種順從大命的思想，那末對外辦起事來就合適得當。⊙奇猷案：王增改是，今從之。又案：此文「左右既立」與「四海既藏」相對，「四海」謂四方之臣，此「左右」即左右大臣，故舊注以左輔右弼為解。或謂「左右，指文事、武功」，不確。舊注訓當為受，謂「君但開門而當之，無所遮擁」，亦是也，其他解說則未允。上文云「事在四方」，而此云「左右既立」，則立謂立事，亦即說疑篇所言「有成功立事而不敢伐其勞」之立事，猶言建立事功。此文「左右既立，開門而當」，謂左右大臣建立事功以後，君主敞開大門接受其所立之事功。下文承此，言如何考覈此所接受之事功。梁説非，詳下。

〔一二〕舊注：賢才既來，莫敢變易，但令輔弼二臣，俱行職事。⊙梁啟雄曰：二，指天的大命和人的大命。勿變勿易，指勿變易天大命和人大命。俱行，指跟大命一道前進。⊙奇猷案：主道篇云「知其言以往，勿變勿更，以參合閲焉，以伍比察焉」，正可探此文之義，可知「二」即指參伍。本篇下文云：「參伍比物，事之形也。參之以比物，伍之以合虚。」俱行者，並行也，並行參伍以驗之也。此文謂接受左右大臣所建立之事功，不變不更，參之以比物，伍之以合虚，檢驗其是否合於法。又案：大命是自然之數，亦即自然規律。自然規律是不能變更的，可知「勿變勿易」不是指大命言。且本篇皆是言君主用術，如梁氏所釋，與君主用術無干。又案：此上藏、陽、當、行為韻，皆隸陽部。又案：舊注未得其旨。

〔一三〕舊注：既行職事，有功而可，此皆俱賢之臣，不須有所除去，無不隨化而成。⊙盧文弨曰：注「俱」字衍。⊙奇猷案：此承「與二俱行」言之，謂接受臣下所建立之事功，行參伍以驗之，凡接受之事功皆如此行之，故曰行之不已（止也）。舊注多訛脱，藏本「俱」作「臣」。舊注所解似非。

〔一四〕舊注：君能履理，故有成功。⊙奇猷案：周禮春官序官疏云「踐而行之名曰履」，即今所謂「履行」。理謂法紀，詳主道篇注。履理者，履行法紀也。不以私意判斷，而以參伍驗之，故是履行法紀。又案：以上言君主必須去甚去泰，不顯示一己之好惡，事皆令臣下為之，君以參伍驗之，循其名而責其實，此君主處事之術也（定法篇云：「術者，循名而責實」）。以上已、理為韻，皆隸之部。

夫物者有所宜，材者有所施，各處其宜，故上下無為〔一〕。使雞司夜，令狸執鼠〔二〕，皆用其能，上乃無事〔三〕。上有所長，事乃不方〔四〕。矜而好能，下之所欺〔五〕。辯惠好生，下因其材〔六〕。上下易用，國故不治〔七〕。

〔一〕劉師培曰：「為」字當作「偽」。⊙奇猷案：劉說非也。「為」字不誤。本書言「無為」多有。韓非用老子「無為」一詞，其含義與老子大異。老子以歸於原始時之樸素無所乞求為「無為」，而韓非以君臣皆依法行事、無法外之為為「無為」。守道篇云：「立法度量。度量信則伯夷不失是，而盜跖不得非。法分明則賢不得奪不肖，强不得凌弱，衆不得暴寡。人主甘服於玉堂之中，而無瞋目切齒傾取之患。人臣垂拱於金城之內，而無扼捥聚脣嗟唶之禍。」可明上下無為之義。有度篇云「明主使其羣臣不游意於法之外，不為惠於法之內，動無非法」，臣不游意於法之外，不為惠於法之內」是無為。外儲說右上篇云：「申子曰：上明見，人備之；其不明見，人惑之。其知見，人飾之；不知見，人匿之。其無欲見，人司之；其有欲見，人餌之。故曰：吾無從知之，惟無為可以規之。」君上無為可以窺見一切，故君上必須無為。大體篇云：「古之全大體者：不引繩之外，不推繩之內；不急法之外，不緩法之內。禍福生乎道法，而不出乎愛惡；榮辱之責在乎己，而不在乎人。上無忿怒之毒，下無伏怨之患。上下交樸，以道為舍。」樸、素同義。素，無為也（見上文）。上下交樸，即上下無為。上下皆以道為舍，則上下皆達於無為之境。大體篇之文，最可說明上下無為之義。有愛惡、有忿怒、有伏怨是有為，無愛惡、無忿怒、無伏怨則是無為也。以上所證為韓非所謂無為之義。此下釋此文「物者有所宜，材者有所施，各處其宜，故上下無為」之意：用人篇云：「治國之臣，效功於國以履位，見能於官以受職，盡力於權衡以任事。人臣皆宜其能，勝其官，輕其任，而莫懷餘力於心，莫負兼官之責於君。故內無伏怨之亂，外無馬服之患。明君使事不相干，故莫訟；使士不兼官，故技長；使人不同功，故莫爭。爭訟止，技長立，則彊弱不觳力，冰炭不合形，天下莫得相傷，治之至也。」

臣皆宜其能，勝其官，輕其任，是各處其宜。各處其宜則無訟無爭，莫得相傷，是治之至。治之至，天下太平，君上無事，甘服於玉堂之中，故各處其宜則上下無為也。以上宜、施、宜、為為韻，皆隸歌部。

〔二〕奇猷案：司，掌也。雞於夜半、夜盡皆啼，故曰司夜。淮南子泰族訓亦云「令雞司夜」。「狸」為「貍」之俗字。廣韻：「貍，野貓。」案貍與貓本同種，初無所謂貓，僅有野生之貍，其後馴貍以為家畜，名之曰貓，而以貍為野貓，故古書仍多以貍稱貓也。說苑云：「騏驥騄駬，一日千里，然使捕鼠，曾不如百錢之貍。」稱貓為貍亦其例。以上夜、鼠為韻，皆隸魚部。

〔三〕王先慎曰：御覽九一八引「用」作「因」，事類賦十八引仍作「用」。⊙奇猷案：四部叢刊本御覽仍作「用」。呂氏春秋君守篇云：「大聖無事，而千官盡能。」此能、事為韻，皆隸之部。

〔四〕舊注：所長，謂任材用物皆得其宜，故事不一方而成。⊙俞樾曰：注失其旨。上文云「使雞司夜，令狸執鼠，皆用其能，上乃無事」，然則上固不必有所長矣。上有所長，是失其為上之道。事乃不方，猶言無方也，謂不得其方也。下文云「矜而好能，下之所欺。辯惠好生，下因其材。上下易用，國故不治」，皆承此而言。奇猷案：俞釋「上有所長」，至確，但釋「不方」為「不得其方」則未允。解老篇云：「所謂方者，內外相應也，言行相稱也。」此韓非自作「方」字之定義。二柄篇云「為人臣者陳而言，君以其言授之事，專以其事責其功。功當其事，事當其言，則賞；功不當其事，事不當其言，則罰」，本篇上文亦云「事在四方」，可知事當是臣下為之。今者，上有所長，則事由君上為之，上下易用。上下易用則內外（君臣）不相應，言行不相稱，故曰事乃不方也。今更舉呂氏春秋數段文字以明此文之義：其君守篇云：「善為君者無事，有事則有不恢矣。此官之所以疑，而邪之所從來也。」有事則不恢（不能包羅），不恢則官疑、邪來，故君臣不相應，事不方也。又云：「凡姦邪險陂之人，必有因也。何因哉？因主之為。人主好以己為，則守職者舍職而阿主之為矣。阿主之為，有過則主無以責之，則人主日侵而人臣日得。是宜動者静，宜静者動也。尊之為卑，卑之為尊，從此生矣。」人主好以己為事，以致尊之為卑，卑之為尊，是事不方也。任數篇云：「人主以好暴示能，以好唱自奮，人臣以不爭持位，以聽從取容，是君代有司為有司也，是臣得後隨以進其業。君臣不定，耳雖聞不可以聽，目雖見不可以視，心雖知不可以舉。」人主好暴示能（示其所長），則耳不可聽，目不可視，心不可舉，是事不相應（不方）也。吕氏春秋君守、任數二篇係法家言術之作，可一讀，有助於理解韓非此揚權篇文義。此上長、方為韻，皆隸陽部。

〔五〕舊注：居上者矜好其能，則下各飾其能以欺之。⊙奇猷案：矜，誇也。「矜而好能」猶言好矜其能，亦猶吕氏春秋任數篇所謂「人主以好暴示能」也（見上注引）。人主以好暴示能，則臣下「以聽從取容」以欺君，故此文曰「下之所欺」。人主以好暴示能，則事皆君主為之，「是君代有司為有司」。君代有司為有司，即此下文所謂「上下易用」。

〔六〕舊注：居上好生辯惠，則下因其材以入其諛佞。材，則辯惠也。⊙劉師培曰：「惠」當作「慧」，古字通。⊙奇猷案：劉説是。段玉裁説文解字注云：「『慧』，古多假『惠』為之。」本書「慧」「惠」二字恒互用，如説林上慧子，説林下作惠子，即其例。慧與智同義。辯慧即辯智。本書恒以「辯智」連文。今舉數例，以明「辯智」之義。六反篇云：「語曲牟知，偽詐之民也，而世尊之曰辯智之士。」八説篇云：「博習辯智如孔、墨。」五蠹篇云：「齊將攻魯，魯使子貢説之。齊人曰：『子言非不辯也，吾所欲者土地也，非斯言之謂也。』遂舉兵伐魯，去門十里以為界。故子貢辯智而魯削。」綜此諸例觀之，可知所謂「辯智」者，謂言辭華麗動聽，長於詭辯，善於講大道理。此文「辯惠好生，下因其材」，謂君主喜愛發表辯智之言，臣下將因君主辯智之材，使君主發表言論。但二柄篇云「為人臣者陳而言，君以其言授之事」，是言者當是臣；主道篇云「人主之道，不言而善應」，是君主不當言；申子曰「何以知其狂？以其言之當」，是君主不言為申子之術（申子語見吕氏春秋任數篇）。今者，臣不言而使君言，是上下易用也。又案：舊注「居上」下當有「者」字，上注可證。舊注云「入其諛佞」，不確。

〔七〕舊注：上代下任，下操上權，則國不治。⊙奇猷案：呂氏春秋任數篇謂君代有司為有司之君是亡國之君。在彼戰國急劇之世，不治之國，其亡宜矣。以上能、欺、材、治為韻，皆隸之部。故猶乃也，詳下注。

用一之道，以名為首〔一〕。名正物定，名倚物徙〔二〕。故聖人執一以靜〔三〕，使名自命，令事自定〔四〕。不見其采，下故素正〔五〕。因而任之，使自事之〔六〕。因而予之，彼將自舉之〔七〕。正與處之，使皆自定之〔八〕。上以名舉之〔九〕。不知其名，復脩其形〔一〇〕。形名參同，用其所生〔一一〕。二者誠信，下乃貢情〔一二〕。謹脩所事，待命於天〔一三〕。毋失其要，乃為聖人〔一四〕。聖人之道，去智與巧〔一五〕。智巧不去，難以為常〔一六〕。民人用之，其身多殃〔一七〕；主上用之，其國危亡〔一八〕。因天之道，反形之理，督參鞫之，終則有始〔一九〕。虛以靜後，未嘗用己〔二〇〕。凡上之患，必同其端〔二一〕。信而勿同，萬民一從〔二二〕。

〔一〕舊注：一，謂道。可以常行，古今莫二者，唯其正名乎，故曰以名為首。⊙盧文弨曰：注「其唯」誤倒。⊙顧廣圻曰：藏本、今本「一」下有「之」字。奇猷案：王先慎於「一」下補「之」字，是，今從之。迂評本、凌本亦有「之」字。盧說是。舊注謂「一，謂道」，是。本篇下文云「道無雙，故曰一」，故以一代道。此道即術，詳主道篇注。定法篇云「術者，循名而責實」，故用一之道，以名為首。二柄篇云：「人主將欲禁姦，則審合刑名者，言與事也。為人臣者陳而言，君以其言授之事，專以其事責其功。」言亦名也，詳主道篇注。人主禁姦，是從臣下之言（名）出發，故用術之道，以名為首。以上道、首為韻，皆隸尤部。

〔二〕奇猷案：名所以表事物之性狀，事物之性狀則因名而顯。故名與事物之性狀相吻合（正）則事物之性狀定，名與事物之性狀相差錯（倚）則事物之性狀變（徙）。吕氏春秋審分篇云：「今有人於此，求牛則名馬，求馬則名牛，所求則必不得矣。而因用威怒，有司必誹怨矣，牛馬必擾亂矣。百官，衆有司也；萬物，羣牛馬也。不正其名，不分其職，而數用刑罰，亂莫大焉。夫説以智通，而實以過悗；譽以高賢，而充以卑下；贊以潔白，而隨以汙德；任以公法，而處以貪枉；用以勇敢，而堙以罷怯：此五者，皆以牛為馬，以馬為牛，名不正也。故名不正，則人主憂勞勤苦，而官職煩擾悖逆矣。國之亡也，名之傷也，從此生矣。白之顧益黑，求之愈不得者，其此義邪！故至治之務，在於正名。名正則人主不憂勞矣。不憂勞則不傷其耳目之主。」正可明韓非此文。由于名倚則物徙，故名必須正。因此，各家皆十分重視正名。如尹文子大道篇云：「名也者，正形者也。形正由名，則名不可差」（差與倚同義，皆偏差之意），長沙馬王堆漢墓出土經法道法篇云：「名刑（通形）已定，物自為正。」（載文物一九七四年第十期）吕氏春秋正名篇云：「名正則治，名喪則亂。」皆其例。正名之要，孔子早已倡之。論語子路篇云：「子路曰：『衛君待子而為政，子將奚先？』子曰：『必也正名乎！名不正則言不順，言不順則事不成，事不成則禮樂不興，禮樂不興則刑罰不中，刑罰不中則民無所錯手足。故君子名之必可言也，言之必可行也。』」名不正將導致刑罰不中，是所有言正名者共同之認識，今日言法治者仍是如此。

〔三〕奇猷案：主道篇云：「明君守始以知萬物之源，治紀以知善敗之端。故虚静以待。令名自命也，令事自定也。虚則知實之情，静則知動者正。有言者自為名，有事者自為形。形名參同，君乃無事焉。」可明此文「聖人執一以静」之義。「聖人執一以静」，聖人執術，而以静處名處事，故下文曰「使名自命，令事自定」。

〔四〕舊注：既使名命事，故事自定也。⊙王先慎曰：羣書治要引尸子分事篇「執一以静。令名自正，令事自定」，即韓非所本，「使」字作「令」。疑此「使」字涉注文而誤。注以「使」釋上「令」字，以「命」釋下「令」字，非上「令」字本作「使」字也。⊙奇猷案：王説非也。韓非此説可能本之尸子，但不必襲尸子原文。使、令二字同義。主道篇云「令名自命也，令事自定也」，皆作「令」，而此文易作「使」又有何不可？又案：此文之解，詳主道篇注。舊注不確。

〔五〕舊注：采，故，皆事也。上不見事，則下事既素且正。⊙趙用賢曰：不見其采，是聖人靜以自居，韜匿光采，臣下以故守素而趨於正。⊙盧文弨曰：趙説是也。注訓采、故皆為事，非也。⊙劉師培曰：案「下故素正」與主道篇「臣乃見素」詞符，故即乃也。上文「國故不治」亦與「國乃不治」同。⊙奇猷案：劉説是。采同彩，即文彩。在素面上增設之花紋、色彩即是文彩。引申之，一切超乎尋常之表情、動作以及語言等皆是文彩。見，顯示。主道篇云：「君無見其所欲，君見其所欲，臣將自雕琢；君無見其意，君見其意，臣將自表異。故曰去好去惡，臣乃見素；去舊去智，臣乃自備。」所欲、意、好、惡、舊、智，皆是超乎尋常之表情，故屬於文彩之列。君不顯示其所欲、意、好、惡、舊、智等等文彩，臣下則不雕琢、不表異、見素、自備，即是「不見其采，下故素正」之義。長沙馬王堆漢墓出土經法論篇云：「勿（通物）自正也，名自命也，事自定也，三名（當作「者」）察則盡知請（通情）偽矣。」君既盡知情偽，則臣下不敢為非而素正，亦可明此文之義。又案：上文「權不欲見。素，無為也」當是此下之大字注（何謂大字注，詳二柄篇注）。權是掌握，是運用，無所謂見或不見，「權」當是「情」字之誤。主道篇云「不掩其情，賊乃將生」，二柄篇云「君見惡則羣臣匿端，君見好則羣臣誣能」（好、惡亦是情），又云「子噲以亂死，桓公蟲流出戶而不葬，此其故何也？人君以情借臣之患也」，皆可證不欲見者是「情」而不是「權」，此「權」字當是「情」之誤。情是文彩，故「情不欲見」正是注此文「不見其采」。「素，無為也」注此文「下故素正」之「素」字。指出君之情不顯示於臣，臣則無所為而自正也。此上定（真部）、靜（庚部）、命（真部）、定（真部）、正（庚部）合韻。

〔六〕舊注：因其事而任之，彼則自舉其事。⊙顧廣圻曰：句失韻，有誤。⊙王先慎曰：「事」當作「定」。下文「使皆自定之」承此而言，若作「事之」，則「使皆自定」句為無著矣。⊙梁啟雄曰：喻老：「事者，為也。」「事」字是動名詞，指行為。這是說：君主依就臣們的才能而任用他們，使各人自動地從事各人的專職。⊙奇猷案：梁解此文之意則是，但引喻老「事者，為也」則非，蓋喻老文之意為「事者，是人去作的」，是一句說理語，不是訓詁。此文「因而任之」，即主道篇「賢者敕其材，君因而任之」之簡省語。此文最正確之解為：君主因臣下之材而任之以事，臣則自行從事於辦理其職之事。舊注所釋未允。又案：此「事」與上「采」為韻，皆隸之部，不失韻，顧氏未檢。王改「事」為「定」，非。此上下文「事之」「舉之」「定之」為并列之三事，無相承關係。

〔七〕舊注：因其事以與之，彼則自舉之。⊙奇猷案：二柄篇云「為人臣者陳而言，君以其言授之事」，即此所謂「因而予之」，猶言君因其言而予之事也。舉猶言舉事。古書多此例，如吕氏春秋異寳篇「不足與舉」，吴承仕云：「不足與舉，謂不足與之舉事也。」（詳余所著吕氏春秋校釋）本書有度篇「上智捷舉中事」，舉亦舉事（詳彼），皆其例。舉有發動之義，但亦有治理之意。如史記孟嘗君傳「田嬰有子四十餘人，其賤妾有子名文，文以五月五日生，嬰告其母曰：勿舉也」，舉謂撫育使之成人，於事言則是治理使之成功，是舉有治理之意。此文「因而予之，彼將自舉之」，謂君因其言而予之事，彼將自治此事而使之成功。舊注未允。

〔八〕奇猷案：與猶以也。凡事處之得其宜即是正，故此文「正與處之」即上文「各處其宜」之意。上文「各處其宜」之後云「使雞司夜，令狸執鼠，皆用其能」，可知此文「正與處之」，謂處置臣下之能得其宜，即用臣下之能用得恰當。注意，此「能」與上注所言之「材」有別。材是材料，某人是某種材料適宜於某職。能是指某種人所具有之特異功能，如雞之特異功能為司夜，狸之特異功能為執鼠。故此言用其能與上言用其材，義不重複。定猶今語「訂定」、「決定」。「使皆自定之」者，蓋某人具有某種特異功能，君上不得而知，故使具有特異功能者自己定之。此有如毛遂自薦之類（詳史記平原君傳）。

〔九〕舊注：凡事皆使彼自定，在上者從而以名舉之，則刑名審矣。⊙王先慎曰：乾道本注「在上」誤作「任上」，改從趙本。⊙奇猷案：王改是，今從之。「上以名舉之」者，謂君主以名治之也。彼自事之、自舉之、自定之，是否有偽，如濫竽之南郭處士之流，故君主以名治之也，乃循名責實之意。以上予、舉、處、舉為韻，皆隸魚部。

〔一〇〕舊注：形，事也。循事以求名，則其名可知也。⊙顧廣圻曰：「脩」當作「循」，注未訛。⊙奇猷案：顧説是。

〔一一〕舊注：所生，為形名所從而出者。形名既以參同，故有此人而用之。⊙太田方曰：用其所生，謂用賞罰也。主道篇：「言已應則執其契，事已會（猷案：當是「增」誤）則操其符。符契之所合，賞罰之所生也。」⊙奇猷案：太説是。二柄篇云：「人主將欲禁姦，則審合形名。為人臣者陳而言，君以其言授之事，專以其事責其功。功當其事，事當其言則賞；功不當其事，事不當其言則罰。」故形名參同後所生者為賞或罰。舊注非。形名參同即審合形名，亦即主道篇所謂「同合形名」，解詳彼。

〔一二〕舊注：二者，謂形名也。參同則用其人，是謂誠信也。貢，謂陳見也。⊙奇猷案：形名不得言信。二者即指形名參同所生之賞罰，非謂形名也。此文謂賞罰誠能有信，則臣下陳其真情，即下文「法刑狗信，虎化為人，復反其真」之意。舊注非。以上名、形、生、情為韻，皆隸庚部。

〔一三〕舊注：君人者能謹修其事，天必有符應之命以命之。⊙奇猷案：大體篇云：「古之牧天下者，不使匠石極巧以敗泰山之體，不使賁、育盡威以傷萬民之性，因道全法，君子樂而大姦止，澹然閒靜，因天命，持大體，故使人無離法之罪，魚無失水之禍，上無忿怒之毒，下無伏怨之患，上下交樸，以道為舍。」安危篇云：「安國之法，若飢而食，寒而衣，不令而自然。」則待命於天者，謂循於自然，上無私威之毒，下無愚拙之誅（二語見用人篇）。故此文之意，謂君謹治其所事之事，如形名、賞罰等，再循於自然之理以治衆。舊注以漢人符應之説釋此，殊謬。

〔一四〕奇猷案：「要」即上文「要在中央」之要，指法數賞罰。以上天、人為韻，皆隸真部。

〔一五〕奇猷案：「去智與巧」即主道篇所謂「去舊去智」。此道、巧為韻，皆隸尤部。

〔一六〕舊注：夫智巧在，必背道而行詐，故須去之。⊙太田方曰：智窮於所不知，巧窮於所不能。今官事常有，而智巧不常有也。以不常有之智巧，欲治常有之官事，難為繼之道也，故曰難以為常。⊙奇猷案：舊注固誤，太説亦未允。常，法也。法為不變之典，故謂之常（詳主道篇注）。制分篇云：「量之失，非法使然也，法定而任慧也。」慧即智巧，故任智巧則法失其量之作用，亦即已定之法被敗壞而不成其為常典矣。飭令篇云：「法已定矣，不以善言害法」，善言者，仁義之言也，仁義之言乃害法之言（讀五蠹篇便明），使已定之法失其常之性。據此，此文之意為：不去除智巧，則難以制定常法。

〔一七〕奇猷案：民人用智巧，必敗壞法令，受法令之誅，故曰其身多殃。呂氏春秋離謂篇云：「子產治鄭，鄧析務難之，與民之有獄者約，大獄一衣，小獄襦袴。民之獻衣襦袴而學訟者，不可勝數。以非為是，以是為非，是非無度，而可與不可日變。所欲勝因勝，所欲罪因罪。鄭國大亂，民口讙譁。子產患之，於是殺鄧析而戮之，民心乃服，是非乃定，法律乃行。」最足説明此文。蓋鄧析施智巧，敗法令，受誅戮，是用智巧而身遭殃也。

〔一八〕奇猷案：飾邪篇云：「語曰：『家有常業，雖饑不餓；國有常法，雖危不亡。』夫舍常法而從私意，則臣下飾於智能，臣下飾於智能則法禁不立矣。是妄意之道行，治國之道廢矣。治國之道，去害法者，則不惑於智能，不矯於名譽矣。道法萬全，智能多失。夫懸衡而知平，設規而知圓，萬全之道也。釋規而任巧，釋法而任智，惑亂之道也。」可明此文之義。此上常、殃、亡為韻，皆隸陽部。

〔一九〕舊注：既去智巧，上因天之道，下則反形之理，二者督考參驗鞠盡之。其事既終，還從其始也。⊙顧廣圻曰：

「督參鞠之」句有誤，未詳。⊙王先慎删注「督」下「巧」字，曰：注「督」下「巧」字據趙本删。顧廣圻疑「督參鞠之」句有誤，未審注本之誤耳。⊙松皐圓曰：督責參考，推窮事情，即形名參同也。因天之道，任自然也。反形之理，循名責實也。大體篇「不以智累心，不以私累己，寄治亂於法術，託是非於賞罰，不逆天理，不傷情性」，此即因道反理者也。⊙奇猷案：王删是，今從之。「巧」即「考」之同義字而複衍者。又案：松説是。鞠即窮治其事之意，如「鞠獄」謂窮治其獄即其例，松解為「推窮事情」，得其旨。有讀為又。終則又始，謂反覆督參鞠之也。

〔二〇〕舊注：常當虚静以後人，未嘗用己而先唱。⊙陶鴻慶曰：據注，「以静」二字當倒乙。⊙奇猷案：胸無成見謂之虚，停而不動謂之静。此文謂胸既無成見，而又以静觀其後，未用己之私意干擾之，正是客觀「督、參、鞠」之旨。舊注誤解，陶氏反據以改正文，非是。松皐圓亦乙「以静」為「静以」，誤與陶同。以上理、始、已為韻，皆隸之部。

〔二一〕舊注：端，謂所陳事之首也。臣之陳事，不擇可否，每皆同之，則是偏聽而致患也。⊙王先慎曰：趙本「上」作「人」。⊙奇猷案：「端」即二柄篇「羣臣匿端」之端，猶言端緒。下文云：「君臣不同道，下以名禱。君操其名，臣效其形。」君臣不同道，亦即君臣不同端，君之端為操名，臣之端為效形。八經篇云：「知臣主之異利者王，以為同者劫，與共事者殺。」謂以為君臣之利同其端者劫，而君與臣共賞罰（同其端）者殺。故此文云君上之患在於與臣同端。由此亦可證趙本作「人」之誤，蓋此文之「患」乃指君言，而非指一般人言也。此患、端為韻，皆隸元部。

〔二二〕舊注：其陳事者，且當信之，無遂與同，然後擇其善者以之施教，則萬民齊一而隨從。⊙奇猷案：信，讀為申。周禮考工記輪人「信其程圍」，釋文「信，音申」，疏云「信，古之申字」；易繫辭「往者屈也，來者信也」，以屈與信對舉，可知信假為申（申、伸同字）；莊子刻意篇「熊經鳥申」，釋文云「申，郭音信」；皆信、申通之證。一，全也，皆也。此文「信而勿同」係接上句「凡上之患，必同其端」，則「信而勿同」者，謂君上申明君之端而莫與臣同其端。由於君之端明確，君操其名，君操賞罰之權而不與臣共賞罰，二柄篇云「人主自用其刑德，則羣臣畏其威而歸其利矣」，是以「萬民一從」，猶言萬民皆從其君也。相反，「人主非使賞罰之威利出於己也，聽其臣而行其賞罰（即君臣同端），則一國之人皆畏其臣而易其君，歸其臣而去其君矣」（亦引自二柄篇），則君臣同端之患也。以上同、從為韻，皆隸東部。

夫道者，弘大而無形〔一〕。德者，覈理而普至〔二〕，至於羣生，斟酌用之，萬物皆盛，而不與其寧〔三〕。道者，下周於事，因稽而命，與時生死〔四〕，參名異事，通一同情〔五〕。故曰道不同於萬物〔六〕，德不同於陰陽〔七〕，衡不同於輕重〔八〕，繩不同於出入〔九〕，和不同於燥溼〔一〇〕，君不同於羣臣〔一一〕。凡此六者，道之出也〔一二〕。道無雙，故曰一。是故明君貴獨道之容〔一三〕。君臣不同道，下以名禱〔一四〕。君操其名，臣效其形，形名參同，上下和調也〔一五〕。

〔一〕奇猷案：老子二十五章：「道大，天大，地大。人法地，地法天，天法道，道法自然。」自然當然無形，道法自然，故道亦無形。道之大在天之上，故道是至弘至大。韓非此文「道者，弘大而無形」當是本之老子，但韓非實是為其用「術」之說立論。主道篇云：「道在不可見，用在不可知。」由於道是弘大而無形，故不可見、不可知。而主道篇之所謂「道」，實即主之術。難三篇云：「術者，藏之於胸中，以偶衆端而潛御羣臣者也，故術不欲見。」是以明主用術，則親愛近習莫之得聞也。」所言之術與主道之旨完全一致，可知韓非所謂主道即主術也。

〔二〕太田方曰：老子：「大象無形。」道之在物曰理。明驗事實曰覈。⊙奇猷案：二柄篇云：「慶賞之謂德。」理謂法紀，詳上注。普至者，徧布於天下也。此文謂慶賞者，是經過明驗法紀而徧布於天下。八説篇云「仁者，慈惠而輕財者也。輕財則好與，好與則賞多無功，故曰：仁、暴者，皆亡國者也」，是慶賞必須施於有功之人。既然慶賞必須施於有功之人，故必驗之以法紀，明辨功過，然後布施之。

〔三〕舊注：道德不與物寧而物自寧。⊙高亨曰：盛借為成。秦策「成橋」，史記春申君傳作「盛橋」；史記封禪書「成山」，漢書郊祀志作「盛山」，即成、盛通用之證。⊙奇猷案：高説是。商君書靳令篇「以盛智謀，以盛勇戰」，本書飭令篇「盛」作「成」，亦成、盛通用之證。羣生，衆生，指臣民。物猶事也，詳有度篇注。萬物猶萬事也。寧，安息也（寧同寍，説文：「寍，安也。」晉語注：「寧，息也。」）。此文謂：德（慶賞）布達至於臣民之中，斟酌其有合於法紀者而施用之，則萬事皆能成就，但德不與已成就之事同時安息而仍運行不停。如内儲説上篇所叙，吳起信賞，攻小亭，一朝拔之，即斟酌用賞而成事之例。以上形、生、盛、寧為韻，皆隸庚部。

〔四〕舊注：言當因道以考汝報。而，汝也。死生，猶廢興也。謂其教、命時可廢則廢，時可興則興也。⊙顧廣圻曰：「生死」當作「死生」。「生」與下文「情」韻。舊注未譌。⊙陶鴻慶曰：案舊注訓而為汝，訓命為報，文義難通。「而命」當為「天命」。篆書「天」作亓，與「而」相似，故「天」誤為「而」。「因稽天命」者，謂稽考天時而消息之，故下文云「與時生死」也。上文云「謹脩所事，待命於天」，是其證。⊙奇猷案：顧謂「生死」當作「死生」，陶謂「而」當作「天」，皆是也，劉師培説同。陶釋天命為天時，不確。天命即上文所言天之大命，謂自然之數，自然規律。周，合也，同也，詳後注。「下周於事」者，謂道是下與人事相同合也。解老篇云：「有道之君，外無怨讎於鄰敵，而内有德澤於人民。夫外無怨讎於鄰敵者，其遇諸侯也有禮義；内有德澤於人民者，其治人事也務本。」此即有道之君之道下與人事相同合之例。「因稽天命」者，謂因循於自然規律也。大體篇云：「古之牧天下者，不使匠石極巧以敗太山之體，不使賁、育盡威以傷萬民之性。因道全法，君子樂而大姦止，澹然閒靜，因天命，持大體。故使人無離法之罪，魚無失水之禍。」此即道因循於天命之義。所謂「與時死生」者，解老篇云「道盡稽萬物之理。是以死生氣稟焉，萬智斟酌焉，萬事廢興焉。道與堯、舜俱智，與接輿俱狂，與桀、紂俱滅，與湯、武俱昌。凡道之情，不制不形，柔弱隨時，與理相應。萬物得之以死，得之以生；萬物得之以敗，得之以成」，即道與時死生之義。又案：松皐圓亦改「生死」為「死生」。藏本、趙本注「報」下有「命」字，誤。

〔五〕舊注：參考異事之名，必令通一而又同情。⊙陶鴻慶曰：案「異」乃「與」字之誤。二柄篇注云「言，名也。事，形也」，故曰「參名與事，通一同情」。下文云：「形名參同，上下和調」，即此義。⊙太田方曰：莊子齊物論：「唯達者知通為一。」又云：「恢詭譎怪，道通為一。」子華子曰：「通於一，萬物畢。」⊙奇猷案：陶說是。「與」易誤為「異」，詳二柄篇注。「參名與事」者，猶言考覈言與事是否相契合，即二柄篇所謂「審合形名」也，亦即定法篇所謂「循名而責實」之術。「通一」：通者，通達也；一者，術也，詳上注。「通一」猶言通達於術也。「同情」：同者，合也。「情」字承「道」字而言，則情即道之情。「同情」猶言合於道之情。何謂「道之情」？詳上注所引解老篇文。舊注未允。以上事、事為韻，皆隸之部。又命（真部）、生（庚部）、情（庚部）合韻。

〔六〕舊注：故能生於萬物。⊙奇猷案：韓非以為道與萬物相俱（詳上注引解老篇文），不是生於萬物。此文蓋謂：道不同於萬物，故能入於萬物而與萬物俱。

〔七〕舊注：故能成於陰陽。⊙顧廣圻曰：藏本、今本「陰」上有「於」字。⊙王先慎增「於」字，曰：依上下文當有。⊙奇猷案：王增「於」字是，今從之，迂評本、凌本亦有。又案：二柄篇云「殺戮之謂刑，慶賞之謂德」，而解老篇云「凡物不并盛，陰陽是也；理相奪予，威德是也」，以威德與陰陽并舉，威德即刑德，則陰陽實即指殺戮與慶賞。

此文「德不同於陰陽」，以「德」與「陰陽」相配，則「德」當是「威德」或「刑德」之簡省語。據此，此文之意乃謂威德不同於陰陽，故能成陰陽之功。

〔八〕舊注：故能知其輕重。⊙奇猷案：有度篇云「權衡縣而重益輕」，故權衡知輕重。衡不同於輕重，故能知輕重。以上陽（陽部）、重（東部）合韻。

〔九〕舊注：故能正於出入。⊙奇猷案：出入，謂彎曲、衺枉。有度篇云「繩直而枉木斲」，故繩能正出入。繩不同於出入，故能正出入。

〔一〇〕舊注：故能均於燥濕。⊙太田方曰：爾雅釋樂「大笙謂之巢，小者謂之和」，注：「和，十三簧者，所以調聲律也。」聲音從時氣燥濕，說苑奉使篇：「天有燥濕，弦有緩急，宮商移徙不可知。」⊙奇猷案：和不同於燥溼，故能應付燥溼。溼、濕同。此上入、溼為韻，皆緝侵部。

〔一一〕舊注：故能制於羣臣。⊙顧廣圻曰：「君」下藏本、今本無「子」字。「羣於」今本作「於羣」。⊙王先慎改從今本，曰：案「子」字衍，「羣於」二字倒，注不誤，今據刪改。⊙奇猷案：王刪改是，今從之。迂評本、凌本與今本同。又案：上文云「聖人執要，四方來效」。聖人指君主，四方指羣臣。君執要，羣臣效功，故君不同於臣。君不同於臣，故能制羣臣。

〔一二〕舊注：此六者皆自道生，故曰道之出也。⊙梁啟雄曰：釋名釋言語：「出，推也。」道、德、衡、繩、和、君，是周合於事的道；萬物、陰陽、輕重、出入、燥溼、羣臣，是與時興廢的事物。這六種事物都是道本推進時所出現的，所以說「道之出也」。

〔一三〕舊注：道以獨為容。⊙梁啟雄曰：「獨道之容」和老子「孔德之容」的句法相同，釋文引鍾注「容，法也」，指法則。這是說：道沒有兩個，所以叫它做「一」。因此，明君珍視獨一無二之治道的法則。⊙奇猷案：道即君主所操之術，詳上注。定法篇云「術者，人主之所執也」，說疑篇云「術也者，主之所以執也」，故道無雙而謂之為「一」。術僅由人主執之，故明君貴獨執術之法則。以上出（物部）、一（質部）合韻。雙、容為韻，皆隸東部。

〔一四〕舊注：下當陳其名言以禱於君。⊙奇猷案：下文云「君操名，臣效形」，即此所謂君臣不同道。說文云：「禱，告事求福也。」二柄篇云：「為人臣者陳而言，君以其言授之事，專以其事責其功。功當其事，事當其言，則賞。」「人臣陳而言」即此文「下以名禱」。名，言也。以名禱者，以言告事也。告事將以立功求賞也。得賞則富，富即是福（解老篇云「全壽富貴之謂福」）。由此可知，此文「禱」字正是說文「告事求福」之義。梁啟雄訓禱為求，釋「下以名禱」為「臣們拿事理或言論來請求君主」，不確。此上道、禱為韻，皆隸尤部。

〔一五〕盧文弨曰：一無「也」字，是。⊙顧廣圻曰：同、調韻，與詩車攻五章合。⊙奇猷案：藏本、迂評本無「也」。又案：功為事之形。此文意謂：君執臣下告事之言，臣致其所言事之功於君，經參考覈實，言與功相當，即功當其事，事當其言，於是臣得賞，君得其成功（主道篇云：「臣有其勞，君有其成功。」）君臣各得其所，躊躇滿志，上下融洽（和調），亦即守道篇所云「上下相得」也。以上名、形為韻，皆隸庚部。又同、調合韻。段玉裁六書音韻表（四）云：「調，本音在第三部（尤部），讀如稠。車攻以韻同字，屈原離騷以韻同字，東方朔七諫以韻同字，皆讀如重。此古合韻也。」

凡聽之道，以其所出，反以為之入〔一〕。故審名以定位，明分以辯類〔二〕。聽言之道，溶若甚醉〔三〕。脣乎齒乎，吾不為始乎；齒乎脣乎，愈惛惛乎〔四〕。彼自離之，吾因以知之。是非輻湊，上不與構〔五〕。虛靜無為，道之情也〔六〕；參伍比物，事之形也〔七〕。參之以比物，伍之以合虛〔八〕。根幹不革，則動泄不失矣〔九〕。動之溶之，無為而改之〔一〇〕。喜之則多事，惡之則生怨〔一一〕。故去喜去惡，虛心以為道舍〔一二〕。上不與共之，民乃寵之〔一三〕。上不與義之，使獨為之〔一四〕。上固閉内扃，從室視庭，參咫尺已具，皆之其處。以賞者賞，以刑者刑〔一五〕。因其所為，各以自成。善惡必及，孰敢不信〔一六〕？規矩既設，三隅乃列〔一七〕。

〔一〕舊注：凡聽言之道，或有未審，必出言以難之，彼必反求其理以入於此也。⊙陶鴻慶曰：注殊謬。其，指人臣言。主道及二柄篇皆云「羣臣陳其言，君以其言授之事，以其事責其功」，即此義，玩下文自明。⊙高亨曰：出，謂言也、名也。入，謂功也、形也。此謂以其言責其功，以其名責其形也。呂覽審應篇「以其出為之入，以其言為之名，取其實以責其名」，可作此句義疏。本篇「君操其名，臣效其形，形名參同，上下和調」，并與此句同意。舊注誤。⊙奇猷案：陶、高說是。詳言之，此二語蓋謂：據臣下所言之事，反過來定出其當貢入於君主之功。注「入」字原作「大」，據藏本改。

〔二〕舊注：審察其名，則事位自定；明識其分，則物類自辯。⊙奇猷案：名，言也。位，職位也。「審名以定位」者，審察臣下所陳之言而授之以事（即二柄篇所言「為人臣者陳而言，君以其言授之事」），於是定其職位。分，名分也。辯通辨，別也。類即内儲説下篇所言「似類」。「明分以辯類」者，明確其名分以辨別似類之事也。此即八經篇所言「似類則合其參」（似類之事則參合形名）之「參伍之道」。如内儲説下篇所舉「似類之事，司馬喜殺爰騫而季辛誅，鄭袖言惡臭而新人劓」，皆當審名分而判別之。此位、類為韻，皆隸微部。

〔三〕舊注：溶，閒漫之貌。凡聽言者，欲闇以招明，愚以求智，欲閒然若甚醉者，則言者自盡而敷泰也。⊙洪頤煊曰：溶，讀與鎔同。謂鎔化其心若甚醉者，則人方能盡其言也。下文「動之溶之，無為而改之」，其義正同。舊注皆非。⊙顧廣圻曰：「溶」字未詳，下同。舊注皆訓為閒，不見所出。⊙俞樾曰：「溶若甚醉」，此「溶」字當為「容」，言其容有似乎醉也。下文「動之溶之」，此「溶」字當為「搈」。說文手部：「搈，動搈也。」動之溶之，即動之搈之也。「動搈」亦作「動容」，孟子盡心篇「動容周旋中禮者」是也。疑古本兩「溶」字皆止作「容」，一為容貌之容，一為動容之容，傳寫增水旁，因失其義矣。⊙王先慎曰：俞說是。注「泰」，趙本作「奉」。⊙奇猷案：舊注釋溶為閒漫之貌，是也。漢書揚雄傳反離騷「溶方皇於西清」，顏師古注云：「溶然，閒暇貌也。」溶若即溶然（若、然同詞，詳王氏經傳釋詞）。此文「溶若甚醉」，謂其閒散之態有如甚醉之人。「溶若」為副詞，形容甚醉。俞改「溶」為「容」，則是名詞，謂面貌，非此文之義，蓋此文乃言甚醉之神態，非言面貌如甚醉也。洪讀溶為鎔亦誤。顧謂舊注訓溶為閒，未見所出，失檢。舊注「泰」當是「奏」形近之誤。「敷奏」一詞，見於尚書舜典「敷奏以言」，又見於詩經商頌長發「敷奏以勇」。舜典傳云：「敷，陳也。奏，進也。諸侯四朝各使陳進治理之言。」東觀漢紀一六桓榮「每朝會，輒令榮於公卿前敷奏經書」，亦有「敷奏」之詞。皆舊注所本也。

〔四〕舊注：脣齒可以發言語也。吾不為始，則彼自為始。吾愈惛惛，彼愈昭昭。⊙松皐圓曰：惛，昏通。⊙奇猷案：以上齒、始為韻，皆隸之部。脣、惛為韻，皆隸文部。長沙馬王堆漢墓出土稱云：「聖人不為始，不剸（同專）己，不豫謀，不為得。」（載文物一九七四年第十期）

〔五〕舊注：離，謂分析其所言。彼既分析，吾遂知之。所陳之言，或是或非，如輻之湊，皆發自下情，上不與之為構也。構，結也。⊙太田方曰：左傳昭元年「設衛離服」，注：「離，陳也。」⊙王先慎曰：構、講古通，謂解釋也。臣下是非，君并聽之，不為調解。注訓構為結，似非。⊙奇猷案：舊注訓離為分析，不誤。淮南子說林訓「紂醢梅伯，文王與諸侯構之」，注：「構，謀也。」舊注解前二句是，但解後二句則不確。此文謂：羣臣各自分析其言論，吾因以知羣臣之意見，所有意見，或是或非，皆如輪輻集於轂，集於吾之耳，但僅是聽之，而不與之謀（不與之謀，應上文「吾不為始」）。「上不與構」，即上不與謀，亦即主道篇所謂「有智而不以慮」（慮亦謀也）之意，與上注所引稱「不豫謀」（豫，參與也）之義亦同。以上離（歌部）、知（微部）合韻。湊、構為韻，皆隸侯部。

〔六〕奇猷案：為人君者，心無成見、去好去惡則得其虛，行動不躁、按法治衆則得其靜（詳主道篇注），此君道虛靜之實情也。為人君者，按法治衆，不以私慮事，即是無為（詳主道篇注），亦即君道無為之實情也。

〔七〕松皐圓曰：荀子注：「參伍，錯雜也。」易繫辭傳：「參伍以變，錯綜其數。」⊙奇猷案：參伍者，參驗形名，錯綜事物也，詳主道篇注。參伍既比并於事物，故是事之形（形者，事之功也，詳主道篇注）。以上情、形為韻，皆隸庚部。

〔八〕董桂新曰：荀子注引作「伍之以合參」，朱子周易本義引韓非説同。楊升庵謂本義承荀子注之誤。顧亭林謂「伍以合參，安得謂之合虛？乃今韓非子本誤」。案韓非謂虛靜無為，與道大適，故云合虛。顧氏謂今韓子本誤，非也。⊙奇猷案：董説是。太田方、松皐圓説同。參，驗也。比，合也。參之以比物者，驗之以事物，視其是否與事物相合也。伍者，錯綜而比較之也。心不存成見為虛（詳上注）。伍之以合虛者，錯綜而比較之，視之是否合於虛也，即視其是否不存成見也。據此，亦可知作「合虛」是，作「合參」者誤也。董引荀子注見議兵篇。

〔九〕舊注：參，三也。伍，五也。謂所陳之事，或三之以比物之情，或五之以合虛之數。常令根幹堅植，不有移革，如此則動之散，皆無所失泄矣。⊙松皐圓依山氏説改「泄」為「溶」，曰：根幹，喻法數也。法數，治國之本也。君能循之，不亂以私智巧辯，則其動靜得宜，無所失也。山曰：「原道訓：動溶無形之域，而翱翔忽區之上。」⊙王先慎曰：「動泄不失」當作「動不失泄」。泄有世音，與革字古合韻。注云「無所失泄」，是注所見本尚不誤。⊙章太炎曰：案大雅民勞箋：「泄，猶發也。」動發，猶言發動也。上言「虛靜無為，道之情也」，此所謂根幹也。能虛靜則發動不失矣。⊙孫蜀丞先生曰：詩民勞「俾民憂泄」，箋：「泄，猶出也、發也。」出、發，亦動也。舊注非。⊙奇猷案：此承「參之以比物，伍之以合虛」而言，則「根幹」即指參伍。參伍為治術之主要手段，故以根幹喻之。革，革除也。泄當如孫先生訓為動。動泄猶言舉動。此文之意謂：參伍之道不革除，則舉動無失誤也。八經篇云「參伍之道，行參以謀多，揆伍以責失」，正可闡明此義。又案：自「參之以比物」至下文「惡之則生怨」皆不用韻。又案：舊注「如此則動之散，皆無所失泄矣」，當作「如此則動泄之，皆無所失散矣」。今本「泄」誤在下，「散」誤在上，遂不可通。王氏據錯亂之注以改正文，失之。但舊注失此文之意。

〔一〇〕舊注：凡所舉動，溶然閒暇，雖有所改，無為而為也。⊙太田方曰：淮南子俶真訓：「若夫至人，則動溶於至虛，而游於滅亡之野。」溶，從容閒暇之意。改，化也。莊子「處無為而物自化」。戰國策「子胥入江而不改」，史記作「不化」，可見改為化矣。秦紀：「黔首改化。」⊙陶鴻慶曰：案溶，俞讀為搈（見前），是也。此二句不當無韻。舊注云「雖有所改，無為而為」，尤為曲說。「改」蓋「攻」字之誤。攻，治也。無為而攻之，言無為而治之也。⊙劉文典曰：案俞說是也。溶、搈古通用。淮南子原道篇「動溶無形之域」，俶真篇「動溶於至虛」，字並作「溶」，不煩改字也。⊙奇猷案：劉說是。「改」字不誤。儀禮士相見禮「改居則請退可也」，鄭注：「改居，謂自變動也。」（說文訓改為更，與變動之義亦近）此文「改」字亦是自變動之意。解老篇云：「所以貴無為無思為虛者，謂其意無所制也。今制於為虛，是不虛也。虛者之無為也，不以無為為有常。不以無為為有常則虛，虛則德盛，德盛之謂上德，故曰上德無為而無不為也」。由此可知，無為之重要內涵為虛，虛則德盛，德盛而後可到達無為而無不為之境界。然而如何作到虛？曰「虛者之無為也，不以無為為有常則虛」。如何使「不以無為為有常」？不言而喻，有常是靜止，是不變動。若使「不以無為為有常」，則必使無為時時變動。無為時時變動，正是此文「動之容之，無為而改之」之意，猶言動之更動之，無為而自變動之。「改（自變動）」與「動之溶之」相承；無為而自變動之（則達於虛），與下文「去喜去惡，虛心以為道舍」相應。陶改作「攻」，與上下文皆不相干。由此可知，訓詁必須結合韓非之思想言之，始可得韓文之本義。此上下數句皆不用韻。

〔一一〕舊注：謂臣所陳言，君若喜之，彼必自媚，益為其事；若乃惡之，彼必生怨而遂止。⊙顧廣圻曰：以上皆失韻，未詳何句有誤。⊙王先慎曰：「喜之」、「惡之」并句。喜與事、惡與怨為韻。外儲說右上篇「謳乎，其已乎，苞乎，其往歸田成子乎」，謳、苞為韻，並句首字，雖用韻不同，而以句首字為韻，則可借證。顧說非。⊙奇猷案：自「參之以比物」至此，似是韓非原不用韻，如主道篇為韻文，但自「言已應則執其契」以下不用韻之例。王謂外儲說右上篇謳、苞二字為句首字為韻亦不允。彼文「謳乎」為句，「苞乎」為句，「乎」為語詞，則謳、苞為韻亦是句尾韻，而非句首韻也。王謂惡與怨為韻，亦謬。蓋惡隸魚部，怨隸元部，魚、元二部不相通也。又案：此文之意謂：人主喜歡某人，則將多生事端；如憎惡某人，則使其人生怨恨之心。八姦篇所言貴夫人愛孺子乘人主歡虞之際而求其所欲，即「喜之則多事」之例。難四篇所載鄭昭公惡高渠彌，高渠彌生怨而弒昭公，即「惡之則生怨」之例。舊注非。

〔一二〕舊注：去喜惡，以虛其心，則道來止，故為道舍。⊙太田方曰：管子：「虛其欲，神將入舍；掃除不潔，神乃留處。」莊子：「為道集虛。虛者，心齋也。」解老篇：「為之欲之，則德無舍。」⊙奇猷案：大體篇云「上下交樸，以道為舍」，樸、虛義近。此惡、舍為韻，皆隸魚部。

〔一三〕舊注：謂下之為事，上不與共得，則臣得自專，其事必成，故得受其榮寵也。⊙奇猷案：此下言刑賞，則此「共之」指共刑賞之權。國語楚語「寵神其祖」，韋注：「寵，尊也。」此文謂君主不與臣共刑賞之權，人民乃尊崇君主。外儲說右下篇云「賞罰共，則禁令不行」，又云「人主安能與其臣共權以為治」，二柄篇云「人主自用其刑德，則羣臣畏其威而歸其利矣」，皆可明此文之義。舊注非。此共、寵為韻，皆隸東部。

〔一四〕王先慎曰：義，讀為議。⊙奇猷案：王說是。議猶今語「討論」。此文謂君主不與臣下討論此事如何作，使臣下獨自為之。此義、為為韻，皆隸歌部。

〔一五〕舊注：閉內扃，謂閉心以察臣也。由內以觀外，若從室而視庭也。八尺曰咫。尺寸者，所以度長短。既閉心以參驗之，咫尺以度量之，二者已具，則大小長短皆之其所，不相犯錯，如此，則可賞則賞，可刑則刑，無乖謬矣。⊙顧廣圻曰：「上固閉內扃」，「上」字下當有脫文。「尺」字當衍，舊注以尺寸釋咫，因誤入正文也。⊙王先慎曰：案「固」疑「因」字之誤。上不與共，不與議，因閉心以察之，如從室視庭，尺寸不失也。「因」與「固」形近而誤。似無脫文。⊙高亨曰：「參」字涉上文「參伍」字而衍。「之」當作「知」，聲之誤也。八姦篇「諸侯之不聽」，注「諸侯知我不聽用其臣」，可見注者所見本必作「知」，即本書「知」譌為「之」之證。「咫尺已具，皆知其處」者，謂人主從室視庭，咫尺之差，具列目前，而人主皆知其處也。⊙奇猷案：諸說皆非也。長沙馬王堆漢墓出土古佚書經法云：「天下有事，必有巧驗。事如直木，多如倉粟。斗石已具，尺寸已陳，則無所逃其神。故曰：度量已具，則治而制之矣。」（載文物一九七四年第十期）可證此文之義。「斗石已具，尺寸已陳」兩句相對，可證此文「參咫尺已具」原本亦是兩句相對，其文當為「參升已陳，咫尺已具」，今脫去「升已陳」三字耳。參、升皆是量器，與經法之斗、石同類。「參升」見於本書外儲說右下篇「田嬰令官具押券斗石參升之計」，亦見於急就篇「蠡升參升半卮觛」。呂氏春秋君守篇云：「中欲不出謂之扃，外欲不入謂之閉。既扃而又閉，天之用密。」此文「上固閉內扃」之「扃」與呂氏同，但以文法分析，「閉」為動詞，義為閉塞，與呂氏不同。「上固閉內扃」者，君主緊緊密閉其內在之扃，使中欲不出，如天之用密也。「從室視庭」者，自闇處看明處也，十分清晰，亦即上文所言「道陰見陽」也。咫，八寸（見說文）。舊注「八尺」當是「八寸」之誤。參升所以量多少，咫尺所以度長短，其用與有度篇「權衡懸而重益輕，斗石設而多益少」之「權衡」「斗石」同，皆是喻法。「陳」「具」字亦與有度篇「懸」「設」同意。「皆之其處」，之，至也，「皆之其處」者，所具陳之參升咫尺（即法）皆至其量度之處。綜言之，此文之意，謂：君主緊閉內扃，使中欲不出，無有主見，以客觀態度觀察，如從室視庭，道陰見陽，不存主觀之陰影，所見形象，至為清晰，於是將具陳之參升咫尺（即法）施至需用量度之處，量度功過，宜賞者賞之，宜刑者刑之。以上扃、庭為韻，皆隸庚部；具（侯部）、處（魚部）合韻；刑（庚部）與下文成（庚部）、信（真部）合韻。

〔一六〕舊注：所為善惡，既各自成，善必及賞，惡必及刑，刑賞不差，誰敢不信？⊙奇猷案：「因其所為，各以自成」，謂因其所為善（有功）、惡（有過）而給予賞、刑，故賞刑是由各人自己造成，即大體篇「榮辱（猶賞刑）之責在乎己，而不在乎人」之意。舊注不明。

〔一七〕舊注：賞罰規矩，既已說於一事二事，則人知他事皆然，故曰三隅乃列也。⊙太田方曰：規矩，喻法度也。言法度既設，四方乃正。凡方物正其一隅，則餘三隅皆自正矣。淮南子「經營四隅，還反於樞」，注：「隅，猶方也。」八經篇：「名號、賞罰、法令三隅。」⊙奇猷案：太說是。列當訓為次序（常訓）。八經篇云：「設法度以齊民，信賞罰以盡民能，明誹譽以勸沮，名號、賞罰、法令三隅（此下當有「乃列」二字，詳彼）。」以證此文，「設法度」即此文「規矩既設」，則此文所謂「三隅」，即是指「名號、賞罰、法令」也。此文「規矩既設，三隅乃列」，謂法度既已施陳（說文：「設，施陳也」），亦即上文所謂「參升已陳，咫尺已具」，於是名號、賞罰、法令三方將有序而不紊也。舊注非。此設、列為韻，皆隸月部。

主上不神，下將有因〔一〕。其事不當，下考其常〔二〕。若天若地，是謂累解〔三〕。若地若天，孰疏孰親〔四〕？能象天地，是謂聖人〔五〕。欲治其內，置而勿親〔六〕；欲治其外，官置一人〔七〕；不使自恣，安得移并〔八〕？大臣之門，唯恐多人〔九〕。凡治之極，下不能得〔一〇〕。周合刑名，民乃守職。去此更求，是謂大惑〔一一〕。猾民愈衆，姦邪滿側〔一二〕。故曰：毋富人而貸焉，毋貴人而逼焉〔一三〕，毋專信一人而失其都國焉〔一四〕。腓大於股，難以趣走〔一五〕。主失其神，虎隨其後〔一六〕。主上不知，虎將為狗〔一七〕。主不蚤止，狗益無已〔一八〕。虎成其羣，以弒其母〔一九〕。為主而無臣，奚國之有〔二〇〕？主施其法，大虎將怯；主施其刑，大虎自寧〔二一〕。法刑苟信，虎化為人，復反其真〔二二〕。

〔一〕舊注：神者，隱而莫測其所由者也。既不神，故可測，則可因，故曰下將有因也。⊙奇猷案：韓非所謂「神」，是君主隱而莫測之術。內儲說上篇述「周主亡玉簪」事，而曰「吏皆聳懼，以為君神明也」，可知其義。此神、因為韻，皆隸真部。

〔二〕舊注：主事不當，則下以常理考之，所以較其非。⊙高亨曰：「考」當作「改」。蓋「改」誤為「攷」，「攷」變為「考」也。舊注不識其誤，曲為之解，失之。⊙奇猷案：二柄篇云「功不當其事，事不當其言，則罰」，則此文「其事不當」，謂其事不當功。「常」即主道篇「習常」之常，謂不變不易之常法，考詳彼。此接上句「下將有因」，謂臣下因主之欲而為事，若其事不當功，則下以常法考驗之，以賞則賞，以刑則刑。高改「考」為「改」，非是。此當、常為韻，皆隸陽部。

〔三〕舊注：天地高厚，不可測者也。君用意如天地，則上因下考之，累可解也。⊙俞樾曰：「累解」乃疊韻字，古人常語也。荀子富國篇「則和調累解」。「累解」與「和調」並言，可知其義。楊注以為「嬰累解釋」，非也。儒效篇「解果其冠」，楊注引說苑「蟹螺者宜禾」為證，然則累解猶蟹螺矣。古語雖不盡可通，而「累解」二字平列，則塙然無疑。舊注之失與楊注同。⊙劉師培曰：「累解」即「蟹螺」也。彼從虫而此否者，書有繁簡，「蟹螺」「累解」，語有倒順耳。說苑以「蟹螺」與「汙邪」對文，則蟹螺猶平正也。（引自劉氏古書疑義舉例補）⊙馬叙倫曰：累、解二字同義。「累」之本字作「絫」，說文云「增也，一曰絫十黍之重也」，與「解」不相應。疑「絫」與「觿」聲同部借為觿。說文：「觿，佩角銳耑，可以解結」，引申有解義。管子白心篇「觿解不可解而後解」，正觿解連文。⊙奇猷案：楊注「累解」為「嬰累解釋」，是也。「嬰累解釋」猶言嬰累解除。其實，此文并不難索解，蓋韓非已清楚說明「若天若地」即謂之「累解」。大體篇云：「上不天則下不偏覆，心不地則物不畢載。太山不立好惡，故能成其高；江海不擇小助，故能成其富。」呂氏春秋去私篇云：「天無私覆，地無私載。」可知天地是無私、無欲、無好惡、無親疏等等私累。為君者解除私累，則若天若地。故若天若地，則嬰累解除，即此文所謂「若天若地，是謂累解」之義。「累解」亦即「解累」。國語齊語「諸侯甲不解纍（同累）兵不解翳」，韋注：「纍所以盛甲也。翳所以蔽兵也。」纍是盛甲之具，則纍為甲之嬰纍，故名之曰纍，是解纍有解去嬰纍之意，與韓子此文「累解」之義同類。凡附加於主體之物皆可謂之累，亦即楊說之「嬰累」。如大體篇云「不以智累心，不以私累己」，智附於心，私附於己，故以累言之，即其例。又淮南子精神訓「堯不以有天下為貴，故授禹；子罕不以玉為富，故不受寶。此之謂無累之人」，天下附於堯，玉附於子罕，故以累言之，亦其例也。除去此種累人之物，謂之「累解」或「解累」，已如上述，有時直謂之「去累」。淮南子精神訓云「人大怒破陰，大喜墜陽，大憂內崩，大怖生狂。除穢去累，莫若未始出其宗」，除去大怒、大喜、大憂、大怖而謂之「去累」，正是其例也。審以上所論，「累解」確是古人常語。荀子儒效篇「解果其冠」之「解果」，乃形容冠之形狀，與韓子此文不相蒙。馬說迂曲。此地（歌部）、解（支部）合韻。

〔四〕舊注：天無私覆，地無私載，故無疏無親也。

〔五〕舊注：象天地之高厚而無私也。⊙奇猷案：吕氏春秋貴公篇云：「陰陽之和，不長一類；甘露時雨，不私一物；萬民之主，不阿一人。」

〔六〕舊注：内，謂君之機密也。欲令機事不失，所置之臣，勿私親之。⊙高亨曰：内，謂宫中也。二柄、十過、難一諸篇並言豎刁自宫為桓公治内，即其證。桓公置豎刁而親之，致有身死蟲流出户而不葬之患，故曰置而勿親。舊注失之。⊙奇猷案：高説是。本書有備内篇，言備妻子、后妃，可知「内」乃宫内之謂，可充高説之證。注「欲」原作「故」，據藏本、趙本改。

〔七〕奇猷案：一人不兼官，一官不兼事，是韓非分職任官之要義，詳二柄篇注。

〔八〕舊注：外，謂百官之政也。欲令官政不失，則每官置一人焉。夫兩雄必争，官有二人，適足以增其猜競，故一人則專而不恣，豈有移易并兼之事？⊙奇猷案：移，即三守篇「傳柄移藉」之移。此「移」字即「移藉」之省。移藉者，篡權奪位之意。亦可釋為説疑篇「有務慶賞賜予以移衆者」之「移衆」之省語。移衆，如外儲説右上篇所述田成氏以慶賞移齊民即其例。「並」即説疑篇「内寵並后」之並，比擬也。此文所謂「並」，即指「尊大臣以擬其主」（此語見説疑篇）。如燕君子噲尊子之以擬君（詳外儲説右下篇）之例。外，指朝廷。此文謂：欲治朝廷，一官任命一人主其事，且不允其恣意行事，安有篡權奪位、移取民衆、大臣擬君之事。若雖官置一人，但任其恣意行事，則將有子罕恣行殺戮而篡宋國（詳二柄篇）、田常恣行慶賞而移齊民或子之恣意布令以擬君也。舊注非。

〔九〕舊注：臣門多人，威權在故也。⊙奇猷案：詭使篇云：「士卒之逃事狀匿附託有威之門以避傜賦，而上不得者萬數。」大臣不定有威，有威者當是大臣，則有威之門必是大臣之門。附託大臣之門以避傜賦之人多至萬數，其為害之大，可想而知，故曰「大臣之門，唯恐多人」。此上天、親、人、親、人（以上真部）、并（庚部）、人（真部）合韻。

〔一〇〕舊注：神隱不惻，故下不能得之。治道無踰此者，故曰治之極也。⊙王先慎曰：注「惻」當作「測」。⊙劉師培曰：案「得」當作「德」。八姦篇：「不使人臣私其德。」⊙奇猷案：劉說是。極猶本也，見荀子正名篇注。二柄篇云：「田常徒用德而簡公弑」，故此謂凡治之本，臣下不能用德。

〔一一〕舊注：刑名不差，則民守職，此治之至要者也。去此要而不用，非惑而何也？⊙顧廣圻曰：「周」當依本書主道篇作「同」。⊙太田方曰：王逸楚辭注：「周，合也。」⊙奇猷案：太說是，陶憲曾說同（見後和氏篇注）。注「民」原作「其」，據趙本改。主道篇云「同合刑名，審驗法式，擅為者誅」，故周合刑名，則民不敢擅為而守其職矣。

〔一二〕舊注：亦既大惑，故姦衆而邪滿。⊙王先慎曰：姦邪，指臣言。謂狡猾之民則益多，而姦邪之臣盈於左右矣。注說非。⊙奇猷案：王說是。方言：「凡小兒多詐而獪或謂之猾。」引申之，則為凡詐之義，即所謂「狡猾」也。

〔一三〕舊注：君之富臣，更從臣貸，君之貴臣，更令臣逼，此倒置之徒，不識理道者也。⊙陶鴻慶曰：案「貸」為「貣」之假字，與逼、國為韻。說文：「貣，從人求物也」，故舊注云「君之富臣，更從臣貸」。貸亦讀為貣。貸，施也，與貣義別。⊙奇猷案：陶說非也。「貸」乃「代」之同音假字。後文云「富之貴之，備，將代之」，承此而言，舊注云「臣既富貴備，必將代君也」，正是其義。愛臣篇云「晉之分也，齊之奪也，皆以羣臣之太富也」，亦可證人臣富將代君之義。逼同偪。左傳襄二年杜注：「偪，奪其權勢也。」「毋貴人而逼焉」，謂勿貴人臣以奪己之權勢。愛臣篇云「人臣太貴，必易主位」，可明此文，易主位則是權勢為臣所奪，亦是逼也。舊注、陶說，皆以貸為借貸，望文生訓，乃由於未能以韓子之文前後照應之失也。又案：貸從代聲，代從弋聲，故貸隸職部。馬王堆漢墓出土經法論約「不爽不代」，稱「身薄不貸」（載文物一九七八年第十期），以代、貸假借為忒，亦可為證。貸與上下文為韻也。

〔一四〕舊注：專信一人，則勢聚焉，故失其都。⊙王先慎於注「勢」上補「形」字，曰：乾道本注「勢」上脫「形」字，盧文昭云：「張本有」，今據補。注「都」下當有「國」字。⊙奇猷案：藏本與張本同，但不必有「形」字。注「都」下當有「國」字。專信一人而失其都國者，燕子噲信子之（詳外儲說右下篇）其例也。此上極、得、職、惑、側、貸、逼、國為韻，皆隸職部。

〔一五〕舊注：臣重於君，難以為理。⊙盧文弨曰：「趣」，疑「趨」。⊙劉文典曰：趨、趣古通。⊙奇猷案：劉說是。呂氏春秋直諫篇「葆申趣出」，說苑正諫篇「趣」作「趨」，是趣、趨通之證。釋名釋姿容云：「疾行曰趨，疾趨曰走。」說文：「腓，脛腨也。股，髀也。」腓，今語謂之「小腿肚子」。股，今語謂之「大腿」。注「理」，治也。

〔一六〕舊注：失神，謂可測知，如臣能為虎，隨後以伺其隙。⊙王先慎曰：注「如」字當作「則」。⊙奇猷案：王說是。

〔一七〕舊注：主既不知臣之為虎，則臣匿威藏用，外若狗然，所以陰謀其事。⊙陶鴻慶曰：案舊注曲說。上云「主失其神，虎隨其後」，與此「虎」字文雖同而義意迥別。主道篇云「弑其主，代其所，人莫不與，故謂之虎」，虎指臣言，此上文「虎」字之義也。二柄篇云「夫虎之所以能服狗者，爪牙也。使虎釋其爪牙而使狗用之，則虎反服於狗矣」，虎指君言，即此句「虎」字之義也。下文「主不蚤止，狗益無已」，承此句言，虎之為狗，更無已時。舊注泥文字以求通，宜其誤矣。下文又云「虎成其羣，以弑其母」，母即君也。足明舊注之非。⊙孫子書先生曰：案經傳釋詞云：「為，猶有也。」孟子滕文公篇「夫滕壤地褊小，將為君子焉，將為小人焉」，趙岐注曰：「為，有也。雖國小亦有君子，亦有野人也。」此文「主上不知，主將為狗」，言虎將有狗也。虎將有狗者，喻權臣將招致徒黨。下文「狗益無已，虎成其羣」，正承此言之。舊注訓「為」為若，非。⊙奇猷案：舊注所釋較允。余前校謂「狗」即外儲說右上篇所說之猛狗，亦不確。此上走、後、狗為韻，皆隸侯部。

〔一八〕舊注：臣既以虎為狗，君不知而止之。如此，則同事相求，皆為狗，益其朋黨，無有已時也。⊙奇猷案：此文當譯為：虎既裝扮成狗以蒙騙君主，君主如不早加制止，則同事相求，裝扮成狗之虎將不斷增加。舊注略有差忒。

〔一九〕舊注：毋，則君也。既朋黨相益，即是虎成羣也。虎既成羣，毋必見弑。

〔二〇〕舊注：臣皆為虎，故曰無臣也。臣無則國亡，故曰奚國之有。⊙王先慎曰：此謂有國必有臣，不能畏臣為虎而不用，惟在主施其刑法以制之，故下云「主施其法，大虎將怯。主施其刑，大虎自寧」是也。舊注誤。趙本無注末十一字，因其不合而删之也。⊙奇猷案：舊注是也，王説則誤也。三守篇云「人臣不敢忠主，則國為亡國矣，此謂國無臣。國無臣者，豈郎中虚而朝臣少哉？羣臣持禄養交，行私道而不效公忠」，正可明此文之義。虎成其羣，則朝臣皆虎之黨，其非虎之黨者，亦不敢忠主，故是無臣。無臣，則國為亡國矣。以上止、已、毋、有為韻，皆隸之部。

〔二一〕舊注：主既施刑，虎則懼而履道，故得安寧也。⊙奇猷案：此刑、寧為韻，皆隸庚部。

〔二二〕舊注：謂君君、臣臣也。⊙盧文弨改「狗」為「苟」，曰：「苟」誤作「狗」。⊙顧廣圻曰：信，讀為申。申與人、真韻。言申法刑於狗也。上文云「虎將為狗」，又云「狗益無已」，與此相承。⊙王先慎從盧説改「狗」為「苟」，曰：案顧讀信為申，是也。「狗」當從拾補改作「苟」。「狗」字涉上文而誤，不得反以為證。此謂君苟申其刑法，則臣昔之為虎者皆反其真而為人矣。反其真，指臣而言。舊注謂「君君臣臣」亦誤。⊙陶鴻慶曰：案顧氏云「申其法刑於狗也」，殊不成義。「狗」當從盧校作「苟」，言誠能信其法刑則虎化為人也。舊注不釋「狗信」二字，蓋其所據本未誤。前節云「二者誠信，下乃貢情」，誠亦語辭。舊注以「誠信」二字平列，亦非。⊙奇猷案：盧説是，今據改「狗」為「苟」。信，仍當讀本字。此「法刑苟信」亦即上文「二者（賞罰）誠信」之旨，「復反其真」亦是上文「下乃貢情」之意。飾邪篇「賞罰敬信」，與此「法刑苟信」亦同義，「信」皆「言忠信」之信。此上信、人、真為韻，皆隸真部。

欲為其國，必伐其聚〔一〕。不伐其聚，彼將聚衆〔二〕。欲為其地，必適其賜〔三〕。不適其賜，亂人求益〔四〕。彼求我予，假仇人斧〔五〕。假之不可，彼將用之以伐我〔六〕。黄帝有言曰：「上下一日百戰〔七〕。下匿其私，用試其上；上操度量，以割其下〔八〕。」故度量之立，主之寶也〔九〕；黨與之具，臣之寶也〔一〇〕。臣之所以不弑其君者，黨與不具也〔一一〕。故上失扶寸，下得尋常〔一二〕。有國之君，不大其都〔一三〕；有道之臣，不貴其家〔一四〕；有道之君，不貴其臣〔一五〕。貴之富之，備，將代之〔一六〕。備危恐殆，急置太子，禍乃無從起〔一七〕。內索出圉，必身自執其度量〔一八〕。厚者虧之，薄者靡之〔一九〕。虧靡有量，毋使民比周，同欺其上〔二〇〕。虧之若月〔二一〕，靡之若熱〔二二〕。簡令謹誅，必盡其罰〔二三〕。毋弛而弓，一棲兩雄〔二四〕。一棲兩雄，其鬬㘖㘖〔二五〕。豺狼在牢，其羊不繁〔二六〕。一家二貴，事乃無功〔二七〕。夫妻持政，子無適從〔二八〕。為人君者，數披其木，毋使木枝扶疏〔二九〕；木枝扶疏，將塞公閭〔三〇〕，私門將實，公庭將虛，主將壅圍〔三一〕。數披其木，無使木枝外拒〔三二〕。木枝外拒，將逼主處〔三三〕。數披其木，毋使枝大本小。枝大本小，將不勝春風。不勝春風，枝將害心〔三四〕。公子既衆，宗室憂唫〔三五〕。止之之道，數披其木，毋使枝茂。木數披，黨與乃離〔三六〕。掘其根本，木乃不神〔三七〕。填其洶淵，毋使水清〔三八〕。探其懷，奪之威〔三九〕。主上用之，若電若雷〔四〇〕。

〔一〕舊注：聚，謂朋黨交結。伐之者，所以離散其朋黨也。⊙顧廣圻曰：聚，當讀為藂，下句同。藂與下句衆為韻。⊙洪頤煊曰：此當作「欲為其邦，必伐其藂」，下句「其聚」亦當作「其藂」。邦、藂合韻。「國」字是避漢諱改。「叢」，古字作「藂」，因譌為「聚」。⊙奇猷案：此「聚」蓋「叢」之同音假字。説文：「叢，聚也，从丵，取聲。」段注云：「徂紅切。」説文又云：「聚，會也，从㐺，取聲。」既然「叢」「聚」皆是取聲，則聚必是與叢同音，亦讀若徂紅切而入東部。説文無「藂」字，見於詩經周南葛覃傳，云「灌木，藂木也」，釋文云：「叢，才公反，俗作藂。」「藂」既是俗字，顯然是形聲字，從艸，聚聲，則聚必與叢同音，皆是東部字。綜上所證，聚為叢之同音假字無疑。下句「其聚」，聚亦叢之假字。叢者，衆木聚生也，喻奸臣之朋黨。「伐其聚」即主道篇「散其黨」之意。論語里仁「能以禮讓為國乎何有」，集解：「為，治也。」又案：「國」字不為韻，不必改為「邦」以就韻，洪説未可從。

〔二〕奇猷案：此上聚、聚、衆為韻，皆隸東部。

〔三〕舊注：地，亦國也。欲治其國，必令賜與適宜。⊙俞樾曰：呂氏春秋重己篇「故聖人必先適欲」，高注：「適，猶節也。」管子禁藏篇：「故聖人之制事也，能節宮室適車輿以實藏。」是適與節同義。「必適其賜」，必節其賜也。舊注失其義。⊙奇猷案：地，非謂國，地乃「井地」之地。適，當依舊注訓為適宜。詭使篇云：「陳善田利宅，所以戰士卒也。而斷頭裂腹播骨乎原野者，無宅容身，身死田奪。而女妹有色，大臣左右無功者，擇宅而受，擇田而食。」據此，可知韓非主張當以田地賜人，但必須賜於適當之人，即有功者，故曰欲治其地，必適其賜。內儲説上篇述吳起賜上田宅於攻亭之人，是適其賜之例。外儲説左上篇述趙襄主予中章、胥己田宅，是不適其賜之例。俞氏有於傳統觀念，凡事皆以節省為要，而未達韓非思想要義，故有此誤。

〔四〕奇猷案：以上賜、賜、益為韻，皆隸支部。

〔五〕舊注：亂人求益而與之，則是以斧假仇人也。⊙盧文弨曰：「仇」，一本作「讎」。⊙奇猷案：仇、讎字通。藏本、迂評本「仇」作「求」，乃音同又因注「求」字而誤。此予、斧為韻，皆隸魚部。

〔六〕舊注：以斧與仇，則是假與不可。仇既得斧，我之見伐，不亦宜哉！⊙奇猷案：「假之不可」，猶言「不可假之」，由於以可、我為韻（皆隸歌部），故倒言之也。舊注「不可」下當有脱文，疑當作「不可與之人」，脱「與之人」三字。

〔七〕舊注：夫上位可寶，上利可貪，居下者常有羨欲之心，欲靜則不能，欲取則不得，二者交戰，一日有百也。⊙松皋圓曰：主利在見功而爵禄，臣利在無功而富貴，上下異利，故百戰也。⊙奇猷案：上下一日百戰之原因，下文説得明白：「下匿其私，用試其上；上操度量，以割其下。」舊注、松説皆非此文本意。

〔八〕舊注：下既有羨之心，常匿私以試上，故上必當操度量以割斷其下也。⊙俞樾曰：「下操」，當作「上操」，舊注未誤。⊙王先慎改「下操」為「上操」，曰：案張榜本、趙本均作「上操」。⊙奇猷案：藏本、迂評本亦作「上操」，是，今據改。廣雅釋詁：「割，裁也。」即制裁之意。又案：余前校以黄帝之言止「上下一日百戰」一句，不確。黄帝之言當止於此。一則此數句不協韻，是韓非所引他書原文本不用韻，可知此數句乃他書之文。再則黄帝所謂「上下一日百戰」當有其内容，「下匿其私」云云四句是其内容，故下四句亦是黄帝之言。此黄帝之言，不審韓非引自何書？可能即是漢書藝文志道家之流所著録黄帝四經、黄帝銘之類。

〔九〕舊注：度量可以割斷下，故為主之寶也。⊙奇猷案：詭使篇云「上握度量所以擅生殺之柄也」，亦此文之義。

〔一〇〕舊注：黨與具可以奪君位，故為臣寶。⊙奇猷案：孤憤篇云「臣利在朋黨用私」，亦此文之義。

〔一一〕奇猷案：此上寶、寶（尤部）、具（侯部）合韻。

〔一二〕舊注：四指為扶。上於度量少有所失，下之得利已數倍多矣。⊙盧文弨曰：趙本「扶」字誤從牛旁，注同。「得」，意林作「失」，下有「君不可不慎」句，不可從。⊙王先慎曰：意林引「扶」作「膚」。⊙松皋圓曰：焦氏筆乘：「扶，讀為膚。公羊傳『膚寸而合』，注：『側手為膚，案指為寸。』」⊙陶鴻慶曰：案此四句無韻，與全篇之文不類。疑下文「内索出圉必身自執其度量」至「簡令謹誅必盡其罰」四十八字，當在此文之下，以常、量、上為韻，而其義則與上文「度量之立，主之寶也」云云緊相承接，言度量之不可廢弛也。「有國之君不大其都」至「急置太子禍乃無從起」四十五字與後文「勿弛而弓，一棲兩雄」云云一意相屬，言威柄之不可並操也。⊙奇猷案：此不失韻（詳下）。陶氏不諳古韻通轉，故謂無韻也。禮投壺「籌，室中五扶，堂上七扶」，鄭注：「鋪四指曰扶，一指案寸。」孔疏云：「扶廣四寸。」國語周語韋注：「八尺為尋，倍尋為常。」内儲説下篇云「靖郭君相齊，與故人久語，則故人富」，即此文之例。舊注「倍」下當脱「之」字。焦氏筆乘引公羊傳見僖公三十一年。

〔一三〕舊注：大其都，臣將據以叛國。⊙奇猷案：都，謂封君之都也。左傳隱公元年「姜氏為共叔段請京。祭仲曰：都城過百雉，國之害也」，其卒，叔段以京叛國，是其例也。

〔一四〕舊注：大夫稱家。貴其家，臣將凌己。⊙奇猷案：此所謂「有道之臣，不貴其家」，蓋指陽虎事而言也。史記魯世家：「定公八年，陽虎欲盡殺三桓適，而更立其所善庶子以代之。三桓共攻陽虎，陽虎居陽關。九年，魯伐陽虎，陽虎奔齊，已而奔晉趙氏。」本書外儲説左下篇、難四篇亦述陽虎事，可參閲。左傳昭公二十七年杜注：「陽虎，季氏家臣。」公羊傳定公八年云：「陽虎者，季氏之宰也。」陽虎既是季氏之宰，而季氏之位為卿，則陽虎在大夫之列，故陽虎亦可稱家也。季氏之位為卿，於魯國則為臣。論語季氏篇疏云「此篇首章言魯臣季氏專恣」，即稱季氏為魯國之臣。本書難四篇云「陽虎有寵於季氏」，可知季氏貴寵陽虎。由於季氏貴陽虎，卒成大禍。以此為例，故韓非提出「有道之臣，不貴其家」。此上常（陽部）、都（魚部）、家（魚部）通韻。

〔一五〕舊注：貴其臣，臣將貴勢過己。⊙奇猷案：愛臣篇云：「人臣太貴，必易主位。」此君（諄部）、臣（真部）合韻。

〔一六〕舊注：臣既貴富備，必將代君也。⊙顧廣圻曰：「備」當作「彼」。舊注誤。⊙奇猷案：顧説非也。難四篇云「羣臣之未起難也，其備未具也」，與此文反正為義，「備」字與此文「備」字同義，謂具備也。此文「備」字當讀斷，如標點所示，有貴富具備之意。由於古人行文簡潔，又本篇為韻文，多縮為四字句，故簡其文如此。舊注正以「備」為具備之意，其讀亦是於「備」字讀斷，所解亦正合原文之意。上文「毋富人而貸焉，毋貴人而逼焉」，與此文可互明。

〔一七〕舊注：太子者，君之副貳，國之重鎮。今欲備其危殆，必速置之，則禍端自息矣。⊙奇猷案：此上富、代、殆、子、起為韻，皆隸之部（「起」從已聲，當在之部）。

〔一八〕舊注：臣人四面謀君，常在圉。今自內欲求出圉，但身執度量則可矣。⊙太田方曰：入則內宄，出則禦外姦也。禮記哀公問：「內以治宗廟之禮，出以治直言之禮。」潘安仁射雉賦：「內無固守，外不交戰。」不言「入」而言「內」，不言「外」而言「出」，皆互文耳。索，搜也。秦始皇紀「關中大索十日」，周禮方相氏「以索寶毆疫」，說文「索，入家搜也」，是「索」字有內求之義也。圉、禦通。詩「外禦其侮」，是「圉」字有外禦之義也。⊙孫子書先生曰：案定四年左傳杜注：「索，法也。」說文：「圉，囹圉，所以拘辠人也。」淮南子繆稱訓云：「弛獄出拘。」出拘即出圉。此殆言罪宥之事，必人君身自斟酌之。舊注迂曲不可通。⊙奇猷案：索，求也。內索，求索朝內之姦人也。圉同禦。爾雅釋言：「禦，禁也。」出禦，禁禦朝外之姦邪也。度量，謂度量是非善惡之標準，詳難言篇注。此文謂：求索朝內之姦人，禁禦朝外之姦邪，君主必身自執其度量而處理之。舊注「常」上當更有「君」字。太引詩見小雅常棣。此文圉（魚部）、量（陽部）通韻。

〔一九〕舊注：厚，謂臣黨與衆、勢位高也。位如此，必虧之使薄也。⊙盧文弨曰：靡之，當與易「我有好爵，吾與爾靡之」之靡同義。⊙太田方曰：靡即「侈靡」之靡，猶言華之也。管子侈靡篇「富者靡之」。⊙松皋圓曰：「摩」，一作「靡」，下同，古字通用。厚，猶甚也。薄，次於甚者也。太甚者虧損之，不甚者摩切之，令其戒慎奉法也。八姦篇「甚者舉兵以聚邊境，薄者數內大使」。說難篇「厚者為戮，薄者見疑」，史記「厚」作「甚」。墨子「皆是其義而非人之義，是以厚者有鬪，而薄者有爭」。考其字義，猶言大小耳。⊙陶鴻慶曰：案「薄」當為「博」，大也。愛臣篇云「是故諸侯之博大，天子之害也」，是也。靡，讀為礳。孫卿子性惡篇「靡使然也」，楊注云「靡，磨切也」，是也。厚與博，虧與靡，文義並相近。言厚者虧之使薄，博者靡之使小也。舊注云「虧之使薄」，蓋為上句著解，其下當有脱句。盧校讀靡為「吾與爾靡之」之靡，王氏集解讀為「糜爛」之糜（見下），均失其旨。⊙孫子書先生曰：案盧引易語見中孚，王注、孔疏均訓靡為散。釋文云：「本又作『糜』，散也，干同。韓詩云『共也』，孟同。埤蒼作『縻』，云『散也』」。後儒承之，亦多訓為共。惠士奇易説讀靡為磨，云「言相磨礪也」。焦循易章句訓靡為「靡切」。均非此「靡」字之義。此「靡」當讀為摩。説文：「揗，摩也。拊，揗也。」廣雅釋詁：「揗，摩順也。」摩與拊、揗同。盧説非。此承上文「内索出圉，必身自執其度量」言之，言人君平反刑獄，於法之過於寬大者則虧削之，於法之刻薄者則存恤之。自「内索出圉」至下文「簡令謹誅，必盡其罰」一段，皆就刑法而言，非黨與勢位之謂。舊注於「内索出圉」二句，既不得其解，則此亦自不得其解矣。（下文「靡之若熱」，音義同。王讀為「糜爛」之糜，亦非。）⊙奇猷案：厚與薄本為相對之辭，厚者甚也，則薄可訓為微。虧，損也。靡，滅也（見方言。實則靡以同音假為滅）。「厚者虧之，薄者靡之」，謂姦邪之甚者虧損之，姦邪之微者則消滅之。姦邪之甚者，一時難以徹底消滅，故暫時虧損之。松引史記見韓非傳，引墨子見尚同下篇。此虧、靡為韻，皆隸歌部。

〔二〇〕陶鴻慶曰：案「比周」、「欺上」皆指臣言，與民無涉，「民」即「比」字之誤而衍者。此言虧靡之術亦有其量，操之迫切則羣臣相比以自救也。⊙奇猷案：此承上文「内索出圉」而來，出圉謂禁禦朝外之姦邪，則民亦包括在内。外儲説右上篇述田成氏厚施，秦周之民相與往歸田成氏。既往歸田成氏，則不難與田成氏比周為姦也，即臣、民比周。且此所謂民，亦非近於奴隸之勞農，乃秦周之民之類之自由民。陶删「民」字，未可從。此承上文「必身自執其度量」之語，此文之「量」即度量之謂。虧靡有度量，民皆服從，必不與姦臣比周，同欺其主也。

此量、上為韵，皆隸陽部。

〔二一〕舊注：若明之漸虧也。亦取其既盛必衰，天之道也。⊙王先慎曰：「虧之若月」，謂漸移其權勢，不使臣自知，猶有度篇云「人臣之侵其主，如地形焉，積漸以往」之義。舊注失其旨矣。⊙奇猷案：此句謂虧損姦邪之甚者如月之漸蝕。王說未得。

〔二二〕舊注：若鑽火之取熱，不得中息。⊙王先慎曰：靡與糜通，取糜爛之義。物之糜爛於熱，不見其消，有時而盡，故云靡之若熱。此與上「虧之若月」同意。注「息」，乾道本作「急」，今從趙本。⊙高亨曰：「熱」為「爇」誤。月為漸蝕，爇為猛燒。⊙奇猷案：高說是。說文：「爇，燒也。」「靡之若爇」，謂消滅姦邪之微者，如火之焚燒，立刻化為灰燼。王改注「急」為「息」，是，今從之。

〔二三〕舊注：盡刑罰之理也。⊙奇猷案：定法篇云「韓者，晉之別國也。先君之令未收，而後君之令又下」，是令繁也，故必須簡令（簡，省也）。飾邪篇云「用刑過者民不畏」，故必須謹慎誅戮刑罰。雖則誅戮刑罰必須謹慎，但「不赦死，不宥刑」，「誠有過則雖近愛必誅」（語皆見愛臣篇），即此文所謂「必盡其罰」也。舊注非。此上月、熱、罰為韻，皆隸月部。

〔二四〕舊注：弓以射不當棲之雄，喻刑法罰不當立人官也。⊙王先慎曰：注「立」，趙本作「位」，二字古通；「人」當作「之」。言刑法所以罰不當位之官也。⊙太田方曰：而，汝也。弓，喻罰也。棲，喻國也。雄，喻君也。若弛其罰，則成一國兩君之勢也。⊙奇猷案：說文：「弛，弓解也。」解同懈。弛其弓，謂鬆懈其弓，喻君主鬆懈其刑罰。二柄篇云「人主者，以刑德制臣者也。今君人者釋其刑德而使臣用之，則君反制於臣矣」，故君主弛其刑罰，將使臣擬君，成為一棲兩雄之勢。又案：王說是。此弓、雄為韻，皆隸蒸部。

〔二五〕舊注：爭鬬貌。⊙太田方曰：楚辭「猛犬狺狺而迎吠兮」，廣韻「本作狋」。集韻「本作啀，又作嘊，犬爭也」。

⊙松皐圓曰：噸、齗音近。魯世家贊「齗齗如也」，索隱：「齗，音五艱反，鬭爭貌。」⊙孫蜀丞先生曰：説文：「犷，犬吠聲」，即「噸」之本字。⊙奇猷案：類要引「棲」作「栖」，字同。又案：「一棲兩雄」，固可如前注釋為臣擬君，但亦可釋為大臣兩重。亡徵篇云：「大臣兩重，父兄衆强，内黨外援以争事勢者，可亡也。」八經篇云：「大臣兩重，提衡而不踦，曰卷禍。其患家隆劫殺之難作。」説林上篇、難一篇皆述韓宣王欲兩用公仲、公叔事，樛留論之曰：「晉用六卿而國分，簡公兩用田成、闞止而簡公殺，魏兩用犀首、張儀而西河之外亡。今王兩用之，其多力者樹其黨，寡力者借外權。羣臣有内樹黨以驕主，有外為交以削地，則王之國危矣。」皆其義也。「多力者樹其黨」、「寡力者借外權」以相鬭，正是「其鬭噸噸」。内儲説下篇所述「韓廆相韓哀侯」、「田恆相齊」、「戴讙為宋太宰」等事，皆其例，可參閲。

〔二六〕舊注：豺狼，喻吏之貪殘者。⊙奇猷案：此上噸、繁為韻，皆隸元部。

〔二七〕舊注：二貴爭出命，服役者不知誰從，故事無功也。⊙奇猷案：荀子致仕篇云：「君者，國之隆也；父者，家之隆也。隆一而治，二而亂。」又王制篇云：「兩貴之不能相事，兩賤之不能相使，是天數也。」

〔二八〕舊注：夫唱婦隨者，禮之正也。今夫妻爭持其政，故子不知所從也。⊙奇猷案：此上功、從為韻，皆隸東部。

〔二九〕舊注：木，喻臣也。披，為落其枝也。數落木枝者，喻數削黜臣之威勢也。⊙奇猷案：木，喻大臣；枝，喻大臣之權勢。扶疏，枝條繁茂四布。此文謂：數披落木之枝條，不使木之枝條繁茂四布。比喻數披落大臣之權勢，不使其權勢向四周發展。

〔三〇〕舊注：謂臣威權覆主，充塞公閭。⊙奇猷案：謂大臣之權勢發展，將堵塞君主之門（公門）。蓋人皆畏大臣之權勢，不敢入君主之門，君主之門無異於被權臣堵塞也。

〔三一〕舊注：囷，圍也。⊙奇猷案：「囷」原作「圍」，舊注原作「圍，囷也」，今改正，説詳下。⊙顧廣圻曰：「圍」當作

「圉」。圉與下文拒、處韻。⊙王先謙曰：詳文義屬上。顧説非。⊙松皐圓曰：依舊注，「圍」、「圉」字誤。注「圉圉」倒。⊙奇猷案：説文：「圉，囹圉，所以拘罪人。」囹圉即含圍繞之意，故舊注訓圉為圍也。正文因注誤「圉」為「圍」，後人見正文是「圍」字，又倒注「圉，圍也」作「圍，圉也」。圍與壅義近。主道篇云：「臣閉其主曰壅。」有度篇云：「羣臣廢法而行私重，數至能人之門，不壹至主之廷。」羣臣數至能人之門，故私門將實（充實）。不壹至主之廷，故公庭（同廷）將虛。羣臣不壹至主之廷，上下不相通，難一篇云「有擅主之臣，則君令不下究，臣情不上通」，故主將壅圉也。

〔三二〕舊注：拒，謂枝之旁生者也。⊙奇猷案：孟子盡心篇「來者不拒」，荀子君道篇「内以固城，外以拒侮」，是「拒」字有推而向外之意。此文謂數披落木之枝條，不使木之枝條向外推出。木枝喻大臣之權勢，上下文皆同。此文喻君主當數削弱大臣之權勢，勿使其權勢向外發展。舊注非。

〔三三〕奇猷案：此文謂大臣之權勢向外發展，將威逼君主之地位。此上者、疏、疏、閭、虛、圉、拒、拒、處為韻，皆隸魚部。

〔三四〕舊注：春風所以發生萬物者也，喻君恩賞所以榮益於下者也。枝本大矣，春風又發其榮以增其重，則披枝而害心。喻臣本實矣，君又加之恩賞以增其威重，則臣將二而危君矣。⊙王先慎曰：注趙本「威」下無「重」字。⊙奇猷案：枝大，喻大臣之權勢强大。本小，喻君主之權勢弱小。春風者，季節之風也，在特定條件下形成之風。此以「春風」喻在某種特定條件下形成之政治風暴。心，指君主。此文之意謂：數披落大臣之權勢，不使大臣之權勢强大而君主之權勢弱小，若大臣之權勢强而君主之權勢弱，一旦襲來政治風暴，君主將不能支持，有權勢之大臣將乘此時機危害君主。如楚惠王使子西救鄭，白公乘機作亂而劫惠王（詳史記楚世家），即其例。舊注非。

〔三五〕舊注：宗室，謂太宗適子家也。庶子既衆，勢凌適子，故憂唫也。⊙盧文弨曰：注「大」誤「太」。⊙奇猷案：盧說是。詩召南采蘋「于以奠之？宗室牖下」，傳：「宗室，大宗之廟也。」則宗室為適（同嫡）長子所立之廟，故此文以「宗室」為適長子一家之代詞。「唫」，說文云「口急也」，口急即口吃，非此文之義。此「唫」當是「吟」之同音假字，說文云「吟，呻也」，猶言呻吟。漢書息夫躬傳注謂「唫」為古「吟」字，非。此「衆」字非謂公子（即庶子）衆多，蓋古者君主嬖妾多，則公子衆多乃必然之事實。此「衆」字乃指公子之黨與衆多言也，下文「黨與乃離」可證。此文謂公子之黨與衆多，嫡長子（王位繼承人）一家則憂心而呻吟，預感將有滅門之禍也。亡徵篇以「太子輕而庶子伉」為亡國之徵，可與此文互明。此上小、小為韻，隸蕭部；風、風、心、唫為韻，皆隸侵部。

〔三六〕顧廣圻曰：藏本同。今本「木」下衍「枝」字。案：三字句，上文「數披其木」凡四見。披、離韻。⊙奇猷案：顧說是。數披其木，則枝葉不茂，喻公子之權勢削弱。公子既權輕勢薄，故其黨與離散也。此上道、茂為韻，皆隸尤部；披、離為韻，皆隸歌部。

〔三七〕盧文弨曰：或云「根本」二字當倒，與韻合。⊙顧廣圻曰：「掘其根」三字句，與上文同，「本」字衍，根、神韻。⊙奇猷案：不必皆三字句，「本」字非衍。左傳隱公六年「絕其本根，勿使能殖」，與此句法同，亦以「本根」連文。又「根」與「本」同義，且同韻（皆隸諄部），故不必倒轉。盧、顧說皆非。老子第六十章「以道莅天下，其鬼不神。非其鬼不神，其神不傷人」（亦見本書解老篇引）。此文「不神」，謂掘其根本，則公子不能傷害宗室矣。此本（諄部）、神（真部）合韻。

〔三八〕舊注：淵者，水之停積。水清，鑒之者必衆，喻雖族和附之者必多也。⊙盧文弨曰：注「雖」字非誤即衍。⊙顧廣圻曰：淵、清失韻，有誤，不即有缺文也。⊙俞樾曰：顧氏以上句「本」字為衍文，是也。此句「洶」字蓋亦衍文。舊注不釋「洶」字，是舊本未衍也。上云「木數披，黨與乃離」，此云「掘其根，本乃不神。填其淵，毋使水清」，皆上句三字，下句四字。今衍「本」字、「洶」字，非其舊也。至趙本作「木枝數披」，則更失之矣。⊙王先慎曰：俞說衍「洶」字，是也。定之方中淵與人協，楚辭清與人協，風賦清亦與人協，詩燕燕淵與身、人協，楚辭卜居清與身、人協，詩猗嗟清與成、正協，易訟淵與成、正協，則淵、清古自為韻。顧疑有誤，非也。⊙奇猷案：此文有譌誤。蓋水清與填淵為不相蒙之二事，淵填平則水乾，非水清，而填淵亦不得使水不清，此文之有譌誤，至為明顯。舊注云「水清，鑒之者必衆」，可知舊注本未脫，原文有鑒於清水之意，故舊注云然。余深究舊注並參考他書，擬補其文為「填其洶淵，毋使水停。抇其止水，毋使水清」。由於中間兩句脱去，使「填淵」與「水清」兩不相蒙之事相接，遂致義不可通。此文之脱，乃由於謄抄者寫至「填其洶淵毋使水」後停擱，再來續抄時，從下一「毋使水」下之「清」字起續，遂有此誤也。此類脱文，古書最常見。說文：「洶，涌也。」即洶涌之意。「填其洶淵，毋使水停」，謂填平洶涌之淵，使流來之水不再停留於此，喻削平公子之權勢，使人不再附託公子之門（附託，詳上注）。「抇其止水，毋使水清」：呂氏春秋本生篇云「水之性清，土者抇之，故不得清」，高誘注：「抇，讀曰骨，濁也。」莊子德充符「人莫鑑（同鑒）於流水，而鑑於止水」，是止水可以鑒面。「抇其止水，毋使水清」，謂抇濁静止之水，使之不清，人不俯首而鑒面。外儲說右下篇云「人主之所以鏡照者，諸侯之士徒也」，觀行篇云「古之人目短於自見，故以鏡觀面；智短於自知，故以道正己」，則鑒有借資之意。則「抇其止水，毋使水清」，言外之意，謂淆亂公子大臣之度計，使其度計不成，人將不借資於公子大臣。八姦篇云：「側室公子，人主之所親愛也；大臣廷吏，人主之所與度計也。此皆盡力畢議，人主之所必聽也。為人臣者事公子側室以音聲子女，收大臣廷吏以辭言，處約言事，事成則進爵益祿，以勸其心，使犯其主。」此即人臣借資於公子大臣之事例，可明此文之義。上所補之文，未敢必其與原文全合，但原文之意是如此，則可斷言也。此停、清為韻，皆隸庚部。

〔三九〕舊注：探其懷，謂淵其心，知其所欲為。⊙王先慎曰：注「淵」字當作「測」。⊙高亨曰：之，猶其也。「探其懷，奪之威」，謂人主奪權柄於重臣之懷中而自用之也。內儲說下「遂殺簡公而奪之政」，外儲說左下「奪之璽而免之令」，奪之皆奪其也。⊙奇猷案：高說是。說文：「探，遠取之也。」遠取者，猶言深入而取之。此謂深入其懷中而奪取其權威也。王說是，但舊注所釋非。

〔四〇〕舊注：威不下分，則君命神而可畏，故若雷電也。⊙奇猷案：「之」即指奪回之威。主道篇云：「明君之行罰也，畏乎若雷霆，神聖不能解也。」君主用威（威即刑罰，詳愛臣篇注），雷厲風行，無親無疏，神聖不能解脫，即此文「主上用之，若電若雷」之義。此是言君威，不是言君命，舊注非。此上懷、威、雷為韻，皆隸微部。

八姦第九〔一〕

凡人臣之所道成姦者有八術〔二〕：一曰在同牀〔三〕。何謂同牀？曰：貴夫人、愛孺子、便僻、好色〔四〕，此人主之所惑也。託於燕處之虞，乘醉飽之時，而求其所欲，此必聽之術也〔五〕。為人臣者內事之以金玉，使惑其主。此之謂同牀〔六〕。二曰在旁。何謂在旁？曰：優笑侏儒，左右近習〔七〕，此人主未命而唯唯，未使而諾諾，先意承旨，觀貌察色以先主心者也〔八〕。此皆俱進俱退，皆應皆對〔九〕，一辭同軌以移主心者也〔一〇〕。為人臣者內事之以金玉玩好，外為之行不法，使之化其主。此之謂在旁〔一一〕。三曰父兄。何謂父兄？曰：側室公子〔一二〕，人主之所親愛也；大臣廷吏，人主之所與度計也〔一三〕。此皆盡力畢議，人主之所必聽也。為人臣者事公子側室以音聲子女〔一四〕，收大臣廷吏以辭言，處約言事，事成則進爵益禄，以勸其心，使犯其主。此之謂父兄〔一五〕。四曰養殃。何謂養殃？曰：人主樂美宮室臺池，好飾子女狗馬以娱其心，此人主之殃也。為人臣者盡民力以美宮室臺池，重賦斂以飾子女狗馬，以娱其主而亂其心，從其所欲〔一六〕，而樹私利其間。此之謂養殃〔一七〕。五曰民萌〔一八〕。何謂民萌？曰：為人臣者散公財以説民人，行小惠以取百姓，使朝廷市井皆勸譽己，以塞其主〔一九〕而成其所欲〔二〇〕。此之謂民萌。六曰流行。何謂流行？曰：人主者，固壅于言談，希于聽論議，易移以辯説〔二一〕。為人臣者求諸侯之辯士，養國中之能説者，使之以語其私，為巧文之言，流行之辭〔二二〕，示之以利勢，懼之以患害，施屬虚辭以壞其主〔二三〕。此之謂流行。七曰威强。何謂威强？曰：君人者，以羣臣百姓為威强者也〔二四〕。羣臣百姓之所善則君善之，非羣臣百姓之所善則君不善之。為人臣者，聚帶劍之客，養必死之士以彰其威〔二五〕，明為己者必利，不為己者必死，以恐其羣臣百姓而行其私〔二六〕。此之謂威强。八曰四方〔二七〕。何謂四方？曰：君人者〔二八〕，國小則事大國，兵弱則畏强兵。大國之所索，小國必聽；强兵之所加，弱兵必服。為人臣者，重賦斂，盡府庫，虚其國以事大國，而用其威求誘其君〔二九〕；甚者舉兵以聚邊境而制斂于內〔三〇〕，薄者數內大使以震其君，使之恐懼〔三一〕。此之謂四方。凡此八者，人臣之所以道成姦，世主所以壅劫，失其所有也〔三二〕。不可不察焉。

〔一〕奇猷案：容肇祖韓非子考證以篇中防民萌之術，有「其於德施也，縱禁財，發墳倉，利於民者必出於君，不使人臣私其德」之語，與五蠹篇、難一篇非布施於貧家之旨相反，因疑本篇為後人僞託。猷案，布施與利民之義根本不同，韓非不反對利民，但反對布施。且利民之事必出於君，所以防公子尾、公子夏之流；不使人臣私其德，防田常之用德也。事詳外儲說右上篇。容說不確。其辯僞多如此，今不一一辯正。又案：本篇原分三段，自首至「不法則距之」，自「所謂」至「誣其君矣」，自「明主」至末。今分為四段如後。

〔二〕舊注：道，引也。言姦臣或誘引君之左右，或誘引君之百姓以成其姦邪，其術有八也。⊙王先慎曰：道，由也。注誤。說詳上。⊙奇猷案：王說是。道，由也，詳二柄篇注。

〔三〕太田方曰：合纂類語無「在」字。⊙陶鴻慶曰：案「在」字衍文。「一曰同牀」與下文「二曰在旁」等文例一律。下云「此之謂同牀」即其證。作「在」者，涉下文「在旁」而衍也。⊙奇猷案：陶說是。松皐圓刪「在」字。

〔四〕舊注：便僻，得嬖美好之色。⊙黄生曰：便者，順易之意。「僻」當與「躄積」之躄音璧同。⊙蔣超伯曰：按貴夫人，指蛾眉皓齒之儔；愛孺子，則兼謂餘桃、斷袖之寵。⊙蒲阪圓曰：貴、愛，皆謂被親幸者。國策注：「孺子，婦人之美稱。」亦見外儲。⊙梁啟雄曰：僻與嬖通用。說文：「便嬖，愛也。」便嬖好色，指寵愛的美色。⊙奇猷案：「孺子」一詞，本書數見。内儲說上篇云：「豎牛謂叔孫：『何不見壬於君乎？』叔孫曰：『孺子何足見也。』」此「孺子」指壬，是叔孫之子，是男性。外儲說右上篇云：「齊威王夫人死，中有十孺子皆貴於王，薛公欲知王所欲立而請置一人以為夫人。」此「孺子」是女性，是齊威王之妾。又云「或令孺子懷錢挈壺甕而往酤」宋人之酒，此「孺子」不定是男是女，猶今語「小孩子」。說文云：「孺，乳子也。」綜上引文及本篇此文「愛孺子」觀之，可知「孺子」是指年齡較輕之男女，則蔣所釋是也。餘桃之寵，即本書說難篇所述彌子瑕有寵於衛君，以餘桃啗衛君事。斷袖之寵，漢書佞幸董賢傳云：「賢常與上（哀帝）卧起。嘗晝寢，偏籍上袖。上欲起，賢未覺，不欲動賢，乃斷袖而起。其恩愛至此。」即其事也。「便僻」即「便嬖」，即孟子梁惠王上篇「便嬖不足使令于前」之便嬖，謂愛幸之妾。好色即美色，即詭使篇所謂女妹有色者。梁以「便僻好色」為一種人，非也。

〔五〕舊注：乘，因也。夫人、孺子等由因君醉飽之時，進以燕娛之具，以求其所欲，事無不聽。⊙奇猷案：託，依託，與乘義近。燕處即燕居，禮仲尼燕居釋文引鄭玄云：「退朝而處曰燕居。」「燕」亦作「宴」。說文云：「宴，安也。」則「宴居」，猶言退朝安居。虞、娛同。意林引作「娛」。舊注謂「進以燕娛之具」，非。

〔六〕舊注：以金玉之寶，內事貴夫人、愛孺子等，使之惑主。主惑則姦謀可成也。

〔七〕舊注：優笑者，謂俳優能啁笑者。侏儒，短人也。⊙李調元曰：侏儒，短人也。俗作「株檽」，非。⊙奇猷案：難三篇云：「俳優侏儒，固人主之所與燕也。」漢書霍光傳顏師古注：「俳優，諧戲也。」史記滑稽列傳所列優人孟、旃，皆滑稽、善談笑，「優孟者，故楚之樂人也，常以談笑諷諫」，「優旃者，秦倡侏儒也，善為笑言」。說文：「倡，樂也。」又曰：「俳，戲也。優，倡也。」可知俳優之徒，既知樂能戲，又善於談笑取樂，故此文稱之為「優笑」也。由上引優旃，可知侏儒亦知樂、善笑言，但身材短小者。左傳襄四年「朱儒是使」，釋文云「朱，或作侏」，杜注云「臧紇短小，故曰朱儒」，可知侏儒是短小之人。「左右」與「近習」二詞，本書屢見。「左右」一詞，多數是指左右之官吏，如揚權篇「左右既立」即其例。有時則指左右隨侍之人，如二柄篇「韓昭侯問左右曰：誰加衣者」是也。「近習」，指親昵之人。難言篇「伊尹身執鼎俎為庖宰，昵近習親，而湯乃僅知其賢而用之」，以「昵近」聯文，以「習親」聯文，可知近習即親昵之義。

〔八〕梁啟雄曰：荀子大略注：「唯唯，聽從貌。」禮記投壺疏：「諾，承領之詞。」旨借為恉。說文：「恉，意也。」

〔九〕舊注：謂君所欲進，則左右近習俱共進之；所欲退，則俱共退之。命之則皆應，問之則皆對。⊙奇猷案：此謂優笑侏儒、左右近習相與比周，同其進退，即下文「同軌」；人主有所問，彼輩應對如出一口，即下文「一辭」。舊注非。又案：舊注原無「應」字，從趙本增。藏本有「應」字，但誤倒作「問應」。

〔一〇〕奇猷案：廣雅釋詁：「移，轉也。」十過篇云「移其君之計」，與此「移主心」同意。

〔一一〕舊注：姦臣既以金玉内事近習之臣，外又為行非法漸化其主，主既習非，則其位可得而奪也。⊙顧廣圻曰：今本「事」下「比」字作「之」。⊙王先慎從今本改「事」下「比」字為「之」，刪注「姦」上「主」字，曰：注「姦」上「主」字從趙本刪。⊙太田方曰：化，改也。言移主心也。⊙孫子書先生曰：以上文「使惑其主」、下文「使犯其主」證之，「使」下「之」字衍文。⊙梁啟雄曰：以上三「之」字指「優笑侏儒，左右近習」的人。⊙奇猷案：王改是，今從之。凌本與趙本同。孫先生說是。例以上文「為人臣者内事之以金玉，使惑其主」，此不當有「外為之行不法」句，蓋後人所加也。為人臣者内事之以金玉玩好，即所以使優笑侏儒等人化其主，不必更為之行不法。人臣使優笑等人化其主之目的，乃是人臣為自己行不法掩護，非為優笑等行不法而使之化其主也。余前校以「外為之行不法」之「之」猶其也，指人臣自己，而倒「外為之行不法」句於「使之化其主」下，亦不確，蓋涉添足之嫌也。

〔一二〕太田方曰：禮記：「公庶子生，就側室。」左傳注：「側室，支子。」公子，母弟以下非嫡者也。⊙奇猷案：此以側室公子釋父兄，則側室公子者，君之父兄行也。亡徵篇有「君不肖而側室賢」之文，側室可釋為支子，蓋彼文無「父兄」之詞所限故也。太氏不加分別，失之。太引禮記見内則，引左傳注見文十二年。

〔一三〕奇猷案：詩皇矣箋：「度，謀也。」本書存韓篇云「計者，所以定事也」，正是此文「計」字之義。

〔一四〕顧廣圻曰：藏本、今本「事」下無「畢」字。⊙奇猷案：王先慎據顧校刪「事」下「畢」字，是，今從之。迂評本、張榜本、凌本亦無。

〔一五〕舊注：收，謂收攝其心也。謂臣欲收大臣之心，辭言為作聲譽，又更處置，邀共言事於君，其事既成，大臣必益爵禄，用此以勸其心，使之犯忤其主，主犯則君臣有隙，姦臣可以施謀也。⊙洪頤煊曰：案「勸」當作「歡」。孟子梁惠王上「而民歡樂之」，音義：「本亦作勸樂。」勸、歡古字通用。⊙王先慎曰：乾道本注「必」作「心」，依趙本改。處約言事，謂平居約之言事也。注謂「又更處置」，非也。⊙太田方曰：「處約」，未詳。或曰：「越語『約辭行成以喜其民』，注：『約，卑也。』論衡：『秦王居約易以下人。』始皇本紀：『居約易處人下。』此謂卑約易以喜大臣廷吏而收取其心者也。」⊙松皐圓曰：言辭相約，餌以爵禄，未有實敘，故曰辭言處約。説疑篇：「陰相約結以相固也，虛與爵禄以相勸也。」⊙陶鴻慶曰：案「處約言事事成則進爵益禄」十一字當作一句讀，言平居之要約如此。即上文所謂「收大臣廷吏以辭言」也。王解云「處約言事，謂平居約之言事」，失之。⊙奇猷案：收取為已有謂之收，説文訓收為捕也即此義。辭言，謂辭辯之言。辭辯之言有説服力。約，謂約定之言辭。勸，勉也（見説文）。此文謂為人臣者，以辭辯之言，説服大臣廷吏，收取之以為己用，使其處在約定之言辭中與君言事，事成則進爵益禄，以此勸勉大臣廷吏之心，使其干犯君主。義本明白，並無譌誤。諸説皆未得。又案：王改「心」作「必」是，今從之，藏本亦作「必」，藏本「欲收」作「欲取」，「譽」作「舉」，皆誤。

〔一六〕劉師培曰：「從」即「縱」省。冢上亂其心言。⊙奇猷案：從仍當訓順從。此「從其所欲」句義屬下，謂順從君主之所欲，而樹私利于順從君主所欲之中。下文「其於觀樂玩好也，必令之有所出」，是針對防止人臣順從君主所欲，進無令之物以謀取私利而言，是其明證。劉説非。

〔一七〕奇猷案：心為之亂，故是災殃。

〔一八〕奇猷案：民萌即民氓，詳初見秦篇注。

〔一一九〕舊注：臣行其惠，則主澤不下流，故曰塞其主。

〔一二〇〕奇猷案：此指公子尾、公子夏、田常之流言也，事詳外儲説右上篇。勸，力也（見國策宋策高誘注）。勸譽，猶言極力贊譽。「田成氏甚得齊民。其于民也，上之請爵禄行諸大臣，下之私大斗斛區釜以出貸，小斗斛區釜以收之。君重斂，而田成氏厚施」，即此文「為人臣者散公財以説民人，行小惠以取百姓」之例。「秦周之民相與歌之曰：謳乎，其已乎；苞乎，其往歸田成子乎」，即此文「市井勸譽」之例。主道篇云「臣得行義曰壅」，又曰「臣得行義則主失明」，即人臣散公財行小惠取百姓以塞其主之義也。內儲説下篇云「田恒（即田常）相齊，行私惠以取其國，遂殺簡公而奪之政」，是田常成其所欲也。

〔一二一〕舊注：君門隔於九重，賢俊希得與振，故言談論議希也。⊙王先慎曰：平日未聞言談論議，偶有所説，自然易動。注「振」字誤，趙本作「攝」亦非。⊙奇猷案：固猶乃也，詳王氏經傳釋詞。其猶於也，詳吴昌瑩經詞衍釋。「固壅其言談」，猶言乃壅塞於言談。「言談」，指當時流行的稱頌先王、表揚仁義以及從衡之説，五蠹篇言之甚詳，如曰「其談言者務為辯而不周於用，故舉先王言仁義者盈廷」，又曰「言談者為勢於外，故羣臣之言外事者，非有分於從衡之黨，則有仇讐之忠」。他如齊桓公信任管仲，亦是言談者之言談，并詳後注。又案：王説是。舊注非也。注「振」藏本亦作「攝」。案當作「接」。「振」乃「接」之形誤，「攝」為「接」之音誤。

〔一二二〕舊注：謂其言巧便聽者，似若流通而可行。⊙松皐圓曰：説客雄辯，如水流行無停留也。⊙奇猷案：舊注、松説皆非也。書金縢云「武王既喪，管叔及其羣弟乃流言於國」，蔡傳：「流言，無根之言，如水之流，自彼而至此也。」禮儒行：「久不相見，聞流言不信。」荀子致仕篇云「凡流言、流説、流事、流謀、流譽、流愬，不官而衡至者，君子慎之」，楊注：「流者，無根源之謂。」吕氏春秋知度篇云：「其民不好空言虚辭，不好淫學流説。」韓非此文「流行」，即荀、吕所言之流言、流説、流事等等當時極流行的無根源的古事、古言、從横、堅白等空言虚辭。

外儲說右下篇述蘇代說燕王、潘壽說燕王，為說明此文最佳之實例。「蘇代為齊使燕」，蘇代是有名之辯士，而為齊使燕，真正是此文所謂「諸侯之辯士」。子之欲燕王大信，自我難於啟齒，蘇代因與燕王言齊桓公大信鮑叔、管仲，以刺激燕王，燕王遂大信子之，正是此文所言「求諸侯之辯士，以語其私」。蘇代所舉「昔桓公之霸也，內事屬鮑叔，外事屬管仲，桓公被髮而御婦人，日游於市」，潘壽謂燕王曰「人所以謂堯賢者，以其讓天下於許由，許由必不受也」，潘壽見燕王曰「古者禹死，將傳天下於益，啟之人因相與攻益而立啟」，皆是「流行之辭」，亦是「巧文之言」。

〔二三〕舊注：設施綴屬浮虛之辭。⊙太田方曰：山氏曰：「『壞』當作『環』。荀子『朋黨比周以環主圖私為務。』」按：荀子「環」，「營」之誤。營、熒古通用。環之為營，說詳五蠹篇「環私」注。⊙奇猷案：說文：「壞，敗也。敗，毀也。」施屬虛辭以毀敗其主，義本通，不必改字。荀子臣道篇「朋黨比周」以環繞其主，此「施屬虛辭」則不得謂環繞也。五蠹篇之「環」亦環繞之意。太說未可從。迂評本「壞」作「懷」。呂氏春秋音律篇「以懷遠方」，高注「懷，柔也」，即五蠹篇「文王行仁義而懷西戎」之懷。「以懷其主」，猶言以懷柔其主，使之服從於己，亦通。屬者，連續不斷也，詳存韓篇注。詩皇矣「施于孫子」，鄭箋：「施，延也。」虛辭：流行之辭，稱頌先王，表揚仁義，等等不實之辭皆是虛辭。外儲說左上篇兒說「白馬非馬」之說亦是「虛辭」。「施屬虛辭」，謂緜延不斷述說虛而不實之辭。舊注釋「施」為設施，非。「利勢」，猶言有利之形勢。五蠹篇云：「人臣之言衡者皆曰『不事大則遇敵受禍矣』。人臣之言從者皆曰『不救小而伐大則失天下，失天下則國危，國危而主卑』。」即是「示之以利勢，懼之以患害」之例（忠孝篇云「山東之言從橫未嘗一日而止也，然而功名不成，霸王不立者，虛言非所以成治也」，是從橫之說亦是虛辭之類也）。

〔二四〕奇猷案：「威強」，猶今語所謂「勢力」。君主以羣臣百姓而成其勢力，無羣臣百姓則無勢力。揚權篇云：「為主而無臣，奚國之有？」無臣則無勢力，無勢力則不能保國，故曰奚國之有。

〔二五〕奇猷案：五蠹篇云：「其帶劍者，聚徒屬，立節操，以顯其名而犯五官之禁。」呂氏春秋簡選篇云：「殷湯良車七十乘，必死六千人。」帶劍者即帶劍之士，必死即必死之士。並詳後注。

〔二六〕奇猷案：孤憤篇云：「其不可被以罪過者，以私劍而窮之。」顯學篇云：「怨言過於耳，必隨之以劍。」呂氏春秋論威篇云：「冉叔誓必死於田侯，而齊國皆懼；豫讓必死於襄子，而趙氏皆恐；成荆致死於韓主，而周人皆畏。」此皆恐羣臣百姓之舉也。

〔二七〕奇猷案：四方者，四方諸侯也。

〔二八〕顧廣圻曰：藏本、今本「臣」作「人」。⊙奇猷案：王先慎依顧校改「臣」作「人」，是，今從之，迂評本、凌本亦作「人」。

〔二九〕奇猷案：求，要求。誘，誘惑。南面篇云：「人主有誘於事者。人臣易言事者，少索資，以事誣主。主誘而不察，因而多之，則是臣反以事制主也，如是者謂之誘。」可明「誘」字之義。

〔三〇〕顧廣圻曰：「斂」字未詳。⊙王先慎曰：詩桑扈孔疏：「斂者，收攝之名。」為臣者，當强兵壓境，則在内制攝其君以便己私。下文「使之恐懼」，正承震攝而言。⊙章太炎曰：案斂借為檢。釋名釋書契：「檢，禁也，禁閉諸物使不得開露也。」制斂即制禁，猶言禁制也。⊙孫蜀丞先生曰：「斂」當作「歙」，字之誤也。文選思玄賦注：「歙，亦脅也。」制歙，猶言挾持。荀子非十二子篇「歙然聖王之文章具焉」，呂覽不屈篇「門中有歙陷」，高注「歙，讀曰脅」，今本荀子、呂覽正文及注「歙」并誤作「斂」。⊙奇猷案：「斂」字不誤。説文：「斂，收也。」即收束之意，引申之則為約束。如漢書卷六六陳咸傳「皆令閉户自斂，不得踰法」，謂閉户自行約束，即其證。此文制斂猶言制約耳。内儲説下篇云「呂倉，魏王之臣也，而善於秦、荆，微諷秦、荆令之攻魏，因請行和以自重也」，即此文之例。令秦、荆攻魏，是舉兵聚邊境；吕倉請行和以自重，是制約於内也。

〔三一〕王先慎曰：六微篇「公叔因内齊軍於鄭以劫其君，以固其位」，即此義。⊙奇猷案：王引公叔事止説明「舉兵以聚邊境而制斂于内」。爾雅釋詁：「震，懼也。」吕氏春秋應言篇云「魏令孟卬割絳、窃、安邑之地以與秦王，王喜，令起賈為孟卬求司徒於魏王」，即内大使以震其君之例。

〔三二〕俞樾曰：「道」字衍文也。「所以成姦」、「所以壅劫」，兩文相對。讀者見篇首云「凡人臣之所道成姦者有八術」，誤以「道成姦」三字連讀，故妄增入之。不知「所道成姦」即所由成姦也，義與所以同。此既云「所以」，則不得復有「道」字矣。⊙奇猷案：俞説是。

明君之於内也，娱其色而不行其謁，不使私請〔一〕。其於左右也，使其身必責其言，不使益辭〔二〕。其於父兄大臣也，聽其言也必使以罰任於後〔三〕，不令妄舉〔四〕。其於觀樂玩好也，必令之有所出〔五〕，不使擅進不使擅退，群臣虞其意〔六〕。其於德施也，縱禁財，發墳倉〔七〕，利於民者，必出於君，不使人臣私其德〔八〕。其於説議也，稱譽者所善，毁疵者所惡，必實其能，察其過〔九〕，不使羣臣相為語〔一〇〕。其於勇力之士也〔一一〕，軍旅之功無踰賞〔一二〕，邑鬭之勇無赦罪〔一三〕，不使羣臣行私財〔一四〕。其於諸侯之求索也，法則聽之，不法則距之〔一五〕。

〔一〕舊注：所以防初姦之同牀也。

〔二〕舊注：所以防二姦之在旁也。

〔三〕舊注：當則任之，不當則罰之。⊙盧文弨曰：任，謂保任。舊注非。⊙王先慎曰：盧説亦非。「使」字衍文。廣雅釋詁：「任，使也。」聽父兄大臣之言，恐其妄舉，故以罰使於後也。此多一「使」字。⊙奇猷案：盧謂「任，謂保任」是也，王謂「『使』字衍文」亦是也。保任者，猶今語保持。「聽其言也必以罰任於後」，謂聽其言必以刑罰保持在聽其言之後。意謂聽其言必須保有刑罰在後，若發現其言有僞詐，即施之以刑罰也。又案：此句自「聽言」言之，下句「不令妄舉」另一義（詳下）。王以兩句串連，非也。

〔四〕舊注：防三姦之父兄。⊙奇猷案：妄舉者，不依法舉人、舉事也，詳二柄篇注。此句應上「處約言事，事成則進爵益禄」而言，故「不令妄舉」者，不令妄舉事也。

〔五〕舊注：謂知其所從來。⊙王先慎曰：「之」當作「知」，注不誤。⊙陶鴻慶曰：案「之」字不當有，蓋即「令」之誤而衍者。「必令有所出」，謂觀樂玩好之事，必出於君令，故下云「不使擅進」也。舊注云「謂知其所從來」，似其所見本已衍「之」字。王解據注謂正文「之」當作「知」，尤謬。⊙奇猷案：陶以令為「法令」之令，是，但「之」字非衍文。「必令之有所出」，謂法令之中有此條文為根據。陶删「之」字作「必令有所出」，而釋曰「必出于君令」，略去「有」字為解，與文法相違。

〔六〕舊注：防四姦之養殃也。虞，度也。必不令度君意擅有所進退也。⊙王渭曰：「擅退」二字當衍，七字為句。舊注誤。⊙王先慎曰：案當作「不使擅進擅退羣臣虞其意」，今重「不使」二字。注所據本不重「不使」二字，故云「不令度君意擅有所進退」，明以「不使」貫下三項也。張榜本無「擅進不使擅退」六字，是求其説而不得，從而删之，不可從。⊙奇猷案：此當作「不使擅進擅退，不使羣臣虞其意」，今本下「不使」二字倒在「擅退」上耳。虞與娱同。「不使擅進擅退」，謂不使人臣無法令根據擅自進退於盡民力、重賦斂。此所以防四姦之人臣盡民力、重賦斂。「不使羣臣虞其意」，謂不使羣臣美宮室臺池、飾子女狗馬以娛人主之意。此所以防四姦之為人臣者美宮室臺池、飾子女狗馬以娛其主而亂其心。

〔七〕舊注：積粟於倉若墳然。⊙太田方曰：禁財，備非常之財也。史記三王世家：「開禁倉。」漢書賈捐之傳：「大司農錢盡，乃以少府禁錢續之。」張平子東京賦「散禁財」，薛注：「禁，藏也。」⊙劉師培曰：案舊注說迂曲。「墳」即「積」訛。詩大雅「乃積乃倉」是也。管子五行篇「開久墳」，「墳」亦「積」誤。⊙孫蜀丞先生曰：按舊注望文生訓，非也。爾雅釋詁：「墳，大也。」墳倉，大倉也。文選東京賦「發京倉」，薛注：「京，大也。」是墳倉為大倉，固舊誼如此。⊙奇猷案：孫先生說是。漢書高帝紀，蕭何立太倉於長安。名太倉者，亦取其「大」義，與「墳」同。又案：張捐之傳注云「少府錢供天子，故曰禁錢」，是禁財者，人君府庫之財也。

〔八〕舊注：防五姦之民萌也。⊙奇猷案：德，指慶賞。二柄篇云「慶賞之謂德」是也。二柄篇云「田常徒用德而簡公弒」，故不使人臣私其德。

〔九〕舊注：考實其能，察詳其過。⊙陶鴻慶曰：案「善」為「喜」字之誤。言人主不挾私心之喜怒，聽臣下之毀譽也。揚權篇云：「喜之則多事，惡之則生怨，故去喜去惡。」他篇「喜惡」對文，不可悉舉。姦劫弒臣篇「主之所善，臣從而譽之」，「善」亦當作「喜」。⊙奇猷案：陶說非也。此針對上六姦之流行。此所謂「說議」即上之「辯說」。稱譽者，毀疵者，指兩種人。此文之意謂：人主聽諸侯辯士、國中能說者之說議，其稱譽人者所稱善之人，必考實其是否真有能，其毀疵人者所誹惡之人，必詳察其是否真有過。即人主不因稱譽人者所善即任之，不因毀疵人者所惡即罰之，必考實其能然後任，詳察其過然後罰也。陶誤以「善」之主詞為人主，宜其不得其解也。

〔一〇〕舊注：防六姦之流行。⊙奇猷案：「相為語」，猶言相為稱譽。

〔一一〕顧廣圻曰：藏本、今本「其」下有「於」字。⊙王先慎依顧校補「於」字，曰：案有「於」字是也。此與上下文法一律，皆有「於」字，明此脱。⊙奇猷案：王補「於」字，是，今從之，迂評本、凌本、張榜本亦有。勇力之士，即上文帶劍之客、必死之士。帶劍之客、必死之士當然有勇有力，故稱之為勇力之士。詭使篇云：「輕法、不避刑戮死亡之罪者，世謂之勇夫。」

〔一二〕松皋圓曰：「踰」，「偷」字訛。主道篇：「明君無偷賞，無赦罰。」⊙奇猷案：「踰」字不誤。踰，越也。「軍旅之功無踰賞」，猶言軍旅無越功而得賞之事。即南面篇「不踰功而先勞」之意。難一篇載晉文公以舅犯之謀與楚人戰而敗之，歸而行賞，先雍季而後舅犯，韓非評之曰「舅犯有二功而後論，雍季無一焉而先賞」，是軍旅之功，雍季越功而得賞，正可説明此文。雍季踰賞雖出於軍旅謀劃之功，而勇力之士於軍旅戰鬭之功當亦遵行無踰賞之旨也。

〔一三〕舊注：邑鬭勇者，謂恃力與邑人私鬭。⊙奇猷案：此「邑」不是謂邑人，舊注非。呂氏春秋上德篇云：「墨者鉅子孟勝，善荆之陽城君。陽城君令守於國。荆王薨，羣臣攻吴起，兵於喪所，陽城君與焉，荆罪之。陽城君走，荆收其國。孟勝曰：『受人之國，與之有符。今不見符，而力不能禁，不能死，不可。』孟勝死，弟子死之者百八十。」陽城君是封君。國是封邑，説文「邑，國也」是其義。守者，敵人侵則與之鬭也。是邑鬭者，為封君之封邑而鬭也，即此文「邑鬭」之義。此一事件，雖孟勝及其弟子因「力不能禁」而未與官兵鬭，但皆自刎而死，亦可稱必死之士也。是孟勝及其弟子百八十人為陽城君所養必死之士（上文云「人臣者，養必死之士」），亦是此文所言「邑鬭之勇者」。戰國時有養必死士之風尚，受養之必死士名之曰「事人者」。呂氏春秋離謂篇曰「齊有事人者，所事有難而弗死也」，又觀世篇曰「受人之養而不死其難則不義」，即其例也。但此類必死之士，只是受養，所事者有難必死之，不定參與所事者有難時之鬭爭。如吕氏春秋恃君篇云：「柱厲叔事莒敖公，自以為不知而去居海上。莒敖公有難，柱厲叔辭其友而往死之。」可知柱厲叔未參與莒敖公有難時之鬭爭也。邑鬭是私鬭。法家反對私鬬。史記商君傳「有軍功者各以率受上賞，為私鬬者各以輕重被刑」，本書五蠹篇云「明主之國，無私劍之捍，以斬首為勇，為勇者盡之於軍」，故此文云「邑鬬之勇無赦罪」。

〔一四〕舊注：防七姦之威强也。不使行私財於勇士。⊙王先慎曰：「財」字衍文。「不使羣臣行私」，即上文「人臣彰威以恐其羣臣百姓而行其私」也。注依誤文釋之，亦非。⊙奇猷案：王以「財」字衍，是也。但「私」上當有「其」字，上文云「以恐其群臣百姓而行其私」，有「其」字可證。

〔一五〕舊注：防八姦之四方。

所謂亡君者〔一〕，非莫有其國也，而有之者，皆非己有也〔二〕。令臣以外為制於内，則是君人者亡也〔三〕。聽大國為救亡也，而亡亟於不聽〔四〕，故不聽〔五〕。羣臣知不聽〔六〕，則不外諸侯〔七〕。諸侯之不聽，則不受之臣誣其君矣〔八〕。

〔一〕顧廣圻曰：當連前，誤提行。自此至卷末同。⊙奇猷案：顧説非也。自「明君之於内也」至「不法則距之」，依次扼要論述防止八姦之道，當自為一段。此「所謂亡君者」至下「臣誣其君矣」乃更論防第八姦四方之道，當自為段落。下文自「明主之為官職爵禄也」至末又綜論防姦之各種措施，亦當另段。王先慎從張榜本連上，非是。

〔二〕舊注：亡君雖有國，非己有之，令臣執制而有之。⊙奇猷案：韓非以國家大權不在君主之手為亡國、亡君，詳有度篇注。

〔三〕舊注：臣自外制内，而君不擅舉手，如此者君必亡也。⊙盧文弨曰：「為」張本作「而」。⊙奇猷案：為，猶而也。史記信陵君傳「乃裝為去」，為猶而也可證。又案：注「手」字誤，未詳所當作。

〔四〕舊注：聽大國則誅求無厭。每事皆聽，其傾國猶不足。有所不從，則有辭而見伐。故聽從之，亡急於不聽也。⊙盧文弨曰：注「傾」上「其」字當作「則」。⊙奇猷案：「聽大國為救亡」，指連衡言也。五蠹篇云：「人臣之言衡者，皆曰『不事大則遇敵受禍矣』。事大未必有實，則舉圖而委，效璽而請兵矣。獻圖則地削，效璽則名卑。地削則國削，名卑則政亂矣。事大為衡未見其利也，而亡地亂政矣。」是此文的解。聽大國為救亡未見其實，先獻圖效璽，亡地亂政，故曰亡亟於不聽。又案：盧說是。

〔五〕顧廣圻曰：句絶。

〔六〕顧廣圻曰：藏本、今本重「羣臣」，誤。凡此言「不聽」，皆是不聽大國，與上文云「大國之所索，小國必聽」相對。舊注全誤。

〔七〕舊注：臣之外交，以君之聽己，欲有所搆結。今君既不聽，則交之外心息矣。⊙盧文弨曰：「外」下脱「市」字，一本有。⊙王先慎曰：「外」下脱「交」字。注云「臣之外交」，是注所據本有「交」字。⊙松臯圓於「外」下增「市」字，曰：外交取利，故曰外市。⊙劉文典曰：注「則交之外心息矣」，疑當作「則外交之心息矣」。⊙奇猷案：迂評本、凌本「外」下有「市」字。此以王説增「交」字義長，舊注云「外交」可證。「外交諸侯」，亦有度篇「忘主外交」之意。劉説是。

〔八〕舊注：諸侯知我不聽用其臣，不受彼臣之浮言以罔誣其君也。⊙王渭曰：「之不聽」當作「知不聽」。⊙顧廣圻曰：今本「之臣」作「臣之」。⊙王先慎改從今本，曰：王説是，注未譌。⊙奇猷案：王渭説是。但此文仍有誤，今本改「之臣」為「臣之」亦未得。蓋諸侯不受者為外交，非不受臣之誣其君。敵國之臣誣其君，諸侯以耳聽之，無所謂受或不受，故「臣之誣其君」與「不受」之義不相干。此文當作「諸侯知不聽，則不受之。諸侯不受之，則臣不誣其君矣」，今脱去「諸侯不受之則」六字。兩「之」字皆是指羣臣之外交。謂諸侯知其君不聽「大國救亡」之說，則不受臣之外交；諸侯不受臣之外交，則臣不執「大國救亡」之說以詐欺其君矣。文義相承，上下相應，今本脱誤，遂不成義。迂評本、凌本與趙本同，蓋襲趙本之誤。松皋圓改「之臣」為「臣之」，誤與王先慎同。舊注從誤文為解，則原文脱誤久矣。

明主之為官職爵禄也〔一〕，所以進賢材勸有功也〔二〕。故曰：賢材者，處厚禄任大官；功大者，有尊爵受重賞。官賢者量其能，賦禄者稱其功〔三〕。是以賢者不誣能以事其主，有功者樂進其業，故事成功立〔四〕。今則不然，不課賢不肖，論有功勞〔五〕，用諸侯之重〔六〕，聽左右之謁〔七〕，父兄大臣上請爵禄於上，而下賣之以收財利及以樹私黨〔八〕。故財利多者買官以為貴，有左右之交者請謁以成重〔九〕。功勞之臣不論〔一〇〕，官職之遷失謬〔一一〕。是以吏偷官而外交〔一二〕，棄事而財親〔一三〕。是以賢者懈怠而不勸，有功者隳而簡其業，此亡國之風也〔一四〕。

〔一〕奇猷案：王先慎集解依顧説（見上注）連上。案此下是綜合論説防姦之各種措施，不當連上，今仍從舊本分段。

〔二〕奇猷案：難二篇云「官職所以任賢也，爵禄所以賞功也」，六反篇云「明主之治國也，厚其爵禄以盡賢能」，人主篇云「明主者，推功而爵禄，稱能而官事」，皆可明此文之義。説文：「勸，勉也。」

〔三〕奇猷案：外儲説左上篇經云「明主之道，如叔向賦獵」，説云：「叔向賦獵，功多者受多，功少者受少。」賦，授也，見國語晉語注。

〔四〕奇猷案：外儲説左下篇云：「上不過任，臣不誣能。」誣者，詐欺也。誣能者，無能而詐稱有能以欺人也。外儲説左下篇述少室周薦中牟徐子以自代，即此文「賢者不誣能以事其主」之例。有功，謂有成效、有貢獻。進，增進，謂更進一步，猶今語「更加努力」。業，謂專業之工作，解老篇「工人數變業則失其功」之「業」字即此義可證。用人篇云「君高枕而臣樂業」，樂業者，樂於其專業之工作也。此文「有功者樂進其業」，謂在專業工作上既已作出貢獻的人將樂於更加努力作其專業之工作。

〔五〕王先愼曰：「論」上當有「不」字。⊙奇猷案：王説是。松皐圓依山氏補「不」字。説文：「課，試也。」試者，所以辨别優劣也，故課有辨别之義。問田篇「試於毛伯」，謂試用於毛伯以辨别其優劣，亦即辨别其優劣於毛伯之職，可明此義。説文：「論，議也。」謂評議。

〔六〕舊注：諸侯以勢位之重也，有所委屬，而君用之。⊙王先愼曰：諸侯所重，君遂用之。舊注非。⊙奇猷案：王説是。此如魏臣孟卬以秦王之重求為魏之司徒，即其例，詳上注。

〔七〕顧廣圻曰：乾道本誤自「聽左右之謁」提行。⊙奇猷案：王登謁中章、胥己於趙襄主（詳外儲説左上篇），即其例也。

〔八〕奇猷案：飾邪篇云：「釋法禁而聽請謁，羣臣賣官於上，取賞（同償）於下，是以利在私家，而威在羣臣。」與此文可互明。

〔九〕奇猷案：五蠹篇云：「今世近習之請行，則官爵可買；官爵可買，則商工不卑也矣。」

〔一〇〕王先愼曰：謂不考其功勞也。

〔一一〕奇猷案：詭使篇云「陳善田利宅所以戰士卒也，而斷頭裂腹播骨乎平原野者，無宅容身，身死田奪；而女妹有色、大臣左右無功者，擇宅而受，擇田而食。賞利一從上出，所以擅剬下也，而戰介之士不得職，而閒居之士尊顯」，即「功勞之臣不論，官職之遷失謬」之一例。

〔一二〕奇猷案：偷，苟且也。官猶職也，詳二柄篇注。此謂官吏苟且從事其職掌而務為外交。

〔一三〕劉師培曰：案「財親」當作「親財」，與「棄事」對文。⊙高亨曰：「財親」當作「親財」。親財猶好貨。⊙奇猷案：劉、高説非也。「親財」無義。蓋為吏者棄其事而收財、斂財或貪財皆可言，何取於親財？但親無收、斂、貪訓，亦未有好訓，於訓詁亦不通。案：財與裁通。易泰「后以財成天地之道」，釋文「荀『財』作『裁』」，又繫辭上「化而裁之」，釋文「『裁』，本作『財』」，是財、裁通之證。説文：「裁，製衣也。」是裁有製造之義。左傳僖五年「輕則失親」，杜注：「親，黨援也。」「財親」者，製造黨援之意，與「外交」對文。此所謂「財親」「外交」，即亡徵篇「内黨外援」耳。

〔一四〕舊注：隳，毀也。或本為「墮」也。⊙王先慎曰：注末「也」字，趙本無。⊙太田方曰：隳、墮二字並與惰通。⊙奇猷案：段玉裁説文解字注「陊」下云：「小篆『陊』作『墒』，隸變作『墮』，俗作『隳』。用墮為崩落之義，用隳為傾壞之義，習非成是，積習難返也。」是墮、隳為正俗字。説文：「勸，勉也。」業，謂專業工作，詳上注。

卷三

十過第十

十過：一曰、行小忠則大忠之賊也〔一〕。二曰、顧小利則大利之殘也〔二〕。三曰、行僻自用，無禮諸侯，則亡身之至也〔三〕。四曰、不務聽治而好五音，則窮身之事也〔四〕。五曰、貪愎喜利，則滅國殺身之本也〔五〕。六曰、耽於女樂，不顧國政，則亡國之禍也。七曰、離內遠遊而忽於諫士，則危身之道也〔六〕。八曰、過而不聽於忠臣，而獨行其意，則滅高名為人笑之始也。九曰、內不量力，外恃諸侯，則削國之患也〔七〕。十曰、國小無禮，不用諫臣，則絕世之勢也〔八〕。

〔一〕奇猷案：賊，害也。晏子問下「管仲，君之賊也」，賊與此義同。

〔二〕奇猷案：殘亦害也。說苑談叢：「小忠大忠之賊也，小利大利之殘也。」呂氏春秋權勳篇注：「殘，害也。」

〔三〕陶鴻慶曰：案「至」疑「主」字之誤。莊子養生主音義云「養生以此為主也」，此文義與彼同。⊙奇猷案：「至」字不誤，下文仍作「至」。呂氏春秋權勳篇注：「至，猶成也」。松皐圓訓至為極，亦非。

〔四〕王先慎曰：「音」下下文有「不已」二字。

〔五〕王先慎曰：「喜」，下文作「好」。⊙奇猷案：荀子榮辱篇「勇而不見憚者貪也」，楊注：「貪利則委曲求也，故雖勇而不見憚。」左僖十五年傳杜注：「愎，戾也。」荀子榮辱篇「猛貪而戾」，楊注：「戾，乖背也。」

〔六〕王先慎曰：羣書治要引無「而」字。

〔七〕王先慎曰：「削國」，下文作「國削」。⊙奇猷案：當從下文作「國削」。

〔八〕太田方曰：荀子彊國篇注：「世，謂繼也。」周禮注：「父死子立曰世。」書呂刑：「苗民無辭於罰，乃絶厥世。」

奚謂小忠？昔者楚共王與晉厲公戰於鄢陵〔一〕，楚師敗，而共王傷其目〔二〕。酣戰之時，司馬子反渴而求飲，豎穀陽操觴酒而進之〔三〕。子反曰：「嘻，退！酒也。」穀陽曰：「非酒也。」子反受而飲之〔四〕。子反之為人也，嗜酒，而甘之，弗能絶於口，而醉。戰既罷，共王欲復戰〔五〕，令人召司馬子反，司馬子反辭以心疾。共王駕而自往，入其幄中，聞酒臭而還，曰：「今日之戰，不穀親傷〔六〕。所恃者司馬也，而司馬又醉如此，是亡楚國之社稷而不恤吾衆也〔七〕。不穀無復戰矣〔八〕。」於是還師而去，斬司馬子反以為大戮。故豎穀陽之進酒不以讎子反也〔九〕，其心忠愛之而適足以殺之。故曰：行小忠則大忠之賊也。

〔一〕奇猷案：左成十六年傳、本書飾邪篇、吕氏春秋權勳篇、淮南人間訓、史記晉楚世家、説苑敬慎篇皆載此事。飾邪篇、淮南、説苑共王作恭王，吕氏春秋作龔王，字同。

〔二〕松皋圓曰：魏錡射王中其左目。

〔三〕盧文弨曰：穀陽，吕氏權勳篇、淮南人間訓俱作陽穀。⊙顧廣圻曰：左傳作穀陽。⊙王先慎曰：北堂書鈔一百四十四、御覽三百八十九、四百九十七引作穀陽豎。⊙松皋圓曰：豎、竪同。楚語注：「穀陽，子反之内竪也。」⊙太田方曰：周禮内豎注：「豎，未冠者之官名。」國語吴語「觴酒豆肉」，注：「觴，爵名。」吕覽作「黍酒」。⊙奇猷案：説苑敬慎篇、漢書古今人表作「穀陽」，與此同。「觴酒」，飾邪篇作「卮酒」。

〔四〕顧廣圻曰：藏本「嘻退酒也」下有「穀陽曰非酒也」，今本「穀」上又有「豎」字。按本書飾邪篇有此句而無「酒」字。⊙王先慎曰：吕氏春秋有「豎穀陽曰非酒也」七字，此脱。御覽三百八十九引作「豎曰非也」四字。説苑敬慎篇「子反曰退酒也穀陽曰非酒也」下有「子反又曰退酒也穀陽又曰非酒也」二句。⊙奇猷案：無「穀陽曰非酒也」六字則文義不足，今據藏本補。

〔五〕王先慎曰：飾邪篇此下有「而謀事」三字，此脱。

〔六〕松皋圓曰：高誘曰：「不穀，不禄也，人君謙以自稱也。」

〔七〕顧廣圻曰：「亡」，當作「忘」，飾邪篇同。藏本無「不」下「言」字，今本「言」作「恤」。⊙王先慎曰：作「恤」是。説苑作「是亡吾國而不恤吾衆也」。⊙劉師培曰：案「言」係「率」訛。淮南人間訓作「是亡楚國之社稷而不率吾衆也」。⊙劉文典曰：顧校是，吕氏春秋「亡」正作「忘」。⊙奇猷案：亡與忘通，本書多以亡為忘，難三篇「此亡王之俗」，以亡為忘是其例。「言」當作「恤」，吕氏春秋權勳篇正作「恤」，今據改。恤，愛惜也。淮南人間訓「恤」作「率」者聲之誤也，詳王念孫讀書雜志淮南子校。

〔八〕盧文弨曰：「無」下脱「與」字，藏本有，吕氏、淮南皆有，後飾邪篇亦有。⊙王先慎曰：上文「共王欲復戰，召子反而謀」，是欲與子反謀復戰也，不當少「與」字。説苑「與」作「以」，義同。⊙奇猷案：今藏本亦無「與」字。又案：無，猶不也。無復戰矣，猶言不復戰矣，故下文云「還師」，無「與」字亦通。

〔九〕奇猷案：不，猶非也，詳王氏經傳釋詞。

奚謂顧小利？昔者晉獻公欲假道於虞以伐虢〔一〕。荀息曰：「君其以垂棘之璧與屈産之乘〔二〕，賂虞公，求假道焉，必假我道。」君曰：「垂棘之璧，吾先君之寶也；屈産之乘，寡人之駿馬也〔三〕。若受吾幣不假之道，將奈何〔四〕？」荀息曰：「彼不假我道，必不敢受我幣。若受我幣而假我道，則是寶猶取之内府而藏之外府也，馬猶取之内廐而著之外廐也〔五〕。君勿憂。」君曰：「諾。」乃使荀息以垂棘之璧與屈産之乘賂虞公而求假道焉。虞公貪利其璧與馬而欲許之〔六〕。宫之奇諫曰：「不可許。夫虞之有虢也，如車之有輔，輔依車，車亦依輔，虞、虢之勢正是也〔七〕。若假之道，則虢朝亡而虞夕從之矣。不可。願勿許。」虞公弗聽，遂假之道。荀息伐虢之，還反處三年，興兵伐虞，又剋之〔八〕。荀息牽馬操璧而報獻公，獻公説曰：「璧則猶是也。雖然，馬齒亦益長矣〔九〕。」故虞公之兵殆而地削者何也？愛小利而不慮其害〔一〇〕。故曰：顧小利則大利之殘也。

〔一〕太田方曰：虞，太王之子，虞仲之後也。虢，王季之子，虢叔之後也。⊙奇猷案：左僖二年及五年傳、呂氏春秋權勳篇、淮南子人間訓、史記晉世家、新序善謀篇、國策秦策皆載此事。新語資質篇「昔宮之奇為虞公畫計，欲辭晉獻璧馬之賂而不假之夏陽之道」，新序亦曰「虞有夏陽之阻塞」，是假者為夏陽之道也。

〔二〕桂馥曰：案屈産者，馬之産屈地者也。左傳杜注云：「屈地生良馬。」服虔亦以「屈」為地名，産為産生，惟何休謂屈産之地出名馬。⊙太田方曰：荀息，晉大夫荀叔也。左傳杜注：「屈地生良馬，垂棘出美玉，故以為名。」⊙奇猷案：內儲説下璧馬外尚有女樂二八。

〔三〕陶紹曾曰：「馬」字疑衍，駿、寶對文，呂覽權勳篇無。

〔四〕奇猷案：「之道」當作「吾道」，呂氏春秋作「若受吾幣而不假吾道」，新序作「彼受吾璧不借吾道」皆可證。傅佛崖謂之猶彼也，非。

〔五〕奇猷案：著，猶貯也，詳外儲説右上。

〔六〕奇猷案：「利」字疑衍。呂氏春秋作「濫於寶與馬」，高注：「濫，貪也。」

〔七〕奇猷案：「正」字當衍，呂氏春秋無。蓋「是」或作是，壞為正，校者又以別本增入「是」字耳。

〔八〕顧廣圻曰：藏本同，今本「之還」作「而還」，誤。「反」字當在「興」字上，讀下屬。公羊傳云「還四年反取虞」，何休注：「還，復往，故言反。」此出於彼也。四年者，并伐虢之年數之。穀梁傳云五年，不合。本書喻老篇云「還反滅虞」亦可證。⊙俞樾曰：「伐虢」下脱「克」字，下云「又克之」正承此而言。呂氏春秋權勳篇「荀息伐虢克之，還反伐虞又克之」，是其證。⊙王先慎曰：淮南人間訓與呂同。此「之」上脱「克」字。趙用賢本改「之」為「而」，屬下為句，非是。「反」字當依顧移「興」字上，與呂覽、淮南合。⊙奇猷案：顧、俞二説均是也。「伐虢」下有「克」字始與下文「又剋之」語意相應。秦策「晉獻公因而伐郭（郭即虢聲近通用）破之」，破即克也可證。「反」字當在「興」

字上，是。新序善謀篇：「旋歸四年反取虞。」

〔九〕王先謙曰：穀梁傳作荀息語。

〔一〇〕盧文弨曰：「慮」，藏本作「虞」。⊙奇猷案：「虞」字誤。

奚謂行僻？昔者楚靈王為申之會〔一〕，宋太子後至，執而囚之，狎徐君〔二〕，拘齊慶封。中射士諫曰〔三〕：「合諸侯不可無禮，此存亡之機也。昔者桀為有戎之會，而有緡叛之；紂為黎丘之蒐，而戎、狄叛之〔四〕；由無禮也。君其圖之。」君不聽〔五〕，遂行其意。居未期年〔六〕，靈王南遊，羣臣從而劫之。靈王餓而死乾溪之上。故曰：行僻自用，無禮諸侯，則亡身之至也。

〔一〕盧文弨曰：「之命」，「命」字譌，當作「會」。⊙奇猷案：事在左昭四年及十三年傳。又案：「命」字無義，王先慎依盧校改，是，迂評本、凌本作「會」，今據改。「命」即「會」之壞字。左昭四年經「楚子、蔡侯、宋世子、徐子等會於申」，杜注「楚靈王始會諸侯」，可證。

〔二〕舊注：輕侮之也。

〔三〕舊注：中射士，官有上中下。⊙顧廣圻曰：本書説林上、下篇皆有中射之士。「射」他書又作「謝」，吕氏春秋去宥篇云「中謝，細人也」，史記張儀列傳索隱云「蓋侍御之官」。此與左昭四年傳言「椒舉」不同。⊙孫詒讓曰：吕覽高注云：「中謝，官名也。」謝與射通，字當以「射」為正，蓋即周禮夏官之射人也（楚策亦有中射之士，鮑彪注云

「射人之在中者」。鮑不引周禮，則似謂能射之人在中者，與余説不同）。中射者，射人之給事宮内者，猶涓人之在内者謂之中涓，庶子之在内者謂之中庶子矣。周禮射人與大僕並掌朝位，又大喪與僕人遷尸。禮記檀弓云「扶君，卜人師扶右，射人師扶左」，鄭注云：「卜當為僕，聲之誤也。」僕人、射人皆平生時贊正君服位者，是射人與僕人為官聯，故後世合二官為侍御近臣之名曰僕射。史記韓信傳「連敖」，集解如淳云「楚有連尹、莫敖，其後合為一官」，亦合二官為名之證。漢書百官公卿表云「僕射，秦官。古者重武，官有主射以督課之」，此義尚與古合。李涪刊誤引孔衍則云「僕射，小官，扶掖左右者也」，此因後世「僕射」字音夜而為之説，不足據也。⊙王先慎曰：孫説是。舊注謂「官有上中下」誤。

〔四〕舊注：有戎、有緡，皆國名。⊙盧文弨曰：戎，左昭四年傳作仍。黎丘，史記楚世家作黎山，左但云黎。戎、狄，左傳、史記俱作東夷。⊙顧廣圻曰：「蒐」下當從左傳、史記補「而東夷叛之，幽王為太室之盟」二句，此上下兩事各脱其半也。⊙奇猷案：顧説是。難四篇云「嶓山之女」，則嶓為山名，又以山名為國號也。

〔五〕王先慎曰：下「君」字涉上文而誤衍。

〔六〕盧文弨曰：靈王死乾谿，在昭十三年。⊙顧廣圻曰：句有誤，左傳云「不過十年」。

奚謂好音？昔者衛靈公將之晉〔一〕，至濮水之上〔二〕，稅車而放馬〔三〕，設舍以宿。夜分，而聞鼓新聲者而説之〔四〕。使人問左右，盡報弗聞。乃召師涓而告之〔五〕，曰：「有鼓新聲者，使人問左右，盡報弗聞。其狀似鬼神。子為我聽而寫之〔六〕。」師涓曰：「諾。」因靜坐撫琴而寫之〔七〕。師涓明日報曰：「臣得之矣，而未習也，請復一宿習之。」靈公曰：「諾。」因復留宿。明日，而習之〔八〕，遂去之晉。晉平公觴之於施夷之臺〔九〕。酒酣，靈公起，公曰〔一〇〕：「有新聲，願請以示。」平公曰：「善。」乃召師涓，令坐師曠之旁，援琴鼓之〔一一〕。未終，師曠撫止之〔一二〕，曰：「此亡國之聲，不可遂也〔一三〕。」平公曰：「此道奚出〔一四〕？」師曠曰：「此師延之所作，與紂為靡靡之樂也〔一五〕。及武王伐紂，師延東走，至於濮水而自投。故聞此聲者必於濮水之上。先聞此聲者，其國必削，不可遂。」平公曰：「寡人所好者音也〔一六〕，子其使遂之。」師涓鼓究之〔一七〕。平公問師曠曰〔一八〕：「此所謂何聲也？」師曠曰：「此所謂清商也。」公曰：「清商固最悲乎？」師曠曰：「不如清徵。」公曰：「清徵可得而聞乎？」師曠曰：「不可，古之聽清徵者皆有德義之君也〔一九〕。今吾君德薄，不足以聽。」平公曰：「寡人之所好者音也，願試聽之〔二〇〕。」師曠不得已〔二一〕，援琴而鼓。一奏之，有玄鶴二八〔二二〕，道南方來〔二三〕，集於郎門之垝〔二四〕。再奏之而列〔二五〕。三奏之，延頸而鳴，舒翼而舞〔二六〕。音中宫商之聲，聲聞於天。平公大説，坐者皆喜。平公提觴而起為師曠壽，反坐而問曰〔二七〕：「音莫悲於清徵乎？」師曠曰：「不如清角〔二八〕。」平公曰：「清角可得而聞乎？」師曠曰：「不可。昔者黄帝合鬼神於泰山之上〔二九〕，駕象車而六蛟龍〔三〇〕，畢方並鎋〔三一〕，蚩尤居前，風伯進掃〔三二〕，雨師灑道〔三三〕，虎狼在前，鬼神在後，騰蛇伏地〔三四〕，鳳皇覆上〔三五〕，大合鬼神，作為清角。今主君德薄〔三六〕，不足聽之〔三七〕。聽之將恐有敗。」平公曰：「寡人老矣，所好者音也，願遂聽之。」師曠不得已而鼓之。一奏之，有玄雲從西北方起〔三八〕；再奏之，大風至，大雨隨之，裂帷幕，破俎豆，墮廊瓦〔三九〕。坐者散走。平公恐懼，伏於廊室之間〔四〇〕。晉國大旱，赤地三年〔四一〕。平公之身遂癃病〔四二〕。故曰：不務聽治，而好五音不已〔四三〕，則窮身之事也。

〔一〕奇猷案：事又載論衡紀妖篇。淮南泰族訓亦略述其事。

〔二〕太田方曰：濮水，陳地。説文：「水出東郡濮陽，南入鉅野。」

〔三〕奇猷案：爾雅釋詁：「稅，舍也。」

〔四〕奇猷案：夜分，猶言夜半也。後漢書清河孝王傳：「每朝謁陵廟，常夜分嚴裝衣冠待明。」

〔五〕松皐圓曰：殷紀「紂使師涓作新淫聲」，以師涓為紂臣，誤。

〔六〕顧炎武曰：今人以書為寫，蓋以此本傳於彼本猶之以此器傳於彼器也。説文：「謄，移書也。」徐氏曰：「謂移寫之也。」（日知録卷三十二）⊙王先慎「為」下補「我」字，曰：各本無「我」字，史記樂書、論衡紀妖篇、御覽五百七十九引有「我」字。⊙奇猷案：文選王正長雜詩注引亦有「我」字，今據補。

〔七〕王先慎曰：初學記十五引「琴」作「瑟」。

〔八〕奇猷案：「而習之」，當作「已習之」，論衡紀妖篇作「已」可證。

〔九〕盧文弨曰：似即左傳所云：「虒祁之宮。」⊙顧廣圻曰：史記「夷」作「惠」，正義曰：「一本虒祁之堂。」⊙王先慎曰：御覽引此作「虒祁之臺」，事類賦十一引「虒祁」二字倒。⊙太田方曰：劉歆遂初賦：「過下虒而歎息兮，悲平公之作臺。」水經注：「斷梁城即上虒亭。」是虒有上下，猶屈有南北也。施夷、虒祁聲音相近，因轉訛耳。周禮釋文：「虒音夷。」⊙奇猷案：施夷即虒祁一聲之轉。左昭八年傳「晉侯方築虒祁之宮」，杜預注：「虒祁，地名也，在絳州西四十里，臨汾水也。」春秋大事表七之三：「今平陽府曲沃縣西四十九里有虒祁宮址，地連絳州之聞喜縣界。」

〔一〇〕王念孫曰：舊本「曰」上衍「公」字，今據論衡刪。⊙顧廣圻曰：「起」下有脱字。⊙王先慎曰：史記無「起公」二字。彼刪「起」字，此衍「公」字，惟論衡不誤。顧氏不知「公」字衍文，故疑有脱字。今依王刪。⊙奇猷案：顧説是。「起」下當脱「為平公壽」四字。此古人會飲欲進言時必先為壽，下文「平公提觴而起為師曠壽」即其例。

〔一一〕王先慎曰：趙本「鼓」作「撫」。案「撫」字涉下而誤，史記、論衡均作「鼓」，御覽、藝文類聚四十一引此亦作「鼓」。

〔一二〕王先慎曰：史記、論衡「止」上有「而」字。

〔一三〕王先謙曰：遂，竟也。謂終曲。

〔一四〕王念孫曰：「此道奚出」，本作「此奚道出」。道者，由也。言此聲何由出也。史記樂書作「是何道出」（舊本脱「是」字，今據御覽地部所引補），論衡作「此何道出」，皆其明證矣。孤憤篇「法術之士奚道得進」，晏子春秋雜篇「景公問魯昭公曰：君何年之少而棄國之蚤，奚道至於此乎」，吕氏春秋有度篇「客問季子曰：若雖知之，奚道知其不為私」，史記趙世家「簡子曰：此其母賤翟婢也，奚道貴哉」，義並與此同。今作「此道奚出」者，後人不知道字之義而妄改之耳。⊙奇猷案：左傳襄二十一年「吾未知吾道」，杜注：「道，猶法術。」吴語「道將不行」，韋注：「道，術也。」本書道字多用為術義，如主道篇之「主道」即謂主術。此道奚出，猶言此新聲之術何出。文義可通，不必改也。

〔一五〕奇猷案：王氏經傳釋詞：「與，猶為也。」晉語注、水經注「與紂」皆作「為紂」。

〔一六〕盧文弨曰：「也」字藏本無。

〔一七〕物双松曰：究，謂終其曲。

〔一八〕顧廣圻曰：今本「涓」作「曠」。⊙王先慎改「涓」為「曠」，曰：案上下文均作「曠」，藝文類聚九十引正作「曠」。⊙奇猷案：作「曠」是，今據改。

〔一九〕王先慎曰：藝文類聚引「聽」上有「得」字。⊙孫子書先生曰：有「得」字是，論衡紀妖篇亦有「得」字。

〔二〇〕盧文弨曰：「試」，黄本作「示」。⊙王先慎曰：藝文類聚、御覽引並同黄本「試」作「示」，誤。又藝文類聚九十、御覽九百一十六引作「得試之乎」，亦非原文。

〔二一〕奇猷案：藏本「已」作「曰」，誤。

〔二二〕王先慎曰：事類賦十一引脱「八」字，藝文類聚與此同。

〔二三〕舊注：道，從也。

〔二四〕舊注：棟，端也。⊙盧文弨曰：郎、廊同。垝與禮記喪大記「中屋履危」之危同。⊙顧廣圻曰：「垝」，他書又作「危」。⊙王先慎曰：藝文類聚九十作「道南方來，集於郭門之扈」，事類賦引「道」作「自」，「郎」作「郭」，「垝」作「邑」，御覽五百七十九引「垝」作「邑」，又九百一十六引作「廟門之扈」，論衡作「郭門之上危」。案「郭」為「郎」之誤，「廟」為「廊」之誤，「邑」「扈」並「危」之誤。本書作「垝」，疑本是「上危」二字，校者誤改併為一字。史記魏世家：「痤因上屋騎危。」危在上，故曰上危，即後世所謂屋山，俗稱屋脊。⊙奇猷案：王說非也。禮喪大記注：「危，棟上也。」若作「上危」則義複矣。垝、危字通，論衡感虚篇仍作「廊門之危」。廊、郎通，紀妖篇誤「垝」為「上危」二字耳。舊注以棟端釋垝，與喪大記注合。

〔二五〕盧文弨曰：「而」下風俗通聲音篇有「成」字。⊙王先慎曰：御覽九百十六引作「再奏成行而列」。五百七十九引作「成列」，無「而」字。藝文類聚引作「再奏而列」。

〔二六〕太田方曰：文選注引作「攄翼」。廣雅釋詁：「攄，張也。」⊙奇猷案：引文選注見顔延年三月三日曲水詩序。廣雅釋詁「攄，張舒也」，則攄、舒同義。

〔二七〕盧文弨曰：「坐」字脱，藏本、凌本皆有。⊙顧廣圻曰：有「坐」字是也，史記有。⊙王先慎曰：論衡亦有。⊙奇猷案：有「坐」字是，今據增，迂評本亦有。

〔二八〕奇猷案：文選張平子南都賦注引許慎淮南子注曰：「清角弦急，其聲清也。」

〔二九〕盧文弨曰：「黄」，藏本、張本作「皇」，文選赭白馬賦注引亦作「皇」，古通用。⊙王先慎「泰」上補「西」字，曰：舊本無「西」字，論衡、藝文類聚、御覽七十九、又九百一十五、又九百三十三引「泰山」上有「西」字，今據補。又御覽五百七十九及事類賦引作「西山」，無「泰」字，脱也。有小泰山稱東泰山，故泰山為西泰山，淺人妄删「西」字耳。⊙奇猷案：文選上林賦注引仍作「黄」。又案：此事本為虚構，不必指定為東或西泰山。墨子亦云「黄帝合鬼神於泰山，駕象車，六蛟龍」，亦未指明為西泰山。論衡自作西泰山，此不必同。文選應休璉與從弟君苗君胄書、白馬賦注引仍作泰山，無「西」字。王説非。

〔三〇〕王先慎曰：論衡、事類賦並無「而」字。⊙奇猷案：文選上林賦「乘鏤象」，張揖注：「鏤象，象路也，以象牙鏤其車輅。」荀子哀公篇「綂而乘路者」，楊注：「路，王者之車，亦車之通名。」文選七發「六駕交龍」，李善注：「以蛟龍若馬而駕之，其數六也。」易乾卦「時乘六龍以御天」，疏：「六龍，即六位之龍也。」

〔三一〕「畢方」舊注：神名也。⊙太田方曰：淮南氾論訓「木生畢方」，注：「畢方，木之精也。」⊙奇猷案：文選東京賦薛注「畢方，父老神也」，與淮南注異。「鍺」舊注：蒲末切。⊙王先慎曰：論衡「鍺」作「轄」。⊙松皐圓曰：齊策注：「鍺，車軸專鍵也。」羽獵賦「蚩尤並轂」，注引此文作「並轂」。⊙奇猷案：鍺、轄通。

〔三二〕顧廣圻曰：「進」當作「迅」。⊙王先慎曰：論衡、御覽引并作「進」，無作「迅」者，顧説非。事類賦引作「清途」，疑後人改之，非韓子原文也。⊙奇猷案：埽即除垢之意。淮南原道訓：「使風伯埽塵。」應各從本書。風俗通祀典：「風師者，箕星也。箕主簸揚，能致風氣。易，巽為長女也。長者伯，故曰風伯。」淮南子原道訓注亦曰：「風伯，箕星也。」

〔三三〕奇猷案：風俗通祀典：「雨師者，畢星也。」原道訓注亦曰：「雨師，畢星也。」

〔三四〕盧文弨曰：「騰」本作「螣」。⊙王先慎曰：事類賦「騰」作「蟲」。⊙松皐圓曰：騰、螣通。古書騰、螣互用。難勢篇亦作「騰」。爾雅：「螣，螣蛇」，注：「龍類，能興雲霧而遊其中也。」⊙奇猷案：松引爾雅見釋魚。

〔三五〕王先慎曰：論衡「鳳皇」作「白雲」。

〔三六〕顧廣圻曰：「主」當作「吾」。⊙王先慎曰：論衡、御覽五百七十九引作「主」。⊙太田方曰：後漢書儒林傳注引無「主」字。按主君，大夫之稱也。平公霸主，師曠豈以主君稱之，今本有「主」字者誤。⊙奇猷案：顧校是，上文亦稱「吾君」可證。

〔三七〕王先慎曰：藝文類聚一百、事類賦引「足」下並有「以」字。⊙太田方曰：漢書儒林傳注引「足」下有「以」字。⊙奇猷案：有「以」字是也，晏殊類要引亦有，論衡紀妖篇正作「不足以聽之」。

〔三八〕盧文弨曰：「奏而」，藏本作「奏之」。⊙王先慎曰：「玄雲」，樂書作「白雲」。論衡、藝文類聚四十一、又一百、事類賦、御覽一百八十五、又五百七十九、八百七十九引無「玄」字，北堂書鈔一百九引有。⊙奇猷案：「而」作

「之」是，迂評本、凌本亦作「之」，論衡紀妖篇、感虛篇、列子湯問篇注皆作「之」，且上下句例皆作「奏之」可證，今據改「而」為「之」。

〔三九〕王先慎曰：「隳」，樂書作「飛」。⊙奇猷案：「隳」，論衡作「墮」。隳即墮之俗。湯問篇注亦作「飛」。

〔四〇〕王先慎曰：「室」，樂書作「屋」。⊙太田方曰：風俗通「廊室」作「側室」。

〔四一〕焦竑曰：古人謂空盡無物曰赤，如赤地、赤貧、赤族是也。⊙王先慎曰：事類賦「三年」作「千里」。

〔四二〕盧文弨曰：「瘙」，「瘽」字之譌，宋本作「癃」。⊙顧廣圻曰：「瘙」當作「瘽」，正字作「癃」，説文：「罷病也。」⊙王先慎曰：論衡、藝文類聚一百引作「癃」。⊙太田方曰：「瘙」當作「癃」。淮南覽冥訓「平公癃病」，注：「癃病，篤疾。」周禮小司徒注：「廢疾，謂癃病也。」⊙奇猷案：「瘙」作「癃」是，今據改。論衡感虛篇作「癃」，紀妖篇作「瘽」，瘽即癃之俗。作「瘙」者，蓋「瘽」之譌也。又案：此上所述，蓋是文獻所載最早之大型化裝舞劇。又衛靈公即位在公元前五三四年，而晉平公卒於公元前五三二年，可知衛靈公訪晉必在公元前五三四至前五三二年三年之間，亦可知此舞劇之演出亦在此三年之間。很可能其演出即在公元前五三二年，即晉平公卒年。因為晉平公年已老，觀此劇後即「身遂癃病」，可能一病不起而死去。詳余所撰我國最早的大型化裝舞劇，載古代藝術三百題（一九八九年上海古籍出版社出版）。

〔四三〕奇猷案：上文無「不已」二字。窮，謂病害，赤旱致窮困也。

奚謂貪愎？昔者智伯瑶率趙、韓、魏而伐范、中行〔一〕，滅之。反歸，休兵數年，因令人請地於韓。韓康子欲勿與〔二〕。段規諫曰：「不可不與也。夫知伯之為人也，好利而鷙愎〔三〕。彼來請地而弗與，則移兵於韓必矣。君其與之。與之，彼狃〔四〕，又將請地他國。他國且有不聽，不聽，則知伯必加之兵。如是，韓可以免於患而待其事之變。」康子曰：「諾。」因令使者致萬家之縣一於知伯。知伯說，又令人請地於魏。宣子欲勿與〔五〕。趙葭諫曰〔六〕：「彼請地於韓，韓與之。今請地於魏，魏弗與，則是魏內自強，而外怒知伯也。如弗予〔七〕，其措兵於魏必矣。不如予之〔八〕。」宣子「諾」〔九〕。因令人致萬家之縣一於知伯。知伯又令人之趙請蔡、皋狼之地〔一〇〕。趙襄子弗與。知伯因陰約韓、魏將以伐趙。襄子召張孟談而告之曰〔一一〕：「夫知伯之為人也，陽規而陰疏〔一二〕。三使韓、魏而寡人不與焉〔一三〕，其措兵於寡人必矣。今吾安居而可〔一四〕？」張孟談曰：「夫董閼于〔一五〕，簡主之才臣也，其治晉陽，而尹鐸循之〔一六〕，其餘教猶存。君其定居晉陽而已矣。」君曰：「諾。」乃召延陵生〔一七〕，令將軍車騎先至晉陽〔一八〕，君因從之。君至〔一九〕，而行其城郭及五官之藏〔二〇〕，城郭不治，倉無積粟，府無儲錢，庫無甲兵，邑無守具，襄子懼，乃召張孟談曰：「寡人行城郭及五官之藏，皆不備具，吾將何以應敵？」張孟談曰：「臣聞聖人之治，藏於臣〔二一〕，不藏於府庫，務修其教，不治城郭。君其出令，令民自遺三年之食，有餘粟者入之倉；遺三年之用，有餘錢者入之府；遺，有奇人者使治城郭之繕〔二二〕。」君夕出令，明日，倉不容粟，府無積錢〔二三〕，庫不受甲兵。居五日而城郭已治，守備已具。君召張孟談而問之曰：「吾城郭已治，守備已具，錢粟已足，甲兵有餘，吾奈無箭何？」張孟談曰：「臣聞董子之治晉陽也，公宮之垣皆以荻蒿楛楚牆之〔二四〕，有楛高至於丈〔二五〕。君發而用之〔二六〕。」於是發而試之，其堅則雖菌簵之勁弗能過也〔二七〕。君曰：「吾箭已足矣，奈無金何？」張孟談曰：「臣聞董子之治晉陽也〔二八〕，公宮令舍之堂〔二九〕，皆以鍊銅為柱、質〔三〇〕。君發而用之。」於是發而用之，有餘金矣。號令已定，守備已具。三國之兵果至。至則乘晉陽之城〔三一〕，遂戰。三月弗能拔，因舒軍而圍之〔三二〕，決晉陽之水以灌之〔三三〕。圍晉陽三年〔三四〕。城中巢居而處〔三五〕，懸釜而炊〔三六〕，財食將盡，士大夫羸病。襄子謂張孟談曰：「糧食匱，財力盡，士大夫羸病，吾恐不能守矣。欲以城下，何國之可下？」張孟談曰：「臣聞之，亡弗能存，危弗能安，則無為貴智矣。君失此計者〔三七〕。臣請試潛行而出〔三八〕，見韓、魏之君。」張孟談見韓、魏之君曰：「臣聞脣亡齒寒〔三九〕。今知伯率二君而伐趙，趙將亡矣。趙亡，則二君為之次。」二君曰：「我知其然也。雖然，知伯之為人也，麤中而少親〔四〇〕。我謀而覺，則其禍必至矣〔四一〕。為之奈何？」張孟談曰：「謀出二君之口而入臣之耳，人莫之知也〔四二〕。」二君因與張孟談約三軍之反，與之期日〔四三〕。夜遣孟談入晉陽以報二君之反於襄子〔四四〕。襄子迎孟談而再拜之，且恐且喜。二君以約遣張孟談〔四五〕，因朝知伯而出，遇智過於轅門之外〔四六〕。智過怪其色，因入見知伯曰：「二君貌將有變。」

君曰：「何如？」曰：「其行矜而意高，非他時之節也〔四七〕。君不如先之。」君曰：「吾與二主約謹矣，破趙而三分其地，寡人所以親之，必不侵欺〔四八〕。兵之著於晉陽三年〔四九〕，今旦暮將拔之而嚮其利〔五〇〕，何乃將有他心？必不然。子釋勿憂，勿出於口。」明旦，二主又朝而出，復見智過於轅門。智過入見曰：「君以臣之言告二主乎？」君曰：「何以知之？」曰：「今日二主朝而出，見臣而其色動，而視屬臣，此必有變。君不如殺之。」君曰：「子置勿復言。」智過曰：「不可，必殺之。若不能殺，遂親之。」君曰：「親之奈何？」智過曰：「魏宣子之謀臣曰趙葭，韓康子之謀臣曰段規，此皆能移其君之計〔五一〕。君與其二君約〔五二〕，破趙國，因封二子者各萬家之縣一。如是，則二主之心可以無變矣。」知伯曰：「破趙而三分其地，又封二子者各萬家之縣一，則吾所得者少。不可。」智過見其言之不聽也，出，因更其族為輔氏。至於期日之夜，趙氏殺其守隄之吏而決其水灌知伯軍。知伯軍救水而亂，韓、魏翼而擊之，襄子將卒犯其前，大敗知伯之軍而擒知伯〔五三〕。知伯身死軍破，國分為三，為天下笑。故曰：貪愎好利，則滅國殺身之本也。

〔一〕「瑶」舊注：知伯名。⊙奇猷案：「智」，下或作「知」，同。⊙奇猷案：事又見國策趙策、魏策，說苑權謀篇，淮南子人間訓，史記韓趙魏世家，本書說林上篇及難三篇。

〔二〕奇猷案：藏本「欲」上有「將」字，誤，趙策無。

〔三〕顧廣圻曰：藏本同，今本「驁」作「鶩」，誤。戰國策作「驁」，吳師道引此亦作「驁」。⊙奇猷案：莊子庚桑楚「蹍市人之足則辭以放驁」，釋文：「驁，妄也。」又：驁通傲，説文「傲，倨也」，亦通。

〔四〕舊注：狃，習也。得地於韓將生心他求也。⊙高亨曰：説文：「狃，犬性驕也。」與之彼狃，謂與之彼驕也。舊注未切。

〔五〕顧廣圻曰：「宣」上當從策更有「魏」字。⊙奇猷案：魏策及史記魏世家宣子皆作桓子，是，案魏無宣子。又案顧謂魏字當重，是，説林篇、趙策、魏策有。

〔六〕松皐圓曰：趙葭，策注：「魏人。」淮南作任登，説苑作任增，魏策、説林作任章，其人異而言同。

〔七〕奇猷案：藏本「如」下有「是」字。

〔八〕王先慎曰：「必矣」下趙本有「不如予之」四字，是也，策有。⊙奇猷案：藏本亦有，今依藏本、趙本增。

〔九〕王先慎曰：「宣子」下當有「曰」字，上「康子曰諾」文法正同，此脱，策有「曰」字。

〔一〇〕舊注：邑名。⊙奇猷案：策注：「鮑彪曰：『蔡非趙地，皐狼屬西河。』吳師道曰：『恐名偶同。漢志西河郡有皐狼縣，又有藺縣。蔡或藺字訛。』」張琦戰國策釋地：「藺城在今永寧州西，皐狼城在州西北。」

〔一一〕奇猷案：史記「談」作「同」，蓋遷避其父諱改。

〔一二〕顧廣圻曰：「規」當從策作「親」。⊙奇猷案：作「親」是，「規」即「親」之壞誤。

〔一三〕舊注：三使陰以相約，知其異志也。

〔一四〕奇猷案：居，猶處也。謂處於何地。

〔一五〕奇猷案：難言篇「閼」作「安」，説詳彼。

〔一六〕舊注：尹鐸，安于之屬大夫。⊙王先慎曰：循，遵也。謂尹鐸治晉陽仍遵董安于之治也。國語「趙簡子使尹鐸為晉陽」，則安于死，尹鐸繼之，非尹鐸為安于屬大夫也。⊙奇猷案：呂氏春秋達鬱篇「趙簡子曰：鐸也不愛我」，又似順篇「尹鐸為晉陽，下，有請於趙簡子」，高誘注並云「尹鐸，趙簡子家臣」，可為王說之證。又：王引國語見晉語。

〔一七〕洪頤煊曰：延陵生，困學紀聞：「戰國策云延陵王，誤也，鮑氏改『王』為『君』，亦未之考。」案元和姓纂引作「延陵正」，亦與「王」字同譌。⊙奇猷案：顧廣圻、曾廷枚說同。

〔一八〕盧文弨曰：「軍」字衍。⊙顧廣圻曰：策無。⊙松皋圓曰：史記游俠傳集解引無「軍」字。⊙奇猷案：「軍」字即「車」字譌衍，史記游俠傳集解引作「召延陵生，令車騎先至晉陽」，亦無「軍」字。

〔一九〕王先愼曰：「至」上疑衍「君」字，策無。⊙奇猷案：此句另起，「君」字為此句主詞，「君」字非衍文。

〔二〇〕松皋圓曰：此云「五官之藏」，五蠹篇云：「犯五官之禁。」戰國五官之制未聞。齊策「五官之計」，吳注：「案禮記曾子問：『諸侯出命國家五官而後行』，注：『五官，五大夫，典事者。』」此說差為近之。⊙奇猷案：禮樂記注「行，猶視也」，荀子王制注「行，巡行也」，則行猶言巡視也。

〔二一〕顧廣圻曰：「臣」，當作「民」。⊙奇猷案：顧說是，松皋圓說同。

〔二二〕舊注：奇，餘也，謂閒人。奇，音羈。⊙盧文弨曰：「有」上藏本無「遺」字。⊙顧廣圻曰：「遺」下有脫文。藏本删「遺」字，非也。⊙奇猷案：顧說是。上云「庫無甲兵」，下云「庫不受甲兵」，此未見，則此「有」上脫文之意當為「遺守備之具，有餘甲兵者入之庫。」

〔二三〕物双松曰：無積，謂府無復積錢之所。

〔二四〕顧廣圻曰：句絕。蒿，讀為槀。「菼」策作「狄」，「楛」策作「苦」，皆同字。⊙王先愼曰：「牆」，事類賦十三、御覽三百五十引並作「廧」，並注云：「音牆。」

〔二五〕顧廣圻曰：「有楛」二字當衍，策無，今俗本策反依此增入，誤甚。⊙王先慎曰：顧說是，御覽引「有楛」二字作「其」。⊙奇猷案：趙策作「其高至丈餘」，疑此文原作「其楛高至于丈」，謂荻、蒿、楛、楚四物其中之楛高至于丈。策脱「楛」字，此文則「其」字誤為「有」耳。

〔二六〕王先慎此下補「有餘箭矣」四字，曰：案下文「有餘金矣」文法正同，疑此後人據策文删之，事類賦、御覽引有「有餘箭矣」四字，今據補。⊙奇猷案：王說非也。下云：「發而試之」，未試之前，何得先言有餘？下文「於是發而用之」，既用之，故言有餘金矣，與此文法迥異。事類賦、御覽妄增「有餘箭矣」四字，不足據。且此仍為張孟談語，有此四字，文反不通。

〔二七〕顧廣圻曰：藏本「餘」作「幹」，是也。今本作「簵」者，誤以策作「簬」而改耳。「菌」，策作「箘」，同字。⊙王先慎曰：藝文類聚六十、御覽引并作「幹」。⊙松皐圓曰：書孔傳：「箘簵，美竹也。」⊙高亨曰：菌，借作箘。「幹」，當作「輅」，形近而誤。輅，借為簵。說文：「箘，箘簬也。簬，箘簬也。古文作簵。」淮南子本經訓「松柏箘露」，高注：「菌露，竹莞也。」書禹貢「惟箘簵楛」，鄭注：「箘簵，聆風也。」說文「枯」下引「惟箘輅楛」，即輅、簵通用之證。「箘簵」合二字為一名，此不宜單用「箘」字，則「幹」為「輅」譌審矣。⊙奇猷案：高說是，盧文弨說同。今據趙本改「餘」為「簵」。

〔二八〕王先慎曰：乾道本脱「之」字，依上文當有，據藝文類聚、御覽引增。⊙奇猷案：有「之」字是，趙策有，今據增。

〔二九〕王先慎改「令」為「公」，曰：案「令」當為「公」之誤，御覽引正作「公」。⊙太田方曰：令舍，縣令之舍也。後漢書光武紀「生光武於縣舍」，注：「皇考以令舍不顯，開宮後殿居之而生。」⊙奇猷案，太說是。

〔三〇〕松皐圓曰：策注：「質，礎也。」按質、礩同。淮南說林訓：「礎，柱下石礩也。」

〔三一〕奇猷案：史記高帝紀集解引李奇曰：「乘，守也。」

〔三二〕顧廣圻曰：藏本、今本「因」下有「舒」字，策有。⊙奇猷案：有「舒」字是，今據補。舒，張也。詳上注。

〔三三〕奇猷案：「陽之」二字疑衍，難三篇及趙策皆作晉水，蓋此文衍「陽」字，妄人又加「之」字以足句也。趙世家、風俗通作汾水。案汾水為晉水之支流。又此下當依難三篇補入「城之未沉者三板」。

〔三四〕奇猷案：初見秦篇作「三月」。

〔三五〕王先慎曰：御覽三百二十、又七百五十七引無「居而」二字。

〔三六〕王先慎曰：御覽三百二十有「易子食，析骨炊」，是也，此脱。史記趙世家「趙襄子保晉陽。三國攻晉陽歲餘，引汾水灌其城，不没者三板。城中懸釜而炊，易子而食」，是趙襄子守晉陽固有其事。⊙奇猷案：此不必與史記同。疑御覽據史記增。風俗通作「城中懸釜而炊，易子而食」，乃引史記文也。

〔三七〕盧文弨曰：「失」，策作「釋」。⊙王先慎曰：「失」，當為「釋」之誤，「者」字衍，策作「君釋此計，勿復言也。」⊙奇猷案：「失」作「釋」是，音近而誤也。「者」，語已辭，非衍文也。

〔三八〕奇猷案：秦策高誘注：「潛行，私行也。」

〔三九〕奇猷案：脣亡齒寒，詳存韓篇。

〔四〇〕顧廣圻曰：「麤」，策作「麄」。按當讀為怚，史記王翦傳注：徐廣曰「怚，一作粗」，即此字。⊙奇猷案：説文：「怚，驕也。」

〔四一〕奇猷案：藏本「禍」下有「也」字。

〔四二〕盧文弨曰：「臣」下藏本、張本皆無「之」字。⊙顧廣圻曰：「莫之知」藏本作「莫知之」，策同。⊙奇猷案：今藏本、趙策皆作「莫之知也」。顧校誤。

〔四三〕王先慎曰：「三」當作「二」。軍，指韓、魏之軍。趙既被圍，不待約也。⊙奇猷案：「三」字不誤。此蓋謂韓、趙、魏三軍相約而反攻智伯也，即說林上所謂「韓、魏反之外，趙氏應之內也」。墨子非攻中亦述此事云「是以三主之君，一心戮力。韓、魏自外，趙氏自內，擊智伯大敗之」，亦可證。

〔四四〕盧文弨曰：「二君」，三本俱作「三軍」。⊙王先慎曰：趙本「反」下有「於襄子」三字。⊙奇猷案：二君，指韓、魏二君也。作「三」者，因上「三」字而誤。藏本亦有「於襄子」三字，是，今據補。趙策作「夜遣入晉陽張孟談（案當作夜遣張孟談入晉陽）以報襄子」，亦可證。

〔四五〕顧廣圻曰：以，讀為已。策脱去「二君以約遣」五字，遂誤屬張孟談於下句，當依此訂。

〔四六〕王先慎曰：說苑貴德篇作智果。古今人表作智過，顏注：「即智果。」

〔四七〕王先慎曰：「意」「行」二字互誤，策作「其志矜，其行高」，是也。本書「志」多作「意」。張榜本、趙本「其」上無「曰」字。⊙奇猷案：王說非也。行矜，謂其行驕矜也。古人皆以「矜行」連文，如漢書賈誼傳「故人矜節行」，書旅獒「不矜細行」，此皆以「矜行」連文之證。意，猶志也。說文無「志」字，玉篇：「志，意也」，則「意」即古「志」字。策誤，當依此訂正。

〔四八〕盧文弨曰：「侵」，當作「我」。⊙奇猷案：「侵」字不誤。左莊二十九年傳「凡師有鍾鼓曰伐，無曰侵」，正義引釋例云：「侵伐者，師旅討罪之名。鳴鍾鼓以聲其過曰伐，寢鍾鼓以入其竟曰侵。」則侵為潛師掠境之義，引申之遂以為陰謀掠利之意。說文：「欺，詐欺也。」則欺乃行詐之義。此文「必不侵欺」，猶言必不陰謀行詐也。且此句與上「寡人所以親之」句相貫，無「我」字而所指已明，故策亦但作「必不欺也而已」。盧說非。

〔四九〕奇猷案：著，即佇，滯留也，詳外儲說右上。

〔五〇〕盧文弨曰：嚮、饗通。

〔五一〕王先慎曰：「宣」字「康」字皆後人所加，智過言時不應有也。⊙劉文典曰：案智過言時固不得稱二君之謚，然古書中如此之例正多，皆作者之過也。王謂「宣」字「康」字皆後人所加，其失也迂矣。且魏子、韓子之稱亦不合也。

〔五二〕王先慎曰：「與」「其」二字誤倒。策作「君其與二子約」，是也。⊙奇猷案：王說是。但「二君」，當依策作「二子」，謂趙葭、段規也。下文作「二子」可證。

〔五三〕盧文弨曰：「知伯之軍」，藏本作「知氏之軍」。

奚謂耽於女樂？昔者戎王使由余聘於秦〔一〕，穆公問之曰：「寡人嘗聞道而未得目見之也，願聞古之明主得國失國何常以〔二〕？」由余對曰：「臣嘗得聞之矣〔三〕，常以儉得之，以奢失之。」穆公曰：「寡人不辱而問道於子，子以儉對寡人，何也？」由余對曰：「臣聞昔者堯有天下，飯於土簋，飲於土鉶。其地南至交趾〔四〕，北至幽都〔五〕，東西至日月之所出入者，莫不賓服〔六〕。堯禪天下〔七〕，虞舜受之，作為食器，斬山木而財之〔八〕，削鋸修之迹〔九〕，流漆墨其上〔一〇〕，輸之於宮以為食器。諸侯以為益侈，國之不服者十三。舜禪天下而傳之於禹，禹作為祭器，墨染其外〔一一〕，而朱畫其內，縵帛為茵〔一二〕，蔣席頗緣〔一三〕，觴酌有采〔一四〕，而樽俎有飾。此彌侈矣，而國之不服者三十三〔一五〕。夏后氏沒，殷人受之，作為大路，而建九旒〔一六〕，食器雕琢，觴酌刻鏤〔一七〕，四壁堊墀〔一八〕，茵席雕文。此彌侈矣，而國之不服者五十三〔一九〕。君子皆知文章矣，而欲服者彌少〔二〇〕。臣故曰儉其道也。」由余出，公乃召内史廖而告之〔二一〕，曰：「寡人聞鄰國有聖人，敵國之憂也〔二二〕。今由余，聖人也，寡人患之，吾將奈何？」内史廖曰：「臣聞戎王之居，僻陋而道遠〔二三〕，未聞中國之聲〔二四〕。君其遺之女樂，以亂其政，而後為由余請期〔二五〕，以疏其諫〔二六〕。彼君臣有間而後可圖也。」君曰：「諾。」乃使史廖以女樂二八遺戎王〔二七〕，因為由余請期〔二八〕。戎王許諾，見其女樂而説之，設酒張飲，日以聽樂，終歲不遷〔二九〕，牛馬半死。由余歸，因諫戎王，戎王弗聽，由余遂去之秦。秦穆公迎而拜之上卿〔三〇〕，問其兵勢與其地形。既以得之〔三一〕，舉兵而伐之，兼國十二，開地千里〔三二〕。故曰：耽於女樂，不顧國政，亡國之禍也〔三三〕。

〔一〕盧文弨曰：「王」，宋本作「主」，下同。⊙王先慎曰：秦本紀作「王」。⊙奇猷案：作「主」者誤也，他書未有作「戎主」者。事又載呂氏春秋不苟篇、韓詩外傳九、説苑反質篇、史記秦本紀。

〔二〕顧廣圻曰：説苑反質篇作「當何以也」，下文「常以儉得之」，「常」亦作「當」。⊙松皐圓曰：「何常以」，當作「常何以」，寫者誤。説苑作「當何以」，「當」亦「常」字訛。⊙奇猷案：松説是。蓋穆公問大率何以，故由余亦答以大率以儉得之，以奢失之。此不必作當然之辭。顧説未可從。

〔三〕奇猷案：「得」字因上下「得」字而衍，説苑反質篇作「臣聞之」。

〔四〕奇猷案：淮南子修務訓注：「交趾，南方之國。」「趾」，本字作「阯」，墨子節用中篇、荀子王霸篇楊倞注引尸子、及賈子新書修正篇皆作「阯」。

〔五〕奇猷案：淮南修務訓注：「陰氣所在，故曰幽都，今雁門以北是。」莊子在宥篇云「堯流共工於幽都」，釋文引李頤云：「即幽州也。」大戴禮記少閒篇：「昔虞舜以天德嗣堯，朔方、幽都來服。」

〔六〕奇猷案：墨子節用中篇、荀子王霸篇楊注引尸子、淮南修務訓、本書五蠹篇述「堯王天下」云云，與此略同。

〔七〕顧廣圻曰：說苑「禪」作「釋」。下文亦云：「舜釋天下。」

〔八〕顧廣圻曰：說苑「財」作「裁」，同字。⊙王先慎曰：御覽七百五十六引作「材」。財、裁、材三字並同。

〔九〕舊注：磨其斧迹。⊙顧廣圻曰：說苑作「消銅鐵修其刃猶漆墨之」。按此文「削鋸」是也。淮南子本經訓云「無所錯其剞劂削鋸」，高注：「削，兩刃句刀也，讀『綃頭』之綃。」其下未詳。說苑即出於此，而傳寫互有誤，仍各依本書。⊙王先慎改「之」為「其」，曰：案「之」當作「其」。注云「磨其斧迹」，是注所據本尚未誤。御覽七百五十六引正作「其」。⊙太田方曰：路史作「削鑢修之迹」。考工記「築氏為削」，注：「今之書刀。」鋸，鐵葉為齟齬，其齒一左一右，以片解木石。「修」字疑在「削鋸」上。⊙奇猷案：「修」字在「削鋸」上是也。藏本注「磨其斧迹」四字在「修」字下，下注「流布也」三字在「流」字下，足徵此文有錯亂也。禮中庸注：「修，治也。」淮南齊俗訓：「不務奇麗之容，隅眥之削。」又俶真訓「鏤之以剞劂」，注：「剞劂，所以刻削之具也。」又本經訓：「公輸、王爾無所錯其剞劂削鋸。」「剞劂」與「削鋸」平列，可知削鋸為刻削之具。外儲說左上「棘刺之端不容削鋒」，亦以削為刻削工具。修削鋸之迹，謂修治削鋸之痕迹使平滑也。王說非。

〔一〇〕舊注：流，布也。

〔一一〕王念孫曰：「染」，當為「漆」。謂黑漆其外也。俗書「漆」字作「柒」，因譌而為「染」。困學紀聞引此已作「染」。御覽百三十四引此正作「漆」，說苑亦作「漆」。⊙王先慎曰：王說是，御覽七百五十六引同。⊙奇猷案：漆、染二字義同，不必改字。御覽引書多改易，不足據，王引御覽見「四百九十二」，作「百三十四」誤也。

〔一二〕顧廣圻曰：說苑「縵」作「縉」。⊙物双松曰：通雅：「縵，無文之帛也。」

〔一三〕舊注：蔣，草名。「頗緣」顧廣圻曰：藏本同。今本「頗」作「頟」，誤。「頗緣」，謂其緣邪裂之。說苑無此一句，有「褥」字連「茵」字讀，當有誤，仍各依本書。⊙奇猷案：顧說是。難二篇「隰朋善純緣」，純緣謂飾其緣，與此頗緣同意。松皐圓纂聞依今本作「頟」云「頟如帳頟」，未確。

〔一四〕陶鴻慶曰：酌，讀為勺，古通用。⊙松皐圓曰：說苑作「勺」。

〔一五〕顧廣圻曰：說苑作「三十有二」，下文亦作「五十有二」。⊙王先慎曰：御覽四百九十三引作「三十二」，與說苑合。

〔一六〕王先慎曰：御覽引「路」作「輅」，字通。⊙奇猷案：禮樂記所謂「大輅者，天子之車也。」「輅」乃「路」之俗字，說詳段玉裁尚書撰異二十六。

〔一七〕奇猷案：「酌」，說苑作「勺」。

〔一八〕顧廣圻曰：「四」當作「白」。「白壁」與「堊墀」對文也。說苑作「四壁四帷」。

〔一九〕王先慎曰：趙本「服」作「亡」，誤。

〔二〇〕奇猷案：謂君子皆知文飾，奢侈愈甚，故服屬之國愈少也。

〔二一〕顧廣圻曰：他書皆同。韓詩外傳作「内史王繆」，繆、廖同字，王蓋姓也。⊙王先慎曰：顧說是。說苑尊賢篇作「王子廖」。⊙奇猷案：吕氏春秋不二篇有「王廖貴先」之語。漢書古今人表有王廖，列與秦繆公（繆，同穆）同時，則王廖即此内史廖。此與吕氏春秋不苟篇、史記秦本紀、說苑反質篇作内史廖，韓詩外傳（九）作内史王廖，說苑尊賢篇作王子廖，則氏王子名廖，「内史」乃其官稱，而王廖為省稱也。又案：吕氏春秋所言「王廖貴先」，高誘注云：「王廖謀兵事，貴先建策也」，則内史廖為一兵權謀家，與此文所言内史廖出女樂良宰之策於先、用兵於後正相吻合。

〔二二〕奇猷案：此蓋古語，晏子外篇「鄰國有聖人，敵國之憂也」，本書内儲説下：「敵國有賢者，國之憂也。」因為是古語，故曰「聞」。

〔二三〕顧廣圻曰：「道」，當依説苑作「遼」。

〔二四〕奇猷案：藏本「未」下有「嘗」字，是也。韓詩外傳（九）作「未嘗見中國之聲色也」可證。

〔二五〕顧廣圻曰：「後」，當依説苑作「厚」。乾道本、藏本「期」作「其」，譌，説苑作「期」。⊙王先慎改「其」為「期」，曰：趙本作「期」不誤。⊙奇猷案：作「期」是，迂評本、凌本亦作「期」，今據改「其」為「期」。又案：「後」字詳下孫説。

〔二六〕洪頤煊曰：案以疏其諫，謂以疏其諫諍也。史記秦本紀作「以疏其閒」，是涉下文「閒」字而譌。

〔二七〕顧廣圻曰：「史」上當有「内」字。「二八」，説苑作「三九」，韓詩外傳作「二列」，史記與此同。⊙王先慎曰：藝文類聚五十九引作「三人」，誤。⊙奇猷案：當作「二八」，吕氏春秋壅塞篇：「戎彊大，秦繆公遺之女樂二八與良宰焉。」又不苟篇：「繆公以女樂二八人（人字當衍）與良宰遺之。」皆作「二八」可證。左襄十一年傳「鄭人賂晉侯女樂二八」，杜注：「十六人。」可知以女樂二八贈人，乃古遺贈之制也。韓詩外傳作「二列」者，蓋十六人分排為二列。説苑作「三九」誤，當依此訂正。

〔二八〕王先慎曰：請，告也。期，歸期也。既告之期，又留由余不遣以失其期，使君臣有閒，此秦先告以歸期之許也。⊙孫子書先生曰：案請，問也，求也。襄二十四年左傳「楚子使薳啟彊如齊」，杜注：「請會期。」昭十四年傳「請期五日」，請期五日，謂請給限期五日。此文請期，殆請緩期歸國之謂。下文云「戎王許諾」，許其遲歸也。王訓為請告歸期，非是。上文「史廖云，君其遺之女樂以亂其政，而後為由余請期，以疏其諫」，「後」字當屬下讀。後之為義，謂遲之也，緩之也。春秋經云「期後」，史記司馬穰苴傳「何後期為」，漢書張騫傳「而騫後期當斬」，即此「後」字。詩衛風氓「將子無怒，秋以為期」，即此「請期」之義。說苑反質篇作「而厚為由余請期」。襄十三年傳「唯是春秋窀穸之事」，杜注：「窀，厚也。穸，夜也。厚夜，猶長夜。」釋名：「厚，後也。」後亦長也。明「後」字當連下讀之，不以「而後」為語詞。疏者，遠也。既以女樂遺戎王，又為由余請期。戎王許諾而耽於女樂。由余遠在秦，不能向戎王進諫諍之言。此以智賺戎王使戎王遠諫之策。王謂既告之期，又留由余不遣，以失其期，使君臣有間。非是。⊙奇猷案：孫先生說是。外儲說左下篇「暮而後門」，後亦遲緩之意，可為孫先生說之證。

〔二九〕奇猷案：遷，謂遷其居也。游牧民族無有定居，有水草處則放牧牛馬，水草盡則又遷於他處。今終歲不遷，故下云「牛馬半死」也。

〔三〇〕奇猷案：「之」，說苑作「為」。裴學海古書虛字集釋曰：「之，猶為也。」

〔三一〕松臯圓曰：以，已同。

〔三二〕奇猷案：史記秦本紀、韓詩外傳九與此同。漢書韓安國傳「十二」作「十四」。淮南子精神訓作「胡王淫女樂之娛而亡上地」，注：「上地，美地也。」

〔三三〕王先慎曰：「亡」上當有「則」字，上文有。

奚謂離內遠遊？昔者田成子遊於海而樂之〔一〕，號令諸大夫曰：「言歸者死。」顏涿聚曰〔二〕：「君遊海而樂之，奈臣有圖國者何〔三〕？君雖樂之，將安得〔四〕？」田成子曰：「寡人布令曰『言歸者死』，今子犯寡人之令。」援戈將擊之。顏涿聚曰：「昔桀殺關龍逢而紂殺王子比干，今君雖殺臣之身以三之可也。臣言為國，非為身也。」延頸而前曰：「君擊之矣！」君乃釋戈趣駕而歸。至三日，而聞國人有謀不內田成子者矣〔五〕。田成子所以遂有齊國者〔六〕，顏涿聚之力也。故曰：離內遠遊，則危身之道也〔七〕。

〔一〕王先慎曰：說苑正諫篇作齊景公。案說林上篇有「鴟夷子皮事田成子，田成子去齊走而之燕」事當即此。⊙奇猷案：田成子當依說苑正諫篇作齊景公，下同。晏子春秋外篇、韓詩外傳九皆云「顏涿聚為景公主鳥」，則顏涿聚乃齊景公臣。呂氏春秋尊師篇：「顏涿聚，梁父之大盜，學於孔子，由此為天下名士顯人。」淮南子氾論訓：「顏喙（當作啄）聚，梁父之大盜也，而為齊忠臣。」據此，則下文所云「顏涿聚甚忠於田成子」，與呂氏春秋、淮南子之稱皆不合。又據左傳知顏涿聚死於哀公二十三年（公元前四七二）犂丘之役，而田氏篡齊為田成子之曾孫田和（公元前三七九），則顏涿聚死時齊尚有國，不能謂田成子遂有齊國。且此時田成子職為大夫，不能自稱寡人，遊於海又不能諸大夫皆從，即使田成子勢强而大夫有陪行者，然不能以人君態度號令諸大夫言歸者死。外儲說左上「齊景公遊少海，傳騎從中來謁」，又外儲說右上「景公與晏子遊於少海，登柏寢之臺」，少海，當即此所謂海也（海省稱為海，說苑作海上，史記田齊世家「太公乃遷康公於海上」，外儲說右上「齊東海上有居士曰狂矞華士」。少海、海上、海當為一地）。史記齊世家：景公坐柏寢歎而晏子因彗星以諫，史遷謂：「是時景公好治宮室，聚狗馬，奢侈，厚賦重刑，故晏子以此諫。」足徵此謂遊於海而樂之號令諸大夫言歸者死，必為景公矣。且外儲說右上：「景公遊少海，登柏寢之臺，而還望其國曰：後世將孰有此？晏子對曰：其田成氏乎！夫田成氏甚得齊民，秦周之民相與歌之曰：謳乎，其已乎，苞乎，其往歸田成子乎。」史記田齊世家載略同。晏子春秋中亦屢稱田成子得齊民事。以此推之，若田成子遊於海而樂之號令諸大夫言歸者死，則田成子乃一荒淫之人，安能得齊民耶？且田成子既得齊民，國人不得有謀不內田成子之事。故此事當為齊景公無疑。王氏謂説林上鴟夷子皮事田成子事當即此，謬甚。

〔二〕王先慎曰：「涿聚」，説苑作「燭趨」，晏子春秋外篇作「燭鄒」，古今人表作「燭雛」（本或作濁鄒）。集韻、類篇：「雛，音聚。」案涿與燭、濁，聚與鄒、趨、雛，形聲相近，古本通用。左哀二十三年傳又作「顏庚」。⊙奇猷案：淮南子氾論訓作「顏喙聚」（喙當為啄），韓詩外傳九作「顏斲聚」，並字異而聲近通用（難三篇「鄒魯」作「取魯」，亦芻聲、取聲通假之證。）左哀二十三年傳杜注「顏庚，齊大夫顏涿聚」，則庚為其名，涿聚其字也。本書外儲説左下篇「南宮敬子問顏涿聚」，亦此人。

〔三〕盧文弨曰：藏本「臣」作「人」。

〔四〕奇猷案：説苑此下有「樂此海也」四字。

〔五〕王先慎曰：趙本「成子」作「子成」，下同，皆誤。

〔六〕奇猷案：詩小雅雨無正「飢成不遂」，毛傳：「遂，安也。」

〔七〕王先慎曰：上文「則」上有「而忽於諫士」句，此脱。

奚謂過而不聽於忠臣？昔者齊桓公九合諸侯〔一〕，一匡天下，為五伯長，管仲佐之。管仲老，不能用事，休居於家。桓公從而問之曰：「仲父家居有病，即不幸而不起此病〔二〕，政安遷之？」管仲曰：「臣老矣，不可問也。雖然，臣聞之，知臣莫若君，知子莫若父，君其試以心決之。」君曰：「鮑叔牙何如？」管仲曰：「不可。鮑叔牙為人，剛愎而上悍〔三〕。剛則犯民以暴，愎則不得民心，悍則下不為用，其心不懼〔四〕，非霸者之佐也。」公曰：「然則豎刁何如？」管仲曰：「不可。夫人之情莫不愛其身，公妬而好內，豎刁自獖〔五〕，以為治內〔六〕，其身不愛，又安能愛君？」公曰〔七〕：「然則衛公子開方何如〔八〕？」管仲曰：「不可。齊、衛之間不過十日之行，開方為事君，欲適君之故，十五年不歸見其父母〔九〕，此非人情也。其父母之不親也，又能親君乎〔一〇〕？」公曰：「然則易牙何如？」管仲曰：「不可。夫易牙為君主味，君之所未嘗食唯人肉耳〔一一〕，易牙蒸其子首而進之〔一二〕，君所知也。人之情莫不愛其子，今蒸其子以為膳於君，其子弗愛，又安能愛君乎？」公曰：「然則孰可？」管仲曰：「隰朋可。其為人也，堅中而廉外，少欲而多信。夫堅中則足以為表，廉外則可以大任，少欲則能臨其衆，多信則能親鄰國。此霸者之佐也。君其用之。」君曰：「諾。」居一年餘，管仲死，君遂不用隰朋而與豎刁〔一三〕。刁蒞事三年，桓公南遊堂阜〔一四〕，豎刁率易牙、衛公子開方及大臣為亂。桓公渴餒而死南門之寢、公守之室〔一五〕，身死三月不收〔一六〕，蟲出於户〔一七〕。故桓公之兵横行天下，為五伯長，卒見弒於其臣，而滅高名，為天下笑者，何也？不用管仲之過也〔一八〕。故曰：過而不聽於忠臣，獨行其意，則滅其高名為人笑之始也。

〔一〕奇猷案：事又見呂氏春秋貴公篇及知接篇、管子戒篇、莊子徐无鬼篇、説苑權謀篇、史記齊世家、列子力命篇。

本書難一篇：「管仲有病」云云亦當參閱。

〔二〕盧文弨曰：凌本無「起」下「此病」二字。⊙奇猷案：「即不幸」，管子戒篇作「若不幸」。王氏經傳釋詞云：「即，猶若也。」「此病」，管子作「此疾」。王氏集解據凌本删「此病」二字。案疑當作「此病不起」，今倒。即不幸而此病不起，文義較順。

〔三〕盧文弨曰：「鮑」上脱「夫」字，各本皆有。「悍」，藏本作「捍」，下同。⊙王先慎曰：蒼頡篇：「悍，桀也。」荀子大略篇注：「悍，兇戾也。」捍，為「捍禦」之字，非此義，藏本誤。⊙物双松曰：上、尚同。⊙奇猷案：今藏本作「悍」不誤。

〔四〕盧文弨曰：「懼」，藏本、張本作「具」。⊙奇猷案：藏本、張本誤。此謂鮑叔牙犯民以暴，不得民心，下不為用，而其心猶不懼也。

〔五〕舊注：虧勢也。⊙松皐圓曰：二柄篇作「自宫」，難一篇同。家語、史記「墳羊」，國語、説苑「羵羊」，王肅、唐固皆云「雌雄未成者」。易釋文：「劉云：豕去勢曰豶。」⊙奇猷案：豶、豶同字。松引易釋文見大畜。史記齊世家亦作「自宫」。

〔六〕王先慎曰：「為」字衍，二柄篇、難一篇並無。⊙奇猷案：「為」下當有「公」字。此是對答之辭，故曰「為公」。又「妬」下當依二柄篇補「外」字，説詳彼。

〔七〕奇猷案：「君」下原無「公」字。藏本有，是也。以上下例之當有。今據補。

〔八〕盧文弨曰：「衛」字脱，各本有。⊙顧廣圻曰：藏本有「衛」字，是也。乾道本「如」下衍「曰」字。⊙奇猷案：盧、顧校是，今據補「衛」字、删「曰」字。

〔九〕王先慎曰：「故」字疑衍，「欲」字當在「之」字下，難一篇作「適君之欲」是其證。此因「欲」字誤倒在上，後人遂於「之」下加「故」字耳。⊙奇猷案：此「適」字與姦劫弑臣篇「適夫人非所以事君也」之適同。適為愜其意也。欲適君之故，猶言欲愜君意之故。文義甚明。王說非。陶鴻慶以「欲」與「故」互易，亦未塙。

〔一〇〕王先慎曰：以上下文例之，「又」字下當有「安」字。⊙奇猷案：王說是。

〔一一〕奇猷案：「嘗」，即今俗書「嚐」字。說文：「嘗，口之味也。」「食」當作「者」，蓋後人以嘗解為「曾經」，遂改「者」為「食」。難一篇：「易牙為君主味（味字校補），惟人肉未嘗」，亦無「食」字可證。

〔一二〕奇猷案：「子首」，藏本、趙本作「首子」，誤，說見二柄篇。

〔一三〕奇猷案：管子戒篇：「管子卒十月，隰朋亦卒。」

〔一四〕奇猷案：左傳杜注：「堂阜，齊地，東莞蒙陰縣西北有夷吾亭。或曰：鮑叔解夷吾束縛於此。」

〔一五〕奇猷案：呂氏春秋知接篇「桓公絶乎壽宮」，高注：「壽宮，寢堂也。」據此，則此文「公守」當作「壽宮」。乃「壽宮」音誤為「守公」，後人又倒作「公守」也。

〔一六〕奇猷案：史記齊世家：「冬十月乙亥齊桓公卒，桓公尸在牀上六十七日，尸蟲出户，十二月乙亥無詭立，乃棺赴，辛巳夜殯，（次年）八月乃葬齊桓公。」左僖十七年及十八年傳載與史記同。管子戒篇云：「公死七日不殮，九月不葬」（案管子未及見桓公死，此條當出諸後人），呂氏春秋知接篇云：「三月不葬」，淮南子精神訓云：「桓公甘易牙之和而不以時葬」，高注：「六十日而殯，蟲流出户，五月不葬」，說苑權謀篇云：「桓公死六十日，蟲出於户而不收」，諸說不同，當以左傳、史記為正。

〔一七〕王先慎曰：二柄篇、難一篇「户」作「尸」，誤。

〔一八〕奇猷案：「管仲」下當有「言」字。此蓋謂不用管仲之言，非不用管仲也。

奚謂內不量力？昔者秦之攻宜陽〔一〕，韓氏急。公仲朋謂韓君曰〔二〕：「與國不可恃也，豈如因張儀為和於秦哉〔三〕？因賂以名都而南與伐楚，是患解於秦而害交於楚也〔四〕。」公曰：「善〔五〕。」乃警公仲之行〔六〕，將西和秦。楚王聞之〔七〕，懼，召陳軫而告之曰：「韓朋將西和秦，今將奈何？」陳軫曰：「秦得韓之都一〔八〕，驅其練甲〔九〕，秦、韓為一以南鄉楚，此秦王之所以廟祠而求也〔一〇〕，其為楚害必矣。王其趣發信臣，多其車，重其幣，以奉韓曰：『不穀之國雖小，卒已悉起，願大國之信意於秦也〔一一〕。』因願大國令使者入境視楚之起卒也。』」韓使人之楚，楚王因發車騎陳之下路，謂韓使者曰：「報韓君，言弊邑之兵今將入境矣〔一二〕。」使者還報韓君，韓君大悅〔一三〕，止公仲〔一四〕。公仲曰：「不可。夫以實告我者秦也〔一五〕，以名救我者楚也。聽楚之虛言而輕誣强秦之實禍，則危國之本也〔一六〕。」韓君弗聽。公仲怒而歸，十日不朝。宜陽益急，韓君令使者趣卒於楚，冠蓋相望而卒無至者。宜陽果拔〔一七〕，為諸侯笑。故曰：內不量力，外恃諸侯者，則國削之患也〔一八〕。

〔一〕松皋圓曰：韓襄王四年，秦使甘茂攻我宜陽，明年拔之。然公仲請和事，史、策載在宣惠王十六年，而發端於秦、韓戰於濁澤，與此異。⊙奇猷案：此係韓宣惠王事，發端於秦、韓濁澤之戰，參閱存韓篇注。

〔二〕顧廣圻曰：「朋」，策誤作「明」，當依此訂。他書又作「馮」。⊙太田方曰：史記韓世家索隱曰：「公仲，韓相國，名侈。」按侈、朋字形相似，當有一誤。⊙奇猷案：說林上篇、難一篇所稱公仲亦此人。

〔三〕奇猷案：「豈如」義不可通，此當有脫誤。策作「與國不可恃。今秦之心欲伐楚，王不如因張儀為和於秦」，史記亦曰「與國不可恃也。今秦之欲伐楚久矣，王不如因張儀為和於秦」，義皆勝此。

〔四〕舊注：秦害交於楚也。⊙太田方曰：謂嫁害於楚。

〔五〕奇猷案：「公」當作「君」。上下文皆稱韓君，此不能特稱「公」。且韓於是時已稱王，故史、策皆作韓王。

〔六〕舊注：警，飭戒也。⊙王先慎曰：「警」，策作「儆」，字同。

〔七〕奇猷案：楚懷王。

〔八〕顧廣圻曰：藏本同。今本「一」作「而」，屬下，誤。當句絶。策作「今又得韓之名都一」，史記同。史、策上文皆作「以一名都」。

〔九〕王先慎曰：史記、國策作「而具甲」。

〔一〇〕奇猷案：史記「廟祠」作「禱祠」。廟祠而求也，猶言祠於廟而求之也。

〔一一〕舊注：信，申也。⊙奇猷案：「信意」，史記作「肆志」。案意猶志也（詳前），則申意與肆志同義。

〔一二〕奇猷案：弊、敝同。

〔一三〕奇猷案：「悦」，藏本作「説」，同。

〔一四〕奇猷案：史記作「乃止公仲之行」，疑此脱「之行」二字。

〔一五〕顧廣圻曰：策同，姚校云：「告，一作困。」今案「告」當作「苦」，形近之誤。史記作「伐」。⊙吳汝綸曰：「告」當是「害」之壞字。⊙奇猷案：吳説是。下言「實禍」與此「實害」同義。

〔一六〕王引之曰：此言韓王聽虛言而輕實禍，則「輕」下不得有「誣」字，「誣」即「輕」之譌，韓策及史記韓世家俱無「誣」字是其證也。今作「輕誣强秦之實禍」者，一本作「輕」，一本作「誣」，而後人誤合之耳。凡從巠、從巫之字傳寫往往譌溷，説見經義述聞大戴禮「喜之而觀其不誣」下。

〔一七〕顧廣圻曰：策作「秦果大怒，興師與韓氏戰於岸門」，在十九年，其拔宜陽在襄王之五年，後此凡七年也，不同。

〔一八〕奇猷案：八姦篇云「聽大國而救亡也，而亡亟於不聽」，即此義。

奚謂國小無禮？昔者晉公子重耳出亡，過於曹〔一〕，曹君袒裼而觀之〔二〕。釐負羈與叔瞻侍於前〔三〕。叔瞻謂曹君曰〔四〕。臣觀晉公子非常人也。君遇之無禮。彼若有時反國而起兵。即恐為曹傷〔五〕。君不如殺之。曹君弗聽。釐負羈歸而不樂。其妻問之曰。公從外來而有不樂之色何也。負羈曰。吾聞之。有福不及。禍來連我〔六〕。今日吾君召晉公子。其遇之無禮。我與在前。吾是以不樂。其妻曰。吾觀晉公子。萬乘之主也。其左右從者。萬乘之相也。今窮而出亡過於曹。曹遇之無禮。此若反國。必誅無禮。則曹其首也。子奚不先自貳焉。負羈曰。諾。盛黃金於壺。充之以餐〔七〕。加璧其上。夜令人遺公子。公子見使者。再拜受其餐而辭其璧。公子自曹入楚自楚入秦〔八〕。入秦三年。秦穆公召羣臣而謀曰。昔者晉獻公與寡人交。諸侯莫弗聞。獻公不幸離羣臣。出入十年矣。嗣子不善〔九〕。吾恐此將令其宗廟不祓除而社稷不血食也。如是弗定。則非與人交之道。吾欲輔重耳而入之晉。何如？羣臣皆曰善。公因起卒。革車五百乘。疇騎二千〔一〇〕。步卒五萬。輔重耳入之于晉。立為晉君。重耳即位三年。舉兵而伐曹矣〔一一〕。

因令人告曹君曰〔一二〕。懸叔瞻而出之。我且殺而以為大戮。又令人告釐負羈曰〔一三〕。軍旅薄城〔一四〕。吾知子不違也〔一五〕。其表子之閭。寡人將以為令。令軍勿敢犯〔一六〕。曹人聞之。率其親戚而保釐負羈之閭者七百餘家〔一七〕。此禮之所用也〔一八〕。故曹小國也〔一九〕。而迫於晉、楚之間〔二〇〕。其君之危猶累卵也。而以無禮蒞之。此所以絶世也。故曰。國小無禮。不用諫臣。則絶世之勢也〔二一〕。

〔一〕奇猷案：左傳僖四年：「重耳以驪姬之讒出亡。」又案：此節所載史事又見左僖廿三、廿四、廿八及三十年傳，國語晉語，呂氏春秋上德篇，淮南子道應訓、人間訓，史記晉世家。又案：此僅略加句讀，其詳細標點則見節末所附校正文中。

〔二〕奇猷案：左僖廿三年傳：「晉公子重耳及曹。曹公共聞其駢脅，欲觀其裸浴，薄而觀之。」晉語載略同。呂覽上德篇：「曹共公視其駢脅，使之袒而捕池魚。」淮南人間訓載與呂氏春秋同。黄氏日抄云：「恐無此理。」

〔三〕顧廣圻曰：叔瞻與左傳及本書喻老篇皆不合。⊙王朝渠曰：蓋誤以鄭之叔瞻為曹臣也。⊙奇猷案：此節蓋合述重耳過曹、過鄭，曹、鄭之君無禮事。下文「懸叔瞻而出之」云云，與他書所載皆合可證。但此節有脱誤耳。若將此文稍加校正，則全文自通（各詳本條）。準此，則此句「與叔瞻」三字當刪，後人不知此下有錯誤，見下文「重耳伐曹令人告叔瞻又令人告釐負羈」遂於此妄增「叔瞻」二字，又增「與」字以連之耳。「釐」，左傳、晉語作「僖」，作「釐」者避漢諱改。又案：叔瞻，左傳、國語作叔詹，字同。呂氏春秋上德篇作「被瞻」，「被」當為姓，「叔」其排行也。

〔四〕奇猷案：「叔瞻」當作釐負羈。

〔五〕松皐圓曰：傷，害也。

〔六〕舊注：君有福未必及己，其禍之至當連我也。

〔七〕盧文弨曰：「諾」下脱「乃」字。「餐」，當作「飧」，下同。⊙奇猷案：盧校是。「餐」，晉語作「飧」，下同。

〔八〕奇猷案：「公子自曹」下當依喻老篇補「過宋，自宋（此四字非喻老篇文，案據左傳當補）過鄭，鄭君不禮。叔瞻諫曰：『此賢公子也，君厚待之，可以積德。』鄭君不聽。叔瞻又諫曰：『不厚待之，不若殺之，無令有後患。』鄭公（當作君）又不聽。公子自鄭」（公子自鄭四字亦非解老篇文，但此當有）五十八字。左僖二十三年傳、國語晉語、呂氏春秋上德篇、史記晉世家載略同。案漢書藝文志云：「劉向以中古文校歐陽大小夏侯三家經文，酒誥脱簡一，召誥脱簡二，率簡二十五字者脱亦二十五字，簡二十二字者脱亦二十二字。」則古籍每簡書字十餘或二十餘，此脱五十八字，必為三簡之文。

〔九〕顧廣圻曰：藏本、今本「嗣」上有「其」字。

〔一〇〕舊注：疇，等也。言馬齊等皆精妙也。

〔一一〕奇猷案：「三」當是「五」字之誤。據左傳，重耳於僖公二十四年反國，即位為晉君，二十八年春伐曹。晉語亦曰：「文公立四年，楚成王伐宋，公率齊伐曹、衛以救宋。」案楚伐宋在僖二十七年冬，則文公以起兵之遷延，伐曹當在僖二十八年春，故伐曹當在即位五年矣。

〔一二〕奇猷案：「因」字下當有「伐鄭」二字，後人不知此為錯簡，見上已云「伐曹」，而此不當云「伐鄭」，遂妄刪「伐鄭」二字耳。又案：「伐鄭」二字及此下至「以為大戮」二十字（據漢志此當為一簡）當在下文「令軍勿敢犯」句下。又案：曹當作鄭。左僖三十年傳「晉侯、秦伯圍鄭，以其無禮於晉」，杜注：「文公亡過鄭，鄭不禮之。」伐鄭，令人告鄭君懸叔瞻而出之事，晉語、呂氏春秋、晉世家所載意均略同，明此「曹」字當作「鄭」。後人不知此段為錯簡，見上云「伐曹」，遂改「鄭」字為「曹」耳。

〔一三〕奇猷案：「又」字衍，後人不知錯簡，見上云「因令人」云云，遂增一「又」字以足文義，當刪。案此下至「令軍勿敢犯」當接「舉兵而伐曹矣」句。

〔一四〕王先慎曰：薄，迫也。

〔一五〕舊注：知不敢違君言，非本心也。⊙王先慎曰：謂知不背吾也。注說非。⊙陶鴻慶曰：案違，去也。言知子之賢必不肯去國也，故有使表其閭令軍勿犯之事。舊注云「知不敢違君言，非本心也」，與上下文意不相屬。王解謂「知不背吾也」，亦非。⊙奇猷案：陶說是，劉師培說同。

〔一六〕奇猷案：上「伐鄭，（二字校補）令人告鄭（原作曹，校改。）君曰：懸叔瞻而出之，我且殺而以為大戮」二十二字，當移於此下。

〔一七〕奇猷案：上文既云「表釐負羈之閭，令軍勿敢犯」，則曹不必再率親戚而保釐負羈之閭。此文「曹人」當作「鄭人」，「釐負羈」當作「叔瞻」。蓋上謂重耳求叔瞻殺以為大戮，而鄭人愛叔瞻之賢，且叔瞻先曾諫君禮重耳，君不聽，是過在君，故率其親戚而保叔瞻之閭也。

〔一八〕奇猷案：此語二指，一指釐負羈以壺餐禮重耳，一指叔瞻諫鄭君禮重耳。

〔一九〕奇猷案：「曹」下當有「鄭」字。此總結上文。後人見上皆云曹，遂刪去「鄭」字。

〔二〇〕奇猷案：曹在今山東曹縣，鄭在今河南鄭縣，故曰迫於晉、楚之間。

〔二一〕奇猷案：此段校語繁複，不易閱讀，今正其文於下，以醒眉目。其文云：奚謂國小無禮？昔者晉公子重耳出亡，過於曹，曹君袒裼而觀之。釐負羈侍於前，釐負羈謂曹君曰：「臣觀晉公子非常人也，君遇之無禮，彼若有時反國而起兵，即恐為曹傷。君不如殺之。」曹君弗聽。釐負羈歸而不樂。其妻問之曰：「公從外來而有不樂之色，何也？」負羈曰：「吾聞之，有福不及，禍來連我。今日吾君召晉公子，其遇之無禮，我與在前，吾是以不樂。」其妻曰：「吾觀晉公子，萬乘之主也。其左右從者，萬乘之相也。今窮而出亡過於曹，曹遇之無禮，此若反國，必誅無禮，則曹其首也。子奚不先貳焉？」負羈曰：「諾。」乃盛黃金於壺，充之以餐，加璧其上，夜令人遺公子。公子見使者，再拜，受其餐而辭其璧。公子自曹過宋，自宋過鄭，鄭君不禮。叔瞻諫曰：「此賢公子也，君厚待之，可以積德。」鄭君不聽。叔瞻又諫曰：「不厚待之，不若殺之，無令有後患。」鄭君又不聽。公子自鄭入楚，自楚入秦，入秦三年，秦穆公召羣臣而謀曰：「昔者晉獻公與寡人交，諸侯莫弗聞。獻公不幸離羣臣，出入十年矣。其嗣子不善，吾恐此將令其宗廟不祓除而社稷不血食也。如是弗定，則非與人交之道。吾欲輔重耳而入之晉，何如？」羣臣皆曰：「善。」公因起卒，革車五百乘，疇騎二千，步卒五萬，輔重耳入之于晉，立為晉君。重耳即位五年，舉兵而伐曹矣。因令人告釐負羈曰：「軍旅薄城，吾知子不違也。其表子之閭，寡人將以為令，令軍勿敢犯。」伐鄭，令人告鄭君曰：「懸叔瞻而出之，我且殺而以為大戮。」鄭人聞之，率其親戚而保叔瞻之閭者七百餘家。此禮之所用也。故曹、鄭，小國也，而迫於晉、楚之間，其君之危猶累卵也，而以無禮涖之，此所以絶世也。故曰：國小無禮，不用諫臣，則絶世之勢也。又案：或以此篇言禮言賢而疑其不出於韓非之手，斷為儒家者流之作。殊不知韓非所謂禮，非儒家厚生送死之謂，而以行徑不違人情者為禮。「禮為義之文」，「禮所以飾其貌」（均詳解老篇），禮令人不相怨怒而無爭（內儲説上：「殷法刑棄灰於街者。夫棄灰於街必掩人，掩人，人必怒，怒必鬭。」蓋棄灰於街是行徑無禮於人也，故禁之。）至於韓非之所謂賢，亦非儒家行仁義施貧窮及隱居不仕者之謂。乃以富法術、守繩墨、精忠為國者為賢人（如難言篇舉管仲、商鞅、董安于等而曰「此皆仁賢忠良有道術之士也」，有度篇「賢者之為人臣，北面委質，無有二心，順上之為，從主之法」，皆可證。）或者不明韓非對於禮與賢之定義，遂以儒家言禮言賢而斷此篇為儒家者流之作，誣矣。

卷四

孤憤第十一〔一〕

智術之士〔二〕，必遠見而明察，不明察不能燭私；能法之士，必强毅而勁直，不勁直不能矯姦〔三〕。人臣循令而從事，案法而治官，非謂重人也〔四〕。重人也者，無令而擅為，虧法以利私，耗國以便家，力能得其君，此所為重人也〔五〕。智術之士明察，聽用，且燭重人之陰情〔六〕；能法之士勁直，聽用，且矯重人之姦行。故智術能法之士用，則貴重之臣必在繩之外矣〔七〕。是智法之士與當塗之人〔八〕，不可兩存之仇也〔九〕。

〔一〕舊注：言法術之士，既無黨與，孤獨而已，故其材用，終不見明。卞生既以抱玉而長號，韓公由之寢謀而內憤。

⊙奇猷案：本篇原為統篇，今依文義分段。

〔二〕容肇祖曰：智，讀如知，下同。⊙奇猷案：説郛引「智」作「知」，字通。內儲説上、下篇舉有各種察姦之術。

〔三〕王先慎曰：廣雅釋詁：「矯，直也。」莊子天下篇「以繩墨自矯」，荀子性惡篇「以矯飾人之性情而正之」，其義並同。⊙奇猷案：矯正其失為矯，有度篇「矯上之失」，外儲説右下「榜檠所以矯不直也」，矯字皆此義。能法之士，謂能執法不阿之士。

〔四〕王先慎曰：重人非此之謂。⊙陶鴻慶曰：「謂」上當有「所」字，下文云「此所謂重人也」語意與此正相應。⊙奇猷案：陶説是。又案：官，職也。詳二柄篇。

〔五〕舊注：擅為虧法，逆理而動，其力尚能得君從己，況其餘乎，此所謂重人也。言其貴賤國人所共重也。⊙王渭曰：「為」，當作「謂」，舊注未諭。⊙王先慎曰：為、謂古通，不必改。⊙奇猷案：注「謂」上藏本有「所」字，是，今據補。又案：為，猶謂也，詳王氏經傳釋詞。八説篇云：「重臣者，言聽而力多者也。」

〔六〕舊注：智術之士既明且察，今見聽用，能燭重人之陰情。⊙奇猷案：吕氏春秋音律篇高注：「且，將也。」

〔七〕舊注：言必見削除也。⊙奇猷案：外儲説右上篇云：「行私者，繩之外也。」貴重之臣行私，故貴重之臣行私是在繩（法）之外，必受制裁。

〔八〕奇猷案：智法，即智術能法。此取其與下句「當塗」相對，故省二字也。

〔九〕舊注：既不可兩存，所存以相仇也。⊙盧文弨曰：注「所」下衍「存」字。

當塗之人擅事要，則外内為之用矣〔一〕。是以諸侯不因則事不應，故敵國為之訟〔二〕。百官不因則業不進，故羣臣為之用〔三〕。郎中不因則不得近主，故左右為之匿〔四〕。學士不因則養禄薄禮卑，故學士為之談也〔五〕。此四助者，邪臣之所以自飾也。重人不能忠主而進其仇〔六〕，人主不能越四助而燭察其臣〔七〕，故人主愈弊，而大臣愈重〔八〕。凡當塗者之於人主也，希不信愛也，又且習故〔九〕。若夫即主心同乎好惡，固其所自進也〔一〇〕。官爵貴重，朋黨又衆，而一國為之訟〔一一〕。則法術之士欲干上者，非有所信愛之親，習故之澤也，又將以法術之言矯人主阿辟之心，是與人主相反也。處勢卑賤〔一二〕，無黨孤特。夫以疏遠與近愛信爭〔一三〕，其數不勝也〔一四〕；以新旅與習故爭〔一五〕，其數不勝也；以反主意與同好爭〔一六〕，其數不勝也；以輕賤與貴重爭，其數不勝也；以一口與一國爭〔一七〕，其數不勝也。法術之士，操五不勝之勢，以歲數而又不得見〔一八〕。當塗之人，乘五勝之資，而旦暮獨說於前〔一九〕。故法術之士，奚道得進，而人主奚時得悟乎〔二〇〕？故資必不勝而勢不兩存，法術之士焉得不危〔二一〕？其可以罪過誣者，以公法而誅之〔二二〕。其不可被以罪過者，以私劍而窮之〔二三〕。是明法術而逆主上者〔二四〕，不僇於吏誅，必死於私劍矣〔二五〕。

〔一〕舊注：外，謂百官，內，謂君之左右也。皆與當塗之人為用也。⊙王先慎曰：外，指敵國，下文「諸侯不因」是也。百官、左右、學士皆屬內。注誤。⊙陶鴻慶曰：案「用」當作「因」，讀如「因不失其親」之因。作「用」者，形近又涉下文「羣臣為之用」而誤也。下文「諸侯不因」「百官不因」「學士不因」諸句皆承此言。八經篇云「臣有二因，謂內外也」，是其證。外儲說右篇「好惡見，則下有因而人主惑矣」，亦謂有所依倚也。⊙奇猷案：擅事要，即擅用事之機要，亦即治之柄也。又案：王說是。內儲說下「姦臣者召敵兵以內除」，即外為之用也。又案：陶以「用」為「因」誤，未可從。外內為之用，即下文「為之訟」、「為之用」、「為之匿」、「為之談」。陶舉下文「因」字為證，然下文之「因」字皆借重之意，若此文作因，則不辭矣。且此文謂外內聽當塗之人使，下文「因」是因當塗之人成事，語不同。

〔二〕舊注：鄰國諸侯，或來求事，不因當塗者，其求必不見應，故重人有事，敵國為之訟寃。⊙王先慎曰：訟，説也。（説見下）此謂敵國之人稱譽其重人，如燕噲為秦使燕而為子之之類。注謂重人有事敵國為訟寃，非。⊙陶鴻慶曰：案訟讀為容，淮南泰族訓「訟謬胸中」，高注云「訟、容也」，是訟、容字通。史記鄒陽列傳「以左右先為之容也」，索隱云「為之容飾」，義與此同。敵國為之容，若蘇秦佩六國相印之類。舊注解為「訟寃」固謬，王解訓為説，是讀訟為誦，亦失之。⊙太田方曰：訟、頌通，稱功美德也。三略「佞臣在上，一軍皆訟」，漢書「賢良周護等對策，深訟莽功德」。⊙奇猷案：太説謂訟、頌字通，是也。説文訟下云「一曰調訟」，徐鍇曰「古本毛詩『雅』『頌』字多作訟」，是亦訟、頌通用之證。此文謂諸侯不因此當塗之人，則舉事不應，故頌揚之以交好也。如蘇代為齊使燕為子之説燕噲是。見外儲説右下，王引作燕噲為秦，誤。

〔三〕奇猷案：業即職事，詳二柄篇「守業其官」條。

〔四〕舊注：郎中，為郎居中，則君之左右之人也。既因重人而得近主，故為之匿非也。

〔五〕舊注：談者，謂為重人延譽。⊙王先慎曰：養、禄二字當衍其一。⊙奇猷案：藏本「為之」作「之為」，誤。又案：王説非也。養與禄有別，三守篇云「羣臣持禄養交」可證。此或養或禄未定，故二者並舉。王氏泥於與「禮卑」相對，殊謬。

〔六〕舊注：重人所仇者，法術之士。⊙奇猷案：韓非以賢者之為臣也，外舉不避讐（詳外儲説左下），故此云然。

〔七〕舊注：臣，亦謂法術之臣也。⊙奇猷案：臣指重人。注誤。

〔八〕顧廣圻曰：弊讀為蔽，下文「比周以弊主」，又「是以弊主上」，皆同。⊙王先慎曰：本書「蔽」多作「弊」，姦劫弒臣篇云「為姦利以弊主」，又云「非不弊之術也」，難一篇云「賞罰不弊於後」，是也。

〔九〕舊注：重人得主信愛者多，又用事既久，乃慣習故舊也。⊙奇猷案：習故，謂近習故舊也。又案：注藏本「乃」上衍「既」字，非。

〔一〇〕顧廣圻曰：藏本同。今本無「乎」字，誤。⊙王先慎曰：即，就也。就主心之好惡者而好惡之。自進，謂己之進身也。其所以自進，則與主信愛、習故、同好惡三者而已。注訓自進為己自進舉之人（見下），誤。⊙孫子書師曰：案自，由也。史記馮唐列傳：「文帝問唐曰：父老何自為郎。」索隱引崔浩云：「自，從也。帝詢唐何以為郎。」（小顏注漢書云：「言年已老矣，何乃自為郎。」其誤與王同。）王訓自為己，非。又案：此文「若夫」以下二句另為一義，與上文不相蒙。韓子自以即主心、同好惡一端為當塗者所由進身之術，王云三者亦誤。⊙奇猷案：孫師說是。主道篇：「君見其所欲，臣將自雕琢，君見其意，臣將自表異」，即謂同主之好惡以進身也。

〔一一〕舊注：訟，即說也。重人舉措，常就主心而同其好惡，已自進舉之人，官爵重之，朋黨衆，及其有事，一國為之訟冤，則君無德而誅之。⊙王先慎曰：注訟即說，是也。又以訟冤釋之，非。「衆」上脫「又」字，「無德」當作「無得」。⊙奇猷案：訟、頌通，說見前。謂全國之人為之頌德也。

〔一二〕顧廣圻曰：藏本、今本「世」作「勢」。⊙王先慎曰：作「勢」是。此對官爵貴重言，不當作「世」。⊙劉文典曰：案王校是也。古語處勢，猶今言地位。莊子山木篇「處勢不便，未足以逞其能也」，新序雜事篇「處勢不便故也」，史記蔡澤傳「翠鵠犀象，其處勢非不遠死也」，漢書陳湯傳「故陵因天性據真土，處勢高敞」，其義並同。乾道本作「世」者，後人不知「處勢」二字之義，妄改之也。難三篇「夫處勢而不能用其有」，「勢」，乾道本亦作「世」，並淺人所改。⊙奇猷案：作「勢」是，今改「世」為「勢」。

〔一三〕舊注：近愛信，謂重人是也。⊙王先慎曰：「近」字衍文，「愛信」當作「信愛」，疏遠、信愛相對成文，不當有

「近」字，上文「希不信愛」「非有所信愛之親」皆作「信愛」，此承上言，明「愛信」二字誤倒。注亦作「近愛信」，則其譌舊矣。⊙奇猷案：近，近習也，上言「信愛」「習故」，此言近愛信，文正相承，不當無「近」字，王氏泥於對文，非。

〔一四〕舊注：數，理也。⊙奇猷案：數，定數，必然之詞。

〔一五〕孫子書師曰：案廣雅及易復卦釋文引鄭氏注並云：「旅，客也。」

〔一六〕舊注：重人與君同好。⊙王渭曰：「好」下當有「惡」字。⊙奇猷案：王說是。上文「同乎好惡」可證。

〔一七〕舊注：重人與一國為朋黨。⊙奇猷案：以一口與一國争，承上「一國為之訟」而言。謂重人者，一國為之訟，法術之士以一口與之爭，故曰其數不勝也。

〔一八〕舊注：所經時歲已至於數，猶不得見君。⊙顧廣圻曰：又，當作猶，舊注未譌。⊙陶鴻慶曰：案「又」當依舊注作「猶」。數讀上聲。言以歲數計而猶不得見也。舊注云「所經時歲已至於數猶不得見君」，非是。

〔一九〕舊注：法術之士既不得見，故當塗之人獨訟而稱冤。⊙王先慎曰：案依注所據本「説」作「訟」，故云「獨訟而稱冤」，此解非也。訟古通誦。誦，猶説也。史記呂后紀「未敢訟言攻之」，漢書作「誦言」，索隱云：「誦，説也。」此謂當塗之人獨常常與君言説，而法術之士，見且猶不得亟，況得與言乎。此旦暮獨訟於前反對法術之士言。舊注誤。⊙奇猷案：説，讀若「説難」之説。謂當塗之人乘五勝之資，於是旦暮獨説於人主之前，使人主愈蔽，故下云：「法術之士奚道得進，而人主奚時得悟乎。」舊注因上以説訓訟，而此又以訟訓説，固謬，王解據注為説，失之。

〔二〇〕舊注：法術之士既不得進，則人主何從而悟乎？⊙王先慎曰：王氏念孫、俞氏樾並訓此道字為由。案奚道得進，猶言何時得進也。士無時得進，則人主無時得悟，語正相當。奚道得進，即蒙上以歲數而又不得見言，則道為時字變文，尤其明證。不得以他處道有由義以例此也。人主篇正作「奚時得進」。⊙奇猷案：訓道為由，文義甚明，不煩改字，王先愼說未確。

〔二一〕舊注：法術之士，既資必不勝之數，而又與重人勢不兩存，則法術之士必危而見陷。⊙王先愼曰：注趙本「又」下有「與」字。⊙奇猷案：有「與」字是，今據補。

〔二二〕舊注：法術之士有過失可誣罔者，重人則舉以為罪而誅之。⊙王先愼曰：張榜本「公」上有「以」字。⊙奇猷案：有「以」字是，下文「以私劍而窮之」與此相對，有「以」字可證，今據張本增。

〔二三〕舊注：若無過失可誣者，則使俠客以劍刺之，以窮其命也。⊙奇猷案：漢書高帝紀注：「被，加也。」

〔二四〕劉師培曰：案「逆」，當作「遻」。難言篇「辭不悖逆」，識誤云「逆當作遻，作逆者形近之誤」，此文亦然。⊙奇猷案：說文：「逆，迎也。」淮南子覽冥訓注：「迎，接也。」迎接即有相見之意，則「逆」字本通，不必改字。（說文：「遻，相遇驚也。」爾雅釋詁：「遻，見也。」）劉說未可從。

〔二五〕顧廣圻曰：今本「憀」作「僇」。⊙王先愼曰：僇與戮通，「憀」字誤。⊙奇猷案：作「僇」是，今據今本改。荀子非相篇：「為天下大僇」，楊注：「僇，與戮同。」

朋黨比周以弊主，言曲以便私者，必信於重人矣。故其可以功伐借者，以官爵貴之〔一〕。其不可借以美名者，以外權重之〔二〕。是以弊主上而趨於私門者，不顯於官爵，必重於外權矣〔三〕。今人主不合參驗而行誅〔四〕，不待見功而爵祿〔五〕，故法術之士安能蒙死亡而進其說，姦邪之臣安肯乘利而退其身〔六〕？故主上愈卑，私門益尊。夫越雖國富兵彊，中國之主皆知無益於己也，曰「非吾所得制也〔七〕」。今有國者雖地廣人衆，然而人主壅蔽，大臣專權，是國為越也〔八〕。智不類越，而不智不類其國，不察其類者也〔九〕。人主所以謂齊亡者，非地與城亡也〔一〇〕，吕氏弗制，而田氏用之〔一一〕，所以謂晉亡者，亦非地與城亡也，姬氏不制，而六卿專之也〔一二〕。今大臣執柄獨斷，而上弗知收，是人主不明也〔一三〕。與死人同病者，不可生也；與亡國同事者，不可存也〔一四〕。今襲迹於齊、晉，欲國安存，不可得也〔一五〕。

〔一〕舊注：彼有功伐重人借為己用者，則官爵貴其人也。⊙奇猷案：借、藉通，左僖二十八年傳「藉之告楚」，杜注：「藉，借也。」謂朋黨比周以弊（同蔽）主，言曲以便私者，必信於重人，重人既信之，則其有功伐可資藉助者，遂因其功伐貴之以官爵。下文借字義同。舊注未得其旨，王解謂「藉，繫也」（見下條），亦誤。

〔二〕舊注：彼雖無功伐，可使近權令者，威重之。⊙顧廣圻曰：藏本同。今本無「不」字，誤。乾道本「名」作「明」，譌。⊙王先慎曰：「名」字是，「借」字當在「名」字下，「其可以美名借者」與「其可以功伐借者」句法一律。上不當有「不」字。借、藉古通，莊子應帝王篇釋文引崔注：「藉，繫也。」其人可以功伐維繫者則貴以官爵，可以美名維繫者則重以外權，二事平說，舊注誤。⊙奇猷案：「明」作「名」是，趙本、迂評本、凌本皆作「名」，今據改。王氏刪「其」下「不」字，非是。又王氏以「借」字移在「美名」下，亦未確，「可以功伐借者」與「不可借以美名者」句法不應一律。「可以功伐借者」，謂被貴之人有功伐可資藉助者，其義前注已言之。「不可借以美名者，以外權重之」，謂其不可借用美名而貴之者，則以外國之勢力重之。

〔三〕舊注：趨，向也。⊙奇猷案：趨於私門，謂趨走私門以求顯重也。舊注未洽。

〔四〕舊注：謂於法術之士，不參驗以知其真僞即行誅罰。⊙奇猷案：參驗，即參驗形名也。（説詳亡徵篇）合參驗，謂合於形名也。

〔五〕舊注：重人所進，雖未見功，先與之爵禄也。

〔六〕劉師培曰：案「乘」，疑「棄」字。⊙奇猷案：劉説是，津田鳳卿説同。

〔七〕舊注：越國爲異國，即敵國也。⊙顧廣圻曰：藏本、今本「雖」下有「國」字。⊙王先慎曰：注以「越國」連文，是所見本「雖」字即「國」之誤。「夫越」微逗，「國富兵彊」句絶。中國視越國最遠，故取以爲況。外儲説上篇「越人雖善游」，亦借越爲喻是其證。注訓異國，非。⊙奇猷案：雖下有國字於文爲順，今據藏本、今本、迂評本、凌本補。王説非。

〔八〕舊注：大臣專國，常有謀君之心，即己國還爲越國，故曰是國爲越也。⊙奇猷案：謂雖國富兵强，無益於己，是猶越之無益於己也。舊注未晰。

〔九〕舊注：縱臣專權，國變成越，是不自知己國即與越國不異，所以然者，良以不察知己國類於越國故也。⊙盧文弨曰：案智與知通，此上智字義亦當爲知。⊙顧廣圻曰：兩「類」字當作「賴」。賴，利也。涉下「不察其類者也」句而誤。今本「智」作「知」，誤，二「智」字皆讀爲知，本書屢見。⊙王先慎曰：既讀爲知，則今本「智」作「知」不得爲誤。類，似也。知己之國不似越之不得制，究不能自制其國，是不知國之不似己之國也。顧改「類」爲「賴」，非。⊙陶鴻慶曰：案顧校云：「上兩類字皆當作賴。賴，利也。」若然，則「不類其國」、「不」字當爲衍文。蓋越國則不賴，己國則賴之，皆所當知也。今有國者但知不賴越，而不知賴其國，故曰不察其類也。衍「不」字則義不可通。

⊙奇猷案：王説是，難勢篇：「此不知類之患也」，與此「類」字同義。又案：顧氏重版本，今本作「知」，是改古本，故謂其誤。

〔一〇〕孫詒讓曰：「主」字衍。⊙松皐圓曰：山曰：「主，宜作之。」⊙奇猷案：孫説是，「主」字因上下文「人主」字而衍。

〔一一〕奇猷案：吕尚封齊。又案：田氏專齊政事詳二柄篇及外儲説右上篇。

〔一二〕奇猷案：周成王封弟叔虞於唐，稱唐侯，子燮徙居晉，稱晉侯。（周，姬姓。）又案：范氏、中行氏、智氏及韓、趙、魏世為晉卿，史號六卿，六卿專權，卒至韓、趙、魏三家分晉，詳史記晉及韓、趙、魏世家。

〔一三〕舊注：不知收取其柄而自執之，令臣於上獨斷，此主之不明也。今，謂秦也。⊙王先慎曰：此書作於韓，秦王見之始伐韓得非，非在秦時作也。今字泛言當時諸侯，注誤。

〔一四〕太田方曰：太甲：「與治同道罔不興，與亂同事罔不亡。」桓譚新論：「傳曰：與死人同病者不可為醫，與亡國同政者不可為謀」。潛夫論：「與死人同病者不可生也，與亡國同行者不可存也。」

〔一五〕舊注，襲，重也。⊙奇猷案：爾雅釋山「三山襲陟」，郭注：「襲，亦重。」

凡法術之難行也，不獨萬乘，千乘亦然。人主之左右不必智也〔一〕，人主於人有所智而聽之，因與左右論其言，是與愚人論智也〔二〕。人主之左右不必賢也。人主於人有所賢而禮之，因與左右論其行，是與不肖論賢也。智者決策於愚人，賢士程行於不肖〔三〕，則賢智之士羞而人主之論悖矣。人臣之欲得官者，其修士且以精絜固身〔四〕，其智士且以治辯進業〔五〕。其修士不能以貨賂事人〔六〕，恃其精潔，而更不能以枉法為治〔七〕，則修智之士，不事左右，不聽請謁矣〔八〕。人主之左右，行非伯夷也〔九〕，求索不得，貨賂不至，則精辯之功息，而毁誣之言起矣〔一〇〕。治辯之功制於近習〔一一〕，精潔之行決於毁譽，則修智之吏廢，則人主之明塞矣〔一二〕。不以功伐決智行〔一三〕，不以參伍審罪過〔一四〕，而聽左右近習之言，則無能之士在廷，而愚污之吏處官矣〔一五〕。

〔一〕奇猷案：智，如字。下同。

〔二〕王先慎曰：人主篇「因」上有「人」字，下同。⊙太田方曰：荀子君道篇：「今人主有六患，使賢者為之而與不肖者規之，使智者慮之則與愚者論之，使修士行之則與汙邪之人疑之，雖欲成立得乎哉？」按此所言，韓子述師説也。⊙松皋圓曰：吕覽、新序亦有此論。⊙奇猷案：因上當有「人」字，謂背其人，否則文義不足。吕氏春秋知度篇云「人主之患，必在任人而不能用之，用之而與不知者議之也」，亦此義。

〔三〕王先慎曰：智者之策決於愚人，賢士之行程於不肖。⊙松皋圓曰：説文：「程，品也。」

〔四〕舊注：修士，謂修身之士，但精潔自固其身。⊙王先慎曰：乾道本此作「絜」，下二「絜」字皆作「潔」，潔、絜字通用。⊙奇猷案：精，清通。清，亦潔也。外儲説左下「西門豹為鄴令，清尅潔慤」，以清潔對舉可證。

〔五〕舊注：智者，謂智謀之士也。⊙奇猷案：業，謂職事，詳二柄篇。又案：注「者」字當作「士」。

〔六〕舊注：既修身，故不以貨事人也。

〔七〕舊注：既精潔，故不能枉法為治。智士不重說，似闕文也。⊙顧廣圻曰：「其修士」，「修」下當脫「智之」二字，「精潔」當作「精辯」，下文云「則修智之士不事左右」即謂貨賂，「不聽請謁」即謂枉法，文相承也。下文又云「則精辯之功息」，并言精辯與并言修潔同例。舊注「智士不重說，似有脫文」，誤。⊙俞樾曰：「其修士」三字衍文也。上文云「其修士且以精潔固身，其智士且以治辨進業」，此云「不能以貨賂事人」，則總蒙修士、智士為文，言其皆不能也。「恃其精潔」，當作「恃其精潔治辯」，因衍「其修士」三字，則此文專屬修士，遂刪去「治辯」二字耳。舊注謂「不重智士似有闕文」，是其所據本已誤。⊙陶鴻慶曰：案此有譌脱，以文義求之，元文當云「恃其精潔而不能以貨賂事人，恃其治辨更不能以枉法為治」，承上文「其修士且以精潔固身，其智士且以治辨進業」而言。惟其精潔，故不事貨賂，惟其治辯，故不肯枉法，故下文云「則修智之士不事左右、不聽請謁矣」。事左右又承貨賂言，聽請謁又承枉法言也。本篇文多排比，而語意自相銜接，顧氏謂「其修下」奪「智之」二字，「精潔」當作「精辯」，俞氏謂「其修士」三字衍文，「精潔」下奪「智辯」二字，均未得。⊙奇猷案：此必有誤，俞、陶二校均通，今並存之。

〔八〕舊注：左右謂財貨修智之士不肯聽從也。⊙王先慎曰：謂不以財貨賂左右，不能枉法從請謁。注說非。

〔九〕奇猷案：伯夷為精忠廉潔之人，詳史記本傳。

〔一〇〕舊注：精，謂修士精潔也。辯，謂智士辭辯也。

〔一一〕舊注：治亂，謂智士材辯能治於亂也。⊙顧廣圻曰：「亂」當作「辯」。舊注誤。王先慎曰：張榜本「亂」作「辯」。⊙奇猷案：作「辯」是。此云治辯之功，下云精潔之行，正承上文言，是其明證。今據張本改「亂」為「辯」。

〔一二〕舊注：修智之士，能發人主之聰明，今既廢而不用，則主明自塞矣。⊙顧廣圻曰：今本「人」上「則」字作「而」。

⊙劉文典曰：案「吏」當爲「士」字之誤，上文「則修智之士不事左右」是其證。注「修智之士能發人主之聰明」，是所見本作「士」尚不誤。⊙奇猷案：劉説非，謂修智之吏罷而不用，下文「愚污之吏處官」，正承此而言可證。又案：則，猶而也，本書則、而二字多互用。

〔一三〕舊注：决智行當以功伐。積功曰伐也。⊙奇猷案：漢書高祖紀注：「積功曰伐。」

〔一四〕舊注：審罪過當參伍之。參，比驗也。伍，偶會也。⊙奇猷案：揚權篇云：「參之以比物，伍之以合虚」。參伍義詳彼。

〔一五〕舊注：近習之臣既皆小人，同氣相求，同聲相應，故所親者無能之人，所愛者愚污之人，亦既親愛，必用之在廷，舉之處官矣。

萬乘之患，大臣太重，千乘之患，左右太信，此人主之所公患也〔一〕。且人臣有大罪，人主有大失〔二〕，臣主之利與相異者也〔三〕。何以明之哉？曰：主利在有能而任官，臣利在無能而得事；主利在有勞而爵禄，臣利在無功而富貴；主利在豪傑使能〔四〕，臣利在朋黨用私。是以國地削而私家富，主上卑而大臣重〔五〕。故主失勢而臣得國，主更稱蕃臣〔六〕，而相室剖符〔七〕。此人臣之所以譎主便私也〔八〕。故當世之重臣，主變勢而得固寵者，十無二三〔九〕。是其故何也？人臣之罪大也。臣有大罪者，其行欺主也，其罪當死亡也。智士者遠見，而畏於死亡，必不從重人矣。賢士者修廉，而羞與姦臣欺其主，必不從重人矣〔一〇〕。

是當塗者之徒屬，非愚而不知患者，必汚而不避姦者也〔一一〕。大臣挾愚汚之人，上與之欺主，下與之收利侵漁〔一二〕，朋黨比周〔一三〕，相與一口〔一四〕，惑主敗法，以亂士民，使國家危削，主上勞辱，此大罪也。臣有大罪而主弗禁，此大失也。使其主有大失於上，臣有大罪於下，索國之不亡者，不可得也。

〔一〕舊注：公，正也。正當以此當患也。⊙王先慎曰：注説非。公訓為共，荀子解蔽篇「此心術之公患也」，語句正同，楊注：「公，共也」，是其證。又案：注「當患」應作「為患」。

〔二〕奇猷案：藏本無上「大」字，「主」作「王」，均誤。

〔三〕顧廣圻曰：「與」，當在「相」字下。⊙奇猷案：「與」字因下「異」字而譌衍。二柄篇「言與事也」，「與」譌為「異」，揚權篇「參名與事」，「與」亦譌為「異」，是其證。八經篇：「知臣主之異利者王，以為同者劫。」

〔四〕舊注：豪傑之人有材能然後使之矣。

〔五〕松皐圓曰：主道篇：「卑主之名以顯其身，毀國之厚以利其家。」

〔六〕舊注：君臣易位，故主稱蕃臣於其臣。

〔七〕舊注：相室，家臣也。剖符，言得專授人官與之剖符也。⊙王先慎曰：趙本注「授」誤「投」。⊙松皐圓曰：三晉以大夫為諸侯，猶仍舊號，故呼相國為相室。八經篇「相室約其廷臣」，內儲說「國君好外則相室危」，亡徵篇「相室輕而典謁重」，皆指執政大臣。舊注以家臣為解，非也。漢志「相室在大夫上」，亦謂相國。⊙太田方曰：孝文紀注：「張晏曰：符以代古之圭璋，從簡易也。」范雎傳：「穰侯使者操王之璽，決制於諸侯，剖符於天下。」漢書敘傳「與爾剖符」，注：「謂封之也。」⊙奇猷案：「授」，藏本亦誤「投」。又案：漢書五行志「記曰：不當實而實，易相室」，注：「相室，猶言相國，謂宰相也。」相室即相國，為此文相室之義。説林上「隰斯彌伐樹，其相室曰」云云，則相室為家臣，故舊注云然，則舊注亦非無據之談。又案：戰國秦策「穰侯使者操王之重，決裂諸侯，剖符於天下」，鮑彪注：「此『剖符』承上『決裂』而言，謂擅封爵也。」則此文「相室剖符」，謂相室擅封爵也。據此，則此文之「相室」乃相國，非家臣也。

〔八〕舊注：譎，誑也。設詐謀以誑誤於主也。⊙王先慎曰：乾道本注「誑」作「誰」，誤，改從趙本。⊙奇猷案：注「誑」字藏本脱言旁，今從王校。

〔九〕舊注：變，謂行譎誑以移主意，十中但有二三，故曰十無二三也。⊙王先謙曰：主勢變，為國君相嬗之時也。注誤。⊙王先慎曰：注「有二三」當作「有一二」，涉正文而誤。⊙太田方曰：主變勢，謂主悟前過而變其勢也。⊙奇猷案：王、太二説均通。但説疑篇云「轉法易位」，轉法，即此文變勢，而轉法易位，謂君位易人而法令轉變。據此，則以王説義長。

〔一〇〕奇猷案：「人」，原作「臣」，今據藏本、迂評本、張榜本改，本篇屢言「重人」可證。

〔一一〕舊注：重人所為必不軌，故智士恐與同之，廉士羞與之欺主，莫有從之游者。同惡相濟，故與之為徒屬者，必污愚之人也。⊙王先慎曰：乾道本注「故」下有「上」字，「污愚」作「惡愚」，并誤，改從趙本。⊙奇猷案：藏本與趙本同，今據改。

〔一二〕舊注：言侵奪百姓，若漁者之取魚也。⊙王先慎曰：「侵漁朋黨」，當作「朋黨侵漁」，與下「比周相與」對文。⊙奇猷案：王説非，詳下。

〔一三〕舊注：阿黨為比，忠信為周也。比周者，言以阿黨之人為忠信與親也。⊙奇猷案：比，並也。周，合也。舊注誤。

〔一四〕舊注：雷同是非，故曰一口。⊙劉師培曰：案此文朋黨比周（句）相與一口（句）上文云「朋黨比周以蔽主」，飾邪篇曰「羣臣朋黨比周以隱正道」，人主篇云「朋黨比周以蔽疏遠」，均其證。相與一口，即内儲説上七術篇之「一辭同軌」也。⊙奇猷案：劉讀是。舊注及王氏均未得其讀。王氏又改「朋黨」於「侵漁」上，失之。

説難第十二〔一〕

凡説之難：非吾知之，有以説之之難也〔二〕；又非吾辯之，能明吾意之難也〔三〕；又非吾敢横失，而能盡之難也〔四〕。凡説之難，在知所説之心，可以吾説當之〔五〕。所説出於為名高者也，而説之以厚利，則見下節而遇卑賤，必棄遠矣〔六〕。所説出於厚利者也，而説之以名高，則見無心而遠事情，必不收矣〔七〕。所説陰為厚利而顯為名高者也，而説之以名高，則陽收其身而實疏之；説之以厚利，則陰用其言顯棄其身矣〔八〕。此不可不察也〔九〕。

〔一〕舊注：夫説者有逆順之機，順以招福，逆而制禍，失之毫釐，差之千里，以此説之所以難也。⊙顧廣圻曰：史記列傳有。索隱云：「然此篇亦與韓子微異，煩省小不同。」今按各依本書者不悉著。⊙奇猷案：本篇原為統篇，今依文義分段。

〔二〕舊注：不知而説，雖忠見疑，故曰非吾知之説之難也。⊙顧廣圻曰：當依史記不重「之」字。按此文首三句三「吾」字皆吾説者也，與下文所説相對。言在吾者之非難，所以起下文在所説者之難也。在吾者必先知之有以説，然後辯之能明吾意，又然後敢横佚而能盡，三者相承。舊注全誤，史記正義所解亦未諦，今正之。此句之義與下文云「則非知之難也」同。⊙王先慎曰：舊注固失，顧説亦未為得也。「凡説之難」四字總挈一篇，「非吾」三句又別説難本意，再以「凡説之難」引起正文。此言知其事理則能説其是非，此非吾所難也。又案：注：「吾知之」，「之」當作「其」。⊙奇猷案：「知之」下當脱「難」字，下句「辯之」下史記有「難」字，而本書脱，可為佐證。「非吾知之難」（句）「有以説之之難也」（句）以今語譯之：不是我知道該説的內容難，而是如何説他是難的。

〔三〕舊注：吾雖不自辯數，則能明吾所説之意，如此者萬不失一，有所以則為難也。⊙盧文弨曰：「辯之」下史記韓非傳有「難」字，衍。注「所以則為難也」，「則」當作「明」。⊙王先慎曰：此言辯論能令吾意明晰又非所難也。舊注非。趙本注脱「失」字。⊙奇猷案：「辯之」下當依史記增「難」字，下「之」字猶為也。「又非吾辯之難」（句）「能明吾意之難也」（句）猶言又非吾口才辯給之難，被説者能明吾意為難也。盧、王説皆未確。藏本注亦脱「失」字。

〔四〕舊注：吾之所説，其不可循理，非敢横失，能盡此意亦復難有。⊙盧文弨曰：史記索隱云「韓子横失作横佚」，此作「横失」，疑後人依史記改之。⊙顧廣圻曰：「失」當依索隱引此作「佚」，史記作「失」。案佚、失同字，故史記以失為佚。劉伯莊説及正義讀失如字，又於「横失」斷句者，非，當十二字為一句。下文云「然後極騁智辯焉」，即此句之義也。舊注亦誤。⊙王先慎曰：張榜本「横失」作「横佚」，據索隱改也。「横失」二字，顧謂極騁智辯，是。索隱云：「陳辭發策，能盡説情，此雖是難，尚非難也。」⊙奇猷案：當以「横失」為句。失、佚同，莊子養生主「老聃死，秦失弔之」，釋文「失，本亦作佚」。此文謂説人之時，非吾敢極騁智辯，既不敢極騁智辯，則盡吾意為難矣。横失，猶言辯説馳騁無所顧忌也。列子黄帝篇「横心之所念，横口之所言」，張湛注：「横，縱放也。」荀子宥坐篇「身不佚者志不廣」，注：「佚，謂奔竄也。」縱放奔竄即有馳騁無所顧忌之義。

〔五〕舊注：既知所説之心，則能隨心而發唱，故所説能當。⊙王先慎曰：張榜本「知」誤「之」。⊙陶鴻慶曰：案當，值也。言與所説之心相值也。下文皆申明此義。舊注云「所説能當」，讀當去聲，非是。

注以「當知」連文，誤。此如漢書夏侯勝傳云「霍光與張安世謀廢昌邑王，夏侯勝諫王，謂有臣下謀上者，吏白光，光讓安世，以為泄語，安世實不泄」之類。⊙奇猷案：淮南子主術訓「知規」注：「規，謀也。」異事，他事。知，讀智。

〔五〕王先慎曰：語極知，謂説已盡其智能也。史記正義謂「説事當理」，非。⊙奇猷案：謂所言之事甚明智，故史正義云然。王説非。「周澤未渥」注見後。

〔六〕顧廣圻曰：「德」，當依索隱引此作「見」。史記作「德亡」，索隱曰：「然『見忘』勝於『德亡』也。」⊙王先慎曰：據索隱云云，則唐人所見之本作「見忘」，不作「德亡」。此作「德忘」者，後人依史記而改也。（注云猶亡其德，則宋時已改矣。）亡、忘古字通。⊙陶鴻慶曰：案顧氏云「德當依索隱引此作見」是也。今案「忘」亦誤字，「忘」當作「忌」。見忌、見疑皆足以危身，故曰如此者身危。若但云「見忘」則非其旨矣。史記作「德亡」，尤誤。⊙奇猷案：二柄篇「慶賞之謂德」，則有功則德忘者，猶言有成功則忘其賞賜也。如晉文公功成而忘介子推（見用人篇）是。諸説未得韓非「德」字之義，遂以為誤而妄改也。

〔七〕舊注：君之於己，周給之澤未有渥厚，遂以知之，極妙而以語之，行説有功猶忘其德，若不行有敗，則羞始生焉，此正危身之道也。⊙盧文弨曰：注「羞始生」，「羞」疑「妒」之誤。若袁紹之於田豐是也。⊙王先慎曰：盧説非。此即下鄰父以牆壞有盗，因疑鄰父之類。注「羞」字即「疑」字之誤。又案：注「行説」當作「説行」。⊙奇猷案：王説是。

〔八〕舊注：挑，謂發揚也。⊙盧文弨曰：「如此」下脱「者」字，凌本有。⊙王先慎曰：依上下文當有，史記亦有「者」字。⊙奇猷案：有「者」字是，迂評本及長短經鈎情篇引有，今據補。又案：挑，當讀挑戰之挑。説文段注：「挑謂撥動之。左傳云：挑戰是也。」

〔九〕舊注：不能而强，不已而止，必以不討而興怒，故危也。⊙盧文弨曰：注「不討」或是「不忖」之誤，有謂當是「不許」，猶言失許也，此皆未見作「不許」之本耳。⊙王先慎曰：强其所不能為，若項羽欲東歸而説者言關中之類。止其所不能已，若景帝欲廢栗太子而周亞夫强欲止之之類。⊙奇猷案：注「不已」原作「不以」，據趙本改。又案：注「不討」各本皆作「不討」，惟吴鼒本作「不許」，案當作「不説（同悦）」。

〔一〇〕舊注：閒，代也。論大人必談以道德宏曠，彼則以為薦大人以代之也。⊙王先慎曰：此篇皆對人君而言，斷無薦大人代君之理，蓋人君行事，大臣與焉，論其臣而即疑其論己，史記正義云「譏彼大人之短，以為竊己之事情，乃為刺譏閒之」是也。此大人指位言，注以閒己為代己，誤。閒讀為諫。⊙奇猷案：舊注誤，王説亦未確。閒，離閒。己，指君言。説者對君論議大臣，則君疑為離閒君臣。

〔一一〕舊注：論細人必談以器斗筲，彼則以為短人而賣重也。⊙王先慎曰：「賣重」，史記作「鬻權」。案賣、鬻義同。和氏篇「大臣貪重」，又云「近習不敢賣重」，重即權也。索隱云「薦彼細微之人，言堪大用，則疑其挾詐而賣我之權」，是也。注謂斗筲之人，誤。⊙劉文典曰：案此當以本書作「賣重」為是，史記引古書好改字，不足為據。本書和氏篇、人主篇並云：「近習不敢賣重。」⊙奇猷案：劉説是。論語子路篇「斗筲之人」，集解引鄭曰：「筲，竹器，容斗二升。」喻小材。

〔一二〕舊注：謂為藉君之所愛以為己資。

〔一三〕舊注：嘗，試也。論君所憎則謂為試己也含怒之深淺。⊙盧文弨曰：注「試己」下衍「也」字。⊙顧廣圻曰：「增」，今本作「憎」，史記作「憎」。⊙奇猷案：作「憎」是，與上文「愛」相對，説郛引亦作「憎」，今據改。

〔一四〕舊注：徑，直。⊙盧文弨曰：史作「則不知而屈之」，智本與知通，此加「以為」二字，疑非。⊙奇猷案：拙、詘同字，詘、屈通。（考詳難勢篇）故此作「拙」，史記作「屈」，義均同。難勢篇：「賢人而詘於不肖者，則權輕位卑也」，詘字與此拙字同義。史記索隱云：「謂人主意在文華，而説者但徑捷省略其辭，則以説者為無知而見屈辱也。」此當有「以為」二字，依索隱所解亦當有，下句有「以為」二字亦可證。盧説非。荀子性惡篇「少言則徑而省」，楊注：「徑，易也。省，謂辭寡。」「徑省其説則以為不智而拙之」，謂説事簡略而言少，則以為不明智而又笨拙。舊注訓徑為直，誤。索隱所解亦不洽。難言篇有「徑省而不飾」之語，可參閱。

〔一五〕舊注：米鹽之為物，積羣萃以成㪷斛，謂博明細雜之物，則謂己多合而猥交之也。⊙盧文弨曰：史作「汎濫博文則多而久之」。⊙顧廣圻曰：正義云：「時乃永久，人主疲倦。」今按交、久二文皆誤，當作「史」，本書難言篇：「捷敏辯給，繁於文采，則見以為史。」俞正燮曰：案墨子非命云「吾當未鹽數天下之良書」，史記天官書云「凌雜米鹽」，亦有「米鹽」字。漢書循吏黄霸傳云「米鹽靡密」，注云：「米鹽雜而且細也。」酷吏咸宣傳云「其治米鹽」，注云：「米鹽，細雜也。」（癸巳存稿卷七）⊙奇猷案：交、久皆無義，「交」當為「弃」字之誤，弃與屈對文。此謂米鹽博辯則以為繁雜而弃之。作「交」者乃因篆文「交」作[illegible]，「弃」作[illegible]，形近而譌。舊注以誤文為訓，失之。史遷引古籍，多竄改，此又因「弃」誤為「交」，義不可通，遂改為「久」。張榜本又依史記改為「久」，非是。顧氏以為「史」之誤，舉「見以為史」為證，然「史」相當於此文之「多」，若更改「交」為「史」，於文為贅矣。蒲阪圓以為「駁」字之誤，亦不確。傅佛崖以交係作動詞用，錯雜也，亦不可解。又案：舊注「萃」藏本作「聚」，義同。

〔一六〕舊注：略言其事，粗陳其意，則謂己怯懦而有所畏懼，不敢具言。⊙盧文弨曰：「略」，史作「順」。⊙王先慎曰：注「所」字趙本脱。⊙奇猷案：作「略」字義長。

〔一七〕舊注：肆，陳也。所説之事廣有陳説，不為忌諱，則謂草野凡鄙俗直而侮慢也。⊙太田方曰：荀子注：「廣讀為曠。」⊙奇猷案：廣雅釋詁：「曠，遠也。」又案：肆，放縱而無收束也。此文謂謀慮遠而放縱無所收束，則曰鄙陋而倨傲侮慢也。舊注非。

凡説之務，在知飾所説之所矜而滅其所耻〔一〕。彼有私急也，必以公義示而强之。其意有下也，然而不能已，説者因為之飾其美而少其不為也〔二〕。其心有高也，而實不能及，説者為之舉其過而見其惡而多其不行也〔三〕。有欲矜以智能，則為之舉異事之同類者，多為之地，使之資説於我，而佯不知也，以資其智〔四〕。欲内相存之言，則必以美名明之，而微見其合於私利也〔五〕。欲陳危害之事，則顯其毁誹，而微見其合於私患也〔六〕。譽異人與同行者，規異事與同計者。有與同汙者，則必以大飾其無傷也；有與同敗者，則必以明飾其無失也〔七〕。彼自多其力，則毋以其難概之也〔八〕；自勇其斷，則無以其謫怒之〔九〕；自智其計，則毋以其敗窮之〔一〇〕。大意無所拂悟，辭言無所繫縻，然後極騁智辯焉〔一一〕。此道所得親近不疑而得盡辭也〔一二〕。伊尹為宰，百里奚為虜，皆所以干其上也〔一三〕。此二人者，皆聖人也，然猶不能無役身以進，如此其汙也〔一四〕。今以吾言為宰虜〔一五〕，而可以聽用而振世〔一六〕，此非能仕之所耻也〔一七〕。夫曠日離久，而周澤既渥〔一八〕，深計而不疑，引爭而不罪，則明割利害以致其功〔一九〕，直指是非以飾其身〔二〇〕，以此相持，此説之成也〔二一〕。

〔一〕舊注：凡欲說彼，要在知其所矜則隨而光飾之，知其所耻則隨而掩滅之，如此則順旨而不忤。⊙盧文弨曰：注「順旨」張本作「順指」。⊙奇猷案：書大禹謨傳：「自賢曰矜」，則矜為自誇其賢之謂。又案：注「順旨」藏本亦作「順指」，字通。

〔二〕舊注：所說而成者，或有私事，將欲急為，則示以公義而勉强之。彼雖下意從己而不能止其私，此則為之飾其背私之義，而以不能順公為少，有以激彼存公也。

〔三〕舊注：若所說心以公義高，而其材實不能及，如此者則舉簡私之過，見背公之惡，以不行私急為多，所以成其高。⊙俞樾曰：此兩文相對。言：其意雖甚卑下，而有所不能已，則說者必為之飾其美，反若以其不行而少之，如此，乃見不能已之不足為病矣。其意雖甚高尚，而有所不能及，則說者必為之舉其過而見其惡，反若以其不行而多之，如此乃見不能及之不足為耻矣。不能已者，若犬馬聲色之好也。為之飾其美，若管子以是數者為不害霸是也。不能及者，若堯、舜之道仁義之說是也。為之舉其過而見其惡，若陳賈謂仁知周公未能盡是也。舊注所說皆未了。且此與上文「彼有私急也，必以公義示而强之」本不相蒙，舊注必牽合為說，宜其不可通矣。⊙陶鴻慶曰：案其意有下，謂有所愧耻，若割地納質之類是也。其心有高，謂有所企羨，若朝秦、楚撫四夷之類是也。姦劫弑臣篇云「此吾之所下也，而世主以為忠而高之」，正此文下、高二字之義。俞氏正舊注之誤而說之云「其意卑下若犬馬聲色之好是也，其心高尚若堯、舜之道仁義之說是也」，於本文「少其不為」「多其不行」二語，終覺未安。⊙奇猷案：陶說是。

〔四〕舊注：所說或矜以廣智，則多與舉彼同類之異事以寬所取之地，令其取說於我，而我佯若不知，如此者所以助其智也。⊙顧廣圻曰：藏本同，今本「有欲」作「有所」，誤。⊙唐敬杲曰：人主自矜其智能，必多設疑難，使之取決於我，我佯若不知，令人主自言，則智在彼矣，是資之以智也。⊙奇猷案：唐解可補舊注之未了。

〔五〕舊注：欲彼内有存恤之言，則為陳顯義之名，明其人能為此，又微言成此美名，於私有則利，其人必得而相存者也。⊙顧廣圻曰：内讀為納。舊注誤。⊙奇猷案：顧説是。注「利」上「則」字當衍。

〔六〕舊注：欲為陳危之事，其有毁誹之者，則為之顯言，又微毁誹，當為私患，其人必以誠而可試之。⊙陶鴻慶曰：案顧校内讀為納是也。相存之言，即私利之言，危害之事，即私患之事，美名、毁誹對文，毁誹即不美名也。此言説者欲陳説利害，必假名義為辭，而微示利害之實也。上文云「凡説之務，在知飾所説之所矜而滅其恥，彼有私急也，必以公義示而强之也」，此即申言其旨。舊注全非。又案：注云「其有毁誹之者則為之顯言」，似其所見本「顯」下有「言」字，而寫者脱之。⊙奇猷案：陶説是。又案：藏本注脱「毁」字。

〔七〕舊注：説者或延譽異人與彼同行，或規謀異事與彼同計。其異人之行若與彼同汙，則大文飾之，言此汙何所傷。其異事之計，若與彼同敗者，則明為文飾，言此敗何所失。如此必以己為善補過而崇重之也。⊙王先慎曰：史記脱「有與同汙者則必以大」九字。乾道本注「其異人之行」，「行」上有「計」字，據趙本删。⊙陶鴻慶曰：案異人異事，猶言他人他事。同與異對文。同行者謂素行與彼相等者，同計謂其人本在事中者。此言與同行者譽其人，而其人有與同汙，則同行者必大飾其無傷矣，與同計者規其事，而其事有與同敗，則同計者必明飾其無失矣，皆預為免咎之地也。舊注解為「説者自為文飾，如此必以己為善補過而崇重之」，斯曲説矣。⊙奇猷案：注「行」上無「計」字是，今從王校删。又案：藏本「過」作「適」，誤。陶説是。

〔八〕舊注：彼或自多矜其力，當就譽之，無得以其難滯礙之。概，礙也。⊙奇猷案：莊子至樂篇「我獨何能無槩（同概）」，釋文引司馬云：「槩，感也。」案感、憾同字。憾，恨也。此謂毋以其難恨之，與下文「無以其謫怒之」正相對。舊注訓概為礙，未聞。史記索隱訓概為格亦未允。又案：例以下文，「也」字當衍。

〔九〕舊注：彼或自以斷為勇，則無得以其先所罪謫而動怒之也。⊙盧文弨曰：「之斷」當作「其斷」，「無」藏本作

「毋」，「謫」史作「敵」。⊙洪頤煊曰：案韓非傳索隱謂：「人主自勇其斷説，士無以己意而攻閒之，是以卑下之謀自敵於上，以致譴怒也。」謫、敵字形相近。⊙顧廣圻曰：「之斷」，當依史記作「其斷」。⊙王先慎曰：案張榜本作「其斷」，與上下文合。謫、敵古通。注云「罪謫」，非。⊙陶鴻慶曰：案方言：「謫，過也，南楚凡相非議人謂之謫。」史記漢興以來諸侯年表「或以適削地」，索隱云「適，音宅，或作過」是也。此所謂謫，謂不復稱其過舉耳。史記韓非列傳「謫」作「敵」，敵亦謫之假字。舊注解為「君所罪謫」，非是。⊙奇猷案：「之斷」作「其斷」是，今據改。又案：陶説是。

〔一〇〕舊注：彼或自以計謀為智，則無得以其先所因敗而窮屈之。凡此皆所以護其短而養其鋭者，説可以無傷也。⊙王先慎曰：趙本注「因」作「困」，誤。

〔一一〕舊注：意無拂忤，辭無繫縻，其智辯得以極騁。⊙盧文弨曰：「意」史作「忠」，史「拂」「辭」互易，「悟」史作「忤」。案悟與忤通。索隱、正義所見史記尚不倒。「繫縻」各本作「擊摩」，注同，史作「擊排」。⊙顧廣圻曰：「忠」字非。「悟」，藏本、今本作「忤」。正義云：「拂悟當作咈忤，古字假借耳。」繫縻，藏本作「擊摩」是也，索隱引正作「擊摩」。⊙王先慎曰：御覽四百六十二引「意」作「怒」，「悟」作「忤」，「繫縻」作「擊排」。案大怒謂盛怒也。「意」「忠」并誤。説文：「啎，屰也」，啎為正字，悟、忤並通假字。大怒之時，説尤為難。無所佛啎者，若觸讋之諫齊太后是也。繫縻、擊摩古字相通。説文：「繫，縛也。縻，牛轡也。」引申為羈束字。易蒙釋文「擊本作繫」，中孚釋文「靡，本作縻，陸作䌕，京作劘」，禮記學記釋文「摩，又作磨」，一切經音義十「摩，古文劘、攠二形同」。本書作「繫縻」者，謂無縛束也。史記作「擊排」，索隱謂：「説諫之詞，本無別有所擊射排擯也。」案辭言恐有所擊排，即多瞻顧縛束而不敢言，則必如「梁子之告季子，語必可與商太宰三坐」是也。⊙蒲阪圓曰：按墨子云：「相踵相投，相擊相摩。」摩，切也。⊙奇猷案：齊策云「轄擊摩車而相過」，鮑彪注：「路狹車密，故相擊相摩。」史記蘇秦傳云：「車轄擊，人肩摩。」則擊摩二字有摩擦之意，猶言抵觸也。但王氏訓為束縛，義亦可通。又案：觸讋諫趙太后，非齊太后，事見趙策。梁子告季子事見本書說林下。又案：王改「意」為「怒」，非。拂，即安危篇「以忠拂耳」之拂，逆也。「悟」當從史記作「忤」（同牾），屰（同逆）也。拂牾，亦難言篇「辭不悖逆」之悖逆（悖、拂同字，詳彼）。此文謂說者之大意與君主之意無所悖逆，辭言又無所抵觸於君主，則說者可以盡情發表其智能、辯說其意見。蒲引墨子見號令篇。

〔一二〕舊注：說者因道此術，則得親近於君，終不見疑，其辭又得自盡也。⊙顧廣圻曰：「此道所得親近不疑」句有誤，「盡」下當依索隱引此有「之」字，史記作「知盡之難也」，徐廣曰：「知，一作得。難，一作辭。」⊙俞樾曰：上「得」字衍文也，「道所」當作「所道」，此所道親近不疑，猶曰此所由親近不疑。古書每以道為由，說已見前矣。史記作「此所以親近不疑」，所道，即所以也。讀者不解「道」字而誤倒之，又妄增入「得」字，遂至不可通矣。⊙奇猷案：推其意，蓋謂既能極騁智辯，又得親近不疑，則能盡其辭矣，但未知誤文所當作。疑此句為注文而誤為正文者，蓋上文已言「極騁智辯」，文義已足，不須更言「盡辭」。且「大意無所拂悟，辭言無所繫縻」，與得以親近不疑之義亦不相蒙。不當多此一句。

〔一三〕舊注：二人自託於宰虜者，所以干其上也。⊙奇猷案：伊尹為宰，百里奚為虜，事均詳難言篇。

〔一四〕顧廣圻曰：乾道本「進」下有「加」字，藏本無。「以進加」，史記作「而涉世」。⊙王先慎曰：「加」即「如」字誤而複衍。⊙奇猷案：無「加」字是，今據藏本刪。

〔一五〕高亨曰：按「言」字衍文，即「吾」字之複而誤者。⊙奇猷案：高說是。宰，罪人。虜，奴隸。

〔一六〕王先慎曰：說文：「振，舉救也。」

〔一七〕盧文弨曰：仕與士通。索隱云：「韓子作士。」⊙王先慎曰：今作「仕」者，後人依史記改之也。

〔一八〕舊注：離，猶經也。謂所經久遠也。⊙王先慎曰：張榜本「離」作「彌」，注同，「未」作「既」，史記同。索隱謂：「君臣道合，曠日已久，誠著於君也，君之渥澤周浹於臣，魚水相須，梅鹽相和也。」⊙奇猷案：舊注謂：「離，經也」，是也。漢書西域傳「離一二旬則人畜棄捐曠野而不反，又歷大頭痛、小頭痛之山」，顏師古注：「離，亦歷也。」案歷即經也。張榜本作「彌」者，乃依史記改耳。又案：「未」字當作「既」，迂評本、凌本與張本同，今據改。作「未」者，妄人因上文「周澤未渥」而改也。

〔一九〕舊注：斷割。⊙顧廣圻曰：「割」，史記作「計」。⊙奇猷案：割，分也。謂分別利害以成就其功。又案：「引」字無義，疑「盡」之假字（古音「引」「盡」皆真部）。呂氏春秋明理篇高注：「盡，極也。」盡爭即極爭，亦即外儲說左下篇「犯顏極諫」之極諫。

〔二〇〕舊注：直指，無言所迴避也。飾身，謂以寵榮光飾相持其身也。⊙陶鴻慶曰：案飾讀為飭，古通用。飭身對上文「役身以進如此其汙」而言。舊注解為「寵榮光飾」，非是。

〔二一〕舊注：君則以不疑不罪以固臣，臣則以致功飾身以輸忠，故曰相持，如此者說之成也。⊙劉文典曰：案功名篇：「名實相持而成，形影相須而立」，謂相須而成功也。舊注未晰。⊙奇猷案：此，謂不疑不罪。

昔者鄭武公欲伐胡〔一〕，故先以其女妻胡君以娛其意〔二〕。因問於羣臣：「吾欲用兵，誰可伐者？」大夫關其思對曰〔三〕：「胡可伐。」武公怒而戮之，曰：「胡，兄弟之國也，子言伐之何也？」胡君聞之，以鄭為親己，遂不備鄭，鄭人襲胡，取之。宋有富人〔四〕，天雨，牆壞。其子曰：「不築，必將有盜。」其鄰人之父亦云。暮而果大亡其財〔五〕。其家甚智其子，而疑鄰人之父。此二人説者皆當矣〔六〕，厚者為戮，薄者見疑〔七〕，則非知之難也，處知則難也〔八〕。故繞朝之言當矣，其為聖人於晉，而為戮於秦也。此不可不察〔九〕。

〔一〕王先慎曰：正義引世本云：「胡，歸姓。」括地志：「胡城在豫州郾城縣界。」

〔二〕奇猷案：藏本無「故」字。疑「故」即「胡」之譌衍。

〔三〕王佩諍曰：今本偽竹書紀年「周平王八年，鄭殺其大夫關其思」，王國維疏證即引韓子為證，特於平王八年一文未詳其來歷。雷學淇義證二十八曰：「此事未確。胡國在今潁州，新鄭至潁，中隔許、甫、陳、蔡，且胡，春秋時尚存，韓非之説乃戰國矜尚詐偽者為之，非實事也。關之見殺，其詳不可考已。」静案：左傳載齊桓公遷邢於儀夷，封衛於楚丘，興滅繼絶，古史中常事，假途滅國亦時有之，如本書十過篇晉獻公假道於虞以滅虢是其例，且胡有多族，此族與鄭近耳。雷説不確。

〔四〕王先慎曰：外儲説下篇（奇猷案：當作説林下篇）「宋」作「鄭」。

〔五〕舊注：此夕盜至，故大亡也。

〔六〕王先慎曰：當，音丁浪反，下同。

〔七〕舊注：二人，謂關其思、鄰人之父。鄭武公所以戮其所厚，欲令胡不疑也。富人所以疑其薄者，不當為己同憂也。⊙陶鴻慶曰：案厚薄猶言重輕。言重則見戮，輕則見疑也。八姦篇云「甚者舉兵以聚邊境而制斂於內，薄者數內大使以震其君使之恐懼」，薄與甚對文可證此文之義。舊注非。

〔八〕舊注：其思、鄰父非不知也，但處用其知不得其宜，故或見疑，或見戮，故曰處之難也。⊙王先慎據張榜本改「處知」為「處之」曰：注云：「處之難也。」亦作「之」，未誤。其作「知」者，依史記改也。⊙奇猷案：處知，謂處置其所知也，不必改字，舊注「之」字當係誤文，下文注云「是亦處知之難也」，作「知」可證。

〔九〕舊注：晉人譎取士會於秦，繞朝贈之以策曰：「吾謀適不用。」其言非不當也。晉人雖以為聖。後秦竟以言戮之，是亦處知失宜也。⊙盧文弨曰：繞朝贈士會以策曰：「子無謂秦無人，吾謀適不用也。」則朝當已言於秦君，留士會不遣，而秦君不用其謀，故云然。注乃云「後秦竟以言戮之」，此不知出何書，殆因非之言傅會耳。⊙蔣超伯曰：據此，是繞朝因贈策之言而戮也。左氏不載，似韓非據秦史而言。⊙奇猷案：繞朝贈策事，詳左文十三年傳，然未及繞朝為戮於秦。史記韓非傳無此節。馬王堆三號漢墓出土帛書春秋事語（載文物一九七七年第一期馬王堆漢墓帛書春秋事語釋文）晉獻公欲得隨會章云：「晉獻公欲得隨會也，魏州余請召之，乃令君羊（佯）囚己，斬桎榆（踰）□□□□□□。繞朝曰：『魏州余來也，台（殆）□□隨會也，君弗許也。』乕（州）余果與隨會出。繞朝贈（贈）之以曰：『□吾贈（贈）子。毋以秦□□人，吾謀實不用。』□□□□吏□王聞之（以下殘缺甚多）。二子畏亓（其）後事，必謀危之。□□會果使諜蒐（讒）之曰：『是知余事，將因我干晉。』秦大夫信之。君殺繞朝。」（隨會即士會，詳左傳僖二十八年注）可知韓非謂繞朝為戮於秦為實事。繞朝是因讒被殺，而舊注謂「以言戮」，與因讒不符，可知舊注非有所據，乃因左傳與韓非此文而傅會也。

昔者彌子瑕有寵於衛君〔一〕。衛國之法，竊駕君車者罪刖〔二〕。彌子瑕母病〔三〕，人閒往夜告彌子〔四〕，彌子矯駕君車以出〔五〕。君聞而賢之曰：「孝哉，為母之故，忘其刖罪〔六〕。」異日，與君游於果園，食桃而甘，不盡，以其半啗君〔七〕。君曰：「愛我哉，忘其口味，以啗寡人〔八〕。」及彌子色衰愛弛，得罪於君。君曰：「是固嘗矯駕吾車，又嘗啗我以餘桃〔九〕。」故彌子之行未變於初也〔一〇〕，而以前之所以見賢，而後獲罪者〔一一〕，愛憎之變也〔一二〕。故有愛於主則智當而加親，有憎於主則智不當見罪而加疏〔一三〕。故諫說談論之士，不可不察愛憎之主而後說焉。夫龍之為蟲也〔一四〕，柔可狎而騎也，然其喉下有逆鱗徑尺〔一五〕，若人有嬰之者則必殺人〔一六〕。人主亦有逆鱗，說者能無嬰人主之逆鱗則幾矣〔一七〕。

〔一〕奇猷案：彌子瑕，衛靈公嬖臣。大戴禮保傅篇作「迷子瑕」，同。

〔二〕王先慎曰：治要「刖」作「跀」，下同。⊙奇猷案：說文：「跀，斷足也。」「刖」，假字。

〔三〕奇猷案：藏本無「瑕」字。

〔四〕盧文弨曰：李善注文選陸韓卿中山王孺子妾歌引作「人聞」，無「往」字。史作「人聞往。」⊙王先慎曰：治要「往」作「有」，是唐人所見本自作「有」。李注無「有」字，脫也。此謂人聞其母病，有夜來告者，形彌子得傳聞之言而歸，已顯衛君之稱為孝又相照應。藝文類聚三十三引「人聞有」作「其人有」。⊙奇猷案：此當作「人閒夜往告彌子」，今「夜往」倒為「往夜」，遂不可通。說苑雜言篇作「人閒夜往告之」，作「夜往」可證。人閒夜往告彌子，猶言人伺隙於夜間往告彌子也。作「聞」作「有」皆妄改也。

〔五〕王先慎曰：治要「出」作「歸」。⊙奇猷案：說苑「矯」作「擅」。說文：「矯，擅也。」

〔六〕盧文弨曰：文選注引作「犯跀罪」，跀，古刖字。案此書外儲說左下「跀危生子皋」，作「跀」字，此與上文「罪刖」亦當本作「跀」，後人改之。史作「而犯刖罪」。⊙王先慎曰：治要、藝文類聚引作「犯刖罪」，是唐人所見皆有「犯」字。⊙奇猷案：「其」下有「犯」字是。說苑作「犯刖罪哉」，亦有「犯」字可證。

〔七〕王先慎曰：張榜本「不盡」作「而盡」，屬下為句。治要、藝文類聚八十六、白孔六帖九十九、御覽八百二十四、九百六十七、事類賦二十六、意林引「啗」並作「啖」，下同。按說文：「啖，噍啖也。啗，食也，讀與含同。」自食為啖，食人為啗，二字義別，此作「啗」是也。⊙奇猷案：作「不盡」義長。不盡，謂不盡食之也。若作「而」，則此語累贅。又案：啗，啗之俗字。

〔八〕王先慎曰：治要、藝文類聚、白孔六帖引「以」作「而」。

〔九〕王先慎曰：史記「啗我」作「食我」。⊙奇猷案：說苑亦作「食」。案食音飼，義與啗同。

〔一〇〕王先慎曰：治要「變」作「移」。

〔一一〕盧文弨曰：史作「前見賢而後獲罪者」，此多賸字。⊙王先慎曰：治要無上「以」字「之」字及下「而」字。⊙奇猷案：說苑與史記同。

〔一二〕王先慎曰：治要「愛」上有「人主」二字。⊙奇猷案：「人主」二字不當有，此句泛指愛憎之理，不必指明為人主。

〔一三〕王先慎曰：治要無「見罪」二字。

〔一四〕奇猷案：左昭二十九年傳：「蟲莫知於龍」，是龍為蟲類，乃先秦舊說。

〔一五〕盧文弨曰：文選袁彥伯三國名臣序贊注引「柔」上有「擾」字。史無「柔」字，有「擾」字在「可」字之下。「徑尺」，選注作「徑寸之處」，非。⊙顧廣圻曰：柔、擾同字。⊙王先慎曰：史記「虫」作「蟲」，無「柔」字「其」字。事類賦二十八引亦無「柔」字「其」字。⊙高亨曰：「柔可狎」當作「可柔狎」。柔、擾古音同通用，史記夏本紀「擾而毅」，徐廣曰：「擾一作柔。」漢書高祖紀「劉累學擾龍」，應劭曰：「擾，音柔。」并其證也。此作「柔狎」，史記作「擾狎」，其實一也。周禮天官「以擾萬民」，鄭注：「擾，猶馴也。」爾雅釋詁：「狎，習也。」可柔狎而騎，正謂可馴習而騎。淺人不識柔之通擾，以為柔弱之義，遂移之於「可」字之上，而御覽、事類賦又删「柔」字，韓子原文致不可睹，幸有史記足資勘正耳。⊙奇猷案：高説是。又案：徑尺，論衡龍虚篇引作尺餘。（楊守敬校宋本作尺一）擾、柔，古音皆隸尤部，故擾假為柔。

〔一六〕舊注：嬰，觸。

〔一七〕王先慎曰：索隱：「幾，庶也。謂庶幾於善諫説也。」

和氏第十三

楚人和氏得玉璞楚山中〔一〕，奉而獻之厲王〔二〕。厲王使玉人相之，玉人曰：「石也。」王以和為誑，而刖其左足〔三〕。及厲王薨，武王即位，和又奉其璞而獻之武王，武王使玉人相之，又曰「石也」，王又以和為誑，而刖其右足。武王薨，文王即位，和乃抱其璞而哭於楚山之下〔四〕，三日三夜，泣盡而繼之以血〔五〕。王聞之，使人問其故，曰：「天下之刖者多矣，子奚哭之悲也？」和曰：「吾非悲刖也，悲夫寶玉而題之以石，貞士而名之以誑，此吾所以悲也〔六〕。」王乃使玉人理其璞而得寶焉〔七〕，遂命曰「和氏之璧」。

〔一〕王先慎曰：藝文類聚七、白孔六帖五、事類賦九引和氏作卞和，「楚」上有「於」字，藝文類聚、白孔六帖無「璞」字。⊙松皐圓曰：文選七啟注作「璞玉」，盧諶傳注作「楚人卞和得璞玉於荆山之中」。⊙奇猷案：尹文子大道下「鄭人謂玉未理者為璞」，國策秦策應侯語同。又案：本篇原為統篇，今依文義分段。

〔二〕張湨曰：按楚世家「熊通自立為武王」，是楚之王自熊通始，其先初無所謂厲王者，豈即其兄蚡冒耶？今姑置而勿論。且以武王初即位之年言之，是歲為周平王之三十一年，歲在辛丑，至文王即位之年壬辰已五十二年矣，若加以厲王當不止於此，和雖三獻，不應歷年如是之久，疑有舛誤處。然此事見於他書者亦多異同，新序無文王而有共王，淮南子注及前漢鄒陽并後漢孔融及陳元三傳注俱無厲王而有成王。又趙壹傳注引琴操又有懷王及子平王，其不同如此。既無明據，不敢以臆見定其是否。但武王至共王已六世，幾於百年，平王在懷王之前，相去甚遠，初非父子，此乃謬妄顯然矣。（雲谷雜記卷一）⊙奇猷案：孫志祖、盧文弨、顧廣圻、洪頤煊、洪亮吉、王先慎諸氏於此條均有校説，與張湨説大同小異，文繁不具引。案淮南子覽冥訓注作武王、文王、成王，而論衡變動篇云「厲、武之時，卞和獻玉」，與此同。論衡多徵引韓子，今所云又與新序雜事五厲王武王合，（新序作厲王、武王、共王，「共」當為「文」字之誤。）而劉向曾校中秘書，則韓子原本固作厲王、武王、文王也。洪頤煊、洪亮吉、王先慎各據後漢書注及御覽引改為武王、文王、成王，未可從。

〔三〕盧文弨曰：後漢書孔融傳注引「誑而」作「謾己」。⊙王先慎曰：御覽六百四十八、八百五、事類賦引并作「謾」，無「而」字。⊙奇猷案：新序「誑」亦作「謾」，「刖」作「斷」，下同。案誑、謾同義，廣雅釋詁謾誑皆云「欺也」。刖同跀，詳説難篇。

〔四〕王先慎曰：楚山當作荆山，涉上文「得玉於楚山」而誤。藝文類聚荆山下引正作荆山，白孔六帖同。⊙王佩諍曰：荆、楚一義，無所謂正譌。國語：「晉伐鄭，荆救之。」又云：「畢陽送州犁於荆。」兩注均云：「荆，楚也。」呂覽音初篇高注謂：「秦莊王諱楚，避之曰荆。」則楚山、荆山，秦以後寫本之回改與不回改之字錯雜而已，未必兩山。

〔五〕盧文弨曰：「淚」，藏本作「泣」，後漢注引同。⊙王先慎曰：藝文類聚、事類賦、御覽并引作「泣」。⊙奇猷案：吴鼒本、四部叢刊本并作「泪」，趙本、張本作「淚」，新序及江文通詣建平王上書注、白帖二引并作「泣」。案作「泣」是。乾道本作「泪」，即「泣」形近之誤。趙本、張本又以泪、淚同字而寫作「淚」耳。今從藏本改「泪」為「泣」。

〔六〕奇猷案：新序此下有「文（原作共，當為文訛。）王曰，惜矣，吾先王之聽，難剖石而易斬人之足，夫死者不可生，斷者不可屬，何聽之殊也」三十五字。

〔七〕王先慎曰：事類賦「寶」下有「玉」字。

夫珠玉人主之所急也，和雖獻璞而未美，未為主之害也〔一〕，然猶兩足斬而寶乃論，論寶若此其難也。今人主之於法術也，未必和璧之急也，而禁羣臣士民之私邪〔二〕。然則有道者之不僇也，特帝王之璞未獻耳〔三〕。主用術則大臣不得擅斷，近習不敢賣重；官行法則浮萌趨於耕農〔四〕，而游士危於戰陳〔五〕。則法術者乃群臣士民之所禍也。人主非能倍大臣之議，越民萌之誹，獨周乎道言也〔六〕，則法術之士雖至死亡，道必不論矣〔七〕。

〔一〕舊注：所獻之寶設令未美，亦無害於王也。⊙盧文弨曰：藏本「主」作王。⊙顧廣圻曰：「害」字起藏本脱。⊙王先謙曰：依注當作「王」。⊙奇猷案：當作「未為人主之害也」，今脱「人」字耳，作「王」者又「主」字之誤也。

此承上文「珠玉人主之所急也」言，不當作「王」。又案：藏本脱至姦劫弑臣篇「亦知方正之不」止。

〔二〕舊注：人主之於法術，未必如和璧之急，乃更禁其臣人為卞和之忠，苟無卞和之忠，誰肯犯禁而論其法術亂也。⊙王先慎曰：此下當有脱文。注「急」「忠」二字乾道本互譌，今據趙本改。「亂」字亦誤，未詳所當作。⊙陶鴻慶曰：案此對上文「珠玉人主之所急也，和雖獻璞而未美，未為主之害也」為言，蓋法術既非人主所急，而又足為臣民私邪之梗，故下文又云「則法術者，乃羣臣士民之所禍也」，文義甚明。舊注「更禁其臣人為卞和之忠」，誤會殊甚。王解乃疑此下有脱文，亦考之未審矣。⊙奇猷案：此句文義不足，當有脱文，推韓非之意，蓋謂禁羣臣士民之私邪又不盡。又案：王改是，今從之。

〔三〕舊注：帝王之璞，即法術也。有道之士所以不見僇者，則以未獻法術也。⊙顧廣圻曰：今本「持」作「特」。新序云：「直白玉之璞未獻耳。」⊙王先慎曰：特，即直也。「持」當為「特」殘缺字。⊙奇猷案：作「特」是，改從今本。又案：四部叢刊本新序「直」誤「宜」。

〔四〕王先慎曰：無執業者有禁，故流民急於耕農。⊙奇猷案：本書多以萌為氓，詳八姦篇。賣重即鬻權，詳説難篇。

〔五〕王先慎曰：故游説之士以其言責其功，不敢言戰陳。⊙奇猷案：危，險也。謂游士亦參與戰陳之危。詳言之，謂今者官行法，人皆有為戰士之義務，游士亦不敢逃避戰陳之危而加入戰士之行列也。王説非。

〔六〕王先慎曰：「周」當為「用」之誤。道言，謂法術之言也。⊙陶憲曾曰：案周，合也。周乎道言，謂合乎道言也。楚辭離騷「雖不周於今之人兮」，王註：「周，合也。」淮南子齊俗訓「事周於世則功成，務合於時則名立」，周、合對文，周亦合也。本書人主篇「故人主者，非能退大臣之議，而背左右之訟，獨合乎道言也」，易「周」為「合」，尤為二字同義之證。或以「周」為「用」之誤，殊謬。揚權篇「周合刑名」，周亦合也。顧氏千里以為當從本書主道篇作「同」，亦非也。⊙奇猷案：陶説是，亡徵篇「不周於法」，與此文周字同義。高亨説與王先慎同，非是。劉師培以

「周」即「合」形近致訛，亦不可從。道，即主道篇之道，法術也。獨周乎道言也，猶言獨合乎法術而論也，下文「道必不論」可證。

〔七〕王先慎曰：珠玉人主之所急，然兩足刖而始論。法術不如和璧之急，故至死亡而不論。

昔者吴起教楚悼王以楚國之俗曰：「大臣太重，封君太衆，若此則上偪主而下虐民，此貧國弱兵之道也〔一〕。不如使封君之子孫三世而收爵禄〔二〕，絶滅百吏之禄秩〔三〕，損不急之枝官，以奉選練之士。」〔四〕悼王行之期年而薨矣〔五〕，吴起枝解於楚〔六〕。商君教秦孝公以連什伍，設告坐之過〔七〕，燔詩書而明法令〔八〕，塞私門之請而遂公家之勞〔九〕，禁游宦之民而顯耕戰之士〔一〇〕。孝公行之，主以尊安，國以富强，八年而薨〔一一〕，商君車裂於秦〔一二〕。楚不用吴起而削亂，秦行商君法而富强，二子之言也已當矣，然而枝解吴起而車裂商君者何也？大臣苦法而細民惡治也〔一三〕。當今之世，大臣貪重〔一四〕，細民安亂〔一五〕，甚於秦、楚之俗〔一六〕，而人主無悼王、孝公之聽，則法術之士，安能蒙二子之危也而明己之法術哉〔一七〕！此世所以亂無霸王也〔一八〕。

〔一〕王先慎曰：按「貪」即「貧」字形近而誤，拾補改作「貧」。⊙奇猷案：作「貧」是，今改「貪」為「貧」。

〔二〕王先慎曰：喻老篇「楚邦之法，禄臣再世而收爵禄」，則三世而收爵禄，不起於吴起，蓋楚法廢弛，故吴起云然。

〔三〕盧文弨曰：「絶滅」二字疑當作「滅」。⊙顧廣圻曰：「絶滅」當作「纔滅」。纔、裁同字。⊙奇猷案：「絶滅」即「裁滅」之訛，「裁」形誤作「截」，後人又書「截」作「絶」（截、絶同字），「滅」亦形誤為「滅」也。淮南子泰族訓云：「吴起為楚滅爵禄之令而功臣畔」，又道應訓云「吴起衰楚國之爵而平其制禄，損其有餘而綏其不足，砥礪甲兵，時争利於天下」，史記蔡澤傳云「吴起為楚悼王立法，卑滅大臣之威重，罷無能，廢無用，損不急之官，精耕戰之士」（爵禄高則威重，故威重亦指爵禄言）。所謂「滅」「衰」「卑滅」，皆可明此文「絶滅」為「裁滅」之誤。又案：一九八六年湖北荆門市包山二號楚墓出土一批竹簡，其中有司法文書，文書中載有楚國的「飤田」。我未見簡文，但文物一九八八年第五期載包山墓地竹簡整理小組包山二號墓竹簡概述云：「左馭番成有飤田，番成死後由其嫡子繼承。嫡子死，無後，則由庶子繼承。庶子死，無後，左尹命由番成的兄弟之子繼承。這種飤田，實際上是官員的封邑，也就是禄田。受封者死後，并不由國家收回，可由後人繼承。繼承的次序是先嫡後庶，最後傳至侄輩。」由此可知楚國百吏之禄秩確實是重厚，故吴起建議悼王予以裁滅。

〔四〕舊注：枝官，謂非要急者，若樹之枝也。然養樹者必披落其枝，為政者亦損其閑宂。⊙王佩諍曰：案宂官如樹枝之可披也，見吴子。據此則枝官與宂官確為同義，舊注説解固是而未詳其朔。⊙奇猷案：史記吴起傳「損」作「捐」。又案：吕氏春秋簡選篇云：「選練角材，欲其精也。」魏氏之武卒（詳八説篇「日中奏百」注）即選練之士之例。

〔五〕王先慎曰：「矣」字依下文不當有。⊙陶憲曾曰：案「矣」字當衍，蓋即「吴」字之誤。（吴字俗書作吴，與矣字形近，故吴譌為矣。淮南子繆稱訓「吴鐸以聲自毁」，吴譌作矣。）「吴」與「矣」字形相近，故諸書「吴」字多譌為「矣」。韓子此文「吴」字或譌作「矣」，校者不知「矣」即「吴」之誤，更增一「吴」字，此文遂衍一「矣」字矣。⊙奇猷案：陶説是。又案：據史記吴起傳「吴起辭魏武侯而之楚，楚悼王迎而相之」，又據史記六國表魏武侯元年與楚悼王十六年相當，則吳起入楚在悼王十六年之後，悼王立二十一年卒，是知吳起之法行於楚不久而悼王薨，故此云然。

〔六〕奇猷案：詳難言篇。

〔七〕舊注：使什家伍家相拘連，中有犯罪，或有告者，則并坐其什伍，故曰告坐。⊙太田方曰：呂覽適威篇注：「過，責也。」⊙奇猷案：什伍告坐之法，詳商君書及史記商鞅傳。

〔八〕李賡芸曰：據此，是秦燔書不待始皇也。⊙王先慎曰：困學紀聞云：「史記商君傳不言燔詩書，蓋詩書之道廢，與李斯之焚無異也。」⊙奇猷案：以商鞅傳及商君書推之，鞅治秦而焚書之事，似為事實。蓋商鞅之治，在使民喜農而樂戰，而詩書者，乃儒家之典籍，詩書不廢，能使民逸而為儒生，實為法家所忌，故商君書壹言篇曰：「賤游學之人。」韓非雖出自儒家，亦極詆儒者「以文亂法」，宜鞅之治秦而焚詩書矣。五蠹篇曰「明主之國，無書簡之文，以法為教，無先王之語，以吏為師，無私劍之悍，以斬首為勇」，與此言焚詩書亦合。韓非與商鞅同流，故本商鞅立說。第鞅法行於秦僅十八年，鞅於孝公二十四年被戮，其法即廢，而秦本為西戎之地，文學不盛，藏詩書者亦鮮，故雖燔詩書而影響甚微，人民亦不深非，故史闕而不載耳。

〔九〕舊注：於公有勞者，不滯其功賞。⊙奇猷案：遂，成也。

〔一〇〕「游宦之民」舊注：不守本業，游宦求官者，設法以禁之也。⊙奇猷案：游宦之民，即上文游士。又案：商君書壹言篇曰：「上開公利而塞私門以致民力，私勞不顯於國，私門不請於君，若此而功臣勸，則上令行而荒草闢，淫民止而姦無萌。」又曰：「上尊農戰之士，而下辯說技藝之民，而賤游學之人也，故民壹務。」

〔一一〕王先慎曰：國策：「孝公行商君法十八年而死。」史記「商君相秦十年」，索隱云：「國策蓋連其未作相之年說也。」案此作八年，與史記、國策皆不合，疑「八」上奪「十」字。

〔一二〕奇猷案：史記商鞅傳「秦惠王車裂商君」，本書姦劫弒臣篇、問田篇皆云「商君車裂」，淮南繆稱訓：「商鞅立法而支解，吳起刻削而車裂。」按車裂、支解同是一刑，詳姦劫弒臣篇。

〔一三〕奇猷案：史記吳起傳「楚之貴戚盡欲害吳起」，商鞅傳載甘龍、杜摯等大臣反對商鞅新法，「法行，民言不便，太子犯法」。又案：問田篇載堂谿公與韓非對話，堂谿公曰：「所聞先生術曰：『楚不用吳起而削亂，秦行商君而富強。二子之言已當矣，然而吳起支解而商君車裂者，不逢世遇主之患也』」，顯然是引和氏此文，則此篇為韓非早年之作，而堂谿公曾見之，或此篇為韓非早年上韓王書。末句與今本不同，乃堂谿公所見為上書，其後韓非改定為今本。

〔一四〕舊注：大臣虧法而行私惠，所以成其重也。

〔一五〕王先慎曰：游宦之民因請謁而得禄。⊙奇猷案：謂民萌不喜變法，安於故俗，不變法則不治，不治則亂也，是謂細民安亂也，故上文謂「變法則有民萌之誹」。商君書更法篇「常人安於故習」，亦此意。王說非。

〔一六〕舊注：此篇非未入秦時為韓著之，故得引秦以為喻。⊙奇猷案：此篇為韓非少年時作，詳上。

〔一七〕王先慎曰：「也」字衍文。⊙奇猷案：「也」字用於句中為語辭者，古書正多。王說非。

〔一八〕顧廣圻曰：今本「所」下有「以」字。⊙奇猷案：當有「以」字，凌本亦有，今據補。

姦劫弒臣第十四

凡姦臣皆欲順人主之心以取信幸之勢者也〔一〕。是以主有所善，臣從而譽之；主有所憎，臣因而毀之。凡人之大體〔二〕，取舍同者則相是也，取舍異者則相非也。今人臣之所譽者，人主之所是也，此之謂同取。人臣之所毀者，人主之所非也，此之謂同舍。夫取舍合而相與逆者〔三〕，未嘗聞也，此人臣之所以取信幸之道也〔四〕。夫姦臣得乘信幸之勢以毀譽進退群臣者〔五〕，人主非有術數以御之也〔六〕，非參驗以審之也〔七〕，必將以曩之合己信今之言，此幸臣之所以得欺主成私者也。故主必蔽於上〔八〕，而臣必重於下矣，此之謂擅主之臣。國有擅主之臣，則群下不得盡其智力以陳其忠，百官之吏不得奉法以致其功矣〔九〕。何以明之？夫安利者就之，危害者去之，此人之情也。今為臣盡力以致功，竭智以陳忠者，其身困而家貧，父子罹其害，為姦利以弊人主〔一〇〕，行財貨以事貴重之臣者，身尊家富，父子被其澤。人焉能去安利之道而就危害之處哉？治國若此其過也，而上欲下之無姦，吏之奉法，其不可得亦明矣。故左右知貞信之不可以得安利也〔一一〕，必曰：「我以忠信事上積功勞而求安，是猶盲而欲知黑白之情，必不幾矣〔一二〕。若以道化行正理不趨富貴事上而求安〔一三〕，是猶聾而欲審清濁之聲也，愈不幾矣。二者不可以得安〔一四〕，我安能無相比周、蔽主上、為姦私以適重人哉？」此必不顧人主之義矣。其百官之吏，亦知方正之不可以得安也〔一五〕，必曰：「我以清廉事上而求安，若無規矩而欲為方圓也，必不幾矣。若以守法不朋黨治官而求安，是猶以足搔頂也，愈不幾也〔一六〕。二者不可以得安，能無廢法行私以適重人哉〔一七〕？」此必不顧君上之法矣。故以私為重人者衆〔一八〕，而以法事君者少矣。是以主孤於上而臣成黨於下，此田成之所以弒簡公者也〔一九〕。

〔一〕王先慎改「親」為「信」曰：治要「親」作「信」，下文亦作「信」。⊙奇猷案：王改是，今從之。

〔二〕物双松曰：大體，猶大率也。⊙奇猷案：大體，猶今言「大致的情形」，本書有大體篇，論治之大體。

〔三〕王先慎曰：治要「合」下有「同」字。疑「合」即「舍」字之誤而衍者。「合」當作「同」，蒙上「此之謂同取」「此之謂同舍」而言。⊙劉文典曰：案王氏疑「合」為衍文，非也。淮南子齊俗訓「故趣舍合即言忠而益親」，趣舍即取舍也。王念孫謂「趣」下不當有「舍」字，蓋不知淮南之「趣舍合」即本韓非子此文，其失與王先慎同。⊙奇猷案：合猶同也。劉說是。

〔四〕王先慎曰：各本無「取」字，依下文當有，據治要增。⊙奇猷案：王氏增「取」字，是，今從之。治要作「所取」，脫「以」字。孤憤篇云「當塗者之於人主也，希不信愛也，又且習故，若夫即主心同乎好惡，固其所自進也」，與此文可互明。

〔五〕奇猷案：治要「者」下有「也」字。

〔六〕王先慎曰：各本「非」作「所」，今據治要改，下文正作「非」。⊙奇猷案：王改是，今從之。

〔七〕王先慎曰：依上文「非」下脫「有」字。⊙奇猷案：王說非。參驗，謂參驗形名，不當有「有」字。

〔八〕王先慎曰：各本「蔽」作「欺」。孤憤篇云「故人主愈蔽，而大臣愈重」，語意正同，是「欺」當為「蔽」之誤，今據治要改。⊙奇猷案：王說是，今從之。

〔九〕王先慎曰：治要「法」作「令」，「功」作「力」。⊙奇猷案：說難篇云「明割利害以致其功」，本篇下文云「臣盡力以致功」，則作「力」者誤也。又案：三守篇云「人臣有大臣之尊，外操國要以資羣臣，使外內之事非己不得行，雖有賢良，逆者必有禍，而順者必有福，然則群臣直莫敢忠主憂國以爭社稷之利害」，可明此文。

〔一〇〕王先慎曰：「弊」，讀為「蔽」。⊙奇猷案：「姦利」，當作「姦私」，形近而誤。下文「為姦私以適重人」可證。且此下數言「姦私」，無言「姦利」者，亦可明此「利」字為「私」字之誤。王讀是。

〔一一〕王先慎曰：「利」字涉上文而衍，下「知方正之不可以得安也」「知詐僞之不可以得安也」并無利字，即其證。⊙奇猷案：王說是。「利」字蒙上「安利」而衍。

〔一二〕王先慎曰：解老篇「目不能決黑白之色則謂之盲」，此「情」字當作「色」。⊙劉文典曰：情與誠古通用。「知黑白之誠」，猶言明定黑白耳。作「情」義自可通，不煩改字。下文「且夫世之愚學，皆不知治亂之情」，黑白之情，治亂之情一也。⊙奇猷案：劉說是。墨子多以情為誠可證。（墨子非攻中篇「情欲譽之」，孫詒讓云：「情與誠通。」）又案：幾、冀通，下同。（左哀十六年傳釋文：「幾，音冀。」）

〔一三〕王先慎曰：「化」疑「術」之誤。「事上」二字當在「行正理」上。「若以道術事上」與上「我以忠信事上」相對。⊙奇猷案：此文自「左右知貞信」云云至「必不顧人主之義矣」為一節，以下至「此必不顧君上之法矣」為一節，兩節相并為文。兩節中「若以道化行正理不趨富貴事上而求安」與「若以守法不朋黨治官而求安」相當，「道化」與「守法」相當，「事上」與「治官」相當。王改為「若以道術事上」與上「我以忠信事上」相對，誤矣。案解老篇云「道，和化雷霆」，又云「凡道之情，柔弱隨時，與理相應」，則此文「道化」者，謂柔弱隨時，與理相應，而和化其治，故下文接之曰「行正理」也。

〔一四〕王渭曰：句絶。

〔一五〕顧廣圻曰：道藏本脱止「不」字。按此乃乾道本之第七、八兩葉也。藏本出於乾道本可知矣。⊙奇猷案：顧説非也。顯學篇末乾道本脱「士者為民」云云七十六字注五字，藏本有之，可見藏本非出於乾道本。且乾道本此卷之第七、八兩葉每行十九字甚為整齊，與其他各葉行二十餘或三十餘不等之字數異。由此推之，韓子在乾道以前必另有他本為乾道本與藏本所據為刊刻者，亦即乾道本與藏本同出一源，而非藏本出於乾道本。但乾道本又另據別本補入所缺兩葉，而藏本則仍闕如也。

〔一六〕王先慎曰：「也」當作「矣」。⊙王佩諍曰：也，猶矣也，詳王氏經傳釋詞。

〔一七〕顧廣圻曰：「能」上當有「我安」二字。

〔一八〕盧文弨曰：「人」，藏本作「臣」。⊙奇猷案：藏本誤。本書「重人」連文乃常言，如孤憤篇「重人也者」是其例。

〔一九〕奇猷案：事詳左哀十四年傳。二柄篇云：「田常徒用德而簡公弒。」

夫有術者之為人臣也，得效度數之言，上明主法，下困姦臣，以尊主安國者也〔一〕。是以度數之言得效於前，則賞罰必用於後矣。人主誠明於聖人之術〔二〕，而不苟於世俗之言〔三〕，循名實而定是非〔四〕，因參驗而審言辭〔五〕。是以左右近習之臣，知偽詐之不可以得安也，必曰：「我不去姦私之行盡力竭智以事主，而乃以相與比周〔六〕妄毀譽以求安，是猶負千鈞之重，陷於不測之淵而求生也，必不幾矣。」百官之吏，亦知為姦利之不可以得安也，必曰：「我不以清廉方正奉法，乃以貪污之心枉法以取私利，是猶上高陵之顛，墮峻谿之下而求生，必不幾矣〔七〕。」安危之道若此其明也，左右安能以虛言惑主，而百官安敢以貪漁下〔八〕？是以臣得陳其忠而不弊〔九〕，下得守其職而不怨〔一〇〕。此管仲之所以治齊，而商君之所以强秦也〔一一〕。從是觀之，則聖人之治國也〔一二〕，固有使人不得不愛我之道，而不恃人之以愛為我也〔一三〕。恃人之以愛為我者危矣〔一四〕，恃吾不可不為者安矣。夫君臣非有骨肉之親，正直之道可以得利，則臣盡力以事主〔一五〕。正直之道不可以得安，則臣行私以干上。明主知之，故設利害之道以示天下而已矣〔一六〕。夫是以人主雖不口教百官，不目索姦衺，而國已治矣。人主者，非目若離婁乃為明也〔一七〕，非耳若師曠乃為聰也〔一八〕。目必，不任其數〔一九〕，而待目以為明，所見者少矣，非不弊之術也〔二〇〕。耳必，不因其勢〔二一〕，而待耳以為聰，所聞者寡矣，非不欺之道也。明主者，使天下不得不為己視，天下不得不為己聽〔二二〕。故身在深宮之中而明照四海之內〔二三〕，而天下弗能蔽、弗能欺者何也？闇亂之道廢，而聰明之勢興也。故善任勢者國安，不知因其勢者國危〔二四〕。古秦之俗，君臣廢法而服私〔二五〕，是以國亂兵弱而主卑。商君說秦孝公以變法易俗而明公道，賞告姦〔二六〕，困末作而利本事〔二七〕。當此之時，秦民習故俗之有罪可以得免、無功可以得尊顯也，故輕犯新法。於是犯之者其誅重而必，告之者其賞厚而信，故姦莫不得而被刑者衆，民疾怨而衆過日聞〔二八〕。孝公不聽，遂行商君之法。民後知有罪之必誅，而私姦者衆也〔二九〕，故民莫犯，其刑無所加。是以國治而兵强，地廣而主尊。此其所以然者，匿罪之罰重，而告姦之賞厚也。此亦使天下必為己視聽之道也。至治之法術已明矣，而世學者弗知也。

〔一〕俞樾曰：「得」字衍文。此論有術者之為人臣其道如此，非論得不得也。蓋涉下文「度數之言得效於前」而衍。⊙奇猷案：俞説非也。上節言昏闇之君，此節言英明之主，故謂有術者得效其言。無「得」字文義不足。下文「臣得陳其忠」，語法同。

〔二〕奇猷案：藏本「主」作「言」，誤。四部叢刊本「誠」作「成」，案成、誠通。

〔三〕王先慎曰：「苟」當作「徇」，形近而誤。⊙奇猷案：「苟」當是「拘」字形近之誤。商君書更法篇「賢者更禮，而不肖者拘焉」，又曰「拘禮之人，不足與言事」，又曰「拘世之議」，皆謂拘於世俗之禮義而防礙法術之推行，與韓子此文之義正同，足證「苟」為「拘」之誤。

〔四〕奇猷案：鄧析子無厚篇云「循名以督實，下奉教而不違，所美觀其所終，所惡計其所窮」，可為此文之注。定法篇云「循名責實」。

〔五〕奇猷案：二柄篇：「審合刑名者，言與事也。」按參驗，謂參驗刑名，詳揚權篇。上文「參驗以審之」。

〔六〕王先慎曰：依下文「而」字當衍。

〔七〕王先慎曰：依上文「生」下當有「也」字。

〔八〕奇猷案：當作「貪利漁下」，與上「虛言惑主」相對，今脱「利」字。

〔九〕顧廣圻曰：藏本、今本「弊」作「蔽」。⊙奇猷案：本書多以「弊」為「蔽」，詳孤憤篇「人主愈弊」條。

〔一〇〕劉師培曰：怨、蔽對文，「怨」當作「宛」。宛，猶鬱也。荀子富國篇：「使民夏不宛暍」，楊注：「讀為蘊。」是宛與蘊通。不怨者，猶言不鬱蘊也，與不蔽義符。荀子哀公篇「富有天下而無怨財」，與此「怨」字同義。⊙奇猷案：説文：「怨，恚也。」此文謂安心守其職而不恚怨也。用人篇「人臣安乎以能受職，而苦乎以一負二」，以能受職則不苦，不苦則不恚怨也，可作此文之例證。文通，不必改字。

〔一一〕奇猷案：均詳史記本傳。又案：「也」上藏本有「者」字。

〔一二〕奇猷案：藏本無「人」下「之」字，非。

〔一三〕俞樾曰：「不得不愛我」，當作「不得不為我」，涉下句而誤耳。下文云「恃吾不可不為者安矣」，不可不為，即不得不為也。又曰「明主者使天下不得不為己視，天下不得不為己聽」，此使人不得不為我之義也，可據以訂正。⊙奇猷案：俞說是。顯學篇云「聖人之治國，不恃人之為吾善也，而用其不得為非也」，外儲說右下篇云「秦襄王曰：彼民之所以為我用者，非以吾愛之為我用者也，以吾勢之為我用也」，皆可明此文之意。

〔一四〕盧文弨曰：「愛」下「為」字脫，凌本有。藏本、張本倒作「為愛」，譌。⊙奇猷案：「愛」下當有「為」字，迂評本亦有，今據補。

〔一五〕王先慎曰：「利」，當作「安」，下云：「不可以得安」，正反對得安而言，即其證。⊙奇猷案：王說是。

〔一六〕奇猷案：慶賞為利，刑罰為害。難二篇云：「好利惡害，夫人之所有也。」制分篇云：「民者，好利祿而惡刑罰。」難一篇云：「臣盡死力以與君市，君垂爵祿以與臣市。君臣之際，非父子之親也，計數之所出也。」八經篇云：「人情者，有好惡，故賞罰可用。賞罰可用則禁令可立而治道具矣。」

〔一七〕奇猷案：孟子離婁篇趙岐注：「離婁者，古之明目者，蓋以為黃帝之時人也。黃帝亡其玄珠，使離朱索之。離朱即離婁也。能視於百步之外，見秋毫之末。」禮檀弓釋文：「邾人呼邾聲曰婁。」是朱為婁之音轉。

〔一八〕奇猷案：師曠，晉平公樂師，詳十過篇。

〔一九〕盧文弨曰：「目必」二字疑衍。⊙王先慎曰：治要無。⊙奇猷案：此「目必」二字及下文「耳必不因其勢」之「耳必」二字，皆無由致衍。疑當作「目必不若離婁」，脫「不若離婁」四字。下文亦當作「耳必不若師曠」，脫「不若師曠」四字。上云「非目若離婁」，此云「目必不若離婁」，既必不若離婁，則非任數不可，故曰：「不任其數，而待目以為明，所見者少矣。」上云「非耳若師曠」，下云「耳必不若師曠」，既必不若師曠，則非因勢不可，故曰：「不因其勢，而待耳以為聰，所聞者寡矣。」有此二句文義層次始明。治要不知有脱文，遂删去此文「目必」二字及下文「耳必」二字耳。王氏集解據治要删，致使韓非書失其真矣。長短經適變篇引亦無此文「目必」二字及下文「耳必」二字，其誤與治要同。

〔二〇〕王先慎曰：治要「弊」作「蔽」，二字本書通用。

〔二一〕盧文弨曰：藏本、張本皆無「耳必」二字。⊙顧廣圻曰：藏本、今本「固」作「因」。⊙王先慎曰：治要亦無「耳必」二字，「固」作「因」。⊙奇猷案：長短經引亦無「耳必」二字，「固」作「因」。案「耳必」下當脱「不若師曠」四字，説詳上。「固」當作「因」，下文「不知因其勢者國危」可證。説郛引正作「因」，今據改「固」為「因」。

〔二二〕王先慎「視」下增「使」字曰：據治要增。⊙奇猷案：此不必有「使」字，上「使」字貫此，各本及長短經引皆無。

〔二三〕王先慎曰：治要無「而」字。⊙奇猷案：長短經引「照」作「燭」，義同。

〔二四〕奇猷案：「任勢」，疑當作「任數」，上文「不任其數」可證。

〔二五〕奇猷案：松皐圓改「君」為「群」，非。君亦廢法而服私，君有寵臣、寵妾干政，故曰君臣廢法而行私，不僅臣也。

〔二六〕王先慎曰：史記衛鞅傳：「告姦者與斬敵首同賞。」

〔二七〕王先慎曰：末作，工商也；本事，耕織也。衛鞅傳：「事末利及怠而貧者舉以為收孥，大小僇力本業耕織致粟帛多者復其身，故末作困而本事利。」

〔二八〕顧廣圻曰：「衆」字衍。⊙王先慎曰：「衆」，當作「罪」，涉上文而誤。⊙奇猷案：疾與嫉同。廣雅釋詁：「過，責也。」吕氏春秋適威篇「煩為教而過不識」，高注：「過，責。」則衆過，猶言衆人之責言也。證之史記商君傳

「令行於民期年，秦民之國都言初令之不便者以千數」，則民疾怨而衆過日聞，謂人民嫉怨而衆人之指責日有所聞也。文義甚明，顧、王説失之。

〔二九〕顧廣圻曰：「私」下當有「告」字。⊙王先慎曰：商君之法賞告姦，則告姦非私也，「私」即「告」之誤。⊙陶鴻慶曰：顧校謂「姦」上當有「告」字是也。「私」字無義，當為「利」字之誤，謂利告姦之賞也。⊙奇猷案：陶説是。告姦有賞，故利之。

且夫世之愚學，皆不知治亂之情〔一〕，讘誺多誦先古之書，以亂當世之治〔二〕，智慮不足以避穽井之陷〔三〕，又妄非有術之士〔四〕。聽其言者危〔五〕，用其計者亂〔六〕，此亦愚之至大，而患之至甚者也。俱與有術之士〔七〕，有談説之名，而實相去千萬也〔八〕，此夫名同而實有異者也〔九〕。夫世愚學之人比有術之士也，猶螘垤之比大陵也〔一〇〕，其相去遠矣。而聖人者，審於是非之實，察於治亂之情也。故其治國也，正明法，陳嚴刑，將以救群生之亂，去天下之禍，使强不陵弱，衆不暴寡，耆老得遂，幼孤得長，邊境不侵，君臣相親，父子相保，而無死亡係虜之患〔一一〕，此亦功之至厚者也。愚人不知，顧以為暴。愚者固欲治而惡其所以治〔一二〕，皆惡危而喜其所以危者，何以知之？夫嚴刑重罰者，民之所惡也，而國之所以治也。哀憐百姓、輕刑罰者，民之所喜，而國之所以危也。聖人為法國者，必逆於世〔一三〕，而順於道德。知之者，同於義而異於俗；弗知之者，異於義而同於俗。天下知之者少，則義非矣。

〔一〕王先慎曰：情，實也。

〔二〕惲敬曰：韓非子「讘詼」，今吴人以多言為「讘詼」。⊙王先慎曰：説文：「讘，多言也。唊，妄語也。」此「詼」字當作「唊」。言愚學溺於所聞，妄談治亂，誦説先古之書，使人主聞之不敢變法而理。⊙劉師培曰：案「多」下疑缺一字，「讘詼多□」為句，下二句對文。⊙奇猷案：「讘詼」二字形容多誦，蓋用為副詞，劉氏泥於對句，反疑「多」下缺一字，非。通雅云：「大抵口旁言旁多相通也。」集韻云：「詼，音頰，與唊同，妄語也，多言也。」則詼與唊同，不必改字。

〔三〕顧廣圻曰：句有誤。⊙王先慎曰：「穽井」，當作「井穽」。韓詩外傳五云「兩瞽相扶，不陷井穽，則其幸也」，作「井穽」是其證。禮記「人皆曰予知，驅而納諸罟獲陷阱之中，而莫之知避也」，即智慮不足以避陷穽之義。⊙奇猷案：尚書費誓「敜乃穽」，偽孔傳：「穽，穿地陷獸。」又案：井者，鑿地出水謂之井，所以供飲者也。是穽井為二獨立名詞，皆喻危險之地，作「穽井」或「井穽」皆可，王氏改「穽井」為「井穽」，實多此一舉。又陷者墜落也。穽井之陷，謂墜落穽井。墜落穽井，死路一條，大禍也。此文謂其智慮不足以避免大禍。文義甚明，句無誤，顧説非。

〔四〕顧廣圻曰：藏本、今本「妄」下有「非」字。⊙奇猷案：有「非」字是，迂評本、凌本亦有，今據補。

〔五〕王先慎曰：狃於故習，輕犯新法。

〔六〕王先慎曰：法古循禮，不敢變更。

〔七〕王先慎曰：與，讀若為。禮記内則「小切之與稻米」，周禮醢人注作「小切之為稻米」是其證。此言世之愚學與法術之士，皆名為有術之士，而其實不同也。⊙奇猷案：王說是。經傳釋詞云：「與，猶為也。」

〔八〕顧廣圻曰：藏本、今本「於」作「相」。⊙奇猷案：「於」作「相」是，草書「於」作扵，「相」作相，形近，故誤，今據改「於」為「相」。

〔九〕奇猷案：「有」字當衍。

〔一〇〕奇猷案：「螘」藏本誤為「塏」。螘，蟻本字。蟻穴外有封土隆起謂之蟻垤。

〔一一〕王先慎曰：趙本「係」作「繫」，二字古通。

〔一二〕王先慎曰：依下文，此下當有「者」字。

〔一三〕顧廣圻曰：「國者，」當作「者固」。「者」句絕，「固」下屬。藏本「聖」上有「故」字，非也。⊙高亨曰：按「法」下當有「於」字，轉寫脱去。⊙奇猷案：高說義長。但藏本「聖」上有「故」字亦是也。此文當作「故聖人為法於國者，必逆於世」，上文「而聖人者，審於是非之實，察於治亂之情也。故其治國也，正明法，陳嚴刑」云云，此文「聖人為法於國者」正承之而言。又案：世，謂世俗也。周禮地官大司徒「以世事教能，則民不失職」，鄭注：「世事，謂士農工商之事。」以鄭注推之，世事猶言世俗之事，則此文以世為世俗，猶周禮以世事為世俗之事。商君書「有高人之行者固見負於世」，又曰「拘世之議」，諸「世」字與此文「世」字同義。

處非道之位〔一〕，被衆口之譖，溺於當世之言，而欲當嚴天子而求安，幾不亦難哉〔二〕！此夫智士所以至死而不顯於世者也〔三〕。楚莊王之弟春申君有愛妾曰余〔四〕。春申君之正妻子曰甲〔五〕。余欲君之棄其妻也，因自傷其身以視君而泣，曰〔六〕：「得為君之妾，甚幸。

雖然，適夫人非所以事君也〔七〕，適君非所以事夫人也。身故不肖〔八〕，力不足以適二主，其勢不俱適，與其死夫人所者，不若賜死君前。妾以賜死〔九〕，若復幸於左右，願君必察之，無為人笑。」君因信妾余之詐，為棄正妻。余又欲殺甲而以其子為後，因自裂其親身衣之裏〔一〇〕，以示君而泣，曰：「余之得幸君之日久矣，甲非弗知也，今乃欲強戲余，余與爭之，至裂余之衣。而此子之不孝，莫大於此矣。」君怒，而殺甲也。故妻以妾余之詐棄，而子以之死。從是觀之，父之愛子也，猶可以毀而害也〔一一〕。君臣之相與也，非有父子之親也，而羣臣之毀言非特一妾之口也，何怪夫賢聖之戮死哉！此商君之所以車裂於秦，而吳起之所以枝解於楚者也〔一二〕。凡人臣者，有罪固不欲誅，無功者皆欲尊顯〔一三〕。而聖人之治國也，賞不加於無功，而誅必行於有罪者也。然則有術數者之為人也〔一四〕，固左右姦臣之所害，非明主弗能聽也。

〔一〕奇猷案：「處非道之位」至「非明主莫能聽也」一節，迂評本在「此田成之所以弒簡公者也」之下。或謂此節疑原為和氏篇之一部分而錯入於本篇。其證有三：一、本節所言置於本篇不如置於和氏篇較與上下文為適切貫通。二、本節有「此商君之所以車裂於秦，而吳起之所以枝解於楚者也」之語，似為申述和氏篇所謂「然而枝解吳起而車裂商君者何也」。三、本篇在元、明時或誤合於和氏篇，其後劃分為兩篇，又未將本節劃入和氏篇中，致有此混淆。案：或說是。然謂本篇在元、明時或誤合於和氏篇則不然，此篇之與和氏篇合當在宋以前，蓋乾道本之七、八兩葉已據他本補入，而藏本直缺此兩葉之文，則和氏篇與此篇合當在乾道以前無疑。

〔二〕顧廣圻曰：「幾」當在「難」字下。⊙奇猷案：幾與冀同，希望其事成功之意。上文「必不幾矣」「愈不幾矣」皆此義。外儲説右上「子毋幾索入矣」，謂汝勿希望能索入也。五蠹篇「冀復得免」，謂希望能復得免。此文「幾不亦難哉」，謂希望能得其安不亦難哉。綜合韓子所用「幾」字比較，義當如此。或訓為豈則義不可通。（荀子富國篇楊注「幾，讀為豈」，非此文之義。）

〔三〕盧文弨曰：藏本無「而」字。⊙奇猷案：今道藏本仍有「而」字。

〔四〕顧廣圻曰：與楚世家、春申君列傳皆不合。⊙奇猷案：史記春申君傳：「春申君者，名歇，姓黄氏，事楚頃襄王。」案頃襄王上距莊王近三百年，此莊王疑頃襄王之誤。蓋莊、襄音近誤為「頃莊王」，後人見楚無「頃莊王」，遂又删去「頃」字也。

〔五〕松皋圓曰：「甲」恐非名。史記任少卿曰「某子甲何不來乎」，萬石君傳「長子建，次子甲，次子乙」，注：「史失其名，故曰甲、乙。」

〔六〕王先慎曰：「視」當作「示」。以示君，謂以身受傷之處示君也。與下「自裂其親身衣之裏以示君」同義。下正作「示」，明此「視」為「示」之譌。⊙陶憲曾曰：視與示同。今校書者以為「視」當作「示」，不知古本視、示通也。⊙奇猷案：漢書高帝紀曰「視項羽無東歸意」，注：「如淳曰：視，音示。師古曰：漢書多以視為示，古通用字。」下文「示」亦當本作「視」，後人改之。

〔七〕松皋圓曰：適，順適其意也。

〔八〕松皋圓曰：故、固通。⊙王佩諍曰：史記刺客傳「今日之事，臣固伏誅」，國策「固」作「故」，是故、固通之證。

〔九〕王先慎曰：「以」，當作「不」。謂不賜妾死也。⊙松皋圓曰：以、已同。謂妾已死後，左右被幸者恐復如妾不免於夫人妒忌，妾身不肖而得罪耳，不顧其身而恤吾後，蓋倒言以激之也。⊙奇猷案：松説是，高亨説同，王説失之。

〔一〇〕奇猷案：釋名釋親屬：「親，襯也，言相隱襯也。」據此，則襯身衣與身相隱襯，故曰親身衣也。説文：「裏，衣内也。」釋名釋衣服：「有裏曰複，無裏曰單。」

〔一一〕盧文弨曰：凌本「以」下有「毁」字。⊙俞樾曰：「以」字衍文。可而，即可以也。此文本云：「父之愛子也，猶可而害也。」淺人不達古語，於「而」上又增入「以」字，則不可通矣。⊙王先慎曰：藏本「父」上有「夫」字。又案：凌本「以」下有「毁」字，是也。下文「羣臣之毁言非特一妾之口也」，即蒙此句，明各本脱「毁」字。俞氏據誤本，勢不得不删「以」就己説。⊙陶鴻慶曰：案王解據凌本「可以」下補「毁」字，是也。然此句尚有脱文，原文當云「父之愛子也，猶可以一妾之毁而害也」，文義方足。下云「君臣之相與也，非有父子之親也，而羣臣之毁言非特一妾之口也」，正承此言。⊙奇猷案：王説是，迂評本亦有「毁」字，今據補。又案：此接上文而來，毁即妾余之毁，義甚明，陶説太泥，未可從。

〔一二〕王先慎曰：釋名：「車裂曰轘。轘，散也，肢體分散也。」是二子皆受轘死。各國名刑不同，韓非亦因而稱之耳。「枝」當作「支」。⊙奇猷案：難言篇及和氏篇皆作「枝」。案枝、支同字，不必改作。

〔一三〕奇猷案：「罪」下當有「者」字。

〔一四〕顧廣圻曰：藏本、今本「人」下有「臣」字。⊙王先慎曰：「人」下當有「主」字。為，音于僞反。⊙高亨曰：按「有術數者之為人也」，與十過篇「子反之為人也」句法相同。王説失之。⊙奇猷案：高説是。為讀如字。又案：今藏本無「臣」字。

世之學術者說人主〔一〕，不曰「乘威嚴之勢以困姦衺之臣」，而皆曰「仁義惠愛而已矣」。世主美仁義之名而不察其實，是以大者國亡身死，小者地削主卑〔二〕。何以明之？夫施與貧困者〔三〕，此世之所謂仁義；哀憐百姓不忍誅罰者，此世之所謂惠愛也。夫有施與貧困，則無功者得賞；不忍誅罰，則暴亂者不止〔四〕。國有無功得賞者，則民不外務當敵斬首〔五〕，內不急力田疾作，皆欲行貨財、事富貴、為私善、立名譽以取尊官厚俸。故姦私之臣愈衆，而暴亂之徒愈勝，不亡何待？夫嚴刑者，民之所畏也〔六〕；重罰者，民之所惡也。故聖人陳其所畏以禁其衺，設其所惡以防其姦。是以國安而暴亂不起。吾以是明仁義愛惠之不足用，而嚴刑重罰之可以治國也。無捶策之威，銜橛之備，雖造父不能以服馬〔七〕。無規矩之法，繩墨之端，雖王爾不能以成方圓〔八〕。無威嚴之勢，賞罰之法，雖堯、舜不能以為治〔九〕。今世主皆輕釋重罰、嚴誅，行愛惠，而欲霸王之功，亦不可幾也〔一〇〕。故善為主者，明賞設利以勸之，使民以功賞，而不以仁義賜；嚴刑重罰以禁之，使民以罪誅而不以愛惠免。是以無功者不望，而有罪者不幸矣〔一一〕。托於犀車良馬之上〔一二〕，則可以陸犯阪阻之患；乘舟之安，持檝之利，則可以水絶江河之難〔一三〕；操法術之數，行重罰嚴誅，則可以致霸王之功。治國之有法術賞罰，猶若陸行之有犀車良馬也，水行之有輕舟便檝也〔一四〕，乘之者遂得其成〔一五〕。伊尹得之湯以王，管仲得之齊以霸，商君得之秦以强。此三人者，皆明於霸王之術，察於治强之數，而不以牽於世俗之言〔一六〕。適當世明主之意，則有直任布衣之士，立為卿相之處〔一七〕；處位治國，則有尊主廣地之實；此之謂足貴之臣。湯得伊尹，以百里之地立為天子；桓公得管仲，立為五霸主，九合諸侯，一匡天下；孝公得商君，地以廣，兵以强。故有忠臣者〔一八〕，外無敵國之患，内無亂臣之憂，長安於天下，而名垂後世，所謂忠臣也〔一九〕。若夫豫讓為智伯臣也〔二〇〕，上不能説人主使之明法術、度數之理，以避禍難之患〔二一〕，下不能領御其衆，以安其國。及襄子之殺智伯也，豫讓乃自黔劓〔二二〕，敗其形容，以為智伯報襄子之仇。是雖有殘刑殺身以為人主之名〔二三〕，而實無益於智伯若秋毫之末。此吾之所下也，而世主以為忠而高之。古有伯夷、叔齊者，武王讓以天下而弗受〔二四〕，二人餓死首陽之陵。若此臣者，不畏重誅，不利重賞〔二五〕，不可以罰禁也，不可以賞使也，此之謂無益之臣也。吾所少而去也，而世主之所多而求也〔二六〕。

〔一〕陶鴻慶曰：案「術」字當衍。韓子申明法術而訾當時為偽學，故上文云「至治之法術已明矣，而世學者弗知也」，又云「夫世愚學之人，比有術之士也，猶螘垤之比大陵也，其相去遠矣」。明此文「學」下不當有「術」字。⊙奇猷案：陶説是。世之學者，猶言當世之學者，與上文「世之愚學」及顯學篇「世之顯學」同義，世皆為當世也。又案：藏本「世」下無「之」字。

〔二〕奇猷案：五蠹篇：「徐偃王行仁義而喪其國。」

〔三〕盧文弨曰：「施」下脱「與」字，一本有。⊙王先慎曰：有「與」字是也，下有「與」字即其證。⊙奇猷案：趙本、凌本有「與」字，今據補。

〔四〕顧廣圻曰：「夫」下「有」字當衍。⊙奇猷案：顧說是。此與下文「不忍誅罰」相對，不當有「有」字。又案：八說篇云：「仁者，慈惠而輕財者也。慈惠則不忍，輕財則好與。不忍則罰多宥赦，好與則賞多無功」，外儲說右下篇云「使民有功與無功俱賞者，此亂之道也」，難二篇云「賞無功則民偷幸而望於上，此亂之本也」，皆可明此文。

〔五〕顧廣圻曰：「不外」，當作「外不」。⊙奇猷案：顧說是。下文「內不」與此「外不」對文。

〔六〕顧廣圻曰：藏本、今本「嚴」下有「刑」字。⊙王先慎曰：「嚴刑」「重罰」相對，明此脫。⊙奇猷案：有「刑」字是，下文「而嚴刑重罰之可以治國也」，亦云「嚴刑」可證，迂評本、凌本亦有，今據增。

〔七〕奇猷案：「捶」，藏本作「棰」，非。捶，馬杖也。莊子至樂篇：「撽之以馬捶。」說文：「捶，策馬箠也。」漢書司馬相如傳注：「張揖曰：銜，馬勒銜也。」史記索隱引周輿服志云：「鉤逆上者橜，橜在銜中，以鐵為之，大如鷄子。」橜與橛同。又案：造父，善御者，詳外儲說右下。

〔八〕松皋圓曰：淮南本經訓注：「王爾，古之巧匠。」⊙奇猷案：端，正也，見廣雅釋詁。

〔九〕奇猷案：難勢篇云：「無慶賞之勸，刑罰之威，釋勢委法，堯、舜户說而人辯之，不能治三家。」

〔一〇〕盧文弨曰：藏本無「欲」字。⊙奇猷案：疑「欲」下脫「致」字，下文「可以致霸王之功」承此言，有「致」字可證。藏本乃刪「欲」字以就此句耳。

〔一一〕奇猷案：望，謂希望賞賜也。難二篇「賞無功則民偷幸而望於上」，望字與此同義。

〔一二〕顧廣圻曰：「犀」字未詳。⊙俞樾曰：顧氏偶失考耳，漢書馮奉世傳注引晉灼云：「犀，堅也。」然則犀車、良馬，即堅車、良馬矣。吳子應變篇云「車堅馬良」，是其義也。⊙奇猷案：俞說是也。本書難二篇「趙簡子圍衛之郛郭，犀楯、犀櫓立於矢石之所不及」，犀，亦堅也。又外儲說右上及難勢篇皆云「良馬、固車」，堅、固義同。

犀車、良馬，即固車、良馬也。

〔一三〕王先慎曰：趙本「水」誤「永」。⊙孫子書師曰：案乘，猶因也。本書喻老篇云「物有常容，因乘以導之」，漢書董仲舒傳云「因乘富貴之資力」，因乘連文。史記秦始皇本紀「因利乘便」，淮南子本經訓云「乘時因勢以服役人心」，兵略訓云「乘時勢因民欲而取天下」，因、乘互用。持借為恃，莊子徐无鬼「恃源而往」，釋文「本作持」，說文「恃，賴也」，賴亦因也。此謂因舟之安，恃檝之利，則可以水絕江河之難。荀子勸學篇云「假舟檝者非能水也而絕江河」，淮南子主術訓云「乘舟檝者不能游而絕江海」，呂氏春秋知度篇云「絕江者托於船」，托、假與因、賴義并相近。⊙太田方曰：漢書匈奴傳注：「直渡曰絕。」

〔一四〕奇猷案：漢書李廣傳注：「便，安利也。」

〔一五〕陶鴻慶曰：案此文當云：「乘之者遂，得之者成。」乘之者遂，指車馬舟檝言。得之者成，指法術賞罰言。皆與上文相承。下文云「伊尹得之湯以王，管仲得之齊以霸，商君得之秦以强」，又與此相承也。傳寫得下奪「之者」二字，校者妄補「其」字，合為一句，遂不可通矣。⊙奇猷案：陶說是。

〔一六〕奇猷案：「以」字當衍。

〔一七〕盧文弨曰：「處」，凌本作「功」。⊙劉師培曰：案卿相之處，猶言卿相之位。立為，即立於也。為有於訓，如左傳莊二十三年「竝於正卿」，釋文謂「本或作為」是也。⊙奇猷案：劉說非也。此「之處」二字當衍。「立為卿相」，文義已足，下文「立為天子」、「立為五霸主」，語法同可證。此「處」字因下「處」字而複衍，後人又加「之」字以足句耳。

〔一八〕盧文弨曰：「忠」下「臣」字脱，凌本有。⊙王先慎曰：有「臣」字是，下「所謂忠臣也」即承此。⊙奇猷案：盧、王校是，迂評本亦有「臣」字，今據補。

〔一九〕奇猷案：「所謂」上疑脱「此吾」二字。下文「此吾之所下也」，與此相反為文，言「此吾」可證。

〔二〇〕奇猷案：詳史記刺客豫讓傳。

〔二一〕顧廣圻曰：「使」下「人」字今本在「主」字上。⊙奇猷案：今本是，今據乙。

〔二二〕盧文弨曰：「黔」，藏本、張本作「黚」，本當作「鉗」。⊙顧廣圻曰：當作「黥」。⊙王先慎曰：顧説是。書呂刑：「爰始淫為劓、刵、椓、黥。」黥、劓刑在面，趙策所謂「自刑以變其容」也。

〔二三〕王先慎曰：「刑」當作「形」。⊙奇猷案：本書刑、形二字多互用。如二柄篇「審合刑名」，揚權篇「形名參同」，「刑名」與「形名」同，是其例，不必改字。

〔二四〕奇猷案：伯夷、叔齊，孤竹君之二子也，詳史記本傳。未聞武王讓以天下而弗受事。但古今兩本竹書紀年均有伊尹殺太甲事，各書均不載，諒係儒家諱之。而武王讓天下於夷、齊，乃武王之權謀，故史公削而不載。説林上「湯殺君而欲傳惡聲於務光，遂讓以天下，務光不受而投河」，亦湯權謀之術，史公不載，亦同此例。

〔二五〕盧文弨曰：凌本「臣」下有「者」字。⊙奇猷案：凌本是，今據補，迂評本亦有。

〔二六〕奇猷案：以上各段原相連，今按文義分段。又案：多猶言褒，少猶言貶。

諺曰：「厲憐王〔一〕。」此不恭之言也。雖然，古無虛諺，不可不察也。此謂劫殺死亡之主言也〔二〕。人主無法術以御其臣〔三〕，雖長年而美材〔四〕，大臣猶將得勢，擅事主斷，而各為其私急。而恐父兄豪桀之士，借人主之力，以禁誅於己也〔五〕，故弑賢長而立幼弱，廢正的而立不義〔六〕。故春秋記之曰：「楚王子圍將聘於鄭，未出境，聞王病而反，因入問病，以其冠纓絞王而殺之，遂自立也〔七〕。齊崔杼，其妻美，而莊公通之，數如崔氏之室。及公往，崔子之徒賈舉率崔子之徒而攻公。公入室〔八〕，請與之分國，崔子不許。公請自刃於廟，崔子又不聽。公乃走，踰於北牆〔九〕。賈舉射公，中其股，公墜。崔子之徒以戈斫公而死之，而立其弟景公。」近之所見〔一〇〕：李兌之用趙也，餓主父百日而死〔一一〕；卓齒之用齊也〔一二〕，擢湣王之筋，懸之廟梁〔一三〕，宿昔而死〔一四〕。故厲雖癰腫疕瘍，上比於春秋，未至於絞頸射股也〔一五〕；下比於近世〔一六〕，未至餓死擢筋也〔一七〕。故劫殺死亡之君，此其心之憂懼，形之苦痛也，必甚於厲矣〔一八〕。由此觀之，雖「厲憐王」可也。

〔一〕顧廣圻曰：乾道本、藏本提行，今本連前，誤。戰國策以此至末「可也」皆作孫子為書謝春申君，韓詩外傳卷四同。⊙松皋圓曰：莊子：「厲之人夜半生其子。」史記刺客傳注「厲，音賴」，索隱曰：「古多借厲為賴，今癩字從病。」楚策注：「厲雖惡疾，猶愈於劫弒，故反憐王。」⊙奇猷案：見莊子天地篇。

〔二〕王先慎曰：謂，讀為為。「殺」，策作「弒」。

〔三〕盧文弨曰：「主」字脱，凌本有。⊙王先慎曰：楚策、韓詩外傳皆有。⊙奇猷案：有「主」字是，今據補，迂評本亦有。

〔四〕盧文弨曰：「美材」，藏本、張本作「材美」。⊙奇猷案：「長年」倒。下文「賢長」，長指年長可證。

〔五〕王先慎曰：父兄，謂側室公子，人主之所親愛也，見八姦篇。豪傑之士，即上所云「有術之士」。⊙奇猷案：王說是。孤憤篇云「主利在豪傑使能」，亦以豪傑為有術之士。

〔六〕盧文弨曰：「弑」，外傳作「捨」。⊙顧廣圻曰：藏本「的」作「適」，是也，策、外傳皆作「適」。

〔七〕王先慎曰：事見左昭元年傳。⊙奇猷案：國策與此同，左傳但言縊而殺之，不言及冠纓。

〔八〕王先慎曰：左襄二十五年傳作「臺」。

〔九〕王先慎曰：「北」，策、外傳作「外」。

〔一〇〕盧文弨曰：「之」，外傳作「世」。

〔一一〕王先慎曰：事互見喻老篇。⊙奇猷案：事詳國策趙策及史記趙世家。趙惠文王元年，武靈王自號為主父，惠文王四年餓死沙丘宮。

〔一二〕顧廣圻曰：藏本、今本「卓」作「淖」，策、外傳皆作「淖」。今按卓、淖同字。乾道本未嘗誤，改者非也。古今人表淖齒，師古曰：「淖，或作卓。」⊙王先慎曰：御覽三百七十五引作「淖」。⊙奇猷案：難一篇作「淖」。

〔一三〕王先慎曰：「湣」，策、外傳作「閔」，御覽引亦作「閔」。⊙奇猷案：秦策「擢」作「縮」，小爾雅廣言「縮，抽也」，則縮與擢義同。又案：閔與湣同，史記作「湣」。又案：難一篇云「死乎東廟」，則廟梁者，東廟之梁也。

〔一四〕王先慎曰：「宿昔」，策作「宿夕」。⊙奇猷案：莊子天運篇「則通昔不寐矣」，王逸楚辭注「昔，夜也」，則昔與夕同義。又案：史記田敬仲完世家：「楚使淖齒將兵救齊，因相齊湣王。淖齒遂殺湣王而與燕共分齊之侵地鹵器。」

〔一五〕顧廣圻曰：藏本、今本「股」上有「射」字，策、外傳有。⊙奇猷案：有「射」字是，今據補。

〔一六〕顧廣圻曰：今本「近世」作「近臣」，誤。

〔一七〕顧廣圻曰：今本「至」下有「於」字，「餓」作「饑」。策作「未至擢筋而餓死也」。外傳無「而」字，餘同。

〔一八〕盧文弨曰：「甚」下「於」字脱，藏本、張本有，外傳同。⊙王先慎曰：策亦有「於」字。⊙奇猷案：有「於」字是，今據補。又案：今藏本無「於」字。

卷五

亡徵第十五

凡人主之國小而家大，權輕而臣重者，可亡也〔一〕。簡法禁而務謀慮，荒封内而恃交援者，可亡也〔二〕。羣臣為學〔三〕，門子好辯〔四〕，商賈外積〔五〕，小民右仗者，可亡也〔六〕。好宫室臺榭陂池，事車服器玩好〔七〕，罷露百姓，煎靡貨財者，可亡也〔八〕。用時日，事鬼神，信卜筮，而好祭祀者，可亡也〔九〕。聽以爵不待參驗〔一〇〕，用一人為門户者，可亡也〔一一〕。官職可以重求，爵禄可以貨得者，可亡也〔一二〕。緩心而無成〔一三〕，柔茹而寡斷〔一四〕，好惡無決〔一五〕，而無所定立者，可亡也〔一六〕。饕貪而無饜〔一七〕，近利而好得者，可亡也〔一八〕。喜淫而不周於法〔一九〕，好辯説而不求其用，濫於文麗而不顧其功者，可亡也〔二〇〕。淺薄而易見，漏泄而無藏，不能周密，而通群臣之語者，可亡也〔二一〕。很剛而不和〔二二〕，愎諫而好勝，不顧社稷而輕為自信者，可亡也〔二三〕。恃交援而簡近鄰，怙强大之救〔二四〕，而侮所迫之國者，可亡也〔二五〕。羈旅僑士，重帑在外，上閒謀計，下與民事者，可亡也〔二六〕。民信其相〔二七〕，下不能其上〔二八〕，主愛信之而弗能廢者，可亡也〔二九〕。境内之傑不事，而求封外之士〔三〇〕，不以功伐課試，而好以名問舉錯〔三一〕，羈旅起貴以陵故常者〔三二〕，可亡也。輕其適正，庶子稱衡〔三三〕，太子未定而主卽世者〔三四〕，可亡也。大心而無悔，國亂而自多，不料境内之資而易其鄰敵者，可亡也〔三五〕。國小而不處卑，力少而不畏强，無禮而侮大鄰，貪愎而拙交者，可亡也〔三六〕。太子已置，而娶於强敵以為后妻，則太子危〔三七〕，如是，則羣臣易慮，羣臣易慮者，可亡也〔三八〕。怯懾而弱守，蚤見而心柔懦，知有謂可，斷而弗敢行者，可亡也〔三九〕。出君在外而國更置〔四〇〕，質太子未反而君易子，如是則國攜〔四一〕，國攜者，可亡也。挫辱大臣而狎其身〔四二〕，刑戮小民而逆其使〔四三〕，懷怒思耻而專習則賊生〔四四〕，賊生者，可亡也。大臣兩重，父兄衆强，内黨外援以爭事勢者，可亡也〔四五〕。婢妾之言聽，愛玩之智用，外内悲惋而數行不法者，可亡也〔四六〕。簡侮大臣，無禮父兄，勞苦百姓，殺戮不辜者，可亡也〔四七〕。好以智矯法，時以行襍公〔四八〕，法禁變易，號令數下者，可亡也〔四九〕。無地固〔五〇〕，城郭惡，無畜積，財物寡，無守戰之備而輕攻伐者，可亡也。種類不壽〔五一〕，主數卽世〔五二〕，嬰兒為君，大臣專制，樹羈旅以為黨，數割地以待交者，可亡也〔五三〕。太子尊顯，徒屬衆强，多大國之交，而威勢蚤具者，可亡也〔五四〕。變褊而心急〔五五〕，輕疾而易動發〔五六〕，心悁忿而不訾前後者，可亡也〔五七〕。主多怒而好用兵，簡本教而輕戰攻者，可亡也〔五八〕。貴臣相妬〔五九〕，大臣隆盛，外藉敵國，内困百姓，以攻怨讐，而人主弗誅者，可亡也。君不肖而側室賢〔六〇〕，太子輕而庶子伉〔六一〕，官吏弱而人民桀〔六二〕，如此則國躁〔六三〕，國躁者，可亡也。藏怒而弗發〔六四〕，懸罪而弗誅，使羣臣陰憎而愈憂懼，而久未可知者〔六五〕，可亡也。出軍命將太重，邊地任守太尊，專制擅命，徑為而無所請者，可亡也。后妻淫亂，主母畜穢，外内混通，男女無別，是謂兩主，兩主者，可亡也〔六六〕。后妻賤而婢妾貴，太子卑而庶子尊，相室輕而典謁重〔六七〕，如此則内外乖，内外乖者，可亡也。大臣甚貴，偏黨衆强，壅塞主斷而重擅國者，可亡也〔六八〕。私門之官用，馬府之世，鄉曲之善舉〔六九〕，官職之勞廢，貴私行而賤公功者，可亡也。公家虛而大臣實，正户貧而寄寓富〔七〇〕，耕戰之士困，末作之民利者，可亡也。見大利而不趨，聞禍端而不備，淺薄於爭守之事，而務以仁義自飾者，可亡也〔七一〕。不為人主之孝，而慕匹夫之孝〔七二〕，不顧社稷之利，而聽主母之令，女子用國，刑餘用事者，可亡也〔七三〕。辭辯而不法，心智而無術，主多能而不以法度從事者，可亡也〔七四〕。親臣進而故人退〔七五〕，不肖用事而賢良伏，無功貴而勞苦賤，如是則下怨，下怨者，可亡也。父兄大臣祿秩過功，章服侵等〔七六〕，宮室供養太侈〔七七〕，而人主弗禁，則臣心無窮，臣心無窮者，可亡也〔七八〕。公壻公孫與民同門，暴慠其鄰者，可亡也〔七九〕。亡徵者，非曰必亡〔八〇〕，言其可亡也。夫兩堯不能相王，兩桀不能相亡。亡王之機，必其治亂、其强弱相踦者也〔八一〕。木之折也必通蠹，牆之壞也必通隙〔八二〕。然木雖蠹，無疾風不折；牆雖隙，無大雨不壞。萬乘之主，有能服術行法以為亡徵之君風雨者〔八三〕，其兼天下不難矣。

〔一〕太田方曰：治要引尹文子曰：「國貧小，家富大，君權輕，臣勢重，亡國也。」⊙奇猷案：君曰國，大夫曰家。晉六卿强，卒至趙、韓、魏三家分晉，此家大之患也。二柄篇云：「田常徒用德而簡公弑，子罕徒用刑而宋君劫。」此田常有德之重權、子罕有刑之重權之患也。

〔二〕奇猷案：簡，慢也。此文謂有法禁而不循，務以智巧為事，荒於國內之治，而務交外國以求援者，可亡也。說林上：「魯穆公使衆公子或宦於晉或宦於荆。犁鉏曰：假人於越而救溺子，越人雖善游，子必不生矣。」是其例。

〔三〕陶鴻慶曰：為，讀為偽。偽學與姦劫弑臣篇愚學義相近。⊙奇猷案：小爾雅廣詁、漢書杜欽傳注皆曰：「為，治也。」商君書更法篇「曲學多辯」，史記李斯傳李斯非淳于越諫始皇語曰「私學乃相與非法教之制，聞令下又各以私學議之，請諸有文學詩書百家語者蠲除去之」，本書外儲說左上述趙襄主一日以中章、胥己二人為中大夫，予之田宅，中牟之人棄其田耘、賣宅圃而隨文學者國之半。是知法家所謂學，指文學詩書百家語言之，卽所謂曲學、私學也。八說篇曰「夫貴文學而疑法，尊修行以貳功，索國之富强，不可得也」，顯學篇曰「雜反之學不兩立而治」，（雜反之學，指儒、墨之學。）又曰「今世之學士語治者」云云，學士蓋謂學儒、墨之士也。故和氏篇曰：「商君教秦孝公燔詩書而明法令，主以尊安，國以富强。」是知燔詩書之舉，韓非亦甚贊同。足徵此所謂為學者，乃謂治儒、墨之學者也。因韓非反對治文學，故曰可亡。陶說未確。

〔四〕凌瀛初曰：門子，門下之人也。⊙蒲阪圓曰：山云：「周禮：小宗伯其正室皆謂之門子。注：正室，嫡子也。

左傳：鄭六卿及其大夫門子。注：卿之適子也。」⊙孫子書師曰：引左傳見襄二十四年。案晉語云「育門子，選賢良」，韋注：「大夫適子。」據內、外傳則門子在古時其地位頗高，故韓子與羣臣并舉。且以門子好辯為亡國之徵。梁章鉅浪蹟續談卷一云：「今世官廨中有侍僮謂之門子，其名不古不今。周禮：正室謂之門子。注云：將代父當門者，非後世所謂門子也，韓非子亡徵篇：羣臣為學，門子好辯。注云：門子，門下之人。此稱與侍僮為近。」案門子為卿大夫適子，先儒説皆然。以文義推之，韓子此門子更非門下之人，梁氏誤從凌瀛初注，失於不察矣。⊙奇猷案：本書所列好辯者之史事甚多，未見有一為卿大夫嫡子者。五蠹篇：「齊攻魯，魯使子貢説之。齊人曰：子言非不辯也，吾所欲者土地也，非斯言所謂也。遂舉兵伐魯，去門十里以為界。故子貢辯智而魯削。」則韓子以為魯之削由於子貢之辯，子貢為孔子弟子，而八説篇云「書約而弟子辯」，則此文所謂門子，似係指門弟子之流。又説林下「靖郭君將城薛，客言海大魚」云云，此一辯者為客，當即靖郭君之門下客，既門下客好辯，與此言門子好辯亦合。故余疑門子為門弟子及門下客之類，非指卿大夫嫡子也。

〔五〕奇猷案：五蠹篇云：「姦財貨賈得用於市，則商人不少矣。聚斂倍農而致尊過耕戰之士，則耿介之士寡而商賈之民多矣。」顯學篇云：「磐石千里不可謂富，象人百萬不可謂强。磐石不生粟，象人不可使距敵也。今商官技藝之士亦不墾而食，是地不墾與磐石一貫也。」言商賈聚斂，又比之磐石。則此所謂商賈外積者，蓋謂商賈積財而成富，然此富非內庫之富，與磐石同為不可用。對內庫言，故曰外積也。

〔六〕盧文弨曰：「右仗」，凌本作「內困」。⊙陶鴻慶曰：案：「右仗」當作「不使」，以草書相似而誤。爾雅釋詁：「使，從也。」不使，言不從也。詭使篇云「入則亂民，出則不使」（此本作便。盧校云：一本作使。當從之），顯學篇云「儒俠毋軍勞者而顯榮則民不使」，皆其證。盧校引凌本作「內困」，乃以意改之。王解從之，非也。⊙劉師培曰：案「仗」疑「伎」誤。「右伎」者，即尊尚淫巧也。下云「末作之民利」，此其證。⊙奇猷案：漢書公孫弘傳「守成（此下當有上字）文，遭遇右武」，顏師古注：「右，亦上也。」案上與尚同。仗，猶言依賴也。右仗，猶言尚依賴也。小民右仗，謂人主慕行仁義，而小民則尚依賴也。姦劫弑臣篇：「夫施與貧困者，此世之所謂仁義。夫有施與貧困則無功者得賞。國有無功得賞者，則民不務外當敵斬首，內不急力田疾作，皆欲行貨財事富貴為私善立名譽以取尊官厚俸。故姦私之臣愈衆，不亡何待。」顯學篇：「今世之學士語治者，多曰與貧窮地以實無資。今夫無饑饉疾疚禍罪之殃獨以貧窮者，非侈即墮也。侈而墮者貧，而力而儉者富。今上徵斂於富人以布施於貧家，是奪力儉而與侈墮也，而欲索民之疾作而節用，不可得也。」難二篇述齊桓公遺冠事，管仲勸桓公賜貧窮，民歌之曰：「公胡不復遺冠乎？」是小民依賴賞賜之表見，故韓非非之曰：「管仲雪桓公之耻於小人，而生桓公之耻於君子。」由此觀之，韓非極反對仁義施與，蓋所以去人民依賴之心。（不獨韓非，法家皆然。）故曰小民尚依賴者可亡也。諸説皆未得。

〔七〕顧廣圻曰：句絶。「器」下當有脱字。⊙奇猷案：疑「器」上脱「奇」字。史記呂不韋傳「呂不韋買奇物玩好獻華陽夫人」，奇器即奇物也。又案：「好」下當有「治」字。

〔八〕王先慎曰：「露」，當作「潞」，羸也。呂氏春秋不屈篇：「士民罷潞。」⊙劉文典曰：露、潞同從路得聲，古得通用。逸周書職方解：「其浸汾露」，周禮作「汾潞」，是其證。管子四時篇「不知五穀之故，國家乃路」，路亦同音通叚。⊙奇猷案：劉説是。煎靡，即五蠹篇之弗（通沸）靡（煎、沸義近），謂奢侈浪費。説林上篇「秦康公築臺三年」云云，外儲説左上篇「吴王築如皇之臺，掘深池，罷苦百姓，煎靡財貨，以盡民力」，此卽「罷露百姓，煎靡貨財」之例。

〔九〕奇猷案：説苑反質篇云：「信鬼神者失謀，信日者失時。」飾邪篇云：「鑿龜數筴，兆曰大吉，而以攻燕者趙也。鑿龜數筴，兆曰大吉，而以攻趙者燕也。趙代得意於燕，非趙龜神而燕龜欺也。」文物一九八九年第二期載甘肅天水放馬灘秦墓出土日書有「日忌」「月忌」等等，如「日忌」云：「凡黔首遠行，毋以甲子、戊辰、丙申，不死必亡。」是信卜筮、用時日之例也。

〔一〇〕盧文弨曰：「以待」，一本作「不以衆言」。⊙顧廣圻曰：今本「以待」作「不待」。⊙王先慎改從一本曰：案謂聽以爵之尊卑，不參驗衆言得失。⊙奇猷案：今本「以待」作「不待」是，凌本亦作「不待」，今據改。上以字猶與也。（詳王氏經傳釋詞）聽，謂聽人之言，八姦篇「羣臣知不聽」，謂羣臣知不聽其言，亦以聽為聽言之意可證。參驗，謂參驗形名也，孤憤篇「今人主不合參驗而行誅」，亦以參驗指參驗形名。聽以爵不待參驗，猶言聽臣下之言，不待參驗形名，卽以爵禄予人。孤憤篇云：「不以功伐決智行，不以參伍審罪過，則無能之士在廷，而愚汙之吏處官矣。」與此文可互證。外儲說左上：「王登為中牟令，上言於襄主曰：中牟有士曰中章、胥己者，其身甚修，其學甚博，君何不舉之？主曰：子見之，我將為中大夫。相室諫曰：中大夫，晉重列也，今無功而受，非晉臣之意，君其耳而未之目邪！襄主曰：我取登既耳而目之矣，登之所取又耳而目之，是耳目人絶無已也。」正是此文聽以爵不待參驗之例。迂評本「以待」作「不以衆言」，當卽盧所謂一本，蓋不明「參驗」二字之義而妄改也。王先慎從之，而又曲為之解，非。

〔一一〕奇猷案：如齊簡公用田常，燕子噲用子之，皆為用一人為門户者。詳二柄篇。

〔一二〕王先慎曰：八姦篇「財利多者買官以為貴，有左右之交者請謁以成重，此亡國之風也」，即此意。⊙奇猷案：王説是。五蠹篇：「官爵可買則商工不卑矣。」不使官爵可買，固是防姦，亦卑商工之道也。

〔一三〕顧廣圻曰：藏本、今本「無而」作「而無」。⊙奇猷案：王先慎據顧校乙，是，今從之。觀行篇：「西門豹之性急，故佩韋以緩己。董安於之心緩，故佩弦以自急。」心緩即緩心，謂行事遲遲也。

〔一四〕奇猷案：離騷王逸注：「茹，柔耎也。」蓋茹即懦之叚字。荀子禮論篇楊注：「懦，讀為儒。」（儒、茹音同。）下文

「蚕見而心柔懦」，皆可證柔茹卽柔懦也。懦、茹，古音皆隸魚部，故茹假為懦。又：說文云：「懦，駑弱也。」則「柔懦」亦卽解老篇「柔弱隨時」之「柔弱」。

〔一五〕奇猷案：「决」，藏本作「訣」，字通。

〔一六〕奇猷案：守道篇云：「善之生如春，惡之死如秋。」蓋寓當機立斷之意，與此文反正為義。

〔一七〕太田方曰：漢書禮樂志注：「甚貪曰饕。」饜，足也。

〔一八〕奇猷案：如智伯索地於韓、魏，又索地於趙，饕貪無饜，以至於亡。（詳十過篇）

〔一九〕盧文弨曰：凌本「淫」下有「刑」字。⊙顧廣圻曰：淫，淫辭也，見本書存韓篇。又呂氏春秋審應覽有「淫辭」，義同，皆可證也。別本於此「淫」下妄加「刑」字，乃誤之甚者。凡別本異同，大率類此，故略不復載。⊙王先慎增「刑」字曰：案訓淫為淫辭，已嫌添設，且與下言辯說無別，顧說非也。「喜淫刑」與下「好辯說」對文，不當少一字。⊙奇猷案：此下二句寓慶賞之意，此不當作「淫刑」，疑當作「淫賞」。賞不稱其功謂之淫賞，如外儲說左下述田子方見翟黃乘軒騎駕曰：「寵之稱，功尚薄」，是翟黃所得者為淫賞也。顧氏謂淫為淫辭，并謂見本書存韓篇，查存韓篇云：「文其淫說」，乃以「淫說」連文。又案：周，合也，詳和氏篇。「喜淫賞而不周於法」，猶言喜隨意賞賜不稱功之人而不以法度為衡量也。

〔二〇〕奇猷案：外儲說左上：「今世之談者，皆道辯說文辭之言，人主覽其文而忘其用。」五蠹篇云：「談言者務為辯而不周於用。」

〔二一〕奇猷案：言泄則有樗里疾害犀首之患，詳外儲說右上。三守篇云：「人臣有議當途之失、用事之過、舉臣之情。人主不心藏而漏泄之近習能人。使人臣之欲有言者，不敢不下適近習能人之心而乃上以聞人主。然則端言直道之人不得見，而忠直日疏。」

〔二二〕盧文弨曰：「很」，藏本作「佷」。⊙奇猷案：玉篇云：「佷，本作很。」則很、佷古今字。很剛，猶言暴戾也。

〔二三〕奇猷案：左傳僖公十五年「愎諫違卜」，又昭公四年「汏而愎諫」，皆以愎諫為不聽諫言、剛愎自用之意。此如齊桓公不用管仲之言，卒以豎刁、開方之亂而身死不葬。（詳十過篇）

〔二四〕奇猷案：詩小雅蓼莪釋文：「怙，賴也。」

〔二五〕奇猷案：十過篇：秦攻宜陽，韓恃楚救而簡秦之攻。即其例。

〔二六〕奇猷案：羈旅僑士，謂外國來寄寓者。重帑，謂富於財帛。

〔二七〕顧廣圻曰：句有誤。⊙俞樾曰：「民」下脱「不」字。「民不信其相」「下不能其上」兩文相對。民所不信，下所不能，而人主弗能廢，故曰可亡也。⊙奇猷案：此文不誤。子之相燕，操殺生之柄，民信畏之；田成子專齊，甚得齊民。此卽所謂民信其相也。諸書皆載其事，本書外儲説右上亦載之。且本書屢言田氏簒齊以警人君，是以曰民信其相乃亡國之徵。若作「民不信其相」，與韓子之旨相忤矣。顧、俞説非是。

〔二八〕奇猷案：能，猶容也。説苑「譬如水火之不相能也」，新序「吾兩君之不相能也」，不相能，即不相容也，是其證。「下不能其上」，猶言下不容其上。不容其上，是不親上也。上，指君。

〔二九〕奇猷案：謂主又信愛其相而弗能廢棄之也。如燕噲之信愛子之是也。

〔三〇〕奇猷案：如魏不用商鞅，魯不用吴起是。皆詳難言篇。

〔三一〕洪頤煊曰：案「問」，通作「聞」字。莊子逍遥游「乃今以久特聞」，釋文：「崔本作問。」庚桑楚「因失吾問」，釋文：「問，元嘉本作聞。」聞、問古字通用。⊙奇猷案：洪説是，太田方説同。墨子非命下篇「光譽令問」，尚同下「問」作「聞」，亦可證。舉錯，猶言措置，注見有度篇。如上所舉趙襄主以中章、胥己為中大夫是其例。又問田篇云「田鳩曰：楚將宋觚而失其政，魏相馮離而亡其國。君者驅於聲詞，眩乎辯説，不試於毛伯，不關乎州部，故有失政亡國之患」，五蠹篇云「人主用於行也，美其聲而不責其功」（聲，謂名聲），皆可明此文之義。

〔三二〕奇猷案：故常，謂故舊之臣。如内儲說上謂張儀與惠施争，而魏王聽張儀。張儀乃羈旅起貴，而惠施為故常之臣。

〔三三〕奇猷案：稱衡，即提衡，又即抗衡也，詳有度篇。

〔三四〕奇猷案：卽世，猶言去世也。左成十三年傳「獻公卽世」，謂獻公去世也。姦劫弒臣篇云「楚王子圍將聘於鄭，未出境，聞王病而反，因入問病，以冠纓絞王而殺之，遂自立」，是其例。

〔三五〕奇猷案：難三篇「秦昭王問左右，今時韓、魏孰與始强」云云，中期曰「此天下方用肘足之時，願王勿易之也」，可明此文。

〔三六〕奇猷案：十過篇述智伯事，知伯貪而無饜，不聽智過之諫，剛愎自用，又不能親韓、魏，拙於與韓、魏之交，卒致滅亡，是貪愎而拙交者滅亡之例。

〔三七〕奇猷案：藏本「娶」作「聚」，字通。愛臣篇云：「主妾無等，必危嫡子。」

〔三八〕顧廣圻曰：藏本、今本重「羣臣易慮」。⊙奇猷案：重「羣臣易慮」四字是也，北堂書鈔卷四十二引亦重，今據補。羣臣原係一心事太子，今又娶於强敵以為后妻，則羣臣必易其慮而事此后妻之子，蓋此后妻之子將有强敵之援而繼位為君也。内儲說下：「狐突曰：國君好内則太子危。」并述鄭君問鄭昭太子亦何如云云，可供參考。

〔三九〕盧文弨曰：「謂」字衍，凌本無。⊙顧廣圻曰：「知有謂可」四字為一句。⊙劉師培曰：案「有」字疑當作「否」，草書形近致訛。⊙奇猷按：有當讀為又，「知有謂可」，言其心又知其是，然斷而不敢行也。又案：弱守，謂不能堅守其判斷。此文蓋指人君有能知變法之利者，但心柔懦，不若秦孝公之能堅守己見而施諸實行。盧、劉二氏說均未可從。

〔四〇〕顧廣圻曰：藏本、今本「國」下有「更」字。⊙奇猷案：王先慎補「更」字是，今從之。此謂君出而在外，國內更置一君，如曹悼公朝於宋，宋囚之，曹立其弟野為聲公（見史記管蔡世家），是其例。

〔四一〕奇猷案：攜，貳也。左文七年傳「誰敢攜貳」，又昭十三年傳「諸侯事晉，未敢攜貳」，是其證。君在外又置君，太子未返又置太子，故國有兩主，國有兩主則臣有貳心。

〔四二〕津田鳳卿曰：狎，親昵也。⊙奇猷案：齊莊公通崔杼妻，以崔杼之冠賜人。莊公嘗笞宦者賈舉，賈舉復侍，為崔杼間公以報怨。詳史記齊世家。「挫辱」即說疑篇「萃辱」，謂挫折恥辱。

〔四三〕顧廣圻曰：「民」，當作「人」。「逆」，當作「近」。按此言近刑人也。⊙奇猷案：顧謂「民」當作「人」，是。但「逆」字不誤。逆有相反之意。「刑戮小人而逆其使」，謂被刑戮之小人又反而使用之。如齊莊公笞賈舉又反而使其為侍者。賈舉，小人也。

〔四四〕王先慎曰：「習」字疑誤，未詳所當作。⊙劉文典曰：案習者，狎近也。使所挫辱刑戮之人得近於前，則生賊弒之禍也。「習」字不誤。王說未審。⊙奇猷案：劉說是，唐敬杲說同。齊莊公狎近賈舉是也。

〔四五〕劉師培曰：案「事」字衍，別本訛「爭」為「事」，校者并入正文。⊙奇猷案：「爭事勢」，謂爭事，爭勢。說林上：「晉用六卿而國分，簡公兩用田成、闞止而簡公殺，魏兩用犀首、張儀而西河之外亡。」愛臣篇云：「兄弟不服，必危社稷。」三守篇有「事劫」，事即此文之「事」。

〔四六〕津田鳳卿曰：愛玩，弄臣也。⊙奇猷案：惋，惌同，怨也。聽婢妾佞臣之言，故朝廷內外皆悲怨也。此如春申君之聽妾余（詳姦劫弒臣篇），齊桓公之用豎刁、開方（詳十過篇）。愛，謂所愛之人。玩，謂所玩弄之人，如俳優侏儒。難三篇云齊桓公「近優而遠士」。

〔四七〕奇猷案：鄭靈公侮子公，子公作亂（詳左傳宣四年），是簡侮大臣也。魯昭公伐季氏（見史記魯世家），是無禮父兄也。秦康公築臺三年（詳說林上），是勞苦百姓也。靡笄之役，韓獻子殺人（詳難二篇），是殺戮不辜也。

〔四八〕顧廣圻曰：今本「行」作「私」，誤。按簡行而貴公者，韓子之家法也。⊙奇猷案：簡行而貴公，固是韓子家法，但用於此文仍不通。「行」當作「私」為是，不以私褋公，亦是韓子家法，故外儲說左下云：「私讎不入公門。」又案：矯，謂改枉為正。「好以智矯法」，謂自以為智者，以已定之法為枉，好以私智改之。飭令篇云「法已定矣，不以善言害法」，可明此文之義。

〔四九〕奇猷案：解老篇云：「事大衆而數搖之則少成功，藏大器而數徙之則多敗傷，烹小鮮而數撓之則賊其澤，治大國而數變法則民苦之，是以有道之君貴靜，不重變法。」

〔五〇〕盧文弨曰：「無地」，一本倒。⊙奇猷案：迂評本、凌本作「地無固」，誤。無地固，謂無地形之固也。

〔五一〕王先慎曰：楚語「臣能自壽也」，注：「壽，保也。」⊙太田方曰：史記禮書「先祖者，類之本也」，正義：「類，種類也。」⊙奇猷案：種類不壽，言種類之年歲不長。王說非。

〔五二〕王先慎曰：數，音色各反。

〔五三〕陶鴻慶曰：案「待」當為「持」字之誤。持，養也。⊙奇猷案：陶說是，松皐圓說同。案三守篇「羣臣持祿養交」，養交卽此持交也。

〔五四〕奇猷案：如楚成王太子商臣是（詳内儲說下）。

〔五五〕顧廣圻曰：今本「變」作「偏」，誤。按當作「彎」，形相近。⊙俞樾曰：變當讀為辨。說文心部「辨，一曰急也」，是與褊同義。作「變」者，聲近叚借也。易文言傳「由辯之不早辯也」，釋文：「辯，荀作變。」孟子告子篇「萬鍾則不辨禮義而受之」，音義引丁音云：「辨，本作變。」皆其例矣。⊙奇猷案：俞說是。「變褊」與下「輕疾」對文。趙本「變」作「偏」，凌本作「彎」，均誤。詩魏風葛屨「維是褊心」，箋：「君心褊急。」是褊亦急也。

〔五六〕顧廣圻曰：六字為一句。

〔五七〕顧廣圻曰：「心」，當作「必」。⊙王先慎曰：訾，量也。⊙奇猷案：「心」字不誤。心悁忿，謂心急燥而易怒也。訾，思也。（禮少儀鄭注訓訾為思。）與量義亦近。

〔五八〕顧廣圻曰：藏本、今本「本」下無「欲」字。⊙奇猷案：王先慎删「欲」字是，北堂書鈔卷四十二引亦無，今據删。簡本教，謂廢農事也。

〔五九〕奇猷案：迂評本、凌本「臣」作「人」，誤。此指田常與闞止言也，詳内儲説下篇。

〔六〇〕王先慎曰：八姦篇云：「何謂父兄？曰：側室公子。」是側室即君之父兄行也。

〔六一〕松皐圓曰：秦策「天下莫之伉」，注：「集韻：匹也。」吴注：「伉、抗，通，當也。」⊙奇猷案：漢書宣帝紀「選伉健習騎射者皆從軍」，顔注云：「伉，强也。」此以伉與輕對舉，伉以訓强為是。

〔六二〕奇猷案：「桀」，藏本作「傑」，字同。

〔六三〕奇猷案：禮月令「毋躁」，鄭注：「躁，猶動也。」案動，不安定也。

〔六四〕顧廣圻曰：藏本、今本「怨」作「怒」。⊙奇猷案：王先慎改「怨」為「怒」是，今從之。此以人君言，當作「怒」。八經篇「藏怒持罪而不發曰增亂」，即此義。

〔六五〕奇猷案：謂人君藏怒懸罪，人臣歷久而未知，則必憂懼而作亂。如高渠彌弑鄭昭公（詳難四篇）是其例。

〔六六〕章太炎曰：案畜借為縮。古字畜與育通，釋名釋車「齊人謂車枕以前曰縮，兖、冀曰育」，是育、縮聲又通，明畜、縮聲亦通矣。釋詁、説文皆云：「縮，亂也。」蕪穢亦雜亂之義。

〔六七〕太田方曰：相室，卿也。典謁，主賓客請謁之事者。⊙奇猷案：相室，宰相也，詳孤憤篇。典謁，疑指典者與謁者。二柄篇有典冠、典衣之名，皆内官。説林下有謁者（見「靖郭君將城薛」條），為主賓客請謁者。相室輕而典謁重，蓋謂相室輕而内廷小官重，故下文曰「内外乖」也。

〔六八〕陶鴻慶曰：案「重」字當在「國」字下。本書凡言重，皆謂權勢。擅國重，卽擅國權也。⊙奇猷案：陶説是。劉文典説同。

〔六九〕舊注：軍馬之府，立功者也。⊙顧廣圻曰：藏本同。今本「世」下有「絀」字。按「世」下脱字，未詳其所當作。⊙劉文典曰：案「世」當為「勢」，聲之誤也。下「絀」字是。「勢絀」與「官用」、「善舉」、「勞廢」文皆相對。「勢」譌為「世」，又敓「絀」字，義既不可通，句法又不一律矣。⊙唐敬杲曰：馬府，卽幕府，為將帥立功者。世，世族，謂子孫也。絀與黜同。私門之官用則大臣富，幕府之族黜則公卒弱。⊙奇猷案：周禮各官之下皆有「府幾人」之文，天官序官鄭注「府治藏」，賈疏云：「宰夫八職云，五曰府，掌官契以治藏，故鄭云府治藏。」則此文馬府者，當為掌典册之官。上句既言「私門之官用」，此句當係謂已入名册之人不用為官也。如此，則馬府所掌者當為人事册籍。據此，則此下當依今本補「絀」字。絀與黜通（荀子不苟篇楊注：「絀與黜同。」），黜，謂罷黜。馬府之世絀，猶言馬府所掌之世族名册罷而不用。古者貴族與平民有嚴格之界限，能為官者當為貴族階級，或有軍功之人，故各世族人丁之名必皆著於册。（五蠹篇曰：「官爵可買則工商不卑矣。」可知至戰國之末，非貴族或有軍功之人仍不得為官，其為官者僅有走私門或鬻買之途。據此，亦可證貴族或有軍功之人亦當有名册，而亦當有專責管理之人。不然，則可為官者或應為官者亦無從查考。）此言馬府，諒為掌有軍功者之名册，故以馬府為名也。唐謂卽幕府，案幕府起於漢，古無此名。且幕府乃以幕為府，是臨時應用者，無所謂「世」。又案：松皐圓曰：「鄉曲之善，謂處士之顯名者。」奇猷案：詭使篇「威之所以立者，恭儉聽上，而巖居非世者顯」，此所謂鄉之善舉也。顯學篇云「漆雕之議，不色撓，不目逃，行曲則違於臧獲，行直則怒於諸侯，世主以為廉而禮之」，此所謂曲之善舉也。故鄉指處士，曲指曲學之人，松説混之，非。戰國趙策「曲學多辨」。

〔七〇〕太田方曰：正户，謂有正籍而不移徙之民也。國語「國無寄寓」，注：「寓，亦寄也。無寄寓者，不為廬舍以寄羈旅之客也。」⊙奇猷案：孟子滕文公上述井田制謂農民死徙無出鄉，是農民為不移徙之民。古者寓兵於農，故戰士卽農民，是以耕戰之士皆不移徙而謂之正户。工與商則逐利之所在而流動，故為末作之工商謂之寄寓。下文云「耕戰之士困，末作之民利」，亦可證正户為耕戰之士，寄寓為工商末作之民。法家重耕戰之士，輕工商之民，故此文云然。

〔七一〕奇猷案：淺薄，謂簡慢也。宋襄公與楚人戰於涿谷，楚人衆而宋人寡，宋人既成列，楚人未及濟，右司馬購強請使楚人半涉未成列而擊之，襄公曰：楚未濟而擊之，害義。楚人畢涉，已成列撰陳，公乃鼓之，宋人大敗，公傷股，三日而死（詳外儲説左上）。卽此文之例。

〔七二〕太田方曰：孝經「富貴不離其身，然後能保其社稷而和其民人」，蓋諸侯之孝也。又云「謹身節用以養父母」，此庶人之孝也。⊙奇猷案：探下文，可知：聽主母之令是匹夫之孝。人主以社稷之利為重，主母之令，若不妨害社稷之利者聽之，是人主之孝也。

〔七三〕奇猷案：刑餘用事，指豎刁之類。（詳十過篇）

〔七四〕奇猷案：智，謂智巧。揚權篇云「辯惠（同慧）好生，下因其材」，又云「聖人之道，去智與巧」，又云「矜而好能，下之所欺」。

〔七五〕王先慎曰：親，讀為新。⊙奇猷案：禮大學「在親民」，以親為新，是其例。

〔七六〕太田方曰：周語「庶人工商，各守其業以共其上，猶恐有墜失也，故為車服旗章以旌之」，韋注：「上下有等，所以章明貴賤，為之表識。」

〔七七〕王先慎曰：張榜本、趙本「太」作「大」，字同。⊙奇猷案：外儲說左下云：「管仲父出，朱蓋青衣，置鼓而歸，庭有陳鼎，家有三歸。孔子曰：良大夫也，其侈偪上。」

〔七八〕奇猷案：心，謂欲求之心。解老篇云：「有欲甚則邪心勝，邪心誘於可欲。」

〔七九〕王先慎曰：趙本「慠」作「傲」。說文：「傲，倨也，从人，敖聲。」古本作「敖」，通作「慠」。釋文「禮記樂記傲僻字又作敖，左襄二十年傳大夫敖，本又作慠」，是其證。⊙物双松曰：同門，同里閈也。⊙陶鴻慶曰：案「民」當為「臣」字之誤。同門，謂同黨也。揚權篇云「大臣之門唯恐多人」，本篇上文云「用一人為門户者可亡也」，皆指臣言，可證此文之誤。⊙奇猷案：民卽指百姓。松氏以門為里閈，是。難三篇「鄭子產晨出，過東匠之閭」，閭為里門。則同門者，同閭里之門也。此文謂公婿公孫與民同里而居，恃其勢强，欺侮其鄰里之居民。陶說未確。

〔八〇〕盧文弨曰：一本此下有「也」字。⊙奇猷案：藏本、迂評本、凌本此下有「也」字。

〔八一〕王先慎曰：下「其」字疑衍。⊙劉師培曰：案「治亂」下當脱「相□」二字。⊙松皋圓曰：趙策「齊、秦非復合也，必有踦重者矣」，注改作「觭」云：「角一俯一仰曰觭，謂有一重也。」吴注：「公羊傳：踦閭，何休說：開一扇，閉一扇，一人在外曰踦。」說苑「男女切踦」，卽倚字，義訓偏。說苑及淮南齊俗訓作「踦」，吕覽作「倚」。⊙奇猷案：此文不誤。說文：「踦，一足也。」方言：「踦，奇也，自關而西秦、晉之間凡全物而體不具謂之倚，梁、楚之間謂之踦，雍、梁之西郊凡嘼支體不具謂之踦。」是踦有偏重一邊之意，故八經篇云「大臣兩重，提衡而不踦」，踦亦偏重之意。此文蓋謂治亂與强弱各有偏重也。吕氏春秋首時篇云：「有湯、武之賢而無桀、紂之時不成，有桀、紂之時而無湯、武之賢亦不成。」

〔八二〕陶鴻慶曰：案兩「通」字皆當為「道」。道，由也。言木折必由蠹，墻壞必由隙也。古語每以道為由，本書尤屢見。商子脩權篇「諺曰：蠹衆而木折，隙大而牆壞」，文義並與此同。⊙高亨曰：「通」當作「道」，形近而譌。道，由也。管子制分篇「治者所道富也，富者所道強也，強者所道勝也，勝者所道制也」，呂覽貴因篇「孔子道彌子瑕見釐夫人」，有度篇「奚道知其不為私」，當賞篇「民無道知天」，慎小篇「上無道知下，下無道知上」，本書孤憤篇「法術之士奚道得進」，八姦篇「凡人臣之所道成姦者八術」，諸道字皆由義。此言木之折必由於蠹，牆之壞必由於隙。若作「通」則不可解矣。⊙奇猷案：道，由也，本書多有，如十過篇「道南方來集」，道，亦由也。喻老篇「千丈之堤以螻蟻之穴潰」，用「以」字，與「道」字義近，亦可為陶、高二氏說之證。

〔八三〕奇猷案：說文：「服，用也。」

三守第十六

人主有三守。三守完則國安身榮，三守不完則國危身殆。何謂三守？人臣有議當途之失、用事之過、舉臣之情〔一〕，人主不心藏而漏之近習能人〔二〕，使人臣之欲有言者，不敢不下適近習能人之心而乃上以聞人主〔三〕。然則端言直道之人不得見，而忠直日疏〔四〕。愛人不獨利也，待譽而後利之；憎人不獨害也，待非而後害之〔五〕。然則人主無威而重在左右矣〔六〕。惡自治之勞憚，使羣臣輻湊之變〔七〕，因傳柄移藉〔八〕，使殺生之機、奪予之要在大臣〔九〕，如是者侵〔一〇〕。此謂三守不完。三守不完則劫殺之徵也。

〔一〕王先謙曰：舉臣，猶言衆臣，若後世言「舉朝」之比。⊙陶鴻慶曰：案「舉」當為「譽」字之誤，南面篇云「二勢者用，則忠臣不聽而譽臣獨任」，是其證也。譽臣，謂以稱譽進者。王先謙説非也。⊙松皋圓改「舉」為「譽」曰：「譽」，原作「舉」，寫者誤。南面篇「忠臣不聽而譽臣獨任」，當途、用事、譽臣，皆指重人得愛幸者。譽臣交衆黨多，廣養虛譽，君謂此人實有才能，故據要津用事權也。⊙奇猷案：陶、松二氏説是。譽臣，卽有度篇「以譽進能」所進之臣也。情謂情實，孤憤篇云：「智術之士燭重人之陰情」，亦以情為情實可證。

〔二〕章太炎曰：能與態通，故鄭注虞書「柔遠能邇」云「能，恣也」，卽説文云「態，姿之餘也」。荀子臣道篇：「有態臣者，巧敏佞説，善取寵乎上，是態臣者也。」此能人卽態人，猶態臣也。⊙奇猷案：章説是也。「態人」與「近習」皆是佞臣。「能人」為有能之人，非此文之旨。并參閱有度篇「能人」注。又案：亡徵篇云「淺薄而易見，漏泄而無藏，不能周密，而通羣臣之語者，可亡也」，可明此文「人主不心藏」云云之義。

〔三〕奇猷案：適，謂順適其意。姦劫弑臣篇「為姦私以適重人」，適字與此義同。

〔四〕王先慎曰：是守之不完者一也。

〔五〕奇猷案：意林引二「不」字下皆有「得」字，無二「也」字，誤。獨，謂獨斷而行。待人譽而後利之，待人非而後害之，是不能獨斷而行也。

〔六〕王先慎曰：是守之不完者又其一也。⊙松皋圓曰：二柄篇：「今人主非使賞罰之威利出於己也，聽其臣而行其賞罰，則一國之人皆畏其臣而易其君，歸其臣而去其君矣。」⊙陶鴻慶曰：案此文以「忠直日疏」以上為一事，「重在左右」以上為一事，二句下皆當有脱句，與第三事「如是者侵」句法一律。下文論三劫云：「此謂明劫」、「此謂事劫」、「此謂刑劫」，卽其例矣。⊙奇猷案：陶説是。「日疏」下及此下皆當有「如是者□」一句。

〔七〕顧廣圻曰：今本「之變」作「用事」。⊙陶鴻慶曰：案「輻湊之變」，趙本「之變」作「用事」，蓋趙用賢依他本改之，而王解從之。然「之變」與「用事」形聲絕遠，無緣致誤，第言「輻湊用事」文亦未完，疑原文本作「輻湊用事之吏」，

「變」卽「吏」字之誤，乾道及他本各有譌脱耳。⊙孫子書師曰：案憚，讀為癉。説文：「癉，勞也。」詩小雅大東「哀我憚人」，小明「憚我不暇」，釋文並云：「憚，亦作癉。」⊙奇猷案：此當作「羣臣輻湊，用事之變」，乾道本脱「用事」二字，趙本脱「之變」二字耳。「用事之變」，謂利用事之權變也。十過篇「而待事之變」，與此句法同，變謂權變，與此亦同，可證。輻湊，猶言歸聚於一，揚權篇「是非輻湊」，輻湊與此同。此文之意，蓋謂人主既惡自行聽政之勞，則必使其臣管理政事，致使羣臣相聚，利用其事之權變，因而竊柄易位也。如燕噲張朝而聽子之，卒至子之奪國，噲以亂死。王先愼改從趙本，陶氏謂當作「用事之吏」，皆不確。又案：藏本「湊」作「輳」，同。子之事，見外儲説右下。

〔八〕高亨曰：藉者，勢位也。八經篇「權籍不失，兄弟不侵」，荀子儒效篇「履天子之籍」，又曰「反籍於成王」，强國篇「執籍之所在也」，淮南子氾論篇「周公履天子之籍」，諸「籍」字皆謂勢位也。籍、藉古通，故此用藉字。⊙奇猷案：淮南子氾論訓「履天子籍」，高注「籍、或作阼」，劉師培古文字考「乍、耤二聲同部通用，故叚籍為阼」，是籍卽阼也，故韓子以籍為勢位之義。傳柄移籍，卽説疑篇「轉法易位」之意。柄，卽二柄篇之柄，謂行法之權。荀子正論篇云「以桀、紂為常有天下之籍則然，親有天下之籍則不然」，淮南子泰族訓云「履勢位，受傳籍」，皆假籍（同藉）為阼。禮月令「孟春，天子躬耕帝籍」，吕氏春秋孟春紀及上農篇「籍」下皆有「田」字，籍田卽阼田。皆可為劉説籍、阼通之證。案古者天子卽位，踐阼階祭天以行卽位之禮，故天子卽位曰踐阼。因此，阼又可訓為勢位，則高謂「藉者，勢位也」，亦不誤。

〔九〕奇猷案：機，卽柄也。二柄篇：「二柄者，刑德也。」説苑政理篇：「治國有二機，刑德是也。」是機卽柄之證。

〔一〇〕王先愼曰：是又其守之不完也。⊙奇猷案：有度篇云：「刑重則不敢以貴易賤，法審則上尊而不侵。」

凡劫有三：有明劫〔一〕，有事劫，有刑劫。人臣有大臣之尊，外操國要以資羣臣〔二〕，使外内之事非己不得行。雖有賢良，逆者必有禍，而順者必有福。然則羣臣直莫敢忠主憂國以爭社稷之利害〔三〕。人主雖賢不能獨計〔四〕，而人臣有不敢忠主〔五〕，則國為亡國矣〔六〕。此謂國無臣。國無臣者，豈郎中虚而朝臣少哉？羣臣持禄養交，行私道而不效公忠〔七〕。此謂明劫〔八〕。鬻寵擅權，矯外以勝内〔九〕，險言禍福得失之形〔一〇〕，以阿主之好惡。人主聽之，卑身輕國以資之，事敗與主分其禍，而功成則臣獨專之〔一一〕。諸用事之人，壹心同辭以語其美〔一二〕，則主言惡者必不信矣〔一三〕。此謂事劫。至於守司囹圄，禁制刑罰，人臣擅之。此謂刑劫〔一四〕。三守不完則三劫者起，三守完則三劫者止。三劫止塞則王矣〔一五〕。

〔一〕陶鴻慶曰：案「明」當為「名」字之誤。下文云「此謂國無臣。國無臣者，豈郎中虚而朝臣少哉」，言徒有君臣之名而無其實。實亡而名從之，備内篇所云「有主名而無實」是也。故謂之名劫。今本作「明」，則非其旨矣。主道篇「則主失明」，藏本、趙本「明」作「名」。孤憤篇「其不可借以美名者」，乾道本「名」作「明」。名明音近，往往淆亂。⊙奇猷案：陶説是，明、名二字易誤，如飾邪篇「刑賞明則民盡死」，藏本「明」作「名」，亦可為陶説之證。松臯圓依佩文韻府改為「朋」，未確。

〔二〕松臯圓曰：「外」字疑誤。國要，政柄。⊙奇猷案：操國要以資羣臣，乃國内之事，不得言外，「外」下當有脱文，當作「外□□□（句）以資諸侯（句）内操國要（句）以資羣臣（句）」。下文「使外内之事非己不得行」，承此而言，作「外内」可證。姦劫弑臣篇云「當塗之人擅事要，則外内為之用矣。是以諸侯不因則事不應，百官不因則業不進」，與此文義近，可供參證。

〔三〕顧廣圻曰：藏本、今本「羣臣」下無「直」字。按「直」當作「且」。⊙劉師培曰：案識誤云「直當作且」，其説疑非。「直」當如字。直者必詞，非將詞、更詞也。⊙奇猷案：此疑當作「羣臣之正直者」，此脱「之正者」三字。本書多以「正直」連文，如姦劫弒臣篇：「正直之道」，是其例。此言羣臣之正直者，蓋以别於上文「以資羣臣」之羣臣。顧、劉二氏説皆不確。王先慎逕删「直」字，非。又案：憂國，謂憂國之患。難二篇「賢者之憂世急也」，憂世，謂憂世之患，憂字與此憂字同義。

〔四〕奇猷案：獨計，謂獨斷而行其計，與上獨利言獨斷而行其利同例。

〔五〕劉師培曰：案此有字當讀如又，與復義同。⊙奇猷案：劉説是。又案：姦劫弒臣篇：「國有擅主之臣，則群下不得盡其智力以陳其忠，百官之吏不得奉法以致其功矣。」卽此文之義。

〔六〕奇猷案：孤憤篇云：「人所以謂齊亡者，非地與城亡也，吕氏弗制，而田氏用之。所以謂晉亡者，亦非地與城亡也，姬氏不制而六卿專之也。與死人同病者不可生也，與亡國同事者不可存也。」此文所謂亡國，蓋此義，亦非謂其國已亡也。

〔七〕奇猷案：持禄養交，謂食君之禄而養私交也（詳有度篇）。有度篇云：「羣臣廢法而行私重，輕公法，數至能人之門，不壹至主之廷，百慮私家之便，不壹圖主之國，屬數雖多，非所以尊君也，百官雖具，非所以任國也。」卽此文國無臣之義。

〔八〕奇猷案：明，當作名，詳上。

〔九〕太田方曰：借外國之權而内脅君以求欲。⊙奇猷案：有度篇云：「外使諸侯，内耗其國，伺其危險之陂以恐其主曰，交非我不親，怨非我不解，而主乃信之，以國聽之，卑主之名以顯其身，毁國之厚以利其家。」卽此義。

〔一〇〕奇猷案：險言，驚人之言也。言如何為之則有禍，如何為之則有福，如何為之則必得，如何為之則必失。形，猶今語「情況」。

〔一一〕奇猷案：五蠹篇：「羣臣之言外事者，事成則權長重，事敗則以富退處。」

〔一二〕王先慎曰：「壹」，趙本作「一」。

〔一三〕顧廣圻曰：主，謂為主首也，與初見秦篇主謀義同。⊙奇猷案：顧說是。主言惡者，正直之臣也。

〔一四〕奇猷案：二柄篇云「子罕謂宋君曰：夫慶賞賜予者，民之所喜也，君自行之，殺戮刑罰者，民之所惡也，臣請當之。於是宋君失刑而子罕用之，故宋君見劫」，卽此所謂刑劫也。

〔一五〕顧廣圻曰：藏本同，今本「止塞」作「者止」。

備內第十七

人主之患在於信人，信人則制於人。人臣之於其君，非有骨肉之親也，縛於勢而不得不事也。故為人臣者，窺覘其君心也無須臾之休，而人主怠慠處其上，此世所以有劫君弒主也〔一〕。為人主而大信其子，則姦臣得乘於子以成其私，故李兌傅趙王而餓主父〔二〕。為人主而大信其妻，則姦臣得乘於妻以成其私，故優施傅麗姬，殺申生而立奚齊〔三〕。夫以妻之近與子之親而猶不可信，則其餘無可信者矣。

〔一〕奇猷案：三守篇云「人主惡自治之勞憚，使羣臣輻湊，用事之變，因傳柄移籍，使殺生之機，奪予之要在大臣，如是者侵」，此謂人主以怠處其上也。亡徵篇云「簡侮大臣，無禮父兄，可亡也。主多能而不以法度從事者，可亡也」，此謂人主以慠處其上也。

〔二〕奇猷案：詳姦劫弒臣篇。

〔三〕太田方曰：優施，晉獻公優俳，名施。麗姬，獻公伐麗戎所得之女也。申生，獻公太子。奚齊，麗姬子。優施教麗姬譖申生。事詳晉語。⊙奇猷案：「麗」，晉語及他書皆作「驪」，字同。亦見内儲説下。此妻、私、齊為韻。

且萬乘之主，千乘之君，后妃、夫人、適子為太子者，或有欲其君之蚤死者。何以知其然？夫妻者，非有骨肉之恩也〔一〕，愛則親，不愛則疏。語曰：「其母好者其子抱〔二〕。」然則其為之反也〔三〕，其母惡者其子釋。丈夫年五十而好色未解也〔四〕，婦人年三十而美色衰矣。以衰美之婦人〔五〕事好色之丈夫，則身死見疏賤，而子疑不為後〔六〕，此后妃、夫人之所以冀其君之死者也〔七〕。唯母為后而子為主，則令無不行，禁無不止，男女之樂不減於先君，而擅萬乘不疑，此鴆毒扼昧〔八〕之所以用也。故桃左春秋曰〔九〕：「人主之疾死者不能處半。」人主弗知則亂多資，故曰利君死者衆則人主危〔一〇〕。故王良愛馬〔一一〕，越王勾踐愛人〔一二〕，為戰與馳。醫善吮人之傷，含人之血〔一三〕，非骨肉之親也，利所加也〔一四〕。故輿人成輿則欲人之富貴，匠人成棺則欲人之夭死也。非輿人仁而匠人賊也。人不貴則輿不售〔一五〕。人不死則棺不買〔一六〕，情非憎人也，利在人之死也。故后妃、夫人、太子之黨成而欲君之死也，君不死則勢不重，情非憎君也，利在君之死也。故人主不可以不加心於利己死者。故日月暈圍於外〔一七〕，其賊在內。備其所憎，禍在所愛。是故明王不舉不參之事〔一八〕，不食非常之食，遠聽而近視以審內外之失〔一九〕，省同異之言以知朋黨之分〔二〇〕，偶參伍之驗以責陳言之實，執後以應前〔二一〕，按法以治衆，衆端以參觀〔二二〕。士無幸賞，無逾行〔二三〕，殺必當，罪不赦〔二四〕，則姦邪無所容其私〔二五〕。徭役多則民苦，民苦則權勢起，權勢起則復除重〔二六〕，復除重則貴人富。苦民以富，貴人起勢〔二七〕，以藉人臣〔二八〕，非天下長利也。故曰徭役少則民安，民安則下無重權，下無重權則權勢滅，權勢滅則德在上矣〔二九〕。今夫水之勝火亦明矣，然而釜鬵閒之〔三〇〕，水煎沸竭盡其上，而火得熾盛焚其下，水失其所以勝者矣。今夫治之禁姦又明於此〔三一〕，然守法之臣為釜鬵之行，則法獨明於胸中，而已失其所以禁姦者矣〔三二〕。上古之傳言，春秋所記，犯法為逆以成大姦者，未嘗不從尊貴之臣也。然而法令之所以備〔三三〕，刑罰之所以誅，常於卑賤，是以其民絕望，無所告愬〔三四〕。大臣比周，蔽上為一，陰相善而陽相惡，以示無私，相為耳目，以候主隙。人主掩蔽，無道得聞，有主名而無實，臣專法而行之，周天子是也。偏借其權勢則上下易位矣。此言人臣之不可借權勢也〔三五〕。

〔一〕王先慎曰：「恩」疑「親」之誤，上下文并作「骨肉之親」，卽其證。⊙奇猷案：夫，音扶。藏本「也」作「者」。王說是。下文承此言「愛則親」，作「親」可證。

〔二〕松皐圓曰：山云：「留侯世家：母愛者子抱。」

〔三〕奇猷案：猶言反而為之。

〔四〕陶鴻慶曰：案解讀為懈。

〔五〕奇猷案：「衰美」，殊不辭，當作「衰色」，因上「美」字而誤也。

〔六〕顧廣圻曰：藏本、今本無「死」字。按以下句例之，「死」字當作「疑」。下又云「而擅萬乘不疑」相承也。⊙奇猷案：顧說非也。「身疑見疏賤」亦不辭。當作「則身至死見疏賤」，脫「至」字耳，意謂永無見親之日。又案：「子疑」當作「疑子」，今倒。

〔七〕奇猷案：冀君之死，故生扼昧鴆毒之念。

〔八〕舊注：扼昧，謂暗中絞縊也。⊙洪頤煊曰：案公羊襄二十六年傳「昧雉彼視」，何休注：「昧，割也。」釋文「昧，舊音刎，亡粉反」，與刎字同用。⊙奇猷案：洪說是。舊注訓昧為暗，非。又案：「鴆」，藏本作「酖」，字同。又案：擅有制義，難四篇「制萬乘而享其利」是也。此文「擅萬乘不疑」，謂制萬乘之主無疑。蓋令無不行，禁無不止，故制萬乘之主無疑也。

〔九〕顧廣圻曰：藏本「桃」作「挑」，案皆未詳。⊙俞樾曰：「左」疑「兀」字之誤。桃兀，蓋卽檮兀（猷案：當作杌。）之異文。楚之檮兀，亦有春秋之名。楚語申叔時所謂教之春秋是也。故謂之檮兀春秋矣。⊙孫蜀丞師曰：墨子見百國春秋，則今所亡之春秋多矣，桃左春秋當為亡者之一，今無可考，俞氏必傅會為孟子所謂楚之檮杌，失之。⊙奇猷案：劉知幾史通六家篇春秋下篇引墨子曰「吾見百國春秋」，今墨子無此文。

〔一〇〕松皋圓曰：人主怠傲，不為戒備，則姦臣多因妻子以為作亂之資。⊙奇猷案：「曰」字當衍。

〔一一〕奇猷案：王良，郇王於期，趙襄子御，詳喻老篇。

〔一二〕奇猷案：史記越世家：「吴既赦越，越王句踐振貧弔死，與百姓同其勞，拊循其士民。」

〔一三〕王先慎曰：御覽七百二十四、初學記二十引「傷」作「腸」。⊙孫子書師曰：案説文創下云「傷也」，傷下云「創也」。史記劉敬傳「哭泣之聲未絶，傷痍者未起」，季布傳「今創痍未瘳，噲又面諛，欲摇動天下」，傷痍，卽創痍也。古者創瘍及刀傷皆謂之創，亦通謂之傷，故傷與瘍通。（詩巧言釋文：「瘍，本亦作傷，音同。」左襄十七年傳「以杖抶其傷而死」，一本作「瘍」是。説文：「瘍，馬脛瘍也。」瘍，廣韻作傷。）史記孫子吴起列傳云：「卒有病疽者，起為吮之。」又佞幸列傳云：「帝嘗病癰，鄧通常為帝唶吮之。太子入問病，文帝使唶癰而色難之。」舊唐書：「李思摩中矢，太宗親為吮血。」以吮唶治創傷，蓋古有其俗。⊙奇猷案：孫先生説是，「腸」字誤。

〔一四〕王先慎曰：御覽、初學記引「利」下有「之」字。

〔一五〕奇猷案：依下文「情非憎人也，利在人之死也」，則此當有「情非愛人也，利在人之貴也」二語。

〔一六〕奇猷案：人不死則棺不為人所買。

〔一七〕顧廣圻曰：國策趙四有此下四句：「暈圍」作「暉」，誤，當依此訂。⊙奇猷案：此「外」與下「内」「愛」為韻。

〔一八〕盧文弨曰：「王」，藏本作「主」。⊙奇猷案：迂評本、凌本亦作「主」。又案：參，參驗也。

〔一九〕奇猷案：内外，藏本倒。遠聽是外，近視是内。

〔二〇〕奇猷案：此謂其黨同則同聲相應，故其言同，黨異則相非，故其言異。省察言之異同，卽可知朋黨之分也。

〔二一〕顧廣圻曰：「參」，今本作「三」。⊙奇猷案：今本誤。本書皆用「參」字。揚權篇「參伍比物」，孤憤篇「不以參伍審罪過」，難三篇「參伍之政」，皆以「參伍」連文可證。偶，合也。揚權篇云：「參之以比物，伍之以合虛。」偶參伍之之驗以責陳言之實，謂以參伍檢驗之，是否與所檢驗之徵相吻合，以責其所陳之言是否當功實。二柄篇云「為人臣者陳而言，君以其言授之事，專以其事責其功。功當其事，事當其言則賞。功不當其事，事不當其言則罰」，可明此文。又案：此文「執後以應前」，卽八說篇「挈前言而責後功」，執、挈義同。「執後以應前」，謂執其後所見之功以與其前所陳之言相對應。

〔一一二〕舊注：衆事之端皆相參而觀之。⊙盧文弨曰：注張本作「皆相觀而參之」。舊脱「皆」字「之」字。⊙王先慎曰：趙本無「皆」「之」二字。⊙奇猷案：內儲說上「七術，一曰衆端參觀」，并云「觀聽不參則誠不聞」，其所舉史例皆說明人主宜聽衆言以考臣下之誠。難三篇云「術者，藏之於胸中以偶衆端而潛御羣臣者也」，八說篇「察衆端而觀失」，是衆端參觀，為用術以察臣下，得臣下之是非，然後以法治之。又案：藏本注「事」作「士」，誤。

〔一一三〕顧廣圻曰：藏本同。今本重「賞」字，誤。按本書南面篇云「雖有賢行不得踰功而先勞」，卽此無踰行之意。⊙奇猷案：幸，偷幸也。難二篇「賞無功則民偷幸而望於上」，是幸賞之義。韓子以一切踰越之行皆為踰行，非僅指踰功而言也。有度篇「貴賤不相踰，愚智提衡而立」，是指貴賤之等級不相踰。有度篇又云「朝廷羣下，直湊單微，不敢相踰越」，二柄篇「明主之畜臣，臣不得越官而有功」，是指職事不相踰也。皆此士無踰行之義。松皐圓改「踰」為「偷」，非是。

〔一一四〕盧文弨曰：「當」字下凌本有「罪有」二字。⊙奇猷案：迂評本亦有「罪有」二字，誤。此為兩三字句。

〔一一五〕顧廣圻曰：藏本、今本「私」下有「矣」字。今按此與「徭役多」不相接，「私」字下當有脱文。⊙奇猷案：顧說是。

〔一一六〕趙用賢曰：謂權勢之人，得為民復除重役也。⊙王先慎曰：趙說非也。重字承權勢而言，下云「下無重權」，卽其證。復除徭役則苦民歸心，故其權勢重也。⊙松臯圓曰：詭使篇：「士卒之逃事伏匿，附託有威之門，以避徭役，而上不得者萬數。」重，如重欲無厭之重，謂多也。⊙奇猷案：荀子議兵篇云「中試，則復其户，利其田宅」，史記商君傳云「僇力本業，耕織致粟帛多者，復其身」，則復者謂免除其徭賦也，此文「復除」疑卽此義。左傳成二年杜注：「重，猶多也。」此文「權勢起則復除重」，謂權勢起，則附託權勢者之門而免除徭賦者多也。

〔二七〕奇猷案：上文云「徭役多則民苦，民苦則權勢起」，故此云「苦民以富，貴人起勢」。

〔二八〕舊注：藉，假借也。王先慎曰：下云：「偏借其權勢」卽此義。⊙奇猷案：「以」字下當脱「權勢」二字。此承上文來，不得無此二字。愛臣篇云「諸侯之博大，天子之害也，羣臣之太富，君主之敗也，晉之分也，齊之奪也，皆以羣臣之太富也」，孤憤篇云「主失勢而臣得國」，卽此以權勢藉人臣，非天下長利之義。

〔二九〕奇猷案：德，謂慶賞之權。二柄篇：「慶賞之謂德。」

〔三〇〕盧文弨曰：鬵，張本作「鬲」，下同。⊙奇猷案：藏本亦作「鬲」。

〔三一〕顧廣圻曰：藏本、今本「明」下有「於」字。⊙陶鴻慶曰：案「治」，當為「法」之誤。「又明此」，藏本、趙本「明」下有「於」字，皆與上下文義不相屬。今案「此」當作「矣」，上文云「今夫水之勝火亦明矣」，此與相應。又姦劫弑臣篇云「治國若此其過也，而上欲下之無姦，吏之奉法，其不可得亦明矣」，又云「至治之法術已明矣」，飾邪篇云「强弱如是其明矣」，皆其例也。⊙奇猷案：王先慎據顧校增「於」字，是，今從之，迂評本、凌本亦有。又案：此承上權勢言，「治」不當作「法」。此文蓋謂水本可勝火，但釜鬵間之，則水為火所勝；今夫治國之於禁姦，更明於水火相勝之勢。水比臣，火比君，釜鬵比法術，「於此」，指水火相勝之勢言也。上言水之勝火亦明矣，此改换語氣言又明於此，正是行文之勢。陶改「此」為「矣」，非。松臯圓改「治」為「法」，與陶説同，皆不確。

〔三二〕奇猷案：法不用於治國禁姦則失其用，猶釜鬵失其禁水勢之用也。

〔三三〕盧文弨曰：「然」字衍，張、凌本無。⊙奇猷案：藏本、迂評本亦無「然」字，誤。然而為轉折詞，無「然」字則不通。王先愼據盧校刪，非。

〔三四〕奇猷案：此卽莊子胠篋篇所謂「竊鉤者誅，竊國者侯」也。

〔三五〕顧廣圻曰：此十一字乃舊注誤入正文。乾道本以末「也」字作旁注，是其迹之未盡泯者。⊙王先愼曰：疑「權勢」下有脱文，校者因旁注「也」字以完此句。⊙奇猷案：顧説是。又案：本篇原是統篇，今依文義分段。

南面第十八

人主之過，在己任在臣矣〔一〕，又必反與其所不任者備之〔二〕，此其説必與其所任者為讎〔三〕，而主反制於其所不任者〔四〕。今所與備人者，且曩之所備也〔五〕。人主不能明法而以制大臣之威〔六〕，無道得小人之信矣〔七〕。人主釋法而以臣備臣，則相愛者比周而相譽，相憎者朋黨而相非〔八〕，非譽交爭，則主惑亂矣〔九〕。人臣者，非名譽請謁無以進取，非背法專制無以為威，非假於忠信無以不禁〔一〇〕，三者，惛主壞法之資也。人主使人臣雖有智能不得背法而專制，雖有賢行不得逾功而先勞〔一一〕，雖有忠信不得釋法而不禁〔一二〕，此之謂明法。

〔一〕顧廣圻曰：當衍「任」下「在」字。⊙奇猷案：顧説是。「在」字乃「任」之形近而誤衍者。

〔二〕王先愼曰：衛嗣君貴薄疑以敵如耳是也。見七術篇。

〔三〕奇猷案：謂此不任者之説，必與其所任者為讐也。

〔四〕王先慎曰：是恐為任者所制，而反制於不任者，故聽不任者之言以絀前之所任者。

〔五〕松皐圓曰：人主已任甲而與乙備之，又任乙而與丙備之，是今所與丙備之之乙，卽昔者所嘗備甲者也。

〔六〕顧廣圻曰：當衍「而」字，以十二字為一句。⊙奇猷案：「而」字不當衍，「以」下當有「法」字。以，用也。明法，謂彰民法紀。以法制大臣之威，為法之用。顧氏不知脱「法」字，遂以「而」字為衍文。（依顧説作「明法以制大臣之威」殊不通，蓋用法可制大臣之威，明法安能制大臣之威耶？）

〔七〕顧廣圻曰：藏本、今本「人」作「臣」。⊙奇猷案：道，由也。小人，卽亡徵篇「刑戮小民」之小民，亦和氏篇「細民惡治」之細民，卽謂一般人民。不以法制大臣之威，無由得人民信任其君。外儲説右下：「司城子罕謂宋君曰：慶賞賜予者，民之所好也，君自行之；誅罰殺戮者，民之所惡也，臣請當之。於是戮細民而誅大臣，君曰『與子罕議之』。居期年，民知殺生之命制於子罕也，故一國歸焉。故子罕劫宋君而奪之政，法不能禁也。」卽此文之例。殺戮刑罰者，威也。宋君不能以法禁子罕之威，故民不信其上而歸子罕也。迂評本、凌本亦誤作「臣」。

〔八〕王先慎曰：意林「非」作「誹」，下同。⊙奇猷案：難一篇「韓宣王欲兩用公仲、公叔」事，韓非論之曰：「主有術，兩用不為患，無術，兩用則爭事而外市。」內儲説上「張儀欲以秦、韓與魏之勢伐齊、荆，而惠施欲以齊、荆偃兵，二人爭之，羣臣左右皆為張子言而莫為惠子言」，是朋黨而相非也。

〔九〕王先慎曰：意林無「亂」字。

〔一〇〕舊注：偽為忠信，然後不禁。⊙奇猷案：名譽，謂朋黨相稱譽。請謁，謂私請於君以求賞賜。進取，指進取爵禄言。威，指威勢。假，借也。備內篇「大臣比周，蔽上為一，陰相善而陽相惡，以示無私」，卽此文假於忠信之義。蓋示無私，卽示忠信，示忠信則法不禁也。舊注訓假為偽，非。

〔一一〕奇猷案：作事之成效謂之功。逾功而先勞，謂未見功效之前，先領勞之賞。

〔一二〕王先謙曰：不以無心之過為解而不加罪。⊙奇猷案：說難篇載彌子瑕竊駕君車以視母病，衛國之法，竊駕君車者罪刖，但君聞而賢之曰：「孝哉，為母之故，忘其刖罪。」此以其孝而不禁之以法也。外儲說左下：「費仲說紂曰：西伯昌賢，百姓悅之，諸侯附焉，不可不誅。紂曰：子言，義主，何可誅！費仲三說不用，故亡。」此以其賢而不禁之以法也。二柄篇「韓昭侯醉寢，典冠加衣於君之上，昭侯覺寢，兼罪典衣與典冠」，典冠雖忠，但不合於法，故罪而禁之。觀上諸例，可知此文所謂忠信，乃不合法之忠信，故宜以法禁之，非指無心之過言也，王說非。

人主有誘於事者〔一〕，有壅於言者，二者不可不察也。人臣易言事者，少索資，以事誣主〔二〕，主誘而不察，因而多之〔三〕，則是臣反以事制主也，如是者謂之誘〔四〕，誘於事者困於患〔五〕。其進言少，其退費多〔六〕，雖有功，其進言不信〔七〕，不信者有罪，事有功者必賞〔八〕，則羣臣莫敢飾言以惛主。主道者〔九〕，使人臣前言不復於後，後言不復於前，事雖有功，必伏其罪〔一〇〕，謂之任下〔一一〕。人臣為主設事而恐其非也，則先出說設言曰：「議是事者，妬事者也。」人主藏是言，不更聽羣臣，羣臣畏是言，不敢議事，二勢者用〔一二〕，則忠臣不聽而譽臣獨任〔一三〕，如是者謂之壅於言，壅於言者制於臣矣。主道者，使人臣必有「言之責」〔一四〕，又有「不言之責」。言無端末〔一五〕、辯無所驗者，此言之責也。以不言避責、持重位者〔一六〕，此不言之責也。人主使人臣言者必知其端以責其實〔一七〕，不言者必問其取舍以為之責〔一八〕，則人臣莫敢妄言矣，又不敢默然矣，言默則皆有責也。人主欲為事，不通其端末，而以明其欲〔一九〕，有為之者〔二〇〕，其為不得利，必以害反〔二一〕，知此者，任理去欲〔二二〕。舉事有道，計其入多、其出少者，可為也。惑主不然，計其入不計其出，出雖倍其入，不知其害，則是名得而實亡，如是者功小而害大矣。凡功者，其入多、其出少乃可謂功。今大費無罪而少得為功，則人臣出大費而成小功，小功成而主亦有害〔二三〕。

〔一〕奇猷案：舊連上。顧廣圻云：「當以此句提行。」今從之。誘，惑也。三守篇有「事劫」，可參閱。

〔二〕顧廣圻曰：「者」字句絶，「少索資」逗，「以事誣主」句。藏本同。今本「少」作「必」，誤。⊙俞樾曰：「誣」字無義，疑「誘」字之誤。下云「主誘而不察，因而多之」，卽承此而言。蓋先少索資而以事誘其主，主既為其所誘，乃因而多之也。⊙王先謙曰：少索資，矯為廉讓。廣雅釋詁：「誣，欺也。」俞說非。下乃言誘也。⊙奇猷案：下文「其進言少，其退費多」，又云「計其入多其出少者」，皆承此而言，則此所云少索資者，蓋謂所索之費用不多也。說林下：「荆王之弟在秦，秦不出也，中射之士曰：資臣百金，臣能出之。」百金，卽所索之資也，非矯為廉讓之意。俞說固誤，王說亦未確，但訓誣為欺則是。又案：外儲說左上篇云：「人主多無用之辯，而少無易之言。」「無易之言」，指匠人之言，謂匠人之言是無可變易之言，以今語言之，則是「無可辯駁之言」。此文「人臣易言事者」，謂人臣之以辯駁之言言事者。下句「少索資」卽辯駁之言，意謂少索資可得大利。疑此文「少索資」下脫「可得大利」四字。

〔三〕王先謙曰：多之，猶言賢之。⊙奇猷案：本書用「多」字，多為誇獎之意。如説難篇「彼自多其力」，猶言彼自誇其力。亡徵篇「國亂而自多」，猶言國亂而自誇其治。皆其例。此因而多之，猶言因而誇獎之也。王説亦是。

〔四〕顧廣圻曰：「誘」下當有「於事」二字。⊙奇猷案：顧説是，上文言「有誘於事者」可證。松皐圓、太田方皆補「於事」二字，是。

〔五〕王先謙曰：言如此者必為憂患所困。⊙奇猷案：十過篇載秦攻宜陽，韓王誘於陳軫之計，絶秦之和，宜陽卒為秦所拔，卽其例。

〔六〕奇猷案：「其進」上當有「明主之聽事也」一句，否則下「不信」二字無主詞。謂進而言事則索費甚少，退而為事則出費甚多也。

〔七〕王先謙曰：下云：「出大費而成小功」也，如此者謂之進言不信。

〔八〕盧文弨曰：「不」上脱「夫」字，凌本有。「有」上「事」字衍，凌本無。⊙顧廣圻曰：「事有功者必賞」，當作「事雖有功不賞」。⊙王先慎曰：顧説是，下云「事雖有功必伏其罪」卽其證。凌本不審而妄改，不可從。⊙奇猷案：顧説是。迂評本與凌本同，亦誤。

〔九〕王先慎曰：謂為主之道。

〔一〇〕太田方曰：論語「言可復也」，何晏曰「復，猶覆也」，皇侃曰「驗也」。⊙奇猷案：此謂若人臣前所言而後之事不驗，後之事不驗於前所言，其事雖有功，仍當伏罪。二柄篇：「為人臣者陳而言，君以其言授之事，專以其事責其功，其言大而功小者則罰，非罰小功也，罰功不當名也，其言小而功大者亦罰，非不説於大功也，以為不當名也害甚於有大功，故罰。」卽此義。

〔一一〕王先慎曰：人主之患，在於任臣，然以言責事，以事責功，不專任一臣，凡下之人皆得而任之，故謂之任下。

⊙奇猷案：王解殊嫌累贅，「使人臣」云云至「必伏其罪」卽為「任下」之定義，簡言之，任下者，以言責事，以事責功之謂也。

〔一二〕王先謙曰：二勢者，主拒諫，臣緘默。兩有必然之勢。

〔一三〕奇猷案：譽臣，卽以羣臣稱譽所進之臣，詳三守篇。

〔一四〕盧文弨曰：「必有」倒，張本作「有必」，凌本作「知有」。⊙王先慎改從張本曰：張本是。⊙陶鴻慶曰：「必」字當在「使」字上，「臣」下當有「知」字。⊙奇猷案：此文不誤，讀法如標點所示。下文「此『言之責』也」，「此『不言之責』也」可證。迂評本與凌本同，均誤。陶氏謂當作「必使人臣知有言之責」，殊不辭。蓋此謂言則有責，無所謂使臣知與不知也。陶氏未得此文之旨。

〔一五〕津田鳳卿曰：端末，猶首尾也。⊙奇猷案：津說是。此「無端末」，下「通其端末」，皆當訓首尾為最洽。主道篇「治紀以知善敗之端」，以端為端緒，端緒卽頭緒亦可證。言無端末，謂所言者無頭無尾，略陳數語以塞其責。

〔一六〕奇猷案：在重位之人當有言，今冀以不言而避責以保持其重位。

〔一七〕王先慎曰：依上下文「端」下當有「末」字。⊙奇猷案：此省端末為端，正如主道篇言「善敗之端」，不言善敗之端末也。

〔一八〕顧廣圻曰：今本「責」作「資」，誤。

〔一九〕王先謙曰：明其欲者，羣下之意同曉然於主心。⊙奇猷案：以、已同。此蓋主道篇「君無見其所欲，君見其所欲，臣將自雕琢」之意。謂人主欲為事，不通其事之端末，卽先以己所欲為之意表明於其臣，則必為臣所乘，故下云：「任理去欲。」王說未確。

〔二〇〕顧廣圻曰：今本「之」下有「意」字，誤。

〔二一〕奇猷案：作事謂之為，即外儲說右上「當此之為」之為。此文謂既見其欲而為其事，必不得利，反以為害。

〔二二〕奇猷案：韓子所謂理，即是法紀，詳解老篇「道理之者也」條。欲，即上文「明其欲」之欲。任理去欲，謂任法而去欲也。蓋不任法則事不利，不去其欲則臣將自雕琢也。故任理去欲正是韓子家法。迂評本無「任理去欲」四字，蓋不明此義而删之，非是。

〔二三〕奇猷案：文義未完，此下當有脱文。

不知治者〔一〕，必曰：「無變古，毋易常〔二〕。」變與不變，聖人不聽，正治而已〔三〕。然則古之無變，常之毋易，在常古之可與不可〔四〕。伊尹毋變殷，太公毋變周，則湯、武不王矣〔五〕。管仲毋易齊，郭偃毋更晉〔六〕，則桓、文不霸矣。凡人難變古者，憚易民之安也〔七〕。夫不變古者，襲亂之迹；適民心者，恣姦之行也〔八〕。民愚而不知亂〔九〕，上懦而不能更〔一〇〕，是治之失也。人主者，明能知治，嚴必行之，故雖拂於民心立其治〔一一〕。說在商君之内外而鐵殳，重盾而豫戒也〔一二〕。故郭偃之始治也，文公有官卒；管仲始治也，桓公有武車；戒民之備也〔一三〕。是以愚贛窳墯之民〔一四〕，苦小費而忘大利也〔一五〕，故夤虎受阿謗〔一六〕。而輾小變而失長便〔一七〕，故鄒賈非載旅〔一八〕。狃習於亂而容於治〔一九〕，故鄭人不能歸〔二〇〕。

〔一〕奇猷案：舊連上，顧廣圻云「當以此句提行」，今從之。

〔二〕奇猷案：商君書更法篇甘龍非商鞅變法曰：「知者不變法而治。」蓋一般守舊派如甘龍之輩，皆反對變法，故韓子云然。又案：常謂習俗。（詳主道篇）姦劫弒臣篇「商鞅說秦孝公以變法易俗而明公道」，即易常也。

〔三〕太田方曰：淮南子：「天下豈有常法哉，當於世事，得於人理，順於天地，祥於鬼神，則可以正治矣。」（氾論訓）

〔四〕奇猷案：五蠹篇云：「聖人不期修古，不法常可，論世之事，因為之備。」

〔五〕奇猷案：史記殷本紀：「伊尹從湯言素王、九主之事，湯舉任以國政。」裴駰集解引劉向別録云：「九主者，有法君、專君、授君、勞君、等君、寄君、破君、國君、三歲社君，凡九品，圖畫其形。」司馬貞索隱云：「按素王者，太素上皇，其道質素，故稱素王。法君，謂用法嚴急之君，若秦孝公及始皇等也。勞君，謂勤勞天下，若禹、稷等也。等君，等者，平也，謂定等威、均禄賞，若高祖封功臣侯雍齒也。授君，謂人君不能自理，而政歸其臣，若燕王噲授子之、禹授益之比也。專君，謂專己獨斷，不任賢臣，若漢宣之比也。破君，謂輕敵致寇，國滅君死，若楚戊、吳濞等是也。寄君，謂人困於下，主驕於上，離析可待，故孟軻謂之寄君也。國君，國當為固字之訛耳，固，謂完城郭、利甲兵而不脩德，若三苗、智伯之類也。三歲社君，謂在繈褓而主社稷，若周成王、漢昭平等是也。」索隱所解素王、九主，未必正確，但伊尹曾變法於殷則可斷言也。又案：齊世家云：「呂尚（太公）為文、武之師，西伯昌之脫羑里歸，與呂尚陰謀修德以傾商政。」周本紀云：「文王改法度，制正朔。」呂尚既為文王師，而文王又與呂尚謀，則所謂文王「改法度」，當出於呂尚，則太公變周之事，自非韓非虛構也。

〔六〕王先慎曰：郭偃，墨子所染篇作高偃，高與郭一聲之轉。左傳作卜偃。韋、杜注：「晉掌卜大夫。」⊙奇猷案：杜注見左閔元年傳。史記晉世家集解引賈逵及國語晉語韋注皆曰：「卜偃，晉掌卜大夫郭偃也。」吕氏春秋當染篇作「郤偃」。商君書更法篇：「郭偃之法曰：論至惪者不和於俗，成大功者不謀於衆。」國策趙策亦稱此郭偃之法，則郭偃必曾變法於晉，而史籍闕文耳。

〔七〕奇猷案：安，習也。易民之安，謂變易民人之習慣也。商君書更法篇：「甘龍曰：聖人不易民而教。」卽此「憚易民之安」之義。

〔八〕奇猷案：孤憤篇「與死人同病者不可生也，與亡國同事者不可存也」，是以此言襲亂之迹，足以致亡。六反篇云：「法之為道，前苦而長利，仁之為道，偷樂而後窮，聖人用法之相忍而棄仁人之相憐也。」又曰：「所謂輕刑者，姦之所利者大，上之所加焉者小也，民慕其利而傲其罪，故姦不止也。」案仁與輕刑是適民心，故曰恣姦之行也。

〔九〕劉師培曰：案「不知亂」與上「襲亂迹」弗屬，「不」字疑衍。⊙奇猷案：不變古者，乃襲亂之迹，襲亂之迹是以亂也。民愚，安於故習，不知不變古足以亂而不足以治，故曰民愚而不知亂也。和氏篇「細民安亂」亦此義。劉説非。

〔一〇〕奇猷案：更，謂變古。亡徵篇「蚤見而心柔懦，知有謂可，斷而不敢行」，卽此文之義。

〔一一〕顧廣圻曰：「心」字逗。藏本、今本心作「必」。按「拂於民心」與上「適民心」相對，唯乾道本為未誤。⊙王先慎曰：乾道本脱「必」字，藏本、趙本脱「心」字耳。當作「拂於民心，必立其治。」顧氏知「拂民心」與「適民心」相對，而不知「必立其治」與「嚴必行之」又相承也。⊙奇猷案：王説是。必為決心之意。下所云「商君内外而鐵殳」等，皆為雖逆人心，但決心立治之例，亦明此當有「必」字也。又案：姦劫弑臣篇云「聖人為法於國者，必逆於世而順於道德」，卽此文之義。

〔一二〕奇猷案：史記商鞅傳：「趙良曰：君（商鞅）之出也，後車十數，從車載甲，多力而駢脅者為驂乘，持矛而操闟戟者旁車而趨，此一物不具，君固不出。」蓋卽此所謂「商君之內外而鐵殳，重盾而豫戒也。」

〔一三〕王先慎曰：管仲下當有「之」字，與上句相對。⊙太田方曰：玉海「仲」下有「之」字。六韜：「選車士之法，取年四十以下，長七尺以上，名曰武車之士。」曲禮：「武車綏旌。」⊙奇猷案：「仲」下有「之」字是。又案：官卒，當係衛士之類。

〔一四〕盧文弨曰：以下多不可曉，疑有脫誤。⊙顧廣圻曰：今本「贛」作「戇」，「憧」作「惰」。按「贛」或省字也。乾道本「愚」作「遇」，譌。⊙奇猷案：藏本、趙本「遇」作「愚」，是。遇、愚易譌。（考詳存韓篇）今據改。

〔一五〕顧廣圻曰：逗。⊙劉師培曰：案此下六句對文，「也」字衍。下「而輒小變」，「而」字衍。

〔一六〕顧廣圻曰：句。⊙高亨曰：阿，借為訶。說文：「訶，大言而怒也。」老子「唯之與阿」，亦以阿為訶。

〔一七〕顧廣圻曰：逗。按「輒」字有誤，未詳所當作。⊙太田方曰：賈誼新書道術篇：「臨制不亂謂之嚴，反嚴為輒。」輒，或作輙。輙、茹通。方言云：「茹，食也，吳、越人凡貪食者謂之茹。」「變」，當作「便」，聲之誤。言貪小便而失之大便利也。⊙高亨曰：「輒」，當作「震」。爾雅釋詁：「震，懼也。」⊙奇猷案：高說是。謂懼於小變而失長久之便利。小變者，指變法。

〔一八〕顧廣圻曰：句。

〔一九〕顧廣圻曰：逗。⊙高亨曰：「容」當作「吝」，形近而譌。⊙奇猷案：「容」上當脫「不」字。容，悅也（見呂氏春秋似順篇高注）。狎習於亂，卽安亂。不容於治，卽不悅於明法（變法）而治。皆詳上文。

〔二〇〕顧廣圻曰：句絕。按此皆未詳。自上文「說在商君」云云以下句例，全與本書內儲說七術、六微、外儲說左右四篇之經相同，必韓子此下尚有其說，亦如四篇之說者，而今佚之耳。⊙王先慎曰：顧說是。外儲說左下：

「鄭縣人賣豚，人問其價。曰：道遠日暮，安暇語汝。」當卽鄭人不能歸佚文。⊙奇猷案：或謂自「不知治者」云云以下為儲説錯簡於此。檢内外儲説無大量脱文之痕跡，且「不知治者」云云亦非如内外儲之短論。考此篇首節言明法，次節言責實，此節言變法，皆為君人者之要務。但次節之末與此節之間有脱文，遂見其不相屬耳。又此下當附有所舉史事之詳文，而今脱之。又案：此兩句之意，蓋謂鄭國之民安於亂而不悦明法而治，卒至亡國，逃亡他處，不能回歸故土。飾邪篇云：「鄭恃魏而不聽韓，魏攻荆而韓滅鄭。齊攻任、扈而削魏，不足以存鄭。此皆不明其法禁以治其國，恃外以滅其社稷者也。」謂鄭之亡乃不明其法禁以治其國，卽此文所謂「狃習於亂而不容於治」也。王舉「鄭縣人賣豚」事，非此文所指。

飾邪第十九〔一〕

鑿龜數筴，兆曰大吉，而以攻燕者趙也。鑿龜數筴，兆曰大吉，而以攻趙者燕也。劇辛之事，燕無功而社稷危。鄒衍之事〔二〕，燕無功而國道絶〔三〕。趙代先得意於燕，後得意於齊〔四〕，國亂節高〔五〕，自以為與秦提衡〔六〕。非趙龜神而燕龜欺也〔七〕。趙又嘗鑿龜數筴而北伐燕，將劫燕以逆秦〔八〕，兆曰大吉，始攻「大梁」而秦出上黨矣〔九〕，兵至釐而六城拔矣〔一〇〕，至陽城，秦拔鄴矣〔一一〕，龐援揄兵而南則鄣盡矣〔一二〕。臣故曰〔一三〕：趙龜雖無遠見於燕，且宜近見於秦。秦以其大吉，辟地有實，救燕有有名〔一四〕。趙以其大吉，地削兵辱〔一五〕，主不得意而死〔一六〕。又非秦龜神而趙龜欺也。初時者，魏數年東鄉攻盡陶、衛〔一七〕，數年西鄉以失其國〔一八〕，此非豐隆、五行、太一、王相、攝提、六神、五括、天河、殷搶、歲星非數年在西也〔一九〕，又非天缺、弧逆、刑星、熒惑、奎台非數年在東也〔二〇〕。故曰：龜筴鬼神不足舉勝〔二一〕，左右背鄉不足以專戰〔二二〕。然而恃之，愚莫大焉〔二三〕。

〔一〕奇猷案：説文「飾，㕞也」，段玉裁注云：「又部曰：『㕞，飾也』，二篆為轉注。飾、拭古今字。凡物去其塵垢，即所謂增其光采，故㕞者飾之本義。凡踵事增華皆謂之飾，則其引申之義也。」猷案此篇名「飾邪」之飾，乃飾之本義，即㕞去塵垢之意。邪謂邪事、邪行等。後文所指信卜筮星象、用小知小忠、釋法任智、舉名譽、聽請謁、行私義等等，皆是邪事、邪行，此皆蒙於法治上之塵垢，㕞而去之，彰明法治，是本篇之要旨也。又案：本篇中韓非自稱臣者三，則此篇亦上韓王書也。又案：本篇原為一統篇，今依文義分段。

〔二〕顧廣圻曰：史記趙世家「悼襄王三年，龐煖將，攻燕，禽其將劇辛」，即其事也，詳見燕世家。⊙奇猷案：梁啟雄、南京校注組皆讀「劇辛之事燕」句絶，下文亦讀「鄒衍之事燕」為句，非也。「劇辛之事」猶言劇辛之事件，「鄒衍之事」猶言鄒衍之事件。有度篇「睢陽之事」，又「蔡、召陵之事」，難一篇「城濮之事」，又「晉陽之事」，皆此文法可證。又案：史記燕世家：「今王喜十二年（公元前二四三年），趙使李牧攻燕，拔武遂、方城。劇辛故居趙，與龐煖善，已而亡走燕。燕見趙數困於秦，而廉頗去，令龐煖將也，欲因趙弊攻之，問劇辛，辛曰『龐煖易與耳』。燕使劇辛將擊趙。趙使龐煖擊之，取燕軍二萬，殺劇辛。」六國表：「燕王喜十三年劇辛死於趙。」則戰在十二年，而劇辛死在十三年也。鶡冠子世兵篇云：「劇辛為燕將，與趙戰，軍敗，劇辛自剄死。燕以失五城。」

〔三〕顧廣圻曰：未詳。⊙奇猷案：史記孟荀傳云：「鄒衍如燕。昭王擁彗先驅，請列弟子之座而受業，築碣石宮，身親往師之。其游諸侯，見尊禮如此。」燕昭王既如此尊禮鄒衍，必使鄒衍參與國家大事之決策，可能某一大事從鄒衍之策而失敗。鄒衍為一方士，必善於鑿龜數策，兆曰大吉，因而定策執行，但遭失敗，以致國道絶也。下「非趙龜神而燕龜欺也」句當在此句之下，否則此文無結論，今錯而在下，非其旨矣。

〔四〕王渭曰：當衍「代」字。⊙顧廣圻曰：藏本、今本「後」下有「得」字。按趙世家，悼襄王四年移攻齊，取饒安，即其事也。⊙奇猷案：王先慎據顧校補「得」字，是，今從之。迂評本、凌本亦有。「代」當是「氏」字形近之誤。本書體例，叙述韓、趙、魏三國之行動多稱韓氏、趙氏、魏氏，而指其國則曰韓、趙、魏，此例在初見秦篇、存韓篇多有之，如初見秦篇「趙氏上下不相親」，稱趙氏，而於同一節之末「一舉而天下之從不破，趙不舉，韓不亡」，則稱趙、稱韓可證。或曰：「趙武靈王設置代郡，成為北方的重鎮，『趙代』連用，實為趙國之别稱。」此説非也，各書皆無以「趙代」稱趙之例。魏都大梁而别稱魏為梁，韓都鄭而别稱韓為鄭，亦未有稱魏為「魏梁」、韓為「韓鄭」者，可以為比。又案：所謂「趙氏先得意於燕」即指「劇辛之事」。次年（即趙悼襄王四年，公元前二四一年），龐煖移兵「攻徐，取饒安」（見史記趙世家），正義云：「饒安，七國時屬齊」，即此文所謂「後得意於齊」。

〔五〕顧廣圻曰：藏本同。今本「節」作「飾」，誤。十過篇「其行矜而意高，非他時之節也」，即此「節高」之義。⊙奇猷案：顧説是。節高，猶言意氣高昂，并詳下注。初見秦篇云：「趙氏，中央之國也，雜民所居也。其民輕而難用也。號令不治，賞罰不信，地形不便，下不能盡其民力，彼固亡國之形也。」此雖説長平戰（長平戰在趙孝成王六年，公元前二六〇年）趙國之情勢，但至今二十年，并未變法為治，舊法仍在施行，國内之亂，一如往昔，故此文謂其國亂也。

〔六〕王先慎曰：趙世家，悼襄王四年，龐煖將趙、楚、魏、燕之鋭師攻春蕞，不拔。⊙奇猷案：王説非也，此文不是指攻秦之蕞事（王誤作「春蕞」）。此「自以為與秦提衡」在「得意於齊」之後，而攻秦之蕞是在「得意於齊」即取齊饒安之前，可知非指攻秦之蕞事。且攻秦之蕞，不拔，與「與秦提衡」之義亦不相蒙。案提衡，即抗衡、對立，詳有度篇注，有勢均力敵之意。據史記趙世家，悼襄王四年取齊饒安，「五年，傅抵將，居平邑。慶舍將東陽、河外師守河梁」，正義云：「河梁，橋也。」東陽、河外，見初見秦篇。東陽、河外是趙、燕接壤之地，則趙此一軍事部署，顯然是針對燕，為下文所云趙將「北伐燕，將劫燕以逆秦」作準備，故此謂其意氣高昂，自以為與秦勢均力敵也。

〔七〕奇猷案：此句與上文義不相屬，當在「國道絶」句下，詳上。

〔八〕松皐圓曰：齊策「專志一力以逆秦」，注：「逆，謂拒之。」⊙奇猷案：説文「劫，人欲去，以力脅止曰劫」，此即今所謂「挾持」也。

〔九〕王先慎曰：「攻」「出」二字互誤。⊙奇猷案：王説非也，詳下。此「大梁」當非魏都之大梁（今河南開封），蓋趙攻燕無須取道魏之大梁。此文「大梁」當即慶舍將東陽、河外師所守之「河梁」（見上注引史記）。上已言之，慶舍將師守「河梁」是作伐燕準備，可知「河梁」為入燕之要口，燕亦必有重兵把守，故趙伐燕必首先攻此「河梁」，因此，此文曰「始攻大梁」。上黨，此時屬趙，見初見秦篇。上黨與秦壤地相連。出，如「諸葛亮六出祁山」之出，謂出兵也。秦為解救燕之急，出兵向趙之上黨以牽制趙，故曰「秦出上黨」。

〔一〇〕松皐圓曰：釐本齊地，後屬燕，魏策「齊伐釐、莒」是也。⊙南京校注組曰：「釐」一作「貍」，燕地名，位於今河北任邱縣東北。⊙奇猷案：「六城拔」，謂秦拔上黨之六城。

〔一一〕顧廣圻曰：世家「趙悼襄王九年，攻燕，取魏陽城，兵未罷，秦攻鄴，拔之」，又年表云「秦拔我閼與、鄴，取九城」，即其事也。⊙南京校注組曰：陽城，燕國地名，位於今河北完縣東南。鄴，位於今河北臨漳縣西南。⊙奇猷案：趙世家「取貍、陽城」，貍即上文之釐（同音通假，古音皆隸之部），顧引作「魏陽城」，誤。

〔一二〕盧文弨曰：龐援即龐煖，亦作龐涓。⊙顧廣圻曰：援，讀為煖。史記燕趙世家、漢書人表藝文志皆作「煖」，援、煖同字耳。南者，兵自燕返也。⊙太田方曰：「鄗」非地名。白起傳「白起陷趙軍，拔二障」，索隱：「障，堡城也。」屬鄴諸城悉為秦拔取，故曰鄴盡。⊙松皐圓曰：揄，引也。⊙奇猷案：春秋莊公三年「齊人降鄣」。鄣，故地在今山東東平縣鄣城集，在趙都邯鄲東南，此時屬趙。說文：「盡，器中空也。」器中空則是無物，故盡有無義。鄣盡，猶言無鄣，謂鄣為秦所拔也。龐煖引兵南返以救鄴之急，未及救鄴，而鄣又為秦拔矣。太說亦通。揄，引也，見說文。

〔一三〕梁啟超曰：此自稱臣，則此篇是韓非上韓王書也。⊙奇猷案：梁說是。史記韓非傳謂「韓非數以書諫韓王」，本篇即其一。

〔一四〕顧廣圻曰：藏本、今本不重「有」字，王渭曰：「上『有』字讀為又。」

〔一五〕盧文弨曰：凌本「利」作「地」。⊙奇猷案：王先慎依盧校改「利」為「地」，是，今從之。迂評本亦作「地」。

〔一六〕王先慎曰：趙世家，悼襄王九年卒。⊙奇猷案：此年為公元前二三六年，下距韓非卒年公元前二三三年，僅三年。此悼襄王事乃當時大事，人所共知，故韓非引以誡韓王安，促其啟去迷信之邪行，變法圖強，乃為保存韓國之正道。

〔一七〕奇猷案：鄉，通嚮，今作「向」。下同。有度篇云：「魏安釐王攻趙救燕，取地河東，攻盡陶、魏（當作「衛」）之地」，即其事也。

〔一八〕王先慎曰：魏景湣王事，見史表、世家。⊙奇猷案：韓非未及見魏之亡。此所謂「失其國」即有度篇所謂「安釐王死而魏以亡」，乃國土日削之謂。本篇下文云：「當魏之方明立辟，從憲令行之時，强匡天下，威行四鄰，及法慢，而國日削矣」，即此「失其國」之義。據史記六國表及魏世家，安釐王死，景湣王繼位，「元年，秦拔我二十城以為秦東郡。二年，秦拔我朝歌。三年，秦拔我汲。五年（公元前二三八年），秦拔我垣、蒲、陽、衍」，此後，魏已無事可記，直至王假三年魏亡。可知景湣王即位後，不但無所作為，且連年失地，坐以待斃，等於無魏，故韓非謂「安釐死而魏以亡」。安釐死後「數年（五年）西鄉以失其國」。所謂東鄉、西鄉，取地河東是東鄉，西面與秦交戰以失其國是西鄉。

〔一九〕王先慎曰：張本、趙本「一」作「乙」，字同。漢書藝文志作「泰一」。王先慎曰：天文志：「歲星所居，國不可伐，可以伐人。」「數」上不當有「非」字，承上「此非」言。下「非數年在東也」，「非」字亦衍。⊙物双松曰：殷搶，疑即天槍。⊙松皐圓曰：天河，疑即天阿。淮南子天文訓「天阿者，羣臣之闕也」，注：「天阿，星名。」⊙陶鴻慶曰：「非」，「並」字之誤。下「非數年在東」，「非」亦「並」字誤。⊙奇猷案：王說是，陶改作「並」字，贅。以上皆吉星。古代星名，殊難考定。殷搶即殷槍，天河即天阿之說，無據。

〔二〇〕王先慎曰：天文志：「熒惑出則有大兵，入則兵散；周還止息，迺為其死喪寇亂；在其野者，亡地，以戰不勝。」⊙奇猷案：以上皆彗星之類。長沙馬王堆三號漢墓出土文物中，有一幅帛書彗星圖（載文物一九七八年第三期），繪二十九顆形狀各异並有題名之彗星，且附有占詞。例如「赤灌」下云「兵興，將軍死」，「彗星」下云「有兵，得方者勝」，正是韓子此文所謂左右背鄉之星占，可藉以發明韓子此文。余有馬王堆漢墓帛書彗星圖試釋，載上海博物館集刊第三輯，可參閱。馬王堆三號墓是漢初入葬，則此圖當自戰國時傳來，可知戰國時迷信星占之風甚熾，此極有害於法治，有害於兵機，故韓非斥之。

〔二一〕奇猷案：松皐圓於「足」下補「以」字，是，依下句例當有。舉，如說難篇「說者為之舉其過」、解老篇「是以舉之曰」之舉，有指出之意。此文「龜策鬼神不足以舉勝」，猶言龜策鬼神不足以指出戰爭是否取勝。

〔二二〕太田方曰：淮南子天文訓：「左前刑，右背德，擊鉤陳之衡辰，以戰必勝，以攻必克。」案刑、德皆星名。⊙奇猷案：淮南子兵略訓云：「明於星辰日月之運，刑德奇賌之數，背鄉左右之便，此戰之助也。」漢書藝文志兵陰陽家叙云：「陰陽者，順時而發，推刑德，隨斗擊，因五勝，假鬼神而為助者也。」顏師古注云：「五勝，五行相勝也。」可知兵陰陽家確是以左右背鄉決定戰爭之進退，故韓非列舉事實以難之。「左右背鄉」，謂星之位置在左或右、在後或在前。禮記檀弓下「爾專之」，鄭注「專，猶司也」，是專有司理之意。司理，即今語管理、主管之義。周禮多「司某」之職，司某，即主管、管理某，如天官有「司書」，即主管書記者。此義沿用至今，如「司法機關」即主管法律之機關。故專有管理、主管之義。例如「專政」一詞，古書多有，猶言獨自主管政事，亦可為證。此文「左右背鄉不足以專戰」，猶言某星在左或右、在後或前不足以主管戰爭之勝負。

〔一三〕奇猷案：管子侈靡篇云：「上恃龜筮，好用巫醫，則鬼神驟祟，故功之不立，名之不章。」說苑反質篇云：「借鬼神者失謀，信日者失時。」本書亡徵篇云：「用時日，事鬼神，信卜筮，而好祭祀者，可亡也。」

古者先王盡力於親民，加事於明法〔一〕。彼法明則忠臣勸，罰必則邪臣止。忠勸邪止而地廣主尊者，秦是也〔二〕。羣臣朋黨比周以隱正道、行私曲而地削主卑者，山東是也〔三〕。亂弱者亡〔四〕，人之性也〔五〕；治强者王，古之道也。越王勾踐恃大朋之龜與吳戰而不勝〔六〕，身臣入宦於吳〔七〕，反國棄龜，明法親民以報吳，則夫差為擒〔八〕。故恃鬼神者慢於法，恃諸侯者危其國。曹恃齊而不聽宋，齊攻荆而宋滅曹〔九〕。荆恃吳而不聽齊，越伐吳而齊滅荆〔一〇〕。許恃荆而不聽魏，荆攻宋而魏滅許〔一一〕。鄭恃魏而不聽韓，魏攻荆而韓滅鄭〔一二〕。今者，韓，國小而恃大國，主慢而聽秦魏，恃齊荆為用，而小國愈亡〔一三〕。故恃人不足以廣壤，而韓不見也〔一四〕？荆為攻魏而加兵許、鄢，齊攻任、扈而削魏，不足以存

鄭〔一五〕，而韓弗知也？此皆不明其法禁以治其國，恃外以滅其社稷者也

〔一〕奇猷案：用人篇云「明主立可為之賞，設可避之罰，故賢者勸賞而不見子胥之禍，不肖者少罪而不見傴剖背，盲者處平而不遇深溪，愚者守靜而不陷險危，如是則上下之恩結矣」，故韓非認為君主能明法，立可為之賞，設可避之罰，使賢者勸賞，不肖者少罪，則上下之恩結而相親。或謂法家嚴酷少恩，此言親民，與法家之旨不合，蓋不明乎此義之言也。

〔二〕奇猷案：初見秦篇云「秦地折長補短，方數千里，名師數十百萬，秦之號令賞罰，地形利害，天下莫若也，是故秦戰未嘗不剋，攻未嘗不取，所當未嘗不破，開地數千里，此其大功也」，正説明秦法明罰必而地廣主尊也。

〔三〕奇猷案：説疑篇云：「若夫齊田恒等九人者之為其臣也，皆朋黨比周以事其君，隱正道而行私曲。」此文所指山東諸國之羣臣亦如此。又案：初見秦篇云：「今天下（指山東諸國）之府庫不盈，囷倉空虛，悉其士民，張軍數十百萬。其頓首戴羽為將軍，斷死於前不至千人，皆以言死。白刃在前，斧鑕在後，而却走不能死也。非其士民不能死也，上不能故也。言賞則不與，言罰則不行，賞罰不信，故士民不死也」，正説明山東諸國法不明，罰不必，士民臨陣退却，羣臣比周為姦，以致地削主卑也。

〔四〕顧廣圻曰：四字為一句。下「治强者王」句同。

〔五〕太田方曰：猶言人事之常也。

〔六〕顧廣圻曰：今本「吾」作「吴」。按吾、吴二字他書亦有相亂者。⊙奇猷案：王先慎據顧校改「吾」作「吴」，今從之，迂評本、凌本亦作「吴」。案：出土銅器銘文，「吴」有作「吾」作「⿱吾吾」或「敔」「魚」「⿰魚攵」者。此作「吾」，本非誤字，但下文皆作「吴」，今改此亦作「吴」者，取上下文一律耳。又案：「大朋之龜」，「大朋」為此龜之名，如墨子耕

杜篇「白若之龜」之比。

〔七〕顧廣圻曰：「臣」字當衍。⊙王先慎曰：趙本「宦」作「官」。案：作「官」者，蓋以越語「與范蠡入官於吴」，越絶書内傳、外傳記地傳，吴越春秋句踐入臣傳改也，本書自作「宦」。喻老篇「句踐入宦於吴」，又云「越王之霸也，不病宦」，是其證。⊙太田方曰：「臣」疑「親」字之誤。⊙尹桐陽曰：身，謂句踐。臣，謂范蠡。⊙奇猷案：王説是。顧、太、尹説皆非也。臣、宦不同義。臣，謂囚俘，禮少儀「臣則左之」，注：「臣，謂囚俘」，是也。史記越世家「句踐請爲臣」，謂請爲囚俘，即此文所謂「臣」。宦，謂事人，爲人服役。左傳僖十七年「妾爲宦女」，杜注：「宦，事秦爲妾」，是宦有事人之意。説文「宦，仕也」，詩文王有聲傳「仕，事也」，亦可證宦有事義。喻老篇云：「句踐入宦於吴，身執干戈爲吴王洗馬。」執干戈爲吴王洗馬，是事吴王，爲吴王服役，正是宦義。此文「身臣入宦於吴」，猶言身爲囚俘入吴事吴王也。

〔八〕奇猷案：備内篇云「越王句踐愛人」，即此所謂親民也。史記吴世家：「吴王夫差二十三年（公元前四七三年）十一月丁卯，越敗吴。越王句踐欲遷吴王夫差於甬東，予百家居之。吴王曰：『孤老矣，不能事君王也。』遂自剄死。」

〔九〕松皐圓曰：史記宋世家：「宋景公三十年，曹倍宋，又倍晉。宋伐曹，晉不救，遂滅曹。」⊙奇猷案：左傳哀公八年（公元前四八七年）「宋景公滅曹」。

〔一〇〕顧廣圻曰：二「荆」字皆當作「邢」。⊙松皐圓曰：「荆」字必誤，或「莒」字訛。⊙奇猷案：左傳載，翟攻邢，齊桓公救邢，遷邢于夷儀（詳閔公元年，即公元前六六一年，至僖公元年，即公元前六五九年）。後衛文公二十五年（公元前六三五年）滅邢（詳左傳僖公二十五年）。顧説與韓子此文不合。史記楚世家云：「楚簡王元年（公元前四三一年）北伐滅莒。」松改作「莒」，與此文亦不合。未知此「荆」爲何字之誤。

〔一一〕松皋圓曰：左傳定六年：「鄭滅許，因楚敗也。」哀元年「許男從楚子圍蔡」，注：「許男復見者，蓋楚封之。」⊙奇猷案：疑「魏」為「鄭」之誤。魯定公六年當公元前五〇四年。魯哀公元年當公元前四九四年。

〔一二〕顧廣圻曰：藏本、今本「攻魏」作「魏攻」。王渭曰：「戰國策二作『魏攻蔡而鄭亡』。蔡、荆異同，未知孰是？」今按：魏策四又云「伐榆關而韓氏亡鄭」，皆即其事，蔡入楚者也。榆關，詳吴師道補正。⊙奇猷案：王先慎據顧校乙「攻魏」為「魏攻」，是，今從之，迂評本、凌本亦作「魏攻」。又案：據史記楚世家，楚惠王四十二年（公元前四四七年）滅蔡；據韓世家，韓哀侯二年（公元前三七五年）滅鄭；則韓滅鄭時，蔡早已并於楚。魏攻蔡即是攻楚，故魏策言「攻蔡」，此言「攻荆」，其實一也。

〔一三〕顧廣圻曰：當補「不」字於「聽秦」上，此與上諸「不聽」相承也。⊙王先慎曰：顧説非也。此正言韓聽秦之弊，玩下文自知，不當以上文為説。⊙奇猷案：顧氏誤讀此為句，詳下。説文：「慢，惰也。」此文「慢」，謂惰慢於明法。顧廣圻曰：「魏」上當有脱文。此複説上文邢、鄭、曹、許之恃吴魏、齊荆為用也，故曰「而小國愈亡」。⊙高亨曰：「魏恃齊荆」當作「恃魏齊荆吴」，蓋傳寫有顛倒奪落也。此總承上文「曹恃齊」「邢恃吴」「許恃荆」「鄭恃魏」而言。⊙奇猷案：此文不誤，顧、高皆未得其讀。此文句讀當如標點所示。上言「韓，國小」，則「小國」即指韓。此文謂：現在，我韓國（韓非是韓國人，而此篇又是上韓王書，故以「我韓國」譯此文），國小而依恃大國，主上惰慢於明法，而聽從秦、魏，依恃齊、荆用事，結果是我韓國愈要滅亡。此文「今者」以下乃專論韓國，非複説上文。上文僅論「恃諸侯者危其國」，未及國之大小。此則進一步言小國而恃大國則更趨滅亡，層次甚明。顧、高皆誤以此複上文，宜其不可通也。

〔一四〕奇猷案：也，讀為耶。下文「而韓不知也」句同。

〔一五〕顧廣圻曰：以上皆有脱誤。此荆攻魏、削魏，當為不足以存許言之。齊攻任、扈，當為不足以存曹言之。⊙松皐圓曰：此鄭亦韓也，互文耳。韓世家索隱引紀年云「魏武侯二十一年韓滅鄭，明年，晉桓公邑韓哀侯於鄭，因改號曰鄭」，故國策謂韓惠王曰鄭惠王，猶魏從大梁稱梁王然也。謂荆陽為攻魏而取其許、鄢，齊亦為攻魏而取其任、扈。蓋是時魏攻韓，韓求援於齊、荆，故齊、荆為發兵伐魏，名為救韓，而其實各營私利，削取魏地，而不知二國不足恃以存國也。然此事史傳未有所考。⊙太田方曰：鄭，謂當時韓都也。⊙奇猷案：諸説皆非也。韓都鄭後，雖有稱韓為鄭者，此例本書多有，如内儲説上篇「魏王謂鄭王曰」，此鄭王即韓王，可以為證。但此文既言鄭又言韓，則無此例。且下文「恃外以滅其社稷」，而此時韓尚未滅社稷，亦可知此鄭非指韓矣。此文鄭仍是指鄭國。其實，此文「荆為攻魏而加兵許、鄢，齊攻任、扈而削魏，不足以存鄭」與上文所説「鄭恃魏而不聽韓，魏攻荆而韓滅鄭」乃同一事。初時，鄭恃魏而不聽韓，魏欲因鄭之依恃於己而吞并鄭。荆與齊覺察魏之陰謀，於荆加兵於許、鄢為攻魏作準備，魏受荆之威脅，因而攻荆之蔡（詳上注），齊則南攻魏之任、扈以削弱魏之威勢，目的皆是為保存鄭。當此鷸蚌相持之際，韓興師一舉而滅鄭，收漁人之利，故此文云荆、齊攻魏皆不足以存鄭。此韓滅鄭之複雜過程，可補史書之未備。

臣故曰：明於治之數，則國雖小，富〔一〕；賞罰敬信，民雖寡，强〔二〕。賞罰無度〔三〕，國雖大兵弱者，地非其地，民非其民也〔四〕。無地無民，堯、舜不能以王，三代不能以强。人主又以過予，人臣又以徒取〔五〕。舍法律而言先王明君之功者，上任之以國〔六〕。臣故曰：是願古之功，以古之賞賞今之人也〔七〕。主以是過予，而臣以此徒取矣〔八〕。主過予則臣偷幸〔九〕，臣徒取則功不尊〔一〇〕。無功者受賞則財匱而民望，財匱而民望則民不盡力矣〔一一〕。故用賞過者失民〔一二〕，用刑過者民不畏〔一三〕。有賞不足以勸，有刑不足以禁，則國雖大，必危〔一四〕。故曰：小知不可使謀事，小忠不可使主法〔一五〕。荆恭王與晉厲公戰於鄢陵〔一六〕，荆師敗，恭王傷。酣戰，而司馬子反渴而求飲。其友豎穀陽奉卮酒而進之〔一七〕。子反曰：「去之！此酒也。」豎穀陽曰：「非也。」子反受而飲之。子反為人嗜酒，甘之，不能絶之於口，醉而卧。恭王欲復戰而謀事〔一八〕，使人召子反。子反辭以心疾。恭王駕而往視之，入幄中，聞酒臭而還，曰：「今日之戰，寡人目親傷，所恃者司馬，司馬又如此，是亡荆國之社稷而不恤吾衆也〔一九〕。寡人無與復戰矣〔二〇〕。」罷師而去之，斬子反以為大戮。故曰：豎穀陽之進酒也，非以端惡子反也〔二一〕，實心以忠愛之，而適足以殺之而已矣〔二二〕。此行小忠而賊大忠者也。故曰：小忠，大忠之賊也。若使小忠主法，則必將赦罪以相愛〔二三〕，是與下安矣，然而妨害於治民者也。

〔一〕顧廣圻曰：「則國雖小」逗，「富」句絶。下文「民雖寡」逗，「强」句絶。「國雖大」逗，「兵」句絶，其句例同。⊙王先慎曰：「國雖大兵」句讀誤。⊙奇猷案：王説是。

〔二〕奇猷案：揚權篇云「二者（賞罰）誠信」與此「賞罰敬信」相證，敬當訓誠。廣雅釋詁：「誠，敬也。」誠既可訓敬，則敬當亦可訓誠矣。余前校訓敬為慎，不確。

〔三〕奇猷案：度，法也（詳有度篇注）。初見秦篇云「言賞則不與，言罰則不行」，是賞罰無度之例。

〔四〕顧廣圻曰：「弱者」二字逗，「地非其地民非其民也」九字為一句，與上文「民雖寡，强」相對。自「國雖小」至此，今皆失其讀也。⊙俞樾曰：此言賞罰無紀，則國雖大而兵必弱，所以然者，由於地非其地民非其民也。文義本甚分明。顧氏讀「『國雖大』逗，『兵』句」，謂與上文「國雖小，富；民雖寡，强」一律，則「兵」之一字殊不成義，而「弱者」二字屬下讀，於義亦未安矣。⊙陶鴻慶曰：案此文有脱誤，以文義求之，原文當云「臣故曰：明於治之數，賞罰敬信，則國雖小、富，民雖寡、强；不明於治之數，賞罰無度，則國雖大、貧，民雖多、弱。何者？地非其地，民非其民也」。此承上「不明其法禁以治其國」云云反復明之。「地非其地」承「國貧」言，「民非其民」承「兵弱」言，語意一貫，熟玩自明。顧讀「國雖大，兵」為句固非，俞云「國雖大而兵弱」，説雖可通，而文義不足，亦未可從。⊙劉師培曰：案以上文證之，「國雖大」下脱一字，與上「國雖小，富」語同。「兵弱者」三字似當下屬，或其上有脱文。⊙奇猷案：陶説近之。但「民雖多」當改作「兵雖多」，蓋原文有「兵」字。「何者」當改作「貧弱者」。「貧弱者，地非其地，民非其民也」，猶言貧弱之國，地非其君之地，民非其君之民。若作「何者」，其義為「國雖大，貧；民雖多，弱」之原因是「地非其地，民非其民」，在文法上是因果顛倒，在意義上亦不可通。今正其文曰「臣故曰：明於治之數，賞罰敬信，則國雖小、富，民雖寡、强；不明於治之數，賞罰無度，則國雖大、貧，兵雖多、弱。貧弱者，地非其地，民非其民也」。初見秦篇云「秦出號令而行賞罰，有功無功相事也。出其父母懷衽之中，生未嘗見寇耳。聞戰，頓足徒裼，犯白刃，蹈鑪炭，斷死於前者皆是也。夫斷死與斷生不同，而民為之者，是貴奮死也。夫一人奮死可以對十，十可以對百，百可以對千，千可以對萬。是故秦戰未嘗不剋，攻未嘗不取，所當未嘗不破，開地數千里，此其大功也」，即賞罰敬信而富强之例。本節下文云：「無功者受賞則財匱而民望，財匱而民望則民不盡力矣。故用賞過者失民，用刑過者民不畏。有賞不足以勸，有刑不足以禁，則國雖大，必危」，即賞罰無度則國貧兵弱之義。蓋財匱，故國貧；民不盡力，故兵弱（古者，國平為耕農，戰時為兵卒，故民、兵一也）。詭使篇云「名之所以成，城之所以廣者，戰士也，今死士之孤飢餓乞於道，而優笑酒徒之屬乘車衣絲。賞祿所以盡民力易下死也，今戰勝攻取之士勞而賞不霑，而卜筮視手理狐蠱為順辭於前者日賜。陳善田利宅所以戰士卒也，而斷頭裂腹播骨乎平原野者無宅容身，身死田奪，而女妹有色、大臣左右無功者擇宅而受，擇田而食。賞利一從上出，所以擅剬下也，而戰介之士不得職，而閒居之士尊顯。上以此為教，名安得無卑，位安得無危」，亦說明賞罰無度則兵弱之故。以上所舉，皆可明此文之義。顧、俞强讀强解，未可從也。

〔五〕奇猷案：論語先進篇「過猶不及」，過是超越，超越即是不得其當，不得其當與錯誤義近，故論語憲問篇「以告者過也」之「過」，邢疏云「過，誤也」。徒，讀左傳襄二十五年「齊師徒歸」之徒，杜注：「徒，空也。」此文之意謂：人主又誤加賜予，人臣又以此空取之。「空取」，譯為今語，猶言「白白地取去」，蓋不須有功即取去賜予也。荀子修身篇云「怒不過奪，喜不過予，是法勝私也」，謂當依法奪予，與韓子此文同旨，則韓非明其師說也。

〔六〕盧文弨曰：凌本「明」上有「以」字，「君」作「古」。⊙奇猷案：迂評本與凌本同，蓋妄改也。此「明君」非謂能明法之君，乃儒家所稱行仁義之明君。忠孝篇云「今堯自以為明而不能以畜舜，舜自以為賢而不能以戴堯，湯自以為義而弒其君長，此明君且常與而賢臣且常取也」，此「明君」即儒家所稱之明君，與此文之「明君」同，可以為比。迂評本、凌本不明此義，多見此書所稱「明君」為明法之君，因不可通而改之也。王先慎從凌本改之，非是。外儲說左上篇云「稱上古之傳頌，辯而不慤，道先王仁義而不能正國者，此可以戲而不可以為治也」，故稱道先王明君之功者，可以戲而不可以為治，豈可任之以國乎？

〔七〕陶鴻慶曰：願，慕也。「願古之功」上當有「以今之人」四字。內儲六微篇云「以王之賢聖與國之資厚願荆王之賢人」，語勢正與此同。奪此句則語意不完。⊙奇猷案：松皋圓與陶說同，皆非也。此承上文，「願」字之主詞即上文「上任之以國」之「上」，亦即今之君主，因是承上文，故將「願」字之主詞省略。「今之人」即「上任之以國」之人，亦即「舍法律而言先王明君之功者」。此文之意謂：今之君主，任那些「舍法律而言先王明君之功者」以國，就是仰慕古人的功績，以古人賞賜功臣之賞賞今日言先王明君之功的人。由此譯文亦可明陶、松增「以今之人」句之不當也。余前校同意陶說，亦誤。八姦篇云：「明主之為官職爵禄也，所以進賢材勸有功也。故曰賢材者處厚禄任大官，功大者有尊爵受重賞。官賢者量其能，賦禄者稱其功。」任之以國則處大官，有尊爵厚禄，故任之以國即是賞也。

〔八〕顧廣圻曰：藏本、今本「以主」作「主以」。⊙王先慎乙「以主」為「主以」，曰：案「主以是過予，臣以此徒取」相對成文，乾道本誤倒耳。⊙奇猷案：王改是，今從之，迂評本、凌本與藏本、今本同亦可證。

〔九〕盧文弨曰：「人」，張本作「臣」。⊙奇猷案：王先慎從張本改「人」作「臣」，是，今從之，藏本、迂評本、凌本亦皆作「臣」。上下文皆作「臣」，此不當獨作「人」，明此文「人」為誤文。

〔一〇〕奇猷案：尊，高也。「功不尊」，猶言功效不高。主道篇云「賞偷則功臣墮其業」，墮其業則功效低，即功效不高也。

〔一一〕王先慎曰：望，怨也。⊙奇猷案：民既無功受賞，則喜之不盡，尚何怨哉？此「望」當釋為「希望」之望，詳姦劫弒臣篇注。此謂民情於立功而希望得賞也。姦劫弒臣篇云：「使民以功賞，以罪誅，是以無功者不望而有罪者不幸矣。」難二篇述齊桓公遺冠而賞賜貧窮事，韓非論之曰：「賞無功則民偷幸而望於上。」「望」字皆此義。既可望無功得賞，則民不求立功，故曰「民不盡力」也。王說非。

〔一二〕奇猷案：過，不得其當也，誤也，詳上。賞不得其當，即不依法行賞，則民不盡力，民不盡力等於無民，故用賞過者失去人民。守道篇云「治世之臣，功多者位尊，力極者賞厚，情盡者名立，故民勸極力而樂盡情，此之謂上下相得」，是賞得其當則上得其民，亦即不失其民也。

〔一三〕奇猷案：用人篇云「釋法制而妄怒，雖殺戮而姦人不恐，故至治之國，有刑法而無螫毒，故姦人服」，可明此文之義。

〔一四〕奇猷案：有賞不足以使之盡力則無功，無功則國貧；有刑不足以使之恐則姦人易為非，姦人易為非則國亂（難二篇云：「不誅過則民不懲而易為非，此亂之本也。」）；有刑不足以禁其臨陣退却則敗北，兵弱無用。國貧、國亂、兵弱，國亡無日矣。初見秦篇「今天下悉其士民，張軍數十百萬，其頓首戴羽為將軍，斷死於前，不至千人，皆以言死，白刃在前，斧鑕在後，而却走不能死也」，難二篇云「敗軍之誅以千百數，而北不止」，皆有刑不足以禁之例。

〔一五〕奇猷案：下文云：「若使小忠主法，則必將赦罪以相愛，是與下安矣，然而妨害於治民者也」，故小忠不可使主法。

〔一六〕奇猷案：事詳十過篇。

〔一七〕顧廣圻曰：十過篇無「其友」二字。⊙王先慎曰：他書無以豎穀陽為子反友者。呂覽權勳篇、淮南人間訓高誘注：「豎，小使也。」左傳成十六年杜注「穀陽，反內豎」，正義云：「鄭元云：豎，未冠之名，故杜以為內豎也。」「友」字當為衍文。⊙奇猷案：史記晉世家云「其使者豎陽穀（史記皆作「陽穀」，與本書異，詳十過篇）進酒」，楚世家云「從者豎陽穀進酒」，則此文「其友」當作「其使」，「友」字乃「使」字壞而誤者。王刪「友」字，則是讀作「其豎穀陽」，以「豎」為侍從之義，雖可通，但「友」字無緣致衍，且各書皆讀作「豎陽穀」，如「豎刁」之比。故王說未可從也。又案：巵同卮。說文：「巵，圜器也，一名觛，所以節飲也。」

〔一八〕奇猷案：「恭王」上當有「戰既罷」一句。十過篇、呂氏春秋權勳篇皆有「戰既罷」與上「酣戰」相呼應，脫此一句，文義不足。

〔一九〕奇猷案：亡、忘通，詳十過篇。

〔二〇〕顧廣圻曰：十過篇無「與」字。⊙奇猷案：十過篇誤，與猶以也，詳彼。

〔二一〕舊注：端，故也。⊙松皐圓曰：吕覽「明日端復飲於市」，注：「端，故也。」⊙奇猷案：松引吕覽見疑似篇，其「端」字確當訓故，詳余所著吕氏春秋校釋，但原文無注，松氏誤記。

〔二二〕奇猷案：「以」字當衍，十過篇作「其心忠愛之」，無「以」字可證。實，猶内也。實心，即内心也。解老篇云「中心懷而不諭，故疾趨卑拜而明之；實心愛而不知，故好言繁辭以信之」，以「中心」與「實心」互文，則實心即中心也。中心亦即内心。喻老篇云：「不出於户，可以知天下；不窺於牖，可以知天道。此言神明不離其實也。」不出於户，是在户内；不窺於牖，是在室内。可知神明不離其實，即神明不離其内，亦可證實有内義。此文「實心忠愛之」，謂豎穀陽之内心忠愛子反。

〔二三〕顧廣圻曰：藏本、今本重「赦罪」二字。⊙奇猷案：「則必將赦罪以相愛」八字為句，不當重「赦罪」二字。王先慎據藏本、今本增，非。

當魏之方明立辟，從憲令行之時〔一〕，有功者必賞，有罪者必誅，强匡天下，威行四鄰；及法慢，妄予〔二〕，而國日削矣〔三〕。當趙之方明國律，從大軍之時〔四〕，人衆兵强，辟地齊、燕〔五〕；及國律慢，用者弱〔六〕，而國日削矣〔七〕。當燕之方明奉法，審官斷之時〔八〕，東縣齊國，南盡中山之地〔九〕；及奉法已亡，官斷不用，左右交爭，論從其下〔一〇〕，則兵弱而地削，國制於鄰敵矣〔一一〕。故曰：明法者强，慢法者弱。强弱如是其明矣，而世主弗為，國亡宜矣。語曰：「家有常業，雖饑不餓〔一二〕；國有常法，雖危不亡〔一三〕。」夫舍常法而從私意，則臣下飾於智能〔一四〕，臣下飾於智能則法禁不立矣〔一五〕。是妄意之道行，治國之道廢也。治國之道，去害法者，則不惑於智能，不矯於名譽矣〔一六〕。

〔一〕顧廣圻曰：「辟」字逗。當衍「行」字。按下文「當趙之方明國律」逗，「從大軍之時」句；「當燕之方明奉法」逗，「審官斷之時」句。其句例同。又下文云「故曰明法者强」，承此三句之三「明」字也。⊙南京校注組：立辟，當是魏國刑書之名。⊙奇猷案：校注組說是。例以下文「趙之國律」「燕之奉法」，此立辟亦當是刑書之名。詩大雅板篇「無自立辟」，傳：「辟，法也。」此魏刑書之名立辟，或即取義於詩之文。左傳昭六年云「夏有亂政而作禹刑，商有亂政而作湯刑，周有亂政而作九刑，三辟之興皆叔世也」，則「辟」為刑書之專名。魏之立辟必是刑書也。顧謂此「行」字當衍，是也。禮學記鄭注：「憲，法也。」本書定法篇云：「法者，憲令著於官府，刑罰必於民心」，則著於官府之法令為憲令。由此可知，立辟與憲令之內容不同，立辟專言刑，憲令則是著於官府之國法與君令，故憲令為法令之書。

〔二〕顧廣圻曰：「及法慢」三字為一句，「妄予」二字為一句。⊙奇猷案：定法篇云「賞存乎慎法」，是依法行賞，不妄予。

〔三〕奇猷案：有度篇云：「國無常强，無常弱。奉法者强則國强，奉法者弱則國弱。」又案：以上所說，疑指魏安釐王事。有度篇云「魏安釐王兵四布於天下，威行於冠帶之國。安釐死，其羣臣官吏皆務所以亂，而不務所以治也。」

其國亂弱矣，又皆釋國法而私其外，則是負薪而救火也，亂弱甚矣」。所言「兵四布於天下，威行於冠帶之國」，正是此文所謂「強匡天下，威行四鄰」。安釐死，羣臣「釋國法」，可知在安釐王時有「國法」，「國法」即是立辟與憲令。據史記魏世家，安釐王死，景湣王立。自景湣王即位以後，魏世家所記，皆是割地，國土日削，無他事可記。則景湣王時，無疑是國亂兵弱。其原因當然是不能繼安釐王之業，釋國法而行私意所致。則此文「及法慢，妄予」，信而有徵也。韓非卒於魏景湣王十年（公元前二三三年），上述之事，皆韓非耳濡目染也。綜上所證，有度篇所述與此實為一事也。

〔四〕南京校注組曰：國律，趙國刑書名。見藝文類聚刑法部載晉張斐律序。⊙奇猷案：校注組說是。張斐律序云：「鄭鑄刑書，晉作執秩，趙制國律，楚造僕區，并述法律之名。」以國律與鄭子產鑄鼎之刑書並列，可知國律亦刑書之類也。「從大軍」與「明國律」相對，文法相同，則大軍當亦是刑辟之書。墨子號令篇云「女子到大軍，令行者，男子行左，女子行右，無並行，皆執其守，不從令者斬，離守三日而一徇，而所以備姦也」，此是墨子所訂在大軍中之刑律。由於墨子此文之啟發，不難想象，在大軍之中，為防姦防亂以及保證軍令之貫徹，必有刑律，使全軍上下遵守，趙之大軍，必不例外，亦必有其刑辟條文，因其行於大軍之中，故名之曰大軍耳。

〔五〕奇猷案：辟，通闢。說文「闢，開也」，段注云：「引申為凡開拓之稱，古多叚借『辟』字。」

〔六〕顧廣圻曰：三字為一句。⊙奇猷案：「國律慢」承上「明國律」，「用者弱」承上「從大軍」，則此句當作「用大軍者弱」，今脱「大軍」二字。「用大軍者弱」猶有度篇「奉法者弱」，句法相同，亦可為證。或曰：「『用者弱』謂用國律者弱，不須增『大軍』二字。」猷案：「國律慢」，著「慢」字文義已足，不須更重「用者弱」也，可知「用者弱」必是「用大軍者弱」。

〔七〕奇猷案：此即上文所説趙氏事。上文云「趙氏（悼襄王）先得意於燕，後得意於齊」，即此文所謂「辟地齊、燕」。

上文又云「節高，自以為與秦提衡」，可知其時必是人衆兵强，否則，何敢於節高，更不敢與秦提衡，故此文謂其「人衆兵强」。人衆兵强當然是明國律、從大軍所致。上文云「趙將劫燕以逆秦，始出『大梁』而秦出上黨矣，兵至釐而六城拔矣，至陽城，秦拔鄴矣，龐援揄兵而南則鄣盡矣」。趙自兵出「大梁」以後，節節失敗，國土被侵，故此文曰「國日削」。趙悼襄王，前者人衆兵强，闢地有實，是由於明國律、從大軍所致，其後來之失敗，當然是國律慢、用大軍者弱而然。據史記趙世家，秦拔鄴在悼襄王九年（公元前二三六年），悼襄王即於秦拔鄴後卒，則悼襄王自兵出「大梁」後，一蹶不振矣。

〔八〕南京校注組曰：奉法，當是燕國刑書名。⊙奇猷案：校注組説是。此奉法與上刑書立辟、國律並列，其為刑書無疑。蓋以其為人人皆當奉行之法而取名奉法也。荀子榮辱篇云：「舉措時，聽斷公。」此文「官斷」即公斷，亦即依法而斷也。與「官斷」相反，即下文所謂「論從其下」，亦即私斷也。下文云「官斷不用」，顯然，官斷為依法斷案之書，其必有若干依法斷案之例。供斷案者依循。主道篇云：「審驗法式。」此官斷中之案例，必是「法式」之類。荀子非相篇云「欲知億萬，則審一二」，楊注：「審，謂詳觀其道也。」詳觀即詳察。此文「審官斷」，謂詳察官斷中之例以便依循也。

〔九〕松皐圓曰：燕策：「樂毅攻齊，下七十餘城，盡郡縣而屬燕。」⊙奇猷案：此即有度篇所述燕昭襄王事。有度篇云：「燕襄王殘齊，平中山」，即此「東縣齊國，南盡中山之地。」縣，謂以齊之地為己之郡縣也。

〔一〇〕奇猷案：論，謂評議，詳八姦篇注。此文謂奉法已不存在，又不用官斷中依法斷案之例以評定功過賞罰，左右大臣各以私意相互爭論不休，評定功過賞罰皆由臣下私意決定。

〔一一〕奇猷案：燕昭襄王死，子惠王繼位，惠王七年，燕相公孫操弒惠王，立惠王子為武成王，可知惠王時大權落在公孫操之手。大權既在公孫操手，則一切政令以及評定賞罰無疑是出自公孫操，故此文云「官斷不用，論從其下」。惠王立，因與樂毅有隙，以騎劫代樂毅，騎劫為齊田單所敗，齊復得其故城」；又武成王七年，齊田單伐燕，拔中陽（皆詳燕世家）；是燕為齊所制，且國土為齊所削，故此云「兵弱而地削，國制於鄰敵矣」。

〔一二〕奇猷案：「饑」原作「飢」。說文：「飢，餓也。饑，穀不熟為饑。」此文當作「饑」，意林引正作「饑」，今據改。又案：業，即產業，即解老篇「事利其產業」之「產業」。此文「常業」，即孟子梁惠王篇「無恆產而有恆心」之「恆產」，趙岐注云：「恆，常也。產，生也。恆產則民可以生之業也。」

〔一三〕奇猷案：常，恆也。恆，如說林下篇「民性有恆」之恆。「民性有恆」，猶言民有固定不變之性，是「常」有固定不變之義。此文「常法」，謂固定不變之法。解老篇云「治大國而數變法則民苦之，是以有道之君貴靜，不重變法」，可知韓非主張國家必有固定不變之法，即此所謂「常法」也。

〔一四〕盧文弨曰：張本、凌本「臣」字下皆有「下」字。⊙顧廣圻曰：藏本「臣」下有「下」字，是也。⊙王先慎於「臣」下補「下」字，曰：意林引亦有。⊙奇猷案：王補是，今從之，迂評本亦有「下」字。下句重複此文云「臣下飾於智能，則法禁不立矣」，有「下」字亦可證。智，即亡徵篇「好以智矯法」之智，謂智巧（詳彼）。能，即三守篇「近習能人」之能人，名為有能之人，實是無能之人。又案：意林引「於」作「其」，下句同。

〔一五〕奇猷案：揚權篇云：「智巧不去，難以為常。」孤憤篇云：「不以功伐決智行，不以參伍審罪過，而聽左右近習之言，則無能之士在廷，而愚汙之吏處官矣。」「聽左右近習之言」是舍常法而從私意。從私意則飾於智能者（無能之士）在廷，愚汙之吏處官，故法禁不立也。

〔一六〕興文社曰：矯，猶言詐欺也。⊙奇猷案：公羊傳僖公三十三年「矯以鄭伯之命而犒師焉」，何休注云：「詐稱為矯。」此引申其義為詐欺也。智能，指所飾之智能。名譽，即姦劫弒臣篇「為私善立名譽以取尊官厚俸」之名譽，亦即六反篇所指之「虛聲」（聲，名聲）。顯學篇云「今有人於此，義不入危城，不處軍旅，不以天下大利易其脛一毛，世主必從而禮之，貴其智而高其行，以為輕物重生之士也。夫上所以陳良田大宅、設爵禄，所以易民死命也」，即君上惑於智之失之一例。六反篇云「此六民者，世之所譽也。世主聽虛聲而禮之，禮之所在，利必加焉。故名賞在乎私惡當罪之民，而毀害在乎公善宜賞之士，索國之富强，不可得也」，是君主矯於名譽之失之例。此所謂「智者」「譽者」，皆是害法者，故治國者宜去之也。

昔者舜使吏決鴻水，先令有功而舜殺之〔一〕。禹朝諸侯之君會稽之上〔二〕，防風之君後至而禹斬之〔三〕。以此觀之，先令者殺，後令者斬，則古者先貴如令矣〔四〕。故鏡執清而無事，美惡從而比焉；衡執正而無事，輕重從而載焉〔五〕。夫搖鏡則不得為明，搖衡則不得為正，法之謂也〔六〕。故先王以道為常，以法為本〔七〕。本治者名尊，本亂者名絶〔八〕。凡智能明通，有以則行，無以則止〔九〕。故智能單道，不可傳於人〔一〇〕。而道法萬全，智能多失〔一一〕。夫懸衡而知平，設規而知圓，萬全之道也〔一二〕。明主使民飾於道之故〔一三〕，故佚而有功〔一四〕。釋規而任巧，釋法而任智，惑亂之道也〔一五〕。亂主使民飾於智，不知道之故，故勞而無功〔一六〕。

〔一〕高亨曰：「先」上疑脱「鯀」字。⊙奇猷案：謂未受令之前而自往治水有功者，舜殺之。太田方謂「不受令而治水有功」，非。又案：史記夏本紀：「鯀治水九年而水不息，功用不成。舜巡狩行視鯀之治水，無狀，乃殛鯀於羽山以死。」本書外儲説右上篇云：「堯欲傳天下於舜。鯀諫。堯不聽，舉兵而誅殺鯀於羽山之郊。」鯀被殺之因，各説不同，但未聞因先令有功而被殺之説，則高説殊難定也。藏本「昔」作「若」，誤。

〔二〕盧文弨曰：「之君」二字，淩本無。⊙奇猷案：「之君」二字因下句而衍，當删，迂評本亦無。

〔三〕奇猷案：國語魯語下篇云「仲尼曰：丘聞之，昔禹致羣神於會稽之山，防風氏後至，禹殺而戮之，其骨節專車」，傳聞與此文略有不同。

〔四〕顧廣圻曰：藏本同。今本「先貴」作「必貴」。按此字有誤，未詳。⊙王先謙曰：首以遵令為貴，故曰「先貴如令」，説亦可通。⊙奇猷案：王説是。陶鴻慶改作「无貴」，與韓非之宗旨不合。荀子君道篇云：「書曰：先時者殺，無赦；不逮時者殺，無赦。」先時是先令而行，不逮時是後令而至。與此文「先令者殺，後令者斬」之義可互明。本書八姦篇云：「優笑侏儒，左右近習，此人主未命而唯唯，未使而諾諾，先意承旨，觀貌察色，以先主心者也。」此優笑侏儒，左右近習，先意承旨，將先令而立功，君主當嚴密防備也。至於後令者，乃惰慢法令，當斬。

〔五〕太田方曰：治要引申子：「鏡設精而無為，而美惡自備；衡設平而無為，而輕重自得。」⊙奇猷案：執，如書大禹謨「允執厥中」之執，守也。申子作「設」，設，施陳也（詳揚權篇注），義亦近。説文「清，朖也」，段注云：「朖，明也。」申子作「精」，精即清之假字。精、清通，詳孤憤篇注。無事，即主道篇「虚靜無事」。申子作「無為」，義近。蓋法家所謂無為，乃按法治衆，不以智慮事之意，詳主道篇注。申子「比」作「備」，以音近而誤。此文譯為今語：鏡謹守其清明無所事，從而能照人之貌以比美惡；衡謹守其平正而無所事，從而能載物以别輕重。

〔六〕奇猷案：「法之謂也」，不通，當作「無常法之謂也」，脱「無常」二字。摇鏡、摇衡則無常則，故曰無常法之謂。上文云「國有常法，雖危不亡」，此文言鏡無常法則不明，衡無常法則不正，二文正反相承，亦可為證。

〔七〕奇猷案：主道篇云「道者，萬物之始，是非之紀也。是以明君守始以知萬物之源，治紀以知善敗之端」，此即先王以為常之道。法為「是非之紀」，「是非之紀」源於常道，故法必有常，即所謂常法，亦即此文所指之法。上文云

「國有常法，雖危不亡」，故先王以常法為治國之本。

〔八〕奇猷案：說疑篇云「有道之主，遠仁義，去智能，服之以法，是以譽廣而名威」，可明此文「本治者名尊」之義。十過篇謂齊桓公「過而不聽於忠臣，獨行其意，則滅其高名為人笑之始也」，獨行其意是無法，無法則本亂，本亂則滅其高名，正是此文「本亂者名絶」之例。

〔九〕奇猷案：以，猶為也，詳王氏經傳釋詞。明通之智能，有為則行之，無為則止，不强為之。

〔一〇〕王先謙曰：單，盡也。言雖智能竭盡，虚而無徵，不能為後人法守，故云道不可傳於人。⊙陶鴻慶曰：案「單道」句絶。單，獨也。單道，蓋謂單獨之道，猶私義云爾。王解引王先謙說，「單」字為句，「道」屬下讀，恐非。⊙奇猷案：陶讀「單道」句絶，是也，但所釋則非。此「單」字當從王訓。單通殫。說文：「殫，極盡也。」極盡之處則止，故殫有止義。單道，猶言止於道。止於道，即大體篇所謂「以道為舍」。智能單道，猶言智能以道為舍。下文云「智能多失」，故必以道為舍。以道為舍，則無失矣。此「道」即術，詳主道篇注。定法篇云「術者，因任而授官，循名而責實，操殺生之柄，課羣臣之能者也，此人主之所執也」，難三篇云「術者，藏之於胸中，以偶衆端而潛御羣臣者也，故術不欲見」。術，既是人主所執，藏之於胸中不欲見，故不可傳於人。

〔一一〕奇猷案：智能多失，故主道篇云：「有智而不以慮，使萬物知其處；有行而不以賢，觀臣下之所因；有勇而不以怒，使羣臣盡其武。是故去智而有明，去賢而有功，去勇而有强。明君之道，使智者盡其慮，而君因以斷事，故君不窮於智；賢者敕其材，君因而任之，故君不窮於能；有功則君有其賢，有過則臣任其罪，故君不窮於名。」

〔一二〕奇猷案：藏本「設規」作「諸況」，誤。

〔一三〕王渭曰：「於」下當有「法知」二字。⊙顧廣圻曰：按「法」句絶，「知」下屬。⊙奇猷案：王、顧說是，依下文當有。此文「使民飾於法」，猶言使民以法為飾也。民以法為飾，則不敢犯法矣。「知道之故」，道，法術，即治國之術。淮南子氾論訓「勒問其故」，注：「故，意也。」呂氏春秋知度篇云「非晉國之故」，本書外儲說左上篇「故」作「意」，亦可證。此文「知道之故」，謂明主又使民知以法術治國之意。

〔一四〕顧廣圻曰：今本「佚」上更有「故」字，「有」作「則」。藏本有「故」字，是也。⊙王先慎改從今本，曰：按下「故勞而無功」與此句相承，今本是。⊙奇猷案：王改是，今從之，迂評本、凌本與今本同亦可證。古文「有」作[illegible]（從又持肉），亦可從ㄙ作[illegible]，「則」作[illegible]，形近，因而「有」誤為「則」也。民既不敢犯法，知道之故，則君無為而功自成，故曰佚而有功（佚通逸，安也）。守道篇云「人主甘服於玉堂之中，而無瞋目切齒傾取之患；人臣垂拱於金城之內，而無扼捥聚脣嗟唶之禍」，大體篇云「上無忿怒之毒，下無伏怨之患，上下交樸，以道為舍。故長利積，大功立，名成於前，德垂於後」，皆可明此文之旨。

〔一五〕奇猷案：制分篇云「量之失，非法使然也，法定而任慧也」，慧，智慧也。亡徵篇云：「簡法禁而務謀慮，可亡也。」

〔一六〕顧廣圻曰：今本「飾」下「將」字作「於」。⊙奇猷案：王先慎據今本改「將」為「於」，是，今從之，迂評本、凌本亦作「於」。智，智巧（詳上文注）。飾於智，以智巧為飾。

釋法禁而聽請謁，羣臣賣官於上，取賞於下，是以利在私家而威在羣臣〔一〕。故民無盡力事主之心，而務為交於上。民好上交則貨財上流〔二〕，而巧說者用〔三〕。若是，則有功者愈少。姦臣愈進而材臣退〔四〕，則主惑而不知所行，民聚而不知所道〔五〕，此廢法禁、後功勞、舉名譽、聽請謁之失也〔六〕。凡敗法之人，必設詐託物以來親〔七〕，又好言天下之所希有〔八〕，此暴君亂主之所以惑也，人臣賢佐之所以侵也〔九〕。故人臣稱伊尹、管仲之功〔一〇〕，則背法飾智有資〔一一〕，稱比干、子胥之忠而見殺，則疾爭強諫有辭〔一二〕。夫上稱賢明，下稱暴亂，不可以取類〔一三〕，若是者禁〔一四〕。君之立法，以為是也，今人臣多立其私智〔一五〕，以法為非，者是邪以智〔一六〕。過法立智〔一七〕，如是者禁〔一八〕，主之道也〔一九〕。

〔一〕王先慎曰：賞，讀為償。⊙奇猷案：王讀是。償，即今所謂「報酬」。八姦篇云：「聽左右之謁，父兄大臣上請爵祿於上，而下賣之以收財利及以樹私黨。」

〔二〕王先慎曰：流，行也。

〔三〕王先慎曰：謂請謁也。⊙奇猷案：巧說之人見用。

〔四〕奇猷案：材臣，即孤憤篇所稱「智術能法之士」。

〔五〕舊注：道，從也。⊙奇猷案：聚，借為趣。取、聚同，如「郰」亦作「鄹」是也。取、趣通，漢書王吉傳「言其取舍同也」，顧師古注「取，進趣也」，是其證。此文謂人主迷惑而不知所行，人民進趣而不知何從（到何處去）。

〔六〕奇猷案：上文云「釋法禁而聽請謁」。難一篇云「舅犯有二功而後論」，即後功勞之例。又說文：「後，遲也。」「後功勞」又有遲遲不論功勞之意，近於八姦篇「功勞之臣不論」。亦有詭使篇所云「戰勝攻取之士勞而賞不霑」之意。舉名譽之失，詳上文注。

〔七〕顧廣圻曰：今本「來」作「求」。⊙奇猷案：物猶事也，詳有度篇注。

〔八〕奇猷案：下文「稱伊尹、管仲之功」及「稱比干、子胥之忠而見殺」，即是天下所希有之事。

〔九〕奇猷案：此「侵」字，猶難三篇「借人成勢而勿使侵害己」之侵害，有今語所謂「損害」「迫害」之意。

〔一〇〕王先慎曰：此下疑脱「而見用」三字，與下「而見殺」對文。⊙奇猷案：王説非也。此句與下句不同。下句謂疾爭强諫者「稱比干、子胥之忠而見殺」為其疾爭强諫之辭，此句則謂人臣稱「伊尹、管仲之功」為其背法飾智之資，如蘇代為齊使燕事（詳下注）即其例。若增「而見用」，則是謂見用後為背法飾智之資，非其旨矣。

〔一一〕奇猷案：史記殷本紀「帝太甲既立，三年，不明，暴虐，不遵湯法，亂德，於是伊尹放之於桐宫三年，伊尹攝行政當國以朝諸侯。帝太甲居桐宫三年，悔過自責，反善，於是伊尹乃迎帝太甲而授之政。帝太甲脩德，諸侯咸歸殷，百姓以寧。伊尹嘉之，乃作太甲訓三篇，褒帝太甲」，難一篇云「桓公解管仲之束縛而相之，使立高、國之上，使有三歸之家，立為仲父」，十過篇云「齊桓公九合諸侯，一匡天下，為五伯長，管仲佐之」，南面篇云「管仲毋易齊，則桓公不霸矣」，故所謂伊尹、管仲之功，是專國柄、得厚賞以輔君主。由此可知，人臣稱管仲、伊尹之功，蓋為專國柄、得厚賞等背法飾智之行借口。外儲説右下篇云「蘇代為齊使燕，見無益子之則必不得事而還，貢賜又不出，於是見燕王譽齊桓公舉國歸管仲。燕王於是張朝而聽子之」，即稱管仲而行背法飾智之例。

〔一二〕顧廣圻曰：「疾」下當有脱字。⊙松皐圓於「疾」下補「爭」字，曰：説疑篇：「疾爭强諫以勝其君。」⊙奇猷案：松補「爭」字，是，今從之。墨子非攻下篇有「爭之不疾」之語亦可證。「疾爭强諫」亦猶外儲説左下篇「犯顔極諫」。吕氏春秋尊師篇高注：「疾，力也。」疾爭，猶言力爭也。難言篇云：「比干剖心。」人主篇云：「王子比干諫紂而剖其心，子胥忠直夫差而誅於屬鏤。」稱比干、子胥因忠見殺以為疾爭强諫之辭，如十過篇所載「顔涿聚諫田成子，田成子援戈將擊之。顔涿聚曰：昔桀殺關龍逢而紂殺王子比干，今君雖殺臣之身以三之可也」，即其例；吕氏春秋貴直篇述狐援説齊湣王，湣王將斮之東閭，狐援曰「殷有比干，吴有子胥，齊有狐援。己不用若言，又斮之東閭。每斮者以吾參夫二子者乎」，亦其例也。韓非以為疾爭强諫之害，即難一篇所云「使姦臣襲極諫而弑其君之道」。

〔一三〕王先謙曰：能用伊尹、管仲，是賢明之主，殺比干、子胥是暴亂之主。凡此稱説古人，皆以劫制其君，使下易於干進，上難於行罰。然伊尹、管仲不世出，進諫者非必比干、子胥，故曰不可以取類。

〔一四〕顧廣圻曰：藏本、今本「是」下有「者」字。按有「者」字是也。四字為句，屬上。⊙奇猷案：王先慎據顧校補「者」字，是，今從之。迂評本、凌本亦有。

〔一五〕顧廣圻曰：逗。此與上「君之立法」句相對。⊙奇猷案：此當句絶，義屬上，詳下孫先生説。顧説非。

〔一六〕盧文弨曰：「者」字衍。⊙顧廣圻曰：「以法為非者」五字句，與上「以為是也」句對。⊙王先慎曰：顧讀誤。當於下「是邪」句。此立私智之臣，動與法違，故以法為非是也。上言「是」，此言「非是」，語意相承。「者」字不當有。⊙奇猷案：此當以「非」字句絶，詳下。⊙舊注：以此思之，則知凡臣下之情皆欲過公法立私智也。⊙王先慎曰：乾道本注「臣下」二字作「官」，「公」作「功」。盧文弨云「皆從凌本改」。⊙奇猷案：「者是邪以智」五字，當依下孫先生説改作「以智為是邪」。又案：盧改是，今從之。迂評本與凌本同。

〔一七〕俞樾曰：上「邪」字衍文。「是以智過法立智」七字為句。言自以其智過公法立私智也。舊注不説「邪」字，疑其所據本作「是以智過法立智」。今衍「邪」字，於義難通。顧氏於前後文句讀一一訂正，而此句未了，由不知「邪」字之衍耳。凌本作「以邪為智」，與舊注不合，非是。⊙王先慎曰：俞説非。「邪」，語辭，屬上為句。「以智過法立智」當作「以知過法立智」。古人知、智同用「知」字，後人於「知」之讀為「智」者並加「日」字於下，此涉上下文而誤。舊注云「以此思之，則知凡臣下之情皆欲過公法立私智」，是其所見本尚作「知」字不誤。⊙奇猷案：俞、王説皆非也，詳下。

〔一八〕孫子書先生曰：案諸説皆非也。原文當作「君之立法以法為是也，今人臣多立其私智，以法為非，以智為是邪。過法立智，如是者禁」。今本異文者，蓋「以為是也」句内「以」下脱「法」字，「以法為非」下脱「以智」二字，校書者據别本注「以智」二字於旁，經傳鈔又羼入「邪」下正文，後之讀者因以「以智」二字屬下讀，改「以法為非」下之「為」字為「者」以成文耳。「邪」與「也」同（唐卷子本劉晝新論凡「也」字皆作「邪」）。過，猶越也。廣韻「過」下云「越也」。史記外戚世家「皆過栗姬」，索隱：「過，謂踰之。」踰、越同義。慎子知忠篇云「故明主之使其臣也，忠不得過職，而職不得過官」，言忠不得越職，職不得越官也。又云「法者，所以齊天下之動，至公大定之制也，故智者不得越法而肆謀，辯者不得越法而肆議」，越法即過法。「智者不得越法而肆謀」，即韓子「過法立智則禁之」之義。諸説皆失之。⊙奇猷案：孫先生説是。「過法立智」，即上文「背法立智」之旨。有度篇云：「明主使其羣臣不遊意於法之外」，不遊意於法之外，即不得過法立智，亦可明此文。

〔一九〕奇猷案：謂越法而立智者，人主禁之，乃為人主之道。

明主之道〔一〕，必明於公私之分，明法制，去私恩〔二〕。夫令必行，禁必止，人主之公義也〔三〕。必行其私，信於朋友〔四〕，不可為賞勸，不可為罰沮，人臣之私義也〔五〕。私義行則亂，公義行則治，故公私有分。人臣有私心，有公義。修身潔白而行公行正，居官無私〔六〕，人臣之公義也。汙行從欲，安身利家，人臣之私心也〔七〕。明主在上則人臣去私心行公義，亂主在上則人臣去公義行私心，故君臣異心〔八〕。君以計畜臣，臣以計事君，君臣之交，計也〔九〕。害身而利國，臣弗為也；富國而利臣，君不行也〔一〇〕。臣之情，害身無利；君之情，害國無親〔一一〕。君臣也者，以計合者也。至夫臨難必死，盡智竭力，為法為之〔一二〕。故先王明賞以勸之，嚴刑以威之。賞刑明則民盡死，民盡死則兵强主尊〔一三〕。刑賞不察則民無功而求得〔一四〕，有罪而幸免則兵弱主卑〔一五〕。故先王賢佐盡力竭智〔一六〕。故曰：公私不可不明，法禁不可不審，先王知之矣〔一七〕。

〔一〕「明」原作「禁」。盧文弨曰：「禁」，凌本作「明」。⊙顧廣圻曰：「禁」字衍。「主之道」三字逗，屬下。⊙奇猷案：凌本「禁」作「明」，是，迂評本亦作「明」，今據改。由於後人誤讀上文「如是者，禁主之道也」，因改此句「明主之道」為「禁主之道」耳。

〔二〕奇猷案：八姦篇云「貴夫人，愛孺子，便僻好色，此人主之所惑也。託於燕處之虞，乘醉飽之時而求其所欲，此必聽之術也。為人臣者，內事之以金玉，使惑其主」，「明君之於內也，娛其色而不聽其謁，不使私請」，可明此「去私恩」之義。詭使篇云「優笑酒徒之屬乘車衣絲，卜筮視手理狐蠱為順辭於前者日賜」，皆以私恩而受賜，亦當去之也。

〔三〕奇猷案：義，讀為議，猶言「守則」，詳愛臣篇注。「人主之公義」，猶言人主為公之守則。

〔四〕奇猷案：呂氏春秋上德篇云「墨者鉅子孟勝，善荆之陽城君。陽城君令守於國，毀璜以為符，約曰『約合聽之』。荆王薨，羣臣攻吳起，兵於喪所，陽城君與焉，荆罪之。陽城君走，荆收其國，孟勝曰：『守人之國，與之有符。今不見符，而力不能禁，不能死，不可。』孟勝死，弟子死之者百八十」，即「必行其私，信於朋友」之例。本書五蠹篇云「知友被辱，隨仇者」，亦是由於「必行其私，信於朋友」而隨仇也。

〔五〕奇猷案：詩巧言「亂庶遄沮」，傳：「沮，止也。」此文「沮」字蓋用為禁止之意。外儲說右上篇云「是望不得以賞罰勸禁也」，可以為證。義，亦讀為議，下同。「人臣之私義」，猶言人臣為私之守則。

〔六〕王先慎曰：「正」字衍文。⊙劉文典曰：案此疑當作「修身潔白而行公正，居官無私」，下「行」字衍。王謂「正」字衍文，其說未諦，「而行公行」，不詞甚矣。⊙奇猷案：王說是，劉說非也。有度篇云「釋公行，行私術」，與此「行公行」反正為義可證。又案：「行公行」則必「居官無私」，是「行公行」與「居官無私」義複。此文當作「居官無私交」，今脫「交」字。「行公行」與上「行其私」相對應，「居官無私交」與上「信於朋友」相對應，皆正反為義，亦可證此文當有「交」字。又愛臣篇云「人臣處官無私朝，居軍無私交」，文法相同，亦可為證。

〔七〕奇猷案：從，讀為縱，猶言放縱。

〔八〕奇猷案：備內篇云「后妃、夫人、適子為太子者，或有欲其君之蚤死者」，亦君臣異心之例。韓非之宇宙觀為「萬物各異理」（見解老篇）。此「君臣異心」之論乃基於其「萬物各異理」之概念而發也。

〔九〕奇猷案：計，謂計算利害，亦作「計數」，又作「會計」。難一篇云「臣盡死力以與君市，君垂爵祿以與臣市。君臣之際，非父子之親也，計數之所出也。」「君垂爵祿以與臣市」，即君垂爵祿之計數以畜其臣，「臣盡死力以與君市」，即臣盡死力之計數以事其君，故君臣之交由計算利害而作出決定也。解老篇云「人有欲則計會亂」，六反篇云：「父母之於子也，猶用計算之心以相待也。」「會計」、「計算」皆與此「計」同義。

〔一〇〕王先慎改「富」為「害」、改「行」為「為」，曰：案意林「富」作「害」、「行」作「為」，今據改。⊙奇猷案：王改非也。「富國而利臣」，謂富其國而不以利君利國而以之利臣下。定法篇云「公孫鞅之治秦也，國富而兵強。然而無術以知姦，則以其富強也資人臣而已矣」，正是富國利臣之例。行，猶言施行、推行，與「為」義近。上句用

〔一一〕「為」，下句用「行」，乃互文耳。意林未能以本書前後相應，因不明其義而妄改之，不可據。

〔一二〕奇猷案：富國而利臣則臣富。愛臣篇云「羣臣之太富，君主之敗也」，故臣富則害君害國。臣害國，則君與臣不相親，故曰害國無親也。

〔一三〕顧廣圻曰：藏本、今本「之」下有「也」字。⊙王先謙曰：上「為」字，于偽反。⊙奇猷案：「為」字猶以也（詳王氏經傳釋詞）。下「為」字猶使也。易井卦「為我心惻」，王弼注：「為，猶使也。」此文「為法為之」，謂以法使之。以法使之者，謂以法使臣下臨難必死、盡智竭力也。賞罰敬信則使民盡死力，詳上注。賞罰敬信者，依法行賞罰也。是以依法行賞罰可使民盡死力，故此文云然。下文承此言「先王明賞以勸之，嚴刑以威之，賞罰明則民盡死」，尤可為證。

〔一四〕奇猷案：藏本「刑」下「明」字作「名」，誤。上文云「賞罰敬信，民雖寡，强」。

〔一五〕奇猷案：禮記禮器「觀物弗之察」，孔疏云：「察，分辨也。」賈子道術篇云「纖微皆審謂之察」，纖微皆審即分辨纖微之意，亦可證「察」有分辨之義。

〔一六〕奇猷案：上文云「賞罰無度，國雖大，兵弱」，姦劫弑臣篇云「秦民習故俗之有罪可以得免，無功可以得尊顯也，故輕犯新法」，皆可明此文之義。蓋無功可以得賞、可以得尊顯，有罪可以幸免，則輕犯法令而不聽用，亦不盡死於戰鬬逐北，故國亂而兵弱，國亂而兵弱則主卑也。

〔一七〕奇猷案：此句文義不完，當有脱誤，當作「故先王賢佐盡力竭智以明公私之分，以審法禁之立」，今脱十二字。此乃承上「立法禁」及「明公私之分」之義，總結之曰「故先王賢佐盡力竭智以明公私之分，以審法禁之立」。下文「公私不可不明，法禁不可不審」與此語意反正相承，尤為明證。

〔一八〕奇猷案：先王已知之，故盡力竭智以明公私之分，以審法禁之立。

卷六

解老第二十〔一〕

德者，内也。得者，外也〔二〕。上德不德，言其神不淫於外也〔三〕。神不淫於外則身全，身全之謂德。德者，得身也〔四〕。凡德者，以無為集，以無欲成，以不思安，以不用固。為之欲之，則德無舍〔五〕。德無舍則不全〔六〕。用之思之則不固。不固則無功。無功則生於德〔七〕。德則無德〔八〕，不德則在有德〔九〕。故曰：「上德不德，是以有德〔一〇〕。」

〔一〕盧文弨曰：此及下篇當依老子各章分段。⊙奇猷案：韓非解老，乃借老子之文以發揮其法治思想，非為解明老子而作，請參閱附録韓非與老子。余注此篇，亦以韓非思想為準。

〔二〕奇猷案：德是存於自身，故曰内。得是從外得來，故曰外。如二柄篇云「明主之所導制其臣者，二柄而已矣。二柄者，刑德也。殺戮之謂刑，慶賞之謂德」，執慶賞者為君主，故德是内；得慶賞者是臣民，故得是外。

〔三〕松皐圓曰：廣雅曰：「淫，浮也。」⊙楊樹達曰：按據此，老子「上德不德」當作「上德不得」。⊙奇猷案：楊説非也。淫，遊也（詳下「不以馬遠淫通物」注）。外儲説左下篇云：「以功受賞，臣不德君。」賞是君之德（見前注），但以功受賞則不感君之德，故曰上德不德。有度篇云：「明主使其羣臣不遊意於法之外。」遊意於法之外是違法之意向。意向遊於法之外，神自隨之，則神亦遊於法之外。今者，以功受賞，無不勞而求得之意，故上德不德是神不淫於外也。

〔四〕王先慎集解改「謂德」「德者」二「德」字為「得」，曰：「謂得」「得者」兩「得」字，各本作「德」。案：「身全之謂得。得者，得身也」，正承上「得者」言之。御覽七百二十引正作「得」，明作「德」誤。⊙孫蜀丞師曰：上二「德」字當從各本作「德」，不當從御覽改作「得」也。禮樂記：「德者，得也」，鄉飲酒義：「德也者，得於身也。」⊙奇猷案：孫師說是。太田方、楊樹達說同。司馬長卿長門賦注引作「神不淫放則身全」，「放」即「於」之形譌，又脫「外」字，非。此文蓋謂神不遊於外則不犯法禁而受刑罰，則身全。身全則是德（身全尤重於慶賞），故德之要在於得身也。

〔五〕津田鳳卿曰：集，不散也。集、成互文。無營為之心則德行集成。⊙王先謙曰：舍，止也。無舍，言不能安其止。⊙奇猷案：「凡」字乾道本壞為「几」，今據黃丕烈校改正。又案：集，聚也。無為則德聚於心，無欲則成其德，不思得則德安於心，不用德則固其所，為與欲則德無所止。

〔六〕奇猷案：此應上文「身全」言，當作「德無舍則身不全」，脫「身」字。謂德無所安其止則遊於外而犯法禁受刑罰，故身不全也。

〔七〕盧文弨曰：「於」，當作「有」。凌本無「則」字。⊙顧廣圻曰：藏本同。今本「於」作「有」，誤。⊙王先慎曰：「生有德」承上「不全」「無功」兩者言，疑「無功」上脫「不全」二字。又案：作「生有德」者是也。本無而致有之之謂生。老子云：「下德為之而有以為也」，「有以為」，即所謂「生有德」也。⊙奇猷案：顧說是也。廣雅：「則，即也。」「無功則生於德」與上「凡德者」句首尾相應。「無功則生於德」，謂德外淫則無功，無功則由於用德所致，用之思之故也。

〔八〕王先謙曰：德，非病也。德則無德，文不成義。「德」上當有「生有」二字。⊙奇猷案：王說謂「德」上當有「生有」二字，未塙。謂無功所生之德則是無德。無功所生之德（即無功而得之慶賞），是君主不合法之賞賜，不可謂德，故曰無德。

〔九〕顧廣圻曰：藏本、今本「不得」作「不德」。當衍「則」下「在」字。⊙王先慎曰：張榜本無「在」字。⊙奇猷案：「不得」作「不德」，是，今據改。「在」字非衍文。上已言之，「以功受賞，臣不德君」，故曰不德則在有德（在於有君主之慶賞）。

〔一〇〕奇猷案：此老子三十八章文。

所以貴無為無思為虛者，謂其意無所制也〔一〕。夫無術者，故以無為無思為虛也〔二〕。夫故以無為無思為虛者，其意常不忘虛，是制於為虛也〔三〕。虛者，謂其意無所制也〔四〕。今制於為虛，是不虛也。虛者之無為也，不以無為為有常〔五〕。不以無為為有常則虛。虛則德盛。德盛之謂上德。故曰：「上德無為而無不為也〔六〕。」

〔一〕太田方曰：荀子：「人生而有知，知而有志。志也者，藏也。然而有所謂虛，不以所以藏害所將受謂之虛。」⊙奇猷案：舊連上，今提行。又案：荀子所云正是此文虛字之義。心不虛則意溢於外，意溢於外則受束縛，故主道篇云「君無見其意，君見其意，臣將自表異」，是見其意者將為臣所制矣。

〔二〕王先慎曰：說文：「故，使為之也。」靈臺清静，自然而虛。若無道術之人，有意為虛，所謂故也。⊙陶鴻慶曰：案王解故謂有意為之是也。此節言德，不言術，「術」當為「德」字之誤，即老子所謂「下德不失德，是以無德」也。

作「術」者，「德」寫作「得」，因訛為「術」耳。⊙奇猷案：「術」字不誤。謂無法術者不能真得無為無思，乃故作無為無思，則人將得見其為其思矣。主道篇云「虛靜無事，以闇見疵」，乃真能無為無思者也。

〔三〕奇猷案：意不忘虛。則虛已佔於中，故為虛所制。

〔四〕盧文弨曰：「所無」疑倒。⊙奇猷案：盧説是，上文亦作「無所制也」是其證，今據乙。顧廣圻説同。

〔五〕奇猷案：下文云：「夫物之一存一亡，乍死乍生，初盛而後衰者，不可謂常。唯夫與天地之剖判也俱生，至天地之消散也不死不衰者謂常。」據此，則所謂常者，蓋指無生無滅、不盛不衰、永恒不變之事物言之。今道常存，故道可謂之常。忠孝篇「道也者，道常者也」，是其義。不以無為為常道，則無為不縈繞於心，故心中無「無為」存在則虛矣。

〔六〕顧廣圻曰：今德經「不」作「以」，非。唐傅奕校定本作「不」，與此合。皆無「也」字，下二句同。⊙王先慎曰：德經河上公、王弼本「不」作「以」，葉夢得「不」作「非」，傅奕本無「無」字，各本無末「也」字。按此篇及喻老每條末「也」字多非老子文。⊙奇猷案：此引亦為老子三十八章文。長沙馬王堆漢墓出土老子甲本（以下簡稱馬王堆老子）「不」亦作「以」。案韓子自作「不」，不必同於老子。又案：此當先説明韓非所謂「無為」。韓非所謂無為，是無為於法之外，亦無為於法之內。有度篇云「明主使其羣臣不遊意於法之外，不為惠於法之內」，即其義。為君主者，「無偷賞，無赦罰」（見主道篇），即無為偷賞，無為赦罰。其他如主道篇所指違反主道之事，皆不是無為。至於臣民努力勞作致富，為公立功得賞，皆當為之。此不是「為」，乃為人者分內之事。明乎此，則此文易明。上已言之，「以功受賞，臣不德君」是「上德」，故「上德」是在法之內，是無為。是以「上德」之事皆可為，故曰無不為。

仁者，謂其中心欣然愛人也。其喜人之有福，而惡人之有禍也〔一〕。生心之所不能已也，非求其報也〔二〕。故曰：「上仁為之而無以為也〔三〕。」

〔一〕奇猷案：御覽四百十九引禍下無「也」字。後文云：「全壽富貴之謂福。」立功得慶賞可致富貴，則得慶賞亦是福。後文云：「行邪僻則身死夭，動棄理則無成功。夫内有死夭之難，而外無成功之名者，大禍也」，又云：「禍莫大於不知足。」行邪僻是違法行為，將受刑罰，則受刑罰亦是禍。

〔二〕太田方曰：生心，猶云性也。⊙奇猷案：上文云，仁是中心欣然愛人也，則仁由心發出，故此文「生心」當釋為發生於心。太說非。

〔三〕王先慎曰：今德經無「也」字。⊙奇猷案：上「為」字讀本音，下「為」讀去聲。「愛人」、「喜人有福」、「惡人有禍」，是為之。不求其人之報答是無以為（去聲）。陳澧東塾讀書記云「韓非釋仁、義、禮，純乎儒者之論」，謬甚。韓非之於仁、義、禮自有其義（詳此及後文各注）。謂儒者之仁與暴同，皆亡國者也（詳八說篇），徐偃王行仁義而喪其國（詳五蠹篇），等等，皆反對儒者仁義之言。此論甚多，今不俱引。

義者，君臣上下之事〔一〕，父子貴賤之差也，知交朋友之接也，親疏内外之分也〔二〕。臣事君宜，下懷上宜〔三〕，子事父宜，賤敬貴宜〔四〕，知交友朋之相助也宜〔五〕，親者内而疏者外宜〔六〕。義者，謂其宜也。宜而為之，故曰：「上義為之而有以為也〔七〕。」

〔一〕盧文弨曰：事，凌本「禮」。⊙王先慎曰：御覽四百二十一引亦作「禮」。⊙奇猷案：藏本「事」亦作「禮」，誤。蓋下文所言非限於禮。「臣事君宜」云云，諸「宜」字係適度之意。禮以外，相須、相助亦為宜也。

〔二〕奇猷案：「知」，四部叢刊本作「夫」，誤。「夫」乃「知」之壞誤，下「知交友朋之相助也宜」，正承此而言，作「知」可證。

〔三〕顧廣圻曰：「上」下當有「宜」字。⊙奇猷案：有「宜」字是，王先慎據盧氏拾補補，今從之。又案：論語公冶長：「少者懷之。」何晏集解引孔曰：「懷，歸也。」

〔四〕顧廣圻曰：「衆敬貴宜」，藏本、今本「衆」作「賤」。今本無「宜」字，誤，藏本有。⊙王先慎曰：此承上「父子貴賤」言，明字當作「賤」。⊙奇猷案：「衆」作「賤」是也。此以子、父、貴、賤對文可證，今依藏本、今本改。又案：五蠹篇云「楚之有直躬，其父竊羊而謁之吏。令尹曰『殺之』，以為直於君而曲於父，報而罪之」，韓非曰「令尹誅而楚姦不上聞」。在韓非看來，直躬依法從事，是子事父適度，是宜，即子事父宜。論語子路篇云：「葉公語孔子曰：『吾黨有直躬者，其父攘羊而子證之。』孔子曰：『吾黨之直者異於是。父為子隱，子為父隱，直在其中矣。』」隱是包庇罪犯，乃法所不容，是不宜。此儒法之大別也。

〔五〕王先慎曰：九字為句，謂知交朋友宜相助也。今本「宜」字屬下為句，非。「友朋」，依上當作「朋友」。⊙津田鳳卿曰：孫本作「朋友」。⊙奇猷案：謂知交朋友相助適於度。若相助而為非，則在度之外矣。王謂宜相助，未確。五蠹篇云「知友被辱隨仇者，貞也。貞之行成而君上之法犯矣」，此是知交朋友之相助也不宜。

〔六〕顧廣圻曰：今本無「宜」字，誤，藏本有。

〔七〕奇猷案：今德經無「也」字。下「為」字讀去聲。宜而為之是上義。但上義為之是有以為而為之，如直躬，其父竊羊而謁之吏，是為直於君而為之，即為崇尚公法而為之。

禮者，所以貌情也〔一〕，群義之文章也〔二〕，君臣父子之交也〔三〕，貴賤賢不肖之所以別也。中心懷而不諭，故疾趨卑拜而明之〔四〕。實心愛而不知，故好言繁辭以信之。禮者，外節之所以諭内也〔五〕，故曰禮以貌情也〔六〕。凡人之為外物動也，不知其為身之禮也〔七〕。衆人之為禮也，以尊他人也，故時勸時衰。君子之為禮，以為其身〔八〕，以為其身，故神之為上禮。上禮神而衆人貳，故不能相應〔九〕，不能相應，故曰：「上禮為之而莫之應。」衆人雖貳，聖人之復恭敬盡手足之禮也不衰〔一〇〕，故曰：「攘臂而仍之〔一一〕。」道有積而德有功〔一二〕，德者道之功。功有實而實有光，仁者德之光〔一三〕。光有澤而澤有事，義者仁之事也〔一四〕。事有禮而禮有文，禮者義之文也〔一五〕。故曰：「失道而後失德，失德而後失仁，失仁而後失義，失義而後失禮〔一六〕。」

〔一〕盧文弨曰：「情貌」，張本作「貌情」，下同。⊙王先慎改從張本曰：案盧説是。作「情貌」者涉下條「禮為情貌也」而誤。貌與飾同義。荀子大略篇「文貌情用，相為表裏」，文貌，即文飾也。禮記月令疏引定本「飾，謂容飾也」，容飾，即容貌也。下文「禮者，外飾之所以諭内也」，内指情言，飾即貌也。御覽五百四十二引作「禮者所以飾貌情也」，「貌」上更有「飾」字，蓋校者旁注「飾」字以釋貌義，刊書者失删，亦見飾、貌二字古通，而作「情貌」者誤。⊙奇猷案：王説是也。藏本亦作「貌情」，北堂書鈔卷八十五引同，今據乙。

〔二〕奇猷案：禮所以飾義。羣義，即上節所謂臣事君、下懷上、子事父、賤敬貴、知交友朋之相助、親者内而疏者外宜。

〔三〕太田方曰：曲禮：「君臣、上下，父子、兄弟，非禮不定。」

〔四〕顧廣圻曰：藏本同。今本「其」作「故」。⊙王先慎改「其」為「故」、改下「以」字為「而」曰：乾道本「故」作「其」、「以」作「而」，誤。下文「故好言繁辭以信之」與此正相對，今本「其」作「故」，御覽引「其」作「故」、「而」作「以」。⊙奇猷案：「其」作「故」是也，北堂書鈔引「其」亦作「故」，今據改。又案：北堂書鈔引「諭」作「逾」，非。「中心懷而不諭」，猶言中心有懷而不能以言諭，故以禮表之。下「而」字猶以也，詳王氏經傳釋詞。

〔五〕盧文弨曰：「節」，凌本作「飾」。⊙奇猷案：實心，猶言內心，詳下。四部叢刊本「外」作「諭」，涉上下「諭」字而誤也。節，讀如論語學而篇「以禮節之」之「節」，猶言節制、約束。諭，表明也。謂禮是約束其外表之行為以表明內心之情。故下文云禮以貌情也。王氏集解改「節」為「飾」，非。

〔六〕顧廣圻曰：當衍「曰」字。按此及喻老凡「故曰」之下例必引老子文，其不然者，即有誤也。⊙松皋圓曰：此「故曰」者，重言上文，非引老子也。⊙奇猷案：「貌情」，原作「情貌」，今改，說詳上。案松說是。

〔七〕陶鴻慶曰：案「之禮」二字涉下句而衍。此泛言人之役於外物，皆自忘其為身，以起下文之意。下云「衆人之為禮也，以尊他人也」云云，乃入本旨。再下文又云「君子之為禮，以為其身」，正與「不知其為身」意相應。今本衍「之禮」二字，則文義俱乖矣。⊙奇猷案：陶說非。為，猶治也。論語「能以禮讓為國乎」，正義：「為，猶治也。」蓋禮者為義之文章，故有禮則不妄舉動，若為外物所動，則不能自主而妄動，故曰不知其治身之禮者也。

〔八〕顧廣圻曰：藏本同。今本「君子」下「以」字作「之」。⊙陳澧曰：韓非此說，本以解老子「失德而後仁，失仁而後義，失義而後禮」，而其解仁、義、禮三字之義，則純乎儒者之言，精邃無匹。⊙王先慎改「以」為「之」曰：案作「之」者是也，「以」字涉下文而誤。上文「衆人之為禮」與此「君子之為禮」相對，明此不當作「以」。⊙奇猷案：王說是也，今從之。又案：勸，勉也。謂衆人不能守恒不變，故有時勉勵而為之，有時衰退而不行也。陳說非也。

韓非對仁、義、禮之解，是從法治出發，與儒者之説迥異。並詳上下各注。

〔九〕于思泊師曰：按神應讀作信，金文「神」字亦作「申」，申、信古字通，並詳老子新證二十一章。爾雅釋詁：「貳，疑也。」信與貳為對文。此言以為其身，故信之為上禮，上禮信而衆人疑也。下云：「衆人雖貳」，貳，亦疑也。⊙奇猷案：禮，無所謂信與疑，此「神」字當讀如揚權篇「主上不神，下將有因」之神，舊注：「神者，隱而莫測其所由者也。」貳，指上時勸時衰。為其身，故神不可測。内儲説上「周主下令索曲杖，吏求之數日不能得。周主私使人求之，不移日而得之。吏皆以君為神明」，此乃為其身而御下，其行神不可測之例也，此所謂上禮也。上禮既神而衆人貳，故不能相應者，上下之禮不同也。

〔一〇〕顧廣圻曰：藏本同。今本無「聖人」下「之」字，誤。按此以十四字為一句。⊙太田方曰：復，如「克己復禮」之復，猶履也。禮祭統：「手足不苟動，必依於禮。」⊙奇猷案：手足所以表行為也。衆人無恒，聖人振手足為之，故不衰也。

〔一一〕顧廣圻曰：經典釋文「仍」作「扔」，傅本及今德經皆作「仍」。⊙太田方曰：玉篇：「除袂出臂曰攘。」⊙王先慎曰：「仍」，王弼作「扔」。説文：「仍，因也。扔，亦因也」，仍、扔字異義同。⊙奇猷案：攘臂，有振作精神之意。詩常武「仍執醜虜」，傳、箋皆訓仍為就。「攘臂而仍之」者，謂振作精神而成就之也。蓋衆人之為禮，時勸時衰，而聖人則復恭敬盡手足之禮也不衰，乃振作精神而成就之也。

〔一二〕顧廣圻曰：「德」，當作「積」。⊙奇猷案：顧説是。又案：久則積。道有常，故積。

〔一三〕奇猷案：實即循名責實之實。功表見於事，故實；事成功立，故光。

〔一四〕奇猷案：津田鳳卿改下「仁」字作「人」，非。禮中庸：「仁者，人也。」義即指人而言。於文「仁」為二人。有二人始可言義，故曰義者仁之事也。

〔一五〕陶鴻慶曰：案上兩「禮」字皆當作「理」。下節云「思慮熟則得事理」，又云「理者成物之文也」，皆其證。⊙奇猷案：陶說是。荀子性惡篇「化禮義之文理」，亦言文理。

〔一六〕盧文弨曰：凡「而後」下俱不當有「失」字。⊙顧廣圻曰：傅本及今德經皆無「後」下「失」字。⊙皮錫瑞曰：韓非子「失道而後失德」以下數句皆多有一「失」字，其義似較今本老子為長。⊙奇猷案：劉師培說與皮說同。馬王堆老子亦無「後」下「失」字。案韓子自有「失」字，不必同於老子。二柄篇云：「田常上請爵祿而行之羣臣，下大斗斛而施於百姓，此簡公失德而田常用之也，故簡公見弒。」此為君者失為君之道（為君之道，可參閱主道篇）而以德予之臣，故曰失道而後失德。既失其德，即失去賞罰之權，不能賞人，亦不能罰人，於是無所謂「喜人之有福，而惡人之有禍」（見上文），故曰失德而後失仁。「義者，臣事君宜」（見上文），今者簡公為田常所殺，是臣事君不宜，是失義，故曰失仁而後失義。「禮者，君臣父子之交也」（見上文），田常殺簡公，破君臣之交，是失禮，故曰失義而後失禮。删去「後」下「失」字，反與韓非思想不合。上已言之，韓非解老，乃借老子之文以發揮其法治思想，有不合其法治思想者，自可改易，不足怪也。余嘗有文論述注釋古書之要，必須先明瞭該書作者之思想體系然後可（我怎樣校釋韓非子與呂氏春秋，載社會科學評論一九八六年第二期）。此韓子「後」下多一「失」字之爭，乃不明韓非思想所致也。

禮為情貌者也〔一〕，文為質飾者也。夫君子取情而去貌，好質而惡飾。夫恃貌而論情者，其情惡也；須飾而論質者，其質衰也。何以論之？和氏之璧，不飾以五采，隋侯之珠，不飾以銀黃〔二〕，其質至美，物不足以飾之。夫物之待飾而後行者，其質不美也。是以父子之間，其禮樸而不明〔三〕，故曰：「禮薄也〔四〕。」凡物不並盛，陰陽是也。理相奪予，威德是也〔五〕。實厚者貌薄，父子之禮是也。由是觀之，禮繁者實心衰也〔六〕。然則為禮者，事通人之樸心者也〔七〕。衆人之為禮也，人應則輕歡〔八〕，不應則責怨。今為禮者事通人之樸心，而資之以相責之分，能毋争乎？有争則亂〔九〕，故曰：「禮者，忠信之薄也〔一〇〕，而亂之首乎〔一一〕。」

〔一〕盧文弨曰：當提行。此為情貌，與前文自別。⊙奇猷案：盧説是，今從之提行。「情貌」與下「質飾」對文。

〔二〕王先慎曰：御覽八百三、八百六引「隋」並作「隨」，八百六引「銀黃」作「黃金」。⊙于思泊師曰：按御覽意改「銀黃」為「黃金」，非是。黃謂黃金。銀黃謂銀與金。古亦謂黃為金，周禮司尊：「彝祼用斝彝黃彝」，注：「黃彝，以黃金為彝」，後漢書班彪傳注：「黃戚，黃金飾斧也」，是其證。⊙奇猷案：論衡率性篇、史記李斯傳正義引説苑「隋侯」皆作「隨侯」，淮南覽冥篇、孟子盡心下疏引韓詩與此同，明隋、隨二字古互用。又案御覽八百三引下「飾」字作「嬰」，嬰亦有飾義，荀子彊國篇：「是猶處女嬰寶珠」，楊注：「嬰，繫於頸也」，則銀黃繫於珠上亦為嬰也。又案：和氏之璧，詳和氏篇。淮南子覽冥訓高注：「隋侯，漢東之國，姬姓諸侯也。隋侯見大蛇傷斷，以藥傅之，後蛇於江中銜大珠以報，因曰隋侯之珠，蓋明月珠也。」又案：于先生説是。但淮南子天文訓云「夏至而流黃澤」，高注：「流黃，土之精也」，又本經訓云「流黃出」，高注：「流黃，玉也」，可供參考。

〔三〕盧文弨「禮」下補「樸」字曰：藏本、凌本俱作「其禮而不明」。⊙顧廣圻曰：藏本同。今本「禮」下有「樸」字。按句有誤，未詳。⊙王先慎曰：案樸而不明，即下文實厚者貌薄之意，無「樸」字則文不成義。⊙奇猷案：王説是，今據趙本補「樸」字。父子之禮出於自然，質樸而無偽，不必繁文以明之也。

〔四〕顧廣圻曰：句有誤。⊙王先慎曰：顧氏謂「曰」下必引老子文，故疑誤。不知此即本老子「夫禮者忠信之薄也」，所以亦用「故曰」以明之，非必盡引老子成文而不節也。下文「是謂深其根，固其柢」，本書無「是謂」二字，「善建者不拔」，本書僅云「故曰拔」之類是也。又有增多其字以足義者，「是謂道紀」，本書作「道理之者也」，喻老篇：「子孫以其祭祀世世不輟」，而老子原文作「子孫祭祀不輟」是也。此既云「禮薄也」，下又申明「故曰夫禮者忠信之薄也」，正與下文「故曰道之華也」又申之以「故曰前識者道之華也」，「故曰迷」又申之以「故曰人之迷其日故以久矣」，「故曰重積德」又申之以「故曰蚤服是謂重積德」，「故曰無不克」又申之以「故曰無不克則莫知其極」之類同例。⊙奇猷案：王說是。樸薄同音為訓。樸則不繁，不繁為薄。韓非多改老子文以就己意，詳前注。

〔五〕奇猷案：二柄篇「明主之所以導制其臣者，二柄而已矣，二柄者，刑、德也」，即此所謂威德。故韓非非真解老，乃借老以明其說，於此甚明。

〔六〕王先謙曰：「禮繁者實衰」，與「實衰（奇猷案：當作厚。）者貌薄」對文，「心」字不當有，此緣下文「樸心」而衍。⊙陶鴻慶曰：案「心」乃「必」字之誤。此承上文而為推定之詞，謂禮繁必至衰，非謂實衰而後禮繁也。王解引王先謙說以「心」為衍字，未達其旨。⊙奇猷案：此文不誤。實當訓內，本書多以實字為內義，實心即內心，上文：「實心愛」，猶言內心愛，飾邪篇「實心以忠愛之」，猶言中心以忠愛之也。喻老「此言神明之不離其實也」，實亦當訓內。蓋實與虛反，實者充滿於內也。如「倉廪實」，謂倉廪內充滿也，故引申之凡內皆得言實。「實厚者貌薄」，猶言內厚者外貌薄也。「禮繁者實心衰也」，猶言禮繁者內心衰也。（禮者，外飾也。）文義甚明，王、陶說皆未確。此韓非譏儒者之繁禮也。八說篇云「搢笏干戚，不適有方鐵銛。登降周旋，不逮日中奏百。狸首射侯，不當强弩趨發」，此言儒者繁禮之無用也。

〔七〕王先謙曰：通人，謂衆人。緣衆人之實心而形之於事則為禮之貌，故曰為禮者事通人之樸心者也。⊙陶鴻慶曰：案事讀為「請事斯語」之事。下文云「務致其福則事除其禍」，事亦務也，與此文同例。此言始為禮者，本以通達人之樸心為事，而不虞其啓争而首亂也。王先謙説於文未安，不可從。⊙孫子書師曰：案王説未安。通當讀為挏。説文：「挏，推引也。」（推，據段改。）淮南俶真訓曰「撢掞挺挏」，高注云「挺挏，猶上下也」，亦借恫、洞為之。吕氏春秋審分覽：「若此則百官恫擾。」（高注云：「恫，動。擾，亂。」）玉篇正訓挏為動。）史記司馬相如列傳云「洞心駭耳」，韓子作「通」，字並同。（凡從甬聲、從同聲之字，古多通用。淮南子本經訓「平通溝陸」，吕氏春秋慎大覽貴因篇「迵講陸」，又齊俗訓「連闥通房」，楚詞招魂篇、上林賦作「洞房」，史記蘇秦列傳「是故恫疑虚喝」，索隱「恫，音通」，漢書武五子傳「毋桐好逸」，小顔注「桐，音通」，又禮樂志注「桐，讀為通」。）韓子此文釋老子「禮者忠信之薄，而亂之首」之意，以禮為矯情之物，違反自然，上文云「禮繁者實心衰也」，此即承上文而申言之，言人心本淳樸，自有禮而後習於詐偽，即於争亂，是為禮者以動擾人之樸心為事者也。莊子馬蹄篇云：「及至聖人，澶漫為樂，摘僻為禮，而天下始分矣。」（分，即紛字。）又云：「及至聖人，屈折禮樂以匡天下之形，懸跂仁義以慰天下之心，而民乃始踶跂好知，争歸於利，不可止也。」淮南俶真訓云：「繁登降之禮，飾紱冕之服，聚衆不足以極其變，積財不足以贍其費，於是萬民乃觟離跂，各欲行其知偽。」命義悉同可證也。王氏望文生訓，不得其恉。⊙于思泊師曰：按事應讀作使。金文事、使同字。下「事通人之樸心」，事亦應讀作使。⊙奇猷案：釋名釋言語：「通，洞也，無所不貫通也。」蓋謂禮使貫通人之樸心，而人受禮之拘束矣。

〔八〕顧廣圻曰：「歡」當作「勸」，上文云：「時勸時衰。」⊙奇猷案：淮南子氾論篇「有輕罪者」，注：「輕，小也。」輕歡，猶言小歡也。本書外儲説右上「賞之譽之不勸」，又忠孝篇「許由讓天下，賞不足勸」，皆有勉義。（説文「勸，勉也。」）上文「時勸時衰」，以勸、衰對舉，此以歡、怨對舉，不同也。勸故歡，衰故怨。顧説非。

〔九〕王先慎曰：依下文「是以曰愚之首也」文例，此當脱「是以曰亂之首也」一句。⊙奇猷案：分即忿之省文。説文：「忿，悁也。」國策秦策「伯主約而不忿」，高注：「忿，怨也。」（怨、亦悁也。）此文主旨，謂有禮則有無禮之怨，怨則争鬭，争鬭則亂也。韓非惡人之争鬭而亂，故反對儒家之繁禮。十過篇曰：「君子皆知文章矣，而（國之）欲服者彌少。」王説是。

〔一〇〕顧廣圻曰：傅本及今德經皆無「也」字，下「道之華也」同。

〔一一〕顧廣圻曰：今德經無「乎」字，傅本作「也」。

先物行先理動之謂前識〔一〕。前識者，無緣而忘意度也〔二〕。何以論之？詹何坐〔三〕，弟子侍，有牛鳴於門外〔四〕。弟子曰：「是黑牛也而白題〔五〕。」詹何曰：「然，是黑牛也，而白在其角〔六〕。」使人視之，果黑牛而以布裹其角。以詹子之術，嬰衆人之心，華焉殆矣〔七〕，故曰「道之華也」。嘗試釋詹子之察，而使五尺之愚童子視之，亦知其黑牛而以布裹其角也。故以詹子之察，苦心傷神，而後與五尺之愚童子同功，是以曰「愚之首也」〔八〕。故曰：「前識者，道之華也，而愚之首也〔九〕。」

〔一〕王先謙曰：與物來順應異。⊙奇猷案：物，猶事也，詳難二篇。此文謂先事之行而行，先理之動而動也。

〔二〕王先慎曰：忘與妄通。左傳哀二十七年注「言公之多忘」，釋文：「忘，本又作妄。」莊子盜跖篇「故推正不忘耶」，釋文：「忘，或作妄。」此忘、妄古通之證。無緣而忘意度，謂無所因而妄以意忖度之也。用人篇「去規矩而妄意度」是其證。⊙奇猷案：「忘」，趙本作「妄」。王説謂忘、妄通，是也。下節「衆人之輕棄道理而妄舉動者」，「妄」，藏本作「忘」亦可證。文選王子淵四子講德論注引作「前識無緣而妄億度也」。案億、意同字。

〔三〕尹桐陽曰：詹何，楚人，知道術者也。列子説符「楚莊王問詹何」，淮南原道曰「加之以詹何、娟嬛之數」，覽冥「詹何之騖魚於大淵之中。」⊙奇猷案：「詹」，莊子讓王篇作「瞻」，字同。列子説符篇云「楚莊王問詹何」，是以詹何為楚莊王時人，非也。呂氏春秋執一篇謂「楚王問為國於詹子」，高注：「詹何，隱者。」只言楚王，不言楚莊王。考莊子讓王篇、呂氏春秋審為篇載詹何與中山公子牟答問，而公子牟與楚頃襄王同時（詳漢書古今人表）。頃襄王亦省稱襄王（如宋玉高唐賦稱楚襄王，是其例）。然則列子説符篇之「莊」乃「襄」音近而誤也。又案：諸書注皆云詹何隱者或賢者，乃張湛注列子湯問篇謂為楚人，未知何據。而其注説符篇又云隱者。則張湛之説亦不一致。疑其注為楚人者，蓋因其對楚王問而意度者耳。尹桐陽謂詹何為楚人，未言所出，疑即本之張湛，謬甚。

〔四〕顧廣圻曰：藏本、今本「牛」上有「有」字。⊙王先慎曰：御覽八百九十九、事類賦二十二引並有。⊙奇猷案：論衡實知篇亦有「有」字，今據補。

〔五〕王先慎「白」下補「在其」二字曰：乾道本：「白」下無「在其」二字。案下文「而白在其角」文法一律，明乾道本脱「在其」二字，今據御覽、事類賦引補。「題」，御覽、事類賦作「蹏」。⊙楊樹達曰：案論衡實知篇作「白蹄」，無「在其」二字。⊙奇猷案：王説非。「是黑牛也而白題」，蓋先決其為黑牛，但其題白也。下文「而白在其角」，語氣已換，與此文法不一致，御覽、事類賦妄增，不足據。説文：「題，頟也。」頟，即今額字。

〔六〕王先慎曰：御覽引無「是」字。⊙奇猷案：御覽引「角」作「頭」，誤，下仍作「角」可證。論衡無「在」字，「角」作「蹄」，下同。又案：此不當無「是」字，「是」乃肯定之辭，無「是」字文義不足也。

〔七〕王先慎曰：竭其聰明，役其智力，使衆人之心為之營惑，如華之末；庶幾近之。⊙奇猷案：嬰，觸也。説難篇

「毋嬰人主之逆鱗」，嬰，亦觸也。此文蓋謂度事而中，是其識如花，然而殆矣。殆即下文之「愚」。難三篇韓非非子産勞智慮而得姦曰：「恃盡聰明，勞智慮，而以知姦，不亦無術乎。」末引老子文「以智治國，國之賊也」，正可明此「華焉殆矣」之義。王說非。

〔八〕顧廣圻曰：句有誤，當衍「以曰」二字。⊙王先慎曰：「是以」二字不誤，與「故」字同用。上文「故曰道之華也」，此言「是以曰愚之首也」，語正相同，皆本老子文。變「故」言「是以」者，避下「故曰」以成文也。⊙奇猷案：王說是。此乃行文之法，無「以曰」二字則不倫矣。

〔九〕顧廣圻曰：今德經無「也」字，傅本有，與此合。「首」皆作「始」。⊙奇猷案：無緣而妄意度，雖度而中，不過如一朵花，故曰道之華。論其效果，不過如五尺之愚童子同功，故曰愚之首。以韓非法治觀點言之：人主之道，主道篇言之甚詳，為人主之道，不勞智慮，更不苦心傷神，「以智治國，國之賊也」（詳上所引），若以妄意度為治，較之以智為治更等而下之，是愚惷之極，故是愚之首也。

所謂大丈夫者〔一〕，謂其智之大也。所謂處其厚不處其薄者〔二〕，行情實而去禮貌也。所謂處其實不處其華者，必緣理不徑絶也〔三〕。所謂去彼取此者，去貌徑絶而取緣理好情實也〔四〕。故曰：「去彼取此〔五〕。」

〔一〕奇猷案：舊連上，今提行。

〔二〕顧廣圻曰：今德經下「處」字作「居」，非，傅本與此合，下「不處其華」同。⊙奇猷案：廣韻：「居，處也。處，居也。」居、處義同。馬王堆老子「處」皆作「居」，下二「處」字亦作「居」。

〔三〕王先慎曰：徑絶，即妄意度也。徑絶與經絶同義，解見下文。⊙奇猷案：徑絶，不按理而行之謂，詳下顧説。又案：「必緣理」下當有「而」字，與上「行情實而去禮貌也」句法一律。

〔四〕顧廣圻曰：下「去」字下當有「禮」字。當衍「好」字。⊙奇猷案：顧説衍「好」字，非。「去貌徑絶而取緣理好情實也」，疑原文當作「去禮貌，不徑絶，而取緣理，行情實也」，相對為文，與上「行情實而去禮貌，必緣理不徑絶」相應。今本脱「禮」「不」二字，「行」字譌為「好」也。

〔五〕王先慎曰：以上見三十八章。

人有禍則心畏恐，心畏恐則行端直，行端直則思慮熟，思慮熟則得事理，行端直則無禍害，無禍害則盡天年，得事理則必成功，盡天年則全而壽，必成功則富與貴，全壽富貴之謂福〔一〕。而福本於有禍，故曰：「禍兮福之所倚〔二〕。」以成其功也〔三〕。

〔一〕盧文弨曰：「全壽富」下脱「貴」字，張本有。⊙顧廣圻曰：藏本「全壽富」下有「貴」字是也。⊙孫子書師曰：案此文錯亂難讀，疑「行端直則思慮熟思慮熟則得事理」十四字當移「得事理則必成功」上，「行端直則思慮熟」乃「行端直則心畏恐」之誤。其文曰：「人有禍則心畏恐，心畏恐則行端直，行端直則無禍害，無禍害則盡天年，心畏恐則思慮熟，思慮熟則得事理，得事理則必成功。」此文「人有禍則心畏恐」句總提，推其因果，心畏恐又分盡天年與必成功二義，以類相從，有條不紊。下文「盡天年則全而壽」承第一義言之也，「必成功則富與貴」承第二義言之也。下文解「慈故能勇」節云：「慈母之於弱子也，務致其福，務致其福則事除其禍，事除其禍則思慮熟，思慮熟則得事理，得事理則必成功，必成功則其行之也不疑，不疑之謂勇」。「思慮熟則得事理」句正與「得事理則必成功」句銜接，即此文錯亂之證。⊙奇猷案：「全壽富」下有「貴」字，是也，今據盧、顧說補。孫先生說是。

〔二〕王先慎曰：老子明皇陸希聲本無「之」字。倚，因也。⊙陶鴻慶曰：「福本」下當有「生」字。本，謂根也。下節云「而禍本生於有福」，是其證。⊙奇猷案：陶說是，津田鳳卿說同。又案：韓非以為嚴刑重罰，人皆以為禍，既以為禍則畏之而不敢為非，不敢為非則守法盡職，守法盡職則得慶賞而致富貴，是因禍而得福也。此亦韓非嚴刑重罰之理論根據也。

〔三〕津田鳳卿曰：據下文，此五字注誤混正文。⊙陶鴻慶曰：「以成其功」非道德經文，疑當在「福本生於有禍」句下。上文云「得事理則必成功」，此文正與相承。⊙奇猷案：「以成其功也」句與上不相屬，陶說移置「而福本於有禍」句下亦未確，下「而禍本生於有福」句即接「故曰」，而不另立一句是其證。疑此句乃注混入正文，「以」字上又脱「可」字。謂自禍而生福，可以成其全壽富貴之功也。老子「禍兮福之所倚」，河上公注云「夫禍因福而生，人遭禍而能悔過責己，修善行道，則禍去而福來」，蓋注者本此旨而注曰「可以成其功也」。

人有福則富貴至，富貴至則衣食美〔一〕，衣食美則驕心生，驕心生則行邪僻而動棄理〔二〕。行邪僻則身死夭〔三〕，動棄理則無成功。夫內有死夭之難，而外無成功之名者，大禍也。而禍本生於有福〔四〕，故曰：「福兮禍之所伏〔五〕。」

〔一〕顧廣圻曰：藏本「至」下有「則」字，是也。⊙王先慎曰：御覽四百七十二引亦有「則」字。⊙奇猷案：依前後句例「至」下當有「則」字，顧、王說是，今據補。

〔二〕顧廣圻曰：藏本同。今本「則」下有「行」字，按依下文當補。⊙王先慎曰：御覽引有「行」字，「理」下御覽有「也」

字。⊙奇猷案：有「行」字是，今據補。

〔三〕奇猷案：御覽引「死夭」作「夭死」。

〔四〕王先謙曰：上「福本於有禍」與此對文，不當更有「生」字，此緣上「生」字而誤衍。⊙奇猷案：「生」字不當衍，此換一句法以重語氣，如上文「無功則生於德」句法相倣。

〔五〕王先慎曰：明皇陸希聲本無「之」字。伏，匿也。

夫緣道理以從事者無不能成。無不能成者，大能成天子之勢尊，而小易得卿相將軍之賞祿〔一〕。夫棄道理而忘舉動者〔二〕，雖上有天子諸侯之勢尊，而下有猗頓、陶朱、卜祝之富〔三〕，猶失其民人而亡其財資也〔四〕。衆人之輕棄道理而易忘舉動者，不知其禍福之深大而道闊遠若是也〔五〕，故諭人曰：「熟知其極〔六〕。」人莫不欲富貴全壽，而未有能免於貧賤死夭之禍也。心欲富貴全壽，而今貧賤死夭，是不能至於其所欲至也。凡失其所欲之路而妄行者之謂迷〔七〕，迷則不能至於其所欲至矣。今衆人之不能至於其所欲至，故曰「迷」〔八〕。衆人之所不能至於其所欲至也，自天地之剖判以至于今〔九〕，故曰：「人之迷也，其日故以久矣〔一〇〕。」

〔一〕陶鴻慶曰：案依下文，「天子」下當有「諸侯」。

〔二〕奇猷案：忘同妄，下同，考詳上。吴鼒本改作「妄」，非。

〔三〕顧廣圻曰：藏本、今本無「而」下「天」字。卜祝，未詳。⊙蒲阪圓曰：「卜祝」或「木叔」之音轉。列子：「富人端木叔，子貢之世也。」（奇猷案：所引列子見楊朱篇，作「衛端木叔，子貢之世也，藉其先貲家累萬金」。）⊙王先慎曰：「卜祝」，疑為「十倍」之譌。⊙尹桐陽曰：卜祝，卑賤之官。平民無勢尊而致富，因云卜祝之富，非人名也。⊙楊樹達曰：按王說謬也。古時民智未啟，民信卜祝，故易致富。鹽鐵論散不足篇云：「為民巫祝，以取釐謝，堅額建舌，或以成業致富。」蓋漢時沿戰國之俗如此，可以證。⊙奇猷案：「天」字篆書作兲，與「而」形近而誤衍，今據藏本删。又案：猗頓、陶朱皆見史記貨殖傳。卜祝與猗頓、陶朱並列，當為人名，蒲說近之，但未必是端木叔，而另是一人。

〔四〕奇猷案：四部叢刊本「財」作「射」，誤。

〔五〕奇猷案：吴鼒本「忘」作「妄」，四部叢刊本作「忘」。按本書「妄」多作「忘」，字通，詳上。

〔六〕王先慎曰：此變文而言，與「是以曰愚之首也」同例。

〔七〕奇猷案：「之路」上當有「行」字。

〔八〕王先慎曰：與失路等。下「故曰拔」與此句例同。

〔九〕盧文弨曰：「于」字張本無。⊙奇猷案：藏本亦無「于」字，誤。

〔一〇〕盧文弨曰：「日」字凌本無。⊙顧廣圻曰：今德經「人」作「民」，無「也」字、「矣」字。傅本與此合。「故」，皆作「固」，皆無「以」字。⊙王先慎曰：王弼作「人」，與此同。陸希聲、趙孟頫本作「民迷其日固以久矣」。⊙松臯圓曰：故以、固已通。⊙奇猷案：自天地之剖判以至于今，故日久也。凌本誤。又案：韓非此文蓋謂有福而驕矜淫佚，必至迷於正道，如簡公、子噲（事詳二柄篇）之流，不能用道術以治國修身，子噲尚且賢子之而非孫卿，（見難三篇）此所謂迷也。

所謂方者，内外相應也〔一〕，言行相稱也〔二〕。所謂廉者，必生死之命也〔三〕，輕恬資財也〔四〕。所謂直者，義必公正，公心不偏黨也〔五〕。所謂光者，官爵尊貴，衣裘壯麗也。今有道之士，雖中外信順，不以誹謗窮墮〔六〕，雖死節輕財，不以侮罷羞貪〔七〕，雖義端不黨〔八〕，不以去邪罪私，雖勢尊衣美，不以夸賤欺貧。其故何也〔九〕？使失路者而肯聽習問知，即不成迷也〔一〇〕。今衆人之所以欲成功而反為敗者，生於不知道理而不肯問知而聽能。衆人不肯問知聽能，而聖人强以其禍敗適之，則怨〔一一〕。衆人多而聖人寡，寡之不勝衆，數也〔一二〕。今舉動而與天下之為讎〔一三〕，非全身長生之道也，是以行軌節而舉之也〔一四〕。故曰：「方而不割，廉而不劌〔一五〕，直而不肆，光而不耀〔一六〕。」

〔一〕盧文弨曰：「内外」，凌本倒。⊙奇猷案：藏本「方」誤作「言」，「内外」亦倒。

〔二〕王先慎曰：稱，副也，昌證反。⊙奇猷案：二柄篇云「功當其事，事當其言」，即此所謂「言行相稱」也，亦法家「循名責實」之要旨。又揚權篇云：「皆用其能，上乃無事。上有所長，事乃不方。」用臣之能，其事則方。上有所長，而用上之長，臣乃無事，是内外不相應也。

〔三〕王先慎曰：謂能死節。

〔四〕王先慎曰：恬，淡也。

〔五〕顧廣圻曰：今本下「公」字作「立」。按當衍此字。⊙奇猷案：顧説非也。「心」字當作「正」，「正」字草書與「心」形近而誤。「不偏黨也」釋「公正」二字。所謂直者義必公正（句）公正（句）不偏黨也（句）下文「雖義端不黨」即承此文而言。

〔六〕盧文弨曰：「誹」，張本「非」。⊙王先慎曰：論語「子貢方人」，釋文「鄭本作謗，謂言人之過惡」。墮，當作隋。禮記曲禮上「言不隋」，注：「隋，不正之言。」順從自不言人之過惡，忠信則無不正之言。然己雖信順自持，不以信順責人，則世之謗隋者，吾不誹之窮之，所謂「方而不割」。⊙孫子書師曰：案「誹謗窮墮」，疑當作「誹窮謗墮」，與下「侮罷羞貪」、「去邪罪私」、「夸賤欺貧」文同一例。窮有曲義。說文：「窮，極也。」物極則反，故又訓為曲。周禮大宗伯「侯執信圭，伯執躬圭」，論語鄉黨正義引江南儒者解云：「直者為信，其文縟細，曲者為躬，其文粗略，義或然也。」窮、躬字通，正義正讀躬為窮。窮有曲義，故鞠窮，以貌斂曲。（鞠躬即鞠窮，見聘禮釋文。鄉黨篇孔注訓鞠躬為斂身，非是。）窮曲連文，有施曲、屈曲意。潛夫論本政篇云「而欲使志義之士匍匐曲躬以事己」，曲躬即鞠窮。呂覽安死篇：「智巧窮屈」，（高注：「窮，盡也。」非。窮亦曲也。）詩大雅瞻卬箋云「婦人之長舌者，多謀慮，好窮屈人之語」，屈、曲義同字通，窮屈即窮曲也。呂氏春秋離俗覽適威篇云「周鼎有窮曲狀甚長，上下皆曲，以見極之必敗也」，以極釋窮。然窮曲之本義實為施曲，左文十八年傳云「少皞氏有不才子，毀信廢忠，崇飾惡言，靖譖庸回，服讒蒐慝，以誣盛德，天下之民謂之窮奇」，窮奇即窮曲。（奇、曲雙聲字，周禮「奇衺之民」，注曰「奇衺，譎觚非常」，漢書匈奴列傳「奇譎之士」，是奇、曲義同也。）呂氏春秋恃君覽：「饕餮窮奇之地多無君，其民麋鹿禽獸，少者使長，長者畏壯。」窮奇，又獸名。（見西山經、淮南子地形訓、史記司馬相如傳。）廣韻一東「窮」下注云「窮奇，獸名，聞人鬭乃助不直者」，此謂窮奇之得名，由於不正，義為近之。凡物之不正者皆得謂之窮奇。其字或作「窮曲」，或作「窮屈」，或云「曲窮」，單言之或謂之「屈」，或謂之「窮」，其義一耳。王引曲禮上「言不隋」，今阮本作「惰」，孔疏云：「言不惰者，惰訛不正之言。」朱駿聲謂：「字本作隓，字林：隓，山之施長者。通作墮。」惰、窮墮皆反對信順而言，故曰「雖中外信順，不以誹窮謗墮」也。晉語「趙文子與叔向遊於九原」章「直不輔曲，明不規闔」，語意同此。王說殊未了。⊙奇猷案：孫師說是，楊樹達說同。藏本「誹」作「非」，字通。

〔七〕奇猷案：罷、疲通。齊語「天下諸侯罷馬以為弊」，韋注：「罷，不任用也。」

〔八〕顧廣圻曰：今本「義」作「異」，誤。按端，正也。

〔九〕楊樹達曰：按「夸賤欺貧」之下當接下文「故曰方而不割」云云，「其故何也」以下至「是以行軌節而舉之也」凡百六字乃上節論「人之迷也」一節之文錯簡在此。⊙奇猷案：楊說是。當接上「故曰迷」下。

〔一〇〕王渭曰：「習」當作「能」，見下文。⊙顧廣圻曰：按下文二「能」字或本皆作「習」，而後人改之耳。知，如字。⊙物双松曰：謂聽於慣習之人，而問於知識之士也。⊙奇猷案：王、顧說非也。此文不誤。失路者宜聽熟習路者，問知路者。此以「路」喻「道理」。不知道理者則宜問知（音智）者聽能士也。八說篇云「人主之所察，智士盡其辯焉；人主之所尊，能士盡其行焉」，可明此文之義。如顧說，不知道理而問知路者、聽習路者，非其旨矣。

〔一一〕王渭曰：適，讀為讁。⊙奇猷案：為國者，知其國之亂，而欲以為治，又不肯聽法術智能之士。法術智能之士懷其術以干時君，常罹殺身之禍，此吴起之所以枝解，商君之所以車裂，而韓非孤憤、説難之所以作也。

〔一二〕王先慎曰：數，音索角切。⊙松皐圓曰：數，理也。⊙楊樹達曰：按數，猶言勢也。王音非。⊙奇猷案：數，猶言必然之勢。本書用「數」字甚多，孤憤「其數不勝」。

〔一三〕顧廣圻曰：今本「下」下無「之」字。⊙奇猷案：「之」下脱「人」字。上文言寡不勝衆，此文言與天下之人為讎，文正相承。

〔一四〕顧廣圻曰：句有誤。⊙王先慎曰：行，謂己之所行。軌節，即方、廉、直、光。舉之，謂以此正衆人也。呂覽「自知所以舉過也」，注：「舉，猶正也」，是其證。⊙于思泊師曰：按此文無誤，顧說非，王訓舉為正亦非。

舉應讀作與，二字古多通用，或涉上文「舉動」之舉而譌。管子霸言「諸侯之所與也」，注：「與，親也。」荀子王霸「不欺其與」，注：「與，相親與之國。」上云「而聖人强以其禍敗適之則怨。衆人多而聖人寡，寡之不勝衆數也。今舉動而與天下為讎，非全身長生之道也」，此云「是以行軌節而親與之也」，言不與衆為怨，不與天下為讎，故必須軌節而親與之也。「親與」與「怨讎」之義正相反。下言「不割」、「不劌」、「不肆」、「不耀」，又正與「親與」之義相承。⊙奇猷案：于師説是。但此上一段乃上節錯簡於此（詳上注九），與下文「不割」等無干。

〔一五〕盧文弨曰：「穢」，當作「劌」。⊙顧廣圻曰：藏本「穢」作「劌」，今德經作「害」，傅本作「劌」，經典釋文云：「劌，河上作害」，淮南子道應訓引亦作「劌」。今按：藏本乃以他本老子改耳，韓子自作「穢」，上文云：「不以侮罷羞貪」，即不穢之義。⊙洪頤煊曰：「穢」，是「劌」字之譌。禮記聘義「廉而不劌」，荀子榮辱篇「廉而不見貴者劌也」，揚子法言「廉而不劌行也」。此所引是老子之文，王弼本作「廉而不劌」，河上公本作「廉而不害」，害亦與劌義相近。⊙王先慎曰：案王弼注「劌，傷也，不以清廉劌傷於物也」，即「死節輕財，不以侮罷羞貪」之義。劌、穢聲近而誤，非韓子本文作「穢」也。⊙奇猷案：作「劌」是也，今據改。禮聘義「君子比德於玉焉，廉而不劌」，注「劌，傷也」，疏「言玉體雖有廉棱，而不傷害於物」，則害、劌字異義同。有度篇云「輕爵禄，易去亡，以擇其主，臣不謂廉」，五蠹篇云「兄弟被侵必攻者，廉也。廉之行成，而君上之法犯矣」，皆是指傷害廉，可知此當作「劌」字。「廉而不劌」者，廉而不傷也。若作「穢」，穢是蕪穢，於此文無義。又案：割，割裂。割裂則不方，故曰方而不割。如上所言，上用其長，為臣下應為之事，則割裂其事，於是其事不方矣，故宜方而不割也。馬王堆老子「劌」作「刺」，刺亦傷害之意。

〔一六〕王先慎曰：説文無「耀」字。河上公作「曜」，傅本作「耀」，李約本作「方而不割，直而不肆，光而不耀，廉而不劇」，與各本全異，誤倒。以上見五十八章。⊙奇猷案：肆則擾其正，耀則蔽其光。説難篇云「有欲矜其智能，則為之舉異事之同類者，多為之地，使之資説於我，而佯不知也」，「佯不知」是不耀也。馬王堆老子「肆」作「紲」，同音假字。

聰明睿智，天也〔一〕。動静思慮，人也。人也者，乘於天明以視，寄於天聰以聽，託於天智以思慮〔二〕。故視强則目不明，聽甚則耳不聰，思慮過度則智識亂。目不明則不能決黑白之分〔三〕，耳不聰則不能别清濁之聲，智識亂則不能審得失之地〔四〕。目不能決黑白之色則謂之盲，耳不能别清濁之聲則謂之聾，心不能審得失之地則謂之狂。盲則不能避晝日之險，聾則不能知雷霆之害，狂則不能免人間法令之禍。書之所謂治人者〔五〕，適動静之節，省思慮之費也。所謂事天者，不極聰明之力，不盡智識之任。苟極盡則費神多，費神多則盲聾悖狂之禍至，是以嗇之。嗇之者，愛其精神，嗇其智識也。故曰：「治人事天莫如嗇〔六〕。」

〔一〕盧文弨曰：當分段。⊙奇猷案：盧説是，今從之。顯學篇云：「知（音智），性也」，即天性。

〔二〕蒲阪圓曰：楊升庵外集：「此古之格言，而韓非引之。虞書：『天聰明，自我民聰明，天明威，自我民明威。』周書『天視自我民視，天聽自我民聽。』」

〔三〕王先慎曰：「分」，當依下文作「色」。

〔四〕奇猷案：地，亦別也，詳八經篇「審利害之地」條。

〔五〕王先慎曰：書，謂德經。

〔六〕顧廣圻曰：傅本及今德經「如」皆作「若」。經典釋文作「如」，同此。⊙王先慎曰：趙孟頫本亦作「如」。⊙奇猷案：主道篇云：「去舊去智。」

衆人之用神也躁。躁則多費，多費之謂侈。聖人之用神也靜。靜則少費，少費之謂嗇。嗇之謂術也生於道理〔一〕。夫能嗇也，是從於道而服於理者也。衆人離於患〔二〕，陷於禍，猶未知退，而不服從道理。聖人雖未見禍患之形〔三〕，虛無，服從於道理，以稱蚤服〔四〕。故曰：「夫謂嗇，是以蚤服〔五〕。」

〔一〕盧文弨曰：「謂」，張本「為」。⊙王先慎曰：為、謂古通，俗人妄改。⊙奇猷案：王說是，本書為、謂多互用，如孤憤篇「此所為重人也」，以「為」為「謂」即其一例。

〔二〕王先慎曰：離，罹也。

〔三〕盧文弨曰：「禍患」，張、凌本倒。⊙奇猷案：藏本「禍患」亦倒。又案：形，猶成也。

〔四〕松皐圓曰：「以」字上疑脱「是」字。⊙楊樹達曰：以，此也。⊙奇猷案：此文不誤。稱，讀尺證反，相稱，相合。謂聖人虛靜無為，而服從於道理，以合於早服之旨。

〔五〕盧文弨曰：「謂」，張本「為」。「以」，張本「謂」。「服」，凌本作「復」。上下句皆同。王弼本作「復」。釋文：「復，音服。」⊙顧廣圻曰：傅本及今德經「謂」皆作「惟」，今德經「以」作「謂」，經典釋文「服」作「復」，傅本「是以早服」

與此合。⊙王先慎曰：凌本作「復」者，用老子誤本改也。上文「從於道而服於理」，又云「不服從道理」，又云「虛無，服從道理」，即解老子「蚤服」之義。服從之「服」字當作「服」，更無疑義，知韓子所見德經本作「服」，不作「復」也。困學紀聞卷十引老子「服」作「復」，並引司馬公、朱文公説云「不遠而復」，謂王弼本作「早服」，而注云「早服，常也」，亦當作「復」。據此，則王弼本仍作「服」，與本書合。宋儒據釋文為訓，未檢韓子也。凌氏依誤本老子改本書，非是。⊙奇猷案：王説是。

知治人者其思慮靜〔一〕，知事天者其孔竅虛。思慮靜，故德不去〔二〕。孔竅虛，則和氣日入。故曰：「重積德。」夫能令故德不去，新和氣日至者，蚤服者也〔三〕。故曰：「蚤服，是謂重積德〔四〕。」積德而後神靜，神靜而後和多，和多而後計得，計得而後能御萬物，能御萬物則戰易勝敵，戰易勝敵而論必蓋世，論必蓋世，故曰「無不克」〔五〕。無不克本於重積德，故曰「重積德則無不克」。戰易勝敵則兼有天下，論必蓋世則民人從。進兼天下而退從民人，其術遠，則衆人莫見其端末。莫見其端末〔六〕，是以莫知其極，故曰：「無不克，則莫知其極。」

〔一〕奇猷案：此即主道篇所謂：「人主之道，靜退以為寶。」

〔二〕王先慎曰：「故」上當有「則」字。故，舊也。

〔三〕奇猷案：和氣日至，無所謂新舊。「新」字當衍，蓋妄人見上云「故德」，此加「新」字耳。

〔四〕顧廣圻曰：今德經及傅本「是謂」皆作「謂之」。⊙王先慎曰：河上公作「是謂」，與此合。

〔五〕王先慎曰：河上公作「尅」，下同。⊙陶鴻慶曰：案此文本云「能御萬物則戰易勝敵而論必蓋世。戰易勝敵，論必蓋世，故曰無不克」，下文云「戰易勝敵則兼有天下，論必蓋世則民人從」，亦以二句對言，是其證也，今本中二句誤倒。⊙奇猷案：陶説是。

〔六〕顧廣圻曰：藏本、今本下「端」字下有「末」字。⊙奇猷案：此重上句，當有「末」字，今據增。

凡有國而後亡之，有身而後殃之，不可謂能有其國能保其身〔一〕。夫能有其國，必能安其社稷，能保其身，必能終其天年，而後可謂能有其國、能保其身矣。夫能有其國、保其身者，必且體道〔二〕。體道則其智深，其智深則其會遠。其會遠，衆人莫能見其所極〔三〕。唯夫能令人不見其事極〔四〕，不見事極者，為保其身，有其國〔五〕，故曰：「莫知其極。」莫知其極「則可以有國」〔六〕。

〔一〕陶鴻慶曰：案兩「後」字皆「復」字之誤。此反起下文之詞，與忘其身而身存意義迥別。玩下文自明。⊙奇猷案：「後」字不誤。燕子噲有國而其後亡其國，趙主父有身而其後亡其身，即此文所指者。

〔二〕太田方曰：體，履也。詩衛風：「體無咎言」，禮坊記注引「體」作「履」。⊙奇猷案：荀子解蔽篇云「知道察，知道行，體道者也」，是體有察義，有行義。此文「體道」，謂體察道。體道者須深遠之智（下文「其智深」可證），故體當訓察，訓履則不洽。又案：下「保」字上當有「能」字。

〔三〕津田鳳卿曰：會，計算也。下文云「有欲甚則計會亂」是。⊙奇猷案：「衆人」上當有「則」字。又案：說文：「會，合也。」此文之意，謂體道之智深，故會合道則遠也。由於會合道遠，故衆人莫見其極。津說未得其旨。

〔四〕盧文弨曰：「夫」，張本「天」。⊙顧廣圻曰：「能」上當有「體道」二字。⊙奇猷案：顧說是。藏本、四部叢刊本「夫」皆作「天」，誤。

〔五〕盧文弨曰：張本「見」下有「其」字，「為」下有「能」字。⊙奇猷案：此承上文來，不必有「其」字、「能」字。為，讀去聲。王先慎據張本補，未確。

〔六〕盧文弨曰：複「莫知其極」四字，疑衍。⊙顧廣圻曰：今德經、傅本皆無「則」字。⊙奇猷案：盧說非。此當如標點所示讀之。下「莫知其極」四字，乃韓非之插語。蓋所以明「可以有國」為「莫知其極」使然也。又案：韓非解老此節乃喻君主用術之旨。為君主者，體察其術，術之智深遠，故衆人莫能見其所至。主道篇云「道在不可見，用在不可知」，又云「掩其迹，匿其端，下不能原」，揚權篇云「凡治之極，下不能得」，令人不見其事極，故神，「主失其神，虎隨其後」，於是篡弒之禍生，故令人莫見其事極，則保其身而有其國。

所謂有國之母，母者，道也。道也者生於所以有國之術〔一〕。所以有國之術，故謂之有國之母。夫道以與世周旋者，其建生也長，持祿也久，故曰：「有國之母，可以長久。」樹木有曼根，有直根。根者，書之所謂柢也〔二〕。柢也者，木之所以建生也。曼根者，木之所以持生也〔三〕。德也者，人之所以建生也。祿也者，人之所以持生也。今建於理者，其持祿也久，故曰：「深其根〔四〕。」體其道者，其生日長，故曰：「固其柢。」柢固則生長，根深則視久，故曰：「深其根，固其柢，長生久視之道也〔五〕。」

〔一〕劉師培曰：案下句「所以」上當補「生於」二字。⊙奇猷案：藏本無「以」字。劉說非。下句僅言「所以有」，不是生於。

〔二〕顧廣圻曰：今德經「柢」作「蔕」。傅本作「柢」，與此合。經典釋文云：「柢，亦作蔕。」今按「蔕」字非此之用。⊙俞樾曰：按「根者」上當有「直」字。上文云「樹木有曼根，有直根」，此云「直根者書之所謂柢也，柢也者木之所以建生也，曼根者木之所以持生也」，蓋承上文而分釋之。韓子之意以老子所謂深根固柢者，根是曼根，柢是直根也。今奪「直」字，失其旨矣。⊙太田方曰：曼根，細根也。文選七發注：「曼，輕細也。」⊙奇猷案：俞說是，松皐圓說同。又案：王弼本作「柢」，與此合。藏本作「抵」，非。

〔三〕顧廣圻曰：今本下「所」字下有「以」字，按依下文當補。⊙王先慎曰：案上文亦有「以」字，明乾道本脫。⊙奇猷案：今本是，今據補。

〔四〕奇猷案：二柄篇云「慶賞之謂德」，慶謂名譽。故德是人之所以建生也，即建立光榮之生。祿是食祿，故祿是人持之以生活也。姦劫弒臣篇云「若以道化行正理，不趨富貴，事上而求安，必不幾矣」，相反，建於理者，可得富貴。本篇上文云：「凡緣道理而從事者，無不能成。無不能成者，大能成天子之勢尊，而小易得卿相將軍之賞祿」，亦可知建於理者可得賞祿。據此，可明此文「建於理者，其持祿也久」之義。德祿如本之根，故曰深其根。

〔五〕顧廣圻曰：傅本及今德經皆無兩「其」字、「也」字，「深其根」上有「是謂」二字。⊙王先慎曰：「是謂」二字本韓子節去。彼以「是謂」承上文，此以「故曰」二字代之。顧說非。以上見五十九章。⊙劉文典曰：呂氏春秋重己篇「無賢不肖莫不欲長生久視」，高注：「視，活也。」⊙奇猷案：生則能視，死者無視，故高以視為活也。體道，詳上注。

工人數變業則失其功，作者數搖徙則亡其功。一人之作，日亡半日，十日則亡五人之功矣〔一〕。萬人之作，日亡半日，十日則亡五萬人之功矣〔二〕。然則數變業者，其人彌衆，其虧彌大矣〔三〕。凡法令更則利害易，利害易則民務變〔四〕，務變之謂變業〔五〕。故以理觀之，事大衆而數搖之則少成功〔六〕，藏大器而數徙之則多敗傷，烹小鮮而數撓之則賊其澤〔七〕，治大國而數變法則民苦之，是以有道之君貴靜，不重變法〔八〕，故曰：「治大國者若烹小鮮〔九〕。」

〔一〕王先慎曰：治要無「矣」字。

〔二〕王先慎曰：治要無「矣」字。

〔三〕奇猷案：治要無「者」字，「人」作「民」，誤。

〔四〕顧廣圻曰：藏本連上，「凡法令更」連上為一條，是也。⊙王先慎曰：治要亦連上為一條。⊙奇猷案：顧、王說是，今從之連上。又案：定法篇云：「申不害，韓昭侯之佐也。韓者，晉之別國也。晉之故法未息，而韓之新法又生。先君之令未收，而後君之令又下。申不害不擅其法，不一其憲令，則姦多故。」蓋韓非主張定法以後則不能時時變更，故飭令篇云「法已定矣，不以善言害法。」故此文謂「法令更則利害易，民務變」也。

〔五〕王先慎「務」上增「民」字，改「之謂」為「謂之」曰：據治要改。⊙奇猷案：「變業」乃釋「務變」二字，非釋「民務變」三字。「之謂」二字不誤，上文「神不淫於外則身全，身全之謂德」，下文「鬼祟疾人之謂鬼傷人，人逐除之之謂人傷鬼也，民犯法令之謂民傷上，上刑戮民之謂上傷民，民不犯法則上亦不行刑，上不行刑之謂上不傷人」，皆其例。王氏改之，非是。業，謂業務，工作。

〔六〕奇猷案：「事」即「使」，古「事」「使」同字，詳上于先生說。又案：呂氏春秋具備篇云：「宓子賤治亶父，令吏二人書。吏方將書，宓子賤從旁時掣搖其肘。吏書之不善，則宓子為之怒。二吏歸報於君。君歎曰：『宓子以此諫寡人，令宓子不得行其術，必數有之矣。』君告宓子曰：『有便於亶父者，子決為之。』」可明此文之義。

〔七〕王先慎曰：案「澤」字誤，當作「宰」。割烹，宰夫之職，當烹時而頻數撓亂，則宰夫不能盡其烹飪之功，是謂賊害其宰。「宰」與「睾」隸形相似，因譌為「睪」，淺人不審，妄加水旁作「澤」耳。治要引作「宰」，明唐本韓子不誤。⊙奇猷案：澤，光澤也。光澤蓋有美義。烹小鮮而數撓之亦當能成其烹調，但不美（小鮮皮去肉爛）耳。故賊其澤者，猶言賊其美也。亦猶上文事大衆而數搖之則少成功，非謂絕無成功也，藏大器而數徙之則多敗傷，非謂皆敗傷也。王氏據治要改「澤」為「宰」，非是。

〔八〕王先慎「靜」上增「虛」字改「不」為「而」曰：案「不」字誤。重，猶難也。當作「貴虛靜而難變法」，文曲而有致，作「不」則率然矣，治要、藝文類聚五十四、御覽六百三十八引「靜」上並有「虛」字，據補。治要、藝文類聚「不」作「而」，據改。⊙奇猷案：上文皆言靜，而未及虛義，明「虛」字不當有。「是以有道之君貴靜（句）不重變法（句）」禮緇衣「臣儀行不重辭」，注：「重，猶尚也。」此謂有道之君貴靜而不尚變法也，正承上文「治大國而數變業」言。推王氏之意，蓋以法家主張變法，（如吳起變法於楚，商鞅變法於秦。）故改此文。殊不知法家之變法，乃變儒家之法，在變儒家之法以後，則法不能時時變更，故曰「不重變法也。」亡徵篇云「好以智矯法，可亡也」，飭令篇云「法已定矣，不以善言害法」，皆可明不重變法之意。又案：粟勁解老喻老篇不出韓非手辨云：「就基本來説，陳奇猷先生是正確的。但是，儒家從來不主張法治，在戰國時期又未嘗過權，當然沒有所謂儒家之法。因此，陳奇猷先生這種『變儒家法』的説法是不準確的。」（載吉林大學社會科學學報一九八七年第三期）猷案：確實，儒家未有一部法典，三禮算不算法典？不能肯定，但是孔子作春秋，其中紀載不少合法或不合法的事件。論語八佾云「或曰：『管仲知禮乎？』孔子曰：『邦君樹塞門，管氏亦樹塞門；邦君為兩君之好，有反坫，管氏亦有反坫。管氏而知禮，孰不知禮？』」此是指責管仲犯法。據此，儒家亦有其法。孔子鼓吹仁義，影響甚大；稱道堯、舜、文、武、周公，是復古，復古即是維護舊俗的不成文法。本書五蠹篇云「其學者稱先王之道，以藉仁義」，顯學篇云「今世儒者之説人主，皆道上古之傳，譽先王之成功」。此皆是儒家之基本法，尤其是仁義之説，影響最著，故韓非作專篇五蠹、顯學，主要是評儒之仁義，而評儒者仁義之説他篇亦多見。綜上觀之，儒家自有儒家之法。顯學篇云：「漆雕之議，不色撓，不目逃，行曲則違於臧獲，行直則怒於諸侯」，此是漆雕學派之法，漆雕是八儒之一，則漆雕學派之法，亦可歸之儒家之法。今論止此，以後將另文詳言之。

〔九〕顧廣圻曰：傅本及今德經皆無「者」字。

人處疾則貴醫〔一〕，有禍則畏鬼。聖人在上則民少欲，民少欲則血氣治，而舉動理則少禍害〔二〕。夫內無痤疽癉痔之害〔三〕，而外無刑罰誅之禍者，其輕恬鬼也甚〔四〕，故曰：「以道莅天下，其鬼不神〔五〕。」治世之民不與鬼神相害也，故曰：「非其鬼不神也，其神不傷人也〔六〕。」鬼祟也疾人之謂鬼傷人〔七〕，人逐除之之謂人傷鬼也。民犯法令之謂民傷上，上刑戮民之謂上傷民。民不犯法則上亦不行刑，上不行刑之謂上不傷人，故曰：「聖人亦不傷民〔八〕。」上不與民相害，而人不與鬼相傷，故曰：「兩不相傷。」民不敢犯法，則上內不用刑罰，而外不事利其產業。上內不用刑罰，而外不事利其產業則民蕃息〔九〕，民蕃息而畜積盛〔一〇〕，民蕃息而畜積盛之謂有德。凡所謂祟者，魂魄去而精神亂，精神亂則無德。鬼不祟人則魂魄不去，魂魄不去而精神不亂，精神不亂之謂有德〔一一〕。上盛畜積，而鬼不亂其精神，則德盡在於民矣。故曰：「兩不相傷，則德交歸焉〔一二〕。」言其德上下交盛而俱歸於民也〔一三〕。

〔一〕奇猷案：舊連上，今提行。

〔二〕顧廣圻曰：藏本、今本重「舉動理」。今按當重「血氣治而舉動理」七字。⊙奇猷案：說郛引亦重「舉動理」。案：而，猶則也。此文當作「民少欲則血氣治，血氣治而舉動理，舉動理則少禍害」，文氣一貫。蓋血氣者，內心也，舉動者，外行也，血氣治而舉動理，即謂內治則外理也。今「血氣治」「舉動理」皆不重，遂失其義矣。

〔三〕顧廣圻曰：「痔」當作「疛」，說文云：「小腹病也。」小徐本云：「讀若紂。」詩小弁釋文云：「擣，韓詩作疛。」集韵四十九宥「疛擣」云：「或從壽。」⊙王先慎曰：「痔」字不誤。此皆指身可見之病而言。說文：「痤，小腫也。疽，癰也。癉，勞病也，謂勞倦。痔，後病也。」急就篇：「癉熱瘻痔眵䁾眼。」「癉痔」古本連文，無庸改「疛」。⊙奇猷案：說郛引「痤」作「癰」。王說是。

〔四〕王先慎曰：恬，安也。相安不以為怪也。荀子富國篇「輕非譽而恬失民」，輕、恬對文，是輕、恬義近。⊙奇猷案：恬，淡也。忠孝篇：「恬淡，無用之教也。」以恬淡連文可證。此文輕恬，猶言輕淡也。上文「輕恬貨財」，輕恬與此輕恬同。

〔五〕顧廣圻曰：傅本「天下」下有「者」字，與各本全異。⊙王先慎曰：治要引老子亦有「者」字，蓋唐人所見老子本有「者」字。

〔六〕盧文弨曰：「傷」下「人」字脱，張、凌本皆有。⊙顧廣圻曰：傅本及今德經皆無二「也」字。藏本「傷」下有「人」字，是也，傅本及今德經皆有。⊙奇猷案：有「人」字是，迂評本亦有，今據補。相害者，謂民傷鬼、鬼傷民也。

〔七〕王渭曰：「也」字衍，「鬼祟疾人」四字作一句讀，與下文「民犯法令」同。又按：「人逐除之」「上刑戮民」句例皆同。⊙奇猷案：王説是也。説文：「祟，神禍也。」下云「鬼不祟人」，皆此祟字之義。

〔八〕顧廣圻曰：傅本及今德經「民」皆作「人」。案韓子自作「民」。⊙王先慎曰：「聖人」上當有「非其神不傷人」句，惟趙孟頫本無，疑刊本書者從誤本老子刪之也，河上公、王弼、傅本並有。⊙奇猷案：此言人主、民氓與刑之關係，為法家以刑去刑之理論根據。王説非，「聖人」上不當插此句。

〔九〕奇猷案：春秋、戰國之世，時君奢侈無度，橫徵暴斂，徭役繁多，老子云「民之饑，以其上食税之多」，此正足以使民貧、民寡，故韓非在此指出上利其産業足以傷民也。事，讀如「從事」之事。

〔一〇〕奇猷案：而字猶則也，詳下。

〔一一〕盧文弨曰：「而」，凌本「則」。⊙奇猷案：而、則字通，韓子多此例，下文「人有欲則計會亂，計會亂而有欲甚，有欲甚則邪心勝」，而亦當訓為則，是其證。又案：上文云「上德不德，言其神不淫於外也」，神不淫於外則精神不亂。上文又云「上德不德，是以有德」，故精神不亂之謂有德。

〔一二〕顧廣圻曰：傅本及今德經「則」皆作「故」。⊙王先慎曰：「兩」上並有「夫」字。⊙奇猷案：以上引老子見六十章。又案：德，謂慶賞（見二柄篇）。君上盛畜積則國家富，不與民爭利，人民精神不亂，不犯法，皆盡情立功得賞，故德盡在於民矣。上不刑戮民，民不傷害上（上不與民相害）故曰兩不相傷。民皆立功得賞，故德交歸於民。

〔一三〕奇猷案：「德」，四部叢刊本作「得」。又案：松平康國刪此二句。此二句不見老子，當為舊注混入正文。「言其德上下交盛而俱歸於民也」，乃為「兩不相傷則德交歸焉」作注解。

有道之君，外無怨讎於鄰敵，而內有德澤於人民。夫外無怨讎於鄰敵者，其遇諸侯也外有禮義〔一〕。內有德澤於人民者，其治人事也務本〔二〕。遇諸侯有禮義則役希起，治民事務本則淫奢止。凡馬之所以大用者，外供甲兵，而內給淫奢也。今有道之君，外希用甲兵，而內禁淫奢。上不事馬於戰鬭逐北，而民不以馬遠淫通物〔三〕，所積力唯田疇，積力於田疇必且糞灌〔四〕，故曰：「天下有道，却走馬以糞也〔五〕。」

〔一〕顧廣圻曰：「外有禮義」，「外」字當衍，八字為一句。⊙奇猷案：顧說是，松皐圓說同。

〔二〕王先慎曰：「人」當作「民」，下文「治民事務本」，即承此而言。⊙奇猷案：王說是。本，謂農事。

〔三〕顧廣圻曰：今本「淫通」作「通淫」，誤。⊙王先慎改「淫通」為「通淫」曰：顧說非。禮王制疏「淫，謂過奢侈」，是淫物，奢侈之物。謂不以馬遠致奢侈之物也。若作「遠淫通物」則不辭矣。下文「得於好惡，怵於淫物」，淫物連文，是其證。⊙奇猷案：王説是。上文「淫奢」，淫即淫物。下文「明君賤玩好而去淫麗」，淫亦指淫物。史記呂不韋傳：「呂不韋以寶玩珍物獻華陽夫人」，寶玩珍物即淫物，奢侈之物。

〔四〕顧廣圻曰：藏本、今本「所積力唯田疇」下有「積力於田疇」五字，今本「於」仍作「唯」。⊙奇猷案：藏本是，今據增。今本「於」仍作「唯」，蓋依上句改也。此作「於」文氣始貫。

〔五〕顧廣圻曰：傅本「糞」作「播」，與各本全異。又傅本及今德經皆無「也」字，按喻老無。凡每條末「也」字、「矣」字多非老子文。⊙王先慎曰：糞、播古通。⊙奇猷案：法家主張息爭，民不爭利，君不爭城邑，各守法令，安居樂業，從事農業增產，此其理論根據也。可參閱大體篇。

人君者無道〔一〕，則内暴虐其民，而外侵欺其鄰國。内暴虐則民産絶，外侵欺則兵數起。民産絶則畜生少，兵數起則士卒盡。畜生少則戎馬乏，士卒盡則軍危殆。戎馬乏則將馬出〔二〕，軍危殆則近臣役〔三〕。馬者，軍之大用；郊者，言其近也。今所以給軍之具於將馬近臣，故曰：「天下無道，戎馬生於郊矣〔四〕。」

〔一〕盧文弨曰：張本「人君」下有「者」字。⊙顧廣圻曰：藏本「君」下有「者」字。乾道本重「道」字，譌。⊙奇猷案：此節謂人君無道，則内暴虐其民，而外侵欺其鄰國，正與上節「有道之君，外無怨讎於鄰敵，而内有德澤於人民」相應，不當重「道」字。今據藏本、張本補「者」字，删一「道」字。

〔二〕顧廣圻曰：「將」，當作「牸」，形近之誤。鹽鐵論未通云「當此之時，却走馬以糞，其後師旅數發，戎馬不足，牸牝入陣，故駒犢生於戰地」，即本於此也。他書又作「字」，史記平準書云：「而乘字牝者儐而不得聚會。」下文「於將馬近臣」誤同。⊙津田鳳卿曰：將馬，謂主將之馬。⊙奇猷案：顧説是。津氏望文生訓。主將之馬，有戰時皆出，何待於馬缺乏時而出也？

〔三〕奇猷案：士卒盡，敵臨城下，人君之左右近臣，皆操兵禦敵。

〔四〕顧廣圻曰：傳本及今德經皆無「矣」字，喻老無。

人有欲則計會亂，計會亂而有欲甚〔一〕，有欲甚則邪心勝，邪心勝則事經絶，事經絶則禍難生〔二〕。由是觀之，禍難生於邪心，邪心誘於可欲。可欲之類，進則教良民為姦，退則令善人有禍〔三〕。姦起則上侵弱君，禍至則民人多傷〔四〕。然則可欲之類，上侵弱君而下傷人民。夫上侵弱君而下傷人民者，大罪也。故曰：「禍莫大於可欲〔五〕。」是以聖人不引五色〔六〕，不淫於聲樂，明君賤玩好而去淫麗。人無毛羽，不衣則不犯寒〔七〕。上不屬天，而下不著地〔八〕，以腸胃為根本，不食則不能活〔九〕。是以不免於欲利之心〔一〇〕。欲利之心不除，其身之憂也。故聖人衣足以犯寒，食足以充虛，則不憂矣〔一一〕。衆人則不然，大為諸侯，小餘千金之資，其欲得之憂不除也。胥靡有免，死罪時活〔一二〕，今不知足者之憂，終身不解，故曰：「禍莫大於不知足。」故欲利甚於憂，憂則疾生〔一三〕，疾生而智慧衰，智慧衰則失度量，失度量則妄舉動，妄舉動則禍害至，禍害至而疾嬰内，疾嬰内則痛禍薄外，痛禍薄外則苦痛雜於腸胃之間〔一四〕，苦痛雜於腸胃之間則傷人也憯，憯則退而自咎，退而自咎也生於欲利，故曰：「咎莫憯於欲利〔一五〕。」

〔一〕奇猷案：而，猶則也。

〔二〕盧文弨曰：兩「經」字張本作「輕」。⊙顧廣圻曰：藏本兩「經」字皆作「輕」。案「經」當作「徑」，上文云：「必緣理不徑絶也。」陸行不緣理為徑，周禮云「禁徑踰者」是也。水行不緣理為絶，爾雅「正絶流曰亂」是也。藏本所改失之。⊙王先慎曰：經、徑二字義同，易上經釋文、廣雅釋言：「經，徑也。」釋名：「徑，經也，言人之所經由也。」二字叠訓，左僖二十五年傳「趙衰以壺餐從徑」，釋文：「徑讀為經」，是經、徑古通用。⊙奇猷案：今藏本作「經」，與此同。又案：王説謂經、徑古通，是也。淮南覽冥篇「徑躡都廣」，高誘注「徑，過」，過亦有經義，管子兵法篇「徑於絶地」，徑亦當訓為「經過」之經，並其證。事經絶者，謂不緣理行事也。

〔三〕王先謙曰：可欲之類，非善人不能退之，既退之後，更思闚伺中傷，故令有禍也。⊙奇猷案：謂姦人危害善人，故令善人有禍，下云「民人多傷」可證。進，猶今言積極方面。退，猶消極方面。王釋退為退却之退，宜其不得其解也。

〔四〕王先慎曰：依下文「民人」當作「人民」。⊙奇猷案：弱君，懦弱之君，幼弱之君。

〔五〕顧廣圻曰：案「禍」當作「罪」，與上文「大罪也」相承，喻老不誤。傅本及今德經皆作「罪」，據經典釋文王弼老子無此句，非是。⊙奇猷案：顧説是，松皐圓説同。馬王堆老子亦作「罪」。

〔六〕松皐圓曰：引，猶誘也。⊙奇猷案：太田方翼毳「引」下補「於」字，是也，依下句例當有。

〔七〕俞樾曰：按「犯寒」上當有「足以」二字，言不衣則不足以犯寒也，下文曰「故聖人衣足以犯寒」是其證。⊙王先慎曰：俞說非，此與下文「不食則不能活」句例正同，不當有「足以」二字。犯，勝也。⊙奇猷案：王氏集解自「人無毛羽」句提行，非，蓋此與上文意義一貫。又案：王說是，下文用「足以」二字，蓋聖人使其衣足以犯寒而不多求之意，故云「則不憂矣」，不可與此文比。俞說非。又案：爾雅釋詁：「犯，勝也。」

〔八〕津田鳳卿曰：上不屬天，謂非星辰之類。下不著地，謂非草木之類。⊙奇猷案：御覽八百四十九引「上」上有「凡人」二字，無「而」字。

〔九〕奇猷案：御覽引「腸胃」作「筋骨」，誤。

〔一〇〕奇猷案：列子楊朱篇：「人者，爪牙不足以供守衛，肌膚不足以自捍禦，趨走不足以逃利害，無毛羽以禦寒暑，必將資物以養性」，與韓非此文同旨。八說篇云「使人不衣不食而又不飢不寒，又不惡死，則無事上之意」，可與此文相互發明。此文謂人必須衣食以養生，以其須衣食以養生，故必有欲利之心，冀能得養生之具。然欲利之心乃危生之道，故韓非提倡法治，使人欲利之心歸於正道，即有度篇使人「不遊意於法之外」，皆依法而求生存，「使民以力得富，以事致貴」（見六反篇），「使民有功而受賞」（見外儲說右上篇）。

〔一一〕奇猷案：墨子辭過篇曰「聖人作，誨男耕稼樹藝以為民食，其為食也，足以增氣充虛、彊體適腹而已」，與此文同旨。楚辭惜誓「吸沆瀣以充虛」，王逸注：「吸清和之氣以充空虛療飢渴也。」

〔一二〕牟庭曰：呂氏春秋求人篇「傅說，殷之胥靡也」，高注：「胥靡，刑罪之名也。」案胥靡當讀為須眉，古字假借，蓋古者人有刑罪則髡而役作，人之無刑罪而役作者，其須眉完，因而傅說版築之人而名為胥靡也。⊙王先謙曰：「有」字當在「罪」字下，「罪有時活」與「終身不解」文義相對。⊙劉文典曰：案此謂胥靡刑徒，有可赦免，死罪之囚，時而得活，唯不知足者之憂終身不解耳。語意明顯，不煩改易。胥靡本非死罪，不得言免死。「罪有時活」四字，文不成義，王說迂謬難通，不可從也。⊙奇猷案：劉說是，楊樹達說同。又案：史記賈誼傳「傅說胥靡兮」，集解引徐廣曰「腐刑也」，索隱引晉灼云「胥，相也。靡，隨也。古者相隨坐輕刑之名」，漢書楚元王傳「胥靡之衣之赭衣，使杵臼碓舂於市」，顏注：「聯繫使相隨而服役之，故謂之胥靡，猶今之役囚徒以鎖聯綴耳。」案：本書內儲說上「衛嗣君之時，有胥靡逃之魏，衛嗣君以左氏易之」，則胥靡為罪人無疑。據楚元王傳胥靡為有罪而使為苦役者亦無疑，何以名之為胥靡？周禮序官，每官之下皆有執雜役之胥若干、徒若干。此文之「胥靡」可能是「胥徒」之別稱。或曰：「『胥靡』即『胥隨』，古音靡、隨同部，可以通假。晉灼云：『靡，隨也。』是以聲為訓，尤可為證。說文云『隨，隋聲。徒，土聲』，則隨、徒皆定母，隨、徒以聲同通假。故『胥隨』即『胥徒』，亦即『胥靡』。」其說可參考。

〔一三〕陶鴻慶曰：案「甚」下「於」字當作「則」，上文云「有欲甚則邪心勝」，又云「欲利之心不除，其身之憂也」，即此義。⊙奇猷案：陶說是。松皐圓、太田方說同。王氏集解自「故欲利甚於憂」提行，非是。

〔一四〕盧文弨曰：「痛禍薄外」四字複，張本無。「則苦」下「痛雜於腸胃之間」七字衍。⊙顧廣圻曰：藏本不重「痛禍薄外」。按此「疾嬰內則痛」為一句，「禍薄外則苦」為一句，下多複衍。⊙奇猷案：盧、顧說非也。下「而」字猶則也。禍，患害也。薄，迫也。疾嬰內則痛禍薄外(句)痛禍薄外則苦痛雜於腸胃之間(句)此二句乃反申上文，蓋上文謂禍害至由於疾生所致，故云「疾嬰內則痛禍薄外」。蓋痛禍薄外又由於疾嬰內所致，故曰「痛禍薄外則苦痛雜於腸胃之間」。王氏集解依藏本及拾補刪，未可從。

〔一五〕顧廣圻曰：今德經「憯」作「大」，非。傅本作「憯」，與此合。傅本及德經「利」皆作「得」。按當作「得」，上文云「欲利」，猶欲得耳，又云「其欲得之憂不除也」，仍作「得」字可證，喻老不誤。⊙王先慎曰：李約本「憯」作「甚」。說文：「憯，痛也。」古音甚、憯同。「利」當作「得」，顧說是。以上見四十六章。⊙劉師培曰：解老、喻老二篇引「大」均作「憯」，憯與痛同，猶言禍莫痛於欲得也。老子古本亦必作「憯」，傅本猶然，今本作「大」，蓋後人以上語「大」字律之耳。⊙馬叙倫曰：甚借為憯，聲同侵類，說文「糂」，重文作「糣」，是其例證。⊙于思泊師曰：司馬遷報任安書作「故禍莫憯於欲利」。⊙奇猷案：馬王堆老子作「得」。

道者，萬物之所然也，萬理之所稽也。理者，成物之文也。道者，萬物之所以成也。故曰：「道，理之者也〔一〕。」物有理不可以相薄〔二〕。物有理不可以相薄，故理之為物之制〔三〕。萬物各異理。萬物各異理而道盡稽萬物之理〔四〕，故不得不化〔五〕。不得不化，故無常操〔六〕。無常操，是以死生氣稟焉，萬智斟酌焉，萬事廢興焉。天得之以高，地得之以藏，維斗得之以成其威〔七〕，日月得之以恒其光〔八〕，五常得之以常其位，列星得之以端其行〔九〕，四時得之以御其變氣，軒轅得之以擅四方〔一〇〕，赤松得之與天地統〔一一〕，聖人得之以成文章。道與堯、舜俱智，與接輿俱狂，與桀、紂俱滅，與湯、武俱昌〔一二〕。以為近乎，遊於四極。以為遠乎，常在吾側〔一三〕。以為暗乎，其光昭昭〔一四〕。以為明乎，其物冥冥。而功成天地，和化雷霆。宇内之物，恃之以成。凡道之情，不制不形，柔弱隨時，與理相應。萬物得之以死，得之以生。萬事得之以敗，得之以成〔一五〕。道譬諸若水〔一六〕，溺者多飲之即死，渴者適飲之即生〔一七〕。譬之若劍戟，愚人以行忿則禍生，聖人以誅暴則福成。故得之以死，得之以生，得之以敗，得之以成〔一八〕。

〔一〕顧廣圻曰：句有誤。按自上文「道者萬物之所然也」以下不見所解何文。詳老子第十四章有云「是謂道紀」，此當解彼也。紀，理也。⊙王先慎曰：顧説是也。「道」字逗。紀、理義同，故道經作「紀」，韓子改為「理」。⊙奇猷案：顧、王説皆是也。蓋韓子多以理為法紀之義，下文「物有理不可以相薄」，難一篇「桓公不能領臣主之理」，制分篇「實故（當作故實，詳本條。）有所至而理失其量」，理字皆當訓為法紀。主道篇「道者萬物之始，是非之紀也，是以明君守始以知萬物之源，治紀以知善敗之端」，紀與此文理義同。理既是法紀，故下文曰「物有理不可以相薄」。故老子作「紀」，韓子作「理」，其義一也。

〔二〕王先謙曰：薄，迫也。⊙奇猷案：物有法紀，各就各位，則不相迫，故韓非主張法治也。

〔三〕王先謙曰：「制」上「之」字衍。⊙奇猷案：説郛引無「為」上「之」字，誤。此謂理為物之制裁者。

〔四〕顧廣圻曰：藏本、今本重「萬物各異理」。⊙奇猷案：藏本、今本是，説郛引亦重，今據補。又案：物各有理，理則有道，一物有一理，即有一道，萬物有萬理，則有萬道，故物盡合於萬物之理，而萬物不得不化。

〔五〕王先謙曰：稽合萬物之理，不變則不通。⊙奇猷案：謂稽合萬物之理，故物不得不隨理而化。

〔六〕王先謙曰：言不執一。⊙奇猷案：物隨理而化，故無一定之操持。韓非此語乃欲擊破儒家「無變古，毋易常」（語見南面篇）之主張，而建立其「世異則事異，事異則備變，事因於世而備適於事」（見五蠹篇）之理論。

〔七〕顧廣圻曰：藏本同。今本「維斗得」下有「之」字。按依上下文當補。⊙王先慎曰：案顧説是。莊子大宗師篇「維斗得之，終古不忒，日月得之，終古不息」，並有「之」字是其證。⊙奇猷案：顧、王説是，説郛引亦有，今據補。

〔八〕顧廣圻曰：藏本、今本「得」下有「之」字。⊙奇猷案：有「之」字是，説郛引亦有，今據補。

〔九〕奇猷案：説郛引「星」作「宿」。

〔一〇〕奇猷案：史記五帝紀：「軒轅之時，神農氏世衰，諸侯相侵伐，暴虐百姓，而神農氏弗能征，於是軒轅乃習干戈以征不享，諸侯咸來賓從。」

〔一一〕孫詒讓曰：案「統」，疑當作「終」。言壽與天地同長也。終、統二字篆文形相近而誤。⊙奇猷案：論衡無形篇：「赤松、王喬，好道為仙，度世不死。」初學記二九引孝經右契：「赤松子時橋，（事類賦引援神契作時喬。）名受紀。」搜神記八：「姓赤松，名時喬，字受紀。」淮南齊俗訓作「赤誦子」，誦、松音近通用。又案：孫説是。

〔一二〕奇猷案：論語微子「楚狂接輿歌而過孔子」，正義：「接輿，楚人，姓陸，名通，字接輿也。昭王時政令無常，乃被髮佯狂，不仕，時人謂之楚狂也。」以上藏、光、行、方、章、狂、昌為韻。

〔一三〕奇猷案：極、側為韻。

〔一四〕顧廣圻曰：藏本、今本「光」上有「其」字。⊙奇猷案：今本是，依下文例當有，今據補。又案：今藏本與此同。

〔一五〕盧文弨曰：「萬物得之以敗」，「物」，當作「事」。⊙王先慎改「物」為「事」曰：案「物」字緣上文而誤，依拾補改。⊙奇猷案：吴鼒本「事」誤「物」，今從四部叢刊本。

〔一六〕王先慎曰：意林「諸」作「之」。

〔一七〕奇猷案：藏本下「即」字作「則」。案則，猶即也，詳王氏經傳釋詞。

〔一八〕王先慎曰：「故」下當有「曰」字。「得之以死」四句，老子各本無，蓋佚文也。⊙高閬仙師曰：難二篇云「蹇叔處干而干亡，處秦而秦霸」，即此「得之以敗，得之以成」之例。⊙奇猷案：此不作「故曰」，當非引老子文，疑此下引有老子之文而今脱之耳。以上冥、霆、成、情、形、應、生、成、生、生、成、生、成為韻。

人希見生象也，而得死象之骨，案其圖以想其生也，故諸人之所以意想者皆謂之象也。

今道雖不可得聞見，聖人執其見功以處見其形〔一〕，故曰：「無狀之狀，無物之象〔二〕。」

〔一〕王先慎曰：今人不聞道見一，聖人則執其顯見之功以處見其形也。⊙陶鴻慶曰：案「見功」、「處見」，兩「見」字皆涉上而衍。「處」字無義，當為「虞」字之誤。虞，度也。「執其功以虞其形」，與上文「案其圖以想其生」相對成文，王解依誤文强解，非是。⊙劉文典曰：案此疑當以「見」字絶句，王氏誤以「見」字屬下讀之，故其說迂曲難通。⊙高亨曰：按見功，猶云成功也。處者，審度之誼。周語：「目以處義」，大戴禮：「以其聲處其氣」，吕覽：「察其情，處其形」，淮南子：「援黑白而示之則不處焉，相地形，處次舍」，論衡：「惡則處凶妖之禍」，諸處字皆審度之誼，此王念孫說。⊙奇猷案：「今道雖不可得聞見」（句）「聖人執其見功以處見其形」（句）漢書韓信傳「情見力屈」，注：「見，顯露也。」此文蓋謂今道雖不可得聞得見，然聖人執其顯露之功以審見其形，亦猶未見生象，以死象之骨而想見生象也。又案：王氏之文以「今人不聞道見一」為句，「聖人」屬下，蓋王氏之一，係用揚權篇「聖人執一以静」之一，即道也。劉氏未得其讀，遂誤為王說迂曲也。

〔二〕王先慎曰：趙孟頫本「物」作「象」。以上見十四章。⊙奇猷案：淮南道應訓引老子與此同。馬王堆老子亦作「物」。

凡理者〔一〕，方圓、短長、麤靡、堅脆之分也。故理定而後可得道也〔二〕。故定理有存亡，有死生，有盛衰。夫物之一存一亡，乍死乍生，初盛而後衰者，不可謂常。唯夫與天地之剖判也具生〔三〕，至天地之消散也不死不衰者謂常。而常者，無攸易，無定理，無定理非在於常所，是以不可道也〔四〕。聖人觀其玄虛，用其周行〔五〕，强字之曰道〔六〕，然而可論〔七〕，故曰：「道之可道，非常道也〔八〕。」

〔一〕奇猷案：舊連上，今提行。理即法紀之義，詳上。

〔二〕盧文弨曰：張、淩本「後」下有「物」字。⊙奇猷案：此不當有「物」字，下文「是以不可道也」，無「物」字可證。王氏集解據張、淩本補，非是。

〔三〕顧廣圻曰：「與天與地」，藏本、今本無下「與」字。今本「具」作「俱」，誤。⊙奇猷案：無「與」字是，今據刪。具、俱字通。

〔四〕盧文弨曰：「謂常」下「者」字、「於常」下「所」字衍。張、淩本俱無。⊙顧廣圻曰：藏本「謂常」下「者」字在「而常」下，是也。「謂常」二字句絶，屬上。「而常者」三字逗，屬下。今本兩「常」下各有「者」字誤。藏本無「所」字。王渭曰：「非在於常句絶」。⊙陶鴻慶曰：案顧校云「而常下當有者字，今誤倒在上」，是也。又引王渭説「非在於常句絶」，而以「所」為衍字。今案：「所」字非衍，「非」乃「而」字之誤，本云：「無定理而在於常所。」常所，猶言常處。呂氏春秋圜道篇：「黄帝曰：帝無常處也，有處者乃無處也。」高注云：「無常處，言無為而化，乃有處也。」可證此文之義。上云「常者，無攸易，無定理」，此云「無定理而在於常所」，即承「無攸易，無定理」而言。謂其無定而有定也。定理非常道，無定而有定乃為常道，故曰無定理而在於常所，是以不可道也。「而」誤作「非」，則文義俱乖矣。⊙高亨曰：「常」下有「所」字是也。常所，猶言定處也。上文「道以為近乎，游於四極，以為遠乎，常在吾側」，即非在於常所之義。莊子知北游篇所謂「道惡乎在？莊子曰：無所不在。」亦非在於常所之義。⊙奇猷案：藏本「謂常」下「者」字在「而常」下，是，今據乙。又案：高説是。又案：「無定理」三字不當重。此文蓋解老子「道可道，非常道」二句。「與天地之剖判也具生，至天地之消散也不死不衰者謂常」，釋常字。而常者無攸易，無定理，又非在於常處，是以不可道，正老子「道可道非常道」之義。今複衍「無定理」三字，遂不可通矣。又案：此文之旨，亦説明道不變而理則變。法術者，理也，故因時而易也。

〔五〕奇猷案：老子二十五章：「周行而不殆」，王弼注：「周行，無所不至。」

〔六〕顧廣圻曰：傳本第二十五章云：「故强字之曰道」，與此合。今道經無「故强」二字，非也。

〔七〕王先謙曰：惟有名，故可言。

〔八〕盧文弨曰：「之」字，凌本無。⊙顧廣圻曰：傳本及今道經皆無「之」字「也」字。⊙王先慎曰：見第一章。

人始於生而卒於死。始之謂出，卒之謂入，故曰：「出生入死〔一〕。」人之身三百六十節，四肢，九竅，其大具也。四肢與九竅十有三者〔二〕，十有三者之動靜盡屬於生焉〔三〕。屬之謂徒也〔四〕，故曰：「生之徒也十有三者〔五〕。」至死也十有三具者皆還而屬之於死〔六〕，死之徒亦有十三〔七〕，故曰：「生之徒十有三，死之徒十有三〔八〕。」凡民之生生而生者固動，動盡則損也〔九〕，而動不止，是損而不止也，損而不止則生盡，生盡之謂死，則十有三具者皆為死死地也〔一〇〕。故曰：「民之生，生而動〔一一〕，動皆之死地〔一二〕，之十有三〔一三〕。」是以聖人愛精神而貴處靜〔一四〕。此甚大於兕虎之害〔一五〕。夫兕虎有域，動靜有時，避其域，省其時，則免其兕虎之害矣。民獨知兕虎之有爪角也，而莫知萬物之盡有爪角也，不免於萬物之害〔一六〕。何以論之？時雨降集，曠野閑靜，而以昏晨犯山川，則風露之爪角害之〔一七〕。事上不忠，輕犯禁令，則刑法之爪角害之。處鄉不節，憎愛無度，則爭鬬之爪角害之。嗜欲無限，動靜不節，則痤疽之爪角害之〔一八〕。好用其私智而棄道理，則網羅之爪角害之。兕虎有域，而萬害有原〔一九〕，避其域，塞其原，則免於諸害矣。凡兵革者，所以備害也〔二〇〕。重生者雖入軍無忿爭之心，無忿爭之心則無所用救害之備〔二一〕。此非獨謂野處之軍也，聖人之遊世也無害人之心，無害人之心則必無人害〔二二〕，無人害則不備人，故曰：「陸行不遇兕虎〔二三〕。」入山不恃備以救害〔二四〕，故曰：「入軍不備甲兵〔二五〕。」遠諸害，故曰：「兕無所投其角，虎無所錯其爪，兵無所容其刃〔二六〕。」不設備而必無害，天地之道理也〔二七〕。體天地之道，故曰：「無死地焉〔二八〕。」動無死地，而謂之「善攝生」矣〔二九〕。

〔一〕奇猷案：文選潘安仁秋興賦注引「出生入死」下有「也」字。

〔二〕王先慎曰：「者」字緣下而衍。

〔三〕陶鴻慶曰：案「靜」字衍文。本以「動盡」二字連文，（動、盡字平列。動，動作。盡，竭盡也。喻老篇云「耳目竭於聲色，精神竭於外貌」，即此「盡」字之義。）下文云「凡民之生生而生者固動，動盡則損也」，即承此言。蓋老子之旨，本謂十有三者之動盡，既屬於生，又屬於死，韓子為生之徒著解，故曰十有三者之動盡屬於生也。今本衍「靜」字，而以「盡」字屬下為句，失其旨矣。⊙奇猷案：此文不誤，「十有三者之動靜，盡屬於生焉」，謂十有三者之一動一靜，皆屬於生焉。故下云「至其死也十有三具者皆還而屬之於死」。文義甚明。陶說衍「靜」字，謂「動盡」連文，引下「動盡則損也」句為證，殊不知「動盡則損也」之「盡」字衍文，（説詳下本條）不足據。

〔四〕奇猷案：「徒屬」本是連文，如孤憤篇「當塗者之徒屬」，亡徵篇「徒屬衆强」，五蠹篇「其帶劍者聚徒屬」，皆其例，故此云「屬之謂徒也」。

〔五〕盧文弨曰：「也」字一本無。「者」字衍。⊙顧廣圻曰：傅本及今德經皆無「也」字「者」字。按本書之例，當作「故曰生之徒十有三也」。⊙王先慎曰：「也」「者」二字皆衍。⊙奇猷案：迂評本無「也」字。馬王堆老子亦無「也」字、「者」字。

〔六〕顧廣圻曰：藏本、今本「至」下有「其」字。⊙奇猷案：今藏本無「其」字。案有「其」字者誤也。此節主詞為「人」字，死即指人死也。

〔七〕王先慎曰：「有十」二字誤倒。⊙奇猷案：「有十」二字非誤倒，此以有為動詞，與上下文讀有為又不同。

〔八〕王先慎曰：據此，明上有「也」字「者」字皆非原文。

〔九〕孫子書師曰：案「動盡則損也」，當作「動則損也」，「盡」字涉下「生盡」而衍。此謂一動即損，下文「而動不止」，是損而不止也」，正承此言之。⊙奇猷案：孫師説是。

〔一〇〕盧文弨曰：下「死」字衍，凌本不重。⊙王先慎曰：盧説誤，見下。⊙奇猷案：皆為死死地也，謂皆為死於其死之地也。盧説固非，但顧以生生與死死相對（見下）亦未確。蓋下文當以「民之生」句，「生而動」句，與此文法不同，未可為比。

〔一一〕顧廣圻曰：當於此句。

〔一二〕顧廣圻曰：當於此句

〔一三〕盧文弨曰：「之」，「亦」字之譌。⊙顧廣圻曰：傅本「之」作「亦」，餘盡與此合。今德經作「人之生動之死地十有三」，非也。按上文云「凡民之生生而生者固動」，又云「皆為死死地也」，生生與死死相對，所以解此文之生生也，可見韓子自如此。⊙奇猷案：「之」作「亦」，是也。王弼本亦作「亦」。之、亦草書作之、亦，形近而譌。

〔一四〕奇猷案：松皐圓纂聞改「處」為「虛」，非。此皆言靜，不言虛。愛精神，故不動而處靜。

〔一五〕松皐圓曰：此句上宜有「不愛精神而貴虛靜」八字。⊙奇猷案：此上當有「衆人不愛精神，不貴處靜」句。蓋既云「聖人愛精神而貴處靜」，則不得言「此甚大於兕虎之害」，明「甚大於兕虎之害」乃指衆人不愛精神不貴處靜之結果。松說未洽。

〔一六〕奇猷案：「盡」字上說郛引無「之」字。又案：「不免」上當有「故」字。

〔一七〕顧廣圻曰：藏本同。今本「兕虎」作「風露」。⊙奇猷案：作「風露」是，說郛引亦作「風露」，今據改。

〔一八〕顧廣圻曰：藏本、今本「痤疽」上無「虛」字。⊙奇猷案：「虛」字涉「痤」字形譌而衍，說郛引無，今刪。

〔一九〕奇猷案：原即源。原、源古今字。

〔二〇〕顧廣圻曰：乾道本、藏本皆提行，今本誤連。⊙王先慎曰：上即解「陸行不遇兕虎」三句，不當提行。⊙奇猷案：王說是。四部叢刊本、藏本「則免於諸害矣」句適至行末，明乾道本、藏本亦非提行也，今從王說。

〔二一〕奇猷案：四部叢刊本下「忿」字壞為「分」。又案：入軍無忿爭之心，謂在軍中不與將爭，不與士卒爭。蓋在軍之人，血氣旺盛，易生忿爭之心，致受軍法之制裁。且入軍不與同儕忿爭，則不必備同儕之害。或謂此與六反篇及顯學篇反對「重生者不入危城」之論不合，而斷此篇不出韓非之手。殆不知此所謂重生者乃在軍中內部無忿爭，非謂臨敵無忿爭也。

〔二二〕顧廣圻曰：藏本重「無害人之心」是也。⊙奇猷案：顧說是，今據補。

〔二三〕王先慎曰：河上、王弼本「兕虎」作「虎兕」，傅本與此合。

〔二四〕顧廣圻曰：「山」，當作「世」。⊙奇猷案：「山」當作「軍」，與下句相應。顧説非。

〔二五〕盧文弨曰：「備」，張、凌本「被」。⊙顧廣圻曰：藏本「備」作「被」，今德經作「避」，傅本作「被」。經典釋文云：「被，皮彼反。」今按藏本乃以他本老子改耳，韓子自作「備」。⊙王先慎曰：備、被義同。廣雅釋詁：「備，具也。」史記絳侯世家集解引張揖注：「被，具也。」故本書作「備」，王弼本作「被」。甲兵以在己者言，明作「備」、作「被」二字並通。河上本作「避」，聲之誤也。注謂「不好戰以殺人」，則依文立訓，非是。⊙奇猷案：出征被甲兵，在軍中不被甲兵。

〔二六〕顧廣圻曰：藏本同，今本「害」作「容」，傅本及今德經皆作「容」。⊙王先慎曰：案釋名：「容，用也，合事宜之用也。」「害」乃「容」字形近之誤。⊙奇猷案：王説是，改從今本。馬王堆老子亦作「容」。

〔二七〕陶鴻慶曰：案此節文義舛錯，依道德經及本篇上下文考之，「無害人之心則必無人害，無人害則不備人」，解「陸行不遇兕虎，入軍不備甲兵」之義也。「入世（今本作山，依顧校改。）不恃備以救害」，當與「遠諸害」之文相屬。下云「不設備而必無害」，與此相承，即其證矣。今輒正其文云：「聖人之遊世也無害人之心，無害人則不備人，故曰陸行不遇兕虎，入軍不備甲兵，入世不恃備以救害，故遠諸害，故曰兕無所投其角，虎無所錯其爪，兵無所容其刃，不設備而必無害，天地之道理也。」⊙奇猷案：陶説非也。此文層次甚明，無舛誤。上文指出各種之害，而此言「遠諸害」，引老子「兕無所投其角」三句總結上文。陶氏因不知上文「山」為「軍」字之誤，而信顧氏以為「世」字之誤，遂不得其解而為之説耳。

〔二八〕顧廣圻曰：今德經無「焉」字，傅本有，與此合。

〔二九〕王先慎曰：德經無「矣」字。以上見五十章。

愛子者慈於子，重生者慈於身，貴功者慈於事〔一〕。慈母之於弱子也，務致其福則事除其禍〔二〕，事除其禍則思慮熟，思慮熟則得事理，得事理則必成功，必成功則其行之也不疑，不疑之謂勇〔三〕。聖人之於萬事也，盡如慈母之為弱子慮也，故見必行之道。見必行之道則明，其從事亦不疑〔四〕，不疑之謂勇。不疑生於慈，故曰：「慈故能勇〔五〕。」

〔一〕奇猷案：御覽四百三十二引「慈於事」作「於重仁」，誤。

〔二〕盧文弨曰：「務致其福」四字，舊不重，張、凌本皆重。⊙顧廣圻曰：藏本重「務致其福」，是也。⊙奇猷案：盧、顧說是，今據補。

〔三〕奇猷案：疑，惑也。

〔四〕顧廣圻曰：藏本、今本重「見必行之道」五字。⊙王先慎刪「明」字曰：據張榜本刪。⊙奇猷案：藏本、今本是，今據補。此當以「見必行之道則明」為句，王先慎刪「明」字，非是。

〔五〕王先慎曰：傅本「慈」上有「天」字。⊙奇猷案：此節說明人當勇於斷事，人君慈於其民，則必勇於變法。

周公曰〔一〕：「冬日之閉凍也不固，則春夏之長草木也不茂。」天地不能常侈常費，而況於人乎？故萬物必有盛衰，萬事必有弛張，國家必有文武，官治必有賞罰。是以智士儉用其財則家富，聖人愛寶其神則精盛〔二〕，人君重戰其卒則民衆。民衆則國廣，是以舉之曰：「儉故能廣〔三〕。」

〔一〕奇猷案：舊連上，今提行。

〔二〕奇猷案：此即主道篇「人主之道，靜退以為寶」之旨。上文云：「聖人愛精神而貴處靜。」

〔三〕顧廣圻曰：「之」下當有脱文。⊙王先慎曰：此與上「故謂之善攝生矣」句同一律，皆變文也。顧說非。

凡物之有形者易裁也，易割也〔一〕。何以論之？有形則有短長，有短長則有小大，有小大則有方圓，有方圓則有堅脆，有堅脆則有輕重，有輕重則有白黑。短長、大小、方圓、堅脆、輕重、白黑之謂理〔二〕。理定而物易割也。故議於大庭而後言則立〔三〕，權議之士知之矣〔四〕。故欲成方圓而隨其規矩，則萬事之功形矣〔五〕。而萬物莫不有規矩。議言之士，計會規矩也。聖人盡隨於萬物之規矩，故曰：「不敢為天下先。」不敢為天下先則事無不事，功無不功〔六〕，而議必蓋世，欲無處大官，其可得乎？處大官之謂為成事長〔七〕，是以故曰〔八〕：「不敢為天下先，故能為成事長〔九〕。」

〔一〕奇猷案：割，制裁也，詳揚權篇「上操度量以割其下」條。

〔二〕王先慎曰：「大小」，當依上文作「小大」。⊙奇猷案：上文云：「凡理者方圓短長麤靡堅脆之分也。」

〔三〕王先謙曰：後言者集議而後斷之。⊙高亨曰：「立」，當作「夫」，形近而譌。⊙奇猷案：此蓋謂大庭議事，則發言有先後，倉卒先言則易為後言所破，至議事之末，則其事之理已定，後發言者得此已定之理而言，則其言因合於理而成立也。王、高二氏皆以「言」字句絶，未得此文之旨。高氏又改「立」為「夫」，殊不知義仍不可通也。

〔四〕奇猷案：謂知權變而議之士知後言則立之理。

〔五〕奇猷案：藏本、迂評本、凌本「其」作「於」。案：作「其」亦通，不必改也。

〔六〕奇猷案：謂為事則無不成其事，冀功則無不成其功也。

〔七〕王先謙曰：「為」字衍。謂、為一也。「謂」下不當更有「為」字。⊙奇猷案：王說是。謂、為二字本書多互用，疑此原作「為」，讀者旁注「謂」字，校者失删，遂致兩存也。

〔八〕顧廣圻曰：「以」下當有脱文。⊙王先慎曰：顧說非也。此當衍「故」字或「是以」字，上文或作「是以曰」或作「故曰」是其證。⊙奇猷案：顧說是。疑「是以」下脱「成事長則不敢為天下先」十字，否則文義不完。

〔九〕顧廣圻曰：傅本及今德經皆無「為」字，「事」皆作「器」，經典釋文作「器」。按韓子自作「事」。⊙俞樾曰：事、器異文，或相傳之本異，或涉上文「事無不事」句而誤，皆不可知。韓非「故能」下有「為」字則當從之。蓋「成器」二字相連為文，襄十四年左傳「成國不過半天子之軍」，杜注：「成國，大國。」昭五年傳「皆成縣也」，成縣亦謂大縣。老子：「天下神器不可為也。」爾雅釋詁：「神，重也。」神器為重器，成器為大器，二者並以天下言。質言之，則止是不敢為天下先，故能為天下長耳。（見老子平議）⊙奇猷案：俞說是。馬王堆老子與韓子同，有「為」字，不作「器」。

慈於子者不敢絶衣食，慈於身者不敢離法度，慈於方圓者不敢舍規矩。故臨兵而慈於士吏則戰勝敵〔一〕，慈於器械則城堅固。故曰：「慈，於戰則勝，以守則固〔二〕。」夫能自全也而盡隨於萬物之理者，必且有天生。天生也者〔三〕，生心也〔四〕。故天下之道盡之生也，若以慈衛之也〔五〕。事必萬全，而舉無不當，則謂之寶矣。故曰：「吾有三寶，持而寶之〔六〕。」

〔一〕奇猷案：慈於士吏則正其賞罰，正賞罰則士吏不敢敗北而受誅戮。或謂慈於士吏為愛惜士卒，似與上文「慈於身不敢離法度」之旨不合，蓋不明此旨之失也。

〔二〕顧廣圻曰：傅本及今德經「於」皆作「以」，傅本「戰」作「陣」，與各本全異。⊙王先慎曰：傅本「勝」作「正」。案王注「相慜而不避於難，故勝也」，是晉時本作「勝」，傅本誤。「於」當作「以」。「慈」字逗，老子「慈」上有「夫」字。

〔三〕顧廣圻曰：傅本及今德經第六十七章皆云「天將救之」，此解彼也。當是韓子所引有不同，今未詳。

〔四〕王先謙曰：有善心故天救而生之。⊙太田方曰：生心，猶云性也。⊙高亨曰：「生心」當為「性」字之譌。蓋「性」，古有作「恚」者，若「慚」之作「慙」，轉寫誤延為「生心」耳。「天生也者性也」，與中庸「天命之謂性」，孟子「生之謂性」，荀子「性者天之就也」，皆同意。「性」誤為「生心」，則不可通矣。⊙奇猷案：「天生也者生心也」，猶言天生者為何？曰：生其心也。此蓋謂心足以隨理，而隨理之心則為天所生也。上文「生心之所不能已也」，亦有「生心」之詞。王說固謬，高說亦未得。若依高說，則與下句「生」字亦不合。

〔五〕王先謙曰：「盡」下「之」字訓為往。天下之道皆往生於其心，是以慈衛之也。⊙奇猷案：王說是。上云萬物之理為天生，此應以天下之道盡往於其生。

〔六〕王先慎曰：河上、王弼本「吾」作「我」，「寶之」作「保之」，陸希聲、趙孟頫作「保而持之」，傅本與此合。以上見六十七章。⊙松皋圓曰：保、寶古字通。

書之所謂大道也者，端道也〔一〕。所謂貌施也者〔二〕，邪道也。所謂徑大也者〔三〕，佳麗也〔四〕。佳麗也者，邪道之分也〔五〕。朝甚除也者，獄訟繁也〔六〕。獄訟繁則田荒〔七〕，田荒則府倉虛〔八〕，府倉虛則國貧，國貧而民俗淫侈，民俗淫侈則衣食之業絕，衣食之業絕則民不得無飾巧詐，飾巧詐則知采文，知采文之謂服文采〔九〕。獄訟繁、倉廩虛，而有以淫侈為俗〔一〇〕，則國之傷也若以利劍刺之〔一一〕，故曰：「帶利劍〔一二〕。」諸夫飾智故以至於傷國者〔一三〕，其私家必富〔一四〕，私家必富，故曰：「資貨有餘〔一五〕。」國有若是者，則愚民不得無術而效之〔一六〕，效之則小盜生。由是觀之，大姦作則小盜隨〔一七〕，大姦唱則小盜和。竽也者，五聲之長者也，故竽先則鍾瑟皆隨〔一八〕，竽唱則諸樂皆和。今大姦作則俗之民唱，俗之民唱則小盜必和。故服文采，帶利劍，厭飲食，而貨資有餘者，是之謂盜竽矣〔一九〕。

〔一〕盧文弨曰：當分段。⊙顧廣圻曰：解第五十三章「行於大道也」。⊙奇猷案：盧說是，今從之。又案：端，正也。

〔二〕顧廣圻曰：德經作「惟施是畏」。此未詳。⊙錢大昕曰：「施」，古音「斜」字。史記賈生列傳「庚子日施兮」，漢書作「斜」。斜、邪音義相同。⊙王先慎曰：貌，飾也。下文謂「飾巧詐」也。施，讀為池。池，邪也。（說詳老子集解）⊙高亨曰：此解老子「唯施是畏」之「施」字，則「貌」字不當有，蓋涉上文而衍。⊙奇猷案：此用老子「施」字之義，非釋老子文也。貌施者，外貌邪也。上文云「實厚者貌薄」，貌薄則非正，與此貌施義近。又上文「禮為情貌者也」，是禮為情之貌。韓非非儒家之繁禮，故謂貌為施也。

〔三〕顧廣圻曰：德經作「而民好徑」，此未詳。⊙王先慎曰：德經「大道甚夷而民好徑」，河上公云：「徑，邪不平正也。」此「大」字衍。⊙奇猷案：徑大，謂徑之大者。「大」字非衍文。此二條顧、王等皆泥於「所謂」二字，遂以為解老子文，宜其不可通也。

〔四〕王先慎曰：謂服文采。⊙高亨曰：依文義，佳麗為歧徑別名可斷言也。佳，疑借為臾。說文：「臾，頭衺骫臾態也。」廣雅釋詁：「衺，臾也。」麗，疑借為邐。說文：「邐，行邐邐也。」段若膺曰：「邐邐，縈紆貌。」蓋歧徑為道之邪曲縈紆者，故謂之臾邐。古時字少，韓子乃以佳麗為之。佳、臾皆從圭聲，邐從麗聲，並音近通用。王說失之。⊙奇猷案：王說是。顯學篇「侈而墮者貧，力而儉者富」，是韓非崇儉而非侈，侈則服文采，故謂之佳麗。老子「大道甚夷而民好徑」，謂大道甚平坦，而民好小徑之迂邪不平。老子主張質樸而去華麗，質樸者，大道也，華麗者，小徑也，故韓非以佳麗釋老子之「徑」字。高說未確。

〔五〕奇猷案：分，讀符問反。分位也。

〔六〕奇猷案：老子王弼注：「朝，宮室也。除，潔好也。」案韓子以獄訟繁釋朝甚除，蓋謂宮室潔好則賦斂厚，賦斂厚則民難給，故獄訟繁也。

〔七〕顧廣圻曰：德經作「田甚蕪」，經典釋文：「蕪，音無」。⊙奇猷案：荒、蕪同義。

〔八〕顧廣圻曰：德經作「倉甚虛」。

〔九〕王先慎曰：王弼、河上公本「采」作「綵」，傅本與此合。⊙陶鴻慶曰：案「知」字無義，疑是「如」字之誤，與下文「若以利劍刺之」用意正同。韓子蓋謂老子「服文采，帶利劍」二語皆設譬之詞。⊙奇猷案：此文之意，蓋謂飾巧詐則知用錦繡文采以欺詐他人。以服飾言，則衣錦繡。以辯說言，即八姦篇所謂「巧文之言」也。陶說未確。

〔一〇〕劉師培曰：案有，亦又假。

〔一一〕王先慎曰：國之受傷，猶身受利劍之刺。

〔一二〕王先慎曰：此下未解「厭飲食」，疑有脱文。

〔一三〕顧廣圻曰：十一字為一句。⊙高亨曰：智故，智巧也。呂覽論人篇「去巧故」，高注：「巧故，詐僞也。」淮南子主術篇「上多故則下多詐」，高注：「故，巧也。」晉語「多為之故」，韋注：「謂多計術。」皆故有巧義之證。管子心術篇「去智與故」，莊子刻意篇「去知與故」，荀子王制篇「幽險詐故」，楚策「奚恤得事公，公何為以故與奚恤？客曰：非用故也，」淮南子原道訓「偶𥉁智故」，「不設智故」，道應訓「不以故自持」，本經訓「懷機械巧故之心」，鶡冠子近迭篇「倍言負約，各將有故」，諸故字皆巧詐之義。⊙奇猷案：高説是。本書八經篇云「衆諫以效智故」，亦以智故為智巧之義可證。

〔一四〕奇猷案：四部叢刊本「其私」二字誤倒，下句「私家必富」可證。

〔一五〕盧文弨曰：「資」，老子作「財」。⊙顧廣圻曰：「資貨」，下文作「貨資」，傅本作「貨財」，今德經作「財貨」，非。

〔一六〕陶鴻慶曰：案術，讀為述。「無」與「不」同。下文云「大姦作，小盗隨」，隨與述同義。⊙奇猷案：術，猶今語「方法」。謂不得不設法以效尤之。陶説非。

〔一七〕顧廣圻曰：藏本同。今本「作」下有「則」字。⊙奇猷案：依下句例「作」下當有「則」字，今據今本補。又案：此節所論，即姦劫弑臣篇所謂「左右比周以適重人」之意。

〔一八〕王先慎曰：鐘，古通用鍾。

〔一九〕盧文弨曰：「貨資」，張、凌本作「資貨」。⊙顧廣圻曰：「故」下當有「曰」字。「貨資」，藏本作「資貨」，傅本及今德經皆無而、者、之、矣四字，「竽」皆作「夸」。今按：韓子自作「竽」。⊙王先慎曰：「夸」字無義，當依此訂正。以上見五十三章。⊙奇猷案：今藏本作「貨資」，與乾道本同。今據張、凌本倒乙，上文作「資貨」不誤。又案：夸，即匏之省文。爾雅釋樂疏云：「瓠，匏也，以匏為底，故八音謂笙為匏。」則笙亦得稱匏。釋名釋樂器：「竹之貫匏，以瓠為之，故曰匏也，竽亦是也，其中汙空以受簧也。」呂氏春秋仲夏紀高注：「竽，笙之大者。」據此，則匏、竽實為一物，但大小之分耳。故韓子作「竽」，老子作「夸」，取義正同。王說謂「夸」字無義，當以韓子訂正，非是。焦氏筆乘亦謂老子「夸」當從韓子訂正，非。

人無愚智，莫不有趨舍〔一〕。恬淡平安，莫不知禍福之所由來。得於好惡，怵於淫物，而後變亂〔二〕。所以然者，引於外物，亂於玩好也。恬淡有趨舍之義，平安知禍福之計〔三〕。而今也玩好變之，外物引之，引之而往，故曰：「拔〔四〕。」至聖人不然，一建其趨舍，雖見所好之物不能引，不能引之謂不拔〔五〕。一於其情，雖有可欲之類，神不為動，神不為動之謂不脱〔六〕。為人子孫者體此道，以守宗廟不滅之謂祭祀不絶〔七〕。身以積精為德，家以資財為德，鄉國天下皆以民為德。今治身而外物不能亂其精神，故曰：「脩之身，其德乃真〔八〕。」真者，慎之固也〔九〕。治家，無用之物不能動其計則資有餘〔一〇〕，故曰：「脩之家，其德有餘〔一一〕。」治鄉者行此節，則家之有餘者益衆，故曰：「脩之鄉，其德乃長。」治邦者行此節，則鄉之有德者益衆，故曰：「脩之邦，其德乃豐〔一二〕。」莅天下者行此節，則民之生莫不受其澤，故曰：「脩之天下，其德乃普〔一三〕。」脩身者以此別君子小人，治鄉治邦莅天下者各以此科適觀息耗則萬不失一〔一四〕，故曰：「以身觀身，以家觀家，以鄉觀鄉，以邦觀邦，以天下觀天下〔二五〕，吾奚以知天下之然也以此〔二六〕。」

〔一〕奇猷案：趣舍，即取舍。史記伯夷傳「趣舍有時」，正義：「趣，音趨。舍，音捨。趣，向也。捨，廢也。」釋名釋言語：「取，趣也。」淮南原道篇「趨舍指湊」，趨舍，亦取舍也。

〔二〕太田方曰：怵，誘也。管子心術篇：「人迫於惡則失其所好，怵於所好則忘其惡。」淫物者，凡百尤物珍玩無用之器也。⊙奇猷案：怵，當讀為訹。說文言部：「訹，誘也。」作「怵」者，叚字也。

〔三〕奇猷案：義，同儀。儀，法也。

〔四〕王先慎曰：此與上「故曰迷」同例。⊙奇猷案：「拔」，四部叢刊本、藏本作「校」，下同，「校」當為「拔」形近之譌。

〔五〕王先慎曰：善建者不拔。⊙奇猷案：王引見德經。

〔六〕王先慎曰：德經：「善褒者不脱。」⊙奇猷案：四部叢刊本、藏本「脱」作「悦」，形譌。

〔七〕顧廣圻曰：藏本、今本重「宗廟」。按此不當重。傅本及今德經「絶」皆作「輟」，經典釋文：「不輟，張劣反。」按喻老作「輟」。⊙王先慎曰：此亦當作「輟」。

〔八〕顧廣圻曰：今德經「之」下有「於」字，非。傅本無，與此合，下四句同。按淮南子道應訓引此句亦無「於」字。⊙王先慎曰：趙寫本無「於」字。

〔九〕陶鴻慶曰：案「慎」當為「積」字之誤，承上文「身以積精為德」而言。⊙高亨曰：「慎」當為「悳」，蓋古時「悳」亦作「惪」，若「慚」亦作「慙」之例，「惪」譌為「慎」也。說文：「悳，外得於人，內得於己也，从直，从心。」悳即道德本字。真者悳之固，正解老子「其德乃真」之真。若作「慎」則不可通矣。佚周書常訓篇「民生而有習有常，以習為常，以常為慎」，「慎」亦「悳」字之譌，與此同。⊙奇猷案：高說是。

〔一〇〕盧文弨曰：「治家」下脱「者」字，馮校增。⊙陶鴻慶曰：「治家」下依上文當有「而」字。⊙奇猷案：盧校義長，下文「治鄉者」、「治國者」，有「者」字可證。又案：計，即上文會計也。

〔一一〕顧廣圻曰：傳本及今德經「有」作「乃」。按當作「乃」，涉上下文而誤。⊙奇猷案：顧説是，盧文弨説同。

〔一二〕顧廣圻曰：今德經「邦」作「國」，非。傳本作「邦」，與此合。⊙王先慎曰：作「國」者，漢人避諱改也。邦與豐韻。

〔一三〕顧廣圻曰：傅本「普」作「溥」。按普、溥同字也。

〔一四〕王先慎曰：用此程法，静觀動止，自無不知者。⊙松臯圓曰：廣雅：「科，條也。」謂隨鄉國天下之條以觀其德長、豐、普之多少也。文子：「息耗滅益，過於不訾。」⊙太田方曰：息耗，猶消長也。董仲舒對策：「察天下之息耗。」⊙陶鴻慶曰：「治鄉」上依上下文當有「治家」二字。⊙孫蜀丞師曰：適與諦同。息耗，生滅也。⊙奇猷案：説文：「諦，審也。」科，即今所謂「條目」。息耗，釋為消長、生滅，義均同。

〔一五〕顧廣圻曰：藏本「以家觀家」下有「以鄉觀鄉」一句，傳本及今德經皆有。⊙王先慎曰：王弼、河上本「邦」作「國」。⊙奇猷案：證以上文當有「以鄉觀鄉」四字，迂評本、凌本亦有，今據補。馬王堆老子亦有此句。

〔一六〕顧廣圻曰：今德經「奚」作「何」，非。傳本作「奚」，與此合。「也」，皆作「哉」。⊙王先慎曰：王弼本無「知」字。以上見五十三章。⊙奇猷案：王説「三」當作「四」。

卷七

喻老第二十一〔一〕

天下有道無急患則曰靜〔二〕，遽傳不用〔三〕，故曰：「卻走馬以糞〔四〕。」天下無道，攻擊不休〔五〕，相守數年不已，甲胄生蟣蝨，鷰雀處帷幄〔六〕，而兵不歸，故曰：「戎馬生于郊〔七〕。」

〔一〕盧文弨曰：藏本連六卷中。

〔二〕顧廣圻曰：「曰」，當作「日」。⊙松皐圓曰：「曰靜」二字衍，與下文「不離位曰靜」相涉而錯出。⊙奇猷案：此當衍「曰」字。又案：急患，謂急事與患禍也。

〔三〕奇猷案：遽傳，詳愛臣篇。

〔四〕王先慎曰：解老有「也」字，説詳上。⊙奇猷案：遽、傳皆用馬，故曰卻走馬也。

〔五〕奇猷案：揚子雲長楊賦注、北堂書鈔百二十一引「擊」皆作「戰」。

〔六〕奇猷案：甲胄生蟣蝨，謂甲胄長期不離體而生蟣蝨也。周禮天官：「幕人掌帷、幕、幄、帟、綬之事。」鄭注：「在旁曰帷，在上曰幕。帷幕皆以布為之。四合像宮室曰幄。」則古人住室内以布為帷幄也。鷰雀處帷幄，謂人皆出征，房屋無人居住，鷰雀為巢也。

〔七〕王先慎曰：解老有「矣」字。

翟人有獻豐狐、玄豹之皮於晉文公〔一〕。文公受客皮而嘆曰：「此以皮之美自為罪〔二〕。」夫治國者以名號為罪，徐偃王是也〔三〕。以城與地為罪，虞、虢是也〔四〕。故曰：「罪莫大於可欲〔五〕。」

〔一〕松皋圓曰：莊子「豐狐文豹」，說苑「封狐玄豹」，按左傳晉悼公四年「無終子嘉父使孟樂如晉，因魏莊子納虎豹之皮」，此云文公，傳聞異耳。⊙奇猷案：白帖二十九引晉作秦，誤。

〔二〕奇猷案：莊子山木篇：「夫豐狐文豹不免於罔羅機辟之患，是何罪之有哉？其皮為之災也。」即此義。司馬彪曰：「豐，大也。」

〔三〕奇猷案：五蠹篇「偃王行仁義而亡其國」，則此所謂名號者，謂仁義之美名也。偃王之亡，詳五蠹篇。

〔四〕顧廣圻曰：今本「以城」上無「則」字，誤。按則讀為即。藏本並上句亦添「則」字，非也。⊙王先慎曰：藏本、張、凌本即沿乾道本下「則」字而誤增。「以城與地為罪」承「夫治國者」言之，亦不當有「則」字，顧說非。⊙奇猷案：王說是，今據趙本刪。又案：晉獻公假夏陽之道於虞以伐虢，克之，反處三年，興兵伐虞，又克之。夏陽之道，地也。詳十過篇。

〔五〕奇猷案：解老「罪」作「禍」。

智伯兼范、中行而攻趙不已，韓、魏反之，軍敗晉陽，身死高梁之東〔一〕，遂卒被分〔二〕，漆其首以為溲器〔三〕，故曰：「禍莫大於不知足。」

〔一〕盧文弨曰：淩本「梁」作「良」。⊙松皐圓曰：左傳注：「高梁，晉地，在平陽楊氏縣西南。」淮南人間訓：「智伯死乎高梁之東。」⊙奇猷案：此及淮南人間訓皆謂智伯死於高梁之東。呂氏春秋原亂篇有「公子重耳殺晉懷公於高梁」之文，高誘注云「高梁，晉地」，與左傳僖九年杜注同。水經汾水注云：「汾水又南逕高梁故城西，故高梁之墟也。春秋僖公二十四年秦穆公納公子重耳於晉，害懷公於此。竹書紀年，晉出公十三年，智伯瑶城高梁。」則高梁原是智伯之邑。據諸書所載，智伯死於高梁無疑。但國策秦策云「趙襄子殺智伯於鑿臺之上」，然則是高梁之東之鑿臺也。

〔二〕王先慎曰：十過篇云：「國分為三。」⊙奇猷案：「遂卒」二字義複。疑「遂」乃「墜」字形近之誤，「墜」即「地」字。

〔三〕洪亮吉曰：史記刺客列傳趙襄子最怨智伯，「漆其頭以為飲器」，韋昭及裴駰集解皆云「飲酒椑榼也」。然韓非子喻老篇云「漆其首以為溲器」，呂覽又作「溲杯」。夫襄子既深怨智伯，則以其頭為椑榼似尚不足泄憤，明當以韓非等說為是。蓋此亦如史記酈食其傳沛公不好儒，諸冠儒冠來者，輒解其冠溲溺其中，韓非所云溲器，當亦如此耳。⊙王先慎曰：說苑建本篇作「酒器」，說文「溲，浸沃也」，浸沃，若今人之溲麪，士虞禮「明齊溲酒」，鄭注：「明齊，新水也，言以新水溲釀此酒也。」溲器，即釀酒之器。淮南道應訓作「飲器」，飲器，亦酒器也。左傳：「行人執榼承飲。」褚少孫補大宛傳「飲器」，韋注：「椑榼也。」皆為酒器。後人不識「溲」字本義，遂以晉語「少溲於豕牢而得文王」（韋注：少溲、小便，言其易也。）之「溲」釋之。⊙奇猷案：王說是，難三篇作「飲杯」可證。呂氏春秋義賞篇云「趙襄子斷其（智伯）頭以為觴」。呂氏春秋無「溲杯」之文。洪氏誤記。

虞君欲屈產之乘，與垂棘之璧，不聽宫之奇，故邦亡身死〔一〕，故曰：「咎莫憯於欲得。」

〔一〕奇猷案：事詳十過篇。

邦以存為常，霸王其可也〔一〕。身以生為常，富貴其可也〔二〕。不欲自害則邦不亡身不死〔三〕，故曰：「知足之為足矣〔四〕。」

〔一〕顧廣圻曰：藏本、今本「霸」下有「王」字。⊙王先慎「其」上補「王」字曰：案此與「富貴其可也」相對成文，不當少一字，今據補。有國者不務廣土，先圖自立，邦基既定，故可霸王。⊙太田方曰：淮南詮言訓「可」作「寄」，宜從之。常存、常生亦已足矣，霸王富貴其餘事也。⊙奇猷案：有「王」字是，今據補。解老：「與天地之剖判也俱生，至天地之消散也不死不衰者謂常」，此文蓋謂能永存其國則霸王將可得。又案：韓非自作「可」，「霸王其可也」，純乎法家之言，「霸王其寄也」則為道家言矣。

〔二〕王先慎曰：不求於外，先修其内，身體無恙，故可富貴。⊙奇猷案：能永生其身，則富貴將可致也。

〔三〕陶鴻慶曰：「欲」上疑脱「以」字。不以欲自害，即知足為足之義。⊙奇猷案：陶説是。

〔四〕顧廣圻曰：今德經無「矣」字。傅本有，與此合。皆作「知足之足常足」。⊙王先慎曰：德經句上有「故」字。本書當依德經於「之」下補「足」字。「為」當作「常」。人無欲心則能常守其真根，故曰知足之足常足。以上見四十六章。⊙奇猷案：以上五節原相連，今分節。之猶是也，詳王氏經傳釋詞。此韓非之文，不必同老子。

楚莊王既勝狩於河雍〔一〕，歸而賞孫叔敖。孫叔敖請漢間之地，沙石之處。楚邦之法，禄臣再世而收地，唯孫叔敖獨在〔二〕。此不以其邦為收者，瘠也〔三〕，故九世而祀不絶〔四〕。故曰：「善建不拔，善抱不脱〔五〕，子孫以其祭祀世世不輟〔六〕。」孫叔敖之謂也〔七〕。

〔一〕太田方曰：藝文類聚、淵鑒類函「狩」作「晉」，是也。⊙松臯圓曰：淮南人間訓「狩」作「晉」，是也。史記「楚莊王十七年敗晉師於河上，遂至衡雍而歸」，高誘云：「莊王敗晉荀林父之師於邲。邲，河雍地也。」⊙奇猷案：「狩」作晉，是。本篇後文有「楚莊王勝晉於河雍」可證。舊連上，今依凌本提行。

〔二〕王先慎曰：吕氏春秋孟冬紀：「楚孫叔敖有功於國，疾將死，戒其子曰：王數欲封我，我辭不受，我死，必封汝，汝無受利地，荆楚間有寢邱者，其為地不利，而前有妬谷，後有戾邱，其名惡，可長有也。其子從之。楚功臣封二世而收，唯寢邱不奪也。」獨在，藝文類聚五十一引作「獨存」，存、在義同，言惟孫叔敖所請之地不收也。⊙奇猷案：淮南人間訓、列子説符載與吕覽略同。又案：和氏篇云：「楚法三世而收爵禄。」孫叔敖事詳吕氏春秋孟冬紀異寶篇。王氏係從史記滑稽傳正義轉引而來，文字多與吕氏原文異。

〔三〕顧廣圻曰：邦，讀為封。⊙奇猷案：楚邦即楚國。後文「食禄於宋邦」，即宋國可證。顧説非。

〔四〕王先慎曰：史記優孟傳「九世」作「十世」。

〔五〕顧廣圻曰：德經兩「不」上皆有「者」字。

〔六〕顧廣圻曰：德經無「以其世世」四字。⊙王先慎曰：王弼有「以」字。

〔七〕王先慎曰：見五十四章。

制在己曰重〔一〕，不離位曰靜。重則能使輕，靜則能使躁〔二〕。故曰：「重為輕根，靜為躁君。故曰君子終日行不離輜重也〔三〕。」邦者，人君之輜重也。主父生傳其邦〔四〕，此離其輜重者也。故雖有代、雲中之樂，超然已無趙矣。主父，萬乘之主，而以身輕於天下，無勢之謂輕，離位之謂躁，是以生幽而死〔五〕。故曰「輕則失臣，躁則失君〔六〕」，主父之謂也〔七〕。

〔一〕奇猷案：舊連上，今依趙本提行。又案：制，謂所以制臣之刑德，二柄篇：「明主之所導制其臣者，刑德也。」

〔二〕王先謙曰：重可御輕，靜可鎮躁，使之謂也。

〔三〕顧廣圻曰：今道經「君子」作「聖人」，非。傅本作「君子」，與此合。下「也」字皆無。⊙王先慎曰：此與上二句道經連文，不應有「故曰」二字，「故曰」當為「是以」之譌，道經作「是以」即其證。趙本「離」下有「其」字。⊙奇猷案：王說是。

〔四〕王先慎曰：史記趙世家：「武靈王二十七年傳國，立王子何以為王，自稱為主父。」

〔五〕王先慎曰：惠文王四年，公子成、李兑圍主父宮三月餘，而餓死沙邱宮。

〔六〕顧廣圻曰：「臣」當作「本」，傅本作「本」，經典釋文云：「本，河上作臣。」按上文云「重為輕根」，本，根也，河上非是。⊙奇猷案：「輕則失臣」，無義。顧謂臣當作本。案「本」無緣誤為「臣」，疑「臣」即「根」字之誤，「根」篆書作[illegible]，壞為[illegible]，遂誤為「臣」耳。

〔七〕王先慎曰：以上見二十六章。

勢重者，人君之淵也〔一〕。君人者勢重於人臣之閒〔二〕，失則不可復得也〔三〕。簡公失之於田成，晉公失之於六卿，而邦亡身死〔四〕。故曰：「魚不可脱於深淵〔五〕。」賞罰者，邦之利器也，在君則制臣，在臣則勝君。君見賞，臣則損之以為德；君見罰，臣則益之以為威〔六〕。人君見賞而人臣用其勢，人君見罰而人臣乘其威〔七〕。故曰：「邦之利器不可以示人〔八〕。」

〔一〕奇猷案：内儲説下「君」作「主」。

〔二〕王先慎曰：君於臣不當以閒言。「閒」，疑「上」之誤。⊙奇猷案：上文「勢重者人君之淵也」，「勢重」二字用為一名詞，則此句無動詞，殊不成文。「者」下當脱「失」字。閒，讀若「在其閒」之閒，猶言中也。君人者失勢重於人臣之閒，猶言君人者失其勢重於人臣之手中也，故下文進一步言「失則不可復得也」。若此無「失」字，則不可通。王改「閒」為「上」，陶鴻慶改「人」為「民」，均非。

〔三〕王先慎曰：失其勢重則不得為君。⊙奇猷案：失其勢重則不能再得勢重。王説非。

〔四〕奇猷案：田和篡齊，六卿分晉。

〔五〕顧廣圻曰：道經無「深」字。⊙王先慎曰：「深」字衍，唐諱「淵」改「深」，後人回改兼存「深」字耳。上「人君之淵」，亦無「深」字即其證。⊙劉文典曰：案唐人避高祖諱皆改「淵」為「泉」，不聞改為「深」也。且魚不可脱於深，不詞。韓子去老子未遠，所引老子書最為近真，此疑道經本有「深」字，而今本敚之，未可以今本無「深」字遂疑其衍也。⊙奇猷案：此當從王説删「深」字。今老子各本（包括近年以來出土之漢初老子鈔本）皆無作「深淵」者。

本書內儲說下篇經云「說在老聃之言失魚也」，而說釋之云「魚失於淵而不可復得也」。既謂老聃言失魚是魚失於淵，則韓非所見老子無「深」字甚明。此必後人多見「深淵」連文，因誤增「深」字。王謂因唐諱而衍「深」字則非，劉氏已辯明矣。

〔六〕太田方曰：見，示也。損、益二字宜互易。⊙陶鴻慶曰：案「損之以為德」，文義難通。「損」疑為「捎」字之誤。方言「捎，選也，自關以西秦、晉之間凡取物之上謂之撟捎」，管子輕重戊篇「一樹而百乘息其下者，以其不捎也」，史記龜策列傳「天靜無風，以夜捎兔絲去之」，皆謂掠取。捎之以為德者，取之以為德也。又案：「益」，當為「搤」。廣雅釋詁「搤，持也」。⊙奇猷案：此文不誤。「君見賞臣則損之以為德」，謂君示以賞，臣則減其一部分施諸他人以為己之德。如外儲說右上「田成氏私大斗斛區釜以出貨，（當作貸）小斗斛區釜以收之」是也。故下文曰「人君見賞而人臣用其勢」。「君見罰臣益之以為威」，謂君示以罰，臣則益其刑以為己威。如內儲說下胥僮長魚矯諫晉厲公殺三卿事是也。故下文曰「人君見罰而人臣乘其威」。

〔七〕顧廣圻曰：今本「見罰」下有「而」字。按依上句當補。⊙奇猷案：顧說是。今據今本補。又案：內儲說下「君先見所賞則臣鬻之以為德，君先見所罰則臣鬻之以為威」，亦此義。

〔八〕王先慎曰：六微篇「邦」作「國」，河上、王弼並作「國」，莊子引作「國」，後漢翟酺傳亦作「國」，說苑作「國之利器不可以借人」。唯傳本作「邦」。案「國」為「邦」字避改，說見解老篇。⊙奇猷案：淮南主術訓高注引「示」作「假」。馬王堆老子亦作「邦」。

越王入宦於吳，而觀之伐齊以弊吳〔一〕。吳兵既勝齊人於艾陵，張之於江、濟，强之於黃池〔二〕，故可制於五湖〔三〕。故曰：「將欲翕之〔四〕，必固張之〔五〕；將欲弱之〔六〕，必固強之。」晉獻公將欲襲虞，遺之以璧馬〔七〕；知伯將襲仇由〔八〕，遺之以廣車〔九〕。故曰：「將欲取之，必固與之〔一〇〕。」起事於無形〔一一〕，而要大功於天下，是謂「微明」〔一二〕。處小弱，而重自卑謂損「弱勝強」也〔一三〕。

〔一〕顧廣圻曰：藏本、今本「觀」作「勸」。按觀，示也。「勸」字非。⊙奇猷案：顧說是。一、本書多用「觀」字，如外儲說左下：「爵不足以觀賞。」二、以史記吳世家觀之，勾踐無勸吳伐齊之語，僅有示吳伐齊之意。如夫差復北伐齊，越王勾踐率其衆以朝吳，厚獻遺之，吳王喜。即示意於吳王之謂。

〔二〕松皐圓曰：吳語：「吳之起師北征，闕為深溝於齊、魯之間，北屬之沂，西屬之濟，以會晉公於黃池。」⊙于思泊師曰：按邗王壺「黃池」作「黃沱」。⊙奇猷案：古池、沱同。又案：左傳哀十一年：「吳伐齊，敗之艾陵。」十三年：「會諸侯於黃池。」

〔三〕王先慎曰：越語「吳、越戰於五湖」，韋注：「五湖，今太湖。」初學記七引揚州記曰：「太湖，一名笠澤。」左哀十七年傳「越子伐吳，吳子禦之笠澤」是也。⊙奇猷案：王說是。五湖，詳初見秦篇。

〔四〕顧廣圻曰：傅本作「翕」，與此合。經典釋文：「㒆，河上本作噏。」⊙王先慎曰：古無㒆、噏二字，梁簡文作「歙」，說文「歙，縮鼻也」，歙有縮義，故與張為對。翕乃歙之省文。⊙蔣錫昌曰：「歙」為本字，噏、翕、㒆均為通用之字。淮南本經「開闔張歙」，又精神「開閉張歙」，莊子山木「則呼張歙之」，釋文：「張，開也。歙，斂也。」是張有展張之意，歙為閉斂之意，古每對言之。故用兵勝利而形勢展開者亦曰張，用兵敗退而形勢窮促者亦曰歙，荀子議兵篇「代翕代張」，是其證。

〔五〕楊樹達曰：按「固」當為「姑」。或云固讀為故。故、猶今云故意，亦通。⊙奇猷案：當以讀姑為是。說林上：「周書曰：將欲敗之，必姑輔之；將欲取之，必姑與之。」用「姑」字可證。

〔六〕王先慎曰：河上本「欲」或作「使」，非。

〔七〕奇猷案：事詳十過篇。

〔八〕王先慎曰：「將」下當有「欲」字。

〔九〕王先慎曰：西周策：「昔智伯欲伐厹由，遺之大鐘，載以廣車，因隨入以兵。」高注：「廣車，大車也。」⊙奇猷案：事詳說林下。

〔一〇〕顧廣圻曰：道經「取」作「奪」。⊙奇猷案：史記管晏列傳索隱引老子作「取」，與此同。

〔一一〕盧文弨曰：當分段。⊙王先慎曰：盧說誤，至「弱勝强也」合上為一章。

〔一二〕顧廣圻曰：「是」上當有「故曰」二字。⊙蔣錫昌曰：范應元曰：「張之、强之、興之、與之之時，已有歙之、弱之、廢之、取之之幾伏在其中矣。幾雖幽微，而事已顯明也，故曰是謂微明。」

〔一三〕顧廣圻曰：當作「而重自卑損之謂弱勝强也」，損句絶。傅本云：「柔之勝剛，弱之勝强。」今道經云：「柔弱勝剛强。」傅本與此為近之。⊙王先慎曰：顧說是。以上見三十六章。⊙奇猷案：顧說是。松皐圓「謂」上增「是」字、删「損」字，未確。

有形之類〔一〕，大必起於小；行久之物，族必起於少〔二〕。故曰：「天下之難事必作於易，天下之大事必作於細〔三〕。」是以欲制物者於其細也〔四〕。故曰：「圖難於其易也，為大於其細也〔五〕。」千丈之隄以螻蟻之穴潰，百尺之室以突隙之烟焚〔六〕。故曰白圭之行隄也塞其穴〔七〕，丈人之慎火也塗其隙〔八〕。是以白圭無水難，丈人無火患〔九〕。此皆慎易以避難，敬細以遠大者也〔一〇〕。扁鵲見蔡桓公〔一一〕，立有間，扁鵲曰：「君有疾在腠理，不治將恐深。」桓侯曰：「寡人無〔一二〕。」扁鵲出。桓侯曰：「醫之好治不病以為功〔一三〕。」居十日，扁鵲復見曰：「君之病在肌膚，不治將益深。」桓侯不應。扁鵲出。桓侯又不悦。居十日，扁鵲復見曰：「君之病在腸胃，不治將益深。」桓侯又不應。扁鵲出〔一四〕。桓侯又不悦。居十日，扁鵲望桓侯而還走〔一五〕。桓侯故使人問之〔一六〕。扁鵲曰：「疾在腠理，湯熨之所及也〔一七〕；在肌膚，鍼石之所及也；在腸胃，火齊之所及也〔一八〕；在骨髓，司命之所屬，無奈何也〔一九〕。今在骨髓，臣是以無請也。」居五日，桓侯體痛，使人索扁鵲，已逃秦矣〔二〇〕，桓侯遂死。故良醫之治病也，攻之於腠理，此皆爭之於小者也。夫事之禍福亦有腠理之地，故曰聖人蚤從事焉〔二一〕。

〔一〕奇猷案：舊連上，今提行。

〔二〕王先慎曰：族，衆也。⊙奇猷案：藏本、迂評本、凌本「族」作「旅」。案：旅亦衆也。

〔三〕王先慎曰：河上、王弼本均無兩「之」字，傅本有。

〔四〕王先慎曰：「是以」下有脱文，此當承上兩句言，乃與下引老子合。⊙奇猷案：王説是。「是以」下當有「欲□事者於其易也」八字。「欲□事」或是「欲舉事」。

〔五〕盧文弨曰：張本「難」下「大」下並有乎字。⊙顧廣圻曰：藏本有「乎」字，傅本有，無「也」字，今德經「乎」字「也」字皆無。

〔六〕王引之曰：突隙之煙不能焚室，「烟」當為「熛」。「熛」誤為「煙」，又轉寫為「烟」耳。舊本北堂書鈔地部十三引此正作「熛」。（陳禹謨本刪去）說文：「熛，火飛也，讀若標。」一切經音義十四引三倉云：「熛，迸火也。」呂氏春秋慎小篇云：「巨防容螻而漂邑殺人，突泄一熛而焚宮燒積。」（今本熛字亦誤作煙，一切經音義十三引此正作熛。）淮南人間訓曰：「千里之隄以螻螘之穴漏，百尋之屋以突隙之熛焚。」（今本亦誤作煙，御覽蟲豸部四引此正作熛。）語意並與此同。世人多見「煙」，少見「熛」，故諸書中「熛」字多誤作「煙」。

〔七〕顧廣圻曰：「曰」字當衍。⊙王先慎曰：「曰」即「白」字之誤而複者。⊙奇猷案：顧、王說是。又案孟子告子下「白圭曰：丹之治水也愈於禹。」趙岐注：「丹名，圭字也。當諸侯之時有小水，白圭為治除之，因自謂過乎禹也。」則白圭曾治水，故韓非云然。本書内儲說下：「白圭相魏」，呂氏春秋不屈篇：「白圭新與惠子相見。」據此，知白圭曾相魏，而與惠施同時。史記貨殖傳有周人白圭，乃另為一人，閻若璩四書釋地續辨之甚詳。

〔八〕王先慎曰：易師「丈人吉」，鄭注：「丈之言長，能以法度長於人，是以丈人為位尊者之稱。」襄九年：「宋災，樂喜為司城以為政，使伯氏司里積土塗以備火之乘隙而入也。」

〔九〕王先慎曰：初學記二十五引「難」「患」互易。

〔一〇〕松皐圓曰：敬細以遠大，謂敬細事以遠大患也。⊙奇猷案：敬讀為慎。

〔一一〕顧炎武曰：蔡桓侯與魯桓公同時，與扁鵲相去幾二百歲。⊙顧廣圻曰：史記列傳、新序作齊桓公。⊙松皐圓曰：文選七發注、養生論注引作晉桓公，曰：「史記『扁鵲療趙簡子，東過齊，見桓侯。』束皙曰：『齊桓在簡子前且二百歲，小白後，齊無桓公，田和子有桓侯午，去簡子首末相距二百八年，史記自為舛錯。』臣瓚曰：『魏桓公。』新序曰：『扁鵲見晉桓侯。』韋昭曰：『魏無桓侯。』然此桓侯竟不知何國人。」按李善辨之未悉。晉世家：「烈侯卒，子孝公頎立。」索隱曰：「紀年以孝公為桓公，故韓子有晉桓公。」

〔一二〕盧文弨云：「無」下脱「疾」字，新序、史記扁鵲傳皆有「疾」字。⊙奇猷案：此是答辭，「寡人無」即謂寡人無疾，不必有「疾」字。王氏集解補「疾」字，非。

〔一三〕奇猷案：史記、新序雜事篇作「醫之好利也，欲治不疾以為功」，疑此亦當補入「利也欲」三字，藏本「好」下有「欲」字，即此有脱字之證。

〔一四〕顧廣圻曰：藏本、今本扁鵲下有「出」字。⊙王先慎曰：史記亦有。⊙奇猷案：有「出」字是，新序亦有，今據補。

〔一五〕王先慎曰：還走，反走也。

〔一六〕王先慎曰：張榜本無「故」字。⊙奇猷案：「故」字當衍，新序亦無。

〔一七〕顧廣圻曰：今本「及」下有「也」字，依下二句當有。⊙王先慎曰：史記亦有。⊙奇猷案：新序亦有，今據補。

〔一八〕盧文弨曰：「火齊」，新序作「大劑」。⊙王先慎曰：火齊湯，治腸胃病。倉公傳：「齊郎中令循不得前後溲三日，飲以火齊湯而疾愈。」又「齊王太后病，難於大小溲溺，飲火齊湯而病已」。新序作「大劑」者，齊、劑古通，「大」乃「火」字之誤，當依此訂正。⊙奇猷案：王說是。火齊，清火之藥劑也。

〔一九〕盧文弨曰：「屬」字新序無。

〔二〇〕奇猷案：新序重扁鵲二字，案此當重。

〔二一〕顧廣圻曰：「曰」字當衍。新序云「故聖人早從事矣」其明證也。⊙王先慎曰：以上見德經六十三章。⊙奇猷案：顧說是。松皋圓亦删「曰」字。

昔晉公子重耳出亡過鄭〔一〕，鄭君不禮。叔瞻諫曰：「此賢公子也，君厚待之，可以積德。」鄭君不聽。叔瞻又諫曰：「不厚待之，不若殺之〔二〕，無令有後患。」鄭君又不聽〔三〕。及公子返晉邦，舉兵伐鄭，大破之，取八城焉。晉獻公以垂棘之璧假道於虞而伐虢〔四〕，大夫宫之奇諫曰：「不可。脣亡而齒寒。虞、虢相救，非相德也〔五〕。今日晉滅虢，明日虞必隨之亡。」虞君不聽，受其璧而假之道。晉已取虢，還，反滅虞。此二臣者皆爭於腠理者也，而二君不用也。然則叔瞻、宫之奇亦虞、鄭之扁鵲也，而二君不聽，故鄭以破，虞以亡。故曰：「其安易持也，其未兆易謀也〔六〕。」

〔一〕奇猷案：盧文弨云：「當分段。」今從之。事又見十過篇。

〔二〕盧文弨曰：張、凌本無「待之」二字。⊙奇猷案：藏本、迂評本亦無，誤。

〔三〕王先慎曰：「鄭公」，當作「鄭君」。⊙奇猷案：趙本、迂評本、凌本作「鄭君」，今據改，上文亦作「君」可證。

〔四〕奇猷案：詳十過篇。

〔五〕王先慎曰：虞、虢之所以相救者，非彼此見德，緣滅亡隨之耳。

〔六〕顧廣圻曰：德經皆無兩「也」字。⊙王先慎曰：見六十四章。⊙奇猷案：持讀「自恃」之恃。

昔者紂為象箸而箕子怖〔一〕。以為象箸必不加於土鉶，必將犀玉之杯。象箸玉杯必不羹菽藿，則必旄象豹胎〔二〕。旄象豹胎必不衣短褐而食於茅屋之下〔三〕，則錦衣九重，廣室高臺〔四〕。吾畏其卒，故怖其始。居五年，紂為肉圃，設炮烙〔五〕，登糟邱〔六〕，臨酒池，紂遂以亡。故箕子見象箸以知天下之禍，故曰：「見小曰明〔七〕。」

〔一〕奇猷案：舊連上，盧文弨曰：「當分段。」今從之。⊙盧文弨曰：「怖」，史記、淮南作「唏」，凌本同。此自作「怖」，後同。⊙顧廣圻曰：「怖」當作「悕」，下文及說林上同。⊙王先慎曰：顧說非。說文：「怖，惶也，怖或从布聲。唏，笑也，一曰哀痛不泣曰唏。」按下文吾懼其卒，故怖其始。卒言懼，則始當言惶，不得於始即哀痛也。史記、淮南作「唏」誤，當依此訂正。藝文類聚七三、御覽七百五十九引作「怖」。⊙奇猷案：御覽七百六十引亦作「怖」。論衡龍虛篇：「傳曰：紂作象箸而箕子泣，泣之者，痛其極也。」按龍虛篇又云「以韓子證之」云云，則所謂傳似即指韓非書。悕、泣義近，可證此當以作「悕」為是。下文怖其始之怖，語氣與此別。且淮南說山作「唏」，而繆稱又作「嘰」，論衡龍虛作「泣」，實知又作「譏」，唏、悕、嘰、譏同聲通用，並與泣義近。

〔二〕盧文弨曰：「必旄」上脫「則」字，張、凌本有。⊙顧廣圻曰：旄，讀為芼。⊙王先慎曰：顧讀誤，呂氏春秋本味篇「肉之美者旄象之約」，高注：「旄，旄牛也。」旄、象二字，藝文類聚、御覽均作「旄象」。說林上篇亦作「旄象」。⊙奇猷案：藏本亦有「則」字，今據補。又案：「豹」，疑「約」形近之誤。釋名釋形體云「要（即今「腰」字），約也，在體中約結而小也」，則約即腰。「旄象約胎」即旄象之腰與胎也，與呂氏春秋本味篇「肉之美者旄象之約」之義正同。後人不知約之為腰，見「約」字無義，因以形近之「豹」字改之。

〔三〕劉堅曰：「短褐」，當作「裋褐」，以為「短」者誤也。裋，音如戍反。漢書貢禹傳「裋褐不完」，師古注：「裋者，童豎所著。褐，毛布衣。」賈誼、貨殖、班彪、劉平、張衡及貢禹傳凡六見，無作「短」字者。惟史記孟嘗君傳「士不得短褐」，索隱曰：「短，音豎，謂褐衣而豎裁之，省而便事。」亦非長短之短。唐人襲用，始以短對長，少陵詩：「賜浴皆長纓，與宴非短褐。」⊙顧廣圻曰：藏本同。今本「短」作「裋」，誤。按本書說林上亦作「短」，王命論「思有短褐之襲」，文選注云：「韋昭以短為裋。裋，襦也。短，丁管切。」依此，短褐自有所出，不必改為裋矣。⊙松皐圓曰：「短」，宜作「裋」。荀子「豎褐」，注：「僮豎之褐，亦短褐也。」齊俗訓：「裋褐不掩形。」列子：「朕衣則裋褐」，釋文：「裋，音豎。」方言：「複襦也。」說文：「粗衣也。」又：「敝布襦也。」又：「襜褕短者曰裋褕。」有作「短褐」者誤。又案：墨子：「鄰有短褐。」宋策作「裋褐」，注「豎使之褐」，吳注：「一本短褐」，姚注引韓文考異：「裋，一作短。」方云：貨殖傳用裋字。董彥遠、洪慶善皆辨古無短褐字，賈誼、貢禹、貨殖傳、班彪、劉平、張衡傳凡六見。班彪論、漢書作『裋』，文選則用『下管切』，是唐儒兩用之，故少陵以長纓為對，而史記孟嘗傳、國策、墨子語皆傳寫之誤。今案：國策：短，一作裋。史記：士不得裋褐，司馬貞亦音豎，班彪王命論『短』字，韋昭曰：當作裋。又淮南子：巫馬期絻衣短褐，高誘無說，未必皆傳寫之誤。柳子厚亦嘗用之，安知韓公之必不然乎，兩存以俟知者。」圓案：作短者非，齊俗訓「裋褐不完」，高誘云：「楚人謂袍為裋。褐，大布也。」謂高誘無說者，失考。⊙劉文典曰：案說文衣部：「裋，豎使布長襦也。」史記孟嘗君列傳「而士不得短褐」，索隱：「短，音豎。豎褐，謂褐衣而豎裁之，以其省而便事也。」裋本字，短借字耳。顧說未審。⊙奇猷案：當作「裋」，說文謂「粗衣也」得其義矣。裋褐不完，謂粗布之衣尚不完整也。且此以錦衣與裋褐對舉，當不能作「長短」之短。世人多見「短」，少見「裋」，諸書遂多誤「裋」為「短」也。又案說林「食」作「舍」，是也。茅屋所以舍也。

〔四〕王先慎曰：「則」下當有「必」字，說林上有，是其證。⊙奇猷案：有「必」字是，御覽七百六十引亦有。

〔五〕俞樾曰：段氏玉裁謂「炮烙」本作「炮格」，史記索隱引鄒誕云：『烙，一音閣。』楊倞注荀子議兵篇云：『烙，音古責反。』觀鄭、楊所音皆是格字無疑。鄭康成注周禮牛人云：『互，若今屠家縣肉格。』意紂所為亦相似。」段氏此説洵足訂正向來傳寫之誤。惟炮格似有二義：荀子議兵篇「紂刳比干，因箕子，為炮格刑」，楊注引列女傳曰：「炮格為膏銅柱加之炭上，令有罪者行焉，輒墜火中，紂與妲己大笑。」此則炮格為淫刑以逞之事，是一義也。若此文云「紂為肉圃，設炮格，登糟邱，臨酒池」，則似為飲食奢侈之事，別為一義。蓋為銅格布火其下，欲食者於肉圃取肉置格上，炮而食之也，如此説方與肉圃、糟邱、酒池一類。且因為象箸而至此，正見其由小而大，箕子所以畏其卒而怖其始也。若是炮格之刑，則不特與肉圃諸事不類，且與上文為象箸事亦絶不相干矣。呂氏春秋過理篇云：「糟邱酒池，肉圃為格。」格即炮格，不言炮格而直曰為格，即承肉圃之下，是於肉圃中為格也，其為炮肉之格明矣。高注：「格，以銅為之，布火其下，以人置上，人爛墮火而死。」夫糟邱、酒池、肉圃皆是飲食之地，何故即於其地炮炙人乎？蓋古書説炮格者本有二義，當各依本書説之。學者但知有前一義，不知有後一義，古事之失傳久矣。⊙王先慎曰：本書亦有二義，如難一篇炮烙連斬涉者之脛言，難二篇兩言請解炮烙之刑，難勢篇「桀、紂為高臺深池以盡民力，為炮烙以傷民性」，是皆以炮烙為淫刑。此炮烙與肉圃、糟邱、酒池並言，則指飲食奢侈之事。俞氏知古義之有二，而不知本書之義亦有二，故詳説之。⊙松皐圓曰：炮烙本為膰炙，後以為刑具耳。⊙奇猷案：松氏之説得之。

〔六〕王先慎曰：張榜本「糟」作「曹」。

〔七〕顧廣圻曰：今德經「曰」作「日」，傳本與此合。⊙王先慎曰：王弼作「曰」，淮南同。見五十二章。

句踐入宦於吳〔一〕，身執干戈為吳王洗馬〔二〕，故能殺夫差於姑蘇〔三〕。文王見詈於王門〔四〕，顔色不變，而武王擒紂於牧野。故曰：「守柔曰强。」越王之霸也不病宦〔五〕，武王之王也不病詈。故曰：「聖人之不病也，以其不病，是以無病也〔六〕。」

〔一〕奇猷案：舊連上，今提行。勾踐宦吴事，詳國語、史記。

〔二〕顧廣圻曰：「洗」，他書又作「先」。⊙王先慎曰：洗、先古通。謂前馬而走。越語「其身親為夫差前馬」是也。古本賤役，至漢始以此名官。百官公卿表太子太傅屬官有先馬，如淳云：「前驅也，先或作洗。」汲黯傳作「洗馬」，是其證。⊙奇猷案：王説是。顧炎武亦以「洗馬」為「先馬」，日知録卷二十四有詳考，兹不具引。

〔三〕王先慎曰：北堂書鈔一百二十三引「於」作「破」。

〔四〕盧文弨曰：王，即古玉字。⊙顧廣圻曰：戰國策云：「而武王羈於王門。」又吕氏春秋云「武王事之，夙夜不懈，亦不忘王門之辱」，高注：「文王得歸，乃築靈臺，作玉門，相女童，武王以此為耻而不忘也。」王即玉字。高所説見淮南道應訓。彼注「玉門，以玉飾門」可證也。武王不當有羈事，策「羈」當即「詈」之譌。⊙章太炎曰：御覽四百八十六引尸子「文王幽於羑里，武王羈於玉門」。案吕覽首時篇云「文王不忘羑里之愧，武王不忘玉門之辱」，是其事也。而韓非喻老篇「武王」作「文王」，「羈」作「詈」。顧千里謂「武王不當見羈，作『詈』為是」。然則韓非「文」當作「武」，尸子「羈」當作「詈」也。賈子連語云：「紂之官衛與紂之軀棄之玉門之外」，是玉門乃紂所作也。劉淵林吴都賦注「汲郡地中古文册書：紂作瑶臺，立玉門」，亦其證也。⊙奇猷案：章説甚精。今本竹書紀年，商紂九年「作瓊室，立玉門」，亦以玉門為紂所作。又案：顧説是。松皋圓依策改「詈」為「羈」，非。

〔五〕王先慎曰：「宦」，趙本作「官」，誤。⊙奇猷案：藏本亦作「官」，誤，上文作「宦」可證。

〔六〕顧廣圻曰：今德經無「之」字。傅本有，與此合。皆無「也」字。「以其不病」，傅本及德經皆作「以其病病」，按韓子自作「不病」。「是以無病也」，傅本作「是以不吾病」，今德經作「是以不病」，皆無「也」字。⊙王先慎曰：此謂不以為病，故能除病。以上見七十一章。

宋之鄙人得璞玉而獻之子罕〔一〕，子罕不受。鄙人曰：「此寶也，宜為君子器，不宜為細人用。」子罕曰：「爾以玉為寶，我以不受子玉為寶。」是鄙人欲玉，而子罕不欲玉。故曰：「欲不欲，而不貴難得之貨〔二〕。」

〔一〕「宋之鄙人」下盧文弨曰：下二條皆當連。⊙王先慎曰：見左襄十五年傳。二柄篇有子罕，當別一人。⊙奇猷案：事亦見淮南精神訓、新序節士篇、呂氏春秋異寶篇。

〔二〕顧廣圻曰：藏本同。今本無「而」字。傅本及今德經皆無「而」字。

王壽負書而行，見徐馮於周塗。馮曰〔一〕：「事者，為也。為生於時，知者無常事〔二〕。書者，言也。言生於知，知者不藏書〔三〕。今子何獨負之而行？」於是王壽因焚其書而儛之〔四〕。故知者不以言談教，而慧者不以藏書篋〔五〕。此世之所過也，而王壽復之〔六〕，是學不學也。故曰：「學不學，復歸衆人之所過也〔七〕。」

〔一〕顧廣圻曰：「周」字句絶，讀依淮南道應訓。「塗」字淮南作「徐」。此文上「徐」下「塗」，未詳孰是。⊙王先慎曰：依淮南作「徐」是也。「塗」為「徐」字形近之誤，後人又加「土」於其下耳。⊙奇猷案：既言行，則以作「塗」為是。

塗即今道途字。松皐圓與王說同，亦未確。又案：王壽，疑即漢書人表中上之王慎，亦見孟子。慎、壽音近。人表列王慎於顏敢、長息二人之中，長息為公明高弟子，則王慎當亦為一學者，與此言負書合。且與徐子時代亦合。徐馮疑即人表中中之徐子，藝文志儒家著録徐子四十二篇，班固自注云：「宋外黃人。」國策魏策及史記魏世家：「外黃徐子說太子申百戰百勝之術。」史集解云：「劉向別録曰：徐子，外黃人也。外黃時屬宋。」則策、史之徐子，即藝文志之徐子無疑。據史記，徐子為魏惠王時人也。

〔二〕王渭曰：「知」，當作「時」。⊙王先慎曰：王說是。道應訓「時」上有「知」字，乃誤衍，當依此訂正。⊙奇猷案：「知」下當依淮南道應訓補「時」字。知時者無常事，謂知時者權時而應變也，亦五蠹篇「世異則事異，事異則備變」之意。北堂書鈔百零一引正有「時」字可證。若作「知者」或「時者」皆不辭。王渭說未塙。

〔三〕顧廣圻曰：淮南子無「不」字。⊙王先慎曰：淮南脱「不」字。知，讀曰智。⊙奇猷案：知，如字。「知」下當有「言」字。「知言者不藏書」，與上「知時者無常事」相對為文。北堂書鈔百零一引正有「言」字。王說非。

〔四〕王先慎曰：高誘注：「自喜焚其書，故舞之也。」⊙奇猷案：儛，謂將着火之書策飛舞於空中。王說非。

〔五〕王先謙曰：「書」字當在「藏」字上。⊙陶鴻慶曰：案「篋」疑當為「學」，以俗音近而誤也。學與教文義相配，下文「此世之所過也，而王壽復之，是學不學也」云云，語意與此相承。王解引王先謙説「藏書」二字誤倒，非也。⊙奇猷案：「篋」當為「筴」，字形近之誤。六反篇「皆道書筴之頌語」，以「書筴」連文。五蠹篇曰「明主之國，無書簡之文」，以「書簡」連文，書簡與書筴同。「筴」即「策」字。王、陶説皆不確。

〔六〕王先慎曰：河上公注：「復之者，使反本也。」

〔七〕顧廣圻曰：傅本及德經無「歸」字、「也」字。又傅本「復」上有「以」字，與各本全異。⊙王先慎曰：王弼注：「學不學，以復衆人之過。」歸字疑衍。⊙奇猷案：「復歸」二字連文，在老子中為常語，如「復歸於無極」、「復歸於樸」、「復歸於無物」、「復歸於嬰兒」，皆其例。復歸，猶言「仍返回」也。衆人以「不以言談教」、「不以藏書筴」為過，是衆人以不學為過也。智慧者則以學為過，今學「不學」，是仍歸於衆人之所謂過也。

夫物有常容，因乘以導之，因隨物之容〔一〕。故静則建乎德，動則順乎道〔二〕。宋人有為其君以象為楮葉者〔三〕，三年而成。豐殺莖柯，毫芒繁澤〔四〕，亂之楮葉之中而不可别也〔五〕。此人遂以功食禄於宋邦〔六〕。列子聞之曰〔七〕：「使天地三年而成一葉，則物之有葉者寡矣〔八〕。」故不乘天地之資，而載一人之身〔九〕；不隨道理之數，而學一人之智〔一〇〕；此皆一葉之行也。故冬耕之稼，后稷不能羨也〔一一〕；豐年大禾，臧獲不能惡也〔一二〕。以一人力，則后稷不足；隨自然，則臧獲有餘。故曰：「恃萬物之自然而不敢為也〔一三〕。」

〔一〕顧廣圻曰：有誤，未詳。⊙王先慎曰：顧説非也。下「因」字微逗，其義甚明。物有定形，乘其機以引導之，不待雕琢，而聽其自然以成形。⊙蔣錫昌曰：廣雅：「容，法也。」吕覽士容篇「此國士之容也」，高注：「容，法也。」釋文引鍾會曰：「容，法也。」訓容為法，其本字當作「鎔」，説文：「鎔，冶器法也。」漢書食貨志注：「鎔，形容也，作錢模也。」考工記鄭衆注：「容，謂象式。」是為容、鎔通假之證。故訓容為法之法，皆指法象而言，即模範之義也。⊙奇猷案：蔣訓容為法，是也。此確有脱文，當作「因乘以導之，因隨物之容以成之」。其義為：因乘物之常法而引導之，因隨從該物之法而成就之。如隨從豐年大禾自然之法而成收穫之功，即「因隨物之容以成之」也。

〔二〕王先謙曰：静則心常主，動則物來順應。⊙奇猷案：此二語當釋為静則建德於心，動則順物之容，如下云刻削者即不能順乎道也。

〔三〕顧廣圻曰：「象」，列子説符篇作「玉」。⊙梁同書曰：淮南泰族訓高注：「象，象牙也。」是廣南人製象牙花之祖。⊙奇猷案：論衡自然篇作「木葉」。又案：上文「紂為象箸而箕子怖」，則象牙工業，其來尚矣。

〔四〕顧廣圻曰：「豐」，列子作「鋒」。⊙王先慎曰：作「豐」是。豐殺，謂肥瘦也。殺，音所拜反。⊙高亨曰：「繁」當作「顔」，聲之誤也。淮南泰族訓正作「顔」，即其證。⊙奇猷案：高説是。樹葉無所謂肥瘦，王説非也。此當作鋒。鋒謂尖鋭，殺謂平斜。淮南作「莖柯豪芒，鋒殺顔澤」可證。又案：毫芒，喻細微。漢書叙傳「鋭思於豪芒之内」，豪、毫同。

〔五〕王先慎曰：列子同。白孔六帖八十三引「亂」作「雜」，「別」作「辨」。⊙奇猷案：「別」，淮南作「知」。知，覺也。

〔六〕顧廣圻曰：「功」，列子作「巧」。⊙王先慎曰：「功」，當作「巧」。列子下文云「聖人恃道化而不恃智巧」，張湛注「此明用巧能不足以贍物，因道而化則無不周」，即承此巧字言之。功、巧形近而誤。⊙奇猷案：王説是。此刻削乃巧，而非功也。

〔七〕奇猷案：論衡作孔子。

〔八〕王先慎曰：白孔六帖引「天地」作「造化」，「寡」作「鮮」。

〔九〕太田方曰：荀子富國篇「以國載之」，注：「載，猶任也。」

〔一〇〕王先慎曰：趙本「智」上有「之」，依上文當有。⊙奇猷案：趙本是，今據補。

〔一一〕俞樾曰：「羡」，當作「美」，字之誤也。下文云「豐年大禾，臧獲不能惡也」，美與惡相對。⊙奇猷案：俞説非也。羡，盈餘也。引申之則有增多、增長之意。此謂后稷不能使冬耕之稼增長。

〔一二〕奇猷案：漢書司馬遷傳顔注引晉灼曰：「臧獲，敗敵所被虜獲為奴隸者。」案臧即贓字。漢書酷吏傳「贓」字多作「臧」是其證。賊，今以為「賊臧」之臧。其實臧者，乃意外所得之物。臧獲，即獲臧。俘虜當然為意外所得，故謂之臧獲。名義考引風俗通云：「臧，被罪没官為奴婢；獲，逃亡獲得為奴婢。」則非臧獲之本義矣。又案：臧獲不能惡，謂臧獲不能使之惡也。

〔一三〕顧廣圻曰：「恃」字，傅本、今德經皆作「以輔」。下「也」今德經無，傅本有，與此合。⊙王先慎曰：治要引老子「也」作「焉」。以上見六十四章。⊙奇猷案：恃，賴也。

空竅者，神明之户牖也〔一〕。耳目竭於聲色，精神竭於外貌，故中無主。中無主則禍福雖如丘山無從識之。故曰：「不出於户，可以知天下；不闚於牖，可以知天道〔二〕。」此言神明之不離其實也〔三〕。

〔一〕松皐圓曰：淮南精神訓：「孔竅者，精神之户牖也。」空、孔通。⊙奇猷案：舊連上，盧文弨云：「當分段」，今從之。

〔二〕顧廣圻曰：兩「可以」二字，今德經無，傅本有，與此合。皆無「於」字。下「知」字今德經作「見」，傅本作「知」，與此合。淮南道應訓引有「以」字，無「於」字，下「知」字亦作「見」。⊙王先慎曰：「闚」，河上公及傅本作「規」。畢沅考異云：「說文：窺，小視也。闚，閃也。閃，闚頭門中也。」方言：「凡相竊視，南楚謂之闚。」蓋穴中竊視曰窺，門中竊視曰闚。老子，楚人，用楚語作「窺」，韓子自作「闚」。

〔三〕奇猷案：實，猶内也。說詳解老篇「實心愛而不知」，即内心，可證。

趙襄主學御於王子期〔一〕，俄而與於期逐，三易馬而三後。襄主曰〔二〕：「子之教我御術未盡也。」對曰：「術已盡，用之則過也。凡御之所貴，馬體安於車，人心調於馬，而後可以進速致遠〔三〕。今君後則欲逮臣，先則恐逮於臣〔四〕。夫誘道爭遠，非先則後也，而先後心皆在於臣〔五〕，上何以調於馬〔六〕，此君之所以後也〔七〕。」白公勝慮亂〔八〕，罷朝，倒杖而策銳貫頤〔九〕，血流至於地而不知。鄭人聞之曰：「頤之忘，將何為忘哉〔一〇〕！」故曰：「其出彌遠者，其智彌少〔一一〕。」此言智周乎遠，則所遺在近也〔一二〕，是以聖人無常行也〔一三〕。能并智〔一四〕，故曰：「不行而知。」能並視，故曰：「不見而明〔一五〕。」隨時以舉事，因資而立功，用萬物之能而獲利其上，故曰：「不為而成〔一六〕。」

〔一〕楊升庵曰：韓子曰「王子期為趙簡子御」，子期，王良字也。左傳杜注以王良為郵無恤，未知孰是。然韓子去王良時近，或得真。⊙顧廣圻曰：「期」上當有「於」字，下文及本書外儲說右下皆同。⊙王先慎曰：顧說是。古文「於」字作「于」，與「子」形近，淺人以為複衍而妄刪之。下已改「于」為「於」，故得存其真耳。盧本反據此以改下文「於」字為「子」，誤。⊙劉師培曰：案本文當作「王於期」，於期即王良異名，故外儲說右並言王良、造父，復以於期與造父並文。於、于古通，故或作「王于期」。于、子形近，遂訛為「子」，故此文上作「王子期」，下作「於期」。外儲說右之「王子於期」，蓋緣一本作「於」，一本由「于」訛「子」，兩者相合，遂成羨文。⊙奇猷案：劉說是。呂氏春秋觀表篇云「趙之王良」，此云「趙襄主學御於王於期」，外儲說右下「王於期為趙簡主取道爭千里之表」，明王於期即王良也。又案：趙襄主即趙襄子，說詳十過篇。藏本、四部叢刊本「主」作「王」，下同，非。

〔二〕王先慎曰：趙本「主」作「王」，誤。

〔三〕松皐圓曰：「進」，當作「追」。荀子「欲得善馭，及速致遠，則莫若王良、造父」，淮南説林訓「造父之所以追速致遠者非轡銜矣」，又主術訓「夫載重而馬羸，雖造父不能以致遠，車輕馬良，雖中工可使追速也」，難勢篇亦作「追速」。⊙奇猷案：松説是。上文言「逐」，此云「追速」，文正相承，是其證。

〔四〕王先慎曰：誘道，誘馬於道也。⊙于思泊師曰：按讀誘為引誘之誘，非是。淮南子主術訓、精神訓注並云：「誘，惑。」上云「今君後則欲逮臣，先則恐逮於臣」，即惑道也。⊙奇猷案：王説是。誘即引誘之誘。禮樂記：「知誘於外」，鄭注：「誘，道也，引也。」（釋文：「道，音導。」）

〔五〕奇猷案：藏本、凌本「心」下有「皆」字，是，今據補。

〔六〕顧廣圻曰：今本「上」作「尚」。⊙王先慎曰：上、尚古通。張榜本「何」作「可」，誤。

〔七〕王先慎曰：此當連下為一條。⊙奇猷案：四部叢刊本此適至行末。今各本與下條分離，非是。今從叢刊本正。

〔八〕王先慎曰：秦策高注：「慮，謀也。」⊙奇猷案：白公勝為亂事，見左傳哀十六年。白公勝，楚平王之孫，太子建之子也。

〔九〕孫志祖曰：「頓」字無考。列子説符作「頤」，疑此亦「頤」字之譌。⊙顧廣圻曰：淮南子道應訓、列子説符篇作「罷朝而立，倒杖策，錣上貫頤」。按「頓」即「頤」字之別體也。玉藻鄭注「頤，或為霤」，可借證矣。⊙王先慎曰：御覽三百六十八引無「而」字，「頓」作「頤」。⊙高亨曰：「而策」當作「策而」，轉寫誤倒。「罷朝，倒杖策」句，「而鋭貫頓」句。謂倒杖持其策而策鋭穿其頓也。淮南子、列子並作「罷朝而立，倒杖策，錣上貫頤」，其證一也。高注「策端有針，以刺馬，謂之錣」，是錣與鋭同意。又淮南説山篇：「白公勝之倒杖策也。」明此亦必作「倒杖策」，二證也。⊙奇猷案：高説是。御覽三百六十八引正作「到（同倒）杖策」可證。

〔一〇〕顧廣圻曰：「為」，淮南子、列子作「不」。⊙王先愼曰：作「不」是。「為」字誤。⊙奇猷案：「為」作「不」，是。又案：據左傳，白公之父為鄭所殺，白公怨之，鄭因晉公求救於楚，楚使子西救之，白公因怒而謀亂。此謂白公謀亂心切，至忘其頤傷，則其他均在所不顧矣。

〔一一〕顧廣圻曰：傅本及今德經皆無「者」字。「少」，傅本作「尟」，與各本異。⊙奇猷案：淮南道應訓、精神訓，吕覽君守篇引均有「者」字。少、尟義同。

〔一二〕王先謙曰：思遠則忽近。⊙奇猷案：周，謂周旋。謂周旋遠事則忽略近事也。

〔一三〕物双松曰：無常行，謂不泥也。⊙奇猷案：：松説是。此亦五蠹篇「時異則事異，事異則備變」之意。

〔一四〕松臯圓曰：鄒陽書「公聽並觀」，注：「並觀，謂無偏也。」⊙奇猷案：松説是。智，讀知。「能並智」，謂聖人並遠近而能知之。下「能並視」，謂并遠近而能見之。

〔一五〕顧廣圻曰：傅本及今德經「明」皆作「名」。⊙奇猷案：此當作「明」。

〔一六〕王先愼曰：趙孟頫本「不」作「無」。以上見四十七章。

楚莊王莅政三年〔一〕，無令發，無政為也。右司馬御座而與王隱曰〔二〕：「有鳥止南方之阜，三年不翅不飛不鳴〔三〕，嘿然無聲，此為何名？」王曰：「三年不翅，將以長羽翼〔四〕。不飛不鳴，將以觀民則〔五〕。雖無飛，飛必冲天；雖無鳴，鳴必驚人。子釋之，不穀知之矣。」處半年，乃自聽政，所廢者十，所起者九，誅大臣五，舉處士六，而邦大治。舉兵誅齊，敗之徐州〔六〕，勝晉於河雍〔七〕，合諸侯於宋，遂霸天下。莊王不為小害善，故有大名〔八〕；不蚤見示，故有大功。故曰：「大器晚成，大音希聲〔九〕。」

〔一〕盧文弨曰：「當分段。」⊙奇猷案：盧說是，今從之。

〔二〕盧文弨曰：張、凌本「座」作「坐」。⊙奇猷案：御座，猶言侍坐也。又案：此僅言官銜右司馬，不書其名。史記楚世家作伍舉，呂氏春秋重言篇作成公賈，新序雜事二作士慶，但滑稽傳以此為淳于髡説齊威王。⊙奇猷案：「隱」，呂氏春秋作「讔」。説文無「讔」字。蓋本作「隱」，後人加言旁耳。文心雕龍諧讔篇：「讔者，隱也，遯辭以隱意，譎譬以指事也。」

〔三〕顧廣圻曰：史記楚世家、新序無「不翅」，餘亦各不同。呂氏春秋重言篇「不翅」作「不動」。

〔四〕顧廣圻曰：藏本、今本「長」上無「觀」字。⊙奇猷案：「觀」字因下而衍，呂氏春秋亦無，今刪。

〔五〕王先慎曰：則，法也。

〔六〕顧廣圻曰：史記年表「威王七年圍齊於徐州」，楚世家同。或此莊王謂威王也。

〔七〕奇猷案：注見上。

〔八〕王先謙曰：「害」字不當有，蓋與「善」形近誤衍。⊙奇猷案：王説是，松皐圓説同。

〔九〕顧廣圻曰：傅本「希」作「稀」。按希、稀同字也。⊙王先慎曰：傅本「音」作「言」，與各本全異。見四十一章。

楚莊王欲伐越〔一〕，杜子諫曰〔二〕：「王之伐越何也？」曰：「政亂兵弱。」杜子曰：「臣愚患之。智如目也〔三〕，能見百步之外而不能自見其睫〔四〕。王之兵自敗於秦、晉，喪地數百里，此兵之弱也。莊蹻為盜於境内而吏不能禁〔五〕，此政之亂也。王之弱亂非越之下也，而欲伐越〔六〕，此智之如目也。」王乃止。故知之難，不在見人，在自見。故曰：「自見之謂明〔七〕。」

〔一〕盧文弨曰：連下為一條。⊙顧廣圻曰：荀子楊倞注引無「莊」字。按莊王與莊蹻不同時，或此莊王亦謂威王也。古今人表下有嚴蹻與威王相接。⊙奇猷案：顧説是，考詳下。荀子注見議兵篇。

〔二〕顧廣圻曰：楊注引此「杜」作「莊」。⊙王先慎改「杜」為「莊」，曰：案「杜」乃「莊」之誤，御覽三百六十六引作「莊」，下同。⊙奇猷案：松臯圓亦依荀子注改「杜」為「莊」。文選廣絶交論注引作莊周子，齊明帝讓宣城郡公第一表引又作莊子。案未詳，或即有杜子其人。

〔三〕盧文弨曰：「臣」下「愚」字衍，張、凌本無。「之智」，當作「智之」，舊倒，譌。⊙王渭曰：「患」下有脱字。⊙王先慎改「臣愚患之智」為「臣患智之」，曰：盧説是，下「此智之如目也」即承此句。王渭不知「之智」二字之倒，故疑有脱文。御覽引正作「臣患知之如目也」。⊙奇猷案：藏本亦無「愚」字，誤。「臣愚患之」句，「智如目也」句。臣愚患之，謂臣雖愚，但患王以越之政亂兵弱而伐越也，對楚莊王欲伐越言之。智如目也，與下文相連，乃譬喻之辭。王説非。

〔四〕王先慎曰：御覽引無「自」字，「睫」作「眥」。

〔五〕顧廣圻曰：藏本、今本「莊」下無「蹻」字。按「蹻」字當衍。荀子議兵篇「莊蹻起，楚分為三四」，楊倞注引此無「蹻」字。史記西南夷列傳：「始楚威王時，使將軍莊蹻將兵。」又云「莊蹻者，故楚莊王苗裔也」，索隱：「楚莊王弟為盜者。」當是據此耳。吕氏春秋介立篇云「莊蹻之暴郢」，高誘注「莊蹻，楚成王之大盜」，「成」當作「威」。又異用篇云「跖與企足」，高誘注：「企足，莊蹻也。皆大盜人名。」「蹻」誤作「蹊」，校者旁改，遂致兩有。⊙皮錫瑞曰：案顧說是也。漢書西南夷傳：「始楚威王時使將軍莊蹻將兵，循江上略巴、黔中以西，會秦擊奪楚巴、黔中郡，道塞不通。」沈欽韓曰：「華陽國志作頃襄王與秦取楚黔中郡事較合。」錫瑞案：沈說亦是也。疑楚有兩莊蹻，并非一人。蹻既為盜，吏不能禁，又安得為將軍將兵，其為異時異事可知。前之莊蹻為盜者在楚威王時，今本韓子作莊王誤也。後之莊蹻為將者在頃襄王時，當從華陽國志，今本史記、漢書作威王亦誤也。楊倞云「蹻初為盜，後為楚將」，是調停之說，不合事理，亦與當時事實不相符。⊙奇猷案：顧說是。吕氏春秋介立篇亦云「莊蹻之暴郢也」，論衡命義篇「盜跖、莊蹻橫行天下，聚黨數千，攻奪人物，斷斬人身，無道甚矣」，皆作莊蹻而不作莊蹊蹻。文選廣絶交論注引亦作莊蹻，皆可證，今據删「蹊」字。皮說亦是也。困學紀聞考史亦以將軍莊蹻與盜名氏同，是二人。荀子議兵篇以唐蔑之死與莊蹻竝言，「蔑」即「昧」，秦殺唐昧在楚懷王二十八年，則蹻當是威、懷時人也。又案：韓詩外傳四、史記禮書皆有「莊蹻起，楚分為三四」之語，亦作「莊蹻」，無「蹊」字。

〔六〕盧文弨曰：張、凌本「欲」上有「而」字。⊙王先慎曰：御覽引亦有。⊙奇猷案：藏本亦有「而」字，今據補。

〔七〕顧廣圻曰：傅本及今道經「之謂」二字作「者」。傅本末有「也」字，下句同。⊙王先慎曰：「自見」老子作「自知」。此文上言「臣患智之如目也」，又言「此智之如目也」，即以莊王事喻老子「自知之謂明」句，道經「自知」即承「知人者智也」而言，無作「見」之本，此「見」字即緣上兩「見」字而誤，非韓子所見本有不同也，當依老子作「知」。⊙奇猷案：上文言「自見」，故此云「自見之謂明」。疑「見」乃韓非改老子之文，而非「知」誤為「見」也。蓋韓非之解老子，非為解老而解老，乃借老子以發揮其思想。例如前條解「大器晚成，大音希聲」，則曰「不蚤見示，故有大功」，正是南面篇所謂「人主欲為事，不通其端末，而以(同已)明其欲，有為之者，其為不得利，必以害反」，及主道篇所謂「君無見其所欲，君無見其意」之義，而非老子「大器晚成，大音希聲」之本意。故韓非為發揮其思想之便利，引老子文而改其字，非不可能也。若如王説改「見」為「知」，則與上文言「見」不相蒙矣。

子夏見曾子。曾子曰：「何肥也？」對曰：「戰勝，故肥也。」曾子曰：「何謂也？」子夏曰：「吾入見先王之義則榮之〔一〕，出見富貴之樂又榮之〔二〕，兩者戰於胷中，未知勝負，故臞。今先王之義勝，故肥。」是以志之難也，不在勝人，在自勝也。故曰：「自勝之謂强〔三〕。」

〔一〕太田方曰：「先王之義」，史記樂書作「夫子之道」。

〔二〕松皐圓曰：淮南子精神訓「榮」作「説」。⊙奇猷案：説、悦同。榮亦悦也。

〔三〕王先慎曰：以上見三十三章。⊙奇猷案：「之謂」二字老子作「者」。

周有玉版〔一〕，紂令膠鬲索之，文王不予，費仲來求，因予之。是膠鬲賢而費仲無道也〔二〕。周惡賢者之得志也，故予費仲。文王舉太公於渭濱者，貴之也；而資費仲玉版者，是愛之也〔三〕。故曰：「不貴其師，不愛其資，雖知大迷〔四〕，是謂要妙〔五〕。」

〔一〕奇猷案：史記太史公自序「金匱玉版」，集解云「刻玉版以為文字」，則玉版所以刻文字者也。

〔二〕奇猷案：是，猶夫也，詳王引之經傳釋詞。

〔三〕奇猷案：是愛無道者得志於紂也。

〔四〕王先慎曰：知，讀為智。趙本「大」作「太」，誤。

〔五〕顧廣圻曰：傅本「是」作「此」，與各本全異。⊙王先慎曰：河上公注：「能通此意，是謂知微妙要道也。」見二十七章。⊙奇猷案：老子本意謂不貴其師、不愛其資為智，雖有智慧而必以大迷處之。而韓子此喻則以文王師太公、資費仲為智，若不師太公、資費仲，則文王雖智，亦必大迷失也。與老子原意正相反。

説林上第二十二〔一〕

湯以伐桀〔二〕，而恐天下言己為貪也，因乃讓天下於務光〔三〕。而恐務光之受之也，乃使人説務光曰：「湯殺君而欲傳惡聲于子，故讓天下於子〔四〕。」務光因自投於河〔五〕。

〔一〕盧文弨曰：藏本卷七起。⊙王先慎曰：索隱云：「説林者，廣説諸事，其多若林，故曰説林也。」⊙梁啟超曰：説林二篇似是預備作内外儲説之資料。⊙奇猷案：索隱説是。梁説誤，此蓋韓非搜集之史料備著書及游説之用。

〔二〕王先慎曰：以、已同。

〔三〕奇猷案：「因乃」二字當衍其一。

〔四〕王先慎曰：言湯欲嫁名於務光，故讓務光以天下。受湯之天下，是並弑君之名而受之。

〔五〕奇猷案：本書説疑篇云：「卞隨、務光、伯夷、叔齊等等，此十二人者，皆上見利不喜，下臨難不恐，或與之天下而不取，此十二人者，或伏死於窟穴，或槁死於草木，或飢餓於山谷，或沈溺於水泉。」據此文所言，湯傳天下，務光投河，則説疑篇所言「與之天下而不取」與「沈溺於水泉」者，乃指務光言也。莊子讓王篇亦云：「湯伐桀，尅之，以讓卞隨，卞隨辭。又讓瞀光，（即務光）瞀光辭曰：廢上，非義也，殺民，非仁也，人犯其難我享其利，非廉也，吾聞之，非其義者不受其禄，無道之世不踐其土，況尊我乎？吾不忍久見也。乃負石而自沈於廬水。」則湯欲傳惡聲於務光而讓之天下當有其事。且諸書所載有堯讓天下於許由、舜讓天下於丹朱、禹讓商均，此云湯讓務光，本書姦劫弑臣篇武王讓伯夷、叔齊。自堯、舜以還，每代皆有讓天下不受之事。然則此皆有國者之權謀，與韓非此條所言欲傳惡聲之計，同一轍也。本書有主道篇、七術篇，可參閱。

秦武王令甘茂擇所欲為於僕與行事〔一〕。孟卯曰〔二〕：「公不如為僕。公所長者，使也〔三〕。公雖為僕，王猶使之於公也〔四〕。公佩僕璽而為行事，是兼官也〔五〕。」

〔一〕俞樾曰：「事」字衍文。下文曰「公佩僕璽而為行事」，是僕與行為官名。言佩僕之璽而為行之事也。讀者誤以行事連讀，遂於此文亦增「事」字矣。⊙奇猷案：俞説疑是。外儲説右下篇「周行人却衞侯」，難二篇「行人燭過」，二行人皆君主左右近臣，周行人對外賓，近於使臣之職，則此文「行」疑即「行人」也。史記有甘茂傳，可參閱。

〔二〕「孟卯」，松臯圓曰：外儲説作「昭卯」，秦紀作「芒卯」，索隱引譙周曰：「孟卯也。」

〔三〕王先慎曰：長，音直良切。⊙奇猷案：謂專長。

〔四〕王先慎曰：言雖受僕之職而行之事猶使公。

〔五〕奇猷案：韓非主張一人不兼官，一官不兼事，説詳二柄篇。

子圉見孔子於商太宰〔一〕。孔子出，子圉入，請問客。太宰曰：「吾已見孔子，則視子猶蚤蝨之細者也。吾今見之於君。」子圉恐孔子貴於君也，因謂太宰曰〔二〕：「君已見孔子，亦將視子猶蚤蝨也〔三〕。」太宰因弗復見也。

〔一〕奇猷案：商，即宋也，詳日知録卷二。宋太宰即戴驩，詳内儲説上「商太宰」條，非史記宋世家之太宰華督，蓋華督在孔子前。

〔二〕王先慎改「請」為「謂」，曰：各本「謂」作「請」，緣上文「請」字而誤，御覽九百五十一引作「謂」。⊙奇猷案：王説是，迂評本、凌本作「謂」，今據改。

〔三〕顧廣圻曰：今本下「子」字作「之」，誤。按「孔子」二字不當重。⊙王先慎删「孔子」二字曰：案御覽不重「孔子」二字。⊙奇猷案：「孔子」二字不當重，迂評本、凌本不重，今據删。

魏惠王為臼里之盟〔一〕，將復立於天子〔二〕。彭喜謂鄭君曰〔三〕：「君勿聽。大國惡有天子，小國利之〔四〕。若君與大不聽，魏焉能與小立之〔五〕。」

〔一〕顧廣圻曰：臼，戰國韓策作「九」。⊙奇猷案：臼、九音近通假，古音皆隸幽部。

〔二〕王先慎曰：「立於」二字當衍，策無。

〔三〕顧廣圻曰：「彭」，策作「房」，鄭君，策作韓王。按「房」當是「旁」之誤，彭、旁同字也。鄭即韓也，韓策有謂鄭王曰章，本書七術篇「魏王謂鄭王曰」，又「困梁、鄭」，六微篇「公叔因内齊軍於鄭」，皆可證也。⊙王佩諍曰：按房亦讀如旁。詩魯頌「籩豆大房」，音義：「房，當讀如旁。」史記秦始皇本紀「作阿房宮」，三家注以為當讀作阿旁。是房、旁同音，儘可叚借為「彭」字。⊙奇猷案：彭即旁，鄭即韓，均是也。史記魏世家「惠王十五年，魯、衛、宋、鄭君來朝」，索隱云「鄭者，韓昭侯也」，是其證。上條稱宋太宰為商太宰，亦其例。

〔四〕王先慎曰：惡，烏路反。

〔五〕王先慎曰：策「大」「小」下並有「國」字。⊙奇猷案：「國」字可省。

晉人伐邢〔一〕，齊桓公將救之。鮑叔曰：「太蚤。邢不亡，晉不敝；晉不敝，齊不重。且夫持危之功，不如存亡之德大〔二〕。君不如晚救之以敝晉，齊實利〔三〕。待邢亡而復存之，其名實美〔四〕。」桓公乃弗救。

〔一〕顧廣圻曰：與左傳不同。⊙松皋圓曰：春秋：莊三十二年狄伐邢，次年（猷案：閔公元年），齊人救邢。此云晉人者，謬。⊙奇猷案：舊連上，今依藏本、趙本提行。

〔二〕松皋圓曰：持，扶翊也。

〔三〕王先慎曰：「齊」當為「其」之誤，下「其名美」，此言「其實利」，明不當作「齊」。⊙奇猷案：「齊實利」者，猶言我實利也，齊字乃自謂之辭。

〔四〕王渭曰：「實」字衍。⊙奇猷案：「實」字不必衍。又案：閔公二年左傳云「僖公之元年，齊桓公遷邢于夷儀」，即鮑叔「邢亡而復存之」之策。

子胥出走〔一〕，邊候得之〔二〕。子胥曰：「上索我者，以我有美珠也。今我已亡之矣，我且曰子取吞之。」候因釋之〔三〕。

〔一〕顧廣圻曰：燕策云張丑。⊙王先慎曰：吴越春秋作伍子胥，與此同。⊙松皋圓曰：史表楚平王七年伍員奔吴。

〔二〕王先慎曰：候，吏也。吴越春秋作「關吏欲執之」。

〔三〕王先慎曰：藝文類聚八十四引候上有「邊」字。「因」字作「憂而」二字，誤。吴越春秋作「關吏因舍焉」，正作「因」字。⊙奇猷案：候恐上剖腹取珠也。

慶封為亂於齊而欲走越〔一〕。其族人曰：「晉近，奚不之晉？」慶封曰：「越遠，利以避難〔二〕。」族人曰：「變是心也，居晉而可。不變是心也，雖遠越，其可以安乎〔三〕！」

〔一〕顧廣圻曰：左傳云奔吴。⊙松皋圓曰：史記：齊景公三年，慶封為亂奔魯，遂奔吴。事詳襄二十八年左傳。⊙奇猷案：舊連上，今依藏本提行。

〔二〕奇猷案：以，猶於也。

〔三〕奇猷案：謂變為亂之心，則居近而無難；不變為亂之心，則雖遠亦不得安也。慶封後為楚所殺。

智伯索地於魏宣子〔一〕，魏宣子弗予。任章曰〔二〕：「何故不予？」宣子曰：「無故請地，故弗予〔三〕。」任章曰：「無故索地，鄰國必恐。彼重欲無厭，天下必懼。君予之地，智伯必驕而輕敵，鄰邦必懼而相親，以相親之兵待輕敵之國，則智伯之命不長矣〔四〕。周書曰：『將欲敗之，必姑輔之，將欲取之，必姑予之〔五〕。』君不如予之以驕智伯。且君何釋以天下圖智氏，而獨以吾國為智氏質乎〔六〕？」君曰：「善。」乃與之萬户之邑。智伯大悅。因索地於趙，弗與〔七〕，因圍晉陽，韓、魏反之外，趙氏應之内〔八〕，智氏自亡〔九〕。

〔一〕顧廣圻曰：「宣」，策作「桓」，説苑權謀篇作「宣」。⊙奇猷案：「宣子」，當依魏策作「桓子」，説詳十過篇。

〔二〕顧廣圻曰：説苑權謀篇作「任增」。按魏策與此同，古今人表中有任章。⊙王先慎曰：淮南人間訓作「任登」，登、增聲近，本書外儲説左上篇作「王登」，「王」即「壬」之誤，任、壬古通。章、登蓋一人而二名耳。⊙王佩諍曰：王氏謂王當作壬，是，吕氏春秋知度篇正作「壬」，壬、任同字。又案：古讀章，如「臧獲」之臧，今吴語猶然。臧、增、蒸、登遞嬗通叚，則其為一人無疑。⊙奇猷案：王佩諍説是。

〔三〕王先慎曰：「請」，當為「索」，上下文並作「索」，策亦作「索」。⊙奇猷案：請、索義同。説苑亦作「請」。宣子用「請」字，任章用「索」字，乃口語不同，不必改字。

〔四〕盧文弨曰：「伯」，張、凌本作「氏」。⊙王先慎曰：策亦作「氏」。⊙奇猷案：藏本亦作「氏」。

〔五〕王先慎曰：王應麟疑此為蘇秦所讀周書陰符之類。

〔六〕王先慎曰：質，的也。存韓篇「則秦必為天下兵質矣」，義正同。⊙松皐圓曰：質，謂智氏之鋒聚於魏也。吴注：「與之以地，猶質也。」鮑注「質」作「資」，云：「舍此不圖，適足為智氏來伐之資也。」皆非。⊙奇猷案：王、松二氏説是也。荀子勸學篇「是故質的張而弓矢至焉」，楊注：「質，射侯也。」周禮司裘先鄭注云：「方十尺曰侯，四尺曰鵠，二尺曰正，四寸曰質。」

〔七〕奇猷案：「趙」字當重，魏策、説苑皆重。

〔八〕奇猷案：以趙言，韓、魏反智氏於外，趙氏以内應外。

〔九〕王先慎曰：策「自」作「遂」，説苑亦作「遂」。⊙陶鴻慶曰：案「自」乃「因」字之誤。外儲説左上篇云「鄭縣人有屈公者，聞敵恐，因死，恐已，因生」，文法與此同。⊙楊樹達曰：按「自」字當作「以」。以，古目，與自形近而誤。⊙奇猷案：楊説是。策、説苑自作「遂」。

秦康公築臺三年。荆人起兵，將欲以兵攻齊。任妄曰〔一〕：「饑召兵〔二〕，疾召兵，勞召兵，亂召兵。君築臺三年，今荆人起兵將攻齊，臣恐其攻齊為聲，而以襲秦為實也，不如備之。」戍東邊，荆人輟行〔三〕。

〔一〕奇猷案：任妄，無考。史記秦本紀有任鄙為秦武王力士，以時代言，則任妄為任鄙之父執輩也。

〔二〕奇猷案：饑，藏本作飢，誤。

〔三〕王念孫曰：案「輒」當為「輟」。輟，止也。言荆人知秦之有備而止其行也。後魏文侯借道於趙而攻中山章云「彼知君利之也，必將輟行」，是其證矣。⊙王先慎曰：「輟」，一本作「輒」，非。⊙奇猷案：今各本皆作「輟」，惟四部叢刊本作「輒」。案叢刊本與吴鼒本同源，今者乾道黄三八郎原刻本未得見，此係叢刊之誤，或吴鼒改「輒」為「輟」，則未可知也。余疑此原作「輒」，吴鼒影鈔黄三八郎本即改為「輟」，而顧氏識誤所據者為原影鈔本，故顧氏於此無一辭。王念孫未見黄三八郎本，其所據者諒係另一本，或即馮舒用為校勘之宋本。（馮舒用宋本校，見盧文弨韓非子拾補序）又案：王氏集解不收王念孫此條，而云「一本作輒」，蓋不得其故之過也。

齊攻宋，宋使臧孫子南求救於荆〔一〕。荆大説〔二〕，許救之，甚歡〔三〕。臧孫子憂而反。其御曰：「索救而得，今子有憂色何也？」臧孫子曰：「宋小而齊大。夫救小宋而惡於大齊，此人之所以憂也，而荆王説〔四〕，必以堅我也。我堅而齊敝，荆之所利也。」臧孫子乃歸，齊人拔五城於宋而荆救不至〔五〕。

〔一〕顧廣圻曰：宋策無「孫」字。

〔二〕奇猷案：策「荆」下有「王」字。案「王」字當有，策注威王。齊為威王，則楚為宣王也。

〔三〕顧廣圻曰：「歡」，當從策作「勸」，高注：「勸，力也。」⊙奇猷案：顧説是，松皋圓亦依策改。

〔四〕王先慎曰：策「説」下有「甚」字。

〔五〕奇猷案：史記宋世家宋君偃十一年齊取五城。

魏文侯借道於趙而攻中山〔一〕，趙肅侯將不許〔二〕。趙刻曰〔三〕：「君過矣。魏攻中山而弗能取，則魏必罷，罷則魏輕，魏輕則趙重。魏拔中山，必不能越趙而有中山也，是用兵者魏也，而得地者趙也。君必許之。許之而大歡〔四〕，彼將知君利之也，必將輟行。君不如借之道，示以不得已也。」

〔一〕奇猷案：下樂羊為魏將而攻中山，當同一事。

〔二〕松皋圓曰：策無「肅」字，魏文、趙肅侯相去殆六十年，宜作烈侯為正。⊙奇猷案：松説是。趙策以此事繫烈侯下。

〔三〕顧廣圻曰：「刻」，趙策作「利」。

〔四〕顧廣圻曰：藏本、今本重「許之」，策有。「歡」，當從策作「勸」。⊙奇猷案：重「許之」二字是也，迂評本、凌本亦重，今據補。案：「歡」，策作「勸」亦是也。上條「許救之甚勸」，「勸」今亦誤「歡」，是歡、勸易誤之證。

鴟夷子皮事田成子〔一〕。田成子去齊，走而之燕，鴟夷子皮負傳而從〔二〕。至望邑，子皮曰：「子獨不聞涸澤之蛇乎？澤涸〔三〕，蛇將徙，有小蛇謂大蛇曰：子行而我隨之，人以為蛇之行者耳，必有殺子，不如相銜負我以行〔四〕，人以我為神君也〔五〕。乃相銜負以越公道〔六〕。人皆避之，曰：神君也。今子美而我惡，以子為我上客，千乘之君也；以子為我使者，萬乘之卿也。子不如為我舍人。」田成子因負傳而隨之。至逆旅，逆旅之君待之甚敬〔七〕，因獻酒肉。

〔一〕顧廣圻曰：墨子非儒篇「乃樹鴟夷子皮於田常之門」即其事也。說苑臣術篇：「陳成子謂鴟夷子皮。」⊙松皐圓曰：春秋末稱鴟夷子皮者有三：一、楚之賢人，說苑云「鴟夷子皮日侍於屈春」是也。一、齊之商人，詭稱范蠡變姓名者，太史公列之貨殖傳是也。又一：即田氏之黨人也，淮南氾論訓：「私門成黨而公道不行，故使田成、鴟夷子皮得成其難。」

〔二〕門無子曰：傳，信也。以繒帛為之，出入關合信。⊙奇猷案：漢書文帝紀「除關無用傳」，顏注：「傳，古者或用桀，或用繒帛。」

〔三〕王先慎曰：各本作「涸澤」，誤倒。藝文類聚九十六、御覽九百三十三、事類賦二十八引作「澤涸」。⊙奇猷案：作「澤涸」是，今據乙。

〔四〕王先慎「殺」下補「子者」二字曰：各本脱「子者」二字，文不成句。藝文類聚、御覽引有「子」字、無「者」字，亦誤。今依事類賦引補「子者」二字。⊙孫子書師曰：按各本無「子者」二字，乃韓子原文。御覽、類聚引無「者」字，惟誤重「子」字耳。韓子文作「必有殺子」，言子行而我隨之，必有殺子者，不如相銜負我以行也。「者」字省略，古書此例甚多：本書用人篇「使伯夷與盜跖俱辱，故臣有叛主」，言臣有叛主者也。禮記儒行篇云「儒有衣冠中，動作慎」，言儒有衣冠中，動作慎者也。（猷案：此下舉例尚多，今略。）事類賦有「子者」二字，乃後人不知古人語例而誤增。王氏據此一書以斥未誤各本，失之疏矣。⊙奇猷案：有，猶或也，詳王氏經傳釋詞。書盤庚「乃有不吉不迪」，乃有、乃或也。有字與此用法同。下「韓宣王謂樛留」條，「羣臣有内樹黨」，「有」，策作「或」，亦其證。

〔五〕盧文弨曰：「人」下脱「必」字。⊙王先慎補「必」字曰：案藝文類聚、御覽、事類賦引有「必」字。⊙孫子書師曰：按神君，屢見史記封禪書。韓子亦云神君，是其語已久。⊙奇猷案：無「必」字已通，不必增字。凌本、迂評本有「必」字，乃妄增耳。

〔六〕顧廣圻曰：藏本、今本「道」下有「而行」二字。按不當有。⊙王先慎補「而行」二字曰：案「而行」二字不當省。藝文類聚、御覽、事類賦引亦有。⊙奇猷案：顧説是。越，踰也。越公道，即行過公道，不當更有「而行」二字。

〔七〕松皐圓曰：「君」，宜作「父」。逆旅之父，見下。⊙太田方曰：君、父二字篆文相似而誤。⊙奇猷案：君，主也。逆旅之君，猶言逆旅之主也，不必改字。

温人之周，周不納客〔一〕，問之曰：「客耶？」對曰：「主人〔二〕。」問其巷人而不知也〔三〕，吏因囚之。君使人問之曰：「子非周人也，而自謂非客何也？」對曰：「臣少也誦詩曰：普天之下，莫非王土，率土之濱，莫非王臣〔四〕。今君，天子，則我天子之臣也，豈有為人之臣而又為之客哉〔五〕？故曰主人也。」君使出之。

〔一〕顧廣圻曰：句絶。

〔二〕顧廣圻曰：周策無「問之曰客」四字，「耶」作「即」，非。姚校「一本同此」者是。

〔三〕王先慎刪「人」字曰：各本「巷」下衍「人」字，周策作「問其巷而不知也」，無「人」字，此涉上文而誤。御覽六百四十二引此無「人」字，今據刪。⊙奇猷案：問其巷人，猶言問其同巷之人為誰，以考驗其是否周人也。蓋古者城市小，人口不多，守城者最少知各巷較聞名之人，故以此考客。則此文甚通，不必改同周策。說林下「鄭人築壞牆，其巷人曰」云云，亦以同巷之人為「巷人」。

〔四〕王先慎曰：詩小雅北山之篇。⊙奇猷案：毛詩「普」作「溥」，字通。

〔五〕奇猷案：為，讀謂。

韓宣王謂樛留曰〔一〕：「吾欲兩用公仲、公叔其可乎〔二〕？」對曰：「不可。晉用六卿而國分，簡公兩用田成、闞止而簡公殺〔三〕，魏兩用犀首、張儀而西河之外亡〔四〕。今王兩用之，其多力者樹其黨〔五〕，寡力者借外權。羣臣有內樹黨以驕主〔六〕，有外為交以削地〔七〕，則王之國危矣。」

〔一〕顧廣圻曰：「樛」，韓策作「摎」。案樛、摎同字。本書難一篇作「樛」。⊙松皐圓曰：策注：「樛留，韓人。」⊙奇猷案：舊連上，今從藏本、趙本提行。

〔二〕奇猷案：史記韓世家：「公叔，名伯嬰。」又索隱曰：「公仲，名侈。」公仲侈即十過篇之公仲朋。

〔三〕奇猷案：詳内儲説下「田恒相齊」條。

〔四〕王先慎曰：難一篇犀首、張儀作樓、翟，餘亦不同。⊙松皐圓曰：魏策吴師道注：「大事記：魏惠後十三年，張儀相魏，魏不事秦，以公孫衍代相。按儀留魏四歲，後説襄王，久之乃去，二人更迭用，猶兩用也。」⊙王佩諍曰：犀首，屢見戰國策。即公孫衍也，見國策及孟子。史記本傳：「公孫衍，魏之陰晉人。」梁玉繩古今人表考云：「史記集解引司馬彪云：犀首，魏官名，若今虎牙將軍。」衛策亦有「犀首」，吴師道注疑為姓名或號。考西周策、魏策有魏將犀武，則「犀首」未定官名，當是號也，故高誘注吕氏春秋開春論曰：「公孫衍號為犀首。」莊子則陽篇釋文：「犀首，元嘉本作齒首。」⊙奇猷案：本書外儲説右上：「犀首，天下之善將也，梁王之臣也。秦王欲得之與治天下，犀首曰：衍其人臣者也，不敢離主之國。」據此，則犀首當為公孫衍之號。

〔五〕顧廣圻曰：此「樹」上脱「内」字，策有。⊙奇猷案：顧説是。下云：「内樹黨」，有「内」字可證。又案：力，勢力也。

〔六〕顧廣圻曰：「有」，策作「或」。按或、有同字。⊙顧廣圻曰：「主」下衍「内」字，策無。⊙王先慎曰：此「内」字即上文「樹」下「内」字錯移在此。⊙奇猷案：藏本、趙本、迂評本、凌本「主」下無「内」字，今據删。

〔七〕王念孫曰：「削地」，當為「列地」。列，古裂字。（艮九三曰：「艮其限，列其夤。」大戴禮曾子天圓篇曰：「割列禳瘞。」管子五輔篇曰：「博帶梨大袂列。」荀子哀公篇曰：「兩驂列兩服入廐。」）裂，分也。言借外權以分地也。韓策作「或外為交以裂其地」，是其明證矣。「列」字本作𠜑，形與削相似，因誤為「削」。説文：「𠜑，分解也，从刀，𡿪聲。裂，繒餘也，从衣，列聲。」今九經中「分列」之字多作「裂」，未必非後人所改。此「列」字若不誤為「削」，則後人亦必改為「裂」矣。⊙奇猷案：削，亦分解也。説文：「削，鞞也，一曰析也。」析即分解之意，是列與削為同義字。五蠹篇「子貢辯智而魯削」，亦以削為分裂之義。且諸書多用「削地」連文，如齊策「齊削地而封田嬰」，是其例。本書亦皆用「削」字，則古人自言「削地」，不必用「列地」也。王氏將諸書「削」字皆改為「列」字，非是。

紹績昧醉寐而亡其裘〔一〕。宋君曰〔二〕：「醉足以亡裘乎？」對曰：「桀以醉亡天下，而。康誥曰：『毋彝酒〔三〕。』彝酒者，常酒也〔四〕，常酒者，天子失天下，匹夫失其身。」

〔一〕王先慎曰：御覽四百九十七引「績」作「緇」，無「寐」字。

〔二〕王先慎曰：御覽引「宋」作「梁」。

〔三〕盧文弨曰：「而」字，孫云衍。⊙王先慎曰：今在酒誥中。揚子法言問神篇云：「昔之説書者序以百，而酒誥之篇俄空焉，今亡夫。」是漢時已無酒誥，而康誥亦有佚文。後人纂輯酒誥，并康誥佚句亦并錯入，當據此訂正。⊙奇猷案：此乃應答上文「醉足以亡裘乎」，則「桀以醉亡天下」，語意未了，「而」下當有脱文。疑此文當作：「桀以醉亡天下，而況裘乎。」又案：盧引孫云，即孫志祖，下同。

〔四〕盧文弨曰：「者」字舊誤在上「彝酒」下，孫移正。⊙王先慎曰：孫移是，今從之。常酒，謂常飲酒也。⊙奇猷案：孫説是，今從之。

管仲、隰朋從於桓公而伐孤竹〔一〕，春往冬反，迷惑失道。管仲曰：「老馬之智可用也。」乃放老馬而隨之，遂得道〔二〕。行山中無水，隰朋曰：「蟻冬居山之陽，夏居山之陰，蟻壤一寸而仞有水〔三〕。」乃掘地，遂得水。以管仲之聖，而隰朋之智〔四〕，至其所不知，不難師於老馬與蟻。今人不知以其愚心而師聖人之智，不亦過乎〔五〕。

〔一〕王先慎刪「於」字「而」字曰：意林及御覽四百九十、事類賦三十引並無「於」字「而」字。⊙楊樹達曰：按齊語云：「桓公刜令支，斬觚竹。」漢書郊祀志云：「桓公曰：寡人北伐山戎，過孤竹。」⊙劉文典曰：羅大經鶴林玉露引此文亦無「於」字「而」字。⊙奇猷案：有「於」字「而」字亦通，不必刪。意林等引恐非韓子原文。而猶以也，詳王氏經傳釋詞。

〔二〕奇猷案：太田方以下「行」字屬此為句，非。

〔三〕王先慎刪「一」字「仞」字曰：意林及御覽卷三十七、又九百四十七事類賦引無「一」字「仞」字。⊙松皐圓曰：謂蟻封高一寸，則其下深仞必得水也。⊙奇猷案：松說是。一仞七尺，（一仞有七尺、八尺之說，今從程瑤田通藝錄說。）若依集解作「蟻壤寸而有水」，則必釋壤為柔土，義殊不可通，蓋蟻柔土所以居之也，今柔土一寸而有水，蟻尚能居之乎？於理不合。若釋壤為封土，更不可解矣。

〔四〕奇猷案：而，猶與也，詳王氏經傳釋詞。

〔五〕顧廣圻曰：藏本、今本「聖人」上有「師」字。⊙王先慎補「師」字曰：案此謂管仲、隰朋之聖智，尚師老馬與蟻之所知，而今人不知己之愚以師聖人之智，是謂過矣。師老馬與蟻與師聖人之智相比成文。「聖人」上不當無「師」字。⊙奇猷案：有「師」字是，迂評本、凌本亦有，今據補。

有獻不死之藥於荆王者〔一〕，謁者操之以入，中射之士問曰〔二〕：「可食乎？」曰：「可。」因奪而食之。王大怒，使人殺中射之士。中射之士使人説王曰：「臣問謁者曰可食〔三〕，臣故食之，是臣無罪，而罪在謁者也〔四〕。且客獻不死之藥，臣食之而王殺臣，是死藥也，是客欺王也。夫殺無罪之臣，而明人之欺王也，不如釋臣。」王乃不殺。

〔一〕奇猷案：楚策頃襄王。

〔二〕奇猷案：中射，給事宫中之官，詳十過篇孫説。

〔三〕王先慎曰：楚策三重「謁者」二字是也，此脱。

〔四〕王先慎曰：謁者漫云可食，故食者不任罪。⊙奇猷案：謁者之意謂可食之物，而中射士解為可以食之。

田駟欺鄒君〔一〕，鄒君將使人殺之，田駟恐，告惠子〔二〕。惠子見鄒君曰：「今有人見君，則睞其一目，奚如〔三〕？」君曰：「我必殺之。」惠子曰：「瞽，兩目睞，君奚為不殺〔四〕？」君曰：「不能勿睞。」惠子曰：「田駟東慢齊侯〔五〕，南欺荆王，駟之於欺人，瞽也，君奚怨焉〔六〕？」鄒君乃不殺。

〔一〕奇猷案：此田駟無考，但既為田氏，則必為齊人。史記田齊世家：「湣王四十年，湣王出亡衛，衛君辟宫舍之，稱臣而共具，湣王不遜，衛人侵之，湣王去，走鄒魯，有驕色，鄒魯君弗納。」則此所謂鄒君，當即鄒魯君也。且下言惠子，當即指惠施，（詳下）惠施與湣王同時，於時代亦合。外儲説左上「鄒君好服長纓」。

〔二〕奇猷案：此惠子當即指惠施。據莊子天下篇、荀子非十二子篇、吕氏春秋淫辭篇及本書外儲説左上，明惠施為一善辯者。漢書藝文志名家有惠子一篇，班固自注云「名施」。惠施既為名家善辯者，與此下文所述之詭辯相符合。且藝文志稱惠施為惠子，與此稱惠子同。據吕氏春秋知惠施曾為魏惠王相，班固亦云與莊周並時，而古今人表列與齊愍（同湣）王同時，則時代與鄒君亦合，故此惠子為惠施無疑。

〔三〕王先慎曰：睞，御覽三百六十六引作「睫」，下同，注云：「大叶切，閉目也。」蓋即韓子舊注。玉篇「睫，閉一目也」，本此為訓。睞為目旁，毛義稍隔。⊙奇猷案：王氏「毛義稍隔」一語，蓋謂從毛之毦（同睫）與從目之睞義不同。

〔四〕王先慎曰：藝文類聚十七引作「瞽睞兩目，君奚弗殺」。

〔五〕顧廣圻曰：慢，讀為謾。⊙王先慎改「慢」為「欺」，曰：案藝文類聚、御覽引「慢」並作「欺」，是也。下「駟之欺人」正承此「欺」字言，明不當作「慢」。⊙奇猷案：顧説是。慢、欺互文耳，不煩改字。王説非。

〔六〕王先慎曰：瞽以閉目為常，駟以欺人為常，習與性成，又何尤焉。⊙奇猷案：謂田駟如瞽者，閉目不見人。王説非。

魯穆公使衆公子或宦於晉，或宦於荆〔一〕。犂鉏曰〔二〕：「假人於越而救溺子，越人雖善遊，子必不生矣〔三〕。失火而取水於海，海水雖多，火必不滅矣，遠水不救近火也。今晉與荆雖强，而齊近，魯患其不救乎〔四〕？」

〔一〕王先慎曰：欲結援晉、楚，故使公子宧焉。乾道本上「宧」字作「宦」，據趙本改。⊙奇猷案：王改是，今從之，藏本亦作「宧」不誤。

〔二〕松皐圓曰：犂、黎音近，史記齊世家作「犂鉏」，内儲説「黎且去仲尼」即此人，豈初事齊復適魯歟。⊙奇猷案：史記齊世家索隱曰「犂鉏，即犂彌也」。

〔三〕太田方曰：山曰：「此喻又見難勢篇、用人篇。」⊙奇猷案：難勢篇「遊」作「游」。

〔四〕奇猷案：謂晉與荆雖强，而距魯遠，魯近齊，有齊患，晉、荆不能救也。

嚴遂不善周君〔一〕，患之。馮沮曰〔二〕：「嚴遂相，而韓傀貴於君〔三〕，不如行賊於韓傀，則君必以為嚴氏也〔四〕。」

〔一〕奇猷案：「嚴遂」韓策作嚴仲子。嚴遂，韓哀侯臣，弑韓哀侯者，詳内儲説下及韓策。史記韓世家作韓嚴，蓋即一人。⊙盧文弨曰：「周君」二字當重。⊙奇猷案：盧説是。

〔二〕顧廣圻曰：即周策之馮且也。沮、且同字。

〔三〕顧廣圻曰：與本書六微篇及韓策不同。⊙奇猷案：内儲説下篇「傀」作「廆」。

〔四〕奇猷案：行賊，蓋謂暗殺也。八經篇「其患賊夫酖毒之亂起」，賊字亦此義可證。

張譴相韓，病將死。公乘無正懷三十金而問其疾，居一月自問張譴曰〔一〕：「若子死，將誰使代子？」答曰：「無正重法而畏上〔二〕，雖然，不如公子食我之得民也。」張譴死，因相公乘無正〔三〕。

〔一〕盧文弨曰：「自」，「君」字之譌。⊙顧廣圻曰：「居」，當作「君」，「月」，當作「日」。⊙王先慎「自」上補「公」字曰：案「居一月」，與下「孟孫」條及六微篇「居三月」文法正同。盧、顧二家不知「自」上脱「公」字，故改上下文以就其義，皆非也。御覽八百十引有「公」字。⊙奇猷案：顧説是。「君」字「日」字與「居」字「月」字形近而誤。若依盧説改「自」為「君」，則張譴既病將死，君不能越一月而始往問之。若依王説，則韓君不應稱公，下「孟孫」條及六微篇「居三月」皆與此事不為類，安得以之為比？御覽不知此文之誤，遂妄增「公」字，不足據也。

〔二〕王先愼曰：御覽引無「重」字。⊙奇猷案：此當有「重」字。「重法」與「畏上」相對為文，御覽誤。又案：公乘無正行賄，本非重法之人，張譴受賄，故稱其重法畏上，此即姦劫弑臣篇所謂「廢法行私以適重人，不顧君上之法」之例。

〔三〕奇猷案：備内篇云：「人主之患在於信人」，此其例也。又案：吕氏春秋審應篇云：「魏惠王使人謂韓昭侯曰：『夫鄭乃韓氏亡之也，願君之封其後也，此所謂存亡繼絶之義，君若封之則大名。』昭侯患之。公子食我曰：『臣請往對之。』」云云。則公子食我者，韓之諸公子，韓昭侯時人。因此，亦可知張譴與公乘無正所相者為韓昭侯，而「君問張譴」是韓昭侯問也。

樂羊為魏將而攻中山〔一〕，其子在中山。中山之君烹其子而遺之羹，樂羊坐於幕下而啜之，盡一杯〔二〕。文侯謂堵師贊曰〔三〕：「樂羊以我故而食其子之肉。」答曰：「其子而食之，且誰不食？」樂羊罷中山〔四〕，文侯賞其功而疑其心。孟孫獵得麑〔五〕，使秦西巴持之歸〔六〕，其母隨之而啼，秦西巴弗忍而與之〔七〕。孟孫歸，至而求麑〔八〕。答曰：「余弗忍而與其母。」孟孫大怒，逐之，居三月，復召以為其子傅〔九〕。其御曰：「曩將罪之，今召以為子傅何也？」孟孫曰：「夫不忍麑，又且忍吾子乎？」故曰：「巧詐不如拙誠。」樂羊以有功見疑，秦西巴以有罪益信〔一〇〕。

〔一〕王先慎曰：治要、御覽六百四十五、初學記十七引無「而」字，中山策亦無。說苑貴德篇「而」作「以」。⊙奇猷案：外儲說左下「翟黃薦樂羊而中山拔」，即此時事。

〔二〕王先慎曰：藝文類聚七十三、御覽、初學記引「啜」並作「饗」。淮南人間訓作「啜三杯」。

〔三〕顧廣圻曰：「堵」，魏策作「覩」，姚校云：「後語作堵。」

〔四〕王先慎曰：吳語韋注：「罷，歸也。」謂樂羊歸自中山也。

〔五〕梁玉繩曰：魯孟孫令秦西巴傅子事，淮南人間、說苑貴德亦述其事。抱朴子良規云：「樂羊以安忍見疏，秦西以過厚見親。」疑「秦西」是複氏。黃山谷懷半山老人六言詩「樂羊終愧巴西」，恐是「秦西」之誤。⊙王先慎曰：各本「孟」下提行。治要連上，自「樂羊為將」至「秦西巴以有罪益信」為一條是也。⊙奇猷案：王說是，今從之連上文。又案：黃山谷言「巴西」者，乃見下誤文「秦巴西」而言也，詳下。

〔六〕王先慎曰：各本「持之歸」作「載之持歸」。案：「載之持歸」語重複，蓋一本作「載之歸」，一本作「持之歸」，校者誤合為一，又誤乙「持」字於「之」字下耳。治要、藝文類聚六十六、御覽八百二十二引無「載」字，說苑亦無，今據改。淮南子作「持歸烹之」。⊙奇猷案：王校是，今從之，錦繡萬花谷前集卷十二引作「持歸」亦可證。

〔七〕王先慎曰：藝文類聚、御覽引「之」字作「其母」二字。

〔八〕王先慎改「歸」為「適」，曰：案「歸至」二字複，今據藝文類聚、御覽引改。淮南子作「孟孫歸，求麑安在」。⊙奇猷案：「孟孫歸」句，「至而求麑」句，猶言孟孫歸，及至家而求麑也。蓋「歸」乃動作之開始，「至」始是到達。呂氏春秋處方篇「昭釐侯已射，駕而歸，至，詰車令」，又舉難篇「桓公反，至，從者以請」，文法皆同可證。王改「歸」為「適」，非。

〔九〕王先慎曰：淮南子、說苑「居三月」作「居一年」。

〔一〇〕王先慎曰：各本「西巴」作「巴西」。案：上兩云「西巴」，此誤。治要正作「西巴」，今據改。藝文類聚引並上亦誤作「西巴」。⊙奇猷案：王改是，今從之。

曾從子，善相劍者也。衛君怨吴王〔一〕。曾從子曰：「吴王好劍。臣相劍者也。臣請為吴王相劍，拔而示之，因為君刺之。」衛君曰：「子為之是也，非緣義也，為利也〔二〕。吴强而富，衛弱而貧，子必往，吾恐子為吴王用之於我也。」乃逐之〔三〕。

〔一〕奇猷案：曾從子無考。吴王當係指夫差。蓋夫差屢伐齊、魯，伐齊、魯必經衛，衛受其害，故怨之，一也。吴以干將、莫邪名於世，則夫差之好劍亦必然之事，二也。若此吴王係指夫差，則衛君當係出公或莊公也。

〔二〕陶鴻慶曰：案「為之」二字當倒乙。⊙奇猷案：陶校是，松皋圓、高亨說同。

〔三〕顧廣圻曰：藏本、今本「逐」下有「之」字。⊙奇猷案：藏本、今本是，迂評本、凌本亦有，今據增。

紂為象箸而箕子怖〔一〕。以為象箸必不盛羹於土簋〔二〕，則必犀玉之杯；玉杯象箸必不盛菽藿，則必旄象豹胎；旄象豹胎必不衣短褐，而舍茅茨之下〔三〕，則必錦衣九重，高臺廣室也。稱此以求，則天下不足矣。聖人見微以知萌〔四〕，見端以知末〔五〕，故見象箸而怖，知天下不足也〔六〕。

〔一〕盧文弨曰：「而」字脫，凌本有。⊙王先慎補「而」字曰：案御覽七百六十引有「而」字，喻老亦有。⊙奇猷案：藏本、迂評本、凌本皆有「而」字，今據補。

〔二〕盧文弨曰：凌本「不」上有「必」字。⊙王先慎補「必」字、改「簋」為「鉶」曰：案喻老亦有「必」字，「簋」作「鉶」。御覽七百五十九引同。今據改。⊙奇猷案：有「必」字是，迂評本亦有，今據補。鉶、簋皆盛器，此自作「簋」，御覽乃引喻老之文，不可據以改此。四部叢刊本「羹」誤「美」，藏本「盛羹」誤「成美」。

〔三〕王先慎曰：喻老篇作「而食於茅屋之下」。⊙奇猷案：「短」當作「裋」，「豹」當作「約」，考見喻老篇。

〔四〕顧廣圻曰：「萌」，當作「明」。⊙松皋圓改「萌」為「明」曰：依山氏正。⊙奇猷案：喻老篇引老子「見小曰明」，但此已變其言為「聖人見微以知萌」，則韓非非引老子文也。謂聖人見微以知事之萌生，即見象箸而知發生天下不足之事，於文甚通。且改作「明」殊不辭。又此以「微萌」與下句「端末」相對，更不應作「明」，蓋微、萌、端、末皆小義，作「明」則與「末」不為類矣。顧、松二氏說非。

〔五〕奇猷案：端，始也。

〔六〕王先慎曰：知不滿其欲也。⊙奇猷案：藏本「天下」下衍「知」字。

周公旦已勝殷，將攻商、蓋〔一〕。辛公甲曰〔二〕：「大難攻，小易服，不如服衆小以劫大。」乃攻九夷而商、蓋服矣〔三〕。

〔一〕江聲曰：商蓋，商奄也。⊙洪頤煊曰：「蓋」，當是「奄」字之譌。⊙松臯圓曰：墨子：「周公旦東處於商、蓋。」孟子「周公誅紂伐奄」，注：「奄，東方無道之國。」又左傳祝鮀説伯禽始封事曰「因商奄之民」，注：「商奄，國名。」⊙太田方曰：左昭九年傳：「及武王克商，蒲姑、商奄，吾東土也。」史記吳世家公子蓋餘，左傳作「掩餘」，可見蓋之為奄矣。周伐奄事，書序云：「成王東伐淮夷，遂踐奄。」又破斧：「周公東征，四國是皇。」傳云：「四國，管、蔡、商、奄。」然則商、蓋二國名也。墨子、路史並為一國。蓋小國附近而若一，故兼稱矣。⊙奇猷案：齊有蓋邑。宋鄧名世古今姓氏書辯證云：「齊大夫食采於蓋，其後以邑為氏。」疑其地即古之蓋國，如鄒即古鄒國也。周公踐奄，平定東方，不僅滅奄一國，則蓋亦其時所滅國之一，而史闕文耳。

〔二〕王先慎曰：即辛甲，周太史，見左襄四年傳。一曰辛尹，晉語所謂文王訪於辛尹者也。⊙太田方曰：竹書紀年：帝辛三十九年大夫辛甲出奔周。漢志有辛甲二十九篇，注：「紂臣，七十五諫而去，周封之。」

〔三〕奇猷案：九夷與吳、楚相近，蓋即淮夷，九夷實在淮、泗之間，北與齊、魯接壤，詳考見孫詒讓墨子閒詁非攻中篇「九夷之國」條。

紂為長夜之飲〔一〕，懼以失日〔二〕，問其左右盡不知也。乃使人問箕子，箕子謂其徒曰〔三〕：「為天下主而一國皆失日〔四〕，天下其危矣。一國皆不知而我獨知之，吾其危矣。」辭以醉而不知。

〔一〕太田方曰：論衡云：「傳語紂為長夜飲。言坐在深室之中，閉窗舉燭，故曰長夜。」⊙奇猷案：引論衡見語增篇。

〔二〕顧廣圻曰：「懼」當作「懽」。⊙奇猷案：顧說是。懽、懼形近而誤。松皋圓改為「娛」，非。

〔三〕王先慎曰：御覽四百九十七引「徒」作「從」。⊙奇猷案：藏本「謂」作「為」，字通。

〔四〕奇猷案：當作「為天下主而失日」，「一國皆」三字蒙下而衍。

魯人身善織屨，妻善織縞〔一〕，而欲徙於越〔二〕。或謂之曰：「子必窮矣。」魯人曰：「何也？」曰：「屨為履之也〔三〕，而越人跣行〔四〕；縞為冠之也〔五〕，而越人被髮〔六〕。以子之所長，游於不用之國，欲使無窮，其可得乎〔七〕？」

〔一〕王先慎曰：禮王制正義云：「生絹曰縞。」

〔二〕奇猷案：藏本及說苑反質篇皆無「欲」字。覩下文知欲徙而未徙也，可證說苑誤，當依此訂正。

〔三〕王先慎曰：說文：「屨，履也。履，足所依也。」是履為足踐之通稱。

〔四〕奇猷案：淮南脩務訓注：「跣走，不及著履也。」則跣行謂不著履而行也。

〔五〕王先慎曰：禮王制鄭注「殷尚白而縞衣裳」，是周以前衣裳皆用縞。玉藻「縞冠素紕，既祥之冠也」，則周人惟冠用縞耳。

〔七〕奇猷案：莊子逍遥遊曰「宋人資章甫適諸越，越人被髮文身無所用之」，與此同義。藏本「乎」作「矣」。

〔六〕奇猷案：「被」，説苑作「剪」。案越人剪短其髮而被之，故古書或云越人被髮，或云越人剪髮，其義一也。

陳軫貴於魏王〔一〕。惠子曰〔二〕：「必善事左右，夫楊横樹之即生，倒樹之即生〔三〕，折而樹之又生。然使十人樹之而一人拔之，則毋生楊至〔四〕。以十人之衆〔五〕，樹易生之物，而不勝一人者何也？樹之難而去之易也。子雖工自樹於王，而欲去子者衆，子必危矣。」

〔一〕顧廣圻曰：魏策云「田需」，按田、陳同字。「軫」當依策作「需」。⊙奇猷案：田需、陳軫同時，且皆為魏王重臣，則此事有傳聞之異，不必改與策同。顧説非。内儲説下篇有田需。

〔二〕奇猷案：策在此條前後屢言惠施事，此惠子當指惠施也。惠施注詳上「田駟欺鄒君」條。

〔三〕王先慎曰：策「即」作「則」，二字通。

〔四〕盧文弨曰：凌本「則」作「即」，「楊」下有「矣」字。⊙王先慎補「矣」字曰：案策亦有「矣」字。⊙奇猷案：迂評本、凌本亦有「矣」字，非，詳下。

〔五〕盧文弨曰：凌本「至」作「夫」。⊙王先慎曰：策「至」作「故」。⊙奇猷案：「至」字即「矣」字之譌，屬上為句。迂評本、凌本多妄改，不可從。且以「至」字屬此為句，亦為贅辭。

魯季孫新弒其君，吴起仕焉。或謂起曰：「夫死者，始死而血，已血而衄〔一〕，已衄而灰，已灰而土，及其土也，無可為者矣〔二〕。今季孫乃始血，其毋乃未可知也〔三〕。」吴起因去之晉〔四〕。

〔一〕顧廣圻曰：藏本、今本「已血」下有「而」字。⊙王先慎補「而」字曰：案依上下文當有「而」字，今據補。「衄」乃「衂」之俗字，廣雅釋言：「衂，縮也。」又朒之假借。說文「朒」下云：「朔而月見東方謂之縮朒。」衄、朒並音女六反，義相近，故通用。此言人血盡則皮肉皆縮。⊙太田方曰：後漢段熲傳注：「傷敗曰衂。」⊙奇猷案：有「而」字是，今據補。又案：衄謂敗血，此言人見殺則有血，血變為衄，衄變為灰，灰變為土，即無可為矣。

〔二〕王先慎曰：言不能為祟也。趙本「及」作「反」，誤。

〔三〕奇猷案：「毋」字誤，疑當作「衄」。謂今季孫乃始流血之時期，則其至衄之時期是否可為祟未可知也。血、毋二字易誤，如說林下「嘬其血而食之」，今「血」誤為「母」，是其例。此蓋「衄」壞為「血」，又誤為「毋」也。

〔四〕奇猷案：史記吴起傳：「魯君疑吴起，起去之魏，事魏文侯。」則吴起去魯乃以魯君疑之之故，與此不同。又吴起去魯之魏，與此之晉亦異。

隰斯彌見田成子〔一〕。田成子與登臺四望，三面皆暢。南望，隰子家之樹蔽之〔二〕。田成子亦不言。隰子歸，使人伐之。斧離數創〔三〕，隰子止之。其相室曰：「何變之數也〔四〕？」隰子曰：「古者有諺曰：知淵中之魚者不祥〔五〕。夫田子將有大事〔六〕，而我示之知微，我必危矣。不伐樹未有罪也，知人之所不言，其罪大矣。」乃不伐也。

〔一〕「隰斯彌」下王先慎曰：見人表第五。

〔二〕王先謙曰：「家之」二字誤倒。⊙楊樹達曰：按此當以「南望」為讀。王誤斷句，故欲倒字，非是。⊙奇猷案：楊讀是，孫子書、于思泊師說同。

〔三〕王先慎曰：離，割也，見儀禮士冠禮注。數，音所矩反。言斧割其樹創未多也。

〔四〕松皐圓曰：集韻：「數，音速。」史記賈生傳注：「數，速也。」⊙奇猷案：孤憤篇舊注云：「相室，家臣也。」

〔五〕奇猷案：列子說符云：「周諺有言：察見淵魚者不祥，智料隱匿者有殃。」

〔六〕盧文弨曰：「大事」二字張本作「事事大」三字。⊙奇猷案：藏本、迂評本、凌本與張本同。如張本則以「夫田子將有事」為句，「事大」二字屬下。

楊子過於宋東之逆旅〔一〕，有妾二人，其惡者貴，美者賤。楊子問其故。逆旅之父答曰〔二〕：「美者自美，吾不知其美也；惡者自惡，吾不知其惡也〔三〕。」楊子謂弟子曰：「行賢而去自賢之心，焉往而不美〔四〕。」

〔一〕王先慎曰：莊子山木篇「楊」作「陽」。釋文：「司馬云：陽朱也。」案楊、陽二字古通，本書自作「楊」，下「楊朱之弟」及此皆作「楊」。「東之」當依莊子作「宿於」，下重「逆旅」字。⊙奇猷案：列子黃帝篇「楊」作「揚」，字通。「逆旅」下有「逆旅人」三字。案此當重「逆旅」二字，屬下為句。又案：列子作「東之」與此同，不必依莊子改為「宿於」也。

〔二〕王先慎曰：莊子作「逆旅小子對曰」。⊙奇猷案：列子與莊子同。

〔三〕奇猷案：「美者」「惡者」上列子皆有「其」字。

〔四〕王先慎曰：行，音下孟反。去，音起呂反。

衛人嫁其子而教之曰〔一〕：「必私積聚。為人婦而出，常也。其成居，幸也〔二〕。」其子因私積聚。其姑以為多私而出之。其子所以反者倍其所以嫁〔三〕。其父不自罪於教子非也，而自知其益富〔四〕。今人臣之處官者皆是類也〔五〕。

〔一〕楊樹達曰：按事又見呂氏春秋遇合篇、淮南子氾論訓。衛人，淮南作宋人。

〔二〕王先慎曰：書益稷鄭注：「成，猶終也。」國語周語：「成，德之終也。」終與同室未可必也。

〔三〕盧文弨曰：「反」上脱「自」字，張、凌本有。⊙王先慎曰：御覽五百四十一引此正同。張、凌本涉下文而衍「自」字耳。⊙奇猷案：藏本、迂評本亦衍「自」字。

〔四〕顧廣圻曰：知，讀為智。

〔五〕王先慎曰：人主令臣聚斂附益，傷損國體，與教其嫁子無異也。⊙楊樹達曰：「令人臣」當作「今人臣」。⊙奇猷案：「令」作「今」是，于思泊師説同。藏本、趙本、迂評本、凌本皆作「令」，今據改。又案：此文蓋謂今人臣之為官事者，皆以聚斂為事，一旦被發覺其貪污聚斂而革職去官，則其所入較其所出增益多矣。所出指行賄買官，如上文公乘無正以三十金行賄於張譴而得相之類。韓非此文之旨，當在「所以反者倍其所以嫁」一語，而不在教字着眼。王氏不知「令」為「今」之誤而為之解耳。

魯丹三説中山之君而不受也，因散五十金事其左右，復見，未語，而君與之食。魯丹出而不反舍〔一〕，遂去中山。其御曰：「反見，乃始善我〔二〕，何故去之？」魯丹曰：「夫以人言善我〔三〕，必以人言罪我〔四〕。」未出境，而公子惡之曰：「為趙來閒中山。」君因索而罪之。

〔一〕王先慎删「而」字曰：御覽八百十引無，今據删。⊙奇猷案：有「而」字亦通。七字為句。

〔二〕顧廣圻曰：藏本、今本「反」作「及」。⊙王先慎改「反」為「及」曰：案及、反形相近又涉上文而誤，御覽引「及見」二字作「交」。⊙奇猷案：反見，猶言復見也。作「及見」殊不辭，王説非。凌本作「及」，蓋依趙本改。迂評本仍作「反」，可見元何犿本亦作「反」也。

〔三〕王先慎曰：意林有「者」字。

〔四〕王先慎曰：意林有「也」字。

田伯鼎好士而存其君，白公好士而亂荊，其好士則同，其所以為則異〔一〕。公孫友自刖而尊百里〔二〕，豎刁自宮而諂桓公〔三〕，其自刑則同，其所以自刑之為則異〔四〕。慧子曰〔五〕：「狂者東走〔六〕，逐者亦東走，其東走則同，其所以東走之為則異〔七〕。」故曰：同事之人，不可不審察也。

〔一〕王先慎曰：「所以」下當有「好士之」三字。此謂其好士則同，其所以好士之為則異。下文「其自刑則同，其所以自刑之為則異」，「其東走則同，其所以東走之為則異」，與此語句一律，明此脱「好士之」三字。淮南時則訓注：「為，故也。」⊙奇猷案：王説是，松皋圓亦補「好士之」三字。又案：田伯鼎存君事無考，白公勝亂荆事詳喻老篇。

〔二〕盧文弨曰：「友」，當作「支」。⊙王先慎曰：盧説是。左傳作「枝」。枝、支同字。⊙奇猷案：盧説是，松皋圓説同。又案：左傳見僖九年、十三年、十五年，文三年，皆作枝，支、枝同字。秦大夫。百里，指百里奚，詳難言篇。呂氏春秋不苟篇云：「秦繆公相百里奚，晉使叔虎、齊使東郭蹇如秦，公孫枝請見之。公曰：『請見客，子之事歟？』對曰：『非也。』『相國使子乎？』對曰：『不也。』公曰：『然則子事非子之事也。秦國僻陋戎夷，事服其任，人事其事，猶懼為諸侯笑。今子為非子之事，退，將論而罪。』公孫枝出，自敷於百里氏。百里奚請之。公曰：『此所聞於相國歟。枝無罪，奚請？有罪，奚請焉？』百里奚歸，辭公孫枝。百里奚令吏行其罪。」謂百里奚令吏行公孫枝之罪。然則吏尚未行公孫枝之罪前，公孫枝即自刖其足，故此云「自刖」也。

〔三〕奇猷案：詳十過篇。

〔四〕盧文弨曰：「所」下脱「以」字，張、凌本有。⊙王先慎補「以」字曰：案此與上下文法一律，今據補。⊙奇猷案：王補是，今從之，迂評本亦有「以」字。

〔五〕盧文弨曰：慧、惠同。⊙奇猷案：盧説是。慧子即惠施，南史任昉傳「想慧、莊之清塵」，亦以「慧」為「惠」可證。

〔六〕王先慎曰：趙本「狂」作「往」。⊙奇猷案：藏本亦作「往」，誤。淮南子説山訓、金樓子雜記上皆作「狂」可證。

〔七〕奇猷案：呂氏春秋貴當篇云：「賢不肖之所欲與人同，所以為之異。」

卷八

説林下第二十三[一]

伯樂教二人相踶馬[二]，相與之簡子廐觀馬。一人舉踶馬[三]，其一人從後而循之[四]，三撫其尻而馬不踶，此自以爲失相[五]。其一人曰：「子非失相也[六]。此其爲馬也，踒肩而腫膝[七]。夫踶馬也者，舉後而任前，腫膝不可任也，故後不舉[八]。子巧於相踶馬而拙於任腫膝[九]。」夫事有所必歸，而以有所[一〇]，腫膝而不任，智者之所獨知也[一一]。惠子曰[一二]：「置猿於柙中，則與豚同[一三]。」故勢不便，非所以逞能也。

〔一〕顧廣圻曰：藏本連前爲卷，非。⊙奇猷案：自篇首至「三蝨相與訟」十六條，何犿本、藏本均佚。

〔二〕太田方曰：伯樂，晉大夫郵無恤，伯樂其字也，左傳杜注：「王良也。」按淮南諸書以伯樂、王良爲二人，且爲秦穆公臣者非也。⊙奇猷案：王良與伯樂當非一人。漢書古今人表以王良與伯樂（漢書作柏樂，字同。）相距一格，則顯以王良、伯樂爲二人。（梁玉繩人表考以人表中「王良、伯樂」四字爲郵無恤下之注文，而今誤爲大字，未確。）本書之王良、伯樂爲二人亦極明顯。王良乃善御者，卽王於期，亦稱王子期，喻老篇「趙襄主學御於王子期」，外儲說右下「王於期為趙簡子取道爭千里之表」，又云「王於期為宋君為千里之逐」，又云「王良、造父共車」，難勢篇「良馬固車，使臧獲御之，則為人笑，王良御之而日取千里」（本書此例尚多，不列舉），明王良為善御者。至於伯樂則為善相馬者，此文云「伯樂教二人相踶馬」，下「伯樂教其所憎者相千里馬」，顯學篇云「發齒吻形容，伯樂不能以必馬」，明伯樂為善相馬者，與王良非為一人甚明。據下文知伯樂為趙簡子時人，據喻老及外儲說右下王良亦趙簡子時人，漢書人表亦列二人與趙簡子同時，則王良、伯樂同時同地又皆與馬有關，故有誤為一人者矣。又案春秋之末似有兩伯樂，此伯樂為趙人。呂氏春秋觀表篇「趙之王良，秦之伯樂」，列子說符篇「穆公謂伯樂曰」云云，莊子馬蹄篇成玄英疏云「伯樂，秦穆公時善治馬人」，則另一伯樂為秦人也。（外儲說右下「王於期為宋君為千里之逐」，以宋言，或「宋」字為誤文，或王於期偶一至宋則未可知矣。諸書未有言宋王於期者，則宋無王於期似可斷言也。）⊙奇猷案：說文：「踶，躛也。」案卽今用作「踢」字。

〔三〕奇猷案：謂指出一馬為踶馬。

〔四〕顧廣圻曰：今本不重「舉踶馬其一人」六字。按有者衍也。⊙王先慎曰：此六字當在下文「自以為失相」上。上衍「此」字。其猶之也。古人其、之通用，呂氏春秋音初篇注云：「之，其也。」之可訓為其，其亦可訓為之。「舉踶馬其一人」，卽謂舉踶馬之一人。因傳寫誤衍「此」字，又不知其、之同義，故移於上以為疊句。趙本知其誤而不知其所以誤，遂删此六字耳。蓋一人舉踶馬，一人自後循撫而馬不踶，故舉踶馬之一人自以為失相，而自後循撫之一人解之曰：「子非失相也。」文字極為從順，一經譌誤，遂不可讀。⊙奇猷案：顧氏删重出之「舉踶馬其一人」六字是也，今從之。迂評本、凌本亦不重。王說迂曲。

〔五〕奇猷案：「此」下當有「人」字。此人，指舉踶馬者。

〔六〕顧廣圻曰：今本「人」下有「曰」字。⊙奇猷案：今本是，今據補。

〔七〕楊樹達曰：按説文云：「踒，足跌也。」倉頡篇：「挫足為踒。」⊙奇猷案：段注説文云：「踒者，骨委屈失其常。」

〔八〕奇猷案：馬踶時，舉其後足，而全身之重量皆任於前足，然而其前膝腫，不能任全身之重，故後足不能舉，故不踶。任，猶言支持。

〔九〕顧廣圻曰：乾道本「任」下有「在腫膝而不任拙於」八字。按有者衍也。⊙俞樾曰：乾道本錯誤不可讀，各本皆作「子巧於相踶馬而拙於任腫膝」，顧氏識誤從之。然上文云「夫踶馬也者，舉後而任前，腫膝不可任也」，是任膝者馬也，非相馬者也，安得云「巧於相踶馬，拙於任腫膝」乎？疑韓子原文本作「子巧於相踶馬，而拙於在腫膝」，在者，察也，蓋徒知其為踶馬，而不能察知其腫膝之不可任，是巧於相踶馬而拙於在腫膝也。乾道本「在腫膝」三字不誤，但「在」上又有「任」字，則是因「任」與「在」形似、又涉上下文諸「任」字而誤衍耳。其下又有「而不任拙於腫膝」七字，全無意義，則卽上句之複文，傳寫又錯誤，當刪去無疑。乃各本皆作「而拙於任腫膝」，則徒知乾道本之誤，而以意刪改之，仍無當也。⊙王先愼刪「在腫膝而不任拙於」八字曰：趙本「任」下無「在」字，是誤以「在」字為衍文，而不知衍「任」字也。又無「而不任拙於腫膝」七字，與俞説合，今據刪。⊙高亨曰：任亦有察誼，呂覽察今篇「此任物亦必悖矣」，任物，謂察物也。淮南人間訓「知人之所為，知人之所行，則有以任於世矣」，任於世，謂察於世也。楚辭「精色內白，類可任兮」，類可任，猶言類可觀，觀與察同誼也。史記夏本紀「禹乃行相地宜所有以貢」，河渠書則云「任土作貢」，任土，卽行相地宜所有之意，是任亦察也。并任有察誼。俞樾謂「任」為「在」誤，失之。⊙奇猷案：顧、高二氏説皆是也，今據顧説刪。此文之意，蓋謂相馬者，僅相馬之後足能踶，而拙於相馬前足之是否能任全身之重，前足不能任全身之重則勢不能踶也。

〔一〇〕王先愼曰：語意不完，疑有脱文。⊙奇猷案：王説是，疑此當作「夫事有所必歸，而勢有所不便」。事有所必歸者，謂事有必然之結果，腫膝之結果是不踶。勢有所不便者，卽下文「勢不便，非所以逞能也。」今「以」「勢」

因音近而誤，「有所」下又脱「不便」二字，遂不可通。

〔一一〕奇猷案：謂腫膝不能任重，乃智者獨知之，而愚者不明也。韓非之意，蓋謂治國之道，必恃其勢，亦姦劫弑臣篇所謂：「無威嚴之勢，賞罰之法，雖堯、舜不能以為治也。」君失其勢則必有簡公、燕噲之禍。（二人事見二柄篇。）

〔一二〕奇猷案：卽惠施，詳説林上篇。

〔一三〕王先慎曰：意林「柙中」二字作「檻」。⊙奇猷案：淮南子俶真訓「柙中」作「檻中」。案柙、檻皆為囚獸之器。

衛將軍文子見曾子〔一〕。曾子不起而延於坐席，正身於奥〔二〕。文子謂其御曰：「曾子，愚人也哉！以我為君子也，君子安可毋敬也？以我為暴人也，暴人安可侮也？曾子不僇，命也〔三〕。」

〔一〕王佩諍曰：大戴禮記有衛將軍文子篇，孔廣森補注引虔注曰：「文子，衛卿也，名彌牟」，又引世本曰：「衛靈公生昭子郢，郢生文子木。」⊙奇猷案：「本」，疑為「文子」之名，彌牟其字也。

〔二〕王先慎「身」下增「見」字曰：御覽一百八十八引「身」下有「見」字，今據補。説文：「奥，宛也，室之西南隅。」謂藏室之尊處也。己處於尊，客坐於旁，故文子以為侮而不敬也。⊙太田方曰：曲禮「為人子者居不主奥」，疏：「主，猶坐也，室中西南隅謂之奥。」正身坐如尸，卽主也。賈誼新書：「尋常之室，無奥、剽之位則父子不别。」奥，上位也。剽，末位也。荀子注：「剽，末也。」⊙于思泊師曰：按正身於奥，言正身對奥而坐也。⊙奇猷案：言正身坐於奥，卽自坐主位，非謂對奥而坐也。王氏增「見」字，殊不辭。

〔三〕太田方曰：僇，辱也。⊙松臯圓曰：「命」宜作「㚔」，形之誤也。㚔，卽幸字。⊙奇猷案：僇蓋借為戮，和氏篇「然則有道者之不僇也」，以僇為戮是其例。戮，死也。謂曾子不死，是命該不死，文亦通。

鳥有翢翢者〔一〕，重首而屈尾，將欲飲於河則必顛，乃銜其羽而飲之。人之所有飲不足者，不可不索其羽也〔二〕。

〔一〕盧文弨曰：文選阮嗣宗詠懷詩「周周尚銜羽」，李善注引此亦作「周周」。⊙顧廣圻曰：翢、周同字。集韵又云「翢，弱羽者」，卽此。

〔二〕趙用賢曰：疑有脱文。⊙于思泊師曰：按既以人譬鳥作結，語意完足，實無脱文。上言將欲飲於河則必顛，乃銜其羽而飲之。此言人之所有飲不足者，亦必如鳥之自銜其羽，方不顛墜，故曰不可不索其羽也。⊙奇猷案：此「不足」二字，以飲水言，為不足於飲。然不足亦可解為足立不鞏固，正如外儲説左下「夔一足」之有二義。此謂人之所有飲而不能鞏固其足者，則必索其羽以銜之。度韓非之意，蓋以喻姦邪之臣為姦私之行，則必求黨羽以比周相為也。

鱣似蛇〔一〕，蠶似蠋〔二〕。人見蛇則驚駭，見蠋則毛起。漁者持鱣〔三〕，婦人拾蠶，利之所在〔四〕，皆為賁、諸〔五〕。

〔一〕王先愼曰：鱣，即鱓叚字。⊙奇猷案：説苑談叢作「鱓」。

〔二〕奇猷案：詩大雅蕩之什釋文：「蠋，桑蟲也。」

〔三〕王先慎曰：事類賦二十九引「持」作「取」，下七術篇作「握」。⊙奇猷案：說苑作「持」，與此同。

〔四〕奇猷案：七術篇此下有「則忘其所惡」句。

〔五〕王先慎曰：事類賦賁、諸作賁育。⊙奇猷案：御覽九百三十三作賁諸，九百三十七作賁育。案賁、諸卽孟賁、專諸。史記范睢傳集解：「孟賁，衛人。」孟子公孫丑篇疏引帝王世説云：「孟賁能生拔牛角。」專諸，吳人，為公子光刺王僚，詳史記刺客傳。呂氏春秋必己篇云：「孟賁過於河，先其五。船人怒，而以楫虓其頭，顧不知其孟賁也。中河，孟賁瞋目而視船人，髮植，目裂，鬢指，舟中之人盡揚播而入於河。」孟賁事蹟少見，此可見其勇。外儲說左上篇云：「利之所在，民歸之；名之所彰，士死之。」

伯樂教其所憎者相千里之馬，教其所愛者相駑馬。千里之馬時一〔一〕，其利緩，駑馬日售，其利急。此周書所謂「下言而上用者惑也〔二〕」。

〔一〕王先慎曰：藝文類聚九十三、御覽八百九十六引「千」上有「以」字，「一」下有「有」字，今據增。⊙奇猷案：王解增「以」字「有」字非也。時一，猶言時而見其一也。

〔二〕孫詒讓曰：此所引蓋逸周書佚文。淮南子氾論訓云「昔者周書有言曰：上言者下用也，下言者上用也，上言者常也，下言者權也」，高注：「用，可否相濟也。常，謂君常也。權，謀也。謀度事宜，不失其道。」兩文同出一原，而意恉皆不甚明晰。以高說推之，似謂上言而下用之者為事之常，下言而上用之者則為權時暫用。權與常相對為文。故文子道德篇亦云「上言者常用也，下言者權用也」，卽隱襲淮南書語，蓋尚得其恉。此云「下言而上用者惑也」，惑古字與或通用，或亦不常用之言，與淮南子、文子言權略同。韓子引之者，以況千里馬時一，其利緩，猶下言上用之不可為常耳。⊙奇猷案：伯樂教其所憎者相千里馬，所愛者相駑馬，是反其道而行之，則上言而下用亦當係指反其道而行之。所愛者是「上」，教人相駑馬之言是「下言」。教其所愛者相駑馬，是下言而用於所愛者（上），此是反其道而行之，故曰惑也（惑猶亂也。本末倒置，故是亂）。孫氏未得其旨。

桓赫曰〔一〕：「刻削之道，鼻莫如大，目莫如小。鼻大可小，小不可大也。目小可大，大不可小也。」舉事亦然，為其不可復者也，則事寡敗矣〔二〕。

〔一〕顧廣圻曰：桓赫，未詳，或「桓」當是「杜」也。

〔二〕盧文弨曰：「不」字衍。⊙王先慎改「不」為「後」，曰：張榜本「不」作「後」。⊙奇猷案：此乃一語氣問題。為，讀于偽反。此猶言舉事為其不可復則寡敗。猶今言「做事情為得怕它不能回復，起先就要謹慎，先謹慎就不會失敗了」。張本多臆改，未可從。松皋圓改「不」為「必」，亦非。

崇侯、惡來知不適紂之誅也〔一〕，而不見武王之滅之也。比干、子胥知其君之必亡也，而不知身之死也。故曰：「崇侯、惡來知心而不知事〔二〕，比干、子胥知事而不知心〔三〕。」聖人其備矣〔四〕。

〔一〕王先慎曰：書大傳注：「適，得也。」

〔二〕王先愼曰：二人窺見紂心之喜怒，而不明國事廢興。
〔三〕王先愼曰：二人能料國事之成敗，而不知己之生死。⊙奇猷案：王説「己之生死」當改作「君之心」。
〔四〕奇猷案：聖人既能知心又能知事。

宋太宰貴而主斷〔一〕。季子將見宋君。梁子聞之曰：「語必可與太宰三坐乎〔二〕。不然，將不免。」季子因説以貴主而輕國〔三〕。

〔一〕奇猷案：説林上及内儲説上「宋太宰」作商太宰，案卽戴驩，考詳内儲説上。
〔二〕顧廣圻曰：三，讀為參，高誘注戰國策云：「參，三人并也。」⊙松皐圓曰：三坐，宋君、太宰、季子同坐也。⊙奇猷案：此有誤，未詳所當作。顧説以三人并釋之亦難通，蓋季子初見，豈可卽與宋君、太宰相并，必無是理。
〔三〕顧廣圻曰：「主」，當作「生」。呂氏春秋有貴生，卽其義。宋君貴重其生，輕賤其國，則太宰長擅宋，故參坐而無惡於太宰矣。⊙奇猷案：説林上篇云「子圉見孔子於商太宰」。此季子與宋太宰同時，則亦與孔子同時。拙作有季子其人及其學説初探，以為季子卽莊子天地篇之季徹，其學説，主張任何人都要重國，要把國家的利益放在首位，那些徇私舞弊、篡權奪政、損國殃民、以致國家滅亡者，結果是自己的身也無處可安了。（載傳統文化研究第六輯，一九九七年蘇州古吳軒出版社出版）此言季子與太宰三坐，説以貴主而輕國，是違背其主張而益於太宰。蓋輕國者，不顧國家利益而富私家也。太宰貴，貴是得宋君之寵。季子説以「貴主」，宋君必喜，而太宰正以貴主而得寵。

楊朱之弟楊布衣素衣而出，天雨，解素衣，衣緇衣而反。其狗不知而吠之〔一〕。楊布怒，將擊之〔二〕。楊朱曰：「子毋擊也，子亦猶是。曩者使女狗白而往，黑而來，子豈能毋怪哉！」

〔一〕奇猷案：列子說符篇「知」下有「迎」字。案有「迎」字義長。

〔二〕奇猷案：列子「擊」作「扑」，下同。案扑亦擊也。

惠子曰：「羿執鞅持扞〔一〕，操弓關機〔二〕，越人爭為持的〔三〕。弱子扞弓，慈母入室閉戶〔四〕。故曰：可必，則越人不疑羿；不可必，則慈母逃弱子。」

〔一〕王引之曰：鞅，為馬頸靼，非射所用。「鞅」當為「决」，「决」誤為「泱」，後人因改為「鞅」耳。决，謂韘也，箸於右手大指所以鉤弦也。扞，謂韝也，或謂之拾，或謂之遂，箸於左臂所以扞弦也。故曰：「執决持扞，操弓關機。」衛風芄蘭篇：「童子佩韘。」毛傳曰：「韘，玦也。」小雅車攻篇：「决拾既佽。」毛傳曰：「决，鉤弦也。拾，遂也。」周官：「繕人，掌王之用弓，弩矢箙矰戈抉拾。」鄭注引鄭司農云：「抉，謂引弦彄也。拾，謂韝扞也。」鄉射禮：「袒决遂。」鄭注曰：「决，猶闓也，以象骨為之，箸右大擘指以鉤弦。闓，體也。遂，射韝也，以韋為之，箸左臂所以遂弦也。」內則曰：「右佩玦捍。」賈子春秋篇曰：「大夫釋玦靬。」抉、玦并與决同，捍、靬并與扞同。⊙奇猷案：惠子，惠施也，詳上。

〔二〕太田方曰：關，彎通，引滿也。⊙松皐圓曰：機，弩牙也。

〔三〕奇猷案：本書多以越為敵國，如孤憤篇「大臣專權是國為越也」是其例。此蓋謂羿善射，射必中的，雖敵國之人為之持的亦不疑羿之射己也。

〔四〕王引之曰：扞弓，當作扜弓。「扜」字從于不從干。扜弓，引弓也。說文：「弙，滿弓有所嚮也。」字或作「扜」，大荒南經「有人方扜弓射黃蛇」，郭注曰：「扜，挽也，音紆。」呂氏春秋壅塞篇「扜弓而射之」，高注曰「扜，引也」。淮南原道篇「射者扜烏號之弓」，高注曰「扜，張也」。弱子扜弓則矢必妄發，故慈母入室閉户。若作「扞禦」之扞則義不可通。（今本呂覽、淮南「扜」字皆誤作「扞」，唯山海經不誤，則賴有郭音也。）

桓公問管仲「富有涯乎〔一〕？」答曰：「水之以涯，其無水者也。富之以涯〔二〕，其富已足者也。人不能自止於足，而亡其富之涯乎〔三〕。」

〔一〕王先慎曰：說文「厓」下云「山邊也」，又「崖，高邊也」，皆有邊義。新附云：「涯，水邊也。」水至於邊則無水矣，是涯為水之止境。許書收韓子而無「涯」字，疑脫文。⊙奇猷案：松皋圓纂聞於「仲」下補「曰」字。案此不必有「曰」字。松氏太泥，未可從。

〔二〕顧廣圻曰：今本無「富」上「以」字。⊙奇猷案：今本是，今據刪。又案：「以涯」之「以」當訓及也、至也。易小畜九五云「富以其鄰」，虞翻云「以，及也」，即此文「以」字之義。

〔三〕王先慎曰：亡，讀為忘。謂欲富無厭，故忘其涯也。⊙奇猷案：王說是。此文蓋謂富雖有涯，然人不止於足，則忘富有涯矣。或以「而亡」二字屬上為句，亡訓「死亡」之亡，釋此文為人不知足者，貪財至死，死則為富之涯也，亦通。

宋之富賈有監止子者，與人爭買百金之璞玉〔一〕，因佯失而毀之，負其百金〔二〕，而理其毀瑕，得千溢焉〔三〕。事有舉之而有敗而賢其毋舉之者，負之時也〔四〕。

〔一〕王先慎曰：御覽八百二十八引無「玉」字。

〔二〕孫詒讓曰：負其百金者，謂償其值百金。負，猶後世言陪也。（韓詩外傳：「子産之治鄭，一年，而負罰之過省。」）魏書刑法志云「盗官物一備五，私物一備十」，通鑒宋紀胡三省注云：「備，陪償。」今人多云陪。備、負、陪聲近字通。「陪」今俗作「賠」，古無此字。

〔三〕顧廣圻曰：今本「溢」作「鎰」，誤。⊙王先慎曰：御覽引作「得十鎰焉」。⊙奇猷案：顧説是。荀子儒效篇「屑然藏千溢之寶」，楊注：「溢，古鎰字。」史記平準書「黄金以溢名，為上幣」，亦作「溢」。

〔四〕孫子書師曰：時，訓為是。⊙奇猷案：時訓是是也。然此文尚有誤，「者」字當在「賢」字下。「事有舉之而有敗而賢者」句絶。

有欲以御見荆王者，衆騶妒之〔一〕，因曰：「臣能撽鹿〔二〕。」見王，王為御，不及鹿，自御及之〔三〕。王善其御也，乃言衆騶妒之。

〔一〕奇猷案：説文云：「騶，厩御也。」

〔二〕盧文弨曰：撽，音竅，旁擊也。⊙太田方曰：撽、徼通。封禪文「徼麋鹿之怪獸」，徼，遮也。能要擊鹿之技也。⊙奇猷案：撽訓遮是也。遮猶今語「攔截」。

〔三〕奇猷案：謂王爲御以逐鹿，鹿善走，故王不能及鹿。此人自御則能及鹿。此人之善御由此可見，故下文曰「王善其御也」。蓋此人善御，無可進身，自謂能擻鹿，一則不致遭衆騶之妒，再則可顯其技於王前也。亦以喻智能之士欲進用於人主，必遭重臣左右之妒，其亦可用擻鹿之法也。

荆令公子將伐陳〔一〕。丈人送之曰：「晉强，不可不慎也。」公子曰：「丈人奚憂，吾爲丈人破晉。」丈人曰：「可。吾方廬陳南門之外〔二〕。」公子曰：「是何也？」曰：「我笑句踐也。爲人之如是其易也，己獨何爲密密十年難乎〔三〕？」

〔一〕王先慎曰：左哀十七年傳「楚公孫朝帥師滅陳」，杜注：「子西子。」此言公子，當卽公孫朝。

〔二〕王先慎曰：公子方伐陳，丈人卽爲廬於南門之外，較公子所説爲更易矣。

〔三〕劉師培曰：案密、勉一聲之轉。密密猶詩「密勿」，詩小雅十月之交「黽勉從事」，漢書劉向傳引作「密勿從事」，顔注：「猶黽勉也」，是其誼。⊙奇猷案：己與其同，詳經傳釋詞。又案句踐自會稽歸，整治國家，黽勉十餘年，一舉滅吴，始雪會稽之耻。（詳史記越世家）此文蓋謂伐陳如是其易，則句踐何必黽勉十年然後伐吴，自可迅卽滅吴而舍其南門之外也。忠孝篇有「悗密」，亦密密也。

堯以天下讓許由。許由逃之，舍於家人〔一〕。家人藏其皮冠〔二〕。夫棄天下而家人藏其皮冠，是不知許由者也。

〔一〕尹桐陽曰：家人，卽稼人，謂農家。⊙奇猷案：漢書董賢傳「此豈家人子所能堪邪」，顔注：「家人，猶庶人也。」又欒布傳「彭越為家人時」，注：「家人，言編户之人也。」則家人卽普通居民。尹説殊無據。

〔二〕奇猷案：恐許由竊之也。

三蝨相與訟〔一〕。一蝨過之〔二〕，曰：「訟者奚説？」三蝨曰：「争肥饒之地。」一蝨曰：「若亦不患臘之至而茅之燥耳〔三〕。若又奚患？」於是乃相與聚嘬其母而食之〔四〕。彘臞，人乃弗殺〔五〕。

〔一〕王先愼「三蝨」下補「食彘」二字曰：御覽九百五十一引有，今據補。⊙奇猷案：此言相與訟，所訟何事不必先指出，故一蝨過而問也。且閲下文知訟為争肥饒之地，亦非食彘也。王説非。

〔二〕王先愼曰：御覽引「過」作「遇」。

〔三〕王先愼曰：説文：「臘，冬至後三戌臘祭百神。」詩汝墳釋文：「楚人名火曰燥。」耳，讀為耶。言若不患臘祭之日至，而人之燥以茅耶。⊙松皐圓曰：莊子：「濡需者，豕蝨是也，擇疏鬣自以為廣宮大囿，奎蹏曲隈，乳間股脚，自以為安室利處，而不知屠者之一旦鼓臂布草，操烟火，而己與豕俱焦也。」⊙奇猷案：説文：「臘，冬至後三戌臘祭百神。」案古於冬令行之，至漢始定冬至後三戌為臘也，見風俗通義卷八。又案：松引莊子見徐無鬼篇。

〔四〕王先愼改「母」為「身」曰：御覽引「母」作「身」，是。⊙松皐圓曰：彘者，蝨所由生，故謂之母。⊙奇猷案：「與聚」二字當衍其一，蓋一本作「與」，一本作「聚」，校者誤合耳。嘬為吸飲之義。孟子滕文公篇「蠅蚋姑嘬之」，謂蠅蚋吸其血而食也。嘬與啜亦同，説林上「中山君烹樂羊子而遺之羹，樂羊啜之，盡一杯」，食羹言啜，可知啜為吸食之義。又案：「母」當為「血」字之訛。今本御覽引作「身」，而涵芬樓影印宋本御覽作「目」，蓋血壞為皿，又豎寫作「目」，身與母皆形近而誤也。且血、母二字易誤，本書說林上「其衃乃未可知也」，今「衃」誤為「母」。（蓋衃壞為血，而又誤為母也。）難三「恃毒聰明」，藏本「毒」作「盡」，皆其例。此文蓋謂三蝨相與吸彘之血而食之，故下言彘臞也。若依王說，義不可通，蓋蝨為吸血蟲，非食彘之身者，若食彘之身，則彘死矣，尚何臞哉？王氏不明此義，故此改為「身」，而上文又增「食彘」二字，非是。孟子趙注謂「蠅蚋姑嘬之」為相與食之也，是以食訓嘬，亦未得嘬字之義。松氏之說，更是望文生訓也。

〔五〕奇猷案：人不殺彘，三蝨不致為茅燒死，且可長時嘬彘之血。

蟲有就者〔一〕，一身兩口，爭食相齕，遂相殺，因自殺〔二〕。人臣之爭事而亡其國者，皆蚘類也〔三〕。

〔一〕舊注：「就」或作「蚘」。⊙趙本「就」作「蚘」。盧文弨改為「螝」曰：蚘、虮皆非。據顏氏家訓勉學篇改正作「螝」。下「蚘」字當并改。⊙顧廣圻曰：「就」，當依顏氏家訓引此作「螝」。古今字詁：「螝亦古之虺字。」舊注當云「或作虺」，藏本、今本皆作「蚘」。⊙王渭曰：「洪興祖楚辭注引及柳子厚天對亦作螝。」⊙王先慎曰：御覽九百五十一引「就」作「螝」。⊙奇猷案：「就」卽「虺」之誤。「虺」誤為「虵」，又寫作「蚘」，遂形誤為「就」耳。「虺」既誤為「就」，舊注不知其誤，見下文作「蚘」，遂於「就」下注云：「或作蚘。」一切經音義二十八引正作「虺」，卷六十五引作「𧈢」，七十三引作「虵」，𧈢、虵皆虺之誤也。又卷四十六引作「螝」云：「古文虫螝二形，今作虺同。」蓋慧琳不知「就」卽「虺」之誤，見下有「或作虺」，遂以同義之「螝」改之也。

〔二〕「爭」下原無「食」字。盧文弨曰：「爭」下脱「食」字，顔引有，張本同。「齕」下「也」字衍，「因自殺」三字衍，「相殺」下補「也」字。⊙顧廣圻曰：藏本「爭」下有「食」字。⊙奇猷案：盧氏俱據顔引改，非。藏本是，今據補「食」字。此文謂虺兩口同在一身，爭食相齕，遂兩口相殘殺，因之而死，故曰遂自殺也。文義甚明，顔氏妄改，不可據。王氏集解依盧校改，非。

〔三〕奇猷案：虯當作虺，説見上。亡徵篇云：「大臣兩重，父兄衆强，内黨外援，以爭事勢者，可亡也。」

宮有堊器〔一〕，有滌，則潔矣。行身亦然，無滌堊之地則寡非矣〔二〕。

〔一〕奇猷案：説文：「堊，白涂也。」段玉裁注云：「以白物涂白之也。」案今謂之「粉刷」。

〔二〕奇猷案：「亦」當作「不」。行身，猶行為。外儲説上「其行身也離世」，六反「行身則欲其遠罪也」，五蠹「行身者競於為高」，皆謂行為也。宮與器由於不潔而堊之滌之，人之行為則不然，無不潔（卽無錯過）之處，不須堊滌，則寡非矣（則無過錯矣）。解老篇云：「物之待飾而後行者，其質不美也」，可明此文。蓋人之行為，若待堊滌而後行者，則其行為已有過錯（其質不美也）。

公子糾將為亂〔一〕。桓公使使者視之。使者報曰：「笑不樂，視不見，必為亂。」乃使魯人殺之〔二〕。

〔一〕奇猷案：舊連上，今依藏本、趙本提行。

〔二〕奇猷案：史記齊世家：「齊桓公遺魯書曰：子糾兄弟，弗忍誅，請魯自殺之。魯人遂殺子糾於笙瀆。」

公孫弘斷髮而為越王騎[一]。公孫喜使人絶之曰：「吾不與子為昆弟矣。」公孫弘曰：「我斷髮，子斷頸而為人用兵，我將謂子何[二]？」周南之戰，公孫喜死焉[三]。

[一]松皐圓曰：中山策吴注：「按戰國有兩公孫弘，一在齊為孟嘗君見秦昭王，一卽為中山君參乘者。」韓子云公孫弘斷髮而為越王騎，又一人也。」

[二]奇猷案：藏本「我」作「伐」，誤。

[三]松皐圓曰：周南，周之南界，卽伊闕也。史記韓僖王三年使公孫喜率周、魏之師攻秦，秦敗我二十四萬，虜喜於伊闕。

有與悍者鄰，欲賣宅而避之。人曰：「是其貫將滿矣[一]，子姑待之。」答曰：「吾恐其以我滿貫也。」遂去之[二]。故曰：「物之幾者，非所靡也[三]。」

[一]「滿」下原有「也遂去之故曰勿之」八字，顧廣圻曰：滿下「也遂去之故曰勿之」八字衍，涉下文而複誤耳。「是其貫將滿矣」作一句讀。⊙王先慎依顧校删曰：御覽百八十引無「也遂去之故曰勿之」八字。今從之。迂評本、凌本删「遂去之故曰勿之矣」，盧文弨據之删，未確。又案：史記陳涉世家「士不敢貫弓而報怨」，又伍子胥傳「伍胥貫弓執矢嚮使者」，索隱謂「滿張弓也」，則貫之義為滿。書泰誓「商罪貫盈」，謂商罪滿盈也。引申之，則凡罪惡滿皆謂之貫，再引申之，則凡罪惡皆曰貫，故左宣六年傳云「使疾其民，以盈其貫」，貫，謂罪惡也。⊙奇猷案：王删是，

〔二〕盧文弨曰：「去」下張、凌本有「之」字。⊙王先慎曰：御覽引有。⊙奇猷案：藏本、迂評本、凌本亦有「之」字，今據補。

〔三〕奇猷案：物，猶事也，詳主道篇。幾，危殆也。爾雅釋詁「幾、危也」，書顧命「王曰，嗚呼，疾大漸，惟幾」，僞孔傳云：「自嘆其疾大進篤，惟危殆。」詩王風黍離「行邁靡靡」，毛傳：「靡靡，猶遲遲也。」此文「物之幾者，非所靡也」，猶言事之危殆者，非所遲也。蓋與悍者鄰，危在旦夕，不能有所待也。亦說明臨事勇斷之意。

孔子謂弟子曰：「孰能導子西之釣名也〔一〕？」子貢曰：「賜也能。」乃導之，不復疑也〔二〕。孔子曰：「寬哉，不被於利；絜哉，民性有恆。曲為曲，直為直〔三〕。孔子曰子西不免〔四〕。」白公之難，子西死焉〔五〕。故曰：「直於行者曲於欲〔六〕。」

〔一〕太田方曰：淮南要略注：「導，諫也。」漢書公孫弘傳「誠飾詐欲以釣名」，顔師古注：「釣，取也，若釣魚之謂也。」⊙奇猷案：子西，楚令尹子西也。

〔二〕奇猷案：史記仲尼弟子傳：「端木賜，字子貢，利口巧辭。」子貢既利口巧辭，故能導子西而不疑也。

〔三〕王先慎曰：數句當是子西對子貢言，孔子二字疑子西之誤，子貢導其釣名，子西曰：寬哉不被於利，何必釣名，絜哉民性有恆，謂我有恆性，無庸導也。恆性若何？曲者則為曲，直者則為直，此其恆性也。皆子西對子貢之言。下「直於行者曲於欲」，卽指子西曲為曲、直為直之語，此孔子聞之而知其不免也。今誤子西為孔子，義不可通。⊙奇猷案：松皐圓以下文「孔子曰」三字衍文，是也。子貢諫子西，子西不復疑，然孔子以民性有恆推之，子西之聽子貢乃暫時之事，亦品性難移之意，故知子西不免也。王說未得。論語憲問篇：「或問子西。子曰：彼哉，彼哉！」則孔子之於子西亦嘆之而已。

〔四〕「孔子曰」下王先慎曰：各本同，孫星衍孔子集語引此云「宋本提行」，誤。⊙奇猷案：藏本亦誤提行。又案：此三字當删。⊙奇猷案：孔子語止此。不免，謂不免有禍也。上「宋太宰」條，「不然，將不免」，亦謂不免有禍也。

〔五〕奇猷案：左哀十六年傳：「白公作亂，殺子西於朝，子西以袂掩面而死。」

〔六〕奇猷案：五蠹篇云「直於君而曲於父」，直、曲二字與此義同。此文蓋謂直於其行者則曲於己之所欲。人之欲皆為其生，今行直而喪其生，故曰曲於欲也。

晉中行文子出亡〔一〕，過於縣邑。從者曰：「此嗇夫，公之故人〔二〕。公奚不休舍？且待後車。」文子曰：「吾嘗好音，此人遺我鳴琴；吾好珮，此人遺我玉環；是振我過者也〔三〕。以求容於我者〔四〕，吾恐其以我求容於人也。」乃去之。果收文子後車二乘而獻之其君矣。

〔一〕「中行文子」下松皐圓曰：荀寅也。史記晉定公二十二年奔齊。

〔二〕太田方曰：書胤征注：「嗇夫，主幣之官。」秦制，鄉有嗇夫，職獄訟，收賦稅。漢有虎牢嗇夫。所職不同，皆小臣之官。⊙奇猷案：外儲説右下有救火之嗇夫，則嗇夫乃一般之役作者，此文嗇夫亦當為此義。蓋指曾為文子役作之人也。一九七八年第二期文物載鄭實嗇夫考謂此嗇夫為縣邑嗇夫，縣嗇夫為縣令之别名。可供參考。

〔三〕王先慎曰：孟子趙注：「振，揚也。」⊙奇猷案：王説是。松皐圓、太田方均於「振」上補「不」字，訓振為舉，非。

文子好音而遺之鳴琴，好珮而遺之玉環，正是揚文子之過也。

〔四〕陶鴻慶曰：案此本云「是振我過以求容於我者也」，今本「者也」二字誤倒在上，又衍下「者」字。⊙奇猷案：「以」字下當脱「此」字，此謂遺鳴琴、玉環也。陶説未確。

周趮謂宫他曰〔一〕：「為我謂齊王曰：以齊資我於魏，請以魏事王。」宫他曰：「不可。是示之無魏也。齊王必不資於無魏者，而以怨有魏者。公不如曰：以王之所欲，臣請以魏聽王。齊王必以公為有魏也，必因公〔二〕。是公有齊也，因以有齊、魏矣〔三〕。」

〔一〕顧廣圻曰：趮，魏策作肖。按又作霄，皆同字。⊙奇猷案：孟子滕文公篇「周霄問孟子」。

〔二〕王先慎曰：策作「必資公矣」。

〔三〕顧廣圻曰：「有齊」，當作「齊有」。策云「以齊有魏也」可證。⊙奇猷案：顧説是。又案：此即有度篇所謂：「忘主外交以進其與也。」

白圭謂宋令尹曰〔一〕：「君長，自知政，公無事矣。今君，少主也，而務名。不如令荆賀君之孝也，則君不奪公位〔二〕，而大敬重公，則公常用宋矣。」

〔一〕太田方曰：「令尹」，戰國策作「大尹」，是也。宋無令尹。左哀二十六年杜注：「大尹，近官有寵者。」⊙奇猷案：白圭，詳喻老篇。

〔二〕奇猷案：宋策作「則君不奪太后之事矣」，鮑注：「后時為政。」據此，則令尹甚寵於太后。今君務孝子之名，則不奪太后之事，而大敬重公也。此疑有脱文。

管仲、鮑叔相謂曰：「君亂甚矣〔一〕，必失國。齊國之諸公子其可輔者，非公子糾則小白也。與子人事一人焉，先達者相收〔二〕。」管仲乃從公子糾，鮑叔從小白。國人果弒君〔三〕。小白先入為君，魯人拘管仲而效之，鮑叔言而相之〔四〕。故諺曰：「巫咸雖善祝，不能自祓也〔五〕；秦醫雖善除〔六〕，不能自彈也〔七〕。」以管仲之聖而待鮑叔之助，此鄙諺所謂「虜自賣裘而不售，士自譽辯而不信」者也〔八〕。

〔一〕奇猷案：史記齊世家：「初，襄公之醉殺魯桓公，通其夫人，殺誅數不當，淫於婦人，數欺大臣，羣弟恐禍及，故次弟糾奔魯，管仲、召忽傅之，次弟小白奔莒，鮑叔傅之。」

〔二〕顧廣圻曰：藏本、今本上「相」字作「先」。⊙奇猷案：王先慎據顧校改，是，今從之，迂評本、凌本亦作「先」。說難篇「陽收其身」，舊注釋收為用，卽進用，亦今語「提拔」之意。

〔三〕奇猷案：史記齊世家「無知弒襄公」。

〔四〕奇猷案：詳難一篇。

〔五〕太田方曰：巫咸見書。又楚辭「巫咸將夕降兮」，注：「巫咸，古神巫，當殷中宗之世。」

〔六〕顧廣圻曰：藏本、今本「秦」上無「養」字。按未詳。⊙王先慎删「養」字曰：案「養」字涉上下文「善」字而誤衍，此與上「巫咸雖善祝」對文，不當有「養」字。⊙劉師培曰：「養」卽下「秦」字誤羨之文。秦醫，如和緩是。⊙松皐圓曰：秦醫，謂扁鵲也。史記扁鵲傳「扁鵲者，渤海郡鄭人，姓秦氏，名越人」。秦策吳注：「周禮釋文引史記云：姓秦，名少齊，越人。今史記無少齊字，恐釋文為是。彼時所見本未缺也。『越人』似非名字。」圓案：淮南繆稱訓「駱醫以治病」，注：「駱醫，越醫也」。則知秦少齊為駱越之人明矣。正義云：「家於盧國，因號盧醫。」酉陽雜俎：「盧城之東有扁鵲冢。」圓謂盧醫卽駱醫之音轉耳。秦策「扁鵲請除」，注：「欲去其病也。」⊙太田方曰：除，治也。方言：「病愈者或謂之除。」⊙奇猷案：無「養」字是，今據删。秦醫，謂扁鵲亦是也。喻老篇亦稱道扁鵲。本書八經篇「除者傷血肉」。除卽謂治病也。

〔七〕太田方曰：六反篇：「彈痤者痛。」⊙奇猷案：外儲說右上「故能使人彈疽者，必其忍痛者也」，又曰「夫痤疽之痛也，非刺骨髓則煩心不可支也，非如是不能使人以半寸砥石彈之。」據此，則彈者謂以砭鍼治病也。

〔八〕王先慎曰：御覽八百二十八引「虜」作「傭」、「裘」作「衣」。⊙松皐圓曰：索隱曰：「虜，奴隸也。」⊙奇猷案：圓引見史記李斯傳索隱。

荊王伐吳。吳使沮衛蹷融犒於荊師，而將軍曰「縛之〔一〕，殺以釁鼓〔二〕。」問之曰：「女來卜乎？」答曰：「卜。」「卜吉乎？」曰：「吉〔三〕。」荊人曰：「今荊將與女釁鼓，其何也〔四〕？」答曰：「是故其所以吉也。吳使人來也，固視將軍怒〔五〕。將軍怒，將深溝高壘；將軍不怒，將懈怠。今也將軍殺臣，則吳必警守矣。且國之卜，非為一臣卜。夫殺一臣而存一國，其不言吉何也？且死者無知，則以臣釁鼓無益也；死者有知也，臣將當戰之時，臣使鼓不鳴。」荆人因不殺也。

〔一〕「吳使沮衛蹷融犒於荆師」事。顧廣圻曰：未詳。左傳云「蹷由」。餘多不同。⊙王先慎曰：御覽三百三十八引作「吳使沮衛獻蟲蠹於荆師」。⊙劉師培曰：案融、由一聲之轉，「蹷融」卽左傳昭五「蹶由」。⊙楊樹達曰：案說苑奉使篇「秦、楚轂兵」章事略同。⊙顧廣圻曰：今本「而」作「荆」。⊙奇猷案：此當以「吳使沮衛蹷融犒於荆師而將軍曰縛之」十六字為一句讀。王氏集解改「而」為「荆」，非是。

〔二〕奇猷案：漢書高帝紀顏師古注云：「許慎云：釁，血祭也。然卽(同則)凡殺牲以血祭者皆為釁。」

〔三〕顧廣圻曰：藏本、今本「卜吉」下有「乎曰吉」三字。⊙劉文典曰：藏本、今本是也，說苑奉使篇作「卜之謂何對曰吉」可證。⊙奇猷案：「卜吉」下有「乎曰吉」三字是，今據補。四部叢刊本「卜吉」下空三格，明宋本原有三字而壞去者，吳鼒刻本無此三空格而連下文，遂滅宋刊之舊矣。

〔四〕盧文弨曰：「將欲」，張、凌本作「將以」。⊙奇猷案：藏本、迂評本「將欲」作「將與」是也。王先慎從盧校改。與、猶以也，說詳王氏經傳釋詞。則作「與」作「以」均可，今改作「與」。

〔五〕盧文弨曰：「人」，凌本作「臣」。「怒」字衍。⊙奇猷案：藏本、迂評本、凌本「人」亦作「臣」，案作「臣」是，下文亦以臣自稱可證。

知伯將伐仇由〔一〕，而道難不通〔二〕，乃鑄大鐘遺仇由之君。仇由之君大說〔三〕，除道將内之。赤章曼枝曰〔四〕：「不可。此小之所以事大也，而今也大以來，卒必隨之〔五〕，不可内也。」仇由之君不聽，遂内之。赤章曼枝因斷轂而驅〔六〕，至於齊七月，而仇由亡矣〔七〕。

〔一〕顧廣圻曰：戰國策作「厹由」，注「或作仇首」，史記樗里子傳作「仇猶」，「首」者「酋」之誤。本書喻老篇作「仇由」，同此。吴師道引此「由」作「繇」，吕氏春秋權勳篇作「夙繇」，高誘注：「或作仇酋」。夙，厹之誤也，當互正。説文云「臨淮有厹猶縣」，漢書地理志同。⊙奇猷案：淮南精神訓作「仇由」，與此同。知伯，詳十過篇。

〔二〕王先慎曰：吕氏春秋作「而無道也」，此「難不」二字疑衍其一。⊙孫子書師曰：按説文「難，險也」，「險」下云：「阻難也。」本書姦劫弑臣篇云「乘舟之安，持檝之利，則可以水絶江河之難矣」，言可以水絶江河之險也。楚辭九歌云：「路險難兮獨後來。」（王逸云：「其路阻險又難，故來晚暮」，析險難為二，失之。）文選陸士衡君子行云「人道嶮而難」，嶮同險，險、難義同。道難不通，卽道險不通也。史記樗里子傳正義引韓子此文作「道險難不通」，明二字不衍。

〔三〕孫子書師曰：按史記樗里子傳：「游騰為周説楚王曰：智伯之於仇猶，遺之廣車，因隨之以兵，仇猶遂亡。何則？無備故也。」正義引此文作「乃鑄大鐘遺之，載以廣車，仇由大悦」。本書喻老篇云：「智伯將襲仇由，遺之以廣車。」西周策亦有「載以廣車」之文，疑此本有而今脱之。⊙奇猷案：此文之主旨在説明開通險阻，而大鐘必載以廣車，則言大鐘卽可概括其事矣。

〔四〕顧廣圻曰：「曼」，吕氏春秋作「蔓」。⊙奇猷案：御覽五百七十五引作赤草曼支。枝、支同。

〔五〕顧廣圻曰：今本「卒」下「以」字作「必」，吕氏春秋作「卒必」。⊙王先慎改「以」為「必」曰：御覽引亦作「必」。⊙奇猷案：作「必」是，今據改，迂評本、凌本亦作「必」。

〔六〕松皋圓曰：高誘云：「山中道狹，故斷車轂而行去也。」⊙太田方曰：周禮考工記：「行澤者欲短轂，行山者欲長轂。短轂則利，長轂則安。」是短轂疾利，故斷之也。

〔七〕顧廣圻曰：「月」，當作「日」。吕氏春秋云「至衛七日」。⊙王先慎曰：御覽引作「十月」。⊙孫子書師曰：史記正義引作「十九日而仇猶亡也」。

越已勝吴，又索卒於荆而攻晉。左史倚相謂荆王曰〔一〕：「夫越破吴，豪士死，鋭卒盡，大甲傷〔二〕。今又索卒以攻晉，示我不病也。不如起師與分吴〔三〕。」荆王曰：「善。」因起師而從越〔四〕。越王怒，將擊之。大夫種曰：「不可。吾豪士盡，大甲傷，我與戰必不剋，不如賂之。」乃割露山之陰五百里以賂之〔五〕。

〔一〕松皋圓曰：倚相，見左昭十六年。荆王，惠王也。⊙奇猷案：左史倚相，始見左昭十二年。楚語韋注：「楚左史。」

〔二〕太田方曰：漢書刑法志：「魏氏武卒，衣三屬之甲。」服虔曰：「作大甲三屬竟人身也。」

〔三〕顧廣圻曰：藏本同。今本「與」作「以」，誤。

〔四〕奇猷案：從，謂僅隨從而不攻戰也。

〔五〕顧廣圻曰：説苑權謀篇云：「遂取東國。」

荆伐陳〔一〕，吴救之，軍閒三十里，雨十日夜，星〔二〕。左史倚相謂子期曰：「雨十日，甲輯而兵聚〔三〕，吴人必至，不如備之。」乃為陳，陳未成也而吴人至，見荆陳而反〔四〕。左史曰：「吴反覆六十里，其君子必休，小人必食〔五〕。我行三十里擊之，必可敗也。」乃從之，遂破吴軍。

〔一〕王先慎曰：説苑指武篇云「楚莊王」。案倚相、子期不同時。⊙奇猷案：史記十二諸侯年表「楚惠王三年伐陳，陳與吴故」，當卽此事，與左史倚相之時代正合（倚相為楚惠王時人，詳上節注）。且楚之伐陳，乃因陳與吴之故，故此云「吴救之」，與情理亦合。據此，則説苑楚莊王蓋楚惠王之誤，而陳當屬湣公時，吴當屬夫差時。

〔二〕顧廣圻曰：説苑指武篇云「雨十日十夜，晴」。按「星」正字作「夝」，説文：「雨而夜除星見也。」集韻有夝、晴、暒三文。⊙王先慎曰：夝、星疊韻，古文本通用「星」。毛詩「星言夙駕」，韓詩云：「星者，精也。」精，今晴字。漢書天文志孟康注「暒，精明也」，韋昭注「精，清朗也」，郭璞爾雅釋天注「暒，雨止無雲也」，是暒、夝、精皆今之「晴」字，而詩作「星」，與本書同，明古文通用「星」字。⊙奇猷案：王謂「星」卽「精」是也。精從青聲，青從生聲，星亦從生聲，故精之為星乃同聲通假。列子説符篇、吕氏春秋介立篇「東方有士焉曰爰旌目」，後漢書張衡傳注引列子作「爰精目」，正可為比。

〔三〕奇猷案：輯、集同。謂因雨不戰，甲冑不衣，兵器不執，皆集聚而置之。

〔四〕王先慎曰：御覽十引「陳」作「有戒」。

〔五〕奇猷案：國語吴語「越以其私卒君子六千人為中軍」，韋注：「私卒君子，王所親近有志行者。」則君子者指君親近之士卒，而小人者指普通之士卒也。

韓、趙相與為難。韓子索兵於魏〔一〕，曰：「願借師以伐趙。」魏文侯曰：「寡人與趙兄弟，不可以從。」趙又索兵以攻韓〔二〕，文侯曰：「寡人與韓兄弟，不敢從。」二國不得兵，怒而反。已乃知文侯以搆於己，乃皆朝魏〔三〕。

〔一〕王渭曰：「子」字衍，策無。⊙孫詒讓曰：存韓篇亦云「書言韓子之未可舉」，則「子」字似非衍。⊙奇猷案：孫說是，詳存韓篇。

〔二〕奇猷案：藏本「兵」下有「以」字。案此當有，今據補。

〔三〕顧廣圻曰：「搆」，策作「講」。按搆、講同字。

齊伐魯，索讒鼎〔一〕，魯以其鴈往〔二〕。齊人曰：「鴈也。」魯人曰：「真也。」齊曰〔三〕：「使樂正子春來〔四〕，吾將聽子。」魯君請樂正子春，樂正子春曰：「胡不以其真往也？」君曰：「我愛之〔五〕。」答曰：「臣亦愛臣之信。」

〔一〕顧廣圻曰：呂氏春秋審己篇、新序節士篇云「岑鼎」。⊙太田方曰：新書作岑鼎。明堂位作崇鼎。左傳疏引服虔曰：「疾讒之鼎。一云：讒，地名。禹鑄九鼎於甘讒之地。」按讒、鑱音通。「鑱」亦作「鈐」，是鈐、岑、崇三字相似，故諸書謬誤耳。蓋為地名者似是矣。⊙楊樹達曰：按「讒」本字當作「鬵」。說文云：「鼎，大上小下曰鬵。讀若岑。」說文「誃」下云：「一曰鬵鼎。」呂覽、新序作「岑」，此作「讒」，皆聲近假借字。以讒為地名、及釋讒鼎為「疾讒之鼎」者并非是。⊙奇猷案：左昭三年傳引有讒鼎之銘曰：「昧旦丕顯，後世猶怠。」（亦見晏子春秋問篇下。）推此二語，知為詰誡之文。莊子漁父：「好言人惡謂之讒。」蓋詰誡者以言警人也，故曰讒鼎。

〔二〕段玉裁曰：說文：「羼，火色也，讀若鴈。」鴈蓋即羼之叚借字，俗作贗。⊙曾廷枚曰：「真贗」，本作「真鴈」，後人加「貝」。

〔三〕奇猷案：當作「齊人曰」。松皐圓補「人」字，是。

〔四〕顧廣圻曰：呂氏春秋、新序云：柳下季。⊙奇猷案：禮檀弓上：「曾子寢疾病，樂正子春坐於牀下。」鄭注：「子春，曾參弟子。」公羊昭十九年傳何休注亦云「曾子弟子，以孝名聞」。案樂正子春既有孝行，故齊人信之。

〔五〕俞樾曰：「我愛之」下「信」字衍文。君曰我愛之，之者，指鼎而言，君固愛鼎不愛信也。涉下句而衍「信」字，則義不可通。⊙王先慎刪「信」字曰：案俞說是。御覽四百三十引正無「信」字。⊙奇猷案：俞說是。藏本、迂評本、凌本正無「信」字，今據刪。

韓咎立為君〔一〕，未定也。弟在周〔二〕，周欲重之，而恐韓咎不立也〔三〕。綦毋恢曰：「不若以車百乘送之。得立，因曰為戒；不立，則曰來效賊也〔四〕。」

〔一〕奇猷案：韓咎後立為釐王。

〔二〕松皐圓曰：韓策、韓世家皆云在楚，吳注：「大事記、韓世家襄王十二年，太子嬰死，公子咎、公子蟣虱爭為太子。蟣虱質於楚，楚欲內之，遂圍雍氏，蟣虱遂不得歸韓。韓立咎為太子。」國策與世家所載，參錯重複，不可詳考。⊙奇猷案：韓策「弟」上有「其」字。又案：韓策「蟣虱」作「蟣瑟」，字同。

〔三〕奇猷案：策「咎」作「之」，是也。此謂恐韓不立韓咎之弟，非謂恐韓咎不立為君也，明當作「之」。

〔四〕王先慎曰：效，致也。咎為韓君，以兵車為其弟之戒。否則，咎為韓賊，則以兵車致賊於韓也。⊙奇猷案：按咎弟得立，則謂以車乘為戒，示惠於咎弟，咎弟不得立，則咎弟為咎之賊，因致咎弟於咎而言來效賊也。王氏蓋不知上文「咎」字為「之」字之誤，遂為之説也。

靖郭君將城薛〔一〕，客多以諫者〔二〕。靖郭君謂謁者曰：「毋為客通。」齊人有請見者曰：「臣請三言而已。過三言，臣請烹。」靖郭君因見之。客趨進曰：「海大魚。」因反走。靖郭君曰：「請聞其說。」客曰：「臣不敢以死為戲。」靖郭君曰：「願為寡人言之。」答曰：「君聞大魚乎〔三〕？網不能止，繳不能絓也〔四〕，蕩而失水，螻蟻得意焉〔五〕。今夫齊亦君之海也，君長有齊，奚以薛為？君失齊，雖隆薛城至於天，猶無益也。」靖郭君曰：「善。」乃輟，不城薛〔六〕。

〔一〕「靖郭君」下太田方曰：孟嘗君父田嬰也。⊙顧廣圻曰：今本「將」上無「曰」字。齊策無。新序雜事同，「將」作「欲」。⊙王先慎刪「曰」字曰：案無「曰」字是。御覽一百九十二引正無「曰」字。⊙奇猷案：無「曰」字是。淮南人間訓亦無，今據刪。

〔二〕奇猷案：客，卽孟嘗君食客三千之客。

〔三〕陶鴻慶曰：案依上下文「大魚」上當有「海」字，淮南、新序并作「海大魚」可證。齊策作「君不聞大魚乎」，亦脱

「海」字，則文義不完。⊙楊樹達曰：按「聞」上當有「不」字。⊙奇猷案：陶説是。楊説亦是也。齊策、新序皆作「不聞」。

〔四〕太田方曰：戰國策、淮南、新序皆作「釣不能牽，繳弋射也。」絓、挂同。淮南子：「飛鳥不動，不絓罔羅也。」⊙奇猷案：説文「繳」作「繁」，云：「生絲縷也。」史記楚世家「績繳蘭臺」，集解云：「絲繩繫弋射鳥也。」蓋古者射鳥以繩繫矢而射之，則射中之鳥可收繩而取，射魚時當亦可用之。楚辭哀郢「心絓結而不解兮」，王注：「絓，懸也。」此文繳不能絓者，猶言繳不能牽引而懸之也，故與釣不能牽同義。

〔五〕松皐圓曰：莊子：「吞舟之魚，碭而失水，則蟻能苦之。」

〔六〕盧文弨曰：「城」上「不」字衍，齊策無。⊙顧廣圻曰：新序作「罷民弗城薛也」。⊙王先慎曰：此當各依本書。「輟」乃「輒」之譌，本書輟、輒多互亂。御覽一百九十二引「乃不城薛」，蓋不審「輟」為「輒」之誤，而誤刪之也。⊙奇猷案：盧説固誤，王説亦未塙。「乃輟」句絶，輟，止也。淮南作「乃止，不城薛」可證。

荆王弟在秦〔一〕，秦不出也。中射之士曰〔二〕：「資臣百金，臣能出之。」因載百金之晉，見叔向，曰：「荆王弟在秦，秦不出也，請以百金委叔向。」叔向受金，而以見之晉平公曰：「可以城壺丘矣〔三〕。」平公曰：「何也？」對曰：「荆王弟在秦，秦不出也〔四〕，是秦惡荆也，必不敢禁我城壺丘。若禁之，我曰：為我出荆王之弟，吾不城也。彼如出之，可以德荆〔五〕。彼不出，是卒惡也，必不敢禁我城壺丘矣。」公曰：「善。」乃城壺丘，謂秦公曰：「為我出荆王之弟，吾不城也。」秦因出之。荆王大説，以鍊金百鎰遺晉〔六〕。

〔一〕王先慎曰：説苑權謀篇云「楚公子午」。

〔二〕王先慎曰：御覽八百十引「射」作「尉」。⊙奇猷案：中射士為給事宮内之官，詳十過篇孫詒讓説。

〔三〕王先慎曰：乾道本「壺」作「壼」，今據趙本改，下同。説苑正作「壺」。左傳「彭城降晉，晉人以宋五大夫在彭城者歸寘諸瓠丘」，注：「瓠丘，晉地，河東東垣東南有壺丘。」⊙奇猷案：四部叢刊本作「壺」不誤，吴鼒本訛也。

〔四〕王先慎曰：御覽無「也」字。

〔五〕劉師培曰：案「得」當作「德」，言示德於荆也，「得」為叚字。⊙奇猷案：劉説是。藏本、趙本、迂評本、凌本正作「德」，今據改「得」為「德」。

〔六〕顧廣圻曰：藏本「鍊」作「諫」，「鎰」作「溢」。按作「溢」是也。「諫」當作「練」，練、鍊同字也。⊙王先慎曰：御覽同。藏本誤，不可從。淮南子云：「秦以一鎰為一金而重一斤，漢以一斤為一金。」以百鎰鍊金遺晉，語自可通，毋庸改字。⊙奇猷案：今藏本作「鎰」。案溢、鎰古今字。上「宋之富賈」條用「溢」字，此亦以作「溢」為是。

闔廬攻郢，戰三勝〔一〕，問子胥曰：「可以退乎？」子胥對曰：「溺人者一飲而止則無逆者〔二〕，以其不休也，不如乘之以沈之。」

〔一〕奇猷案：疑卽史記吴世家：「闔廬九年吴、楚之戰。楚大敗於漢水。吴王縱兵追之，比至郢，五戰，楚五敗。楚昭王奔鄖。吴兵遂入郢。子胥、伯嚭鞭平王尸以報父讎。」

〔二〕顧廣圻曰：藏本、今本「逆」作「溺」。按所改誤也。「逆」當作「遂」，形近之誤。十過篇云「不可遂」，又云「子其使遂之」。⊙孫子書師曰：按如顧説則下句「不」字衍文，「以其休也」正承「一飲而止」言之。⊙奇猷案：作「遂」是。遂，成也。無遂者，謂不能成溺人之功也。又案：孫師説是。或依顧説改「逆」為「遂」，而重「遂者」二字，此文之句讀則為：「溺人者一飲而止則無遂者。遂者，以其不休也。不如乘之以沈之。」亦通。

鄭人有一子，將宦〔一〕，謂其家曰：「必築壞牆，是不善人將竊。」其巷人亦云。不時築〔二〕，而人果竊之。以其子為智〔三〕，以巷人告者為盜。

〔一〕王先慎曰：説難篇「鄭」作「宋」。
〔二〕奇猷案：巷人，謂同巷之人，詳説林上。不時築，猶言未及時築之也。或以此三字為巷人語，非。
〔三〕王先慎曰：「以」上當有「其家」二字，説難篇作「其家甚智其子」。⊙奇猷案：王説是。無「其家」二字文不通。

觀行第二十四〔一〕

古之人目短於自見，故以鏡觀面；智短於自知，故以道正己〔二〕。故鏡無見疵之罪〔三〕，道無明過之怨〔四〕。目失鏡則無以正鬚眉，身失道則無以知迷惑。西門豹之性急，故佩韋以自緩〔五〕；董安于之心緩，故佩弦以自急〔六〕。故以有餘補不足〔七〕，以長續短之謂明主。

〔一〕盧文弨曰：藏本卷八起。⊙奇猷案：觀行，觀人之行。

〔二〕奇猷案：道，卽法術，詳主道篇「是謂習常」條。

〔三〕王先愼刪「故」字曰：各本「鏡」上有「故」字，涉上文而衍，藝文類聚七十、御覽七百十七、初學記二十五引并無「故」字，今據刪。⊙奇猷案：白帖四引亦無「故」字。案此不當無「故」字，此「故」字乃總上之辭，與上二「故」字別。

〔四〕王先愼改「怨」為「惡」曰：各本「惡」作「怨」，藝文類聚、御覽、初學記引作「惡」，今據改。⊙太田方曰：漢書注、淵鑑類函「怨」并作「惡」，非。⊙奇猷案：太說是。白帖引亦作「惡」，誤。怨，讀如論語憲問篇「以直報怨」之怨，讎也。作「惡」字殊不辭。王說非。

〔五〕王先愼改「緩己」為「自緩」曰：各本「自緩」作「緩己」，藝文類聚二十三、御覽三百七十六引「緩己」作「自緩己」。案「自」字是。「佩韋以自緩」與「佩絃以自急」文法正同，「己」字誤衍。御覽四百五十九、意林引并作「自緩」，無「己」字，今據改。⊙奇猷案：王校是，今從之。文選任彥昇王文憲集序引亦作「自緩」，蓋「自」誤為「目」，而寫作「己」，又誤在下耳。論衡率性篇「西門豹急，佩韋以自緩，（譴告篇緩作寬，義近。）董安于緩，帶弦以自促」，亦可證。

〔六〕王先愼曰：治要「安」作「闕」。意林「心」作「性」，是。⊙太田方曰：後漢書第五倫傳注「心」作「性」。⊙奇猷案：安、闕同，詳難言篇。又案：心緩不誤，亡徵篇「緩心而無成」，緩心卽此心緩也。荀子解蔽篇：「心者，形之君也，而神明之主也。」則心為人之主宰，性乃自心而發。本書解老篇云「生心之所不能已也」，生心卽自心而生者，亦以心為人之主也。性旣自心而生，故此文心緩卽性緩也，不言性緩者，蓋心與性互文耳。王改「心」為「性」，非。

〔七〕顧廣圻曰：今本無「有」字，誤。⊙王先愼曰：藝文類聚二十三、御覽四百五十九引「以」上有「能」字，是。類聚、御覽引并有「有」字。⊙奇猷案：迂評本、凌本亦無「有」字，誤。又案：無「能」字亦通。解老篇云：「有形，則有短長。」

天下有信數三〔一〕：一曰智有所不能立，二曰力有所不能舉，三曰彊有所不能勝。故雖有堯之智，而無衆人之助，大功不立。有烏獲之勁〔二〕，而不得人助，不能自舉〔三〕。有賁、育之彊〔四〕，而無法術，不得長生〔五〕。故勢有不可得，事有不可成〔六〕。故烏獲輕千鈞而重其身，非其身重於千鈞也，勢不便也；離朱易百步而難眉睫〔七〕，非百步近而眉睫遠也，道不可也。故明主不窮烏獲，以其不能自舉；不困離朱，以其不能自見。因可勢，求易道〔八〕，故用力寡而功名立。時有滿虛〔九〕，事有利害，物有生死。人主為三者發喜怒之色，則金石之士離心焉。聖賢之撲淺深矣〔一〇〕。故明主觀人，不使人觀己〔一一〕。明於堯不能獨成，烏獲不能自舉〔一二〕，賁、育之不能自勝，以法術則觀行之道畢矣〔一三〕。

〔一〕奇猷案：信，無疑之意。數，理也，今謂之「自然規律」。信數，猶言無可疑的自然規律。

〔二〕奇猷案：孟子告子疏引帝王世紀云：「秦武王好多力之士，烏獲之徒并皆歸焉。」據此，則烏獲為秦武王時多力之士也。

〔三〕太田方曰：荀子子道篇：「雖有國士之力，不能自舉其身，非無力也，勢不可也。」⊙奇猷案：「人」下當有「之」字。

〔四〕奇猷案：孟賁，夏育。孟賁，詳説林下。秦策鮑注「夏育，力能舉千鈞」，吴注：「衛人。」

〔五〕孫子書師曰：按「長生」當作「長勝」，上文云「彊有所不能勝」，下文云「賁、育之不能自勝」，是其證。羣書治要引亦作「長生」，則其誤已久矣。⊙奇猷案：此文似不誤。彊，謂勇敢。説林下篇云「漁者持鱣，婦人拾蠶，利之所在，皆為賁、諸」，卽皆如孟賁、專諸之勇敢。可知此文「彊」為勇敢之意。此文之意謂：賁、育雖然勇敢，但不依法行事，觸犯刑律，為法所誅，故不得長生也。八姦篇云「其於勇力之士也，邑鬬之勇無赦罪」，罪可能致殺，亦可明無法術之勇不得長生也。

〔六〕盧文弨曰：「世」，凌本作「勢」。⊙王先慎改「世」為「勢」曰：治要正作「勢」。⊙奇猷案：王改是，今從之。烏獲不能自舉是勢不可得，堯之大功不立是事不可成。

〔七〕王先慎曰：治要「朱」作「婁」，下同。⊙奇猷案：離朱，卽離婁也，詳姦劫弑臣篇。

〔八〕王先慎曰：此言因其可得之勢，求其易行之道也，卽承上「勢不便」「道不可」而言。

〔九〕楊樹達曰：按「滿」字當作「盈」，此漢人避諱改。

〔一〇〕盧文弨改「撲」為「樸」曰：張、凌本作「樸」。⊙奇猷案：「撲」，當作「僕」。「淺」字衍文。左傳昭七年釋文引服虔云：「僕，隱也。」聖賢之僕深矣，猶言聖賢之隱匿深矣。下文云「明主觀人，不使人觀己」，卽謂聖賢能隱匿也。主道篇云「掩其跡，匿其端，下不能原」，二柄篇云「人主不掩其情，不匿其端，而使人臣有緣以侵其主，則羣臣為子之、田常不難矣」，皆可與此文相互發明。

〔一一〕孫子書師曰：「不使人觀己」，當作「不使人已難」。蓋「難」字先誤為「觀」，淺學者因改「已觀」為「觀己」使成文義，而不知其仍無當也。上文云「不窮烏獲，以其不能自舉，不困離朱，以其不能自見，因可勢，求易道」，卽不使人以難之義。⊙奇猷案：此謂明主觀人之情，不使人觀己之情，蓋卽人主「掩其情，匿其端」之意。亦樸深之旨。

〔一二〕盧文弨曰：「『獲』下脱『之』字，張、凌本有。」⊙奇猷案：此句文法與「堯不能獨成」同。下句「賁、育之不能自勝」，有「之」字者，蓋增强語氣也。王解依盧校補「之」字，非是。

〔一三〕陶鴻慶曰：「『以法術』三字當衍。『賁、育之不能自勝』，卽上文所云『無法術不得長生』，不當更有『以法術』三字。守道篇云『賁、育見侵於其所不能勝』，是其證。」⊙太田方曰：「『以法術』三字疑衍。」⊙奇猷案：「以法術」下當有脱文，當作「以法術觀行，則觀行之道畢矣」，脱「觀行」二字。謂如何明堯不能獨成之行、烏獲不能自舉之行、賁育不能自勝之行？以法術觀之，卽可分明，故以法術觀行，則觀行之道盡之矣。注意：韓非立法之原則是「必因人情」（八經篇），「使鷄司夜，令狸執鼠，皆用其能」（揚權篇），不過分要求於人，「强勇之所不能行，則上不能安。上以無厭責，已盡，則下對無有，無有則輕法。法所以為國也而輕之，則功不立，名不成」（安危篇）。因此，必須瞭解清楚人們承受能力的程度然後立法。本觀行篇即提醒治國者重視以法術觀行。

安危第二十五

安術有七，危道有六。

安術：一曰、賞罰隨是非，二曰、禍福隨善惡，三曰、死生隨法度，四曰、有賢不肖而無愛惡，五曰、有愚智而無非譽〔一〕，六曰、有尺寸而無意度〔二〕，七曰、有信而無詐。

〔一〕王先愼曰：非，讀為誹。⊙奇猷案：南面篇云：「人主釋法而以臣備臣，則相愛者比周而相非。非譽交爭，則主惑亂矣。」據此，則「非」與「誹」有別。非，猶言反對。誹，謗也（見説文）。内儲説上篇云「張儀欲以秦、韓與魏之勢伐齊、荆，而惠施欲以齊、荆偃兵，二人爭之。羣臣左右皆為張子言，而以攻齊、荆為利，而莫為惠子言」，此是群臣左右反對惠子，是「非」之例。王讀此「非」字為誹，不確。

〔二〕奇猷案：有度篇：「巧匠目意中繩，然必以規矩為度。」

危道：一曰、斲削於繩之內〔一〕，二曰、斷割於法之外〔二〕，三曰、利人之所害，四曰、樂人之所禍，五曰、危人於所安，六曰、所愛不親，所惡不疏〔三〕。如此，則人失其所以樂生，而忘其所以重死。人不樂生則人主不尊，不重死則令不行也〔四〕。

〔一〕奇猷案：有度篇「繩直而枉木斲，準夷而高科削」，「斲削」二字即此文「斲削」之義。

〔二〕顧廣圻曰：藏本同。今本「斲割」作「斷割」，按此有誤，未詳。⊙王先慎曰：「法」疑作「繩」，大體篇「不引繩之外，不推繩之內」，孤憤篇「必在繩之外矣」，是其證。⊙陶鴻慶曰：案趙本「斲」作「斷」，當從之。上云「斲削於繩之內」，謂虧法以徇私也。此云「斷割於法之外」，謂廢法而任意也。淮南主術訓「仁者雖在斷割之中，其所不忍之色可見也」，新序雜事四「譬之以五味，管仲善斷割之」，後漢書皇后紀「未有專任婦人斷割重器」，皆以「斷割」連文可證。⊙奇猷案：陶說是。斷割，猶言制裁也，詳揚權篇。迂評本、凌本亦作「斷割」，今據改。繩、法二字義同，有度篇「法不阿貴，繩不撓曲」，以繩、法二字對舉是其證，王說非。「斷割於法之外」，猶言不以法制裁也。有度篇云「明主使其羣臣不遊意於法之外，不為惠於法之內，動無非法」，亦可明此文之義。

〔三〕顧廣圻曰：藏本、今本「於」作「之」。⊙奇猷案：今藏本仍作「於」。危人於所安，猶言人在所安之時而危之也。二柄篇云「人臣安乎以能受職」，則不以其能而授之職，是危害其人也。王先慎從今本改，非是。「所惡不疏」，如難四篇所言鄭昭公惡高渠彌，即位後，不疏遠高渠彌，卒為高所弑。

〔四〕盧文弨曰：凌本無「不重死則令不行也」八字。⊙奇猷案：藏本無「也」字，亦誤。人不樂生則無立功受賞之意，故人主不尊。不重死（即不怕死）則輕法，故令不行。五蠹篇所指「帶劍者」即是不重死而輕法之徒。詭使篇云「輕法不避刑戮死亡之罪者，世謂之勇夫」，所謂勇夫亦帶劍者之流也。

使天下皆極智能於儀表，盡力於權衡，以動則勝，以静則安。治世使人樂生於為是，愛身於為非〔一〕。小人少而君子多，故社稷常立〔二〕，國家久安。奔車之上無仲尼，覆舟之下無伯夷〔三〕。故號令者，國之舟車也。安則智廉生，危則爭鄙起〔四〕。故安國之法，若饑而食〔五〕，寒而衣，不令而自然也。先王寄理於竹帛〔六〕，其道順，故後世服。今使人去饑寒〔七〕，雖賁、育不能行〔八〕；廢自然，雖順道而不立〔九〕。强勇之所不能行，則上不能安〔一〇〕。上以無厭責，已盡，則下對無有〔一一〕，無有則輕法〔一二〕。法所以為國也而輕之，則功不立、名不成。聞古扁鵲之治其病也，以刀刺骨〔一三〕；聖人之救危國也，以忠拂耳〔一四〕。刺骨，故小痛在體而長利在身；拂耳，故小逆在心而久福在國。故甚病之人利在忍痛，猛毅之君以福拂耳〔一五〕。忍痛，故扁鵲盡巧；拂耳，則子胥不失〔一六〕。壽安之術也。病而不忍痛，則失扁鵲之巧；危而不拂耳，則失聖人之意。如此，長利不遠垂，功名不久立。

〔一〕奇猷案：愛身於為非，謂為非止於愛身，即莊子養生主「為惡無近刑」之意。蓋為非則可，但不觸犯刑罰，則可謂愛其身矣。蓋法家以法為治，使國中無危害他人及社會國家者則已達其法治之目的。至於孔子所謂「席不正不坐，割不正不食，鄉人儺朝服而立於阼階」之類，儒家所謂禮者，法家皆無取焉，故韓非譏季孫終身莊而遇賊。（詳外儲說左下。）此法治與禮治之大别也。又莊子「為惡無近刑」雖與韓非「愛身於為非」之語相同，但道家使人出於自覺，法家則陳刑法而令人不敢於為非，此五蠹篇所謂「鑠金百溢，盜跖不掇」者是也。故道、法二家之言多相似，而其實質則全異也。又案：上文所謂「儀表」「權衡」皆即法。

〔二〕盧文弨曰：「常」，張、凌本作「長」。⊙奇猷案：迂評本亦作「長」，誤。解老篇云「與天地之剖判也俱生，至天地之消散也不死不衰者謂常」，即此常字之義。

〔三〕陶鴻慶曰：案奔與賁同，讀為僨，僨、亦覆也。⊙奇猷案：蓋謂仲尼、伯夷不處危險之地，愛其身也。

〔四〕奇猷案：金樓子立言篇「智廉」作「廉貞」。安即安道，危即危道。如危人之所安，則人必爭。

〔五〕盧文弨曰：「饑」當作「飢」，下同。⊙奇猷案：盧説是。迂評本、凌本作「飢」。

〔六〕盧文弨曰：凌本「寄」下有「治」字。⊙王先慎曰：「治」字衍文。理，治也。⊙奇猷案：迂評本亦有「治」字，誤。理，法紀也，詳解老篇。寄理於竹帛，謂著其法紀於竹帛也，即難三篇所云「法者編著之圖籍」，圖籍，即此所謂竹帛也。凌本、迂評本蓋誤以理為道理之理，故增「治」字。王訓理為治，亦非。

〔七〕盧文弨改「令使人去饑寒」為「今使人饑寒去衣食」，曰：從凌本增改。⊙顧廣圻曰：今本「令」作「今」，誤。⊙王先慎從盧校改曰：盧校是，今依改。顧謂作「今」誤，「令」字屬上讀，非。⊙奇猷案：今本「令」作「今」，是，今據改。迂評本與淩本同，妄改也。「饑寒」與「去衣食」義殊重複。「去」當為「犯」字之誤，「犯饑（當作飢，詳上。）寒」與下「廢自然」相對為文，解老篇云「不衣則不犯寒，不食則不能活」，以犯言可證。犯，冒也。

〔八〕奇猷案：孟賁、夏育，詳觀行篇。集解本誤「育」為「欲」。賁、育雖勇，若飢寒交迫亦不能行其勇。

〔九〕孫子書師曰：「順」當作「舜」，此文以舜與賁、育對文，本書守道篇云「此賁、育之所患，堯、舜之所難也」，又功名篇云「非天時雖十堯不能冬生一穗，逆人心雖賁、育不能盡人力」，語例正同，是其證。今本作「順道」者，蓋「舜」誤為「順」，後之讀者又誤據上文「其道順」句，妄於「順」下增「道」字以足其文，使句法一律，而文不成義矣。⊙奇猷案：「而不立」，當作「不能立」，「廢自然雖順道不能立」與上句「犯飢寒雖賁、育不能行」相並為文。此文蓋承上「不令而自然」及「其道順故後世服」而言，亦用人篇「循天則用力寡而功立」之意。「順」似非「舜」之誤。

〔一〇〕顧廣圻曰：趙本「則」作「雖」，誤。⊙陶鴻慶曰：案「勇」疑當作「下」。强讀上聲。此及下兩句皆以上、下對文，此作「勇」者，淺人因上有「賁、育不能行」之文而妄改之。⊙奇猷案：强讀上聲是，但「勇」字不誤，謂强勇者（指賁、育）之不能行，則上有禍也。如秦二世限陳涉期，天大雨，道不通，陳涉叛變，是其例。觀行篇云「天下有信數三：一曰智有所不能立，二曰力有所不能舉，三曰彊有所不能勝。有烏獲之勁而不能自舉，故烏獲輕千鈞而重其身，非其身重於千鈞也，勢不便也。故明主不窮烏獲，以其不能自舉」，此說明明主不「强勇之所不能行」。韓非立法之原則是盡人之能，而不强人所不能，詳觀行篇注。

〔一一〕王先慎曰：既盡而又索之，故下以實對。⊙物双松曰：對，應也。謂下已盡而上欲猶無饜，誅求無已，則下何以應上哉？⊙奇猷案：王、物二氏已得其意，但未得此文之字。此不成文句，當有脫文。當作「上以無厭責下，下已盡，則下對無有」，今脫二「下」字。

〔一二〕顧廣圻曰：藏本、今本重「無有」二字。按當重「下對無有」四字。⊙奇猷案：王先慎據藏本、今本增「無有」二字，是，今從之，迂評本、淩本亦重「無有」二字。如陳涉不能如二世之令，遂輕法而叛變也。

〔一三〕王先慎曰：「其」字當為「甚」之殘闕字，「甚病」與「危國」相對為文，明「其」為「甚」之誤。下云：「甚病之人，利在忍痛」，作「甚」字即其證。⊙奇猷案：王説是，松皐圓説同。扁鵲，詳喻老篇。顯學篇「副首」「揊痤」，可參閲。

〔一四〕王先慎曰：忠言也。

〔一五〕王先慎曰：謂以拂耳之言為福也。⊙陶鴻慶曰：「以福」二字當倒乙。以，由也。⊙奇猷案：以，猶為（去聲）也。謂為得福而聽拂耳之言也。王、陶二氏説皆非。

〔一六〕顧廣圻曰：七字為一句。⊙劉師培曰：案下文云「病而不忍痛則失扁鵲之巧，危而不拂耳則失聖人之意」，即蒙子胥言，疑「失」下當有「意」字，否則文義不足。⊙奇猷案：此與下文「盡如比干則上不失」句法相同。不失，乃泛指不失其所有而言。拂耳則子胥不失，謂吳王能聽子胥之忠言，則子胥不失其為國之軀，不失其壽，不失其為君之心，以至於不失其家等等，此非僅指子胥不失其意也。

人主不自刻以堯而責人臣以子胥，是幸殷人之盡如比干，盡如比干則上不失、下不亡。不權其力而有田成，而幸其身盡如比干〔一〕，故國不得一安。廢堯、舜而立桀、紂，則人不得樂所長而憂所短〔二〕。失所長則國家無功，守所短則民不樂生。以無功御不樂生〔三〕，不可行於齊民〔四〕。如此，則上無以使下，下無以事上。

〔一〕顧廣圻曰：此二句以「其力」與「其身」相對。言人主當權其臣之力，使不得為田成，不當責其臣之身使為比干也。或謂此有誤字，非。⊙奇猷案：顧說是。盧文弨拾補改「身」為「臣」，非。

〔二〕奇猷案：憂其所短則必截長補短。

〔三〕顧廣圻曰：乾道本此下重「以無功御不樂生」七字，藏本、今本無。⊙奇猷案：王先慎據顧校改，是，今從之，迂評本、凌本亦不重。

〔四〕太田方曰：齊，等也。漢書注：「如淳曰：無有貴賤謂之齊民，若今言平民也。」⊙奇猷案：荀子富國篇「必將修法以齊朝，正法以齊官，平政以齊民，然後節奏齊於朝」，楊倞注：「齊，整也。節奏，禮之節文也，謂上下皆有禮也。蓋古者王侯大夫士庶有等，整齊其等所以治國也。」則齊民者，謂整齊民氓之等所以治之也，引申之則平民即謂之齊民矣。又案：太氏引漢書注見食貨志。

安危在是非，不在於强弱。存亡在虛實，不在於衆寡。故齊、萬乘也〔一〕，而名實不稱，上空虛於國内〔二〕，不充滿於名實，故臣得奪主〔三〕。殺天子也〔四〕，而無是非，賞於無功，使讒諛，以詐偽為貴，誅於無罪，使傴以天性剖背〔五〕，以詐偽為是〔六〕，天性為非〔七〕，小得勝大〔八〕。

〔一〕盧文弨曰：「齊」下脫「故」字，張、凌本有。⊙王先慎曰：「齊」下不當有「故」字，張、凌本誤。⊙奇猷案：藏本、迂評本「齊」下亦有「故」字。案「齊」下「故」字讀為固，亦通。

〔二〕奇猷案：或以「内」字屬下讀，亦通。

〔三〕王先慎曰：此指田成而言。

〔四〕盧文弨曰：凌本作「以成其簒弑也」。⊙顧廣圻曰：「故臣得奪主」句絶。「殺」當作「桀」，形近之誤。「桀」字逗，「天子也」句，與上文「故齊，萬乘也」，句例同。戰國策、新序皆言宋康王剖傴之背，史記云「於是諸侯皆曰桀宋」，下文「使傴以天性剖背」是其證矣。⊙劉師培曰：顧説似非。考宋康無為天子事。且「桀宋」之稱雖見史記，然舍宋稱桀則不辭。竊疑「殺」乃「殷」誤，與「齊」對文，指紂事言。下云「使讒諛，以詐僞為貴」，謂用惡來、費仲也。「傴以天性剖背」即刳割孕婦諸事之變詞也，不必泥屬宋康。⊙奇猷案：顧以「殺」為「桀」誤，是。蓋「桀」壞為「杀」，後人加殳而成「殺」也。但桀即指夏桀。史記夏本紀云：「夏桀不務德，武傷百姓，百姓弗堪。」雖史未列舉其罪，然諸書多以桀、紂並言，其暴虐自不下於紂。本書説疑篇「桀有侯侈」，墨子所染篇「夏桀染於干辛、推哆」，則讒諛之臣，輔桀為虐，無是非，貴詐僞，自是意料中事也。宋康固非天子，殷則為朝代名，「殷天子也」，殊不辭，故劉説亦未確。

〔五〕門無子曰：傴，僂人也。⊙奇猷案：傴，即今謂之駝背人。此謂剖天生成駝背人之背。

〔六〕顧廣圻曰：藏本、今本「僞」下有「為」字。⊙王先慎補「為」字曰：案「詐僞為是」「天性為非」，相對成文，有「為」字者是。⊙奇猷案：王補是，今從之，迂評本、凌本亦有「為」字。

〔七〕奇猷案：此語兩指，一指傴背為天性，以其非常形剖而視之，一即上所謂「廢自然」，以順自然之道為非。

〔八〕顧廣圻曰：藏本同。今本「大」下有「矣」字，誤。⊙楊樹達曰：上文云「故臣得奪主」，此句「小」字上疑當有「故」字。⊙奇猷案：迂評本、凌本亦有「矣」字。又案：楊説是。謂以詐僞為是天性為非之結果，為小得勝大。此指湯放桀言，湯為諸侯而放天子，是以小勝大也。

明主堅内，故不外失。失之近而不亡於遠者無有〔一〕。故周之奪殷也，拾遺於庭。使殷不遺於朝，則周不敢望秋毫於境，而況敢易位乎？

〔一〕盧文弨曰：凌本「正」作「而」。⊙顧廣圻曰：「正」字當衍。⊙王先慎改「正」為「而」曰：案盧説是，今依凌本改。趙用賢云：「近失正國之理也」，是據誤本而為之辭，不可從。⊙奇猷案：王改是，今從之，迂評本亦作「而」。

明主之道忠法，其法忠心〔一〕，故臨之而法，去之而思〔二〕。堯無膠漆之約於當世而道行〔三〕，舜無置錐之地於後世而德結。能立道於往古〔四〕，而垂德於萬世者之謂明主。

〔一〕陶鴻慶曰：忠，讀為衷。僖二十四年左傳：「服之不衷」，杜注云：「衷，適也。」⊙奇猷案：明主之道與其法相適應，其法與人心相適應。順於自然，不强勇之所不能行。大體篇云「古之全大體者，不逆天理，不傷情性」，可明此文之旨。陶説是。

〔二〕陶鴻慶曰：案「法」當作「治」，即下所云「堯無膠漆之約於當世而道行」也。涉上文誤作「法」，則非其旨。⊙奇猷案：楊樹達説與陶説同，皆非也。此二句之主詞為「臣民」，臣民臨之而治，殊不辭。此文謂：臣民臨之則守其法，去之則思其人（明主）。後文所説臣民對堯、舜是也。

〔三〕顧廣圻曰：藏本、今本「遺」作「道」。⊙王先慎改「遺」為「道」曰：案下「能立道於往古」，即指「道行」而言，明「遺」字形近而誤。⊙奇猷案：作「道」是，御覽七百六十六引正作「道」，今據改。

〔四〕顧廣圻曰：今本「往」下無「名」字。⊙奇猷案：王先慎據顧校删，是，今從之，迂評本、凌本亦無「名」字。「名」即

「古」字譌而衍者。

守道第二十六

聖王之立法也，其賞足以勸善，其威足以勝暴，其備足以必完法〔一〕。治世之臣，功多者位尊，力極者賞厚，情盡者名立〔二〕。善之生如春，惡之死如秋，故民勸極力而樂盡情。此之謂上下相得。上下相得，故能使用力者自極於權衡，而務至於任鄙〔三〕；戰士出死〔四〕，而願為賁、育〔五〕；守道者皆懷金石之心〔六〕，以死子胥之節。用力者為任鄙，戰如賁、育〔七〕，中為金石〔八〕，則君人者高枕而守己完矣。

〔一〕盧文弨曰：「其備足以必完」句。凌本無「必」字，非。「法」字疑衍。⊙奇猷案：盧説是。「法」，即「治」字之誤而複者。法、治二字易誤，飭令篇「行法曲斷」，商君書靳令篇「法」誤「治」，心度篇「法與時移」，今作「治法與時移」，衍「治」字，是其例。其備足以必完，謂其備事之變必全也。

〔二〕奇猷案：情讀為誠，姦劫弒臣篇「盲而欲知黑白之情」，以情為誠是其例。

〔三〕太田方曰：任鄙，秦武王力士。⊙奇猷案：任鄙，見史記秦本紀。又案：極，至也。權衡，法度也。有度篇「權衡縣而重益輕，斗石設而多益少」，安危篇「盡力於權衡」。

〔四〕王先慎曰：此當有脱字。⊙高亨曰：出死，古時成語，蓋謂不愛死也。荀子富國篇「故為之出死斷亡以覆救之」，王霸篇「為之出死斷亡而不愉」，臣道篇「出死無私，致忠而公」，并「出死」連文之證。王先慎疑有脱字，非是。⊙奇猷案：高説是。初見秦篇「為將軍斷死於前」，斷死亦出死也。顯學篇「索民出死」。

〔五〕奇猷案：孟賁、夏育，詳觀行篇。

〔六〕王先慎曰：趙本「皆」作「出」，是。⊙奇猷案：趙本誤也。金石之心，謂精忠為國之心。觀行篇：「人主為三者發喜怒之色，則金石之士離心。」後漢書王常傳：「諸將輔翼漢室，心如金石，真忠臣也。」蓋金石堅硬不變，故以喻忠貞之士。守道之士皆為忠貞之人，故謂守道者皆懷抱其金石之志而效子胥之死節。若作「出懷」，殊不辭，王説非。

〔七〕奇猷案：「戰」下當有「士」字。「戰士如賁、育」，承上「戰士出死而願為賁、育」言，不當無「士」字。

〔八〕顧廣圻曰：藏本、今本「中」作「守」。⊙王先慎曰：「中」字是。中為金石，即心懷金石也。此指上「守道者皆懷金石之心」而言。⊙奇猷案：此文當作「守道者中為金石」。「用力者為任鄙，戰士為賁、育，守道者中為金石」，乃承上「用力者務至任鄙，戰士願為賁、育，守道者懷金石之心」而言，明此不當無「守道者」三字。藏本、今本「中」作「守」，是脱文痕迹之未泯者。

古之善守者，以其所重禁其所輕，以其所難止其所易〔一〕。故君子與小人俱正，盜跖與曾、史俱廉〔二〕。何以知之？夫貪盜不赴谿而掇金〔三〕，赴谿而掇金則身不全〔四〕，賁、育不量敵則無勇名，盜跖不計可則利不成〔五〕。明主之守禁也，賁、育見侵於其所不能勝，盜跖見害於其所不能取〔六〕。故能禁賁、育之所不能犯，守盜跖之所不能取，則暴者守愿，邪者反正。大勇愿，巨盗貞〔七〕，則天下公平，而齊民之情正矣〔八〕。

〔一〕奇猷案：内儲説上：「重罪者人之所難犯也，而小過者人之所易去也。使人去其所易，無離（同罹）其所難，此治之道。夫小過不生，大罪不至，是人無罪而亂不生也。」五蠹篇：「鑠金百溢，盗跖不掇。」皆此文之義。飭令篇云「行刑，重其輕者，輕者不至，重者不來，此謂以刑去刑。罪重而刑輕，刑輕則事生，此謂以刑致刑」，亦可明此文。飭令篇此文乃韓非採之商君書靳令篇，可知韓非此論正是商鞅治秦之法。本書六反篇更詳細申論重刑輕刑之利害，末云「輕刑罰，民必易之。犯而不誅，是驅國而棄之也。犯而誅之，是為民設陷也。是以輕罪之為民道也，非亂國也則設民陷也，此則可謂傷民矣」，可詳審之。

〔二〕奇猷案：曾參、史魚雖廉，但盗跖畏於法而不敢取，亦如曾、史之廉也。小人不敢犯法，與君子無别。

〔三〕奇猷案：説文「谿，山瀆無所通者」，吕氏春秋察微篇「若高山之與深谿」，是谿為山下深峭之瀆，又無路可通者，為一危險之地，故貪盗不赴之而取金也。内儲説上「董閼于曰：使吾法之無赦，猶入澗之必死也」（澗亦谿也），亦此義。

〔四〕顧廣圻曰：藏本、今本重「赴谿而掇金」五字。⊙奇猷案：王先慎據顧校增，是，今從之，迂評本、凌本亦重。

〔五〕奇猷案：賁、育不計量敵而鬬則不能勝，盗跖不計量金之可否取則不得利。

〔六〕王先慎曰：己不能禁，賁、育得而勝之；己不能守，盗跖得而取之。⊙奇猷案：謂明主守禁甚嚴。雖賁、育之勇，亦能見其犯不能勝之數而不敢犯；雖盗跖之貪，亦能見其害在所欲取之物而不敢取。故下云：「能禁賁、育之所不能犯，守盗跖之所不能取。」王解殊謬。

〔七〕顧廣圻曰：今本「貞」下無「平」字，按此不當有。⊙劉師培曰：識誤謂不當有「平」字，是也。此文「愿」与「愿」

應，「貞」與「正」應。疑「反正」之正古亦作貞，正乃訓詁之詞。⊙奇猷案：劉說是。王先慎據顧校删，今從之。

又案：說文「愿，謹也。」

〔八〕奇猷案：齊民，即平民，詳安危篇。

人主離法失人，則危於伯夷不妄取，而不免於田成、盜跖之耳可也〔一〕。今天下無一伯夷，而姦人不絕世，故立法度量。度量信則伯夷不失是，而盜跖不得非。法分明則賢不得奪不肖，强不得侵弱，衆不得暴寡。託天下於堯之法，則貞士不失分，姦人不徼幸〔二〕。寄千金於羿之矢，則伯夷不得亡，而盜跖不敢取〔三〕。堯明於不失姦，故天下無邪；羿巧於不失發〔四〕，故千金不亡。邪人不壽而盜跖止〔五〕。如此，故圖不載宰予，不舉六卿；書不著子胥，不明夫差〔六〕。孫、吳之略廢，盜跖之心伏〔七〕。人主甘服於玉堂之中〔八〕，而無瞋目切齒傾取之患〔九〕。人臣垂拱於金城之內〔一〇〕，而無扼腕聚脣嗟唶之禍〔一一〕。服虎而不以柙，禁姦而不以法，塞僞而不以符〔一二〕，此賁、育之所患，堯、舜之所難也。故設柙非所以備鼠也，所以使怯弱能服虎也；立法非所以備曾、史也〔一三〕，所以使庸主能止盜跖也〔一四〕；為符非所以豫尾生也，所以使衆人不相謾也〔一五〕。不獨恃比干之死節〔一六〕，不幸亂臣之無詐也，恃怯之所能服〔一七〕，握庸主之所易守。當今之世，為人主忠計，為天下結德者，利莫長於此〔一八〕。故君人者無亡國之圖，而忠臣無失身之畫。明於尊位必賞〔一九〕，故能使人盡力於權衡，死節於官職。通賁、育之情，不以死易生〔二〇〕；惑於盜跖之貪〔二一〕，不以財易身；則守國之道畢備矣。

〔一〕顧廣圻曰：今本「耳」作「禍」，「可」作「何」，皆誤。按「不免」之「不」字衍，「耳」當作「身」，形相近也。⊙王先慎改從今本曰：案說文：「危，在高而懼也。」故危有高義。文選七命注引論語鄭注、莊子盜跖篇釋文引李注並云：「危，高也。」此云人主雖於伯夷不妄取之高，離法失人，不能禁止，臣下終有田成、盜跖之禍。顧說謬甚。趙本「耳」作「禍」，「可」作「何」，是也。⊙陶鴻慶曰：案此文舛錯不可讀，以下文推之，此文之意當謂人君離法而免於田成、盜跖之危，則必夫人為伯夷不妄取而後可耳。下云「今天下無一伯夷而姦人不絕世」云云，語勢緊相承接，原文字句雖無從訂正，而其義必當如此。「失」蓋「夫」字之誤，其他字句亦多錯亂，皆其迹之可尋者。趙本改「耳」為「禍」，顧校下「不」字衍、「耳」當作「身」，皆遷就其文而不尋其義，失之遠矣。⊙奇猷案：陶說是。松皋圓改「危」為「免」，又依迂評本、凌本改「耳可」為「禍」，未確。又案：王說「於」字當作「如」。

〔二〕奇猷案：是，正也。正，即上文「君子與小人俱正」之正。伯夷是君子之類，故度量信則伯夷不失其正。度量正則盜跖不得為非作歹，故盜跖亦如伯夷之正矣。又案：安危篇云「堯無膠漆之約於當世而道行，舜無置錐之地於後世而德結。能立道於往古，而垂德於萬世者之謂明主」，此文乃承上文「明主之道忠法，其法忠心」而來，故堯之法是至明至正。今者託天下於至明至正之法，故貞士不失其本分（不失其本分應有之令名、應得之重賞），姦人亦不徼幸而免於刑戮。

〔三〕奇猷案：羿發必中，故盜跖不敢取，而伯夷不亡其金矣。蓋喻索姦必得，則姦人安敢妄取；慶賞有則，貞士自不失賞。

〔四〕顧廣圻曰：藏本、今本「於」下有「不」字，「廢」作「發」。⊙奇猷案：王先慎依藏本、今本增改，是，今從之。堯法必得姦。

〔五〕「壽」字下顧廣圻曰：藏本同。今本「壽」作「售」，誤。按上文云「惡之死如秋」，此其義也。⊙奇猷案：不壽，不得生也。

〔六〕王先謙曰：此宰予謂齊簡公臣，與田成爭權而死者。蓋周世有二說，或云闞止，或即以為孔子弟子宰我也。六卿，晉臣。言無爭奪亡滅之禍，故圖書不得而載著。⊙奇猷案：難言篇「宰予不免於田常」，注詳彼。又案：此文即有度篇「愚智提衡而立」之意，各盡其職，不相爭奪，更無篡弒之事。

〔七〕奇猷案：孫武、吳起雖有必勝之兵略，然無戰攻之事，則其略可廢。盜跖不敢取利，則其取利之心伏而不發。

〔八〕劉文典曰：案「甘服」義不可通，「服」當為「眠」，形近而誤也。甘眠，即酣眠。淮南子俶真篇「甘瞑于溷澖之域」，精神篇「甘瞑太宵之宅，而覺視于昭昭之宇」，文選陸士衡答張士然詩、嵇叔夜養生論李注並云「瞑，古眠字」，是甘眠二字之見於古書者。上言甘眠，故下言瞋目，上言垂拱，故下言扼腕，與之相對成義。若作「甘服」，則與下文不相對矣。⊙奇猷案：甘服，即老子「甘其食，美其服」之意。劉說非。

〔九〕王先慎曰：趙本「瞋」作「瞑」，誤。莊子說劍篇「瞋目而語難」。⊙奇猷案：左傳莊十一年云「覆而敗之曰取某師」，則此文「傾取」猶言傾覆也。如田氏傾覆齊政，篡奪齊國。

〔一〇〕顧廣圻曰：今本「拱」下有「於」字。⊙王先慎補「於」字曰：案依上文當有。⊙奇猷案：王補是，今從之。垂拱，詳初見秦。

〔一一〕盧文弨曰：搤，腕同。⊙孫子書師曰：按「聚脣」當作「最唇」，「聚」古或作「最」，形與「最」字相亂（說已詳經義述聞及段玉裁說文注)，「最」誤為「冣」，又誤為「聚」耳。最讀為撮，莊子秋水篇云「鴟鵂夜撮蚤察毫末，晝出瞋目而不見丘山」，釋文「撮，崔本作最」，是其例也。

〔一二〕松皐圓曰：符節所以合信。

〔一三〕顧廣圻曰：藏本、今本「避」作「備」。按「備」字涉上句誤。⊙陶鴻慶曰：案「避」當為「辟」，本字為「𨐨」，說文「𨐨，治也」，周書金縢篇「我之弗辟」，馬、鄭皆讀為避，孔傳「辟，法也。謂以法治之」，亦讀辟為𨐨。⊙劉文典曰：案藏本、今本「避」作「備」，是也。古書備、避多互譌，皆聲之誤。上文「故設柙非所以備鼠也」，正與此句相對可證。此「備」字不誤。顧氏乃以「備」字為涉上句而誤，斯為謬矣。「避曾史」三字義不可通，且國家立法，豈所以避人哉。⊙奇猷案：劉說是。備，防也。今據藏本改。曾參、史魚皆貞信之士，無須防其為非。

〔一四〕顧廣圻曰：藏本、今本「以」下有「使」字。⊙王先慎補「使」字曰：案依上下文當有。⊙奇猷案：王補是，今從之。

〔一五〕松皐圓曰：史記：「蘇秦曰：信如尾生，與女子期於梁下，女子不來，水至不去，抱柱而死。」燕策注：「即微生高也。」

〔一六〕盧文弨曰：凌本無「獨」字。⊙奇猷案：迂評本與凌本同。案有「獨」字亦通。王先慎據凌本刪，未可從。藏本「恃」作「待」，誤。此下當有「所以」云云一句，與上兩「所以使」云云相對。

〔一七〕盧文弨曰：「恃」，凌本作「持」。⊙顧廣圻曰：藏本同。今本「怯」下有「士」字，誤。按依上文當有「弱」字。⊙奇猷案：今藏本「恃」亦作「持」，字通。「怯」下當有「主」字。謂恃怯主能服亂臣。

〔一八〕王先慎曰：「於」下「如」字衍。⊙奇猷案：王說是，迂評本無「如」字，今據刪。

〔一九〕盧文弨曰：「賞」，凌本作「法」。⊙陶鴻慶曰：案「位」蓋「威」字之誤。「尊威」與「必賞」對文。篇首云「聖人之立法也，其賞足以勸善，其威足以勝暴」，是其證。內儲七術篇「二曰必罰明威，三曰信賞盡能」，明威即尊威，信賞即必賞也。⊙奇猷案：「位」疑「法」之誤。上文皆言立法，此言「明於尊法、必賞，故能使人盡力於權衡，死節於官職」云云，文正相承。陶說謂位乃威誤，尊威與上下文皆不洽，不可從。迂評本與凌本同，亦誤。

〔二〇〕顧廣圻曰：今本「通」下有「於」字，誤。⊙奇猷案：顧說是。通，洞曉也。蓋賁、育之情性勇敢，今洞曉之，使之不以死易生。

〔二一〕王渭曰：「惑」字有誤。⊙奇猷案：「惑」字不誤。謂雖有迷惑貪得如盜跖者，亦不敢以身易財。即謂雖有貪財之心，但不敢有貪財之行。迂評本、凌本改「惑」為「明」，唐敬杲改「惑」為「域」，皆不明「惑」字之義而改也。

用人第二十七

聞古之善用人者，必循天順人而明賞罰。循天則用力寡而功立，順人則刑罰省而令行，明賞罰則伯夷、盜跖不亂〔一〕。如此，則白黑分矣。治國之臣，效功於國以履位，見能於官以受職，盡力於權衡以任事〔二〕。人臣皆宜其能，勝其官，輕其任，而莫懷餘力於心，莫負兼官之責於君〔三〕。故內無伏怨之亂，外無馬服之患〔四〕。明君使事不相干，故莫訟；使士不兼官，故技長；使人不同功，故莫爭〔五〕。爭訟止，技長立，則彊弱不觳力〔六〕，冰炭不合形〔七〕，天下莫得相傷，治之至也。

〔一〕奇猷案：安危篇云：「安國之法，若饑而食，寒而衣，不令而自然也。廢自然，雖順道不能立。」此文「循天」者，即循乎自然也。循天而用人，則人「皆極智能於儀表，盡力於權衡，以動則勝，以靜則安」（安危篇），故「循天則用力寡而功立」矣。八經篇云「凡治天下，必因人情。人情者，有好惡，故賞罰可用。賞罰可用，則政令可立而治道具矣。君執柄以處勢，故令行禁止」，正可明此文「順人則刑罰省而令行」。守道篇云「度量信則伯夷不失是，而盜跖不得非，法分明則賢不得奪不肖，强不得侵弱，衆不得暴寡」，正可明此文「明賞罰則伯夷、盜跖不亂」之旨。

〔二〕奇猷案：官，謂官事。八姦篇云：「明主之為官職爵禄也，所以進賢材勸有功也。故曰：賢材者處厚禄任大官，功大者有尊爵受重賞。官賢者量其能，賦禄者稱其功。」外儲説左上篇云：「法者，見功而與賞，因能而受官。」又：「管仲曰：因能而受禄，録功而與官。」

〔三〕奇猷案：揚權篇云「物者有所宜，材者有所施，各處其宜，故上下無為。使雞司夜，令狸執鼠，皆用其能」，可明此文「人臣皆宜其能，勝其官，輕其任」之旨。又：難一篇云：「一人不兼官，一官不兼事。」本篇後文亦云：「使士不兼官，故技長。」長沙馬王堆漢墓出土帛書經法亦云：「畜臣之恒道，任能毋過其所長。」

〔四〕盧文弨曰：「馬」，凌本作「矯」。⊙王先謙曰：凌本非也，馬服，謂趙括。⊙奇猷案：王説是。史記廉頗藺相如傳：「趙孝成王七年，秦與趙軍相距長平，趙使廉頗將攻秦，秦數敗趙軍，趙軍固壁不戰。趙王信秦之間，因以馬服君趙奢之子趙括為將代廉頗。藺相如曰：王以名使括，若膠柱而鼓瑟耳，括徒能讀其父書傳，不知合變也。括母上書言於王曰：括不可使將，今括一旦為將，東向而朝，軍吏無敢仰視之者，王所賜金帛，歸藏於家，而日視便利田宅可買者買之，願王勿遣。王曰：母置之，吾已決矣。趙括既代廉頗，秦將白起聞之，縱奇兵佯敗走而絶其糧道，分斷其軍為二，趙括出鋭卒自搏戰，秦軍射殺趙括，括軍敗，數十萬之衆遂降秦，秦悉阬之。」案此為春秋、戰國傷亡最大之戰役。其原因可於藺相如及括母之言見之，乃括不宜其能不勝其官之故，故韓非舉以為例。又迂評本與凌本同，亦誤。又按：内無伏怨之亂，如楚商臣之亂（内儲説下），鄭高渠彌弑昭公（難四）之類。又案：一九九五年，山西省考古研究所等發掘了長平之戰遺址尸骨坑，尸骨坑分布在今山西省高平縣西北一帶，文物一九九六年第六期有詳細報道，可參閱。本書初見秦篇、顯學篇亦提及長平之事。

〔五〕盧文弨曰：「同」下「訟」字秦本無。⊙顧廣圻曰：「訟」字衍，此涉下句而誤。⊙王先慎刪「訟」字曰：案飭令篇亦無「訟」字。⊙奇猷案：無「訟」字是，今據刪。二柄篇述韓昭侯兼罪典衣與典冠，即使人不同功之意。

〔六〕于思泊師曰：按觳應讀作角。周禮考工記陶人「鬲實五觳」，鄭司農注：「觳，讀為斛。」御覽卅引風俗通：「斛角也。」史記李斯傳「方作觳抵優俳之觀」，集解：「觳抵，即角抵。」呂氏春秋孟冬：「肄射御角力。」後漢書隗囂傳注：「角力，猶争力也。」上言「争訟止」，下言「天下莫得相傷」，皆彊弱不角力之謂也。⊙奇猷案：于師說是，太田方、章太炎說同。

〔七〕奇猷案：形，讀型。顯學篇「冰炭不同器而久」，型、器義同。「冰炭不合型」，喻不相侵犯也。

釋法術而心治〔一〕，堯不能正一國。去規矩而妄意度〔二〕，奚仲不能成一輪〔三〕。廢尺寸而差短長，王爾不能半中〔四〕。使中主守法術，拙匠守規矩尺寸〔五〕，則萬不失矣〔六〕。君人者，能去賢巧之所不能，守中拙之所萬不失〔七〕，則人力盡而功名立。

〔一〕王先慎「而」下增「任」字曰：各本無「任」字，御覽八百三十引「心」上有「任」字，是。下「去規矩而妄意度」，「妄意度」與「任心治」相對為文，明此脱「任」字。⊙奇猷案：而猶以也，詳經傳釋詞。而心治，即謂以心之意度而為治，不必有「任」字。且「任心治」與「妄意度」亦不成對。今涵芬樓景印宋本御覽無「任」字，明今本御覽誤也。王說非。

〔二〕王先慎曰：御覽引「妄」作「委」，治要無「度」字，均誤。解老篇「妄」作「忘」，說詳彼。

〔三〕奇猷案：荀子解蔽篇云「奚仲作車」，楊注：「奚仲，夏禹時車正。」說文：「車，輿輪之總名也，夏后時奚仲所造。」

〔四〕王先謙曰：王爾，巧工，淮南子：「王爾無所錯其剞劂。」⊙王先慎曰：中，丁仲反。⊙奇猷案：謂廢尺寸而較長短之差，王爾不能中十之五。王爾，見姦劫弒臣篇。

〔五〕王先慎改「守」為「執」，曰：治要、藝文類聚五十四、御覽引「守」並作「執」。⊙奇猷案：守，遵守也。不必改字。

〔六〕王先慎曰：藝文類聚引「矣」作「一」。⊙奇猷案：下文亦無「一」字，類聚妄改，不可據。

〔七〕王先慎曰：治要「守」上有「而」字。⊙奇猷案：或以「守」字句絕，非。守與去相對。中，中主。拙，拙匠。又案：有度篇云「巧匠目意中繩，然必先以規矩為度；上智捷舉中事，必以先王之法為比」，故賢者、巧者亦不能以意為之，必須去賢者、巧者所不能為之意度，亦即上文釋心治之意。

明主立可為之賞，設可避之罰。故賢者勸賞而不見子胥之禍，不肖者少罪而不見傴剖背〔一〕，盲者處平而不遇深谿，愚者守靜而不陷險危。如此，則上下之恩結矣。古之人曰：「其心難知，喜怒難中也。」故以表示目，以鼓語耳，以法教心〔二〕。君人者釋三易之數而行一難知之心〔三〕，如此，則怒積於上，而怨積於下〔四〕，以積怒而御積怨則兩危矣。明主之表易見，故約立〔五〕；其教易知，故言用；其法易為，故令行。三者立而上無私心，則下得循法而治，望表而動，隨繩而斲〔六〕，因攢而縫〔七〕。如此，則上無私威之毒，而下無愚拙之誅〔八〕。故上君明而少怒〔九〕，下盡忠而少罪。

〔一〕王先慎曰：此宋康王事，安危篇云「誅於無罪，使傴以天性剖背」是也。⊙奇猷案：此不必指宋康王事。謂不肖者少罪則不見人受傴剖背之刑。安危篇所云亦非指宋康王，詳彼。

〔二〕顧廣圻曰：「鼓」，當作「教」，下文「其教易知故言用」承此。教心之「教」字誤，未詳所當作。⊙劉文典曰：案「以表示目，以鼓語耳，以法教心」，示也、語也、教也，誼正相類。「以法教心」，文本明顯，顧氏既誤以「鼓」字當為「教」，遂不得不妄指「教」為譌字矣。表所以明高下，故以示目；鼓音所以教進退，故以語耳；法本無形，故以教心。文顯義明，不煩改字。⊙奇猷案：劉說是。有度篇「人臣之侵其主也，如地形焉，即漸以往，使人主失端，東西易面，而不自知，故先王立司南以端朝夕」，即所謂以表示目也。難二篇「趙簡主圍衛之郛郭，鼓之而士乘之」，即所謂以鼓語耳也。五蠹篇「明主之國，無書簡之文，以法為教」，即所謂以法教心也。呂氏春秋不二篇云「置金鼓所以一耳也，必同法令所以一心也」，孫子軍事篇云「金鼓旌旗，所以一人之耳目也」，皆可為劉說之證。

〔三〕顧廣圻曰：今本「行」下無「之」字，「知之」下有「心」字。按依上文當刪補。⊙陶鴻慶曰：趙本未盡得，「行」字當在「三易」下。上「之」字非衍，實誤字也。原文當云「君人者釋三易行之數，而□一難知之心」，文義始完。⊙奇猷案：顧說是，王先慎據顧校刪補，今從之。迂評本、凌本與今本同。數，術也。易，即下易見、易知、易行，非僅言易行，故以二「易」字表之。陶氏必以「易行」連文，非。

〔四〕奇猷案：以心治則喜怒隨心而變，下怨主之怒無常，上怒下不能從令。

〔五〕奇猷案：各本自「明主」提行，案此不當提行，今連上。

〔六〕王先慎曰：安危篇云「一曰斲削於繩之內，二曰斲割於繩之外」是也。⊙太田方曰：淮南子「循繩而斲，則不過矣」，治要引尸子：「陳繩而斲之，則巧拙易知矣。」⊙奇猷案：淮南子文與此同義。安危篇文與此義相反，詳彼。長沙馬王堆漢墓出土帛書稱云：「有義（儀）而義（儀）則不過，侍（待）表而望則不惑，案法而治則不亂」，正可明此文。據唐蘭先生考訂，馬王堆出土帛書經法、十大經、稱、道原，即漢志道家者流中著録之「黄帝四經四篇」，然則韓非此説為「黄老之學」也。

〔七〕俞樾曰：「攢」字無義，當作「簪」。荀子賦篇「簪以為父」，楊倞注「簪形似箴而大」，是簪亦箴類，故曰因簪而縫也。説文金部「鐕可以綴著物者」，簪即鐕之叚字。亦或作「撍」，周易豫九四：「朋盍簪」，京作「撍」是也。古本韓子當亦作「撍」，傳寫因誤為「攢」矣。⊙松皐圓曰：山曰：「攢、劗通。」字典引續通書云：劗，通作攢，剪衣之形隨其形而縫之也。」⊙太田方曰：漢書嚴助傳張揖注：「劗，古剪字。」⊙奇猷案：攢，簇聚也。漢書司馬相如傳注、文選班固賦注引蒼頡篇皆云：「攢，聚也。」謂法既立，則臣下依法而行，猶縫衣，因所簇聚者而縫之則成衣裾；若無法而妄為，猶縫衣之未有簇聚而妄縫，必致錯亂無章也。諸説皆不確。將布邊摺疊，以針穿過，即因攢而縫。

〔八〕奇猷案：私威者，不案法而行罰也。毒，害也。下無愚拙之誅，謂人臣依法治事，則事無差誤，故無愚拙之誅。

〔九〕顧廣圻曰：藏本同。今本「君」作「居」。按「君」字誤。⊙奇猷案：顧説是，居、君形近而誤。居，處也。

聞之曰：「舉事無患者，堯不得也。」而世未嘗無事也。君人者不輕爵禄，不易富貴，不可與救危國。故明主厲廉耻，招仁義〔一〕。昔者介子推無爵禄而義隨文公，不忍口腹而仁割其肌，故人主結其德，書圖著其名〔二〕。人主樂乎使人以公盡力，而苦乎以私奪威〔三〕。

人臣安乎以能受職，而苦乎以一負二〔四〕。故明主除人臣之所苦，而立人主之所樂。上下之利，莫長於此。不察私門之內，輕慮重事〔五〕，厚誅薄罪，久怨細過〔六〕，長侮偷快〔七〕，數以德追禍〔八〕，是斷手而續以玉也，故世有易身之患〔九〕。

〔一〕松皐圓曰：招，猶揭也。莊子：「自虞氏招仁義以亂天下也，天下莫不奔命於仁義。」⊙奇猷案：厲、勵同。明主以廉耻勵人，以仁義招人。

〔二〕奇猷案：莊子盜跖篇：「介子推，至忠也，自割其股以食文公，文公後背之，子推怒而去，抱木而燔死。」成玄英疏云：「晉文公，重耳也，遭驪姬之難，出奔他國，在路困乏，推割股肉以飴之，公後還三日，封於從者，遂忘子推，子推作龍蛇之歌，書其營門，怒而逃，公後慚謝，追子推於介山，子推隱避，公因放火燒山，庶其走出，火至，子推遂抱樹而焚死焉。」案介子推割股及焚死事，史不載，左傳僅云：「晉侯賞從亡者，介子推不言禄，禄亦弗及，遂隱而死。晉侯求之而不獲，以綿上為之田。」（僖公二十四年。吕氏春秋介立篇、史記晉世家略同。）至楚辭惜往日、東方朔七諫云：「割股以食文公」，新序節士篇云「文公求之不得，焚其山，遂不出焚死」，諒皆本於莊子也。

〔三〕楊樹達曰：按「奪」疑當作「奮」。⊙奇猷案：韓子所謂威，係指刑罰之權。二柄篇云「明主之所導制其臣者，二柄而已矣。二柄者，刑德也。何謂刑德，曰，殺戮之謂刑，慶賞之謂德。為人臣者畏誅罰而利慶賞，故人主自用其刑德則羣臣畏其威而歸其利矣」，有度篇「威不貳錯，制不共門，威制共則衆邪彰矣」，皆可知威為刑罰之權之義。五蠹篇云「古者蒼頡之作書也，自環者謂之私，背私謂之公」，既言自環者謂之私，則凡自為其利皆為私。此文蓋謂人主最苦者，為以私人之利，而奪取刑罰之權。本書屢言子罕奪宋君刑罰之權而宋君見劫，子之奪燕噲賞罰之權而燕噲身死為僇（皆詳外儲說右下），二柄篇云：「今世為人臣者，兼刑德而用之，則是世主之危，甚於簡公、宋君也。」皆可明此文之義。楊説非。

〔四〕舊注：謂一身兩役也。⊙奇猷案：上文所云「兼官」，即以一負二。

〔五〕奇猷案：謂不察私門之姦，輕定大事，適足資姦臣以成其私。定法篇云「昭襄王即位，穰侯越韓、魏而東攻齊，五年，而秦不益尺土之地，乃城其陶邑之封。應侯攻韓八年，成其汝南之封」，是其例。

〔六〕奇猷案：久怨，即宿怨，亦上文伏怨之義。久怨細過，謂宿怨而不誅，必致大禍，如難四篇載高渠彌弑鄭昭公是其例。

〔七〕舊注：長輕侮人，偷取一時之快也。⊙孫子書師曰：按長侮，「侮」，當作「拇」。方言：「拇，貪也。」楚辭天問篇「穆王巧拇」，王逸注：「拇，貪也。」漢書賈誼傳「品庶每生」，顏注引孟康曰：「每，貪也。」拇、每、侮字並同。偷，苟也，暫也。周語韋注：「偷，苟且也。」詩邶風旄丘傳云：「始而愉樂，終以微弱。」（愉、偷字通。正義：「汝等今好，而苟且為樂。」）本書六反篇云：「故法之為道，前苦而長利，仁之為道，偷樂而後窮。」管子形勢解：「偷得利而後有害，偷得樂而後有憂者，聖人不為也。」齊世家：「桓公欲無與魯地而殺曹沫。管仲曰，夫劫許之，而倍信殺之，愈一小快耳，而棄信於諸侯。」愈讀為偷，義同。長侮偷快，與輕慮重事，厚誅薄罪，久怨細過，文同一例。注云「長輕侮人，偷取一時之快」，不知侮之為拇，謬甚。⊙奇猷案：舊注是也。長，常也。此指曹君使晉公子重耳袒而捕池魚事言之。（事詳十過篇。）

〔八〕舊注：禍賊當誅，而反以德報之也。⊙奇猷案：德，謂慶賞。二柄篇：「慶賞之謂德。」此文謂屢以慶賞而追求禍害也。如「徐偃王行仁義而亡其國」（詳五蠹篇），「趙襄主一日而見二中大夫，予之田宅，中牟之人棄其田耘賣宅圃而隨文學者國之半」（詳外儲説左上），此雖有仁義之美名，而繼之以亂亡之實禍，故下文云「斷手而續之以玉也」。蓋韓非以為無功而賞賜，適足以令人倖賞，甚者至於亡國，故姦劫弑臣篇云「使民以罪誅，而不以愛惠免，是以無功者不望，而有罪者不幸矣。」舊注大謬。

〔九〕奇猷案：「故世有易身之患」句，有誤，例以守道篇「不以財易身」之文，此文當作「故世有以德易身之患」，今脫「以德」二字。如徐偃王即是以德易身。二柄篇云，齊簡公以爵禄予田常而行之羣臣，故簡公見弑，亦以德易身之例。

人主立難為而罪不及，則私怨生；人臣失所長而奉難給，則伏怨結〔一〕。勞苦不撫循，憂悲不哀憐。喜則譽小人，賢不肖俱賞〔二〕；怒則毀君子，使伯夷與盜跖俱辱；故臣有叛主〔三〕。

〔一〕顧廣圻曰：今本「怨」下「立」字作「生」。按「立」字譌。⊙奇猷案：王先慎依顧說改「立」為「生」，是，今從之。迂評本、凌本亦作「生」。又案：「人臣失所長而奉難給，則伏怨結」者，謂人臣不以能受職則失其所長，失其所長則難奉所予之任務，故伏怨於心也。

〔二〕劉師培曰：案下文云「怒則毀君子，使伯夷與盜跖俱辱」，疑「賢」上亦當有「使」字。⊙奇猷案：劉說是。

〔三〕奇猷案：此句文義不完，此下當有「之心」二字。

使燕王內憎其民而外愛魯人〔一〕，則燕不用而魯不附。民見憎，不能盡力而務功〔二〕；魯見說，而不能離死命而親他主。如此，則人臣為隙穴〔三〕，而人主獨立。以隙穴之臣而事獨立之主，此之謂危殆〔四〕。

〔一〕奇猷案：舊連上，今依藏本、趙本提行。

〔二〕顧廣圻曰：今本「見」上有「民」字。按當脱「燕」字。⊙奇猷案：今本是，今據補「民」字，迂評本、淩本亦有「民」字。上云「内憎其民」，此云「民見憎」，文正相承。顧謂當作燕，案此對燕王言，作「燕見憎」，殊不辭。

〔三〕松皐圓曰：為隙穴，謂挾篡盜之心也。備内篇「相為耳目以候主隙」，孟子「鑽隙穴相窺。」⊙奇猷案：「以候主隙」之隙非此義。喻老篇「千丈之隄，以螻蟻之穴潰，百尺之室，以突隙之煙焚，故白圭之行隄也，塞其穴，丈人之慎火也，塗其隙」，是隄室因隙穴而壞。此文「人臣為隙穴」，謂壞主之國，如隄與室之穿隙穴，下云「不塞隙穴而勞力於赭堊，暴雨疾風必壞」，正承此而言。松説非。

〔四〕奇猷案：「隙」上「以」字藏本作「而」。而，亦以也，詳經傳釋詞。

釋儀的而妄發，雖中小不巧〔一〕；釋法制而妄怒，雖殺戮而姦人不恐。罪生甲，禍歸乙，伏怨乃結〔二〕。故至治之國，有賞罰，而無喜怒，故聖人極〔三〕；有刑法而死無螫毒，故姦人服〔四〕。發矢中的，賞罰當符，故堯復生，羿復立。如此，則上無殷、夏之患，下無比干之禍，君高枕而臣樂業，道蔽天地〔五〕，德極萬世矣。

〔一〕顧廣圻曰：今本「小」作「而」，誤。⊙奇猷案：問辯篇所謂妄發中秋毫不可謂善射。

〔二〕奇猷案：如内儲説下「季辛與爰騫為怨，司馬喜新與季辛惡，因微令人殺爰騫，中山之君以為季辛也，因誅之」。

即「罪生甲，禍歸乙」之例。

〔三〕松皐圓曰：山曰：「極，讀曰殛。」⊙奇猷案：極讀為殛是也。殛，誅滅也。上文云「釋法制而妄怒」，此云「有賞罰而無喜怒」，則行賞罰皆循法制，既循法制而行賞罰，則無所用於聖人矣。（上文云「使中主守法術，則萬不失」，亦可知能守法術則無須聖人也。）既無所用於聖人，則聖人可以誅滅也。蓋韓非藉用老子「絶聖棄智」之說也。（老子「絶聖棄智」之義，雖與此略有不同，然韓非引老子往往非老氏原意，詳解老篇。）或以「故聖人極有刑法」為句，非。

〔四〕奇猷案：「死」字當衍。「有刑法而無螫毒，故姦人服」，與「有賞罰而無喜怒，故聖人極」，相對。

〔五〕王先慎曰：「蔽」，當作「被」。⊙奇猷案：謂道之大，遮蔽天地。王說非。

夫人主不塞隙穴〔一〕，而勞力於赭堊〔二〕，暴雨疾風必壞。不去眉睫之禍，而慕賁、育之死；不謹蕭牆之患，而固金城於遠境；不用近賢之謀，而外結萬乘之交於千里。飄風一旦起，則賁、育不及救，而外交不及至，禍莫大於此。當今之世，為人主忠計者，必無使燕王說魯人，無使近世慕賢於古，無思越人以救中國溺者〔三〕。如此，則上下親，内功立，外名成。

〔一〕奇猷案：舊連上，今依藏本、趙本提行。

〔二〕太田方曰：赭，赤土。堊，白土。所以飾墻壁也。⊙奇猷案：此謂不塞隙穴，雖勞於粉飾外表，必致勞而無功。

〔三〕奇猷案：見說林上「魯穆公」條。

功名第二十八

明君之所以立功成名者四：一曰天時，二曰人心，三曰技能，四曰勢位。非天時雖十堯不能冬生一穗〔一〕，逆人心雖賁、育不能盡人力。故得天時則不務而自生〔二〕，得人心則不趣而自勸〔三〕，因技能則不急而自疾，得勢位則不推進而名成〔四〕。若水之流，若船之浮，守自然之道，行毋窮之令，故曰明主。

〔一〕陶鴻慶曰：案「非」乃「北」字之誤。北，讀為背。背，亦逆也。⊙奇猷案：陶説是。喻老篇云：「冬耕之稼，后稷不能羨，豐年大禾，臧獲不能惡也。以一人力則后稷不足，隨自然則臧獲有餘。」又云：「宋人有為其君以象為楮葉者，三年而成，亂之楮葉之中而不可別也。列子聞之曰，使天地三年而成一葉，則物之有葉者寡矣。故不乘天地之資，而載一人之行，不隨道理之數，而學一人之智，皆一葉之行也。」隨自然，乘天地，隨道理，皆與此文背天時正反為文，可證。吕氏春秋首時篇云「后稷之種必待春」，亦可證。

〔二〕盧文弨曰：「則」下脱「不」字，淩本有。⊙王先慎增「不」字曰：案治要有「不」字。⊙奇猷案：「則」下當有「不」字，迂評本亦有，今據補。務，猶言從事。

〔三〕松臯圓曰：趣，音促，督促。

〔四〕王先慎曰：各本「進」上有「推」字。案「推」即「進」字誤而衍者，治要無，今據删。⊙奇猷案：王説非也。此當删「進」字。推，即人主篇「推功而爵禄」之推，舉也。「不推而名成」，謂不須推舉而名已成。（難一篇云「君舉功於臣」，「舉功」即人主篇之「推功」，是推與舉互訓也。）

夫有材而無勢，雖賢不能制不肖。故立尺材於高山之上，則臨千仞之谿〔一〕，材非長也，位高也〔二〕。桀為天子，能制天下，非賢也，勢重也；堯為匹夫，不能正三家，非不肖也，位卑也〔三〕。千鈞得船則浮，錙銖失船則沈〔四〕，非千鈞輕錙銖重也〔五〕，有勢之與無勢也。故短之臨高也以位，不肖之制賢也以勢。人主者，天下一力以共載之，故安〔六〕；衆同心以共立之，故尊。人臣守所長，盡所能，故忠。以尊主主御忠臣〔七〕，則長樂生而功名成。名實相持而成〔八〕，形影相應而立〔九〕，故臣主同欲而異使〔一〇〕。人主之患在莫之應，故曰：一手獨拍，雖疾無聲。人臣之憂在不得一〔一一〕，故曰：右手畫圓，左手畫方，不能兩成〔一二〕。故曰：至治之國，君若桴，臣若鼓，技若車，事若馬。故人有餘力易於應，而技有餘巧便於事，立功者不足於力，親近者不足於信，成名者不足於勢〔一三〕。近者已親，而遠者不結〔一四〕，則名不稱實者也〔一五〕。聖人德若堯、舜，行若伯夷，而位不載於世，則功不立，名不遂〔一六〕。故古之能致功名者，衆人助之以力，近者結之以成〔一七〕，遠者譽之以名，尊者載之以勢。如此，故太山之功長立於國家，而日月之名久著於天地〔一八〕。此堯之所以南面而守名〔一九〕，舜之所以北面而效功也〔二〇〕。

〔一〕盧文弨曰：「則」字凌本作「而下」二字。「十」，張、凌本作「千」。⊙王先慎改「則」為「下」，改「十」為「千」，曰：案意林「則」作「下」，「十」作「千」。⊙奇猷案：吴鼒本作「十」，四部叢刊本作「千」，可見宋本作「千」不誤。「則」字不誤。臨，以高視下也。論語為政篇「臨之以莊」，皇侃疏云：「以高視下也。」臨字金文作[illegible]，（盂鼎）象人自上視下之形。此文謂尺材本甚短，然立於高山之上則可下視千仞之谿。王改「則」為「下」，蓋不明臨字之義故也。

〔二〕奇猷案：「非」下當有「加」字。此文蓋謂尺材立於高山之上則臨千仞之谿者，材並未加長，乃其位高之故。無「加」字則文義不足。荀子勸學篇云「登高而招，臂非加長也而見者遠，順風而呼，聲非加疾也而聞者彰」，文法與此同，有「加」字可證。吕氏春秋順説篇「順風而呼，聲不加疾也，際高而望，目不加明也，所因便也」，亦可為證。

〔三〕奇猷案：此蓋用慎子之意，難勢篇云：「慎子曰：堯為匹夫不能治三人，而桀為天子能亂天下。」

〔四〕王先慎曰：白孔六帖十一引兩「船」字並作「舟」。

〔五〕盧文弨曰：藏本「金」作「鈞」。⊙王先慎改「金」為「鈞」，「輕」下增「而」字，曰：案上文作「鈞」，明「鈞」者是。「而」字脱，據藝文類聚七十一、白孔六帖、御覽七百六十八引改補。⊙奇猷案：吴鼒本、趙本作「金」，四部叢刊本作「鈞」不誤，今從叢刊本。又案「而」字不必有，王説非。

〔六〕楊樹達曰：按載與戴同。⊙奇猷案：楊説是。詩周頌絲衣「載弁俅俅」，鄭箋：「載，猶戴也。」下文「載」字同。

〔七〕盧文弨曰：「尊主」下馮校添「以尊」二字。⊙王渭曰：當衍一「主」字。⊙奇猷案：王説是。

〔八〕盧文弨曰：「持」，張本作「待」。⊙王先慎曰：御覽三百七十引「持」作「須」。⊙奇猷案：藏本「持」亦作「待」，誤。蓋「持」訛為「待」，待與須同義，御覽又改為「須」耳。

〔九〕奇猷案：御覽三百七十、文選揚子雲解嘲引「立」均作「生」，誤。案立，謂成立也。

〔一〇〕陶鴻慶曰：依上下文義，「使」當為「勢」字之誤。⊙于思泊師曰：金文使、事同字，此應作「事」。⊙奇猷案：

于師説是。臣陳言，君責功，（詳二柄篇）故曰臣主異事。但臣主皆欲治國，故曰同欲。松皋圓纂聞改「使」為「使」，非。

〔一一〕奇猷案：用人篇云「人臣苦乎以一負二」，故得一者，謂得專於一職也。

〔一二〕王先慎曰：御覽三百七十引右、左互易。⊙奇猷案：御覽引誤。外儲説左下：「子綽曰：人莫能左畫方而右畫圓也。」金樓子立言篇：「人莫能左畫方，右畫圓。」是古之成語如此。

〔一三〕顧廣圻曰：「易」字當衍。今本「巧」下有「便」字，誤。⊙王先慎增「便」字曰：案有「便」字是。此二文相對，顧氏以上「易」字為衍，故下不應有「便」字，改從今本。⊙奇猷案：王增是，今從之，迂評本、凌本「便」作「易」，誤。又案：三「不足」之不皆讀若丕，語辭，不為義，詳有度篇「治不足」注。此文謂立功者足於力，親近者足於信，成名者足於勢。

〔一四〕陶鴻慶曰：案「已」亦當作「不」，承上「親近者不足於信」而言。下文云「近者結之以誠，遠者譽之以名」，與此二句反正相承。⊙奇猷案：陶説非也。謂近者雖已親，但遠者不結，乃名不稱其實。

〔一五〕盧文弨曰：張、凌本無「者」字。

〔一六〕陶鴻慶曰：案「世」乃「勢」字之誤。下文云「尊者載之以勢」，是其證。⊙奇猷案：陶説是。

〔一七〕陶鴻慶曰：案「成」當作「誠」。上文云「親近者不足於信」，誠與信義同。⊙孫子書師曰：成、誠通作。⊙奇猷案：陶説是，劉師培説同。

〔一八〕王渭曰：文選解嘲注引此「之明」作「之名」，「名」字是，此皆以功、名對言。⊙顧廣圻曰：藏本「明」作「名」。⊙奇猷案：作「名」是。吴鼒本作「明」，四部叢刊本仍作「名」。主道篇「臣得行義則主失明」，「明」，藏本、今本誤作「名」，是明、名互誤之例。今從叢刊本、藏本正。

〔一九〕顧廣圻曰：今本「名」作「功」，誤。

〔二〇〕奇猷案：君守其名，臣效其功，舜雖賢不得不北面而效功也。

大體第二十九

古之全大體者〔一〕：望天地，觀江海，因山谷，日月所照，四時所行，雲布風動；不以智累心〔二〕，不以私累己〔三〕；寄治亂於法術，托是非於賞罰，屬輕重於權衡；不逆天理，不傷情性；不吹毛而求小疵，不洗垢而察難知；不引繩之外，不推繩之内〔四〕；不急法之外，不緩法之内；守成理，因自然；禍福生乎道法而不出乎愛惡〔五〕，榮辱之責在乎己而不在乎人。故至安之世〔六〕，法如朝露，純樸不散〔七〕；心無結怨，口無煩言。故車馬不疲弊於遠路，旌旗不亂於大澤〔八〕，萬民不失命於寇戎，雄駿不創壽於旗幢〔九〕；豪傑不著名於圖書，不録功於盤盂，記年之牒空虛〔一〇〕。故曰：利莫長於簡，福莫久於安〔一一〕。使匠石以千歲之壽操鉤，視規矩，舉繩墨，而正太山；使賁、育帶干將而齊萬民〔一二〕；雖盡力於功，極盛於壽，太山不正，民不能齊。故曰：古之牧天下者，不使匠石極巧以敗太山之體，不使賁、育盡威以傷萬民之性。因道全法，君子樂而大姦止；澹然閑靜，因天命，持大體。故使人無離法之罪，魚無失水之禍。如此，故天下少不可〔一三〕。

〔一〕盧文弨曰：孫詒穀云：「文選四子講德論注引作古之人君大體者。」⊙王先慎曰：治要、御覽四百二十九引與本書同。選注誤，不可從。⊙奇猷案：孟子告子篇「從其大體為大人，從其小體為小人」，莊子天下篇「後世之學者，不幸不見天地之純，古人之大體」，漢書鼂錯傳「明於國家之大體」，潛夫論「凡為治之大體」。據此，則是以事分為整體與局部，著目於事之整體，則能見事之全面，能見其全面，自能挈其要領，故自全面而看其事以挈其要謂之大體。此文亦係從整個宇宙之動態而抉剔其治亂之要，故所謂全大體者，猶言成全其事整體中之要者。選注不知此義，妄改為「古之人君大體者」，殊不成文。此篇所述，實為韓非之理想社會。

〔二〕王先慎曰：御覽引「智」作「欲」。⊙奇猷案：智，謂智巧。大智若愚是大體，智巧則為小體。心為人之大體，以智巧亂心，是以小體亂大體。御覽改作「欲」，蓋不明此義而改也。主道篇云：「有智而不以慮。」

〔三〕王先慎曰：治要「私」作「心」。⊙奇猷案：私為小體，己為大體。若作心則不通。

〔四〕王先慎曰：用人篇云「隨繩而斲」是也。⊙王斯睿曰：淮南繆稱訓：「繩之外與繩之內，皆失直者也。」

〔五〕王斯睿曰：案出，亦生也。國策齊策、呂氏春秋大樂篇音初篇高注並云：「出，生也。」此上言生，下言出者，互文耳。與下「在」、「不在」相對為文。

〔六〕顧廣圻曰：今本無「至」上「致」字。⊙王先慎刪致字曰：案「致」即「至」字誤而複者。⊙奇猷案：無「致」字是，慎子外篇亦無，今刪。

〔七〕王先慎曰：乾道本「樸」作「撲」，今從趙本改。⊙王斯睿曰：按散與純樸，義不相屬。說文云：「散，雜肉也。」（郭慶藩曰：雜乃離之誤。說見說文考正）「散」當為「殽」，說文曰：「殽，相錯雜也。」廣雅曰：「殽，雜也，亂也。」隸書殽或作殺，散或作散，二形相似，故「殽」誤為「散」。莊子齊物論「樊然殽亂」，釋文云：「郭本作散。」太元元瑩篇「晝夜殺者其禍福雜」，今本「殺」誤「散」。淮南原道訓「不與物殽，粹之至也」，精神訓「不與物殺而天下自服」，今本「殽」並偽「散」。是其證。淮南原道訓曰：「所謂天者，純粹樸素，質直皓白，未始有與雜糅者也。」即此純樸不殽之意。⊙奇猷案：王改是，今從之。四部叢刊本作「樸」不誤。又案：王斯睿説非也。此「散」字不誤。淮南子原道訓云「其全也純兮若樸，其散也混兮若濁」，又俶真訓云「渾渾蒼蒼，純樸未散」，又齊俗訓云「禮樂飾則純樸散矣」，皆是以「散」與「純樸」相應，而以「散」與「全」相對為文，是不散即全也。老子第二十八章「樸散而為器」，王弼注：「樸，真也。」朝露純樸本真，凝聚為珠，故曰純樸不散。朝露可以聚散言，不得以淆亂言也。余前校以王説為是，未審。

〔八〕劉師培曰：案以上文律之，「亂」上當脱一字。⊙王斯睿曰：按「疲」字疑衍。「車馬不弊於遠路」與「旌旗不亂於大澤」對文，「弊」上不當有「疲」字。疲、弊古通，蓋一本作「疲」，一本作「弊」，後人誤而合之也。⊙奇猷案：劉説是。「亂」上擬補「擾」字（詳後）。王説非也。「疲弊」為雙聲疊韻謰語，乃古人恒言。左傳昭三年「庶民罷（同疲）敝」，史記吳世家「士皆罷敝」，又范睢傳「諸侯見齊之罷弊」。三國志諸葛亮傳「益州疲弊」，皆其例。余前校以王説為是，未審。「車馬不疲弊於遠路」，謂不出征遠方，故車馬不疲弊於遠路之上。又喻老篇云「天下有道，無急患，遽傳不用」，亦車馬不疲弊於遠路也。「旌旗不擾亂於大澤」，謂不田獵。古者田獵，實是在大澤中舉行軍事大演習、大檢閱，乃為戰爭作準備。如外儲説右上篇所云「晉文公令田於圃陸」（圃陸為晉國之大澤），即是為城濮之戰而作之軍事演習。「旌旗不擾亂於大澤」，示意無戰爭也。

〔九〕太田方曰：駿、俊同。此謂搴旗之勇士不賊害其命於戰陣也。

〔一〇〕松皐圓曰：呂覽注：「盤盂之器，皆銘其功也。」⊙太田方曰：記年之牒，如竹書紀年之類。三代世表云：「余讀牒記。」⊙奇猷案：此蓋謂天下太平，内無怨言，外無攻伐，故民得全壽，豪傑不用，義士無名，亦守道篇所謂「圖不載宰予，不舉六卿，書不載子胥，不明夫差，孫吳之略廢，盜跖之心伏」之意。松引呂見求人篇。

〔一一〕奇猷案：以上見慎子外篇。又案：上下無事，故簡；天下太平，故安。

〔一二〕顧廣圻曰：藏本同。今本「鉤」作「鉤」，誤。⊙太田方曰：鉤所以為曲也。莊子：「直者中繩，曲者中鉤。」⊙唐敬杲曰：匠人名石，莊子：「匠石運斤成風。」⊙奇猷案：匠石，見莊子徐无鬼篇。漢書韓延壽傳注：「鉤，兵器也，似劍而曲，所以鉤殺人也。」是鉤為利器，不必指為為曲之器。又案：荀子性惡篇云：「人之性惡，其善者偽也（偽，人為。以教育改其惡為善，即是人為）。今人之性，生而有好利焉，順是，故爭奪生而辭讓亡焉。生而有疾惡焉，順是，故殘賊生而忠信亡焉。生而有耳目之欲，有好聲色焉，順是，故淫亂生而禮義文理亡焉。然則從人之性，順人之情，必出於爭奪，合於犯分亂理而歸於暴。故必將有師法之化，禮義之道，然後出於辭讓，合於文理，而歸於治」，又云「古者聖王以人之性惡，是以為之起禮義、制法度以矯飾人之情性而正之，以擾化人之情性而導之，使皆出於治、合於道者也」。在韓非看來，使萬民皆去其「好利」「疾惡」「耳目之欲」「好聲色」等等之情性就是「齊萬民」，其方法是「師法之化，禮義之道」，「以擾化人之情性而正之導之」，此無異乎匠石操鉤而正太山、賁育帶干將而齊萬民，「雖盡力於功，極盛於壽，太山不正，民不能齊」。韓非說「人情者，有好惡」（八經篇），所以，去人之好惡是「傷萬民之性」（見下文）。「民者好利祿而惡刑罰」（制分篇），因此，立賞罰之法，以應人情之好惡，於是「君子樂而大姦止」矣。觀此，可知韓非與荀子認識不同，故荀子重教育，而韓非重法。

〔一三〕盧文弨曰：「少」，凌本作「無」。⊙顧廣圻曰：藏本同。今本「可」作「治」，誤。⊙奇猷案：文義未完，此下當有脫文。

上不天則下不偏覆〔一〕，心不地則物不畢載〔二〕。太山不立好惡，故能成其高；江海不擇小助，故能成其富。故大人寄形於天地而萬物備，歷心於山海而國家富〔三〕。上無忿怒之毒〔四〕，下無伏怨之患〔五〕，上下交撲〔六〕，以道為舍〔七〕。故長利積，大功立，名成於前，德垂於後，治之至也〔八〕。

〔一〕奇猷案：藏本「徧」作「遍」，字通。

〔二〕王先慎曰：「畢」，原作「必」，今據治要改。⊙奇猷案：王改是，今從之。

〔三〕王先慎曰：治要「歷」作「措」。

〔四〕王先慎曰：治要「毒」作「志」，注云：「志作毒。」⊙奇猷案：「志」字非。用人篇云「至治之國，有賞罰而無喜怒，有刑法而無螫毒」，即此文之義。

〔五〕王先慎曰：治要注：「怨，舊作慾，改之。」

〔六〕盧文弨曰：「撲」，凌本作「順」。⊙奇猷案：小爾雅廣言：「交，俱也。」撲當作樸，即上文「純樸」之樸，即老子「常德乃足，復歸於樸」之樸。既無毒患，故上下交樸。凌瀛初未得其解，遂改「撲」為「順」，王氏集解從之，非是。

〔七〕奇猷案：不引繩之外，不推繩之內，以道為依歸。

〔八〕奇猷案：安危篇云：「堯無膠漆之約於當世而道行，舜無置錐之地於後世而德結。能立道於往古，而垂德於萬世。」

卷九

内儲説上——七術第三十〔一〕

主之所用也七術，所察也六微〔二〕。七術：一曰、衆端參觀〔三〕，二曰、必罰明威，三曰、信賞盡能，四曰、一聽責下〔四〕，五曰、疑詔詭使〔五〕，六曰、挾知而問〔六〕，七曰、倒言反事〔七〕。此七者，主之所用也。

〔一〕舊注：儲，聚也。謂聚其所説，皆君之内謀，故曰「内儲説」。⊙太田方曰：儲，偫也。揚雄傳注：「有儲畜之待所用也。」説者，篇中所云「其説在」云云之説也，謂所以然之故也。言此篇儲若是之説以備人主之用也。儲説一篇，分為内、外，内篇又分為上、下，外篇分為左、右，左、右復分為上、下。内外、左右、上下，非有他義，以簡端重多故耳，猶老子經分上下也。内篇上，説七術之義，故曰内儲説上七術，下皆倣此。⊙奇猷案：太説是也。史記韓非傳索隱「謂明君執術以御臣下，利之在己，故曰内」，未洽。又案：内、外儲説六篇，漢、魏人稱為連珠體，亦即連珠體之始祖。

〔二〕王先慎曰：即内儲説下。

〔三〕舊注：端，直也。欲求衆直，必參驗而聽觀也。⊙王先慎曰：注誤。方言十：「緤，未紀緒也，南楚或曰端。」引中之，則凡未紀緒皆謂之端。詩載驅序箋「故，猶端也」，疏云：「端，謂頭緒也」。此謂頭緒衆多，則必參觀，否則誠不得聞而為臣壅塞矣。若訓為直，則與下文不合。⊙奇猷案：王解是，下云「莫衆而迷」可證。一人之言有一頭緒，則衆端參觀，猶言參驗觀察衆人之言也。

〔四〕舊注：專聽一理必有失，責下不一，能則不明。⊙王先慎曰：責下，謂責臣下專司之事。下云「責下則人臣不參」是也。注未明晰。⊙陶鴻慶曰：案舊注云「專聽一理必有失，責下不一，能則不明」，此説殊謬。由誤解下文「一聽則愚智不分」（説具下條），故有此失。一，當讀如揚權篇「聖人執一以静」之一。彼文云「用一之道，以名為首。名正物定，名倚物徙。故聖人執一以静。使名自命，令事自定，不見其采，下故素正」，即一聽責下之義。⊙高亨曰：一聽者，一一聽之也。後文「吹竽」節云「好一一聽之」，即其義也。大戴禮衛將軍文子篇「則一諸侯之相也」，盧注：「一，皆也。」荀子勸學篇「一可以為法則」，楊注：「一，皆也。」呂氏春秋貴直篇「一若此乎」，高注：「一，猶皆也」。一訓為皆，咸為一一也。史記孟嘗君傳「一與文等」，後漢書盧植傳「請謁希爵，一宜禁塞」，兩「一」字，亦謂一一也，并可作此句之例證。舊注不能以經與説相勘，而曰「專聽一理」，失之。⊙奇猷案：陶説是。物双松、太田方説與高同。王氏謂責下為「責臣下專司之事」亦是也。

〔五〕舊注：疑危而制之，譎詭而使之，則下不敢隱情。⊙太田方曰：詔，命也。疑詔，使下疑其所詔也。⊙奇猷案：注「詭而」下原衍「回」字（四部叢刊本作四），今依藏本、趙本删。又案：太田方説是，舊注未確。

〔六〕王先慎曰：下文「知」作「智」，字同。

〔七〕舊注：或倒其言，或反其事，則姦情可得而盡。

觀聽不參則誠不聞〔一〕，聽有門户則臣壅塞〔二〕。其説在侏儒之夢見竈〔三〕，哀公之稱「莫衆而迷〔四〕。」故齊人見河伯〔五〕，與惠子之言「亡其半」也〔六〕。其患在豎牛之餓叔孫〔七〕，而江乙之説荆俗也〔八〕。嗣公欲治不知〔九〕，故使有敵〔一〇〕。是以明主推積鐵之類〔一一〕，而察一市之患〔一二〕。

參觀一

〔一〕舊注：不參，謂偏聽一人，則誠者莫告。⊙劉文典曰：案此謂觀聽不參，則事之情不得上聞也。誠、情通用。注以「誠者莫告」釋之，非是。⊙奇猷案：劉説是，太田方説同。又案：觀聽不參，謂觀聽不加參驗也。舊連上，今依拾補提行。

〔二〕舊注：其聽有所從，若門户然，則為臣所塞。⊙王先慎曰：趙本注「其聽」作「各聽」。⊙奇猷案：臣壅塞君主。亡徵篇「聽以爵，不待參驗，用一人為門户」，即此文之義。又案：四部叢刊本、藏本注「有」作「其」，誤。又案：注「為」上當有「主」字。

〔三〕舊注：侏儒夢竈，言竈有一人煬，則後人不見，此譏靈公偏聽子瑕。⊙顧廣圻曰：今本「説」下有「在」字。⊙王先慎曰：依句例當補「在」字。⊙奇猷案：王説是。今據今本補。

〔四〕舊注：公言謀事，無衆，故迷。孔子對舉國盡黨季孫，與之同辭，是一國為一人，公之迷宜矣。⊙奇猷案：注「辭」原作「亂」，今據藏本改。

〔五〕舊注：齊王專信一人，故被詐以大魚為河伯。

〔六〕舊注：惠子言君之謀事，有半疑，有半。今皆稱不疑，則雷同朋黨，故曰亡其半。此上五説皆不參門户之聽。

⊙盧文弨曰：注：「半疑」下衍「有半」二字。⊙奇猷案：藏本注無「疑有半」三字，誤。津田鳳卿下「有半」下補「不疑」二字，是。

〔七〕舊注：叔孫專聽豎牛，故身餓死，而二子戮亡也。

〔八〕舊注：荆俗不言人惡，故白公得以為亂。⊙顧廣圻曰：藏本「乞」作「乙」，是也。⊙松皐圓曰：山曰：「説苑、新序并作『江乙』。楚策注：江乙，魏人，後乃事楚。」⊙奇猷案：作「乙」是，今據改。藏本注「惡」誤「惠」。

〔九〕舊注：謂不知治之術也。⊙奇猷案：「知」下當有「術」字，説云「嗣君知欲無壅而未得其術」可證。

〔一〇〕舊注：恐其所貴臣妾擁己，故更貴臣妾以敵之。彼得敵，適足以成其朋黨，為擁更甚也。⊙奇猷案：注「擁」當作「壅」。

〔一一〕舊注：積鐵為室，盡以備矢則體不傷。積疑為心，盡以備臣則姦不生。⊙奇猷案：積鐵可以備矢。以積鐵事類推之，則敵姦可以無姦也。

〔一二〕舊注：雖一市之人言市有虎，猶未可信，況三人乎。⊙奇猷案：注「虎」上原衍「之」字，今據藏本、趙本删。

愛多者則法不立，威寡者則下侵上。是以刑罰不必則禁令不行。其説在董子之行石邑〔一〕，與子産之教游吉也〔二〕。故仲尼説隕霜〔三〕，而殷法刑棄灰；將行去樂池〔四〕，而公孫鞅重輕罪〔五〕。是以麗水之金不守〔六〕，而積澤之火不救〔七〕。成歡以太仁弱齊國〔八〕，卜皮以慈惠亡魏王〔九〕。管仲知之，故斷死人〔一〇〕；嗣公知之，故買胥靡〔一一〕。

必罰二

〔一〕舊注：董子至石邑，象深澗以立法，故趙國治也。

〔二〕舊注：子産教游吉，令法火以嚴斷。⊙王先慎曰：趙本注「火」誤作「吏」。⊙奇猷案：藏本注「火」誤「史」。

〔三〕舊注：仲尼對哀公言隕霜不殺草，則以宜殺而不殺故也。

〔四〕舊注：將行以樂池不專任以刑賞之柄，故去之。⊙盧文弨曰：注「將行」，一本有「官名」二字。⊙奇猷案：一本即迂評本，下同。將行，注詳下。

〔五〕舊注：公孫鞅以謂輕罪尚不能犯，則無由犯重罪，故先重輕罪。⊙奇猷案：謂、為通。藏本注「謂」作「為」。

〔六〕舊注：竊麗水之金，其罪辜磔，猶竊而不止，則有竊而獲免者，故雖重罪不止也。⊙王先慎曰：「守」當作「止」，注不誤。⊙奇猷案：保持而不失謂之守。今仍有竊者，故曰不守。王說非，「麗水之金不止」，殊不辭。

〔七〕舊注：魯之積澤火焚而人不救，則以不行法故也。⊙奇猷案：注「法」當作「罰」，音近之誤。

〔八〕舊注：成歡以齊王太仁，知其必弱齊國。⊙盧文弨曰：「歡」後作「讙」，荀子解蔽篇作「戴讙」。⊙顧廣圻曰：說「歡」作「驩」。驩、歡同字。⊙王先慎曰：歡、驩、讙三字古通用。禮記樂記「鼓鼙之聲讙」，注：「或為歡。」驩為馬名本字。孟子「驩如」，荀子大略篇「夫婦不得不驩」，皆以驩為「歡樂」字。驩、歡、讙音義并同，故通用。春秋文公六年「晉侯驩」，公羊作「讙」，史記作「歡」，是其證。荀子楊注引「成」作「戴」，誤，説見下。

〔九〕舊注：卜皮以魏王慈惠，知其必亡其身也。⊙盧文弨曰：注上「其」字一本無。⊙奇猷案：注脱「知」字，今從趙本。

〔一〇〕舊注：知治國，常嚴禁人之厚葬，不用命者戮其尸。⊙奇猷案：注「常」，當作「當」。

〔一一〕舊注：嗣公亦知國當必罰。有胥靡逃之，以一都買而誅之。⊙奇猷案：注「國」上當有「治」字。胥靡，詳解老篇。

賞譽薄而謾者下不用〔一〕，賞譽厚而信者下輕死。其説在文子稱「若獸鹿」〔二〕。故越王焚宮室〔三〕，而吳起倚車轅〔四〕，李悝斷訟以射〔五〕，宋崇門以毀死〔六〕。句踐知之，故式怒鼃〔七〕；昭侯知之，故藏弊袴〔八〕。厚賞之使人為賁、諸也，婦人之拾蠶，漁者之握鱣，是以效之〔九〕。

賞譽三〔一〇〕

〔一〕舊注：謾，欺也。⊙顧廣圻曰：藏本、今本「用」下無「也」字。⊙王先慎曰：無「也」字是也。「下不用」與「下輕死」句法一律，不當有「也」字，今據删。⊙奇猷案：王説是，今從之。

〔二〕舊注：獸鹿唯就薦草，猶人臣之歸恩厚也。

〔三〕舊注：焚其室者，欲行賞罰於救火，以驗人之用命。

〔四〕舊注：賞移轅者，欲示其信而不欺也。

〔五〕舊注：欲人之善射，故其斷訟與善射者理也。

〔六〕舊注：崇門之人居喪而瘠，君與之官，故多毀死者也。

〔七〕舊注：句踐知勸賞可以詔人，故式怒鼃以求勇。⊙顧廣圻曰：藏本、今本「知」下有「之」字。⊙王先慎曰：有者是也，今據補。注趙本「詔」作「招」。⊙奇猷案：依下句例，「知」下當有「之」字，今從王解補。藏本「詔」亦作「招」。

〔八〕王先慎曰：「弊」今本作「蔽」，誤。

〔九〕舊注：拾蠶，握鱣而不懼者，利在故也。此得利忘難之效也。⊙俞樾曰：「是以效之」，當作「以是效之」。效者，明也。是，即指婦人、漁者而言。謂厚賞之下可使人人為賁、諸。以婦人之拾蠶漁者之握鱣明之也。下文云：「鱣似蛇，蠶似蠋。人見蛇則驚駭，見蠋則毛起。然而婦人拾蠶，漁者握鱣，利之所在則忘其所惡，皆為孟賁」，是其義也。荀子正論篇「故桀、紂無天下，而湯、武不弑君，由此效之也」，楊注曰：「效，明也」，與此文句法正同。今誤作「是以效之」，舊注謂「此得利忘難之效也」，失其解矣。⊙奇猷案：俞說是。又案：注「懼」原作「惱」，據藏本改。

〔一〇〕奇猷案：上文云：「信賞盡能」，則此當作「信賞」。

一聽則智愚不分〔一〕，責下則人臣不參〔二〕。其說在「索鄭」與「吹竽」〔三〕。其患在申子之以趙紹、韓沓為嘗試〔四〕。故公子汜議割河東〔五〕，而應侯謀弛上黨〔六〕。

一聽四

〔一〕舊注：直聽一理，不反覆參之，則愚智不分。⊙奇猷案：注非，詳下。

〔二〕舊注：下之材能一一責之，則人臣不得參雜。⊙陶鴻慶曰：案「分」當為「紛」字之誤。言人主執一以聽，則愚智不相亂也。用人篇「明賞罰則伯夷、盜跖不亂，如此，則黑白分矣」，義與此同。舊注依誤字解之，大非其旨。

⊙奇猷案：陶説是。責，督責。舊注釋參為「參雜」，是也。責下則人臣不參，謂督責臣下則人臣不敢以無能參雜於有能者之中。吹竽事，齊宣王不責其下，則有南郭處士。高亨説與陶説同。松皋圓以兩「不」字為「必」之誤，太田方以「一」字上脱「不」字、「責」字上脱「無」字，皆未確。

〔三〕舊注：魏王以鄭本梁地，故索鄭而合之，不思梁本鄭地，鄭人亦索梁而合之，此一聽之過也。⊙奇猷案：注宜曰「此不以一聽之過也」，脱「不以」二字。⊙舊注：混商吹竽，是不責下也，故令得參雜。⊙盧文弨曰：注「混商」，當是「混同」。

〔四〕舊注：申子為趙請兵，先令趙紹、韓沓嘗韓君，知其意然後説，終成其私也。⊙盧文弨曰：注「申子為」下脱「趙」字。⊙王先慎曰：趙紹、韓沓，國策作趙卓、韓鼂。⊙奇猷案：盧校是，藏本正有「趙」字，今據補。

〔五〕舊注：韓王欲割河東以搆三國，此非計也，公子汜激君行令。⊙盧文弨曰：注「韓王欲」下脱「割」字。⊙奇猷案：藏本正有「割」字，今據補。

〔六〕舊注：應侯謀上黨，亦非計也，秦王從之。此上二事皆一聽之患也。⊙王先慎曰：注「謀」下脱「弛」字。⊙奇猷案：藏本注「二」作「三」，非。注「皆」上當增「不以」二字乃合。

數見久待而不任，姦則鹿散〔一〕。使人問他則不鬻私〔二〕。是以龐敬還公大夫〔三〕，而戴讙詔視輼車〔四〕，周主亡玉簪〔五〕，商太宰論牛矢〔六〕。

詭使五

〔一〕舊注：謂人數見於君，或復久待，雖不任用，外人則謂此得主之意，終不敢為姦，如鹿之散。⊙顧廣圻曰：「姦則鹿散」四字為一句。⊙陶鴻慶曰：案待，猶侍也。禮記雜記上「待，猶君也」，注「待，或為侍」，儀禮士昏禮「媵侍於戶外」，注「今文侍作待」，是待、侍古通用。史記孟嘗君列傳云：「孟嘗君待客坐語」，又云：「曾待客夜食」，并與侍義同。⊙奇猷案：顧、陶說均是也。

〔二〕舊注：謂使此雖知其所為，陽若不知，更試以他事，或問之他人，不敢鬻其私矣。鬻，猶售。⊙奇猷案：注「此」當作「人」。陽，同佯。

〔三〕舊注：龐敬使市者不為姦，故還大夫而警之。

〔四〕舊注：戴讙欲知奉笥者，更使視轀車。

〔五〕舊注：周主故亡玉簪，以求神明之譽也。

〔六〕舊注：太宰詭論牛矢，以求聽察之名也。

挾智而問，則不智者至〔一〕；深智一物，衆隱皆變〔二〕。其說在昭侯之握一爪也〔三〕。故必南門而三鄉得〔四〕。周主索曲杖而群臣懼〔五〕，卜皮事庶子〔六〕，西門豹詳遺轄〔七〕。

挾智六

〔一〕舊注：挾己所智而有所問，則雖不智者莫不皆智也。⊙趙用賢曰：言挾己之智而問，則自多其智，故不智者反得以用其欺，是不若深知一物，則智有所積，而衆隱皆變為顯也，乃與下事相合，注非。⊙顧廣圻曰：智讀為知，下同。⊙陶鴻慶曰：案「至」亦當作「智」，三「智」字皆讀為知。言挾所知以問所不知，則所不知者亦知矣。舊注云：「挾己所智而有所問，則雖不智者莫不皆智也」，是其所見本未誤。趙本改注云「言挾己之智而問，則自多其智，故不智者反得以為用」，此説殊誤。智與不智皆指人主言之，即下所云「深知一物衆隱皆變」（變讀為辨），故以此為七術之一。趙氏不知「至」為誤字，輕改舊注，殊失本篇之旨。⊙奇猷案：陶説是。

〔二〕舊注：於一物智之能深，則衆隱伏之物，莫不變而露見。⊙孫子書先生曰：按「深」字當作「探」，「物」下脱「則」字。北堂書鈔百四十一引本篇「西門豹」章末有「故探之一物，則衆隱皆抉」十字，即承經文而言（今韓子無此十字，蓋偶脱耳）。其文「知」誤為「之」，而「探」字不誤。下説自昭侯以下皆權謀偵伺之事，故曰探知一物。若作「深」，則非其指矣。⊙奇猷案：孫先生説是，太田方説同。難言篇：「探知人情」，與此句法同可證。物，猶事也，詳難二篇。又案：注「於」下衍「伏」字，據藏本、趙本删。又案：變，讀為辨。禮記禮運「大夫死宗廟謂之變」，注「變，當為辯，聲之誤也」（辯與辨亦同音相通）。孟子告子篇「萬鍾則不辯禮義而受之」，音義云：「辯，本作變，於義當為辯。」呂氏春秋仲夏篇「反舌無聲」，高注：「反舌，能辨反其舌」，「辨反」即「變反」。皆變、辨相通之證。易繫辭「辨吉凶」，釋文：「辨，明也。」荀子富國篇注：「辨，明察也。」此文謂探知一事，則衆隱皆能明辨。舊注讀變為本字，非是。

〔三〕舊注：握爪佯亡以驗左右之誠。

〔四〕舊注：必審南門之牛犯苗，而三鄉之犯者皆得其情實。⊙顧廣圻曰：藏本同。今本「必」下有「審」字，誤。

〔五〕舊注：私得曲杖，羣臣聳懼。

〔六〕舊注：使庶子愛御史，使得彼陰懼也。⊙盧文弨曰：注「陰情」譌「陰懼」。⊙王先慎曰：「事」當作「使」，下文「卜皮為縣令。其御史汙穢，而有愛妾。卜皮乃使少庶子佯愛之，以知御史陰情」，正作「使」字。注作「使庶子」是也，謂「愛御史」亦誤。卜皮使庶子佯愛御史之愛妾，非愛御史也。下説注同誤。⊙奇猷案：盧、王説是。又案：注「御史」下當有「妾」字。

〔七〕舊注：謀遺其轄，欲取清明之稱也。⊙盧文弨曰：注「詳」譌作「謀」。⊙顧廣圻曰：說「詳」作「佯」。詳、佯同字。

倒言反事以嘗所疑則姦情得〔一〕。故陽山謾樛豎〔二〕，淖齒為秦使〔三〕，齊人欲為亂〔四〕，子之以白馬〔五〕，子產離訟者〔六〕，嗣公過關市〔七〕。

倒言七右經

〔一〕舊注：倒錯其言，反為其事，以試其所疑也。
〔二〕舊注：偽謾樛豎知君疑也。⊙顧廣圻曰：「陽山」當倒，詳後。藏本、今本「摎」作「樛」。⊙王先慎曰：「樛」字是，下文亦作「摎」，此誤。⊙奇猷案：作「樛」是，今據改。
〔三〕舊注：詐為秦使知君惡己。
〔四〕舊注：佯逐所愛，令君知而不疑。
〔五〕舊注：謬言白馬以驗左右之誠。
〔六〕舊注：分離訟者，便得兩訟之情。
〔七〕舊注：知過者之輸金，便得聽察之稱。⊙王先慎曰：注「聽」字當作「明」，下文「而以嗣公為明察」是其證。

說一〔一〕——衛靈公之時，彌子瑕有寵，專於衛國〔二〕。侏儒有見公者曰：「臣之夢踐矣〔三〕。」公曰：「何夢？」對曰：「夢見竈，為見公也。」公怒曰：「吾聞見人主者夢見日，奚為見寡人而夢見竈？」對曰：「夫日兼燭天下，一物不能當也〔四〕。人君兼燭一國〔五〕，一人不能壅也〔六〕。故將見人主者夢見日。夫竈，一人煬焉，則後人無從見矣〔七〕。今或者一人，有煬君者乎〔八〕？則臣雖夢見竈，不亦可乎〔九〕！」

〔一〕奇猷案：「說」字原無，凌本作「傳」，下同。趙本於篇末有「右傳」二字，內、外儲說各篇同。按此下乃「說」而非「傳」，顧廣圻已言之（見篇末）。案經中有「說在」之語，可為顧說之明證。今為讀者之便，於此增「說」字。此下及內、外儲說各篇皆倣此。

〔二〕王先慎曰：難四篇無「專」字。⊙奇猷案：專於衛國，謂專衛國之權也。難四篇誤脱。

〔三〕盧文弨曰：「賤」，凌本作「踐」。⊙王先慎曰：作「踐」是，難四篇作「淺」亦誤。⊙奇猷案：凌本是，今據改。踐、淺通，詩鄭風東門之墠「有踐室家」，毛傳：「踐，淺也。」爾雅釋言：「俴，淺也。」釋文：「俴，音踐。」皆踐、淺通之證。又案：衛策「侏儒」作「復塗偵」，吳師道補注云：「此復塗偵字或侏儒之訛。」案「復塗偵」或為「侏儒」之訛，或即此侏儒之名，疑莫能明也。侏儒，詳八姦篇。

〔四〕舊注：言一物不能蔽日之光也。

〔五〕盧文弨曰：凌本無「國」下「人」字。⊙王先慎曰：「人」字涉下文而衍，難四篇無「人」字是其證。⊙奇猷案：王校是，御覽四百五十七引正無「人」字，今據删。

〔六〕舊注：一人不能壅君之明。⊙顧廣圻曰：「擁」，當作「壅」。⊙奇猷案：難四篇及御覽引皆作「壅」，今據改。壅、壅同。又案：注「擁」今亦改「壅」，下同。

〔七〕舊注：一人煬則蔽竈之光，故後人不見之。煬，然也。⊙王先慎曰：注「之煬」當作「煬之」。⊙孫子書先生曰：按舊注訓煬為然。説文：「煬，炙燥也。」淮南子俶真訓高注：「煬，炙也。」王説殊謬。⊙奇猷案：孫先生説是。炙，今語謂之「烤火」。此注以「之」字句絶，「之」為「光」之代詞。王氏誤讀。

〔八〕舊注：此譏彌子瑕專壅蔽君之明乎。⊙盧文弨曰：一本無上「者」字。注「乎」字譌，一本作「也」。⊙奇猷案：一本即迂評本。難四篇無「有」字。「有」字當在「一人」上。

〔九〕奇猷案：此章亦見衛策，文稍異。

魯哀公問於孔子曰：「鄙諺曰：『莫衆而迷〔一〕。』今寡人舉事，與羣臣慮之，而國愈亂，其故何也〔二〕？」孔子對曰：「明主之問臣，一人知之，一人不知也〔三〕。如是者，明主在上，羣臣直議於下。今羣臣無不一辭同軌乎季孫者，舉魯國盡化為一〔四〕。君雖問境内之人，猶不免於亂也〔五〕。」

〔一〕舊注：舉事不與衆謀者必迷惑。

〔二〕顧廣圻曰：今本「故」下有「何」字。⊙奇猷案：當有「何」字。迂評本有，今據補。

〔三〕舊注：一人知之，一人不知，則得再三詳議。⊙奇猷案：注「議」字四部叢刊本、藏本皆作「譏」，誤。

〔四〕舊注：舉國既化為一，則不得論其是非也。⊙王先慎曰：趙本注「不」作「安」。⊙奇猷案：四部叢刊本、藏本注「不」作「子」，誤。

〔五〕舊注：境内之人亦與季孫為一，故問之無益。⊙顧廣圻曰：今本無「猶」下「之人」二字，藏本無「人」字。⊙奇猷案：「之人」二字因上而衍，今删。迂評本、凌本皆無。

一曰〔一〕。晏子聘魯〔二〕。哀公問曰〔三〕：「語曰：『莫三人而迷〔四〕。』今寡人與一國慮之，魯不免於亂，何也？」晏子曰：「古之所謂『莫三人而迷』者，一人失之，二人得之，三人足以為衆矣〔五〕，故曰莫三人而迷。今魯國之羣臣以千百數，一言於季氏之私〔六〕，人數非不衆，所言者一人也，安得三哉？」

〔一〕顧廣圻曰：按「一曰」者，劉向叙録時所下校語也。謂一見於晏子春秋，其所曰者如此。凡本書「一曰」皆同例。⊙太田方曰：韓子記異聞也。⊙奇猷案：舊連上，今提行。「一曰」之文當係另一人手筆。

〔二〕盧文弨曰：凌本「晏」下無「嬰」字。⊙奇猷案：「嬰」字衍。藏本及晏子春秋内篇問下皆無，今據删。

〔三〕王渭曰：晏子春秋「哀」作「昭」。

〔四〕舊注：舉事不與三人謀，必知迷惑也。⊙王先慎曰：注「知」字衍。

〔五〕奇猷案：國語「三人為衆」，則莫三人而迷，亦莫衆而迷也。

〔六〕王先慎曰：謂衆口同聲也。

齊人有謂齊王曰：「河伯，大神也〔一〕。王何不試與之遇乎？臣請使王遇之。」乃為壇場大水之上〔二〕，而與王立之焉。有閒，大魚動，因曰「此河伯〔三〕」。

〔一〕王先慎曰：御覽八百八十二引「大」作「水」。⊙奇猷案：涵芬樓影宋本御覽仍作「大」。王氏見本誤。

〔二〕顧廣圻曰：藏本「為」上「遇」字作「乃」，今本無。⊙俞樾曰：「之」上「遇」字當作「與」，上文云「王何不試與之遇乎」，故此云「臣請使王與之遇」。乾道本作「遇之遇」，傳寫誤耳。道藏本改下「遇」字為「乃」字，屬下讀，趙本并刪「乃」字，均非其舊。⊙王先慎曰：下「遇」字為「乃」字之譌。乃與迺同，爾雅「迺，乃也」，俗作「迺」，與「遇」字形相近，乾道本因譌作「遇」，趙本從而刪之，惟道藏本、張本不誤。讀當於「之」字絕句，「迺」字屬下讀。「請使王遇之」，「使」字即有與之意。既言「使」，不得復言「與」。且下文「為壇場大水之上」上無「迺」字，則文氣不接。俞說非也。御覽引正作「乃」，今據改。⊙奇猷案：王說是，今從之。迂評本亦作「乃」。

〔三〕舊注：直信一人言，故有斯弊。

張儀欲以秦、韓與魏之勢伐齊、荆，而惠施欲以齊、荆偃兵〔一〕。二人爭之，羣臣左右皆為張子言，而以攻齊、荆為利，而莫為惠子言。王果聽張子，而以惠子言為不可。攻齊、荆事已定。惠子入見。王言曰〔二〕：「先生毋言矣。攻齊、荆之事果利矣，一國盡以為然。」惠子因說〔三〕：「不可不察也。夫齊、荆之事也誠利〔四〕，一國盡以為利，是何智者之衆也？攻齊、荆之事誠不利〔五〕，一國盡以為利，何愚者之衆也？凡謀者，疑也〔六〕。疑也者，誠疑，以為可者半，以為不可者半〔七〕。今一國盡以為可，是王亡半也〔八〕。劫主者固亡其半者也〔九〕。」

〔一〕舊注：以齊、荆為援，則秦、韓不敢加兵，故兵可偃也。⊙奇猷案：惠施，詳説林上篇注。莊子徐无鬼篇云：「武侯曰：吾欲愛民而為義，偃兵其可乎？」釋文「偃，息也」，成玄英疏云：「偃息兵戈。」吕氏春秋審應篇云「趙惠王謂公孫龍曰：寡人事偃兵十餘年矣而不成」，高注：「偃，止也。」然則所謂偃兵者，廢止軍備之謂也。

〔二〕王先慎曰：「言」字不當有，涉下文而衍。⊙奇猷案：「言曰」二字自可連文，如論語泰伯篇「曾子言曰」，是其例。王氏以「言」字為衍文，非是。

〔三〕奇猷案：「説」下當有「曰」字。説，音税。太田方、松皐圓謂「因」宜作「曰」，未確。

〔四〕太田方曰：「夫」下脱「攻」字。⊙奇猷案：太説是。依下文例當有。

〔五〕顧廣圻曰：藏本、今本「不」下無「可」字。⊙奇猷案：無「可」字是，今據删。

〔六〕舊注：有疑然後謀。

〔七〕舊注：若誠有疑，則半可半不可。

〔八〕舊注：無致疑之人，故亡其半。

〔九〕舊注：無人致疑，則大盜得恣其謀。田成、趙高成其篡殺者，無人疑故也。⊙王先慎曰：注「篡」上「言」字依趙本删。⊙奇猷案：王删是，今從之。

叔孫相魯〔一〕，貴而主斷。其所愛者曰豎牛，亦擅用叔孫之令。叔孫有子曰壬，豎牛妬而欲殺之，因與壬游於魯君所。魯君賜之玉環，壬拜受之而不敢佩，使豎牛請之叔孫。豎牛欺之曰：「吾已為爾請之矣，使爾佩之。」壬因佩之。豎牛因謂叔孫〔二〕：「何不見壬於君乎？」叔孫曰：「孺子何足見也。」豎牛曰：「壬固已數見於君矣〔三〕。君賜之玉環，壬已佩之矣。」叔孫召壬見之，而果佩之，叔孫怒而殺壬〔四〕。壬兄曰丙〔五〕，豎牛又妬而欲殺之。叔孫為丙鑄鐘，鐘成，丙不敢擊，使豎牛請之叔孫。豎牛不為請，又欺之曰：「吾已為爾請之矣〔六〕。使爾擊之。」丙因擊之。叔孫聞之曰：「丙不請而擅擊鐘。」怒而逐之。丙出走齊。居一年，豎牛為謝叔孫，叔孫使豎牛召之，又不召而報之曰：「吾已召之矣。丙怒甚，不肯來。」叔孫大怒，使人殺之。二子已死，叔孫有病，豎牛因獨養之而去左右，不內人，曰：「叔孫不欲聞人聲。」因不食而餓殺〔七〕。叔孫已死，豎牛因不發喪也，徙其府庫重寶空之而奔齊〔八〕。夫聽所信之言，而子父為人僇，此不參之患也。

〔一〕奇猷案：叔孫，魯大夫，名豹，謚穆子。

〔二〕奇猷案：此下當有「曰」字。

〔三〕顧廣圻曰：今本「壬」上有「豎牛曰」三字。⊙奇猷案：今本是，今據補。

〔四〕奇猷案：左傳昭四年「逐仲壬，奔齊」，與此言殺壬者異。

〔五〕奇猷案：據左傳：丙，孟丙也。

〔六〕顧廣圻曰：「吾以爾」，藏本作「吾為以爾」，今本作「吾已為爾」。⊙王先慎曰：案此與上文「吾已為爾請之矣」句法一律，作「已為」者是也。御覽五百七十五引正作「已為」。奇猷案：今本是，今據改。藏本「已」書作「以」，又誤在「為」字下也。

〔七〕盧文弨曰：「殺」，一本作「死」。⊙顧廣圻曰：藏本、今本「不」上有「因」字。⊙奇猷案：「不」上有「因」字是，今據補。「殺」下當更有「叔孫」二字。盧氏所謂一本者，蓋迂評本也。殺，即死也。王先慎依盧校改，非。

〔八〕王先慎曰：事見左昭四年傳。彼言仲壬奔齊，此謂孟丙。左氏記當時事，韓子傳聞，故不相符。

江乙為魏王使荊〔一〕，謂荊王曰：「臣入王之境內，聞王之國俗曰：『君子不蔽人之美，不言人之惡』，誠有之乎？」王曰：「有之。」「然則若白公之亂，得庶無危乎〔二〕？誠得如此，臣免死罪矣〔三〕。」

〔一〕奇猷案：「江乙」，原作「江乞」，今正，考詳上。又案：舊連上，今從藏本、趙本提行。

〔二〕舊注：不言人惡，則白公得成其姦謀，故危也。⊙顧廣圻曰藏本、今本無「庶」字。楚策云：「得無遂乎。」⊙奇猷案：白公事，注見喻老篇。又案：庶，猶庶幾，語辭，藏本、今本脫。

〔三〕舊注：有惡不言，何罪之有。⊙奇猷案：臣，泛指臣下，非江乙自稱。人有惡而不言，君不知惡者，則惡者免於死矣。

衛嗣君重如耳〔一〕，愛世姬〔二〕，而恐其皆因其愛重以壅己也〔三〕，乃貴薄疑以敵如耳〔四〕，尊魏姬以耦世姬〔五〕，曰：「以是相參也。」嗣君知欲無壅，而未得其術也〔六〕。夫不使賤議貴〔七〕，下必坐上〔八〕。而必待勢重之鈞也，而後敢相議〔九〕，則是益樹壅塞之臣也〔一〇〕。嗣君之壅乃始〔一一〕。

〔一〕王先慎曰：「君」，當作「公」。嗣公，衛平侯之子，秦貶其號為君。非此書未入秦作，必不從秦所貶為稱。且上經「嗣公欲治不知」，不作「君」，是「君」當為「公」之誤。荀子王道篇注引此正作「公」。⊙奇猷案：王説殊謬。雖據史記韓非傳可謂非此書於未入秦時作，然秦貶衛嗣公之號為君，在韓非死之前約九十年（據史記衛世家：嗣公五年秦貶其號為君，是年為紀元前三二〇年，韓非死於秦始皇十四年，即紀元前二三三。詳生卒考）。且自衛嗣君以後，衛主皆稱君，於是人之傳誦嗣君事者，稱公、稱君，皆由其人之所好。韓非之述衛嗣君事，亦皆得之傳聞或他書紀録，故在其書中述衛嗣君事者凡五見，本篇兩條稱君，一條稱公，外儲説右上一稱公，一稱君。據此，豈可斷言韓非未入秦時不稱君而必稱公也。

〔二〕顧廣圻曰：荀子注引「世」作「泄」。按世、泄同字。⊙尹桐陽曰：如耳，魏人而仕衛者。外儲説右上「如耳説衛嗣公」，史記魏世家：「如耳見魏君。」

〔三〕王先慎曰：荀子注引「壅」作「雍」，古字通。

〔四〕盧文弨曰：「敵」下「之」字衍，凌本無。⊙王先慎曰：張榜本無，荀子注引亦無「之」字，今據删。⊙松皐圓曰：淮南道應訓「薄疑説衛嗣君以王術」，吕氏春秋「衛嗣君欲重税，薄疑止之」，外儲説右下「薄疑謂趙簡主」，蓋初居趙，後乃事衛。⊙奇猷案：王删「之」字是，今從之。薄疑，漢書人表作蕩疑，顔注云「即薄疑」。薄疑蓋初居趙之屯留，外儲説右上「衛君之晉，謂薄疑曰：吾欲與子皆行。薄疑曰：媪也在中，請歸與媪計之。衛君自請薄媪，薄媪曰」云云，此所謂晉係指處趙屯留之晉（考詳外儲説右上本條），故是時薄疑與其母居此，而薄疑或即此邑人氏也。

〔五〕王先慎曰：荀子注魏姬作魏妃。

〔六〕奇猷案：八經篇：「大臣兩重，提衡而不踦曰卷禍。其患家隆劫殺之難作。」

〔七〕舊注：賤不得與貴議也。⊙王先慎曰：此謂賤不得訾議貴者也。舊注誤。⊙奇猷案：王説非。詳下。

〔八〕舊注：下得罪，必坐於與上議也。⊙盧文弨曰：凌本作「下偪上」，但注不如此。⊙王先慎曰：「必」字衍文。「賤議貴」，「下坐上」，均承上「夫不使」來。坐，即商君告坐之法。不使下坐上者，不使下與上告坐也。八説篇：「明君之道，賤得議貴，下必坐上，不待勢重之鈞也。」此與八説相反，故云「不使賤議貴，下坐上」。凌本不知「必」字之誤，而改「必坐」為「偪」，得其意而失其真矣。注不可讀，盧氏據之亦非。⊙陶鴻慶曰：案「下必坐上」，義不可通。舊注云：「下得罪必坐於與上議也」，其説固謬。八説篇云「明君之道，賤德義貴（德與得同，義當作議），下必坐上」，王校引此文而釋之云：「下必坐上者，商君之告坐也。」然商君之法，同里相坐，不言上下相坐。且此節言參觀之術，尤與告坐不倫。王説不可從也。竊謂此與八説篇文「坐」皆「從上」二字之誤。下，兼臣民而言。下必從上者，謂臣下無論貴賤，皆聽從於君，而不相抑制，故賤得議貴也。「從上」二字連合為一，與「坐」相似，因誤為「坐」，校者遂於其下臆增「上」字。俞氏古書疑義舉例謂「古人作字，但取疏密相間，經典傳寫，遂併兩字為一字」，此亦其例也。「議貴」上當從八説篇補「得」字。⊙奇猷案：陶説非也。此文義不完，證以八説篇「明主之道，賤德（通得）義（通議）貴，下必坐上，決誠以參，聽無門户，故智者不得詐欺」，此下當有「臣詐欺」一句。「不使」二字直貫此。猶言不使賤議貴，不使下必坐上，不使臣詐欺。王説近之，但謂「必」字衍則非。

〔九〕舊注：今兩受，勢重既鈞，正可相與議。⊙奇猷案：「敢」，藏本誤「致」。鈞，謂相均衡。注説非，詳下。

〔一〇〕舊注：兩受其謀，為壅更甚，此嗣君不得術。⊙盧文弨曰：注「兩愛共謀」，「愛」譌「受」。⊙奇猷案：「受」字不誤，盧氏誤據藏本、趙本「其」作「共」，遂以「受」為誤字。此文謂不使賤議貴，不使下必坐上而臣不得詐欺，而必待勢均力敵之人然後敢相議，則是更多樹立壅塞之臣。

〔一一〕王先慎曰：言乃自此始。⊙奇猷案：王注「言」當作「壅」。

夫矢來有鄉〔一〕，則積鐵以備一鄉〔二〕；矢來無鄉，則為鐵室以盡備之〔三〕。備之則體不傷。故彼以盡備之不傷，此以盡敵之無姦也〔四〕。

〔一〕舊注：鄉，方也。有來從之方。⊙奇猷案：「鄉」即古「嚮」字，今作「向」。

〔二〕舊注：謂聚鐵於身以備一處，即甲之不全者也。⊙奇猷案：積鐵，謂以鐵聚為屏蔽，所以備一方來之矢。非謂不全之甲。舊注非。

〔三〕舊注：謂甲之全者，自首至足無不有鐵，故曰鐵室。⊙奇猷案：鐵室，謂以鐵為室，如此，則四面皆有屏蔽，不患矢來矣。

〔四〕舊注：言君亦當盡敵於臣，皆所防疑，則姦絕也。⊙奇猷案：注「所」下「以」字據趙本補。此文謂臣備之，君敵之則無姦矣。

龐恭與太子質於邯鄲〔一〕，謂魏王曰：「今一人言市有虎，王信之乎？」曰：「不信〔二〕。」「二人言市有虎，王信之乎？」曰：「不信〔三〕。」「三人言市有虎，王信之乎？」王曰：「寡人信之。」龐恭曰：「夫市之無虎也明矣，然而三人言而成虎。今邯鄲之去魏也遠於市，議臣者過於三人，願王察之。」龐恭從邯鄲反，竟不得見〔四〕。

〔一〕顧廣圻曰：魏策「恭」作「葱」，姚校云：「孫作恭。」按「恭」字是，新序亦作「恭」。下文有「龐敬縣令也」，當是一人。⊙王先慎曰：事類賦二十引「恭」作「共」，古字通用。⊙奇猷案：御覽百九十一、又八百九十一引亦作「共」。

〔二〕王先慎曰：御覽一百九十一又八百二十七、八百九十一，事類賦二十引「不信」二字并作「不」，下同。⊙奇猷案：魏策、新序作「否」。案不、否同字。

〔三〕奇猷案：魏策「不信」二字作「寡人疑之矣」，新序作「寡人疑矣」。

〔四〕王先慎曰：事類賦引「見」作「入」。⊙奇猷案：御覽八百九十一引亦作「入」。

說二——董閼于為趙上地守〔一〕，行石邑山中，澗深，峭如牆〔二〕，深百仞，因問其旁鄉左右曰〔三〕：「人嘗有入此者乎？」對曰：「無有。」曰：「嬰兒、癡聾、狂悖之人嘗有入此者乎〔四〕？」對曰：「無有。」「牛馬犬彘嘗有入此者乎〔五〕？」對曰：「無有」。董閼于喟然太息曰〔六〕：「吾能治矣。使吾法之無赦〔七〕，猶入澗之必死也，則人莫之敢犯也，何為不治〔八〕？」

〔一〕王先慎曰：藝文類聚九又五十四、御覽卷六十九又六百三十八引「閼」作「安」。案二字古通，說見難言篇。

〔二〕奇猷案：「澗深」二字句，「峭如牆」句，藝文類聚、御覽引「澗深」皆作「見深澗」，皆未得其讀，遂妄增改。王氏集解據之改為「見深澗」，非是。北堂書鈔四十三引與此同可證。文選永明九年策秀才文注引作「深澗」，乃誤倒耳。

〔三〕王先慎曰：藝文類聚、御覽引無「旁」字。

〔四〕王先慎曰：永明九年策秀才文注引「癡」作「盲」，是也。藝文類聚、御覽引「盲」作「狂」，亦誤。

〔五〕王先慎曰：藝文類聚引「生」上重「有」字。案「有」當為「曰」之譌，此脱，上文正有「曰」字即其證。藝文類聚上「曰」字亦作「有」。

〔六〕王先慎曰：拾補「太」作「大」。

〔七〕盧文弨曰：「吾治」張、凌本作「吾法」。⊙王渭曰：文選注引「吾治之無赦」作「吾法無赦也」。⊙顧廣圻曰：藏本「吾治」作「吾法」。⊙王先慎曰：藝文類聚、御覽引並作「法」。⊙奇猷案：作「法」是。本書治、法二字多互誤。今據改「治」為「法」。

〔八〕盧文弨曰：文選注引「何」上有「又」字，「治」下無「之」字。⊙王先慎曰：藝文類聚引亦無「之」字。⊙奇猷案：無「之」字是，今據刪。

子產相鄭〔一〕，病將死，謂游吉曰〔二〕：「我死後，子必用鄭，必以嚴莅人。夫火形嚴，故人鮮灼；水形懦，人多溺〔三〕。子必嚴子之形〔四〕，無令溺子之懦。」故子產死〔五〕，游吉不肯嚴形〔六〕。鄭少年相率為盜，處於雚澤〔七〕，將遂以為鄭禍。游吉率車騎與戰，一日一夜，僅能剋之〔八〕。游吉喟然歎曰：「吾蚤行夫子之教，必不悔至於此矣。」

〔一〕奇猷案：舊連上，今從趙本提行。又案：子産，詳難三篇。

〔二〕太田方曰：游吉，鄭大夫子太叔。

〔三〕盧文弨曰：「懦」下脱「故」字，藏本有。⊙奇猷案：「懦」下當有「故」字，但今藏本無「故」字，惟迂評本有。

〔四〕顧廣圻曰：今本「形」作「刑」。案當作「刑」，下同。⊙劉文典曰：上文「夫火形嚴，故人鮮灼」，是嚴者以「形」言，非以「刑」言也。乾道本作「子必嚴子之形」又「游吉不肯嚴形」是也。張、凌本既改「形」為「刑」，又改「肯」為「忍行」二字以就其誤，實為淺妄。王氏從之，斯為巨謬矣。莊子則陽篇「夫楚王之為人也，形尊而嚴，其於罪也無赦如虎」，即此形嚴之義。⊙奇猷案：劉説是。王先慎據今本改，非。形，猶今語「態勢」。

〔五〕盧文弨曰：「故」字衍。⊙奇猷案：疑「故」上有脱文，其意當為游吉不聽。

〔六〕盧文弨曰：張、凌本作「游吉不忍行嚴刑」。⊙奇猷案：張、凌本誤，藏本與張、凌本同，亦誤，詳上劉文典説。王先慎據盧校改，非是。

〔七〕盧文弨曰：今左傳作萑苻之澤，唐石經初刻「萑」作「雚」。李義山詩：「直是滅雚蒲。」「萑」乃「雚」之省文。⊙蔣超伯曰：左昭二十年：「鄭國多盜，取人於萑蒲之澤。」按韓非子：「鄭少年相率為盜，處於雚澤，將遂以為鄭禍。游吉率車騎與戰，一日一夜，僅能剋之。」按穆天子傳云：「仲冬丁酉，天子射獸，休於深雚，得麋麕豕鹿四百有二，十二虎，九狼。」晉書天文志：「蚩尤旗若植雚而長。」雚即萑葦之類。此曰「雚」，左氏曰「萑蒲」，其義一耳。謂萑蒲，澤名，非也。⊙王先慎曰：詩小弁：「萑葦淠淠」，韓詩外傳作「雚」，是「雚」為今文，「萑」為古文也。

⊙奇猷案：疑澤多萑蒲，遂以為名。藏本「萑」作「灌」，因「雚」誤為「灌」也。

〔八〕奇猷案：藏本「僅」上有「而」字。

魯哀公問於仲尼曰：「春秋之記曰〔一〕：『冬十二月霣霜不殺菽〔二〕。』何為記此？」仲尼對曰：「此言可以殺而不殺也。夫宜殺而不殺，桃李冬實〔三〕。天失道，草木猶犯干之，而況於人君乎〔四〕？」

〔一〕王先謙曰：此所謂不修春秋也。⊙奇猷案：不修春秋者，未經孔子修改之魯國春秋也。

〔二〕奇猷案：杜預以為事在十一月，即夏之九月。經云十二月，誤也。詳春秋僖三十三年經注。⊙顧廣圻曰：春秋經僖公三十三年「菽」作「草」。⊙王先慎曰：「菽」當作「草」。下云「草木猶犯干之」承此而言，明「菽」為「草」之譌。周之十二月即今之十月，不應有菽，且菽亦不得言可以殺也。前經注引正作「草」，明注所據之本尚未誤。⊙奇猷案：「霣」，經作「隕」，春秋亦作「隕」，字同。又案：王說是。

〔三〕顧廣圻曰：藏本「桃」作「梅」。按春秋經云「李梅實」。

〔四〕舊注：人君失道，人臣凌之者宜。⊙盧文弨曰：藏本「人君」作「君人」，倒。⊙奇猷案：漢書五行志云：「僖公三十三年十二月隕霜不殺草。劉向以為今十月，周十二月，於易五為天位，為君位，九月陰氣至，五通於天位，其卦為剥，剥落萬物，始大殺矣。明陰從陽命，臣受君令，而後殺也。今十月隕霜不能殺草，此君誅不行，舒緩之應也。」五行志又云：「僖三十三年十二月李梅實。劉向以為李梅當剥落，今反華實，近草妖也。陰成陽事，象臣顓君，作威福。案君誅不行，臣顓君，作威福，皆君失道也。」

殷之法，刑棄灰于街者〔一〕。子貢以為重，問之仲尼。仲尼曰：「知治之道也。夫棄灰於街必掩人〔二〕，掩人，人必怒，怒則鬭，鬭必三族相殘也〔三〕。此殘三族之道也，雖刑之可也。且夫重罰者，人之所惡也；而無棄灰，人之所易也。使人行之所易，而無離所惡，此治之道〔四〕。」

〔一〕王先慎曰：初學記二十引「刑」字在「者」字下。⊙董桂新曰：此以商鞅之法為殷法。⊙奇猷案：鹽鐵論刑德篇云：「商君刑棄灰於道而秦民治」，即董氏所本。案董說非也，秦孝公用商鞅變法，孔子已卒後一百二十年，子貢安得以其法詢之仲尼？殷法今雖無考，或商鞅定刑棄灰於道者（見史記李斯傳）即本殷法，故韓子有此言也。又案：北堂書鈔四十三、史記李斯傳正義引「刑」字并在「者」字下，困學紀聞十引與今韓子同。又正義引「街」作「衢」，義同。

〔二〕舊注：灰塵播揚，善掩翳人也。⊙王先慎曰：初學記引「掩」作「燔」。⊙松皐圓曰：正義引「掩」作「燔」。

〔三〕舊注：因鬭相殘傷。

〔四〕王先慎曰：行之所易，即去其所易也。行，猶去也。之，猶其也。下「公孫鞅」章正作「去其所易」。離，讀為罹。⊙孫子書先生曰：按王說殊誤。上文云「且夫重罰者，人之所惡也；而無棄灰者，人之所易也」。行其所易，即指無棄灰言之，其義甚顯，豈得謂去其無棄灰乎？王又引「公孫鞅」章「去其所易」為證，亦非。按彼文云「重罪者，人之所難犯也；而小過者，人之所易去也。使人去其所易，無離其所難，此治之道」。彼文云「去其所易」承小過言之，此文「行之所易」承無棄灰言之，語雖相似，而文義自殊，不得以彼例此。⊙奇猷案：孫先生說是。下「行所易，不關所惡」，與此義同。

一曰。殷之法，棄灰于公道者斷其手。子貢曰：「棄灰之罪輕，斷手之罰重，古人何太毅也〔一〕？」曰：「無棄灰，所易也；斷手，所惡也。行所易，不關所惡，古人以為易，故行之〔二〕。」

〔一〕舊注：毅，酷也。

〔二〕王先慎曰：不關所惡，謂不入斷手之法也。書大傳「雖禽獸之聲猶悉關於律」，注：「關，猶入也。」

中山之相樂池以車百乘使趙，選其客之有智能者以為將行〔一〕，中道而亂。樂池曰：「吾以公為有智，而使公為將行〔二〕，今中道而亂，何也？」客因辭而去，曰：「公不知治。有威足以服人〔三〕，而利足以勸之〔四〕，故能治之。今臣，君之少客也〔五〕。夫從少正長，從賤治貴，而不得操其利害之柄以制之，此所以亂也。嘗試使臣：彼之善者我能以為卿相，彼不善者我得以斬其首〔六〕，何故而不治？」

〔一〕舊注：將主行道之人以為行位。⊙顧廣圻曰：藏本、今本「能」下無「有」字。⊙松皐圓曰：案大人賦「使勾芒其將行兮」，顏注：「領從者也。」⊙奇猷案：藏本、今本是，今據删「能」下「有」字。史記秦本紀「惠文王後七年（公元前三一八年），樂池相秦」，又趙世家「武靈王十一年（公元前三一五年），王召公子職於韓，立以為燕王，使樂池送之」，皆即此樂池也。

〔二〕王先慎曰：依上文「智」下脱「能」字。⊙奇猷案：王說是。

〔三〕顧廣圻曰：藏本同。今本無「服」下「之」字，誤。依下句此當衍「人」字。⊙陶鴻慶曰：趙本作「足以服人」，是也。下兩「之」字即蒙此「人」字言。顧校以為「人」字衍，非。⊙奇猷案：今本是，今據删「服」下「之」字。

〔四〕顧廣圻曰：藏本同。今本「之」誤「人」。

〔五〕舊注：言在客之少也。⊙松皋圓曰：少客，猶言下客也。趙策：「尊虞商以為大客。」少客，大客之反也。⊙太田方曰：少客，孟嘗君傳所謂客之居下坐者也。

〔六〕顧廣圻曰：藏本同。今本「得」作「能」，誤。

公孫鞅之法也重輕罪。重罪者，人之所難犯也〔一〕；而小過者，人之所易去也。使人去其所易，無離其所難，此治之道。夫小過不生，大罪不至，是人無罪而亂不生也〔二〕。

〔一〕顧廣圻曰：今本「者」上有「重罪」二字。⊙王先慎曰：「重罪」二字與下「小過」相對，今本有是也。⊙楊樹達曰：「法」疑「治」之誤。⊙奇猷案：今本是，今據補「重罪」二字。又賞罰乃法也，作「法」為是，楊說非。

〔二〕舊注：今重罪輕，輕罪避，故能無罪而不生亂也。⊙奇猷案：注「罪輕」當作「輕罪」。

一曰。公孫鞅曰：「行刑重其輕者，輕者不至，重者不來〔一〕，是謂以刑去刑〔二〕。」

〔一〕舊注：不犯輕，自然無重罪也。⊙俞樾曰：「不至」，當作「不生」，言犯輕罪者不得生也。商子說民篇曰：「輕者不生」，是其證。⊙奇猷案：俞說非也。商子靳令篇、本書飭令篇皆作「至」可證。且商子說民篇「輕者不生」，蓋謂犯輕罪者不發生也，則不生與不至實同一意義。

〔一〕舊注：以輕刑去重刑。⊙奇猷案：此謂以重刑去所有之刑。注非。

荆南之地，麗水之中生金，人多竊采金。采金之禁，得而輒辜磔於市，甚衆，壅離其水也〔一〕，而人竊金不止。夫罪莫重辜磔於市〔二〕，猶不止者，不必得也〔三〕。故今有於此〔四〕，曰：「予汝天下而殺汝身。」庸人不為也。夫有天下，大利也，猶不為者，知必死故不必得也。則雖辜磔，竊金不止；知必死，則天下不為也〔五〕。

〔一〕舊注：又設防禁遮擁，令人離其水也。⊙顧廣圻曰：離，讀為籬。⊙俞樾曰：此言辜磔其人而棄尸於水之中，流為積尸壅遏，遂至分流，是謂壅離其水，極言辜磔者之多也。據下文云「夫罪莫重辜磔於市，猶不止者，不必得也」，又曰「故不必得也，則雖辜磔，竊金不止；知必死，則天下不為也」，并無設禁遮擁令人離水之義。且設禁遮擁令人離水而猶竊金不止，則是設禁之未善，與下文「不必得」及「知必死」之意不相應矣。顧氏讀離為籬，此亦不得其解而强為之辭。⊙王先慎曰：俞說是。「采金之禁」句。得，謂獲其人也。「而輒辜磔於市」，而，猶則也。⊙孫子書先生曰：黄先生云：「離，讀為遮迾之迾。漢鐃歌有擁離章，即『壅離』二字之例，諸說皆失之。」⊙奇猷案：黄說是。太田方與俞說同，未確。此謂棄尸水中，水為之遮迾不流也。

〔二〕奇猷案：吴鼒本「夫」誤「大」。

〔三〕舊注：言犯罪者不必一一皆得，而有免脱者，則人幸其免脱而輕犯重罪。

〔四〕松皐圓「有」下從山氏補「人」字。⊙奇猷案：松說是。太田方亦補「人」字。

〔五〕盧文弨曰：凌本「則」字作「雖予之」三字，疑以意改。⊙王先謙曰：「不必得」三字當在「也」字下，文誤倒耳。

「天下」上奪「有」字。以文義繹之如此。⊙奇猷案：王說是。「天下」上依上文當有「有」字。

魯人燒積澤，天北風，火南倚〔一〕，恐燒國，哀公懼，自將衆趣救火〔二〕。左右無人，盡逐獸而火不救。乃召問仲尼。仲尼曰：「夫逐獸者樂而無罰，救火者苦而無賞，此火之所以無救也。」哀公曰：「善〔三〕。」仲尼曰：「事急，不及以賞〔四〕，救火者盡賞之，則國不足以賞於人。請徒行罰〔五〕。」哀公曰：「善。」於是仲尼乃下令曰：「不救火者比降北之罪，逐獸者比入禁之罪。」令下未遍而火已救矣〔六〕。

〔一〕舊注：火勢南靡，故曰倚也。

〔二〕「趣」原作「輙」，「火」下原有「者」字。俞樾曰：「輙」當作「趣」。「火」下「者」字衍文。上文云「魯人燒積澤」，所謂火田也。哀公實親在其間，及火南倚，將燒國，故哀公懼，自將衆趣救火也。「趣」誤作「輙」，蓋以形似之故。又因下文三言「救火者」而亦衍「者」字，於是其義愈晦，並「輙」字之誤莫之能正矣。⊙王先慎曰：趙本「輙」作「趣」，藝文類聚八十、御覽八百六十九、初學記二十引並作「趣」，無「者」字，今據改。⊙奇猷案：藏本「輙」作「趣」，御覽六百三十八引「輙」亦作「趣」，下無「者」字，是，今從王校改刪。

〔三〕奇猷案：「善」字誤，當作「為之奈何」。

〔四〕王先慎曰：「事急，不及以賞」，謂事急不及與賞也。詩江有汜「擊鼓桑柔」，儀禮鄉射禮大射儀箋注並云：「以，猶與也。」藝文類聚、御覽引「賞」作「罰」，是不知以有與義而妄改。下云「請徒行罰」，則此何得謂事急不及以罰乎？

〔五〕顧廣圻曰：「行賞」，當依馮氏舒校改作「行罰」。⊙王先慎曰：藝文類聚、御覽引並作「請徒行罰」，今據改。⊙奇猷案：王改是，今從之。

〔六〕王先慎曰：趙本「令下未遍」作「令未下遍」，藝文類聚、初學記引正作「令下未遍」。

成驩謂齊王曰〔一〕：「王太仁，太不忍人。」王曰：「太仁，太不忍人，非善名邪？」對曰：「此人臣之善也，非人主之所行也。夫人臣必仁而後可與謀，不忍人而後可近也；不仁則不可與謀，忍人則不可近也。」王曰：「然則寡人安所太仁，安不忍人〔二〕？」對曰：「王太仁於薛公〔三〕，而太不忍於諸田〔四〕。太仁薛公則大臣無重〔五〕，太不忍諸田則父兄犯法。大臣無重則兵弱於外，父兄犯法則政亂於內。兵弱於外，政亂於內〔六〕，此亡國之本也。」

〔一〕顧廣圻曰：荀子解蔽篇楊注引此「成」作「戴」，云：「蓋為唐鞅所逐，奔之齊也。」今按：此非一人，楊說附會，失之也。⊙奇猷案：下及六微篇有戴驩，皆云宋太宰，與成驩當另為一人。

〔二〕王渭曰：「不忍」上當有「所」字。⊙奇猷案：王說是。「安所不忍人」與「安所太仁」相對。

〔三〕太田方曰：薛公，孟嘗君之父靖郭君田嬰也。齊湣王三年封於薛。

〔四〕奇猷案：諸田，謂田氏之宗族也。

〔五〕舊注：太仁則縱之驕奢，不修德義，衆必輕之，故威不得重也。⊙王先慎曰：此謂齊王不裁抑薛公，則大臣得無重乎？無，猶得無也，古書多如是，士喪禮筮宅辭曰「無有後艱」，鄭注「得無後將有艱難乎」，又卜葬日辭曰「無有近悔」，鄭注「得無近於咎悔乎」，是其證。韓子一書，皆不欲大臣重於君，故孤憤篇一則曰「人主愈弊，大臣愈重」，再則曰「人主壅蔽，大臣專權」，權，即重也（說見說難篇）。又曰「萬乘之患，大臣太重」，此即其義。注謂「威不得重」，失其旨矣。下文云「大臣無重則兵弱於外」者，即八姦篇所謂「為人臣者，虛其國以事大國而用其威，求誘其君，甚則舉兵以聚邊境而制斂於內，薄者數内大使以震其君使之恐懼」之意。⊙奇猷案：王說可通，但讀無為「無前」「無先」之無亦通。此「無重」與「無前」「無先」同例。大臣無重，謂大臣之權勢無過之者（重，指權勢，詳亡徵篇注）。即大臣專權，超越君主。莊子說劍篇云「天子之劍，直之無前，舉之無上，案之無下，運之無旁，上決浮雲，下絕地紀」，即無過其前，無過其上，無低於其下，旁皆無敵（無低於其下，旁皆無敵，亦是無過之意）。本書五蠹篇「莫先於父母」（莫、無同），謂不超過父母之愛子。皆可證此文「無重」句法。此說供讀者參考。

〔六〕王先慎曰：趙本「内」作「外」，誤。

魏惠王謂卜皮曰：「子聞寡人之聲聞亦何如焉〔一〕？」對曰：「臣聞王之慈惠也。」王欣然喜曰：「然則功且安至？」對曰：「王之功至於亡。」王曰：「慈惠，行善也。行之而亡，何也？」卜皮對曰：「夫慈者不忍，而惠者好與也。不忍則不誅有過，好予則不待有功而賞。有過不罪，無功受賞，雖亡不亦可乎〔二〕？」

〔一〕盧文弨曰：藏本「聲聞」作「聲問」。⊙奇猷案：後文有「卜皮為縣令」，當即此人。

〔二〕王先慎曰：上兩「卜」字今局本均作「十」，誤。

齊國好厚葬，布帛盡於衣衾，材木盡於棺槨。桓公患之，以告管仲曰：「布帛盡則無以為蔽〔一〕，材木盡則無以為守備，而人厚葬之不休，禁之奈何？」管仲對曰：「凡人之有為也，非名之，則利之也。」於是乃下令曰：「棺槨過度者戮其尸，罪夫當喪者〔二〕。」夫戮死無名，罪當喪者無利，人何故為之也〔三〕？

〔一〕王先慎改「蔽」為「幣」，曰：御覽五百五十五、又六百四十一、八百二十引「蔽」并作「幣」。⊙奇猷案：蔽，謂遮蔽也。布帛所以為衣服以蔽體也，故曰布帛盡則無以為蔽。王據御覽改，非。

〔二〕奇猷案：依上文「棺槨」上當有「衣衾」二字。

〔三〕奇猷案：松皐圓纂聞、太田方翼毳均改「死」為「尸」，是也。案上文作「戮其尸」可證。蓋「尸」或作「屍」，壞為「死」也。

衛嗣君之時〔一〕，有胥靡逃之魏〔二〕，因為襄王之后治病〔三〕。衛嗣君聞之，使人請以五十金買之，五反而魏王不予，乃以左氏易之〔四〕。羣臣左右諫曰：「夫以一都買胥靡，可乎〔五〕？」王曰〔六〕：「非子之所知也。夫治無小而亂無大〔七〕。法不立而誅不必〔八〕，雖有十左氏無益也；法立而誅必，雖失十左氏無害也。」魏王聞之曰：「主欲治而不聽之，不祥。」因載而往，徒獻之〔九〕。

〔一〕王先慎曰：「君」當從經作「公」，説見上。⊙奇猷案：王説非，説詳上。

〔二〕奇猷案：胥靡，注詳解老篇。

〔三〕舊注：魏襄王之后也。⊙顧廣圻曰：未詳。宋、衛策無此句，餘亦多不同。

〔四〕舊注：左氏，都邑名也。

〔五〕盧文弨曰：「胥靡」上藏本有「一」字。⊙王先慎補「一」字，曰：策作「贖一胥靡」，是有「一」字是。⊙奇猷案：今藏本無「一」字，迂評本有。此不必有「一」字，王補非。古者，城邑之大者皆謂之都，詳存韓注。

〔六〕顧廣圻曰：「王」，當從衛策作「君」。

〔七〕舊注：若不治小者，則大亂起也。

〔八〕舊注：當誅而不誅，故曰不必也。

〔九〕舊注：徒獻胥靡不取都、金。⊙王先慎曰：乾道本注「獻」下有「雖」字，今據趙本删。⊙奇猷案：王删是，今從之。

説三——齊王問於文子曰：「治國何如？」對曰：「夫賞罰之為道，利器也。君固握之，不可以示人〔一〕。若如臣者〔二〕，猶獸鹿也，唯薦草而就〔三〕。」

〔一〕奇猷案：老子曰：「國之利器，不可以示人。」

〔二〕王先慎曰：若、如同義。「如」字涉上文而衍。

〔三〕舊注：獸鹿就薦草，人臣歸厚賞。故賞罰之利器，不可示於人也。

越王問於大夫文種曰〔一〕：「吾欲伐吳可乎？」對曰：「可矣。吾賞厚而信，罰嚴而必。君欲知之〔二〕，何不試焚宮室？」於是遂焚宮室，人莫救之〔三〕。乃下令曰：「人之救火者死，比死敵之賞〔四〕；救火而不死者，比勝敵之賞；不救火者，比降北之罪〔五〕。」人塗其體、被濡衣而走火者〔六〕，左三千人，右三千人。此知必勝之勢也〔七〕。

〔一〕盧文弨曰：凌本無「文」字。⊙王先慎刪「文」字，曰：藝文類聚五十四、又八十、御覽六百三十八引無「文」字。⊙松皋圓曰：吳越春秋：「大夫種，姓文，名種，字子禽。」⊙奇猷案：文種係并姓名言之。王刪「文」字，非是。

〔二〕顧廣圻曰：藏本、今本「欲」下有「知」字。⊙王先慎曰：藝文類聚、御覽引有「知」字，今據補。⊙奇猷案：有「知」字是，今從王補。

〔三〕王先慎曰：藝文類聚、御覽引「人」作「民」，下同，「之」作「火」。

〔四〕王先慎曰：「者死」，當作「死者」。⊙奇猷案：王說是。下句與此相反，作「不死者」可證。

〔五〕王先慎曰：趙本「降北」作「北降」，誤倒。

〔六〕盧文弨曰：「走」張、凌本作「赴」。⊙王先慎曰：藝文類聚引「人」下有「之」字。御覽引「走」作「赴」，藝文類聚仍作「走」。⊙于省吾先生曰：呂氏春秋期賢「若蟬之走明火也」，注：「走，趨也。」說文：「走，趨也。」⊙奇猷案：王解「人」下增「之」字，不必。

〔七〕奇猷案：墨子兼愛中：「昔越王勾踐好士之勇，焚舟（孫詒讓曰：「舟，當為內。」）試其士，曰：越國之寶盡在此。越王親自鼓其士。士聞鼓音，破碎亂行蹈火而死者左右百人有餘。」呂氏春秋用民篇：「勾踐使其民於寢宮，民爭入水火死者千餘矣，遽擊金而卻之。」劉子新論閱武篇亦載其事，并與此同。

吴起為魏武侯西河之守。秦有小亭臨境〔一〕，吴起欲攻之。不去，則甚害田者〔二〕；去之，則不足以徵甲兵〔三〕。於是乃倚一車轅於北門之外而令之曰〔四〕：「有能徙此南門之外者賜之上田上宅〔五〕。」人莫之徙也。及有徙之者，還，賜之如令〔六〕。俄又置一石赤菽東門之外而令之曰〔七〕：「有能徙此於西門之外者賜之如初。」人争徙之。乃下令曰〔八〕：「明日且攻亭，有能先登者，仕之國大夫，賜之上田宅〔九〕。」人争趨之。於是攻亭，一朝而拔之〔一〇〕。

〔一〕太田方曰：亭，塞上徼亭。説文：「隧，塞上亭，守烽火者也」。大學衍義補云：「班史武紀所謂城障列亭，匈奴傳所謂建塞徼、起亭隧。乃古人候望之所，今世所謂營堡、墩臺之類也。」

〔二〕舊注：言小亭能為田者害，政當去之。⊙盧文弨曰：注「政」或是「故」。

〔三〕舊注：亭，小故也。⊙盧文弨曰：「甲兵」，藏本倒。⊙奇猷案：今藏本「甲兵」二字不倒，惟迂評本倒。

〔四〕王先慎曰：事類賦十六引「倚」作「徙」。

〔五〕奇猷案：周禮大司馬職「上地食者」，注引鄭司農云：「上地，謂肥美田也。」淮南精神篇「胡王淫女樂之娱而亡上地」，高注：「上地，美地也。」然則上田上宅者，猶言美田美宅也。

〔六〕王先慎改「還」為「遂」，曰：御覽二百九十六、六百三十八引「還」作「遂」。⊙奇猷案：還，讀如旋。漢書徐樂傳「不得還踵而身為禽」，顔師古注「還，讀曰旋」，是其證。旋，謂徙轅旋也。御覽不明此義遂妄改「還」為「遂」。王氏從之，非是。

〔七〕王先慎「東」上補「於」字，曰：與上文「倚一車轅於北門之外」文法一律，此脱「於」字，御覽引有。⊙奇猷案：此「於」字可省。

〔八〕王先慎曰：各本「令」下有「大夫」二字。案此涉下文而衍。御覽二百九十六及七百七十五、八百四十二、初學記二十七引並無此二字，今據删。⊙奇猷案：王删是，今從之。

〔九〕王先慎「宅」上補「上」字，曰：案上文「有能徙此南門之外者賜之上田上宅」句法，此「宅」上不當省「上」字，御覽、事類賦引並有「上」字。⊙奇猷案：此不必有「上」字。御覽六百三十八、七百七十五、初學記二十七引仍作「上田宅」。

〔一〇〕奇猷案：吕氏春秋慎小篇云：「吴起治西河，欲諭其信於民，夜日置表於南門之外，令於邑中曰：『明日有能僨南門之外表者，仕長大夫。』明日，日晏矣，莫有僨表者。民相謂曰：『此必不信。』有一人曰：『試往僨表，不得賞而已，何傷？』往僨表，來謁吴起。吴起自見而出，仕之長大夫。夜日又復立表，又令於邑中如前。邑人守門争表。表加植，不得所賞。自是之後，民信吴起之賞罰。」與此所述乃同一事，但傳聞異辭耳。

李悝為魏文侯上地之守，而欲人之善射也〔一〕，乃下令曰：「人之有狐疑之訟者，令之射的〔二〕，中之者勝，不中者負。」令下而人皆疾習射〔三〕，日夜不休。乃與秦人戰，大敗之，以人之善射也〔四〕。

〔一〕王先慎曰：藝文類聚五十引「人」作「民」，下同。⊙奇猷案：御覽七百四十五引「人」亦作「民」，下同。漢書藝文志法家有李子三十二篇，班固自注云：「名悝，相魏文侯，富國强兵。」漢書食貨志采李悝盡地力之教近三百言。

呂氏春秋驕恣篇載李悝諫魏武侯，則李悝至武侯時尚存。

〔二〕舊注：的，所射質。⊙王先慎曰：藝文類聚引「的」作「狗」。⊙奇猷案：御覽二百五十七、七百四十五引「的」作「杓」，「杓」即「的」之譌。「狗」亦誤字。

〔三〕王先慎曰：疾，讀為亟。

〔四〕顧廣圻曰：「戰射」，當作「射戰」。⊙王先慎曰：「戰」字涉上文而誤衍。藝文類聚引無「戰」字，今據刪。⊙太田方曰：善、戰聲近，疑「戰」字誤衍。⊙奇猷案：王刪是。御覽引「射」上正無「戰」字，今從王說删之。

宋崇門之巷人服喪，而毁甚瘠〔一〕。上以為慈愛於親，舉以為官師〔二〕。明年，人之所以毁死者歲十餘人〔三〕。子之服親喪者，為愛之也，而尚可以賞勸也，況君上之於民乎〔四〕？

〔一〕奇猷案：莊子外物篇「演門有親死者，以善毁，爵為官師。其黨人毁而死者半」，成玄英疏云「東門也，亦有作『寅』者，隨字讀之」，釋文云「演門，宋城門名」。然則崇門即演門也。

〔二〕太田方曰：漢書賈誼上疏云：「古者内有公卿大夫，外有公侯伯子男，然後有官師小吏，延及庶人。」穆天子傳：「百嬖人官師。」注：「官師，羣士號也。」禮記：「官師一廟。」

〔三〕奇猷案：「所」字當衍。

〔四〕舊注：君而無賞，則功不立。

越王慮伐吴〔一〕，欲人之輕死也，出見怒鼃，乃為之式〔二〕。從者曰：「奚敬於此？」王曰：「為其有氣故也〔三〕。」明年之請以頭獻王者歲十餘人〔四〕。由此觀之，譽之足以殺人矣〔五〕。

〔一〕舊注：慮，謀也。⊙奇猷案：舊連上，今依藏本、趙本提行。

〔二〕奇猷案：御覽四百三十七引「式」作「軾」，字通。吕氏春秋期賢篇「魏文侯過段干木之閭而軾之」，高注：「軾，伏軾也。」

〔三〕王先慎曰：御覽九百四十九引「氣」作「勇」，誤，下文正作「氣」。

〔四〕王先慎曰：趙本「明年」下無「之」字。⊙奇猷案：「明年」下當脱「人」字，上文「明年，人之所以毁死者歲十餘人」，與此句法同可證。

〔五〕舊注：譽於勇，則人以頭獻。⊙顧廣圻曰：藏本、今本「毁之」作「譽之」。按當作「敬」，形近之誤，下文云「奚敬於此」。⊙王先慎曰：顧説非也。「毁」乃「譽」字之譌，注不誤。御覽四百三十七引正作「譽」，今據改。⊙奇猷案：王改是，今從之。尹文子大道上「越王句踐謀報吴，欲人之勇，路逢怒蛙而軾之。比及數年，民無長幼，臨敵，雖湯火不避」，與此事同。又案：迂評本「殺」作「勸」，非。

一曰〔一〕。越王句踐見怒鼃而式之。御者曰：「何為式？」王曰：「鼃有氣如此，可無為式乎？」士人聞之曰：「鼃有氣，王猶為式，況士人之有勇者乎〔二〕！」是歲，人有自刭死以其頭獻者〔三〕。故越王將復吳而試其教〔四〕，燔臺而鼓之，使民赴火者，賞在火也〔五〕；臨江而鼓之，使人赴水者，賞在水也；臨戰而使人絶頭刳腹而無顧心者，賞在兵也〔六〕。又況據法而進賢，其助甚此矣〔七〕。

〔一〕奇猷案：趙本連上。

〔二〕盧文弨曰："人"下脱"之"字，藏本有。⊙奇猷案：藏本是，今據補。又案："況"下"士"字趙本作"於"，誤。

〔三〕舊注：剄，割也。⊙王先慎曰：此謂人有以自剄之頭獻者。

〔四〕王先慎曰：乾道本"越"作"曰"，"吳"作"吾"，今依張榜本、趙本改。⊙奇猷案：王改是，今從之。越、曰，吳、吾，皆音近而訛也。上"越王焚宮室"即此事可證。

〔五〕舊注：火雖殺人，赴之必得賞，故赴之不懼也。⊙王先慎曰："民"當作"人"，注不誤。⊙奇猷案：王説是。下"使人赴水"，作"人"可證。

〔六〕盧文弨曰："頭"，一本作"頸"。⊙太田方曰："臨戰而"下脱"鼓之"二字。⊙奇猷案：一本即迂評本。太説是，依上文當有。

〔七〕舊注：進賢可以得賞，又無水火之難，則人豈不為哉？其所不進賢者，但君不賞故也。⊙盧文弨曰：注"但"下脱"君"字。⊙顧廣圻曰："助"，當作"勸"。⊙王先慎曰：注"所"下脱"以"字。⊙奇猷案：顧説是。觀上文，以作"勸"義長。又案：注"但"下藏本正有"君"字，今據補。王説亦是也。

韓昭侯使人藏弊袴。侍者曰：「君亦不仁矣〔一〕，弊袴不以賜左右而藏之。」昭侯曰：「非子之所知也。吾聞明主之愛，一嚬一笑〔二〕，嚬有為嚬，而笑有為笑。今夫袴，豈特嚬笑哉〔三〕！袴之與嚬笑相去遠矣〔四〕。吾必待有功者，故藏之未有予也。」〔五〕

〔一〕太田方曰：不仁，謂恡於財也。孫子云：「愛爵禄百金，不知敵之情者，不仁之至也。」

〔二〕舊注：必憂其不善，勸其能善，不妄為也。⊙奇猷案：説文「愛，行皃也」（此「愛」之本義。「愛惡」之愛，本字為「㤅」，今通用「愛」者，乃借字也）。明主之愛，猶言明主之行。或乙「之」字於「聞」字下，以「明主愛一嚬一笑」為句，殊不辭。又案：舊注「不妄」上當有「故」字。

〔三〕舊注：嚬笑尚不妄為，況弊袴豈可以無功而與之。⊙奇猷案：注「與之」原作「與也」，今據御覽六百九十五引改。

〔四〕王先慎曰：各本無「相去」二字，今據御覽三百九十二、六百三十三引補。⊙奇猷案：王補是，今從之。

〔五〕王先慎曰：故下「收」字御覽無，今據删。⊙奇猷案：王删是，今從之。「收」當即「故」字之譌衍。

鱣似蛇〔一〕，蠶似蠋。人見蛇則驚駭，見蠋則毛起。然而婦人拾蠶，漁者握鱣〔二〕，利之所在，則忘其所惡，皆為孟賁〔三〕。

〔一〕盧文弨曰：已見前説林下篇，此重出。⊙王先慎曰：此條見之於經，説林誤重。⊙奇猷案：説林二篇，本為韓非預備其作書之資料（詳説林上）。此條先録於説林，後引入此篇，用以闡明賞譽之效（此為本節主旨），重出又有何不可？其侏儒夢見竈事，既見本篇，又見難四篇，亦其例也。盧、王説非。

〔二〕王先慎曰：説林「握」作「持」。

〔三〕舊注：鱣、蠶有利，故人握拾，皆有孟賁之勇。⊙王先慎曰：案經及説林下篇并作賁、諸，明孟賁為賁、諸之誤，今依張榜本改。御覽八百二十五、九百三十三引正作「賁諸」。又案：張榜本依説林刪「則忘其所惡」五字，不可從。⊙奇猷案：孟賁注見説林下。又案：王改非也。此當各從本條。王氏既知張本以説林刪「則忘其所惡」五字，則張本亦必以説林改「孟賁」為「賁諸」，此其一。御覽所引皆無「則忘其所惡」五字，與説林同，故知御覽乃引説林而非引此，此其二。故今仍從舊本。

説四——魏王謂鄭王曰〔一〕：「始鄭、梁一國也〔二〕，已而別，今願復得鄭而合之梁。」鄭君患之，召羣臣而與之謀所以對魏。鄭公子謂鄭君曰〔三〕：「此甚易應也。君對魏曰：以鄭為故魏而可合也〔四〕，則弊邑亦願得梁而合之鄭。」魏王乃止。

〔一〕王先慎曰：鄭即韓也，説見説林上。

〔二〕松皐圓曰：魏都大梁，因稱梁。⊙奇猷案：鄭，此時為韓之國都。鄭國原依附魏，韓乘魏攻蔡之機吞併鄭，詳飾邪篇注，故魏王曰「始鄭、梁一國也，已而別」。

〔三〕顧廣圻曰：藏本、今本「公」上有「鄭」字。⊙奇猷案：有「鄭」字是，今據補。

〔四〕王先慎曰：張榜本「魏」作「梁」。

齊宣王使人吹竽，必三百人。南郭處士請為王吹竽，宣王說之。廩食以數百人〔一〕。宣王死，湣王立〔二〕，好一一聽之，處士逃。

〔一〕舊注：廩，給。⊙王先慎曰：御覽五百八十一引「粟食與三百人等」，北堂書鈔一百十引與此同。⊙奇猷案：「廩食」，謂由官廩供食也。以，與已同。廩食以數百人，謂吹竽之人由官廩供食者已數百人。文選盧諶感交詩注引亦作「粟食與三百人等」，亦誤。

〔二〕王先慎曰：御覽引「湣」作「文」，誤，北堂書鈔引與此同。⊙奇猷案：文選注湣王亦作文王，誤。

一曰。韓昭侯曰：「吹竽者衆，吾無以知其善者。」田嚴對曰〔一〕：「一一而聽之〔二〕。」

〔一〕王先慎曰：御覽引「嚴」作「巖」。

〔二〕奇猷案：此段舊連上，今提行。

趙令人因申子於韓請兵，將以攻魏。申子欲言之君，而恐君之疑己外市也〔一〕，不則恐惡於趙，乃令趙紹、韓沓嘗試君之動貌而後言之〔二〕。内則知昭侯之意，外則有得趙之功〔三〕。

〔一〕舊注：為外請兵，取其貨利，故曰市。⊙盧文弨曰：「疑」上「欲」字張本、凌本皆無。⊙奇猷案：「疑」上「欲」字因上而衍，藏本正無，今據删。又案：下文云昭侯，則申子為申不害也（申不害為韓昭侯相，詳定法篇）。韓策云：「魏之圍邯鄲也，申不害始合於韓王，然未知王之所欲也，恐言而未必中於王也。王問申子曰：『吾誰與而可？』對曰：『此安危之要，國家之大事也，臣請深惟而苦思之。』乃微（假為密，詳有度篇注）謂趙卓、韓鼂曰：『子皆國之辯士也，為人臣子者，言可必用，盡忠而已矣。』二人各進王以事，申子微視王之所說以言於王，王大說之。」當即與此同一事，直言申不害，尤為明證。

〔二〕舊注：許不之貌必有變動可得而知，故曰動貌。⊙奇猷案：趙紹、韓沓，韓策作趙卓、韓鼂。紹、卓，古音皆宵部，自可通假，則趙卓即趙紹也。沓、鼂二字，形聲均不近，則韓沓與韓鼂非一人，當是傳聞各異。余前校以為「沓」為「舀」形近之誤，舀、鼂音近，則韓舀即韓鼂，可供參考。

〔三〕舊注：既為之請，若許，其恩固以成。不許，終以為之請矣，亦不敢許其恩，固趙之功也。⊙奇猷案：注「不敢」下當有「不」字。

三國兵至韓。秦王謂樓緩曰〔一〕：「三國之兵深矣，寡人欲割河東而講，何如〔二〕？」對曰：「夫割河東，大費也；免國於患，大功也。此父兄之任也。王何不召公子汜而問焉？」王召公子汜而告之。對曰：「講亦悔，不講亦悔。王今割河東而講，三國歸，王必曰：『三國固且去矣，吾特以三城送之〔三〕。』不講，三國也入韓，則國必大舉矣〔四〕，王必大悔，王曰：『不獻三城也〔五〕。』臣故曰：王講亦悔，不講亦悔。」王曰：「為我悔也〔六〕，寧亡三城而悔，無危乃悔。寡人斷講矣〔七〕。」

〔一〕盧文弨曰：此見秦策，「三國攻秦，入函谷，秦王謂樓緩曰」云云。下公子氾作公子池。⊙顧廣圻曰：藏本、今本「國」下有「兵」字。此「韓」即「函」之譌，又脱「谷」字耳。下文亦當云「三國入函谷」。「王」上當依策有「秦」字。⊙王先慎曰：顧說是，張本自「三國」以下均脱。⊙奇猷案：藏本、今本「國」下有「兵」字，策「王」上有「秦」字，皆是也，今據增。顧說謂「韓」為「函」之譌，「函」下又脱「谷」字，非也。「韓」當為「關」，音近之譌，「關」即謂函谷關也。賈誼過秦論「叩關而攻秦」，亦省函谷關為關；本書存韓篇「先為鴈行以嚮秦軍於關下」，又「先為鴈行以攻關」，「關」亦指函谷關，皆其例。下文「三國也入韓」，「韓」亦「關」之譌。秦策鮑彪注：「魏紀：哀二十一年與齊、韓共攻秦。」史記六國表，魏哀王二十一年「與齊、韓共擊秦於函谷」。又案：此節，舊連上，今提行。

〔二〕舊注：講，謂有急且與之，後寧將復取，事疑存，終反復，若講論，故曰講。⊙王先慎曰：策高注：「講，成也。」案春秋時人謂之成，戰國時人謂之講，其義一也。春秋時多背成，與戰國時多反復，皆事後變計，不可謂講字本有是義。說文：「講，和解也。」注說非。

〔三〕舊注：三國自去，又與之城，是徒以三城為送，此悔之辭。

〔四〕顧廣圻曰：策云：「三國入函谷，咸陽必危。」

〔五〕舊注：若不講之，三國入而韓必大舉，王必悔曰：吾不獻三城之故也。⊙盧文弨曰：下「王」字衍。注「悔曰」下脱「吾」字，凌本有。⊙顧廣圻曰：「王」當作「之」。⊙王先慎曰：盧說是。玩注說，則所見之本尚無「王」字。注「入」字趙本脱。⊙松皐圓曰：三城：武遂與韓，封陵與魏，齊城與齊。武遂、封陵在河東，齊城無考。⊙奇猷案：盧、王說是。藏本注「悔曰」下有「吾」字，今據增。注云「三國入而韓必大舉」，依誤文為解，非。

〔六〕盧文弨曰：策作「鈞吾悔也」。奇猷案：為，猶如也，詳經傳釋詞。

〔七〕舊注：言講事斷定。⊙王先慎曰：策作「無為咸陽而悔也」。

應侯謂秦王曰〔一〕：「王得宛、葉、藍田、陽夏，斷河内，因梁、鄭〔二〕，所以未王者，趙未服也。㢮上黨在一而已以臨東陽〔三〕，則邯鄲口中虱也〔四〕。王拱而朝天下〔五〕，後者以兵中之〔六〕。然上黨之安樂，其處甚劇〔七〕，臣恐㢮之而不聽，奈何〔八〕？」王曰：「必㢮易之矣〔九〕。」

〔一〕尹桐陽曰：應侯，范雎也，因封應，故號應侯。⊙奇猷案：范雎，史記有傳。

〔二〕王先慎曰：梁、鄭，即魏、韓。⊙太田方曰：史記穰侯傳「秦昭王十五年取楚之宛、葉、藍田、陽夏」，又云：「秦拔魏之河内。」

〔三〕舊注：廢上黨，棄一郡而已。⊙松皐圓改「在一」二字為「兵」、刪「已」字，曰：「兵」字原作「在一」二字，字形似而誤分也。已、以音同，遂衍「已」字，或不知已、以通用而妄剩「以」字也。弛、㢮同，下文作「弛易」，荀子：「境内之事有弛易齵差者矣。」弛、移通。按秦敗長平之軍，取上黨，發兵守之，應侯意欲移易其戍兵以臨置之於東陽也。東陽，趙地，見初見秦。山曰：「爾雅：矢、弛、矢，弛易也。弛蓋移徙之義。」⊙奇猷案：松説是，太田方説同。

〔四〕舊注：以守上黨之兵臨東陽，則邯鄲危如口中虱也。⊙王先慎曰：「口」即「圍」之古文。⊙劉文典曰：案王説迂謬難通。邯鄲口中虱，以喻邯鄲之無所逃猶虱之在口中也。御覽九百二十三、九百五十一引曹子建貪惡鳥論云：「得蚤者莫不廩之齒牙，為害身也。」王莽校尉韓威云：「以新室之威而吞胡虜，無異口中蚤蝨。」戰國策「應侯謂秦王曰：王得宛，臨陳、陽夏，斷河内，臨東陽，邯鄲猶口中蝨也」，即此文所本。劉義慶宣驗記「晉義熙中，長年寺道人惠祥夢有人衆以繩縛其手足，問何故齧蝨」，知此風由來久矣。今之貧人得蝨固猶多内口中齧殺之也。蝨非可圍守之物，王氏以圍中蝨釋之，實為巨謬。⊙奇猷案：劉説是。注藏本「中」下有「之」字。

〔五〕王先慎曰：拱，拱手。

〔六〕舊注：中，傷也。

〔七〕太田方曰：「其處」二字與「甚劇」字相似，疑誤衍。左傳「行者甚衆」，釋文：「甚，本作其。」史記孟荀傳「劇子之言」，應劭注作「處子」。是此二字古書往往相誤矣。⊙奇猷案：以舊注（見下）義長，太説未確。

〔八〕舊注：今上黨既安樂，而其處又煩劇，雖欲弛之，恐王不聽。

〔九〕舊注：謂移易其兵以臨東陽，吾斷定矣。⊙顧廣圻曰：「易」字當衍。弛，即易也，不容複出。謂以地易上黨。舊注全誤。⊙楊樹達曰：按顧説非是。弛易，古人多連用，漢書衛綰傳云「劍人之所施易也」，施易與弛易同。⊙奇猷案：楊説是。舊注不誤。

説五　龐敬〔一〕，縣令也，遣市者行，而召公大夫而還之〔二〕。立有間〔三〕，無以詔之，卒遣行〔四〕。市者以為令與公大夫有言，不相信，以至無姦〔五〕。

〔一〕奇猷案：即上龐恭，詳上顧説。

〔二〕舊注：公大夫亦遣為市。⊙尹桐陽曰：周禮地官有司市下大夫二人。

〔三〕顧廣圻曰：今本「立以間」作「立有間」。⊙王先慎改「以」為「有」，曰：御覽八百二十七引作「立有間」。⊙奇猷案：「以」作「有」是，今據改。

〔四〕舊注：不命，卒遣去，俱不測其由也。

〔五〕舊注：大夫雖告以不命，復亦不信，故不敢為姦。⊙盧文弨曰：注「復」字藏本作「反」，凌本作「返」。⊙王先慎曰：御覽引注「復」作「彼」，是也。

戴驩，宋太宰，夜使人曰：「吾聞數夜有乘輜車至李史門者，謹為我伺之〔一〕。」使人報曰〔二〕：「不見輜車，見有奉笥而與李史語者，有間，李史受笥〔三〕。」

〔一〕盧文弨曰：荀子解蔽篇注引「輜」作「輺」，下同，「伺」作「司」，古字。⊙松皐圓曰：輜車，車之有衣蔽者。⊙尹桐陽曰：說文：「輜，卧車也。」後以載喪，因為喪車之稱。

〔二〕盧文弨曰：荀注「人」作「者」。⊙奇猷案：當作「者」。

〔三〕舊注：遣伺輜車，故實奉笥，本令伺奉笥，彼當易其辭。⊙奇猷案：說文：「笥，飯及衣之器也。」

周主亡玉簪，令吏求之，三日不能得也。周主令人求而得之家人之屋間。周主曰：「吾知吏之不事事也〔一〕。求簪，三日不得之。吾令人求之，不移日而得之。」於是吏皆聳懼，以為君神明也〔二〕。

〔一〕舊注：不事於臣之事也。⊙顧廣圻曰：今本「吾之」作「吾知」。按依下文當作「吾知」。⊙王先慎改「之」為「知」，曰：北堂書鈔一百二十七引正作「知」。⊙奇猷案：作「吾知」是，今據改。家人，即居民，詳說林下。

〔二〕松皐圓乙「為君」為「君為」，曰：從山氏正。⊙奇猷案：松說非。以為君神明，即以為君是神明。

商太宰使少庶子之市〔一〕，顧反而問之曰：「何見於市？」對曰：「無見也。」太宰曰：「雖然，何見也？」對曰：「市南門之外甚衆牛車，僅可以行耳。」太宰因誡使者無敢告人吾所問於女，因召市吏而誚之曰：「市門之外何多牛屎〔二〕？」市吏甚怪太宰知之疾也，乃悚懼其所也〔三〕。

〔一〕顧廣圻曰：上文云「載驩，宋太宰」，六微篇同，說林下篇「宋太宰貴而主斷」，與此皆一人。商，宋也。⊙奇猷案：顧說是。宋為商舊地，故以商稱宋，如上文「魏王謂鄭王」云云，以鄭稱韓。詩商頌即宋頌，皆其例。說林上篇云「子圉見孔子於商太宰」，則此人與孔子同時。

〔二〕王先慎曰：「屎」，經作「矢」，是也，御覽八百二十七引正作「矢」。⊙傅佛崖曰：「屎」之本字為「菌」，屎、矢皆菌之借字也。

〔三〕王先慎曰：「悚懼其所」，即悚懼其知也。下文「吏以昭侯為明察，皆悚懼其所」，即悚懼其明察也。「所」字即承上為義。禮記哀公問：「今之君子，午其衆以伐有道，求得當欲不以其所」，鄭注：「所，道也」，孔疏：「言不以道而侵民，求其所得，必須稱己所欲，不用其養民之道。」是句末「所」字承上文為義之證。⊙奇猷案：王說是。上文「吏皆聳懼，以為君神明也」，謂聳懼君之神明，亦可為證。左傳昭二十年「余知而無罪也，入復而所」，杜注：

「所，所居官」，亦可為王說「句末『所』字承上文為義」之證。此文「悚懼其所」承「太宰知之疾」，故此文「悚懼其所」即悚懼太宰知之疾。或說：所，指職守。案職守可以「謹守」「遵守」言，不得以「悚懼」為說，故或說未可從也。

說六——韓昭侯握爪而佯亡一爪〔一〕，求之甚急，左右因割其爪而效之〔二〕。昭侯以此察左右之誠不〔三〕。

〔一〕王先慎曰：御覽三百七十引「握」作「除」，「佯」作「陽」。⊙奇猷案：陽、佯字通。

〔二〕王先慎曰：意林作「左右而取備之」，原注與此同，是馬氏所見本已有異者。

〔三〕舊注：割爪不誠。⊙盧文弨曰：「昭侯以察左右之臣不誠」。「以」下脱「此」字，張本有。「臣」藏本作「誠」，「不」下「誠」字衍。⊙顧廣圻曰：乾道本作「昭侯以察左右之臣不割」，藏本「臣」作「誠」是也。今本「割」作「誠」。按：「誠不」句絶，不、否同字也。「割」字當衍。今本所改誤甚。⊙俞樾曰「割」字涉注文而衍，顧氏已訂正矣。顧以「誠不」句絶，非也。「誠不」當作「不誠」，注云「割爪不誠」，則所見本未倒也。下文云「子之以此知左右之不誠信」，注云「偽報有白馬者是不誠信」，正與此一律。⊙王先慎曰：「割」字張榜本作「誠」是也，上「臣」字藏本誤作「誠」耳。「臣」字當衍。盧、顧誤從藏本，故於下「不誠」二字未誤之張本而反訾之。俞氏止知顧氏讀「誠不」之非，而不審張本作「不誠」之是，亦未見其能擇善而從也，御覽引作「以此察左右之不誠」，是其證，今據删改。意林作「以此察左右之虛實」，亦有「此」字，「虛實」即不誠也，明為馬氏所改。⊙奇猷案：盧氏所據為趙本。今藏本作「昭侯以此知左右之誠不割」，迂評本作「昭王以此知左右之誠不」。案臣、誠音誤，割即舊注之複衍。今依藏本、迂評本增「此」字，改「臣」為「誠」，從迂評本删「割」字。「誠不」，謂昭侯知不割爪者為誠，其割者則否。王引御覽見三百七十、九百五十一。

韓昭侯使騎於縣〔一〕。使者報〔二〕，昭侯問曰〔三〕：「何見也？」對曰：「無所見也。」昭侯曰：「雖然，何見？」曰：「南門之外，有黄犢食苗道左者。」昭侯謂使者「毋敢洩吾所問於女」，乃下令曰：「當苗時，禁牛馬入人田中固有令〔四〕，而吏不以為事，牛馬甚多入人田中，亟舉其數上之。不得，將重其罪。」於是三鄉舉而上之〔五〕。昭侯曰：「未盡也。」復往審之，乃得南門之外黄犢。吏以昭侯為明察，皆悚懼其所而不敢為非。

〔一〕顧廣圻曰：藏本、今本「昭」下有「侯」字。⊙奇猷案：有「侯」字是，今據補，金樓子立言篇：「韓昭侯使吏行縣之南門外，有黄犢食苗」云云，當即本此，是梁元帝所見本亦作韓昭侯也。又案：舊連上，今從趙本提行。

〔二〕奇猷案：報，反也。

〔三〕盧文弨曰：藏本此下有「之」字。

〔四〕顧廣圻曰：「固有令入」，藏本「固」作「同」，今本無「入」字。按句有誤。⊙王先慎曰：案「入」字涉上文而衍，「固」字藏本作「同」，趙本作「國」，並誤。⊙奇猷案：王校是。今據今本删「入」字。

〔五〕奇猷案：「上之」原作「止之」，今從藏本、趙本改。

周主下令索曲杖，吏求之數日不能得。周主私使人求之，不移日而得之。乃謂吏曰：「吾知吏不事事也。曲杖甚易也，而吏不能得，我令人求之，不移日而得之，豈可謂忠哉？」吏乃皆悚懼其所，以君為神明〔一〕。

〔一〕王先慎曰：此當作「吏乃以君為神明，皆悚懼其所」，文義乃順。後人不明所字之義，因移「以君為神明」於「所」字下，失之。上文「吏甚怪太宰知之疾也，乃悚懼其所」，又「以韓昭侯為明察，皆悚懼其所」，句法一例，是其證。⊙奇猷案：王說是。

卜皮為縣令。其御史汙穢，而有愛妾〔一〕。卜皮乃使少庶子佯愛之〔二〕，以知御史陰情。

〔一〕顧廣圻曰：藏本、今本「史」作「吏」，下文同。按「吏」字誤也，韓策云「安邑之御史死」。

〔二〕舊注：佯愛御史。⊙盧文弨曰：注下似當有「之妾」二字。⊙王先慎曰：上經注云「使庶子愛御史」，亦無「之妾」二字，是注本作「愛御史」也，其誤已詳上經注下。⊙奇猷案：王說是。此「之」字指妾言。

西門豹為鄴令〔一〕，佯亡其車轄，令吏求之不能得，使人求之而得之家人屋間〔二〕。

〔一〕尹桐陽曰：史記魏世家：「文侯任西門豹守鄴，而河内稱治。」

〔二〕王先慎曰：此下疑有脱文。上經注云「欲取清明之稱也」，當本此下説。⊙奇猷案：王説是。家人，即居民，詳上。

說七——陽山君相衛，聞王之疑己也，乃僞謗樛豎以知之〔一〕。

〔一〕舊注：樛豎，王之所愛，令僞謗之，必憤而言王之疑己也。⊙盧文弨曰：注「令」當作「今」。⊙顧廣圻曰：藏本同。今本「謂」作「衛」。按「謂」當作「韓」，「陽山」當作「山陽」，戰國韓策有「或謂山陽君曰：秦封君以山陽」云云可為證。樛豎亦韓人，本書説林上及難一篇皆云「韓宣王謂樛留」也。今本輒改為「衛」，謬甚。⊙松皐圓曰：衛，魏也。此時衛削弱屬魏，如一國，故謂魏為衛，猶韓之稱鄭也。下篇「使齊、韓約而攻衛」，又云「宋石，衛將也」，皆指魏言也。「陽山君」疑「山陽君」，魏人也，齊策、魏策皆有此人，注：「山陽屬魏。」⊙奇猷案：松説是。今據今本改「謂」為「衛」。楚策「江尹為梁山陽君請封於楚」，梁即魏，是山陽君為魏人。趙策云「秦、韓圍梁，謂山陽君曰」，韓策「或謂山陽君曰」，皆有山陽君，當即一人。此文謂山陽君相魏，聞魏王疑己，因僞謗韓國之樛豎，觀樛豎之反應以斷定魏王是否疑己。

淖齒聞齊王之惡己也，乃矯為秦使以知之〔一〕。

〔一〕舊注：王既不疑秦使，必以情告。⊙盧文弨曰：藏本「齊」下有「文」字，或「湣」作「汶」而脱其旁。⊙顧文圻曰：藏本、今本不重「也」字。⊙太田方曰：「文」字疑「閔」字誤。⊙奇猷案：「也」字不當重，今删。四部叢刊本、藏本「乃」作「及」，誤。淖齒，詳姦劫弑臣篇。太説是。湣王，他書有作「閔」者，無作「汶」者。

齊人有欲為亂者，恐王知之，因詐逐所愛者，令走王知之〔一〕。

〔一〕舊注：王知逐所愛，則不疑其為亂也。⊙俞樾曰：此本作「令王知之」，「走」字衍文也。舊注於上經云「佯逐所愛，令君知而不疑」，令君知，即令王知也，可證舊本之無「走」字。⊙奇猷案：此節舊連上，今從藏本、趙本提行。俞說是，

子之相燕〔一〕，坐而佯言曰：「走出門者何白馬也〔二〕？」左右皆言不見。有一人走追之，報曰：「有。」子之以此知左右之誠信不〔三〕。

〔一〕奇猷案：子之，注見二柄篇。

〔二〕奇猷案：猶言何為一白馬走出門。

〔三〕舊注：偽報有白馬者，是不誠信。⊙顧廣圻曰：「不誠信」藏本作「誠信不」。按此當作「誠不」。舊注誤。⊙王先慎曰：「以此知左右之不誠信」，語極明顯，不當倒「不」字，顧說非。⊙奇猷案：藏本是。以此知左右之誠信不，謂以此知左右之誠信與否。如王說，則肯定左右皆不誠信，與此文義不合。今改從藏本。

有相與訟者，子產離之而無使得通辭，倒其言以告而知之〔一〕。

〔一〕舊注：謂得以此言以告彼，彼言以告此，則知訟者之情實。⊙盧文弨曰：「倒」字後十一卷中作「到」，乃古字，此亦當同。

衛嗣公使人為客過關市，關市苛難之〔一〕，因事關市以金，關吏乃舍之〔二〕。嗣公為關吏曰〔三〕：「某時有客過而所〔四〕，與汝金，而汝因遣之。」關市乃大恐〔五〕，而以嗣公為明察〔六〕。

〔一〕王先慎曰：意林作「關吏乃呵之」。

〔二〕盧文弨曰：「金」下「與」字衍。意林作「因以金與關吏」，乃翦截成文。「吏」，荀子王制注引作「市」，後亦同。⊙顧廣圻曰：「因事關市以金與」句絶，「關吏乃舍之」五字為一句。⊙王先謙曰：「因事關市」句，「以金與關吏」句。關市蓋關吏之從者，與吏有別。以情事論，苛難之事，吏不便自為之，故知有別也。此人偽事關市，因緣得通關吏而與以金，文自明顯，後人失其讀耳。⊙王先慎曰：荀子注作「賂之以金」，亦非原文。⊙劉師培曰：案盧校云「與字衍」是也。「因事關市以金」，事，讀孟子梁惠王篇「事之以皮幣」之事。六字為句。外儲説左上作「關市呵難之，因事關市以金，關市乃舍也」，「金」下無「與」字，此其證。⊙奇猷案：劉説是。御覽八百二十七引正無「與」字，今據刪。關吏，關市之屬吏也。

〔三〕顧廣圻曰：荀子注引「為」作「召」。⊙王先慎曰：為，謂古通，作「為」不誤。御覽八百二十七引「為」作「謂」，「吏」作「市」。⊙奇猷案：本書為、謂多互用。藏本「為」作「謂」，誤脱「吏」字。

〔四〕王渭曰：句絶。⊙奇猷案：而，汝也。所，處也。

〔五〕顧廣圻曰：藏本同。今本「市」作「吏」，誤，楊注引作「市」。

〔六〕顧廣圻曰：此下今本有「右傳」二字，誤，乾道本、藏本皆無，後各卷同。此「説」也，非「傳」。

卷十

内儲説下——六微第三十一

六微〔一〕：一曰、權借在下，二曰、利異外借，三曰、託於似類，四曰、利害有反，五曰、參疑内争〔二〕，六曰、敵國廢置。此六者，主之所察也。

〔一〕奇猷案：老子十五章云：「古之善為士者，微妙玄通，深不可識。」韓子會其意，以為為臣者微妙玄通，深不可識。故以下所云皆人臣微妙之事，為人主者不可忽視也。故特舉六者以告人主，而總其名曰六微。或釋六微為六察，未確。

〔二〕傅佛崖曰：疑，儗之借字。説文：「儗，僭也。」段注：「此儗之本義，與手部擬訓度不同。曲禮：儗人必於其倫。注：儗，猶比也。此引申之義也。」按今僭儗、比儗，皆與「度擬」之擬不分。

權勢不可以借人。上失其一，臣以為百。故臣得借則力多，力多則内外為用，内外為用則人主壅〔一〕。其説在老聃之言失魚也〔二〕。是以人主久語，而左右鬻懷刷〔三〕。其患在胥僮之諫厲公〔四〕，與州侯之一言，而燕人浴矢也。

權借一

〔一〕顧廣圻曰：乾道本不重「内外為用」四字，藏本、今本重。⊙奇猷案：藏本、今本是，迂評本亦重，今據增。王先慎據顧校增。

〔二〕陶鴻慶曰：案據後説「勢重者人主之淵也」條下別有「賞罰者利器也」一條，則此文「失魚」下當有「與利器」三字。

〔三〕盧文弨曰：（趙本刷作尉）藏本作「刷」。凌本同。北齊書顔之推傳觀我生賦云：「祇夜語之見疑，寧懷叡之足恃。」夜語，當亦本此。今此作久語，未定孰是。「刷」本作「叡」，則「尉」字為誤明矣。⊙顧廣圻曰：「以」下當有「故」字，「主」當作「富」，見下文。「刷」，今本作「尉」，誤。説文「刷」，本作「叡」，云：「拭也。」蓋巾帨之屬，可用以拭者。⊙俞樾曰：按顔賦，疑古本韓子「久語」作「夕語」。古人朝見謂之朝，夕見謂之夕。⊙高亨曰：懷，賜也。下文「懷左右刷」，謂以刷賜左右也。廣雅釋詁：「懷，歸也。歸，遺也。遺，予也。」爾雅釋詁：「予，賜也。」則懷亦可訓為賜矣。詩匪風「誰將西歸，懷之好音」，傳：「懷，歸也。」泮水「懷我好音」，箋：「懷，歸也。」歸，并讀為論語「歸孔子豚」之歸。懷之好音，謂賜之好音也。懷我好音，謂賜我好音也。二「懷」字義與此同。懷訓為賜，實借為饋。禮記緇衣「私惠不歸德」，鄭注：「歸，或為懷。」儀禮聘禮「夫人歸禮」，鄭注：「今文歸作饋。」即歸、饋相通之證。説文：「饋，餉也。」餉、予誼相近。⊙奇猷案：顧、俞説是。于省吾先生與俞説同。

〔四〕顧廣圻曰：今本「權」作「諫」。按此有誤，未詳。⊙王先慎曰：下文「胥僮、長魚矯諫曰」，又「諫曰」，「諫」字兩見。作「諫」者是，改從今本。⊙奇猷案：王改是，今從之。迂評本亦作「諫」。

君臣之利異，故人臣莫忠，故臣利立而主利滅〔一〕。是以姦臣者，召敵兵以内除〔二〕，舉外事以眩主，苟成其私利，不顧國患。其説在衛人之夫妻禱祝也〔三〕。故戴歇議子弟，而三桓攻昭公〔四〕；公叔内齊軍，而翟黄召韓兵〔五〕；太宰嚭説大夫種，大成牛教申不害〔六〕；司馬喜告趙王〔七〕，吕倉規秦、楚〔八〕；宋石遺衛君書，白圭教暴譴。

利異二

〔一〕王先慎曰：「臣」上「故」字衍。⊙奇猷案：王説非也。「人臣莫忠」與「臣利立而主利滅」為因果，宜有「故」字，此「故」字不嫌重複。又案：八經篇云：「知臣主之異利者王，以為同者劫。」

〔二〕奇猷案：召敵兵以内除，謂借外兵以除國内之私敵也。

〔三〕盧文弨曰：「夫妻」舊倒，今從張本，與後文同。⊙奇猷案：盧校是，今從之。迂評本亦作「夫妻」。王先慎亦據張榜本改。

〔四〕王先慎曰：「攻」，張榜本誤作「公」。

〔五〕顧廣圻曰：説「黄」作「璜」。按黄、璜同字。

〔六〕盧文弨曰：韓策、史記趙世家、漢書古今人表俱作「大成午」，此「牛」字譌，後同。⊙王先慎曰：「成」，史作「戊」，通志氏族略四謂「大戊氏，晉公子大戊之後，或謂殷大戊後」。案徐廣史注云「戊，一作成」，與韓策及本書合，則作「戊」者形近而誤也。路史後紀十注又作「郕」，古字通。

〔七〕王先慎曰：「策」「喜」作「憙」。

〔八〕王先慎曰：下作「秦荆」，本書荆、楚並用。⊙奇猷案：太田方、松皐圓皆改「規」為「親」，非。規，讀為「規諫」之規，即説所謂「諷」也。

似類之事，人主之所以失誅，而大臣之所以成私也。是以門人捐水而夷射誅〔一〕，濟陽自矯而二人罪，司馬喜殺爰騫而季辛誅〔二〕，鄭袖言惡臭而新人劓，費無忌教郄宛而令尹誅〔三〕，陳需殺張壽而犀首走。故燒芻廥而中山罪〔四〕，殺老儒而濟陽賞也。

似類三

〔一〕王先慎曰：「門人」當作「門者」。⊙奇猷案：日知録卷二十四謂門人即守門之人，下説謂「門者捐水」則門者亦守門之人也。門人、門者，其義一也。

〔二〕顧廣圻曰：今本「季辛」下有「誅」字。按脱一字，未詳。爰、袁同字也。⊙王先慎補「誅」字，曰：按下文「司馬喜與季辛惡，因令人殺爰騫。中山之君以為季辛也，因誅之」，明此脱「誅」字。⊙奇猷案：今本是，今據補「誅」字。迂評本作「死」，亦誤。

〔三〕王先慎曰：「忌」，下説作「極」。左昭十五年傳作「極」。史記侯表、楚世家、子胥傳，吕覽慎行篇，淮南人間訓，吴越春秋，作「忌」。極、忌聲近通用。

〔四〕王先愼曰：下「廥」作「廄」。

事起而有所利，其尸主之〔一〕；有所害，必反察之。是以明主之論也，國害則省其利者，臣害則察其反者。其說在楚兵至而陳需相，黍種貴而廪吏覆〔二〕。是以昭奚恤執販茅，而不僖侯譙其次〔三〕；文公髮繞炙，而穰侯請立帝。

有反四

〔一〕顧廣圻曰：藏本、今本「市」作「尸」。按句有誤。⊙王先愼改「市」為「尸」，曰：「尸」字不誤。尸，主也。其尸主之，謂其君主之也。下云「國害則省其利者」，即指君言。⊙劉師培曰：案尸即主也。蓋古本只作「其尸之」，別本一作「主」字，一作「尸」字，後人併合為一。⊙孫子書先生曰：按王訓尸為主，是，謂其君主之，非也。其借為期，左襄二十三年傳「其然」，杜注：「猶必爾也。」哀十年傳「期死非勇也」，注：「必也。」漢書路溫舒傳「畫地為獄議不入，削木為吏期不對」，顏注：「猶必也。」易繫辭「死期將至」，釋文作「其」云：「本作『期』。」作『其』者，省形存聲耳。「其尸主之」與「必反察之」相對為文。⊙奇猷案：孫先生訓其為必是也。古者謂主其事者為尸。其尸主之，猶言必為主者主其事。乾道本作「市」者，市、尸音近而訛。今從藏本、今本、迂評本改「市」為「尸」。松皋圓纂聞改「尸」為「君」，亦通。

〔二〕太田方曰：爾雅：「覆，審察也。」

〔三〕顧廣圻曰：藏本、今本無「不」字。按依説當作「昭」。⊙奇猷案：顧説是。

參疑之勢〔一〕，亂之所由生也，故明主慎之。是以晉驪姬殺太子申生，而鄭夫人用毒藥，衛州吁殺其君完，公子根取東周，王子職甚有寵而商臣果作亂，嚴遂、韓廆争而哀侯果遇賊，田常、闞止、戴驩、皇喜敵而宋君、簡公殺〔二〕。其説在狐突之稱「二好」，與鄭昭之對「未生」也。

參疑五

〔一〕奇猷案：疑借為擬，詳上傳説。

〔二〕王先慎曰：「田常」，下説作「田恒」，後人避諱改也。

敵之所務在淫察而就靡〔一〕。人主不察則敵廢置矣〔二〕。故文王資費仲，而秦王患楚使；黎且去仲尼，而干象沮甘茂。是以子胥宣言而子常用，内美人而虞、虢亡〔三〕，佯遺書而萇宏死，用鷄猳而鄶桀盡〔四〕。

廢置六

〔一〕王先慎曰：淫，亂也。靡，非也。人主之察既亂，則舉事皆非。⊙孫子書先生曰：按王說殊未安。「就」當作「孰」，形近而譌。本書難言篇「願大王熟察之」。孰即熟字。靡，讀為摩。史記蘇秦列傳「期年以出揣摩」，索隱云：「鄒誕本作揣靡。靡讀亦為摩。」江邃曰：「揣人主之情摩而近之。」說文：「摩，研也。」淫，浸淫隨理也。淫察孰靡，蓋刺探國情，務為反間。并敵國之事。王氏以屬之人主誤矣。⊙奇猷案：就，成也。謂敵之所務者在亂人主之察而成其非也。非者，即下文所謂廢置也。

〔二〕王先慎曰：此言人主不明敵之所務，則敵得以廢置我之人才矣。

〔三〕顧廣圻曰：藏本、今本「宣」下無「王」字，「美」下有「人」字。⊙奇猷案：藏本、今本是，今據删「王」字，增「人」字。迂評本與今本同。

〔四〕奇猷案：趙本脱「宏」字，非。下説「桀」作「傑」，字通。

參疑廢置之事，明主絶之於内而施之於外。資其輕者，輔其弱者，此謂廟攻。參伍既用於内，觀聽又行於外，則敵僞得。其説在秦侏儒之告惠文君也。故襄疵言襲鄴，而嗣公賜令蓆〔一〕。

廟攻右經〔一〕

〔一〕王先慎曰：說作「蓆」。⊙奇猷案：「嗣公」說作「嗣君」，說詳前篇。又案：「席」，乃「蓆」之本字。

〔二〕何犿曰：六微內亡去三章，其廢置章亦殘缺不全，而未嘗言及廟攻章。此蓋後人因章中有「此謂廟攻」之語，妄意割裂以添此章名耳。今謹考正以復舊章。⊙盧文弨曰：此承上「參疑廢置」為言，故不在「六微」中。⊙顧廣圻曰：藏本同。今本此下有「七」字，誤。⊙王先慎曰：經既明言「六微」，則不應有「七」字。此接上文而來，並不應另標「廟攻」二字。⊙奇猷案：此章及後說所列侏儒、褱疵、嗣公三事，當係後人所增。第一、經既明言「六微」，而又未有「廟攻」之目。第二、參疑廢置既各有專章論之，此不應重出。第三、本書實有後人筆墨羼入（詳舊注考），此當亦羼入者之一。

說一〔一〕——勢重者，人主之淵也；臣者，勢重之魚也。魚失於淵而不可復得也，人主失其勢重於臣而不可復收也。古之人難正言，故託之於魚〔二〕。

〔一〕奇猷案：「說」字原無，今增，下同，說詳前篇。

〔二〕王先慎曰：老子云：「魚不可脱於淵。」

賞罰者，利器也。君操之以制臣，臣得之以擁主。故君先見所賞則臣鬻之以為德，君先見所罰則臣鬻之以為威。故曰：「國之利器〔一〕，不可以示人。」

〔一〕王先慎曰：喻老篇「國」作「邦」。此作「國」，漢人改也。

靖郭君相齊，與故人久語則故人富〔一〕，懷左右刷則左右重〔二〕。久語、懷刷〔三〕，小資也，猶以成富〔四〕，況於吏勢乎〔五〕？

〔一〕顧廣圻曰：今本「與故」作「故與」，誤。

〔二〕王先慎曰：張榜本、趙本「刷」作「尉」，下同。

〔三〕奇猷案：「刷」，藏本作「尉」，說見上。

〔四〕顧廣圻曰：此下當有「取重」二字。

〔五〕奇猷案：吏勢，官吏之權勢。

晉厲公之時，六卿貴。胥僮、長魚矯諫曰：「大臣貴重，敵主爭事，外市樹黨〔一〕，下亂國法，上以劫主，而國不危者，未嘗有也。」公曰：「善。」乃誅三卿。胥僮、長魚矯又諫曰：「夫同罪之人偏誅而不盡，是懷怨而借之閒也。」公曰：「吾一朝而夷三卿，予不忍盡也。」長魚矯對曰：「公不忍之，彼將忍公。」公不聽。居三月，諸卿作難，遂殺厲公而分其地〔二〕。

〔一〕奇猷案：敵主，與君主相匹敵。亡徵篇云：「大臣兩重，父兄衆强，內黨外援以爭事勢者，可亡也。」難一篇云：

「兩用則爭事而外市。」

〔三〕奇猷案：左傳成十七年：「十二月殺三郤，長魚矯出奔狄。閏月，欒書、中行偃殺胥僮。」十八年：「正月庚申，晉欒書、中行偃使程滑殺厲公。」

州侯相荊〔一〕，貴而主斷。荊王疑之，因問左右。左右對曰「無有」，如出一口也。

〔一〕太田方曰：州侯，楚襄王佞臣也。史記：「辛莊諫襄王曰：君王左州侯，右夏侯。」⊙奇猷案：荀子臣道篇云：「楚之州侯可謂態臣矣。」太引文見楚策，非史記。

燕人無惑，故浴狗矢〔一〕。燕人，其妻有私通於士，其夫早自外而來，士適出。夫曰：「何客也？」其妻曰：「無客。」問左右，左右言「無有」，如出一口。其妻曰：「公惑易也〔二〕。」因浴之以狗矢。

〔一〕王先慎改「無惑」為「惑易」，曰：案無惑則不浴矣。下文「公惑易也」，明「無惑」乃「惑易」之譌。今據張榜本改。⊙奇猷案：王改非是。故與顧同，反也，詳經傳釋詞。燕人無惑，反浴狗矢。惑則浴狗矢，今燕人本無惑，而反浴以狗矢，於義甚明，張榜不知此義，妄改古籍，王解因之，以致一誤再誤。又案：此條舊連上，今提行。

〔二〕顧廣圻曰：四字為一句。⊙松皐圓曰：漢表「平侯訴疾狂免」，注：「病狂而改易本性也。」⊙物双松曰：謂病惑而視聽變易也。⊙奇猷案：易，邪也。惑易，猶今所謂「中邪」耳。

一曰〔一〕。燕人李季好遠出〔二〕，其妻私有通於士，季突至〔三〕，士在内中，妻患之。其室婦曰〔四〕：「令公子裸而解髮直出門，吾屬佯不見也〔五〕。」於是公子從其計，疾走出門。季曰：「是何人也？」家室皆曰〔六〕：「無有。」季曰：「吾見鬼乎？」婦人曰：「然。」「為之奈何？」曰：「取五姓之矢浴之〔七〕。」季曰：「諾。」乃浴以矢。一曰浴以蘭湯〔八〕。

〔一〕奇猷案：舊連上，今提行。

〔二〕顧廣圻曰：藏本、今本不重「好」字。⊙王先慎刪一「好」字，曰：藝文類聚十七、御覽三百九十五及四百九十九引不重「好」字。⊙奇猷案：不重「好」字是。下云「季突至」，而不云「季好突至」，明燕人名季，而非名「季好」也。金樓子雜記篇引正不重「好」字，今據刪一「好」字。

〔三〕顧廣圻曰：今本「之」作「至」。按句有誤。⊙王先慎曰：季好遠遊，今不期而返，出家室意計之外也，作「至」字是，改從今本。御覽四百九十九引作「李季至」，三百九十五引作「季忽歸」，藝文類聚作「季至」，皆非原文，不足據。⊙奇猷案：王解從今本改「之」作「至」是也，今從之。墨子天志篇「志」多作「之」，之、志、至三字音近，「志」作「之」，亦猶「至」作「之」也。又案：「有」字，金樓子引無。太田方引山氏説「私有」倒作「有私」，是。

〔四〕王先慎曰：藝文類聚引無「中」字，「其室婦曰」作「妾曰」。⊙奇猷案：下云「家室皆曰」，則此室婦當即謂家室之婦。後漢書桓榮傳：「榮嘗寢病。太子朝夕遣中傅問病，謂曰：如有不諱，無憂家室也。」則家室者，即家屬也。此文室婦，即謂家屬之婦人也。藝文類聚妄改，不足據。

〔五〕王先慎曰：御覽引「公子」作「士」，下同。「佯」作「陽」。⊙奇猷案：佯、陽古通用，漢書田儋傳「儋陽為縛其奴」，亦以「陽」為「佯」。

〔六〕王先慎曰：乾道本「皆」下無「曰」字，趙本「皆」下有「曰」字，藝文類聚、御覽引並有「曰」字，今據補。⊙奇猷案：王補是，今從之，迂評本亦有。

〔七〕「矢」下舊注：一云「屎」。⊙盧文弨曰：「姓」，一作「牲」。藏本作「性」，似「牲」之譌。⊙王先慎改「姓」為「牲」，曰：御覽引正作「牲」。左昭十一年傳杜注：「五牲，牛、羊、豕、犬、鷄也。」⊙奇猷案：千金方云：「魘者，使人尿其面上可愈。此扁鵲法。」又云：「牛馬屎絞取汁飲之。無新者，水和乾者。亦得以人溺解之。」據此，則用五姓之矢，或亦古之遺法。金樓子引仍作「姓」，「矢」作「尿」，是古本韓子作「姓」不誤。盧氏謂一本即迂評本。王改非。

〔八〕顧廣圻曰：此亦劉向校語。本卷上文云「矢一云屎」，下文共立「一云公子赫」，皆同例。與舊注相混，而實非舊注也。今山海經、晏子春秋皆多如此云者。韓子當不止三條，殆經後人删去之耳。⊙太田方曰：蘭湯，以蘭草投湯，自清潔禱神以拂不祥也。楚辭：「浴蘭湯兮浴芳。」⊙奇猷案：此文自「一曰燕人」云云非韓非作，考詳舊注考。但此「一曰浴以蘭湯」六字亦為此人所記異聞，外儲說右上「堯欲傳天下」章、右下「秦大饑」章皆有此例。顧謂劉向校語，非是。

說二——衛人有夫妻禱者，而祝曰：「使我無故〔一〕，得百束布〔二〕。」其夫曰：「何少也？」對曰：「益是，子將以買妾〔三〕。」

〔一〕顧廣圻曰：句絶。「故」與下文「布」韻。⊙奇猷案：故，謂事故。

〔二〕顧廣圻曰：藏本、今本「百」下無「來」字，此不當有。⊙王先慎删「來」字，曰：「來」即「束」字形近誤衍。藝文類聚八十五、御覽五百二十九、八百二十引並無「來」字。⊙奇猷案：藏本、今本是，迂評本亦無。金樓子雜記篇作

「得布百匹」，亦足為無「來」字之證。今據删「來」字。

〔三〕王先慎曰：藝文類聚引句末有「矣」字。

荆王欲宦諸公子於四鄰，戴歇曰：「不可。」「宦公子於四鄰，四鄰必重之〔一〕。」曰：「子出者重，重則必為所重之國黨，則是教子於外市也〔二〕，不便。」

〔一〕顧廣圻曰：二句荆王之言也。上無「曰」字，古書多此例。

〔二〕奇猷案：「於」字當衍。

魯孟孫、叔孫、季孫相戮力劫昭公〔一〕，遂奪其國而擅其制〔二〕。魯三桓公偪〔三〕，昭公攻季孫氏。而孟孫氏、叔孫氏相與謀曰：「救之乎？」叔孫氏之御者曰〔四〕：「我，家臣也，安知公家？凡有季孫與無季孫於我孰利〔五〕？」皆曰：「無季孫必無叔孫。」「然則救之。」於是撞西北隅而入〔六〕。孟孫見叔孫之旗入，亦救之，三桓為一。昭公不勝，逐之〔七〕，死於乾侯。

〔一〕松皐圓曰：戮、僇通，并力也。⊙傅佛崖曰：「戮力」本應作「勠力」。説文「勠力，并力也」，段注：「左傳、國語或云勠力一心，皆謂數人共致力。古書多有誤作『戮』者。」按戮，力周切，今音力竹切，俗又作「努」。

〔二〕顧廣圻曰：此下當有「一曰」二字。⊙松皐圓曰：案此疑脱「一曰」二字。又案：山曰：「制、政通，吕覽昨日之羊子為制，左傳作疇昔之羊子為政。」⊙太田方曰：有度篇「制不共門」，管子作「政不共門」。⊙奇猷案：制即權勢，詳有度篇。山說非。又案：顧說是。

〔三〕顧廣圻曰：藏本同。今本無「公」字。按此不當有。⊙王先慎曰：「魯三桓偪」四字不成句。「公偪」當作「偪公」。公，謂公室也。乾道本、藏本誤倒。今本不審而删之，不可從。⊙奇猷案：王說是。

〔四〕盧文弨曰：張、凌本皆無「者」字。⊙王先慎曰：御者，左昭二十五年傳作司馬鬷戾。⊙奇猷案：藏本亦無「者」字。

〔五〕顧廣圻曰：藏本、今本「凡有」下有「季」字。⊙王先慎增「季」字，曰：趙本移「季」字於「與」下，誤。⊙奇猷案：藏本是，迂評本亦有，今據增「季」字。

〔六〕王先慎曰：撞公圍也。

〔七〕王先慎曰：「逐」當為「遂」之誤。「之」下當有「齊」字，事見左傳。⊙奇猷案：王說是，太田方說同。

公叔相韓而有攻齊〔一〕，公仲甚重於王。公叔恐王之相公仲也，使齊、韓約而攻魏〔二〕。公叔因內齊軍於鄭〔三〕，以劫其君，以固其位，而信兩國之約。

〔一〕顧廣圻曰：藏本、今本「攻」作「功」。按攻、功皆當衍，讀以「有齊」句絶。⊙俞樾曰：爾雅釋詁：「攻，善也。」有，讀為又。相韓而有攻齊，謂相韓而又善齊也。下文云「翟璜，魏王之臣也，而善於韓」，其義相同。藏本、趙本改「攻」為「功」，失之。⊙松皐圓纂聞從趙本作「功」，曰：謂有得齊交之功也，與上文「有得趙之功」意同。⊙奇猷案：俞說是。又案：松氏所謂上文，見內儲說上「趙令人因申子於韓請兵」條。

〔二〕顧廣圻曰：藏本同。今本「魏」作「衛」，誤。⊙奇猷案：衛即魏，詳上篇。公仲、公叔，見說林上。

〔三〕王先慎曰：鄭即韓也，說見說林上。⊙奇猷案：鄭即謂鄭城，韓都。若指國名，則上文亦當作「相鄭」。王說非。

翟璜〔一〕，魏王之臣也，而善於韓。乃召韓兵令之攻魏，因請為魏王搆之以自重也〔二〕。

〔一〕盧文弨曰：「璜」，藏本作「黄」，與前同。⊙松皐圓曰：「說苑：翟觸，字璜，魏文侯臣。」⊙奇猷案：舊連上，今從趙本提行。又案：呂氏春秋下賢篇云「魏文侯曰：今女（指翟黄）欲官則相位，欲禄則上卿」，則翟黄相魏文侯為上卿也。本書外儲說左下「璜」亦作「黄」。

〔二〕王先慎曰：搆，講也。⊙奇猷案：講，和解也，詳内儲說上。

越王攻吴，王吴王謝而告服〔一〕，越王欲許之。范蠡、大夫種曰：「不可。昔天以越與吴，吴不受，今天反夫差〔二〕，亦天禍也。以吴予越，再拜受之，不可許也。」太宰嚭遺大夫種書曰：「狡兔盡則良犬烹，敵國滅則謀臣亡。大夫何不釋吴而患越乎？」大夫種受書讀之，太息而歎曰：「殺之，越與吴同命〔三〕。」

〔一〕奇猷案：前一「王」字當衍。

〔二〕王先慎曰：「今天」，當作「今若」。⊙奇猷案：反，覆也。今天（即「天地」之天）覆夫差，即下以吴與越之義。王說非。藏本「不受」作「下受」，「今」作「令」，均誤。

〔三〕王先慎曰：殺，謂殺其使也。「吴」，當作「吾」，文種自謂，故後嚭之譖種，種之見殺，實基如此。⊙尹桐陽曰：言己身殺於越，及越之舉吳，皆為天之所命，不可強者。與同舉，拔也。⊙松皐圓曰：殺嚭也。下篇直躬正父，「荊令尹曰殺之」同法。山曰：「越世家、伍子胥傳皆云殺太宰嚭。」⊙太田方曰：此句似有脱誤。⊙奇猷案：王説是。又案：事與越世家、越語所載略異，可參閲。直躬事，見五蠹篇。

大成牛從趙謂申不害於韓曰〔一〕：「以韓重我於趙〔二〕，請以趙重子於韓，是子有兩韓，我有兩趙。」

〔一〕王先慎曰：「牛」乃「午」之誤，説見前。

〔二〕王先慎曰：「以」上當有「子」字，下「白圭相魏王」條「子以韓輔我於魏」語意正同，此脱「子」字。⊙奇猷案：王校是，韓策正有「子」字。

司馬喜〔一〕，中山君之臣也，而善於趙，嘗以中山之謀微告趙王〔二〕。

〔一〕奇猷案：司馬喜，亦見本篇下文。漢書古今人表列與中山武公同時。中山策作「司馬憙」，云「三相中山」。史記鄒陽傳謂「司馬喜臏脚於宋，卒相中山」。吕氏春秋應言篇云：「司馬喜難墨者師於中山王前以非攻」，高注謂司馬喜為趙之相國，誤。

〔二〕王先慎曰：拾補「嘗」改「常」，是也。⊙松皐圓曰：微，密也。⊙奇猷案：迂評本作「嘗」。微蓋即密之假字。下文云「因微令人殺爰騫」，又云「因使人微殺張壽」，又云「左右因微令夜燒芻廏」，皆假微為密。説文「微，隱行也」，隱行蓋亦秘密之義。

呂倉〔一〕，魏王之臣也，而善於秦、荆，微諷秦、荆令之攻魏〔二〕，因請行和以自重也。

〔一〕奇猷案：舊連上，今提行。

〔二〕奇猷案：微，密也，詳上。叢刊本「之攻」作「而攻」，誤。

宋石，魏將也〔一〕。衛君，荆將也。兩國構難，二子皆將。宋石遺衛君書曰：「二軍相當〔二〕，兩旗相望，唯毋一戰，戰必不兩存。此乃兩主之事也，與子無有私怨，善者相避也〔三〕。」

〔一〕顧廣圻曰：今本「魏」作「衛」，誤。⊙奇猷案：衛即魏，詳上篇注。

〔二〕顧廣圻曰：今本「二君」作「二軍」，誤。按依此上文「宋石」，「石」當作「君」也。⊙王先慎改「君」為「軍」，曰：案顧説謬。「君」與「軍」音近又涉上文而譌，當作「軍」。⊙奇猷案：今本是，今據改。凌本亦作「軍」。

〔三〕太田方曰：外儲説左下傳二云「齊桓公將立管仲，令羣臣曰：寡人將立管仲，善者入門而左，不善者入門而右」，與是「善者」同義。言若善我言則相避不與戰矣。⊙奇猷案：藏本「怨」下有「也」字。善者，猶言善處事者。

白圭相魏〔一〕，暴譴相韓。白圭謂暴譴曰：「子以韓輔我於魏，我請以魏待子於韓〔二〕，臣長用魏〔三〕，子長用韓。」

〔一〕顧廣圻曰：藏本、今本「魏」下無「王」字。⊙奇猷案：藏本、今本是，今據删「魏」下「王」字。又案：白圭，詳喻老篇。

〔二〕孫子書先生曰：按「待」當作「持」。淮南子覽冥訓云「持以道德，輔以仁義」，荀子解蔽篇云「鮑叔、甯戚、隰朋仁知且不蔽，故能持管仲，而名利福禄與管仲齊；召公、吕望仁知且不蔽，故能持周公，而名利福禄與周公齊」，楊注：「持，扶翼也。」⊙奇猷案：「我」下舊無「請」字，今據藏本補。上「大成牛」條「以韓重我於趙，請以趙重子於韓」，句法正同可證。

〔三〕奇猷案：古人對人自稱皆可稱臣，不必對帝王稱也。

說三——齊中大夫有夷射者〔一〕，御飲於王，醉甚而出，倚於郎門。門者刖跪請曰〔二〕：「足下無意賜之餘瀝乎〔三〕？」夷射曰：「叱〔四〕，去！刑餘之人，何事乃敢乞飲長者？」刖跪走退。及夷射去，刖跪因捐水郎門霤下，類溺者之狀。明日，王出而訶之曰：「誰溺於是？」刖跪對曰：「臣不見也。雖然，昨日中大夫夷射立於此。」王因誅夷射而殺之〔五〕。

〔一〕盧文弨曰：此即左定二年邾莊公、夷射姑事而傳譌耳。⊙奇猷案：左傳定二年：「邾莊公與夷射姑飲酒，私出。閽乞肉焉。奪之杖以敲之。」三年：「邾子在門臺，臨廷。閽以缾水沃廷。邾子望見之，怒。閽曰：夷射姑旋焉（杜注：旋，小便）。命執之，弗得，滋怒，自投于牀，廢于鑪炭，爛，遂卒。」

〔二〕王先慎曰：跪與危通，足也，說詳外儲說左下篇。

〔三〕顧廣圻曰：「餘隸」，今本作「餘瀝」。⊙奇猷案：今本是。史記滑稽傳「侍酒於前，時賜餘瀝」，則瀝謂餘酒也，故下云「刑餘之人何事乃敢乞飲長者」。作「隸」者乃音近之誤也。今據改「隸」為「瀝」。

〔四〕奇猷案：王先慎依張榜本倒「曰叱」為「叱曰」，非。說文：「叱，訶也。」叱，蓋形容斥罵之聲。

〔五〕王先謙曰：誅，責也。與下「乃誅萇弘而殺之」文句一例。⊙奇猷案：王說是。本書多以「誅殺」連文，如外儲說右上「舉兵而誅殺鯀於羽山之郊」亦其例。

魏王臣二人不善濟陽君，濟陽君因偽令人矯王命而謀攻己。王使人問濟陽君曰〔一〕：「誰與恨？」對曰：「無敢與恨。雖然，嘗與二人不善，不足以至於此〔二〕。」王問左右，左右曰：「固然。」王因誅二人者。

〔一〕顧廣圻曰：今本不重「濟陽君」。按此當衍。⊙奇猷案：今本是，據刪「濟陽君」三字。王先慎亦據刪。

〔二〕王先謙曰：言不足至此，故設為疑詞。

季辛與爰騫相怨。司馬喜新與季辛惡，因微令人殺爰騫〔一〕，中山之君以為季辛也，因誅之。

〔一〕奇猷案：微借為密，詳上。

荆王所愛妾有鄭袖者〔一〕。荆王新得美女，鄭袖因教之曰：「王甚喜人之掩口也〔二〕。為近王〔三〕，必掩口。」美女入見，近王，因掩口。王問其故，鄭袖曰：「此固言惡王之臭。」及王與鄭袖、美女三人坐，袖因先誡御者曰：「王適有言〔四〕，必亟聽從〔五〕。」王言美女前〔六〕。近王，甚數掩口〔七〕。王悖然怒曰〔八〕：「劓之。」御因揄刀而劓美人〔九〕。

〔一〕王先慎曰：張榜本「荆王」以下至「一曰」並脱。趙用賢云：「此以下近本俱脱失，今從宋板校定。」⊙奇猷案：迂評本自此至「誅萇弘」二十八條全脱。迂評本係出於元何犿本，則何犿本亦脱也。⊙松皋圓曰：楚世家：「鄭袖者，楚懷王幸姬也。」

〔二〕顧廣圻曰：「王」字下至「乃誅萇弘而殺之」，藏本脱。

〔三〕王先慎曰：「為」，當作「若」。⊙楊樹達曰：按為有如義，詳經傳釋詞。王説非。⊙奇猷案：楊説是，孫子書先生及高亨説同。

〔四〕奇猷案：經傳釋詞：「適，猶若也。」

〔五〕王先慎曰：亟、急同字。

〔六〕王先謙曰：此當再有「美女」二字。⊙奇猷案：王説是。「美女近王」為句。

〔七〕奇猷案：「甚」，當作「其」，而在「掩」字下。數通速，詳説林上篇注。

〔八〕顧廣圻曰：今本「悖」作「勃」，誤。按悖、佛同字，後又多作「佛」。

〔九〕王先慎曰：「御」下當有「者」字。⊙奇猷案：王説是，松皋圓説同。下節云「御者揄刀」可證。

一曰〔一〕。魏王遺荆王美人，荆王甚悦之。夫人鄭袖知王悦愛之也，亦悦愛之，甚於王，衣服玩好擇其所欲為之。王曰：「夫人知我愛新人也，其悦愛之甚於寡人，此孝子所以養親〔二〕，忠臣之所以事君也。」夫人知王之不以己為妒也，因為新人曰〔三〕：「王甚悦愛子，然惡子之鼻。子見王，常掩鼻，則王長幸子矣。」於是新人從之，每見王，常掩鼻。王謂夫人曰：「新人見寡人常掩鼻，何也？」對曰：「不已知也〔四〕。」王强問之，對曰：「頃嘗言惡聞王臭〔五〕。」王怒曰：「劓之。」夫人先誡御者曰：「王適有言，必可從命〔六〕。」御者因揄刀而劓美人。

〔一〕奇猷案：舊連上，今提行。

〔二〕王先慎曰：「子」下當有「之」字，此與下句文法一例，戰國楚策正有「之」字，明此脱。⊙奇猷案：王説是。松臯圓纂聞從策補「之」字。

〔三〕王先慎曰：為與謂古本通。趙本及御覽三百六十七引作「謂」，後人所改。

〔四〕盧文弨曰：「已」字疑衍。⊙顧廣圻曰：戰國策云：「妾知也。」⊙王先慎曰：已，即「人已」之已。「不已知也」，言我不知也，故王强問之，正是進讒者常態。無「不」字則與下文「王强問之」句不合。策下作「王曰：雖惡必言之」，與此不同，兩書不能强合，當各依本書為是。⊙太田方曰：「已」，疑衍。或曰：「之」字之誤。⊙陶鴻慶曰：案爾雅釋詁：「已，此也。」不已知，言此則不敢知也。王解讀為「人已」之已，言我不知也，則不成詞矣。⊙奇猷案：王説是。此倒句。

〔五〕王先慎曰：張榜本「惡聞王臭」下用上「及王與鄭袖美女三人坐」，但「掩口」作「掩鼻」，「悖然」作「勃然」，末句「御」作「御者」。

〔六〕王先慎曰：「可」，當作「亟」。⊙奇猷案：王說是。「可」即「亟」之壞字。

費無極，荆令尹之近者也〔一〕。郄宛新事令尹，令尹甚愛之。無極因謂令尹曰：「君愛宛甚，何不一為酒其家〔二〕？」令尹曰：「善。」因令之為具於郄宛之家〔三〕。無極教宛曰：「令尹甚傲而好兵，子必謹敬，先亟陳兵堂下及門庭。」宛因為之。令尹往而大驚曰：「此何也？」無極曰：「君殆去之〔四〕，事未可知也。」令尹大怒，舉兵而誅郄宛，遂殺之。

〔一〕王先慎曰：左傳「邇無及也」（及，即極之誤）。杜注：「邇，近也。」陸氏釋文云：「近，附近之近。」⊙奇猷案：近，即近習，八姦篇：「左右近習。」事詳左傳昭二十七年。

〔二〕太田方曰：為酒，置酒也。後漢書袁譚傳注：「為，猶置也。」

〔三〕楊樹達曰：說文：「㬥，舉食者。」此「具」假為「㬥」。

〔四〕盧文弨曰：殆，當作急。吴越春秋作「王急去之」。王，謂平王。⊙王先慎曰：事見左昭二十七年傳。時平王已死，吴越春秋誤作「王」。殆，猶必也。君殆去之，謂君必去之也。吕覽自知云「座殆尚在於門」，注：「殆，猶必也。」盧說非。⊙松皐圓曰：殆，危也。⊙奇猷案：王說是。

犀首與張壽為怨〔一〕，陳需新入，不善犀首〔二〕，因使人微殺張壽〔三〕。魏王以為犀首也，乃誅之〔四〕。

〔一〕王先慎曰：為，猶相也。上文「季辛與爰騫相怨」句法正同。⊙松皐圓曰：史記：衍初相魏，張儀已卒之後入相秦。下篇「犀首抵罪於梁，走而入秦」，謂此事。⊙奇猷案：犀首，公孫衍也，詳説林上。抵罪事，見外儲説右上。

〔二〕俞樾曰：「入」字衍文。上文云「司馬喜新與季辛惡」，與此條情事相同，文法亦一律。此云「陳需新不善犀首」，猶彼云「司馬喜新與季辛惡」也。⊙松皐圓曰：自楚入魏。⊙劉文典曰：案下文：「濟陽君有少庶子者，不見知，欲入愛於君者」，「入」字正與此文一例。俞説未確。⊙奇猷案：劉説是。此文當以「陳需新入」為句。陳需，亦見下文。

〔三〕奇猷案：微借為密，下同，説詳上。

〔四〕顧廣圻曰：張壽，張旄也。陳需，田需也。大致與戰國楚策所云「張旄果令人要靳尚刺之」為一事，傳之不同也。⊙王先謙曰：上言犀首走，此誅之，疑逐之之誤。⊙尹桐陽曰：誅，責也。⊙奇猷案：尹説是。上文「因誅夷射而殺之」，誅，亦責也可證。

中山有賤公子，馬甚瘦，車甚弊。左右有私不善者，乃為之請王曰〔一〕：「公子甚貧，馬甚瘦，王何不益之馬食？」王不許。左右因微令夜燒芻廄〔二〕。王以為賤公子也，乃誅之。

〔一〕王先慎曰：「請」下當有「於」字。⊙奇猷案：「於」字可省。

〔二〕顧廣圻曰：「廄」當依上文作「廥」。

魏有老儒而不善濟陽君〔一〕。客有與老儒私怨者，因攻老儒殺之以德於濟陽君，曰：「臣為其不善君也，故為君殺之。」濟陽君因不察而賞之〔二〕。

〔一〕顧廣圻曰：今本無「而」字，誤也。
〔二〕王先慎曰：謂不察客固有私怨也。

一曰。濟陽君有少庶子，有不見知，欲入愛於君者〔一〕。齊使老儒掘藥於馬梨之山。濟陽少庶子欲以為功，入見於君曰：「齊使老儒掘藥於馬梨之山，名掘藥也，實閒君之國。君殺之〔二〕，是將以濟陽君抵罪於齊矣〔三〕。臣請刺之。」君曰：「可。」於是明日得之城陰而刺之。濟陽君還益親之〔四〕。

〔一〕顧廣圻曰：「少」上「有」字當作「之」。⊙王先慎據趙本改下「有」字為「者」。⊙津田鳳卿曰：上者字（猷案：即趙本「者」字）疑衍。⊙松皐圓曰：下「有」字從趙本作「者」字，曰：山曰：「『君』下『者』字，『也』之誤。」⊙奇猷案：下「有」字讀又，趙本作「者」誤。又案：此節舊連上，今提行。
〔二〕王先謙曰：「殺之」上當有「不」字，無則義不可通。⊙奇猷案：王説是。
〔三〕陶鴻慶曰：案此對濟陽君言，不當有「濟陽」二字，蓋衍文。
〔四〕王先慎曰：「益」字疑衍。上文少庶子不見知，欲入愛於君，是濟陽君初不親少庶子也，刺老儒，君還親之，則「親」上不當有「益」字。還，音旋。⊙奇猷案：王説是。

說四——陳需，魏王之臣也，善於荆王，而令荆攻魏。荆攻魏，陳需因請為魏王行解之〔一〕，因以荆勢相魏。

〔一〕王先慎曰：解，和也。本書多用「搆」字。⊙奇猷案：陳需，見前。

韓昭侯之時，黍種嘗貴甚〔一〕。昭侯令人覆廩〔二〕，吏果竊黍種而糶之甚多。

〔一〕王先慎改「甚」為「尠有」二字，曰：各本「尠有」二字作「甚」，據藝文類聚八十五引改。謂民間尠有黍種也。⊙奇猷案：王改非也。黍種貴甚，當然是黍種少，何須再拖一句「尠有」？外儲説左上篇「紫貴甚」，與此同例，亦不言少有也。又案：「嘗」，吴鼒本作「常」，今從四部叢刊本。

〔二〕奇猷案：爾雅釋詁：「覆，審也。」藝文類聚八十五、御覽八百四十二引重「廩」字，王先慎據之增，非。下句「吏」，即謂廩吏也。

昭奚恤之用荆也〔一〕，有燒倉廥窌者〔二〕，而不知其人。昭奚恤令吏執販茅者而問之，果燒也〔三〕。

〔一〕尹桐陽曰：昭姓，奚恤名，楚宣王時為令尹。⊙奇猷案：見楚策。

〔二〕顧廣圻曰：「窌」，當作「窌」。⊙松皐圓曰：山云：「窌，疑窌字誤。」按荀子有「困窌」，注：「窌，窖也。」地藏曰窖。窌，匹貌切。⊙太田方曰：「窌」疑「窌」之譌。周禮考工記注：「穿地曰窌。」管子輕重篇云：「里有積五窌。」⊙奇猷案：作「窌」是。字書無「穽」字。

〔三〕王先謙曰：「果燒」下疑有「者」字。

昭僖侯之時〔一〕，宰人上食而羹中有生肝焉。昭侯召宰人之次而誚之曰：「若何為置生肝寡人羹中？」宰人頓首服死罪，曰：「竊欲去尚宰人也〔二〕。」

〔一〕尹桐陽曰：昭僖侯，韓昭侯也。韓策及呂覽謂之昭釐侯。釐、僖聲轉通用。⊙奇猷案：呂覽見審為篇。

〔二〕焦竑曰：秦置六尚，又有尚沐、尚席。古字少，故多省文以轉注。合周禮之言，則諸「尚」字皆古「掌」字省文。

一曰〔一〕。僖侯浴，湯中有礫。僖侯曰：「尚浴免則有當代者乎？」左右對曰：「有。」僖侯曰：「召而來〔二〕。」譙之曰：「何為置礫湯中？」對曰：「尚浴免，則臣得代之，是以置礫湯中。」

〔一〕奇猷案：舊連上，今提行。

〔二〕奇猷案：而，猶其也，詳二柄篇。

文公之時〔一〕，宰臣上炙而髮繞之〔二〕。文公召宰人而譙之曰〔三〕：「女欲寡人之哽邪？』奚為以髮繞炙？』宰人頓首再拜請曰：「臣有死罪三〔四〕：援礪砥刀，利猶干將也，切肉，肉斷而髮不斷，臣之罪一也；援木而貫臠而不見髮〔五〕，臣之罪二也；奉熾爐，炭火盡赤紅〔六〕，而炙熟而髮不燒〔七〕，臣之罪三也。堂下得無微有疾臣者乎〔八〕？」公曰：「善。」乃召其堂下而譙之〔九〕，果然，乃誅之。

〔一〕奇猷案：松皐圓纂聞於文公上補「晉」字，是，當從之。

〔二〕王先慎曰：意林「而」下有「有」字。⊙奇猷案：此不必有「有」字，意林誤。

〔三〕王先慎曰：藝文類聚十七引「譙」作「誚」，下同。⊙奇猷案：「誚」為「譙」之古文，見說文。

〔四〕王先慎曰：各本無「臣」字，今據藝文類聚、意林補。⊙奇猷案：王補「臣」字是，今從之。無「臣」字則義不足。下三曰「臣之罪」，明此當有「臣」字。

〔五〕奇猷案：禮雜記云「枇以桑」，鄭注：「枇所以載牲體者也。此謂喪祭也，吉祭枇用棘。」是古者貫肉以木也。王氏集解據藝文類聚及意林引改「木而」二字作「錐」，失之。

〔六〕太田方曰：藝文類聚、事文類聚、淵鑑類函「髮」條「熾」作「炙」。⊙奇猷案：「奉熾爐」句，「炭」字屬下。周禮考工記鍾氏「三月而熾之」，鄭注：「熾，炊也。」此文蓋謂奉炊爨之爐以烤肉，爐中之炭火皆赤紅色。王氏集解據藝文類聚及意林引改「火」為「肉」，未可從。

〔七〕奇猷案：上「而」字當作「肉」，形近而誤。「炙」字當衍。燒，謂焚燒也。後人不知「肉」誤為「而」，遂增「炙」字以成文，殊不知「炙」為熟肉，作「炙熟」則不辭矣。王氏集解據藝文類聚引删「而」字、改「燒」為「焦」，未確。

〔八〕顧廣圻曰：「堂下得財無微有疾臣者乎」，今本無「財」字。按句有誤。⊙王引之曰：「無」字後人所加。得微，即得無也。邶風式微傳云:「微,無也。」晏子春秋雜篇云「諸侯得微有故乎,國家得微有事乎」,莊子盜跖篇曰「得微往見跖耶」,皆其證也。後人加「無」字於「微」字之上,而其義遂不可通矣。⊙王先慎删「財無」二字,曰:王説是。藝文類聚引作「堂下得微有嫉臣者乎」。疾、嫉古通。⊙奇猷案:今本無「財」字是,今據删。微借為密,詳上。堂下得無微有疾(同嫉)臣者乎,猶言堂下得無秘密有嫉臣之人乎。王氏不知微借為密,遂以「微」為衍文,非是。

〔九〕王先慎删「堂」字,曰:按「堂」字衍。召其下,謂召其次也。藝文類聚引正無「堂」字。⊙奇猷案:説文:「堂,殿也。」堂下,蓋謂殿堂下之人,非必謂宰臣之次也。上文言「堂下」可證。王氏删「堂」字非。

一曰〔一〕。晉平公觴客,少庶子進炙而髮繞之。平公趣殺炮人,毋有反令。炮人呼天曰:「嗟乎!臣有三罪,死而不自知乎〔二〕?」平公曰:「何謂也?」對曰:「臣刀之利,風靡骨斷而髮不斷,是臣之一死也;桑炭炙之〔三〕,肉紅白而髮不焦〔四〕,是臣之二死也;炙熟又重睫而視之,髮繞炙而目不見,是臣之三死也。意者堂下其有翳憎臣者乎?殺臣不亦蚤乎〔五〕!」

〔一〕奇猷案:舊連上,今提行。

〔二〕王先慎曰:御覽八百六十三引「死而」作「而死」。⊙陶鴻慶曰:「罪死」當作「死罪」,下云一死、二死、三死是其證。⊙奇猷案:「罪」字句絶。死而不自知,猶言此三罪宜死而不自知。御覽誤,陶説非。

〔三〕太田方曰：詩「樵彼桑薪」，朱傳：「桑薪，薪之善者。」是桑炭亦炭之善者也。

〔四〕奇猷案：御覽引「焦」作「燒」。案焦，謂焦爛。

〔五〕王先慎曰：御覽引無「翳」字，「蚤」作「杔」。⊙奇猷案：翳，蔽也。楚辭九歌遠逝「石嵾嵯以翳日」，翳，亦蔽也可證。是「翳」與上文「微」義近，亦有秘密之義。故翳憎臣者，與上微疾臣者義同。御覽删「翳」字，非。

穰侯相秦而齊强。穰侯欲立秦為帝而齊不聽，因請立齊為東帝而不能成也〔一〕。

〔一〕顧廣圻曰：「而不」，當作「而乃」。⊙松皐圓曰：史表：秦昭王十九年十月與齊湣王稱帝，十二月復皆稱王。⊙奇猷案：此章所列史事皆人臣借故成姦私者。今稱帝二月而復王，是不成也。稱帝不成，故穰侯之姦私亦不得逞。如顧説，則下「而」字為羡文。

説五——晉獻公之時，驪姬貴，擬於后妻，而欲以其子奚齊代太子申生，因患申生於君而殺之〔一〕，遂立奚齊為太子〔二〕。

〔一〕王先慎曰：「患」當作「惡」。

〔二〕奇猷案：春秋僖五年春，晉侯殺其世子申生，九年冬，晉里克殺其君之子奚齊。

鄭君已立太子矣〔一〕，而有所愛美女欲以其子為後。夫人恐，因用毒藥賊君殺之。

〔二〕奇猷案：鄭君疑即指韓君。韓非多以鄭君稱韓君，詳說林上。下文「鄭君問鄭昭曰：太子亦何如」云云，與此當為一事。

衛州吁重於衛，擬於君，群臣百姓盡畏其勢重。州吁果殺其君而奪之政〔一〕。

〔一〕奇猷案：事詳左傳隱三年及四年。經云「衛州吁殺其君完」。完，衛桓公名。

公子朝，周太子也，弟公子根甚有寵於君。君死，遂以東周叛，分為兩國〔一〕。

〔一〕顧廣圻曰：本書難三篇「朝」作「宰」。史記周本紀云「威公卒，子惠公代立，乃封其少子於鞏以奉王，號東周惠公」，即其事。索隱云：「名班。」與此不同。⊙松皐圓曰：說疑篇「周威王身殺，國分為二」，豈即此耶？又國語：「王子朝，景王之長庶子也。」左傳「王子朝據王城曰西王，敬王居狄泉曰東王」，與此所記亦頗相類。⊙奇猷案：詳說疑篇注。

楚成王以商臣為太子，既而又欲置公子職。商臣作亂，遂攻殺成王〔一〕。

〔一〕奇猷案：此事見左文元年傳。

一曰。楚成王商臣為太子〔一〕，既欲置公子職。商臣聞之〔二〕，未察也，乃為其傅潘崇曰〔三〕：「奈何察之也？」潘崇曰：「饗江芊而勿敬也〔四〕。」太子聽之。江芊曰：「呼役夫！宜君王之欲廢女而立職也。」商臣曰：「信矣。」潘崇曰：「能事之乎？」曰：「不能。」「能為之諸侯乎〔五〕？」曰：「不能。」「能舉大事乎？」曰：「能。」於是乃起宿營之甲而攻成王〔六〕。成王請食熊膰而死，不許，遂自殺〔七〕。

〔一〕「楚成王」下王先慎曰：此下當有「以」字。⊙松皋圓補「以」字，曰：從山氏補「以」字。⊙奇猷案：舊連上，今提行。又案：有「以」字是。

〔二〕奇猷案：「臣」原作「人」，據趙本改。

〔三〕王先慎曰：為、謂字通。說文：「察，覆審也。」

〔四〕奇猷案：據左傳「芊」當作「芈」，下同。杜注云：「江芈，成王妹，嫁於江。」

〔五〕俞樾曰：「為」字衍文。能之諸侯乎，言能適諸侯乎。左傳作「能行乎」是其證也。⊙奇猷案：俞說是，松皋圓說同。

〔六〕顧廣圻曰：左傳云：「宮甲。」⊙奇猷案：周禮修閭氏「宿互欜者」，注：「宿，宿衛也。」

〔七〕奇猷案：左傳杜注云：「熊膰難熟，望久將有外救。」

韓廆相韓哀侯〔一〕，嚴遂重於君，二人甚相害也。嚴遂乃令人刺韓廆於朝，韓廆走君而抱之，遂刺韓廆而兼哀侯〔二〕。

〔一〕顧廣圻曰：說林上篇及韓策「廆」作「傀」，同字。哀侯即世家之烈侯，世本謂之武侯，戰國策及此謂之哀侯，各不同。事在三年，與世家之哀侯非一人也。⊙奇猷案：吴師道注韓策改哀侯為烈侯是也。史記韓世家：「烈侯三年，聶政殺韓相俠累（索隱引高誘曰：韓傀，俠侯累也）。十三年，烈侯卒，子文侯立，十年卒，子哀侯立。六年，韓嚴弑之。」則聶政刺韓廆事與哀侯無涉，此哀侯當為烈侯甚明。并詳說林上篇注。

〔二〕松皐圓「兼」下補「中」字，曰：從國策補。「侯」下一有「亡」字，蓋「中」訛「亡」，因誤倒也。⊙奇猷案：松說非。兼，猶言兼刺。趙本「侯」下有「亡」字，誤。

田恒相齊，闞止重於簡公，二人相憎而欲相賊也。田恒因行私惠以取其國，遂殺簡公而奪之政〔一〕。

〔一〕松皐圓曰：山曰：「事見左哀六年及十四年。」⊙奇猷案：說林上云：「簡公兩用田成、闞止而簡公殺。」史記田齊世家：「田常成子與監止（即闞止）俱為左右相，相簡公。田常心害監止。監止幸於簡公，權弗能去。於是田常復修釐子之政，以大斗出代，以小斗收，遂殺簡公。」本書二柄篇亦載田常行惠事。

戴驩為宋太宰，皇喜重於君，二人爭事而相害也。皇喜遂殺宋君而奪其政〔一〕。

〔一〕奇猷案：皇喜即二柄篇、外儲說右下及說疑篇之司城子罕。「殺」應作「劫」，皆詳二柄篇。

狐突曰：「國君好內則太子危，好外則相室危〔一〕。」

〔一〕太田方曰：狐突，字伯行，晉文公外祖父也。晉語：「狐突諫曰：突聞之，國君好艾大夫殆，好內適子殆」，韋注：「好內，多嬖妾也。嬖妾專寵，故適子殆。艾當為外，聲相似誤也。好外，多嬖臣也。嬖臣害正，故大夫殆。」案：時狐突傅太子申生，獻公立驪姬為夫人而國多憂，狐突稱疾不出六年，故稱此古語。⊙俞正燮曰：晉語云「國君好艾，大夫殆」，韋注云：「艾當為外，聲相似誤也。」下云「好內，適子殆」。外、內相對成文。且證以韓非此文，韋說可立。然「艾」自有其義。晉語云「國君好艾」，孟子云「慕少艾」，趙策「魏牟云：與幼艾」，屈原九歌云「擁幼艾」，不得以為外也。艾，冶也。謂少年肯自修飾，或過中男，艾與女冶同義，冶亦言修飾鎔液過中。（癸巳存稿補遺）⊙奇猷案：俞引孟子見萬章上篇，趙岐注云：「艾，美好也。」案仍當從韋說。相室、大夫皆男性，故艾訓冶、訓美好皆不洽。

鄭君問鄭昭曰〔一〕：「太子亦何如？」對曰：「太子未生也。」君曰：「太子已置而曰『未生』，何也？」對曰：「太子雖置，然而君之好色不已，所愛有子，君必愛之，愛之則必欲以為後，臣故曰太子未生也。」

〔一〕奇猷案：上文有「鄭君已立太子」云云，與此當為一事。鄭君疑即韓君，說詳上。

說六——文王資費仲而游於紂之旁〔一〕，令之諫紂而亂其心〔二〕。

〔一〕王先慎曰：喻老篇資費仲以玉版。

〔二〕盧文弨曰：「諫」，凌本作「閒」。案顔氏家訓音辭篇：「穆天子傳音諫為閒，蓋穆天子傳『道里悠遠山川諫之』下郭璞注也。今本乃改正文作『閒』，注作『閒音諫』，殊誤。」此書亦是以「諫」為「閒」，凌本遽改作「閒」，其誤亦同。

荆王使人之秦，秦王甚禮之。王曰：「敵國有賢者，國之憂也。今荆王之使者甚賢，寡人患之。」羣臣諫曰〔一〕：「以王之賢聖與國之資厚，願荆王之賢人〔二〕。王何不深知之而陰有之〔三〕。荆以為外用也，則必誅之〔四〕。」

〔一〕奇猷案：凌本無「諫」字，妄删也。

〔二〕物双松曰：「願」，當作「患」，聲之誤也。⊙尹桐陽曰：願，念也。⊙奇猷案：「願」字不誤。荀子榮辱篇楊倞注：「願，猶慕也。」

〔三〕王先謙曰：深知之，猶言深結之。⊙王先慎曰：「陰」當作「陽」，字之誤也。陽與佯通。⊙蒲阪圓曰：陰有之，東周策注：「有，言善之。」按此疑脱「善」字。有，音又。下文「陰又善荆王左右」。⊙太田方曰：左昭四年傳「公孫明知叔孫於齊」，注：「相親也。」⊙吴汝綸曰：陰有之，若隱然據以為臣也，乃反間也。「有」，或為「友」字之誤。⊙奇猷案：吴以陰為隱，是。陰有之，謂陰與之相通，猶有之也。

〔四〕奇猷案：誅，責也，詳上。

仲尼為政於魯，道不拾遺，齊景公患之。黎且謂景公曰〔一〕：「去仲尼猶吹毛耳。君何不迎之以重禄高位，遺哀公女樂以驕榮其意〔二〕。哀公新樂之，必怠於政。仲尼必諫，諫必輕絶於魯〔三〕。」景公曰：「善。」乃令犂且以女樂二八遺哀公〔四〕，哀公樂之，果怠於政。仲尼諫，不聽，去而之楚〔五〕。

〔一〕盧文弨曰：孫云：「後漢書馮衍傳注引作犂鋤。」⊙顧廣圻曰：上文作「黎」，下文作「犂」，犂是也。今本皆作「黎」，非。史記孔子世家作犂鉏。⊙王先慎曰：御覽四百七十八引作「黎鉏」，意林作「黎且」。⊙奇猷案：黎與犂、鉏與且同音，當可假借。「鋤」字疑誤。

〔二〕盧文弨曰：「哀」字譌。後漢書注引「君何不遺魯君以女樂」。此在定公時，云哀公皆誤。⊙王渭曰：「榮」當作「熒」，下文「以榮其意」同。⊙王先慎曰：哀公，後漢注引同，明此韓非子傳聞偶誤，非字譌也。後漢注上作「定」，下作「哀」，不足為據。⊙奇猷案：王渭説是，太田方、松皐圓説同。熒通營，惑也。

〔三〕「諫」下盧文弨曰：後漢書注引有「而不聽」三字。

〔四〕盧文弨曰：「六」字疑「二八」兩字之譌。太平御覽五百七十一引家語作「好女子二八」，今家語作「八十」，疑後人以史記之文改之。八十人太多，六人太少，即非二八，亦是八人方成舞列。下晉遺虞亦同。⊙王先慎改「六」為「二八」，曰：「六」字乃「二八」二字之誤，御覽四百七十八引正作「二八」。⊙奇猷案：王改是，今從之。女樂二八，乃先秦之制，考詳十過篇。

〔五〕王先慎曰：後漢注作「遂去之」三字，御覽引作「去而之齊」。

楚王謂干象曰〔一〕：「吾欲以楚扶甘茂而相之秦，可乎？」干象對曰：「不可也。」王曰：「何也？」曰：「甘茂少而事史舉先生。史舉，上蔡之監門也，大不事君，小不事家，以苛刻聞天下。茂事之順焉。惠王之明，張儀之辨也，茂事之，取十官而免於罪，是茂賢也。」王曰：「相人敵國而相賢〔二〕，其不可何也？」干象曰：「前時王使邵滑之越〔三〕，五年而能亡越〔四〕。所以然者，越亂而楚治也。日者知用之越〔五〕，今亡之秦〔六〕，不亦太亟忘乎！」王曰：「然則為之奈何？」干象對曰：「不如相共立〔七〕。」王曰：「共立可相，何也？」對曰：「共立少見愛幸，長為貴卿，被王衣〔八〕，含杜若，握玉環，以聽於朝，且利以亂秦矣。」

〔一〕顧廣圻曰：史記甘茂傳作范蜎，徐廣云「一作蠉」，索隱云「戰國策一作『蝝』字」，今楚策作「環」。⊙王先慎曰：汲古閣文選過秦論李注引「干象」作「于象」，干、于字形相近而誤。吳鼒云：「宋槧一卷中前作『于』，後作『干』」，查姓氏急就篇注：楚有干象，不誤。」

〔二〕王先慎曰：「賢」上「相」字衍。⊙奇猷案：王說是。「敵」上當有「於」字。

〔三〕顧廣圻曰：徐廣云：「滑，一作涓。」策無「邵」字。⊙王先慎曰：史記甘茂傳作「召」，賈誼新書亦作「召」，秦本紀作「昭」，楚策作「卓」，趙策作「淖」。召、昭、卓、淖皆一聲之轉。李善文選過秦論注引此亦作「召」。召、邵古通。

〔四〕王先慎曰：文選注引「亡越」作「盛之」。⊙奇猷案：下文云「且利以亂秦矣」，是相人於敵國者，欲以亂亡之。作「盛之」，誤。

〔五〕王先謙曰：「日」字疑「昔」脱其半。⊙高亨曰：漢書高帝紀「日者荆王兼有其地」，卜式傳「日者北邊有釁」，韓延壽傳「日者燕王為無道」，顏俱注云：「日者，猶言往日也。」呂氏春秋重言篇「日者臣望君之在臺上也」，其義亦同。集解謂「日」為「昔」譌，失之。

〔六〕顧廣圻曰：兩「亡」字當依策作「忘」。⊙王先慎改「亡」為「忘」，曰：張榜本作「忘」。⊙奇猷案：亡、忘古通，本書多以「亡」為「忘」，詳難三篇，不必改字。

〔七〕舊注：共立，一云公子赫。⊙顧廣圻曰：策作公孫赫。史記云向壽，不同也。

〔八〕俞樾曰：「王」當作「玉」。三國志魏文帝紀注云「舜承堯禪，被珍裘玉衣」，猶云珍裘矣。古人於美好之物皆曰玉，食言玉食，衣言玉衣，其義同也。此與下文之「握玉環」本同作「王」，後人不解而臆改耳。⊙劉文典曰：案古書無以「玉衣」二字連文者，未可以「珍裘」二字推之，遂謂衣之美好者必言玉衣也。且「王衣」改為「玉衣」，與下文之「玉環」相複，古人行文不爾也。「王衣」疑是王所賜之衣。或共立少見愛幸，衣服奢侈僭擬於王者耳。俞氏改字釋之，其失也鑿矣。⊙奇猷案：王衣，即秦王之衣。楚策云：「公孫赫之於秦王親也，少與之同衣，長與之同車，被王衣以聽事。」既云少與秦王同衣，則被王衣當即指秦王之衣也。劉說亦未塙。

吳政荆〔一〕，子胥使人宣言於荆曰：「子期用，將擊之。子常用，將去之。」荆人聞之，因用子常而退子期也〔二〕。吳人擊之，遂勝之。

〔一〕奇猷案：政與征通，伐也。王氏集解據趙本改作「攻」，非。

〔二〕松皋圓曰：子期，公子結也。忌其賢，故閒之。子常，囊瓦也。柏舉之敗奔鄭。

晉獻公伐虞、虢〔一〕，乃遺之屈產之乘，垂棘之璧，女樂二八，以榮其意而亂其政〔二〕。

〔一〕盧文弨曰：伐虞、虢，一本作「欲伐虞」。案：經是虞、虢。⊙王先慎改為「欲伐虞、虢」，曰：乾道本脱「欲」字，一本脱「虢」字耳，御覽三百五、又四百七十八、五百六十八引作「欲伐虞、虢」。⊙奇猷案：此泛指獻公伐虞、虢事，故簡述一語「晉獻公伐虞、虢」。事詳十過篇。又案：舊連上，今提行。

〔二〕奇猷案：「二八」舊作「六」，據御覽引改。「榮」當作「熒」。考均詳上。

叔向之讒萇弘也〔一〕，為書曰：「萇弘謂叔向曰〔二〕：子為我謂晉君，所與君期者，時可矣，何不亟以兵來？」因佯遺其書周君之庭而急去行〔三〕。周以萇弘為賣周也，乃誅萇弘而殺之〔四〕。

〔一〕王渭曰：困學紀聞謂此時叔向死已久。⊙王先慎曰：説苑權謀篇記誅萇弘事與本書略同，蓋古人相傳偶異也。

〔二〕盧文弨曰：「為書曰萇弘」，誤，凌本作「為萇弘書」。⊙奇猷案：盧説非也。下文「子為我」云云，乃所為書之辭，而著書者恐讀者不明子我為誰，故書「萇弘謂叔向曰」六字，以醒下文，蓋古時行文如此。説苑權謀篇「因佯遺書曰萇弘謂叔向曰子起晉國之兵」云云，與此行文正同。王先慎據盧説改，非。

〔三〕王先慎曰：「行」字當衍。⊙于省吾先生曰：按王説非是。去與行義相因，古人文字不避複也。⊙奇猷案：于先生説是。吕氏春秋離俗篇云「平阿之餘子去行，心猶不自快」，即有「去行」連文之例，是古語如此也。

〔四〕盧文弨曰：凌本無此三字。⊙王先謙曰：「而殺之」三字句例見前，凌本妄删。⊙王先慎曰：難言篇云「萇宏分胣」。

鄭桓公將欲襲鄶〔一〕，先問鄶之豪傑良臣辯智果敢之士，盡與其姓名〔二〕，擇鄶之良田賂之，為官爵之名而書之。因為設壇場郭門之外而埋之〔三〕，釁之以鷄豭，若盟狀。鄶君以為內難也，而盡殺其良臣。桓公襲鄶，遂取之。

〔一〕顧廣圻曰：他書「鄶」又作「檜」「會」。⊙于省吾先生曰：按「鄶」古本作「會」。員卣「員從史肇伐會」是其證。

〔二〕盧文弨曰：張本無「與」字，凌本作「盡與其名姓」。⊙顧廣圻曰：「盡與」，說苑權謀篇作「書其」。⊙俞樾曰：與，當作舉。周官師氏「王舉則從」，注曰：「故書舉為與」，是其例也。襄二十七年左傳「仲尼使舉是禮也」，釋文引沈云：「舉謂紀録之也」。然則盡舉姓名，為悉記録其姓名矣。⊙奇猷案：藏本「與」下亦有「其」字，是，今據補。俞氏訓舉為紀録是也。然與、舉二字古本通用，不煩改字。墨子多以「與」為「舉」，如天志中「天下之君子與謂之不祥」，以「與」作「舉」是其例。

〔三〕顧廣圻曰：「理」當作「埋」。⊙王先慎改「理」為「埋」，曰：張榜本作「埋」。⊙奇猷案：作「埋」是，說苑正作「埋」，今據改。

七秦侏儒善於荊王〔一〕，而陰有善荊王左右而內重於惠文君〔二〕。荊適有謀，侏儒常先聞之以告惠文君。

〔一〕王先謙曰：「七」字不當有。⊙奇猷案：「七」字不當刪。蓋此下三事為後人所增入（說詳上），若刪此「七」字則更混淆不清矣。

〔二〕王先慎曰：有，讀為又。

鄴令襄疵〔一〕，陰善趙王左右。趙王謀襲鄴，襄疵常輒聞而先言之魏王。魏王備之〔二〕，趙乃輒還〔三〕。

〔一〕顧廣圻曰：乾道本、藏本此條在秦侏儒後（奇猷案：當作前），當譌倒也。⊙奇猷案：依經次當在此，今正。又案：呂氏春秋無義篇云「秦孝公薨，惠王立，公孫鞅以其私屬與母歸魏。襄疵不受」，即此襄庛。蓋鄴為魏之門户，自秦入魏所必經。襄疵為鄴令，正可拒公孫鞅，故公孫鞅不得入魏而返秦受誅也。竹書紀年「梁惠成王（即魏惠王）二十八年，穰庛帥師及鄭孔夜戰於梁赫，鄭師敗逋」，亦即此人。「襄」乃「穰」之省，疵、庛字通。周禮考工記車人「車人為耒庛」，鄭司農云：「庛，讀為『其顙有疵』之疵」，是其證。魏惠王二十八年，公孫鞅正在秦，其時代亦合，則穰庛之為襄疵無疑也。

〔二〕盧文弨曰：張、凌本皆重「魏王」二字。⊙奇猷案：藏本亦重「魏王」二字，今據補。王先慎據盧校補。

〔三〕王念孫曰：「輒還」，當作「輟行」。言趙王知魏之有備而止其行也。「輟」字既譌作「輒」，後人不得其解，故改「輒行」為「輒還」。不知上言趙謀襲鄴，則兵尚未出，不得言還也。⊙奇猷案：王說是。說林上「秦康公築臺三年」節「不如備之，戍東邊，荆人輟行」，與此文法同可證。

衛嗣君之時，有人於令之左右〔一〕。縣令有發蓐而席弊甚〔二〕，嗣公還令人遺之席曰〔三〕：「吾聞汝今者發蓐而席弊甚〔四〕，賜汝席。」縣令大驚，以君為神也。

〔一〕奇猷案：王氏集解據御覽七百九於「令」上補「縣」字，非。令即「縣令」之省文。

〔二〕奇猷案：有，猶或也，詳經傳釋詞。謂縣令或發蓐而席弊甚，非謂每發蓐皆如是也。王解據御覽删「有」字，非是。

〔三〕奇猷案：還，讀若旋。

〔四〕奇猷案：御覽引「甚」作「其」。若作「其」，則屬下為句。

韓非子新校注

（下册）

[戰國]韓非 著
陳奇猷 校注

上海古籍出版社

卷十一

外儲說左上第三十二〔一〕

一、明主之道，如有若之應密子也〔二〕。明主之聽言也美其辯〔三〕，其觀行也賢其遠，故羣臣士民之道言者迂弘，其行身也離世〔四〕。其說在田鳩對荆王也〔五〕。故墨子為木鳶，謳癸築武宮。夫藥酒用言，明君聖主之以獨知也〔六〕。

〔一〕王先慎曰：索隱云：「外儲，言明君觀聽臣下之言行以斷其賞罰。賞罰在彼，故曰外也。」⊙松皐圓曰：外者，對内之辭，因以別篇，不必在彼為解。⊙奇猷案：松說是。

〔二〕顧廣圻曰：藏本同。今本「密」作「宓」。案說作「宓」。宓、密同字。

〔三〕太田方曰：「明」，疑「世」之誤。⊙津田鳳卿曰：「明」宜作「暗」。一曰：「明」恐「時」之誤。⊙奇猷案：「明」當作「人」。明、人音近之誤。本書皆稱普通之主君為人主，如孤憤篇「故法術之士奚時得進，而人主奚時得悟乎」，是其例。

〔四〕王先謙曰：弘與閎同。「迂弘」與下「迂深閎大」同義。離世，謂遠於事情。⊙松皐圓曰：問辯篇：「亂世之聽言也，以難知為察，以博文為辯；其觀行也，以離羣為賢，以犯上為抗。」

〔五〕奇猷案：田鳩即田俅。漢志墨家有田俅子三篇，班固自注「先韓子」。

〔六〕顧廣圻曰：藏本同。今本「君」作「在」，誤。⊙王先慎曰：「用」，張榜本作「無」。案「用」當作「忠」。「明君聖主」當作「知者明主」。謂藥酒忠言，知者明主之所以獨知也。下説「良藥苦於口，知者勸而飲之；忠言拂於耳，而明主聽之」，是其證。⊙陶鴻慶曰：案「用」乃「中」字之誤。中、忠古通用。「中」字古文作𠁧，與「用」相似，故「中」誤為「用」。説云「忠言拂於耳而明主聽之」是其證。⊙奇猷案：「用」作「中」是，高亨説同。又案：松皐圓、太田方皆曰「以，一作所」。案此當作「所以」，脱「所」字。

二、人主之聽言也，不以功用為的〔一〕，則説者多「棘刺」「白馬」之説；不以儀的為關，則射者皆如羿也〔二〕。人主於説也，皆如燕王學道也；而長説者，皆如鄭人爭年也。是以言有纖察微難而非務也〔三〕，故李、惠、宋、墨皆畫策也〔四〕；論有迂深閎大非用也〔五〕，故畏震瞻車狀皆鬼魅也〔六〕；言而拂難堅确非功也〔七〕，故務、卞、鮑、介、墨翟皆堅瓠也〔八〕。且虞慶詘匠也而屋壞〔九〕，范且窮工而弓折。是故求其誠者，非歸餉也不可〔一〇〕。

〔一〕王先慎曰：「用為」，張榜本作「為用」，誤。此與下「不以儀的為關」相對為文。

〔二〕王先慎曰：儀，準也，見國語周語注。⊙太田方曰：關，貫通。儀禮鄉射禮「不貫不釋」，注：「貫，猶中也。」⊙奇猷案：關，衡也，詳下劉師培説。

〔三〕王先謙曰：以下文例之，「而」字當衍。

〔四〕顧廣圻曰：「李」，當作「季」。季良、惠施、宋鈃、墨翟也。⊙太田方曰：「李」當為「季」，荀子成相篇「愼、墨、季、惠百家之說誠不詳」是也。注：「或曰：季，即莊子云『季真之莫為者也。』又曰『季子聞而笑之。』韓侍郎云：『季梁也。』列子曰：季良，楊朱之友也。」或以為李悝、李克，皆非也。⊙松皐圓曰：李，李克。山曰：「李悝也。」圓謂荀注無適一之說，以此例彼，「季」乃「李」字訛。⊙物双曰：李，李聃也。⊙奇猷案：李，即指李克。漢書藝文志儒家有李克七篇，班固自注云：「子夏弟子。」案韓子蓋以儒者為好辯，本書屢見，顯學篇「子貢辯智而魯削。以是言之，夫仁義辯智，非所以持國也」，是其一例。五蠹篇又以儒、墨並非。則李為李克殆無疑也。宋即宋榮子，見顯學篇，當亦墨家學者。惠，惠施。墨，墨翟。又案：「策」，當作「莢」，詳下。

〔五〕顧廣圻曰：今本「有」下有「迂」字。⊙奇猷案：今本是，今據補。

〔六〕顧廣圻曰：「畏」，當作「魏」，魏牟也，聲近誤。「震」，當作「處」。瞻何，莊子讓王篇釋文云「瞻子，賢人也」，淮南作「詹」。「車」，當作「陳」，陳駢也，形近誤。「狀皆」當作「皆狀」。⊙尹桐陽曰：震，同慎，慎到也。⊙奇猷案：顧以「畏」為「魏」，「瞻」指瞻何，「車」當作「陳」，是也。案「震」疑「長」形近誤，「長」，長盧子，漢志道家有長盧子九篇。「狀」當為「莊」，形近誤，周禮考工記㮚氏「凡鑄金之狀」，鄭注「故書狀作莊」，是狀、莊易譌。「莊」，莊周。魏牟，即魏公子牟。漢志道家有公子牟四篇，原注：「先莊子，莊子稱之。」荀子非十二子斥之曰「禽獸行」。瞻同詹，詹何，本書解老篇斥為「愚之首」，淮南原道訓「加之以詹何、娟嬛之數」，則詹何亦道家。陳同田，漢志道家有田子二十五篇，原注「名駢，齊人」，史記孟荀傳：「田駢學黃老道德之術。」莊周亦道家，史遷記其言曰：「我寧游戲於污瀆之中自快。」觀上可知魏牟、詹何、田駢、莊周等道家，其言其行皆怪異，故此斥之為鬼魅。據此亦可明「震」當作「長」。顧以「震」為「處」。處子，漢志列在法家，與此皆言道家不合。又：此疑魏、晉時文士喜誦此內外儲說（詳舊注考），但又信道教，為其宗師諱，遂改此五字。

〔七〕顧廣圻曰：「言而」，當作「行有」。⊙奇猷案：顧説是，太田方説同。

〔八〕顧廣圻曰：務光、卞隨、鮑焦、介之推也。「墨翟」二字有誤，或當作申徒狄。⊙王先慎曰：「墨翟」，即「田仲」之譌。下説「屈穀獻堅瓠於田仲」，即此。⊙奇猷案：顧説是。墨翟已見上晝策者，此不當重出，且與務、卞、鮑、介不同類。疑「墨翟」為「伯夷」之誤。姦劫弒臣篇謂「武王讓以天下而不受」，則其行與務、卞同，説疑篇以伯夷與務、卞並舉，皆其證。

〔九〕王先慎曰：「也」字衍文。此與下句相對成文，不當有「也」字。

〔一〇〕王先慎曰：「餉」，下説作「饟」，字同。

三、挾夫相為則責望〔一〕，自為則事行〔二〕。故父子或怨譟〔三〕，取庸作者進美羹〔四〕。説在文公之先宣言，與句踐之稱如皇也〔五〕。故桓公藏蔡怒而攻楚，吴起懷瘳實而吮傷〔六〕。且先王之賦頌，鍾鼎之銘，皆播吾之迹〔七〕，華山之博也〔八〕。然先王所期者利也〔九〕，所用者力也。築社之諺目辭説也〔一〇〕。請許學者而行宛曼於先王〔一一〕，或者不宜今乎？如是不能更也〔一二〕。鄭縣人得車厄也〔一三〕，衛人佐弋也〔一四〕，卜子妻寫弊袴也〔一五〕，而其少者也〔一六〕。先王之言，有其所為小而世意之大者，有其所為大而世意之小者，未可必知也〔一七〕。説在宋人之解書，與梁人之讀記也。故先王有郢書而後世多燕説。夫不適國事而謀先王，皆歸取度者也〔一八〕。

〔一〕顧廣圻曰：藏本同。今本「挾夫」作「夫挾」，誤。

〔二〕太田方曰：挾，爾雅「藏也」，公羊傳注「懷也」。⊙奇猷案：解老篇云：「仁者，謂其中心欣然愛人也，生心之所不能已也，非求其報也。」然則求其報者必生怨望之心。如父母養子，冀子長成而供養己，子必生怨望之心，故謂挾夫相為則責望。愼子云：「用人之自為，不用人之為我，則莫不可得而用矣。」又云：「人皆自為而不能為人，故君人者使其自為用而不使為我用。」

〔三〕顧廣圻曰：「譟」，當依說作「譙」。⊙奇猷案：顧說是，松皐圓、太田方說同。

〔四〕松皐圓曰：取庸作，謂欲得傭作之功也。中山策吳注「此書『取』字多為與之善而得其心之義也」，此「取」字亦然。

〔五〕趙用賢曰：如皇，臺名。⊙松皐圓曰：「如皇」乃「姑蘇」二字殘缺而然。⊙奇猷案：如皇，疑姑蘇臺之別名。

〔六〕王先愼曰：張榜本「挾夫」至此脫，下「且」字作「夫」。案「實」疑「士」之聲近而誤。懷瘳士，謂欲士之病愈也。⊙陶鴻慶曰：案實，讀為「義於名而利於實」之實。「瘳」當為「戰」字之誤。懷戰實而吮傷，謂欲得戰士死力故吮其傷，與藏蔡怒而攻楚意義相類。因「戰」誤為「戮」，淺人見下有「吮傷」之文，肊改為「瘳」，則文不成義。商子徠民篇云「此其損敵也，與戰勝同實」，即「戰實」二字之證。⊙奇猷案：陶說是。

〔七〕顧廣圻曰：「播」，藏本、今本作「潘」，他書又作「番」。⊙王先愼曰：張榜本作「潘」云：「當作番」。案播、潘、番古字通用。⊙奇猷案：播吾，解詳後。

〔八〕王先謙曰：下「然」字當在「也」上，誤倒。⊙奇猷案：然乃轉語辭，非誤倒。

〔九〕王先愼曰：張榜本無「然」下二十二字。

〔一〇〕王先謙曰：「目」乃「自」之誤。言晉文自辭說。⊙王先愼曰：趙本「社」作「杜」，譌，下說正作「社」。⊙奇猷案：「目」疑「㠯」之譌，㠯，古文以。辭讀若禮表記「故仁者之過易辭也」之辭，鄭注：「辭，猶解說也。」此文蓋謂以築社之諺而為解說也。松皐圓亦改「目」為「自」，與王說同。又案：藏本「社」作「杜」，誤。

〔一一〕太田方曰：宛、涴同，又與汗通。曼、謾、漫通。皆渺茫廣遠也。淮南子道應訓云：「吾與汗漫期於九垓之外」，注：「汗漫，不可知也。」⊙奇猷案：許，猶允許。學者，本書皆指儒、墨。

〔一二〕王先慎曰：「如是」以下三十字，張榜本無。

〔一三〕顧廣圻曰：藏本同。今本「厄」作「軛」，案說作「軛」。⊙王先慎曰：厄，即軛之通借字。

〔一四〕顧廣圻曰：藏本、今本「弋」下有「也」字。⊙奇猷案：依前後句例當有，今據補。王先慎亦據顧校補。

〔一五〕盧文弨曰：「寫」，趙本作「為」，俱譌。後作「象」。今定為「舄」，舄即象字，謂仿象也。⊙顧廣圻曰：「卜」當依說作「乙」。⊙奇猷案：「寫」字不誤。寫、象義同。十過篇「撫琴而寫之」，謂撫琴而仿象之也。日知録卷三十二考「寫」字甚詳，亦以寫為倣象之義，可參閱。又案：卜子，考詳下。王先慎據盧說改，非。

〔一六〕王先謙曰：語意不完，依說，「者」下奪「侍長者飲」四字。⊙物双松曰：即傳侍長者飲事而語意過簡，且傳買鱉事不見於經，或有缺文。⊙奇猷案：王、物說皆是。

〔一七〕顧廣圻曰：今本「小者」上有「之」字。⊙王先慎曰：張榜本無下「說」至「記也」十四字。⊙奇猷案：依上文例，「小者」上當有「之」字，今據今本補。迂評本亦有。王先慎亦從顧說補。

〔一八〕奇猷案：謀先王，謂圖與先王同也。

四、利之所在民歸之，名之所彰士死之。是以功外於法而賞加焉，則上不能得所利於下〔一〕；名外於法而譽加焉，則士勸名而不畜之於君〔二〕。故中章、胥己仕，而中牟之民弃田圃而隨文學者邑之半；平公腓痛足痺而不敢壞坐，晉國之辭仕託者國之錘〔三〕。此三士者〔四〕，言襲法則官府之籍也，行中事則如令之民也〔五〕，二君之禮太甚〔六〕；若言離法而行遠功，則繩外民也〔七〕，二君又何禮之？禮之當亡〔八〕。且居學之士〔九〕，國無事不用力，有難不被甲；禮之則惰修耕戰之功，不禮則周主上之法〔一〇〕；國安則尊顯，危則爲屈公之威〔一一〕；入主奚得於居學之士哉〔一二〕？故明王論李疵視中山也〔一三〕。

〔一〕王先慎曰：「信」，趙本作「能」。⊙陶鴻慶曰：當作「則下得利而人信於上」。⊙奇猷案：趙本「信」作「能」可通，迂評本、凌本亦作「能」，今據改。此文謂行不合法之賞則君不能得臣下之利。

〔二〕顧廣圻曰：今本「下畜」作「不畜」。⊙奇猷案：今本是。「下」即「不」之壞。今據今本改。迂評本、凌本亦作「不」。「之」字亦當衍。雖一篇所舉小臣稷，即此文之例。

〔三〕顧廣圻曰：藏本「記」作「託」，今本作「託慕」。案說作「託慕」。⊙俞樾曰：乾道本「託」誤作「記」，當從道藏本訂正。趙用賢本「託」下有「慕」字，則由誤讀下文而衍也。下文曰：「晉國之辭仕託，慕叔向者，國之錘矣。」此於「託」字絕句。仕謂仕者，託謂託者。襄二十七年左傳：「衛子鮮出奔晉，託於木門，終身不仕。」然則古人自有仕與託之兩途。凡託於諸侯者，君必有以養之，觀孟子可見，故曰辭仕託。蓋仕可辭，託亦可辭也。「慕叔向者」自為句。後人不達「託」字之義，誤以「託慕」連讀，遂於此文亦增入慕字耳。又「錘」字無義，疑古本止作「垂」。莊子逍遥游篇「其翼若垂天之雲」，崔譔曰：「垂，猶邊也。其大如天一面雲也」。然則國之垂，猶云國之一面，與上文「中牟之民弃田圃而隨文學者邑之半」文義一律。國之垂，猶邑之半。垂亦半也。今加「金」作「錘」，則不可通矣。⊙奇猷案：王先慎從俞説改，是，今從之改「記」為「託」。詭使篇「託伏深慮」，「託」與此文之「託」同義亦可證。淮南子原道訓云：「天下二垂歸之」，是亦以「垂」為一邊之證。作「錘」者，非誤字，乃同音通假耳。後文亦作「錘」。

〔四〕無門子曰：三士，中章、胥己、叔向。

〔五〕王先慎曰：中，音竹仲反。⊙太田方曰：籍，常典也。趙策「國有固籍」，又曰「子知官府之籍」，鮑注「籍，猶令甲」，吴注「固、故通。」

〔六〕陶鴻慶曰：案「之禮」二字當倒乙。下文云「二君又何禮之」，與此相應。後説云「叔向賢者。平公禮之，轉筋而不敢壞坐」，亦其證也。⊙奇猷案：此「之禮」，「禮」字為名詞，義自通。不必與下文「禮之」禮字為動詞一律。陶説非。

〔七〕王先謙曰：繩外，繩墨之外。

〔八〕顧廣圻曰：藏本、今本重「禮之」兩字。⊙奇猷案：藏本、今本是，今據補「禮之」二字。迂評本亦重。王先慎從顧校補。

〔九〕松皋圓曰：即學士不仕者。六反篇：「文學之士遊居厚養。」⊙太田方曰：居，居士。學，學士。禮記：「大學之教也，時教必有正業，退息必有居學。」莊子謂：仁義忠信「此遊居學士之所好也」。

〔一〇〕盧文弨曰：「周」，當是「害」之譌。⊙陶鴻慶曰：「周」當作「害」，是也。「脩」，乃「惰」字之誤而衍者。⊙奇猷案：盧説是。太田方亦以「修」為衍文，非也。修，治也。

〔一一〕王先謙曰：威即畏。威、畏同字。⊙奇猷案：王説是。威、畏字通，詳主道篇注。

〔一二〕王先謙曰：滅儒之端，已兆於此。

〔一三〕盧文弨曰：「王」當作「主」。⊙奇猷案：迂評本作「主」。

五、詩曰：「不躬不親，庶民不信〔一〕。」傳説之以無衣紫，緩之以鄭簡、宋襄〔二〕，責之以尊厚耕戰〔三〕。夫不明分，不責誠，而以躬親位下〔四〕，且為「下走」「睡臥」〔五〕，與夫揜弊、微服〔六〕。孔丘不知，故稱「猶盂」。鄒君不知，故先自僇。明主之道，如叔向賦獵，與昭侯之奚聽也〔七〕。

〔一〕奇猷案：見詩小雅節南山。

〔二〕顧廣圻曰：藏本「緩」作「綏」，今本「緩之」作「子産」，皆誤。「宋襄」二字連上讀。⊙王先慎曰：此言鄭簡謂子産、宋襄與楚人戰二條，「緩」字未詳所當作。⊙高亨曰：「緩」當作「援」，形近而譌。⊙奇猷案：高説是。説文：「援，引也」。傳，即後文「傳説王曰」之傳。

〔三〕王先慎曰：疑當作「責尊厚以耕戰」，「之」字衍。尊厚猶貴富，謂人君。⊙奇猷案：王説可商，詳後。

〔四〕顧廣圻曰：「親」字句絶。今本「位」作「莅」，誤。未詳所當作。⊙王先慎曰：顧讀非。「位下」連上為句。位、涖古字通。周禮注：「故書位為涖，涖亦為位。」以躬親涖下，與下説鄒君先戮以涖民句例相同。「夫」字當衍。⊙高亨曰：誠，借為成。責成者，使臣下為之而君責其成功也。詩「我行其野，成不以富」，論語引「成」作「誠」。禮記經解「繩墨誠陳」，鄭注：「誠或作成。」即成、誠通用之證。外儲説右下「人主者守法責成以立功者也」，即此誠讀為成之明證。又功名篇：「近者結之以成」，則又借成為誠矣。⊙奇猷案：王、高説是。但王以「夫」為衍文則未確。「夫」與下「且」字相應。

〔五〕顧廣圻曰：藏本、今本「走」上有「且為下」三字。⊙王先慎曰：張榜本「而以躬親蒞下」下有「且為下走是則將令人主耕以為食服戰鴈行也民乃肯耕戰則人主不泰危乎而人臣不泰安乎」三十八字，合下説而成，非定本也。⊙奇猷案：藏本、今本「走」上有「且為下」三字，今據補。下走，即下説景公釋車下走事。睡卧，即昭侯讀法睡卧事。

〔六〕顧廣圻曰：藏本同。今本「去」作「夫」。按説不見此事。⊙奇猷案：今本「去」作「夫」是也，迂評本亦作「夫」，今據改。又案：弊、蔽字通，本書多以「弊」為「蔽」，如孤憤篇「朋黨比周以弊主」，以「弊」為「蔽」即其一例。揜弊即揜蔽。説「韓昭謂申子」條：「申子應韓昭侯曰：今君設法度而聽左右之請。」蓋聽左右之請必致朋黨比周，於是人主壅蔽。主道篇「臣閉其主曰壅」，即此揜弊之義。微，隱匿也。微服即説所指鄒君斷長纓事。鄒君斷長纓而不服，蓋即隱匿其服也。於義甚明，顧謂説不見此事，非是。

〔七〕太田方曰：晉語「賦禄任功」，注：「賦，授也。」山氏曰：「獵當作禄，字音轉譌。晉語：叔向為大夫，實賦禄。八姦篇：賦禄者稱其功。」愚謂禄之為獵，猶獨鹿之為屬鏤也。⊙奇猷案：太説是。國語卷十四晉語：「秦后子來仕，其車千乘。楚公子干來仕，其車五乘。叔向為太傅，實賦禄。韓宣子問二公子之禄焉。對曰：大國之卿一旅之田，上大夫一卒之田。夫二公子者，上大夫也，皆一卒可也。宣子曰：秦公子富，若之何其鈞之也？對曰：夫爵以建事，禄以食爵，德以賦之，功庸以稱之，若何其以富賦禄也？」疑説所謂「叔向賦獵，功多者受多，功少者受少」，即指此事，故「獵」當作「禄」也。

六、小信成則大信立，故明主積於信。賞罰不信，則禁令不行。說在文公之攻原與箕鄭救餓也〔一〕。是以吳起須故人而食，文侯會虞人而獵。故明主表信，如曾子殺彘也〔二〕。患在尊厲王擊警鼓與李悝謾兩和也〔三〕。

右經〔四〕

〔一〕奇猷案：「餓」當作「饑」，考詳下說六。

〔二〕顧廣圻曰：藏本、今本「主」下有「表」字，按非也。此當有「尊」字。⊙奇猷案：藏本、今本是，迂評本亦有，今據補。表，表明也。曾子之殺彘所以明信也。顧說非。

〔三〕顧廣圻曰：「尊」字當衍，上文所錯入也。⊙太田方曰：周禮「以旌為左右和之門」，注：「軍門曰和，今謂之壘門，立兩旌以為之。」⊙奇猷案：松皐圓纂聞改「尊」為「楚」，疑是。

〔四〕顧廣圻曰：今本有「右經」二字。⊙奇猷案：依前二篇例此當有「右經」二字，今據今本補。

說一——宓子賤治單父。有若見之曰：「子何臞也？」宓子曰：「君不知賤不肖〔一〕，使治單父，官事急，心憂之，故臞也。」有若曰：「昔者舜鼓五弦之琴，歌南風之詩而天下治〔二〕。今以單父之細也，治之而憂，治天下將奈何乎？故有術而御之，身坐於廟堂之上，有處女子之色，無害於治；無術而御之，身雖瘁臞，猶未有益〔三〕。」

〔一〕奇猷案：「賤」，張榜本作「不齊」二字，蓋妄改也。史記孔子弟子列傳：「宓不齊，字子賤，為單父宰。」王先慎從張榜本改，非。

〔二〕松皐圓曰：家語載南風之詩曰：「南風之薰兮，可以解吾民之慍兮；南風之時兮，可以阜吾民之財兮。」⊙奇猷案：「五弦」下「之琴」二字諸本皆脱。韓詩外傳四引傳曰：「舜彈五絃之琴以歌南風而天下治。」淮南子詮言訓：「舜彈五絃之琴而鼓南風之詩以治天下。」又泰族訓：「舜為天子，彈五絃之琴，歌南風之詩而天下治。」越絶書十三：「范子曰：舜彈五絃之琴，歌南風之詩而天下治。」新語無為篇：「昔舜治天下也，彈五絃之琴，歌南風之詩。」史記樂書：「昔者舜作五弦之琴以歌南風。」風俗通聲音篇云「尚書：舜彈五絃之琴，歌南風之詩而天下治。」諸書皆作「五絃之琴」，明此脱「之琴」二字，御覽三百七十八引正有「之琴」二字，今據補。

〔三〕奇猷案：御覽引此下有「也」字。

楚王謂田鳩曰〔一〕：「墨子者，顯學也。其身體則可〔二〕，其言多而不辯，何也〔三〕？」曰：「昔秦伯嫁其女於晉公子〔四〕，令晉為之飾裝〔五〕，從衣文之媵七十人〔六〕。至晉，晉人愛其妾而賤公女。此可謂善嫁妾而未可謂善嫁女也。楚人有賣其珠於鄭者，為木蘭之櫃，薰以桂椒〔七〕，綴以珠玉，飾以玫瑰，輯以翡翠〔八〕。鄭人買其櫝而還其珠。此可謂善賣櫝矣，未可謂善鬻珠也。今世之談也，皆道辯説文辭之言，人主覽其文而忘有用〔九〕。墨子之説，傳先王之道，論聖人之言以宣告人。若辯其辭，則恐人懷其文忘其直〔一〇〕，以文害用也。此與楚人鬻珠、秦伯嫁女同類，故其言多不辯。」

〔一〕太田方曰：齊人，學墨翟者，見呂氏春秋。漢志有田鳩子三篇，「鳩」作「俅」。⊙奇猷案：本書有問田篇載田鳩之言。

〔二〕王先謙曰：「身體」，當作「體身」，誤倒。⊙奇猷案：孟子稱「墨子摩頂放踵利天下為之」。莊子天下篇云：「墨翟，其生也勤，其死也薄，日夜不休，以自苦為極，曰：不能如此，不足為墨。」即此文所謂「其身體則可」也。王說非。

〔三〕顧廣圻曰：「多」下「而」字當衍。⊙王先慎刪「而」字，曰：御覽五百四十一引無「而」字。⊙奇猷案：辯，謂文麗動聽。言多而不辯，謂言既多而又不辯也。口才不利之人，言語不易達其意，故言必多，雖多而仍不動聽也。作「言多不辯」則非其旨矣。顧、王說非。

〔四〕尹桐陽曰：秦穆公也，女謂懷嬴，晉公子即重耳。

〔五〕王先慎曰：御覽引無「令晉」二字。⊙奇猷案：御覽妄刪「令晉」二字，非是。此蓋謂秦伯嫁女，既不為其女飾裝，乃令晉為之飾裝，但隨從者七十人皆衣文采之服，於是至晉，晉人見女陋而妾美，是以愛其妾而賤公女也，故曰此可謂善嫁妾而未可謂善嫁女也。松皋圓纂聞謂「令晉」二字衍文，誤與御覽同。

〔六〕奇猷案：此謂所從者七十人皆衣文采之媵，王解據御覽乙「衣文」作「文衣」，失之。

〔七〕王先慎曰：各本作「薰桂椒之櫝」，今據藝文類聚八十四、御覽七百十三又八百三、八百二十八、初學記二十七引改。⊙奇猷案：王改是，今從之。蓋後人不知櫝即櫃也，見下云「善賣櫝」，而此不見有「櫝」之文，遂妄改為「薰桂椒之櫝」，義遂不可通。北堂書鈔百三十五引亦作「薰以桂椒」可證。

〔八〕王先慎曰：藝文類聚、御覽引均作「緝以翡翠」。⊙奇猷案：緝、輯字通。「翡翠」原作「羽翠」。藝文類聚作「翡翠」，是。「羽」即「翡」之壞。藏本正作「翡翠」，今據改。

〔九〕太田方曰：鹽田屯曰：「覽，當作濫。亡徵篇：濫於文麗而不顧其功。」⊙奇猷案：依上下文「有」當作「其」。又案：鹽說非。顯學篇「今之新辯濫乎宰予，而世主之聽眩乎仲尼」，是言者為濫，聽者為眩。此文指聽者，故言覽（覽、眩義近）。即亡徵篇之「濫」字，亦指聽者。

〔一〇〕後二「其」字下顧廣圻曰：此下當有「用」字。⊙奇猷案：當以下「直」字屬此為句。直，謂質直。直與文相對。顧讀誤，遂以為有脱文，非是。

墨子為木鳶，三年而成，蜚一日而敗〔一〕。弟子曰：「先生之巧，至能使木鳶飛。」墨子曰：「吾不如為車輗者巧也〔二〕。用咫尺之木，不費一朝之事〔三〕，而引三十石之任致遠，力多，久於歲數。今我為鳶，三年成，蜚一日而敗。」惠子聞之曰：「墨子大巧，巧為輗，拙為鳶〔四〕。」

〔一〕顧廣圻曰：五字為一句，下同。⊙奇猷案：蜚、飛同。

〔二〕奇猷案：「不」上原無「吾」字。盧文弨曰：「張本有『吾』字。」案藏本、迂評本亦有，今據補。

〔三〕奇猷案：「一」，藏本作「二」。

〔四〕奇猷案：墨子魯問篇「公輸子削竹木以為鵲，成而飛之，三日不下，公輸子自以為至巧。子墨子謂公輸子曰：子之為鵲也，不如匠之為車轄，須臾，劉（猷案：方言：「秦、晉、宋、衛之間謂殺曰劉」）三寸之木，而任五十石之重，故所為功利於人謂之巧，不利於人謂之拙」，與此異也。惠子，即惠施，詳說林上。

宋王與齊仇也，築武宮〔一〕。謳癸倡，行者止觀，築者不倦。王聞，召而賜之。對曰：「臣師射稽之謳又賢於癸〔二〕。」王召射稽使之謳，行者不止，築者知倦。王曰：「行者不止，築者知倦，其謳不勝如癸美，何也〔三〕？」對曰：「王試度其功，癸四板，射稽八板；擿其堅，癸五寸，射稽二寸〔四〕。」

〔一〕張榜曰：蓋王偃時築以備齊。

〔二〕王先慎曰：「稽」，御覽五百七十二引作「讆」，下同。

〔三〕王先慎曰：張榜本無「勝」字。⊙劉師培曰：案「勝如」二字當衍其一，故張榜本無「勝」字。⊙奇猷案：劉說是，松皐圓說同。

〔四〕奇猷案：古者以夾板實土為牆，因以板計功。擿其堅，謂碓土使堅也。

夫良藥苦於口，而智者勸而飲之，知其入而已已疾也〔一〕。忠言拂於耳，而明主聽之，知其可以致功也。

〔一〕奇猷案：上「已」字止也，下「已」字自己之己。

說二——宋人有請為燕王以棘刺之端為母猴者〔一〕，必三月齋然後能觀之。燕王因以三乘養之〔二〕。右御、冶工言王曰〔三〕：「臣聞人主無十日不燕之齋。今知王不能久齋以觀無用之器也〔四〕，故以三月為期。凡刻削者，以其所以削必小。今臣冶人也，無以為之削。此不然物也，王必察之。」王因囚而問之，果妄，乃殺之。冶人謂王曰〔五〕：「計無度量，言談之士多棘刺之說也。」

〔一〕奇猷案：御覽九百五十九引「母」作「沐」。段玉裁說文解字注「猴」下云：「母猴，乃此獸名，非謂牝者。沐猴、獮猴皆語之轉，字之譌也。」

〔二〕王先慎曰：「乘」下當有「之奉」二字。⊙奇猷案：王說非。外儲說左下「襄王養之以五乘」，與此同例。

〔三〕王先慎改「治」為「冶」，曰：乾道本「冶」作「治」。趙本作「冶工」，與下文合，是也。⊙奇猷案：作「冶工」是。藏本、迂評本及黄氏日鈔、御覽引均作「冶」，今據改。又右御、冶工為二人，下文自「臣聞」至「為期」為右御之言，自「凡削者」至「察之」為冶工之言，韓非合叙之耳。右御當係典飲食之官，下文其言「人主無十日不燕之齋」可知。

〔四〕顧廣圻曰：藏本、今本「以」上無「今」字。⊙奇猷案：無「今」字是，今據删。王先慎亦從顧校删。⊙王先慎曰：「言」當作「謂」。

〔五〕王先慎改「人」為「又」，曰：據御覽九百五十七引改。⊙奇猷案：「人」下當有「又」字。王說非。

一曰。燕王好微巧〔一〕。衛人曰：「能以棘刺之端為母猴〔二〕。」燕王說之，養之以五乘之奉。王曰：「吾試觀客為棘刺之母猴。」客曰：「人主欲觀之〔三〕，必半歲不入宫，不飲酒食肉，雨霽日出視之晏陰之間，而棘刺之母猴乃可見也〔四〕。」燕王因養衛人不能觀其母猴。鄭有臺下之冶者謂燕王曰：「臣為削者也〔五〕。諸微物必以削削之〔六〕，而所削必大於削。今棘刺之端不容削鋒，難以治棘刺之端〔七〕。王試觀客之削，能與不能可知也〔八〕。」王曰：「善。」謂衛人曰：「客為棘削之〔九〕？」曰：「以削。」王曰〔一〇〕：「吾欲觀見之〔一一〕。」客曰：「臣請之舍取之。」因逃。

〔一〕王渭曰：「一曰」下脱「燕王」二字，選注有。（猷案：見三都賦注。）⊙奇猷案：張榜本「一曰」作「燕王」。案有「燕王」二字是，下三云燕王是其證。白帖二十九引亦有「燕王」二字，今據補。御覽九百十引作「燕王微巧」，五百三十引作「燕王欲巧」，皆誤，然皆有燕王二字可證。又案：微巧，謂微巧之物。王先慎集解據藝文類聚九十五、御覽九百十引改為「燕王微巧術人」，非是。

〔二〕奇猷案：此文蓋謂衛人自言能以棘刺之端為母猴，文義甚明。王氏集解據藝文類聚、御覽引改「曰能」二字為「請」字，非是。張榜本、凌本「曰能」作「有請為」，亦未確。

〔三〕顧廣圻曰：今本「人主」上有「客曰」二字。⊙王先慎增「客曰」二字，曰：藝文類聚九十五引「人主」上有「曰」字。⊙奇猷案：今本是，迂評本亦有，今據補「客曰」二字。御覽九百十引作「巧人曰」（五百三十引作「功人曰」，功，即巧訛）。文選注作「衛人曰：臣為棘刺之母猴也，人主欲觀之」。

〔四〕奇猷案：王念孫校禮月令曰：「晏者，陽也。晏陰，猶陽陰也。」詳讀書雜志，今不具引。

〔五〕盧文弨曰：「臣」下張本有「為」字。⊙顧廣圻曰：藏本有「為」字。⊙奇猷案：迂評本及文選注引正有「為」字，今據補。王先慎亦補。又案：今藏本無「為」字。又案：削，謂刻削工具，詳十過篇。

〔六〕顧廣圻曰：藏本、今本重「削」字。⊙奇猷案：迂評本及文選注亦重「削」字，今據補。王先慎亦從顧校補。

〔七〕盧文弨曰：凌本無此句。⊙奇猷案：削鋒，刀鋒也。削為刀，詳十過篇。謂棘刺之端不容刀鋒，既不容刀鋒，則無刀可以治之，故曰難以治棘刺之端，非謂刀鋒難以治之也。尹桐陽謂當重「削鋒」二字，未確。又案：凌本、迂評本無「難以」以下七字。

〔八〕奇猷案：松皐圓纂聞於「削」下補「則」字。案此不必有「則」字。

〔九〕盧文弨曰：此下多脱文。孫云：「文選魏都賦注引『王曰客為棘刺之端何以理之』。『理』必本是『治』字。今此接『削之』二字誤，當删。」⊙顧廣圻曰：「削」，當作「刺」。「之」下當有「母猴何以」四字。⊙奇猷案：「客為棘削之」，當作「客為棘刺之母猴，何以治之」，「削」即「刺」字之誤，下又脱六字，義遂不可通。四部叢刊景宋本文選注引作「客為棘刺之母猴也，何以理之」可證。「理」本是「治」字，避唐諱改也（案：唐高宗名治，各書多改為「理」。）此問何以治之，故答曰以削。以削者，以削削之也。王先慎不知此文之誤，遂謂下「以」字讀為已，失之。

〔一〇〕奇猷案：各本無「王曰」二字。盧文弨云：「文選注有『王曰』二字，是也。」今據補。王先慎亦從盧説補。

〔一一〕盧文弨曰：選注引「吾欲觀客之削也」。⊙顧廣圻曰：「見」字衍。

兒説〔一〕，宋人，善辯者也。持「白馬非馬也」服齊稷下之辯者〔二〕，乘白馬而過關，則顧白馬之賦〔三〕。故籍之虚辭則能勝一國〔四〕，考實按形不能謾於一人〔五〕。

〔一〕顧廣圻曰：今本「見」作「兒」。案「兒」是也。兒説，見呂氏春秋君守篇、淮南人間訓。⊙奇猷案：「見」作「兒」是。王先慎從顧説改。藝文類聚九十三引正作「兒」，今據改。又案：舊連上，今依張榜本、趙本提行。

〔二〕奇猷案：稷下為辯士聚會之所。史記田齊世家云「齊宣王喜文學，游説之士皆賜列第為上大夫，不治而議論，稷下學士復盛，且數百千人」，集解引劉向別録云：「齊有稷門，城門也。談説之士期會於稷下也。」又案：據此，「白馬非馬」之説乃兒説所倡，非公孫龍。吕氏春秋君守篇云：「魯鄙人遺宋元王閉，兒説之弟子請往解之。」宋元王與魯昭公同時，在位十五年（公元前五三一至前五一七），則兒説為春秋時人。公孫龍與平原君同時，為戰國時人。今本公孫龍子有白馬篇，則公孫龍述兒説之説而寖兒説之名也。

〔三〕王先慎曰：顧，視也。古人馬税當別毛色，故過關視馬而賦，不能辯也。⊙奇猷案：顧、雇通。後漢書桓帝紀注「雇，酬也」。下「白」字當删。「乘白馬而過關，則顧馬之賦」，謂乘白馬而過關仍酬馬之賦，不能謂其非馬而不賦也。王説非。

〔四〕奇猷案：之，猶於也，詳經傳釋詞。

〔五〕奇猷案：黄氏日鈔引無「於」字。

夫新砥礪殺矢，彀弩而射〔一〕，雖冥而妄發，其端未嘗不中秋毫也，然而莫能復其處，不可謂善射，無常儀的也；設五寸之的，引十步之遠〔二〕，非羿、逢蒙不能必全者〔三〕，有常儀的也。有度難而無度易也。有常儀的則羿、逢蒙以五寸為巧〔四〕，無常儀的則以妄發而中秋毫為拙。故無度而應之，則辯士繁説；設度而持之，雖知者猶畏失也，不敢妄言〔五〕。今人主聽説，不應之以度，而説其辯〔六〕；不度以功，譽其行而不入關〔七〕。此人主所以長欺，而說者所以長養也。

〔一〕太田方曰：周禮考工記：「冶人為殺矢」，注：「殺矢，用諸田獵之矢也。」

〔二〕王先慎曰：「十步」當作「百步」。⊙奇猷案：據禮王制，八尺為步，則十步合八十尺，以距八十尺之遠而射五寸之的，亦可謂難矣。不必改「十」為「百」。王說非。

〔三〕王先慎曰：問辯篇「全」作「中」。

〔四〕顧廣圻曰：今本「羿」下有「逢」字。案依上文當補。問辯篇有。⊙奇猷案：有「逢」字是，今據補。王先慎亦補。

〔五〕王先謙曰：「也」字當在「言」下。⊙奇猷案：王說非。本書多此句法，和氏篇「二子之言也已當矣」。

〔六〕顧廣圻曰：說，讀如悅。

〔七〕顧廣圻曰：句絕。藏本同。今本「不度」下有「之」字，「譬」上有「而」字，無「而不入關」四字，皆誤。上文云「不以儀的為關」，此其說也。⊙劉師培曰：關，如「關石和鈞」之關。周語「關石和鈞」，韋注：「關，衡也。」關有衡訓，故上云「儀的為關」與「功用為的」對文。此云「不入關」與上文「度功」相對，猶言不中衡也。

客有教燕王為不死之道者，王使人學之，所使學者未及學而客死。王大怒，誅之。王不知客之欺己，而誅學者之晚也。夫信不然之物，而誅無罪之臣，不察之患也。且人所急無如其身，不能自使其無死，安能使王長生哉〔一〕？

〔一〕奇猷案：列子說符亦載此事。又案：松皐圓纂聞於「無死」上補「身」字，是。

鄭人有相與爭年者。一人曰：「吾與堯同年〔一〕。」其一人曰：「我與黃帝之兄同年。」訟此而不決〔二〕，以後息者為勝耳〔三〕。

〔一〕王先慎曰：乾道本無「一人曰吾與堯同年」八字，今據御覽四百九十六、意林引增。⊙奇猷案：王增是，今從之。

〔二〕王先慎曰：趙本作「訣」，誤。

〔三〕王先慎曰：意林「息」作「罷」。案此謂皆無情理，故以辭長者為勝。⊙奇猷案：叢刊本無此條。

客有為周君畫莢者〔一〕，三年而成。君觀之，與髹莢者同狀〔二〕。周君大怒。畫莢者曰：「築十版之牆，鑿八尺之牖，而以日始出時加之其上而觀〔三〕。」周君為之，望見其狀盡成龍蛇禽獸車馬，萬物之狀備具。周君大悅。此莢之功非不微難也〔四〕，然其用與素髹莢同〔五〕。

〔一〕盧文弨曰：「莢」譌，下同。前作「策」。策、筴同。⊙奇猷案：此條所說即今幻燈之底片。莢蓋荳莢、榆莢之莢。凡莢皆有薄膜。古者無玻璃，故取莢膜而制底片，取其易於透光也。若用簡策，則無所用之。盧說殊謬。

〔二〕王先慎曰：「髹」本作「髤」。玉篇：「髤，同髹。」史記貨殖傳「木器髤者千枚」，注：「徐廣云：髤，漆也。」漢書皇后傳「殿上髤漆」，師古云：「以漆漆物謂之髤。今關東俗，器物一再著漆者謂之捎漆。捎，即髤聲之轉。」此謂所畫不辨黑白，與漆莢同也。

〔三〕王先慎曰：加莢於牆牖之上以觀其畫也。⊙太田方曰：十版，高二丈。⊙奇猷案：此所說蓋用日光穿過畫面觀畫之法。「八尺」當作「八寸」。莢甚小，當不適於八尺之牖。此蓋築一高二丈之牆，牆上開一八寸之孔，置莢孔中，日光穿過莢而莢中之畫當能清晰見之。古者無强光燈，故借日之光為之。又日始出時，光平射牆牖之莢上，則牆兩面有一定之光度差，故需日始出時為之。若在日中時，則光自牆頂而下，則莢不得其光差矣。

〔四〕奇猷案：「莢」上疑脱「畫」字，迂評本有。

〔五〕王先慎曰：素，未畫也。此言畫莢之用何異素髹。⊙奇猷案：「筴」，當作「莢」。四部叢刊本「同」作「夙」，誤。禮檀弓「奠以素器，以生者有哀素之心也」，鄭注：「哀素，言哀痛無飾也。凡物無飾曰素。」則素髹莢，猶言用漆塗滿之莢，毫無花紋，故上文云「與髹莢者同狀」。王説非。

客有為齊王畫者，齊王問曰：「畫孰最難者？」曰：「犬馬最難〔一〕。」「孰最易者〔二〕？」曰：「鬼魅最易。夫犬馬，人所知也，旦暮罄於前〔三〕，不可類之〔四〕，故難。鬼魅，無形者〔五〕，不罄於前，故易之也〔六〕。」

〔一〕王先慎曰：各本無下「最」字，據藝文類聚七十四、御覽七百五十、意林引補。「犬」作「狗」，下同。⊙奇猷案：依下句例，此當有「最」字，風俗通義應劭自序正有「最」字。今從王解補。

〔二〕奇猷案：各本無「最」字，依上文例當有，今據藝文類聚、御覽、風俗通義序補。

〔三〕盧文弨曰：詩大明「俔天之妹」，韓詩作「磬」，是磬、俔同義。説文「俔」一訓「聞見」，蓋俔從見，是有見義。罄、磬本同以俔為義，當為朝夕見於前也。⊙劉師培曰：案盧校云：「詩大明俔天之妹，韓詩作磬天之妹，是磬、俔同義。俔有見義。」其説是也。爾雅釋蟲「俔縊女」，亦假俔為罄。蓋見聲、殸聲之字雙聲通用。罄于前者，猶言俔于前也。不罄于前亦然。

〔四〕奇猷案：不可類之，謂不可以畫得與之相似。

〔五〕王先慎曰：各本「魅」作「神」。案「神」當依上文作「魅」。藝文類聚、意林、御覽引正作「魅」，今據改。意林「形」下有「像」字。⊙奇猷案：風俗通義序亦作「魅」，今從王解改。

〔六〕王先慎曰：藝文類聚、御覽「不」上更有「無形者」三字。⊙奇猷案：淮南子氾論訓云：「今夫圖工好畫鬼魅而憎圖狗馬者，何也？鬼魅不世出，而狗馬可日見也。」與此同意。又：重「無形者」三字，誤。

齊有居士田仲者〔一〕，宋人屈穀見之〔二〕，曰：「穀聞先生之義，不恃仰人而食〔三〕。今穀有樹瓠之道〔四〕，堅如石，厚而無竅〔五〕，獻之〔六〕。」仲曰：「夫瓠所貴者，謂其可以盛也〔七〕。今厚而無竅，則不可剖以盛物〔八〕；而任重如堅石〔九〕，則不可以剖而以斟〔一〇〕。吾無以瓠為也。」曰：「然，穀將棄之〔一一〕。今田仲不恃仰人而食〔一二〕，亦無益人之國，亦堅瓠之類也。」

〔一〕盧文弨曰：即陳仲子。⊙松皋圓曰：荀子注：「田仲處於陵，不食兄禄，辭富貴，為人灌園，號曰於陵仲子。」⊙太田方曰：齊策：「趙威后曰：於陵仲子尚存否？是其為人也，上不臣於王，下不治其家，中不索交於諸侯，此率民而出於無用者，何謂至今不殺乎？」⊙奇猷案：所引荀子注見非十二子篇。

〔二〕盧文弨曰：文選七命注引「穀」作「轂」，下有「往」字，「見之」下有「謂之」二字。

〔三〕盧文弨曰：「仰」字疑衍，選注引無。⊙奇猷案：恃、仰二字義同，當衍其一。下文「今田仲不恃仰人而食」句，文選七命注引無「仰」字，亦可證。王先慎依盧說删「仰」字。

〔四〕王先慎曰：選注引作「轂有巨瓠」。案樹、巨聲近而誤，當作「巨」。「之道」二字衍。⊙奇猷案：此下脱「其實」二字，屬下讀。王説非。

〔五〕盧文弨曰：選注此下不同，云：「而效之先生。田仲曰：堅如石不可剖而斲，厚而無竅不可以受水漿，吾無用此瓠以為也。屈轂曰，然，其棄物乎？曰：然，今先生雖不恃人之食，亦無益人之國矣，猶可棄之瓠也。田仲若有所失，慙而不對。」

〔六〕奇猷案：此下當有「先生」二字。

〔七〕奇猷案：謂、為（去聲）同，詳經傳釋詞。

〔八〕顧廣圻曰：「剖」字當衍。

〔九〕顧廣圻曰：「任重」二字涉下節而衍。「如堅」，當作「堅如」。

〔一〇〕顧廣圻曰：下「以」字當衍。

〔一一〕奇猷案：舊「棄」上衍「以欲」二字，王先慎據張榜本删，今從之。莊子逍遥遊曰：「惠子謂莊子曰：魏王貽我大瓠之種，我樹之成而實五石，以盛水漿，其堅不能自舉也，剖之以為瓢，則瓠落無所容。非不呺然大也，吾為其無用而掊之。」可參閲。以選注引文審之，此下至末皆屈轂語。

〔一二〕奇猷案：恃、仰字當衍其一，説見上。張榜本無「田」字。

虞慶為屋〔一〕，謂匠人曰：「屋太尊〔二〕。」匠人對曰：「此新屋也，塗濡而椽生。」虞慶曰：「不然。夫濡塗重而生椽撓，以撓椽任重塗，此宜卑〔三〕。更日久則塗乾而椽燥。塗乾則輕，椽燥則直，以直椽任輕塗〔四〕，此益尊。」匠人詘，為之而屋壞。

〔一〕盧文弨曰：下三條宜連。⊙顧廣圻曰：虞卿也，慶、卿同字。吕氏春秋别類篇云高陽應，高誘注：「或作魋。」⊙奇猷案：淮南人間訓作高陽魋。

〔二〕盧文弨曰：嫌其太崇也。藏本「太」作「大」。

〔三〕顧廣圻曰：藏本同。今本「虞慶曰不然」五字在「此宜卑」下，誤。⊙奇猷案：顧説是。自「不然」至下文「此益尊」皆虞慶語。蓋匠人謂今乃新屋，塗濕而椽新，待塗乾椽燥則不尊矣。虞慶答之曰濕塗重而生椽撓，日久以後，塗乾椽燥，屋必較之原造時益尊，故宜先卑之而待其乾後之尊也。若以「夫濡塗」至此為匠人語，則義不可通。王先慎依今本改，非是。

〔四〕顧廣圻曰：藏本「直」下有「以直」二字，今本無「以」字。奇猷案：藏本是，今據補。王先慎從顧校補。

一曰。虞慶將為屋，匠人曰：「材生而塗濡。夫材生則撓，塗濡則重，以撓任重，今雖成，久必壞。」虞慶曰：「材乾則直，塗乾則輕。今誠得乾〔一〕，日以輕直，雖久，必不壞。」匠人詘，作之成，有間，屋果壞。

〔一〕奇猷案：誠、成同，詳上。

范且曰〔一〕：「弓之折，必於其盡也，不於其始也。夫工人張弓也，伏檠三旬而蹈弦，一日犯機，是節之其始而暴之其盡也，焉得無折。」范且曰，「不然〔二〕。伏檠一日而蹈弦，三旬而犯機，是暴之其始而節之其盡也。」工人窮也，為之〔三〕，弓折。

〔一〕顧廣圻曰：范睢也。且、睢同字。⊙奇猷案：此文當於「范且」上增「工人謂」三字而删下文「夫工人張工也」句中之「工人」二字。

〔二〕王先慎曰：「且張弓不然」，張榜本、趙本作「范且曰不然」，誤。此皆范且自謂，不應有「曰」字。⊙奇猷案：「不然」上下之文為兩意相反，當為兩人之言。「不然」以下當不宜視為范且語。「且」，即「范且」之殘留者。後人見殘一「且」字，以為「而且」之且，遂妄增「張弓」二字耳。今從張榜本、趙本改「且張弓」為「范且曰」。

〔三〕王先慎曰：工窮於詞，依且為之。

范且、虞慶之言皆文辯辭勝而反事之情。人主說而不禁，此所以敗也。夫不謀治强之功，而艷乎辯說文麗之聲，是却有術之士而任壞屋折弓也。故人主之於國事也，皆不達乎工匠之搆屋張弓也〔一〕。然而士窮乎范且、虞慶者〔二〕，為虛辭，其無用而勝；實事，其無易而窮也〔三〕。人主多無用之辯，而少無易之言，此所以亂也。今世之為范且、虞慶者不輟，而人主說之不止，是貴敗折之類而以知術之人為工匠也。不得施其技巧〔四〕，故屋壞弓折。知治之人不得行其方術，故國亂而主危。

〔一〕王先謙曰：儗之不能遠過。

〔二〕顧廣圻曰：十字為一句。乾道本以下皆誤以「范且」提行。⊙奇猷案：乾道本自「范且」以下提行，誤，今從藏本連上。

〔三〕顧廣圻曰：「為虚辭」逗，「其無用而勝」句絶，「實事」逗，「其無易而窮也」句。以上今失其讀。⊙王先慎曰：無易者，其道不可易。⊙奇猷案：顧説是。高亨以「事」字句絶，未確。

〔四〕顧廣圻曰：「不」上當有「工匠」二字。⊙奇猷案：顧説是，松皐圓、太田方説同。

夫嬰兒相與戲也，以塵為飯，以塗為羹，以木為胾，然至日晚必歸饟者，塵飯涂羹可以戲而不可食也。夫稱上古之傳頌，辯而不慤，道先王仁義而不能正國者，此亦可以戲而不可以為治也。夫慕仁義而弱亂者，三晉也；不慕而治强者，秦也，然而未帝者〔一〕，治未畢也。

〔一〕王先慎曰：趙本「然而」下有「秦强而」三字。張本從「夫慕」至此均無。⊙奇猷案：藏本與趙本同。

説三——人為嬰兒也，父母養之簡，子長而怨。子盛壯成人，其供養薄，父母怒而誚之。子、父，至親也，而或譙、或怨者，皆挾相為而不周於為己也〔一〕。夫賣庸而播耕者〔二〕，主人費家而美食、調布而求易錢者〔三〕，非愛庸客也，曰：如是，耕者且深，耨者熟耘也〔四〕。

庸客致力而疾耘耕者〔五〕，盡巧而正畦陌畦時者〔六〕，非愛主人也，曰：如是，羹且美錢布且易云也〔七〕。此其養功力，有父子之澤矣，而心調於用者〔八〕，皆挾自為心也。故人行事施予，以利之為心，則越人易和〔九〕；以害之為心，則父子離且怨。

〔一〕奇猷案：周，合也，詳和氏篇注。

〔二〕松皐圓曰：賣，買誤。五蠹篇：「買庸而決竇。」

〔三〕顧廣圻曰：「調」，當作「請」。「易錢」，當作「錢易」。易，去聲，下同。⊙高亨曰：當作「調錢布而求易者」，「錢」字誤竄入下耳。漢書宣帝紀「調關東輕車鋭卒」，顏注：「調，選也。」易繫辭「險易」，釋文引京注：「易，善也。」調錢布而求易，謂主人選擇錢布而求其良者以與庸也。易訓善，亦可訓為良。墨子貴義篇：「商人用一布市，不敢繼苟而讎焉，必擇良者。」擇良與此求易同意。蓋錢布固有良否，故人擇之也。下文云「如是羹且美，錢布且易云也」，正承此言，即此當作「調錢布而求易」之明證。⊙奇猷案：求、易二字在此文義同，當衍其一。蓋一本作「求」，一本作「易」而誤合者。調，選也。易，讀如字，換也。費家而美食，所以養庸客也。調布而易錢，所以給工資也。高説非。

〔四〕顧廣圻曰：「熟」上當有「且」字。「耘」當作「云」。此與下文「錢布且易云也」句對，不知者改作「耘」字，誤甚。⊙奇猷案：顧説是。説文無「耨」字，漢書食貨志注「耨，耘田也」，可知「耨」即「耘」。後人誤將「云」字改作「耘」耳。二「者」字同「諸」，猶「之」也。熟，精審也。「耕者且深，耨者且熟」，猶言耕之且深，耨之且精審。

〔五〕顧廣圻曰：「者」字衍，「耕」句絶。⊙奇猷案：藏本耘作耕，誤。「者」字可有，非衍文。

〔六〕顧廣圻曰：藏本同。今本下「畦」作「疇」。案「時」非此之用。句當衍二字，未詳。⊙孫詒讓曰：「時」，當作

「埒」。一切經音義引倉頡篇云「畦，埒也」，是其證。此「畦埒」二字蓋注文傳寫誤混入正文，遂複舛不可通耳。⊙奇猷案：孫說是，迂評本無「畦畤」二字可證。又案：巧，技巧也。松皐圓從井氏改「巧」為「功」，非是。

〔七〕奇猷案：「布」字因上而衍。易，讀容易之易。云，有也（王引之經傳釋詞云：「云，猶有也。荀子儒效篇曰：故人無師法而知，則必為盜；勇，則必為賊；云能則必為亂。言無師法而有能則必為亂。」）此文錢且易云也，猶言錢且易有也。

〔八〕盧文弨曰：「調」，疑「周」。⊙王先慎曰：盧說是。「調」即「周」之誤。上文「不周於為己」即其證。⊙奇猷案：盧說非也。說文：「調，和也。」周禮地官序官「調人」，注：「調，猶和合也。」「心調於用」者，謂心與功用相和合也。調，譯為今語即「兩者合拍」。「心調於用」，猶言心與用合拍。本書喻老篇「人心調於馬」，謂人心與馬相合拍，亦「調」字之用也。調，今語亦謂之「協調」也。

〔九〕奇猷案：韓非，韓國人，則越國是他國。互利則兩國人可和好。說林下「可必則越人不疑羿，不可必則慈母逃弱子」，亦以越為他國。

文公伐宋，乃先宣言曰：「吾聞宋君無道，蔑侮長老，分財不中，教令不信，余來為民誅之〔二〕。」

〔二〕顧廣圻曰：「公」當作「王」，「宋」當作「崇」，見說苑指武篇。⊙王先慎曰：經亦作文公，疑非文王伐崇事。

越伐吴，乃先宣言曰：「我聞吴王築如皇之臺〔一〕，掘深池〔二〕，罷苦百姓，煎靡財貨，以盡民力，余來為民誅之〔三〕。」

〔一〕奇猷案：注見前。

〔二〕王先慎改「掘深池」為「掘淵泉之池」，曰：據御覽一百七十七改增。「掘淵泉之池」與「築如皇之臺」二文相對，明「深」乃「淵」之誤，又脱「泉之」二字耳。⊙奇猷案：「掘深池」，文已可通，不必泥於對句，御覽蓋妄改也。

〔三〕盧文弨曰：張本「余」下有「來」字。⊙奇猷案：藏本、迂評本亦有，今據補。王先慎據盧校補。

蔡女為桓公妻，桓公與之乘舟，夫人蕩舟，桓公大懼，禁之不止，怒而出之，乃且復召之，因復更嫁之〔一〕。桓公大怒，將伐蔡。仲父諫曰〔二〕：「夫以寢席之戲，不足以伐人之國，功業不可冀也，請無以此為稽也〔三〕。」桓公不聽。仲父曰：「必不得已，楚之菁茅不貢於天子三年矣，君不如舉兵為天子伐楚。楚服〔四〕，因還襲蔡曰：『余為天子伐楚，而蔡不以兵聽從』，因遂滅之〔五〕。此義於名而利於實，故必有為天子誅之名〔六〕，而有報讎之實。」

〔一〕陶鴻慶曰：案下「復」字涉上而衍。「因」上當有「蔡」字。僖三年左傳作「蔡人嫁之」。⊙奇猷案：陶説是。又案：且，將也。謂桓公將召之而未召也，蔡因更嫁之。

〔二〕奇猷案：仲父，管仲也。

〔三〕顧廣圻曰：藏本、今本「稽」作「規」，誤。⊙俞樾曰：「稽」字無義，疑當作「指」。漢書河間獻王德傳「文約指明」，注云：「指，謂意之所趨，若人以手指物也。」字亦作「旨」，孟子告子篇「願聞其旨」是也。齊桓公伐蔡，意在蔡姬，故管仲請無以此為指也。稽從旨聲，故得通借。禮記王制篇「有旨無簡不聽」，即尚書呂刑篇「有稽無簡不聽」之異文，然則稽、旨通用，古有徵矣。道藏本改「稽」為「規」，非是。⊙王先慎曰：「稽」字不誤。史記樗里子甘茂傳正義、漢書賈誼傳應劭注、司馬遷傳顏注、荀子王制楊注並云：「稽，計也。」桓公之計在伐蔡，故管仲請無以此為計也。語極明顯，俞氏謂稽字無義，失之考耳。⊙奇猷案：王說是。迂評本亦誤「規」。

〔四〕奇猷案：「服」，藏本作「伏」，字通。

〔五〕盧文弨曰：張本「遂」上有「因」字。⊙奇猷案：藏本、迂評本皆有「因」字，今據補。王先慎亦依盧校補。左僖四年傳「春，齊以諸侯之師侵蔡，蔡潰，遂伐楚」，與此不同。

〔六〕盧文弨曰：「有」下脱「為」字，張、凌本有。⊙奇猷案：藏本、迂評本皆有，今據補。王先慎亦依盧校補。

吴起為魏將而攻中山〔一〕。軍人有病疽者，吴起跪而自吮其膿。傷者之母立泣〔二〕。人問曰：「將軍於若子如是，尚何為而泣？」對曰：「吴起吮其父之創而父死，今是子又將死也，今吾是以泣〔三〕。」

〔一〕奇猷案：舊連上，今據趙本提行。

〔二〕盧文弨曰：「立」，疑衍。⊙俞樾曰：「立」字不當有，蓋即「泣」字之誤而衍者。⊙王先慎删「之」字「立」下補「而」字，曰：盧、俞説並誤。「之」字衍，「立」下脱「而」字。藝文類聚五十九、御覽四百七十七引作「傷者母立而泣」。⊙奇猷案：盧、俞説是。説苑復恩篇作「其母泣之」。藝文類聚、御覽見「立泣」不可通，遂妄删改，殊不知「立而泣」於義亦無取。王解引以為據，失之。又案：傷乃瘍之同音假字。左傳襄十七年「以杙抉其傷」，釋文：「傷，一本作瘍」，是二字相通之證。說文：「瘍，頭瘡也。」周禮醫師「疕瘍」，注：「身瘡曰瘍。」則瘍不專於頭者，身上之瘡皆可謂之瘍也。故上云「病疽者」，而下云「瘍者」，其義一也。

〔三〕王先慎曰：下「今」字當衍。藝文類聚引作「吴子吮其父之傷而殺之涇水之上，今安知不殺是子乎」，御覽引與藝文類聚略同，蓋所見本與今異。說苑復恩篇作「吴子吮此子父之創而殺之於涇水之戰，戰不旋踵而死。今又吮之，安知是子何戰而死，是以哭之矣。」⊙奇猷案：王說是，松皐圓說同。又案：史記吴起傳亦載此事，末云「是以哭之」，無「今」字可證。

趙主父令工施鉤梯而緣播吾〔一〕，刻疏人迹其上〔二〕，廣三尺，長五尺，而勒之曰：「主父常遊於此〔三〕。」

〔一〕王先謙曰：播吾，即番吾，見史記趙世家、六國表。又作鄱吾。漢常山郡有蒲吾縣，蒲、番雙聲字變。在今正定府平山縣東南。漢地理志云：「縣有鐵山。」一統志以為即房山，當即主父令工施鉤梯者也。⊙王先慎曰：「播」，張榜本、趙本作「潘」。⊙奇猷案：藏本作「潘」。又案：鉤梯，謂梯之有鈎者。

〔二〕盧文弨曰：「疏」即「疋」之異文。疋，足也。下「人迹」二字當本是注誤入正文。⊙俞樾曰：「疏」，當作「疎」，即「迹」字也。「迹」，籀文作「速」，此變作「疎」，亦猶「迹」之變作「跡」矣。古本韓子當作「刻人疎其上」，寫者依今字作「迹」，而「疎」字失不删去，遂誤倒在「人」字之上，又誤其字作「疏」也。⊙孫子書先生曰：按盧删「人迹」二字，俞謂「疏」即古「迹」字之衍而誤者，其説俱非。「刻疏」當連讀。疏，亦刻也。儀禮有司徹篇「覆二疏匕於上」，鄭注云：「匕，柄有刻飾者。」禮記明堂位篇：「殷以疏勺」，鄭注：「通刻其頭。」淮南子俶真訓云「犧尊」，高注：「猶疏鏤之尊。」上林賦「乘鏤象」，張揖云：「以象牙疏鏤其車輅。」西京賦「交綺豁以疏寮」，薛綜注云：「疏，刻穿之也。」又注東京賦「疏轂飛軨」引蔡邕月令章句曰：「疏，鏤也。」古詩十九首「交疏結綺窗」，李善注：「綺，文繒，此刻鏤以象之。」魯靈光殿賦「天窗綺疎」，張載注云：「疎，刻鏤也。」景福殿賦「編以綷疏」，李善注謂「繪五彩於刻鏤之中」。是刻、疎義同，古人自有複語耳。明堂位「周獻豆」，鄭注云「獻疏刻之」，即「刻疎」二字之例。廣韻魚韵下云：「疏，俗作疎。」御韵：「疏，亦作疎。」詩周汝墳釋文：「疎，亦作疏。」類篇出「疎」字云「延，或作疎，音山於切。」延、疏字同。疎、當即「疎」字誤從束耳。是疏、疎、疏、疎字並同。疏，正字，疏其別構。疎、疏又俗字之後出者耳。俞說「疎」字見集韵。然韓子自作「疎」，不作「疎」。⊙奇猷案：淮南子道應訓「子佩疏揖」，高注「疏，徒跣也。」疎、疏同字。則「刻疎人迹其上」，謂刻跣足之人迹於其上，所以指明非穿靴之人迹也。此類跣足人迹，今名山中多有。如廣東曹溪南華寺，入寺之途中，在一青石板上有一跣足人迹，約長三十五釐米，相傳是六祖慧能之脚印。以此可以想見趙主父在播吾所刻之疎人迹亦是如此也。孫先生說亦可通。

〔三〕太田方曰：常、嘗通。

秦昭王令工施鉤梯而上華山，以松柏之心為博，箭長八尺，棊長八寸〔一〕，而勒之曰「昭王嘗與天神博於此矣〔二〕。」

〔一〕顧廣圻曰：「為博」句絕，「箭長八尺」句。⊙奇猷案：博，同簙。說文云：「簙，局戲也，六箸，十二棊也。」博雅云：「博箸謂之箭。」

〔一〕王先愼曰：張榜本無「矣」字。御覽三十九卷引亦無「矣」字。

文公反國〔一〕，至河〔二〕，令籩豆捐之〔三〕，席蓐捐之，手足胼胝、面目黧黑者後之〔四〕。咎犯聞之而夜哭〔五〕。公曰：「寡人出亡二十年〔六〕，乃今得反國。咎犯聞之不喜而哭，意不欲寡人反國邪〔七〕？」犯對曰：「籩豆所以食也〔八〕，席蓐所以卧也，而君捐之〔九〕；手足胼胝，面目黧黑，勞有功者也，而君後之。今臣有與在後，中不勝其哀，故哭〔一〇〕。且臣爲君行詐僞以反國者衆矣，臣尚自惡也，而況於君〔一一〕？」再拜而辭。文公止之曰：「諺曰：『築社者，攐撅而置之〔一二〕，端冕而祀之。』今子與我取之，而不與我治之；與我置之，而不與我祀之，焉可？」解左驂而盟于河〔一三〕。

〔一〕奇猷案：即晉文公重耳。

〔二〕奇猷案：重耳以僖公四年出亡，廿四年返國，詳十過篇。

〔三〕盧文弨曰：孫云：「文選鮑明遠東武吟注引『令』下有『曰』字，可省。」豆，藏本作笠，下同。⊙王先愼曰：治要、御覽七百九、又七百五十九引均無「曰」字。⊙奇猷案：説文：「籩，竹豆也。」段注云：「豆，古食肉器，木豆謂之梪，竹豆謂之籩。」

〔四〕顧廣圻曰：藏本、今本「黧」下有「黑」字。⊙王先愼增「黑」字，曰「手足胼胝，面目黧黑」，相對成文，乾道本誤，下文作「面目黧黑」是其證。治要引正作「面目黧黑」。⊙劉文典曰：王校是也。説苑復恩篇作「顏色黧黑（奇猷案：四部叢刊本説苑作黧黑，與韓子同，黎、黧古今字），手足胼胝者在後」，文雖小異，「黎」下有「黑」字可證王説。⊙奇猷案：有「黑」字是，淮南子説山訓「文公棄荏席，後黴黑」，亦可證。今據補「黑」字。又案：「面」，吴鼒本誤作「回」，今從四部叢刊本、藏本、今本。

〔五〕奇猷案：吕氏春秋貴義篇高注：「咎犯，狐偃也，字子犯，文公之舅也，因曰咎犯。」畢沅云：「古咎與舅同。」

〔六〕奇猷案：説苑作「十有九年」。案重耳出亡二十年，疑返至河時為十九年也。

〔七〕盧文弨曰：選注引「意」下有「者」字。

〔八〕盧文弨曰：選注此下有「而君捐之」四字。⊙王先慎補「而君捐之」四字，曰：治要、御覽引有。⊙奇猷案：此句貫下文，此不必有「而君捐之」四字。盧、王説非。

〔九〕奇猷案：王氏集解據治要、選注改「捐」為「棄」。案捐、棄同義，不必改字。

〔一〇〕奇猷案：有，讀又。與，讀「參與」之與。王解據選注、治要、御覽引删「有」字，非是。又案：中，謂心中也。

〔一一〕王先慎曰：治要有「乎」字。

〔一二〕顧廣圻曰：藏本同。今本「攐」作「攓」。王渭曰：「魏書古弼傳引此作『褰襞』。」今案此同字耳。字書無「攐」字。⊙太田方曰：攐、褰同。曲禮云：「暑毋褰裳。」撅，揭衣也。内則云：「不涉下撅。」皆言無禮也。

〔一三〕奇猷案：「可」字句絶。治要引無「曰諺」至「焉可」四十字，有「乃」字，蓋治要删改者也。王解據之改「可」作「乃」，失之。

鄭縣人卜子〔一〕，使其妻為袴。其妻問曰：「今袴何如？」夫曰：「象吾故袴〔二〕。」妻子因毀新令如故袴〔三〕。

〔一〕顧廣圻曰：今本「乙」作「卜」，誤，此猶言某乙也。姦劫弑臣云「春申君之正妻子曰甲」，亦猶言某甲。用人云「罪生甲，禍生乙」，亦可證。⊙王先謙曰：此條依經文當在「衛人佐弋」後。⊙王先慎改「乙」為「卜」，曰：顧說非。北堂書鈔一百二十九、御覽六百九十五引「乙」作「卜」。⊙奇猷案：顧說未可從。姦劫弑臣篇之甲或為人名亦不可知，不足引證。用人篇以甲乙對言，此單稱乙，其例不同。且經文作「卜」，明此「乙」字為誤，今從王解改「乙」為「卜」。

〔二〕顧廣圻曰：藏本、今本「吾」下有「故」字。案此不當有。⊙王先慎增「故」字，曰：御覽引作「似吾故袴」，明乾道本脱「故」字。顧說非。北堂書鈔引正作「象吾故袴」。⊙奇猷案：無「故」字則文義不明，今據藏本、今本增。迂評本亦有。

〔三〕王先慎删「子」字，曰：北堂書鈔引無「子」字，御覽引作「妻因鑿新袴為孔」。⊙松皐圓曰：山云：「妻子，妻也。莊子載列子妻曰：妾聞為有道者之妻子皆得佚樂。」⊙奇猷案：松說是。詩：「妻子好合，如鼓瑟琴。」杜子美詩：「結髮為妻子，席不煖君床。」皆以「妻子」為妻之稱。書鈔妄删「子」字耳。王解據之删，未確。

鄭縣人有得車軛者，而不知其名，問人曰：「此何種也〔一〕？」對曰：「此車軛也。」俄又復得一〔二〕，問人曰：「此是何種也？」對曰：「此車軛也。」問者大怒曰：「曩者曰車軛，今又曰車軛，是何衆也？此女欺我也。」遂與之鬬。

〔一〕高亨曰：何種，猶何物也。莊子至樂篇「種有幾」，寓言篇「萬物皆種也」，皆此義。⊙奇猷案：種，類也。猶言何類之物也。高引莊子亦當釋為類。

〔二〕王先慎曰：謂又得一車軛也。

衛人有佐弋者〔一〕，鳥至，因先以其裷麾之，鳥驚而不射也〔二〕。

〔一〕松皋圓曰：秦紀：「誅佐弋竭。」百官表：「秦時，少府有佐弋，掌弋射者。」

〔二〕王先慎曰：方言「襎裷謂之幭」，郭注「即帊幞也」。

鄭縣人卜子妻之市〔一〕，買鼈以歸，過潁水，以為渴也，因縱而飲之，遂亡其鼈〔二〕。

〔一〕王先慎曰：各本「卜」作「乙」，御覽六十三、又九百三十二引「乙」作「卜」，是以「卜」為姓，今據改。又九百三十二引「子」下有「毒」字。⊙奇猷案：作「卜」是，說見上，今從王校。又案：「毒」，即「妻」形近而譌衍者。

〔二〕顧廣圻曰：此條不見於上。⊙王先慎曰：御覽引「亡其」二字作「失」字。

夫少者侍長者飲〔一〕，長者飲亦自飲也〔二〕。

〔一〕奇猷案：「夫」，當作「有」。

〔二〕太田方曰：曲禮：「長者舉未釂，少者不敢飲。」

一曰。魯人有自喜者〔一〕，見長年飲酒不能釂則唾之〔二〕，亦效唾之。

〔一〕王先慎曰：「自喜」二字疑「效善」之譌。⊙奇猷案：「喜」當為「善」譌。自善，猶言自尊也。謂自尊如長年人也。呂氏春秋誠廉篇云：「豪士之自好者，其不可漫以汙也。」自好即自尊。善與好義近，可證此「自善」之義。漢書九十三佞幸董賢傳「賢為人美麗自喜」，自喜猶言自美，非此文之義。

〔二〕奇猷案：說文：「釂，飲酒盡也。」

一曰。宋人有少者亦欲效善〔一〕，見長者飲無餘，非斟酒飲也而欲盡之〔二〕。

〔一〕王先慎曰：「欲」上「亦」字御覽八百四十五引無，今據删。⊙奇猷案：上云「魯人自善者」，故此言宋人亦欲效善。王說非。

〔二〕王先慎曰：「非」下九字御覽引作「亦自飲而盡之」六字。⊙太田方曰：山氏曰：「斟，疑堪誤。言己不能釂，而欲盡飲之也。」⊙陶鴻慶曰：案下「飲」字涉上而衍。「非」乃「亦」字之誤。「欲」乃「飲」字之誤。本云「見長者飲無餘，亦斟酒也而飲盡之」。⊙奇猷案：此當衍「欲」字。謂以無酒之空杯飲之，示飲無餘也。

書曰：「紳之束之。」宋人有治者，因重帶自紳束也〔一〕。人曰：「是何也？」對曰〔二〕：「書言之，固然。」

〔一〕陶鴻慶曰：案「紳」字涉上文而衍。重讀平聲。以帶之餘重束之，故曰重帶自束。不當復有「紳」字。⊙孫子書先生曰：按說文「申」下云「申也（依段訂），七月陰氣成體自申束」，段注引韓子「申之束之」句云：「今本申譌紳。申者引長，束者約結。」按申、束雙聲聯緜字，申亦當訓束。許書說申字從臼，自持也，則本以約束握持為義（金文申象結繩之狀。段云「從丨，以象其申」，非是）。廣雅釋詁：「紳，束也。」疏證云「紳，同申」，引鄭注內則云：「紳，大帶，所以自紳約也。」衛風有狐傳云：「帶，所以申束衣。」淮南子道應訓「約車申轅」，高誘注「申，束也」（以上疏證文）。釋名「申，身也，物皆成其身體，各申束之使備成也」。漢書律歷志云「秋𩊚斂乃成孰」，說與劉同。𩊚斂，亦申束也（說文「𩊚，收束也」）。申束，引申之則與束修同義。說文：「竦，敬也，從立從束，束，自申束也（按束亦聲，大徐音息拱反，束與侯對轉）。娕，謹也，從女束聲，讀若謹。」釋詁：「神，慎也。」又云：「治也。」郝云「自治理與自申束皆所以為慎」，義為得之。韓子此文上云「紳之束之」，紳束蓋以修身言，如後漢書云：「圭璧其行，束修其心」，引申義也。下文「重帶自紳束」，紳束，即紳束約束，乃其本義。段氏以引長釋上紳字，已失其義（申有重疊屈曲義，爾雅申、神皆訓重，毛訓重，廣韵信訓重，申訓屈，鄭注玉藻訓屈為重，皆約束義之引申）。陶氏乃以「申」為衍文，斯不知「申束」為古語，而擅以己意刪改。好學深思，固若是耶？

⊙奇猷案：孫先生說是。重帶自紳束，猶言以帶緊束其身也。又案：書，即書策之書，非必謂尚書也。

〔二〕顧廣圻曰：藏本、今本「對」上無「書」字。⊙奇猷案：「書」字不當有，今據刪。王先慎亦從顧校刪。

書曰：「既雕既琢，還歸其樸〔一〕。」梁人有治者，動作言學，舉事於文，曰「難之」〔二〕。顧失其實。人曰：「是何也？」對曰：「書言之，固然。」

〔一〕王先慎曰：上「書」字當作「記」，涉上文而誤。下「書言之固然」，亦當作「記言之固然」。經言「宋人之讀書，與梁人之解記。若下不作「記」字，則經不分別言矣。⊙太田方曰：此文見莊子，又見文子道原篇。淮南原道訓：「老子曰：常德乃足，復歸於樸。」列子云：「雕琢復樸。」⊙奇猷案：此條舊連上，今從盧校提行。又案：「樸」，原作「撲」，今從藏本、迂評本改。

〔三〕顧廣圻曰：「曰」當作「日」，人質切。⊙奇猷案：顧説非。謂粱人自曰「難之」。

郢人有遺燕相國書者〔一〕，夜書，火不明，因謂持燭者曰：「舉燭。」云而過書「舉燭」〔二〕。舉燭，非書意也，燕相受書而説之〔三〕，曰：「舉燭者，尚明也。尚明也者，舉賢而任之。」燕相白王，王大説〔四〕，國以治。治則治矣，非書意也。今世舉學者多似此類〔五〕。

〔一〕王先慎曰：藝文類聚八十、白孔六帖十四、御覽五百九十五引「郢」作「鄭」。

〔二〕王先慎改「云而過」三字為「而誤」，曰：據藝文類聚、御覽八百七十引删改。御覽五百九十五引作「而誤於書中云」，白孔六帖引「而設書舉燭」，字並非。⊙于省吾先生曰：過，猶誤也。下「楚厲王」章「飲酒醉，過而擊」，論語憲問「以告者過也」，禮記雜記「過而舉君之諱則起」，是均過猶誤之證。⊙奇猷案：于先生説是。云，説也。「云而過書舉燭」，謂：口説「舉燭」而誤寫「舉燭」二字於書信之上。王改非是。

〔三〕門無子曰：説，解也。⊙王先慎於「相」下增「國」字，曰：據白孔六帖、御覽引增。説，讀為悦。⊙奇猷案：「國」字不必有，下文亦作「燕相」可證，王説非。又案：門無子説是。

〔四〕盧文弨曰：「王」下脱一「王」字。⊙奇猷案：盧説是。迂評本旁加「王」字，今據增。王先慎亦依盧説增。

〔五〕顧廣圻曰：藏本、今本「世」下無「舉」字。⊙奇猷案：王先慎從顧校删「舉」字，非是。此文之旨重在舉賢治國。

謂今世舉學者而治其國，多如相國之於郢書之類，僅見其書中某類字句之美，而不考其實。無「舉」字則非其旨矣。

鄭人有且置履者〔一〕，先自度其足而置之其坐〔二〕，至之市而忘操之〔三〕。已得履，乃曰：「吾忘持度。」反歸取之。及反，市罷，遂不得履。人曰：「何不試之以足？」曰：「寧信度，無自信也〔四〕。」

〔一〕奇猷案：且，將也。置，如禮雜記「無子則為之置後」之置。祭法：「大夫以下成羣立社曰置社。」故原無而立之曰置。今無履而買履，故亦曰置履。今言「購置」即此義。王氏集解據御覽四百九十九、六百九十七、八百二十七引改「且置」為「欲買」，非是。

〔二〕奇猷案：置，放置也。

〔三〕前一「之」字王先慎曰：御覽八百二十七引「之」作「入」。

〔四〕王先慎曰：御覽引「度」下有「數」字。⊙奇猷案：「數」字不當有。「度」即上度量，亦法度之義。

說四〔一〕——王登為中牟令〔二〕，上言於襄主曰：「中牟有士曰中章、胥己者〔三〕，其身甚修，其學甚博，君何不舉之？」主曰：「子見之，我將為中大夫〔四〕。」相室諫曰：「中大夫，晉重列也，今無功而受，非晉臣之意〔五〕。君其耳而未之目邪？」襄主曰：「我取登既耳而目之矣，登之所取又耳而目之，是耳目人絶無已也〔六〕。」王登一日而見二中大夫，予之田宅。中牟之人弃其田耘、賣宅圃，而隨文學者，邑之半〔七〕。

〔一〕奇猷案：「説四」二字原無，顧廣圻曰：「今本有『四』字。」猷案：「四」字當有，但今仍依上例增「説四」二字，説詳前篇。

〔二〕顧廣圻曰：「王」當作「壬」，吕氏春秋知度篇作「任」。壬、任同字。⊙奇猷案：顧説是，考詳説林上「任章」條王佩諍説。

〔三〕盧文弨曰：「中章」二字吕作「瞻」。⊙王先慎曰：中章、胥己，二人名，下文「一日而見二中大夫」是其證。吕作「瞻」則為一人，誤。⊙奇猷案：吕氏春秋知度篇「上」下有「計」字，是也。古者，下級對上級每年彙報簿計一次，謂之「上計」。難二篇「李兑治中山，苦陘令上計而入多」，外儲説左下篇「西門豹為鄴令，居期年，上計，君收其璽」，又云「期年，上計，文侯迎而拜之」，外儲説右下篇「田嬰相齊。人有説王者曰：『終歲之計，王不一以數日之間聽之，則無以知吏之姦邪得失也。』王曰：『善。』田嬰聞之，即遽請於王而聽其計」，皆可證「上計」之義。古者，交通不便，急事派「急傳」，他事則於上計時言之，故此謂「上計，言於襄主」。今脱去「計」字，以「上言於襄主」連讀，義雖可通，但與古代事實不合。

〔四〕王先謙曰：「為」上疑奪「以」字。⊙奇猷案：王説是。吕有「以」字可證。

〔五〕盧文弨曰：吕作「非晉國之故」。⊙顧廣圻曰：「臣」當作「國」，「意」當作「章」。⊙奇猷案：此謂非晉國舉臣之原意而省言之耳。顧説非。吕自作「非晉國之故」。或以「晉」為進升（説文：「晉，進也」），亦通。

〔六〕盧文弨曰：「絶」，吕作「終」。⊙奇猷案：絶無已也，猶斷無已也。吕覽自作「終」。

〔七〕顧廣圻曰：今本「者」下有「邑」字。案依上文當有。⊙奇猷案：今本是，迂評本亦有，今據補。王先愼亦依顧說補。

叔向御坐平公請事〔一〕。公腓痛足痹轉筋而不敢壞坐。晉國聞之，皆曰：「叔向賢者，平公禮之，轉筋而不敢壞坐。」晉國之辭仕託、慕叔向者國之錘矣〔二〕。

〔一〕奇猷案：八字為一句。請事者為叔向。或讀「叔向御坐」句，「平公請事」，變請事者為平公，謬矣。難二篇「齊桓公之時，晉客至，有司請事」，可知「請事」乃臣向君之語氣，無君向臣「請事」之語。

〔二〕顧廣圻曰：藏本同。今本「錘」作「鍾」，誤。案上文亦云「錘」，皆未詳。案八說篇云「死傷者軍之乘」，或此與彼同。⊙王先愼曰：錘、鍾皆垂之誤。國之錘，猶國之半也，說詳前。八說篇作「乘」亦誤。又案：御覽三百七十二引「韓子曰：晉平公與唐彥坐而出，叔向入，公曳一足，叔向問之。公曰，吾侍唐子，腓痛足痹而不敢伸。（奇猷案：此上御覽三百七十二兩引。）叔向不悅。公曰：子欲貴，吾爵子；欲富，吾祿子。夫唐先生無欲也，非正坐吾無以養之」。當為此條「一曰」佚文。⊙奇猷案：垂，半也，詳上。八說篇「乘」亦「垂」之誤，考詳彼。

鄭縣人有屈公者，聞敵，恐，因死；恐已，因生〔一〕。

〔一〕奇猷案：已，止也。謂聞敵而恐之，遂死。恐止，遂又生還。王氏集解謂上「恐」字下當有「已」字，非是。

趙主父使李疵視中山可攻不也？還報曰：「中山可伐也。君不亟伐，將後齊、燕。」主父曰：「何故可攻？」李疵對曰：「其君見好巖穴之士〔一〕，所傾蓋、與車以見窮閭隘巷之士以十數〔二〕，伉禮下布衣之士以百數矣。」君曰：「以子言論，是賢君也，安可攻？」疵曰：「不然。夫好顯巖穴之士而朝之，則戰士怠於行陣；上尊學者，下士居朝〔三〕，則農夫惰於田。戰士怠於行陳者則兵弱也〔四〕，農夫惰於田者則國貧也。兵弱於敵，國貧於內，而不亡者，未之有也。伐之不亦可乎？」主父曰：「善。」舉兵而伐中山，遂滅也〔五〕。

〔一〕顧廣圻曰：「見好」，當依下文作「好顯」。⊙奇猷案：太田方翼毳、松皐圓纂聞皆乙「見好」為「好見」，是也。見，顯也。荀子賦篇「功業甚博，不見賢良」，楊注：「見，猶顯也。」則好見者，即下文好顯也。

〔二〕顧廣圻曰：中山策「以見」作「而朝」。⊙奇猷案：「十數」，藏本作「數十」，策作「七十家」。又案：傾，斜也。「傾蓋」：古者，車高。君坐車中，路遇士而與語，必傾斜其車，車傾斜則車蓋亦傾斜，故曰傾蓋。「與」疑「弃」（古「棄」字）之誤。「與」古文作「舁」（見説文），與「弃」形近，於是「弃」誤為「舁」，後又書作「與」也。「棄車」者，蓋隘巷，車不能入，故棄車而步行入巷也。

〔三〕王先慎曰：「下士居朝」，御覽二百九十七引作「下居士而朝之」。⊙奇猷案：下士，謂所下之士。御覽誤。

〔四〕顧廣圻曰：今本「行」下有「陳」字。⊙王先慎增「陳」字，曰：依上文當有。御覽引作「陣」。陣，即陳字。⊙奇猷案：今本是，今據增「陳」字。

〔五〕松皐圓改「也」為「之」，曰：「之」，一作「也」。趙武靈王二十一年攻中山，惠文王三年滅之。

說五——齊桓公好服紫，一國盡服紫。當是時也，五素不得一紫〔一〕。桓公患之，謂管仲曰：「寡人好服紫，紫貴甚，一國百姓好服紫不已，寡人奈何〔二〕？」管仲曰：「君欲何不試勿衣紫也〔三〕，謂左右曰：吾甚惡紫之臭。」於是左右適有衣紫而進者，公必曰：「少卻，吾惡紫臭。」公曰：「諾。」於是日，郎中莫衣紫；其明日，國中莫衣紫；三日，境內莫衣紫也。

〔一〕顧廣圻曰：藏本、今本「不」下有「得」字。⊙王先慎補「得」字，曰：御覽三百八十九、八百十四兩引有「得」字。⊙奇猷案：下文云「五素不得一紫」，亦此有「得」字之證。迂評本亦有「得」字，今據補。禮雜記「純以素」，鄭注：「素，生帛也。」說文：「紫，帛青赤色也。」則純色之帛為素，染青赤色之帛為紫也。

〔二〕顧廣圻曰：藏本、今本「貴」上重「紫」字。⊙奇猷案：重「紫」字是，迂評本亦重，今據增。藏本「服」作「衣」，義同。又案：「寡人奈何」，當作「寡人患之，為之奈何」。

〔三〕顧廣圻曰：藏本同。今本無「欲」字。案「欲」下有脫文。⊙王先慎「欲」下補「止之」二字，曰：案御覽三百八十九引「欲」下有「止之」二字是也。八百十四引無「欲何不試」四字，節文也。今本不審，并删「欲」字，不可從。⊙陶鴻慶曰：案趙本删「欲」字，顧校疑「欲」下有脫文，皆非也。「何不試」三字當在「勿衣紫也」之下，屬下為句。其文云：「君欲勿衣紫也，何不試謂左右曰：吾甚惡紫之臭」，管仲之言止此。「公曰諾」三字當在此文之下。自「於是左右」以下云云，皆記事之辭。⊙奇猷案：陶說是。

一曰。齊王好衣紫〔一〕，齊人皆好也。齊國五素不得一紫。齊王患紫貴。傅說王曰〔二〕：「詩云：『不躬不親，庶民不信。』今王欲民無衣紫者〔三〕，王以自解紫衣而朝〔四〕。羣臣有紫衣進者，曰『益遠〔五〕，寡人惡臭〔六〕』。」是日也，郎中莫衣紫；是月也，國中莫衣紫；是歲也，境内莫衣紫。

〔一〕奇猷案：「衣紫」，藏本作「紫衣」。

〔二〕奇猷案：說，讀去聲。傅，即太傅、少傅之傅。

〔三〕顧廣圻曰：藏本、今本「今」下「欲」字作「王」。⊙奇猷案：「欲」作「王」是，今據改。王先慎亦從顧校改。

〔四〕顧廣圻曰：藏本同。今本「以」作「請」。案以上有脱文。⊙王先慎改「以」為「請」，曰：「以」乃「請」之誤。王請自解紫衣而朝，謂王朝時請先解己之紫衣也。此句並無脱文。⊙奇猷案：「自」字衍文也。以，本作㠯，與「自」形近而譌衍。趙用賢不知其誤，妄改「以」為「請」也，不足據。

〔五〕奇猷案：松皐圓纂聞改「益」為「盍」，非。益遠者，謂去甚遠也。

〔六〕太田方曰：「臭」上疑脱「紫」字。

鄭簡公謂子産曰：「國小，迫於荆、晉之間。今城郭不完，兵甲不備〔一〕，不可以待不虞。」子産曰：「臣閉其外也已遠矣，而守其内也已固矣，雖國小猶不危之也〔二〕。君其勿憂。」是以没簡公身無患〔三〕。

〔一〕奇猷案：藏本「兵甲」二字倒。

〔二〕王先慎曰：趙本「國小」二字誤倒。⊙奇猷案：「之」字衍。

〔三〕奇猷案：據史記鄭世家，簡公卒後三十一年子產卒。

子產相鄭。簡公謂子產曰：「飲酒不樂也〔一〕，俎豆不大，鍾鼓竽瑟不鳴，寡人之事不一〔二〕，國家不定，百姓不治，耕戰不輯睦，亦子之罪。子有職，寡人亦有職，各守其職。」子產退而為政五年，國無盜賊，道不拾遺，桃棗蔭於街者莫有援也〔三〕，錐刀遺道三日可反〔四〕，三年不變，民無飢也〔五〕。

〔一〕王先慎曰：「也」字衍文。「子產相鄭」上當有「一曰」二字。

〔二〕顧廣圻曰：「之」下當有「罪」字。「事」上當有脱字，未詳。⊙王先慎曰：治要引尸子治天下篇作「寡人之任也」，下「子之罪」亦作「子之任」。⊙太田方曰：説苑「不一」二字作「也」，是。⊙奇猷案：顧説是。「事」上疑脱「罪政」二字，以「罪」字句絶。藏本「國家不定」作「國人不定」，誤。

〔三〕奇猷案：吕氏春秋下賢篇高誘注：「援，攀也。」王氏集解據御覽九百六十五、事類賦二十六引於「棗」下增「之」字，删「有」字，未可從。

〔四〕奇猷案：吕氏春秋作「錐刀之遺於道者，莫之舉也」，高注：「舉，猶取也。」

〔五〕王先慎曰：「變」字疑誤。⊙太田方曰：管子：「黄帝之治也，置法而不變，使民安其法。」⊙奇猷案：「變」疑

「便」音近之誤，「也」為「色」字之壞誤。不便，謂天時不便。難二篇：「風雨時，寒温適，土地不加大而人多。」適、便義近，可借證不便為指天時言。且在農業社會，最不便者莫如天時，故省言天時不便為不便，正如省言五穀不熟為不熟也。今子產之治，使民食有餘，故三年不便，民猶未有飢色。今「便」誤為「變」，「色」又誤為「也」，遂不可通。如太說，與「飢」字不合，顯見其為望文生義。

宋襄公與楚人戰於涿谷上〔一〕。宋人既成列矣，楚人未及濟。右司馬購强趨而諫曰〔二〕：「楚人衆而宋人寡，請使楚人半涉未成列而擊之，必敗。」襄公曰：「寡人聞君子曰：『不重傷〔三〕，不擒二毛，不推人於險，不迫人於阨，不鼓不成列。』今楚未濟而擊之，害義。請使楚人畢涉成陣而後鼓士進之。」右司馬曰：「君不愛宋民，腹心不完，特為義耳。」公曰：「不反列，且行法。」右司馬反列。楚人已成列撰陣矣，公乃鼓之。宋人大敗，公傷股，三日而死〔四〕。此乃慕自親仁義之禍〔五〕。

〔一〕顧廣圻曰：與三傳不合。⊙尹桐陽曰：左傳作「泓」，公羊作「泓之陽」，穀梁作「泓水之上」。⊙奇猷案：泓之戰在僖公二十二年。北堂書鈔百十八引「涿谷」作「泌谷」。

〔二〕「購强」顧廣圻曰：未詳。⊙奇猷案：左傳僅作「司馬」，杜注：「子魚也。」疑購强其字。

〔三〕盧文弨曰：下「曰」字藏本無。⊙奇猷案：迂評本亦無。

〔四〕盧文弨曰：春秋，襄公之卒在次年五月。

〔五〕王先慎曰："自親"二字涉下文而衍。

夫必恃人主之自躬親而後民聽從，是則將令人主耕以為上〔一〕，服戰鴈行也民乃肯耕戰，則人主不泰危乎？而人臣不泰安乎？

〔一〕王先慎曰："上"，當作"食"。上經下張本有此數句，蓋誤以說入經，然作"耕以為食"，則張氏所見之本不作"上"，正可以訂正"上"為"食"之誤。⊙奇猷案：王說是。松皋圓據山氏改"上"為"下"，未塙。又案：此節舊連上，今提行。此節之義，顯與宋襄事無關。此以"夫"字承上，明"夫"上必有脫文，但未詳所當作。然此條必是說經文"尊厚耕戰"。"耕戰"之旨已見，而"尊厚"之義則在脫文之中，故其義不可曉。王先慎謂"尊厚猶貴富，謂人君"（見上），乃是妄測，不可信。

齊景公游少海〔一〕，傳騎從中來謁曰〔二〕："嬰疾甚〔三〕，且死，恐公後之。"景公遽起，傳騎又至。景公曰："趨駕煩且之乘〔四〕，使騶子韓樞御之〔五〕。"行數百步，以騶為不疾，奪轡代之；御可數百步，以馬為不進，盡釋車而走〔六〕。以煩且之良，而騶子韓樞之巧〔七〕，而以為不如下走也。

〔一〕奇猷案：少海，考詳十過篇。晏子外篇作菑。

〔二〕奇猷案：中，國中也。

〔三〕奇猷案：嬰，晏嬰也。

〔四〕王渭曰：晏子春秋「煩且」作「繁駔」。案此同字也。

〔五〕王先慎曰：晏子春秋内篇諫上第一云「公使韓子休追之」。此韓樞疑即彼韓子休。

〔六〕「盡」字下俞樾曰：韓子古本當作「以馬為不盡」。不盡，即不進也。列子天瑞篇「終進乎不知也」，張湛注：「進，當為盡。」是進與盡古通用。詩文王篇毛傳訓盡為進，師古注漢書高帝紀曰「進字，本作賮，又作贐」，皆其例也。寫者依本字作「進」，而失刪「盡」字，遂並失其讀矣。⊙奇猷案：「盡」疑「聿」之誤。尚書湯誥注「聿，遂也」，屬下為句。俞説可通，但語氣不足。

〔七〕顧廣圻曰：藏本、今本「韓」下有「樞」字。⊙奇猷案：有「樞」字是，今據補。王先慎亦從顧校改。

魏昭王欲與官事〔一〕，謂孟嘗君曰〔二〕：「寡人欲與官事。」君曰：「王欲與官事，則何不試習讀法〔三〕？」昭王讀法十餘簡而睡臥矣。王曰：「寡人不能讀此法。」夫不躬親其勢柄，而欲為人臣所宜為者也〔四〕，睡不亦宜乎。

〔一〕王先謙曰：與，去聲。

〔二〕松皐圓曰：孟嘗君傳：「齊湣王滅宋，益驕，欲去孟嘗君。孟嘗君恐，乃如魏，魏昭王以為相。」

〔三〕奇猷案：「習讀」二字當衍其一。依下文，此當衍「習」字。

〔四〕王先慎曰：「宜」字涉下文衍。⊙奇猷案：宜為，猶言當為。此謂法為人臣所當習而非人君所當習者。「宜」字非衍。

孔子曰〔一〕：「為人君者猶盂也，民猶水也。盂方水方，盂圜水圜〔二〕。」

〔一〕奇猷案：舊連上，今從趙本提行。

〔二〕王先慎曰：治要引尸子處道篇「圜」作「圓」。案説文「圜，天體也，全也，周也」，是「圜」為正字。御覽七百六十引二句互易。

鄒君好服長纓，左右皆服長纓，纓甚貴〔一〕。鄒君患之，問左右。左右曰：「君好服，百姓亦多服，是以貴。」君因先自斷其纓而出，國中皆不服長纓。君不能下令為百姓服度以禁之，乃斷纓出以示民〔二〕，是先戮以莅民也〔三〕。

〔一〕王先慎曰：乾道本不重「纓」字，御覽三百八十九、六百八十六、事類賦十二引並重，今據增。⊙奇猷案：王增是，今從之。説林上篇有鄒君，即此人，乃鄒魯君也。

〔二〕顧廣圻曰：今本「長纓出以示先民」作「乃斷纓出以示民」。案句有誤。⊙王先慎改從今本，曰：今本語極明顯。⊙奇猷案：王改是，今從之。迂評本、凌本與今本同。

〔三〕奇猷案：戮，猶辱也。

叔向賦獵〔一〕，功多者受多，功少者受少。

〔一〕奇猷案：「獵」當作「禄」，考詳上。

韓昭侯謂申子曰：「法度甚易行也〔一〕。」申子曰：「法者見功而與賞，因能而受官〔二〕。今君設法度而聽左右之請，此所以難行也。」昭侯曰：「吾自今以來知行法矣，寡人奚聽矣〔三〕。」一日〔四〕，申子請仕其從兄官。昭侯曰：「非所學於子也？聽子之謁敗子之道乎？亡其用子之謁〔五〕。」申子辟舍請罪。

〔一〕奇猷案：王氏集解依盧氏拾補於「易」上增「不」字，是，下文「此所以難行也」承此而言，不當無「不」字，迂評本有。

〔二〕松皐圓改「受」為「授」，曰：「受」誤。定法篇「因任而授官」，荀子「量能而授官」。⊙奇猷案：松說是。

〔三〕奇猷案：奚，何也。寡人奚聽矣，謂寡人知聽法或聽請謁矣。物双松謂「奚聽，不聽也」，未聞此訓。

〔四〕王先慎曰：趙本「日」作「曰」，誤。

〔五〕顧廣圻曰：韓策云「又亡子之術而廢子之謁其行乎」云云，此有脱文。⊙奇猷案：此當作「亡其用子之道敗子之謁乎」，否則文義不足。亡，猶抑也，詳經傳釋詞。

說六——晉文公攻原，裹十日糧〔一〕，遂與大夫期十日。至原十日而原不下，擊金而退，罷兵而去。士有從原中出者曰：「原三日即下矣。」羣臣左右諫曰：「夫原之食竭力盡矣，君姑待之。」公曰：「吾與士期十日，不去，是亡吾信也。得原失信，吾不為也。」遂罷兵而去。原人聞曰：「有君如彼其信也，可無歸乎？」乃降公。衛人聞曰：「有君如彼其信也，可無從乎？」乃降公。孔子聞而記之曰：「攻原得衛者，信也〔二〕。」

〔一〕王先慎曰：僖二十五年左傳：晉侯圍原，命三日之糧。國語亦作「三日」。⊙奇猷案：淮南子道應訓亦作「三日」，與左傳、晉語同。新序雜事四作「五日」，呂氏春秋為欲篇作「七日」，各不同。古文「十」作「✚」，「七」作「十」，古文變隸時二字易混。

〔二〕奇猷案：淮南、新序「衛」皆作「温」，是也。考左傳、史記皆未言衛歸晉文公事，而左傳於晉文公滅原之後即云「衛與魯盟，修衛文公之好」，次年又載「衛人伐齊」，則歸晉文公者非衛甚明。再考史記晉世家，晉文公二年（滅原即在此年）有「圍温」之文，則温聞原降而歸晉，當有可能。呂氏春秋作「衛」，與韓子此文同誤。又案：所記孔子語，疑出別本論語。

文公問箕鄭曰〔一〕：「救餓奈何〔二〕？」對曰：「信。」公曰：「安信？」曰：「信名〔三〕。信名，則羣臣守職，善惡不踰，百事不怠。信事，則不失天時，百姓不踰〔四〕。信義，則近親勸勉而遠者歸之矣〔五〕。」

〔一〕奇猷案：左文七年傳：晉、楚令狐之戰，箕鄭為晉居守。九年：以作亂見殺。晉語文公使鄭為箕大夫，則箕鄭者，以邑為氏也。

〔二〕松皐圓曰：「餓」，宜作「饑」。⊙奇猷案：晉語：「晉國饑，公問於基鄭曰：救饑何以？」明作「饑」是。饑，蓋謂饑饉也。若作「餓」則非其旨矣。

〔三〕俞樾曰：「信名」之下當有「信義，信事」四字。蓋文公曰安信，箕鄭告以信名、信義、信事，下乃一一申之也。今奪之則文不備。⊙奇猷案：俞說是也。晉語作「信於君心，信於名，信於令，信於事」，亦可證此當有「信義，信事」四字。又案：名即「循名責實」之名。

〔四〕陶鴻慶曰：案「踰」，當為「偷」，涉上文「善惡不踰」而誤。⊙奇猷案：晉語作「信於事，則民從事有業」，韋注：「業，猶次也。」此文不踰亦謂有次序而不踰越也。陶說失之。松皐圓與陶說同。

〔五〕奇猷案：藏本無「矣」字。

吴起出，遇故人而止之食。故人曰：「諾，今返而御〔一〕。」吴子曰：「待公而食。」故人至暮不來，起不食待之〔二〕。明日早，令人求故人。故人來，方與之食〔三〕。

〔一〕顧廣圻曰：今本「今」作「令」，誤。⊙王先慎改「今返而御」作「期返而食」，曰：御覽八百四十九引作「期返而食」。⊙奇猷案：御，謂進食也。廣雅釋詁：「御，進也。」詩小雅六月「飲御諸友」，毛傳「御，進也」（蓋即進食之義。鄭箋訓御為侍，非是），則飲御諸友，猶言飲食諸友也。禮王制「天子千里以内以為御」，鄭注：「御謂衣食。」獨斷云：「御者，進也。凡衣服加於身，飲食入於口，妃妾接於寢，皆曰御。」御有進食之義，其證鑿矣。食、御二字古本同音，史記酈食其傳正義云「食，音異」，亦可為御為食之一證。此文今返而御，猶言即返回進食也。御覽不知此義，遂改為期返而食」耳。王先慎據御覽改，非是。

〔二〕王先慎曰：「起不食待之」，御覽四百七十五、八百四十九引並作「吴起至暮不食待之」，今據改。⊙奇猷案：「起不食待之」，吴起不食，待故人。文義甚明，不必更改。

〔三〕王先慎曰：御覽引「方」作「乃」。

魏文侯與虞人期獵〔一〕。明日，會天疾風〔二〕，左右止文侯。不聽〔三〕，曰：「不可。以風疾之故而失信，吾不為也〔四〕。」遂自驅車往，犯風而罷虞人〔五〕。

〔一〕奇猷案：虞人，掌山澤之官。

〔二〕顧廣圻曰：魏策云「天雨」，餘多不同。⊙王先慎曰：治要無「天」字。⊙奇猷案：魏策「明日」作「是日」，是。又案：史記陳涉世家「會天大雨」，與此「會天疾風」句法同。治要妄删「天」字，非。

〔三〕奇猷案：當重「文侯」二字。

〔四〕王先慎曰：治要「可」上無「不」字，「風疾」作「疾風」。⊙奇猷案：治要誤。

〔五〕奇猷案：罷，讀如論語子罕篇「欲罷不能」之罷，去也，止也。謂犯風往告虞人罷去行獵也。魏策作「乃往，身自罷之」。

曾子之妻之市〔一〕，其子隨之而泣〔二〕。其母曰：「女還，顧反為女殺彘。」妻適市來〔三〕，曾子欲捕彘殺之。妻止之曰：「特與嬰兒戲耳。」曾子曰：「嬰兒非與戲也〔四〕。嬰兒非有知也，待父母而學者也，聽父母之教。今子欺之〔五〕，是教子欺也。母欺子，子而不信其母〔六〕，非所以成教也。」遂烹彘也〔七〕。

〔一〕顧廣圻曰：「之妻」二字當衍。⊙王先慎曰：「妻」上治要無「之」字。⊙奇猷案：「之妻」二字非衍。下文「適市來」上脱「妻」字，顧遂以此「之妻」二字衍也。

〔二〕王先慎曰：治要無「之」字。

〔三〕王先慎曰：「適市來」，治要引「適」上有「妻」字，今據補。「適」作「道」，誤。⊙陶鴻慶曰：案治要作「妻道市來」，當從之。道，由也。謂由市來也。上文既言曾子之妻之市，此不當更言適市，足明其誤。⊙奇猷案：王補「妻」字是，今從之。適，往也。適市來，謂往市歸來也。作「道」者蓋誤文耳。

〔四〕王先謙曰：「非」下疑有「可」字。

〔五〕顧廣圻曰：今本「令」作「今」。⊙王先慎改「令」為「今」，曰：治要引作「今」。⊙奇猷案：作「今」是，今據今本改。

〔六〕王先慎曰：各本上「母」字作「父」，不重「子」字，今據治要增改。⊙奇猷案：王校是，今從之。

〔七〕奇猷案：藏本無末「也」字。又案：「非」下據治要有「所」字，是，今據增。

楚厲王有警〔一〕，為鼓以與百姓為戍〔二〕。飲酒醉，過而擊之也〔三〕。民大驚。使人止之〔四〕。曰：「吾醉而與左右戲，過擊之也〔五〕。」民皆罷。居數月，有警，擊鼓而民不赴〔六〕，乃更令明號而民信之。

〔一〕奇猷案：句絶。凡危急之消息曰警，下云「有警」與此義同。

〔二〕奇猷案：戍，守也。謂為鼓以與百姓為守備也。文義甚明。王解依御覽五百八十二、事類賦十一引改為「楚厲王有警鼓，與百姓為戒」，以「鼓」字句絶，不可從。

〔三〕奇猷案：過，誤也，下同。王氏集解據御覽、事類賦删「之也」二字，非。

〔四〕王先慎曰：御覽、事類賦引「止」下有「之」字，今據補。⊙奇猷案：王説是，今從之。盧氏拾補亦補「之」字。

〔五〕奇猷案：王氏集解據御覽、事類賦改「過」作「而」，非。「戲」字句絶。

〔六〕王先慎曰：御覽、事類賦引「赴」下有「也」字。

李悝警其兩和曰〔一〕：「謹警敵人〔二〕，旦暮且至擊汝。」如是者再三而敵不至。兩和懈怠，不信李悝。居數月，秦人來襲之，至，幾奪其軍。此不信患也〔三〕。

〔一〕奇猷案：兩和，謂左右和，即今言左右翼也。

〔二〕奇猷案：此「警」字為戒備之義。説文：「警，戒也。」戒，即今誡字。

〔三〕奇猷案：太田方翼毳於「患」上增「之」字，是。

一曰。李悝與秦人戰，謂左和曰：「速上，右和已上矣。」又馳而至右和曰：「左和已上矣。」左右和曰：「上矣〔一〕。」於是皆爭上。其明年，與秦人戰。秦人襲之，至，幾奪其軍。此不信之患〔二〕。

〔一〕王先慎曰：「曰上矣」三字涉上而衍。此言左右和聞李悝之言，於是皆爭上，明不應有「曰上矣」三字。⊙太田方曰:「上」上「曰」字當作「已」。⊙奇猷案:「上矣」,乃左右和答李悝之辭,非衍文。

〔三〕奇猷案:藏本此下有「右傳」二字,是藏本以本篇至此為止,此下二段見七術篇,當删。又案:此節舊連上,今提行。

有相與訟者〔一〕。子産離之而毋得使通辭,到至其言以告而知也〔二〕。

〔一〕顧廣圻曰:藏本同。今本無自此至末。案皆複出七術,不當有也。

〔二〕王先慎曰:「至」字衍文。「到」,即「倒」字。⊙奇猷案:「得使」當從七術篇作「使得」。「至」當即「到」字壞而衍者,七術篇作「到其言」可證。

惠嗣公使人偽關市〔一〕。關市呵難之,因事關市以金,關市乃舍之。嗣公謂關市曰:「某時有客過而予汝金,因譴之〔二〕。」關市大恐,以嗣公為明察。

〔一〕王先慎曰:「惠」,當作「衛」。「偽」,當作「過」。⊙奇猷案:「惠」當作「衛」,是。七術篇作「衛嗣公使人為客過關市」,此文「為」誤「偽」,又脱「客過」二字也。

〔二〕奇猷案:「譴」,當從七術篇作「遣」。

卷十二

外儲説左下第三十三〔一〕

一、以罪受誅，人不怨上〔二〕，跀危坐子皋〔三〕；以功受賞，臣不德君〔四〕，翟璜操右契而乘軒〔五〕。襄王不知〔六〕，故昭卯五乘而履蹻〔七〕。上不過任，臣不誣能，即臣將為失少室周〔八〕。

〔一〕顧廣圻曰：今本「左」字下有「下」字。⊙王先慎曰：治要引有「下」字。⊙奇猷案：此當有，今據補。又案：上「三」字原作「二」，今據藏本、今本改。

〔二〕舊注：罪當，故不怨也。

〔三〕舊注：皋雖刑之，有不忍之心，跀者懷恩報德。⊙顧廣圻曰：藏本同。今本「坐」作「生」。按依説當作「逃」。⊙王先謙曰：作「生」是也，與「坐」形近而誤。⊙王先慎曰：危，讀為跪，足也，詳下説。⊙奇猷案：「坐」字不誤。廣雅釋詁：「坐，止也。」後説云「跀危引之而逃之門下室中」，則是止子皋於門下室也。又案：孔子弟子高柴，字子皋。「皋」，亦作「羔」。

〔四〕舊注：功當，故不以為德。

〔五〕舊注：功當受寵，故乘軒而無慙。⊙王先慎曰：「璜」，下作「黄」，古今字通。⊙松皐圓曰：韓策注：「左契，待合而已。右契，可以責取。」⊙奇猷案：謂翟璜執責取軒車之右契，憑右契即可取軒車而乘之也。又案：呂氏春秋分職篇云：「賞罰，法也，則受賞者無德，而抵誅者無怨矣。」淮南子主術訓「明主之治，國有誅者，而主無怒焉；朝有賞者，而君無與焉。誅者不怨君，罪之所當也；賞者不德上，功之所致也」。長沙馬王堆漢墓出土帛書經法云：「受賞無德，受罪無怨，當也。」（載文物一九七四年十期）本書難三篇云：「有功者必賞，賞者不得（通德）君，力之所致也；有罪者必誅，誅者不怨上，罪之所生也。」皆可明此文。

〔六〕舊注：不知功當厚賞也。

〔七〕舊注：卯西御秦，東止齊，大矣，而王唯養之五乘。功大賞薄，猶富人而履屩也。⊙王先慎曰：張榜本、趙本「屩」作「屩」，注同。説文「屩，從履省，喬聲」，是「屩」為正字，屩、屩均别字。説作「蹻」，古通。⊙奇猷案：注「大矣」上當有「功」字。

〔八〕舊注：周以勇力事襄主，貞信不誣人，有勇力多己者即進之以自代。⊙顧廣圻曰：「失」，當作「夫」，在「為」字上，如字讀之。⊙王先慎曰：「失」字衍。顧讀「即臣將夫為少室周」，亦不成文。⊙奇猷案：王説是。過，誤也。即、則同，詳王氏經傳釋詞。

二、恃勢而不恃信〔一〕，故東郭牙議管仲〔二〕；恃術而不恃信，故渾軒非文公〔三〕。故有術之主，信賞以盡能〔四〕，必罰以禁邪，雖有駁行，必得所利〔五〕。簡主之相陽虎〔六〕，哀公問一足〔七〕。

〔一〕舊注：恃勢則信者不生心，恃信則有時不信。⊙奇猷案：信，讀如姦劫弒臣篇「左右知貞信之不可得安」之信，下同。指人臣言，謂人主恃勢而不恃人臣之貞信。

〔二〕舊注：公欲專仲國柄，牙以仲雖忠矣，儻不忠，危必矣。公因命仲理外，隰朋治内矣。⊙奇猷案：注「危必矣」，藏本作「以危矣」，趙本作「必危矣」，下「矣」字藏本作「也」。案趙本是。

〔三〕舊注：晉文公以箕鄭信誠以為原令，曰：必不叛我。軒曰：人主不以術御臣，而恃其不叛，其若之何也。⊙梁玉繩曰：渾軒，即渾罕，非子產者。古軒、罕通，左傳：「罕虎」、「罕達」，公羊並作「軒」。

〔四〕奇猷案：此信字乃「信用」之信，指人君言。

〔五〕舊注：駁行，不貞白而駁襍者。

〔六〕舊注：虎逐魯疑齊，是行駁也。趙主以術御之，盡其用，而趙幾霸。

〔七〕舊注：問孔子曰：夔一足若何？曰：夔反戾惡心，然所以免禍者也。公曰：其信一足。故曰一足。⊙盧文弨曰：注「然所以免禍者」下當有「信」字。⊙王先慎曰：「反戾」，下説作「忿戾」。

三、失臣主之理，則文王自履而矜〔一〕，不易朝燕之處〔二〕，則季孫終身莊而遇賊〔三〕。

〔一〕舊注：君雖有師，臣當亦謹，小臣當即充指顧之役。文王理解，左右無可使者，是亦失士也。託言君所與者皆其師，是矜過而飾非也。⊙盧文弨曰：注「文王理解」，當作「繫解」。⊙王先謙曰：「自履」，文不成義，「履」上當有「繫」字。⊙奇猷案：松皐圓纂聞於「失」上增「不」字，非是。觀説所言，蓋韓非非謂文王不失臣主之理也。韓非所謂理，乃法紀之意，考詳解老篇「道理之者也」條。履，動詞。謂履之也。舊注讀矜為「矜過飾非之矜」，是。

此文謂文王既失臣主之法紀而自履，尚矜其尊先君之臣。

〔二〕奇猷案：不易，不變也。謂朝燕之處終日不變，即在燕處之時，亦如朝廷之中，言其莊嚴之至也。

〔三〕舊注：朝當莊，燕當試，今季孫一之，故終身莊而遇害也。⊙王先慎曰：趙本注「朝」下有「堂」字，「燕」下無「當試今」三字。張本「試」作「舒」。⊙奇猷案：此有脱缺文，下説有「孔子御坐」、「趙簡子謂車席泰美」、「費仲説紂」、「齊宣王問匡倩」四節，俱不見於此可證。又案：莊，莊嚴也。又案：注四部叢刊本、藏本「今」字皆作「令」，誤。張本「試」作「舒」，是。一之，謂朝燕如一，即朝燕皆莊。

四、利所禁，禁所利，雖神不行〔一〕；譽所罪，毁所賞，雖堯不治〔二〕。夫為門而不使入〔三〕，委利而不使進〔四〕，亂之所以産也〔五〕。齊侯不聽左右，魏主不聽譽者〔六〕，而明察照羣臣，則鉅不費金錢〔七〕，孱不用璧〔八〕。西門豹請復治鄴足以知之〔九〕。猶盜嬰兒之矜裘，與跀危子榮衣〔一〇〕。子綽左右畫〔一一〕，去蟻驅蠅〔一二〕，安得無桓公之憂索官〔一三〕，與宣王之患臞馬也〔一四〕。

〔一〕舊注：當禁而利，當利而禁。如此，雖神不行，況不神乎。

〔二〕舊注：當罪而譽，當賞而毁。如此，雖堯不治，況非堯乎。

〔三〕舊注：門不入，不如無門也。

〔四〕舊注：與利不進，不如止也。

〔五〕舊注：門不使入，利不使進，亂所由生也。

〔六〕陶鴻慶曰：「礜者」當作「毀礜」。下注「孱用玉以魏主用毀故」，當作「以魏主用毀礜故」。與此互證，足明其誤。⊙奇猷案：觀說，可知魏主所聽者乃礜而無毀，故此僅言礜者。陶說非。

〔七〕舊注：鉅費金，以齊王用左右故也。⊙顧廣圻曰：說無「錢」字，此當衍，舊注未譌。

〔八〕舊注：孱用玉，以魏主用礜故。⊙顧廣圻曰：藏本、今本「璧」上有「玉」字。按說無，舊注亦未譌，此所添，誤。⊙奇猷案：注「玉」原作「王」，今從四部叢刊本、趙本改。「礜」原作「毀」，從藏本改。

〔九〕舊注：初治鄴，不事左右，故君奪之。後治，事之，君乃迎而拜。據此，是知左右能為國之害。

〔一〇〕舊注：盜者子不恥其父盜，以父所盜衣矜人。刖者兒不恥其父刖，以刖所著衣榮人。人所諂媚，為非猶是。⊙王先慎曰：乾道本注「刖以」下衍「不也」二字，改從趙本。⊙奇猷案：王說是，今從之，藏本與趙本同。

〔一一〕舊注：左畫圜，右畫方，必不得俱成。喻用左右言，亦不能得賢也。⊙王先慎曰：乾道本注「俱」下有「能」字，趙本無，今據刪。⊙奇猷案：王說是，今從之。又案：不能左畫圓，右畫方，蓋喻明法度與聽請謁不能並存也。觀說所述諸事，主旨皆如此。舊注非。

〔一二〕舊注：以骨去蟻，以魚去蠅，則蠅蟻愈至。喻溫言訓左右，愈諂。⊙松皋圓曰：以喻偏聽左右而禁姦邪，則姦邪愈彰。⊙奇猷案：松說是。又案：注「骨」當作「肉」。

〔一三〕舊注：公聽左右索官，無以與之，故憂也。

〔一四〕舊注：王不察掌馬者竊芻豆，但患馬臞也。⊙王先慎曰：「宣」，張榜本作「先」。按下說作「韓宣子」，則作「宣」字是。「王」當作「主」，注亦誤。⊙奇猷案：「臞馬」二字當倒，舊注所見本不誤可證。

五、臣以卑儉為行，則爵不足以觀賞〔一〕；寵光無節，則臣下侵偪。説在苗賁皇非獻伯，孔子議晏嬰〔二〕。故仲尼論管仲與叔孫敖〔三〕。而出入之容變，陽虎之言見其臣也〔四〕。而簡主之應人臣也失主術〔五〕。朋黨相和，臣下得欲，則人主孤；羣臣公舉，下不相和，則人主明。陽虎將為趙武之賢、解狐之公〔六〕。而簡主以為枳棘，非所以教國也〔七〕。

〔一〕盧文弨曰：「觀賞」，張本作「勸賞」。⊙奇猷案：王先慎從盧校改「觀賞」為「勸賞」，非是。藏本作「勸」亦誤。觀賞，示賞也。周禮考工記㮚氏「嘉量既成，以觀四方」，注「以觀示四方也」，是觀為示義。本書難三篇「舉善以觀民」，亦以觀為示義。藏本不知觀賞為示賞而臆改耳。難三篇之「觀民」，藏本亦改作「勸民」，其誤與此同。

〔二〕舊注：獻伯為相，妻不衣帛，晏嬰亦然，故非其太偪下。⊙王先慎曰：「孔子議晏嬰」條今奪，北堂書鈔一百二十九、御覽六百八十九、事類賦十二引韓子曰：「晏嬰相齊，妾不衣帛，馬不食粟。」（御覽妾作妻）當即此條佚文。

〔三〕舊注：仲有三歸，以其太奢。敖有糲餅，以其太儉。⊙王先慎曰：「餅」當作「飯」，説見下。⊙奇猷案：「叔孫」二字倒，説作「孫叔敖」不誤。

〔四〕顧廣圻曰：今本「變」作「變」。句有誤，未詳。⊙王先慎曰：「變」字是。陽虎入齊，其臣因之見於君，及其出也，皆不為虎。是入則因之見，出則背之，一出一入之間，其容遂變。「陽虎之言見其臣也」，此倒句而成文，順之為「陽虎之言見其臣，而出入之容變也」。顧氏不知古書倒文成義之法，而讀「變」字句絶，所以疑句有誤也。改從今本。⊙奇猷案：王解改「變」為「變」，是，今從之。但解「見」字則非。此文蓋謂陽虎抵罪與出境時所見其臣之容，與薦於君王時已變也。

〔五〕舊注：虎言居齊已有三人，及其得罪，而三人為君執逐。虎言明己無私，簡主應以私臣之事，言其舉非之，譬樹枳棘者反得其刺也。⊙王先慎曰：此謂簡子應虎樹枳棘則刺，樹柤梨橘柚則甘之，言為失術也。下云「非所以教國也」，即承此失術言。注説非。又案：乾道本注「及」作「反」，改從趙本。「非之」，疑「之非」倒文。⊙奇猷案：王改是，今從之。

〔六〕舊注：此三人皆以公舉人，内不避親，外不避讐，虎言已舉亦同之也。⊙盧文弨曰：注「二人」譌「三人」。⊙奇猷案：此謂有術以御臣，則陽虎亦可變為趙武之賢與解狐之公也。舊注非。

〔七〕舊注：主云所舉害己，與枳棘者同，此反教人為私也。⊙顧廣圻曰：藏本、今本「簡」下有「主」字。⊙奇猷案：有「主」字是，今據補，王先慎亦從顧校補。又案：注「枳」上當有「樹」字。

六、公室卑則忌直言，私行勝則少公功。説在文子之直言，武子之用杖〔一〕；子産忠諫，子國譙怒〔二〕；梁車用法，而成侯收璽〔三〕；管仲以公，而國人謗怨〔四〕。

右經〔五〕

〔一〕舊注：武子，文子父。子好直言。武子曰：夫直言者，必危身而禍及父也。

〔二〕舊注：國怒曰：夫忠諫者，必離羣臣，而又危難於父也。⊙王先慎曰：乾道本自「子産」至「譙怒」及「怒」字下之注共二十三字均脱，張榜本有八大字，趙本大小字並有。盧文弨出「子國譙怒」云「注『必離羣臣』，『離』字脱」，是盧所見本亦有此二十二字，惟注脱「離」字耳。顧廣圻云：「藏本、今本有『子産忠諫子國譙怒』並注云云，此藏本所添，未必是也。」先慎案：下説有此事，經必應有。張榜本、趙本及盧所見本不盡出於藏本，顧氏謂藏本所添，非也。今據補。⊙奇猷案：王校是，今從之。注藏本有「國怒曰」三字，王解脱，今補。又：注藏本無「離」字，誤。又案：盧所見當即藏本。迂評本亦有八大字。

〔三〕舊注：車為鄴令，其姊犯法，跀之。趙侯以為不慈，免其官也矣。⊙王先慎曰：趙本注「姊」譌「妹」，下無「矣」字。

〔四〕舊注：仲不報封人之恩，唯賢是用，人怨謗也。⊙松皐圓改「國」為「封」，曰：「封」原作「國」，從傳文及舊注正。蓋「封」因音訛「邦」，又以義訛「國」耳。⊙奇猷案：松説是。「封」蓋形訛為「邦」，漢人避諱又改「邦」為「國」也。

〔五〕王先慎曰：二字各本脱，今依例補。⊙奇猷案：王補是，今從之。

説一〔一〕——孔子相衛〔二〕，弟子子皐為獄吏〔三〕，刖人足，所跀者守門。人有惡孔子於衛君者曰：「尼欲作亂。」衛君欲執孔子〔四〕。孔子走，弟子皆逃。子皐從出門〔五〕，跀危引之而逃之門下室中，吏追不得。夜半，子皐問跀危曰：「吾不能虧主之法令而親跀子之足，是子報仇之時也〔六〕，而子何故乃肯逃我？我何以得此於子？」跀危曰：「吾斷足也，固吾罪當之，不可奈何。然方公之獄治臣也〔七〕，公傾側法令，先後臣以言〔八〕，欲臣之免也甚，而臣知之〔九〕。及獄決罪定，公憱然不悦，形於顔色，臣見又知之〔一〇〕。非私臣而然也，夫天性仁心固然也。此臣之所以悦而德公也〔一一〕。」

〔一〕奇猷案：「説」字原無，今增，下同，説詳内儲説上。

〔二〕奇猷案：孔子相衛事，不見於他書，或孔子自蒲適衛即有相衛事。史記孔子世家云：「衛靈公老，怠於政，不用孔子，孔子行。」豈孔子曾為相，公怠於政，不用孔子之術，又以人之讒，而孔子行也？

〔三〕傳佛崖曰：子皋，即論語「子路使子羔為費宰」之子羔。⊙奇猷案：「皋」，説苑至公篇作「羔」，同。家語致思篇作「季羔」，史記仲尼弟子傳云：「高柴，字子羔」。集解引鄭玄曰：「衛人。」

〔四〕奇猷案：説苑云「衛君臣之亂」，家語「蒯聵之亂」，與此異。張榜本無「尼」字，非。

〔五〕顧廣圻曰：「從」當作「後」。説苑至公篇：「子皋走郭門，郭門閉。」⊙王先慎曰：「從」字不誤。「出門」當作「後門」。吕氏春秋云：「戎夷違齊如魯，天大寒而後門。」「後門」與説苑「門閉」合，明「出」為「後」之誤。⊙奇猷案：顧説是。「出」字衍。下文「梁車為鄴令」條「暮而後門」，吕氏春秋長利篇高注：「後門，日夕門已閉也」。今「後」形誤為「從」，「子皋從門」，不可解，後人遂增「出」字耳。王説改作「子皋從後門」，子皋既從，何得後門？且後、出二字形聲皆不近，亦無由致誤。

〔六〕盧文弨曰：藏本「仇」下有「怨」字。

〔七〕陶鴻慶曰：案「獄治臣」，當作「治臣獄」，下文「傾側法令」云云，正治獄時事。張榜本、趙本改「獄」為「欲」，於文不安，不可從也。⊙奇猷案：王先慎據張、趙本改「獄」為「欲」固非，陶説謂當作「治臣獄」亦不成義。疑「獄」字因下而衍，説苑作「君之治臣也」，無「獄」字可證。治，即審理之意。

〔八〕太田方曰：周禮士師「以五戒先後刑罰，毋使罪麗於民」，注：「先後，猶左右也，助也。」尚書「和懌先後迷民」，孔傳：「先後，謂教訓也。」後漢伏湛傳「實足以先後王室」，注：「先後，相導也。」

〔九〕奇猷案：「甚」字疑衍。説苑作「欲臣之免於法也，臣知之」，家語作「欲臣之免也，臣知」，皆可證。

〔一〇〕陶鴻慶曰：案「見」字當衍。上云「而臣知之」，此云「臣又知之」，知即見也。僖二十八年左傳「晉侯聞之而後喜可知也」，杜注云「喜見於顔色」，吕氏春秋自知篇「文侯不説，知於顔色」，高注云「知，猶見也」，是也。説苑至公篇正作「臣又知之」。此衍「見」字，蓋注文錯入。⊙奇猷案：陶説是。家語亦作「臣又知之」。

〔一一〕舊注：跀者行步危，故曰跀危也。⊙俞樾曰：注説非。危乃跪之省文。古謂跀足者為跀跪，内儲説下篇「門者跀跪請曰」是其證也。晏子春秋雜上篇「刖跪擊其馬而反之」，孫星衍云「跪，足也」，此説得之。⊙王先慎曰：荀子勸學篇「蟹六跪而二螯」，楊倞注：「跪，足也。」韓子以刖足為跀跪」。據此，是楊所見韓子作「跪」也，跪訓為足，又其一證。「悦而德公也」，張榜本重「而」字。案此下當接「孔子曰，善為吏者樹德，不能為吏者樹怨。槩者平量者也，吏者平法者也，治國者不可失平也」。今錯簡在後另為一條。説苑此下接「孔子聞之曰，善為吏者樹德，不善為吏者樹怨」云云是也。⊙奇猷案：王説是也。松皐圓亦以「孔子曰」云云移此。家語此下接「孔子聞之曰，善者為吏，其用法一也，思仁恕則樹德，加嚴暴則樹怨」云云，亦可佐證。

田子方從齊之魏〔一〕，望翟黄乘軒騎駕出〔二〕，方以為文侯也，移車異路而避之，則徒翟黄也〔三〕。方問曰：「子奚乘是車也？」曰：「君謀欲伐中山，臣薦翟角而謀得果〔四〕。且伐之〔五〕，臣薦樂羊而中山拔〔六〕。得中山，憂欲治之，臣薦李克而中山治〔七〕。是以君賜此車。」方曰：「寵之稱功尚薄〔八〕。」

〔一〕奇猷案：莊子田子方篇釋文引李云：「田子方，魏文侯師，名無擇。」史記魏世家亦云魏文侯師。吕氏春秋當染篇云「田子方學於子貢」，外儲説右上「田子方問唐易鞠」。

〔二〕舊注：既乘軒車，又有輕騎。⊙王先慎曰：說苑臣術篇云：「翟黄乘軒車，載華蓋，黄金之勒，約鎮簟席，如此者，其駟八十乘。」

〔三〕舊注：徒，獨。⊙顧廣圻曰：藏本、今本「則」下有「徒」字。⊙王先慎補「徒」字，曰：依注當有。⊙奇猷案：藏本、今本是，迂評本亦有，今據補。又案：翟黄，注見内儲說下。

〔四〕奇猷案：果，成也。謀得果，猶言謀得成也。

〔五〕盧文弨曰：張本「果」下有「且」字。⊙王先慎補「且」字，曰：且，將也。此字當有。⊙奇猷案：藏本、迂評本亦有「且」字，今據補。

〔六〕奇猷案：說林上：「樂羊為魏將而攻中山。」

〔七〕奇猷案：詳難二篇。

〔八〕松皐圓曰：魏君寵異之，與其功伐相稱衡，則所賜尚薄矣。⊙奇猷案：張榜本此下有注「稱，服也」三字。疑為張氏所增，故各本均無。王先慎據補，未可從。

秦、韓攻魏，昭卯西說而秦、韓罷〔一〕。齊、荆攻魏，卯東說而齊、荆罷。魏襄王養之以五乘將軍〔二〕。卯曰：「伯夷以將軍葬於首陽山之下，而天下曰：『夫以伯夷之賢與其稱仁〔三〕，而以將軍葬，是手足不掩也。』今臣罷四國之兵，而王乃與臣五乘，此其稱功，猶贏勝而履蹻〔四〕。」

〔一〕顧廣圻曰：昭卯，即孟卯也。顯學篇：「魏任孟卯之辨。」難三篇：「孰與曩之孟嘗、芒卯。」⊙俞樾曰：「昭」，當作「明」。明卯，即孟卯也。又作「芒卯」。明、孟、芒古音俱同。「孟卯」之為「明卯」，猶「孟津」之為「盟津」。「芒卯」之為「明卯」，猶「民甿」之為「民萌」。今作「昭」者，蓋與「明」形似義同，因而致誤。

〔二〕舊注：養之以五乘，使為將軍也。⊙顧廣圻曰：「五乘」句絶，「將軍」二字當衍，涉下文而誤耳。舊注全譌。⊙王先慎曰：「將軍」疑為「之奉」二字之譌。「養之以五乘」，文義未備。「乘」下脱「之奉」二字，寫者妄以「將軍」補之，注遂因譌字作解也。外儲説左上「燕王悦之，養之以五乘之奉」，文法正同，是其證。御覽八百二十九引「乘」作「車」。⊙奇猷案：顧説是。外儲説左上云「燕王因以三乘養之」，與此同例。下文云「乃與臣五乘」，蓋承此而言，亦不言「五乘之奉」可證。王説非。

〔三〕陶鴻慶曰：「稱仁」二字無義。伯夷不係乎稱與不稱也。「與其稱仁」，疑本作「此其稱仁」，而在「以將軍葬」下，與「此其稱功」文義相對。兩「稱」字皆讀去聲，猶言衡量也。⊙奇猷案：陶説置此四字於「以將軍葬」下亦難通。蓋手足不掩，乃言葬，與稱仁不相蒙。疑「稱」字因下而衍，九字為句，以仁與賢並言也。

〔四〕舊注：贏，利也。謂賈者贏利倍勝，今以薄賞報大功，猶贏勝之人履草屩也。⊙顧廣圻曰：「贏勝」，當作「贏縢」，形相近也。舊注全譌。⊙王先慎曰：御覽八百二十九引「贏」作「羸」，注同，「蹻」作「屩」。案蹻、屩二字古今文通用。説文：履從尸，古文作䪬，云從足。莊子天下篇「以跂蹻為服」，釋文「李云：麻曰屩，木曰屐，屐與跂同，屩與蹻同」，是也。⊙松皐圓曰：「贏」宜作「羸」。「勝」、「縢」字誤。秦策「羸縢履蹻」，注：「羸，倫進反。纏虆字通用。」（奇猷案：此吴師道注）易「羸其角」，疏云：「揭虆纏繞也。」詩采菽云「邪幅在下」，注：「如今行縢也。偪束其脛，自足至膝，故曰在下。」疏云：「説文：縢，緘也。名行縢者，謂行而緘束之也。」⊙奇猷案：顧、王、松説皆是也。贏縢履蹻，猶今言纏腿穿屐。蓋謂平民之行裝也。

孔子曰：「善為吏者樹德，不能為吏者樹怨。槩者，平量者也〔一〕；吏者，平法者也。治國者，不可失平也〔二〕。」

〔一〕奇猷案：「吏」，叢刊本誤「利」。外儲説右上「升概甚平」，概、槩同。説文「槩，杚斗斛」，王注：「槩者，平斗斛之器也。」

〔二〕王先慎曰：此乃錯簡，當在「孔子相衛」條後。

少室周者〔一〕，古之貞廉潔慤者也，為趙襄主力士。與中牟徐子角力，不若也，入言之襄主以自代也。襄主曰：「子之處，人之所欲也，何為言徐子以自代〔二〕？」曰：「臣以力事君者也。今徐子力多臣，臣不以自代，恐他人言之而為罪也〔三〕。」

〔一〕王佩諍曰：少室為中嶽山名。少室周居少室而名周也。如東里子産，東里為所居地名。

〔二〕王先慎曰：張榜本「代」誤「伐」。

〔三〕舊注：有蔽賢之罪也。

一曰〔一〕。少室周為襄主驂乘，至晉陽，有力士牛子耕與角力而不勝。周言於主曰：「主之所以使臣騎乘者〔二〕，以臣多力也。今有多力於臣者，願進之〔三〕。」

〔一〕奇猷案：舊連上，今提行。

〔二〕顧廣圻曰：「騎」，當作「驂」。⊙奇猷案：顧説是。古者乘車，導者居左，御者居中，更有一人居右，名曰驂乘。晉語「少室周為趙簡子右」，則少室周實為驂乘也。

〔三〕奇猷案：晉語云：「少室周為趙簡子右，聞牛談有力，請與之戲，弗勝，致右焉。簡子許之，使少室周為宰，曰：知賢而讓，可以訓矣。」

説二——齊桓公將立管仲〔一〕，令羣臣曰：「寡人將立管仲為仲父，善者入門而左，不善者入門而右。」東郭牙中門而立。公曰：「寡人立管仲為仲父，令曰善者左，不善者右。今子何為中門而立？」牙曰：「以管仲之智為能謀天下乎？」公曰：「能。」「以斷為敢行大事乎？」公曰：「敢。」牙曰：「君知能謀天下〔二〕，斷敢行大事，君因專屬之國柄焉〔三〕。以管仲之能〔四〕，乘公之勢以治齊國，得無危乎？」公曰：「善。」乃令隰朋治內，管仲治外以相參。

〔一〕松皐圓此下增「為仲父」三字，曰：原脱此三字。説苑作「立仲父」。⊙奇猷案：松説是。下文兩云「立管仲為仲父」可證。

〔二〕顧廣圻曰：「君」當作「若」。知，即智字。⊙奇猷案：顧説是。君、若形近而誤。松皐圓亦改「君」為「若」。太田方謂「君」當作「管仲」二字，未可從。

〔三〕盧文弨曰：張本「之」下有「以」字。⊙奇猷案：迂評本亦有。案此不必有。

〔四〕盧文弨曰：張、凌本「能」上有「之」字。⊙顧廣圻曰：藏本亦有。⊙奇猷案：有「之」字是，迂評本亦有，今據補。

晉文公出亡，箕鄭挈壺餐而從〔一〕，迷而失道，與公相失，飢而道泣，寢餓而不敢食〔二〕。及文公反國，舉兵攻原，克而拔之〔三〕。文公曰：「夫輕忍飢餒之患而必全壺餐，是將不以原叛。」乃舉以為原令。大夫渾軒聞而非之，曰：「以不動壺餐之故，怙其不以原叛也〔四〕，不亦無術乎？」故明主者，不恃其不我叛也，恃吾不可叛也〔五〕；不恃其不我欺也，恃吾不可欺也。

〔一〕王先慎曰：「餐」，御覽八百五十引作「殯」，四百二十六、二百六十六引作「飧」。箕鄭，作趙衰。⊙奇猷案：左傳、晉語皆作趙衰。疑御覽係據左傳、晉語改也。箕鄭，注詳外儲說左上。

〔二〕奇猷案：藏本「泣」作「立」，蓋壞字也。説文：「寢，病卧也。」

〔三〕「原克」原作「用兑」。顧廣圻曰：今本「用兑」二字作「原」。按句有誤。⊙孫詒讓曰：「用」當為「周」之誤。兑，讀為隧，謂六遂也。隧、兑字通（詳老子）。周語云：「晉文公既定襄王於郟，王勞之以地，辭，請隧焉」，韋注云：「隧，六隧也。」（事亦見僖二十五年左傳，杜預注以隧為王之葬禮，與韋説異）此文公攻原，即周襄王所賜之地。於王國為都鄙，不在六遂。而云攻周遂者，戰國時已有文公請六遂之説，展轉傳譌，遂以文公伐原為攻周之遂地。先秦諸子解經，已不免沿譌。悉心推校，可略得其輗迹。今本作「原」，則明人不知而妄改，不足據也。⊙王先慎曰：按孫説非。「用」乃「原」之誤。「兑」乃「克」之誤。御覽二百六十六引作「舉兵攻原，克而拔之」，是其證，今據改。⊙奇猷案：王説是，今從之。此云「攻原克而拔之」，下云「舉以為原令」，文正相承。外儲説左上云

「文公興兵伐原，克之」（事亦見左傳僖二十五年）即此事。又兑、克二字易誤，難三篇「李克」，今誤「李兑」，皆可為王説之證。

〔四〕奇猷案：怙，恃也。迂評本改為「知」，非。

〔五〕顧廣圻曰：藏本、今本「吾」上有「恃」字。⊙奇猷案：有「恃」字是，與下「恃吾不可欺也」，句法一律。迂評本亦有。北堂書鈔百四十四引正有「恃」字，今據補。又案：下二「叛」字藏本作「畔」，字通。

陽虎議曰：「主賢明則悉心以事之，不肖則飾姦而試之。」逐於魯，疑於齊，走而之趙〔一〕。趙簡主迎而相之。左右曰：「虎善竊人國政，何故相也？」簡主曰：「陽虎務取之，我務守之」〔二〕。遂執術而御之。陽虎不敢為非，以善事簡主，興主之强，幾至於霸也〔三〕。

〔一〕奇猷案：下文亦云「陽虎去齊走趙」。難四篇：「魯陽虎欲攻三桓，不尅而奔齊。齊景公囚陽虎。」史記魯世家：「定公九年，魯伐陽虎，陽虎奔齊，已而奔晉趙氏。」

〔二〕舊注：我既守，則彼不能得利。

〔三〕奇猷案：「强」，當作「國」。

魯哀公問於孔子曰：「吾聞古者有夔一足，其果信有一足乎〔一〕？」孔子對曰：「不也，夔非一足也。夔者忿戾惡心，人多不説喜也。雖然，其所以得免於人害者，以其信也，人皆曰『獨此一，足矣。』夔非一足也，一而足也。」哀公曰：「審而是，固足矣〔二〕。」

〔一〕陶鴻慶曰：「有夔」二字當倒乙。下云「信有一足」，正承此言。下文又云「故君子曰：夔有一，足」（今本足誤為之），亦其證也。⊙奇猷案：「古者有夔一足」，謂古有夔其人，僅有一足。陶說非。

〔二〕王先慎曰：而，讀若如。

一曰〔一〕。哀公問於孔子曰〔二〕：「吾聞夔一足，信乎？」曰〔三〕：「夔，人也，何故一足？彼其無他異，而獨通於聲〔四〕。堯曰〔五〕：『夔一而足矣』，使為樂正。故君子曰：『夔有一，足〔六〕。』非一足也。」

〔一〕奇猷案：趙本連上。

〔二〕奇猷案：藏本脫「於」字。

〔三〕王先慎曰：御覽三百七十二引「曰」上有「對」字。

〔四〕奇猷案：其，語助也，詳經傳釋詞。詩揚之水「彼其之子」，猶言彼之子，與此「彼其」同。

〔五〕奇猷案：呂氏春秋察傳篇作「舜曰」。

〔六〕顧廣圻曰：今本「之」作「足」。按「之」當作「而足」二字。呂氏春秋察傳篇作「故曰夔一足」。⊙王先謙曰：「之」作「足」是也，「而」字不可有，有則不待釋而明矣。⊙奇猷案：之足，草書作之足，足字略壞即訛為「之」也。迂評本亦作「足」，今據改。

說三——文王伐崇〔一〕，至鳳黄虚，韤繫解〔二〕，因自結。太公望曰：「何為也？」王曰：「君與處皆其師〔三〕，中皆其友，下盡其使也。今皆先君之臣〔四〕，故無可使也。」

〔一〕顧廣圻曰：吕氏春秋不苟篇云：「武王至殷郊。」⊙王先慎曰：帝王世紀亦云武王之事。

〔二〕奇猷案：治要引此下有「左右顧，無可令結係」（係，繫同）句，疑是。御覽四百四十七引作「襪係解，視左右而自結之」。六百九十七引作「履係解，視左右盡賢，無可使係者」。初學記九引作「襪繫解，顧无左右令繫」（「无」當在「右」下）。皆可證此有脱文。

〔三〕顧廣圻曰：「君」上當有「上」字。⊙奇猷案：顧説是。書鈔十一、又百三十六引正有「上」字。治要有「吾聞上」三字，乃因下條而誤，不可從。

〔四〕顧廣圻曰：「今」下「王」字今本作「皆」。⊙奇猷案：今本是。王先慎據顧校改。迂評本亦作「皆」，書鈔引正作「皆」，今據改。又案：王氏集解本「先君」誤「先王」。

一曰。晉文公與楚戰〔一〕，至黄鳳之陵〔二〕，履係解〔三〕，因自結之。左右曰：「不可以使人乎？」公曰：「吾聞上君所與居，皆其所畏也〔四〕；中君之所與居，皆其所愛也〔五〕；下君之所與居，皆其所侮也〔六〕。寡人雖不肖，先君之人皆在，是以難之也〔七〕。」

〔一〕顧廣圻曰：今本此條在「文王伐崇」條下，上有「一曰」二字。⊙王先慎曰：以此條列「文王伐崇」後方與經次相合。⊙奇猷案：顧、王説是。此條原在「魯哀公問」後，今據今本移此條於此，並補「一曰」二字。初學記二十六引「楚」下有「人」字，王先慎據增，案不必有「人」字。

〔二〕王先慎曰：初學記引「黄鳳」作「鳳皇」。

〔三〕顧廣圻曰：今本「係」作「繫」，誤。⊙王先慎曰：乾道本亦作「繫」。係、繫古通用。初學記引作「係履墮」。⊙奇猷案：四部叢刊本作「係」，吴鼒翻刻本誤為「繫」。顧氏所見乃乾道黄三八郎原刻，故有是語。王氏但見吴鼒翻刻本耳。

〔四〕舊注：言有德也。⊙王先慎曰：以下文例之，「所」上當有「之」字。

〔五〕舊注：能敬順君，故可愛也。

〔六〕舊注：材輕且侮。⊙盧文弨曰：注「且」疑「見」之誤。⊙奇猷案：藏本無「其」字，非。盧説是。

〔七〕王先慎曰：治要引韓子「文王伐崇，至黄鳳墟而韤繫解，左右顧無可令結係，文王自結之。（以上初學記卷九引同）太公曰：『君何為自結係？』文王曰：『吾聞上君之所與處者盡其師也，中君之所與處者盡其友也，下君之所與處者盡其使也。今寡人雖不肖，所與處者皆先君之人也，故無可令結之也。』」（御覽四百七十四引韓子曰「文王伐崇，與大夫謀，韤係解，視左右而自結之」。六百九十七引「韤」作「履」，無「伐崇與大夫謀」六字，「左右」下作「盡賢，無可使係者，因俛而係之」。）當即「文王伐崇」條異文。⊙奇猷案：長沙馬王堆漢墓出土帛書稱云：「帝者臣，名臣，其實師也；王者臣，名臣，其實友也；朝（即「霸」字）者臣，名臣也，其實□□；□□臣，名臣也，其實庸也；亡者臣，名臣也，其實虜也。」（載文物一九七四年十期）可參閲。并可證此文當以「上」「中」「下」字與「君」字連讀。或以「上」「中」「下」字讀斷，未可從。

季孫好士，終身莊，居處衣服，常如朝廷。而季孫適懈，有過失〔一〕，而不能長為也。故客以為厭易己〔二〕，相與怨之，遂殺季孫。故君子去泰去甚〔三〕。

〔一〕舊注：暫廢其矜莊也。

〔二〕王先慎曰：易，輕易也。

〔三〕奇猷案：揚權篇曰：「去泰去甚，身乃無害。」

南宮敬子問顏涿聚曰〔一〕：「季孫養孔子之徒，所朝服與坐者以十數而遇賊，何也？」曰：「昔周成王近優侏儒以逞其意，而與君子斷事，是能成其欲於天下。今季孫養孔子之徒，所朝服而與坐者以十數，而與優侏儒斷事，是以遇賊。故曰：不在所與居，在所與謀也。」

〔一〕盧文弨曰：此條當連上。⊙王先慎曰：盧說是也。上當有「一曰」二字。趙用賢謂此不著經文中，不知此即上之異文，脱「一曰」二字耳。⊙奇猷案：顏涿聚，詳十過篇。王說是。

孔子御坐於魯哀公〔一〕，哀公賜之桃與黍。哀公曰：「請用〔二〕。」仲尼先飯黍而後啗桃。左右皆揜口而笑〔三〕。哀公曰：「黍者，非飯之也，以雪桃也〔四〕。」仲尼對曰：「丘知之矣。夫黍者，五穀之長也，祭先王為上盛〔五〕。果蓏有六，而桃為下，祭先王不得入廟〔六〕。丘之聞也，君子以賤雪貴，不聞以貴雪賤。今以五穀之長雪果蓏之下，是從上雪下也〔七〕。丘以為妨義，故不敢以先於宗廟之盛也〔八〕。」

〔一〕顧廣圻曰：自此至「寧使民諂上」不見於上文。⊙孫子書先生曰：按御，侍也。鄭語「侏儒戚施，實御在側」，韋注：「御，侍也」。喻老篇：「右司馬御坐而與王隱。」外儲說左上：「叔向御坐平公。」內儲說下六微：「齊中大夫有夷射者，御飲於王。」御，并當訓侍。⊙奇猷案：孫先生說是。小爾雅廣言：「御，侍也。」王氏集解據藝文類聚八十五、又八十六、御覽九百六十七引改「御」為「侍」，非是。

〔二〕盧文弨曰：家語子路初見篇「哀公」下有「曰」字。⊙王先慎補「曰」字，曰：藝文類聚八十五引亦有「曰」字。⊙奇猷案：有曰字是，書鈔八十五引亦有，今據補。又案：相謁食謂之請。俞正燮癸巳存稿（卷三）「請」條云：「說文云：『請，謁也。』史記吳世家云：『光伏甲窟室而謁王僚飲。』此所謂謁，與趙世家『北登夏屋請代王』之請同。韓子此文『哀公請用』，家語子路初見篇作『哀公曰請』。燕禮云：『寡君有不腆之酒，以請吾子之與寡君須臾焉。』漢書霍光傳云：『乃悟而請之。』南粵傳云：『胡置酒請使者。』外戚傳云：『聞嗇夫有女，置酒請之。』元后傳云：『置酒長壽宮請太后。』此所謂請，皆相謁食之請也。」俞說得其旨。

〔三〕王先慎曰：藝文類聚八十五引「而」作「失」。

〔四〕太田方曰：雪，拭也。禮內則云「桃曰膽之」，注：「桃多毛，拭治令青滑如膽。」

〔五〕王先慎曰：藝文類聚八十五、白孔六帖八十一引「為」上有「以」字。⊙太田方曰：荀子禮論云：「饗尚玄尊而用酒醴，先黍稷而飯稻粱。」是黍於饗祭為上盛也。

〔六〕松皐圓曰：左傳「使巫以桃茢先祓殯」，疏云：「茢，箒也。桃，鬼所惡也。」桃實不得入廟，豈以此故耶？

〔七〕王先慎曰：藝文類聚八十五引作「是侵上忽下也」。⊙陶鴻慶曰：案「從」當為「以」，因「以」誤為「从」，又寫為「從」耳。⊙奇猷案：陶說是。

〔八〕王先慎曰：「先」上當有「桃」字。⊙劉文典曰：案無「桃」字義亦可通，古人自有省文。王說泥矣。

趙簡子謂左右曰〔一〕：「車席泰美。夫冠雖賤，頭必戴之；履雖貴，足必履之〔二〕。今車席如此，大美〔三〕，吾將何屩以履之〔四〕？夫美下而耗上〔五〕，妨義之本也〔六〕。」

〔一〕王先慎曰：各本無「趙」字「曰」字，「子」作「主」，今據藝文類聚六十九、御覽七百九引補。⊙奇猷案：王補是，今從之。

〔二〕王先慎曰：趙本「屨履」作「屨履」，下注同。藝文類聚引「賤」作「惡」，「貴」作「美」。

〔三〕王先慎曰：藝文類聚「大美」作「其大美也」。

〔四〕舊注：履，所履。席大美，則更無美屨以履之也。⊙王先慎曰：依注，「屩」當作「屨」。

〔五〕舊注：言席美則履又當美，履美衣又當美，累美不已，則居上彌有所費也。⊙王先慎曰：藝文類聚引「夫」上有「且」字。注「累」字，張、趙本作「求」。

〔六〕王先慎曰：藝文類聚引「本」作「道」。

費仲說紂曰：「西伯昌賢，百姓悅之，諸侯附焉，不可不誅。不誅，必為殷患〔一〕。」紂曰：「子言，義主，何可誅？」費仲曰：「冠雖穿弊，必戴於頭；履雖五采，必踐之於地。今西伯昌〔二〕，人臣也，修義而人向之，卒為天下患，其必昌乎？人人不以其賢為其主〔三〕，非可不誅也〔四〕。且主而誅臣，焉有過？」紂曰：「夫仁義者，上所以勸下也。今昌好仁義，誅之不可。」三說不用，故亡。

〔一〕顧廣圻曰：「殷」下藏本有「禍」字，今本有「患」字。⊙奇猷案：今本是。迂評本亦有「患」字。下云「卒為天下患」可證。今據補「患」字。又案：今藏本亦作「患」不作「禍」字。

〔二〕奇猷案：「伯」，原作「戎」。上言「西伯昌」，此不當作「西戎昌」，明「戎」字誤。王先慎據趙本改，是，今從之。迂評本亦作「伯」。

〔三〕盧文弨曰：上「人」字或改「夫」。⊙顧廣圻曰：按下「人」字當作「臣」。今本「不」作「欲」，誤。⊙奇猷案：顧說是。說林下「吳使臣來也」，乾道本「臣」誤作「人」，藏本作「臣」不誤，可為顧說佐證。

〔四〕奇猷案：非，亦不也。古無輕唇音，非、弗、不皆讀不。

齊宣王問匡倩曰：「儒者博乎？」曰：「不也。」王曰：「何也？」匡倩對曰：「博貴梟〔一〕，勝者必殺梟〔二〕。殺梟者，是殺所貴也。儒者以為害義，故不博也〔三〕。」又問曰：「儒者弋乎？」曰：「不也。弋者，從下害於上者也，是從下傷君也。儒者以為害義，故不弋〔四〕。」又問儒者鼓瑟乎？曰：「不也。夫瑟以小絃為大聲，以大絃為小聲，是大小易序，貴賤易位〔五〕。儒者以為害義，故不鼓也。」宣王曰：「善。」仲尼曰：「與其使民諂下也，寧使民諂上〔六〕。」

〔一〕盧文弨曰：張本「博」下有「者」字。⊙太田方曰：史記魏世家「博之所以貴梟者，便則食，不便則止矣」，注：「博頭有刻為梟鳥形者。擲得梟者合食其子，若不便則為餘行也。」⊙奇猷案：「博」下藏本亦有「者」字。

〔二〕奇猷案：殺梟，當是博者之術語，何謂殺梟則不可考矣。楚策：「夫梟棊之所以能為者，以散棊佐之也。夫一梟之不勝五散亦明矣。」

〔三〕顧廣圻鹽鐵論考證後序曰：梟散者，貴賤也。韓非子外儲說左下云云，楚策「唐且見春申君」章「夫梟棊之所以能為者，以散棊佐之也。夫一梟之不勝五散亦明矣。今君何不為天下梟，而令臣等為散乎」，是其證。鄭注考工記有「博，立梟棊也」（思適齋文集）。

〔四〕顧廣圻曰：今本「害」下有「義」字。⊙王先慎補「義」字，曰：依上下文當有。御覽八百三十二引有「義」字。⊙奇猷案：有「義」字是，藏本有，今據補。

〔五〕王先慎曰：意林「序」「位」二字互易。

〔六〕舊注：諂下則朋黨，諂上則尊敬。⊙盧文弨曰：注「尊敬」，張本作「卑敬」。⊙奇猷案：注「尊敬」，藏本亦作「卑敬」，誤。

說四——鉅者，齊之居士〔一〕。孱者，魏之居士。齊、魏之君不明，不能親照境内，而聽左右之言，故二子費金璧而求入仕也。

〔一〕盧文弨曰：「詎」，張本作「鉅」。⊙顧廣圻曰：藏本作「鉅」。⊙王渭曰：困學記聞引作「距」。⊙王先慎改「詎」為「鉅」曰：距、詎並「鉅」字之誤，上文正作「鉅」。呂氏春秋去私篇有「鉅子」，高注：「鉅，姓」，是也。⊙奇猷案：「詎」作「鉅」是，經文作「鉅」，今據改。案高注誤，鉅子乃墨者之領袖（梁任公墨子學案第六章考之甚詳）。莊子天下篇作「巨子」，字同。然以墨者之鉅子釋此文之鉅者，於文未安。荀子議兵篇「宛鉅鐵鉇，慘如蠭蠆」，史記「宛之鉅鐵，施鑽如蠭蠆」，集解引徐廣曰：「大剛曰鉅。」引申其義，人之剛强者，當亦可謂之鉅者。下云「孱者，魏之居士」，孱者蓋謂怯弱者，正與此相對為文，可見此鉅者非指墨者之領袖也。

西門豹為鄴令〔一〕，清尅潔慤，秋毫之端無私利也，而甚簡左右〔二〕。左右因相與比周而惡之。居期年，上計〔三〕，君收其璽。豹自請曰〔四〕：「臣昔者不知所以治鄴，今臣得矣，願請璽，復以治鄴。不當，請伏斧鑕之罪。」文侯不忍而復與之。豹因重斂百姓，急事左右。期年，上計，文侯迎而拜之。豹對曰：「往年臣為君治鄴，而君奪臣璽；今臣為左右治鄴，而君拜臣。臣不能治矣。」遂納璽而去。文侯不受，曰：「寡人曩不知子，今知矣。願子勉為寡人治之。」遂不受〔五〕。

〔一〕奇猷案：晏子春秋、說苑政理篇云「晏子治東阿」。此傳聞各異也。

〔二〕舊注：不事君左右也。

〔三〕奇猷案：上計，謂入所收賦税於君也。淮南子人間篇：「解扁為東封，上計而入三倍。」並詳左上篇注。

〔四〕顧廣圻曰：藏本、今本「自」下有「請」字。⊙奇猷案：有「請」字是，今據補，迂評本亦有。

〔五〕舊注：不受豹所納之璽也。⊙王先慎曰：張榜本無「遂不受」及注十一字。

齊有狗盜之子與刖危子戲而相誇〔一〕。盜子曰：「吾父之裘獨有尾〔二〕。」危子曰〔三〕：「吾父獨冬不失袴〔四〕。」

〔一〕王先慎曰：「刖」，經作「跀」。案說文：「跀，斷足之刑也。」經典通作「刖」。⊙奇猷案：王說是。危與跪同，詳上俞說。

〔二〕舊注：言裘尚有所盜之狗尾。⊙盧文弨曰：狗盜，象狗以入人家，故後有尾。舊注非。⊙奇猷案：盧說是。史記孟嘗君傳：「客有能為狗盜者，夜為狗以入秦宮藏中。」論衡：「世有衣狗裘為狗盜者，人不覺知假狗之皮毛，故人不意疑也。」可知裘有尾者，乃有尾之狗裘也。

〔三〕顧廣圻曰：「危」上當有「刖」字。

〔四〕舊注：刖足者不衣袴，雖終其冬夏無所損失也。⊙盧文弨曰：廢疾之人，上給其袴，故云然。注亦非。⊙俞樾曰：疑注所據本作「終不失袴」，故云「雖終其冬夏無所損失」。今涉注文有「冬」字而誤「終」為「冬」，則不可通矣。刖者既不衣袴，何有冬夏之别，安得獨於冬言不失歟？當據注訂正。⊙王先慎曰：御覽六百九十四引作「吾父冬夏獨有一足袴」，與注所據之本不同，蓋相傳本異也。⊙于省吾先生曰：按金文「終竟」之終，「冬夏」之冬，均作「冬」。此文「終」作「冬」，乃古字之僅存者。⊙奇猷案：冬當讀「冬夏」之冬。「失」當為「必」音近而誤。説文「袴，脛衣也」，段玉裁注、朱駿聲通訓定聲並云「即今所謂套袴。若滿襠袴古曰幝，曰幒」。案套袴者，冬日加於脛上以禦寒。今刖跪雖冬日亦不穿袴，故曰冬不必袴。盧、俞説非。舊注臆説。

子綽曰：「人莫能左畫方而右畫圓也〔一〕。以肉去蟻，蟻愈多；以魚驅蠅，蠅愈至〔二〕。」

〔一〕王先慎曰：經注作「左畫圓，右畫方」。

〔二〕王先慎曰：御覽九百四十四引作「以火去蛾，蛾愈多；以魚歐蠅，蠅愈至」。又九百四十七引作「以骨去蟻，蟻愈多；以肉驅蠅，蠅愈至」。意林「肉」作「骨」，藝文類聚九十七引亦作「骨」。⊙奇猷案：王氏集解自「以肉去蟻」句提行，非是。自「人莫能左畫方」云云至此皆子綽語也。金樓子立言篇「人莫能左畫方，右畫圓。以骨去螘，螘愈多；以魚歐蠅，蠅愈至」，亦相連為文可證。本書功名篇「右手畫圓，左手畫方，不能兩成」，呂氏春秋功名篇「以茹魚去蠅，蠅愈至」，皆本子綽之言也。

桓公謂管仲曰：「官少而索者衆，寡人憂之〔一〕。」管仲曰：「君無聽左右之請〔二〕，因能而受禄〔三〕，録功而與官，則莫敢索官。君何患焉〔四〕？」

〔一〕王先慎曰：御覽六百二十四引注云：「索，求也」。當即本書舊注。

〔二〕顧廣圻曰：藏本、今本無「謂」字。按「謂」當作「謁」。⊙王先愼刪「謂」字，曰：「謂」字衍文。御覽引無「謂」字。意林作「君無聽人有請」，經注作「君勿聽左右之請」，并無「謂」字。⊙奇猷案：顧説是。「謂」乃「謁」形近而譌。八姦篇「有左右之交者，請謁以成重」，飾邪篇「此廢法禁舉名譽聽請謁之失也」，以請謁連文可證。藏本、今本無「謂」字，乃不知其誤而妄刪也。王刪「謂」字，非。

〔三〕王先愼曰：意林「受」作「授」。

〔四〕奇猷案：趙本下「官」字作「君」，誤。吴鼒本脱「君」字，今從四部叢刊本。

韓宣子曰〔一〕：「吾馬菽粟多矣〔二〕，甚臞，何也？寡人患之。」周市對曰：「使騶盡粟以食，雖無肥，不可得也〔三〕。名為多與之〔四〕，其實少，雖無臞，亦不可得也。主不審其情實，坐而患之，馬猶不肥也。」

〔一〕王渭曰：「子」字誤。⊙奇猷案：「子」當作「王」，經作「王」是其證。

〔二〕高亨曰：「菽」當為「茹」，形近而譌。説文：「茹，飤馬也」。方言：「茹，食也。」⊙奇猷案：高説是。下文云「其實少」，然則騶人未盡粟飤馬也。

〔三〕奇猷案：説文：「騶，廄御也。食，飼也。」

〔四〕奇猷案：「為」，趙本、凌本作「與」，誤。

桓公問置吏於管仲〔一〕。管仲曰〔二〕：「辯察於辭，清潔於貨，習人情，夷吾不如弦商〔三〕，請立以為大理〔四〕。登降肅讓，以明禮待賓，臣不如隰朋，請立以為大行〔五〕。墾草仞邑〔六〕，辟地生粟，臣不如甯武〔七〕，請以為大田〔八〕。三軍既成陳，使士視死如歸，臣不如公子成父〔九〕，請以為大司馬〔一〇〕。犯顔極諫〔一一〕，臣不如東郭牙，請立以為諫臣。治齊，此五子足矣。將欲霸王，夷吾在此。」

〔一〕顧廣圻曰：此條上文未見。⊙奇猷案：此條不見於經，當即魏、晉、南北朝時讀内、外儲説者所紀録以備參考者，詳舊注考。又案：管子小匡篇文與此略同。

〔二〕盧文弨曰：凌本「曰」上有「管仲」二字。⊙奇猷案：凌本是，迂評本亦有，今據補。

〔三〕盧文弨曰：新序雜事四作「寧」，吕氏春秋勿躬篇誤作「章」。⊙顧廣圻曰：管子云賓須無。⊙奇猷案：此文弦商當依新序作弦寧。考之晏子春秋、説苑，弦章乃景公臣，與管仲相距百餘年，管仲安能薦之於桓公？明此作「商」乃是誤文也。又案：清潔於貨，謂不貪污財貨也。

〔四〕太田方曰：禮月令注：「理，治獄官也。有虞氏曰士，夏曰大理，周曰大司寇。」

〔五〕太田方曰：周禮：「大行人，掌大賓之禮，及大客之儀，以親諸侯。」

〔六〕舊注：仞，入也。所食之邑能入其租税也。⊙俞樾曰：「仞」，當作「𥝀」。謂𥝀造其邑也。作「仞」者，字之誤。舊注訓仞為入，未詳其義。新序載此事正作「𥝀邑」，當據以訂正。⊙王先慎曰：管子小匡篇「仞」作「入」，即舊注所本，俞氏失考耳。廣雅釋詁三：「入，得也」。⊙太田方曰：仞，牣也，滿也。國策「蔡澤見逐」章「墾草𥝀邑」，注「㓝，造也」，義亦通。⊙奇猷案：舊注見管子「仞」作「入」，遂訓仞為入。太田方訓為滿，滿邑，殊嫌强解。此當從新序作「㓝」，秦策「大夫種為越王墾草㓝邑，辟地殖穀」，與此文同義可證。松皐圓引山氏說與俞說同，是。楊樹達訓仞為滿，與太田方說同，非。又案：一九八四年杭州大學學報增刊載郭在貽訓詁學與古籍整理一文，其略云：「今人陳奇猷以俞說為是。按：俞說實非。一九七五年湖北出土的睡虎地秦墓竹簡為吏之道，其中有一句作『根(墾)田人(仞)邑』。根即墾的借字，人即仞的借。證明韓非子作『仞邑』是對的。那麽，為什麽俞樾會認為『仞』字是『㓝』字之誤呢？問題還是出在訓詁上。俞氏為『仞』字之本義所惑，覺得作『仞邑』講不通，遂疑『仞』字誤。殊不知『仞』當讀為牣。牣有充滿義。仞邑就是使城邑人口充實。俞氏是訓詁大家，但其校讀古書，也難免有失誤之處，此其一例也」。猷案：今將有關「仞」字之資料理董於下。管子小匡篇「管仲曰：墾草入邑，辟土聚粟多衆，盡地之利，臣不如甯戚」，韓非此文云「管仲曰：墾草仞邑，辟地生粟，臣不如甯武」，新序雜事四「管仲言齊桓公曰：夫懇(當作墾)田㓝邑，闢土殖穀，盡地之利，則臣不若甯戚」，秦策，蔡澤說應侯曰：「大夫種為越王墾草㓝邑，辟地殖穀」，史記蔡澤傳，蔡澤說應侯曰：「大夫種為越王深謀遠計，墾草入邑，辟地殖穀。」審以上所列資料，韓非、新序皆源於管子，而韓非改「入」為「仞」，新序則改為「㓝」；史記則源於秦策，而改「㓝」為「入」。以此觀之，入、仞、㓝三字為同義字(太史公改古文皆是以同義字，尤可為證)。說文：「㓝(今作「㓝」)，造法㓝業也，从井，刅聲，讀若創」，則「㓝邑」或「入邑」、「仞邑」，乃創造城邑之意。古者，由於環境變化遷都而建造都邑，以及由於社會發展而建築新城邑，乃各國最重要而又常有之工程，故必須有專職之大臣管理。墾草辟地亦是工程，故歸同一人管理，亦可明「仞邑」「入邑」必是指工程言也。至於「入」字「仞」字何以與「㓝」同義，或由於方言，或由於通假，猷不敏，不敢臆說，且待賢哲教之。以上所論，則俞氏改字有失，但俞氏已得此文之義。余前校謂舊注見管子「仞」作「入」，遂以入訓仞。以今之所論看來，舊注之訓，或有所本。至於睡虎地簡文之

「人」字顯為「入」字形近之誤。郭謂「仞邑就是使城邑人口充實」，增「人口」為義，失之添設。史記蔡澤傳索隱云「劉氏云：『入，猶充也。謂招携離散充滿城邑也』」，直是臆説。吕氏春秋勿躬「仞」作「大」。擴大與創造義近。

〔七〕盧文弨曰：「武」、「戚」字之譌，新序作「戚」。⊙顧廣圻曰：吕氏春秋作「遬」。⊙王先慎曰：盧説是。管子亦作「戚」。戚有宿音，故通作遬。⊙奇猷案：作「戚」是。松皐圓纂聞亦改「武」為「戚」。案晏子問上正作「戚」。淮南繆稱訓「甯戚擊牛角而歌，桓公舉以為大田」，亦作甯戚可證。

〔八〕太田方曰：大田，大司農。或曰：「田，古農字。」⊙奇猷案：淮南子繆稱訓注：「大田，田官也」。又案：松皐圓於「請」下補「立」字。案依上文當有。

〔九〕顧廣圻曰：吕氏春秋作王子城父。⊙王先慎曰：管子亦作王子城父。晏子春秋問上篇、新序四又作「成甫」。城成、父甫，古字並通。魏王基碑以為王子比干之後（見錢大昕金石文跋尾二），明「公」為「王」之誤。

〔一〇〕奇猷案：大司馬，總司武事。周禮有大司馬之職。又案：松皐圓於「請」下補「立」字，案依上文當有。

〔一一〕奇猷案：「極」，藏本、迂評本作「直」。案極，盡也，詳初見秦注。極諫，盡力諫諍。

説五〔一〕——孟獻伯相魯〔二〕，堂下生藿藜，門外長荆棘，食不二味，坐不重席，晉無衣帛之妾〔三〕，居不粟馬，出不從車。叔向聞之，以告苗賁皇。賁皇非之曰：「是出主之爵禄以附下也〔四〕。」

〔一〕奇猷案：舊無「説五」二字。顧廣圻云：「今本有『五』字」。今補「説五」二字。

〔二〕王渭曰：晉卿無孟氏，此或即晉語叔向賀韓宣子憂貧事而致誤。⊙顧廣圻曰：「孟」當作「盂」。盂者，晉邑。杜預注「太原盂縣」是也。獻伯，晉卿，孟其食邑。以配謚而稱之，猶言隨武子之比矣。「魯」，當作「晉」。⊙王先慎曰：藝文類聚六十九引「獻」作「懿」。⊙奇猷案：顧說是。

〔三〕盧文弨曰：凌本無「晉」字。⊙顧廣圻曰：「晉」字，上文所錯入也。⊙奇猷案：「晉」字非衍。易彖傳：「晉，進也。」進指内言。晉無衣帛之妾，猶言内無衣帛之妾。晉與坐、居、出相並為文，無「晉」字則文義不足。王氏集解據凌本删，失之。二味，謂二肴。下文「粟馬」，謂以粟飼馬。

〔四〕陶鴻慶曰：「出」，當「詘」之誤。⊙奇猷案：吕氏春秋忠廉篇「殺身出生以徇之」，高注：「出，猶去也。」則此文「出主之爵禄以附下」，猶言去主之爵禄以從下也。陶說非。

一曰。孟獻伯拜上卿〔一〕，叔向往賀，門有御馬〔二〕，不食禾。向曰：「子無二馬二輿，何也〔三〕？」獻伯曰：「吾觀國人尚有飢色，是以不秣馬。班白者多以徒行，故不二輿〔四〕。」向曰：「吾始賀子之拜卿，今賀子之儉也。」向出，語苗賁皇曰：「助吾賀獻伯之儉也。」苗子曰：「何賀焉？夫爵禄旂章〔五〕，所以異功伐別賢不肖也。故晉國之法，上大夫二輿二乘，中大夫二輿一乘，下大夫專乘，此明等級也。且夫卿必有軍事，是故循車馬〔六〕，比卒乘，以備戎事〔七〕。有難則以備不虞，平夷則以給朝事。今亂晉國之政，乏不虞之備，以成節〔八〕，以絜私名，獻伯之儉也可與〔九〕？又何賀〔一〇〕？」

〔一〕王先慎曰：御覽五百四十三引「孟」上有「晉」字。⊙奇猷案：此與上文相連，不必有「晉」字。御覽係節引，故加

「晉」字耳。王解據增，未可從。舊連上，今提行。

〔二〕顧廣圻曰：此下當有「車」字。⊙奇猷案：顧説非。此當讀「門有御馬」為句。

〔三〕顧廣圻曰：上「二」字當作「秣」。⊙王先慎曰：御覽引作「子無二輿，馬不食禾，何也」，與此異。⊙奇猷案：觀下獻伯答語，以御覽引為是。如顧説作「子無秣馬」，不通，蓋輿以「無」言，秣馬當以「不」言也。

〔四〕奇猷案：「多以」二字原作「不」，藏本、迂評本、凌本及御覽引均作「多以」，今據增改。趙本作「多」，無「以」字，亦非。多以徒行，猶言多以步行也。

〔五〕奇猷案：「旂章」，迂評本作「旂車」。乃以旂與車為二事。案：爵禄、旂章相對。迂評本蓋以此言車馬事，遂改「章」為「車」，殊不知爵禄即包括車馬在内也。

〔六〕王渭曰：「循」，當作「脩」。⊙奇猷案：王説是。揚權篇「復脩其形」下，注「脩」誤「循」，是其比。津田鳳卿曰：「趙世楷本作修。」

〔七〕太田方曰：周禮司馬司右云「凡軍旅會同，合其車之卒伍而比其乘，屬其右」，注：「合、比、屬，謂次第相安習也。」

〔八〕顧廣圻曰：藏本、今本「節」下有「儉」字，誤。按「節」上當有「私」字。

〔九〕舊注：言辭制當誅之故可與也。⊙盧文弨曰：注「亂」譌「辭」。「故可與也」文有脱誤，當云「可與？言不可也」。

〔一〇〕王先慎曰：此下當有孔子議晏嬰一事，説見上。

管仲相齊，曰：「臣貴矣，然而臣貧。」桓公曰：「使子有三歸之家〔一〕。」曰：「臣富矣，然而臣卑。」桓公使立於高、國之上〔二〕。曰：「臣尊矣，然而臣疏。」乃立為仲父。孔子聞而非之曰：「泰侈偪上〔三〕。」

〔一〕郭嵩燾曰：包咸論語注以三歸為一娶三姓，史記管子傳注、漢書顏師古注、國策鮑彪注皆用其說。說苑以為臺名。至金仁山氏始據以為稅法，固為近之，而不能詳其義。此蓋管子「九府輕重」之法，當就管子書求之。山至數篇曰「則民之三有歸於上矣」，「三歸」之名實本於此。因考管子書，制國之用，在穀與幣相準以為之經，而以正鹽筴綜而緯之，以次及金鐵竹箭羽毛齒革皮幹筋角，凡天財所生，地利所在，皆量其出入之數，導民趨而赴之，下至北郭屨縷唐園之微，亦使得專其利。國準篇曰：「無用之壤，藏民之羸，其視尺寸之土之有餘隙，皆其利之所從生也。」故觀管子書多設法以罔民利，而其實使民歆其利，國家因而取羸焉。輕重乙篇曰：「與民量其重，計其羸。民得其十，君得其三，盡此而已矣」。其地圓篇「量物之宜」，度地篇「去物之害」，又此輕重諸篇之本計也。其書所載計民之利而歸之公，有十倍百倍侈大之言者，而以三為率，輕重諸篇屢見焉。是所謂三歸者，市租之常例歸之公者也。桓公既霸，遂以賞管仲。漢書地理志、食貨志並云「桓公用管仲，設輕重以富民，身在陪臣而取三歸」，其言較然明顯。韓非子云「使子有三歸之家」，說苑作「賞之市租」，漢時儒者猶能明之，此一證也。晏子春秋辭三歸之賞而云「厚受賞以傷國民之義」，其取之民無疑也，此又一證也。⊙奇猷案：郭說足訂從來注家之誤。論語八佾何晏集解引包曰：「三歸，娶三姓女。婦人謂嫁曰歸。」蓋望文生訓，不足據。說苑善說篇「管仲築三歸之臺以自傷於民」，蓋謂所得之三歸築臺以儲之，故曰築三歸之臺，後人因誤三歸為臺名，失之。晏子春秋內篇：「昔吾先君桓公有管仲，恤勞齊國，身老，賞以三歸，澤及子孫。」蓋管仲得三歸之賞，其富有自不待言，故曰澤及子孫。若釋三歸為娶三姓女或臺名，則不得言澤及子孫也。又案：難一篇亦載此事，可互證。家，即愛臣篇「管主隆家」之家，亦即「君曰國，大夫曰家」之家。難三篇云「齊國方三千里，桓公以其半自養」，半即租税之半。君主以租税之半自養，管仲為臣，遂於君主，故養之以「三歸」，亦可明「三歸」當是指租税也。胡王縉許廎學林卷五論語三歸解謂三歸是藏貨財之所（文繁，不具引），究不如郭嵩燾説精審可信也。

〔二〕奇猷案：高、國二氏見史記齊世家。皆太公之後，見廣韻。為齊之兩大貴族，世為卿。今管子得立於高、國之上則不卑矣。

〔三〕奇猷案：此及下所引孔子語疑皆出於别本論語。

一曰。管仲父出，朱蓋青衣；置鼓而歸〔一〕；庭有陳鼎；家有三歸〔二〕。孔子曰：「良大夫也，其侈偪上。」

〔一〕舊注：自朝歸，設鼓吹之樂。⊙蔣超伯曰：按古字歸、饋通。魯論「歸孔子豚」，注「歸，一作饋」，孟子作饋。置鼓而歸，謂陳鼓樂以侑食。⊙奇猷案：蔣説是，太田方説同。舊連上，今提行。

〔二〕奇猷案：庭有陳鼎，謂庭中有陳列之鼎。吕氏春秋貴直篇「殷之鼎陳於周之廷」，又曰「無使齊之大吕陳之廷」（大吕，齊大鼎名），可證此文之義。

孫叔敖相楚〔一〕，棧車牝馬〔二〕，糲餅菜羹〔三〕，枯魚之膳，冬羔裘，夏葛衣，面有飢色，則良大夫也，其儉偪下。

〔一〕王先謙曰：上文言「仲尼論管仲與孫叔敖」，則孫叔敖以下皆孔子之言。「偪上」、「偪下」文又相對。當連上為一條，不提行。⊙楊樹達曰：按王説是也。鹽鐵論通有篇云：「昔孫叔敖相楚，妻不衣帛，馬不秣粟。孔子曰：不可，大儉極下。」足以為證。⊙奇猷案：王説是。此亦當出於別本論語。

〔二〕「棧車」舊注：柴車也。⊙奇猷案：周禮考工記「棧車欲弇」，鄭注：「士乘棧車」。説文：「棧，棚也。竹木之車曰棧。」

〔三〕王念孫曰：「餅」當為「餠」。餠與飯同（見玉篇、廣韻）。糲飯菜羹，猶言疏食菜羹耳。「餠」與「餅」字形相似，傳寫往往譌溷（廣雅云：「餠，食也。」方言注曰：「箄，盛餠筥也。」爾雅釋言釋文曰：「餠字又作飰。」今本「餠」字並譌作「餅」。）初學記器物部引此正作「糲飯」。⊙王先慎曰：御覽八百四十九又八百五十、北堂書鈔一百四十四引均作「糲飯」。⊙奇猷案：王説是。

陽虎去齊走趙〔一〕。簡主問曰：「吾聞子善樹人。」虎曰：「臣居魯，樹三人，皆為令尹〔二〕；及虎抵罪於魯，皆搜索於虎也。臣居齊，薦三人，一人得近王，一人為縣令，一人為候吏；及臣得罪，近王者不見臣，縣令者迎臣執縛，候吏者追臣至境上，不及而止。虎不善樹人。」主俛而笑曰：「夫樹橘柚者，食之則甘，嗅之則香〔三〕；樹枳棘者，成而刺人。故君子慎所樹。」

〔一〕奇猷案：事亦見上文及難四篇。説苑復恩篇作「陽虎得罪於衛，北見簡子」，韓詩外傳七作「魏文侯之時，子質仕而獲罪，去而北游，謂簡主曰」云云，均與此異。周廷寀校韓詩外傳云：「以左氏春秋證之，陽虎囚於齊而逃奔宋，遂奔晉，適趙氏，則韓子説為近也。」又案：此下文與説苑、韓詩外傳多不同。

〔二〕王先慎曰：「令尹」二字誤。⊙奇猷案：魯無令尹。

〔三〕盧文弨曰：張本「樹」上有「夫」字。⊙王先慎曰：類聚八十六、初學記二十八引亦有「夫」字，樹下有「柤棃」二字，御覽九百六十九引亦有「柤棃」二字，今據增。⊙奇猷案：有「夫」字是。「夫」與下「故」字相承，藏本、迂評本亦有「夫」字，今據補。又案：王解增「柤棃」二字，不可從。蓋作「橘柚」文義已足，且「橘柚」與下「枳棘」對文，此不當多二字。

中牟無令。晉平公問趙武曰：「中牟，三國之股肱〔一〕，邯鄲之肩髀。寡人欲得其良令也，誰使而可？」武曰：「邢伯子可〔二〕。」公曰：「非子之讎也〔三〕？」曰：「私讎不入公門。」公又問曰：「中府之令誰使而可？」曰：「臣子可。」故曰：「外舉不避讎，内舉不避子〔四〕。」趙武所薦四十六人〔五〕，及武死，各就賓位〔六〕，其無私德若此也〔七〕。

〔一〕舊注：趙、齊、燕也。⊙津田鳳卿曰：長弘曰：「按『三』，當作『吾』。」⊙藤澤南岳曰：按「三」，恐「晉」誤。⊙奇猷案：津田説是。「三」即「吾」之壞字，御覽二百六十六引正作「吾」。舊注非。集解本「晉」誤「魯」。

〔二〕王先慎曰：各本「邢」作「刑」，據御覽二百六十六引改。⊙太田方曰：左傳襄十八年，晉大夫有邢侯。⊙奇猷案：王改是，今從之。

〔三〕王先謙曰：也，猶邪，古通。

〔四〕奇猷案：説疑篇：「内舉不避親，外舉不避讎。」

〔五〕王先慎於「人」下增「於其君」三字，曰：據御覽六百三十二、初學記二十引補。⊙奇猷案：此不必有「於其君」三字，蓋此承上文而來，當係薦於其君也。又案：舊於「趙」下另為一條。盧文弨云：「張本、凌本連上」，今從之。

〔六〕王先慎曰：御覽、初學記引作「及武之死也，四十六人皆就賓位」。

〔七〕王先慎曰：御覽六百三十二引此下更有「武薦白屋之士十餘家」九字，初學記二十引有「又曰趙武以薦白屋之士管庫者六十家」十六字，與御覽略有增省，皆此佚文。⊙奇猷案：藏本無「也」字。又案：御覽引作「六十餘家」，王解誤。又案：下條「言不出於口」下，新序雜事四有「然其身舉士於白屋下者四十六人皆得其意」句，疑御覽及初學記所引乃新序之文而誤為韓子者。

平公問叔向曰：「羣臣孰賢？」曰：「趙武。」公曰：「子黨於師人〔一〕。」曰：「武立如不勝衣〔二〕，言如不出口，然所舉士也數十人〔三〕，皆得其意〔四〕，而公家甚賴之。及武子之生也不利於家〔五〕，死不託於孤，臣敢以為賢也。」

〔一〕舊注：向，武之屬大夫。

〔二〕奇猷案：原無「曰」字。盧文弨拾補補「向曰」二字。王渭曰：「有脱文。」顧廣圻曰：「新序雜事四云『子黨於子之師也。對曰：臣敢言，趙武之為人也，立若不勝衣』云云」。猷案以上文例之，當有「曰」字，今補。

〔三〕奇猷案：王氏集解據御覽四百二引於「然」下增「其」字，曰：「新序作『然其所舉士於白屋下者四十六人』，亦有

『其』字。」案此不必有「其」字，蓋此連上文「武立如不勝衣」云云，則此句之主詞即武甚明也。

〔四〕舊注：稱叔向，故得意。⊙盧文弨曰：令士得其意，皆可以盡其材也。注謬難曉。⊙王先慎曰：乾道本「皆」下無「令」字。御覽引有。盧文弨云：「藏本有『令』字」，今據補。⊙奇猷案：盧、王説非也。此不當有「令」字。謂所薦之人皆各得其所。新序亦無「令」字。迂評本誤與藏本同。

〔五〕奇猷案：及，猶且也。御覽「及」作「況」，誤。藏本「於」作「其」。

解狐薦其讎於簡主以為相〔一〕。其讎以為且幸釋己也，乃因往拜謝。狐乃引弓送而射之〔二〕，曰：「夫薦汝，公也，以汝能當之也。夫讎汝，吾私怨也，不以私怨汝之故擁汝於吾君〔三〕。」故私怨不入公門。

〔一〕盧文弨曰：韓詩外傳九又云魏文侯，并譌。⊙王先慎曰：説苑作「晉文侯問咎犯」。蓋往事傳聞不同，要以韓非為近古。⊙奇猷案：左傳「祁奚請老，晉侯問嗣焉，稱解狐，其讎也，將立之而卒」（襄三年），可參閱。

〔二〕奇猷案：謂解狐之讎拜訖，解狐送之，引弓射之也。王氏集解據御覽四百二十九引改「送」為「迎」，非是。

〔三〕盧文弨曰：「擁」當作「壅」。⊙奇猷案：擁，謂擁進。壅，謂壅塞，非此文之義。盧説非。

一曰。解狐舉邢伯柳為上黨守〔一〕，柳往謝之，曰：「子釋罪，敢不再拜。」曰：「舉子公也，怨子私也。子往矣，怨子如初也〔二〕。」

〔一〕王先慎曰：乾道本無「一曰」二字，「解」下提行。顧廣圻云：「今本上有『一曰』二字，不提行。」今據增改。⊙奇猷案：王説是，今據補改。

〔二〕王先慎曰：白孔六帖四十四引韓子曰：「趙簡王問解狐，孰可為上黨守？曰：荆伯柳。王曰：非子之讎乎？曰：舉賢不避仇讎也。」

鄭縣人賣豚，人問其價。曰：「道日暮，安暇語汝〔一〕。」

〔一〕顧廣圻曰：今本「道」下有「遠」字。⊙王先慎補「遠」字，曰：今本有「遠」字，是。此條不見上經，疑南面篇文錯簡在此。⊙奇猷案：此條所問非所答，疑「人問其價曰」下有脱文。

説六——范文子喜直言，武子擊之以杖：「夫直議者〔一〕，不為人所容。無所容，則危身。非徒危身，又將危父〔二〕。」

〔一〕王先慎曰：「夫」，當作「曰」。⊙奇猷案：王説非。「夫」上當有「曰」字。吴汝綸、松皐圓皆於「夫」上補「曰」字。

〔二〕奇猷案：晉語「范文子莫退於朝。武子曰：『何莫也？』對曰：『有秦客廋辭，（韋注：「廋，隱也。」）大夫莫之能對也，吾知三焉。』武子怒曰：『大夫非不能也，讓父兄也。爾童子何知，而三掩人於朝。吾不在晉國，亡無日矣。』擊之以杖，折委笄」。蓋即韓子所本。

子産者，子國之子也。子産忠於鄭君，子國譙怒之曰：「夫介異於人臣〔一〕，而獨忠於主〔二〕。主賢明，能聽汝；不明，將不汝聽。聽與不聽，未可必知，而汝已離於羣臣。離於羣臣，則必危汝身矣。非徒危己也，又且危父矣〔三〕。」

〔一〕趙用賢曰：介異，言介然異於人臣也。

〔二〕王先慎曰：乾道本無「忠」字。顧廣圻云：「藏本、今本『獨』下有『忠』字」，今據增。⊙奇猷案：王增是，今從之，迂評本亦有。

〔三〕盧文弨曰：下「矣」字張本無。⊙奇猷案：藏本亦無下「矣」字。

梁車新為鄴令〔一〕。其姊往看之，暮而後門閉〔二〕，因踰郭而入。車遂刖其足。趙成侯以為不慈，奪之璽而免之令〔三〕。

〔一〕奇猷案：王解據白孔六帖十九引刪「新」字，非。案：新，猶初也。梁車初為令，恐民之不信。今其姊犯法，刖之以示其法令之信。亦猶商鞅初行新法而刑公子虔、黔公孫賈也。（詳史記商鞅傳）

〔二〕松皐圓曰：「閉」字衍。呂覽：「戎夷違齊如魯，天大寒而後門。」趙策「今日臣之來也，暮後郭門」，注：「後門，後至不及其開時也。」家語及毛萇詩傳所謂「柳下惠嫗不逮門之女」者。逮，及也。不及門開時，故憐而止之舍焉。荀子大略云：「柳下惠與後門者同衣而不見疑」，後門者，不逮門之女也。⊙奇猷案：松説是。後人不知此義，妄加「閉」字也。王解據白孔六帖改為「而後至閉門」，非。御覽四百九十二、五百一十七引作「暮而門閉」，亦誤。

松氏所引呂覽見長利篇。高注云：「後門，日夕門已閉也。」毛萇詩傳見巷伯篇。

〔三〕王先慎曰：白孔六帖引「免之令」作「逐之」。

管仲束縛〔一〕，自魯之齊，道而飢渴，過綺烏封人而乞食。烏封人跪而食之〔二〕，甚敬。封人因竊謂仲曰：「適幸及齊不死而用齊，將何報我〔三〕？」曰：「如子之言，我且賢之用，能之使〔四〕，勞之論。我何以報子？」封人怨之。

〔一〕奇猷案：史記管仲傳：「管仲事公子糾。及小白立為桓公，公子糾死，管仲囚焉。」

〔二〕顧廣圻曰：上文云「綺烏」，皆未詳。⊙王先慎曰：御覽八百四十九引作「綺邑」。⊙奇猷案：「乞食」下疑脱「綺」字。松皋圓改「烏」為「焉」，屬上為句，亦通。

〔三〕奇猷案：「何」下當有「以」字，下文「我何以報子」，可證。

〔四〕王先慎曰：乾道本「能」下無「之」字。顧廣圻云「今本有『之』字」。先慎案：御覽引有，今據補。⊙奇猷案：王補是，今從之，迂評本亦有。

卷十三

外儲説右上第三十四

君所以治臣者有三：

一、勢不足以化則除之。師曠之對，晏子之説，皆合勢之易也而道行之難〔一〕，是與獸逐走也〔二〕，未知除患。患之可除，在子夏之説春秋也。善持勢者蚤絶其姦萌，故季孫讓仲尼以遇勢〔三〕，而況錯之於君乎？是以太公望殺狂矞，而臧獲不乘驥。嗣公知之，故而駕鹿〔四〕；薛公知之，故與二欒博〔五〕。此皆知同異之反也〔六〕。故明主之牧臣也，説在畜烏〔七〕。

〔一〕顧廣圻曰：「合」，當作「舍」，形近誤。此舍與道、勢與行皆相對。行，去聲讀之。難一篇「釋庸主之所易，道堯舜之所難」，又難二篇「不出乎莫不然之數，而道乎百無一之行」，句例同。又用人篇「釋三易之數而行一難知之心」，五蠹篇「舍必不亡之術而道必滅之事」，句例皆同。⊙王先謙曰：道，由也。行，如字。義順，不必讀去聲。⊙太田方曰：道，説也。⊙松皋圓改「合」為「舍」，曰：執賞罰以制下則易，行慈惠以懷民則難，二子皆道説行惠之事，是舍易御之道也。⊙奇猷案：松説是也。吴汝綸點勘亦改「合」為「舍」。道當訓説，行讀如字，始與説義相合。

〔二〕陶鴻慶曰：案「與獸逐走」，當作「與走逐獸」。與、以古通用。與走逐獸者，以走逐獸也。後説云「今釋車輿之利，捐六馬之足，與王良之御，而下走逐獸」，是其證。後人不知與之為以，輒以意倒轉其文，則不成義。⊙奇猷案：逐，競也（詳八説篇注）。外儲説右下篇「王子於期為宋君為千里之逐」，逐謂競逐。説文：「走，趨也。」釋名云「徐行曰步，疾行曰趨，疾趨曰走」，是「走」即今語之「跑」。「跑」與「競逐」義近，則「逐走」為同義謰詞，有今語「賽跑」之意。「與獸逐走」，猶言與獸賽跑。陶説非。

〔三〕顧廣圻曰：「遇」，當作「遏」。⊙松皐圓曰：遇，耦通，敵也。子路行私惠，季孫人臣也，猶恐其勢對耦於己，故讓責之。人主能行斯術，則孰敢行私惠乎？⊙奇猷案：「遇」，疑「踰」音近而譌。踰，越也。難三篇「治不踰官」，踰官與此踰勢義近。後説云「孔子曰：過其所愛曰侵」，侵謂越勢，尤為明證。

〔四〕王先慎曰：乾道本「不」作「而」。顧廣圻云：「而當作不。」先慎案：張榜本作「不」，今據改。⊙奇猷案：王改非也。審後説所言，衛嗣公以如耳為「題之千金」之良馬，但不為衛嗣公用，故衛嗣公不駕此良馬而駕鹿也。迂評本作「不」，與張榜本同誤。

〔五〕盧文弨曰：疑「欒」作「孿」，下同。⊙俞樾曰：欒子，即蘭子也。欒與蘭音近。説文門部「闌，妄入宫掖也，讀若蘭」，即其例也。列子説符篇「宋有蘭子者」，釋文云：「凡人物不知生出者謂之蘭也。」是蘭子之蘭，即闌之引申義，故此書以「欒」為之矣。⊙王先慎曰：説文「欒」從䜌聲，「孿」從䜌聲，二字聲同。釋名釋宫室「欒，孿也，其體上曲孿拳然也」。易中孚「有孚孿如」，一本作「孿」。是欒、孿二字義通，故本書叚「欒」為「孿」。蒼頡篇：「孿，一生兩子也。」説文：「孿，一乳兩子也。」其言「二欒」者，謂昆弟皆來博也。則欒為孿叚借，仍當以雙生訓之。俞以欒為蘭，失其旨矣。⊙太田方曰：欒、孿同。太玄經「兄弟不欒」，注「重生為欒」。⊙奇猷案：王說是。後文云「欒子因相謂曰」，可知是二人。

〔六〕太田方曰：謂知臣主之利相反也。⊙松平康國曰：異同，猶言利害也。⊙奇猷案：太說是。八經篇：「知臣主之異利者王，以為同者劫。」

〔七〕王先慎曰：「焉」乃「烏」字形近而譌，說作「烏」不誤。今從張榜本作「烏」。⊙奇猷案：王說是。今從張榜本改「焉」作「烏」。盧氏拾補改「焉」為「馬」，非是。

二、人主者，利害之軺轂也〔一〕，射者衆，故人主共矣〔二〕。是以好惡見則下有因，而人主惑矣〔三〕；辭言通則臣難言，而主不神矣〔四〕。說在申子之言「六慎」，與唐易之言弋也〔五〕。患在國羊之請變〔六〕，與宣王之太息也。明之以靖郭氏之獻十珥也〔七〕，與犀首、甘茂之道穴聞也〔八〕。堂谿公知術，故問玉巵；昭侯能術，故以聽獨寢〔九〕。明主之道，在申子之勸「獨斷」也。

〔一〕陶鴻慶曰：案軺為立乘小車。「軺轂」二字於義無取，且與射義不相屬。疑「軺」為「招」字之誤，「轂」為「彀」字之誤。呂氏春秋本生篇「共射其一招」，高注云：「招，埻的也。」說文：「彀，張弓弩也。」招與彀皆射者所注意，故以為比。問辯篇云：「夫言行者，以功用為之的彀者也。」招彀與的彀正同。⊙王佩諍曰：按召、勺韻同，招、杓其例也。招、彀之為的、彀，正合是例。⊙奇猷案：陶說是。松皐圓、太田方、高亨說同。又案：舊連上，今從藏本、趙本、張榜本提行。又案：埻、準同。

〔二〕陶鴻慶曰：案「故人主共矣」，文義難通。「人主」疑是「利害」二字之誤。右篇云「賞罰共則禁令不行」，可證此文之義。⊙奇猷案：「共」當為「壅」之音誤（二字皆隸東部）。壅即主道篇「人主有五壅」之壅。此文「人主壅矣」與下「人主惑矣」對文。射者衆則將有中者，故人主難免於壅也。如陶所改，義為射者利害相共，謬甚。

〔三〕奇猷案：二柄篇：「去好去惡，羣臣見素。羣臣見素，則大（當作人，考詳彼）君不蔽矣。」

〔四〕奇猷案：韓非之意，蓋謂辭言不能通於臣下，若辭言通，則貞信之士有言，必為姦邪所知而害其生，是以難言。難言則主之明塞矣，故曰不神。可參閱難言、孤憤篇。

〔五〕顧廣圻曰：「易」下說有「鞠」字。⊙奇猷案：當是姓唐易，故此省其名鞠。

〔六〕顧廣圻曰：今本「年」作「羊」，說作「羊」。⊙奇猷案：作「羊」是，今據今本改。迂評本亦作「羊」。

〔七〕王先慎曰：「氏」，當作「君」。⊙奇猷案：史記孟嘗君傳云「嬰（孟嘗君父）卒，謚為靖郭君」，索隱「靖郭，或封邑號」。古人以封邑為氏，故云靖郭氏。王說非。

〔八〕顧廣圻曰：藏本、今本「戉」作「茂」。按「戉」當作「戊」。戊、茂同字也。古今人表作「戊」。⊙王先慎改「戉」為「茂」，曰：漢表用古文作「戊」，本書例用今文作「茂」，今從藏本。說正作「茂」。⊙奇猷案：王改是，今從之。

〔九〕王先慎曰：「以」字當在「能」字下。以，用也。言昭侯能用術，故每聽必獨寢。⊙松皐圓曰：山云：「以、已通。」物云：「聽堂谿而後獨寢也。」⊙奇猷案：山說是。已聽，猶言聽之後也。說云「昭侯聞堂谿公之言，自此之後，欲發天下之大事，未嘗不獨寢，恐夢言而使人知其謀也」，是其義。

三、術之不行，有故。不殺其狗則酒酸。夫國亦有狗，且左右皆社鼠也。人主無堯之再誅，與莊王之應太子，而皆有薄媪之決蔡嫗也。知貴不能以教歌之法先揆之〔二〕，吴起之出愛妻，文公之斬顛頡，皆違其情者也。故能使人彈疽者，必其忍痛者也。

右經

〔一〕王先慎曰：「知貴」，疑「欲知」之誤。⊙太田方曰：山氏曰：「知貴，依傳當作如是。言如國狗、社鼠不能行術也。」⊙陶鴻慶曰：案「貴」當為「實」字之誤。知實，謂知其情實。左篇云「主不審其情實，坐而患之」，可證此文之義。⊙劉師培曰：案「貴」疑「遺」字之缺。下説「教歌者」云云，謂不中宮徵，則為教者所遺。韓非之旨，蓋言遺棄不能之法與教歌之法同。⊙奇猷案：此當衍「不」字。「知貴能」三字屬下。知，讀如智。教歌之法，吴起出愛妻，文公斬顛頡，雖違其情，然皆合於法，故智者貴能以教歌之法而行法也。

説一〔一〕——賞之譽之不勸，罰之毀之不畏，四者加焉不變，則其除之〔二〕。

〔一〕奇猷案：「説」字增，下同，詳內儲説上。

〔二〕盧文弨曰：一本無「則」字。⊙王渭曰：「其」字衍。⊙王先慎删「其」字，曰：張榜本無「其」字。⊙奇猷案：其，讀若書皋陶謨「帝其念哉」之其，猶庶幾也。

齊景公之晉，從平公飲，師曠侍坐。始坐〔一〕，景公問政於師曠曰：「太師將奚以教寡人？」師曠曰：「君必惠民而已〔二〕。」中坐，酒酣，將出，又復問政於師曠曰：「太師奚以教寡人？」曰：「君必惠民而已矣。」景公出之舍，師曠送之，又問政於師曠，師曠曰：「君必惠民而已矣。」景公歸，思，未醒，而得師曠之所謂〔三〕。「公子尾、公子夏者，景公之二弟也，甚得齊民，家富貴而民說之，擬於公室，此危吾位者也。今謂我惠民者，使我與二弟爭民邪〔四〕？」於是反國發廩粟以賦衆貧，散府餘財以賜孤寡〔五〕，倉無陳粟，府無餘財，宮婦不御者出嫁之，七十受祿米，鬻德惠施於民也〔六〕，已與二弟爭〔七〕。居二年，二弟出走，公子夏逃楚，公子尾走晉〔八〕。

〔一〕王先慎曰：乾道本無「始坐」二字。盧文弨云「張本有」，顧廣圻云「藏本有」，今據補。⊙奇猷案：王補是，今從之，迂評本亦有。

〔二〕王先謙曰：以下文例之，句末當有「矣」字。

〔三〕王先慎曰：歸，謂歸其舍。未醒，承上酒酣言，寤寐思之，恍然有得，不待酒醒也。

〔四〕奇猷案：此景公語，但其中「景公之二弟也」一語，為記者之插語。

〔五〕俞樾曰：「餘」字衍文。「散府財」與「發廩粟」相對為文，不當有「餘」字，涉下文「府無餘財」而衍。⊙奇猷案：「粟」，吳鼒本誤「栗」，四部叢刊本不誤。俞說是。府財散盡，故下文云「府無餘財」。

〔六〕王先慎曰：「惠施」，當作「施惠」。⊙奇猷案：王說是。迂評本作「施惠」。

〔七〕顧廣圻曰：今本「爭」下有「民」字。已，讀為以。⊙王先慎增「民」字，曰：「爭」下無「民」字則句義不完。⊙奇猷案：此承上文來，不必有「民」字。又案：已讀本字亦通。

〔八〕盧文弨曰：子尾無出亡事。其子高彊，昭十年奔魯，遂奔晉。⊙王先慎曰：左傳子夏作子雅。古雅、夏通用。⊙奇猷案：吕氏春秋慎行篇作公孫竈、公孫蠆。蓋名竈，字子夏；名蠆，字子尾。公孫竈，亦作公孫滹（即「潮」字。潮、竈音通），其墓在山東諸城發現（詳余所撰公孫滹編鐘編鎛銘文考釋，載香港國學研習社編輯出版中華國學第二期（一九九〇年五月出版）），可證公子夏無逃亡事。

景公與晏子游於少海〔一〕，登柏寢之臺而還望其國〔二〕，曰：「美哉！泱泱乎，堂堂乎！後世將孰有此？」晏子對曰：「其田成氏乎？」景公曰：「寡人有此國也，而曰田成氏有之，何也？」晏子對曰：「夫田成氏甚得齊民。其於民也，上之請爵禄行諸大臣〔三〕，下之私大斗斛區釜以出貸，小斗斛區釜以收之〔四〕。殺一牛，取一豆肉，餘以食士。終歲，布帛取二制焉，餘以衣士〔五〕。故市木之價不加貴於山，澤之魚鹽龜鼈蠃蚌不加貴於海〔六〕。君重斂，而田成氏厚施。齊嘗大飢，道旁餓死者不可勝數也，父子相牽而趨田成氏者不聞不生。故周秦之民相與歌之曰〔七〕：『謳乎，其已乎！苞乎，其往歸田成子乎〔八〕！』詩曰：『雖無德與女，式歌且舞〔九〕。』今田成氏之德，而民之歌舞，民德歸之矣〔一〇〕。故曰：其田成氏乎。」公泫然出涕曰：「不亦悲乎！寡人有國而田成氏有之。今為之奈何？」晏子對曰：「君何患焉？若君欲奪之，則近賢而遠不肖，治其煩亂，緩其刑罰，振貧窮而恤孤寡，行恩惠而給不足，民將歸君，則雖有十田成氏〔一二〕，其如君何？」

〔一〕奇猷案：少海，考詳十過篇。

〔二〕松皐圓曰：左傳作路寢。史記與此同。封禪書：「少君曰：此器齊桓公十年陳於柏寢。」服虔云：「地名，有臺。」瓚曰：「晏子書，柏寢，臺名。」正義云：「括地志：在今青州千乘縣東北。」

〔三〕王先慎曰：二柄篇作「行之羣臣」。

〔四〕王先慎曰：左昭三年傳：「齊舊四量，豆、區、釜、鐘。四升為豆，各自其四，以登於釜，釜十則鐘。陳氏三量，皆登一焉，鐘乃大矣。以家量貸，而以公量收之。」

〔五〕太田方曰：管子君臣篇：「斗斛一量，丈尺一綧制。」周禮天官内宰「淳制」，注：「故書淳為敦。杜子春讀敦為純。純，謂幅廣也。制，謂匹長。玄謂純制，天子巡狩禮所云制幣丈八尺，純四䋎。」按依此，二制是共三丈六尺也。説苑：「寧文子具絺紵三百製，將以送之。」

〔六〕王先慎曰：乾道本「蚌」作「蚌」，無「加」字，今依拾補改增。⊙奇猷案：王改增是，今從之。迂評本正作「蚌」，有「加」字。

〔七〕顧廣圻曰：「秦」，當作「齊」。周，遍也。謂遍齊國之人。⊙章太炎曰：「周秦」當作「秦周」。左傳襄十八年「及秦周，伐雍門之荻」。呂覽權勳「軍於秦周」，注：「秦周，齊城門名。」齊人德田氏多矣，歌者當不止秦周之民，此特舉秦周之民所歌以概其餘耳。⊙奇猷案：章説甚是。齊有城門曰稷門，文學游説之士聚集其處謂之「稷下士」。稷下士不治而議論，詳史記田齊世家。疑秦周與稷下相類似，乃上層階級中之士民所居。士民在當時人民中較有代表性，秦周之民相與歌之，即示人民中較有代表性之士民皆歸向於田成子也。後人不知秦周是齊城門名，誤為秦國與周國，而又以周為天子之國，遂乙「周」字於「秦」字之上，致成周國與秦國之民相與歌之之義。殊不知田成子施德於齊民，與周、秦二國之民何關？若謂周、秦二國之民感於田成子之仁德而歌之，則何以不及燕、宋、楚、越？且與上文「田成子甚得齊民」之語不洽。據此，「周秦」之誤甚明而無疑矣。顧氏改「秦」為「齊」，訓周為遍，義雖可通，但「齊」「秦」二字形聲均不近，無由致誤。余前校從顧説，亦誤。

〔八〕盧文弨曰：孫貽穀云：「史記田敬仲世家，齊人歌之曰：嫗乎采芑，歸乎田成子。此疑有誤。」⊙俞樾曰：「已」，當作「芑」。昭十二年左傳「我有圃生之杞乎，從我者子乎」，與此文義相似。史記載此歌正作「芑」。惟此本以謳、苞為韻，芑、子為韻。史記作「歸乎田成子」，歸與謳則非韻矣，當以此為正。⊙太田方曰：謳乎，猶嗚乎。「其已」衍文。「乎苞乎」當作「采芑乎」。芑，白粱粟也。⊙奇猷案：此是贊歎之辭，如標點所示讀之，其贊歎之情已見。似不必與史記同。

〔九〕王先慎曰：晏子春秋外篇「女」作「汝」，同字。

〔一〇〕王先慎曰：「之歌舞」，當作「歌舞之」。

〔一一〕王先慎曰：「田成氏」，御覽一百六十及一百七十七引無「成」字。⊙松皋圓删以上諸「成」字，曰：「成」字從正義删。此雖記者之辭，然晏子不應稱陳恒謚。

或曰：景公不知用勢，而師曠、晏子不知除患。夫獵者，託車輿之安，用六馬之足，使王良佐轡，則身不勞而易及輕獸矣。今釋車輿之利，捐六馬之足與王良之御，而下走逐獸，則雖樓季之足無時及獸矣〔一〕。託良馬固車，則臧獲有餘〔二〕。國者，君之車也；勢者，君之馬也。夫不處勢以禁誅擅愛之臣〔三〕，而必德厚以與天下齊行以爭民〔四〕，是皆不乘君之車〔五〕，不因馬之利車而下走者也〔六〕。故曰〔七〕：景公不知用勢之主也，而師曠、晏子不知除患之臣也〔八〕。

〔一〕松皐圓曰：過秦論：樓季名緩，又見五蠹篇。⊙奇猷案：松氏以賈誼過秦論之樓緩即此樓季，未知何據。李善文選注僅引高誘注魏策云：「樓緩，魏相」。亦無樓緩即樓季之語。五蠹篇松氏又引史記李斯傳集解云「樓季，魏文侯之弟」，與此不同。

〔二〕奇猷案：臧獲，考詳喻老篇「豐年大禾臧獲不能惡也」條。

〔三〕王先慎曰：「誅」字衍。擅愛，即上請爵祿行之大臣也。「禁擅愛之臣」，與下文「禁侵陵之臣」，句例正同。⊙奇猷案：誅，責也。謂有擅愛之臣，則禁之責之。文甚通，不必泥於句例。姦劫弑臣「禁誅於己」，亦「禁誅」連文。

〔四〕顧廣圻曰：「天」字衍。藏本「名」作「民」，是也。見本書難三篇。⊙王先慎曰：顧說是。拾補亦作「民」。⊙奇猷案：顧說是。今據藏本改「名」為「民」。迂評本亦作「民」，不誤。

〔五〕王先慎曰：「君之車」，當作「車之安」。「車之安」與「馬之利」相對為文。上云「託車輿之安」即其證。⊙奇猷案：上文「國者君之車」，此文「君之車」，即謂君之國也。文甚通，不必泥於對文。

〔六〕顧廣圻曰：「車」字當衍。今本「車」上有「舍」字者，非是。⊙王先慎「車」上增「釋」字，曰：顧說非。御覽六百二十四引「車」上有「釋」字，是。此與外儲說左上「釋車而走」句例正合。⊙奇猷案：顧說是。藏本「車」上有「舍」字，亦非。御覽「車」上有「釋」字，蓋妄增也。上文既言「不乘君之車」，此不當更言「舍車」。申言之，既未乘車，何車而舍耶？「車」字衍，「而下走者也」五字屬上為句。王說非是。

〔七〕奇猷案：集解「故曰」誤「或曰」。

〔八〕顧廣圻曰：藏本、今本「師曠」下無「不知」二字。⊙王先慎曰：御覽引亦無「不知」二字。⊙奇猷案：「師曠」下無「不知」二字是，今據删。迂評本亦無。

子夏曰〔一〕：「春秋之記臣殺君、子殺父者，以十數矣〔二〕，皆非一日之積也，有漸而以至矣〔三〕。」凡姦者，行久而成積，積成而力多，力多而能殺，故明主蚤絶之。今田常之為亂，有漸見矣，而君不誅。晏子不使其君禁侵陵之臣，而使其主行惠，故簡公受其禍。故子夏曰：「善持勢者，蚤絶姦之萌。」

〔一〕奇猷案：此下仍論田常、晏子，當連上。

〔二〕奇猷案：藏本、迂評本二「殺」字作「弒」。又案：「十數」，當作「數十」。論衡死偽篇：「春秋之時，弒君三十六。」今以春秋證之，論衡所云，正合其數。

〔三〕顧廣圻曰：藏本同。今本無「以」字，誤。⊙奇猷案：張本與此同。凌本與今本同。迂評本無「而」字。盧文弨拾補删「以」字。猷案「而以」二字當衍其一。

季孫相魯，子路為郈令〔一〕。魯以五月起衆為長溝。當此之為〔二〕，子路以其私秩粟為漿飯〔三〕，要作溝者於五父之衢而飡之〔四〕。孔子聞之，使子貢往覆其飯，擊毁其器，曰：

「魯君有民，子奚為乃飡之？」子路怫然怒，攘肱而入，請曰：「夫子疾由之為仁義乎？所學於夫子者，仁義也。仁義者，與天下共其所有而同其利者也。今以由之秩粟而飡民，不可，何也〔五〕？」孔子曰：「由之野也！吾以女知之，女徒未及也。女故如是之不知禮也！女之飡之，為愛之也。夫禮，天子愛天下，諸侯愛境内，大夫愛官職，士愛其家，過其所愛曰侵。今魯君有民而子擅愛之，是子侵也，不亦誣乎！」言未卒，而季孫使者至，讓曰：「肥也起民而使之，先生使弟子令徒役而飡之〔六〕，將奪肥之民耶？」孔子駕而去魯。以孔子之賢，而季孫非魯君也〔七〕，以人臣之資，假人主之術，蚤禁於未形，而子路不得行其私惠，而害不得生，況人主乎〔八〕！以景公之勢而禁田常之侵也，則必無劫弒之患矣。

〔一〕盧文弨曰：家語致思篇作「蒲宰」。⊙王先慎曰：説苑臣術篇作「蒲令」。家語即本説苑。

〔二〕太田方曰：為，謂役時。國策「陘山之為」，注：「為，役也。」⊙松皐圓曰：齊語「遂使役官」，注：「役，為也。」⊙奇猷案：「做事」「工作」，皆可謂之「為」。有度篇「順上之為」，南面篇「其為不得利」，「為」字皆此義。「做事」「工作」亦即「役作」。此文「當此之為」，猶言當此役作之時（「當」字為時間狀詞，故可增「之時」為解）。秦策作「陘山之事」，注「事，役也」，謂戰役，非此文之義。太誤。王氏集解據御覽八百四十九改「為」為「時」，蓋不明「為」字之義而誤改也。

〔三〕王先慎曰：漿飯，粥也。

〔四〕太田方曰：左傳注：「五父衢，道名，在魯國東南。」⊙奇猷案：孔子世家「孔子母殯五父之衢」。

〔五〕奇猷案：王氏集解於「不」上據御覽增「其」字。案此不必有「其」字。

〔六〕陶鴻慶曰：案「令」當為「會」，以草書相似而誤。上文云「要作溝者於五父之衢而飡之」，故季孫云然。⊙奇猷案：御覽八百四十九引作「先生令弟子從役止而飡之」。王氏集解據之改「令」為「止」，亦通。又案：肥，季康子名。

〔七〕奇猷案：「以孔子之賢」，文義不完。疑而下有脱文，其義當為「以孔子之賢，而不能先使子路無行惠」，然後言「季孫非魯君也」云云，於文始通。

〔八〕陶鴻慶曰：「而子路不得行其私惠」句當在上文「非魯君也」下。下節云：「薛公以人臣之勢，假人主之術也，而害不得生，況錯之人主乎」，文義正與此同。⊙奇猷案：陶説非。移「而子路」句於上，不通。

太公望東封於齊。齊東海上有居士曰狂矞、華士，昆弟二人者立議曰〔一〕：「吾不臣天子，不友諸侯〔二〕，耕作而食之，掘井而飲之，吾無求於人也。無上之名〔三〕，無君之祿，不事仕而事力。」太公望至於營丘，使吏執殺之以為首誅〔四〕。周公旦從魯聞之，發急傳而問之曰〔五〕：「夫二子，賢者也。今日饗國而殺賢者，何也？」太公望曰：「是昆弟二人立議曰：『吾不臣天子，不友諸侯，耕作而食之，掘井而飲之，吾無求於人也。無上之名，無君之祿，不事仕而事力。』彼不臣天子者，是望不得而臣也。不友諸侯者，是望不得而使也〔六〕。耕作而食之，掘井而飲之，無求於人者，是望不得以賞罰勸禁也。且無上名，雖知，不為望用；不仰君禄，雖賢，不為望功。不仕則不治，不任則不忠。且先王之所以使其臣民者，非爵禄則刑罰也。今四者不足以使之，則望當誰為君乎〔七〕？不服兵革而顯，不親耕耨而名，又所以教於國也〔八〕。今有馬於此，如驥之狀者，天下之至良也。然而驅之不前，卻之不止〔九〕，左之不左，右之不右，則臧獲雖賤，不託其足。臧獲之所願託其足於驥者，以驥之可以追利辟害也。今不為人用，臧獲雖賤，不托其足焉。已自謂以為世之賢士，而不為主用〔一〇〕，行極賢而不用於君，此非明主之所臣也，亦驥之不可左右矣，是以誅之〔一一〕。」

〔一〕顧廣圻曰：論衡非韓篇「矞」作「譎」。荀子宥坐篇楊倞注引此「士」作「仕」。⊙王先慎曰：御覽六百四十五引「矞」作「獝」，無「者」字。⊙奇猷案：荀子云：「太公誅華仕。」淮南人間訓云：「狂譎不受禄而誅。」海上即十過篇之少海，考詳彼。

〔二〕奇猷案：禮儒行：「儒有上不臣天子，下不事諸侯。」共建之義曰議，詳顯學篇，即共建立之守則。

〔三〕奇猷案：不受君所賜之名，不受君所賜之禄。

〔四〕盧文弨曰：「執」下脱「而」字，荀子注引有。⊙王先慎曰：荀子注引無「吏」字。御覽引作「使執而殺之」，今據御覽改。⊙奇猷案：使吏執殺之，即使吏捕而殺之。文可通，不必改。王説非。

〔五〕奇猷案：傳，驛也，注見愛臣篇。

〔六〕奇猷案：下「是」字藏本誤脱。

〔七〕王引之曰：當，猶將也（見經傳釋詞「當」字下）。⊙奇猷案：長沙馬王堆漢墓出土帛書稱云：「不受禄者，天子不臣也」（載文物一九七四年第十期）。

〔八〕顧廣圻曰：藏本、今本「又」下有「非」字，誤。⊙劉文典曰：案藏本、今本「又」下有「非」字，是也。「不服兵革而顯，不親耕耨而名」，即五蠹篇「無功而受事，無爵而顯榮」之意。韓子重耕戰之民而惡修文學立節操之士，故曰非所以教於國也。刪「非」字則非韓子之旨矣。外儲説左下篇「陽虎將為趙武之賢，解狐之公」，而簡主以為枳棘，「非所以教國也」。正與此文一例。顧氏未明韓子之意，以藏本、今本有「非」字為誤，斯為謬矣。⊙奇猷案：無「非」字亦通。謂狂矞、華士不服兵革，不親耕耨而有處士之顯名，國人將轉相倣傚，故曰又所以教於國也。

〔九〕王先慎曰：御覽引「卻」作「引」，「止」作「至」。⊙奇猷案：藏本「止」作「正」，非。卻之乃使之停止，與前相對。御覽作「至」，非。

〔一〇〕奇猷案：已，同以，猶而也，詳經傳釋詞。

〔一一〕奇猷案：有度篇云：「夫輕爵禄，易去亡，以擇其主，臣不謂廉。」此韓非之宗旨。故太公望殺狂矞、華士，韓非亦以為然也。

一曰〔一〕。太公望東封於齊。海上有賢者狂矞〔二〕。太公望聞之往請焉，三卻馬於門而狂矞不報見也，太公望誅之。當是時也，周公旦在魯，馳往止之。比至，已誅之矣。周公旦曰：「狂矞，天下賢者也，夫子何為誅之？」太公望曰：「狂矞也議不臣天子〔三〕，不友諸侯〔四〕。吾恐其亂法易教也，故以為首誅。今有馬於此，形容似驥也，然驅之不往，引之不前，雖臧獲不託足以旋其軫也〔五〕。」

〔一〕奇猷案：舊連上，今提行。

〔二〕王先慎曰：北堂書鈔四十五引「者」下有「名」字。

〔三〕王先慎曰：「也」字衍。⊙劉文典曰：案下文「犀首也羈旅，新抵罪」，正與此文一例。古人自有此句法。王氏以「也」字為衍文，非。⊙奇猷案：劉説是。

〔四〕王先慎曰：北堂書鈔引「議」作「義」，二字古通。

〔五〕顧廣圻曰：藏本、今本「託」上無「許」字，「於」字作「以旋」二字。⊙奇猷案：「許」即「託」之譌，「於」即「旋」之壞誤，後人又删「以」字耳。今改從藏本。迂評本與藏本同。

如耳説衛嗣公，衛嗣公説而太息。左右曰：「公何為不相也？」公曰：「夫馬似鹿者而題之千金〔一〕，然而有百金之馬而無一金之鹿者〔二〕，馬為人用而鹿不為人用也。今如耳，萬乘之相也，外有大國之意，其心不在衛，雖辯智，亦不為寡人用，吾是以不相也。」

〔一〕王先慎曰：事類賦二十三引無「之」字。

〔二〕王先慎改「一」為「千」，「者」下增「何也」二字，曰：據論衡、藝文類聚九十三、御覽八百九十三引補。⊙陶鴻慶曰：案「百金」、「一金」皆當作「千金」，與上文語勢相承。因「千金之馬」，「千」誤作「百」，校者不考上文，輒改下句之「千金」為「一金」以順語勢，於是「題之千金」為贅語矣。論衡非韓篇引此正作「天下有千金之馬，無千金之鹿」，可據以訂正。⊙奇猷案：王、陶說均是。淮南說山訓「馬之似鹿者千金，天下無千金之鹿」，亦可證。初學記二十九、長短經卷三、錦繡萬花谷後集卷三十九引此下均有「何也」二字，亦可證。

薛公之相魏昭侯也〔一〕，左右有欒子者曰陽胡、潘其，於王甚重〔二〕，而不為薛公。薛公患之，於是乃召與之博〔三〕，予之人百金，令之昆弟博〔四〕。俄又益之人二百金。方博有閒，謁者言客張季之子在門〔五〕。公怫然怒，撫兵而授謁者曰：「殺之！吾聞季之不為文也。」立有閒，時季羽在側〔六〕，曰：「不然。竊聞季為公甚〔七〕，顧其人陰未聞耳。」乃輟不殺客，而大禮之〔八〕，曰：「曩者聞季之不為文也，故欲殺之。今誠為文也，豈忘季哉！」告廩獻千石之粟，告府獻五百金，告騶私廄獻良馬固車二乘〔九〕，因令奄將宮人之美妾二十人並遺季也〔一〇〕。欒子因相謂曰：「為公者必利，不為公者必害，吾曹何愛不為公？」因私競勸而遂為之〔一一〕。薛公以人臣之勢，假人主之術也，而害不得生，況錯之人主乎？夫馴烏者斷其下翎焉〔一二〕。斷其下翎則必恃人而食〔一三〕，焉得不馴乎？夫明主畜臣亦然，令臣不得不利君之祿，不得無服上之名。夫利君之祿，服上之名，焉得不服？

〔一〕太田方曰：薛公，孟嘗君田文，齊人。

〔二〕王先慎曰：御覽七百五十四引「潘其」作「潘者」。⊙太田方曰：陽胡、潘其，二人名。⊙物双松曰：陽胡兄，潘弟歟？⊙奇猷案：欒、攣通，詳上。太、物說均通。今讀從太說。

〔三〕奇猷案：博，注詳外儲說左上。

〔四〕王先慎曰：「令之」，當作「令其」。⊙于省吾先生曰：按王說非。之，猶其也，詳經傳釋詞。

〔五〕王先慎曰：張榜本無「之子」二字。⊙奇猷案：疑衍「之」字。「子」是稱謂。下文秖言季，不作「季之子」，可證。

〔六〕顧廣圻曰：季羽，未詳。⊙王先慎曰：「時」字疑衍。⊙尹桐陽曰：一曰：「季羽，謂張季黨也。」⊙奇猷案：尹說以羽為「黨羽」之羽，是。時，謂當其時也。王說非。

〔七〕奇猷案：句絕。為公甚，猶言甚為公也。

〔八〕盧文弨曰：張本「客」下有「而」字。⊙奇猷案：有「而」字是，藏本、迂評本均有，今據補。

〔九〕奇猷案：「私廄」二字當在「獻」字下。

〔一〇〕松臯圓曰：將，送也。「宮人」，疑「宮中」之誤。⊙奇猷案：松說是。奄，奄官。

〔一一〕王先慎改「斯」為「私」，曰：案張榜本、趙本「斯」作「私」，是。私、斯二字聲近而誤。欒子兄弟見薛公遺季，因私相勸勉為薛公。「斯」字誤。⊙奇猷案：王說是，今從之。迂評本亦作「斯」，誤。

〔一二〕奇猷案：「烏」下原無「者」字，「翎」原作「頷」，今據御覽九百二十、事類賦十九引增「者」字，改「頷」作「翎」。說文：「翎，羽也。」又：下文「翎」原亦作「頷」，今亦改作「翎」。

〔一三〕王先慎曰：事類賦「恃」作「待」。⊙奇猷案：王解據御覽、事類賦删上「焉」字、及此「斷其下翎」四字，未確。無此五字則文義不足。

說二——申子曰：「上明見，人備之；其不明見，人惑之。其知見，人飾之；不知見，人匿之〔一〕。其無欲見，人司之〔二〕；其有欲見，人餌之。故曰：吾無從知之，惟無為可以規之〔三〕。」

〔一〕王先慎曰：「惑」字失韻，疑誤。⊙楊樹達曰：按惑、備，古韻同咍德部。王說殊謬。⊙奇猷案：楊說是。「飾」，原作「惑」，據趙本、迂評本、凌本改。說文云「飾，讀若式」，則「飾」字亦隸咍德部。此文「備」「惑」「飾」「匿」與下文「司」「餌」為韻，皆隸咍德部。又案：申子之術，在定法篇韓非有論。

〔二〕奇猷案：司，古伺字，窺察也。

〔三〕高亨曰：規、窺古今字。制分篇「其務令之相規其情者也」同誼。

一曰〔一〕。申子曰：「慎而言也，人且知女〔二〕；慎而行也，人且隨女。而有知見也，人且匿女；而無知見也，人且意女〔三〕。女有知也，人且臧女；女無知也，人且行女〔四〕。故曰：惟無為可以規之。」

〔一〕奇猷案：舊連上，今提行。

〔二〕俞樾曰：「知」當作「和」，字之誤也。「和」與下「隨」字相為韻。下文「匿」與「意」、「臧」與「行」皆相為韻，若作「知」，則首句失其韻矣。⊙太田方曰：隨，古音惰，與和字叶。列子「慎爾言，將有和之；慎爾行，將有隨之」，管子「人不倡不和，天下始不隨」。皆可為證。⊙奇猷案：俞、太說是。雖「知」（支部）「隨」（歌部）可通協，但證之列子、管子則當作「和」。且和與隨義同類，知與隨義則不同類也。又案：匿、意隸之部（郇咍德部）。臧（同藏）、行隸陽部。

〔三〕高亨曰：兩「知」字涉下文而衍。下文「女有知也」「女無知也」，方言有知、無知，則此衍二「知」字明矣。⊙奇猷案：而，汝也。知，讀智。見，卽「表見」之見。有智見、無智見，猶言有智示於人、無智示於人也。主道篇「有智而不以慮，使萬物知其處；有行而不以賢，觀臣下之所因。是故去智而有明，去賢而有功」，又曰「去其智，絶其能，下不能意」，卽此文「無知見」之義。下有知、無知二「知」字讀如字，義別。高氏删二「知」字，見者為何？無見者為何？未經道出，顯見文義不足也。又案：意，度也。

〔四〕太田方曰：臧、行字，讀如論語「用則行，舍則藏」之藏、行。⊙奇猷案：釋名釋姿容：「行，抗也。」如論語述而篇「用之則行」之行，亦通。行，為也。吕氏春秋愛類篇「無不行也」，高注：「行，為也。」此文「女無知也，人且行女」，謂女無知，則彼將以其私意代女為之。但此解較曲折，不如訓抗為宜。蓋此文與論語語氣不同也。

田子方問唐易鞠曰〔一〕：「弋者何慎〔二〕？」對曰：「鳥以數百目視子，子以二目御之，子謹周子廩〔三〕。」田子方曰：「善。子加之弋，我加之國。」鄭長者聞之曰〔四〕：「田子方知欲為廩〔五〕，而未得所以為廩。夫虛無無見者，廩也〔六〕。」

〔一〕顧廣圻曰：漢書古今人表中上有唐易子，「鞠」或其名。⊙奇猷案：田子方，詳外儲說左下。又案：漢書古今人表之唐易子與田子方、齊宣王時代不相及，當為另一人。又案：乾道本「田」上有圈，今從藏本、趙本删。

〔二〕奇猷案：詩傳：「弋，射」。說文作「隿」云：「繳射飛鳥也」。

〔三〕物双松曰：周，密之也。⊙太田方曰：管子戒篇「桓公明日弋在廪」。潘岳射雉賦「飛鳴薄廪」，注「廪，翳中飲食處，今俗呼翳名曰倉也」。月令「網羅畢翳」，注「翳，射者所以自隱也」。⊙奇猷案：廪，今謂「穀倉」。

〔四〕王先慎曰：漢書藝文志道家有鄭長者一篇，云「六國時，先韓子，韓子稱之」，師古注：「别録云：鄭人，不知其名。」袁淑真隱傳：「鄭長者，隱德無名，著書一篇，言道家事，韓非稱之。世傳是長者之辭，因以為名。」⊙奇猷案：難二篇亦稱引鄭長者語。

〔五〕王先慎曰：乾道本無「曰」字。顧廣圻云「今本有曰字」，今據補。⊙奇猷案：王補是，今從之。

〔六〕陶鴻慶曰：案「廪也」上當有「所以為」三字，承上「知欲為廪而未得所以為廪」而言。下文云「鄭長者有言曰，夫虚静無為而無見也，其可以為此廪乎」，文義正與此同。⊙奇猷案：陶説非，無「所以為」三字文義已明。

一曰〔一〕。齊宣王問弋於唐易子曰：「弋者奚貴？」唐易子曰：「在於謹廪。」王曰：「何謂謹廪？」對曰：「鳥以數十目視人，人以二目視鳥，奈何不謹廪也〔二〕？故曰在於謹廪也。」王曰〔三〕：「然則為天下何以為此廪〔四〕？今人主以二目視一國，一國以萬目視人主，將何以自為廪乎？」對曰：「鄭長者有言曰：『夫虚静無為而無見也〔五〕。』其可以為此廪乎。」

〔一〕奇猷案：舊連上，今提行。

〔二〕奇猷案：迂評本、張本「何」下有「其」字，盧氏拾補依張本補。猷案：無「其」字亦通。

〔三〕奇猷案：「王曰」原作「故曰」，誤，今從趙本、凌本改。

〔四〕顧廣圻曰：今本下「為」字作「異」。⊙奇猷案：「為此廩」，猶言製此廩，故下文云「何以自為廩乎」。趙本、凌本作「異」，誤。拾補、集解皆改為「異」，非。

〔五〕奇猷案：難二篇「虛靜」作「體道」，注詳彼。

國羊重於鄭君，聞君之惡己也，侍飲，因先謂君曰：「臣適不幸而有過，願君幸而告之。臣請變更，則臣免死罪矣〔一〕。」

〔一〕奇猷案：舊連上，今從趙本提行。又：適，猶言往者。

客有說韓宣王，宣王說而太息。左右引王之說之以先告客以為德〔一〕。

〔一〕盧文弨曰：「先」上「曰」字，秦本作「以」。⊙顧廣圻曰：句有誤。⊙俞樾曰：「引」當作「以」，「曰」當作「日」，皆字之誤也。隸書「以」字或作「㠯」，因誤為「引」矣。蓋因客說宣王，宣王說而太息，故左右以王之說之日先告客以為德也。⊙陶鴻慶曰：案俞氏以「引」為「以」字之誤，是也。「曰」，當為「因」字之誤。上節「侍飲，因先謂君曰」云云，文例正與此同。俞氏「曰」當為「日」，失之。⊙奇猷案：秦本是，迂評本亦作「以」，今據改。蓋「以」、亦作「已」，形誤為「曰」也。凡一物自此牽移至彼曰引，今言引書卽此義。左右以宣王悅客之情況告客，故亦曰引。俞、陶說未得。

靖郭君之相齊也〔一〕，王后死，未知所置，乃獻玉珥以知之。

〔一〕奇猷案：孟嘗君父田嬰號靖郭君

一曰〔一〕。薛公相齊〔二〕，齊威王夫人死〔三〕，中有十孺子皆貴於王〔四〕，薛公欲知王所欲立而請置一人以為夫人。王聽之，則是說行於王而重於置夫人也；王不聽，是說不行而輕於置夫人也。欲先知王之所欲置以勸王置之〔五〕，於是為十玉珥而美其一而獻之〔六〕。王以賦十孺子。明日坐，視美珥之所在而勸王以為夫人〔七〕。

〔一〕奇猷案：舊連上，今提行。

〔二〕奇猷案：田嬰封於薛，故稱薛公。

〔三〕顧廣圻曰：齊策無「威」字。楚策云「楚王后死，未立后也，謂昭魚曰」云云，不同。⊙奇猷案：齊策以事繫齊威王下，故省「威」字。田嬰相威王，雖史無明文。但史記孟嘗君傳謂嬰在威王時「任職用事」，或卽任相職歟？且以下文「中有十孺子皆貴於王」及「視美珥所在」二語觀之，此以作威王為宜。蓋田嬰為威王子，故能明宮中情況，且又能視美珥所在也。右下篇云「田嬰相齊」，尤可為證。

〔四〕王先慎刪「中」字，曰：據御覽六百二十六、七百一十八引刪。又案御覽注云「所窺者凡十人」，當為本書舊注。⊙奇猷案：中，謂宮中也。齊策「十」作「七」，下「十玉珥」亦作「七玉珥」。淮南原道訓與本書同。

〔五〕王先慎曰：乾道本「勸」下有「之」字。顧廣圻云：「藏本、今本無『之』字。」先慎案：北堂書鈔三十一引亦無「之」

字，今據删。⊙奇猷案：王删「之」字是，今從之。迂評本亦無。

〔六〕王先慎曰：張榜本「玉」誤「王」。⊙奇猷案：張榜本誤，上作「玉珥」可證。

〔七〕松皐圓曰：楚策無「坐」字，道應訓作「因問」。物曰：「坐視，嘿視也。」⊙奇猷案：此當以「坐」字句絶。坐，謂相坐於王所也。

甘茂相秦惠王。惠王愛公孫衍，與之閒有所言〔一〕，曰：「寡人將相子。」甘茂之吏道穴聞之〔二〕，以告甘茂〔三〕。甘茂入見王，曰：「王得賢相，臣敢再拜賀。」王曰：「寡人託國於子，安更得賢相？」對曰：「將相犀首〔四〕。」王曰：「子安聞之？」對曰：「犀首告臣。」王怒犀首之泄，乃逐之。

〔一〕顧廣圻曰：六字為一句。「言」，秦策作「立」。⊙奇猷案：「立」字誤。下文「道穴聞之」，當是「言」。

〔二〕顧廣圻曰：今本「道」作「通」，誤。策「穴」誤作「而」，當依此訂。⊙王先慎曰：吴師道策補云：「韓非子道而作道穴」。⊙劉文典曰：道，由也。⊙奇猷案：顧、劉説是。

〔三〕顧廣圻曰：今本「以」上無「曰」字。⊙陶鴻慶曰：「曰」，當作「因」。趙本删去，失之。⊙奇猷案：「曰」卽「以」之譌衍。「以」本作「㠯」，與「曰」形近易誤。十過篇「師曠不得已」，藏本「已」譌「曰」是其例。今據今本删。陶鴻慶以「曰」為「因」譌，未確。

〔四〕奇猷案：犀首，魏官名，注詳説林上。史記公孫衍曾為犀首於魏。今之秦，秦亦稱之。

一曰〔一〕。犀首，天下之善將也，梁王之臣也〔二〕。秦王欲得之與治天下，犀首曰：「衍其人臣者也〔三〕，不敢離主之國。」居期年，犀首抵罪於梁王，逃而入秦，秦王甚善之。樗里疾，秦之將也，恐犀首之代之將也，鑿穴於王之所常隱語者。俄而王果與犀首計曰：「吾欲攻韓，奚如？」犀首曰：「秋可矣。」王曰：「吾欲以國累子，子必勿泄也。」犀首反走再拜曰：「受命。」於是樗里疾也道穴聽之矣〔四〕。郎中皆曰〔五〕：「兵秋起攻韓，犀首為將。」於是日也郎中盡知之，於是月也境内盡知之〔六〕。王召樗里疾曰：「是何匈匈也，何道出〔七〕？」樗里疾曰：「似犀首也。」王曰：「吾無與犀首言也，其犀首何哉？」樗里疾曰：「犀首也羈旅，新抵罪，其心孤，是言自嫁於衆〔八〕。」王曰：「然。」使人召犀首，已逃諸侯矣〔九〕。

〔一〕奇猷案：舊連上，今提行。

〔二〕奇猷案：魏都大梁，故亦稱魏王為梁王。亦猶説林上稱韓君為鄭君也。

〔三〕盧文弨曰：「其」字、「者」字一本無。⊙奇猷案：其，猶乃也，詳王氏經傳釋詞。人臣，猶言他人之臣。此語對秦王言，故曰衍乃他人之臣。下文「不敢離主之國」承此而言可證。迂評本無「其」字，蓋不知其猶乃也而删之也。或以「人臣」二字為「臣人」，亦未得此文之旨。又案：内儲説下篇載「犀首與張壽為怨」事，卽下文所言「犀首抵罪於梁王，逃而入秦」之因。

〔四〕奇猷案：張本、趙本「也」作「已」，誤。也，語詞。上文「狂矞也議不臣天子」，下文「犀首也羈旅」，與此文同例。集解改「也」為「已」，非。

〔五〕盧文弨曰：一本「郎」上有「見」字。⊙奇猷案：王先慎據盧說補「見」字，疑是。

〔六〕王先慎曰：乾道本「月」作「日」。拾補作「月」，盧文弨云：「日字譌。」顧廣圻云：「日當作月。」今依拾補改。⊙奇猷案：王改是，今從之。外儲說左上「是日也郎中莫衣紫，是月也國中莫衣紫，是歲也境内莫衣紫」，文法相同，可證。

〔七〕王先慎曰：道，由也。言人匈匈謂兵秋起攻韓，何由出此言也。⊙松皐圓曰：荀子「君子不為小人匈匈也而輟行」，注「匈匈，喧嘩之聲也」。⊙奇猷案：松引荀子見天論篇。

〔八〕奇猷案：推禍於人曰嫁禍，然則推尊於己亦可言嫁歟？

〔九〕奇猷案：藏本、趙本、張榜本、迂評本、凌本「逃」下有「入」字。不必有。

堂谿公謂昭侯曰〔一〕：「今有千金之玉卮，通而無當〔二〕，可以盛水乎？」昭侯曰：「不可。」「有瓦器而不漏，可以盛酒乎？」昭侯曰：「可。」對曰：「夫瓦器，至賤也，不漏，可以盛酒。雖有乎千金之玉卮〔三〕，至貴，而無當，漏，不可盛水〔四〕，則人孰注漿哉？今為人主而漏其羣臣之語〔五〕，是猶無當之玉卮也。雖有聖智，莫盡其術，為其漏也。」昭侯曰：「然。」昭侯聞堂谿公之言，自此之後，欲發天下之大事，未嘗不獨寢，恐夢言而使人知其謀也。

〔一〕尹桐陽曰：問田篇「堂谿公謂韓子」，卽此人。⊙奇猷案：昭侯，韓昭侯。堂谿公，詳問田篇。

〔二〕盧文弨曰：「通」字衍。⊙王先慎删「通」字，曰：御覽八百五引無「通」字。張榜本「而」誤「有」。⊙奇猷案：盧說非。通，讀如「貫通」之通。巵而無底，故曰通。當，丁浪反，底也。

〔三〕盧文弨曰：「千」上「乎」字凌本無。⊙奇猷案：迂評本亦無「乎」字，非。乎，語辭。王先慎删之，非是。

〔四〕盧文弨曰：「乘」，藏本作「盛」。⊙奇猷案：迂評本、凌本「乘」作「盛」，是，今據改。今藏本仍作「乘」。王先慎從盧校改。

〔五〕奇猷案：藏本、張本、迂評本無「人」下「之」字，是，下文亦無「之」字可證，今據删。

一曰〔一〕。堂谿公見昭侯曰〔二〕：「今有白玉之巵而無當，有瓦巵而有當。君渴，將何以飲？」君曰：「以瓦巵。」堂谿公曰：「白玉之巵美，而君不以飲者，以其無當耶？」君曰：「然。」堂谿公曰：「為人主而漏泄其羣臣之語，譬猶玉巵之無當〔三〕。」堂谿公每見而出，昭侯必獨卧，惟恐夢言泄於妻妾。

〔一〕奇猷案：舊連上，今提行。

〔二〕王先慎曰：藝文類聚七十三、御覽三百九十三、七百六十一引「公」作「空」，下同。

〔三〕奇猷案：王先慎據藝文類聚、御覽引此下補「也」字，不必。亡徵篇云：「淺薄而易見，漏泄而無藏，不能周密，而通羣臣之語者，可亡也。」

申子曰〔一〕：「獨視者謂明，獨聽者謂聰。能獨斷者，故可以為天下主〔二〕。」

〔一〕奇猷案：舊連上，今提行。申子，見定法篇。

〔二〕顧廣圻曰：「主」當作「王」，與上文明、聰韻。⊙奇猷案：顧說是。迂評本無「故」字，非。

說三——宋人有酤酒者，升概甚平，遇客甚謹，為酒甚美，縣幟甚高。著然不售，酒酸〔一〕。怪其故，問其所知。問長者楊倩〔二〕。倩曰：「汝狗猛耶。」曰〔三〕：「狗猛則酒何故而不售？」曰：「人畏焉。或令孺子懷錢挈壺甕而往酤，而狗迓而齕之〔四〕，此酒所以酸而不售也。」夫國亦有狗〔五〕。有道之士懷其術而欲以明萬乘之主〔六〕，大臣為猛狗迎而齕之，此人主之所以蔽脅，而有道之士所以不用也。故桓公問管仲「治國最奚患〔七〕？」對曰：「最患社鼠矣。」公曰：「何患社鼠哉？」對曰：「君亦見夫為社者乎〔八〕？樹木而塗之，鼠穿其間，掘穴託其中。燻之則恐焚木，灌之則恐塗阤，此社鼠之所以不得也。今人君之左右，出則為勢重而收利於民，入則比周而蔽惡於君〔九〕。內閒主之情以告外，外內為重，諸臣百吏以為富〔一〇〕。吏不誅則亂法，誅之則君不安，據而有之〔一一〕，此亦國之社鼠也。」故人臣執柄而擅禁〔一二〕，明為己者必利，而不為己者必害，此亦猛狗也。夫大臣為猛狗而齕有道之士矣，左右又為社鼠而閒主之情〔一三〕。人主不覺。如此，主焉得無壅，國焉得無亡乎？

〔一〕盧文弨曰：著然，孫云：「文選與滿公琰書注引作然而。」⊙王先慎改「著然」為「然而」，曰：藝文類聚九十四、御覽八百二十八引并作「然而」。⊙于省吾先生曰：著，謂滯留，與不售之義相符。⊙奇猷案：于先生說是。詩齊風著毛傳云：「門屏之間曰著。」爾雅釋宮「門屏之間謂之宁」，郭注爾雅云：「人君視朝所宁立處。」史記貨殖傳「子贛既學於仲尼，退而仕於衛，廢著，鬻財於曹、魯之間」，集解云：「徐廣曰：子贛傳云廢居。著，猶居也。著，讀如貯」，索隱云：「漢書亦作貯。」說文云：「貯，積也。」本書十過篇「兵之著於晉陽三年」，著亦留居之意。據此，則著、宁、貯三字音義均同。此文「著然不售」，蓋謂積久而不售也，故酒變酸矣。類書不解「著」字之義，遂妄改之，不足據。

〔二〕趙本、凌本「長者」上無「問」字，盧文弨補「問」字，曰：「問」字脱，選注有，意林同。⊙顧廣圻曰：「長」上「問」字當作「閭」。韓詩外傳云「閭里人」，說苑、晏子春秋同。⊙王先慎改「長者」上「問」字為「閭」，曰：盧、顧說是。藝文類聚、御覽引并作「閭」，今據改。藝文類聚引「倩」作「青」，下同。⊙奇猷案：「問其所知閭長者楊倩」為一句，殊不成文。「問」字不誤。此當以「知」字句絶。蓋謂酤酒者怪其故，於是覓知其故者而問之，及問長者楊倩，倩始告之狗猛之故。於文甚通。各家未得其讀，遂妄改之。

〔三〕盧文弨曰：下「曰」字藏本、張本皆無。⊙王先慎曰：藝文類聚、御覽引并有。

〔四〕王先慎曰：拾補「齕」下旁注「䶗」字。案說文無「䶗」字，齕，齧也。齧，噬也。明此作「齕」是。下文趙本亦誤作「䶗」。藝文類聚引「迓」作「迎」。⊙奇猷案：吳鼒本、趙本誤作「䶗」，四部叢刊本作「齕」不誤。

〔五〕王先慎曰：藝文類聚引「狗」上有「猛」字。

〔六〕盧文弨改「明」為「輔」，曰：文選注引「明」作「輔」。⊙顧廣圻曰：「明」字是。韓詩外傳七云：「欲白萬乘之士。」白，明也。荀子、外傳多言「白」，其義皆同。⊙王先慎曰：顧說是。藝文類聚、御覽引正作「明」。御覽引「而」下有「往」字。

〔七〕顧廣圻曰：藏本、今本「仲」下有「曰」字。⊙奇猷案：無「曰」字亦通。⊙奇猷案：藏本、迂評本無「最」字。

〔八〕奇猷案：藏本「哉」作「散」，「為社」作「社木」，均誤。

〔九〕奇猷案：「蔽惡於君」，不辭，下文作「蔽惡以欺於君」，此脱「以欺」二字。

〔一〇〕王先慎曰：「富」當作「輔」，聲之誤。⊙太田方曰：内外為勢重，受諸臣百吏之賂以為富。⊙奇猷案：凡豐裕皆可言富。此蓋指富於勢而言。愛臣篇「人主不能用其富」，富字卽此義。王説非。松皐圓改「富」為「害」，更誤。

〔一一〕顧廣圻曰：「不」，當作「所」。晏子春秋云「則為人主所案據腹而有之」，説苑云「則為人主所察據腹而有之」，案、安同字，「察」卽「案」形近譌。又按：依二書，此「而」上當脱「腹」字。⊙松皐圓於「據」下加「腹」字，曰：「腹」、「覆」字譌。韓詩外傳作「君又并覆而有之」。⊙奇猷案：有「不」字是。誅之則君不安，謂誅之則其黨羽怒而謀君，故君不安。正如社鼠之燻則焚木、灌則塗阤也。下云誅之則人主危，其義相近可證。又「據」下當有「腹」字。腹者，人身之機要，存韓篇「秦之有韓，若人之有腹心之病也」，外儲説左上「腹心不完」，皆可證。據腹而有之，卽下文「執柄而擅禁」之義。若如顧説改「不」為「所」則非其旨矣。松氏以「腹」為「覆」，亦非。

〔一二〕顧廣圻曰：藏本、今本「禁」下無「禦」字。⊙王先慎删「禦」字，曰：按「禦」字不當有，下文無卽其證。⊙奇猷案：王删是，今從之，凌本、迂評本亦皆無「禦」字。

〔一三〕顧廣圻曰：今本「情」下有「矣」字，誤。

一曰〔一〕。宋之酤酒者有莊氏者，其酒常美。或使僕往酤莊氏之酒，其狗齕人，使者不不殺其狗則酒酸。」故曰：「今日莊氏之酒酸。」故曰：不殺其狗則酒酸。桓公問管仲曰〔二〕：「治國何患？」對曰：「最苦社鼠。夫社，木而塗之〔三〕，鼠因自託也。燻之則木焚，灌之則塗阤，此所以苦於社鼠也。今人君左右，出則為勢重以收利於民，入則比周謾侮蔽惡以欺於君，不誅則亂法，誅之則人主危，據而有之〔四〕，此亦社鼠也。」故人臣執柄擅禁，明為己者必利，不為己者必害，亦猛狗也〔五〕。故左右為社鼠，用事者為猛狗，則術不行矣〔六〕。

敢往，乃酤佗家之酒。問曰：「何為不酤莊氏之酒？」對曰：「今日莊氏之酒酸。」故曰：不殺其狗則酒酸。

〔一〕奇猷案：舊連上，今提行。

〔二〕顧廣圻曰：藏本、今本「桓」上有「一曰」二字。按有者是也。⊙奇猷案：乾道本自「桓公」提行，今從藏本、趙本連上。依上節例，此不當有「一曰」二字，亦不當提行。

〔三〕高亨曰：「夫社」下當有「樹」字，轉寫脱去。上文云「樹木而塗之」卽其證。⊙奇猷案：高説是。

〔四〕顧廣圻曰：「危」，當作「安」，説見上。「安據」連文，失其讀者改之耳。⊙奇猷案：顧説非也。此當以「危」字句絕。上文作「不安」，此作「危」，義正同可證。蓋顧氏誤改上文「不安」為「所安」，故有此説。又案：「據」字下當補「腹」字，説詳上。

〔五〕奇猷案：據上文例，「亦」上當有「此」字。

〔六〕王先慎曰：説本晏子春秋内篇問上，桓公、管仲作景公、晏子。

堯欲傳天下於舜。鯀諫曰：「不祥哉！孰以天下而傳之於匹夫乎？」堯不聽，舉兵而誅，殺鯀於羽山之郊〔一〕。共工又諫曰：「孰以天下而傳之於匹夫乎？」堯不聽，又舉兵而誅，共工於幽州之都〔二〕。於是天下莫敢言無傳天下於舜。仲尼聞之曰：「堯之知，舜之賢，非其難者也。夫至乎誅諫者必傳之舜，乃其難也。」一曰。「不以其所疑敗其所察則難也〔三〕。」

〔一〕顧廣圻曰：依下句當衍「殺」字。⊙王先慎曰：下句「誅」字乃「流」字之誤，不得據以為例。誅殺，謂罪而殺之也。「殺」字非衍文。⊙奇猷案：此當以「誅」字句絶。誅，討伐也。尚書舜典「殛鯀於羽山」，偽孔傳云：「殛，誅也。」廣雅「誅，殺也」。顧氏蓋據此以誅與殺義重複。殊不知韓非多以誅為討伐罪責之義（説文「誅，討也」）。如內儲説下云「王因誅夷射而殺之」（王先謙云：「誅，責也」），又云「誅郄宛，遂殺之」，又云「乃誅萇弘而殺之」，本篇下條云「為我誅戮廷理」，皆其例。「誅」字非衍文，顧説非。

〔二〕王先慎改「誅」為「流」，曰：御覽六百四十五引「誅」作「流」。尚書、孟子并作「流」。⊙于省吾先生曰：按古書記載一事而文各不同。御覽據尚書、孟子改「誅」為「流」，失之。⊙奇猷案：以上文例之，疑「誅」下脱「流」字，而以「誅」字句絶。御覽所見本有「流」字可證。

〔三〕奇猷案：「一曰」以下二語，係記孔子所説有不同之傳聞，此二語當連上文讀之。蓋謂「孔子聞之曰：堯之知，舜之賢，非其難者也，不以其所疑敗其所察則難也」，所疑，指諫者語，故此文之「一曰」與上節之「一曰」下另述一完整之事實不同。外儲説右下「秦大饑」條亦此例（詳彼）。此所引孔子言，當亦引自別本論語。

荆莊王有茅門之法曰〔一〕：「羣臣大夫諸公子入朝，馬蹄踐霤者，廷理斬其輈〔二〕，戮其御。」於是太子入朝，馬蹄踐霤，廷理斬其輈，戮其御〔三〕。太子怒〔四〕，入為王，泣曰〔五〕：「為我誅戮廷理〔六〕。」王曰：「法者，所以敬宗廟，尊社稷。故能立法從令尊敬社稷者，社稷之臣也，焉可誅也？夫犯法廢令不尊敬社稷者，是臣乘君而下尚校也〔七〕。臣乘君則主失威，下尚校則上位危。威失位危，社稷不守，吾將何以遺子孫？」於是太子乃還走，避舍露宿三日，北面再拜請死罪。

〔一〕孫詒讓曰：「茅門」，下作「茆門」。說苑至公篇與此略同，亦作「茅」。案茅門，卽雉門也。說文隹部「雉，古文作鴙」，或省為「弟」，與「茅」形近而誤。史記魯世家「築茅闕門」，卽春秋定二年經之雉門兩觀也。諸侯三門，庫、雉、路。外朝在雉門外。茅門之法，廷理掌之，卽周禮秋官：「朝士，掌建邦外朝之法也。」天子、諸侯三朝皆有廷士。士、理字通。⊙王先慎曰：孫說「茅」卽「弟」之誤，是也。御覽六百三十八引正作「弟」可證。

〔二〕奇猷案：周禮考工記輈人鄭注「輈，車轅也」。

〔三〕奇猷案：藏本自「於是」至此十八字脱。

〔四〕王先慎曰：怒廷理之執法也。

〔五〕奇猷案：為、謂通。

〔六〕奇猷案：誅，責也，詳上條。

〔七〕盧文弨曰：尚、上同。「校」，疑當作陵。說苑至公篇作「下陵上」。⊙王先慎曰：此當作「下校尚」，傳寫誤倒耳。

下校尚，謂下亢上也。國策秦策「足以校於秦矣」，高誘注：「校，猶亢也。」校、尚誤倒。説苑「乘」作「棄」，「校」作「陵」，皆劉向所易，未可據。⊙松皐圓曰：尚、上同。管子「不敬宗廟則民乃上校」，朱長春云：「謂爭而犯上也。」⊙奇猷案：尚，讀「崇尚」之尚。論語秦伯「犯而不校」，何晏集解引包曰：「校，報也。」下尚校，猶言在下之人崇尚於報仇雪恨，故下尚校則上位危也。如高渠彌報鄭昭公（詳難四篇）是其例。此文作「尚校」不誤。管子牧民篇亦作上校（上、尚通）可證。王説非。朱謂上校「謂爭而犯上」，其義未聞。

一曰〔一〕。楚王急召太子。楚國之法，車不得至於茆門〔二〕。天雨，廷中有潦，太子遂驅車至於茆門〔三〕。廷理曰〔四〕：「車不得至茆門。非法也〔五〕。」太子曰：「王召急，不得須無潦。」遂驅之。廷理舉殳而擊其馬，敗其駕。太子入為王，泣曰〔六〕：「廷中多潦，驅車至茆門，廷理曰非法也，舉殳擊臣馬，敗臣駕。王必誅之。」王曰：「前有老主而不踰〔七〕，後有儲主而不屬，矜矣〔八〕。是真吾守法之臣也。」乃益爵二級〔九〕，而開後門出太子。「勿復過〔一〇〕。」

〔一〕奇猷案：舊連上，今提行。

〔二〕奇猷案：藏本「茆」作「茅」，下同。案茆、茅字同。

〔三〕孫詒讓曰：説苑：「楚莊王之時，太子車立於茅門之外。」

〔四〕顧廣圻曰：説苑云少師慶。

〔五〕王先慎曰：「至茀門」三字當重。⊙奇猷案：王說是。或謂「不得」二字涉上文而衍，雖亦可通，但以本書行文之習慣例之，則以重「至茀門」三字較合本書體例。

〔六〕奇猷案：為、謂通。

〔七〕王先慎曰：北堂書鈔三十六引「老主」作「先王」，說苑作「老君」。⊙奇猷案：不踰，言不越法而釋太子。

〔八〕盧文弨曰：說苑作「少君在後而不豫」。下「矜矣」二字衍，凌本無。⊙王先慎曰：北堂書鈔引有「矜矣」二字。矜與賢聲相近，古通假。文子上仁篇矜與賢韻。矜矣，猶賢矣。此楚王贊美廷理也。書大禹謨傳「自賢曰矜」，朱駿聲說文通訓定聲「矜」下云「矜，借為賢」，亦通。⊙奇猷案：儲主，當卽儲君。公羊僖五年傳何注云：「儲君，副主。」案副主，謂太子也。左僖二十三年傳「右屬橐鞬」，杜注：「屬，著也。」則不屬者，猶言不依附也。又案：朱氏以矜借為賢，是也。矜之本義蓋為自賢，如揚權篇「矜而好能」，說難篇「在知所說之所矜」，皆以矜為自賢之意。引申之則他人之賢亦曰矜矣。

〔九〕王先慎曰：御覽六百三十六引「二」作「三」。

〔一〇〕奇猷案：勿復過，謂勿復過茀門也。此三字楚王誡太子語。警之勿復過茀門，故開後門出之。或曰：勿復過，謂勿復犯茀門法之過。亦通。

衛嗣君謂薄疑曰〔一〕：「子小寡人之國以為不足仕，則寡人力能仕子〔二〕，請進爵以子為上卿。」乃進田萬頃。薄子曰：「疑之母親疑〔三〕，以疑為能相萬乘所不窕也〔四〕。然疑家巫有蔡嫗者，疑母甚愛信之，屬之家事焉。疑智足以信言家事〔五〕，疑母盡以聽疑也。然已與疑言者，亦必復決之於蔡嫗也。故論疑之智能，以疑為能相萬乘而不窕也；論其親，則子母之間也；然猶不免議之於蔡嫗也。今疑之於人主也，非子母之親也，而人主皆有蔡嫗。人主之蔡嫗，必其重人也。重人者，能行私者也。夫行私者，繩之外也〔六〕；而疑之所言，法之內也〔七〕。繩之外與法之內，讎也，不相受也〔八〕。」

〔一〕奇猷案：薄疑，考見內儲說上。

〔二〕陶鴻慶曰：「則」當為「邪」，屬上讀之。「邪」字俗書作「耶」，因誤為「則」耳。⊙奇猷案：「則」為承上起下之辭，不改字亦通。

〔三〕奇猷案：親，愛也。

〔四〕王先慎曰：窕與篠同。荀子賦論「充盈太宇而不窕」，楊注：「窕，音篠。」⊙陶鴻慶曰：案「所」字，依下文當作「而」。⊙太田方曰：「所」當作「而」。窕，細也。不窕，謂力有餘也。大戴禮：「布諸天下而不窕。」⊙章太炎曰：荀子賦云「充盈大宇而不窕」，淮南俶真「橫扃天地之間而不窕」，主術「橫扃四方而不窕」，皆謂處大而不覺其空虛也。此亦謂相萬乘大國而無不足也。⊙奇猷案：章說是。呂氏春秋適音篇「不詹則窕」，高注「窕，不滿密也」，亦此義。所，猶可也，詳王氏經傳釋詞。不必改作「而」。

〔五〕顧廣圻曰：「信」字當衍。⊙奇猷案：顧說非也。信，讀為申（二字古通，詳揚權篇注）。申言卽申述也。陶鴻慶謂「疑母」二字當乙在「信」字下，未確。

〔六〕王先慎曰：繩，謂繩墨。⊙奇猷案：繩亦法也。有度篇「不遊意於法之外，不為惠於法之內」。

〔七〕王先慎曰：乾道本無「所」字。顧廣圻云「藏本、今本有『所』字」，今據補。⊙奇猷案：王補是，今從之。迂評本、凌本皆有「所」字可證。

〔八〕王先慎曰：張榜本此下有「如是則疑不得長臣矣」九字。

一曰〔一〕。衛君之晉〔二〕，謂薄疑曰：「吾欲與子皆行〔三〕。」薄疑曰：「媪也在中，請歸與媪計之。」衛君自請薄媪。薄媪曰〔四〕：「疑，君之臣也。君有意從之，甚善。」衛君曰：「吾以請之媪〔五〕，媪許我矣。」薄疑歸言之媪也，曰：「衛君之愛疑奚與媪〔六〕？」媪曰：「不如吾愛子也。」「衛君之賢疑奚與媪也？」曰：「不如吾賢子也。」「媪與疑計家事，已決矣，乃請決之於卜者蔡嫗〔七〕。今衛君從疑而行，雖與疑決計，必與他蔡嫗敗之。如是，則疑不得長為臣矣。」

〔一〕奇猷案：舊連上，今提行。

〔二〕奇猷案：據史記六國表及晉世家，晉靜公二年，卽周安王二十六年（紀元前三七六）魏、韓、趙滅晉侯而三分其地，遷靜公為家人，則此年晉亡。但趙世家載趙成侯十六年（紀元前三五八）封晉君以端氏，至趙肅侯元年（紀元前三四七）奪晉君端氏，徙處屯留（故邑屬今山西屯留縣）。又據六國表，衛嗣君在周顯王四十五年（紀元前三二四）始立，故此文所謂晉當卽指屯留之晉而言也。

〔三〕奇猷案：皆、偕同字。

〔四〕顧廣圻曰：藏本重「薄媼」二字。⊙奇猷案：「薄媼」二字當重。迂評本、凌本均重，今據補。

〔五〕王先慎曰：「以」，當作「已」。⊙楊樹達曰：按以、已古通用。作「以」字，謂以從疑事請之媼，義亦通。⊙奇猷案：此「以」字當以讀已為宜。

〔六〕顧廣圻曰：藏本同。今本「疑」上有「愛」字，依下文當補。⊙奇猷案：王先慎依顧校補「愛」字，是，今從之。凌本亦有「愛」字可證。

〔七〕盧文弨曰：張本「乃」下有「更」字。⊙奇猷案：迂評本、凌本、張本皆有「更」字。案乃，猶且也，詳經傳釋詞。後人不知此義，妄加「更」字耳。王先慎從張本改，非是。

夫教歌者，使先呼而詘之〔一〕，其聲反清徵者乃教之〔二〕。

〔一〕太田方曰：詘，屈曲。謂轉音聲也。⊙奇猷案：詘，蓋抑屈之意。國策秦策「詘敵國」，荀子勸學篇「詘五指而頓之」，皆借詘為屈可證。使先呼而詘之，蓋謂使其先大聲而呼，發尖亮之音，然後抑屈之入於低臬之聲也。故下文云其聲反清徵。蓋清徵之音尖而亮，反清徵當為低而臬之音也（本書十過篇：「平公問師涓曰：清商固最悲乎？師涓曰：不如清徵。」清徵之音既悲，則必尖而亮也）。

〔二〕顧廣圻曰：「反」當作「及」。⊙松臯圓曰：反者，變濁為清，變宮為徵之謂也。⊙奇猷案：其聲反清徵者乃教之，故經謂「違其情」者也。以音律言，清徵為正調，反清徵則為反調。既是聲反清徵，故違其情。若依顧說，則不得言違其情矣。

一曰〔一〕。教歌者，先揆以法，疾呼中宮，徐呼中徵。疾不中宮，徐不中徵，不可謂教〔二〕。

〔一〕奇猷案：舊連上，今提行。

〔二〕顧廣圻曰：「謂」，當作「為」。⊙王先慎曰：為、謂古通用，不必改作。

吴起，衛左氏中人也〔一〕，使其妻織組而幅狹於度。吴子使更之。其妻曰：「諾。」及成，復度之，果不中度，吴子大怒。其妻對曰：「吾始經之而不可更也〔二〕。」吴子出之。其妻請其兄而索入〔三〕。其兄曰：「吴子，為法者也。其為法也，且欲以與萬乘致功，必先踐之妻妾然後行之，子毋幾索入矣〔四〕。」其妻之弟又重於衛君〔五〕，乃因以衛君之重請吴子。吴子不聽，遂去衛而入荆也〔六〕。

〔一〕奇猷案：中，疑亦地名，但無可考耳。

〔二〕王先慎曰：乾道本「吾」作「五」，據趙本改。北堂書鈔三十六引正作「吾」。⊙奇猷案：吴鼒翻刻乾道本作「五」，但涵芬樓景印原鈔乾道本仍作「吾」。此諒是吴刻之誤，故顧廣圻於此未有校語。蓋顧氏係以乾道黄三八郎原本與趙本校讐，今二本如此懸殊，當不能無一語及之。故「五」字為吴氏翻刻之誤鑿矣。

〔三〕顧廣圻曰：藏本、今本「索」下有「入」字。⊙王先慎補「入」字，曰：北堂書鈔引亦有。⊙奇猷案：有「入」字是，今據補。迂評本亦有。

〔四〕王先慎曰：毋幾索入，謂毋望索入也。史記晉世家「毋幾為君」，呂不韋傳「則子無幾得與長子」，索隱云：「幾，猶望也。」此文語意正與相同。⊙奇猷案：王說是。幾，蓋謂希望其事之成功。姦劫弑臣篇「幾不亦難哉」，亦以幾謂希望其事之成功可證。

〔五〕王先慎曰：又，讀為有。

〔六〕奇猷案：史記吳起傳「起自衛入魯，學於曾子，事魯君。齊人攻魯，魯欲將吳起。吳起取齊女為妻，而魯疑之。吳起於是欲就名，遂殺其妻以明不與齊也。魯卒以為將。其後去魯入魏，為魏西河守，以公叔之讒而去魏之楚」，與此所記不同。

一曰〔一〕。吳起示其妻以組曰：「子為我織組，令之如是。」組已就而效之〔二〕，其組異善。起曰：「使子為組，令之如是，而今也異善，何也？」其妻曰：「用財若一也〔三〕，加務善之〔四〕。」吳起曰：「非語也〔五〕。」使之衣歸〔六〕。其父往請之，吳起曰：「起家無虛言。」

〔一〕奇猷案：舊連上，今提行。

〔二〕王先慎曰：「效」，當作「較」。⊙高亨曰：廣雅釋言「效，考也，驗也」。效、効古通用。外儲說右下「效駕圃中」，問田篇「何以效之」，皆斯誼。⊙于省吾先生曰。荀子議兵「隆禮效功」，注：「效，驗也。」⊙奇猷案：高、于說是。藏本「效」作「効」，同。

〔三〕奇猷案：文選左思魏都賦注：「財，與材通。」

〔四〕奇猷案：廣韻「務，專力也」。則加務者，加力為之，卽今言「加工」也。

〔五〕太田方曰：「語」，當為「吾言」二字。言非吾所命也。⊙奇猷案：疑「語」下脱「爾」字。

〔六〕顧廣圻曰：「衣」，當作「夜」。⊙王先慎於「衣」下增「而」字，曰：顧説非。御覽四百三十又八百十、九百二十六引并有「而」字。北堂書鈔三十六引無「而」字，陳禹謨據誤本改之也。⊙于省吾先生曰：按衣、依古字通。説文：「衣，依也」。禮記學記「不學博依」，注：「依，或為衣。」詩蜉蝣「於我歸處」，箋：「歸，依歸。」「依歸」謰語，亦即此所謂「衣歸」也。⊙奇猷案：于先生説至確。「衣歸」為叠韻謰語。衣歸，卽歸也。書金縢「無墜天之降寶命，我先王亦永有依歸」，「依歸」亦卽此文「衣歸」（後人順文為解，釋「依歸」為依恃歸宿，失之），則此謰語為古人恆言。余前校以「衣」為「穿衣」，大謬。

晉文公問於狐偃曰〔一〕：「寡人甘肥周於堂，巵酒豆肉集於宫〔二〕，壺酒不清，生肉不布〔三〕，殺一牛徧於國中〔四〕，一歲之功盡以衣士卒，其足以戰民乎〔五〕？」狐子曰：「不足。」文公曰：「吾弛關市之征而緩刑罰，其足以戰民乎？」狐子曰：「不足。」文公曰：「吾民之有喪資者，寡人親使郎中視事；有罪者赦之；貧窮不足者與之；其足以戰民乎？」狐子對曰：「不足。此皆所以慎産也。而戰之者，殺之也。民之從公也，為慎産也，公因而迎殺之，失所以為從公矣〔六〕。」曰：「然則何如足以戰民乎？」狐子對曰：「令無得不戰。」公曰：「無得不戰奈何？」狐子對曰：「信賞必罰，其足以戰。」公曰：「刑罰之極安至？」對曰：「不辟親貴，法行所愛。」文公曰：「善。」明日令田於圃陸〔七〕，期以日中為期，後期者行軍法焉。於是公有所愛者曰顛頡後期，吏請其罪，文公隕涕而憂〔八〕。吏曰：「請用事焉。」遂斬顛頡之脊，以徇百姓，以明法之信也〔九〕。而後百姓皆懼曰：「君於顛頡之貴重如彼甚也，而君猶行法焉，況於我則何有矣？」文公見民之可戰也，於是遂興兵伐原，克之〔一〇〕。伐衛，東其畝，取五鹿〔一一〕。攻陽，勝虢〔一二〕，伐曹。南圍鄭，反之陴〔一三〕。罷宋圍。還與荊人戰城濮，大敗荊人〔一四〕，返為踐土之盟，遂成衡雍之義〔一五〕。一舉而八有功。所以然者，無他故異物〔一六〕，從狐偃之謀，假顛頡之脊也。

〔一〕奇猷案：狐偃，字子犯，文公之舅，故亦稱舅犯。

〔二〕奇猷案：周，遍也。甘肥周於堂，謂甘肥遍賜於堂下，言不私享也。卮酒豆肉，言其少也。謂酒肉之聚於宫者，僅卮豆而已。

〔三〕王先慎曰：「壺」，當作「壺」，形近而誤。酒，飲也。左昭十六年傳注：「布，陳也」。⊙奇猷案：「壺」為「壺」誤，是，今改。王氏以酒為飲也，則是以清為盡之意，殊謬。蓋古人釀酒，非經蒸溜，乃以製得之酒醪入釜和水煮之，汨出之汁卽酒也，故酒甚濁。今者適汨出之酒，不及澄清，卽以飲人，故曰壺酒不清也。布，陳也。殺牲得肉，卽煮以食人，故曰生肉不陳也。

〔四〕王先慎曰：言不獨食。

〔五〕王先慎曰：功，謂女功。⊙奇猷案：戰民，謂使民戰也。戰用為被動詞，詳詭使篇。功，指女功所織之布。

〔六〕孫詒讓曰：慎，讀為順。產，與生義同字通。「迎殺」，「迎」當為「逆」。慎產者，言文公所言皆是順其生之事。迎殺者，言戰為逆而殺之之事。順逆、生殺文正相對也。⊙奇猷案：孫説是，但不必改字。説文：「逆，迎也。關東曰逆，關西曰迎。」逆、迎是相對之詞。例如：某人與汝迎面而來，即是相逆，故有「逆旅」之名。今者使民戰，即是使民迎接敵人之殺戮，故曰迎殺。

〔七〕劉師培曰：左傳僖二十七年作「被廬」。⊙奇猷案：圃被、陸廬皆雙聲假字，「圃陸」即「被廬」也。又案：商君書作「合諸侯大夫於侍千宮」，與此及左傳皆異。圃陸即大陸，為九藪之一。吕氏春秋有始篇云「晉之大陸」是也。

〔八〕王先慎曰：不行法則失信，行法則失貴重之臣，故憂而不決。

〔九〕奇猷案：請用事，謂請用刑也。又案：左僖二十八年傳：「晉侯圍曹，三月丙午入曹，令無入僖負羈之宮。魏犨、顛頡爇僖負羈氏。文公愛魏犨材，舍之，殺顛頡以徇於師。」又案：商君書「徇」作「殉」，朱少濱先生曰：「殉，當作徇，偏也」（見商君書解詁賞刑篇）。

〔一〇〕盧文弨曰：張本「兵」下有「東」字。⊙奇猷案：藏本亦有「東」字。又案：文公伐原在僖二十五年。

〔一一〕顧廣圻曰：與左傳不同。吕氏春秋簡選篇亦云「東衛之畝」。王先慎曰：商君書賞刑篇：「反鄭之埤，東衛之畝」（衛譌作徵，説詳商子集校），與吕覽合，蓋相傳有此事耳。⊙松皐圓曰：吕覽作「東衛之畝」，注：「使衛耕者皆東其畝以遂晉兵也。」又左傳「使齊之封內盡東其畝」，注：「使壟畝東西行。晉之伐齊，循壟東西行易也。」⊙奇猷案：左僖二十八年傳「晉侯侵曹，伐衛，取五鹿」，杜注：「五鹿，衛地。」商君書賞刑篇作「舉兵伐曹五鹿」，蓋「五鹿」上脱「衛取衛」三字，遂使人誤以五鹿為曹地矣。又案：松引左傳見成二年。

〔一二〕顧廣圻曰：陽，當即陽繁。勝號，未詳。⊙奇猷案：國語晉語：「王賜公南陽、陽樊、温原、州陘、絺鉏、欑茅之田，陽人不服，公圍之。」案陽樊即陽繁也。

〔一三〕王渭曰：呂氏春秋「反鄭之埤」，高注：「反，覆。覆鄭之埤。」⊙王先慎曰：晉語「伐鄭，反其陴」，高注：「反，撥也。陴，城上女垣。」與呂覽注異。國語此注上引賈侍中、唐尚書説，蓋此注亦本前儒，雖未明其人，較反覆之義為長。本書「之」字亦疑「其」之誤。商君書與呂氏春秋同。⊙奇猷案：松皐圓曰：「之，猶其也。」是也。王改「之」為「其」，非。左僖二十八年傳：「晉侯將伐曹，假道於衛，衛人弗許，還自河南濟，侵曹，伐衛。」又三十年傳：「晉侯、秦伯圍鄭，以其無禮於晉（無禮於晉事，詳十過篇）。鄭以燭之武説秦，秦師退，晉師亦去之。」又案：説文「陴，城上女牆俾倪也」，段玉裁注云：「女牆，卽女垣。俾倪疊韻字，或作睥睨，或作埤堄，皆俗字。城上為小牆作孔穴，可以窺外，謂之俾倪。」則所謂反之陴者，諒係晉於退師之時，以拆去鄭城之女垣、使不能窺敵為退師條件，蓋寓懲罰之意。故反訓為覆，或訓為撥，其義皆同。又案：王引晉語注乃韋昭注，非高注也。

〔一四〕奇猷案：左僖二十七年傳：「冬，楚及諸侯圍宋。宋公孫固如晉告急。」二十八年：「晉伐曹、衛以解宋圍，與楚戰於城濮。」

〔一五〕王先慎曰：乾道本「成」作「城」。盧文弨云「城字譌」，今據拾補改。⊙奇猷案：王改是，今從之。又案左僖二十八年傳：「晉師甲午至於衡雍，作王宮於踐土。五月丙午，晉侯及鄭伯盟於衡雍。丁未，獻楚俘於王。」

〔一六〕奇猷案：異物，猶言異事也。墨子尚同中篇云「古者聖人之所以濟事成功，垂名於後世者，無他故異物焉」，亦以異物為異事可證。

夫痤疽之痛也，非刺骨髓，則煩心不可支也；非如是〔一〕，不能使人以半寸砥石彈之〔三〕。今人主之於治亦然，非不知有苦則安；欲治其國〔三〕，非如是不能聽聖知而誅亂臣。亂臣者〔四〕，必重人。重人者，必人主所甚親愛也。人主所甚親愛也者，是同堅白也〔五〕。夫以布衣之資，欲以離人主之堅白、所愛，是以解左髀說右髀者〔六〕，是身必死而說不行者也。

〔一〕顧廣圻曰：「如」，當作「知」，下同。⊙奇猷案：非如是，謂「非忍受刺骨之痛」之省語。顧說非。安危篇云：「甚病之人利在忍痛，猛毅之君以福拂耳。忍痛，故扁鵲盡巧；拂耳，則子胥不失；壽安之術也。病而不忍痛，則失扁鵲之巧；危而不拂耳，則失聖人之意。」下文「非如是」，謂非忍受割所愛之苦。

〔二〕奇猷案：顯學篇：「嬰兒不剔首則腹痛，不揊痤則寖益。」則此文彈亦揊也（揊，判割也。考詳顯學篇）。

〔三〕王先慎曰：乾道本無「國」字。顧廣圻云：「今本『其』下有『國』字」，今據補。⊙奇猷案：王補是，今從之。迂評本、凌本均有「國」字。

〔四〕王先慎曰：乾道本不重「亂臣」二字。顧廣圻云：「今本重『亂臣』。案當重，下屬。」今據補。⊙奇猷案：王補是，今從之。迂評本、凌本均重。

〔五〕高亨曰：墨子經上：「堅白，不相外也。」此言人主與其所甚親愛者若堅白之不可離耳。⊙奇猷案：孤憤篇云：「重人也者，無令而擅為，虧法以利私，耗國以便家，力能得其君，此所為（同謂）重人也。」

〔六〕迂評本有注云：「人主之於重人，猶左右髀也。今說右髀曰：必解左髀去患。右髀必不聽。」⊙顧廣圻曰：藏本同。今本「以」作「猶」，誤。按此當重「以解左髀說右髀」七字。⊙王先慎曰：趙本作「以」不誤。⊙奇猷案：凌本「以」作「猶」，迂評本作「猶以」二字，誤。顧謂當重「以解左髀說右髀」七字，是。

卷十四

外儲説右下第三十五〔一〕

一、賞罰共則禁令不行〔二〕。何以明之？明之以造父、於期〔三〕。子罕為出彘〔四〕，田恒為圃池〔五〕，故宋君、簡公弑。患在王良、造父之共車，田連、成竅之共琴也〔六〕。

〔一〕王先慎曰：乾道本無「下」字。顧廣圻云：「今本有『下』字」，今據補。⊙奇猷案：王補是，今從之。凌本亦有「下」字。

〔二〕舊注：令臣操之，故曰共也。⊙奇猷案：有度篇云：「威不貳錯，制不共門，威制共則衆邪彰矣。」案威制者，賞罰刑法也。

〔三〕舊注：既善馭馬，又能忍渴，及至彘，趨飲，遂不能制。⊙盧文弨曰：注「渴」誤「得」。⊙王先慎曰：趙本「渴」作「竭」，亦誤。⊙奇猷案：「明之」二字原不重，今從迂評本、凌本增。又案：注「忍渴」上當有「使馬」二字。彘上當有「出」字。能使馬忍渴，卽説所謂以渴服馬。出彘，卽馬驚於出彘。盧説非。

〔四〕舊注：罕行罰，一國畏之，因篡君，亦威分出彘之類也。

〔五〕舊注：擅行賞，人歸之，因弑簡公，亦分圃池之比也。

〔六〕舊注：王、造誠能御車，使共操轡則不進。田、成信善琴，令共操彈則曲不成。君臣共賞，亦由是也。⊙奇猷案：由、猶同。

二、治强生於法，弱亂生於阿〔一〕，君明於此，則正賞罰而非仁下也〔二〕。爵禄生於功〔三〕，誅罰生於罪〔四〕，臣明於此，則盡死力而非忠君也〔五〕。君通於不仁，臣通於不忠，則可以王矣〔六〕。昭襄知主情〔七〕，而不發五苑〔八〕；田鮪知臣情〔九〕，故教田章〔一〇〕；而公儀辭魚〔一一〕。

〔一〕舊注：法曲則亂。⊙劉師培曰：案「弱亂」當作「亂弱」，與「治强」對文。⊙奇猷案：有度篇云：「能去私曲就公法者，民安而國治；能去私行行公法者，則兵强而敵弱。」

〔二〕顧廣圻曰：藏本、今本「非」上有「而」字，「仁下」作「不仁」誤。⊙奇猷案：今白雲觀藏本無「而」字。又案：王先慎據今本增「而」字，是，今從之。迂評本、凌本均有。又案：五蠹篇「聖人議多少論厚薄為之政，故罰薄不為慈，誅嚴不為戾」。與此文可互相發明。

〔三〕舊注：功立則爵生。

〔四〕舊注：罪著則罰生。

〔五〕顧廣圻曰：今本「而」下有「非」字。按依上文「而」當作「非」。⊙王先慎曰：按上脱「而」字，此脱「非」字，并改從今本。⊙奇猷案：迂評本、凌本均有「非」字，今據增。

〔六〕王先慎曰：上欲治强，則必正法，故不仁。下欲爵禄，乃盡死力，故非忠君。

〔七〕舊注：但當自求理以訾責也。百姓但當仰君，亦不須曲為愛，故君疾而禱者，責之以二甲。

〔八〕舊注：應侯欲發蔬果以救飢人，昭王以為無功受賞，因止之也。

〔九〕舊注：但當立功，蓋因不須私忠於上也。

〔一〇〕舊注：鮪教子章曰：「富國，家自富；利君，身自利也。」

〔一一〕舊注：以為違法受魚則失魚，故不受。⊙盧文弨曰：注一本「違」誤作「達」，脱「故」字。⊙奇猷案：藏本注「違」誤「達」。

三、明主者，鑒於外也〔一〕，而外事不得不成〔二〕，故蘇代非齊王〔三〕。人主鑒於士也〔四〕，而居者不適不顯，故潘壽言禹情〔五〕。人主無所覺悟，方吾知之，故恐同衣於族，而況借於權乎〔六〕？吴章知之，故説以佯，而況借於誠乎？趙王惡虎目而壅。明主之道〔七〕，如周行人之却衛侯也〔八〕。

〔一〕松皐圓改「明」為「人」，曰：寫者誤。⊙奇猷案：松説是。人、明音近而誤。此謂人主以外來之使者為鑒，但外來之使者亦有其私。

〔二〕奇猷案：謂外國之使者欲為事，不得顯要姦邪之助則不得成其事。如説所云：「蘇代為齊使燕，見無益子之則必不得事而還。」故人主對外不足鑒。

〔三〕舊注：以令燕王專任子之，故不專任，終不成霸。⊙奇猷案：以、已通。

〔四〕盧文弨曰：「上」，張本作「士」。⊙顧廣圻曰：藏本「上」作「士」。按此當作「下」。⊙王先慎曰：「上」字不誤。上，謂上古也。蘇代非齊，潘壽言禹，是一横説，一豎説，兩事比勘，語極明顯。⊙陶鴻慶曰：案後説云「夫人主之所以鏡照者，諸侯之士徒也」，又云「人主之所以自淺娋者，巖穴之士徒也」，則藏本作「士」不誤。居者正對遊士而言。言遊士不適於居者，則不能致通顯也。⊙奇猷案：陶説是。此謂人主以士為鑒，士亦有其私。迂評本、趙本亦均作「士」，今據改「上」為「士」。

〔五〕舊注：欲媚子之，故謂燕王言禹傳位於益，終令啟取之。王遂崇子之。

〔六〕舊注：方吾知人皆知己，不與同服者共車，同族者共家，恐其因同而擅己，況君權可借臣乎？⊙顧廣圻曰：「衣於」當作「於衣」，舊注未訛。⊙松皋圓曰：「族」上衍「於」字。⊙太田方改「於」為「與」，曰：於、與音近。⊙奇猷案：此文當作「同衣同族」。「於」字因「族」字訛衍，又脱「同」字耳。又案：舊注無「衣於」為「於衣」之證，顧説誤。

〔七〕舊注：王圃中虎目而惡之。左右或言平陽君之目甚於虎目，遂殺言者。⊙王先謙曰：注「王」下奪「覩」字。⊙王先慎曰：趙本注「平陽君之目」，「目」訛「自」。⊙奇猷案：「明主之道」四字當屬下為義。

〔八〕舊注：衛侯君名辟疆。行人以辟疆天子同號，故不令朝，改名然後納之。⊙王先慎曰：注衛侯，張榜本、趙本并作「君」。⊙奇猷案：注「君」字當卽「名」字之譌衍。

四、人主者，守法責成以立功者也〔一〕。聞有吏雖亂而有獨善之民〔二〕，不聞有亂民而有獨治之吏〔三〕，故明主治吏不治民〔四〕。說在搖木之本，與引網之綱〔五〕。故失火之嗇夫，不可不論也〔六〕。救火者，吏操壺走火，則一人之用也，操鞭使人，則役萬夫〔七〕。故所遇術者，如造父之遇驚馬〔八〕，牽馬推車則不能進，代御執轡持筴則馬咸騖矣〔九〕。是以說在椎鍛平夷〔一〇〕，榜檠矯直〔一一〕。不然，敗在淖齒用齊戮閔王，李兌用趙餓主父也〔一二〕。

〔一〕奇猷案：二柄篇云：「為人臣者陳而言，君以其言授之事，專以其事責其功。」

〔二〕舊注：吏雖亂，賢人不改操，殷之三仁，夏之龍逢是也。⊙王先慎曰：乾道本注「仁」作「人」，誤，今據張榜本、趙本改。⊙奇猷案：王改是，今從之。

〔三〕舊注：子率以正，孰敢不正。⊙奇猷案：注二語見論語顏淵篇。

〔四〕舊注：吏治則民治矣。

〔五〕舊注：搖木本則萬木動，引網綱則萬目張，吏正則國治也。⊙王先慎曰：注「萬木」當作「萬葉」。

〔六〕奇猷案：雲夢秦簡云「有不從令而亡、有敗、失火、官吏有重罪，大嗇夫、丞任之」，是嗇夫有救火之責。管子君臣篇云：「吏嗇夫任事，人嗇夫任教。」本書說林下篇，縣邑有嗇夫。嗇夫乃縣令之別名，詳說林下篇注。

〔七〕舊注：明主執契亦然。⊙顧廣圻曰：此二十二字，舊注誤入正文。⊙奇猷案：顧說是，松皋圓說同。案韓子儲說之經文，依例僅提一綱目，不複述說中之文。此二十二字與說文大同小異，故可斷其為注文誤入也。

〔八〕王先慎曰：張榜本、趙本「驚」作「駕」。⊙陶鴻慶曰：案「所遇術者」，疑當作「有道術者」。「遇驚馬」之「遇」，當作御。說云「今使身佚，且寄載，有德於人者，有術而御之也」，是其證。⊙奇猷案：上「遇」字疑「謂」字之誤，下「遇」字逢也。猶言何謂術？術者，如造父遇驚馬也。說云「造父方耨，得有父子乘車過者，馬驚而不行」，卽此所謂「造父之遇驚馬也。」又案：迂評本「驚」作「篤」，亦誤。

〔九〕顧廣圻曰：此十九字，舊注誤入正文。⊙奇猷案：顧説是，松皐圓説同。此二語與説文亦大同小異，其為注文誤入無疑。

〔一〇〕顧廣圻曰：「是以」、「説在」例不複出，此當衍其一也。⊙奇猷案：顧説非是。「以」下當有脱文。韓子多有「是以」云云，「其説在」云云之例。内儲説上一見，内儲説下二見，外儲説右上一見。大抵「是以」下繫以論説語，然後舉事證則曰「其説在」某事。如内儲説上云：「是以刑罰不必則禁令不行，其説在董子之行石邑，與子產之教游吉也。」

〔一一〕松皐圓曰：荀子「不得排檠則不能自正」，注「排檠，輔正弓弩之器」。⊙陶鴻慶曰：「夷」、「直」上皆當有「不」字。説云「椎鍛者所以平不夷也，榜檠者所以矯不直也」，是其證。⊙奇猷案：平夷，謂平之使夷。矯直，謂矯之使直。不必增「不」字。又案：松引荀子見性惡篇。

〔一二〕王先慎曰：「敗」，當作「則」。⊙奇猷案：敗在，猶言患在也。若依王説作「則」，殊不辭。又案：説，此下有「齊王聽田嬰計」一條，此脱經文。又案：「戮」當作「擢」，形近而誤。後説及姦劫弑臣篇、難一篇皆作「擢閔王之筋」可證。齊閔王四十年，燕將樂毅破齊，入臨淄，楚使淖齒將兵救齊，因相齊閔王，頃之，淖齒殺齊閔王，與燕共分齊之侵地、鹵器（詳史記田齊世家），卽其事也。

五、因事之理則不勞而成，故兹鄭之踞轅而歌以上高梁也。其患在趙簡主稅吏請輕重〔一〕，薄疑之言「國中飽」，簡主喜而府庫虛，百姓餓而姦吏富也。故桓公巡民而管仲省腐財怨女〔二〕。不然，則在延陵乘馬不得進，造父過之而爲之泣也〔三〕。

右經

〔一〕舊注：主欲税，吏問輕重，主不自定其輕重之節，曰勿輕重而已。吏因擅意，因以富。

〔二〕舊注：公巡人，見有飢人及老而無妻者，以告仲，曰：國有腐財則人飢，宫有怨女則人老而無妻也。⊙奇猷案：注「巡人」下當有「家」字，「仲」字當重。簡主當作嗣君，詳後。

〔三〕舊注：前礙飾，後礙錯，既不得前却，遂旁而佚。造父見之泣。猶賞罰失，必致敗也。⊙王先慎曰：注乾道本「得」上有「後」字，今從趙本删。⊙松皐圓改「則」爲「敗」，曰：從上文正。⊙陶鴻慶曰：案「則」乃「敗」字之誤，上節云「敗在淖齒用齊」云云，卽其例也。「不得」下，依説當有「退」字，舊注云「不得前却」，是其所見本未誤。⊙奇猷案：松、陶説均是也。王删注「後」字是，藏本亦無，今從之。又：注「却」上當有「復不得」三字。

説一　造父御四馬〔一〕，馳驟周旋而恣欲於馬〔二〕。恣欲於馬者，擅轡筴之制也〔三〕。然馬驚於出彘，而造父不能禁制者，非轡筴之嚴不足也，威分於出彘也〔四〕。王子於期爲駙駕〔五〕，轡筴不用而擇欲於馬〔六〕。擅芻水之利也。然馬過於圃池而駙馬敗者〔七〕，非芻水之利不足也，德分於圃池也。故王良、造父，天下之善御者也，然而使王良操左革而叱咤之，使造父操右革而鞭笞之，馬不能行十里，共故也〔八〕。田連、成竅〔九〕，天下善鼓琴者也〔一〇〕，然而田連鼓上，成竅擑下〔一一〕，而不能成曲，亦共故也〔一二〕。夫以王良、造父之巧，共轡而御，不能使馬，人主安能與其臣共權以為治？以田連、成竅之巧，共琴而不能成曲〔一三〕，人主又安能與其臣共勢以成功乎〔一四〕？

〔一〕松皐圓曰：秦策：「王良之弟子駕，云取千里，遇造父之弟子。造父之弟子曰：馬不千里。」本書下文云：「造父為齊王駙駕。」疑造父，春秋末善御者，王良同時之人也。謂為周穆王時人者，恐傳聞之誤耳。⊙奇猷案：王良卽下文王於期，趙簡主時人，詳喻老篇。又案「説」字原無，今增，下同，説詳内儲説上。四馬，謂一車四馬也。古人駕車皆用四馬，兩服兩驂也。

〔二〕舊注：意所欲，馬必隨之也。

〔三〕舊注：以轡莢專制之，故馬不違也。⊙奇猷案：松皐圓依文選注刪「恣欲於馬」四字。案重此四字無礙於行文，選注妄刪，非是。

〔四〕舊注：彘亦令馬可畏，故曰威分。⊙物双松曰：出彘，彘突出也。

〔五〕奇猷案：當作「王於期」，衍「子」字，下同，説詳喻老篇。

〔六〕王先慎曰：此下當更有「擇欲於馬者」五字。⊙奇猷案：松皐圓此下補「者」字。案依上文「恣欲於馬」例，以王説義長。

〔七〕顧廣圻曰：「馬」，當作「駕」。⊙奇猷案：顧説是。「駙」字當衍。

〔八〕孫詒讓曰：革、勒古字通。説文：「勒，馬頭絡銜也。」詩小雅蓼蕭「鞗革沖沖」，傳：「革，轡首也。」革，卽鞗革，亦卽勒也。

〔九〕奇猷案：琴操水仙操云：「伯牙學琴於成、連先生。」成、連當卽田連、成竅二人，則田連、成竅亦春秋時人也。

〔一〇〕王先愼曰：依上文「善」上有「之」字。

〔一一〕盧文弨拾補改「𢫬」作「擫」，曰：孫貽穀云：「文選琴賦注引作擫。」⊙顧廣圻曰：當依選注引作「擫」。⊙王先愼改作「擫」，曰：按説文「擫，一指按也」。⊙劉文典曰：案顧校是也。淮南子説林篇：「使但吹竽，使氐厭竅，雖中節而不可聽。」卽本此文，厭、擫字異義同。⊙奇猷案：「𢫬」字從手，從𢦏。𢦏，止也。廣韻二十六緝云：「𢦏，止也。」左隱四年傳：「夫兵猶火也，弗戢將自焚也」，亦以戢為止義，則以手止物為𢫬。此文「成竅𢫬下」，蓋謂成竅以手止琴弦之下也。韓非此「𢫬」字蓋古義之僅存者。唐李善見字書無「𢫬」字，遂妄改為「擫」耳（宋丁度等撰之集韻有「𢫬」字，云「同接」。一則李善未及見集韻，再則接非此文之義）。諸家據李善改，非是。

〔一二〕顧廣圻曰：藏本、今本「亦」下有「共」字。⊙奇猷案：王先愼依顧校增「共」字。案迂評本、凌本亦有「共」字，據上文當有，今據增。

〔一三〕王先愼曰：依上文「琴」上當脱「鼓」字。⊙奇猷案：王説非。依上文例，當作「共琴而鼓，不能成曲」，「而」下脱「鼓」字。

〔一四〕奇猷案：「與」下原無「其」字。盧文弨、王先愼皆於「與」下補「其」字。案藏本、迂評本亦有「其」字，依上文當有，今據增。勢，謂勢位。

一曰。造父為齊王駙駕，渴馬服成〔一〕，效駕圃中〔二〕。渴馬見圃池，去車走池，駕敗。王子於期為趙簡主取道爭千里之表〔三〕。其始發也，彘伏溝中〔四〕，王子於期齊轡筴而進之〔五〕，彘突出於溝中，馬驚，駕敗〔六〕。

〔一〕舊注：令馬忍渴，百日服習之，故成也。⊙奇猷案：漢書鼂錯傳「服其水土」，注：「服，習也。」

〔二〕奇猷案：曲禮「僕展軨效駕，取貳綏跪乘」，疏云：「僕先試車時，君猶未出，未敢依常而立，所以跪而乘之以為敬。」則效駕，猶言試車也。

〔三〕太田方曰：取，如論語「進取」之取。穀梁傳「輦者曰：所以鞭我者，其取道遠矣」。物双松曰：表，標也。⊙松皐圓引山曰：「表，猶外也。」⊙奇猷案：既云爭千里之表，自屬競賽之意。則取訓趣，表訓標，義長。取、趣同，詳難勢篇。取道，并詳喻老篇注。

〔四〕顧廣圻曰：藏本、今本「伏」上有「彘」字。⊙奇猷案：迂評本、凌本亦有「彘」字。王先慎據顧校補，是，今從之。

又案：今藏本亦無「彘」字。

〔五〕奇猷案：齊轡筴，謂拉轡與加鞭之動作一致，此御馬之術也。

〔六〕奇猷案：藏本「馬」作「為」，誤。又案：此段原連上，今提行。

司城子罕謂宋君曰〔一〕：「慶賞賜與〔二〕，民之所喜也，君自行之。殺戮誅罰，民之所惡也，臣請當之〔三〕。」宋君曰：「諾。」於是出威令，誅大臣，君曰「問子罕」也。於是大臣畏之，細民歸之。處期年，子罕殺宋君而奪政〔四〕。故子罕為出彘以奪其君國〔五〕。

〔一〕奇猷案：司城子罕，注詳二柄篇。

〔二〕王先慎曰：「與」，當作「予」。説文：「與，黨與也。予，推予也。」義別。下文作「予」，二柄篇亦作「予」，不誤。

〔三〕奇猷案：二柄篇「誅罰」作「刑罰」。

〔四〕奇猷案：「奪」下當有「其」字，「殺」當作「劫」。下文云「子罕劫宋君而奪其政」可證。二柄篇云「子罕徒用刑而宋君劫」，作「劫」字亦可為證。

〔五〕舊注：罕用刑服國，是由出彘用威懼焉。⊙盧文弨曰：注「用威懼馬」，「馬」，譌「焉」。⊙劉文典曰：案注「由」當為「猶」。古猶、由雖通用，然後人注語中「猶」之作「由」皆聲之誤。⊙奇猷案：「君」下當有「之」字。又案：舊注未洽。子罕為出彘，蓋謂子罕用刑，乃奪君之威，猶突出之彘奪鞭筴之威也。

簡公在上位，罰重而誅嚴，厚賦斂而殺戮民。田成恒設慈愛，明寬厚〔一〕。簡公以齊民為渴馬，不以恩加民，而田成恒以仁厚為圃池也〔二〕。

〔一〕王先慎曰：經無「成」字。「成」乃其謚。此作「成恒」，複，吕氏春秋慎勢篇、淮南子人間訓同，并誤。⊙奇猷案：迂評本無「成」字，下同。

〔二〕舊注：以仁濟物，猶圃池也。⊙盧文弨曰：注「猶」，張本作「由」，與上注同。⊙奇猷案：齊，治也。

一曰。造父為齊王駙駕，以渴服馬，百日而服成，服成請效駕。齊王王曰〔一〕：「效駕於圃中。」造父驅車入圃，馬見圃池而走，造父不能禁。造父以渴服馬久矣，今馬見池，駻而走〔二〕，雖造父不能治。今簡公之以法禁其衆久矣〔三〕，而田成恒利之，是田成恒傾圃池而示渴民也。

〔一〕王先謙曰：下「服成」二字當衍。⊙奇猷案：王氏以「服成」二字不當重，是也。但此當以「請效駕」為句，衍一「王」字。此節原連上，今提行。

〔二〕王先慎曰：說文：「駻，馬突也。」字亦作「馯」。

〔三〕奇猷案：「以」字據藏本、迂評本補。

一曰。王子於期為宋君為千里之逐〔一〕。已駕，察手吻文〔二〕。且發矣，驅而前之，輪中繩；引而却之〔三〕，馬掩迹。拊而發之〔四〕，彘逸出於竇中〔五〕，馬退而却，筴不能進前也〔六〕，馬駻而走，轡不能正也〔七〕。

〔一〕奇猷案：當作「王於期」，說詳上。

〔二〕顧廣圻曰：未詳。⊙王先慎曰：「手」，當為「毛」之誤。馬欲馳，其毛先竪，至今猶然。察毛吻文，謂察馬之毛與吻文也。漢書王褒傳：「傷吻敝策而不進於行。」說文：「吻，口邊也。」此言毛色動則吻不至於傷，是其所駕之馬本欲馳也，故下云「且發矣」，於期因「拊而發之」。⊙太田方曰：手吻者，善御者執轡如組，四馬之口齊合如一。荀子哀公篇「上車執轡，銜體正」，是銜卽吻，體卽手也。下「且發矣」之「發」當作「法」，聲之誤也。⊙奇猷案：王氏馳馬察毛之說，未聞。太氏之說，更是牽强傅會。且太氏以此四字屬下「且發矣」為句，殊謬。案察卽擦，文卽紋，皆古今字。察手吻文者，蓋謂御者使其兩手執繮繩牢固，先以口吻手，手為涎所潤濕，手有紋，故曰吻文。手既潤濕，然後兩手摩擦，故曰察手。察手吻文之法，不但執繮繩如此，農夫執鋤、匠人執斧皆如此，蓋為增加摩擦力之故也，今已駕，察手吻文以執繮轡，正是騎馬之法。

〔三〕奇猷案：中，音竹用反，合度也。

〔四〕奇猷案：馬掩迹，謂馬行前蹄掩後蹄之迹也，卽不前。拊，擊也。

〔五〕王先慎曰：「逸」當作「突」。竇，溝竇也。⊙于省吾先生曰：王改非是。左桓八年傳「隨侯逸」，注：「逸，逃也。」⊙奇猷案：逸，當讀如晉語「馬逸不能止」之逸，逸，奔也。

〔六〕奇猷案：依下句例，「進前」二字當衍其一。

〔七〕盧文弨曰：「正」，秦本作「止」。⊙奇猷案：迂評本亦作「止」。據說文：「騂，馬突也。」馬騂而走則旁逸，雖執轡而不能使旁逸之馬入於正途，故曰不能正也。王先慎改為「止」，不必。

一曰。司城子罕謂宋君曰：「慶賞賜予者，民之所好也〔一〕，君自行之，誅罰殺戮者，民之所惡也，臣請當之。」於是戮細民而誅大臣，君曰「與子罕議之」。居期年，民知殺生之命制於子罕也〔二〕，故一國歸焉。故子罕劫宋君而奪其政，法不能禁也。故曰子罕為出彘，而田成常為圃池也〔三〕。今王良、造父共車〔四〕，人操一邊轡而入門閭，駕必敗而道不至也〔五〕。今田連、成竅共琴，人撫一絃而揮，則音必敗、曲不遂矣。

〔一〕王先慎曰：「慶賀」，張榜本作「慶賞」。御覽四百九十四、六百三十三引并作「慶賞」，今據改。⊙奇猷案：四部叢刊本作「慶駕」，吳鼒本作「慶賀」，均誤。疑黄三八郎原刻本不誤，故顧廣圻無校語。案作「慶賞」是，今據改，上節及二柄篇皆作「慶賞」可證。又案：此節舊亦連上，今提行。

〔二〕王先慎曰：御覽引「殺」作「死」。

〔三〕王先慎曰：「常」，拾補作「恆」。按「常」字漢人避諱改。趙本「池」作「地」，誤。

〔四〕王先慎曰：趙本「令」上衍「今」字。⊙奇猷案：迂評本、凌本亦衍「今」字。

〔五〕王先慎曰：「入」，當作「出」。⊙奇猷案：王説是。

説二——秦昭王有病，百姓里買牛而家為王禱〔一〕。公孫述出見之，入賀王曰：「百姓乃皆里買牛為王禱。」王使人問之，果有之。王曰：「訾之人二甲〔二〕。夫非令而擅禱〔三〕，是愛寡人也。夫愛寡人，寡人亦且改法而心與之相循者，是法不立〔四〕。法不立，亂亡之道也。不如人罰二甲而復與為治。」

〔一〕王先慎曰：下文無「家」字。

〔二〕舊注：訾，毀也，罰之也。⊙王先慎曰：注意謂毀其人而罰以甲也，是一訾字而用兩義以申其説矣。案訾之人二甲者，謂量其人二甲也。國語齊語「訾相其質」高注、列子説符「財貨無訾」張湛注并云：「訾，量也。」量財貨曰訾，量民之貧富亦曰訾。之，猶其也。人，謂里人。計里買牛之力量之可以出二甲，非里中人人二甲也。下文

「屯二甲」卽其義。⊙高亨曰：訾，借為貲。說文「貲，小罰，以財自贖。」漢律：民不繇，貲錢二十二」，是貲之本義為罰。訾之人二甲，謂罰其人出二甲也。下文「不如人罰二甲」，是其義也。漢書杜周傳「家訾累鉅萬矣」，地理志「高訾富人」，顏并注：「訾，與貲同。」列子力命篇「訾兄弟也」，殷釋文：「訾，當作貲。」并訾、貲通用之證。⊙奇猷案：高說是。舊注不敢斷訾字之義，遂兩解之，非是。太田方說同。又案：訾之人二甲，謂里中人人罰二甲也。下文「不如人罰二甲」可證。下文「屯二甲」之屯，猶皆也（詳下）。王以為「村莊」之村，非。又案：雲夢秦簡關市律云「不從令者，貲二甲」（載文物一九七六年第三期），亦可為高說「訾，借為貲，罰也」之證。又案：「甲」，今注釋者皆以為「鎧甲」之甲。證之秦簡關市律當非此義。蓋關市之受罰者為行商，而行商當無隨時攜帶甲以備罰之理。余以意度之，甲當是一種貨幣名。未有確證，不敢肯定，還請有識者教之。

〔三〕盧文弨曰：張本「禱」下有「者」字。⊙奇猷案：藏本、迂評本亦有「者」字。案「者」字可省。王先慎補「者」字，不必。

〔四〕松皐圓曰：「者」字宜作「則」。謂吾將舍法而以慈愛之心與民相從，則是法廢也。⊙奇猷案：以「者」字為句，與改「者」為「則」，此文之意義不變，不煩改字。松說非。

一曰。秦襄王病，百姓為之禱。病愈，殺牛塞禱〔一〕。郎中閻遏、公孫衍出見之，曰：「非社臘之時也〔二〕，奚自殺牛而祠社？」怪而問之。百姓曰：「人主病，為之禱。今病愈，殺牛塞禱。」閻遏、公孫衍說，見王，拜賀曰：「過堯、舜矣。」王驚曰：「何謂也？」對曰：「堯、舜，其民未至為之禱也。今王病，而民以牛禱，病愈，殺牛塞禱，故臣竊以王為過堯、舜也。」王因使人問之何里為之，訾其里正與伍老屯二甲〔三〕。閻遏、公孫衍媿不敢言。居數月，王飲酒酣樂，閻遏、公孫衍謂王曰：「前時臣竊以王為過堯、舜，非直敢諛也。堯、舜病，且其民未至為之禱也。今王病，而民以牛禱，病愈，殺牛塞禱。今乃訾其里正與伍老屯二甲，臣竊怪之。」王曰：「子何故不知於此。彼民之所以為我用者，非以吾愛之為我用者也，以吾勢之為我用者也。吾釋勢與民相收，若是，吾適不愛，而民因不為我用也，故遂絶愛道也〔四〕。」

〔一〕李詳曰：報賽、賽禱，古祇作「塞」。漢書廣陵厲王傳「殺牛塞禱」，亦作「塞」。⊙王先慎曰：塞、賽義同。史記封禪書「冬賽」，索隱：「賽謂報神福也。」漢書「賽」并作「塞」。⊙奇猷案：段玉裁説文解字注曰：「塞，充實也。」戴侗六書故曰：「引申之則諸許而實其言曰塞。」然則塞禱者，蓋有所祈禱，許以牲為報，後自實其言，故謂之塞禱也。又案：舊連上，今提行。

〔二〕太田方曰：社，春社祭土神也。説文：「臘，冬至後三戌臘祭百神也。」⊙奇猷案：臘，冬日臘祭也，詳説林下篇。又案：史記犀首傳（附張儀傳後）云：「犀首者，魏之陰晉人，名衍，姓公孫氏，相魏。張儀卒後，入相秦。」據六國表，張儀卒於秦武王元年，則公孫衍於秦武王時為秦相，在昭襄王、莊襄王之前。此襄王時為郎中之公孫衍為别一人，非稱犀首之公孫衍也。或曰：此「衍」字為「述」之訛（蓋「述」或作「術」，與「衍」形近，又因人多見公孫衍，少見公孫術，遂誤為公孫衍），卽上節之公孫述。若然，則此文之襄王為昭襄王之省稱也。此説亦通。

〔三〕舊注：屯，亦罰也。⊙洪頤煊曰：案漢書陳勝傳「勝、廣皆為屯長」，師古曰：「人所聚曰屯。」一切經音義卷一引字書：「屯，亦邨也。」⊙王先慎曰：屯無罰義。一切經音義引字書云「屯，亦邨也」。一邨之中或里正或伍老量出二甲。⊙劉師培曰：屯無罰訓。王以屯為邨是也。里正、五老均鄉官，蓋閭師之屬。屯者，人所聚之稱，廣雅釋詁三云「屯，聚也」，是其證。屯二甲者，猶言每屯出二甲也。⊙高亨曰：「屯」當為「出」，形近而譌。言罰其里正伍老使出二甲也。既言訾，不得復言罰，則舊注訓屯為罰非矣。既言里與伍，不得復言邨，則王先慎以屯為邨非矣。⊙奇猷案：屯與純通。左傳襄十八年「晉人執孫蒯於純留」，杜注「純留屬上黨郡」，則純留卽漢書地理志上黨郡之屯留，師古曰「屯，音純」，卽屯、純通之證。周禮考工記「諸侯純九，大夫純五」，鄭注：「純，猶皆也。」諸侯皆九列，大夫皆五列。」此文「訾其里正與伍老屯二甲」，謂罰其里正與伍老皆二甲。諸說皆未得。

〔四〕「釋勢」原作「適勢」。顧廣圻曰：「吾適勢」句絶。「與民相收若是」句絶。「吾適不愛」，「不」字當衍。「而民因不為我用也」，「因」當作「固」。此以「適勢」、「適愛」相對。藏本、今本「勢」上「適」字作「釋」，非。⊙俞樾曰：藏本作「吾釋勢與民相收」，當從之。上文云「彼民所以為我用者，非以吾愛之為我用者也，以吾勢之為我用者也」。是言君民之間，本是以勢相制，若釋勢而用愛，則吾適有不愛，民遂不為我用矣，故不如絶愛道為得也。文義本甚分明。因釋、適聲近，又涉下句有「適」字，故乾道本誤為「適勢」。顧氏謂適勢、適愛相對，非是。⊙奇猷案：王先慎依俞說改，是，今從之。迂評本、淩本及北堂書鈔九十引作「釋勢」，皆可證。又案：收，容納也。與民相收，謂與民相容為一也。又案：「不知如此」，知，讀智。

秦大饑，應侯請曰：「五苑之草著〔一〕、蔬菜、橡果、棗栗，足以活民，請發之。」昭襄王曰：「吾秦法，使民有功而受賞，有罪而受誅。今發五苑之蔬果者〔二〕，使民有功與無功俱賞也。夫使民有功與無功俱賞者，此亂之道也。夫發五苑而亂，不如棄棗蔬而治。」一曰。「令發五苑之蓏蔬棗栗足以活民〔三〕，是用民有功與無功爭取也〔四〕。夫生而亂，不如死而治，大夫其釋之〔五〕。」

〔一〕舊注：謂草木著地而生也。⊙俞樾曰：「著」字衍文。蓋涉下文「今發五苑之蔬草者」，而於「草」下衍「者」字，又因「草」字及下「蔬菜」字皆從艸，遂又誤「者」為「著」耳。注謂「草木著地而生」，殊為曲說。⊙王先慎曰：俞說是。藝文類聚八十七、御覽四百八十六、九百六十四、九百六十五、事類賦二十六、初學記二十八並引無「著」字，「草」作「果」，無下「果」字。因誤已久，姑存之。⊙奇猷案：舊注固非，俞說亦謬。此文「草著」一類，「蔬菜」一類，「橡果」一類，「棗栗」一類。若删「著」字則文句不倫。「著」，疑「蓍」字形近之誤。説文「蓍，蒿屬」。蓋大饑之歲，草蓍亦足為食料以充飢也。類書臆改，不可引據。

〔二〕顧廣圻曰：今本「草」作「果」。按下文云「不如棄棗蔬而治」，互異，未詳。⊙王先慎曰：作「果」者是也。下文：「蓏蔬棗栗」，蓏蔬，草屬，棗栗，果屬，故此媘文云蔬果。若作「草」字則偏而不備。下云「棄棗蔬而治」卽其例。經注云「應侯欲發蔬果以救人」，「蔬果」二字本此，是注所見之本尚不誤。顧氏未之審耳。改從今本。御覽引作「果蔬」。⊙奇猷案：王說是，凌本亦作「果」，盧文弨改「草」為「果」，今據改「草」為「果」。

〔三〕松皐圓改「令」為「今」，曰：「令」字誤。⊙奇猷案：依上文，作「今」字是。

〔四〕王先慎改「用」為「使」，「功」下增「互」字，曰：據藝文類聚改。⊙奇猷案：迂評本「用」亦作「使」，誤。廣韻：「用，使也。」又案：無「互」字文義不變。王說非。

〔五〕王先慎曰：白孔六帖卷九十九引韓子「秦飢，應侯曰：秦王五苑之棗栗足以活人，請王發與之。惠王依之」。疑

「一曰」以下脱文。「惠」當為「昭」之誤。⊙奇猷案：一曰以下，乃記昭襄王「吾秦之法，使民有功而受賞，有罪而受誅」三語之後有兩種不同説法之傳聞，故「一曰」以下之辭當連「有罪而受誅」讀之。外儲説右上「堯欲傳天下於舜」條記孔子語亦此例。或以「一曰」提行，非。

田鮪教其子田章曰〔一〕：「欲利而身，先利而君；欲富而家，先富而國。」

〔一〕奇猷案：舊連上，今從張榜本、趙本提行。

一曰。田鮪教其子田章曰〔一〕：「主賣官爵，臣賣智力〔二〕，故自恃無恃人〔三〕。」

〔一〕王先慎曰：御覽八百二十八引「鮪」作「修」。⊙奇猷案：四部叢刊本御覽作「脩」。案字書無此字。蓋「鮪」形誤為「脩」，後又訛為「偹」，「偹」又寫為「修」也。又：舊連上，今提行。

〔二〕松皐圓曰：致智力取官爵，如市易然。難一篇：「臣盡死力以與君市，君垂爵禄以與臣市。」

〔三〕王先慎「故」下補「曰」字，曰：據御覽引補。⊙奇猷案：無「曰」字亦通。此謂自恃智力以立功得爵，不望人主之賜，故為自恃也。

公儀休相魯而嗜魚〔一〕，一國盡爭買魚而獻之〔二〕。公儀子不受。其弟諫曰〔三〕：「夫子嗜魚而不受者，何也？」對曰：「夫唯嗜魚，故不受也。夫卽受魚，必有下人之色。有下人之色，將枉於法。枉於法，則免於相。雖嗜魚，此不必能自給致我魚〔四〕，我又不能自給魚。卽無受魚而不免於相，雖嗜魚，我能長自給魚。」此明夫恃人不如自恃也，明於人之為己者不如己之自為也。

〔一〕顧廣圻曰：藏本同。今本「儀休」作「孫儀」，誤。韓詩外傳三有。⊙王先慎曰：白孔六帖九十八、御覽三百八十九、九百三十五、事類賦二十九引并作「公儀休」。淮南子道應訓作「公儀子」，高注「公儀休，故魯博士也」。⊙奇猷案：史記循吏傳：「公儀休，魯博士，以高第為魯相。」又案：新序節士篇云「昔者有饋魚於鄭相者，鄭相不受」云云，與此異。

〔二〕王先慎曰：御覽、事類賦引「國」作「邦」。

〔三〕王先慎曰：韓詩外傳與此同。淮南作「弟子」，誤。⊙劉文典曰：淮南道應訓「弟」下有「子」字。案此文與韓詩外傳三「弟」下皆敓「子」字，當依淮南子補。其弟子諫之，故稱夫子。若為其弟，則不得言「夫子」矣。⊙奇猷案：劉説是。公儀休既曾為魯博士，則必有弟子也。

〔四〕盧文弨曰：「自給」二字張本無。⊙顧廣圻曰：「自」當作「日」。⊙王先慎曰：韓詩外傳、淮南子無「致我」二字。蓋本書一本作「自給」，一本作「致我」，校者識於其下，刊時失删，遂致兩有。顧氏不考而改「自」為「日」，終不可讀。張榜本無「能自給」三字亦非。⊙奇猷案：此文當作「此必不能致我魚」，今「必不」二字倒為「不必」，又因下衍「自給」二字，遂不成義。王氏引韓詩外傳、淮南子為證，而韓詩外傳與淮南子之文為「受魚而免於相，則不能自給魚」，「則不能自給魚」與本書下句「我又不能自給魚」相當，故韓詩外傳與淮南子實無此句，王氏舉證殊謬。又案：迂評本、凌本與張本同，亦誤。迂評本重「免於相」三字，非。

說三——子之相燕〔一〕，貴而主斷。蘇代為齊使燕〔二〕，王問之曰〔三〕：「齊王亦何如主也？」對曰：「必不霸矣。」燕王曰：「何也？」對曰：「昔桓公之霸也，內事屬鮑叔，外事屬管仲〔四〕，桓公被髮而御婦人，日游於市〔五〕。今齊王不信其大臣。」於是燕王因益大信子之。子之聞之，使人遺蘇代金百鎰，而聽其所使之〔六〕。

〔一〕奇猷案：燕王噲也。詳二柄篇。又案：舊連上，今從趙本提行。

〔二〕奇猷案：據史記燕世家，燕王噲三年，蘇代為齊宣王使燕，索隱云：「按戰國策，子之使蘇代侍質子於齊，齊使代報燕是也。」

〔三〕奇猷案：或在「王」上增「燕」字。案不必增。觀上文卽知「王」為燕王也。

〔四〕顧廣圻曰：藏本、今本「仲」上有「管」字。⊙奇猷案：王先慎據顧校補「管」字，是，今從之。迂評本、凌本亦有「管」字可證。此兩五字句，不當少一字。

〔五〕奇猷案：市，謂宮中之市也。難二篇：「昔者桓公宮中二市，婦閭二百，被髮而御婦人。」

〔六〕王渭曰：「之」字衍，戰國策無。⊙楊樹達曰：燕世家亦無「之」字。⊙奇猷案：王說是。聽其所使，子之自言聽從蘇代使用，亦有度篇「忘主外交」之意也。或曰「之」字非衍文，謂古文自有此句法，并舉趙策四「姿君之所使之」句為證。猷案：或說非也。趙策下「之」字乃代詞，指長安君，與此詞類不同。

一曰。蘇代為秦使燕〔一〕，見無益子之，則必不得事而還，貢賜又不出〔二〕，於是見燕王乃譬齊王。燕王曰：「齊王何若是之賢也！則將必王乎？」蘇代曰：「救亡不暇，安得王哉？」燕王曰：「何也？」曰：「其任所愛不均〔三〕。」燕王曰：「其亡何也？」曰：「昔者齊桓公愛管仲，置以為仲父，內事理焉，外事斷焉，舉國而歸之，故一匡天下，九合諸侯。今齊任所愛不均，是以知其亡也。」燕王曰：「今吾任子之，天下未之聞也？」於是明日張朝而聽子之〔四〕。

〔一〕奇猷案：「秦」當作「齊」。下文以齊言而不以秦言，可以為證。又案：舊連上，今提行。

〔二〕奇猷案：貢，謂向齊納貢。賜，謂賞賜蘇代。

〔三〕松皐圓曰：不均，謂不專任。⊙奇猷案：松説是。均，蓋借為鈞。書呂刑「其罪惟均」，史記周本紀引作「惟鈞其過」。孟子滕文公上「井地不鈞」，則假鈞為均。皆均、鈞通用之證。鈞，重也。

〔四〕奇猷案：張朝，謂佈置朝廷以行禮也。呂氏春秋本味篇云「湯得伊尹，設朝而見之」，設、張同義。又開春篇云：「王季歷葬於渦山之尾，欒水齧其墓，見棺之前和。文王曰：『譆！先君必欲一見羣臣百姓也。』於是出而為之張朝。」所言「張朝」皆此義。史記刺客傳述秦始皇見燕使者荊軻於咸陽宮，設九賓，羣臣侍殿上，郎中執兵陳殿下，又有侍醫負藥囊在左右。卽張朝之例也。

潘壽謂燕王曰〔一〕：「王不如以國讓子之。人所以謂堯賢者，以其讓天下於許由，許由必不受也，則是堯有讓許由之名而實不失天下也〔二〕。今王以國讓子之，子之必不受也，則是王有讓子之之名而與堯同行也。」於是燕王因舉國而屬之〔三〕。子之大重〔四〕。

〔一〕顧廣圻曰：燕策作鹿毛壽，燕世家同。正義云：「一作『厝毛』。甘陵縣本名厝。」索隱云「春秋後語亦作厝毛壽」，又引此。⊙奇猷案：舊連上，楊樹達曰「據經，此與上節為二事，應别為一節提行」，今從之。又案：顧引正義當作集解。

〔二〕奇猷案：「由」或作「繇」（見漢書古今人表）。淮南子氾論訓云「許由讓天下，終不利封侯」，高注「許由，隱者，陽城人。堯欲以天下與之，洗耳而不就」。

〔三〕顧廣圻曰：今本「於」下有「是」字，誤。此當依策衍「於」字，「屬」下補「子」字。⊙王先慎「於」下補「是」字，曰：此當各依本書。今據今本增「是」字。⊙奇猷案：王補「是」字，是，今從之。「屬」下當依策補「子」字，下文「王因收吏璽自三百石以上皆效之子之，子之大重」，與此句例同可證。

〔四〕奇猷案：二柄篇云：「燕子噲好賢，故子之明不受國。故子之託於賢以奪其君者也。其卒子噲以亂死。」

一曰。潘壽，闞者。燕使人聘之〔一〕。潘壽見燕王曰：「臣恐子之之如益也。」王曰：「何益哉〔二〕？」對曰：「古者禹死，將傳天下於益，啟之人因相與攻益而立啟〔三〕。今王信愛子之，將傳國子之，太子之人盡懷印為，子之之人無一人在朝廷者〔四〕。王不幸棄羣臣，則子之亦益也。」王因收吏璽自三百石以上皆效之子之。子之大重。

〔一〕顧廣圻曰：今本「闞」作「隱」。⊙奇猷案：舊連上，今提行。詩大雅常武：「闞如虓虎。」莊子天道篇云「士成綺問修身若何？老子曰：而容崖然，而目衝然，而顙頯然，而口闞然，而狀義然」，郭注：「闞，虓豁之貌。」此文「潘壽，闞者」，謂潘壽者，虓豁之人也。乃虎怒豁達之狀者，蓋怪異人也。「燕」下當有「王」字。

〔二〕王先慎曰：問何以如益。

〔三〕奇猷案：史記夏本紀：「禹崩，以天下授益，益讓帝禹之子啟。啟賢，天下屬意焉。及禹崩，雖授益，天下未洽，故諸侯皆去益而朝啟。」與此異。

〔四〕顧廣圻曰：藏本同。今本「為」作「璽」，誤。按「為」下當有「吏」字。⊙王先慎曰：顧說非，「為」字下屬，讀于嬀反。⊙奇猷案：史記燕世家云「今王言屬國於子之，而吏無非太子人者」，又下文云「收吏璽」，皆以吏言，則以顧說為是。

夫人主之所以鏡照者，諸侯之士徒也，今諸侯之士徒皆私門之黨也。人主之所以自淺娋者，巖穴之士徒也〔一〕，今巖穴之士徒皆私門之舍人也。是何也？奪褫之資在子之也〔二〕。故吳章曰：「人主不佯憎愛人。佯愛人，不得復憎也；佯憎人，不得復愛也〔三〕。」

〔一〕顧廣圻曰：今本「淺娋」作「羽翼」。⊙王先慎改「淺娋」為「羽翼」，曰：按漢書張良傳：「太子相四皓。高帝曰：羽翼已成。」則巖穴之士真人主之羽翼。「淺娋」二字不辭。⊙章太炎曰：淺，借為嶘，說文云「山高也」，通作「棧」，西京賦「棧齴巉嶮」，注「高峻貌」是也。娋，借為陗，說文云「峻也」，廣雅釋詁云「高也」。人主之高陵，猶賈子所云「堂陛之勢」。其所以自高陵者，以巖穴之士徒為之臣而尊成之也。今士徒皆私門之舍人，則君位陵夷，而子之得行其篡竊矣。上云「人主之所以鏡照者，諸侯之士徒也」，亦謂賴此得明，今諸侯之士徒皆私門之黨，則譽子之以壅君矣。⊙奇猷案：王改「淺娋」為「羽翼」固誤，章說亦未允。案「淺娋」為古人成語。「淺娋」卽「宣昭」，亦卽「顯昭」。詩大雅文王「宣昭義問」，爾雅釋詁「顯昭，光也」，又云「顯昭，見也」，皆是。淺、宣、顯，古音皆隸元部；娋、昭，古音皆隸蕭部；故相通假。爾雅釋為光、為見，則其義猶言「光顯」也。此文謂：人主之所用以自我光顯者，以巖穴之士徒為臣也，今巖穴之士徒皆私門之舍人。其將為私門而不為君，不足以光顯君主。巖穴之士徒卽隱士，詭使篇「巖居非世者顯」，巖居者，謂隱士，卽此巖穴之士徒也。人主下禮巖穴之士以自光顯於人，乃春秋、戰國之風尚，如難一篇齊桓公往見小臣稷卽其例。桓公謂「萬乘之主，不好仁義，亦無以下布衣之士」，正見桓公下布衣之士所以光顯於人也。亦可明此文「人主之所以自淺娋者，巖穴之士徒也」之義。

〔二〕顧廣圻曰：「號」，藏本作「䖀」，今本作「褫」。按此未詳。⊙王先慎改「號」為「褫」，曰：按作「褫」是也。說文：「褫，奪衣也。」易訟卦：「或錫之鞶帶，終朝三褫之。」侯果云：「褫，解也。」「褫」字從衣旁，乾道本訛作号旁，藏本又訛為足旁，因去虎上厂以成字耳。改從今本。⊙奇猷案：王改是，今從之，凌本亦作「褫」。

〔三〕奇猷案：此段舊連上，今分段。

一曰。燕王欲傳國於子之也，問之潘壽。對曰：「禹愛益，而任天下於益，已而以啟人為吏。及老，而以啟為不足任天下，故傳天下於益，而勢重盡在啟也。已而啟與友黨攻益而奪之天下，是禹名傳天下於益，而實令啟自取之也。此禹之不及堯、舜明矣。今王欲傳之子之，而吏無非太子之人者也，是名傳之，而實令太子自取之也。」燕王乃收璽自三百石以上皆效之子之。子之遂重〔一〕。

〔一〕盧文弨曰：舊不重「子之」二字，張本有。⊙顧廣圻曰：藏本重「子之」是也。⊙奇猷案：不重「子之」二字，文義不足。王先慎補「子之」二字，是，今從之。迂評本亦重。上節「皆效之子之，子之大重」，亦重「子之」二字可證。又案：此段舊亦連上，今分段。

方吾子曰：「吾聞之古禮，行不與同服者同車〔一〕，不與同族者共家〔二〕，而況君人者乃借其權而外其勢乎！」

〔一〕王先慎曰：據經，服，衣也。

〔二〕顧廣圻曰：「不」上當有「居」字。⊙王先慎曰：張榜本脱「不」字。⊙太田方曰：君不與衣服之美與己齊等者同車，示人不擬於君也。禮坊記：「君不與同姓同車，與異姓同車不同服，示民不嫌也。」⊙奇猷案：顧説是。

吴章謂韓宣王曰〔一〕：「人主不可佯愛人，一日不可復憎；不可以佯憎人，一日不可復愛也〔二〕。故佯憎佯愛之徵見，則諛者因資而毁譽之。雖有明主，不能復收，而況於以誠借人也！」

〔一〕奇猷案：舊連上，今依張榜本、趙本提行。

〔二〕王先慎曰：「佯愛人」、「佯憎人」皆當重。⊙奇猷案：不必重。王説非。

趙王游於圃中，左右以菟與虎而輟〔一〕，盼然環其眼〔二〕。王曰：「可惡哉，虎目也！」左右曰：「平陽君之目可惡過此〔三〕。見此未有害也，見平陽君之目如此者則必死矣。」其明日，平陽君聞之，使人殺言者，而王不誅也。

〔一〕舊注：輟而觀之。⊙顧廣圻曰：今本下有「觀之」二字。此舊注誤入正文。⊙王先慎此下增「之虎」二字，曰：御覽九百七、事類賦二十三引「輟」下有「之虎」二字，「虎」字屬下讀。⊙松皋圓曰：井曰：「以兔示虎，而止不與之也。」⊙太田方曰：菟、兔同。⊙奇猷案：井説是也。此蓋戲虎之意。又案：此文「輟」下不必有「之」字。下文「盼然環其眼」上當有「虎」字。顧説是。

〔二〕舊注：環轉其眼以作怒也。⊙王渭曰：「盼」，當作「盻」。⊙王先慎曰：事類賦二十三引「盼」作「眄」，亦非。説文「盻，恨視貌」。盼、眄二字形與「盻」近而誤。⊙楊樹達曰：案環與圜通。漢書賈誼傳「天下圜視而起」，新書作「環視」。圜者，猶今言瞪眼。舊注謂環轉其眼，非。⊙奇猷案：迂評本及御覽九百七引亦作「盻」，是。

〔三〕王先慎曰：事類賦注引本書注云：「平陽君，王弟也。」今本脱。⊙太田方曰：史記趙世家「惠文王二十七年，封趙豹為平陽君」，注：「惠文王母弟。」按此趙王卽惠文王之子孝成王也。平陽君，孝成王之叔父也。⊙奇猷案：御覽引此下亦有注云「平陽君，趙王之弟也」八字。

衛君入朝於周〔一〕，周行人問其號〔二〕。對曰：「諸侯辟疆〔三〕。」周行人却之曰：「諸侯不得與天子同號〔四〕。」衛君乃自更曰「諸侯燬」而後内之。仲尼聞之曰：「遠哉禁偪！虚名不以借人，况實事乎〔五〕？」

〔一〕奇猷案：史記衛世家：「衛文公名燬。」則此所謂衛君者，蓋文公也。

〔二〕太田方曰：周禮：「大行人掌大賓之禮，及大客之儀，以親諸侯。」

〔三〕奇猷案：四部叢刊本「疆」誤「彊」。

〔四〕舊注：開辟疆土者，天子之號。

〔五〕舊注：名辟疆，未必能辟疆，故曰虚也。⊙王先慎曰：「諸侯辟疆」、「諸侯燬」兩「諸」字皆涉「諸侯不得與天子同號」句而誤，「諸」當作「衛」。⊙奇猷案：王説是。史記衛世家注引賈誼書正作衛侯。此所引仲尼語，疑亦出别本論語。

説四——摇木者一一攝其葉則勞而不徧，左右拊其本而葉徧摇矣〔一〕。臨淵而摇木，鳥驚而高，魚恐而下。善張網者引其綱，不一一攝萬目而後得〔二〕。則是勞而難，引其綱而魚已囊矣。故吏者，民之本綱者也，故聖人治吏不治民〔三〕。

〔一〕舊注：拊，擊動也。⊙奇猷案：書益稷「予擊石拊石」，僞孔傳云：「拊，亦擊也。」

〔二〕王先慎重「一一攝萬木而後得」八字，曰：據御覽八百三十四引增。張榜本「不」字作「若」，據誤本而改也。⊙奇猷案：迂評本、趙本、淩本亦俱作「若」，非。王説是。古人於重文作「二」（詳二柄篇），後落去。

〔三〕舊注：治吏猶引綱，理人猶張目。⊙太田方曰：後漢書百官志注：「武王問太公，願聞治亂之要。太公曰：其本在吏。」

救火者〔一〕，令吏挈壺甕而走火則一人之用也，操鞭箠指麾而趣使人則制萬夫〔二〕。是以聖人不親細民，明主不躬小事。

〔一〕奇猷案：舊連上，今從藏本、趙本提行。

〔二〕奇猷案：趣，督促也。漢書食貨志「使者馳傳督趣」，顔注：「趣，讀曰促。」吏卽嗇夫，詳上。

造父方耨〔一〕，得有子父乘車過者〔二〕，馬驚而不行，其子下車牽馬，父子推車請造父助我推車〔三〕。造父因收器輟而寄載之〔四〕，援其子之乘，乃始檢轡持筴，未之用也而馬轡驚矣〔五〕。使造父而不能御，雖盡力勞身助之推車，馬猶不肯行也。今身使佚〔六〕，且寄載，有德於人者〔七〕，有術而御之也。故國者君之車也，勢者君之馬也，無術以御之，身雖勞猶不免亂〔八〕；有術以御之，身處佚樂之地，又致帝王之功也〔九〕。

〔一〕奇猷案：舊連上，今提行。

〔二〕顧廣圻曰：藏本同。今本「得」作「時」，誤。按「得」上有脱文。⊙俞樾曰：「得」當作「見」，因古「得」字作「㝵」，故「得」與「見」二字往往相混。史記趙世家「踰年歷歲未得一城」，趙策「得」作「見」。留侯世家「果見穀城山下黄石」，漢書「見」作「得」。并其證也。趙本改「得」為「時」，非是。顧氏疑「得」上有脱文，亦失之。⊙奇猷案：凌本亦作「時」，是。時，謂當其時也。古書皆以「得」字壞為「見」，未聞原作「見」而誤為「得」者。

〔三〕前二「父」字王先慎曰：「父」下衍「子」字。⊙奇猷案：王説非也。此四字當作「父下車」，屬下為句。今「下」字誤為「子」，又因下「推車」而衍「推」字耳。迂評本删此四字，松皋圓改「子」為「下」，顧廣圻謂下文「推車」二字當衍，皆非。

〔四〕陶鴻慶曰：「輟」，當為「叕」。説文：「叕，綴聯也。」叕而寄之，謂綴聯其田器而載之車上也。下文云「今使身佚且寄載」，寄載别為一事，明指田器言也。⊙奇猷案：「輟」下當脱「耨」字。輟，止也。陶説未允。

〔五〕顧廣圻曰：藏本同。今本「驚」作「鶩」。⊙王先慎曰：「驚」字不誤。「轡」當作「又」。⊙奇猷案：「轡驚」當作「咸驚」。經「牽馬推車則不能進，代御執轡則馬咸驚矣」二語，係舊注誤入正文，説詳上。而舊注者當係本此為説，則舊注者所見本作「咸驚」是其明證。凌本、迂評本與今本同，是其誤文之迹尚未泯者。咸，皆也。咸驚，四馬齊進也。

〔六〕顧廣圻曰：藏本、今本「身使」作「使身」。⊙楊樹達曰：按「令」當作「今」。⊙奇猷案：吴鼒本「今」誤「令」，四部叢刊本不誤。今身使佚，謂今身使之佚，自可通，不必倒。王先慎從今本乙，非是。

〔七〕奇猷案：「且寄載」三字為句。「且寄載」承上「造父因收器輟耨而寄載之」而言。有，讀為又。謂今身使之佚，且寄載田器，又畀德於人。

〔八〕舊注：術則國之轡策也。⊙盧文弨「雖」下補「使」字，曰：張本有。⊙奇猷案：藏本、迂評本「雖」下有「處」字，誤。身雖勞，義甚明。盧説非。

〔九〕盧文弨曰：「致」，藏本作「制」。⊙奇猷案：致，招致也。藏本誤。

椎鍛者所以平不夷也，榜檠者所以矯不直也，聖人之為法也，所以平不夷矯不直也。淖齒之用齊也擢閔王之筋〔一〕，李兑之用趙也餓殺主父〔二〕。此二君者皆不能用其椎鍛榜檠，故身死為戮而為天下笑。

〔一〕楊樹達曰：此節當連上，不當提行。

〔二〕奇猷案：淖齒、李兑事，注詳姦劫弑臣篇。

一曰〔一〕。入齊則獨聞淖齒而不聞齊王，入趙則獨聞李兑而不聞趙王。故曰：人主者不操術，則威勢輕而臣擅名。

〔一〕奇猷案：此及下兩「一曰」，舊皆連上，今提行。

一曰。田嬰相齊〔一〕。人有説王者曰：「終歲之計，王不一以數日之間自聽之，則無以知吏之姦邪得失也。」王曰：「善。」田嬰聞之，卽遽請於王而聽其計。王將聽之矣，田嬰令官具押券斗石參升之計〔二〕。王自聽計，計不勝聽，罷食，後復坐〔三〕，不復暮食矣。田嬰復謂曰：「羣臣所終歲日夜不敢偷怠之事也，王以一夕聽之，則羣臣有為勸勉矣。」王曰：「諾。」俄而王已睡矣，吏盡揄刀削其押券升石之計〔四〕。王自聽之，亂乃始生。

〔一〕奇猷案：田嬰，孟嘗君父，詳史記孟嘗君傳。又案：此事不見於經，松皐圓、太田方移此節於外儲說左上「魏昭王欲與官事」節後。案此文末云「亂乃始生」，蓋謂齊王不能用其椎鍛榜檠，僅自聽其計以致亂生，又與上文「明主不躬小事」之旨皆無不合，故不必移置它篇。

〔二〕顧廣圻曰：下文無「斗」「參」，作「升石」。按此未詳。⊙孫詒讓曰：商子定分篇「主法令之吏，謹其右券木押，以室藏之，封以法令之長印」。此押券卽右券。「木押」，押、柙通。說文木部「檢，柙也」。「參升」二字疑衍。⊙松皐圓曰：「參」，古「累」字。十黍為累，小數之名。⊙太田方曰：「參」疑「區」之誤。參，古作厽，酷似「品」字，因逸匸歟？⊙沈錫胙曰：兩漢專匋室群書斠識云：「急就篇『蠡升參升半卮觛』，孫氏校云『皇本作蠡斗枲（孫氏星衍本作參）升半卮蕫。按蠡升，升、當從皇本作斗，其讀當為料。說文：料，勺也。經典多以斗為之，與升近而訛。枲，疑卽枲，此借為飯橾字』。胙案：松江華亭縣明刻碑本正作枲，上從三口。據此，是此文之參字亦卽枲字之誤，當讀為料，與升字均非衍文矣。」（批孫仲容札迻書眉手稿）。⊙奇猷案：王念孫讀書雜志校呂氏春秋權勳篇「黍酒」云：「太平御覽兵部四十四引作『參酒』，又引高注『酒器受三升曰參』。韓非子外儲說右下：『田嬰令官具押券斗石參升之計。』」猷案：證以御覽引呂氏及急就篇，古者本有量器名「參」者，在斗與升之間，其實為三升，故名之曰「參」。松氏以「參」為「累」，十黍為累。此文雖言計之繁瑣，諒亦不致計至十黍之微。又案：券，卽債券。齊策馮諼為孟嘗君所燒之債券卽是。押，疑如後世之「典押」，待考。

〔三〕顧廣圻曰：「罷食」句絶。「後」字當衍。⊙奇猷案：顧說是。「後」卽「復」字之訛衍。

〔四〕孫詒讓曰：「升石」，當依上作「斗石」。斗、升隸書形近而誤。⊙奇猷案：說文：「揄，引也。」

一曰。武靈王使惠文王莅政，李兑為相，武靈王不以身躬親殺生之柄，故劫於李兑。

說五——茲鄭子引輦上高梁而不能支。茲鄭踞轅而歌，前者止，後者趨，輦乃上〔一〕。使茲鄭無術以致人，則身雖絶力至死〔二〕，輦猶不上也。今身不至勞苦而輦以上者，有術以致人之故也。

〔一〕陶鴻慶曰：案「止」當為「走」。「走」字壞其上半遂誤為「止」矣。⊙奇猷案：陶說非。止，謂前者止步以引車也。趨、同趨，促也。

〔二〕顧廣圻曰：今本「至」作「致」，誤。⊙奇猷案：凌本亦誤作「致」。

趙簡主出稅者〔一〕，吏請輕重。簡主曰：「勿輕勿重。重則利入於上，若輕則利歸於民。吏無私利而正矣〔二〕。」

〔一〕王先慎删「者」字，曰：據御覽六百二十七引删。⊙奇猷案：謂令稅者出收賦稅也。王删「者」字，文不成義矣。

〔二〕王先慎曰：辭意未完，當有脱文。⊙太田方曰：「正」當作「足」，古文「正」字作疋，「足」字作疋，相似故誤耳。⊙陶鴻慶曰：「正」當為「止」。王解以此文辭意未完，疑有脱文，而下文從趙本提行，大誤。⊙奇猷案：「正」為「止」誤，是。松皐圓說同。又案：下文藏本亦提行，是。下文非趙簡主事，詳下。

薄疑謂趙簡主曰〔一〕：「君之國中飽。」簡主欣然而喜曰〔二〕：「何如焉？」對曰：「府庫空虛於上，百姓貧餓於下，然而姦吏富矣。」

〔一〕奇猷案：薄疑與趙簡主不同時。外儲説右上篇云「衛嗣君謂薄疑曰」，內儲説上篇云「衛嗣君貴薄疑以敵如耳」，是薄疑為衛嗣君臣，乃戰國末期之人。趙簡主為春秋末期人。二人時代不相及。此「趙簡主」當是「衛嗣君」因上「趙簡主出税者」而誤。呂氏春秋審應篇云：「衛嗣君欲重税以聚粟，民弗安，以告薄疑曰：『民甚愚矣。夫聚粟也，將以為民也。其自藏之與在於上奚擇？』薄疑曰：『不然。其在於民而君弗知，其不如在上也；其在於上而民弗知，其不如在民也。』」呂氏此載與韓子所述疑是在一次談論中之事。據此，益可證此文「趙簡主」當作「衛嗣君」矣。

〔二〕奇猷案：飽，滿也。薄疑之意，蓋謂國內有中飽之現象。而簡主以為「國中（逗）飽（句）」，猶言國內富，故欣然而喜。

齊桓公微服以巡民家〔一〕，人有年老而自養者，桓公問其故。對曰：「臣有子三人〔二〕，家貧，無以妻之，傭未反〔三〕。」桓公歸，以告管仲。管仲曰〔四〕：「畜積有腐棄之財則人飢餓，宮中有怨女則民無妻。」桓公曰：「善。」乃論宮中有婦人而嫁之〔五〕。下令於民曰〔六〕：「丈夫二十而室〔七〕，婦人十五而嫁〔八〕。」

〔一〕奇猷案：説苑貴德篇作「桓公之平陵」。

〔二〕奇猷案：說苑作「九人」。

〔三〕王先愼「未」下增「及」字，曰：趙本有，御覽五百四十一引亦有。⊙傅佛崖曰：傭未及反，謂其三子傭未及反也。⊙奇猷案：藏本、迂評本、凌本與趙本同，誤，「及」卽「反」之訛衍。說苑作「吾使傭而未返也」，無「及」字可證。反、返同。傭未反，謂爲人傭尚未返也，故桓公未得見之。此文有「及」字，反覺贅疣。

〔四〕王先愼曰：舊不重「管仲」二字。顧廣圻云：「今本重。」先愼按御覽引亦重「管仲」二字，今據補。⊙奇猷案：王補是，今從之，迂評本、凌本亦重可證。

〔五〕王先愼改「論」爲「諭」，曰：據御覽引改。⊙陶鴻慶曰：案「有婦」下當有「未御」二字。而，猶則也。下文云「今於宮中女子未嘗御者出嫁之」是其證。奪此二字則文義不安。⊙章太炎曰：案：怨與積同意。怨，讀爲「怨利生孽」之怨。怨利，謂蘊利也。荀子哀公篇「富有天下而無怨財」，怨財，謂滯財也。惟女有蘊蓄於宮中者，則民乃無妻，不論女之情怨與不怨也。卽使千人同御，女無怨情，民之無妻，何以異於不怨哉？故知「怨」非怨恨義也。下云「內無怨女，外無曠夫」，曠者，虛也，與怨相對。內過實則外虛，理勢必然。詩序云「采綠，刺怨曠也。幽王之時，多怨曠也」，亦謂男子從役於外故虛曠，女子鬱滯於家故怨積，則怨曠者，刺王政不善，以致怨曠，故下復申之曰「幽王之時，多怨曠也」，以明此是刺王也。⊙奇猷案：章氏此說至確。荀子楊倞注云：「怨，讀爲蘊。言富有天下而無蘊積私財也。」又案：論，察也。王改「論」爲「諭」，非。下文「婦人年十五而嫁」，則女子之未婚者亦稱婦人。陶增「未御」二字，非是。

〔六〕盧文弨曰：「曰」，張本作「也」。⊙顧廣圻曰：藏本同。今本「曰」作「也」，誤。⊙王先愼曰：御覽引亦作「曰」。⊙奇猷案：凌本亦作「也」，誤。

〔七〕王先愼曰：御覽引「二十」作「三十」。

〔八〕奇猷案：墨子節用上篇云：「昔者聖王為法曰：丈夫年二十毋敢不處家，女子年十五毋敢不事人。此賢王之法也。」則二十而室，十五而嫁，蓋古制也。

一曰〔一〕。桓公微服而行於民間，有鹿門稷者，行年七十而無妻。桓公問管仲曰：「有民老而無妻者乎？」管仲曰：「有鹿門稷者，行年七十矣而無妻。」桓公曰：「何以令之有妻？」管仲曰：「臣聞之，上有積財則民臣必匱乏於下〔二〕，宫中有怨女則有老而無妻者。」桓公曰：「善。」令於宫中女子未嘗御出嫁之。乃令男子年二十而室，女年十五而嫁。則内無怨女，外無曠夫。

〔一〕奇猷案：舊連上，今提行。

〔二〕奇猷案：迂評本無「臣」字，蓋妄删耳。

延陵卓子乘蒼龍挑文之乘〔一〕，鉤飾在前〔二〕，錯錣在後〔三〕。馬欲進則鉤飾禁之，欲退則錯錣貫之，馬因旁出。造父過而為之泣涕〔四〕，曰：「古之治人亦然矣。夫賞所以勸之而毁存焉，罰所以禁之而譽加焉。民中立而不知所由〔五〕，此亦聖人之所為泣也。」

〔一〕舊注：言雕飾之。⊙俞樾曰：挑，當讀為翟。下文「一曰延陵卓子乘蒼龍與翟文之乘」，注云「馬有翟之文」是也。挑從兆聲，與翟聲相近，故翟通作挑。尚書顧命篇「王乃洮頮水」，鄭讀洮為濯。詩大東篇「佻佻公子」，韓詩「佻」作「嬥」。爾雅釋魚「蜃小者珧」，衆家本「珧」作「濯」。并其例也。舊注不知挑卽翟之假字而訓為雕飾，誤矣。⊙王先慎曰：俞説是。御覽七百四十六、八百九十六引「挑」作「桃」。拾補作「桃」，盧文弨以「挑」字為譌，非也。挑、桃並翟之假借。⊙奇猷案：俞説是。山雉之尾長者為翟，見説文。翟文之乘，謂馬有如雉尾之紋者。

〔二〕舊注：約鉤使奮也。⊙太田方曰：鉤，婁頷之鉤也。⊙高亨曰：飾，當借為勒。説文：「勒，馬頭絡銜也。」莊子馬蹄篇「前有橛飾之患，而後有鞭筴之威」，釋文引司馬注：「飾，排銜也。」司馬注正讀飾為勒，是其證也。⊙奇猷案：高説是。

〔三〕舊注：錣，鍬也，以金飾之。⊙王先慎曰：事類賦二十一引「錣」作「綴」。⊙松皐圓曰：淮南子修務訓「不待册錣而行。」按錯、册并宜讀為策。氾論訓作「策錣」，注：「錣，檔頭箴也。」列子釋文引許慎云：「錣，馬策端有利鋒，所以刺不進也。」⊙奇猷案：事類賦作「綴」，誤。淮南子道應訓「白公勝倒杖策錣上貫頤」，高注云：「馬捶有針以刺馬謂之錣。」又案：説文：「檔，箠也。」箠、捶同。

〔四〕奇猷案：造父，注見上。

〔五〕舊注：言賞則有毀，罰卽有譽，故不知其所由。⊙王先慎曰：事類賦引「民中立」作「猶人處急世」。注「卽」字趙本作「則」。⊙奇猷案：「古之治人」，「古」當作「今」。

一曰〔一〕。延陵卓子乘蒼龍與翟文之乘〔二〕，前則有錯飾〔三〕，後則有利錣〔四〕，進則引之〔五〕，退則筴之。馬前不得進，後不得退，遂避而逸，因下抽刀而刎其脚。造父見之，泣〔六〕，終日不食，因仰天而嘆曰：「筴所以進之也，錯飾在前；引所以退之也，利錣在後。今人主以其清潔也進之，以其不適左右也退之；以其公正也譽之，以其不聽從也廢之。民懼，中立而不知所由〔七〕，此聖人之所為泣也。」

〔一〕奇猷案：舊連上，今提行。

〔二〕舊注：馬有翟之文。

〔三〕松皐圓曰：「錯」宜作「鉤」，又疑「鏑」字訛。淮南子氾論訓注：「鏑，口中央鐵，大如鷄子中黄，所以制馬口也。」⊙奇猷案：松説非也。飾借為勒（詳上）。錯飾，猶言交錯之勒也，與「利錣」相對。此段舊連上，今提行。

〔四〕顧廣圻曰：藏本、今本「後則」下有「有」字。按依上文當補。⊙奇猷案：王先慎據顧説補「有」字，是，今從之。

〔五〕顧廣圻曰：「進」上「筴」字衍。藏本、今本無「進」字，此誤删。⊙王先慎删「筴」字曰：按顧説是。「筴」字不當有，今據張榜本、趙本删。⊙奇猷案：王删是，今從之。

〔六〕王先慎「泣」上增「而」字，曰：盧文弨云：「脱，張本有。」⊙奇猷案：此不必有「而」字。「之」字逗。藏本有「而」字亦誤。

〔七〕奇猷案：上節無「懼」字。

卷十五

難一第三十六〔一〕

晉文公將與楚人戰〔二〕，召舅犯問之〔三〕，曰：「吾將與楚人戰，彼衆我寡，為之奈何？」舅犯曰：「臣聞之：『繁禮君子，不厭忠信〔四〕；戰陣之間，不厭詐僞〔五〕。』君其詐之而已矣。」文公辭舅犯，因召雍季而問之〔六〕，曰：「我將與楚人戰，彼衆我寡，為之奈何？」雍季對曰：「焚林而田，偷取多獸〔七〕，後必無獸〔八〕；以詐遇民，偷取一時，後必無復〔九〕。」文公曰：「善。」辭雍季，以舅犯之謀與楚人戰以敗之〔一〇〕。歸而行爵，先雍季而後舅犯。羣臣曰：「城濮之事，舅犯謀也。夫用其言而後其身，可乎？」文公曰：「此非君所知也〔一一〕。夫舅犯言，一時之權也；雍季言，萬世之利也。」仲尼聞之，曰：「文公之霸也，宜哉！既知一時之權，又知萬世之利〔一二〕。」

〔一〕舊注：古人行事，或有不合理，韓子立義以難之。⊙奇猷案：難，駁斥。難分四篇，列舉前人之政治觀點加以分析駁斥。

〔二〕奇猷案：晉、楚城濮之戰，詳左傳僖二十八年。可參閱本書外儲説右上「晉文公問於狐偃」條。

〔三〕奇猷案：舅犯即狐偃。

〔四〕舊注：禮繁縟，故曰繁禮。唯忠信可以學禮，故曰不厭忠信。

〔五〕舊注：非譎詐不能制勝，故曰不厭詐偽也。

〔六〕奇猷案：雍季，注家皆無考。余以為當即左文六年傳之公子雍。杜注云：「公子雍，晉文公子，襄公庶弟，杜祁之子。」史記秦本紀：「雍，秦出也。」正義云：「雍母，秦女，故言秦出也。」據此，則知雍母杜祁為秦女。又據左傳及史記秦本紀、晉世家，晉襄公時，雍在秦，襄公卒，趙盾欲立雍，使隨會迎雍，秦以兵送至令狐，晉立襄公子而反擊秦師，即秦、晉令狐之戰也。此文言雍季而不言公子雍者，一則「季」乃其排行，如趙孟、賈季（二人亦見左傳）之稱孟、稱季同例；再則此召問者乃其父文公，故不言公子而以其名及排行呼之。且雍為襄公弟，則以季稱，於排行亦合。又左傳云：「趙孟曰：『公子雍好善而長，先君愛之。』」既言雍好善，則與下文「以詐遇民，偷取一時，後必無復」之語亦合。既言長，推知在城濮戰時，雍之年頗大；蓋城濮戰後四年文公卒，襄公立七年亦卒，則在城濮戰時文公召之謀事，於年齡亦合。既言文公愛之，故下文云「行爵先雍季」，與「愛之所至而恩加焉」之人情亦合。總上諸證，則雍季與公子雍之為一人確矣。

〔七〕「偷」字舊注：苟且也。

〔八〕顧廣圻曰：今本「偷」下有「取」字，「後」下無「不」字。⊙王先慎改從今本，曰：按此皆四字句，有「取」字無「不」字是也。呂氏春秋孝行覽義賞作「焚藪而田，豈不獲得，而明年無獸」。⊙劉師培曰：按淮南人間訓作「焚林而獵，愈多得獸，後必無獸；以詐偽遇人，雖愈利，後無復」。兩文互勘，「後」下「不」字確屬衍文。下文「後必無復」，即彼文之「後無復」。作「偷」作「愈」，兩文並通，惟當讀「焚林而田」句絕。⊙奇猷案：今本是，今據增「取」

字删「不」字，迂評本、凌本與今本同。

〔九〕舊注：因詐得利，必以詐為俗，故無復有忠信。⊙王先慎曰：乾道本注「為」作「偽」，「無」作「言」，據趙本改。⊙奇猷案：王改是，今從之。藏本「言」作「古」，亦譌。

〔一〇〕王先慎曰：吕氏春秋云：「文公用咎犯之言而敗楚人於城濮。」⊙奇猷案：藏本「戰」作「成」，蓋「戰」俗作「战」，又訛為「成」也。

〔一一〕顧廣圻曰：「君」當作「若」。⊙奇猷案：顧説是，松皐圓説同。

〔一二〕奇猷案：此上疑韓非引自別本論語。韓非曾見別本論語。後文「仲尼」云云各條同此。

或曰〔一〕：雍季之對，不當文公之問。凡對問者，有因問大小緩急而對也〔二〕。所問高大而對以卑狹，則明主弗受也〔三〕。今文公問以少遇衆，而對曰「後必無復」，此非所以應也〔四〕。且文公不知一時之權，又不知萬世之利。戰而勝，則國安而身定，兵强而威立，雖有後復，莫大於此〔五〕，萬世之利奚患不至？戰而不勝，則國亡兵弱，身死名息，拔拂今日之死不及〔六〕，安暇待萬世之利？待萬世之利，在今日之勝；今日之勝，在詐於敵；詐敵，萬世之利而已〔七〕。故曰：雍季之對不當文公之問。且文公又不知舅犯之言。舅犯所謂不厭詐偽者，不謂詐其民，請詐其敵也〔八〕。敵者，所伐之國也，後雖無復，何傷哉？文公之所以先雍季者，以其功耶？則所以勝楚破軍者，舅犯之謀也；以其善言耶？則雍季乃道其後之無復也，此未有善言也。舅犯則以兼之矣〔九〕。舅犯曰「繁禮君子，不厭忠信」者：忠，所以愛其下也〔一〇〕；信，所以不欺其民也。夫既以愛而不欺矣，言孰善於此？然必曰「出於詐偽」者，軍旅之計也〔一一〕。舅犯前有善言，後有戰勝，故舅犯有二功而後論，雍季無一焉而先賞。「文公之霸，不亦宜乎〔一二〕！」仲尼不知善賞也〔一三〕。

〔一〕奇猷案：韓非託為他人之言，故云「或曰」。後各條同。

〔二〕顧廣圻曰：藏本同。今本「因」下「問」字作「因」，誤。按「有」當作「在」，十字為一句。⊙王先慎改從今本，讀作「凡對問者有因，因大小緩急而對也」，曰：顧說非。「問」字涉上文而誤。因大小緩急而對，謂因其問之大小緩急而對也，正承上「凡對問者有因」而言。若作「問」則文氣不屬。⊙奇猷案：顧、王說皆非也，詳下。迂評本、凌本與今本同，亦誤。

〔三〕奇猷案：以「有」字在文法上之特性推之，又證以「大小緩急」下無所承、「高大卑狹」上無所冒，此文當作「凡對問者，有因問大小緩急而對也，有因問高大卑狹而對也。所問大小而對以緩急，所問高大而對以卑狹，則明主弗受也」，今中間脱去「有因問高大卑狹而對也。所問大小而對以緩急」兩句十九字，遂致義不銜接而不可通也。所問大小而對以緩急，所問高大而對以卑狹，皆是所對非所問，喻雍季對文公之問為所對非所問。

〔四〕奇猷案：「後必無復」與「以少遇衆」事不相關，故曰非所以應也。

〔五〕奇猷案：「後」字當在「雖」字上，下文「後雖無復」，與此句同例可證。

〔六〕顧廣圻曰：拔、拂同字，或當衍其一也。⊙王先慎曰：「拔今日之死不及」，與孟子「救死猶恐不暇」語意正同。⊙松皐圓改「拔」為「祓」，曰：物双

「拂」即「拔」之複字。或一本作「拔」，一本作「拂」，校者旁注於下，而失删耳。

松云：「巫祝祓拂之。」⊙奇猷案：「拔拂」為聯緜詞。廣雅釋詁：「拂，拔也。拔，除也。」拔為祓之假字。拔拂即祓拂。説文：「祓，除惡祭也。」祓拂亦即祓除。十過篇「宗廟不祓除」。周語「敬其祓除」，注：「祓除，埽除也。」「拔拂今日之死不及」，謂祈求今日之凶死還來不及。顧、王不知「拔拂」為聯緜詞，因删其一，失之。

〔七〕盧文弨曰：「而」字藏本、張本無，「已」張本作「也」。⊙王先慎曰：「詐於」當作「於詐」。⊙陶鴻慶曰：案此文當云：「萬世之利，在今日之勝；今日之勝，在於詐敵而已。」今本「於詐」二字誤倒，「待」字、「詐敵萬世之利」六字，皆涉上文誤複。藏本「而已」字止作「已」，張本又改「已」作「也」，皆非。⊙奇猷案：此文不誤。於，猶其也，詳解老篇注。王引之經傳釋詞云「耳，猶『而已』也」，則「而已」亦猶「耳」耳，皆決定之詞。此文謂期待萬世之利在於今日之勝敵，今日之勝敵在於詐其敵，詐敵則決定萬世之利。正符合於邏輯之三段論。「待」字不可少，蓋期待萬世之利，此期待必須通過今日之勝敵而滿足，可知此「待」字不可少。迂評本與藏本同，誤。松皐圓與王説同，亦非。

〔八〕顧廣圻曰：今本「請」作「謂」。⊙王先慎改從今本，曰：按作「謂」是。言舅犯謂詐其敵，非謂詐其民也。「請」乃「謂」字形近而譌。⊙奇猷案：「請」字不誤。「請詐其敵」，猶言請文公詐其敵。迂評本、凌本亦作「謂」，誤。孫子計篇「兵者，詭道也」，李筌注：「軍不厭詐。」

〔九〕奇猷案：以，同已。

〔一〇〕奇猷案：吕氏春秋至忠篇「將以忠於君王之身」，高誘注：「忠，猶愛也」，是忠固有愛訓。

〔一一〕奇猷案：「出於」二字無義。「出於詐僞」當作「不厭詐僞」，乃引上文舅犯之言。

〔一二〕盧文弨「霸」下補「也」字，曰：此二句乃述仲尼之語。「也」字脱，藏本有。⊙奇猷案：此略述仲尼語，不必泥於與上文字字相同，無「也」字於文亦無礙。王先慎從盧説補「也」字，非。迂評本有「也」字，亦誤增也。

〔一三〕舊注：仲尼不知善賞，妄嘆宜哉乎。

歷山之農者侵畔，舜往耕焉，朞年，甽畝正〔一〕。河濱之漁者爭坻〔二〕，舜往漁焉，朞年而讓長〔三〕。東夷之陶者器苦窳〔四〕，舜往陶焉，朞年而器牢〔五〕。仲尼歎曰：「耕、漁與陶，非舜官也〔六〕，而舜往為之者，所以救敗也〔七〕。舜其信仁乎〔八〕，乃躬藉處苦而民從之〔九〕。故曰：聖人之德化乎〔一〇〕！」

〔一〕舊注：相謙，故正也。⊙王先慎曰：藝文類聚十一引作「朞年而耕者讓畔」。⊙奇猷案：説文：「畔，田界也。」甽畝正者，蓋謂舜晝正井田之經緯，故甽畝正。舜時雖未有井田制，但此文係出自別本論語。乃儒者所為，故以井田制為説。舊注非。藝文類聚不知此義，見下文漁者讓長，因改此文為「耕者讓畔」，不可據。

〔二〕舊注：坻，水中高地，釣者依之。⊙松皐圓曰：詩傳：「坻，小渚也。」⊙奇猷案：詩蒹葭「宛在水中坻」，傳：「坻，小渚也。」爾雅釋水「小洲曰渚」，又云「水中可居者曰洲」，故舊注謂坻為水中高地。藏本「坻」作「抵」，注同，誤。

〔三〕王先慎曰：藝文類聚引「而」下有「漁者」二字。⊙奇猷案：御覽四百二十四引作「舜耕於歷山，農者讓畔；漁於河濱，漁者讓澤」。又八百二十引「歷山農侵畔，舜往耕，其年讓畔」。皆刪改此文也。

〔四〕舊注：苦窳，惡也。⊙蔣超伯曰：文選枚乘七發李善注引應劭説云：「窳，弱也。」窳、呱通。説文：「呱，本不勝末微弱也。」本不勝末則勞，故一切經音義引爾雅云：「窳，勞也。」玉篇亦云：「呱，勞也。」然弱為正義，弱則不堅，故此云「苦窳」，而下云「器牢」。原注「苦窳，惡也」，似非。⊙松皐圓曰：齊語「辨其功苦」，注「功，牢也。苦，脆也。」荀子注：「楛與苦同，惡也。」凡器物堅好者謂之功，濫惡者謂之苦。⊙奇猷案：史記五帝紀正義云：「苦，讀如盬，音古。麤也。」物不堅固亦可謂之惡，故舊注訓苦窳為惡也。松引荀子注見王制篇。

〔五〕王先慎曰：藝文類聚引「器」下有「以」字。⊙奇猷案：淮南子原道訓云：「舜耕歷山，釣於河濱。」與此同。史記五帝紀云：「舜耕歷山，歷山之人皆讓畔；漁雷澤，雷澤上人皆讓居；陶河濱，河濱器皆不苦窳。」墨子尚賢中篇、呂氏春秋慎人篇、新序雜事一與史記同。説苑反質篇「歷山之田者善侵畔，而舜耕焉；雷澤之漁者善爭陂，而舜漁焉；東夷之陶器窳，而舜陶焉。」皆與本書所載不同，蓋傳聞之異也。

〔六〕舊注：非大人之事。⊙王先慎曰：趙本無注。⊙奇猷案：官，猶職也。二柄篇：「臣不得越官而有功」，用人篇：「明君使士不兼官」，皆以官為職之義可證。蓋法家主張一人不兼官，一官不兼職，故申子亦曰：「治不踰官，雖知不言」（見本書定法篇）。踰官，亦踰職也。此文謂耕、漁與陶非舜之職事。舊注未確。

〔七〕奇猷案：敗，壞也。謂敗政壞俗之事。

〔八〕奇猷案：此皆以仁言，不以信言，信當讀為誠。

〔九〕顧廣圻曰：藏本、今本「藉」作「耕」。按藉、借同字。⊙王先慎曰：顧説是。上文耕、漁、陶三項，此不當僅言耕也。躬藉處苦，即下文「以身為苦而後化民」之義。⊙奇猷案：荀子「故窮藉而無極」，注：「藉，踐履也。」國策秦策「不苦一民」，注：「苦，勞也。」迂評本、凌本與今本同，亦誤。

〔一〇〕奇猷案：此條疑韓非引自別本論語。

或問儒者曰：「方此時也，堯安在？」其人曰：「堯為天子。」「然則仲尼之聖堯，奈何」〔一〕？聖人明察在上位，將使天下無姦也。今耕漁不爭〔二〕，陶器不窳，舜又何德而化〔三〕？舜之救敗也，則是堯有失也。賢舜則去堯之明察，聖堯則去舜之德化，不可兩得也。楚人有鬻楯與矛者，譽之曰：「吾楯之堅，物莫能陷也〔四〕。」又譽其矛曰：「吾矛之利，於物無不陷也。」或曰：「以子之矛陷子之楯，何如？」其人弗能應也。夫不可陷之楯與無不陷之矛，不可同世而立。今堯、舜之不可兩譽，矛楯之說也。且舜救敗，朞年已一過，三年已三過〔五〕。舜有盡，壽有盡〔六〕，天下過無已者。以有盡逐無已，所止者寡矣〔七〕。賞罰使天下必行之，令曰：「中程者賞，弗中程者誅〔八〕。」令朝至暮變，暮至朝變，十日而海內畢矣，奚待朞年〔九〕？舜猶不以此說堯令從己〔一〇〕，乃躬親，不亦無術乎〔一一〕？且夫以身為苦而後化民者，堯、舜之所難也；處勢而驕下者，庸主之所易也〔一二〕。將治天下，釋庸主之所易，道堯、舜之所難，未可與為政也〔一三〕。

〔一〕舊注：堯在上，三人為惡。仲尼謂堯為聖者，奈何？⊙奇猷案：注「三」，趙本作「容」。注所謂三人，乃指耕、漁、陶三類人。趙本臆改耳。王先慎改從趙本，非。

〔二〕王渭曰：今，當作令。⊙奇猷案：王說非，詳下。

〔三〕舊注：若堯以舜在上，則自有禮讓，何須舜以化之。⊙盧文弨曰：「而」，張本作「之」。⊙奇猷案：此文謂今者聖堯在上位，耕、漁不爭，陶器不窳，無姦人姦事，舜又何德而化。人皆自覺不爭、不為窳器，非堯令之也。王改上「今」為「令」，非。迂評本「而」亦作「之」，與張本同，亦通。注「舜」，藏本作「聖」。

〔四〕顧廣圻曰：藏本、今本「曰」下有「吾」字。按依難勢篇此無「吾」字。⊙王先慎「曰」下補「吾」字、「堅」下補「物」字，曰：按下文「吾矛之利」與此「吾楯之堅」語正相對，下「以子之矛陷子之楯」兩「子」字與兩「吾」字文又相照，乾道本脱「吾」字耳。難勢篇作「譽其楯之堅」，文法不同，不得緣以為比。北堂書鈔一百二十三、御覽三百五十三引並有「吾」字、「物」字，今據補。難勢篇亦有「物」字。⊙奇猷案：王補是，今從之。迂評本、凌本與藏本、今本同。白帖十六、類要三十二與書鈔、御覽同。

〔五〕奇猷案：已，止也。過，失也。

〔六〕顧廣圻曰：上「有盡」二字當衍，四字為一句。⊙奇猷案：顧説非。此當為三字兩句，盡，限也。謂僅有一舜而非有無限之舜，而舜壽又是有限，文義甚明。

〔七〕「天下過無已者以有盡逐無已」原作「天下過無以已者有盡逐無已」。⊙顧廣圻曰：「以已者」，當作「已以」，「已」字句絶，「以」下屬，「者」字當衍。⊙王先慎乙「以」字於「有」上，曰：按張榜本、趙本「以」字在「有」字上，是也。謂天下之過不止耕、漁、陶三者，以舜壽之有盡，而治無已之過，則所止者寡矣。因「以」字誤移於上，而盧、顧並去「者」字，非也。今依張、趙本改。⊙奇猷案：王改是，今從之。莊子養生主「以有涯隨無涯，殆已」，與此文法正同，可證。凌本與趙本同。案：者，猶也也，詳王氏經傳釋詞。

〔八〕太田方曰：荀子：「程者，物之準也」，注：「程，度量之總名。」⊙奇猷案：此是倒裝句，其義為：賞罰使「中程者賞，弗中程者誅」之法令必行於天下。中程，中於法令。弗中程，不中於法令。太引荀子見致仕篇。

〔九〕奇猷案：變，謂改邪歸正。畢，謂改變完畢。

〔一〇〕王先慎曰：言使民從己之令也。⊙陶鴻慶曰：案「猶」蓋「獨」字之誤。⊙楊樹達曰：案「從」字當讀斷，「已」

字當屬下。⊙傅佛崖曰：「己」字指堯而言，言舜宜説堯令民從己也。⊙奇猷案：陶説是。以文法言，「己」字當指舜。此，指用賞罰使法令必行於天下之策。「舜獨不以此説堯令從己」，謂舜獨不以「用賞罰使法令必行於天下之策」説堯，令堯從己之説。下文「乃躬親」云云之「乃」字正承「獨」字言之，可證陶説。楊以「舜猶不以此説堯令從」為讀，殊不辭。

〔一一〕奇猷案：當作「乃躬親救敗」，脱「救敗」二字，文義不足。

〔一二〕顧廣圻曰：藏本同。今本「驕」作「令」。按此當作「矯」。外儲説右篇云：「榜檠矯直。」⊙奇猷案：顧説是。孤憤篇「不勁直，不能矯姦」。矯姦即矯下之姦也，亦作「矯」。迂評本、凌本與今本同，亦誤。

〔一三〕奇猷案：道，從也。守道篇云：「服虎而不以柙，禁姦而不以法，塞偽而不以符，此賁、育之所患，堯、舜之所難也。」五蠹篇云：「魯哀公，下主也，南面君國，境内之民莫敢不臣。民者固服於勢。乘勢易以服人。」

管仲有病，桓公往問之，曰：「仲父病，不幸卒於大命〔一〕，將奚以告寡人？」管仲曰：「微君言，臣故將謁之〔二〕。願君去豎刁，除易牙，遠衛公子開方。易牙為君主味，君惟人肉未嘗〔三〕，易牙烝其子首而進之〔四〕。夫人情莫不愛其子〔五〕，今弗愛其子，安能愛君？君妒而好内〔六〕，豎刁自宫以治内。人情莫不愛其身，身且不愛，安能愛君？聞開方事君十五年〔七〕，齊、衛之間不容數日行〔八〕，棄其母久宦不歸〔九〕。其母不愛，安能愛君？臣聞之：『矜偽不長，蓋虚不久〔一〇〕。』願君去此三子者也。」管仲卒死〔一一〕，桓公弗行〔一二〕。及桓公死，蟲出尸不葬〔一三〕。

〔一〕奇猷案：大命，謂自然之數，詳揚權篇注。又案：舊連上，今從藏本、趙本提行。

〔二〕物双松曰：微，無也。故、固通。⊙奇猷案：爾雅釋詁：「謁，告也。」

〔三〕顧廣圻曰：藏本「主」下有「味君主」三字。今本有「味君」二字。⊙王先慎「主」下增「味君」二字，曰：按藏本衍「主」字，乾道本脱「味君」二字，今依今本增。十過篇作「為君主味，君之所未嘗食，唯人肉耳」。⊙奇猷案：王增是，今從之。凌本與今本同。迂評本與藏本同，亦衍「主」字。

〔四〕奇猷案：迂評本、趙本、凌本「子首」作「首子」，誤，說詳十過篇。

〔五〕王先慎曰：乾道本「情」上有「惟」字。顧廣圻云：「藏本、今本無『惟』字。」今據删。⊙奇猷案：王删是，今從之，迂評本、凌本亦無「惟」字，「惟」蓋「情」之譌衍。

〔六〕奇猷案：「妒」下當依二柄篇補「外」字，說詳彼。

〔七〕顧廣圻曰：藏本、今本無「聞」字。⊙王先慎删「聞」字，曰：按「聞」即「開」字之誤而衍。⊙奇猷案：迂評本、凌本亦無「聞」字。案有「聞」字亦通。

〔八〕奇猷案：容，假為用。釋名釋姿容「容，用也，合事宜之用也」，是其證。「不容數日行」，猶言不用數日之行程。

〔九〕王先慎曰：趙本「宧」作「官」。⊙奇猷案：迂評本、凌本亦作「官」，誤。說文：「宧，仕也。」凡遊仕於他鄉皆以「宧」言，不以「官」言之。如說林上篇「魯穆公使衆公子或宧於晉，或宧於荆」，内儲説下篇「荆王欲宧諸公子於四鄰」，人主篇「游宧之士安得無撓於私門」，皆其例。

〔一〇〕舊注：言蓋藏詐事不可久也。⊙俞樾曰：「矜」字無義，乃「務」字之誤。言務為詐偽不可以長也。管子小稱篇作「務偽不久，蓋虛不長」，是其證。⊙松臯圓改「矜」為「務」曰：「矜」誤，說苑作「務」。⊙奇猷案：矜，讀如揚權篇「矜而好能」之矜，自賢也，自誇也。「矜偽不長」，猶言以偽情自誇於人者，不久必為人所揭發也。於文亦通，此當各從本書。松引說苑見談叢。

〔一一〕王先慎曰：「卒」字衍。⊙松臯圓曰：山云：「『死』字衍。」⊙陶憲曾曰：案「卒」字當訓為已，或訓為既。卒死猶言已死、既死也。爾雅釋詁曰：「卒，已也。」（儀禮士冠禮「卒筮」，士昏禮「卒食」，鄉射禮「左右卒射如初」，鄭注並云：「卒，已也。」）釋言「卒，既也」，是其義。或誤讀為「大夫曰卒」之卒，遂疑為衍字，非也。⊙奇猷案：十過篇無「卒」字，但陶說亦通，此當各從本條，不必取同。

〔一二〕盧文弨曰：張本「桓」上有「而」字。⊙奇猷案：迂評本同張本。無「而」字於文無礙。王先慎補「而」字，非。

〔一三〕顧廣圻曰：「尸」當作「户」，下同。⊙奇猷案：松臯圓與顧說同，是，說詳二柄篇。

或曰：管仲所以見告桓公者，非有度者之言也〔一〕。所以去豎刁、易牙者〔二〕，以不愛其身，適君之欲也，曰「不愛其身，安能愛君」。然則臣有盡死力以為其主者〔三〕，管仲將弗用也〔四〕，曰「不愛其死力，安能愛君」〔五〕，是欲君去忠臣也〔六〕。且以不愛其身度其不愛其君〔七〕，是將以管仲之不能死公子糾度其不死桓公也，是管仲亦在所去之域矣。明主之道不然，設民所欲以求其功〔八〕，故為爵禄以勸之；設民所惡以禁其姦，故為刑罰以威之〔九〕。慶賞信而刑罰必，故君舉功於臣，而姦不用於上〔一〇〕，雖有豎刁，其奈君何？且臣盡死力以與君市〔一一〕，君垂爵禄以與臣市，君臣之際，非父子之親也，計數之所出也〔一二〕。君有道，則臣盡力而姦不生；無道，則臣上塞主明而下成私。管仲非明此度數於桓公也〔一三〕，使去豎刁，一豎刁又至，非絶姦之道也。且桓公所以身死蟲流出尸不葬者，是臣重也。臣重之實，擅主也。有擅主之臣，則君令不下究，臣情不上通，一人之力能隔君臣之間，使善敗不聞，禍福不通，故有不葬之患也。明主之道，一人不兼官，一官不兼事〔一四〕；卑賤不待尊貴而進，論〔一五〕；大臣不因左右而見〔一六〕；百官修通，羣臣輻湊〔一七〕；有賞者君見其功，有罰者君知其罪〔一八〕；見、知不悖於前，賞、罰不弊於後〔一九〕；安有不葬之患〔二〇〕？管仲非明此言於桓公也，使去三子，故曰管仲無度矣。

〔一〕王先慎曰：度，謂法度也。

〔二〕顧廣圻曰：藏本、今本「豎」上有「去」字。⊙王先慎補「去」字，曰：按有「去」字者是也，下「管仲非明此於桓公也，使去三子」，即承此而言，明此脱「去」字。⊙奇猷案：王補是，今從之，迂評本、凌本亦有。

〔三〕舊注：盡死力亦不愛身也。

〔四〕盧文弨曰：「弗」，張本作「不」。⊙奇猷案：藏本亦作「不」。弗、不字同。

〔五〕奇猷案：此二句設為管仲答語。

〔六〕盧文弨「是」下補「欲」字，曰：「欲」字脱。⊙奇猷案：王先慎據盧説補「欲」字，是，迂評本亦有，今據補。

〔七〕陶鴻慶曰：「不愛其身」，當作「不愛其母」。上文難「管仲不愛其身，安能愛君」之語（易牙蒸其子，故同為不愛其身），故以「臣盡死力」云云折之。此難管仲「不愛其母，安能愛君」之語，故以管仲「不能死公子糾」云云折之。今本涉上文誤為「不愛身」，則與下文不倫矣。⊙奇猷案：陶說疑是。說林下「乃相與聚囓其母而食之」，御覽引「母」作「身」，是母、身二字易誤之證。

〔八〕奇猷案：「功」，藏本作「乃」，迂評本作「故」，均誤。

〔九〕奇猷案：八經篇云：「人情者，有好惡，故賞罰可用。賞罰可用，則禁令可立而治道具矣。」制分篇云：「死力者，民之所有也，情莫不出其死力以致其所欲。」又云：「民者，好利祿而惡刑罰。」荀子王制篇云：「勉之以慶賞，懲之以刑罰。」皆可明此文之義。

〔一〇〕舊注：臣有功者舉用之，自然姦不見用也。

〔一一〕顧廣圻曰：今本「與」下有「君市」二字。⊙奇猷案：凌本亦有「君市」二字，迂評本僅有「君」字。王先慎據顧校補，是，今從之。

〔一二〕舊注：君計臣力，臣計君祿。⊙奇猷案：外儲說右下篇云：「主賣官爵，臣賣智力。」飾邪篇云：「君以計畜臣，臣以計事君，君臣之交，計也。」淮南子主術訓云：「君臣之施也，相報之勢也。是故臣盡力死節以與君，君計功垂爵以與臣。」

〔一三〕王先謙曰：「數」字疑衍。上云「非有度者之言」，下云「管仲無度」，即謂此度也。「數」字淺人所增。⊙劉文典曰：案度數，猶法術也。（淮南子原道篇高注：數，術也。）本書問田篇「今先生立法術，設度數」，亦以「度數」二字連文。王謂「數」字為淺人所增，失之。⊙奇猷案：劉說是。姦劫弑臣篇云「得效度數之言」，又云「是以度數之言得效於前」，皆以「度數」連文可證。

〔一四〕奇猷案：此法家分職任官之要義，詳二柄篇注。淮南子主術訓云：「工無二伎，士不兼官，各守其職，不得相姦，人得其宜，物得其安，是以器械不苦，而職事不嫚。夫責少者易償，職寡者易守，任輕者易權。上操約省之分，下效易為之功，是以君臣彌久而不相猒。」本書用人篇云：「人臣安乎以能受職，而苦於以一負二。」人安則不反。

〔一五〕顧廣圻曰：藏本同。今本無「論」字。按「進」字當衍。上文云「舅犯有二功而後論」，和氏云「然猶兩足斬而寶乃論」，此「論」字之義。⊙奇猷案：「進」字下當有脱文，以文義求之，當云：「卑賤不待尊貴而進，功勞不以近習而論。」卑賤言進，功勞言論，於義正洽。八姦篇云「進賢材」，又云「功勞之臣不論」，以賢材言進，以功勞言論，亦可證。迂評本、凌本與今本同，蓋不知有脱文而妄删也。

〔一六〕奇猷案：大臣自可隨時進見君主，不須因左右而見，此當有脱文，當作「大臣不□□□□□，智士不因左右而見」，中間脱去「□□□□□智士不」八字。智士卽智術之士，見孤憤篇。「大臣」句所脱之字不可考。「智士不因左右而見」，蓋謂智術之士直接見君主，不須因君主之左右而見，則臣情可上通，無一人隔君臣之間，致使善敗不聞，禍福不通也。

〔一七〕奇猷案：廣雅釋詁：「修，治也。」荀子正名篇「足以相通」，楊倞注：「通，謂得其理。」治與得其理皆是有條不紊之意。百官修通，謂百官有條不紊，即百官皆遵守法規，如百官各事其事，各守其職，「直湊單微，不敢相踰越」（二語見有度篇），「順上之為，從主之法」（亦見有度篇）等等。又案：老子第十一章「三十輻，共一轂。」輻湊，即三十輻聚於一轂之意。淮南子主術訓「是非輻湊，而為之轂」，注：「轂以喻主。」此文「羣臣輻湊」，謂羣臣皆歸向於君主。百官皆遵守法規，羣臣皆歸向君主，必無擅主之臣，即使有一二姦人，將是十目所視，十手所指，無可施其姦也。

〔一八〕奇猷案：君見其功則無私賞，君知其罪則無私罰。

〔一九〕舊注：可賞，賞；可罰，罰；無所蔽塞也。⊙顧廣圻曰：弊，讀為蔽。⊙奇猷案：舊注與顧説以弊為蔽，皆非。悖通誖，亂也，謬也，詳孤憤篇注。弊，敗也（見鄭語注），壞也（見秦策注）。賞罰敗壞，即賞罰不當，可知此「弊」字有「不當」之意，與「悖」為對文。此文謂君主見其功、知其罪不誤於前，則賞與罰無不當於後，亦即賞與罰不亂於後。賞罰分明，則姦無所乘。

〔二〇〕奇猷案：有以上之措施，必無姦邪之臣，當無不葬之患。

襄子圍於晉陽中〔一〕，出圍，賞有功者五人〔二〕，高赫為賞首〔三〕。張孟談曰：「晉陽之事，赫無大功，今為賞首，何也〔四〕？」襄子曰：「晉陽之事，寡人國家危，社稷殆矣〔五〕。吾羣臣無有不驕侮之意者〔六〕，惟赫子不失君臣之禮，是以先之〔七〕。」仲尼聞之曰：「善賞哉！襄子賞一人而天下為人臣者莫敢失禮矣〔八〕。」

〔一〕奇猷案：事詳十過篇。

〔二〕王先慎曰：御覽六百三十三引「五人」作「四人」。

〔三〕顧廣圻曰：「赫」，他書作「赦」。⊙王先慎曰：淮南氾論、人間訓，説苑復恩篇，漢書古今人表並作「赫」。惟吕氏春秋孝行覽作「赦」。案「赦」即「赫」聲近而譌，當依此訂正。史記趙世家作「高共」，徐廣云：「一作赫。」⊙奇猷案：梁玉繩漢書人表考（五）云：「『共』字譌。古字『赫』亦作『𧹞』（見隸釋孔龢碑），故譌為『共』。」其吕子校補云：「作『赫』是也。赦與赫聲相近。」案：梁説是。赦、赫形亦相近。

〔四〕奇猷案：事，猶言事件，詳有度篇注。

〔五〕顧廣圻曰：藏本同，今本無「家」字，誤。⊙王先慎曰：御覽引無「家」字，吕氏春秋亦無。不必有「家」字者是，無（猷案：當作「有」）「家」字者非也，顧説泥。⊙奇猷案：國家危，社稷殆，文氣甚順，不必删「家」字，王説非。凌本與今本同，亦誤。

〔六〕松皐圓改「有不」為「不有」，曰：依淮南子氾論訓改。⊙奇猷案：「無有不」與「無不有」義同，不必改易，使各從本書。太田方改之，非是。

〔七〕王先慎删「子」字，曰：按「子」字不（猷案：此下當有「當」字）有，御覽引無，今據删。吕覽作「而不失君臣之禮者惟赫」，亦無「子」字，是其證。⊙松皐圓曰：淮南子亦無「子」字。⊙奇猷案：子，乃春秋、戰國普通之稱謂，如師襄子、孫子之類。今趙襄子以高赫彬彬有禮而為賞首，稱之為赫子，示尊敬之意，有何不可？王删「子」字，非。

〔八〕王渭曰：此困學紀聞所謂事在孔子後，孔鮒已辨其妄者也。⊙奇猷案：孔叢子荅問篇云：「昔我先君（指孔子）以春秋哀公十六年四月己丑卒，至二十七年荀瑶與韓、趙、魏伐鄭，遇陳垣而還，是時夫子卒已十一年矣，而晉四卿皆在也。後悼公十四年，知氏乃亡，皆先後甚遠，而韓非公稱之，曾無怍意，則世多好事之徒，皆非之罪也。」案孔鮒所説，確是有理。但此與上下文載有「仲尼曰」各節（上文「晉文公將與楚人戰」節、「歷山之農者侵畔」節、本節、難二篇「昔者文王侵孟」節、難三篇「葉公子高問政於仲尼」節）同例，乃韓非引自别本論語。此别本論語乃出自孔子之後學（可能是再傳以下弟子），故有傳聞失實之事，非韓非杜撰也。孔鮒歸罪於韓非，亦失考耳。但韓非不辨真偽，引以為據，亦不能免其咎。

或曰：仲尼不知善賞矣。夫善賞罰者，百官不敢侵職，羣臣不敢失禮；上設其法，而下無姦詐之心。如此，則可謂善賞罰矣。使襄子於晉陽也，令不行，禁不止，是襄子無國，晉陽無君也，尚誰與守哉？今襄子於晉陽也，知氏灌之，臼竈生鼃〔一〕，而民無反心，是君臣親也。襄子有君臣親之澤，操令行禁止之法，而猶有驕侮之臣，是襄子失罰也〔二〕。為人臣者，乘事而有功則賞〔三〕。今赫僅不驕侮而襄子賞之，是失賞也〔四〕。明主賞不加於無功，罰不加於無罪。今襄子不誅驕侮之臣，而賞無功之赫，安在襄子之善賞也？故曰：仲尼不知善賞。

〔一〕盧文弨曰：「之」下「曰」字藏本作「臼」。⊙顧廣圻曰：今本「臼」作「穴」，「鼁」作「鼃」。按此當依趙策「臼竈生鼃」，說苑權謀篇同。太元經窮上九亦云「臼竈生鼃」，蓋本於彼也。⊙王先慎從顧說改「曰」為「臼」，改「鼁」為「鼃」，曰：並形近而誤。⊙松皐圓改為「沈竈生鼃」，曰：晉語「沈竈産鼃，民無畔意」，注：「沈竈，懸釜而炊也；産鼃，鼃生於竈也。」⊙奇猷案：藏本「曰」作「臼」，是，今據改。又案：鼁、鼃皆水族，作「鼁」作「鼃」，義均同，此以各從本書為宜。又案：迂評本、凌本與今本同，亦誤。

〔二〕顧廣圻曰：藏本、今本「子」下有「失」字。⊙奇猷案：迂評本、凌本亦有「失」字。王先慎從今本補「失」字，是，今從之。

〔三〕奇猷案：迂評本脱「為」字。詩七月「亟其乘屋」，箋云：「乘，治也。」

〔四〕舊注：臣有不驕，僅合臣禮，非有善不賞也。⊙王先慎改注「不賞」為「可賞」，曰：據趙本改。⊙奇猷案：注當作「非有善不賞，乃無善可賞也」。乾道本中間脱去「賞乃無善可」五字，而趙本則脱去「不善乃無善」五字。王改

「不」為「可」，殊不辭。

晉平公與羣臣飲，飲酣，乃喟然歎曰〔一〕：「莫樂為人君，惟其言而莫之違〔二〕。」師曠侍坐於前，援琴撞之。公披衽而避，琴壞於壁〔三〕。公曰：「太師誰撞？」師曠曰：「今者有小人言於側者，故撞之。」公曰：「寡人也。」師曠曰：「啞〔四〕！是非君人者之言也。」左右請除之〔五〕。公曰：「釋之，以為寡人戒〔六〕。」

〔一〕奇猷案：迂評本不重「飲」字。藏本「然」下有「而」字。

〔二〕奇猷案：論語子路篇：「定公問曰：『一言而喪邦，有諸？』孔子對曰：『言不可若是其幾也。人之言曰：予無樂乎為君，唯其言而莫之違也。如其善而莫之違也，不亦善乎；如不善而莫之違也，不幾乎一言而喪邦乎。』」孔子所引人之言，即此所載晉平公之語也。此文之意謂：為人君至樂，因為惟有人君之言無人違反。

〔三〕奇猷案：説文「披，从旁持曰披」，又云：「衽，衣袷也。」袷同襟。古人席地而坐，故坐時，衣襟垂於地。而起身時，則將旁側之衣襟提起，即所謂披衽也。

〔四〕舊注：歎息之聲。

〔五〕盧文弨曰：「『除』當作『涂』，淮南齊俗訓作『欲塗』。」⊙傅佛崖曰：拾補謂「『除』當作『涂』」，是。説文段注：「古道塗，塗塈皆作涂。」是則塗為涂之借字也。⊙奇猷案：盧、傅説是。謂塗塈損壞之壁。故下文承此，平公言釋之，即置之而不塗也。

〔六〕王先慎曰：淮南子此下有「孔子聞之曰：平公非不痛其體也，欲來諫者也。韓子聞之曰：羣臣失禮而弗誅，是縱過也，有以夫平公之不霸也」。疑此下脱文。⊙奇猷案：吕氏春秋權勳篇「子釋之」，注：「釋，置也。」楚辭天問「釋舟陵行」，注：「釋，置也。」審此，可知所謂「釋」者，即今語「放置一旁，不管他」之意。此文謂：放置於此，不要管他，留下來以爲寡人之戒。又案：王説是。此下當依淮南子齊俗訓補入「孔子聞之曰：平公非不痛其體也，欲來諫者也」。此與上下文載「仲尼曰」各節同例，乃韓非引自别本論語之文。

或曰：平公失君道，師曠失臣禮。夫非其行而誅其身，君之於臣也〔一〕；非其行則陳其言，善諫不聽則遠其身者，臣之於君也〔二〕。今師曠非平公之行，不陳人臣之諫，而行人主之誅，舉琴而親其體〔三〕，是逆上下之位，而失人臣之禮也。夫爲人臣者，君有過則諫，諫不聽則輕爵禄以待之〔四〕，此人臣之禮、義也〔五〕。今師曠非平公之過，舉琴而親其體，雖嚴父不加於子，而師曠行之於君，此大逆之術也〔六〕。臣行大逆，平公喜而聽之，是失君道也。故平公之迹不可明也〔七〕，使人主過於聽而不悟其失；師曠之行亦不可明也，使姦臣襲極諫而飾弑君之道。不可謂兩明〔八〕，此爲兩過〔九〕。故曰：平公失君道，師曠亦失臣禮矣〔一〇〕。

〔一〕陶鴻慶曰：依下文例，「身」下當有「者」字。⊙奇猷案：陶説是。

〔二〕奇猷案：師曠援琴撞平公，蓋惡諫，故此云善諫以别於惡諫。有度篇：「倍主强諫，臣不謂忠。」

〔三〕奇猷案：此以「親」為撞擊之意，蓋當時俗語也。如今俗語被人用棍子打謂之「挨棍子」，「挨」字即此詞類。

〔四〕王先慎曰：「待」當作「去」。⊙陶鴻慶曰：案「待」當為「持」字之誤。持，謂執持。⊙物双松曰：謂辭爵禄以待君之悟也。⊙奇猷案：物説是。若作「去」，與韓非之思想要旨不合。外儲説右上經云「善持勢者蚤絶其姦萌，是以太公望殺狂矞」，説云：「太公望東封於齊。齊東海上有居士曰狂矞、華士，昆弟二人者立議曰：吾不臣天子，不友諸侯，耕作而食之，掘井而飲之，吾無求於人也，無上之名，無君之禄，不事仕而事力。太公望至於營丘，使吏執殺之以為首誅。」又：有度篇云：「夫輕爵禄易去亡以擇其主，臣不謂廉。」由此可見韓非反對輕爵禄而去之之人。陶氏改為「持」，訓為執持。案執持差近於極諫，亦韓非所不許，讀下文自明。

〔五〕王先慎曰：「義」字衍。⊙奇猷案：王説非也。諫是禮，輕爵禄以待之是義，故曰此人臣之禮與義。

〔六〕顧廣圻曰：「夫為人臣者」至此六十一字當衍，乃舊注之錯入者耳。⊙王先慎曰：顧説非。此六十一字專指臣下言。「夫為人臣者」至「此人臣之禮也」，申上人臣之禮；「師曠非平公之過」至「此大逆之術也」，申上「逆上下之位」。又以「嚴父不加於子」反譬而喻之，尤足見周、秦間之文法，非舊注所能及。且注家亦無此例也。⊙太田方曰：或曰：「術當作行。」⊙奇猷案：王説是。又案：術，猶道也。説文：「術，邑中道也。」「大逆之術」，猶言大逆之道耳。或者改「術」為「行」，非。

〔七〕王先慎曰：此及下「不可明也」兩「明」字，趙本作「行」，⊙奇猷案：凌本與趙本同。迂評本此作「行」，下作「明」。盧文弨引馮説謂作「行」者誤，是也。此趙用賢妄改也。凌本斟酌於趙本、迂評本之間，改同趙本。迂評本則以趙本校何犿本，一字用趙本，一字仍何犿本之舊。其改易之迹，歷歷在目也。又案：明，彰明也。

〔八〕顧廣圻曰：「謂」字當衍。⊙奇猷案：顧説是。

〔九〕顧廣圻曰：藏本同。今本「為」作「謂」，誤。⊙王先慎曰：顧説非。為、謂同字。⊙奇猷案：顧説是。為、謂雖通，但此文謂此是兩過，故是「為」字，不得讀為謂。王說非。

〔一〇〕奇猷案：藏本「道」下有「而」字。又案：依淮南，此下當有「羣臣失禮而弗誅，是縱過也，有以夫平公之不霸也」（詳上注）。

齊桓公時，有處士曰小臣稷，桓公三往而弗得見〔一〕。桓公曰：「吾聞布衣之士〔二〕，不輕爵祿，無以易萬乘之主〔三〕；萬乘之主，不好仁義，亦無以下布衣之士。」於是五往乃得見之〔四〕。

〔一〕奇猷案：「小臣」其氏，「稷」其名也。書傳皆以伊尹稱小臣，見墨子尚賢下篇、楚辭天問篇、呂氏春秋尊師篇知接篇、新序雜事五篇。齊侯鎛鐘亦云「伊小臣者，伊尹也」。叔弓鎛云「伊少臣唯補」，「少臣」即「小臣」。則伊尹蓋姓伊，名摯，字尹（本梁玉繩漢書人表考），其氏則小臣也。出土彝器有「小臣系卣」、「小臣邑斝」、「小臣單觶」、「小臣[illegible]簋」、「小臣豐卣」，「小臣」皆系姓氏。並詳拙作伊尹的出身及其姓名（載中華文史論叢一九八一年第三輯）。或讀「小」為「大小」之小，「臣」為「臣民」之臣，則此文不可通。蓋既是小臣，則非處士，其不可通者一；既是桓公之小臣，則桓公自可召見，不勞三往五往，此不可通者二也。又案：問辯篇云「以離羣為賢，以反上為抗」，可明此文。

〔二〕太田方曰：鹽鐵論：「古者庶人耋老而後衣絲，其餘則麻枲而已，故命曰布衣。」⊙奇猷案：太氏引鹽鐵論見散不足篇。

〔三〕松皐圓曰：易，亦輕也。山曰：「韓詩外傳作『輕』。」

〔四〕奇猷案：呂氏春秋下賢篇、韓詩外傳六、新序雜事篇皆載此事。

或曰：桓公不知仁義。夫仁義者，憂天下之害，趨一國之患，不避卑辱，謂之仁義。故伊尹以中國為亂，道為宰于湯〔一〕；百里奚以秦為亂，道為虜于穆公〔二〕。皆憂天下之害，趨一國之患，不辭卑辱，故謂之仁義。今桓公以萬乘之勢，下匹夫之士，將欲憂齊國〔三〕，而小臣不行，見小臣之忘民也〔四〕。忘民不可謂仁義。仁義者，不失人臣之禮，不敗君臣之位者也。是故四封之內，執會而朝名曰臣〔五〕，臣吏分職受事名曰萌〔六〕。今小臣在民萌之衆，而逆君上之欲，故不可謂仁義。仁義不在焉，桓公又從而禮之。使小臣有智能而遁桓公，是隱也，宜刑〔七〕；若無智能而虛驕矜桓公，是誣也，宜戮。小臣之行，非刑則戮。桓公不能領臣主之理〔八〕，而禮刑戮之人，是桓公以輕上侮君之俗教於齊國也，非所以為治也，故曰桓公不知仁義。

〔一〕奇猷案：宰，謂庖宰。伊尹，注詳難言篇。

〔二〕顧廣圻曰：「以中國為亂」句絕，下句同。兩「于」字當作「干」。藏本、今本「虜」上有「為」字，曰：按有「為」字是，今據補。道，由也。道為虜干穆公，由為虜干穆公。⊙王先慎「虜」上補「為」字。⊙奇猷案：王說是，今從之補「為」字。又案：難言篇、難二篇「伊尹自為宰干湯，百里奚自為虜干穆公」（自，亦由也），是其證。「于」即「干」之誤。

篇「百」作「伯」。百里奚，注詳難言篇。

〔三〕顧廣圻曰：藏本「欲」作「與」，今本「欲」「與」兩有，皆誤。⊙奇猷案：迂評本與藏本同，凌本與今本皆作「與欲」，均誤。

〔四〕王先慎讀「見」字句絕，曰：「行」當作「得」。下「小」字上當脱「是」字。⊙奇猷案：王説非也。此當以「行」字為句。見，顯示也。易乾「見龍在田」，釋文「見，示也」；廣雅釋詁「見，示也」；漢書禮樂志注「見，顯示也」；並其證。余前校改「見」為「是」，未允。小臣即小臣稷也，下同。謂桓公將欲憂齊國，而請小臣稷以治其國，而小臣稷不行。不行之意，蓋謂不行至朝受官職爵禄也。小臣稷不行，顯示小臣稷忘民也，下文「忘民不可謂仁義」，亦承此而言，謂小臣既係忘民，不可謂為有仁義之人。

〔五〕高亨曰：「會」，當作「禽」，形近而譌。周禮春官：「以禽作六摯，以等諸臣。孤執皮帛，卿執羔，大夫執雁，士執雉，庶人執鶩，工商執雞。」此執禽之義。顯學篇「吾必使執禽而朝」，即此「會」為「禽」譌之明證。韓策：「男為臣，女為妾，執禽而隨諸御。」亦「執禽」連文之證。⊙奇猷案：高説是。松皐圓、太田方亦均謂「會」字當作「禽」。又案：古者國境分疆，以封為誌，故四封之内，猶言四境之内也。

〔六〕奇猷案：萌、氓同，韓非以有職事者為萌，無職事者為民，詳八姦篇。

〔七〕舊注：德修而隱，不為臣用，故宜刑也。⊙顧廣圻曰：今本「也」下有「宜刑」二字，依下文當補，舊注未譌。⊙奇猷案：王先慎據顧校補，是，今從之，凌本與今本同。又外儲説右上載太公望殺狂矞、華士事，即以狂矞、華士有智能而隱也，亦可證此當有「宜刑」二字。管子法禁篇「遁上而遁民者，聖王之禁也」，與此用意同，蓋法家之旨趣皆如此也。

〔八〕太田方曰：禮樂記「領父子君臣之節」，注：「領，治理也。」⊙奇猷案：理，猶言法紀也，考詳解老篇。

靡笄之役〔一〕，韓獻子將斬人。郤獻子聞之，駕往救之。比至，則已斬之矣。郤子因曰：「胡不以徇〔二〕？」其僕曰：「曩不將救之乎？」郤子曰：「吾敢不分謗乎〔三〕？」

〔一〕舊注：晉代齊也。靡笄，山名。⊙王先慎曰：注「代」當作「伐」。⊙奇猷案：齊、晉靡笄之戰，齊師敗績，詳左成二年傳。

〔二〕奇猷案：左傳作「使速以徇」。

〔三〕奇猷案：左傳杜注云：「不欲使韓氏獨受謗。」

或曰：郤子言不可不察也〔一〕，非分謗也。韓子之所斬也，若罪人，則不可救〔二〕，救罪人，法之所以敗也；若非罪人，則勸之以徇〔三〕，勸之以徇，是重不辜也〔四〕，重不辜，民所以起怨者也，民怨則國危。郤子之言，非危則亂，不可不察也。且韓子之所斬若罪人，郤子奚分焉？斬若非罪人，則已斬之矣，而郤子乃至，是韓子之謗已成。而郤子且後至也〔五〕，夫郤子曰「以徇」，不足以分斬人之謗，而又生徇之謗〔六〕，是子言分謗也〔七〕？昔者紂為炮烙〔八〕，崇侯、惡來又曰斬涉者之脛也〔九〕，奚分於紂之謗〔一〇〕？且民之望於上也甚矣〔一一〕，韓子弗得〔一二〕，且望郤子之得之也〔一三〕。今郤子俱弗得，則民絕望於上矣〔一四〕。故曰：郤子之言非分謗也，益謗也。且郤子之往救罪也，以韓子為非也，不道其所以為非，而勸之

「以徇」，是使韓子不知其過也。夫下使民望絶於上〔一五〕，又使韓子不知其失，吾未得郤子之所以分謗者也。

〔一〕奇猷案：依下文句例，「言」上當有「之」字。

〔二〕顧廣圻曰：藏本、今本「不」上有「則」字。⊙奇猷案：王先慎依顧校補「則」字，是，迂評本、凌本亦有，今據補。

〔三〕顧廣圻曰：藏本同。今本「則」作「而」。按當作「不可」二字，與上文「不可救」句相對。⊙王先慎曰：「則」下脱「不可」二字耳。顧删「則」字亦非。乾道本「徇」作「殉」，據張榜本改（注及下同）。⊙太田方曰：此「勸之以徇」四字疑衍。⊙奇猷案：王説謂「則」下脱「不可」二字，「殉」改作「徇」，均是也。外儲説右上「斬顛頡之脊以徇」，亦用「徇」字，今從之改「殉」為「徇」。又案：凌本與今本同，亦誤。松皐圓從太説改，亦可通。

〔四〕舊注：斬既不幸，徇又不幸，是重不幸也。

〔五〕顧廣圻曰：藏本同。今本無「子」字，誤。⊙奇猷案：凌本亦脱「子」字。

〔六〕舊注：徇既不幸，益得一謗。

〔七〕顧廣圻曰：藏本同。今本「子」作「何」。按句有誤。⊙俞樾曰：此當作「是郤子之言非分謗也，益謗也」，今脱六字，則文義不明。下文云「故曰：郤子之言非分謗也，益謗也」，正與此應，可以據補。⊙于省吾先生曰：按也猶邪也，詳經傳釋詞，本書斯例習見。難二「不識臣之力也，君之力也」，難勢「是比肩隨踵而生也」，也猶邪，不煩詳舉。是子言分謗邪，係反詰之辭。章末云「吾未得郤子之所以分謗者也」，即其本意。⊙奇猷案：于先生説是。「是子言分謗耶」，猶言是汝謂郤子可以分謗耶？此反詰一語，下斷言「郤子之言非分謗也，益謗也」以答此詰。王先慎從俞説，未得。

〔八〕奇猷案：炮烙，詳喻老篇。

〔九〕奇猷案：說文：「涉，徒行濿水也。」

〔一〇〕舊注：此助為虐，更益謗也。

〔一一〕奇猷案：望，讀「希望」之望。

〔一二〕舊注：不得斬謂不幸也。⊙奇猷案：注「斬謂」二字當倒。又案：弗得，即失也。謂韓子斬不幸者，失民之望也。舊注未了。

〔一三〕舊注：望郤子正韓子之過。⊙奇猷案：「且望」二字，迂評本作「將」，誤。

〔一四〕舊注：君上同惡，更何所望也？⊙奇猷案：「俱」，當作「亦」。

〔一五〕王先慎曰：「望絶」，當依上文作「絶望」。

桓公解管仲之束縛而相之〔一〕。管仲曰：「臣有寵矣，然而臣卑。」公曰：「使子立高、國之上。」管仲曰：「臣貴矣〔二〕，然而臣貧。」公曰：「使子有三歸之家。」管仲曰：「臣富矣，然而臣疏。」於是立以為仲父。霄略曰〔三〕：「管仲以賤為不可以治國〔四〕，故請高、國之上；以貧為不可以治富，故請三歸；以疏為不可以治親，故處仲父。管仲非貪，以便治也。」

〔一〕奇猷案：詳難言篇。又案：此下互見外儲說左下，注詳彼。參閱說林下篇「管仲鮑叔」條注。

〔二〕王先慎曰：外儲説左下「貴」作「尊」。

〔三〕顧廣圻曰：未詳。⊙奇猷案：霄略，疑即左莊十二年傳之蕭叔大心。霄蓋蕭之同音假字。通志氏族略：「古蕭國為宋所并，微子之支孫大心食采于蕭。」左莊十二年疏云：「以此年有功，宋人以蕭邑別封其人為附庸。」是蕭者以國為氏也。略，其名；大心，其字；叔者，蕭略之排行也。周代凡言孟、季、叔之類，大抵皆為排行，如趙盾曰趙孟，公子雍曰雍季，皆其例，説詳上「雍季」條。證以上文，可斷桓公使管仲立高、國之上，有三歸之家及立為仲父當在管仲入齊為大夫不久之事。吕氏春秋重言篇云「齊桓公與管仲謀伐莒，謀未發而聞於國，桓公怪之，曰：與仲父謀伐莒」云云。考左傳莊公二十年（是年為齊桓公二年）云：「齊帥師滅譚，譚無禮也。譚子奔莒，同盟故也。」桓公之謀伐莒當是因此而發，則桓公二年已稱管仲為仲父，可見立管仲為仲父是在桓公二年之前，亦可證管仲之立為仲父必在管仲入齊不久之事。

〔四〕王渭曰：「國」，當作「貴」。⊙奇猷案：王説是也。賤不可以治貴，故桓公使管仲立高、國二貴族之上，若作「國」則非其旨矣。且此與下言富、言親相比並，亦可證。

或曰〔一〕：今使臧獲奉君令詔卿相，莫敢不聽〔二〕，非卿相卑而臧獲尊也，主令所加，莫敢不從也。今使管仲之治不緣桓公，是無君也〔三〕，國無君不可以為治。若負桓公之威，下桓公之令，是臧獲之所以信也，奚待高、國、仲父之尊而後行哉〔四〕？當世之行事都丞之下徵令者〔五〕，不辟尊貴，不就卑賤〔六〕。故行之而法者，雖巷伯信乎卿相〔七〕；行之而非法者，雖大吏詘乎民萌〔八〕。今管仲不務尊主明法，而事增寵益爵，是非管仲貪欲富貴，必闇而不知術也。故曰：管仲有失行，霄略有過譽。

〔一〕奇猷案：舊連上，今從藏本、趙本提行。

〔二〕奇猷案：臧獲是俘虜以為奴隸者，考詳顯學篇注。

〔三〕舊注：謂擅出其令，故曰不緣也。⊙奇猷案：緣，順也，見莊子養生主釋文。不緣桓公，謂不順桓公之令，故舊注云「謂擅出其令」。

〔四〕于省吾先生曰：按信、伸古通，下同。

〔五〕舊注：都丞，宦官之卑者也。⊙奇猷案：行事都丞，謂執行公事之都丞，「都丞」為官名，「行事」非官名，參閱說林上篇注。下文舊注云「二官」，蓋誤以「行事」亦為官名。趙本注脱「宦」字。

〔六〕舊注：二官雖卑，奉命徵令，亦不以尊即避，卑即就也。⊙奇猷案：徵、懲通。荀子正論篇「凡刑人之本，禁暴惡惡，且徵其末也」，楊注「徵，讀為懲」，是其證。徵令，懲罰之令也。此文謂小官如都丞奉法而下懲令，則尊貴亦所不避。或讀徵為徵斂之徵，與「不辟尊貴」語不洽。辟，假為避。

〔七〕松皐圓曰：詩鄭箋：「巷伯，奄官。」⊙奇猷案：松引詩箋見小雅巷伯篇。左襄九年傳杜注亦云：「巷伯，寺人，掌宮內之事。」

〔八〕奇猷案：詘借為屈也。荀子勸學篇「詘五指而頓之」，楊倞曰：「詘與屈同。」大吏詘乎民萌，猶言大吏屈於民萌也。民萌，注詳上。

韓宣王問於樛留〔一〕：「吾欲兩用公仲、公叔其可乎？」樛留對曰：「昔魏兩用樓、翟而亡西河〔二〕，楚兩用昭、景而亡鄢、郢〔三〕。今君兩用公仲、公叔，此必將争事而外市〔四〕，則國必憂矣〔五〕。」

〔一〕奇猷案：注詳説林上。又案：此下當有「曰」字，松皐圓依説林上補，是。

〔二〕舊注：樓緩、翟璜也。⊙顧廣圻曰：樓、翟，樓鼻、翟强也，事見魏策。舊注誤甚。⊙王先慎曰：説林上樓、翟作犀首、張儀。⊙奇猷案：淮南子氾論訓作「魏兩用樓翟、吴起而亡西河」，高注云：「魏文侯任樓翟、吴起，不用他賢。秦伐，喪其西河之地。」以樓翟為一人姓名，與策及此皆不同。疑淮南誤也。

〔三〕舊注：昭、景，楚之二姓。⊙奇猷案：鄢、郢，楚都。

〔四〕舊注：與鄰國交私以示己利，故曰外市也。

〔五〕奇猷案：亡征篇云：「大臣兩重，父兄衆强，内黨外援，以争事勢者，可亡也。」

或曰：昔者齊桓公兩用管仲、鮑叔〔一〕，成湯兩用伊尹、仲虺。夫兩用臣者國之憂，則是桓公不霸，成湯不王也。湣王一用淖齒，而身死乎東廟〔二〕；主父一用李兑，減食而死〔三〕。主有術，兩用不為患〔四〕；無術，兩用則争事而外市〔五〕，一則專制而劫弑〔六〕。今留無術以規上，使其主去兩用一，是不有西河、鄢、郢之憂，則必有身死減食之患。是樛留未有善以知言也〔七〕。

〔一〕奇猷案：叢刊本、藏本「桓」作「景」，誤。

〔二〕盧文弨改「手」為「身」，曰：「手」字譌。⊙王先慎從盧説改，曰：盧説是。下「則必有身死滅食之患」，身死，即指湣王而言，明「手」為「身」之誤。⊙奇猷案：作「身」是，「手」字無義，今據改。又案：姦劫弒臣篇云：「擢湣王之筋，懸之廟梁，宿昔而死。」則廟即東廟也。

〔三〕奇猷案：姦劫弒臣篇云：「餓主父百日而死。」

〔四〕顧廣圻曰：藏本同。今本「主」下有「誠」字，誤。⊙奇猷案：迂評本與今本同，亦誤。

〔五〕王先慎曰：乾道本重「爭」字。盧文弨云：「凌本不重。」今據删。⊙奇猷案：王删是，今從之，迂評本亦不重「爭」字。

〔六〕顧廣圻曰：「一」下當有「用」字。⊙奇猷案：顧説是。上文皆言「一用」可證。

〔七〕王先慎曰：「有」當作「為」。⊙于省吾先生曰：按有猶為也，詳經傳釋詞。⊙奇猷案：此句文法不倫，「以知」二字當倒。未有善知以言也，猶言未有好的識見以言事也。

難二第三十七

景公過晏子曰：「子宮小，近市，請徙子家豫章之圃〔一〕。」晏子再拜而辭曰：「且嬰家貧〔二〕，待市食，而朝暮趨之，不可以遠。」景公笑曰：「子家習市，識貴賤乎〔三〕？」是時景公繁於刑。晏子對曰：「踴貴而屨賤〔四〕。」景公曰：「何故？」對曰：「刑多也。」景公造然變色曰〔五〕：「寡人其暴乎！」於是損刑五。

〔一〕顧廣圻曰：與左傳不合。⊙奇猷案：左昭三年傳云「景公欲更晏子之宅，曰：子之宅近市，湫隘囂塵，不可以居，請更諸爽塏者」，杜注：「爽，明。塏，燥。」左傳僅言爽塏者，未言其地，此文則説明為豫章之圃，與左傳未有不合。左傳正義引晏子春秋云「將更於豫章之圃」，與此同，今晏子無此文，蓋佚文也。

〔二〕王先慎曰：「且」當作「臣」。⊙松皋圓曰：山曰：「左傳有『君之先臣容焉，臣不足以嗣之，於臣侈焉』等語，故曰『且』以承上文。晏子同，此失删耳。」⊙陶鴻慶曰：案「且嬰家貧」上當有脱句，昭三年左傳載此事，辭曰：「君之先臣容焉，臣不足以嗣之，於臣侈矣。且小人近市，朝夕得所求，小人之利也。敢煩里旅。」明此文云「且」，亦更端之詞。上文語意亦必與左傳相類，而寫者脱之。若但以家貧市食為言，則晏子之對疑於失體矣。王氏經傳釋詞引此文以且為發語詞，恐非。王解疑「且」當作「臣」，亦失之。⊙奇猷案：山説是。但其言含糊不明，使讀者難於瞭解，今詳述之。此蓋韓非轉鈔舊籍（當非左傳，蓋此與左傳之文不同），以晏子上一答辭「先臣容焉」云云，與踴貴屨賤而引起景公損刑無關，故删之，而僅録後一段答辭，但後一段答辭承上文之「且」字，韓非未之删改，遂存於此耳。

〔三〕奇猷案：習，近習（詳孤憤篇注）。

〔四〕王先慎曰：「踴」即「踊」之俗字。⊙奇猷案：左傳杜注云：「踊，刖足者屨。言刖多。」踊貴，謂刖者之多也。刖者既多，則需屨者少，故又曰屨賤。

〔五〕「造」字舊注：亡老反。⊙顧廣圻曰：造，讀為蹵。⊙太田方曰：忠孝篇：「其容造焉。」字彙補引之，造，音戚。周禮注「蹵，讀為造次之造」，音注：「蹵，音戚」，是古造、戚同音。晏子春秋作「愀」。大戴禮「靈公造然失容」，注

「驚慘貌」，家語作「愕然」，新書作「戚」，新序作「蹴」。⊙奇猷案：蹵、戚音同，蹵、蹴字同。

或曰：晏子之貴踊，非其誠也〔一〕，欲便辭以止多刑也〔二〕。此不察治之患也。夫刑當無多，不當無少〔三〕。無以不當聞，而以太多說，無術之患也。敗軍之誅以千百數，猶北不止〔四〕。卽治亂之刑如恐不勝，而姦尚不盡〔五〕。今晏子不察其當否，而以太多為說，不亦妄乎？夫惜草茅者耗禾穗，惠盜賊者傷良民〔六〕。今緩刑罰，行寬惠，是利姦邪而害善人也，此非所以為治也。

〔一〕奇猷案：此謂踊貴非其本意。「貴」字上疑脱「言」字。

〔二〕舊注：卒問而對，非深思也。亂國重典，豈惡刑多，在當與不當耳，不在多少。⊙奇猷案：此文蓋謂晏子之言踊貴，非其本意也，欲托辭踊貴以止多刑也。又案：注卒，讀為猝。

〔三〕舊注：苟不當，雖少猶以為多也。

〔四〕顧廣圻曰：藏本「且」作「北」，今本「且」「北」兩有，皆誤。⊙劉師培曰：當作「北」。北、背、敗三字同屬邦母，為同聲通用字。⊙奇猷案：作「北」是，迂評本亦作「北」，今改「且」為「北」。謂敗軍之際，其將誅敗陣之軍士以千百數，然敗陣之軍士猶敗北不止。蓋喻刑雖多尚不足止姦，况刑省乎？故下文承以「治亂之刑如恐不勝，而姦尚不盡。」今本作「猶北且不止」，殊累贅。蓋一本作「且」，一本作「北」，趙用賢兩合之也。凌本與今本同，蓋沿今本之誤。

〔五〕奇猷案：卽、則同。如猶將也，詳經傳釋詞。

〔六〕松皐圓曰：管子：「草茅不去則害禾穗，盜賊不誅則傷良民。」

齊桓公飲酒醉，遺其冠，恥之，三日不朝。管仲曰：「此非有國之恥也〔一〕。公胡其不雪之以政〔二〕？」公曰：「胡其善〔三〕！」因發倉囷賜貧窮，論囹圄出薄罪。處三日而民歌之曰：「公胡不復遺冠乎〔四〕！」

〔一〕盧文弨曰：「非」字意林無。⊙王先慎曰：意林脱「非」字。御覽四百九十七、六百八十四、八百四十五、事類賦十七引並有「非」字。⊙奇猷案：有「非」字與下文義不屬，意林見其不屬，遂删「非」字耳。以此「非」字為綫索及細味下文，則此下當有「有國之恥，在政之不明」兩句。

〔二〕王先慎删「其」字，曰：據御覽、事類賦引删，意林亦無「其」字。⊙奇猷案：王説非也。其，語助詞。易小畜初九：「何其咎」，書大誥「予曷其不于前甯人圖功攸終」，詩君子于役「曷其有佸」，鴇羽「曷其有所」，王引之以其為「語助，無意義也」（見經傳釋詞），甚當。「何其」、「曷其」與此「胡其」同一語類，則以「胡其」之其為語助詞無疑。

藏本、叢刊本「胡」作「故」，迂評本作「何故其」，皆誤。

〔三〕王先慎删「胡其」二字，曰：「胡其」二字張榜本無，藝文類聚十九、御覽、事類賦引並無「胡其」二字，今據删。⊙奇猷案：「胡其」下當有脱文。下文言行義，則此文當作「公曰：胡其雪之以政？管仲曰：行義。公曰：善」。此説明行義，然後「因發倉囷」云云，於文義始能相屬，與下文「使桓公發倉囷」云云「非義也」亦相應。迂評本、凌本與張榜本同，皆妄删也。

〔四〕王先慎「公」下增「乎公乎」三字、「冠」上增「其」字，曰：據藝文類聚、御覽引補。意林亦有「其」字。⊙奇猷案：文已通，不必增。各本及金樓子雜言篇皆無「乎公乎」三字，意林引亦無，可見御覽意增耳。

或曰〔一〕：管仲雪桓公之恥於小人，而生桓公之恥於君子矣〔二〕。使桓公發倉囷而賜貧窮，論囹圄而出薄罪，非義也，不可以雪恥使之而義也〔三〕。桓公宿義，須遺冠而後行之，則是桓公行義，非為遺冠也〔四〕。是雖雪遺冠之恥於小人，而亦遺義之恥於君子矣〔五〕。且夫發囷倉而賜貧窮者，是賞無功也；論囹圄而出薄罪者，是不誅過也。夫賞無功則民偷幸而望於上〔六〕，不誅過則民不懲而易為非，此亂之本也，安可以雪恥哉！

〔一〕奇猷案：舊連上，今從張榜本、趙本提行。

〔二〕王先慎曰：小人以遺冠為恥，君子以遺義為恥。

〔三〕傅佛崖曰：以，因也。⊙奇猷案：以猶由也，詳王氏經傳釋詞。此文謂不可能由雪恥使「發倉囷而賜貧窮，論囹圄而出薄罪」變而為義。

〔四〕盧文弨曰：「非」字衍。⊙顧廣圻曰：「行」，當作「遺」。⊙王先慎曰：顧說是。張榜本無「非」「也」二字，不知上文「行」為「遺」之誤而删之也。⊙陶鴻慶曰：「非」字當在「行義」上，本云「則是桓公非行義，為遺冠也」。下云「生遺義之恥於君子」，即承此言。盧、顧說皆失之。⊙奇猷案：宿義，猶言舊日存於心之義也。文選嵇康幽憤詩「內負宿心」，向注：「宿心，謂宿昔本心也。」莊子徐无鬼「枯槁之士宿名」，釋文云：「宿，積久也。」陶潛赴假還江陵詩「詩書敦宿好」，宿好，蓋謂舊時所喜好也。後漢書列女傳：「奈何忘宿志而慚兒女乎。」魏書陽尼傳：「然非吾宿志。」宿志，猶言宿昔之志也。孟子萬章篇「仁人之於弟也，不藏怒焉，不宿怨焉」，朱熹注：「宿怨，謂留蓄其怨。」說苑政理篇「宿善不詳」，宿善，蓋謂知其善又藏於心而不行也。史記莊子傳「雖當世宿學不能自解免也」，宿學猶言積學之士也。漢書李尋傳「宿留瞽言」，王先謙補注：「宿留，謂存其言於心，以待後時之參驗也。」諸宿字與此同義。此文蓋謂管仲使桓公行義，桓公宿昔存於心之義，必須借遺冠而後行之，乃是桓公行其素宿之義，非因遺冠而行義也。文義甚明，並無衍誤，諸説未得其旨。

〔五〕顧廣圻曰：藏本同，今本「遺」下有「宿」字，誤。「亦」下當有「生」字。⊙奇猷案：「遺」下當有「行」字。上文云「生桓公之恥於君子」，生何恥於君子？曰：「使桓公發倉囷而賜貧窮，論囹圄而出薄罪。此管仲所謂仁義，然君子恥之。」蓋韓非以為如此行義，乃賞無功而不誅過，極為反對，此亦為法家思想之主旨，是以恥之。故此文謂遺冠之恥雖已雪之於小人，而行義之恥則遺之於君子矣。今本、迂評本、凌本不知脱「行」字，見上文有「宿義」字，遂實一「宿」字於此，妄矣。

〔六〕舊注：遺冠得賜，常望遺冠。

昔者文王侵孟、克莒、舉酆〔一〕，三舉事，而紂惡之。文王乃懼，請入洛西之地、赤壤之國方千里以請解炮烙之刑〔二〕。天下皆説。仲尼聞之曰：「仁哉文王！輕千里之國而請解炮烙之刑。智哉文王！出千里之地而得天下之心〔三〕。」

〔一〕王引之曰：「孟」為「盂」字之誤也。竹書紀年：「帝辛三十四年周師取耆及邘。」書大傳：「文王受命二年伐邘。」

史記周本紀：「文王敗耆國，明年，伐邘。」作「盂」者借字。⊙顧廣圻曰：「克」，今本作「堯」，誤。「酆」，他書又作「豐」。⊙王先慎改「孟」為「盂」、改「酆」為「豐」，曰：「孟」為「盂」之誤，「堯」為「克」之誤。御覽八十四引正作「侵盂、克莒、舉豐」。⊙奇猷案：王引之説是。古邑名多旁以邑字，如于之為邘，來之為郲，皆其例，故不必改「酆」為「豐」也。

〔二〕王先慎删下「請」字，曰：案此承上「請入洛西之地」而言，不當有「請」字。後人以下文「請解炮烙之刑」，遂於此誤加「請」字，今據藝文類聚十二引删。⊙松皐圓曰：兩用「請」字。左傳隱八年：「宋以幣請於衛，請先相見。」昭元年：「犯請於二子，請使女擇焉。」字法同。⊙松平康國曰：赤壤，猶言美土也。⊙奇猷案：松説是。國亦地也。下文「千里之國」即「千里之地」，可以為比。又案：洛西為洛水之西無疑，但「赤壤」疑亦為地名。史記孟荀傳：「騶衍謂中國名曰赤縣神州。」騶衍之説雖怪誕，但其所謂「赤縣」當有所出，則古者自有稱「赤」之地名也。通志氏族略：「商帝乙封子期於太原郝鄉，因以為氏。」郝本當作赤，或加邑耳，豈赤鄉即屬古赤壤之國歟？

〔三〕奇猷案：此乃韓非引自别本論語。

或曰：仲尼以文王為智也，不亦過乎？夫智者知禍難之地而辟之者也〔一〕，是以身不及於患也。使文王所以見惡於紂者，以其不得人心耶，則雖索人心以解惡可也〔二〕。紂以其大得人心而惡之，己又輕地以收人心〔三〕，是重見疑也，固其所以桎梏囚於羑里也〔四〕。鄭長者有言：「體道，無為無見也〔五〕。」此最宜於文王矣〔六〕。不使人疑之也〔七〕。仲尼以文王為智，未及此論也〔八〕。

〔一〕奇猷案：地，猶今語「所在」，詳解老篇注。辟，假為避，詳難一篇注。

〔二〕奇猷案：耶同也。

〔三〕奇猷案：己，謂文王。

〔四〕奇猷案：固同故，猶乃也，詳經傳釋詞。難言篇云：「文王說紂而紂囚之。」史記周本紀云：「紂囚西伯於羑里。」西伯即文王。

〔五〕奇猷案：鄭長者，詳外儲說右上篇。「體道」下當有「者」字。此文謂體會道者無為而又無見其意於人。無「者」字，文不通。解老篇云「體其道者，其生日長」，有「者」字可證。呂氏春秋情欲篇高注「體道者生而能行之」，又當染篇注「三人皆體道者」，亦可證此當有「者」字。主道篇云「君無見其所欲」，又云「君無見其意」，可明此文「無見」之意。體謂體會，並見解老篇注。

〔六〕奇猷案：藏本「矣」上有「也」字。

〔七〕陶鴻慶曰：此六字當是舊注誤入。⊙奇猷案：陶說是。此六字與上文不屬，而下文「仲尼」云云，亦當與上「此最宜於文王矣」句銜接。

〔八〕陶鴻慶曰：「此論」，指鄭長者之言。

晉平公問叔向曰：「昔者齊桓公九合諸侯，一匡天下，不識臣之力也，君之力也〔一〕？」叔向對曰：「管仲善制割，賓胥無善削縫〔二〕，隰朋善純緣〔三〕，衣成，君舉而服之。亦臣之力也，君何力之有？」師曠伏琴而笑之。公曰：「太師奚笑也？」師曠對曰：「臣笑叔向之對君也。凡為人臣者，猶炮宰，和五味而進之君。君弗食，孰敢強之也？臣請譬之：君者，壤地也；臣者，草木也。必壤地美然後草木碩大，亦君之力也〔四〕，臣何力之有？」

〔一〕各本無「君之力也」四字。⊙盧文弨曰：孫貽穀云：「文選四子講德論注引作『臣之力邪君之力邪』。此脱四字。」⊙顧廣圻曰：「識」下當有「君之力也」四字，也讀為邪，新序四作「乎」。⊙王先慎曰：案張榜本有「君之力也」四字，今據補。御覽六百二十引作「君之力臣之力」。⊙奇猷案：王補是，今從之。下文云：「亦臣之力也，君何力之有」，又云：「亦君之力也，臣何力之有」，皆承此文而言，亦可證此不得無「君之力也」四字。

〔二〕舊注：言損益若女工翦削彌縫。

〔三〕舊注：言增飾若女工之純緣也。⊙顧廣圻曰：新序二人事互易。⊙尹桐陽曰：制，裁也。詩東山：「制彼衣裳。」割，裂也。⊙高亨曰：削亦縫也。荀子臣道篇：「有補削而無撟拂。」呂覽行論篇：「莊子削袂。」燕策：「身自削甲札。」諸削字皆縫誼。舊注失之。⊙奇猷案：尹、高二氏之説均是也。説文：「制，裁也」，亦以制為裁割之義。禮玉藻「緣廣半寸」，鄭注：「飾邊也。」説文「緣，衣鈍也」，段注云：「緣者，沿其邊而飾之也。」純與緣同義。廣雅釋詁：「純，緣也。」禮曲禮「父母存，冠衣不純素」，注：「純，緣也。」皆純、緣同義之證，故舊注以純緣為增飾也。十過篇：「蔣席頗緣」，頗緣，蓋斜裂其緣以為飾也。呂覽「削袂」非此義，詳拙著呂氏春秋校釋。

〔四〕盧文弨曰：「也」字脱，張本有。⊙奇猷案：王先慎依盧校補「也」字，是，藏本、迂評本均有「也」字，依上文例亦當有，今據補「也」字。

或曰：叔向、師曠之對皆偏辭也。夫一匡天下，九合諸侯，美之大者也，非專君之力也，又非專臣之力也〔一〕。昔者宮之奇在虞，僖負羈在曹，二臣之智，言中事，發中功，虞、曹俱亡者，何也？此有其臣而無其君者也〔二〕。且蹇叔處干而干亡〔三〕，處秦而秦霸〔四〕，非蹇叔愚於干而智於秦也，此有君與無臣也〔五〕。向曰「臣之力也」不然矣。昔者桓公宮中二市，婦閭二百〔六〕，被髮而御婦人〔七〕。得管仲，為五伯長〔八〕；失管仲、得豎刁，而身死，蟲流出尸不葬〔九〕。以為非臣之力也，且不以管仲為霸；以為君之力也，且不以豎刁為亂。昔者晉文公慕於齊女而亡歸〔一〇〕，咎犯極諫，故使反晉國〔一一〕。故桓公以管仲合〔一二〕，文公以舅犯霸〔一三〕，而師曠曰「君之力也」，又不然矣。凡五霸所以能成功名於天下者，必君臣俱有力焉。故曰：叔向、師曠之對皆偏辭也。

〔一〕奇猷案：論語子路篇：「不能專對」，何注：「專，猶獨也。」

〔二〕奇猷案：二事均詳十過篇。

〔三〕盧文弨拾補「干」作「盂」，曰：「盂」或改作「虞」。⊙顧廣圻曰：今本「干」作「于」，下同。按此未詳。⊙俞樾曰：干，即虞也。莊子刻意篇「夫有干、越之劍」，釋文引司馬云：「干，吴也。」荀子勸學篇「干、越、夷、貉之子」，楊倞注：「干、越，猶言吴、越。」淮南子原道篇「干、越生葛絺」，高誘注亦云：「干，吴也。」是吴有干名。而「虞」與「吴」古同聲而通用。桓十年左傳正義云：「譜云：虞，姬姓也。武王克商，封虞仲之庶孫以為虞仲之後，處中國為西吴，後世謂之虞公。」然則虞之始封，本為西吴，蓋以别於荆、蠻之吴。因春秋經、傳皆作虞，而西吴之名廢矣。漢書地理志：「河東郡大陽，吴山在西，上有吴城，周武王封太伯後於此，是為虞公。」夫虞之故城謂之吴城，是虞即吴也。吴得稱干，則虞亦得稱干也。蹇叔處干即處虞也。⊙王先慎曰：俞説是。今本作「于」，形近而誤。或作「虞」者，不知干即虞而改為「虞」也。⊙奇猷案：史記秦本紀：「晉獻公滅虞，虜虞君與其大夫百里傒。獻公以百里傒為秦繆公夫人媵於秦。繆公授之以國政，號曰『五羖大夫』。百里傒讓曰：『臣不及臣之友蹇叔。』於是繆公使人厚幣迎蹇叔以為上大夫。」據此，則干當係指虞言。凌本「干」作「于」，蓋形近之譌。迂評本作「虞」，蓋臆改也。

〔四〕顧廣圻曰：今本上「秦」字上有「處」字。依上文當有。⊙奇猷案：王先慎依顧校補「處」字，是，今從之。迂評本、凌本亦有。

〔五〕盧文弨曰：「與」，或改「而」。⊙顧廣圻曰：「臣」當作「君」。⊙太田方曰：或曰：「臣當作君。言虞亡秦霸，秦有其君而虞無其君也。」⊙奇猷案：顧、太二氏説是。迂評本「與」作「而」，誤。

〔六〕舊注：里門也。⊙王先慎曰：周策作「宫中七市，女閭七百」。

〔七〕奇猷案：外儲説右下：「桓公被髮而御婦人，日游於市。」

〔八〕奇猷案：王氏集解本「伯」誤「百」。

〔九〕奇猷案：「尸」，當作「户」，詳十過篇。

〔一〇〕盧文弨曰：「亡」，張本作「忘」。⊙顧廣圻曰：藏本「亡」作「忘」，是也。⊙奇猷案：亡、忘古通，不必改字。列子仲尼篇「知而亡情」，齊策「老婦已亡矣」，皆以亡為忘，是其證。迂評本與張本同。

〔一一〕盧文弨曰：「使」下脱「得」字，一本有。⊙奇猷案：「故」字於此為贅疣，當衍。王先慎增「得」字，非。迂評本有「得」字。盧所謂一本，諒即迂評本也。又案：左傳僖公二十三年：「晉公子重耳及齊，齊桓公妻之，有馬二十乘，公子安之。從者以為不可，將行，謀於桑下。蠶妾在其上，以告姜氏。姜氏殺之，而謂公子曰：子有四方之志，其聞之者，吾殺之矣。公子曰：無之。姜曰：行也，懷與安，實敗名。公子不可。姜與子犯（即咎犯）謀，醉而遣之。醒，以戈逐子犯。」史記晉世家載此事有詳略不同，可參閱。

〔一二〕奇猷案：合，謂九合諸侯。又案：藏本「桓」下誤衍「國」字。

〔一三〕顧廣圻曰：今本「文公」下有「以」字，按依上文當有。⊙奇猷案：無「以」字不成句，依上句例亦當有。王先慎據補「以」字，是。迂評本、凌本亦有，今據補。

齊桓公之時，晉客至，有司請禮〔一〕。桓公曰「告仲父」者三〔二〕。而優笑曰〔三〕：「易哉為君！一曰仲父，二曰仲父〔四〕。」桓公曰：「吾聞君人者勞於索人，佚於使人〔五〕。吾得仲父已難矣，得仲父之後，何為不易乎哉〔六〕？」

〔一〕奇猷案：吕氏春秋任數篇「禮」作「事」，新序雜事四作「吏」。案作「禮」作「事」均通，作「吏」者則「事」之誤也。蓋吏、事篆書作𡭊、𡭔，形近易誤。

〔二〕舊注：有司三請，皆曰「告仲父」。

〔三〕奇猷案：吕氏春秋「優笑」作「習者」，新序作「在側者」，吕氏春秋高注云：「習，近習，所親臣也。」案八姦篇：「優笑侏儒，左右近習。」則優笑、近習皆近習之人，故新序作「在側者」。

〔四〕舊注：優，俳優，樂者名。⊙奇猷案：優笑即俳優。古者，俳優善於調笑，故亦稱之為優笑，詳八姦篇注。

〔五〕奇猷案：荀子王霸篇云「君人者勞於索人，而休於使之」，則此為古人恒言。

〔六〕奇猷案：迂評本「矣」下有「已」字，屬下為句。吕氏春秋、新序均有。

或曰：桓公之所應優，非君人者之言也。桓公以君人為勞於索人，何索人為勞哉？伊尹自以為宰干湯，百里奚自以為虜干穆公〔一〕。虜，所辱也；宰，所羞也。蒙羞辱而接君上，賢者之憂世急也。然則君人者無道賢而已矣〔二〕，索賢不為人主難。且官職所以任賢也，爵禄所以賞功也〔三〕。設官職，陳爵禄，而士自至，君人者奚其勞哉？使人又非所佚也。人主雖使人，必以度量準之〔四〕，以刑名參之，以事；遇於法則行〔五〕，不遇於法則止；功當其言則賞，不當則誅〔六〕。以刑名收臣，以度量準下〔七〕，此不可釋也〔八〕，君人者焉佚哉？索人不勞，使人不佚，而桓公曰「勞於索人，佚於使人」者，不然〔九〕。且桓公得管仲又不難〔一〇〕。管仲不死其君而歸桓公，鮑叔輕官讓能而任之〔一一〕，桓公得管仲又不難明矣。已得管仲之後，奚遽易哉〔一二〕？管仲非周公旦。周公旦假為天子七年，成王壯，授之以政，非為天下計也，為其職也〔一三〕。夫不奪子而行天下者〔一四〕，必不背死君而事其讎；背死君而事其讎者，必不難奪子而行天下；不難奪子而行天下者，必不難奪其君國矣。管仲，公子糾之臣也，謀殺桓公而不能〔一五〕，其君死而臣桓公，管仲之取舍非周公旦未可知也〔一六〕。若使管仲大賢也，且為湯、武。湯、武，桀、紂之臣也〔一七〕。桀、紂作亂，湯、武奪之。今桓公以易居其上，是以桀、紂之行居湯、武之上，桓公危矣。若使管仲不肖人也，且為田常。田常，簡公之臣也，而弑其君。今桓公以易居其上，是以簡公之易居田常之上也，桓公又危矣。管仲非周公旦以明矣〔一八〕，然為湯、武與田常未可知也。為湯、武有桀、紂之危，為田常有簡公之亂也〔一九〕。已得仲父之後，桓公奚遽易哉〔二〇〕？若使桓公之任管仲必知不欺己也，是知不欺主之臣也。然雖知不欺主之臣〔二一〕，今桓公以任管仲之專借豎刁、易牙〔二二〕，蟲流出尸而不葬〔二三〕，桓公不知臣欺主與不欺主已明矣，而任臣如彼其專也，故曰桓公闇主。

〔一〕俞樾曰：兩「以」字皆衍文。自，由也。言由為宰以干湯，由為虜以干穆公也。難一篇：「故伊尹以中國為亂，道為宰干湯；百里奚以秦為亂，道為虜干穆公。」道亦由也，與此一律。⊙奇猷案：俞説非也。自即「自己」之自。伊尹自己干湯，百里奚自己干穆公，説明君人者索人不勞。下文「設官職，除爵禄，而士自至」，與此相應，自亦「自己」之自可證。伊尹本非宰，百里奚本非虜，乃自以為宰，自以為虜，故云「以為」。此與難一篇文用意不同，不可為比。余前校同意俞説以兩「以」字為衍文，不確。

〔二〕顧廣圻曰：藏本、今本「道」作「逆」，誤。⊙王先慎改「道」作「逆」，曰：按作「逆」是。顧説非。⊙松皐圓纂聞「道」作「逆」，曰：逆，迎也。或云：「逆，謂拒之。」⊙陶鴻慶曰：「道」作「逆」，文亦未安。「道」疑「遺」之誤。⊙奇猷案：陶説是，劉師培説同。迂評本、凌本與今本同。

〔三〕奇猷案：八姦篇云：「明主之為官職爵禄也，所以進賢材勸有功也。」

〔四〕顧廣圻曰：藏本、今本「必」下有「以」字。⊙奇猷案：迂評本、凌本亦有「以」字。王先慎補「以」字，是，今從之。

〔五〕顧廣圻曰：下「以」字當衍。⊙奇猷案：顧説非也。此當以「之」字句絶。「以事」下有脱文。「以度量準之，以刑名參之」二語相對，「以事」下當脱「驗之」二字。二柄篇云：「為人臣者陳而言，君以其言授之事，專以其事責其功」，即以事驗之之意也。遇，合也。秦策「王何不與寡人遇」，以遇為合可證。

〔六〕奇猷案：二柄篇：「功當其事，事當其言，則賞；功不當其事，事不當其言，則罰。」

〔七〕楊樹達曰：案「收」當為「牧」。⊙奇猷案：收，謂收為己用也。主道篇略云：「羣臣廢法行私重，輕公法，非所以尊君也，非所以任國也。故明主使法擇人，不自舉也。」蓋謂廢法，則臣比周以相為，行法，則臣皆收為己用，故此言「以刑名收臣也」。八姦篇「收大臣廷吏」，收字亦此義可證。並詳八經篇注。

〔八〕奇猷案：釋，舍也。

〔九〕奇猷案：此下當有「矣」字。

〔一〇〕顧廣圻曰：今本「公」下有「得」字，依下文當補。⊙奇猷案：迂評本、凌本亦有「得」字。王先慎補「得」字，是，今從之。下文「桓公得管仲又不難明矣」，承此言可證。

〔一一〕奇猷案：史記管仲傳：「鮑叔事齊公子小白，管仲事公子糾。及小白立為桓公，公子糾死，管仲囚焉。鮑叔遂進管仲。」

〔一二〕奇猷案：劉淇助字辨略云「遽，遂也」，是。五蠹篇云「奚遽不亂」，又云「奚遽不治」，遽皆當訓遂。王引之經傳釋詞訓遽為豈，未確。

〔一三〕奇猷案：史記周本紀：「武王崩，成王少，周公乃攝行政，當國七年。成王長，周公反政成王，北面就羣臣之位。」

〔一四〕顧廣圻曰：藏本同。今本「不」下有「難」字，誤。⊙王先慎曰：張榜本有「難」字，旁注云：「難作肎。」⊙陶鴻慶曰：「行」，當為「得」字之誤。⊙奇猷案：迂評本亦有「難」字，蓋緣下文而誤衍也。又案：禮曾子問篇云「遂既封而歸，不俟子」，鄭注：「子，嗣君也。」春秋繁露精華篇云：「未踰年之君稱子。」則此文「子」蓋指成王也。又案：「行」字不誤。行，謂行政也。

〔一五〕奇猷案：齊世家「無知弒齊襄公自立。雍林人殺無知，議立君，高、國先陰召小白於莒。魯聞無知死，亦發兵送公子糾，而使管仲別將兵遮莒道，射中小白帶鉤。小白佯死」，即其事。

〔一六〕張榜曰：當云：「非周公旦亦以明矣。然其賢與不賢未可知也。」⊙盧文弨曰：「未」字衍。⊙王先慎曰：張說是。「未」上當有脱文。⊙奇猷案：張說是。下文「大賢」、「不肖」乃承此而言可證。

〔一七〕顧廣圻曰：今本重「湯武」二字。按依下文當重。⊙奇猷案：迂評本、凌本亦重「湯武」二字。王先慎已補，是，今從之。

〔一八〕顧廣圻曰：今本「旦」下有「亦」字，誤。⊙王先慎曰：「以」，當作「已」。⊙奇猷案：以、已通，不必改字。

〔一九〕王先慎曰：下「之」字，張榜本無。⊙奇猷案：張榜本誤。此文謂：若管仲為湯、武，則桓公有如桀、紂被殺之危；若管仲為田常，則桓公有如簡公被弒之亂。古人行文質樸簡練耳。

〔二〇〕王先慎曰：趙本「遽」作「處」，誤。⊙奇猷案：藏本、凌本亦誤「處」。

〔二一〕王先慎曰：「雖」當為「唯」之誤。惟、唯古通。此承上起下之詞。謂桓公任仲知不欺己，則桓公能皆知不欺己之臣，乃惟管仲之不欺己，因謂豎刁、易牙亦不欺己，遂以任管仲者任二人，則桓公不知欺與不欺亦明矣。「唯」誤作「雖」，遂不可讀。⊙陶鴻慶曰：案「然雖知不欺主之臣」句，與上下文語意不屬。原文當作「然不難知欺主之臣。」然，猶則也，説詳王氏經傳釋詞。言既知不欺主之臣，則不難知欺主之臣也。欺主之臣，指豎刁、易牙言。下文「今桓公以任管仲之專」云云，與此句一氣承接。蓋謂桓公知仲之不欺主，即不難知二臣之欺主，今既不能知二臣之欺主，亦必不能知仲之不欺主矣，不知其臣而專任之，故曰桓公闇主也。今本「不」字誤倒在「知」字下，淺人遂臆改「難」字為「雖」，則文不成義。王解讀雖為唯，又引王先謙説下文「今」字當作「令」，均誤。⊙奇猷案：王氏讀雖為唯，與下文語氣不銜接。陶説改為「然不難知欺主之臣」亦不合此文之推論方法，蓋以推論方法言，此當不在論斷之前指出桓公知欺主之臣，故陶説亦不可從。此文當係然字下脱「桓公」二字。「然」字為承上之詞。此文謂桓公雖知不欺主之臣，今桓公又專豎刁、易牙，以致蟲流出尸而不葬，故斷以桓公不知臣欺主與不欺主也。於義既順，於推論方法亦合。下「今」字王改為「令」，非。

〔二二〕王先謙曰：「令」字無義，疑「令」之譌。

〔二三〕盧文弨曰：「而」字衍。⊙顧廣圻曰：「而」下「作」字今本作「不」，誤。按當作「後」。⊙王先慎改「作」為「不」，曰：「尸」，當作「户」。「作」作「不」字，是。上文「蟲流出尸不葬」，即其證。⊙奇猷案：王改是。迂評本、凌本亦作「不」。二柄篇云：「桓公蟲流出尸而不葬」，亦作「不」，皆可證。今據改「作」為「不」。蟲流出尸，詳十過篇。

李兑治中山，苦陘令上計而入多。李兑曰：「語言辨，聽之説，不度於義，謂之窕言〔一〕。無山林澤谷之利而入多者，謂之窕貨。君子不聽窕言，不受窕貨，子姑免矣〔二〕。」

〔一〕舊注：苟且也。⊙顧廣圻曰：「語言辨」句絶。説，讀為悦。⊙孫詒讓曰：蒲阪云：「『李兑』合作『李克』，其治中山已見外儲説左下。『語言』，下文作『言語』。辨、辯通。『聽』合作『聰』。魏都賦注引李克書曰：『言語辯，聰之説，而不度於義者，謂之膠言』」（文選注）。案蒲陂圓據劉逵引李克書校正此文，郅堉（御覽一百六十一引史記亦以此為李克事，今史記無此文。又案：此難諸篇皆雜舉古書之文而難之，李克書即漢書藝文志儒家李克七篇之佚文。劉逵所引未全，此可以補之）。惟窕言、膠言，義兩通（廣雅釋詁云「膠，欺也」，方言云「膠，詐也」，此李克書「膠」字之義），當各從本書。昭二十一年左傳云「小者不窕」，杜注云「窕，細不滿」（呂氏春秋適音篇高注義同）。蓋窕本為空虛不充滿之言，引申之凡虛假不實者通謂之窕。窕言者，虛言不可信以為實。下文窕貨者，虛貨不可恃以為富也。舊注釋為苟且，蓋讀為「佻愉」字，於義未切。⊙王先慎曰：「聽」字不誤。選注作「聰」，形近而誤，玩下文自知。⊙奇猷案：顧讀是。蒲謂「李兑」合作「李克」亦是也。呂氏春秋適威篇「魏武侯之居中山也問於李克」云云。案武侯為文侯之子，則文侯卒後，李克仍治中山也。史記魏世家亦載翟璜與李克語曰「中山已拔，無使守之，臣進先生」，則為魏文侯治中山者為李克無疑。李克，韓詩外傳十作「里克」，蓋里、李古通也。呂氏春秋舉難篇作「季充」，蓋形近而譌耳。漢書藝文志儒家著録李克七篇，班固自注云：「子夏弟子。」但釋文云「子夏傳詩曾申，申傳魏人李克」，則克是子夏再傳弟子。方言十「窕，淫也，沅、湘之間謂之窕」，廣雅亦云：「窕、婬也。」婬、淫同。則此文窕言者，猶言淫辭也。荀子禮論篇「故其立文飾也，不至於窕冶」，楊倞注云：「窕，讀為姚。姚冶，妖美也。」蓋姚冶喻人之淫佚，則辭言之淫佚者當可謂之窕言。又方言三「膠、譎，詐也，涼州西南之間曰膠，自關而東西或曰譎，或曰膠」。則膠言者欺詐之言也，欺詐之言亦淫辭也。且膠與窕、姚音同，則膠實為窕之借字，故此作「窕言」，李克書作「膠言」，其實一也。據此，則下文窕貨者，淫貨也，淫貨者，不正當之貨也。孫釋窕言為虛言，窕貨為虛貨，於義亦不切。又案：王謂「聽」字不誤，是。窕言，亦即呂氏春秋離謂篇之「橋言」，亦同音假借也。

〔二〕奇猷案：下「子」字原作「之」，王先慎據張榜本、趙本改「之」作「子」，是，藏本、迂評本、凌本亦作「子」，今據改。

或曰：李子設辭曰：「夫言語辨，聽之說，不度於義者，謂之窕言。」辯，在言者；說，在聽者。言非聽者也〔一〕。所謂不度於義，非謂聽者，必謂所聽也〔二〕。聽者非小人則君子也〔三〕。小人無義，必不能度之義也；君子度之義，必不肯說也。夫曰「言語辨，聽之說，不度於義」者，必不誠之言也〔四〕。入多之為窕貨也，未可遠行也〔五〕。李子之姦弗蚤禁，使至於計，是遂過也。無術以知而入多〔六〕。入多者，穰也〔七〕。雖倍入，將奈何〔八〕？舉事慎陰陽之和，種樹節四時之適，無早晚之失，寒温之災，則入多。不以小功妨大務，不以私欲害人事〔九〕丈夫盡於耕農，婦人力於織紝，則入多。務於畜養之理，察於土地之宜，六畜遂，五穀殖，則入多。明於權計，審於地形、舟車、機械之利，用力少，致功大，則入多。利商市關梁之行，能以所有致所無，客商歸之，外貨留之，儉於財用，節於衣食，宫室器械，周於資用，不事玩好，則入多。入多，皆人為也。若天事，風雨時，寒温適，土地不加大，而有豐年之功，則入多。人事、天功二物者皆入多〔一〇〕，非山林澤谷之利也。夫無山林澤谷之利入多，因謂之窕貨者，無術之言也〔一一〕。

〔一〕顧廣圻曰：藏本、今本此下有「則辯非說者也」六字。按此不當有。⊙奇猷案：顧說是。「言非聽者也」，猶言言者非聽者。此文蓋謂言者有言者之主權，聽者有聽者之主權；辯在言者，而說在聽者；言者之言雖辯，而聽者可以不說也；故說在聽者，與言者無關。蓋言者、聽者非為一人也；若言者、聽者為一人，則自言而辯又自說之則可；今言者與聽者為兩人，故「言語辨」與「聽之說」二語不可相提並論；此說明「言語辨，聽之說」二語不能成立。下文說明「不度於義」一語亦不能成立。藏本、今本不得韓非之旨，見上文言聽、辨說並舉，遂妄增此六字耳。又案：辯、辨同。

〔二〕奇猷案：「所聽」，謂所聽之言也。

〔三〕楊樹達曰：「聽」上脱一「所」字。⊙奇猷案：楊說非也。此以小人、君子言，當謂「聽者」。所聽之言，無君子與小人之分也。後當有另段釋「所聽」之文，但今脱之耳。

〔四〕奇猷案：此上辯論分三小節：自「辯在言者」至「言非聽者也」為第一小節，自「所謂不度於義」至「必不肯說也」為第二小節，以下為第三小節。第一小節辯明「言語辨，聽之說」二語不能成立，第二小節辯明「不度於義」一語亦不能成立，第三小節總斷李克之辭為不誠之言。「夫」下當有脱文，一則、第二小節文義未了，僅釋聽者，未釋所聽，而聽者似亦未釋了當。再則、第三小節之總斷當冠以「故曰」，未有用「夫曰」為冠者。據此，則「夫」下有脱文甚明，但未知所當作耳。

〔五〕奇猷案：「遠行」，於此文無義。此當有脱誤，當作「入多之為窕貨也，未可必也。若誠為窕貨，則必有姦以遂行也」。今「未可」下脱「必也若誠為窕貨則必有姦以」十二字，「遂」又形誤為「遠」也。「入多之為窕貨也，未可必也」二語，蓋啟下文有種種情況入多而非窕貨者。「若誠為窕貨，則必有姦以遂行也」二語，啟下文李子不蚤禁姦之義；且有此二語，則「李子之姦弗蚤禁」之語，亦不致突然其來，始合於推論方法。又案：遂，成也。遂行，謂成其為姦之行也。

〔六〕奇猷案：「知」下當有脱文，當作「無術以知姦，是遂姦也。夫無山林澤谷之利而入多」，今「知」下脱「姦是遂姦也夫無山林澤谷之利而入多」十三字，致使文不成義。「無術以知姦，是遂姦也」二語，斷言李子非有治術之人。「夫無山林澤谷之利而入多」屬下段。

〔七〕舊注：穰，豐多也。

〔八〕傅佛崖曰：「倍入」，解為悖入。倍，背也。說文言部「誖」字下云：「亂也，从言，孛聲，或从心。」按倍可訓亂，並可訓背。倍、悖、背三字同聲相轉也。⊙奇猷案：傅說非也。倍當讀本字，加倍也。廣雅釋詁「穰，豐也」，蓋為豐收之意。此蓋謂無山林澤谷之利而入多，入多蓋豐穰之結果。下文舉出種種可能之豐穰。既為豐穰，雖加倍收入，又將若之何。意謂雖加倍收入，亦未嘗不可也。又案：下文，慎，順也。順陰陽之和，猶言順陰陽之和調也。節，調節。節四時之適，謂調節以適合於四時之氣候。

〔九〕顧廣圻曰：藏本、今本「私」上無「和」字。⊙王先慎删「和」字，曰：案私、和二字形近而誤衍。此與上「不以小功妨大務」句相對成文，不應此多一字。⊙奇猷案：王删是。迂評本、凌本亦無「和」字，今據删。

〔一〇〕盧文弨曰：張本「功」作「工」。⊙奇猷案：物，猶事也。有度篇「此數物者」，猶言此數事也，亦以物為事。

〔一一〕顧廣圻曰：藏本、今本「之」下「害」字作「言」。⊙奇猷案：王先慎據改「害」為「言」，是，言、害形近而誤，迂評本、凌本亦作「言」，今據改。

趙簡子圍衛之郛郭〔一〕，犀楯、犀櫓立於矢石之所不及〔二〕，鼓之而士不起。簡子投枹曰〔三〕：「烏乎〔四〕！吾之士數弊也〔五〕。」行人燭過免冑而對曰〔六〕：「臣聞之：亦有君之不能耳，士無弊者〔七〕。昔者吾先君獻公并國十七〔八〕，服國三十八，戰十有二勝，是民之用也。獻公没，惠公即位，淫衍暴亂，身好玉女〔九〕，秦人恣侵，去絳十七里〔一〇〕，亦是人之用也。惠公没，文公授之〔一一〕，圍衛，取鄴〔一二〕，城濮之戰，五敗荆人，取尊名於天下〔一三〕，亦此人之用也。亦有君不能耳〔一四〕，士無弊也。」簡子乃去楯、櫓立矢石之所及，鼓之而士乘之，戰大勝。簡子曰：「與吾得革車千乘，不如聞行人燭過之一言也。」

〔一〕王先慎曰：郛、郭同義。「郛」當作「附」。吕氏春秋貴直篇作「附郭」，高注：「附郭，近郭也。」郛、附聲近而誤。⊙奇猷案：揚子法言吾子篇「虐政虐世然後知聖人之為郛郭也」，以「郛郭」連文。雖説文云：「郛，郭也」，但郛與郭實有别。公羊文公十五年傳：「郛者何？恢郭也。」何休注：「恢，大也。」則郛者，郭之大者。吕氏春秋作「附」，當各從本書。又案：據史記十二諸侯年表，晉定公二十二年（公元前四九〇）趙鞅（趙簡子名鞅）伐衛，或此文所謂圍衛之郛郭即是役歟？

〔二〕舊注：簡子以犀為脅櫓而自卧之。櫓，楯類也。⊙盧文弨曰：「犀楯、犀櫓」，吕氏春秋貴直篇作「犀蔽屏櫓」。「所」下脱「不」字。注，「脅」字疑作「楯」，又「卧」字譌。⊙王先慎曰：按盧説是。今依拾補增「不」字。犀，堅也，説見姦劫弑臣篇。⊙奇猷案：王增「不」字是，今從之，下文「去楯、櫓立矢石之所及」與此反正為文可證。

〔三〕奇猷案：説文：「枹，擊鼓杖也。」案即今言「鼓槌」。

〔四〕奇猷案：張榜本「烏」作「嗚」，同字。

〔五〕奇猷案：吕氏春秋貴直篇「數弊」作「遬弊」，高注云：「遬，猶化也。遬弊，言變化弊惡。」案此文數當即遬之同音通假字。説文遬乃速之籀文，則遬、速同字。史記屈原賈生傳：「淹數之度兮」，集解引徐廣曰：「數，速也」，是數為速借字之證。速弊，謂弊之快速。高説非。

〔六〕王先慎曰：僞子華子去趙篇趙簡子有獨過小人之語。⊙奇猷案：漢書人表中下有行人燭過，即此人。

〔七〕舊注：但君不能用之耳。⊙顧廣圻曰：藏本、今本「無」上有「士」字。⊙王先慎曰：案有「士」字是，今據補。御覽三百五十一引吕氏春秋「士何弊之有」，今吕書亦脱「士」字。⊙奇猷案：王補是，今從之。迂評本、凌本亦有。

〔八〕王先慎曰：吕氏春秋作「兼國十九」。

〔九〕王先慎曰：張榜本「玉」誤「王」。⊙奇猷案：淫衍，淫泆也。説文：「泆，水所蕩泆也。」尚書大傳：「至今衍於四海。」詩大雅板篇：「及爾游衍。」毛傳：「衍，溢也。」皆以衍為水四散流溢，故衍、泆實同義字。吕氏春秋高注云：「玉女，美女也。」案詩大雅民勞：「王欲玉女。」馬端辰傳箋通釋：「阮元云：『玉、畜、好，古音皆同部相叚借。玉女者，畜女也。畜女者，好女也。』其説是也。因思禮記謂君之玉女，玉女亦當讀為畜，即好女，猶云淑女也。」案馬説是，故高釋玉女為美女也。

〔一〇〕王先慎曰：吕氏春秋作「秦人襲我，遜去絳七十」。⊙奇猷案：當即指左僖十五年傳晉惠公與秦繆公韓原之戰。又案：恣，肆意也。迂評本作「來」，誤。又案：絳，晉都。

〔一一〕顧廣圻曰：「授」，當作「受」。⊙王先慎改「授」為「受」，曰：張榜本作「受」。⊙陶鴻慶曰：按授讀為受，古通用。⊙奇猷案：陶説是。授、受同字，詳八説篇注。

〔一二〕顧廣圻曰：吕氏春秋「鄴」作「曹」。⊙奇猷案：吕氏春秋不苟篇云：「晉文公將伐鄴。趙衰言所以勝鄴之術。

文公用之，果勝。」鄴是邑名，原屬齊，此時屬衛。則文公伐衛，先取衛之鄴，故此文云然。

〔一三〕奇猷案：詳十過篇。

〔一四〕顧廣圻曰：藏本、今本「能」下無「士」字。⊙王先慎刪「士」字，曰：按吕氏春秋亦無「士」字。此涉下文而衍。⊙奇猷案：王刪是。迂評本、凌本亦無「士」字，上文「亦有君之不能耳」，無「士」字亦可證，今據刪。

或曰：行人未有以說也，乃道惠公以此人是敗，文公以此人是霸，未見所以用人也〔一〕。簡子未可以速去楯、櫓也〔二〕。嚴親在圍，輕犯矢石，孝子之所愛親也〔三〕。孝子愛親，百數之一也〔四〕。今以為身處危而人尚可戰，是以百族之子於上皆若孝子之愛親也，是行人之誣也〔五〕。好利惡害，夫人之所有也。賞厚而信，人輕敵矣〔六〕；刑重而必，失人不北矣〔七〕。長行徇上，數百不一失〔八〕。喜利畏罪，人莫不然。將衆者不出乎莫不然之數〔九〕，而道乎百無一人之行〔一〇〕，行人未知用衆之道也〔一一〕。

〔一〕舊注：文能以賞信必罰，未必去櫓親立於矢石間。⊙奇猷案：注「文」下當有「公」字，「必罰」當作「罰必」。

〔二〕顧廣圻曰：藏本、今本「去」下「脅」字作「楯」。⊙王先慎改「脅」作「楯」，曰：按上云「簡子乃去楯、櫓立矢石之所及」，此即承上而云。作「楯」字是。⊙奇猷案：王改是，今從之。蓋「楯」本作「盾」，與「脅」形近而誤也。

〔三〕舊注：孝子所以輕犯矢石而救者，謂親愛。⊙王渭曰：「所」下當有「以」字。⊙奇猷案：王説是。又案：舊注「救」下當有「親」字，「謂親愛」當作「為愛親也」。

〔四〕舊注：犯難救親，百人無一人，言孝稀也。

〔五〕舊注：能孝於親者尚百無一，況於君百族而行孝哉？是誣也。⊙顧廣圻曰：藏本同。今本「百族之子」下有「愛」字，誤。⊙王先慎曰：張榜本「若」作「有」。注「一」原作「益」，據趙本改。⊙奇猷案：迂評本「是以」作「是欲以」，誤。凌本「百族之子」下亦有「愛」字，迂評本「於」下有「愛」字，均誤。藏本、叢刊本「若」作「善」。按作「善」作「有」均誤。注「益」字，王改為「一」，是也，藏本亦作「一」，今據改。又案：軍士之姓，各有不同，故曰百族之子。

〔六〕顧廣圻曰：「信」下當有「夫」字。⊙奇猷案：顧説是。夫人，猶言人人也。左襄八年傳「夫人愁痛」，杜注：「夫人，猶人人也。」淮南子本經訓「夫人相樂」，高注：「夫人，衆人也。」

〔七〕顧廣圻曰：藏本同。今本無「失」字。按「失」當作「夫」。⊙奇猷案：顧説是。迂評本、凌本與今本同，均誤。「夫人輕敵矣」、「夫人不北矣」，文正相對，明「失」字為「夫」字之誤。又案：「北」字吴鼒本、藏本作「比」，今本、迂評本、凌本作「北」，四部叢刊影印黄蕘圃影鈔黄三八郎本「北」作「北」，形在「比」與「北」之間。以文義求之，此當為「北」字。北，敗北也。今從今本改「比」作「北」。

〔八〕顧廣圻曰：藏本同。今本「失」作「人」。按此當衍。⊙奇猷案：疑當作「令行徇上，百數不一失。」徇，順也。左文十一年傳「國人弗徇」，杜注：「徇，順也。」「百數」二字此倒，上文「百數之一也」，以「百數」為一詞可證。「令行徇上，百數不一失」，猶言上令行於下，下順上之令，百數無一失也。上文言趙簡子鼓之而士不起，乃上令不能行於下，下不順上令所致，故此應以「令行徇上」之語。

〔九〕奇猷案：數，術也。

〔一〇〕王先慎曰：「一」原作「失」。拾補作「一」，盧文弨云：「『失』字譌。」今依改。⊙奇猷案：王改是，今從之，迂評本作「一」可證。

〔一二〕王先慎曰：原無「行」字「用」字。顧廣圻云：「今本有『行』字。藏本、今本有『用』字。」今據補。⊙奇猷案：王補是，今從之。迂評本、凌本與藏本同。

卷十六

難三第三十八

魯穆公問於子思曰：「吾聞龐㮙氏之子不孝，其行奚如〔一〕？」子思對曰：「君子尊賢以崇德，舉善以觀民〔二〕。若夫過行，是細人之所識也，臣不知也。」子思出。子服厲伯入見〔三〕，問龐㮙氏子〔四〕，子服厲伯對曰：「其過三，皆君之所未嘗聞〔五〕。」自是之後，君貴子思而賤子服厲伯也。

〔一〕孫志祖曰：以論衡非韓篇證之，「㮙」則「撊」字之譌也。孔叢子公儀篇作「龍欄」。⊙顧廣圻曰：「㮙氏」，論衡非韓篇作「撊是」。按氏、是同字。「㮙」，當依論衡作「撊」，字書無「㮙」字。史記酷吏傳云：濟南瞯氏，漢書音義云「音小兒癇病也」，即此姓。「龐」當是其里也。⊙奇猷案：四部叢刊本孔叢子作「龐欄」。

〔二〕顧廣圻曰：藏本、今本「觀」作「勸」，論衡作「勸」。按此以「觀」為是。觀，示也。⊙奇猷案：顧説是。孔叢子亦作「勸」，誤。外儲説左下：「爵不足以觀賞」，亦以觀為示義。

〔三〕奇猷案：檢閲左襄二十三年、昭十六年傳及魯語知魯孟獻子生仲孫它，它字子服，遂為子服氏。則此子服厲伯者，孟獻子之裔也。漢書古今人表子服景伯之後有子服子，當即此所謂子服厲伯。人表列子服子與趙襄子同時，其時代與穆公亦相及。則子服厲伯者，子服其氏，厲伯其謚也。

〔四〕顧廣圻曰：藏本、今本「寵」上有「問」字。⊙王先慎補「問」字，曰：論衡亦有「問」字。⊙奇猷案：王補「問」字是，今從之。迂評本、凌本亦有。

〔五〕顧廣圻曰：「之」，當依論衡作「子」。⊙王先慎曰：論衡「嘗」作「曾」。⊙奇猷案：顧説非也。此「君」字稱穆公，若作「君子」則非其旨矣。又案：嘗、曾同義，論衡自作「曾」。

或曰：魯之公室，三世劫於季氏〔一〕，不亦宜乎？明君求善而賞之，求姦而誅之，其得之一也〔二〕。故以善聞之者，以説善同於上者也〔三〕；以姦聞之者，以惡姦同於上者也；此宜賞譽之所力也〔四〕。不以姦聞，是異於上而下比周於姦者也，此宜毁罰之所及也〔五〕。今子思不以過聞而穆公貴之，厲伯以姦聞而穆公賤之。人情皆喜貴而惡賤，故季氏之亂成而不上聞〔六〕，此魯君之所以劫也。且此亡王之俗〔七〕，取、魯之民所以自美〔八〕，而穆公獨貴之，不亦倒乎？

〔一〕松臯圓曰：三世，昭、定、哀。

〔二〕奇猷案：賞善與誅姦，其所得治國之效均同。蓋賞善則人皆從善而不為姦，誅姦則人皆不敢為姦而從善也。難一篇云「明主之道，設民所欲以求其功，故為爵禄以勸之；設民所惡以禁其姦，故為刑罰以威之。慶賞信而刑罰必，故君舉功於臣，而姦不用於上」，守道篇云「堯明於不失姦，故天下無邪」，皆可明此文之旨。

〔三〕門無子曰：說，音悦。

〔四〕舊注：聞善、聞姦俱當賞也。⊙顧廣圻曰：藏本、今本「力」作「及」。⊙王先慎改「力」作「及」，曰：按作「及」是，今據改。下「此宜毁罰之所及也」，正作「及」。⊙劉師培曰：按「力」者「加」之壞字。「所加」與下「所及」對文。⊙奇猷案：劉說是。迂評本最喜改字，但此仍作「力」，可見元本亦作「力」（迂評本係本於元何抃本）。而作「及」者，皆明以後之刊本，其為明人所改顯然也。

〔五〕奇猷案：墨子尚同上篇：「天子發政於天下之百姓言曰：聞善而不善（而，與也）皆以告其上。上之所是，必皆是之，所非必皆非之。上有過則規諫之，下有善則傍薦之，上同而不下比者，此上之所賞而下之所譽也。意若聞善而不善，不以告其上。上之所是弗能是，上之所非弗能非。上有過弗規諫，下有善弗傍薦，下比不能上同者，此上之所罰而百姓所毁也。」

〔六〕奇猷案：藏本、迂評本、叢刊本「上」誤「止」。

〔七〕顧廣圻曰：「王」當作「主」。⊙奇猷案：推顧氏之意，蓋讀亡為忘。案顧說是也。亡、忘字通，詳難二篇。有度篇云：「忘主外交」，亦以「忘主」言可證。此文亡主者，謂下不聞人之過於其主，是忘其主也。

〔八〕太田方曰：井子章曰「取、鄒音通」，是。⊙奇猷案：井說是。取、芻二音本可通假，如趨、趣是。「鄒」本作陬、或郰、或鄹，四字原相同，皆為郰邑。此去邑為「取」，亦猶「酆」之為「豐」，「鄪」之為「費」也。

文公出亡。獻公使寺人披攻之蒲城，披斬其祛。文公奔翟〔一〕。惠公即位，又使攻之惠竇，不得也〔二〕。及文公反國，披求見。公曰：「蒲城之役，君令一宿，而汝即至；惠竇之難，君令三宿，而汝一宿〔三〕；何其速也？」披對曰：「君令不二。除君之惡，惟恐不堪〔四〕。蒲人、翟人，余何有焉〔五〕？今公卽位，其無蒲、翟乎〔六〕？且桓公置射鉤而相管仲〔七〕。」君乃見之〔八〕。

〔一〕奇猷案：左傳僖四年，重耳奔蒲。五年，獻公使寺人披攻之蒲城，重耳踰垣而走，披斬其袪，遂出奔翟。

〔二〕顧廣圻曰：「惠竇」當依左傳作「渭濱」。⊙于省吾先生曰：按「惠竇」卽「渭瀆」。惠與從胃之字音近相借。吕氏春秋開春論：「而天下皆來謂矣。」謂應讀作惠。書盤庚：「爾謂朕曷震動萬民以遷。」漢石經「謂」作「惠」。晏子春秋内篇諫下：「故節于身，謂于民。」言節于身惠于民也。周禮大宗伯注：「不見四竇者。」釋文：「竇，本亦作瀆。」是其證。⊙奇猷案：于先生說是。墨子兼愛中篇「嘑池之竇」，以竇為瀆亦可證。又案：見左傳僖二十四年。

〔三〕奇猷案：左傳「一宿」作「中宿」。

〔四〕顧廣圻曰：藏本、今本「恐」上有「惟」字。⊙王先慎補「惟」字，曰：左傳亦有。⊙奇猷案：有「惟」字是，迂評本、凌本亦有，今據補。堪，勝也。（見爾雅釋詁）

〔五〕舊注：當時君為蒲、翟之人，無臣之分，則何有焉？⊙盧文弨曰：注「無臣之分」，「之」，馮改「主」。⊙奇猷案：注「臣」下「之」字藏本作「五」。案當作「無臣主之分」，藏本「五」卽「主」之譌而又脱去「之」字，此則脱「主」字而存「之」字也。

〔六〕奇猷案：左傳疏云：「言有人在蒲在狄（狄、翟同），為君猶是也。」

〔七〕奇猷案：管仲為公子糾射桓公，中桓公帶鉤，詳史記齊世家。文義未完，此下當有脱文。

〔八〕奇猷案：「君」當作「公」，左傳亦作「公」。

或曰：齊、晉絶祀〔一〕，不亦宜乎？桓公能用管仲之功而忘射鉤之怨，文公能聽寺人之言而棄斬袪之罪，桓公、文公能容二子者也〔二〕。後世之君，明不及二公；後世之臣，賢不如二子。以不忠之臣事不明之君〔三〕，君不知，則有燕操、子罕、田常之賊〔四〕；知之，則以管仲、寺人自解。君必不誅，而自以為有桓、文之德，是臣讐而明不能燭〔五〕，多假之資，自以為賢而不戒，則雖無後嗣，不亦可乎〔六〕？且寺人之言也，直飾君令而不貳者〔七〕，則是貞於君也。死君後生臣不愧而復為貞〔八〕。今惠公朝卒而暮事文公，寺人之不貳何如？

〔一〕奇猷案：田氏篡齊，三家分晉。

〔二〕奇猷案：藏本、迂評本及長短經詭順篇引均無「者」字。

〔三〕顧廣圻曰：今本「不以」作「以不」。⊙奇猷案：王先慎據顧校乙，是。迂評本、凌本亦作「以不」，今據乙。

〔四〕「燕操」舊注：子之也。⊙松臯圓曰：山曰：「操，公孫操也。趙世家惠文王二十八年燕將成安君、公孫操殺其王。索隱曰：其王，卽惠王也。」⊙奇猷案：松説是。下子罕、田常均詳二柄篇。舊注非。

〔五〕顧廣圻曰：今本「讐」下有「君」字。⊙奇猷案：長短經引「臣」下有「其」字，誤。迂評本、凌本與今本同，亦誤。

〔六〕王先謙曰：韓子此言殆為楚、魏相張儀之類而發。此謂以讐人為臣，而主之明又不能察其姦。

〔七〕「直飾」舊注：非誠言也。⊙王先慎曰：趙本注「誠」作「識」，誤。⊙奇猷案：藏本亦誤「識」。案飾謂飾其辭也，故舊注謂非誠言也。

〔八〕舊注：不皆死而後為貞。⊙盧文弨曰：「後」字，「復」譌。注「不」字疑「必」。⊙顧廣圻曰：今本「復」作「後」。按復、後互誤。「生」下當更有「生」字。⊙王先慎改「復」為「後」，曰：按今本「復」作「後」，是也。此言君死後臣生不愧，如荀息立奚齊立卓子之類，而後為貞。若君朝卒而讎立，遂臣事之，非貞也。此與下文語意相承，極為明顯。乾道、道藏本誤「後」為「復」，其義遂晦耳。上「後」字不譌，盧、顧說並非。⊙太田方曰：晉語：「死人復生不悔，生人不愧，貞也。」史記趙世家：「死者復生，生者不愧。」山氏曰：「左傳：使死者反生，生者不愧乎其言，則可謂信矣。」⊙于省吾先生曰：按此本作「死君復生，臣不愧而後為貞。」言君死復生，為臣者不愧而後為貞。乃假設之詞。王說固非，顧謂「生」下當更有「生」字，亦非。⊙奇猷案：于先生說是也。舊注所見本「復」作「後」可證。史記晉世家「死者復生，生者不愧」，語意同亦可證。舊注「皆」當作「愧」。

人有設桓公隱者曰〔一〕：「一難，二難，三難，何也？」桓公不能對〔二〕，以告管仲。管仲對曰：「一難也，近優而遠士。二難也，去其國而數之海〔三〕。三難也，君老而晚置太子。」桓公曰：「善。」不擇日而廟禮太子〔四〕。

〔一〕奇猷案：舊連上，今從藏本、趙本提行。

〔二〕盧文弨曰：「對」，藏本作「射」。⊙傅佛崖曰：射，對也，乃同聲為訓。漢書蕭望之傳「以射策甲第為郎」，顏注「射之言投射也」，則是射策卽對策也。乾道本蓋以訓釋字改本有之字耳。⊙奇猷案：對，對答也，凡有所問而答之為對。桓公不能得所射之事物以答其人，故曰桓公不能對。於義甚通，不必改字。今所見本惟迂評本作「射」，而白雲觀道藏本仍作「對」。顧廣圻以道藏本校，於此亦無案語。豈盧氏誤以迂評本為藏本歟？王先慎據盧校改，非。

〔三〕奇猷案：卽十過篇「田成子遊於海」之海，考詳彼。

〔四〕太田方曰：山氏曰：「『不』字衍。」或曰：「不擇日，欲其速，不及歷吉日也。」⊙奇猷案：或説是。不擇日，謂不及擇日也。

或曰：管仲之射隱不得也。士之用不在近遠。而俳優侏儒，固人主之所與燕也〔一〕。則近優而遠士，而以為治，非其難者也。夫處勢而不能用其有〔二〕，而悖不去國〔三〕，是以一人之力禁一國。以一人之力禁一國者，少能勝之。明能照遠姦而見隱微，必行之令〔四〕，雖遠於海，内必無變。然則去國之海而不劫殺，非其難者也〔五〕。楚成王置商臣以為太子，又欲置公子職，商臣作難，遂弑成王〔六〕。公子宰，周太子也〔七〕，公子根有寵，遂以東州反〔八〕，分而為兩國〔九〕。此皆非晚置太子之患也。夫分勢不二，庶孽卑，寵無藉，雖處大臣〔一〇〕，晚置太子可也。然則晚置太子，庶孽不亂，又非其難也。物之所謂難者〔一一〕，必借人成勢而勿使侵害己〔一二〕，可謂一難也；貴妾不使二后，二難也〔一三〕；愛孽不使危正適，專聽一臣而不敢隅君〔一四〕，此則可謂三難也。

〔一〕奇猷案：燕通宴。説文：「宴，安也。」左傳成二年注：「宴，樂也。」史記樂書「宋音燕女溺志」，集解：「王肅曰：燕，歡悦。」

〔二〕盧文弨曰：張本「世」作「勢」。⊙顧廣圻曰：藏本「世」作「勢」。⊙奇猷案：王先慎據改「世」為「勢」，是，迂評本亦作「勢」，今據改「世」為「勢」。又案：有，謂所有之勢也。

〔三〕顧廣圻曰：藏本同。今本「悖」作「徒」。按「悖」當作「恃」。⊙奇猷案：今本固誤，顧説亦非。悖，惑也。荀子王霸篇「不能當一，又務正百，是悖者也」，楊注：「悖，惑。」吕氏春秋正名篇「足以喻治之所悖」，高注：「悖，惑。」此文蓋謂處勢而不能用其勢，僅猶豫於去國與不去國而為治，蓋去國而用勢仍可為治，不用勢，雖坐鎮其國，是用一人之力也。又案：國，猶言都也，詳有度篇注。

〔四〕奇猷案：此句文義不完，「必」上當有「行」字。

〔五〕奇猷案：十過篇載齊景公遊於海，國人謀不内。蓋景公去國之海而有劫殺之患，乃不能用勢耳。

〔六〕奇猷案：詳六微篇。

〔七〕王先慎曰：六微篇「宰」作「朝」，説見上。

〔八〕顧廣圻曰：「州」讀為「周」，見六微篇。⊙奇猷案：顧説是。又案：此文文義不完，「寵」下當依六微篇補入「於君君死」四字。「公子根有寵於君」句絶，「君死」句絶。

〔九〕奇猷案：説疑篇云「周威公身殺，國分為二」，卽此事，并詳彼注。

〔一〇〕王先慎據趙本改「大臣」為「耄老」，曰：「庶孽卑」句。「寵無藉」，謂所寵之人無借以權勢也。⊙奇猷案：此文當作「難處大臣」，今「難」形誤為「雖」耳。處，謂處斷。難處大臣，謂不易於使事處斷於大臣也。主道篇「明君之道，使智者盡其慮，而君因以斷事」，是事皆當由君斷之。若事不由君而由臣處斷，必生廢置之事，此田常、趙盾之所以行其廢立之姦也。今既不使有二勢并存，而庶孽公子卑，寵幸之人又不得藉勢，更不斷事於大臣，故晚置太子，亂亦不生。趙本不知「難」誤「雖」，遂改「大臣」為「耄老」以連下文。若依趙本則「處」字為羨文，故趙用賢竄改之迹甚明也。王據之改，非是。迂評本、凌本與趙本同誤。

〔一一〕奇猷案：物，猶事也，詳難二篇。

〔一二〕盧文弨「勿」下補「使」字，曰：「使」字脱，張本有。⊙奇猷案：王先慎據盧校補「使」字，是，藏本、迂評本亦有，今據補。

〔一三〕王先慎曰：二后，猶並后也。「三難」上依上下文當有「可謂」二字。

〔一四〕顧廣圻曰：藏本同。今本「隅」作「偶」。按「隅」當作「愚」。⊙王先慎曰：隅、偶形近易譌。詩抑「維德之隅」，劉熊碑作「偶」，是二字古人已有誤者。此「隅」當作「偶」，顧説非。⊙松皐圓曰：偶、耦同，敵也。⊙奇猷案：王説是。如燕子之，卽專聽而偶君者也。

葉公子高問政於仲尼〔一〕。仲尼曰：「政在悦近而來遠〔二〕。」哀公問政於仲尼〔三〕。仲尼曰：「政在選賢〔四〕。」齊景公問政於仲尼。仲尼曰：「政在節財。」三公出，子貢問曰：「三公問夫子政一也，夫子對之不同，何也？」仲尼曰：「葉都大而國小，民有背心，故曰政在悦近而來遠。魯哀公有大臣三人〔五〕，外障距諸侯四鄰之士，内比周而以愚其君〔六〕，使宗廟不掃除、社稷不血食者，必是三臣也，故曰政在選賢。齊景公築雍門，為路寢，一朝而以三百乘之家賜者三〔七〕，故曰政在節財。」

〔一〕奇猷案：舊連上，今從趙本提行。論語子路篇：「葉公問政。子曰：近者悅，遠者來。」案葉公姓沈，名諸梁，字子高（見莊子人間世釋文），楚左司馬沈尹戌之子（見楚語韋注及左定五年傳杜注），食邑於葉，僭稱公（見論語注）。荀子非相篇謂其「微小短瘠，行若將不勝其衣」。

〔二〕奇猷案：今本論語止此葉公問，無下文「哀公問」以下之文，蓋韓非所引乃別本論語，非今本論語也。

〔三〕太田方曰：後漢書注、鹽鐵論注引「哀」上並有「魯」字。⊙奇猷案：松皐圓據太說補「魯」字，是，說苑政理篇亦有。

〔四〕奇猷案：說苑「選賢」作「諭臣」，下同。

〔五〕松皐圓曰：孟孫、叔孫、季孫三人。

〔六〕王先慎曰：趙本「其」作「於」。

〔七〕舊注：謂以大夫之業世賜與為寢也。⊙王先慎曰：注「世」，趙本作「也」。盧文弨云：「『業也』當作『菜地』，又『寢也』當作『寢者』。」⊙松皐圓曰：雍門，齊城門名。戰國時有雍門子周，蓋居此地，因以為姓。晏子春秋：「景公為路寢之臺，令吏俳其期日而不趣。」淮南子要略訓「齊景公作為路寢之臺，一朝而以三千鍾贛」，注：「贛，賜也。」⊙奇猷案：路寢為臺名，是。但雍門當非城門名，當亦為臺榭之名，但無可考耳。說苑作「景公奢於臺榭，淫於苑囿。」又「三百乘」，說苑作「百乘」，下文亦作「百乘」，疑「三」字衍。又案：舊注意謂以三百乘之家業賜之三人為築寢者，非是。此當另為一事，與為寢者無涉。又案：盧校是，藏本「世」作「地」可證。

或曰：仲尼之對，亡國之言也。葉民有倍心〔一〕，而說之悅近而來遠〔二〕，則是教民懷惠。惠之為政，無功者受賞，而有罪者免〔三〕，此法之所以敗也。法敗而政亂〔四〕。以亂政治敗民，未見其可也。且民有倍心者，君上之明有所不及也，不紹葉公之明〔五〕，而使之悅近而來遠，是舍吾勢之所能禁而使與不行惠以爭民〔六〕，非能持勢者也。夫堯之賢，六王之冠也〔七〕，舜一從而咸包〔八〕，而堯無天下矣。有人無術以禁下，恃為舜而不失其民，不亦無術乎？明君見小姦於微，故民無大謀；行小誅於細，故民無大亂。此謂圖難於其所易也〔九〕，為大者於其所細也〔一〇〕。今有功者必賞，賞者不得君〔一一〕，力之所至也〔一二〕；有罪者必誅，誅者不怨上，罪之所生也。民知誅罰之皆起於身也〔一三〕，故疾功利於業，而不受賜於君〔一四〕。「太上，下智有之〔一五〕。」此言太上之下民無說也〔一六〕，安取懷惠之民？上君之民無利害，說以悅近來遠，亦可舍己。哀公有臣外障距內比周以愚其君，而說之以選賢，此非功伐之論也，選其心之所謂賢者也〔一七〕。使哀公知三子外障距內比周也，則三子不一日立矣。哀公不知選賢，選其心之所謂賢，故三子得任事。燕子噲賢子之而非孫卿〔一八〕，故身死為僇〔一九〕。夫差智太宰嚭而愚子胥，故滅於越〔二〇〕。魯君不必知賢，而說以選賢，是使哀公有夫差、燕噲之患也。明君不自舉臣，臣相進也〔二一〕；不自賢，功自徇也〔二二〕。論之於任，試之於事，課之於功，故羣臣公政而無私〔二三〕，不隱賢，不進不肖。然則人主奚勞於選賢？景公以百乘之家賜，而說以節財，是使景公無術使智□之侈〔二四〕，而獨儉於上，未免於貧也。有君以千里養其口腹，則雖桀、紂不侈焉。齊國方三千里，而桓公以其半自養，是侈於桀、紂也，然而能為五霸冠者，知侈儉之地也〔二五〕。為君不能禁下而自禁者謂之劫〔二六〕，不能飾下而自飾者謂之亂〔二七〕，不節下而自節者謂之貧〔二八〕。明君使人無私，以詐而食者禁〔二九〕；力盡於事，歸利於上者必聞，聞者必賞；污穢為私者必知，知者必誅。然故忠臣盡忠於方公〔三〇〕，民士竭力於家，百官精剋於上〔三一〕，侈倍景公，非國之患也〔三二〕。然則說之以節財，非其急者也。夫對三公一言而三公可以無患，知下之謂也。知下明則禁於微〔三三〕，禁於微則姦無積〔三四〕，姦無積則無比周〔三五〕，無比周則公私分，公私分則朋黨散，朋黨散則無外障距內比周之患。知下明則見精沐〔三六〕，見精沐則誅賞明，誅賞明則國不貧。故曰一對而三公無患，知下之謂也〔三七〕。

〔一〕盧文弨曰：「民」上「恐」字張本作「葉」。⊙奇猷案：王先慎據張本改，是，迂評本亦作「葉」，今據改。藏本作「築」。蓋「葉」誤為「築」，又壞誤為「恐」也。又案：倍、背同，下同。

〔二〕顧廣圻曰：藏本、今本「說」上無「誠」字。⊙奇猷案：王先慎據顧校刪「誠」字，是，迂評本、凌本亦無，今據刪。

〔三〕陶鴻慶曰：案「免」下當有「誅」字。下文云「今有功者必賞，賞者不得君，力之所致也；有罪者必誅，誅者不怨上，罪之所生也」，與此相應。⊙奇猷案：陶說非。免，即謂免罪。姦劫弒臣篇「秦民習故俗之有罪可以得免」，與此文法同可證。

〔四〕顧廣圻曰：藏本、今本「而」下有「政」字。⊙奇猷案：王先慎依顧校增，是，迂評本、凌本亦有，依下文當有，今據補。而，猶則也。

〔五〕盧文弨曰：「紹」，凌本作「咎」。⊙顧廣圻曰：句有誤。⊙孫詒讓曰：「紹」當作「詔」。謂詔告之以尚明之義。紹、詔形聲並相近。⊙奇猷案：「紹」當作「昭」，紹、昭形聲均近而誤。説文「昭，日明也」，段玉裁注云：「引申為凡明之偁。」「之」下「明」字即上文「君上之明」之明，謂明察也。不昭葉公之明，猶言不啟明葉公之明察也。迂評本亦作「咎」，誤。

〔六〕顧廣圻曰：藏本同。今本「不」作「天下」二字。按「不」字當作「下」，形近誤。今本添「天」字，誤甚。⊙奇猷案：顧説是。外儲説右上師曠諫景公行惠以與公子尾、公子夏爭民，晏子諫景公行恩惠與田成氏爭民，皆此旨可證。今本不知與下爭民之義，妄增「天」字也。

〔七〕松皐圓曰：堯、舜、禹、湯、文、武六王，堯居其首。

〔八〕太田方曰：今世説：「陸麗京嘗閲韓非子至『一從而咸包』曰：是『一徙而成邑』也。」⊙松皐圓改為「一徙而成邑」，曰：「包」，一作「危」，傳寫誤耳。管子：「舜一徙成邑，二徙成都，三徙成國。」又見史記。⊙奇猷案：太、松二氏之説甚是，從、徙，咸、成，包、邑，皆形近之譌。吕氏春秋貴因篇亦云「舜一徙成邑，再徙成都，三徙成國」，亦可為證。莊子徐无鬼篇云：「舜三徙成都，至鄧之虚而有萬家。」松引管子見治國篇。

〔九〕顧廣圻曰：藏本、今本「難」下有「者」字。

〔一〇〕奇猷案：老子六十三章：「圖難於其易，為大於其細。」

〔一一〕顧廣圻曰：「得」，當作「德」。⊙劉文典曰：得、德古通用。⊙奇猷案：劉説是。詳後注。

〔一二〕奇猷案：外儲説右下：「主賣官爵，臣賣知力。」是爵禄者，智力之所致也，故不德君。外儲説左下篇云：「以罪受誅，人不怨上；以功受賞，臣不德君。」

〔一三〕顧廣圻曰：「罰」，當作「賞」。⊙奇猷案：顧説是，迂評本正作「賞」。

〔一四〕顧廣圻曰：今本「疾」作「習」，誤。

〔一五〕顧廣圻曰：智，讀為知。按此老子第十七章文。

〔一六〕盧文弨曰：張本無「民」字。⊙奇猷案：説，同悦。張本誤。

〔一七〕陶鴻慶曰：案「選其」上當有「選賢者」三字，承上「説之以選賢」而言。韓子以人君選賢為不足恃，故為是語。奪此句則文不完。⊙奇猷案：此，指選賢。此文謂選賢非論功伐而選賢，乃選君主心中所謂之賢。此無脱文，陶説不確。余前校從陶説，亦誤。

〔一八〕「燕子噲」顧廣圻曰：藏本同。今本「子」作「王」，誤。⊙奇猷案：顧説是。二柄篇作子噲可證。迂評本無「子」字，誤。⊙顧廣圻曰：孫卿，荀卿也。其事未詳。⊙奇猷案：王先謙云：「郇卿為郇伯之後，以國為氏。又稱孫卿者，蓋郇伯公孫之後，以孫為氏也。戰國之末，宗法廢絶，姓氏混一，故有人兩姓並稱，實皆古之氏也。」（此係節録，詳荀子集解卷首）案：王説是。史記孟荀傳作荀卿。荀、郇同。史記云：「荀卿，名況，趙人。為齊祭酒，適楚，春申君以為蘭陵令。」漢書藝文志儒家著録孫卿子三十三篇，現存三十二篇。李斯、韓非皆為其弟子。

〔一九〕奇猷案：二柄篇云：「子噲以亂死。」注詳彼。

〔二〇〕奇猷案：史記吴世家：「吴王夫差元年，以大夫伯嚭為太宰。二年，吴王伐越，敗之夫椒。越王勾踐乃以甲兵五千人棲於會稽，使大夫種因吴太宰嚭而成行，請委國為臣妾。伍子胥諫，吴王不聽，聽太宰嚭，卒許越平。」此文夫差智太宰嚭而愚子胥，當即指此事。又史記：「吴王二十三年，越滅吴，吴王夫差自剄死。」

〔二一〕顧廣圻曰：「臣」，當作「功」。⊙奇猷案：顧說非也。此當衍一「臣」字，「明君不自舉」句絶。此謂明君不必自舉人，臣自相進為用。此與難二篇「索賢不為人主難，設官職，陳爵禄而士自至」同義。

〔二二〕顧廣圻曰：「賢」上當有「選」字。今本重「功」字，誤；「自」作「相」。⊙奇猷案：顧說非也。吕氏春秋貴生篇「危身棄生以徇物」，高注：「徇，猶隨也。」此文謂明君不自用其賢能，而功自相隨而立。主道篇云「君有智而不以慮，使萬物知其處；有行而不以賢，觀臣下之所因；有勇而不以怒，使羣臣盡其武。是故去智而有明，去賢而有功，去勇而有强」，又云「明君之道，使智者盡其慮，而君因以斷事，故君不窮於智；賢者敕其材，君因而任之，故君不窮於能；有功則君有其賢，有過則臣任其罪，故君不窮於名。是故不賢而為賢者師，不智而為智者正。臣有其勞，君有其成功」，可明此文之旨。顧氏由於未與韓非思想體系相照應，故誤。余前校同意顧說，亦誤。

〔二三〕奇猷案：政、正同字。趙本作「正」，王先慎據之改，非是。迂評本、凌本與今本同，亦誤。

〔二四〕顧廣圻曰：藏本「智」下不空一字，今本「使智□之侈」作「以享厚樂」，誤。按句有誤，當云「無術以知富之侈」，作「智」者，同字也。⊙陶鴻慶曰：顧校文義俱未安。疑當作「無術智侈儉之施」，智與知同。⊙奇猷案：此上係說明以百乘之家賜不為侈，此下則說明景公築雍門、為路寢亦非侈，在此二段間脱文甚多，以韓非之思想與上下文義及此所剩殘字求之，當云「景公以百乘之家賜，而說以節財，是使景公無術以治國也。明君之道，設為慶賞，使智者盡其慮，能者盡其事，賞賜智能，不得謂之侈。景公築雍門、為路寢而說之以節財，是使景公儉也。夫築雍門為路寢者，所以養口腹之慾也，亦不得謂之侈。若去景公之侈」，此下接下文「而獨儉於上」云云。韓非原文當不能必其如此，但韓非此文之意義可必其如此。今本作「以享厚樂」，蓋趙用賢見下文「桀、紂不侈」而妄改也。顧、陶之說亦皆不確。蓋顧、陶所改，與趙用賢所改，於義均不銜接（案韓非主張功大者有尊爵，受重賞，見八姦篇）。

〔二五〕陶鴻慶曰：案「知侈儉之地」，文義難通。「地」蓋「施」字之誤。言侈儉各有所施也。下篇云：「臣主之施分也」，高誘淮南氾論注云：「施，宜也」，即此施字之義。⊙奇猷案：「地」字不誤。韓子用「地」字義近於分別。八經篇：「故明主審公私之分，審利害之地」，與此句法同，而以地字與分字相對為文，則地近於分別之義確矣。

〔二六〕奇猷案：藏本無「下而自禁」四字，誤。

〔二七〕劉文典曰：案飾為飭假。禮月令疏：「飭，謂正也。」⊙奇猷案：飾、飭古通用。禮樂記「復亂以飾歸」，史記樂書作「飭」。秦策「文士並飭」，高注：「飭，巧。」則以飭為飾，是二字古通之證。劉訓飭為正也，是。詩小雅六月「戎車既飭」，毛傳：「飭，正也。」又案：太田方、松皐圓二氏說與劉說同。

〔二八〕王先慎曰：依上文「不」下當有「能」字。⊙奇猷案：王說是，松皐圓說同。

〔二九〕奇猷案：松皐圓「禁」上增「必」字。按不必增，無「必」字於文氣文義皆無損也。

〔三〇〕顧廣圻曰：藏本、今本無「方」字。按句有誤。⊙王先慎刪「方」字，曰：按「方」字衍。然故，即然則也。王引之經傳釋詞云：「故，猶則也。」「忠臣盡忠於上」，與「民士竭力於家」「百官精剋於上」一律，「公」上不當有「方」字。⊙奇猷案：顧說是。「然」字當刪。「於」下有脫文，當作：「故忠臣盡忠於國，勇士盡力於公。」「於」下脫「國勇士盡力」五字，下「於」字壞為「方」也。五蠹篇云：「為勇者盡之於軍」，即此「勇士盡力於公」之義。

〔三一〕舊注：精廉剋己。⊙陶鴻慶曰：案「上」蓋「士」字之誤。士，事也，古通用。「百官精剋於事」，與上文「忠臣盡忠於公」「民士竭力於家」，文義一律。⊙奇猷案：「上」字不誤。百官居朝廷，故云上也。民士居家，則為下矣。

〔三二〕舊注：但如上，雖侈，非國之患也。⊙王先慎曰：乾道本注「但」作「伊」，據趙本改。⊙奇猷案：王改是，藏本亦作「但」。

〔三三〕顧廣圻曰：「也」下當有脱文。此「知下明則」云云，哀公之無患也。下文「知下明則」云云，景公之無患也。所脱為葉公之無患也。因「知下明則」複出而誤漏之耳。⊙奇猷案：顧氏此一提示，極有功於考證，但當依下陶說校改。

〔三四〕顧廣圻曰：今本重「禁於微」三字。按此當更有。⊙奇猷案：王先慎依顧校補，是，今從之。

〔三五〕陶鴻慶曰：積姦，指民言；比周，指臣言；義不相屬。且此既云「無比周」，下又云「無外障距内比周之患」，於文複矣。疑此「比周」二字本作「背心」。自上「知下明」至此對葉公言之也。下文「無比周則公私分」，本作「知下明則公私分」，以下至「之患」，對哀公言之也。再下則對桓公言之。故總結之曰：「一對而三公無患，知下之謂也。」悉心玩索，文義自明。上文云「民有背心」，此云「無背心」，卽承上言之。「背」字上下相距太疏，則與「比周」二字相似，故「無背心」誤作「無比周」，又涉上下句例而誤重之，如是兩事混而為一，而葉公之無患缺而不具，顧校遂以為誤漏矣。⊙奇猷案：陶說是。此文「禁於微」卽承上「明君見小姦於微」。「明君見小姦於微」係對葉公言者，則此「禁於微」亦當係對葉公言之，亦可為陶說之證。

〔三六〕王渭曰：「精沐」二字疑。⊙孫詒讓曰：「精沐」，疑當為「精悉」。說文：「悉，詳盡也。」悉或變作悉，又譌作怵，與沐形近，因而致誤。⊙物双松曰：「精沐」，謂精明如洗也。⊙太田方曰：太玄經云「鬼社輟哭，或得其沐」，注：「沐，潔也。」⊙松皐圓曰：沐，謂無壅蔽也。管子：「沐路旁之樹枝，使無尺寸之陰。」此謂其所察見精細沐盡也。⊙章太炎曰：案檀弓「夫子助之沐椁」，注：「沐，治也。」吕覽貴當注：「治，飭也。」說文「飭，致堅也」，致卽今緻字。精沐，謂精緻也。見精沐，謂識見精緻也。今人言之則曰精細。又廣韻一屋「沐」字下云：「漢複姓有『沐簡氏』。」沐簡之義當亦與沐椁同，謂沐治之竹簡也，坿識於此。⊙奇猷案：精與清古通，禮記緇衣「精知略而行之」，鄭注：「精，或為清。」「沐」當作「沬」（下同），形近之誤。易豐「日中見沬」，注「沬，微昧之明也」，是沬有明義。精沬，猶言清明也。見精沬，謂所見清明，卽今語「看得十分清楚」。對臣下之功過忠姦看得很清楚，故下文云「見精沬則誅賞明」。諸說皆穿鑿。余前校謂「說文『沐，濯髮也』，引申之則為潔明」，亦是穿鑿。

〔三七〕舊注：韓子以齊桓侈於桀、紂猶未虧德，形於翰墨，著以為教，一何逆理之甚，其不得死秦獄，未必不由此也。⊙王先慎曰：趙本無此注文。⊙奇猷案：此舊注者對韓非之評語，雖帶主觀性，但亦代表部分人對韓非的看法。趙用賢删之，非是。

鄭子產晨出，過東匠之閭〔一〕，聞婦人之哭〔二〕，撫其御之手而聽之，有閒，遣吏執而問之，則手絞其夫者也〔三〕。異日，其御問曰：「夫子何以知之？」子產曰：「其聲懼〔四〕。凡人於其親愛也〔五〕，始病而憂，臨死而懼，已死而哀。今哭已死不哀而懼〔六〕，是以知其有姦也。」

〔一〕顧廣圻曰：「東匠之閭」，論衡作「東匠之宫」。⊙王先慎改「東」為「東」，曰：張榜本、趙本并作「東」。⊙太田方曰：東匠，街名。蓋子產所宅。論語「東里子產」。⊙奇猷案：作「東」是，「東」卽「東」字之壞誤，凌本亦作「東」，今改「東」為「東」。「匠」當作「巷」，音近而誤也。說文：「巷，里中道也。」是「東巷」卽「東里」也。論語憲問篇稱東里子產，注云「子產居東里，因以為號」，邢疏云：「東里，鄭城中里名。」子產既居東里，而此云晨出，當係出其里，則東里即東巷無疑。又案：閭，里門也。論衡非韓篇「閭」作「宮」者，蓋因「閭」草書作𡧱，與「宮」形近而誤為「宮」也。當依此訂正。又案：史記循吏傳：「鄭昭君以子產為相，門不夜關，道不拾遺，治鄭二十六年而死。」

〔二〕奇猷案：藏本此下有「也」字，誤。案：「之」字當衍。

〔三〕顧廣圻曰：論衡「紋」作「殺」，下「異日」作「翼日」。

〔四〕太田方曰：論衡作「其聲不慟」。

〔五〕奇猷案：論衡「親」上有「所」字，案當有。

〔六〕奇猷案：藏本「今」下有「夫」字。

或曰：子產之治，不亦多事乎〔一〕？姦必待耳目之所及而後知之〔二〕，則鄭國之得姦者寡矣。不任典成之吏〔三〕，不察參伍之政〔四〕，不明度量，恃盡聰明、勞智慮而以知姦〔五〕，不亦無術乎？且夫物衆而智寡，寡不勝衆，智不足以徧知物，故因物以治物〔六〕。下衆而上寡，寡不勝衆，者言君不足以徧知臣也，故因人以知人〔七〕。是以形體不勞而事治，智慮不用而姦得。故宋人語曰：「一雀過羿，羿必得之，則羿誣矣〔八〕。以天下為之羅，則雀不失矣。」夫知姦亦有大羅，不失其一而已矣。不修其理〔九〕，而以己之胸察為之弓矢，則子產誣矣〔一〇〕。老子曰：「以智治國，國之賊也〔一一〕。」其子產之謂矣。

〔一〕舊注，不以法度而用智，故曰多事也。

〔二〕王先慎曰：乾道本「姦必」作「必姦」，據趙本改。論衡非韓篇正作「姦必」。⊙奇猷案：王改是，今從之，藏本、迂評本、凌本皆作「姦必」可證。

〔三〕舊注：典，主也。謂因事而責成之。⊙王先慎曰：論衡「成」作「城」。乾道本注「因」作「其」，據趙本改。⊙太田方曰：典成，猶典刑也。家語：「刑，侀也。侀，成也。」周禮大司寇「凡庶民之獄訟，以邦成弊之」，注：「邦成，謂若今時決事比也。」又趙策：「愚者暗於成事。」鹽鐵論注引鄙語曰：「不知為吏，視已成事。」史記秦始皇本紀：「丞相諸大臣皆受成事，倚辦於上。」⊙劉師培曰：案成，即獄訟之成。周禮調人云：「凡有鬬怒者成之。」方士云：「司寇聽其成于朝。」質人云：「掌成市之貨賄、牛馬、珍異。」是平折爭訟謂之成。典成之吏，即主平折獄訟之吏也。舊注非。⊙奇猷案：劉說是。王改「其」為「因」，是，今從之。

〔四〕王先慎曰：論衡「政」作「正」，二字古通。⊙奇猷案：二柄篇：「參之以比物，伍之以合虛。」

〔五〕顧廣圻曰：藏本、今本「毒」作「盡」。按此以毒與勞對文。⊙王先慎改「毒」為「盡」，曰：案顧說非。論衡亦作「盡」，今據改。論衡「恃」作「待」，誤，當依此訂正。⊙奇猷案：王改「毒」為「盡」，是，迂評本、凌本亦作「盡」，今據改。又案：恃、待古通用。吕氏春秋無義篇「不窮奚待」，史記天官書「不待告」，皆以待為恃。老子：「萬物恃之以生」，則以恃為待。是二字通用之證。故此作「恃」，論衡作「待」，其實一也。說文：「待，竢也；恃，賴也。」則作「恃」作「待」，於此文皆通。王說非。又案：有度篇云：「上用慮則下繁辭，故舍已能，因法數，審刑罰。」可為此文之注。

〔六〕舊注：謂若因龍以治鱗蟲，因鳳以治羽鳥也。⊙顧廣圻曰：今本「故」下無「則」字。⊙俞樾曰：「故則」二字無義。趙本刪「則」字，當從之。惟此文有從舊注羼入者，韓子原文當云：「且夫物衆而智寡，寡不勝衆，故因物以治物。下衆而上寡，寡不勝衆，故因人以知人。」舊注於上句「寡不勝衆」云「言智不足以徧知物也」，於下句「寡不勝衆」云「言君不足以徧知臣也」，傳寫誤入正文，而又有錯誤，遂參差而不可讀矣。⊙王先慎刪「則」字，曰：案俞説是。「則」字依趙本刪。⊙奇猷案：俞、王二説均是。迂評本、凌本皆無「則」字，今據刪。

〔七〕奇猷案：此文「者言君不足以徧知臣也」十字為舊注誤入，上又脱「寡不勝衆」四字。

〔八〕舊注：羿雖善射，見雀未必一一得之，故曰誣也。⊙盧文弨曰：凌本重「羿」字。⊙奇猷案：王先慎集解依盧校重「羿」字，是，迂評本亦重，今據增。又案：莊子庚桑楚篇云：「一雀適羿，羿必得之，威也（案：「威」當從崔本作「或」）。或、惑同）。以天下為之籠，則雀無所逃。」誣，妄也。

〔九〕尹桐陽曰：理，治獄官也。⊙奇猷案：一，卽揚權篇「聖人執一」之一，謂法術。韓非以理為法紀之義，考詳解老篇。不修其理，謂不修其法紀也。故下云：「以已之胸察。」以胸察，則不按法紀行事也。尹氏不知韓非「理」字之特殊意義耳。

〔一〇〕尹桐陽曰：胸，膺也，親也。⊙奇猷案：此非謂子產親察之，乃子產以智察覺也，故胸不當訓親。胸察，猶言以心度之也。卽用人篇「釋法術而心治」之意。

〔一一〕奇猷案：見老子六十五章。

秦昭王問於左右曰：「今時韓、魏孰與始强？」左右對曰：「弱於始也。」「今之如耳、魏齊孰與曩之孟常、芒卯〔二〕。」對曰：「不及也。」王曰：「孟常、芒卯率强韓、魏猶無奈寡人何也〔二〕。」左右對曰：「甚然。」中期推琴而對曰〔三〕：「王之料天下過矣。夫六晉之時，知氏知伯出，魏宣子御，韓康子為驂乘，知伯曰：『始吾不知水可以滅人之國，吾乃今知之。汾水可以灌安邑，絳水可以灌平陽〔五〕。』魏宣子肘韓康子，康子踐宣子之足〔六〕，肘足接乎車上，而知氏分於晉陽之下。今足下雖强，未若知氏〔七〕；韓、魏雖弱，未至如其在晉陽之下也〔八〕。此天下方用肘足之時，願王勿易之也。」

最强，滅范、中行而從韓、魏之兵以伐趙〔四〕，灌以晉水，城之未沈者三板。

〔一〕盧文弨曰：「常」，張本作「嘗」，下同。⊙松皐圓曰：史記索隱：「如耳，魏大夫。」魏策注：「魏齊，魏相。」按常、嘗通。孟嘗君自齊之魏，魏昭王相之。芒卯，魏將。⊙奇猷案：如耳，見内儲説上。「孟常」當作「孟嘗」，外儲説左上「魏昭王欲與官事謂孟嘗君」云云，亦言孟嘗君與魏昭王事。「芒卯」，卽外儲説左下「秦、韓攻魏，昭卯西説」之昭卯也。

〔二〕顧廣圻曰：策下有「今以無能之如耳、魏齊帥弱韓、魏以攻秦，其無奈寡人何亦明矣」。⊙王先慎曰：説苑敬慎篇亦有，疑此脱。⊙奇猷案：此當有，否則文義不完，史記魏世家亦有此數語可證。

〔三〕顧廣圻曰：史記魏世家云：「中旗憑琴」，索隱云：「按戰國策作『推琴』，春秋後語中旗『伏琴』，而韓子作『推瑟』，説苑作『伏瑟』，文各不同。」按索隱引此作「瑟」是也。「推」當作「馮」。馮、伏同字。難二篇云：「師曠伏琴而笑之。」⊙王先慎改「推琴」為「伏瑟」，曰：案御覽四百五十九引作「中期伏瑟。」⊙奇猷案：迂評本改「中」為「鍾」，誤，此中期非春秋時楚人鍾子期也。又案：王改非是，唐司馬貞比較戰國策、春秋後語、韓子、説苑四書之文而言韓子作「推瑟」，可見推字無誤。琴、瑟二字形近易誤，但琴、瑟皆弦樂器，形狀相倣，彈法相似，則作「推琴」或「推瑟」均可。且中期之所以推琴者，蓋與君有所言，琴在身不便為禮，故推開其琴，則作「推琴」自可通，不必改為「伏瑟」也。

〔四〕王先慎改「而從」為「又率」，曰：據御覽改。説苑亦作「又率」。⊙裴學海曰：按王改非也。而與又同義，從與率同義。御覽作「又率」者，則據説苑以改韓子耳。古謂率曰從，故趙策作「知伯從韓、魏兵以攻趙」，文與韓子同。又齊策「昔吴王夫差以强大為天下先，强襲郢而棲越，身從諸侯之君」，亦謂身率諸侯之君也。⊙奇猷案：裴説是。「從」字本作从，為二人相隨之形，解之為一人領率，一人隨行亦未為不可，故古以從為率也。又案十過篇載此事較詳，可參閲。

〔五〕松皐圓曰：高誘云：「安邑，魏桓子邑。平陽，韓康子邑。」

〔六〕松皐圓曰：策注：「不敢正語，以肘築之。」

〔七〕松皐圓曰：齊策：「張丐見魯君曰：臣來弔足下。」劉黄裳曰：「古之國君亦稱足下，與今大不侔矣。」按樂毅書亦稱燕惠王以「足下」也。

〔八〕奇猷案：各本無「在」字。松皐圓依國策、史記、説苑補，是，今從之，御覽引正有「在」字。王先慎謂「其字疑衍」，非，蓋以文法例之，此語不得無「其在」二字也。

或曰〔一〕：昭王之問也有失，左右、中期之對也有過。凡明主之治國也，任其勢。勢不可害，則雖强天下無奈何也，而況孟常、芒卯、韓、魏能奈我何？其勢可害也，則不肖如如耳、魏齊及韓、魏猶能害之〔二〕。然則害與不侵，在自恃而已矣，奚問乎？自恃其不可侵〔三〕，則强與弱奚其擇焉〔四〕？失在不自恃〔五〕，而問其奈何也，其不侵也幸矣。申子曰：

「失之數而求之信則疑矣〔六〕。」其昭王之謂也。知伯無度，從韓康、魏宣而圖以水灌滅其國〔七〕，此知伯之所以國亡而身死，頭為飲杯之故也。今昭王乃問孰與始强，其畏有水人之患乎〔八〕？雖有左右，非韓、魏之二子也，安有肘足之事？而中期曰「勿易」，此虛言也。且中期之所官，琴瑟也。絃不調，弄不明〔九〕，中期之任也，此中期所以事昭王者也。中期善承其任，未慊昭王也〔一〇〕，而為所不知，豈不妄哉？左右對之曰「弱於始」與「不及」則可矣，其曰「甚然」則諛也〔一一〕。申子曰：「治不踰官，雖知不言〔一二〕。」今中期不知而尚言之。故曰昭王之問有失，左右、中期之對皆有過也。

〔一〕奇猷案：舊連上，今從趙本提行。

〔二〕盧文弨重「如」字，曰：脱，凌本重。⊙奇猷案：王先慎據盧校增「如」字，是，迂評本亦有，今據增。

〔三〕奇猷案：藏本、趙本、今本「强」上有「則」字。⊙奇猷案：王先慎據顧校補，是，迂評本、凌本亦有，今據補。

〔四〕顧廣圻曰：藏本、趙本、叢刊本下「自」字作「曰」，誤。

〔五〕奇猷案：王先慎據趙本改「失在不」為「夫不能」，非。藏本「失」作「夫」，亦誤。「失」上當有「昭王」二字，「昭王失在不自恃」，謂昭王之失，在於不自恃其不可侵，故而問左右其奈何也。上文泛論自恃之要，此則實之以昭王不自恃也。今脱「昭王」二字，「失」字無主詞，遂不可通。趙本遂妄改之也。迂評本、凌本與趙本同，蓋依趙本改也。

〔六〕奇猷案：數，謂法術，詳難二篇注。此文謂失去法術而求人之信則亂也。説文：「疑，惑也。惑，亂也。」

〔七〕盧文弨改「滅」下「其」字為「人」，曰：「其」字譌。⊙王先慎曰：盧説非，其，指韓、魏言。卽上「汾水灌安邑，絳水灌平陽」也。⊙奇猷案：王説是。率韓、魏而滅韓、魏之國，正是知伯無度也。迂評本「其」作「人」，蓋不明此義而改也。

〔八〕盧文弨曰：凌本、秦本「畏」作「未」，「乎」作「也」。⊙顧廣圻曰：「畏」字當有誤，未詳。⊙王先慎改從凌本，曰：按畏、未聲近而譌。「未有水人之患」，與「安有肘足之事」，文法一律。⊙奇猷案：「其畏有水人之患乎」，謂昭王之所以問者，豈畏有以水滅人國之患乎。申言之，此文之意，蓋謂知伯水人而亡其國，昭王豈亦畏將水人而如知伯之亡其國之患耶。迂評本與凌本同，亦誤。

〔九〕奇猷案：王褒洞簫賦云：「時奏狡弄」，與韓非此文對證，則弄謂曲調也。李善注：「弄，小曲也。」未確。官，職也，詳二柄篇注。

〔一〇〕太田方曰：莊子養生主「猶未足以慊其願」，釋文：「慊，足也。」

〔一一〕「其曰甚然」盧文弨曰：四字句。⊙奇猷案：此當連下「則諛也」為句。

〔一二〕奇猷案：又見定法篇。此法家分職任官之要義，詳二柄篇「臣不得越官而有功」條。

管子曰：「見其可，説之，有證〔一〕；見其不可，惡之，有形〔二〕。賞罰信於所見，雖所不見，其敢為之乎〔三〕？見其可，説之，無證〔四〕；見其不可，惡之，無形。賞罰不信於所見，而求所不見之外〔五〕，不可得也。」

〔一〕奇猷案：「可」，表示正面，如好、正確、有功、忠誠等等。下文「不可」，表示反面，如壞、邪惡、破壞、奸宄等等。

說，讀為悦，下同。證，驗也。此文謂見其「可」，因而喜悦他，於是則有表明喜悦他的證驗。探下文「賞罰」云云，可知表明悦之的證驗卽賞賜。下文「形」與「證」相反，則「形」指懲罰也。今日對有功人員頒發獎品及證書，亦卽「見其可，說之，有證」之意。管子「證」作「徵」，字通。

〔二〕奇猷案：管子脩權篇「形」作「刑」，字通，下同。

〔三〕奇猷案：信，讀為申，猶言申明，詳揚權篇注。此文謂賞罰已申明於所見之可與不可，則人亦不敢於不可見之處而為不可之事。或讀信為本字，謂見其可與不可卽有賞或罰，賞罰有信，則人亦不敢於不可見之處而為不可之事」，亦通。

〔四〕顧廣圻曰：藏本、今本「證」上無「說」字。⊙王先慎删「說」字，曰：按「說」字涉上文而衍。⊙奇猷案：王删是，今從之。

〔五〕陶鴻慶曰：「見之」上「不」字當衍。所見之外，卽所不見，不當更有「不」字，蓋涉上文「雖所不見」而誤也。六反篇云「夫以殆辱之故而不求於足之外者老聃也」，句法與此相似，足明此文之誤。⊙奇猷案：管子作「而求其所不見之為之化」。疑韓子此文「外」為「化」之誤，又脱「為之」二字。此文本作「賞罰不信於所見，而求所不見之為之化，不可得也」，「不見」下「之」字猶「者」也，謂賞罰不申明於其所見之可與不可，而求其所不見者為之化而從可，不可得也。案陶說亦通。

或曰：廣廷嚴居，衆人之所肅也；晏室獨處，曾、史之所優也〔一〕。觀人之所肅，非行情也〔二〕。且君上者，臣下之所為飾也。好惡在所見，臣下之飾姦物以愚其君，必也〔三〕。

明不能燭遠姦，見隱微，而待之以觀飾行，定賞罰，不亦弊乎〔四〕？

〔一〕王先慎曰：「優」，趙本作「慢」，古通用。⊙傅佛崖曰：莊子陸德明音義云：「曾、史，曾參、史鰌也。曾參行仁，史鰌行義。」

〔二〕顧廣圻曰：今本「行」作「得」，誤。⊙奇猷案：「非行情也」，謂非其人之行為之實情也。今本改「行」為「得」，「非得情也」殊不辭。

〔三〕奇猷案：八姦篇云：「人主樂美宮室臺池，好飾子女狗馬以娛其心。為人臣者盡民力以美宮室臺池，重賦斂以飾子女狗馬以娛其主而亂其心。」主道篇云：「去好去惡，臣乃見素。」有度篇云：「上用目則下飾觀。」

〔四〕奇猷案：待，假為恃，二字古通，詳上。

管子曰：「言於室，滿於室；言於堂，滿於堂：是謂天下王〔一〕。」

〔一〕奇猷案：管子牧民篇「天下」作「聖」。滿室、滿堂，謂全室、全堂之人皆聞其言也。堂，明堂。室，宮也，爾雅釋宮云「宮謂之室」。

或曰：管仲之所謂言室滿室、言堂滿堂者，非特謂遊戲飲食之言也，必謂大物也〔一〕。人主之大物，非法則術也。法者，編著之圖籍，設之於官府，而布之於百姓者也〔二〕。術者，藏之於胸中，以偶衆端而潛御羣臣者也〔三〕。故法莫如顯，而術不欲見。是以明主言法，則境内卑賤莫不聞之也，不獨滿於堂；用術，則親愛近習莫之得聞也〔四〕，不得滿室。而管子猶曰「言於室，滿室；言於堂，滿堂」，非法術之言也。

〔一〕奇猷案：物，猶事也，詳難二篇。

〔二〕奇猷案：定法篇：「法者，憲令著於官府，刑罰必於民心，賞存乎慎法，而罰加乎姦令者也，此臣之所師也。」

〔三〕王先慎曰：張榜本「衆」作「重」。⊙劉師培曰：案偶與耦同，卽「參耦」之耦也。淮南子要略訓「耦百變」，許注云：「耦，通也。」此云「耦衆端」，猶彼文之「耦百變」。⊙奇猷案：劉説非。偶，合也。備内篇「偶參伍之驗以責陳言之實，執後以應前，按法以治衆，衆端以參觀」，卽此偶衆端之義。定法篇云：「術者，因任而授官，循名而責實，操殺生之柄，課羣臣之能者也，此人主之所執也。」

〔四〕奇猷案：藏本「愛」作「受」，誤。

難四第三十九

衞孫文子聘於魯〔一〕，公登亦登〔二〕。叔孫穆子趨進曰：「諸侯之會，寡君未嘗後衞君也。今子不後寡君一等，寡君未知所過也。子其少安〔三〕。」孫子無辭，亦無悛容〔四〕。穆子退而告人曰：「孫子必亡。亡臣而不後君〔五〕，過而不悛，亡之本也。」

〔一〕奇猷案：事見左襄七年傳。孫文子名林父，孫良夫之子，見左成七年傳杜注。

〔二〕奇猷案：左傳杜注：「禮，登階，臣後君一等。」

〔三〕奇猷案：左傳杜注：「安，徐也。」

〔四〕奇猷案：杜注：「悛，改也。」

〔五〕顧廣圻曰：藏本、今本不重「亡」字。按當依左傳云「孫子必亡，為臣而君」，衍「不後」二字。⊙王先慎曰：按此相傳當日之語不同，應各依本書為是。「亡臣」，卽下「其所以亡其失所以得君也」。「亡臣」之亡，讀若忘。孫子自忘己尚為臣，故與魯君并行而不違。下文「孫子君於衛而後不臣於魯」，正申亡臣而不後君之說。顧氏依左傳改本書，失本書旨矣。⊙奇猷案：下「亡」字當作「以」，「以」古作已，與「亡」形近而誤也。以、為同義，故此作「以」，左傳作「為」，其實一也。「以臣而不後君」，承上「今子不後寡君一等」而言。文義甚明，不必改同左傳。蓋古人引書多不泥於鈔襲，如史記引用古籍多有改作是其例。

或曰：天子失道，諸侯伐之〔一〕，故有湯、武；諸侯失道，大夫伐之，故有齊、晉〔二〕。臣而伐君者必亡，則是湯、武不王，晉、齊不立也〔三〕。孫子君於衛〔四〕，而後不臣於魯〔五〕，臣之君也〔六〕。君有失也，故臣有得也。不命亡於有失之君，而命亡於有得之臣，不察〔七〕。魯不得誅衛大夫，而衛君之明不知不悛之臣，孫子雖有是二也，臣以亡〔八〕？其所以亡其失所以得君也〔九〕。

〔一〕顧廣圻曰：「伐」當作「代」。代之，代為君也。下文盡同。⊙奇猷案：顧說是，松皐圓說同。

〔二〕奇猷案：蓋謂田氏代齊，韓、魏、趙三卿分晉。

〔三〕王先慎曰：依上文，「晉齊」當作「齊晉」。

〔四〕顧廣圻曰：句絶。⊙奇猷案：藏本自此句提行，誤。

〔五〕奇猷案：左成七年傳：「孫林父出奔晉。」十四年傳：「春，衛侯（定公）如晉，晉强見孫林父焉，定公不可。夏，衛侯既歸，晉侯使郤犨送孫林父而見之。衛侯欲辭。定姜曰：『不可。是先君宗卿之嗣也，大國又以為請，不許，將亡。雖惡之，不猶愈於亡乎？君其忍之。安民而宥宗卿，不亦可乎。』衛侯見而復之。」杜注：「復林父位。」由左傳此文，可知孫林父回衛之後，恃有晉之援，甚為跋扈，擬於衛君，故韓非曰「孫子君於衛」。且孫林父既有大國之援，又擬於衛君，必甚驕傲，魯襄公為小國之君，自不在孫林父眼中，故公登亦登，是以韓非曰「不臣於魯」也。

〔六〕王先謙曰：臣之君，謂臣變而為君也。

〔七〕顧廣圻曰：二字句絶。⊙王先慎曰：命，與言通。書大禹謨「咸聽朕命」，墨子兼愛篇下作「咸聽朕言」，可見古人命、言二字相通。此謂穆子不言衛君有失之當亡，而言衛臣有得之必亡，是謂不明。

〔八〕顧廣圻曰：藏本同。今本無「臣」字，誤。按「臣」當為「巨」。詎、巨同字。⊙奇猷案：顧説是。二，指「以臣而不後君，過而不悛」。

〔九〕顧廣圻曰：藏本同。今本無「亡其」二字，誤。「亡」句絶，下七字為一句。⊙王先慎曰：「其所以亡」，謂亡其為臣也。「其失所以得君」，謂失其為臣之禮，故得為其君也。⊙奇猷案：王釋「其所以亡」，義殊不洽。疑「其所以亡」四字衍文。王釋「其失所以得君」，是。

或曰〔一〕：臣主之施分也〔二〕。臣能奪君者，以得相踦也〔三〕。故非其分而取者，衆之所奪也；辭其分而取者，民之所予也〔四〕。是以桀索嶓山之女，紂求比干之心，而天下離〔五〕；湯身易名〔六〕，武身受詈〔七〕，而海内服；趙咺走山〔八〕，田外僕〔九〕，而齊、晉從。則湯、武之所以王，齊、晉之所以立，非必以其君也〔一〇〕，彼得之而後以君處之也〔一一〕。今未有其所以得而行其所以處，是倒義而逆德也。倒義，則事之所以敗也；逆德，則怨之所以聚也。敗亡之不察，何也？

〔一〕王先慎曰：前三篇皆一難，此篇先立一義以難古人，又立一義以自難前説，其文皆出於韓非。⊙奇猷案：本篇前一難出於韓非無疑，其另一難當非出於韓非。另一難皆站在儒家立場而發，與韓非思想不合，造句、遣詞皆不類韓非，余以為卽劉陶反韓非之辭（詳附録舊注考）。王説非。并詳後注。

〔二〕奇猷案：施，行也（見論語為政集解引包注）。臣主之施分也，謂臣下與君主之行事有分也。

〔三〕松皐圓曰：趙策「踦重」，鮑注作「觭」云：「角一俯一仰曰觭，言有一重也。」亡徵篇「必其治亂其强弱相踦者也」，與此同。⊙奇猷案：踦，猶言抗衡。臣與君相抗衡，則臣行君之制，卽臣與君之行事無分也。臣與君之行事無分，故臣能奪君。

〔四〕奇猷案：分，名分。

〔五〕顧廣圻曰：今本「下」下「謂」字作「離」。⊙松皐圓曰：汲冢紀年：「桀伐嶓山，得女二人，曰琬、曰琰。桀愛二女，斲其名于苕華之玉。」按「嶓山」蓋卽「有緡」，見十過篇。⊙奇猷案：王先慎據顧校改「謂」作「離」，是，今從之。史記殷本紀云「比干强諫紂。紂怒曰：『吾聞聖人之心有七竅』，剖比干而觀其心」，卽此所謂「紂求比干之心」也。

〔六〕顧廣圻曰：未詳。⊙王先慎曰：路史：「桀殺關龍逢。湯聞而歎，使人哭之。桀怒，囚湯於夏臺，已而得釋。」以下文「受詈」例之，當卽此事。⊙松皐圓曰：説苑：「湯困於呂。」按名、呂字相似，疑此為「湯身困呂」之訛。⊙奇猷案：以説苑雜言篇「湯困於呂」校此文，則「湯身易名」當作「湯身惕呂」。惕，憂懼也。「湯身惕呂」，謂湯身有在呂之憂懼也。今「惕」壞為「易」，「呂」形誤為「名」耳。

〔七〕高亨曰：受詈，指武王受羈於王門言。呂覽、趙策、尸子、竹書紀年皆作「羈」，而本書獨作「詈」者，擬「詈」亦有「羈」誼也。⊙奇猷案：武王不當有受詈事，「武」當作「文」，詳喻老篇。

〔八〕顧廣圻曰：「咺」，當作「宣」。左傳「宣子未出山而復」，是其事也。⊙奇猷案：見左傳宣二年。

〔九〕顧廣圻曰：今本「田」下有「氏」字，誤。此當有「成」字。卽田成子去齊走而之燕負傳隨鴟夷子皮事也，見説林上篇。

〔一〇〕奇猷案：藏本、叢刊本「立」下有「心」字，「非」下無「必」字，誤。

〔一一〕趙用賢曰：非必奪君之位，分所當得也，以分所當得而後自處於君位也。

魯陽虎欲攻三桓，不尅而奔齊〔一〕，景公禮之〔二〕。鮑文子諫曰〔三〕：「不可。陽虎有寵於季氏而欲伐於季孫〔四〕，貪其富也。今君富於季孫，而齊大於魯，陽虎所以盡詐也。」景公乃囚陽虎〔五〕。

〔一〕奇猷案：左定八年，陽虎攻三桓，九年奔齊。三桓：孟孫、叔孫、季孫。皆出自桓公，故曰三桓。

〔二〕顧廣圻曰：藏本、今本重「齊」字，誤。

〔三〕奇猷案：左傳杜注：「鮑文子，鮑國也。」

〔四〕王先慎曰：「伐」下衍「於」字。⊙奇猷案：王説是。季氏卽季孫。

〔五〕奇猷案：藏本「囚」下有「於」字，誤。

或曰〔一〕：千金之家，其子不仁，人之急利甚也〔二〕。桓公，五伯之上也，爭國而殺其兄，其利大也〔三〕。臣主之間，非兄弟之親也。劫殺之功，制萬乘而享大利，則羣臣孰非陽虎也？事以微巧成，以疏拙敗。羣臣之未起難也，其備未具也。羣臣皆有陽虎之心，而君上不知，是微而巧也。陽虎貪，於天下，以欲攻上，是疏而拙也〔四〕。不使景公加誅於拙虎〔五〕，是鮑文子之説反也。臣之忠詐，在君所行也。君明而嚴則羣臣忠，君懦而闇則羣臣詐。知微之謂明〔六〕，無赦之謂嚴〔七〕。不知齊之巧臣而誅魯之成亂〔八〕，不亦妄乎？

〔一〕奇猷案：舊連上，今從藏本、趙本提行。

〔二〕奇猷案：可參閲備内篇。

〔三〕奇猷案：説林下篇云：「公子糾將為亂，桓公使使者視之。使者報曰：『笑不樂，視不見，必為亂。』乃使魯人殺之。」

〔四〕陶鴻慶曰：此當云「陽虎以貪欲攻上，知於天下，是疏而拙也」，與上文「羣臣皆有陽虎之心，而君上不知，是微而巧也」，文義相對。今本傳寫錯亂，又奪「知」字，則義不明。⊙奇猷案：「貪」下當有「知」字。以，猶而也，詳王氏經傳釋詞。「陽虎貪，知於天下，以欲攻上」，猶言陽虎之貪，為天下所知，而欲攻上也。蓋天下已知其貪，是陽虎疏也。以疏於防而又欲攻上，是陽虎拙也。陶說於義未安。

〔五〕顧廣圻曰：「誅」下當有脱文，本云：「不使景公加誅於齊之巧臣，而使加誅於拙虎。」下文云「不知齊之巧臣」其證也。⊙奇猷案：顧說是。迂評本「不」作「必」，蓋不知有脱文而改也。若作「必使景公加誅於拙虎」，則下文「不知齊之巧臣」句頗覺突然其來。

〔六〕奇猷案：老子五十二章「見小曰明」。

〔七〕盧文弨删「赦」上「救」字，曰：「救」字衍。⊙劉師培曰：考上文「知微之謂明」，與此「無赦之謂嚴」語同，「救」為「赦」之誤衍。下文「此無救赦之實也」，「救」字亦衍。⊙奇猷案：王先慎據盧校删「救」字，是，今從之。

〔八〕奇猷案：成亂，謂既成之亂。魯陽虎為成亂。齊之巧臣尚未起難，為未成之亂也。或依下文改「成亂」為「罪亂」，殊不知下節乃另一人難韓非之論，語氣已變，不可為比。彼「罪亂」指人言也。

或曰〔一〕：仁貪不同心。故公子目夷辭宋〔二〕，而楚商臣弑父〔三〕；鄭去疾予弟〔四〕，而魯桓弑兄〔五〕。五伯兼并，而以桓律人〔六〕，則是皆無貞廉也。且君明而嚴則羣臣忠。陽虎為亂於魯，不成而走，入齊而不誅，是承為亂也。君明則誅，知陽虎之可以濟亂也〔七〕，此見微之情也。語曰：「諸侯以國為親。」君嚴則陽虎之罪不可失，此無救赦之實也〔八〕，則誅陽虎，所以使羣臣忠也。未知齊之巧臣而廢明亂之罰〔九〕，責以未然而不誅昭昭之罪，此則妄矣。今誅魯之罪亂以威羣臣之有姦心者，而可以得季、孟、叔孫之親〔一〇〕，鮑文之説，何以為反？

〔一〕奇猷案：此節難韓非之辭出於後人之手，當删，以其由來已久，姑存之。

〔二〕松皐圓曰：宋桓公病，太子兹甫讓其庶兄目夷，「目夷辭曰：『能以國讓，仁孰大焉。臣不及也，且又不順。』遂走而退」。事出左傳。⊙奇猷案：見左傳僖公八年。

〔三〕奇猷案：詳内儲説下篇。

〔四〕顧廣圻曰：與左傳不同。鄭世家亦云：「堅者，靈公庶弟而去疾之兄也。」⊙松皐圓曰：史記：「鄭靈公見殺，鄭人欲立其弟去疾，去疾讓其庶兄公子堅。堅立，是為襄公。」此云予弟不同。⊙奇猷案：見左傳宣公四年。

〔五〕奇猷案：左傳隱公十一年及史記魯世家：羽父譖隱公于其弟子允，請為子允殺隱公，子允許諾，十一月，羽父弑隱公，子允立，是為桓公。

〔六〕王先慎曰：「桓」上當有「三」字。⊙高亨曰：「桓」，為齊桓公也。五伯行兼并之術，原尚功利，桓公雖為五伯之上，亦非純德，若以桓公殺兄之事律天下之人，則天下無貞廉之士矣。上文以桓公爭國殺兄度羣臣為陽虎，此處正所以駁之，則「桓」字係指桓公明矣。王先慎謂「桓上當有三字」。按三桓與五伯無涉，其失一也。三桓與上文桓公不相銜，其失二也。三桓在此前無承後無冒，其失三也。⊙奇猷案：高説是，太田方、松皐圓二氏説同。又案：齊桓公殺其兄公子糾，詳上。

〔七〕王先慎曰：「誅知」，趙本作「知誅」，誤。「誅」字句，「知」下屬。

〔八〕奇猷案：此文「此無救赦之實也」句是針對上韓非所立一義以難古人節中「無救赦之謂嚴」而言。但上文「救」字非韓子原文，乃後來衍入。而此節作者不知上「救」字為衍文，不是韓非原作所有，於是連「救」字亦引入，可見此又一難各節不出於韓非，而是後人之作。亦是否定王先慎説（詳上注）之有力證據。

〔九〕物双松曰：明亂，亂臣之彰彰者。⊙陶鴻慶曰：案「亂」當為「嚴」。上文云：「君明而嚴則羣臣忠。」⊙奇猷案：明亂，謂明為亂者。物、陶二氏説均不確。

〔一〇〕松皐圓曰：三桓畏陽虎而齊誅之，則三桓必德齊而親之也。

鄭伯將以高渠彌為卿〔一〕，昭公惡之，固諫不聽。及昭公卽位，懼其殺己也，辛卯，弒昭公而立子亶也〔二〕。君子曰：「昭公知所惡矣。」公子圉曰：「高伯其為戮乎，報惡已甚矣。」

〔一〕奇猷案：鄭伯卽鄭莊公也。

〔二〕盧文弨曰：「亶」，左傳桓十七年作「亹」，疑此因形近而譌。下公子圉，傳作「達」，亦然。⊙奇猷案：辛卯為十月辛卯。

或曰：公子圉之言也，不亦反乎？昭公之及於難者，報惡晚也。然則高伯之晚於死者，報惡甚也〔一〕。明君不懸怒〔二〕，懸怒則臣罪輕舉以行計〔三〕，則人主危。故靈臺之飲，衛侯怒而不誅，故褚師作難〔四〕；食黿之羹，鄭君怒而不誅，故子公殺君〔五〕。君子之舉「知所惡」，非甚之也，曰知之若是其明也，而不行誅焉，以及於死，故「知所惡」〔六〕，以見其無權也〔七〕。人君非獨不足於見難而已，或不足於斷制。今昭公見惡，稽罪而不誅，使渠彌含憎懼死以徼幸，故不免於殺，是昭公之報惡不甚也〔八〕。

〔一〕奇猷案：迂評本「甚」上有「未」字，誤。此謂高伯之所以能晚死而未死於昭公之前者，以其報惡甚也。不然，其為昭公戮殺，死於昭公之前矣。

〔二〕舊注：有怒不行，且舉之，故曰懸怒。⊙奇猷案：注「且舉之」三字當删。

〔三〕顧廣圻曰：今本「臣」下有「懼」字。按「臣罪」當作「罪臣」。此下當重有「罪臣輕舉以行計」七字。⊙奇猷案：顧説是。迂評本、凌本與今本同，非。

〔四〕松皐圓曰：左傳：衛侯為靈臺於藉圃，與諸大夫飲酒焉。褚師聲子韈而登席，公怒，辭曰：「臣有疾。」公愈怒，褚師出，公戟其手曰：「必斷而足。」褚師遂作亂。⊙奇猷案：吴鼒本「褚」誤「楮」，四部叢刊本作「褚」不誤。又案：見左傳哀二十五年。

〔五〕松皐圓曰：楚獻黿於鄭靈公。子公謂子家曰：「吾食指動，必食異味。」及入朝，見進黿羹，相視而笑。公問其故。具以實告。公召子公，獨弗與羹。子公怒，染其指於鼎，嘗之而出。公怒，欲殺子公。子公與子家謀弑靈公。事在左宣四年。

〔六〕顧廣圻曰：今本「故」下有「曰」字。按當有「舉」字。⊙奇猷案：顧説是。此承上「君子之舉知所惡」而言。舉讀「稱舉」之舉。王先慎據今本增「曰」字，非。

〔七〕奇猷案：權，權謀也。

〔八〕王先慎曰：昭公當作高伯。昭公含怒未發，不得言昭公之報惡，此卽難公子圉「高伯其為戮乎，報惡已甚矣」之語。今本皆誤高伯為昭公，文義不可通矣。⊙奇猷案：此文不誤。昭公報惡不甚，故高渠彌得不死於昭君之前而弒昭公也。

或曰〔一〕：報惡甚者，大誅報小罪。大誅報小罪也者，獄之至也〔二〕。獄之患，故非在所以誅也〔三〕，以讎之衆也。是以晉厲公滅三郤而欒、中行作難〔四〕，鄭子都殺伯咺而食鼎起禍〔五〕，吳王誅子胥而越句踐成霸〔六〕。則衛侯之逐，鄭靈之弒，不以褚師之不死而子公之不誅也〔七〕，以未可以怒而有怒之色，未可誅而有誅之心〔八〕。怒其當罪〔九〕，而誅不逆人心，雖懸奚害？夫未立有罪，卽位之後，宿罪而誅，齊胡之所以滅也〔一〇〕。君行之臣〔一一〕，猶有後患，況為臣而行之君乎？誅既不當，而以盡為心〔一二〕，是與天下為讎也〔一三〕，則雖為戮，不亦可乎〔一四〕？

〔一〕奇猷案：此節為後人難韓非之辭。

〔二〕顧廣圻曰：藏本、今本下「大誅」下有「報」字。⊙奇猷案：有「報」字是。王先慎據顧校補，今從之。又案：至，極也。太田方、陶鴻慶改「至」為「患」，未確。

〔三〕顧廣圻曰：「獄之患」句絶。「以」，當作「已」。⊙陶鴻慶曰：故，讀為固。以，讀為已。言已誅之人不足患，患在讎君之衆也。事具下文。⊙奇猷案：顧、陶説是。

〔四〕奇猷案：詳內儲説下「晉厲公之時」條。

〔五〕顧廣圻曰：未詳。⊙奇猷案：藏本、叢刊本「禍」作「福」。

〔六〕奇猷案：難三篇云：「夫差智太宰嚭而愚子胥，故滅於越。」并詳史記吴、越世家。

〔七〕顧廣圻曰：今本「公父」作「子公」，誤。⊙王先慎改「公父」為「子公」，曰：按作「子公」是。上「子公弑君」與「褚師作難」對言，是其證。改從今本。事見左傳。⊙奇猷案：王改是，今從之。此承鄭靈之弑而言，當作子公。又案：而、猶及也，詳經傳釋詞。

〔八〕劉師培曰：案「未可誅」當作「未可以誅」。⊙奇猷案：劉説是。

〔九〕盧文弨曰：「其」，秦本作「之」。⊙奇猷案：其、猶之也，詳經傳釋詞。王先慎從秦本改，非是。

〔十〕顧廣圻曰：藏本、今本「齊」下無「故」字。⊙松皐圓曰：楚語注：「騶馬繻，齊大夫。胡公，齊太公玄孫之子胡公靖也。」國語，昔齊騶馬繻以胡公入於貝水卽其事。胡公虐馬繻，馬繻殺胡公。⊙奇猷案：王先慎據顧校删「故」字，是，今從之。

〔一一〕顧廣圻曰：四字為一句。

〔一二〕奇猷案：盡，謂盡誅之也。

〔一三〕奇猷案：四部叢刊本「為」作「有」，誤。

〔一四〕奇猷案：藏本、張本此下有「哉」字。

衛靈公之時〔一〕，彌子瑕有寵，於衛國〔二〕。侏儒有見公者曰：「臣之夢淺矣〔三〕。」公曰：「奚夢〔四〕？」「夢見竈者，為見公也。」公怒曰：「吾聞見人主者夢見日〔五〕，奚為見寡人而夢見竈乎？」侏儒曰：「夫日兼照天下，一物不能當也。人君兼照一國，一人不能壅也。故將見人主而夢日也。夫竈，一人煬焉，則後人無從見矣。或者一人煬君邪？則臣雖夢竈，不亦可乎？」公曰：「善。」遂去雍鉏，退彌子瑕，而用司空狗〔六〕。

〔一〕盧文弨「靈」下補「公」字，曰：張本有。⊙顧廣圻曰：藏本「靈」下有「公」字，是也，七術篇有。⊙奇猷案：王先慎補「公」字，是，迂評本亦有，今據補。

〔二〕陶鴻慶曰：案「有寵」句絶。「於衛國」上當依内儲説上補「專」字。⊙奇猷案：此當有「專」字。蓋彌子瑕有寵於衛靈公而專於衛國，脱「專」字則不成義矣。

〔三〕王先慎改「淺」為「踐」，曰：拾補作「踐」，今據改。七術篇作「賤」，亦誤。⊙奇猷案：淺、踐通，不必改字，考詳七術篇。

〔四〕王先慎曰：此下當依七術篇有「對曰」二字。

〔五〕王先慎曰：「聞」下原無「見」字，拾補有，七術篇有，今據補。拾補「夢」下删「見」字，非。⊙奇猷案：王補是，今從之。

〔六〕顧廣圻曰：「雍鉏」趙策作「雍疸」。⊙王先慎曰：孟子、衛策作「癰疽」，説苑至公篇作「雍雎」，皆音近通借。⊙松皐圓曰：按史記孔子世家「衛靈公宦者雍渠」，卽雍雎也。左傳襄二十六年「雍鉏獲殖綽」，注：「雍鉏，孫氏臣也。」按其年代卽此人也。豈以初事孫氏，後以宦者嬖於靈公耶？司空狗，卽史狗，史朝之子文子，見左傳襄二十九年。

或曰：侏儒善假於夢以見主道矣〔一〕，然靈公不知侏儒之言也。去雍鉏，退彌子瑕，而用司空狗者，是去所愛而用所賢也〔二〕。鄭子都賢慶建而壅焉〔三〕，燕子噲賢子之而壅焉〔四〕。夫去所愛而用所賢，未免使一人煬己也。不肖者煬主不足以害明，今不加知而使賢者煬己〔五〕，則必危矣〔六〕。

〔一〕傅佛崖曰：「見」，「現」之本字，讀去聲，系硯切。廣韵：「露也。」易：「見龍在田。」淮陰侯傳「情見勢屈」，顏注：「見，顯露也。」

〔二〕奇猷案：二柄篇：「人主任賢，則臣將乘於賢以劫其君。」「所賢」，謂君主心中所謂之賢人。難三篇云「哀公不知選賢，選其心之所謂賢」，可明此義。

〔三〕顧廣圻曰：未詳。

〔四〕奇猷案：二柄篇云：「燕子噲好賢，故子之託於賢以奪其君。」難三篇云：「燕子噲賢子之而非孫卿，故身死為僇。」並詳外儲説右下篇潘壽謂燕王事。

〔五〕顧廣圻曰：「煬主己」，今本無「己」字，誤。按依下文當衍「主」字。⊙奇猷案：顧説是，盧文弨、王先慎皆删「主」字，迂評本亦無「主」字，今據删。又案：「加」，蓋「知」字之譌而衍者，當删。又案：王氏集解「知」字誤作「誅」。

〔六〕顧廣圻曰：藏本、今本「則賢矣」作「則必危矣」，按依下文是也。⊙奇猷案：顧説是。王先慎據顧校改，迂評本與藏本同，今據改「賢」字為「必危」二字。

或曰〔一〕：屈到嗜芰〔二〕，文王嗜菖蒲葅〔三〕，非正味也，而二賢尚之，所味不必美。晉靈侯説參無恤〔四〕，燕噲賢子之，非正士也〔五〕，而二君尊之，所賢不必賢也。非賢而賢用之〔六〕，與愛而用之同〔七〕；賢誠賢而舉之〔八〕，與用所愛異狀〔九〕。故楚莊舉叔孫而霸〔一〇〕，商辛用費仲而滅〔一一〕，此皆用所賢而事相反也。燕噲雖舉所賢而同於用所愛，衛奚距然哉〔一二〕？則侏儒之未可見也〔一三〕。君壅而不知其壅也，已見之後而知其壅也，故退壅臣，是加知之也〔一四〕。曰「不加知而使賢者煬己〔一五〕，則必危」，而今以加知矣〔一六〕，則雖煬己必不危矣。

〔一〕奇猷案：此節為後人難韓非之辭。

〔二〕太田方曰：屈到，楚卿屈蕩子子夕也。芰，菱也。嗜芰事見國語。⊙奇猷案：見國語楚語。

〔三〕松皐圓曰：吕覽注：「昌本之葅也。」按周禮醢人有昌本之葅，注：「昌蒲根，切之四寸為葅。」説文「葅，酢菜。」和酢以漬菜也。⊙奇猷案：吕覽遇合篇：「文王嗜昌蒲葅。」松氏引吕覽注即見此篇。説文作「菹」。菹、葅同。

〔四〕顧廣圻曰：未詳。⊙松皐圓曰：史記「晉靈公六年，御秦師，范無恤御戎」，豈此人耶？宇曰：「侯，宜作公。」⊙奇猷案：史記無范無恤，左傳文公十二年卽晉靈公六年，秦、晉河曲之戰，范無恤御戎。參、范音近，此「參無恤」當卽「范無恤」。晉爵為侯，依春秋例稱晉侯，故此稱晉靈公為晉靈侯也。「说參無恤」事未詳。參、范皆隸侵部。

〔五〕顧廣圻曰：藏本「之」字不重，是也。⊙奇猷案：王先慎依顧校删一「之」字，是，今從之。燕噲事詳上。

〔六〕顧廣圻曰：藏本同。今本無下「賢」字，誤。

〔七〕顧廣圻曰：句絶。

〔八〕顧廣圻曰：六字為一句。⊙陶鴻慶曰：案上「賢」字當作「愛」。言所愛誠賢，則猶是舉其賢，非用所愛也。語勢方合。⊙奇猷案：松皐圓改上「賢」字為「實」，屬上讀。案陶説義長。

〔九〕顧廣圻曰：「狀」字衍。⊙奇猷案：「狀」字不必删，顧氏泥於對句耳。狀，猶今語「情形」。

〔一〇〕王渭曰：「叔孫」，當作「孫叔」。⊙奇猷案：楚莊王舉孫叔敖而稱霸，詳史記楚世家。

〔一一〕奇猷案：史記殷本紀：「帝乙崩，子辛立，是為帝辛，天下謂之紂，用費中（同仲）為政。費中善諛好利。」

〔一二〕顧廣圻曰：距，讀為遽。

〔一三〕盧文弨曰：「可」字凌本、秦本無。⊙奇猷案：未可見，卽不可見。文可通。王先慎删「可」字，未可從。

〔一四〕顧廣圻曰：「之」字當衍。⊙奇猷案：顧説非也，此「之」字不當衍。此「加知」乃針對上韓非文「今不加知」句而發。但上文「加」字非韓子原文，乃後來衍入。而此節作者不知「加」字非韓子原文所有，以「加知」為一詞，於是連「加」字亦引入（下二「加」字亦如此），此與上文「無救赦之實」句之「救」字同例，正可為本篇又一難各節不出於韓非之有力證據。

〔一五〕奇猷案：「曰」原作「日」。顧廣圻曰：「藏本同。今本『日』作『曰』，誤。」案顧説非也。此「不加知而使賢者煬己，則必危」，係引上節韓非之文，故冠以「曰」字，作「日」字無義。今從今本、凌本改「日」為「曰」。

〔一六〕奇猷案：以，同已。

卷十七

難勢第四十

慎子曰〔一〕：「飛龍乘雲，騰蛇遊霧，雲罷霧霽〔二〕，而龍蛇與螾螘同矣，則失其所乘也〔三〕。賢人而詘於不肖者〔四〕，則權輕位卑也；不肖而能服於賢者，則權重位尊也。堯為匹夫不能治三人，而桀為天子能亂天下，吾以此知勢位之足恃，則賢智之不足慕也。夫弩弱而矢高者，激於風也；身不肖而令行者，得助於衆也。堯教於隸屬而民不聽〔五〕，至於南面而王天下，令則行，禁則止。由此觀之，賢智未足以服衆，而勢位足以詘賢者也〔六〕。」

〔一〕奇猷案：史記孟荀傳云：「慎到，趙人。學黄、老道德之術，因發明序其指意，著十二論。」漢書藝文志法家類著録慎子四十二篇，班固自注云：「名到，先申、韓，申、韓稱之。」案慎到所著書今佚，治要存慎子節文七篇，今明慎懋賞内外篇本及清錢熙祚守山閣慎子皆係輯本。觀慎子殘本，可窺見慎子主張用勢，為法家法、術、勢三派中之勢派。本篇分為三段。第一段是慎到之論，言勢足以為治，「賢智未足以服衆，而勢位足以詘賢」。第二段「應慎子」云云，以為「勢」由賢者用之則治，不肖者用之則亂。第三段「復應之」云云，以為為治不必是賢者，但必須「抱法處勢」（即法、勢並用）。據史記孟子荀卿列傳，慎到是齊稷下先生。此篇第一段即是慎到在稷下所發之言論，第二段為稷下士駁慎到之説，第三段則是韓非駁稷下士之辭。韓非主張法、術、勢三者並用。既重法、術（詳定法篇），亦重勢位（詳功名篇），但反對勢必須賢者用之，五蠹篇云「魯哀公，下主也。南面君國，境内之民莫敢不臣。民者固服於勢，勢誠易以服人。故仲尼反為臣，而哀公顧為君。仲尼非懷其義，服其勢也」，與慎到「勢位足以詘賢」之論一致，而與稷下士主張勢必須賢者用之之説相反。

〔二〕王先慎曰：初學記二、御覽十五、事類賦三引「霽」作「散」。

〔三〕奇猷案：淮南子主術訓、説林訓及論衡龍虚篇有此文，蓋皆本於慎子也。

〔四〕盧文弨曰：張本「賢」上有「故」字。⊙奇猷案：藏本亦有「故」字。又案：治要引慎子「詘」作「屈」，詘蓋借為屈。荀子勸學篇：「詘五指而頓之。」楊注：「詘與屈同。」廣雅釋詁：「詘，屈也。」皆以詘為屈。本書説難篇：「則以為不智而拙（拙、詘同）之。」史記韓非傳「拙」作「屈」。皆詘、屈通用之證。屈，讀孟子滕文公篇「威武不能屈」之屈。屈，猶屈服也。

〔五〕奇猷案：教，借為效。説文：「教，上所施下所效也。」則教有效義。且教、效同音，以效訓教，亦以聲為訓，故説文曰「下所效也」。堯教於隸屬而民不聽，謂堯與隸屬相倣則民不聽其令也。

〔六〕盧文弨曰：「缶賢」，「缶」疑為「歪」之譌，「歪」古「正」字，墨子往往用此。⊙顧廣圻曰：句有誤。⊙俞樾曰：「缶」，乃「詘」字之誤，「詘」闕壞而為「出」字，又因誤為「缶」也。上文云「賢人而詘於不肖者，則權輕位卑也」，此即勢位足以詘賢者之説。趙本作「任賢」者，乃不得其字而臆改，不可從也。⊙王先慎曰：俞説是，張榜本亦改作「任」。⊙劉師培曰：案「缶」疑「御」之壞字。下文云：「夫良馬固車，使臧獲御之則為人笑，王良御之而日取千里。」又云：「使堯、舜御之則天下治，桀、紂御之則天下亂。」彼文之御與此「御賢」之御同。言勢位足以駕馭賢人也。⊙奇猷案：俞説是，尹桐陽説同。治要及長短經是非篇引正作「屈」。（屈、詘同，詳上。）上文「賢人而詘於不肖」，「不肖而能服賢」，詘、服對舉，此結以「賢智未足以服衆，而勢位足以詘賢」，當亦服、詘對舉。莊子天下篇：「慎到棄知去己，而緣不得已。謑髁無任，而笑天下之尚賢；縱脱無行，而非天下之大聖也。」荀子解蔽篇：「慎子蔽於法而不知賢。」此云勢位足以詘賢，與莊子、荀子所説皆合。迂評本、凌本、張本作「任賢」，臆改也。蓋勢位足以任賢，與慎子思想固不合，而文義亦不順也。今據俞説改「缶」為「詘」。

應慎子曰：飛龍乘雲，騰蛇遊霧，吾不以龍蛇為不託於雲霧之勢也。雖然，夫釋賢而專任勢〔一〕，足以為治乎，則吾未得見也〔二〕。夫有雲霧之勢，而能乘遊之者，龍蛇之材美也〔三〕。今雲盛而螾弗能乘也，霧醲而螘不能遊也〔四〕，夫有盛雲醲霧之勢而不能乘遊者，螾螘之材薄也。今桀、紂南面而王天下，以天子之威為之雲霧，而天下不免乎大亂者，桀、紂之材薄也。且其人以堯之勢以治天下也，其勢〔五〕何以異桀之勢也，亂天下者也〔六〕。夫勢者，非能必使賢者用已，而不肖者不用已也〔七〕。賢者用之則天下治，不肖者用之則天下亂。人之情性，賢者寡而不肖者衆，而以威勢之利濟亂世之不肖人〔八〕，則是以勢亂天下者多矣〔九〕，以勢治天下者寡矣。夫勢者，便治而利亂者也。故周書曰：「毋為虎傅翼，將飛入邑，擇人而食之〔一〇〕。」夫乘不肖人於勢，是為虎傅翼也。桀、紂為高臺深池以盡民力，為炮烙以傷民性〔一二〕，桀、紂得乘四行者〔一三〕，南面之威為之翼也。使桀、紂為匹夫，未始行一而身在刑戮矣〔一三〕。勢者，養虎狼之心，而成暴亂之事者也〔一四〕。此天下之大患也。勢之於治亂，本末有位也〔一五〕。而語專言勢之足以治天下者，則其智之所至者淺矣。夫良馬固車，使臧獲御之則為人笑，王良御之而日取千里〔一六〕，車馬非異也，或至乎千里，或為人笑，則巧拙相去遠矣〔一七〕。今以國位為車〔一八〕，以勢為馬，以號令為轡〔一九〕，以刑罰為鞭筴，使堯、舜御之則天下治，桀、紂御之則天下亂，則賢不肖相去遠矣。夫欲追速致遠，不知任王良；欲進利除害，不知任賢能；此則不知類之患也〔二〇〕。夫堯、舜亦治民之王良也。

〔一〕王先慎曰：「釋」，原作「擇」。拾補「擇」作「釋」。顧廣圻云：「當作釋。」今據改。⊙奇猷案：王改是，松皋圓、吴汝綸皆改「擇」為「釋」，今從之。

〔二〕奇猷案：見，明也（吕氏春秋明理篇高注）。

〔三〕盧文弨曰：「美」下「之」字，凌本無。⊙王先謙曰：此與下「螾螘之材薄也」對文，明「美」下「之」字衍。⊙奇猷案：盧、王二氏説均是也，迂評本亦無「之」字，今據删「美」下「之」字。

〔四〕傅佛崖曰：説文：「醲，厚酒也。濃，霧多也。」詩小雅傳：「濃濃，厚貌。」段玉裁曰：「凡農字皆訓厚。」據此，故醲與濃通。

〔五〕顧廣圻曰：藏本同。今本無「以」「也其勢」四字。⊙王先慎曰：張榜本無「以」「也」二字。按「其勢」二字屬下讀。

〔六〕盧文弨曰：一本無「者」字。⊙顧廣圻曰：藏本、今本無上「也」字，按「也」當作「以」。⊙奇猷案：此文不誤。上「其勢」二字貫下，猶言其勢何以異桀之勢，其勢亂天下者也。

〔七〕顧廣圻曰：兩「已」字當有誤，未詳。⊙俞樾曰：兩「已」字當作「人已」之已，即以勢而言。勢者人人得而用之，不能使賢者用我，而不肖者不用我也。顧氏由不達古人語意耳。⊙津田鳳卿曰：兩「已」字，「之」字之誤，皆指勢言。⊙太田方曰：「已」疑「之」字之誤。言勢者，非唯賢者用之，而不肖者不能用之也，賢不肖皆得乘之也。⊙奇猷案：津、太二氏說是也。之，草書作之，與已形近而誤也。俞說殊牽强。

〔八〕奇猷案：濟，助也。

〔九〕盧文弨曰：一本無「矣」字。⊙奇猷案：迂評本無「矣」字。

〔一〇〕顧廣圻曰：藏本、今本「飛」上有「將」字。按「之」字當衍。⊙王先慎「飛」上補「將」字曰：逸周書寤儆篇正有「將」字，今據補。彼脱「為」字，當依此訂。⊙太田方曰：漢書賈誼傳云：「所謂假賊兵，為虎傅翼者也。」注應劭所引周書同韓子。師古曰：「傅，讀如附著也。」⊙奇猷案：王補「將」字是，今從之。賈誼傳注、後漢書翟酺傳注引韓詩外傳（今韓詩外傳無此條）皆有「將」字可證。又案：翼、邑、食為韻。

〔一一〕顧廣圻曰：句當有脱字。高臺一也，深池二也，炮烙三也。下文云四行，其一未見。⊙王先慎曰：此隨舉二人暴虐之事，非必有四行也。炮烙即非桀所為，顧說太泥。⊙陶鴻慶曰：「性」，讀為生。⊙奇猷案：顧說非，下「四」字當作「肆」，詳下。又案：陶讀是。左昭十九年傳：「民樂其性。」孔疏云：「性，生也，國家和平則樂生。」

〔一二〕顧廣圻曰：藏本「乘」作「成」，今本「四」作「肆」，皆誤。「乘」當作「兼」，下文云「未始行一」其證也。⊙王先慎曰：「乘」下脱「勢」字，「四」當作「肆」。肆行，即指盡民力、傷民性言。顧説非。⊙奇猷案：顧、王二氏之説皆非也。此當從藏本作「成」，從今本作「肆」，迂評本作「成肆行」不誤。肆，放縱也。蓋謂桀、紂得成其放縱之行者，南面之威為之翼也。「成」音誤為「乘」，「肆」書作「四」，義遂不可通矣。

〔一三〕王先慎曰：言匹夫未一行桀、紂之暴乱，刑戮隨之也。顧氏以「一」對「四」言，非。

〔一四〕顧廣圻曰：今本「暴」下無「風」字。按句有誤。⊙王先慎删「風」字曰：按無「風」字是，改從今本。此謂桀、紂得有天下之勢以為之傅翼，所以暴亂之事成也。⊙陶鴻慶曰：案趙本無「風」字是。「亂」字俗作乱，（此本亂字尚多作乱。）因誤為「風」，校者失於删落耳。⊙奇猷案：王删是，迂評本、凌本亦無「風」字，今據删。劉師培説與陶説同，不具引。

〔一五〕顧廣圻曰：「未」，當作「末」。⊙松皐圓改「未」為「末」曰：謂賢不肖皆得用之也。「末」原作「未」，誤。忠孝篇：「孔子本未知孝弟忠信之道也。」物曰：「位者，一定之分也。」⊙奇猷案：作「未」是。又案：凡事物所處之處曰位。禮曲禮：「揖人必違其位。」中庸：「天地位焉。」鄭注：「位，猶正也。」蓋天地能得其應有之處所，則天地正，故鄭訓位為正。引申之則事物應處之處亦曰位矣，故物氏以「一定之分」釋之，甚當。

〔一六〕陶鴻慶曰：案「取」當為「趣」，下同。⊙奇猷案：取、趣同。本書多用取為趣，如外儲説右下「王子於期為趙簡主取道争千里之表」，亦以取為趣。漢書王吉傳「世稱王陽在位，貢公彈冠，言其取舍同也」，顏注「取，進趣也」，亦以取為趣。又案：臧獲是俘虜之為奴隸者，王良、善御者，皆詳喻老篇。

〔一七〕顧廣圻曰：今本「拙」上有「巧」字。⊙王先慎補「巧」字曰：治要亦有。⊙奇猷案：王補是，迂評本、凌本亦有，今據補。

〔一八〕王先慎曰：治要無「位」字。

〔一九〕王先慎曰：治要「轡」下有「銜」字。

〔二〇〕奇猷案：類，類別也。追速致遠，不任王良而任臧獲；進利除害，不任賢能而任不肖；是不知臧獲非良馬固車之類，而不肖者非治民之類也。

復應之曰〔一〕：其人以勢為足恃以治官。客曰「必待賢乃治」，則不然矣。夫勢者，名一而變無數者也〔二〕。勢必於自然，則無為言於勢矣。吾所為言勢者，言人之所設也。今日堯、舜得勢而治，桀、紂得勢而亂，吾非以堯、桀為不然也。雖然，非一人之所得設也〔三〕。夫堯、舜生而在上位〔四〕，雖有十桀、紂不能亂者，則勢治也；桀、紂亦生而在上位，雖有十堯、舜而亦不能治者，則勢亂也。故曰：「勢治者，則不可亂；而勢亂者，則不可治也。」此自然之勢也，非人之所得設也。若吾所言，謂人之所得勢也而已矣〔五〕，賢何事焉？何以明其然也？客曰人有鬻矛與楯者〔六〕，譽其楯之堅，物莫能陷也，俄而又譽其矛曰：「吾矛之利，物無不陷也。」人應之曰：「以子之矛陷子之楯何如？」其人弗能應也。以為不可陷之楯，與無不陷之矛，為名不可兩立也〔七〕。夫賢之為勢不可禁，而勢之為道也無不禁〔八〕，以不可禁之勢〔九〕，此矛楯之說也。夫賢勢之不相容亦明矣。且夫堯、舜、桀、紂千世而一出，是比肩隨踵而生也〔一〇〕。世之治者不絕於中。吾所以為言勢者，中也。中者，上不及堯、舜，而下亦不為桀、紂。抱法處勢則治，背法去勢則亂。今廢勢背法而待堯、舜，堯、舜至乃治，是千世亂而一治也。抱法處勢而待桀、紂，桀、紂至乃亂，是千世治而一亂也。且夫治千而亂一，與治一而亂千也，是猶乘驥駬而分馳也，相去亦遠矣〔一一〕。夫棄隱栝之法〔一二〕，去度量之數〔一三〕，使奚仲為車，不能成一輪〔一四〕。無慶賞之勸，刑罰之威，釋勢委法，堯、舜户説而人辯之〔一五〕，不能治三家。夫勢之足用亦明矣，而曰必待賢則亦不然矣〔一六〕。且夫百日不食以待粱肉，餓者不活〔一七〕。今待堯、舜之賢乃治當世之民，是猶待粱肉而救餓之説也。夫曰良馬固車，臧獲御之則為人笑，王良御之則日取乎千里，吾不以為然。夫待越人之善海遊者〔一八〕以救中國之溺人，越人善游矣〔一九〕，而溺者不濟矣。夫待古之王良以馭今之馬，亦猶越人救溺之説也〔二〇〕，不可亦明矣。夫良馬固車〔二一〕，五十里而一置〔二二〕，使中手御之，追速致遠，可以及也，而千里可日致也，何必待古之王良乎！且御，非使王良也，則必使臧獲敗之；治，非使堯、舜也，則必使桀、紂亂之。此味非飴蜜也，必苦菜亭歷也〔二三〕。此則積辯累辭，離理失術，兩末之議也〔二四〕。奚可以難？失道理之言乎哉〔二五〕！客議未及此論也〔二六〕。

〔一〕奇猷案：此段是韓非駁「應慎子」者之論。

〔二〕王先慎曰：有自然之勢，有人設之勢。

〔三〕奇猷案：自「今日」至此三十二字，據藏本、張本、趙本、迂評本、凌本補。但「日」當作「曰」。太田方、松皐圓謂「二」字衍，是也。下文「此自然之勢也，非人之所得設也」，承此言，無「二」字，可證。

〔四〕顧廣圻曰：藏本、今本「聖」作「堯」，非也，「舜」上當有脱文。⊙王先慎曰：按顧氏不審上文有三十二字之本，故疑此下脱文。「堯、舜承上言，「堯」不當作「聖」。御覽六百二十四、初學記九引並作「堯」，與藏本、今本合，是其證，今據改。初學記引「夫」上有「今」字，藝文類聚五十二引無「舜」字，有「堯」字，蓋「堯」下脱「舜」字，然亦足見「聖」為「堯」之誤。⊙奇猷案：王改「聖」為「堯」，是，今從之，迂評本、凌本亦作「堯」可證。

〔五〕顧廣圻曰：「謂人之所得」下有脱文。⊙俞樾曰：「勢」，當作「設」。上文云「此自然之勢也，非人之所得設也」，故此曰「若吾所言，謂人之所得設也而已矣」。「設」誤作「勢」，文不可通。顧氏因疑有脱文，非是。⊙王先慎曰：「得」下補「設也若吾所言謂人之所得」十一字曰：案張榜本「得」下有「設也若吾所言謂人之所得」十一字，是，今據增。上「吾」字乃「客」之誤，當作「若客所言，謂人之所得設也；若吾所言，謂人之所得勢也而已矣」。「若客所言，謂人之得設」，正承上「非人之所得設也」而來，語極明晰。「客」誤為「吾」，遂不可讀，乾道本因删去「若吾所言謂人之所得設也」十一字耳。顧氏知有缺文，而失於考校，俞氏又强為之説，而不加參訂，均非。⊙陶鴻慶曰：案俞氏云：「所得勢」當依上文作「所得設」，是也。今案：「勢」字當在「言」字下，本云：「若吾所言勢，謂人之所得設也而已矣。」上文云：「吾所為言勢者，言人之所設也」，下文云：「吾所以為言勢者，中也」，皆其證。今本「勢」字誤奪在下，又奪「設」字耳。⊙奇猷案：陶説是，俞、王二氏説殊牽强。

〔六〕陶鴻慶曰：案「客曰」二字不當有，疑本作「客有鬻矛與楯者」，因涉上文誤為「客曰」，又增出「人」字以足下句耳。⊙奇猷案：難一篇作「楚人有鬻楯與矛者」。此文有脱誤。當作「客曰『必待賢乃治』，則不然矣」，乃復上文之言，以啟下文矛楯之喻，又脱去「楚」字，遂不可通。

〔七〕松皐圓曰：「不」上「為」字衍。傅佛崖曰：「以」字衍。⊙奇猷案：松、傅説皆非。此承上文「人應之曰」來，此「以為」即「應者」以為。

〔八〕陶鴻慶曰：上「勢」字亦當作「道」。⊙奇猷案：上「勢」字上當有「道也」二字，「夫賢之為道也勢不可禁」，謂賢者不能以勢禁之，亦孟子滕文公篇所謂「威武不能屈」之意。

〔九〕顧廣圻曰：藏本同。今本「勢」下有「與無不禁之道」，誤。按當云：「以不可禁之賢，與無不禁之勢。」⊙奇猷案：當作「以不可禁之賢，處無不禁之勢」。若依顧説「處」作「與」，則此語無動詞，文不可通。下文「抱法處勢」，言「處」亦可證。

〔一〇〕王先慎曰：「是」上當有「反」字。⊙奇猷案：「是」下當有「非」字。

〔一一〕王先慎曰：驥駬並千里馬，乘而分馳，違背必速。

〔一二〕王先慎曰：張榜本、趙本「栝」作「括」。公羊何休序云「隱括使就繩墨」，是也。字當作「桰」，説文：「桰，檃也，从木，昏聲。」今通用炊竈木之「栝」，又或從「括」，書太甲「往省括于度」，是也。⊙蒲阪圓曰：荀子：「枸木必將待隱栝。」注：「正曲木之木也。」又：「示諸隱栝。」注：「矯揉木之器也。」⊙太田方曰：揉曲曰隱，正方曰栝。⊙奇猷案：蒲引荀子見性惡篇及大略篇，「隱」作「檃」，字同。王説「從括」當作「作括」。

〔一三〕奇猷案：數，術也，詳難一篇。

〔一四〕奇猷案：藏本、叢刊本「能」作「使」，誤。奚仲，詳用人篇。

〔一五〕尹桐陽曰：「堯舜」上當有「使」字。⊙奇猷案：依上句例當有。

〔一六〕顧廣圻曰：藏本、今本「然」上有「不」字。⊙奇猷案：王先慎據顧校補「不」字，是，今從之，迂評本、凌本亦有。

〔一七〕王先慎曰：御覽八百六十三引「活」作「育」。

〔一八〕盧文弨曰：「海」字疑衍。⊙王先慎曰：「海」即「游」字誤而複者。⊙奇猷案：盧、王說是，下文「越人善游矣」，無「海」字可證。

〔一九〕王先慎曰：上「矣」字當衍。「善」上當有「雖」字。說林上篇「越人雖善游，子必不生矣」，語句正同。⊙奇猷案：此文亦通，不必改。

〔二〇〕奇猷案：藏本重「者不濟矣」至本句「溺」字二十一字，誤。

〔二一〕王先慎曰：張榜本脫「馬」字。

〔二二〕太田方曰：大學衍義補郵傳之置云：「許謙曰：『字書馬遽曰置，卒遽曰郵。』漢書西域傳：『因騎置以聞。』師古曰：『即今驛馬也。』」⊙奇猷案：孟子公孫丑篇云：「速於置郵而傳命。」廣雅釋詁：「置，驛也。」又案：周禮夏官大僕職鄭注引先鄭曰：「遽，傳也。」

〔二三〕顧廣圻曰：今本「萊」作「菜」。⊙奇猷案：詩小雅南山有臺篇：「北山有萊。」陳啟源毛詩稽古編：「萊，一名藜。本草綱目：『藜，即灰藋之紅心者。』李時珍曰：『可為蔬。』」則作「萊」亦通。王先慎改從今本，非是。又案：亭歷，即葶藶，李時珍曰：「葶藶有甜苦二種。」

〔二四〕盧文弨曰：「未」，張、凌本作「末」。⊙顧廣圻曰：句有誤。⊙陶鴻慶曰：案「未」乃「末」之誤。兩末，謂兩極端也。淮南脩務訓云：「是兩末之端議，何可以公論乎。」（劉氏台拱云：端字衍。）義與此同。⊙高亨曰：「未」，張、凌本作「末」，是也。末借為昧，左昭十五年經：「吳子夷末卒。」公羊經「末」作「昧」，即末、昧通用之證。既昧於此，復昧於彼，故曰兩昧之議也。⊙奇猷案：陶說是，太田方、松皐圓與陶說同，不具引。迂評本亦作「末」，今據改「未」作「末」。案：末，謂端末。於此文義甚順。高說頗嫌曲折。

〔二五〕奇猷案：「失」字原作「夫」，據藏本改。客之言「離理失術」，故是失道理之言。

〔二六〕顧廣圻曰：句有誤。⊙王先慎曰：語意明顯。顧説非。⊙奇猷案：顧説是。此句上尚有議論（此論），而客議未及，故曰「客議未及此論也」。但未詳脱文所當作。

問辯第四十一

或問曰：「辯安生乎〔一〕？」對曰：「生於上之不明也。」問者曰：「上之不明因生辯也何哉？」對曰：「明主之國，令者，言最貴者也，法者，事最適者也。言無二貴，法不兩適，故言行而不軌於法令者必禁〔二〕。若其無法令而可以接詐應變生利揣事者，上必采其言而責其實〔三〕。言當則有大利，不當則有重罪〔四〕。是以愚者畏罪而不敢言，智者無以訟〔五〕，此所以無辯之故也。亂世則不然，主有令而民以文學非之〔六〕，官府有法民以私行矯之〔七〕。人主顧漸其法令〔八〕，而尊學者之智行，此世之所以多文學也〔九〕。夫言行者，以功用為之的彀者也。夫砥礪殺矢而以妄發〔一〇〕，其端未嘗不中秋毫也，然而不可謂善射者，無常儀的也。設五寸之的，引十步之遠〔一一〕，非羿、逢蒙不能必中者，有常也〔一二〕。故有常則羿、逢蒙以五寸的為巧〔一三〕，無常則以妄發之中秋毫為拙。今聽言觀行，不以功用為之的彀〔一四〕，言雖至察，行雖至堅，則妄發之説也。是以亂世之聽言也，以難知為察，以博文為辯；其觀行也，以離羣為賢，以犯上為抗。人主者説辯察之言，尊賢抗之行，故夫作法術之人，立取舍之行，别辭争之論〔一五〕，而莫為之正〔一六〕。是以儒服帶劍者衆，而耕戰之士寡；堅白無厚之詞章〔一七〕，而憲令之法息。故曰：上不明，則辯生焉。」

〔一〕奇猷案：韓非所謂辯，乃指詭辯言，非指一般之辯論。故下文云「堅白無厚之詞章，而憲令之法息」。堅白無厚之詞，即今所謂詭辯(Sophism)也。外儲説左上「兒説，善辯者也，持白馬非馬也，服齊稷下之辯者」。亦可證韓非所謂辯者，為詭辯者。春秋以還，詭辯之風甚熾，所以然者，皆以人主不明，「悦辯察之言，尊賢抗之行」，而辯士可以其三寸之舌致卿相之位故也。

〔二〕太田方曰：古書而、之通用，論語「君子恥其言而過其行」，何晏集解「而」作「之」。⊙奇猷案：「事最適」，謂最適用於情事者。「言最貴」，謂最高貴而不可改變之言。

〔三〕傅佛崖曰：説文：「采，捋也，从木，从爪。」段注云：「俗字手采作採，五采作彩，皆非古也。」

〔四〕奇猷案：二柄篇：「為人臣者陳而言，君以其言授之事，專以其事責其功。功當其事，事當其言，則賞；功不當其事，事不當其言，則罰。」

〔五〕王先慎曰：訟，讀為誦。⊙高亨曰：説文：「訟，争也。」法令章，虚辭息，則智者無以相誹相訴矣。王讀失之。⊙奇猷案：高説是。

〔六〕顧廣圻曰：藏本、今本「主」下有「上」字。⊙奇猷案：此不必有「上」字。蓋妄人泥於與下文「官府」對文而增「上」字。王先慎據增，非。此謂君主發令，故不必有「上」字。

〔七〕王先慎曰：依上文，「民」上當有「而」字。⊙奇猷案：五蠹篇云：「其帶劍者，聚徒屬，立節操，以顯其名，而犯五官之禁。」王説是。

〔八〕趙用賢曰：漸，没也，音尖。⊙高亨曰：漸，猶姦也。姦其法令，猶言亂其法令也。書吕刑「民興胥漸」，莊子胠篋篇「知詐漸毒」，荀子不苟篇「小人知則攫盗而漸」，正論篇「上幽險則下漸詐矣」，又議兵篇「隆埶詐，尚功利，是漸之也」，本書詭使篇「下漸行如此」，諸漸字皆姦亂之誼，與此同。⊙奇猷案：以趙訓為是。漸雖可訓姦詐，但亂其法令而言姦其法令，不洽。「没」有廢棄之意。

〔九〕王先慎曰：張榜本「所」下脱「以」字。⊙奇猷案：如趙襄主以中牟之士中章、胥已身甚修學甚博為中大夫，中牟之人棄其田耘賣宅圃而隨文學者國之半。詳外儲説左上。

〔一〇〕王先慎曰：殺矢用諸田獵之矢，見周禮考工記冶氏注。⊙奇猷案：殺矢，八矢之一，見周禮夏官。

〔一一〕王先慎曰：外儲説左上篇同。按「十步」當作「百步」。⊙奇猷案：「十步」不誤，詳外儲説左上篇。

〔一二〕王先慎曰：「常」下脱「儀的」二字，外儲説有。⊙奇猷案：王説是，松皋圓亦補「儀的」二字。

〔一三〕王先慎曰：張榜本、趙本「巧」作「功」，誤。「巧」與下文「拙」正相對待。外儲説作「巧」是其證。⊙奇猷案：王説是，凌本亦誤為「功」。莊子徐无鬼篇云：「射者非前期而中謂之善射，天下皆羿也。」

〔一四〕王先慎曰：張榜本、趙本「功」作「公」，誤。⊙奇猷案：凌本亦誤為「公」。

〔一五〕王先慎曰：張榜本無「故夫」至此十七字。

〔一六〕松皋圓曰：作，猶行也。⊙劉師培曰：案辯争，即訟争也。訟即争辯，上文「智者無以訟」是也。⊙奇猷案：松訓作為行，是也。詩大雅常武「王舒保作」，鄭箋：「作，行也。」辯争者，以辯相争，即辯也。墨子經上「辯，争彼也」，即此義。此文蓋謂行法術之人，雖立取舍之行，別辯争之論，亦不能正人主悦辯察尊賢抗之失。又案：五蠹篇云：「離法者罪，而諸先生以文學取；犯禁者誅，而羣俠以私劍養。故法之所非，君之所取；吏之所誅，上之所養也。雖有十黄帝不能治也。」即此文之意。

〔一七〕王先慎曰：史記荀卿傳：「趙有公孫龍，為堅白異同之辯。」鄧析子無厚篇：「天不能屏勃厲之氣，全夭折之人，使為善之民必壽，此於民無厚也。凡民有穿窬為盜者，有詐偽相迷者，此皆生於不足，起於貧窮，而君必執法誅之，此於民無厚也。堯、舜位為天子，而丹朱、商均為布衣，此於子無厚也。周公誅管、蔡，此於弟無厚也。」

問田第四十二

徐渠問田鳩曰〔一〕：「臣聞智士不襲下而遇君，聖人不見功而接上〔二〕。令陽成義渠，明將也〔三〕，而措於毛伯〔四〕；公孫亶回，聖相也〔五〕，而關於州部。何哉〔六〕？」田鳩曰：「此無他故異物〔七〕，主有度，上有術之故也。且足下獨不聞楚將宋觚而失其政，魏相馮離而亡其國〔八〕。二君者驅於聲詞，眩乎辯說，不試於毛伯，不關乎州部，故有失政亡國之患。由是觀之，夫無毛伯之試，州部之關，豈明主之備哉！」

〔一〕奇猷案：徐渠，未詳。田鳩，即田俅，詳外儲說左上。

〔二〕松皐圓曰：井曰：「襲，如襲級之襲。謂不歷卑官而見遇於君也。」⊙津田鳳卿曰：智士、聖人，一見立取將相，非必歷下官顯大功而後遇接君上也。

〔三〕盧文弨曰：「令」字非。⊙太田方曰：呂覽、子華子並有陽城胥渠，蓋是人歟？⊙松皐圓曰：燕地有陽城，燕將有將渠諫燕王喜伐越者，或此人歟？⊙奇猷案：盧說非。令、使也，貫下文讀之。謂使陽城措於毛伯，公孫關於州部何哉?迂評本作「今」,蓋妄改也。王先慎據盧説改,非。又案:松氏以陽城義渠即燕將渠不確。蓋陽城義渠最晚當與田鳩同時。呂氏春秋首時篇云「田鳩欲見秦惠王(前三三七—前三一一在位)」,是田鳩為秦惠王時人。而燕將渠是燕王喜(前二五四至燕亡)時人,時代不相值。太氏以陽城胥渠即陽城義渠,疑是。胥,魚部韻。義,歌部。詩韓奕以「胥」與「車」「且」為韻,車、且與歌部相通,則「胥」亦可與「義」相通。此陽城胥渠即陽城義渠之證一也。呂氏春秋愛士篇云:「趙簡子有兩白騾而甚愛之。陽城胥渠處廣門之閭(閭原作官,今改,詳呂氏春秋校釋),夜欵門而謁曰:『主君之臣胥渠有疾。醫教之曰:得白騾之肝病則止,不得則死。』謁者入通。董安于御於側,慍曰:『譆!胥渠也,期吾君騾,請即刑焉。』簡子曰:『夫殺人以活畜,不亦不仁乎。殺畜以活人,不亦仁乎。』於是召庖人殺白騾,取肝以與陽城胥渠。處無幾何,趙興兵而攻翟,廣門之閭,左七百人,右七百人,皆先登而獲甲首。」據此,可知陽城胥渠與趙簡子同時,在田鳩之前,時代相洽,其證二也。呂氏春秋以陽城胥渠為「士」,是胥渠不是什麽官,只是「士」,與下文謂為「毛伯」亦合,其證三也。攻翟之戰,廣門之閭左七百人、右七百人,當然是胥渠號召而來,可知其在廣門之閭頗有號召力之士,亦可知胥渠不是什麽官,其證四也。胥渠號召千四百人,他指揮作戰,皆先登而獲甲首,稱胥渠為明將,則胥渠當之無愧,其證五也。以此五證觀之,太氏之説,似可成立。又案:明將者,英明之將也。銀雀山出土之孫臏兵法陳忌問壘篇云「孫子曰:明將之問」云云,亦有「明將」之詞。或改「明」為「名」,非。

〔四〕顧廣圻曰:「毛」當作「屯」。外儲説右篇云「屯二甲」義同。⊙王先慎曰:顧説「毛」當作「屯」,是,其引「屯二甲」為證,非。屯伯即屯長,見商君書境内篇。「措」當依下文作「試」。⊙奇猷案:太田方亦以「毛」當作「屯」。案:王謂屯伯即屯長,是也。陽城義渠所處廣門之閭,其範圍猶一屯耳。説文「伯,長也」,段注云:「凡為長者皆曰伯。」則屯伯與屯長同也。陽城義渠能號召廣門之閭範圍内千餘之衆,其地位亦猶屯長也。又案:措,置也。謂置之為屯長也。王改「措」為「試」，非。

〔五〕顧廣圻曰：文心雕龍書記引此云孫亶回，無「公」字，省耳。⊙奇猷案：未詳。

〔六〕松皋圓曰：顯學篇：「宰相必起於州部，猛將必發於卒伍。」五蠹篇：「州部之吏操官兵。」楚策：「今僕之不肖，扼於州部。」⊙奇猷案：闕，措置也，詳有度篇。州部當係指地方小官，詳五蠹篇。

〔七〕奇猷案：物，猶事也，詳難二篇。

〔八〕奇猷案：皆未詳。

堂谿公謂韓子曰〔一〕：「臣聞服禮辭讓，全之術也；修行退智，遂之道也〔二〕。今先生立法術，設度數〔三〕，臣竊以為危於身而殆於軀。何以效之〔四〕？所聞先生術曰：『楚不用吳起而削亂，秦行商君而富彊〔五〕，二子之言已當矣。然而吳起支解而商君車裂者，不逢世遇主之患也〔六〕。』逢遇不可必也，患禍不可斥也。夫舍乎全遂之道而肆乎危殆之行，竊為先生無取焉。」韓子曰：「臣明先生之言矣〔七〕。夫治天下之柄，齊民萌之度〔八〕，甚未易處也。然所以廢先王之教〔九〕，而行賤臣之所取者，竊以為立法術，設度數，所以利民萌便衆庶之道也。故不憚亂主闇上之患禍，而必思以齊民萌之資利者，仁智之行也。憚亂主闇上之患禍，而避乎死亡之害，知明夫身而不見民萌之資利者〔一〇〕，貪鄙之為也。臣不忍嚮貪鄙之為，不敢傷仁智之行。先王有幸臣之意，然有大傷臣之實〔一一〕。」

〔一〕松皐圓曰：堂谿公，韓昭侯時人，在韓子前較遠。且玩其辭氣，不似戰國人，王世貞所謂後人傅益者，蓋指此類也。⊙奇猷案：韓子即韓非。外儲説右上「堂谿公見韓昭侯」，則堂谿公為韓昭侯時人無疑。韓非死於韓王安六年，上距昭侯之卒一百年，則老年之堂谿公當能與韓非相見（參閲生卒考）。

〔二〕津田鳳卿曰：服禮，行禮也。⊙太田方曰：全，言身全。遂，言名遂。⊙物双松曰：退智，藏智也。⊙奇猷案：古人自謙亦稱臣，非必對君稱之。漢書高帝紀「吕公曰：臣少好相人」。顔注引張晏曰：「古人相與語多自稱臣，自卑下之道也。」遂之道，謂成事之道。禮月令「百事乃遂」之遂。非謂名遂。

〔三〕奇猷案：吴鼒本「生」誤作「王」，四部叢刊本作「生」不誤。又案度數，亦法術也，詳難一篇。

〔四〕盧文弨曰：藏本「效」作「効」。⊙奇猷案：王先慎據藏本改「效」為「効」，非是。效，驗也，明也。姦劫弑臣篇「得效度數之言」，又曰「度數之言得效」，效字與此義同。

〔五〕奇猷案：「彊」，乾道本誤作「疆」。王先慎從張本改為「彊」，是。藏本、趙本、凌本皆作「彊」，今據改。和氏篇作「强」，亦可證。又案：「君」下當有「法」字，高亨謂「行亦用也」，未確。蓋堂谿公引韓非和氏篇語，而和氏篇有「法」字，明此脱「法」字也。

〔六〕奇猷案：和氏篇載和氏得玉璞事，不得其主，和被刖足，得其主，解璞得寶，末載吴起、商君亦猶和氏之璧，得其主則大用治國，不得其主則支解車裂，故堂谿公有此語，蓋融會韓非之意而言也。

〔七〕顧廣圻曰：藏本、今本「明」上有「臣」字。⊙奇猷案：王先慎據顧校補「臣」字，是，迂評本、凌本均有，今據補。

〔八〕奇猷案：萌，氓同，詳八姦篇。柄，機要。度，法度。

〔九〕王渭曰：「王」當作「生」，下同。⊙奇猷案：王説非也。五蠹篇「明主之國，無書簡之文，以法為教，無先王之語，以吏為師」，即此文之義。若作先生，則指堂谿公，但堂谿公之教為「全身」「遂名」之道，與「治天下」「齊民萌」語不相蒙矣。

〔一〇〕「知明夫身而不見民萌之資利者」原作「知明而不見民萌之資夫利身者」。盧文弨曰：「夫」字「身」字，凌本無。⊙顧廣圻曰：此當作「知明夫身而不見民萌之資利者」。乾道本「利」作「科」，譌。⊙奇猷案：顧校是，王先慎據顧校改，亦是也，今從之，迂評本與凌本同。

〔一一〕俞樾曰：「先王」，當作「先生」，即謂堂谿公也。非諷韓子舍全遂之道，而肆危殆之行，故曰先生有幸臣之意。幸臣，猶愛臣也。呂氏春秋至忠篇「王必幸臣與臣之母」是也。韓子自謂不忍嚮貪鄙之為，不敢傷仁智之行，若從堂谿公言，則仁智之行傷矣，故曰然有大傷臣之實。此「有」字當讀為又。⊙奇猷案：俞説是。「非諷」當作「公諷」，公，指堂谿公。又案：此段堂谿公與韓非對答，堂谿公引和氏篇文，顯然是：韓非上韓王或堂谿公（即和氏篇文）書，然後堂谿公接見韓非，因而有此紀録。

定法第四十三

問者曰：「申不害、公孫鞅〔一〕，此二家之言孰急於國？」應之曰：「是不可程也。人不食，十日則死；大寒之隆，不衣亦死。謂之衣食孰急於人，則是不可一無也，皆養生之具也。今申不害言術，而公孫鞅為法。術者，因任而授官，循名而責實〔二〕，操殺生之柄，課羣臣之能者也，此人主之所執也〔三〕。法者，憲令著於官府，刑罰必於民心，賞存乎慎法，而罰加乎姦令者也，此臣之所師也〔四〕。君無術則弊於上，臣無法則亂於下，此不可一無，皆帝王之具也。」

〔一〕奇猷案：史記老莊申韓傳云：「申不害者，京人也。故鄭之賤臣，學術以干韓昭侯。昭侯用以為相，內修政教，外應諸侯，十五年，終申子之身，國治兵彊，無侵韓者。申子之學本於黃、老而主刑名，著書二篇，號曰申子。」案其書已佚。又太史公言其學術，可知申子以術見稱，與此文「申不害言術」相合。又案史記商君傳：「商君者，衛之諸庶孼公子也。名鞅，姓公孫氏。鞅少好刑名之學，西入秦，孝公以為左庶長，定變法之令，行之十年，秦民大悦，家給人足，封於商，號為商君。孝公卒，惠王車裂商君。」案漢書藝文志著録商君書二十九篇，現存二十四篇。以今商君書觀之，商鞅主法，與此言「公孫鞅為法」合。

〔二〕太田方曰：任，能也。⊙奇猷案：莊子秋水篇：「任士之所勞」，釋文引李云：「任，能也。」案有能以勝任其事則任其事，故引申之為能也。又案：吴鼒本「責」誤作「貴」，四部叢刊本不誤。孤憤篇云：「主利在有能而任官。」二柄篇「為人臣者陳而言，君以其言授之事」云云，即循名責實之論。

〔三〕奇猷案：淮南子人間訓云：「見本而知末，觀指而睹歸，執一以應萬，握要而治詳，謂之術。」漢書公孫弘傳云：「擅殺生之柄，通壅塞之塗，權輕重之數，論得失之道，使遠近情偽必見於上，謂之術。」

〔四〕奇猷案：「此臣之所師也」，謂法者為人臣之師法。説疑篇：「法也者，官之所以師也。」五蠹篇所謂「以法為教，以吏為師」也。陶鴻慶以「師」為「飾」之譌，非是。又案：難三篇云：「人主之大物，非法則術也。法者，編著之圖籍，設之官府，而布之於百姓者也。術者，藏之於胸中，以偶衆端而潛御羣臣者也。故法莫如顯，而術不欲見。」

問者曰〔一〕：「徒術而無法，徒法而無術，其不可何哉？」對曰：「申不害，韓昭侯之佐也〔二〕。韓者，晉之別國也〔三〕。晉之故法未息，而韓之新法又生；先君之令未收，而後君之令又下。申不害不擅其法，不一其憲令則姦多故〔四〕。利在故法前令則道之，利在新法後令則道之〔五〕。利在故新相反，前後相勃〔六〕，則申不害雖十使昭侯用術，而姦臣猶有所譎其辭矣〔七〕。故託万乘之勁韓〔八〕，七十年而不至於霸王者〔九〕，雖用術於上，法不勤飾於官之患也〔一〇〕。公孫鞅之治秦也，設告相坐而責其實〔一一〕，連什伍而同其罪〔一二〕，賞厚而信，刑重而必，是以其民用力勞而不休，逐敵危而不卻，故其國富而兵强。然而無術以知姦，則以其富强也資人臣而已矣。及孝公、商君死，惠王即位，秦法未敗也，而張儀以秦殉韓、魏〔一三〕。惠王死，武王即位，甘茂以秦殉周〔一四〕。武王死，昭襄王即位，穰侯越韓、魏而東攻齊〔一五〕，五年而秦不益尺土之地〔一六〕，乃成其陶邑之封〔一七〕；應侯攻韓八年，成其汝南之封〔一八〕。自是以來，諸用秦者皆應、穰之類也。故戰勝則大臣尊，益地則私封立，主無術以知姦也〔一九〕。商君雖十飾其法，人臣反用其資。故乘强秦之資，數十年而不至於帝王者，法不勤飾於官〔二〇〕，主無術於上之患也。」

〔一〕王先慎曰：「問」，張榜本作「或」。

〔二〕奇猷案：藏本脱「也」字。

〔三〕太田方曰：晉三卿韓、趙、魏分晉而有之，故曰别國。

〔四〕王先慎曰：「不一其憲令」句，「則姦多」句。⊙奇猷案：王讀非是。「則姦多故」句。故，智故，詳下。

〔五〕王先慎曰：道，讀為導。與下使昭侯用術同意。利在故法前令，申不害則使昭侯用故法前令，其利在新法後令，則使昭侯用新法後令。前令後令，即上先君之令、後君之令。今人以前、後兩字逗，非也。⊙奇猷案：道，當讀稱道之道，與荀子榮辱篇「君子道其常」之道同義。此文蓋謂姦人之利在故法前令，則稱道故法前令以成其利；利在新法後令，則稱道新法後令以成其利。蓋申不害徒用術而不定法所致。此文「利」之主詞為姦人，王氏及下文盧、陶二氏之説皆誤會「利」之主詞為申不害，遂致疑難百出矣。故，智故。詭使篇云：「躁佻反覆謂之智。」淮南子主術訓云「上多故則下多詐」，注：「故，巧僞也。」「多故」為古人恒言，吕氏春秋聽言篇「此四士者之議皆多故矣」，又士容篇「多故不良」，帛書戰國策「今南方之事齊者多故矣」（長沙馬王堆漢墓出土，載文物一九七五年第四期），皆其例。「姦多故」，義近於今語「姦人巧僞多端」。

〔六〕盧文弨曰：「利在」二字衍。⊙顧廣圻曰：今本「勃」作「悖」，誤。⊙王先慎改「勃」為「悖」，曰：案説文誖下云「亂也」，或從心作「悖」，勃下云「排也」，明乖亂之字應作「悖」，而勃為假借字。顧氏以正字為誤，蓋未之審耳。⊙陶鴻慶曰：案下文「則」下當有「道之」二字。「利在故新相反，前後相勃（勃讀為悖）則道之」，與上文「利在故法前令則道之」，「利在新法後令則道之」，語意一律。「申不害雖十使昭侯」云云，與下文「商君雖十飾其法」云云，語意一律。奪「道之」二字，「則」字屬下，則不可通。又案：三道字讀為導。下文其訓為擇，謂采擇而用之，故姦臣有所譎其辭也。王解以為導引，非是。⊙奇猷案：「利在」二字非衍文。勃當訓為反，顧説是。此文蓋謂姦人之利在於故法新法相反、與前令後令相反，因其相反，可以乘隙為姦，即今言「鑽空子」之意。故下文謂「申不害雖十使昭侯用術，而姦臣猶有所譎其辭」。陶説謂下文「則」下當有「道之」二字，屬上讀。既故新相反，前後相勃，何以道之？陶説非。

〔七〕王先慎曰：張榜本「用」誤「利」。⊙奇猷案：説文：「譎，權詐也。」

〔八〕王先慎曰：「万」，張榜本、趙本作「萬」。⊙奇猷案：藏本亦作「萬」，字同。

〔九〕顧廣圻曰：「七十」有誤，或當作「十七」。⊙松皐圓曰：「七十」淆次，宜作「十七」。申不害傳云：「十五年，終申子之身，國治兵强。」韓世家：「昭侯八年，申子相，二十二年卒。」此差二年。⊙于思泊師曰：按作「十七」是也。古文十字作●，七字作＋，漢代金文猶然，故易譌。⊙奇猷案：作「十七」是。

〔一〇〕陶鴻慶曰：案「雖」上當有「主」字，下文云「法不勤飾於官，主無術於上之患也」，與此文反正相應。⊙奇猷案：此不必有「主」字，主詞一望而知是昭侯。又案：飾、飭通，詳難三篇。

〔一一〕王先慎曰：「相」字淺人所加，此與下「連什伍而同其罪」對文。⊙奇猷案：王説是。和氏篇云「設告坐之過」，無「相」字可證。

〔一二〕奇猷案：史記商君傳「令民為什伍而相收司連坐」，索隱云：「收司，謂相糾發也。」

〔一三〕奇猷案：史記秦本紀：惠王十年張儀相秦，十一年歸魏焦、曲沃，所謂「張儀以秦殉韓、魏」者，當即此類事。

〔一四〕王先慎曰：依上文「甘」上當有「而」字。⊙奇猷案：據史記秦本紀及甘茂傳，武王三年，甘茂為丞相，武王謂甘茂曰：寡人欲容車通三川窺周室，死不恨矣。甘茂曰：請之魏約以伐韓。其秋，使甘茂將兵伐宜陽。（正義云：「此韓之大郡，伐取之，三川路乃通也。」）四年拔宜陽，武王竟至周，舉鼎絶臏而卒於周。又案：「甘」上不必有「而」字。

〔一五〕王先慎曰：御覽一百九十八引無「韓」字。

〔一六〕王先慎改「尺土」為「一尺」曰：「尺土」，御覽引作「一尺」。⊙陶紹曾曰：土、地二字文義重複，北堂書鈔封爵部下引作「尺寸之地」，是也，當據改。⊙奇猷案：松皐圓改「土」為「寸」，與陶説同，是。寸壞為寸，淺人寫為「土」也。

〔一七〕王先慎改「城」為「成」曰：據御覽引改。⊙松皐圓曰：史記六國表，秦昭王二十二年伐齊，次年破齊，三十七年伐齊剛壽。范雎傳：「穰侯為秦將，且欲越韓、魏伐齊剛壽，欲以廣其陶封。」案昭王十六年封魏冉於穰，復益封於陶。⊙奇猷案：王改是，今從之。睡虎地出土秦簡編年記「秦昭王三十七年□寇剛」。戰國策秦策應侯謂昭王章「戰勝攻取，利盡歸於陶」。本書初見秦篇云：「穰侯之治秦也，用一國之兵而欲以成兩國之功」，案陶邑之封，等於附庸之國，與秦則為兩國。

〔一八〕顧廣圻曰：藏本同。今本「成」作「城」，誤。上文「乃城其陶邑之封」，亦當作「成」。⊙王先慎曰：御覽此亦作「成」不誤。⊙松皐圓曰：史記范雎傳：「昭王二十八年，秦封范雎以應，號為應侯。」⊙奇猷案：范雎傳正義引括地志云：「故應城，古應鄉，在汝州魯山縣東四十里。」案魯山縣即今河南魯山縣，在汝河（古名汝水）之南，故韓非云「成其汝南之封」。

〔一九〕王先慎曰：張榜本「主」作「其」，誤。主，謂秦王也。

〔二〇〕盧文弨曰：「不」，或改「雖」。⊙顧廣圻曰：「不」，當作「雖」。⊙奇猷案：顧説是。松皐圓亦改「不」為「雖」。

問者曰：「主用申子之術，而官行商君之法，可乎？」對曰：「申子未盡於法也〔一〕。申子言『治不踰官，雖知弗言』〔二〕。治不踰官，謂之守職也可〔三〕。知而弗言，是不謂過也〔四〕。人主以一國目視，故視莫明焉；以一國耳聽，故聽莫聰焉。今知而弗言，則人主尚安假借矣〔五〕？商君之法曰〔六〕：『斬一首者爵一級，欲為官者為五十石之官；斬二首者爵二級〔七〕，欲為官者為百石之官〔八〕。』官爵之遷與斬首之功相稱也。今有法曰：斬首者令為醫匠，則屋不成而病不已。夫匠者，手巧也；而醫者，齊藥也〔九〕。而以斬首之功為之，則不當其能。今治官者，智能也〔一〇〕；今斬首者，勇力之所加也。以勇力之所加〔一一〕，而治智能之官〔一二〕，是以斬首之功為醫匠也〔一三〕。故曰：二子之於法術，皆未盡善也。」

〔一〕顧廣圻曰：當云「申子未盡於術，商君未盡於法也」，脱去六字。⊙奇猷案：顧説是。上下文皆以申子、商君並舉，且申子言術、不言法，此不當少此六字。

〔二〕顧廣圻曰：原無「治」字「弗」字，藏本、今本「知」下有「弗」字，今本「不」上有「治」字。按依下文當有。又見難三篇，「弗」亦作「不」。⊙奇猷案：王先慎據顧校補，是，今從之，迂評本、凌本亦有「治」字「弗」字。

〔三〕顧廣圻曰：藏本、今本「也可」作「可也」。⊙王先慎曰：張榜本無「可」字。

〔四〕顧廣圻曰：今本無「不」字。按句有誤。⊙王先慎删「不」字曰：按「不」字衍文，下「知而弗言，則人主尚安假借矣」，即是「謂過也」之意。⊙劉師培曰：案「謂」係「謁」訛。周書大明武解「謂所有亡」，孫詒讓斠補曰「謂當作謁」，此謂、謁互訛之證。爾雅釋詁云：「謁，告也。」不謁過者，謂不以臣下過失謁於君也。故下云「人主尚安假借」。又八經篇云：「伍官連縣而鄰，謁過賞，失過誅。」亦「謁過」二字見本書之確證。⊙奇猷案：劉解此文甚當，但「謂」亦非誤文。説文云：「謂，報也。」則説文以謂為報告之意。漢書霍光傳「人以謂霍氏」，顔注：「謂，告語也。」告語，亦報告之意。則謂與謁同義，不必改字。尹桐陽亦以「謂」當為「謁」，未確。

〔五〕王先慎曰：「矣」當作「乎」。⊙奇猷案：難四篇：「不以姦聞，是異於上而下比周於姦者也。」姦劫弑臣篇：「明主者，使天下不得不為己視，天下不得不為己聽，故身在深宫之中而明照四海之内。」此韓非之主張，故此文云然。

〔六〕王先慎曰：「曰」，原作「日」，據張榜本、趙本改。⊙奇猷案：王改是，今從之，迂評本、凌本亦作「曰」。

〔七〕王先慎曰：乾道本「爵二級」作「爵一級」，據張榜本、趙本改。⊙奇猷案：王改是，今從之，藏本、迂評本亦作「二」。

〔八〕太田方曰：商子境内篇云：「能得甲首一者，賞爵一級，益田一頃。」愚按甲首，猶兵長也。尉繚子云：「教舉五人，其甲首有賞。」徐野民注秦本紀云：「斬戰士一首賜爵一級，其欲為官者五十石。」曰甲首，曰戰士，明非斬廝養隸卒首尚予官爵也。

〔九〕王先慎曰：乾道本無「病不」至「者齊」十三字，空十八字。顧廣圻云：「藏本、今本有『病不已夫匠者手巧也而醫者齊』十三字。」今依藏本、今本補，説詳下。⊙奇猷案：王補是，今從之，迂評本、凌本亦有此十三字。又案齊、劑同。

〔一〇〕王先慎曰：乾道本無「能也」二字，顧廣圻云「空四字，藏本、今本有『能也』二字」，今據補。⊙奇猷案：王補是，今從之，迂評本、凌本亦有此二字。

〔一一〕王先慎曰：乾道本無「勇力之所加也以」七字，不空，合計「屋不成」下缺五字，「智」下缺二字，正符七字之數，足見今本之字非臆撰也。今據今本補「勇力之所加也以」七字。⊙奇猷案：王補是，今從之，迂評本、凌本亦有。

〔一二〕顧廣圻曰：藏本、今本無「者」字。此未詳。⊙王先慎删「治」下「者」字曰：按「者」字衍，今據删。此謂以勇力所得之官而理智能之事，不當其能，無異令斬首之人為醫匠也。⊙奇猷案：王删是，今從之，迂評本、凌本亦無。

〔一三〕奇猷案：揚權篇云：「物者有所宜，材者有所施，各處其宜，故上下無為。使雞司夜，令狸執鼠，皆用其能，上乃無事。」此韓非之主張，故此文云然。

説疑第四十四〔一〕

凡治之大者，非謂其賞罰之當也。賞無功之人，罰不辜之民〔二〕，非所謂明也〔三〕。賞有功，罰有罪，而不失其人，方在於人者也〔四〕，非能生功止過者也。是故禁姦之法，太上禁其心〔五〕，其次禁其言，其次禁其事。今世皆曰「尊主安國者，必以仁義智能」，而不知卑主危國者之必以仁義智能也。故有道之主，遠仁義，去智能，服之以法〔六〕。是以譽廣而名威，民治而國安，知用民之法也。凡術也者，主之所以執也；法也者，官之所以師也〔七〕。然使郎中日聞道於郎門之外，以至於境内日見法〔八〕，又非其難者也。

〔一〕顧廣圻曰：疑，讀為擬。⊙奇猷案：顧説非是。本篇皆言人主當疑姦人之説，故曰説疑。顧氏僅以篇末有「四擬」之語，遂以此疑當讀擬。殊不知篇末所言「四擬」之事，乃説明説者為姦，將成四擬，人主當引為警惕。

〔二〕顧廣圻曰：藏本、今本「辜」下有「之」字。⊙奇猷案：王先慎據顧校增「之」字，是，今從之，迂評本、凌本亦有。

〔三〕顧廣圻曰：「明」字當衍。⊙松皐圓曰：賞罰失當，君不明也。⊙奇猷案：顧説非，説詳下。

〔四〕顧廣圻曰：藏本同。今本「人方」作「當乃」，誤。按「在」當作「任」，形近誤。⊙王先慎曰：顧説是。讀當以「而不失其人」句，「方任於人者也」句。⊙高亨曰：方，猶僅也，在，猶及也。賞有功，其賞僅及於有功者，非能生功也；罰有罪，其罰僅及於有罪者，非能止過也。故下文云：「非能生功止過者也。」顧、王並以「在」為「任」譌，失之。⊙奇猷案：顧、王説固非，高説亦未安。下「人」字當作「明」，音近而誤。此文蓋挈提全篇之綱，謂賞罰當，非治國之大者，治國之大者，為後文所述之破擬。至於賞罰，乃為人君所必操之柄。但賞無功、罰不辜，雖已操賞罰之柄，然不得謂之明。若賞有功，罰有罪，而不失其人，則其賞罰已當矣，然非治國之大者，僅及於明而已矣。僅及於明，則不足以生功止過，故下文云「非能生功止過者也」。今「明」誤作「人」，義遂不可通矣。

〔五〕奇猷案：告姦者衆，人皆不敢犯法而息其犯法之心，是謂禁其心也。心度篇云：「明主之治國也，明賞則民勸功，嚴刑則民親法，勸功則公事不犯，親法則姦無所萌，故治民者禁姦於未萌。」是其義。

〔六〕奇猷案：五蠹篇云：「偃王行仁義而徐亡，子貢辯智而魯削，夫仁義辯智非所以持國也。」

〔七〕奇猷案：藏本「師」上無「以」字，是。「執」上「以」字亦當衍。定法篇「術者人主之所執也，法者臣之所師也」，無「以」字可證。

〔八〕章太炎曰：「然使郎中日聞道於郎門之外以至於境内」，是郎中以在郎門之中而名之也。自郎門之外以至於境内皆非所居，故此自郎門之外起數以至境内也。十過云「有玄鶴二八道南方來，集於郎門之垝」。案周書作雒云「重郎」，注以為纍屋。然則但言郎即是屋，於門上為罘罳，故謂之郎門也，郎中因此得名。後人省稱為郎，則引申之名矣。⊙高亨曰：「於」字衍文。郎中，郎門之中也。「郎中日聞道」句。言道明於近習。郎門之外以至於境内日見法，言法行於國也。⊙奇猷案：郎中為一官名，下文「此郎中左右之類也」，以郎中、左右並舉。有度篇：「勢在郎中，不敢蔽善飾非。」舊注：「郎中，近侍之官也。」皆足證郎中為官名。聞，猶傳達也。吕氏春秋重言篇「謀未發而聞於國」，淮南子主術訓「臣情得上聞」，高注：「聞，猶達也。」韓非以道為法或術之義。主道篇：

「道者，萬物之始，是非之紀也；是以明君守始以知萬物之源，治紀以知善敗之端。」蓋法術者所以紀綱是非，故曰「是非之紀」；法術足知善敗，故曰「知善敗之端」。解老篇：「道者，萬理之所稽也。」蓋法術可以稽察萬理，故曰「萬理之所稽也」。皆足證道為法或術之義。此文謂郎中日傳達法令於郎門之外，以至於境内之民皆能日見法令。蓋傳法令於郎門之外，不能必其人人皆能得見，故韓非贅一語謂「境内日見法」。推高氏之意，以為郎門之外與境内文義重複，遂以此文有誤而删「於」字，非。

昔者有扈氏有失度〔一〕，讙兜氏有孤男〔二〕，三苗有成駒〔三〕，桀有侯侈〔四〕，紂有崇侯虎〔五〕，晉有優施〔六〕。此六人者，亡國之臣也。言是如非，言非如是。内險以賊其外，小謹以徵其善〔七〕。稱道往古，使良事沮〔八〕。善禪其主，以集精微〔九〕，亂之以其所好〔一〇〕。此夫郎中左右之類者也。往世之主，有得人而身安國存者，有得人而身危國亡者〔一一〕。得人之名一也，而利害相千万也〔一二〕。故人主左右不可不慎也。為人主者，誠明於臣之所言，則别賢不肖如黑白矣。

〔一〕太田方曰：路史夏后紀：「户氏不恭，信相失度，威侮五行。」户、扈通。

〔二〕太田方曰：路史國名紀：「驩兜以嬖臣狐攻專權亡國。」⊙奇猷案：驩、讙同。狐、孤形聲均近，必有一誤。

〔三〕奇猷案：未詳。

〔四〕顧廣圻曰：墨子所染篇云：「夏桀染於干辛、推哆。」又明鬼篇云：「推哆、大戲，主别兕虎。」古今人表下中有推侈，即此侯侈。又呂氏春秋簡選篇云：「移、大犧。」淮南子主術訓云：「推移、大犧。」侈、哆、移皆同字耳。⊙王念孫曰：「矦」當作「隹」，形相似而誤。（隸書從隹從矦之字往往譌溷，説見墨子非命篇「為舌」下。）墨子所染篇、明鬼篇並作「推哆」，晏子諫篇、漢書古今人表并作「推侈」，隹與推聲相近，故通作「推」也，其為「隹」字無疑。⊙太田方曰：路史：「桀以羊莘、侯侈為相。」

〔五〕太田方曰：呂覽：「殷紂染於崇侯、惡來。」⊙奇猷案：史記殷本紀載崇侯虎害西伯昌於紂，紂因西伯羑里。又案：太氏引呂覽見當染篇。

〔六〕松皐圓曰：晉語：「獻公之優曰施。」注：「施，其名也。」

〔七〕松皐圓曰：飾其外貌，似小心謹慎者，以為已善之證兆也。説苑：「内實險惡，外貌小謹。」管子：「小謹者不大立。」⊙奇猷案：微、證義同，詳難三篇。

〔八〕奇猷案：沮，敗壞也。淮南子修務篇：「力竭功沮。」高注：「沮，敗也。」

〔九〕顧廣圻曰：句有誤。⊙王先慎曰：禪與擅通，莊子人間世釋文「禪本作擅」，是也。説文：「擅，專也。」精微，猶精細也。言平日擅專其主，無毫髮之可間也。⊙松皐圓曰：禪、擅通。謂力能擅制其主，以集成微密難知之姦謀也。荀子：「周公鄉有天下，今無天下，非擅也。」注：「擅與禪同。」⊙奇猷案：禪疑為伺之誤，蓋伺誤為祠，又因祠、禪同義而誤為「禪」。微借為密，詳内儲説下。善伺其主以集精微，猶言善窺伺其主以收集人主細小祕密之事，即備内篇「相為耳目以候主隙」之意。外儲説右上「客有説韓宣王。宣王説而太息。左右引王之説之以先告客以為德」，又靖郭君獻玉珥而知置后事，皆善伺其主以集精微之例。若依王、松二氏説，擅其主與集精微義不相蒙。

〔一〇〕王先慎曰：投其所欲，引為不善也。⊙奇猷案：王説非。八姦篇「人主樂美宮室臺池，好飾子女狗馬以娛其心，為人臣者，盡民力以美宮室臺池，重賦斂以飾子女狗馬，以娱其主而亂其心」，即此文亂之以其所好之義。

〔一一〕奇猷案：齊桓公得管仲而成霸，得開方則身死不葬。見十過篇。

〔一二〕王先慎曰：趙本「万」作「萬」。

若夫許由，續牙，晉伯陽，秦顛頡，衛僑如，狐不稽，重明，董不識，卞隨，務光，伯夷，叔齊〔一〕，此十二人者，皆上見利不喜，下臨難不恐，或與之天下而不取，有萃辱之名〔二〕，則不樂食穀之利〔三〕。夫見利不喜，上雖厚賞無以勸之；臨難不恐，上雖嚴刑無以威之。此之謂不令之民也。此十二人者〔四〕，或伏死於窟穴，或槁死於草木，或饑餓於山谷，或沉溺於水泉。有民如此〔五〕，先古聖王皆不能臣，當今之世，將安用之？

〔一〕顧廣圻曰：續牙，此七友在第三。「晉」字當衍。伯陽，此七友在第四。秦顛頡、衛僑如，未詳。莊子大宗師狐不偕，釋文：「司馬云：古賢人也。」重明，未詳。董不識，七友在第五。按齊策云「舜有七友」，姚校云：「雄陶、方回、續牙、伯陽、東不訾、秦不虛、靈甫。」古今人表上下有雒陶、續身、柏陽、東不訾、秦不虛。顏師古曰：「雒陶以下皆舜之友也。」「身」或作「耳」，「虛」或作「宇」，並見尸子。上中有方回，其靈甫，人表未見也。此續牙即續身，伯陽即柏陽，董不識即東不訾。其餘或皆彼之駁異耳。⊙俞樾曰：顛頡，晉人，而係之秦；僑如，魯人，而係之衛；不可曉。且其人亦非如下文所云伏死窟穴者也。據下文云「若夫齊田恒、宋子罕、魯季孫意如、晉僑如、衛子南勁、鄭太宰欣、楚白公、周單荼、燕子之。此九人者之為其臣也，皆朋黨比周以事其君」云云，疑魯季孫意如、晉僑如，當作晉顛頡、魯僑如，而傳寫誤入上文，又移「晉」字於「伯陽」之上，遂妄竄入「秦」字耳。⊙松皋圓曰：呂覽「舜染於許由、伯陽」，按晉蓋其姓。秦顛頡疑即秦不空或作秦不虛。路史作秦不宇。「重明」疑即「靈甫」，字形頗類。卞隨、務光，殷湯讓天下而俱不受者。⊙劉師培曰：案此文原本蓋作「伯陽秦□□頡□」。知者舜有七友，於本文所舉續牙、伯陽、董不識外，尚有雒陶、秦不虛、方回，見漢書古今人表。此文「秦」字以下蓋即「不虛」二字。「頡」乃「雒」誤，猶「王孫頡」亦作「王孫頟」也。「雒」字以下必屬「陶」字。後人不知「秦」指「秦不虛」，又見「雒」訛為「頡」，以前外儲說右有顛頡之名，遂妄增「顛」字。其所缺之字更取下節「僑如」二字補之，又以「秦」為國名，遂於「伯陽」上增「晉」，「僑如」上增「衛」，而故本不可考矣。⊙奇猷案：劉說是。此文當作「許由、續牙、伯陽、秦不虛、雒陶、狐不稽、重明、董不識、卞隨、務光、伯夷、叔齊」。說林上「湯讓天下於務光，務光自投於河」。說林下「堯以天下讓許由，許由逃之」。姦劫弒臣篇「伯夷、叔齊，武王讓以天下而不受，二人餓死首陽之陵」。

〔二〕顧廣圻曰：藏本同。今本「萃」作「卑」。⊙王先慎曰：「萃」字不誤。說文「萃，讀若瘁」。瘁即頓字。頓，顦頓也。荀子富國篇「勞苦頓萃而愈無功」，正作「萃」，是其證。今本改「萃」為「卑」，失其義矣。⊙奇猷案：迂評本、凌本亦作「卑」，蓋依今本改。又案：王說非也。「有萃辱之名，則不樂食穀之利」，顯係指伯夷、叔齊而言。伯夷、叔齊何顦頓之有（詳後）？「萃辱」當即亡徵篇「挫辱大臣」之「挫辱」。萃（支部）、挫（歌部）通轉音，故萃辱即挫辱。挫辱，挫折恥辱也。史記伯夷傳云：「武王伐紂，伯夷、叔齊叩馬而諫。武王已平殷亂，天下宗周，而伯夷、叔齊恥之，義不食周粟，遂餓死於首陽山。」伯夷、叔齊諫武王，武王不聽，是受挫折，是恥辱，於是不食周粟而餓死，故曰「有挫辱之名，則不樂食穀之利」。伯夷、叔齊並無顦頓，王說不符事實。

〔三〕松皋圓曰：論語：「邦有道穀」，集解引孔安國曰：「穀，禄也。」

〔四〕盧文弨曰：凌本「者」上有「人」字。⊙奇猷案：此當有「人」字，迂評本亦有，王先慎據盧校補，今從之。

〔五〕顧廣圻曰：藏本、今本「有」下有「民」字。⊙奇猷案：王先慎據顧校補，是，今從之，迂評本、凌本亦有。

若夫關龍逢，王子比干，隨季梁，陳泄冶，楚申胥，吴子胥〔一〕，此六人者，皆疾争强諫以勝其君。言聽事行，則如師徒之勢〔二〕；一言而不聽，一事而不行，則陵其主以語，待之以其身，雖死家破〔三〕，要領不屬，手足異處〔四〕，不難為也。如此臣者，先古聖王皆不能忍也，當今之時，將安用之？

〔一〕顧廣圻曰：「申胥」當作「葆申」，葆申者，楚文王之臣，極言文王茹黄狗、宛路矰、丹姬事而變更之，下文所謂「疾争强諫以勝其君者也」，見吕氏春秋。高誘注云：「葆，太葆，官。名申。」又載説苑，「葆」作「保」，古今人表同，葆、保同字。⊙松皐圓曰：季梁，左桓六年傳注：「隨賢臣。」泄冶，諫陳靈公事，見左宣九年。⊙奇猷案：顧引吕覽見直諫篇。

〔二〕盧文弨曰：「勢」，秦本作「合」。⊙奇猷案：迂評本亦作「合」，誤。勢，猶今言情勢。謂主聽其言，行其事，則如師徒之情勢，師令徒行則徒行之，故下云「先古聖王皆不能忍也」。吕氏春秋尊師篇注：「疾，力也。」

〔三〕顧廣圻曰：今本「待」作「從」，「其身雖」作「威雖身」，按句有誤。⊙王先慎改從今本曰：按今本是。「從之以威」句，此如鬻拳諫君以兵之類。⊙奇猷案：「雖」下當有「身」字。待之以其身，謂以身待主殺戮，故云「雖身死家破」云云「不難為也」。今本不知有脱文而妄改耳。

〔四〕松皐圓曰：要，音腰。「手」，宜作「首」。吕覽：「要領不屬，首足異處。」魏策「要領不屬」，注：「斬刑也。」

若夫齊田恒〔一〕，宋子罕，魯季孫意如，晉僑如〔二〕，衛子南勁〔三〕，鄭太宰欣〔四〕，楚白公〔五〕，周單荼〔六〕，燕子之〔七〕。此九人者之為其臣也，皆朋黨比周以事其君，隱正道而行私曲，上逼君，下亂治，援外以撓内，親下以謀上〔八〕，不難為也。如此臣者，唯聖王智主能禁之，若夫昏亂之君，能見之乎〔九〕？

〔一〕王先慎曰：乾道本「齊田」作「田齊」，盧文弨云「田齊倒，張本作齊田」，今據改。⊙奇猷案：王改是，今從之，藏本亦作「齊田」。田恒、子罕，詳二柄篇。

〔二〕顧廣圻曰：未詳。⊙王先慎曰：「晉」字衍。此即魯叔孫宣伯。⊙松皐圓曰：「晉」字衍文，左傳成十六年，宣伯通於穆姜，欲去季孟而取其室，不成，奔齊，又通聲孟子，立於高、國之間，遂奔衛，亦間於卿。按宣伯，叔孫僑如也。

〔三〕顧廣圻曰：未詳。⊙太田方曰：史記周本紀注：「汲冢古文謂衛將軍文子為子南彌牟，其後有子南勁。」紀年：「勁朝於魏，後惠成王如衛，命子南為侯。」

〔四〕顧廣圻曰：未詳。下文云：「太宰欣取鄭。」

〔五〕奇猷案：詳喻老篇。

〔六〕顧廣圻曰：未詳。下文：「單氏之取周。」

〔七〕奇猷案：詳二柄篇。

〔八〕顧廣圻曰：藏本同。今本「親」作「侵」，誤。⊙奇猷案：如蘇代稱子之，詳外儲説右下篇。

〔九〕王先慎曰：「若夫」二字不當有。⊙奇猷案：王説是。又案：見，見其姦也。

若夫后稷，皋陶，伊尹，周公旦，太公望，管仲，隰朋，百里奚，蹇叔，舅犯，趙衰〔一〕，范蠡，大夫種，逢同，華登〔二〕，此十五人者為其臣也〔三〕，皆夙興夜寐，卑身賤體，竦心白意〔四〕，明刑辟、治官職以事其君，進善言、通道法而不敢矜其善，有成功、立事而不敢伐其勞〔五〕，不難破家以便國，殺身以安主，以其主為高天泰山之尊，而以其身為壑谷鬴洧之卑〔六〕，主有明名廣譽於國，而身不難受壑谷鬴洧之卑〔七〕。如此臣者，雖當昏亂之主尚可致功，況於顯明之主乎？此謂霸王之佐也。

〔一〕顧廣圻曰：「趙襄」當作「趙衰」。⊙奇猷案：迂評本作「趙衰」，是，今據改。盧文弨、王先慎皆改作「趙衰」。案趙衰從晉文公重耳出亡十九年，見史記晉及趙世家。

〔二〕松皐圓曰：越世家索隱：「逢同，越大夫，故楚有逢伯。」吴語注：「華登，宋司馬華費遂之子也。華氏作亂於宋而敗，登奔吴為大夫。」

〔三〕盧文弨曰：「為其」疑倒，下同。⊙王先慎曰：「者」下脱「之」字。上文「此九人者之為其臣也」，下文「此十二人者之為其臣也」，句法一律，明此脱「之」字。讀當以九字為句。盧氏疑「為其」倒，非也。⊙奇猷案：王說是。

〔四〕松皐圓曰：說苑「虚心白意」，莊子天下篇：「人我之養畢足而止，以此白心。」⊙奇猷案：說文：「竦，敬也。」

〔五〕王先慎曰：「立事」上當有脱字。⊙奇猷案：王說非，此無脱文。立事，謂建立某一事業。文物一九八七年第十二期載山東諸城墓出土編鍾，有銘文「陳旅立事」云云，余考定為陳旅建立擊敗慶封的事業（公孫淖編鍾銘文考釋，載香港國學研習社一九九〇年第二期中華國學。一九九四年又轉載於道佛思想與中國傳統文化，上海人民出版社出版)。如周公旦踐奄,平定東方;平定管、蔡、武庚之亂,以微子代殷後;皆是立事之例。

〔六〕顧廣圻曰:鬴洧,未詳。⊙王先謙曰:爾雅釋文:「鬴,古釜字。」釜洧,即釜鍑也。洧,古讀與復聲之字近。水經洧水注:「甲庚溝水枝分,東逕洧陽故城南,俗謂之復陽城,非也。」蓋洧、復字類音讀變,是其證也。洧可讀為復,則亦可讀為鍑。方言「釜自關而西或謂之釜,或謂之鍑」,明釜鍑連文。此鬴洧即釜鍑之通叚字矣。鬴洧四旁高而中央卑,與壑谷地形之卑相類,故并以為身卑之喻。

〔七〕顧廣圻曰:句有誤。⊙王先慎曰:主得美名而身受卑名也。上文指位言,此指名言,文複而義不同。

若夫周滑之〔一〕,鄭王孫申〔二〕,陳公孫寧,儀行父〔三〕,荆芋尹申亥〔四〕,隨少師越,種干〔五〕,吴王孫頟〔六〕,晉陽成泄〔七〕,齊豎刁,易牙〔八〕,此十二人者之為其臣也〔九〕,皆思小利而忘法義,進則揜蔽賢良以陰闇其主,退則撓亂百官而為禍難,皆輔其君、共其欲,苟得一説於主〔一〇〕,雖破國殺衆不難為也。有臣如此,雖當聖王尚恐奪之,而況昏亂之君,其能無失乎?有臣如此者,皆身死國亡,為天下笑。故周威公身殺,國分為二〔一一〕;鄭子陽身殺,國分為三〔一二〕;陳靈公身死於夏徵舒氏〔一三〕;荆靈王死於乾谿之上〔一四〕;隨亡於荆;吴併於越;智伯滅於晉陽之下〔一五〕;桓公身死七日不收〔一六〕。故曰,諂諛之臣,唯聖王知之,而亂主近之,故至身死國亡。

〔一〕顧廣圻曰:藏本同。今本「之」作「伯」。按依下文此周威王所用也,今無可考。

〔二〕顧廣圻曰：依下文此鄭子陽所用也。⊙王先慎曰：鄭無王孫，「王」當為「公」之誤。⊙奇猷案：王説是，松皐圓説同。

〔三〕奇猷案：皆陳大夫，與靈公通於夏姬，見左宣九年傳。

〔四〕奇猷案：藏本、趙本「芊」作「芉」，誤。楚語上：「芋尹申亥從靈王之欲而隕於乾谿。」韋注：「芋尹申亥，申無宇之子也。」

〔五〕顧廣圻曰：種干，下文未見。⊙奇猷案：此疑「少師越」為一人名，與種干皆為隨臣。左傳桓六年隨有少師董成，杜注：「少師，隨大夫董正也。」明少師董成者，董其姓，成與正為名及字，而少師則為其氏也。漢書古今人表有少師陽、少師彊、少師慶，正有以「少師」為氏之例。以此可知此少師越者，越其名，少師其氏，與種干皆為隨臣，故下文但言隨亡，不言越亡，則此「越」字非國名可知。顧以「越」為國名，其誤審矣。

〔六〕顧廣圻曰：「頟」，國語作「雒」，頟、雒同字也，他書「頟」作「駱」。⊙奇猷案：墨子所染篇、説苑雜言篇作「雒」，韓詩外傳、吴越春秋作「駱」，吕氏春秋作「雄」，史記越世家作「公孫雄」。王念孫讀書雜志校墨子云：「隸書雄或作雄，與雒相似，故雒譌為雄。困學紀聞左氏類引國語、吕氏春秋並作雒，韓子作頟，頟即雒之譌。」

〔七〕顧廣圻曰：依下文智伯所用也。

〔八〕奇猷案：見十過篇。

〔九〕顧廣圻曰：按上文但有十一人，當有脱文。

〔一〇〕王先慎曰：説即悦字。⊙奇猷案：「主」，乾道本、藏本作「王」，今從今本改。

〔一一〕王先慎曰：周威公，河南桓公揭之子。桓公自封少子班於鞏以奉王，號東周，而河南遂號西周。不詳身殺之事。

〔一二〕松皐圓曰：史記：「鄭繻公殺其相子陽，子陽之黨共殺繻公。」⊙奇猷案：呂氏春秋知接篇述鄭子陽遺列子不受事云：「其卒民果作難，殺子陽。」高誘注云：「子陽嚴猛，刑無所赦。家人有折弓者，畏誅，因國人逐猘狗之亂而殺子陽也。」與史記異。國分為三之事，諸書未詳。

〔一三〕王先慎曰：乾道本無「公」字，顧廣圻云「藏本、今本有」，今據補。⊙奇猷案：王補是，今從之。又案：事詳左宣九年傳。

〔一四〕奇猷案：詳十過篇。

〔一五〕太田方曰：荆、隨事見左傳。吳并於越事，見越語。智伯事，見十過篇。⊙奇猷案：見左傳僖二十年。

〔一六〕陶鴻慶曰：案依左氏春秋經、傳七日當作六十七日，此襲管子戒篇「七日不斂」而誤。⊙奇猷案：陶説是。史記齊世家作「六十七日」。本書十過篇作「身死三月不收」，乃以整數言之。

聖王明君則不然。内舉不避親，外舉不避讎〔一〕。是在焉從而舉之，非在焉從而罰之。是以賢良遂進而姦邪并退，故一舉而能服諸侯。其在記曰：「堯有丹朱，而舜有商均〔二〕，啟有五觀〔三〕，商有太甲〔四〕，武王有管、蔡〔五〕。」五王之所誅者，皆父兄子弟之親也，而所殺亡其身殘破其家者何也〔六〕？以其害國傷民敗法類也〔七〕。觀其所舉，或在山林藪澤巖穴之間，或在囹圄緤紲纏索之中，或在割烹芻牧飯牛之事〔八〕。然明主不羞其卑賤也〔九〕，以其能、為，可以明法〔一〇〕，便國利民，從而舉之，身安名尊。

〔一〕奇猷案：「聖王明君」，藏本作「聖主明王」。又案：荀子成相篇云：「外不避讎，内不阿親，賢者予。」本書外儲説左下篇述解狐薦其讎，即其例也。

〔二〕津田鳳卿曰：楚語注：「朱，堯子，封於丹。均，舜子，封於商。」⊙松皐圓曰：莊子：「滿苟得曰：堯殺其子，舜流母弟。」⊙奇猷案：藏本無「曰」字，空三格。吕氏春秋當務篇云：「堯有不慈之名。」

〔三〕太田方曰：竹書紀年：「帝啟十一年放季子武觀於西河」，注：「武觀即楚語五觀也。」

〔四〕奇猷案：史記殷本紀：「太甲立三年，不明，暴虐，不遵湯法，亂德，伊尹放之於桐宫。」

〔五〕奇猷案：史記周本紀：「管叔、蔡叔，武王弟，與武庚作亂畔周。」

〔六〕王先謙曰：「而」下「所」字當衍。

〔七〕顧廣圻曰：藏本同。今本「法」下有「圯」字，誤。

〔八〕盧文弨曰：「纏」，當作「纆」。⊙顧廣圻曰：藏本、今本「緤」作「縲」。⊙奇猷案：盧説是，松皐圓及王念孫讀書雜志校淮南子道應訓説同。伊尹為庖宰，管夷吾束縛，傅説版築，皆詳難言篇。百里奚飯牛於秦，詳吕氏春秋慎人篇。

〔九〕顧廣圻曰：藏本「然」下有「後」字，今本有「而」字，皆誤。

〔一〇〕顧廣圻曰：藏本、今本無「為」字。按「能」字逗。⊙奇猷案：能，才能。為，作為。

亂主則不然。不知其臣之意行，而任之以國。故小之名卑地削，大之國亡身死，不明於用臣也。無數以度其臣者〔一〕，必以其衆人之口斷之〔二〕。衆之所譽，從而説之；衆之所非，從而憎之。故為人臣者破家殘賥〔三〕，内構黨與、外接巷族以為譽〔四〕，從陰約結以相固也〔五〕，虚相與爵禄以相勸也〔六〕。曰：「與我者將利之〔七〕，不與我者將害之〔八〕。」衆貪其利，劫其威。彼誠喜，則能利己，忌怒，則能害己〔九〕。衆歸而民留之，以譽盈於國，發聞於主，主不能理其情〔一〇〕，因以為賢。彼又使譎詐之士，外假為諸侯之寵使，假之以輿馬，信之以瑞節，鎮之以辭令，資之以幣帛，使諸侯淫説其主〔一一〕，微挾私而公議〔一二〕。所為使者，異國之主也，所為談者，左右之人也〔一三〕。主説其言而辯其辭，以此人者天下之賢士也。内外之於左右〔一四〕，其諷一而語同。大者不難卑身尊位以下之〔一五〕，小者高爵重禄以利之。夫姦人之爵禄重而黨與彌衆，又有姦邪之意，則姦臣愈反而説之，曰：「古之所謂聖君明王者〔一六〕，非長幼弱也及以次序也〔一七〕。以其構黨與，聚巷族，偪上弒君而求其利也。」彼曰：「何知其然也〔一八〕？」因曰：「舜偪堯，禹偪舜，湯放桀，武王伐紂。此四王者，人臣弒其君者也，而天下譽之。察四王之情，貪得人之意也〔一九〕；度其行，暴亂之兵也。然四王自廣措也〔二〇〕，而天下稱大焉；自顯名也，而天下稱明焉。則威足以臨天下，利足以蓋世，天下從之。」又曰〔二一〕：「以今時之所聞田成子取齊，司城子罕取宋，太宰欣取鄭，單氏取周，易牙之取衛〔二二〕，韓、魏、趙三子分晉。此六人，臣之弒其君者也〔二三〕。」姦臣聞此，蹷然舉耳以為是也。故内搆黨與，外攄巷族〔二四〕，觀時發事，一舉而取國家。且夫内以黨與劫弒其君，外以諸侯之權矯易其國〔二五〕，隱敦適〔二六〕，持私曲，上禁君，下撓治者，不可勝數也。是何也？則不明於擇臣也。記曰：「周宣王以來，亡國數十，其臣弒其君而取國者衆矣〔二七〕。」然則難之從内起，與從外作者相半也。能一盡其民力，破國殺身者，尚皆賢主也。若夫轉法易位，全衆傳國〔二八〕，最其病也。

〔一〕顧廣圻曰：今本「無」上有「夫」字，誤。⊙王先慎曰：數，謂術數。⊙奇猷案：藏本「者」字與下「必」字互易，誤，迂評本、淩本無「者」字。又案：數，術也，詳難一篇。

〔二〕奇猷案：迂評本「必」作「而」。

〔三〕趙用賢曰：睟，音粹，貨也。⊙太田方曰：或曰：『睟，疑財字。財，隸文作貾，形似，故誤。』⊙奇猷案：太說非也。廣韻：「睟，貨也。」墨子非儒下篇：「因人之家翠。」蓋財為正字，睟為別體，翠則借字也。

〔四〕王先慎曰：相為名譽。⊙興文社曰：巷族，謂鄰里鄉黨也。

〔五〕奇猷案：當作「陰結從約以相固也」。

〔六〕顧廣圻曰：「相」字當衍。⊙奇猷案：顧說是。迂評本無「與」字，蓋誤刪也。

〔七〕顧廣圻曰：藏本、今本「曰」作「且」。按「曰」字是。

〔八〕奇猷案：藏本誤脱「利之不與我者將」七字。

〔九〕王先慎曰：「忌」，當作「誠」。⊙奇猷案：「忌」字當衍。蓋一本「怒」壞為「心」，與「已」合而為「忌」，校者合入。上「誠」字貫此。

〔一〇〕奇猷案：理，治也。

〔一一〕顧廣圻曰：藏本同。今本「俟」下有「而」字，誤。按句有誤。⊙王先慎曰：「俟」字衍。「使諸淫說其主」，謂使譎詐之士誦說於主前也。⊙于思泊師曰：按王說非是。「諸」字本應作「者」，者、諸古同字，金文「諸」字不從言。「俟」乃「唯」字之誤，金文「唯」字亦作「隹」，上文「桀有俟侈」，王念孫謂「俟」當作「隹」，詳王說。「使者唯淫說其主」，使者，即承上文「外假為諸俟之寵使」言。「隹」誤為「俟」，後人因改「者」為「諸」耳。⊙奇猷案：「俟」字衍。諸，之也。使之淫說其主。

〔一二〕奇猷案：微，密也，詳內儲說下篇。

〔一三〕王先慎曰：如蘇代為齊使燕而使子之重權也。⊙奇猷案：事詳外儲說右下。

〔一四〕盧文弨曰：「之於」二字或刪去。⊙奇猷案：迂評本、凌本無「之於」二字，非。王氏經傳釋詞云：「于，與也。」于、於同。

〔一五〕太田方曰：「尊」，當作「撙」。管子五輔「整齊撙詘，以避刑辟」，注：「撙，節也。言自節而卑屈也。」⊙松皐圓改「尊」為「撙」曰：「尊」誤，禮記：「撙節退讓。」⊙奇猷案：太、松二氏說是。荀子儒效篇「以相薦撙」，楊注：「撙，抑也。」抑亦屈也。

〔一六〕「王」下原有「君」字。顧廣圻曰：「聖君明王」句絶。「君者」上當有脱文。藏本同。今本無「王」下「君」字。⊙王先慎刪「王」下「君」字曰：按無「王」下「君」字是。「曰」字上亦當有「者」字。而說之者，即謂姦臣之黨與，故下文『姦臣聞此，蹷然舉耳以為是也』。顧氏不知「君」字為「曰」字上「者」字之誤，因讀「聖君明王」句絶，則疑「君者」上有脱文宜矣。⊙奇猷案：王謂「曰」上脱「者」字，未確。當係「愈」下脱「衆」字，「則姦臣愈衆」為句。「王」下無「君」字，是，今據今本、凌本刪。迂評本作「聖王明君」，蓋意改耳。

〔一七〕顧廣圻曰：「幼弱」二字當衍其一。上「也」字當作「世」。九字為一句。⊙松皐圓曰：「也」字或「世」字誤。世及，父子曰世，兄弟曰及。⊙奇猷案：顧、松二氏説是。

〔一八〕奇猷案：「何」下當有「以」字。

〔一九〕顧廣圻曰：「人」字衍。⊙奇猷案：顧説是，迂評本無「人」字。

〔二〇〕物双松曰：謂自廣大其舉措也。

〔二一〕門無子曰：姦臣之黨又説。

〔二二〕顧廣圻曰：未詳。⊙王先慎曰：呂氏春秋先識覽：「衛公子啓方以書社四十下衛。」此易牙疑開方之誤。「取」當作「下」。或因易牙倡亂，而開方始降衛，歸罪於易牙，故云然。⊙奇猷案：上有易牙、衛子南勁，疑此當作「易牙取齊，子南勁之取衛」，此脱「取齊子南勁」五字耳。所謂取者，非必亡之也，蓋取其權勢也。田成子并未亡齊，僅專齊柄，是其例證。易牙取齊，亦謂易牙專齊權勢也。

〔二三〕俞樾曰：上文自「田成子」以下凡八人，不得言六。「六」疑「亦」字之誤。承上文舜偪堯、禹偪舜、湯放桀、武王伐紂而言，故云亦也。⊙王先慎曰：此與上不相承。「六」當作「八」。「人」下當有「者」字。與上「此四王者」文法一例，俞説非。⊙奇猷案：當作「九」。自田成子以下及子南勁為九人。「九」原作九，與隸書之「六」相似，自篆改隸，「九」遂誤作「六」矣。

〔二四〕盧文弨曰：「擄」，張本作「攎」。⊙王先慎曰：「擄」「攎」并誤，當依上文作「接」。⊙奇猷案：王説非。上文「外接巷族以為譽」，接，交接也。相為名譽，故言接。此文言發事取國家，則非接矣。擄，布也，張也。外擄巷族，蓋謂外張布其巷族以備舉事也，故當作「擄」。藏本亦作攎，蓋擄之誤也。

〔二五〕顧廣圻曰：「懽驕」，今本作「權矯」。按今本是也。⊙奇猷案：王先慎據顧校改，是，今從之，凌本亦作「權矯」。

〔二六〕顧廣圻曰：今本「敦適」作「正道」。未詳。⊙王先慎改從今本曰：按作「正道」是也。正道，謂法度，與下「私曲」對文。上云「皆朋黨比周以事其君，隱正道而行私曲」，飭邪篇「羣臣朋黨比周以隱正道行私曲」，并作「正道」即其證。⊙劉師培曰：案敦即書康誥「元惡大憝」之憝。憝者，惡也。適，讀為謫，過也。敦適，猶云過惡，即下語所謂「私曲」也。⊙章太炎曰：適借為謫。方言謫訓怒，説文敦亦訓怒。孟子使虞敦匠事，敦亦督責之意，故敦猶謫也。隱讀為依。依乎謫責以自重，如子罕以刑罰奪君權也。禁君者，使君不得行敦謫也。撓治亦承持私曲言。⊙奇猷案：劉説義長。禁君，制君。撓治，亂治。

〔二七〕盧文弨曰：張本「君」下有「而」字。⊙顧廣圻曰：今本無下「其」字。⊙奇猷案：藏本「君」下亦有「而」字，今據增。王先慎依今本删下「其」字。案「其臣弑其君」文亦通，不必删。又案外儲説右上「子夏曰：春秋之記，臣殺君，子殺父者，以數十」。（原作十數校改。）

〔二八〕顧廣圻曰：今本「轉」下無「身」字，「傅」作「傳」。按句當有誤，未詳。⊙俞樾曰：「法」字衍文。「傅」當作「傳」。上所謂破國殺身者，以國君死社稷而言也，故曰尚皆賢主也。此所謂轉身易位、全衆傳國者，則晉静公、齊康公之類，是以其不能死而反見屈於臣，故曰最其病也。趙本改「傅」為「傳」，正得其字。惟不知「法」字之衍而删去「身」字，失之。⊙奇猷案：俞以「傅」當作「傳」，是。但删「法」字則未確，仍當從今本删「身」字。此指田氏篡齊，韓、魏、趙三家分晉事，既易位則法令變，即所謂轉法易位也。孤憤篇「主變勢而得固寵者」，變勢，即此文轉法。定法篇：「韓者，晉之别國也。晉之故法未息，韓之新法又生。先君之令未收，而後君之令又下。」此蓋君位易人而法令轉變之現象，正可作此文轉法易位之注。今從今本删「身」字，改「傅」為「傳」。

為人主者[一]，誠明於臣之所言，則雖罼弋馳騁[二]，撞鐘舞女，國猶且存也。不明臣之所言，雖節儉勤勞，布衣惡食，國猶自亡也。趙之先君敬侯，不修德行，而好縱慾，適身體之所安，耳目之所樂，冬日罼弋，夏浮淫[三]，為長夜[四]，數日不廢御觴，不能飲者以筩灌其口，進退不肅、應對不恭者斬於前。故居處飲食如此其不節也，制刑殺戮如此其無度也，然敬侯享國數十年[五]，兵不頓於敵國，地不虧於四鄰，內無君臣百官之亂[六]，外無諸侯鄰國之患，明於所以任臣也。燕君子噲，邵公奭之後也[七]，地方數千里，持戟數十萬，不安子女之樂，不聽鍾石之聲，內不湮汙池臺榭[八]，外不罼弋田獵，又親操耒耨以修畎畝，子噲之苦身以憂民如此其甚也，雖古之所謂聖王明君者，其勤身而憂世不甚於此矣。然而子噲身死國亡，奪於子之，而天下笑之，此其何故也[九]？不明乎所以任臣也。故曰：人臣有五姦，而主不知也。為人臣者[一〇]，有侈用財貨賂以取譽者[一一]，有務慶賞賜予以移衆者，有務朋黨狥智尊士以擅逞者，有務解免赦罪獄以事威者[一二]，有務奉下、直曲、怪言、偉服、瑰稱以眩民耳目者[一三]。此五者明君之所疑也[一四]，而聖主之所禁也。去此五者，則譟詐之人不敢北面談立[一五]，文言多、實行寡、而不當法者不敢誣情以談説[一六]。是以羣臣居則修身，動則任力，非上之令，不敢擅作疾言誣事，此聖王之所以牧臣下也。彼聖主明君，不適疑物以闚其臣也[一七]，見疑物而無反者，天下鮮矣。故曰：孽有擬適之子[一八]，配有擬妻之妾，廷有擬相之臣，臣有擬主之寵。此四者國之所危也。故曰：内寵并后，外寵貳政，枝子配適，大臣擬主，亂之道也。故周記曰：「無尊妾而卑妻，無孽適子而尊小枝〔一九〕，無尊嬖臣而匹上卿，無尊大臣以擬其主也〔二〇〕。」四擬者破，則上無意、下無怪也〔二一〕。四擬不破，則隕身滅國矣〔二二〕。

〔一〕顧廣圻曰：今本「主」作「臣」。按依上下文當作「臣」。⊙奇猷案：王先慎依顧校改「主」為「臣」，殊誤。此言為人主而知其臣之所言，則可安佚無患。臣之所言，即上淫説也。

〔二〕盧文弨曰：「罼」，張本作「畢」。⊙奇猷案：畢、罼，古今字。

〔三〕太田方曰：浮淫，猶言泛濫取魚也。司馬相如上林賦「浮乎其上，沉淫泛濫」，注：「皆水鳥浮游貌。」國語「宣公夏濫於泗淵」，注：「濫，漬也。漬罟於泗水之淵以取魚也。」⊙劉師培曰：案「日」字衍。⊙奇猷案：松皐圓「夏」下補「日」字。案劉、松二氏説均通，非冬下衍「日」字，即夏下脱「日」字也。又案：淫，借為游，詳有度篇。浮游，蓋謂蕩舟為樂。如齊桓公與蔡女蕩舟之類，非謂泛濫取魚也。

〔四〕劉師培曰：案「長夜」下疑脱「飲」字。⊙奇猷案：劉説是。説林上篇「紂為長夜飲」可證。又案：「罼」，藏本作「畢」，下同。

〔五〕王先慎曰：史世家：「敬侯即位十二年卒。」

〔六〕奇猷案：松皐圓改「君臣」為「羣臣」，是也。「君」即「羣」之壞。羣臣與百官相對為文。

〔七〕王先慎曰：趙本「邵」作「召」，古字通。

〔八〕王先慎曰：此句衍一字。⊙高亨曰：湮，讀為抑，湮、抑一聲之轉。史記河渠書「禹抑鴻水」，索隱：「漢書溝洫志抑作湮。」(堙、湮通用)孟子「禹抑洪水而天下平」,莊子天下篇「禹之湮洪水」,莊書之湮,即孟書之抑。并湮、抑通用之證。爾雅釋詁:「抑,治也。」孟子趙注:「抑,治也。」則不湮汙池臺榭,即不治汙池臺榭矣。王謂衍一字,殆未達湮字之義也。⊙奇猷案:高説是。湮本為治水之意,引申之則治汙池臺榭亦謂之湮矣。説文:「汙,小池也。」

〔九〕王先慎曰:「何故」二字倒。⊙奇猷案:王説是。又案:燕子噲讓國子之事,詳外儲説右下篇。

〔一〇〕奇猷案:「臣」原作「主」,王先慎據趙本改,是,今從之,依下文當作「臣」。

〔一一〕奇猷案:「賂」上當有「賄」字。

〔一二〕于思泊師曰:案事、使金文同字,此本應作「使」。⊙奇猷案:狥,即徇字。徇,營也。又案:二柄篇「田常上請爵禄而行之羣臣」,即務慶賞賜予以移衆之例。又「子罕用刑而宋君劫」,即事威之例。解免,謂解免刑罰。

〔一三〕太田方曰:奉下直曲,言如鄧析取貨教訟者也。六韜:「奇其冠帶,偉其衣服,博聞辯辭,虛論高議,以為容美;窮居静處而誹時俗。是姦人也,王者慎勿重。」⊙松皐圓曰:瑰稱,大言也。新序「瑰意奇行」,管子「無偉服,無行奇」,注:「皆過越法度者。」秦策「辯言偉服」,注:「偉,奇也。」⊙奇猷案:説文:「奉,承也。」下,謂下屬。奉下,猶言奉承下屬,即本篇上文「親下以謀上」之親下。直,讀孟子滕文公下篇「枉尺而直尋」之直,於文法為動詞,謂使之變直。此文「直曲」者,猶言使曲者變直,即以非為是之意。太釋「奉下直曲」之義不洽。偍,如説林下「偍能」之偍,施展也。

〔一四〕顧廣圻曰:疑,讀為擬,下文同。又,本篇二字互見。⊙奇猷案:此及下二「疑」字仍當讀本音。謂上五者明君疑惑之而不信也,故下云「聖主所禁」。作擬則無義矣。顧説非。

〔一五〕顧廣圻曰:句有誤。⊙王先謙曰:「談立」二字疑倒。⊙王先慎曰:「諜」,當作「詭」。人君南面,故臣言北面。⊙奇猷案：一切經音義云：「説文：諜，擾耳也。」（案：今説文無耳字，蓋脱也。）又引聲類云：「諜，䛐呼煩擾也。」則諜詐者，謂説者詭詐之聲擾於耳。談立，當依王先謙説作立談。謂不敢立於人主之前而談説。

〔一六〕王先慎曰：「敢誣」，原作「誣敢」。顧廣圻云「今本作敢誣」，今據改。⊙奇猷案：王改是，今從之，迂評本、凌本亦作「敢誣」。誣情以談説，亦猶下文「疾（力也）言誣事」。

〔一七〕王先慎曰：「適」，疑作「道」。⊙奇猷案：王説是。道，從也。物，事也。「也」字當衍。

〔一八〕奇猷案：擬，匹也。下同。又案：本篇主旨是提醒人主對臣下之説，當從懷疑的角度分析論證，是否正確，是否有姦詐之意？而自「故曰」以下，忽而言匹擬之事，與上文義不相接。疑自「故曰」以下之文乃他篇錯簡於此者。

〔一九〕王先慎曰：無孽適子，謂無以適子為孽也。

〔二〇〕太田方曰：此語見穀梁傳僖九年。玉海云：「漢志：周書七十一篇。注：周史記。師古曰：劉向云周時誥誓號令也，蓋孔子所論百篇之餘，今所存者四十五篇。」末引韓子此文。

〔二一〕王先慎曰：君不道疑物以闚其臣，臣不誣情以談説，是謂上無意，下無怪。⊙奇猷案：王説非，此與上文無干。淮南子繆稱訓注：「意，恚聲。」四擬者破，則上無恚怨之聲（説文：「恚，怨也」），而下無怪異之事。

詭使第四十五

〔一〕奇猷案：此篇原為一統篇，今依文義分段。

聖人之所以為治道者三：一曰利，二曰威，三曰名〔二〕。夫利者所以得民也，威者所以行令也，名者上下之所同道也〔二〕。非此三者，雖有不急矣。今利非無有也而民不化，上威非不存也而下不聽從，官非無法也而治不當名。三者非不存也，而世一治一亂者何也？夫上之所貴與其所以為治相反也〔三〕。

〔一〕奇猷案：韓非以凡事理品物之可以加以名者通謂之名。故名，統指毁譽之名，官爵之名，與名實之名等。説疑篇「身安名尊」，此毁譽之名也。定法篇「因任而授官，循名而責實」，此名實之名也。二柄篇「羣臣其言大而功小者則罰，非罰小功也，罰功不當名也」，此名分之名。揚權篇「名正物定，名倚物徙」，此事物法令之名也。

〔二〕物双松曰：道，由也。⊙奇猷案：説文「一達謂之道」，是道之本義蓋為一達之道路，而道路者，衆人共遵而行者也。上下之所同道，猶言上下共遵而行者也。

〔三〕盧文弨「貴」下補「嘗」字曰：「嘗」字脱，秦本有。疑當作「常」。⊙奇猷案：所貴，謂利、威、名也。不當有「常」字，盧説非。藏本「貴」下有「賞」字，迂評本有「常」字，蓋「賞」即「貴」字之譌衍，「賞」又形誤為「嘗」，又改寫為「常」耳。

夫立名號所以為尊也，今有賤名輕實者，世謂之高〔一〕。設爵位所以為賤貴基也，而簡上不求見者，世謂之賢〔二〕。威利所以行令也，而無利輕威者，世謂之重〔三〕。法令所以為治也，而不從法令，為私善者，世謂之忠。官爵所以勸民也，而好名義、不進仕者，世謂之烈士。刑罰所以擅威也，而輕法、不避刑戮死亡之罪者，世謂之勇夫〔四〕。民之急名也甚，其求利也如此，則士之飢餓乏絶者，焉得無巖居苦身以爭名於天下哉？故世之所以不治者，非下之罪，上失其道也。常貴其所以亂，而賤其所以治，是故下之所欲，常與上之所以為治相詭也。今下而聽其上，上之所急也。而惇慤純信、用心怯言，則謂之窶〔五〕。守法固、聽令審，則謂之愚。敬上畏罪，則謂之怯。言時節，行中適，則謂之不肖〔六〕。無二心私學，聽吏從教者，則謂之陋〔七〕。難致謂之正。難予謂之廉。難禁謂之齊〔八〕。有令不聽從謂之勇。無利於上謂之愿。少欲寬惠行德謂之仁〔九〕。重厚自尊謂之長者。私學成群謂之師徒。閑靜安居謂之有思〔一〇〕。損仁逐利謂之疾〔一一〕。險躁佻反覆謂之智〔一二〕。先為人而後自為，類名號，言，汎愛天下，謂之聖〔一三〕。言大本稱而不可用、行而乖於世者，謂之大人〔一四〕。賤爵禄、不撓上者，謂之傑〔一五〕。下漸行如此〔一六〕，入則亂民，出則不便也〔一七〕。上宜禁其欲、滅其迹而不止也〔一八〕，又從而尊之，是教下亂上以為治也。

〔一〕顧廣圻曰：藏本、今本「謂」下有「之」字。⊙王先慎補「之」字曰：依下文當有。⊙奇猷案：王補是，今從之，迂評本、凌本亦有「之」字。又案：此名，蓋爵位之名。又案：實，讀「循名責實」之實，即實利、實效。

〔二〕奇猷案：説文：「基，牆始也。」案猶今言基礎。謂設爵位所以分别賤與貴之基礎。如小臣稷簡上即其例。（見難一篇）

〔三〕顧廣圻曰：藏本、今本「謂」上有「世」字。⊙王先慎補「世」字曰：依上下文當有。⊙奇猷案：王補是，今從之，迂評本、凌本亦有「世」字。

〔四〕顧廣圻曰：句絶。

〔五〕顧廣圻曰：藏本、今本「怯言時」作「壹者則」。按此乾道本誤涉下文之字而未經改正者，末一字當作「則」。「則」字上二字未詳，藏本以意作「壹者」，恐非韓子原文。⊙王先慎改「時」為「則」曰：據藏本、今本改。「怯言」二字當為「少欲」之誤，因「少欲」二字錯簡在「寬惠行德」句上，乾道本遂涉下文之字而誤增，藏本以意改為「壹者」，張、趙本改為「一者」，并非。⊙傅佛崖曰：窶，局羽切，劬上聲，貧陋也。貧而不能為禮謂之窶，詩：「終窶且貧。」⊙奇猷案：王改「時」為「則」，是，今從之。用心，謂作事專一也。怯言，謂不敢多言也。正是惇慤純信者之性態。王説失之。又案：傅氏引詩見邶風北門篇。「怯言」與説疑篇「疾言」正相反。

〔六〕奇猷案：爾雅釋詁：「時，善也」。詩小雅頍弁「爾殽既時」，毛傳：「時，善也。」適，讀為嫡，正也。行中適，猶言行中於正道也。節，制約。言時節，善於制約言論。

〔七〕顧廣圻曰：今本「聽」上無「吏」字。⊙太田方曰：荀子修身篇云：「少見曰陋。」⊙奇猷案：王先慎據顧校删「吏」字，是，今從之，迂評本、凌本亦無。商君書定分篇：「聖人為法，置法官，置主法之吏，以為天下師。」本書五蠹篇：「明主之國，無書簡之文，以法為教，無先王之語，以吏為師。」即聽吏從教，無二心，無私學。

〔八〕太田方曰：難致，言人主徵不就也。難予，不受上賞獨貪名。難禁，謂跋扈難禁制也。爾雅云：「齊，壯也。」博雅云：「齊，專也。」是齊有專而難禁之意也。⊙奇猷案：有度篇：「輕爵禄，易去亡，以擇其主，臣不謂廉。」輕爵禄，故難予之爵禄。五蠹篇云「其帶劍者，聚徒屬，立節操，以顯其名而犯五官之禁」，是難禁之民也。周書謚法「執心克莊曰齊」。執心克莊，是以難禁。

〔九〕顧廣圻曰：今本無「少欲」二字。⊙王先慎删「少欲」二字曰：按「少欲」二字當在上「用心」下，誤衍於此，據今本删。上下文皆四字句，無脱文。⊙奇猷案：少欲與仁不相蒙，「少欲」下當有脱文，當作「少欲□□謂之□」。今本見此二字與下文不屬而妄删之，王氏據之，非是。或以「少欲」二字為「愿」字之舊注誤入正文者。案愿無少欲之意，且正文已言「無利於上謂之愿」，愿字之義甚明，舊注者當不注以「少欲」二字也。

〔一〇〕奇猷案：「閑」，趙本作「閒」，字同。

〔一一〕顧廣圻曰：句絶。⊙松皋圓曰：疾，謂敏疾於事也。⊙奇猷案：迂評本「仁」作「人」，非是。解老篇云：「仁者謂其中心欣然愛人也」，則損仁者謂損其愛人之心也。

〔一二〕顧廣圻曰：當脱一字，「險譟」連讀。下文云「而險譟譏諛者任」。⊙王先慎曰：「佻」字衍文，「險譟反覆」四字為句。⊙奇猷案：有度篇「險譟不得關其佞」，險為利口，譟為多言，佞為口才，詳有度篇。佻是佻巧。疑此當作「險譟佻巧謂之辯，□□反覆謂之智」，蓋巧於口才謂之辯，義較切當。

〔一三〕奇猷案：「類名號言」，疑當作「類名號，□□言」，今脱二字。類，似也。名號連文，見上。名號，指爵位言。類名號者，類似之爵位也。莊子天道篇「以此處天下，玄聖素王之道也」，郭注「有其道而無其爵者，所謂素王自貴也」。莊書之素王，即類名號也。

〔一四〕顧廣圻曰：今本「大」下「本」字作「不」。按句有誤。⊙奇猷案：言大，即二柄篇「羣臣其言大而功小者則罰」之言大。「本」為「繁」之假字。古無輕唇音，「本」與「繁」皆幫母重唇音，故「本」假為「繁」也。難言篇「多言繁稱」，即此「言大本稱」也。鬼谷子權篇「繁稱文辭者博也」，是繁稱者，文辭廣博之意（即旁徵博引）。「言大」即今俗語「説大話」，故下文云「不可用」。今本改「本」為「不」，非。

〔一五〕奇猷案：吕氏春秋高義篇「荆國終為天下撓」，高注：「撓，屈也。」則此文「不撓上」，猶言不屈從於其上也。

〔一六〕奇猷案：漸，姦也。詳問辯篇。

〔一七〕盧文弨曰：「便」，一本作「使」。⊙松皋圓改「便」為「使」曰：入，猶居也。不使，不可使令也。⊙奇猷案：入，謂國內。出，指國外。存韓篇：「韓事秦三十餘年，出則為扞蔽，入則為蓆薦。」出指國外，入指國內可證。便字不誤。不便，猶言不利也。存韓篇：「此自便之計也」，便字與此便字同義。迂評本「便」作「使」，誤字也。入則亂民，出則不便，謂對內足以亂民，對外則易為敵人所資而不利於國也。

〔一八〕顧廣圻曰：藏本、今本「近」字作「迹」。⊙奇猷案：王先慎據顧校改「近」為「迹」，是，今從之，迂評本、凌本亦作「迹」。

凡所治者刑罰也〔一〕，今有私行義者尊〔二〕。社稷之所以立者安靜也，而譟險讒諛者任。四封之內所以聽從者信與德也〔三〕，而陂知傾覆者使〔四〕。令之所以行、威之所以立者恭儉聽上〔五〕，而巖居非世者顯〔六〕。倉廩之所以實者耕農之本務也，而綦組錦繡刻劃為末作者富〔七〕。名之所以成、城池之所以廣者戰士也〔八〕，今死士之孤飢餓乞於道〔九〕，而優笑酒徒之屬乘車衣絲〔一〇〕。賞祿所以盡民力易下死也，今戰勝攻取之士勞而賞不霑〔一一〕，而卜筮視手理狐蠱為順辭於前者日賜〔一二〕。上握度量所以擅生殺之柄也，今守度奉量之士欲以忠嬰上而不得見，巧言利辭行姦軌以倖偷世者數御〔一三〕。據法直言、名刑相當、循繩墨、誅姦人所以為上治也而愈疏遠〔一四〕，諂施順意從欲以危世者近〔一五〕。習悉租稅、專民力所以備難充倉府也，而士卒之逃事狀匿附托有威之門以避傜賦、而上不得者萬數〔一六〕。夫陳善田利宅所以戰士卒也〔一七〕，而斷頭裂腹播骨乎平原野者〔一八〕，無宅容身，身死田奪〔一九〕，而女妹有色、大臣左右無功者，擇宅而受，擇田而食。賞利一從上出，所以擅嗣下也〔二〇〕，而戰介之士不得職〔二一〕，而閒居之士尊顯〔二二〕。上以此為教，名安得無卑，位安得無危。夫卑名危位者〔二三〕，必下之不從法令、有二心無私學、反逆世者也〔二四〕，而不禁其行，不破其羣，以散其黨，又從而尊之，用事者過矣。上之所以立廉恥者〔二五〕，所以屬下也〔二六〕；今士大夫不羞汙泥醜辱而宦，女妹私義之門不待次而宦。賞賜之所以為重也〔二七〕，而戰鬬有功之士貧賤，而便辟優徒超級。名號〔二八〕。誠信，所以通威也，而主揜障。近習、女謁并行，百官主爵遷人，用事者過矣。大臣官人與下先謀比周，雖不法行，威利在下〔二九〕，則主卑而大臣重矣。

〔一〕盧文弨「所」上補「上」字曰：一本有。⊙陶鴻慶曰：案「所」下當有「以」字，與下文「社稷之所以立者」諸句一律。⊙奇猷案：迂評本「所」上有「上」字。王先慎據盧校補「上」字。案當作「凡國之所以治者刑罰也」，今脱「國之」「以」三字。若依迂評本作「上」，則文不通，蓋刑罰可言上所執，而不當言上所治也。下文「社稷之所以立」，與此「國之所以治」對文亦可證。

〔二〕顧廣圻曰：「私」下「行」字當衍。⊙奇猷案：顧説非也。私行義，蓋指田成子之流。外儲説右上云：「田成子甚得齊民。其於民也，上請爵禄行之大臣，下之私大斗斛區釜以出貸，小斗斛區釜以收之，殺一牛，取一豆肉，餘以食士，終歲布帛取二制焉，餘以衣士，君重斂，而田成氏厚施。故周秦之民相與歌之。」此所謂私行義也。若無行字，義反不足矣。且本書亦多以「行義」連文，如難二篇「桓公行義」，即「行義」連文之例。

〔三〕奇猷案：或謂法家言信不言德，案韓非并非不言德，但德之定義與儒家不同而已。二柄篇：「明主之所導制其臣者二柄而已矣。二柄者，刑、德也。何謂刑、德？曰：殺戮之謂刑，慶賞之謂德。人主自用其刑德，則羣臣畏其威而歸其利矣。」是韓非以慶賞為德也。儒家之所謂德，有數義：修養而有得於心曰德，施惠於人曰德。韓非僅取後一義，而僅限於人君用之於有功者，所謂「賞必有功」。海内考偽者，謂此篇言及德而斷此篇非韓非作，蓋不明此之故也，今特辯而明之。

〔四〕奇猷案：「陂知」無義。「知」疑當作「辭」，音近而誤。陂與詖通，荀子成相篇「險陂傾側」，楊注：「陂與詖同。」孟子公孫丑篇「詖辭知其所蔽」，詖辭謂偏頗之辭也。此文陂辭對信言，傾覆對德言。陂辭不足為信，傾覆足以壞慶賞也，與上「信」、「德」相應。

〔五〕顧廣圻曰：藏本同。今本「儉」下有「也不」二字，誤。按「上」字下當有「也」字。

〔六〕奇猷案：巖居，謂隱居也。五蠹篇「智士退處巖穴」，退處巖穴，亦隱居也。

〔七〕奇猷案：如外儲説左上：燕王以三乘養以棘刺之端為母猴者及客為周君畫莢，三年而成，畫莢之功雖難，然其用與素髹莢同之類，即所謂刻劃也。

〔八〕顧廣圻曰：「池」當作「地」。⊙俞樾曰：顧説是也。惟「城地」連文近於不辭，「城」疑衍文。「名之所以成」，「地之所以廣」，兩文相對，不當有「城」字，蓋即「成」字之誤而衍者。⊙奇猷案：俞説是。

〔九〕顧廣圻曰：藏本同。今本「死」下有「士」字，誤。⊙松皐圓曰：「士」或「事」字誤。⊙劉文典曰：案今本「死」下有「士」字是也，「死士之孤」，謂戰死者之遺孤也。乾道本、藏本作「死之孤」，不詞，顧氏從之，斯為謬矣。⊙奇猷案：劉説是，今據增「士」字。八姦篇「養必死之士」亦可證。

〔一〇〕奇猷案：優笑，俳優也，詳難二篇。

〔一一〕奇猷案：顯學篇云：「上所以陳良田大宅，設爵禄，所以易民死命也。」又案：說文「霑，雨𩂣也」，是霑之本義為雨𩂣，引申之，則𩂣恩澤亦謂之霑。漢書揚雄傳「仁霑而恩洽」之霑，即此義。

〔一二〕俞樾曰：「蟲」乃「蠱」之誤。春秋「蠱牢」，春秋繁露竹林篇作「蟲牢」，即其例矣。「狐蠱」二字連文，見僖十五年左傳。⊙唐敬杲曰：視手理，相手掌文理以占人休咎者。⊙奇猷案：手理者，手紋也。即今相手紋者。又案：俞說是，太田方說同。

〔一三〕王先慎曰：廣雅釋詁：「御，進也。」數，音色角反。此言巧言利辭之人得常常進見也。⊙奇猷案：軌，宄通。書舜典「寇賊姦宄」，注「在外曰姦，在內曰宄」。以倖偷世者」，謂以僥倖而偷欺於世也。飾邪篇「主妄予則人偷倖」，難二篇「賞無功則民偷幸而望於上」。案偷倖、偷幸同。嬰，接觸（詳說難篇）。

〔一四〕奇猷案：刑，形同。二柄篇「審合刑名」，亦以刑為形可證。

〔一五〕劉師培曰：案施當訓邪，與老子「唯施是畏」同。⊙奇猷案：八姦篇：「為人主者好飾子女狗馬以娛其心，為人臣者重賦斂以飾子女狗馬以娛其主而亂其心，從其所欲。」即此順意從欲之義。又案：章太炎曰：「案孟子注：『施施，猶扁扁，喜悅之貌。』諂施，猶諂笑也。」奇猷案：諂施，疑諂媚之音轉。又案：「近」字句絕。下文「習悉」猶言熟悉。或讀至下文「習」字為句，非。

〔一六〕俞樾曰：狀匿，即藏匿也。狀與壯通，考工記㮚氏「凡鑄金之狀」，故書「狀」作「壯」是也。壯與莊通，漢書古今人表「柳壯」，檀弓作「柳莊」是也。而「藏」字說文所無，古書多以「臧」為之。臧、莊聲近。狀通作壯，壯又通作莊，則亦可通作臧矣。⊙王先謙曰：「狀」即「伏」字形近而誤。「伏匿」二字，見史記范雎傳。俞說迂曲。⊙奇猷案：王說是。或曰：「狀為臧之壞誤」，亦通。

〔一七〕盧文弨曰：「戰」上脫「厲」字，「卒」字衍。⊙奇猷案：盧說非。戰，用為被動詞。則戰士卒者，猶言使士卒戰也。商君書外内篇云「以輕法戰之」，猶言以輕法使之戰也。又云「欲戰其民者」，猶言欲使民戰也。本書外儲說右上「其足以戰民乎」，猶言其可以使民戰乎。皆以戰為被動詞，與此文法同。迂評本「戰」上有「厲」字，蓋妄加也。王先慎依盧校改，非。

〔一八〕顧廣圻曰：今本「原」下有「曠」字，誤。按「平」字當衍，涉「乎」字形近耳。⊙奇猷案：顧說是，迂評本刪「平」字。

〔一九〕顧廣圻曰：今本重「身」字。藏本「畝」作「敏」，今本作「奪」。按句有誤。⊙王先慎曰：乾道本不誤，今本作「身死田奪」，非。無宅容身則其田不待身死而奪也。藏本「畝」作「敏」，形近而誤。「死田畝」，即孟子「死溝壑」之意。生既無宅，故死於外也。⊙陶鴻慶曰：趙本「死」上重「身」字是也。藏本「畝」作「敏」，趙本作「奪」。今案藏本作「敏」者乃「收」字之誤也。喻老篇云「楚邦之法，禄臣再世而收地，唯孫叔敖獨在，此不以邦為收者瘠也」，即此謂「身死田收」。「收」誤為「敏」，又改為「畝」，皆以形近展轉致譌。趙本改作「奪」，雖得其義，未得其字。⊙高亨曰：按「無宅容身死田畝」當作「身死無宅舍田畝」，蓋「身死」二字竄入下文，而「舍」又誤為「容」也。「斷頭裂腹，播骨原野」，謂其身死戰場，則不得又言身死田畝矣。上文云「陳善田利宅」，下文云「擇宅而受，擇田而食」，此云「身死無宅舍田畝」，前後相銜，文意鋒對，并明此處之竄譌也。王先慎曲為之說，非是。⊙奇猷案：迂評本與今本同，是。今據增「身」字，改「畝」為「奪」。左傳僖十五年載「子金曰：朝國人而以君命賞。……于是乎作爰田」。爰田是賜田，并可由子孫繼承之田，國人，指戰士之類(詳拙作也談爰田，載東北師大古籍整理研究學刊一九九五年第一、二期合刊)。漢書地理志亦云「秦孝公用商君制轅田」，轅田當即爰田。一九八六年湖北荆門市包山二號楚墓出土竹簡，其中有司法文書，文書中載有關於史書失載的楚國的「飤(音飼)田」。我未見簡文，但文物一九八八年第五期載包山墓地竹簡整理小組包山二號墓竹簡概述云：

「簡文中關於飤田的記載，如左馭番成有飤田。番成死後由嫡子繼承。嫡子死，無後，則由庶子繼承。庶子死，無後，左尹命由番成兄弟之子繼承。」（同期文物載王紅星包山楚墓墓地試析謂此墓下葬年代約為公元前二九二年）由此可知，春秋、戰國多有可由子孫繼承的賜田。受賜者為戰士、介士（士大夫以上有禄田，當然不是受賜田者。左馭是御車者，亦戰士、介士之等級）。女妹有色、大臣左右擇田而食，死士之孤繼承的賜田正是彼等擇的對象，因為死士之孤最好欺壓。死士之孤繼承的賜田，又難免為豪門强奪。因此，斷頭裂腹播骨原野者身死田奪，死士之孤飢餓乞於道。

〔二〇〕盧文弨改「所善剬」為「所以擅制」，曰：「以」字脱，張本有。⊙顧廣圻曰：「所」下當有「以」字。剬、制同。⊙奇猷案：所下有「以」字是。藏本「善」作「擅」，亦是也，擅、善音誤。今據張本增「以」字，據藏本改「善」為「擅」。

〔二一〕顧廣圻曰：「戰」，當作「耿」。⊙高亨曰：「戰介之士」謂戰士與介士也。介士，甲士也。顯學篇云「國平則養儒俠，難至則用介士」，是其例也。「戰介之士」與下「閒居之士」相對，顧説失之。⊙奇猷案：顧説是。耿介之士，謂守正不阿之士。五蠹篇「耿介之士寡」，以「耿介」連文可證。若作「戰介之士」，與「職」字不相蒙。蓋戰介之士自有其軍職，豈有無軍職之戰士介士歟？

〔二二〕顧廣圻曰：今本「官」作「居」。⊙奇猷案：王先慎據顧校改「官」為「居」，是，今從之，迂評本、凌本亦作「居」。

〔二三〕盧文弨「名」下補「危」字曰：「危」字脱，秦本有。⊙奇猷案：王先慎據盧校補「危」字，是，迂評本亦有，依上文當有。

〔二四〕盧文弨曰：「無」字衍。⊙顧廣圻曰：「二心私學」，上下文凡五見。⊙劉師培曰：案盧校是也。「逆」亦衍文，逆即反也。下文「與世相反」，又言「亂上反世」，均無「逆」字。⊙奇猷案：劉説是。蓋韓非嫉恨私學反世之人，以為不從法令者。若有「無」字「逆」字，則此文不通矣。

〔二五〕顧廣圻曰：今本無「世」字。⊙奇猷案：王先慎據顧校刪「世」字，是，今從之。

〔二六〕王念孫曰：「屬」乃「厲」字之誤，説詳上有度篇。⊙奇猷案：王説是。

〔二七〕顧廣圻曰：今本「賜」下無「之」字，誤。⊙王先慎刪「之」字曰：按顧氏句讀誤耳。此與下「誠信所以通威也」句法一律，不當有「之」字。⊙奇猷案：王刪「之」字是，今從之。迂評本無「之」字。

〔二八〕王先慎曰：「便」上「而」字衍。⊙奇猷案：「而」字不必刪。「而便辟優徒超級」，對「戰鬬有功之士貧賤」而言，謂便辟優徒則超級賞賜或陞遷。又案：舊讀以「名號」連下文，誤也。本篇上文云「立名號所以為尊也」，是「名號」是「為尊」，與下文「通威」義不相應。「誠信」與「通威」義亦不相應。「名號」下有脱文，疑當作「名號所以為尊也，而□□□。刑罰」，脱十一字。上文云「刑罰所以擅威也」，故此云「刑罰誠信，所以通威也」。

〔二九〕顧廣圻曰：藏本同。今本無「與下先謀」「雖」五字。按句有誤，未詳。⊙奇猷案：「行」字當在「雖」字下。雖、唯字通，詳王氏經傳釋詞。「行不法」三字連文，本書習見，如八姦篇「外為之行不法」，是其一例。如田常、子罕之徒，先謀比周，其勢已成，唯行不法，於是賞罰之權落在臣下之手，賞罰之權在臣下之手，則主卑而大臣重矣。吴汝綸、尹桐陽以「行」字乙在「雖」字上，未確。

夫立法令者以廢私也〔一〕，法令行而私道廢矣。私者，所以亂法也。而士有二心私學，巖居窞處〔二〕，託伏深慮〔三〕，大者非世，細者惑下。上不禁，又從而尊之。以名〔四〕，化之以實〔五〕，是無功而顯，無勞而富也。如此，則士之有二心私學者，焉得無深慮、勉知詐、與誹謗法令以求索〔六〕，與世相反者也〔七〕。凡亂上反世者，常士有二心私學者也。故本言曰〔八〕：「所以治者法也，所以亂者私也。法立，則莫得為私矣。」故曰：道私者亂，道法者治〔九〕。上無其道，則智者有私詞，賢者有私意。上有私惠，下有私欲，聖智成羣，造言作辭〔一〇〕，以非法措於上〔一一〕。上不禁塞，又從而尊之，是教下不聽上、不從法也。是以賢者顯名而居，姦人賴賞而富。賢者顯名而居，姦人賴賞而富，是以上不勝下也。

〔一〕太田方曰：山氏曰：「『以』上脱『所』字。」⊙奇猷案：松皐圓依山説補「所」字，是。

〔二〕顧廣圻曰：今本「路」作「處」，誤。⊙劉文典曰：案「巖居」與「窞處」相對為文，當依今本。⊙奇猷案：劉説是，今從今本改「路」為「處」。説文：「窞，坎中小坎也。」

〔三〕奇猷案：託，謂託於某人之門不為仕宦，詳外儲説左上「晉國之辭仕託者」條俞樾説。託者既不仕，故云伏也。

〔四〕顧廣圻曰：「又從而尊之」五字為一句，上下文及此凡四見。「以名」上有脱文，當本重「尊之」二字而脱耳。⊙奇猷案：下云「顯名而居」，疑「以名」上脱「顯之」二字。

〔五〕奇猷案：「化」字無義，疑當作「利」。

〔六〕盧文弨曰：凌本無「與」字。⊙奇猷案：深慮，即上文「託伏深慮」之深慮，謂深思計謀也。知與智同，智巧也。勉智詐，謂勉勵為智巧詐偽也。與，及也。迂評本亦删「與」字，非。

〔七〕奇猷案：「與」上當有「此」字。世即下「反世」之世。

〔八〕太田方曰：「本言」，韓子所覽古書名。⊙奇猷案：「本言」，墨子書凡三見。尚同中篇「鄉吾本言：民始生……」，兼愛下篇「鄉吾本言曰：仁人之事者……」，節葬下篇「鄉者吾本言曰：意亦使……」，則「本言」似非書名，猶今語「本來説」。

〔九〕松皐圓曰：道，由也。

〔一〇〕太田方曰：周禮大司徒：「造言之刑」，注：「訛言惑衆也。」

〔一一〕顧廣圻曰：藏本同。今本「措」作「令」。按句有誤。⊙奇猷案：疑「於」爲「其」字之誤。謂以非法之舉動措置其上也。措置，猶今言佈置。

卷十八

六反第四十六

畏死難〔一〕，降北之民也，而世尊之曰貴生之士〔二〕。學道立方〔三〕，離法之民也，而世尊之曰文學之士〔四〕。遊居厚養，牟食之民也，而世尊之曰有能之士〔五〕。語曲牟知〔六〕，僞詐之民也，而世尊之曰辯智之士〔七〕。行劍攻殺，暴憿之民也〔八〕，而世尊之曰磏勇之士〔九〕。活賊匿姦，當死之民也，而世尊之曰任譽之士〔一〇〕。此六民者，世之所譽也。赴險殉誠，死節之民〔一一〕，而世少之曰失計之民也〔一二〕。寡聞從令，全法之民也，而世少之曰樸陋之民也〔一三〕。力作而食，生利之民也，而世少之曰寡能之民也〔一四〕。嘉厚純粹，整穀之民也〔一五〕，而世少之曰愚戇之民也〔一六〕。重命畏事，尊上之民也，而世少之曰怯懾之民也〔一七〕。挫賊遏姦，明上之民也〔一八〕，而世少之曰諂讒之民也〔一九〕。此六民者，世之所毁也。姦僞無益之民六，而世譽之如彼；耕戰有益之民六，而世毁之如此。此之謂六反。布衣循私利而譽之〔二〇〕，世主聽虚聲而禮之。禮之所在，利必加焉〔二一〕。百姓循私害而訾之，世主壅於俗而賤之〔三〕。賤之所在，害必加焉。故名賞在乎私惡當罪之民，而毁害在乎公善宜賞之士，索國之富强，不可得也。

〔一〕顧廣圻曰：今本「死」下有「遠」字。按句有誤，未詳所當作。⊙王先愼增「遠」字曰：按有「遠」字是。難，讀為「患難」之難，與下「雖犯軍旅之難」同。禮記曲禮「臨難無苟免」，遠難即免難之義。畏死遠難，有倖生之心，用以當敵，必不耻降北之辱，此「遠」字不可少。⊙奇猷案：王讀難為「患難」之難，是。畏死難，猶言畏死之難也。不必增「遠」字。

〔二〕太田方曰：戰國時有貴生説，詳吕氏春秋貴生篇。斥子華子之徒也。⊙奇猷案：此蓋指楊朱之徒，顯學篇云：「今有人於此，義不入危城，不處軍旅，不以天下大利易其脛一毛，世主必從而禮之，貴其智而高其行，以為輕物重生之士也。」孟子盡心篇云：「楊子取為我，拔一毛而利天下不為也。」又滕文公篇云：「楊朱、墨翟之言盈天下，天下之言，不歸楊則歸墨。」可知戰國之世，楊派之學甚盛，而貴生之士甚衆也。

〔三〕奇猷案：方，即姦劫弑臣篇「清廉方正」之方。解老篇云：「所謂方者，内外相應也，言行相稱也。」方，即正直不阿，言與行一致。吕氏春秋順説篇述田贊以正直之言頂撞荆王，吕氏曰「田贊可謂能立其方矣」，可明此「立方」之義。

〔四〕奇猷案：文學之士，指儒、墨言也。蓋儒、墨皆以多讀書見稱。孔子以五經教弟子，墨子讀百國春秋。（隋書李德林傳載李德林重答魏收書及劉知幾史通六家篇春秋下皆引墨子曰：「吾見百國春秋。」今墨子無此文，但今墨子明鬼篇提及周、燕、宋、齊等國春秋，可見墨子「見百國春秋」之語為可信。又墨子貴義篇云：「子墨子南遊之楚，關中載書甚多。」可知墨者為多讀書之士。）故顯學篇謂儒、墨之徒藏書策，服文學也。（顯學篇主要是批評儒、墨，是知所謂服文學者，指儒、墨之徒。）八説篇云：「博習辯智如孔、墨，孔、墨不耕耨，則國何有焉。息文學而明法度，塞私便而一功勞，此公利也。錯法以道民也，而又貴文學，則民之所師法也疑。夫貴文學以疑法，索國之富强，不可得也。」故此謂文學之士為離法之民也。

〔五〕太田方曰：牟，與蟊通。前漢景帝紀云：「侵牟百姓」，注：「李奇曰：牟，食苗根也。侵牟食民，比蛑賊也。」⊙章太炎曰：案荀子榮辱篇「侔侔然利飲食之見」，注：「侔侔，愛欲之貌。」方言云「牟，愛也。宋、魯之間曰牟」，與韓子「牟食」同。⊙奇猷案：遊借為淫，詳有度篇。淫，佚也。「佚居」與「厚養」相對為文。牟，當即商賈牟利之牟。五蠹篇「工商之民，修治苦窳之器，聚弗靡之財，蓄積待時而侔農夫之利」，漢書食貨志「富商大賈無所牟大利」，顔注引如淳曰「牟，取也」，則取之於人謂之牟。淮南子時則訓「毋或侵牟」及太氏引漢書「侵牟百姓」，牟亦皆取於人之義。（淮南高注訓牟為多，漢書注訓牟為蛑，皆未確。）取於人以食之民，故曰牟食之民。既取於人以食，亦即寄食之民也。如馮驩客於孟嘗君，食有魚，出入乘輿車，此即所謂佚居厚養，牟食之民也。後馮驩為孟嘗君燔債券，又以車一乘為孟嘗君説秦，即所謂有能之士也。（馮驩事詳史記孟嘗君傳）故五蠹篇云：「不事力而衣食則謂之能。」

〔六〕顧廣圻曰：牟字有誤，未詳所當作。⊙王先慎曰：淮南時則訓高注：「牟，多也。」知，讀曰智。⊙太田方曰：牟與務通，與上文牟食義自别。或曰：「博雅云：牟，倍也。」亦通。⊙奇猷案：語曲，即孤憤篇「言曲以便私」之言曲，謂曲為之説也。又案：王、太二氏説皆通，但以王説為長。本書用知字多為智巧之義，如揚權篇「智巧不去，難以為常。」牟知，謂多智巧也，即詭使篇所謂「勉知詐」也，多智巧則語曲也。又案：荀子成相篇「牟光」，楊注：「牟與務同」，可為太説牟、務通之證。

〔七〕奇猷案：五蠹篇云：「齊攻魯，魯使子貢説之。齊人曰：『子言非不辯也，吾所欲者土地也，非斯言之謂也。』遂舉兵伐魯，去門十里以為界。故子貢辯智而魯削。以是言之，夫辯智非所以持國也。息子貢之智，循魯之力，使敵萬乘，則齊之欲不得行矣。」韓非以為如子貢之流，雖世人謂其辯智，然所言不切實事，徒以智詐而行其意，是以目之為蠹，而列於五蠹篇之中。觀此，可明韓非此文之意也。

〔八〕顧廣圻曰：本書亡徵篇有「暴慠」，即此。未知孰是？⊙王先慎曰：作「慠」是，說詳亡徵篇。⊙奇猷案：「行」，疑「私」字之誤。孤憤篇「其不可被以罪過者，以私劍而窮之」，五蠹篇「無私劍之捍，以斬首為勇」，又云「羣俠以私劍養」，皆言「私劍」可證。且本書「私」多誤「行」，如亡徵篇「時以私䄡公」今各本「私」誤「行」是其例。

〔九〕洪頤煊曰：廣雅釋器：「磏，礪也。」說文：「磏，厲石也，从石，兼聲，讀若鎌。」磏勇之士，謂以勇自厲之士。⊙王先慎曰：說文：「磏，厲石也。」凡稜利之義即此字之轉注，經傳皆以廉為之。⊙奇猷案：洪、王說皆是也。五蠹篇云「今兄弟被侵必攻者廉也，知友被辱隨仇者貞也。廉貞之行成，而君上之法犯矣。人主尊貞廉之行，而忘犯禁之罪，故民程於勇而吏不能禁也」，即此文之義，亦可證洪、王之說。又案：章太炎曰：「磏，讀為嗛。魏都賦『抗旍則威嗛秋霜』，善曰：『嗛，猶猛也。』」亦通。

〔一〇〕盧文弨曰：「譽」疑是「俠」。⊙太田方曰：任譽，任俠、名譽也。斥孟嘗、信陵之徒。商子「任譽，姦之鼠也」。⊙奇猷案：上「磏勇之士」，即指任俠之流，此不當重，盧說非。太引商子「任舉」誤作「任譽」（商子見說民篇）。奇猷案：「任譽」疑「任義」之誤。「譽」字因下文而誤。活賊匿姦之人，蓋由於朋友之私情而為之。飾邪篇云「必行其私，信於朋友，人臣之私義也」，故此謂「活賊匿姦，而世尊之曰任義之士」。八經篇云「謁過賞，失過誅」，故「活賊匿姦」者是「當死之民」。

〔一一〕王先慎曰：依上下文「民」下當有「也」字。⊙松皐圓「民」下補「也」字曰：從山氏補。殉、徇通。不避危難，盡誠從事，是以死守臣節者也。⊙奇猷案：誠，當讀為信。說文云：「誠，信也。」誠、信二字為同義字。此如尾生，韓子稱之。（見守道篇）松謂「盡誠」，非。

【一二】太田方曰：史記曹相國世家云「豈少朕哉」，索隱曰：「少者，不足之詞。」⊙奇猷案：本書用少字皆短之之意。如姦劫弒臣篇「此之謂無益之臣也，吾所少而去也，而世主之所多而求也」，即其例。計，謂計算利害。飾邪篇云：「君以計畜臣，臣以計事君。君臣之交計也。害身而利國，臣弗為也。富國而利臣，君不行也。臣之情，害身無利。君之情，害國無親。君臣也者，以計合者也。」可知韓子所謂計，乃計利害也。殺身為害之至大者，故曰失計。

【一三】奇猷案：詭使篇云：「無二心私學聽吏從教者則謂之陋。」無私學，寡聞也。無二心，從令也。聽吏從教者，全法也。

【一四】奇猷案：此與上遊居厚養者相反，故曰寡能之民。

【一五】王先謙曰：整，正。穀，善也。⊙劉師培曰：案「穀」，當作「慤」。慤即禮記雜記「忠信誠慤」之慤，亦誠敬也，故整慤並言。外儲說左曰：「少室周者，古之貞廉潔慤者也」，與此慤同。⊙太田方曰：穀、慤通。⊙奇猷案：劉說是。詭使篇：「惇慤純信」，作「慤」亦可證。又案：純粹，對上「牟知」言。則純粹者，不事智巧之謂。

【一六】奇猷案：愚戇之民，謂愚蠢無知之民。南面篇：「愚戇窳憧之民，苦小費而忘大利。」以「苦小費而忘大利」為愚戇，可知愚戇是無知之意也。

【一七】奇猷案：詭使篇云「敬上畏罪則謂之怯」，則此文畏事者，為畏生事端之意。迂評本改「畏」為「思」，非。

【一八】王先慎曰：明上，謂奉揚法令。⊙松皋圓曰：明上，謂告姦察惡，使上耳目明也。⊙奇猷案：松說是。此對上匿姦之人言。匿姦既為蔽上之明，故此言明上也。又案：說文「挫，摧也」，摧即摧毀之意。又案：遏，當為謁。謁姦，即告姦也。姦劫弒臣篇「匿罪之罰重而告姦之賞厚」，以「告姦」與「匿罪」對舉，猶此以「謁姦」與上

「匿姦」相應，其證一。謁姦所以明上，正與上匿姦為蔽上之明相針對，其證二。若作「過姦」，既與明上不合，亦與上「匿姦」不相應矣。

〔一九〕太田方曰，讕，古諂字。好言人之惡謂之讒。⊙奇猷案：說文：「讕，諛也。」又「諂」下云：「讕，或從臽。」

〔二〇〕奇猷案：韓子所謂布衣，係指巖穴處士而言。難一篇：「齊桓公時，有處士曰小臣稷。桓公三往而弗得見。桓公曰：吾聞布衣之士，不輕爵祿無以易萬乘之主。」明以布衣為巖穴處士之稱也。六反之民，皆巖穴處士之同道，故譽之也。

〔二一〕奇猷案：詭使篇云：「上譽之以名，利之以實，是無功而顯，無勞而富也。」

〔二二〕奇猷案：「私害」，當作「公害」。與上「私利」相對，下文以「私惡」與「公善」相對，皆可證。禮喪服四制鄭注：「口毀曰呰。」此文蓋謂世所毀之六民，有害於百姓之公利，故百姓為公害而毀呰之。今世所毀者實不當，但世主壅於習俗因而賤彼世所毀之六民，賤之則有不當之誅罰，故下文云：「賤之所在，害必加焉。」

古者有諺曰：「為政猶沐也，雖有棄髮必為之。」愛棄髮之費〔一〕，而忘長髮之利，不知權者也〔二〕。夫彈痤者痛〔三〕，飲藥者苦。為苦憊之故，不彈痤、飲藥〔四〕，則身不活、病不已矣〔五〕。

〔一〕顧廣圻曰：「必為之」句絕，今本重「愛」字，誤。⊙王先慎曰：案「必為之」，謂不以損髮而不沐。八說篇「沐者有棄髮」云云，與此意同。

〔二〕奇猷案：淮南說山訓云：「治國者若鎒田，去害苗者而已。今沐者墮髮而猶為之不止，以所去者少，所利者多。」

即本此也。

〔三〕奇猷案：彈，治痤之法，義詳說林下。又案：舊自此句提行，八說篇云「夫沐者有棄髮，除者傷血肉」，明此二事係相並而論者，今連上。

〔四〕太田方曰：「僊」、「痛」字誤，見淮南詮言訓。⊙奇猷案：太說是。此承上言，不當作「僊」。

〔五〕顧廣圻曰：自此至末皆當連，各本多提行，皆非是。

今上下之接，無子父之澤〔一〕，而欲以行義禁下，則交必有郄矣〔二〕。且父母之於子也，產男則相賀，產女則殺之。此俱出父母之懷衽，然男子受賀，女子殺之者，慮其後便、計之長利也。故父母之於子也，猶用計算之心以相待也，而況無父子之澤乎〔三〕！

〔一〕王先慎曰：依下文「子父」當作「父子」。⊙奇猷案：接，交也。

〔二〕奇猷案：史記張釋之傳「雖錮南山，猶有郄也」，漢書作「隙」，是郄、隙通之證。又案：行義則無功可得賞，是使有功與無功爭取也，是亂之所由起也，故行義不足以禁下。且爭取則有得與不得者，其不得者則生怨望之心，如是，則上下之交有隙矣。

〔三〕奇猷案：備內篇云：「人臣之於其君，非有骨肉之親也，縛於勢而不得不事也。」

今學者之說人主也，皆去求利之心，出相愛之道〔一〕，是求人主之過於父母之親也〔二〕，此不熟於論恩詐而誣也〔三〕，故明主不受也〔四〕。聖人之治也，審於法禁，法禁明著則官法〔五〕；必於賞罰，賞罰不阿則民用。官官治則國富〔六〕，國富則兵強〔七〕，而霸王之業成矣〔八〕。霸王者，人主之大利也。人主挾大利以聽治，故其任官者當能〔九〕，其賞罰無私。使士民明焉，盡力致死〔一〇〕，則功伐可立而爵禄可致，爵禄致而富貴之業成矣〔一一〕。富貴者，人臣之大利也。人臣挾大利以從事，故其行危至死，其力盡而不望〔一二〕。此謂君不仁，臣不忠，則不可以霸王矣〔一三〕。

〔一〕王先謙曰：如孟子説世主不言利，而以仁為先。⊙奇猷案：孟子見梁惠王曰：「王何必曰利，亦有仁義而已矣。」即此所謂。此所指之利，與孟子所言之利略異。孟子所謂利，乃泛指一切利害之利。此所指之利，為成霸王之業之利，下云「霸王者，人主之大利也」，是其義。

〔二〕盧文弨「過」下增「於」字曰：「於」字馮校補。⊙奇猷案：王先慎依盧説補「於」字，是，迂評本亦有。今據補「於」。但「過」上「之」字當衍。

〔三〕顧廣圻曰：今本「恩」作「思」，誤。⊙奇猷案：君臣不可行父子之恩，君施恩則臣下將為詐欺以爭得。

〔四〕王先慎曰：乾道本無「主」字，顧廣圻云：「今本明下有主字，按此當有。」今據補。⊙奇猷案：王補是，今從之，迂評本、凌本亦有。

〔五〕顧廣圻曰：句絶。「法」，依下文當作「治」。⊙奇猷案：顧説是，本書法、治二字多互誤，如飭令篇「法」字商君書靳令篇多作「治」可證。

〔六〕顧廣圻曰："官官治"當作"民用官治"四字。⊙奇猷案：顧説是。

〔七〕盧文弨曰：下"國"字張本無。⊙奇猷案：張本誤。又案：飾邪篇云"刑賞明則民盡死，民盡死則兵强主尊"，即此文之義。

〔八〕奇猷案："而"上當有"國富兵强"四字。而，猶則也，詳王氏經傳釋詞。

〔九〕奇猷案：用人篇云："人主樂乎使人以公盡力，人臣安乎以能受職，故明主除人臣之所苦而立人主之所樂。"

〔一〇〕奇猷案：致，至也。與下文"致"字(猶言得到)義別。

〔一一〕盧文弨曰："致"，張本作"至"。⊙奇猷案：迂評本亦作"至"，誤。

〔一二〕王先慎曰：大臣盡力從事，雖行危至死無怨。⊙奇猷案：王説"大"當作"人"。又案：守道篇："功多者位尊，力極者賞厚，情盡者名立，故民勸極力而樂盡情，此之謂上下相得。"

〔一三〕顧廣圻曰："不"字當衍。外儲説右篇云："君通於不仁，臣通於不忠，則可以王矣。"此其證也。⊙松皐圓删"可"上"不"字曰："可"上原衍"不"字。"矣"一作"也"。外儲説云："治强生於法，弱亂生於阿。君明於此，則正賞罰而非不仁也。爵禄生於功，誅罰生於罪，臣明於此，則盡死力而非忠君也。君通於不仁，臣通於不忠，則可以王矣。"仁，謂私恩。⊙奇猷案：顧、松二氏説均是也。外儲説左下："以罪受誅，人不怨上；以功受賞，臣不德君。"蓋君不仁則罰當其罪，故人不怨；因功得賞，非以忠而得賜，故不德君也。

夫姦必知則備，必誅則止；不知則肆，不誅則行〔一〕。夫陳輕貨於幽隱，雖曾、史可疑也〔二〕；懸百金於市，雖大盜不取也。不知則曾、史可疑於幽隱，必知則大盜不取懸金於市。故明主之治國也，衆其守，而重其罪〔三〕，使民以法禁而不以廉止〔四〕。母之愛子也倍父，父令之行於子者十母〔五〕；吏之於民無愛，令之行於民也萬父。母積愛而令窮〔六〕，吏用威嚴而民聽從〔七〕，嚴愛之筴亦可決矣。且父母之所以求於子也，動作則欲其安利也，行身則欲其遠罪也；君上之於民也，有難則用其死，安平則盡其力。親以厚愛關子於安利而不聽，君以無愛利求民之死力而令行〔八〕。明主知之，故不養恩愛之心而增威嚴之勢〔九〕。故母厚愛處〔一〇〕，子多敗，推愛也〔一一〕；父薄愛教笞，子多善，用嚴也〔一二〕。

〔一〕太田方曰：知，上得知也。備，下避匿也。肆，放恣也。⊙松皐圓曰：備，自戒飭。⊙奇猷案：備，戒備也。外儲說右上云：「申子曰：上明見，人備之。」即此必知則備之義。内儲說上：「夫矢來有鄉，則積鐵以備一鄉。」備字亦與此同。

〔二〕太田方曰：輕貨，貨之可懷者。史記越世家：「乃裝其輕寶珠玉，乘舟浮海以行幽隱無人之地。」曾、史，曾參、史魚也。

〔三〕王先慎曰：張榜本「而」作「其」，誤。守者衆，以防於未發；罪者重，以杜其效尤。⊙松皐圓曰：衆守，謂告姦相窺也。⊙奇猷案：守道篇曰「古之善守者」云云，又曰「高枕而守已完矣」，即此文守字之義。是所謂守者，指守國之術言。本書又有三守篇，文云：「人主有三守，三守完則國安身榮，三守不完則國危身殆。」且所列三守，亦皆人主守國之術可證。内儲說上云：「矢來有鄉，則積鐵以備一鄉；矢來無鄉，則為鐵室以盡備之。」即此文衆其守也。松氏謂衆守為告姦相窺，不洽。

〔四〕奇猷案：守道篇：「以重禁輕，以難止易，故君子與小人俱正，盜跖與曾、史俱廉。」

〔五〕盧文弨曰：「者」，一作「也」。⊙奇猷案：藏本、迂評本「者」作「也」。

〔六〕顧廣圻曰：今本「積」上更有「父母」二字，誤。⊙王先慎增「父母」二字曰：按上「十母」「萬父母」並句絶，「父母積愛」與「吏用威嚴」相對成文，不當省「父母」二字，顧説非，改從今本。⊙吳汝綸曰：「父」字句絶。或以「父母」為句，或重「父母」字，皆誤也。⊙奇猷案：顧、吳説是。「父十於母」，「吏萬於父」，節節相承。王氏增「父母」二字，非。

〔七〕盧文弨「吏」下增「用」字曰：「用」字脱，張本有。⊙奇猷案：王先慎據盧説增「用」字，是，今從之，藏本、趙本、迂評本、凌本皆有「用」字。

〔八〕盧文弨曰：「闢」，或作「開」。⊙傅佛崖曰：開字亦通。開，啟也。禮「爾心或開予」，諸葛亮傳「開張聖德」，此處作開導解。⊙奇猷案：闢，措置也，詳有度篇。闢子於安利，猶言置子於安利也。或本不知本書闢字之義而妄改之，非是。又案：「愛」下「利」字當衍。傅引禮見檀弓，諸葛亮傳見三國志。傅説不切。

〔九〕奇猷案：不養恩愛之心，猶言不養成其仰恩愛之心也。

〔一〇〕顧廣圻曰：句有誤，當脱一字。⊙奇猷案：顧説是。疑當有「慈」字，本書屢言「慈母」，如八説篇「慈母雖愛」是。「母厚愛處慈」與下「父薄愛教笞」相對為文。

〔一一〕舊注：推，行也。

〔一二〕王先慎曰：張榜本無「故母」至「用嚴」大小二十四字。⊙奇猷案：趙本「善」作「成」，誤。又案：顯學篇云「嚴家無悍虜，而慈母有敗子」，即此義。

今家人之治産也〔一〕，相忍以飢寒〔二〕，相强以勞苦，雖犯軍旅之難，饑饉之患〔三〕，温衣美食者，必是家也；相憐以衣食，相惠以佚樂〔四〕，天饑歲荒，嫁妻賣子者，必是家也。故法之為道，前苦而長利；仁之為道，偷樂而後窮〔五〕。聖人權其輕重，出其大利〔六〕，故用法之相忍，而棄仁人之相憐也〔七〕。學者之言，皆曰輕刑，此亂亡之術也〔八〕。凡賞罰之必者，勸禁也〔九〕。賞厚則所欲之得也疾，罰重則所惡之禁也急〔一〇〕。夫欲利者必惡害，害者，利之反也，反於所欲，焉得無惡？欲治者必惡亂，亂者，治之反也。是故欲治甚者，其賞必厚矣；其惡亂甚者，其罰必重矣。今取於輕刑者，其惡亂不甚也，其欲治又不甚也〔一一〕。此非特無術也，又乃無行〔一二〕。是故決賢不肖愚知之美〔一三〕，在賞罰之輕重。且夫重刑者，非為罪人也〔一四〕。明主之法，揆也。治賊，非治所揆也。治所揆也者，是治死人也〔一五〕。刑盜，非治所刑也。治所刑也者，是治胥靡也〔一六〕。故曰，重一姦之罪而止境内之邪，此所以為治也。重罰者，盜賊也；而悼懼者，良民也；欲治者奚疑於重刑〔一七〕！若夫厚賞者，非獨賞功也，又勸一國。受賞者甘利，未賞者慕業〔一八〕，是報一人之功而勸境内之衆也，欲治者何疑於厚賞！今不知治者，皆曰重刑傷民，輕刑可以止姦，何必於重哉？此不察於治者也。夫以重止者，未必以輕止也；以輕止者，必以重止矣。是以上設重刑者而姦盡止〔一九〕，姦盡止則此奚傷於民也〔二〇〕？所謂重刑者，姦之所利者細，而上之所加焉者大也。民不以小利蒙大罪〔二二〕，故姦必止者也〔二三〕。所謂輕刑者，姦之所利者大，上之所加焉者小也〔二三〕。民慕其利而傲其罪〔二四〕，故姦不止也。故先聖有諺曰〔二五〕：「不躓於山，而躓於垤〔二六〕。」山者大，故人順之〔二七〕，垤微小，故人易之也。今輕刑罰，民必易之。犯而不誅，是驅國而棄之也；犯而誅之，是為民設陷也。是故輕罪者，民之垤也〔二八〕。是以輕罪之為民道也〔二九〕，非亂國也則設民陷也，此則可謂傷民矣〔三〇〕！

〔一〕顧廣圻曰：今本「今」作「令」，誤。⊙奇猷案：家人，即普通居民，詳說林下。

〔二〕奇猷案：吳鼒本、藏本、張本「飢」作「饑」，誤，今從四部叢刊本、趙本。

〔三〕王先慎曰：「饑」字從張榜本改，下同。⊙奇猷案：王改是，今從之。又案：「犯軍旅之難」，謂遭兵燹也。春秋以還，戰爭愈演愈烈，一逢兵戈之起，人民衣食即遭極大損害。如十過篇所載智伯決晉水以灌晉陽，城之不没者三版。左傳僖二十八年及本書外儲說右上載晉伐衛，東其畝。又成二年晉伐齊，使齊之封内盡東其畝。是其顯例。故韓非以軍旅之患與饑饉並言也。

〔四〕奇猷案：爾雅釋詁：「憐，愛也。」愛有二義，一為愛惜，一為愛得。此文憐字為愛得之意。説文：「惠，仁也。」惠之本義為寬其財物以贈予於人，引申之則寬其財物以為己用亦曰惠，即此文惠字之義。

〔五〕奇猷案：偷，苟且也。

〔六〕奇猷案：「出其大利」，無義，當云「出其後窮而取其大利」。出，舍也。謂舍其後窮之偷樂，而取其前苦之大利。

〔七〕顧廣圻曰：「人」字當衍。此仁與法相對也。⊙奇猷案：法是相忍，仁不得言相憐，仁於人始可言相憐也。此指人主言，謂人主棄其如仁人相憐之心而行法，無「人」字則不辭矣。用人篇云「至治之國，有賞罰而無喜怒，有刑法而無螫毒」，故相忍者為法，而非行法之人。至於仁，原無所謂法則，乃出於仁人之心，故相憐者為人，亦可明此當作「仁人」也。顧氏泥於對句，非是。

〔八〕顧廣圻曰：今本「輕」下有「刑」字。按依下文當有。⊙奇猷案：王先慎據今本補「刑」字，是，今從之，迂評本、凌本亦有。又案：藏本「亂」作「辭」，誤。

〔九〕王先慎曰：乾道本「必」作「心」。顧廣圻云：「今本心作必，誤。」王先謙云：「必字是。上言必於賞罰即其證。若作『心』則不當有『者』字。」改從今本。⊙奇猷案：王改是，今從之，迂評本、凌本亦作「必」。又案：賞所以勸功，罰所以禁姦，故曰勸、禁。

〔一〇〕盧文弨改「惠」為「惡」，曰：「惠」字非。⊙奇猷案：「惠」字固誤，盧改為「惡」，「惡之禁」亦不辭。疑「惠」為「欲」之誤。「欲」或作「慾」，壞為「忩」，與「惠」形近而誤為「惠」也。「所欲之禁」，猶言所欲禁之姦，與上「所欲之得」猶言所欲得之功相對。王先慎據盧說改，非是。迂評本「惠」作「惡」，蓋妄改也。疑即盧氏所本。

〔一一〕顧廣圻曰：藏本「也」下更有「其欲治又不甚也」七字，今本有「其欲治又不甚也者」八字，皆誤。

〔一二〕奇猷案：「又乃無行」，不可通。「行」疑為「利」字之誤。上言「欲利者必惡害」，今輕刑則亂生，惡亂不甚，是不利也，故曰「又乃無利」。上文「私劍」誤為「行劍」，是「私」易誤為「行」，而「私」與「利」形近，則「利」當亦可誤為「行」也。或曰：「詩小雅鹿鳴毛傳『行，道也』，又乃無行，猶言又乃無道。」案本書未見以行為道之例。（本書篇章多，且論事多重複，所有特別名詞，如道、常、紀、理等皆有重見，不能此「行」字用為道之義僅此一見。）且韓非用「道」字義近於法術，如「主道」、「守道」、「明主之道」、「人君無道」等，若行為道義，則「無道」與「無術」之義複矣。

〔一三〕顧廣圻曰：藏本同。今本「知」作「智」，「美」作「分」。按句有誤。⊙俞樾曰：「美」乃「筴」字之誤。上文云「嚴愛之筴亦可決矣」，此云「決賢不肖愚知之筴」，其文義正相似。作「美」者形近而誤。今本改「美」為「分」，未得其字。⊙奇猷案：「美」，當為「差」，字形近而誤。知，讀為智。「決賢不肖愚知之差在賞罰之輕重」，謂以賞罰之輕重而決賢不肖愚智之差別也。俞改為「筴」，未得。蓋賞罰非決賢不肖之筴，乃先決其賢不肖智愚然後始能任以賞罰也。故如俞說，則倒因為果矣。今本改作「分」，得其義，未得其字。

〔一四〕奇猷案：重刑者，乃罪盜賊，非罪人也。即荀子正名篇「殺盜，非殺人也」之意。

〔一五〕俞樾曰：此當作「明主之法也揆賊，非治所揆也。治所揆也者，是治死人也」，方與下文「刑盜，非治所刑也。治所刑也者，是治胥靡也」，文法一律。「揆賊」之「揆」誤移在上句，因移下句「治」字以補之，義不可通矣。道藏本、趙本但於「所揆也者」上加一「治」字，猶未盡得也。又按：「揆」字未詳何義，據與「刑盜」對文，疑「揆」當作「殺」。古字或以「蔡」為之，尚書禹貢：「二百里蔡」，鄭注云：「蔡之言殺」，是蔡殺聲近義通。說文米部臣鍇引左傳「𥻦蔡叔」，今作「蔡蔡叔」，亦其例也。「蔡」誤作「葵」，傳寫者又以意改為「揆」耳。⊙奇猷案：「所揆也者」上原無「治」字，據藏本、趙本補。「明主之法，揆也」為總綱。「治賊，非治所揆也。治所揆也者，是治死人也」與下文「刑盜，非治所刑也。治所刑也者，是治胥靡也」相對為文，亦可證「所揆也者」上當有「治」字。爾雅釋言：「揆，度也。」本書外儲說右上「教歌者先揆之以法」，揆，即度也。法所以度量善惡功過賢不肖等等，故曰「法，揆也」。法所以度功過等等，故「所揆」即指法。飾邪篇云「國有常法」，飭令篇云「法已定矣，不以善言害法」，解老篇云「有道之君不重變法」，是法既訂定，不能時時變易，故此以死人喻之。此文之意，蓋謂明主之法，乃為度功過而設，以法治賊，非斷斷於治法，如以善言而改法，是治法也。如魏昭王之習讀法，（詳外儲說左上）是治法。治法者與治死人無異。文義甚明，俞氏因未得揆字之義遂改之，非是。

〔一六〕奇猷案：胥靡為輕罪而使為苦役者，詳解老篇。此文蓋承上學者言輕刑言。謂明主之法，所以揆度盜應得之刑而刑盜也，非治所以刑盜之刑也。今學者斷斷於輕刑，是治所以刑盜之刑也。治刑盜之刑而言輕之，則刑不足以治盜，僅可治輕罪之胥靡耳。

〔一七〕顧廣圻曰：藏本同。今本「刑」下無「名」字。⊙奇猷案：「名」字，即下「若」字之譌衍。迂評本、凌本亦無，王先慎據顧校刪，是，今從之。又案：內儲説上云：「公孫鞅曰：行刑重其輕者，輕者不至，重者不來，是謂以刑去刑。」即此文之義。

〔一八〕奇猷案：業，謂家業。五蠹篇「以其耕作也賞之而少其家業」，言「家業」可證。得賞者甘其利而益勸，未得賞者慕得家業而努力，此韓非用賞之要旨也。

〔一九〕王先慎曰：「者」字涉上下文而衍。⊙奇猷案：者，猶也也，詳王氏經傳釋詞。

〔二〇〕王先慎曰：能止姦，則重刑無傷。⊙奇猷案：姦盡止，則無姦人，刑不用，重刑又何傷於民？也，讀為邪，詳王氏經傳釋詞。王解不洽。

〔二一〕盧文弨曰：「利」下「加」字張本作「蒙」。⊙奇猷案：王先慎依盧校改，是，今從之，藏本、迂評本皆作「蒙」可證。

〔二二〕王先慎曰：下文無「者」字。

〔二三〕王先慎曰：依上文，「上」上當有「而」字。

〔二四〕王先慎曰：傲其罪，謂輕易其刑。

〔二五〕松皐圓曰：山氏曰：「諺，言字誤。八説篇：先聖有言。」

〔二六〕王先慎曰：淮南子人間訓堯戒「蹪」作「蹟」，「垤」作「蛭」，高注「蹟，蹪也。蛭，蟻也。」按依義當作「垤」。⊙奇猷案：淮南子脩務訓「一蹪之難」，注：「蹪，躓。楚人謂躓也。」案此謂不以大山之拌足而仆跌，乃以小土阜之拌足而跌之，故以作「垤」為是。吕氏春秋慎小篇云「不蹷於山而蹷於垤」，亦作「垤」可證。

〔二七〕顧廣圻曰：順，讀為慎。⊙太田方曰：易文言云：「履霜堅冰至，蓋言順也。」朱子本義：「古字順、慎通用。」孔子家語辯政篇云「勤之慎之」，説苑作「力之順之」。⊙陶鴻慶曰：案「者」當作「高」，以篆書相似而誤。「高大」與「微小」對文。⊙劉文典曰：案顧讀是也。唐人寫經中「慎」字皆作「順」。⊙奇猷案：顧説是，本書慎、順二字多互用，如難二篇「舉事慎陰陽之和」，慎讀順是其例。者猶也也，詳經傳釋詞。陶改作「高」，非。

〔二八〕奇猷案：「罪」當作「刑」。下句「輕罪」亦當作「輕刑」。

〔二九〕王先慎曰：「民」字不當有。此言輕罪之道，非欲亂國，即為民設陷也。「民」字涉上下文而衍。⊙奇猷案：王謂「民」字不當有，是。但王注「輕罪」宜改作「輕刑」，「非欲亂國」當改作「非使國亂」。

〔三〇〕奇猷案：解老篇云「民犯法令之謂民傷上，上刑戮民之謂上傷民，民不犯法則上亦不行刑，上不行刑之謂上不傷人，故曰聖人亦不傷民」，此下引老子文「兩不相傷」。蓋韓非引老子「兩不相傷」而作為其嚴刑重罰之理論根據。以為民犯法固是民傷上，但上陷民於刑則是上傷民，故嚴刑重罰，民不敢犯法，則上亦無傷於民矣。

今學者皆道書筴之頌語〔一〕，不察當世之實事，曰：「上不愛民，賦斂常重，則用不足，而下恐上〔二〕，故天下大亂〔三〕。」此以為足其財用以加愛焉，雖輕刑罰可以治也〔四〕。此言不然矣。凡人之取重賞罰，固已足之之後也〔五〕。雖財用足而厚愛之，然而輕刑猶之亂也〔六〕。夫當家之愛子〔七〕，財貨足用〔八〕，財貨足用則輕用〔九〕，輕用則侈泰，親愛之則不忍，不忍則驕恣，侈泰則家貧，驕恣則行暴，此雖財用足而愛厚，輕利之患也〔一〇〕。凡人之生也，財用足則隳於用力〔一一〕，上治懦則肆於為非〔一二〕。財用足而力作者神農也，上治懦而行修者曾、史也。夫民之不及神農、曾、史亦已明矣〔一三〕。老聃有言曰：「知足不辱，知止不殆〔一四〕。」夫以殆辱之故而不求於足之外者老聃也。今以為足民而可以治〔一五〕，是以民為皆如老聃也〔一六〕。故桀貴在天子而不足於尊〔一七〕，富有四海之內而不足於寶〔一八〕。君人者雖足民，不能足使為君，天子〔一九〕而桀未必為天子為足也〔二〇〕，則雖足民，何可以為治也？故明主之治國也，適其時事以致財物〔二一〕，論其稅賦以均貧富，厚其爵祿以盡賢能，重其刑罰以禁姦邪，使民以力得富，以事致貴〔二二〕，以過受罪，以功致賞，而不念慈惠之賜，此帝王之政也〔二三〕。

〔一〕王先慎曰：頌語，猶美語也。⊙奇猷案：顯學篇云「言先王之仁義，無益於治，故明主急其助而緩其頌，故不道仁義」，是「書筴之頌語」，指先王所說仁義之美語也。

〔二〕盧文弨曰：「恐」，疑是「怨」。⊙王先慎曰：盧說是。下不足於用則怨上，故下云「此以為足其財用以加愛」，愛與怨文正相對。⊙奇猷案：盧說是。「則用不足」當作「民之財用不足」，今脫「民之」二字，「財」又誤為「則」，遂不可通。

〔三〕奇猷案：論語學而篇：「孔子曰：道千乘之國，節用而愛人。」又顏淵篇：「子貢問政。子曰：足食。」此儒家倡議時君節用愛民而足民之食。足民之食則必減低賦斂，故顏淵篇云：「哀公問於有若曰：年饑，用不足，如之何？有若對曰：盍徹乎？曰：二吾猶不足，如之何其徹也！對曰：百姓足，君孰與不足？百姓不足，君孰與足？」集解引鄭曰：「周法什一而税謂之徹。」此即儒家低賦斂之説。墨子兼愛篇專論愛人，節用、節葬、非儒等篇專言節儉，七患篇云「民無食則不可事」（事、使同），又云：「有國者以其極賞以賜無功，虚其府庫以備車馬衣裘奇怪，苦其徒役以治宮室觀樂，死又厚為棺椁，多為衣裘，生時治臺榭，死又脩墳墓，故民苦於外，府庫單（同殫）於内，上不厭其樂，下不堪其苦。」人君窮奢極慾，其賦斂必重。且民不堪其苦則怨結於民心，故親士篇云「怨結於民心則國危矣」。據此，則韓非此文所指為儒、墨之言無疑。

〔四〕奇猷案：論語為政篇：「子曰：道之以政，齊之以刑，民免而無耻；道之以德，齊之以禮，有耻且格。」墨子以「君脩法討臣，臣懾而不敢拂」，為有國者七患之一。此儒、墨之主張，蓋即韓子此文所指。

〔五〕王渭曰：「賞」，當作「刑」。⊙奇猷案：如王氏之説，「取」字無義。此當有脱文，疑「賞」下脱「避重」二字。取、趣同。「凡人之取重賞，避重罰，固已足之之後也」，猶言凡民之趣於重賞而遠避重罰，固在使其足用之後。此一主張，乃先秦諸子言治者共同之點。老子云「饑民難治」（七十五章），管子云「倉廩實則知禮節，衣食足則知榮辱」（牧民篇），皆此旨。而韓非亦云：「使人不衣不食而不飢不寒又不惡死，則無事上之意，意欲不宰於君則不可使也。」（八説篇）又云：「治世使人樂生於為是，愛身於為非；安則知廉生，危則爭鄙起。故安國之法，若飢而食，寒而衣，不令而自然也。使人去飢寒，雖賁、育不能行；廢自然，雖順道而不立。」（安危篇）與老子、管子之旨均同。無衣食，人無事上之意，是不可以賞勸，不可以罰禁也，故不可以使。若順於自然，則人樂於立功，畏於得罪，故此文云然。或曰：「趣重賞不必先足之。」曰：「不衣不食則無事上之意，是不愛上之賞也。不順自然，則不樂生於為是，不為是亦不仰上之賞。故避罰固宜先足之，而趣賞亦當先足之也。」迂評本無「賞」字，蓋不知有脱文而妄删之，其誤與王氏同。

〔六〕王先慎曰：乾道本「厚」上有「後」字，據趙本删。言上雖足民於財用，而厚愛之，若不重罰，民猶趨亂。下云「則雖足民何可以為治」是也。⊙奇猷案：王删是，今從之，迂評本、凌本亦無「後」字，「後」即厚之譌衍。蓋「厚」古作垕，壞為后，又以后、後同字而書作「後」也。陶鴻慶以「後」為「復」形近之誤，未確，蓋「復厚愛之」，「復」為贅字。

〔七〕盧文弨拾補改「當」為「富」曰：「當」字譌。⊙奇猷案：當家，疑指家主母而言。史記秦始皇紀「百姓當家則力農工」，此當家謂主持家務者。今北俗妻稱其夫為「當家」，蓋亦取義於主持家務也。主母係主持家務之人，故此文以「當家」稱之。且此下言因愛子而任其侈泰、任其驕恣，至於家貧而子行暴，證以上文「母厚愛處慈，子多敗，推愛也」，及顯學篇「嚴家無悍虜，而慈母有敗子」，則當家之為家主母，似不容置疑。王先慎從盧說改之，非是。

〔八〕盧文弨曰：「財貨」，張本倒，下同。

〔九〕王先慎曰：此「財貨」二字乾道本作「貨財」，據趙本乙。⊙奇猷案：王乙是，今從之，使與上一律。

〔一〇〕顧廣圻曰：今本「雖」作「則」，誤。按「雖」當作「唯」。⊙陶鴻慶曰：案「利」乃「刑」字之誤。上文云：「雖財用足而復厚愛之，然而輕刑，猶是亂也。」⊙奇猷案：雖，仍當讀本字。又案：陶説是也，蒲阪圓、劉師培説同。

〔一一〕奇猷案：此「財用足」與上文「固已足之之後」之「足之」不同。蓋財用足者，供揮霍之足；上「足之」，指有衣食之足也。

〔一二〕王先慎曰：乾道本無「治」字，拾補有，盧文弨云：「舊倒，依下文改。」先慎按：趙本不誤，今據改。⊙奇猷案：王氏「上」下增「治」字是，今從之，迂評本、凌本皆有，但凌本作「懦治」，蓋誤倒也。

〔一三〕王先慎曰：乾道本無「已」字，盧文弨云「已字脱，張本有」，今據補。⊙奇猷案：王補是，今從之，藏本、迂評本皆有。

〔一四〕奇猷案：見道德經四十四章。又案：舊自「老聃」提行，今連上。

〔一五〕王先慎曰：「民而」當作「而民」。⊙高亨曰：論語先進曰「可使足民與」，此足民同意。本篇下文「足民」連文凡二見，可證「足民」不誤。王說非。⊙于思泊師曰：按王改非是。上文引老子之言足，此引伸其語而言足民，下文兩言「足民」即其證。⊙奇猷案：高、于二氏說是。

〔一六〕奇猷案：「民為」二字當倒。

〔一七〕王先慎曰：此與下相對，「子」下疑脱「之位」二字。⊙松皐圓曰：山曰：「在，宜作為。」⊙奇猷案：王說義長。蓋尊以位言也。

〔一八〕奇猷案：謂桀有天子之尊，有四海之寶，仍不以為足也。

〔一九〕王先慎曰：乾道本「為」下有「君」字，顧廣圻云「藏本、今本無君字」，今據删。⊙蒲阪圓删「君」字曰：假令足民不能使之富足如天子，天子者足之極也，貪人猶以為不足。⊙奇猷案：「君」字不當删。君人者雖足民，不能足使之為君，末「君」字與首「君」字相應，若作為天子則與首「君」字不相應矣。「天子」二字為舊注誤入正文者，詳下。

〔二〇〕顧廣圻曰：今本「必」下有「以」字，誤。⊙王先慎改「為」為「以」曰：按今本「以」「為」兩有，非也。張本「為」作「以」，是，今據改。⊙奇猷案：今本作「以為」，是。凌本與今本同。上「天子」下當有「之尊」二字，其文當為「天子之尊，而桀未必以為天子為足也」。此十五字皆舊注誤入正文者。「君人者雖足民，不能足使為君」，與下文「則雖足民，何可以為治」，相銜接，則文通義順，插此一句則文氣不相屬，其證一。上文言桀「不足於尊」、「不足於寶」，已明言桀之不足於為天子，此又言「桀未必以為天子為足」，義殊重複，其證二。以「天子之尊，而桀未必以為天子為足也」，繫於「不能足使為君」之下為注文正洽當，其證三。藏本、今本不知此為舊注之誤入正文，遂刪「君」字以就句。今乾道本尚存「君」字，則藏本、今本刪改之迹甚明，此亦可明乾道本優於他本也。王、蒲等皆刪「君」字，非是。迂評本「必」下「為」字作「以」，乃妄改也。蓋「桀未必以為天子為足也」，猶言桀既為天子未必以作天子為滿足，是上「為」字當訓為「作」，無上「為」字則文義不足也。

〔一一〕奇猷案：「適其時事以致財物」，謂適天時人事以增財物之收入也。難二篇云「舉事慎陰陽之和，種樹節四時之適，無早晚之失，寒温之災，則入多。不以小功防大務，不以私欲害人事，丈夫盡於耕農，婦人力於織紝，則入多」云云，即此文之義。

〔一二〕奇猷案：八姦篇云「明主之為官職爵禄也，所以進賢材勸有功也」，可明此「厚其爵禄以盡賢能」之義，亦可證此文「盡」為「進」之借字（古音皆隸真部。並參閱外儲說左上篇「以馬為不進」條）。若讀「盡」本字，不通。又案：事，即上文「時事」之事。

〔一三〕王先慎曰：張榜本「帝」誤作「常」。⊙奇猷案：治要引「念」作「望」。又案：八說篇：「仁者，慈惠而輕財者也。」

人皆寐則盲者不知，皆嘿則喑者不知〔一〕。覺而使之視，問而使之對，則喑盲者窮矣。不聽其言也，則無術者不知；不任其身也，則不肖者不知。聽其言而求其當，任其身而責其功，則無術不肖者窮矣〔二〕。夫欲得力士而聽其自言，雖庸人與烏獲不可別也〔三〕，授之以鼎俎則罷健效矣〔四〕。故官職者，能士之鼎俎也。任之以事，而愚智分矣。故無術者得於不用，不肖者得於不任〔五〕。言不用而自文以為辯，身不任而自飾以為高〔六〕，世主眩其辯、濫其高而尊貴之，是不須視而定明也，不待對而定辯也，喑盲者不得矣。明主聽其言必責其用，觀其行必求其功〔七〕。然則虛舊之學不談，矜誣之行不飾矣〔八〕。

〔一〕王先慎曰：盲喑混於寐嘿之中，人莫能辨。⊙奇猷案：嘿，同默。

〔二〕奇猷案：内儲説上：「齊宣王使人吹竽，必三百人。南郭處士請為王吹竽。宣王死，湣王立，好一一聽之，處士逃。」即此文之例。

〔三〕奇猷案：烏獲，秦武王力士，見史記秦本紀。

〔四〕顧廣圻曰：「俎」字當衍，下句同。⊙奇猷案：顧校删「俎」字，是。俎小，舉之何足稱力士？秦本紀：「武王有力，好戲，與孟説舉鼎絶臏。」不言鼎俎是其證。又案：罷、疲同。

〔五〕太田方曰：得，謂上得知其實也。⊙唐敬杲曰：謂因言之無用，而人君得知其無術；因事之不任，而人君得知其不肖也。⊙奇猷案：太、唐二説皆非也。此二「得」字為無術者不肖者之動詞。任之以事則愚智分，今無術者得於人主之不用其言，不肖者得於人主之不任其身，故無術者、不肖者可濫竽於有術者與賢者之林而人主亦不知之，於是彼可自文其辯、自飾其高以眩惑人主。故下文云世主眩濫而尊貴之。此蓋指巖穴遁世之士，自以為辯，自以為高，而不仕進，人主又從而禮之，「譽之以名，利之以實」（二語見詭使篇），但不試其是否有能，於是彼輩得於不試以事，遂得成其濫竽於有術者賢者之謀。上所舉南郭處士吹竽即其比。外儲説左上，衛人以棘刺之端為母猴事，亦其比，可參閲。

〔六〕王先慎曰：乾道本「任」下有「者」字，顧廣圻云：「今本無者字，按依上句不當有。」今據删。⊙奇猷案：王删是，今從之，迂評本、凌本亦無。

〔七〕奇猷案：藏本無下「其」字，誤。

〔八〕松皐圓曰：虛舊，謂稱先古而無實者。⊙太田方曰：舊，仍舊，復古之學，鹽鐵論：「文學桎梏於舊術。」「舊」，或作「奮」。⊙奇猷案：迂評本、王道焜本「舊」作「奮」。作「奮」者非也。虛舊之學，即儒、墨之學。顯學篇云：「孔子、墨子俱道堯、舜，而取舍不同，皆自謂真堯、舜，堯、舜不復生，將誰使定儒墨之誠乎？今欲審堯、舜之道於三千歲之前，意者其不可必乎！」不能知其誠，即虛也。三千年前之道，舊也。儒、墨之學者稱虛舊之學以飾其矜誣之行，若人主不談虛舊之學，則無人飾矜誣之行矣。「自飾以為高」是矜，「自文以為辯」是誣。

八說第四十七

為故人行私謂之不棄〔一〕，以公財分施謂之仁人〔二〕，輕祿重身謂之君子〔三〕，枉法曲親謂之有行〔四〕，棄官寵交謂之有俠〔五〕，離世遁上謂之高傲〔六〕，交爭逆令謂之剛材〔七〕，行惠取衆謂之得民〔八〕。不棄者吏有姦也，仁人者公財損也，君子者民難使也，有行者法制毀也，有俠者官職曠也，高傲者民不事也，剛材者令不行也，得民者君上孤也。此八者匹夫之私譽，人主之大敗也。反此八者，匹夫之私毀，人主之公利也。人主不察社稷之利害，而用匹夫之私譽，索國之無危亂，不可得矣。

〔一〕王先慎曰：謂不遺故舊。

〔二〕奇猷案：下文云：「仁者慈惠而輕財者也。」有度篇云：「行惠施利，臣不謂仁。」今以公財分施，是損公而成私仁也。

〔三〕奇猷案：如狂矞、華士，不臣天子，不友諸侯，太公望執而殺之，周公旦曰：「二子賢者也。」（詳外儲説右上）

〔四〕奇猷案：枉法曲親，謂枉法以曲全其所親愛之人。周禮「六行」之一是「睦婣」，婣，親也。

〔五〕松皐圓曰：棄官而愛交友者，如虞卿不重萬户侯卿相之印與舊友魏齊間行去趙之類。⊙奇猷案：寵，尊也（詳揚權篇「民乃寵之」注）。尊，重也（詳吕氏春秋審爲篇高注）。寵交，謂尊重交誼。松釋寵爲愛，不確。又案：漢書季布傳「任俠」注：「如淳曰：同是非爲俠。」

〔六〕奇猷案：長短經詭俗篇引作「離俗遁世謂之高慤」，下「高傲」亦作「高慤」。又案：難一篇：「齊桓公時，有處士曰小臣稷，桓公三往而弗得見，五往乃得見之。」即離世遁上而高傲者。

〔七〕王先慎曰：剛材者，在下而與上爭，故不行其令。⊙奇猷案：剛材者，剛毅之材也。如顏涿聚諫田成子（當作齊景公）即其例。（事詳十過篇）飾邪篇「左右交爭」，是交爭爲相互爭論之意。

〔八〕奇猷案：晏子曰：「田成氏甚得齊民。田成氏上請爵禄行諸大臣，下之私大斗斛區釜以出貸，小斗斛區釜以收之。齊大饑，父子相牽而趨田成氏者不聞不生。周秦之民相與歌之。」（詳外儲説右上）

任人以事，存亡治亂之機也。無術以任人，無所任而不敗。人君之所任，非辯智則修潔也。任人者，使有勢也〔一〕。智士者未必信也。爲多其智，因惑其信也。以智士之計，處乘勢之資而爲其私急，則君必欺焉〔二〕。爲智者之不可信也〔三〕，故任修士。者，使斷事也〔四〕。修士者未必智〔五〕。爲潔其身，因惑其智。以愚人之所惛〔六〕，處治事之官而爲其所然〔七〕，則事必亂矣。故無術以用人，任智則君欺，任修則君事亂〔八〕，此無術之患也。明君之道，賤德義貴，下必坐上，決誠以參，聽無門户〔九〕，故智者不得詐欺。計功而行賞，程能而授事，察端而觀失〔一〇〕，有過者罪，有能者得〔一一〕，故愚者不任事〔一二〕，智者不敢欺，愚者不得斷〔一三〕，則事無失矣。

〔一〕王先慎曰：任人則必使其人有勢可憑藉。

〔二〕奇猷案：難四篇云：「不肖者煬主不足害明，今不知而使賢者煬已則必危矣。」與此同旨。

〔三〕王先慎曰：「為」當作「惟」。⊙奇猷案：王說非也。上文謂「因惑其信」，即因而疑惑智士不可信，故此文謂為了惑於智士之不可信，故轉而任用修士。此文「為」即今語「為了」。

〔四〕陶鴻慶曰：案「故任修士」為句，屬上讀之，即上文所云「人君之所任，非辯智則修潔也」。「者」字上當有「任人」二字。「任人者，使斷事也，修士者未必智」，與上文「任人者，使有勢也，智士者未必信也」，相對成文。今本脱去「任人」二字，而以「者」字屬上為句，則文義不明。⊙奇猷案：陶說是。「任人者，使斷事也」，係泛指任人之原則，與上文「任人者，使有勢也」，泛指任人之原則同可證。

〔五〕陶鴻慶曰：案依上文此下當有「也」字。⊙奇猷案：陶說是。太田方於此及下「智」字下均補「也」字亦是也。

〔六〕王先謙曰：「所」字當衍。奇猷案：王說是。又案：惛，謂惛亂也。孟子梁惠王篇：「吾惛不能進於是矣」，趙注「言我情思惛亂」可證。

〔七〕顧廣圻曰：藏本、今本「為」下有「其」字。⊙王先慎補「其」字曰：按此與上「而為其私急」對文，明有「其」字是，今據補。⊙奇猷案：王補是，今從之，迂評本、凌本亦有。又案：為其所然，猶言為其所自以為是者。

〔八〕王先謙曰：承上文言，不當有「君」字，此「君」字緣上下文而誤衍。⊙奇猷案：王說是，迂評本無「君」字。上文作「則事必亂矣」，無「君」字可證。

〔九〕舊注：人莫能測也。⊙顧廣圻曰：藏本同。「下必坐上決誠以」，今本作「法術倒言而詭使」。按「德義」當作「得議」，形近之誤。七術篇云「夫不使賤議貴，下必坐上」云云，又經云「觀聽不參則誠不聞，聽有門户則主壅塞」，即此文之證。「下必坐上」者，商君之「告坐」也。今本不能讀，輒加改易，謬甚。⊙王先慎曰：顧說是。張榜本無「下必坐上決誠以」七字，亦非。（七術篇不當有必字，說見彼。）⊙松皐圓曰：管子：「明主者，兼聽獨斷，多其門户。羣臣之道，下得明上，賤得言貴，故姦人莫敢欺。」亡徵篇云：「用一人為門户者可亡也。」⊙奇猷案：顧說是。賤得議貴者，謂下級得議論上級之是非。下必坐上者，謂主官有罪，屬員不為告發，則須連坐；如告發不實，又須反坐也。決誠以參者，謂求明事實之真相，須以參伍處之也。聽無門户者，門户，謂一人及其朋黨。門，即有度篇「數至能人之門」之門。聽無門户者，謂人主遍聽各人之言，其善者聽之，其謬者責之，不聽信一人及其黨羽之言。

〔一〇〕奇猷案：察端，謂考察事之因由。

〔一一〕松皐圓曰：得，謂舉用。⊙奇猷案：得，謂得其所應得。如爵禄賞賜等均是，不僅限於舉用也。

〔一二〕王先慎曰：「不」下當有「得」字，與上「故智者不得詐欺」文一律。⊙奇猷案：迂評本有「得」字。但「不任事」猶言不任之以事，亦通。與上文「智者不得詐欺」文法不同，蓋「詐欺」上不可無「得」字也。

〔一三〕王先慎曰：不任修士使斷事。

察士然後能知之，不可以為令〔一〕；夫民不盡察。賢者然後能行之〔二〕，不可以為法，夫民不盡賢。楊朱、墨翟，天下之所察也，干世亂而卒不決〔三〕，雖察而不可以為官職之令〔四〕。鮑焦、華角，天下之所賢也，鮑焦木枯〔五〕，華角赴河〔六〕，雖賢不可以為耕戰之士〔七〕。故人主之所察〔八〕，智士盡其辯焉〔九〕；人主之所尊，能士盡其行焉〔一〇〕。今世主察無用之辯，尊遠功之行〔一一〕，索國之富强，不可得也。博習辯智如孔、墨〔一二〕，孔、墨不耕耨，則國何得焉？修孝寡欲如曾、史，曾、史不戰攻，則國何利焉？匹夫有私便，人主有公利。不作而養足，不仕而名顯，此私便也。息文學而明法度，塞私便而一功勞〔一三〕，此公利也。錯法以道民也〔一四〕而又貴文學，則民之所師法也疑〔一五〕。賞功以勸民也而又尊行修，則民之產利也惰〔一六〕。夫貴文學以疑法，尊行修以貳功〔一七〕，索國之富强，不可得也。

〔一〕王先慎曰：令，即法也。⊙太田方曰：賈誼新書曰：「纖微皆審謂之察，行道者謂之賢。」管子立政篇云：「知者知之，愚者不知，不可以教民。巧者能之，拙者不能，不可以教民。」與此文同意。商子定分篇亦有此文。⊙奇猷案：定法篇云：「法者，憲令著於官府。」難三篇云：「法者，編著之圖籍，設之於官府，而布之於百姓者也。」據此，則未著於官府册籍者為令，已著者為法。

〔二〕顧廣圻曰：今本「行」上有「能」字。⊙王先慎補「能」字曰：按依上文當有。⊙奇猷案：王補「能」字，是，今從之，迂評本、凌本均有。

〔三〕奇猷案：「干」字，迂評本、趙本、凌本作「千」。太田方曰：「楊、墨，千世難得之才也，以千世難得之才欲治平常之事，則庶官曠矣，是千世亂也。」松皐圓曰：「楊、墨之道相反，莫定其是非者。」案：此二家俱依千字為釋，未免費解。作千者，蓋筆誤也。干，預也。餘詳下。

〔四〕奇猷案：決，説文作決，云：「下流也。」書益稷「予決九川」，偽孔傳：「決，導水也。」職，謂職守。周禮夏官掌固「民皆有職焉」，鄭注：「職，謂守與任」，是以職為職守也可證。本書外儲説左上：「言有纖察微難而非務也，故李、惠、宋、墨皆畫策也。」則韓非認為墨子之學纖察微難，不切實際，（墨翟兼愛，楊朱為我，學説雖相反，但亦為同類，故韓非此文以楊、墨並稱。）故楊、墨雖干世亂而欲以為治，然卒不能導之使治，則楊、墨雖察，而其言不可以為官府宜守之令也。

〔五〕舊注：立死，若木之枯也。⊙太田方曰：鮑焦，周時人，見韓詩外傳。⊙松皐圓曰：莊子：「鮑焦飾行非世，抱木而死。」説苑：「鮑焦抱木而立枯。」⊙奇猷案：韓詩外傳一：「鮑焦衣弊膚見，挈畚持蔬，遇子貢於道。子貢曰：吾子何以至於此也？鮑焦曰：天下之遺德教者衆矣，吾何以至於此也！吾聞之，世不已知而行之不已者，爽行也；上不已用而干之不止者，毀廉也。行爽廉毀，然且弗舍，惑於利者也。子貢曰：吾聞之，非其世者不生其利，汙其君者不履其土，非其世而持其蔬，詩曰溥天之下，莫非王土，此誰有之哉？鮑焦曰：於戲！吾聞賢者重進而輕退，廉者易愧而輕死。於是棄蔬而立槁於洛水之上。」松引莊子見盗跖篇。盗跖篇又云：「鮑子立乾，廉之害也。」釋文引司馬彪説與韓詩外傳略同。

〔六〕顧廣圻曰：未詳。⊙尹桐陽曰：烈士傳有羊角，疑即此人。

〔七〕顧廣圻曰：今本「雖」下有「賢」字。按依上文當有。⊙奇猷案：王先慎依顧校補，是，今從之，迂評本、凌本亦有。又案：立枯赴河，不為上用，不可為耕戰之士也。

〔八〕盧文弨「察」上增「所」字曰：「所」字脱，依下文當有。⊙奇猷案：盧説是也。王先慎從盧説增，今從之。

〔九〕顧廣圻曰：藏本同。今本「士」下有「能」字，誤。

〔一〇〕王先慎曰：乾道本「士」下有「能」字。盧文弨云：「張本士下有能字，馮去之。」顧廣圻云：「今本無下能字，按此衍。」今據刪。⊙奇猷案：王刪是，今從之，迂評本、淩本亦無。或改「能」為「賢」。案：此不當作「賢士」。蓋鮑焦、華角輩為賢士，無益於國者。能士，為力耕戰之士，有益於國，故人主尊之。

〔一一〕松皋圓曰：遠功之行，謂其行之遠於功用者。⊙奇猷案：方言：「遠，離也。」下文云：「尊行修以貳功」，行修者不耕耨，不戰攻，是遠離於建功之人。此文「尊遠功之行」，謂尊修行者之行也。松說不洽。

〔一二〕王先慎曰：趙本「博」下提行。

〔一三〕奇猷案：一功勞，謂爵禄與功勞相齊等也。定法篇「官爵之遷與斬首之功相稱」，亦此一功勞之義。

〔一四〕王先慎曰：錯，施行也。

〔一五〕王先謙曰：「所」字衍。⊙奇猷案：韓非蓋以法為人民之師法。五蠹篇云「明主之國，無書簡之文，以法為教，無先王之語，以吏為師」，定法篇云「法者，憲令著於官府，此臣之所師也」，皆可證。則民之所師法者即法也，故此云「民之所師法也疑」，而下承此之文則曰「疑法」。此文蓋謂措法以導民，而又貴儒、墨之學（文學指儒、墨之學，詳六反篇），則民對其所師法之法必疑而無所從矣。故顯學篇云「雜反之學，不兩立而治」，即此義。若無「所」字，則文不成義矣。

〔一六〕奇猷案：藏本重「尊行修」三字，誤。此與上「又貴文學則民之所師法也疑」相對，明不當重此三字。

〔一七〕奇猷案：貳，二也，不專一。上云「尊行修，則民之産利也惰」，産利惰是不專於産利（功），即貳功也，故尊行修之後果是貳功。貳功之實質是損失功利，故「尊行修以貳功」，質言之即為尊行修以損失功利。

搢笏干戚，不適有方鐵銛〔一〕。登降周旋，不逮日中奏百〔二〕。狸首射侯，不當强弩趨發〔三〕。干城距衝〔四〕，不若堙穴伏橐〔五〕。古人亟於德，中世逐於智，當今爭於力〔六〕。古者寡事而備簡，樸陋而不盡〔七〕，故有珧銚而推車者〔八〕。古者人寡而相親，物多而輕利易讓，故有揖讓而傳天下者。然則行揖讓，高慈惠，而道仁厚〔九〕，皆推政也〔一〇〕。處多事之時，用寡事之器，非智者之備也。當大爭之世而循揖讓之軌，非聖人之治也〔一一〕。故智者不乘推車，聖人不行推政也〔一二〕。

〔一〕舊注：言國軍異器。方，楯也。言搢笏之議，干戚之舞，與夫方楯鐵銛不相稱適也。⊙顧廣圻曰：適，讀為敵。有方，未詳。舊注全誤。⊙孫詒讓曰：「有方」，當為「酋矛」。（酋、有音近，矛、方形近，因而致誤。）墨子備水篇云「亓二十人，人擅酋矛」，今本亦誤作「有方」，與此正同。（詳墨子閒詁）⊙奇猷案：顧讀適為敵，是。此文蓋謂文德不敵武備。

〔二〕盧文弨曰：荀子議兵篇：「魏之武卒，日中而趨百里。」⊙顧廣圻曰：奏，讀為湊。⊙太田方曰：「登降周旋」，指古禮也。禮樂記云：「升降上下，周還裼襲，禮之文也。」「日中奏百」，奏、走通，詩大雅云「予曰有奔奏」，史記蒙恬傳云「北奔琅邪」，索隱曰「走，音奏，鄒氏音趨」，是奏、走、趨三字通用。魯語韋注：「日中，旦至日中也。」日中奏百者，試選武士之科目也。荀子議兵篇云：「魏氏之武卒，以度取之，衣三屬之甲，操十二石之弩，負服矢五十箇，置戈其上，冠軸帶劍，贏三日之糧，日中而趨百里，中試則復其户，利其田宅。」⊙奇猷案：太說是。此言習禮不如講武。

〔三〕王先謙曰：趨，與趣同。⊙太田方曰：貍首射侯，古之射禮也。禮樂記：「武王克殷，散軍而郊射，左射貍首，右射騶虞，而貫甲之射息也。」周禮：「凡射，王以騶虞為節，諸侯以貍首為節。」禮鄉飲酒：「禮，天子熊侯白質，諸侯麋侯赤質，大夫布侯畫以虎豹，士布侯畫以豕鹿。」漢書鼂錯傳：「材官騶發，矢道同的。」師古曰：「騶，謂矢之善也。騶發，發騶矢以射也。」騶、趨通，又與菆同，又作趣。⊙奇猷案：貍首射侯，僅可為禮，不足當强弩之趨發。

〔四〕王先愼曰：乾道本「衝」上有「衡」字。顧廣圻云：「今本無衡字。按衡即衝字複衍耳。齊策云：百尺之衝，折之衽席之上。即其義。」先愼按：荀子强國篇楊注引無「衡」字，今據刪。「干」，荀子注引作「平」。⊙太田方曰：干，盾也。干、城，皆所以拒外而衛内者也。詩周南云：「赳赳武夫，公侯干城。」衝，衝車也。距衝，所以攻城也。荀子强國篇：「是渠衝入穴而求利也。」渠、距通。通雅云：「渠衝，臨衝也。」詩大雅云：「以爾鉤援，與爾臨衝，以伐崇墉。」是干城距衝，皆所以守攻也。⊙奇猷案：王删「衡」字，是，今從之，迂評本亦無。又案：距，同拒。距衝，拒敵臨衝也，即墨子所謂「備高臨」也。詩兔罝：「公侯干城」，毛傳：「干，扞也。」是干城者，扞衛城池也。太說不確。衝車，詳拙作吕氏春秋校釋召類篇注。

〔五〕王渭曰：强國篇楊注引「槖」作「槖」。按「槖」字是，見墨子。⊙王先愼曰：楊注引「穴」作「内」。盧文弨荀子拾補云：「内、穴古多通用。槖、槖互異，疑此槖字是，與韻協。」⊙太田方曰：左襄六年傳：「堙之環城，傅於堞。」注：「堙，土山也。」孫子云：「三月而後成距堙。」穴者，鑿穴為地道而攻城也。墨子備城門云：「今之世常所以攻者，臨、鉤、衝、梯、堙、水、穴、突。」伏，與鞴同，鞴、槖一形並同。「槖」當作槖，楊倞荀子注引作「槖」。鞴槖，所以守備也。墨子備城門云：「亦令突人伏附突之一旁，以二槖守之。」又：「穴且遇，以頡皋衝之，急鼓槖熏之。」⊙奇猷案：此文蓋謂守不如攻。堙，借為湮，周語「堙替隸圉」，韋注「堙，没也」，説文「湮，没也。」則堙者，以水灌之，如十過篇智伯決晉陽之水以灌晉陽是也。是湮者，以水攻也。穴者，鑿穴以攻人之城也。墨子有備穴篇，言備敵鑿穴攻也。伏，讀埋伏之伏。王、太等説謂「槖」當作「槖」，是，松皐圓亦改為「槖」。槖與銛、百、發為韻。墨子備穴篇云：「竈用四槖。」淮南子本經訓云：「鼓槖吹埵，以銷銅鐵。」高注：「槖，冶爐排槖也。」文選陸機文賦注：「槖，冶爐者用以吹火使炎熾。」是槖者，即今之風箱。則伏槖者，以火攻也。太説未盡然。

〔六〕太田方曰：亟，急也。逐，競也。五蠹篇云：「上古競於道德，中世逐於智謀，當今爭於氣力。」

〔七〕太田方曰：荀子榮辱篇「百工以巧盡機器」，注：「盡，謂精於事。」⊙奇猷案：太氏釋盡字是。備謂備用之器，國語吴語「備刑戮以辱其不厲者」，韋注：「備，具也。」是具而用之之謂備。

〔八〕舊注：珧，蜃。以蜃為銚也。即推輪也。上古摩蜃而耨也。⊙門無子曰：珧，音堯，蜃屬。銚，音祧，銚鎒，刬削之器也。⊙盧文弨曰：「推」，當作「椎」，下同。注「即椎輪也」四字不應閒在中，當云「椎車，即椎輪也」，移置於末，始得。今本注字譌且衍，不可從。⊙顧廣圻曰：「推」，當作「椎」。淮南子云：「古之所為不可更，則推車至今無蟬匷。」鹽鐵論非鞅云「推車之蟬攫，負子之教也」，亦當作「椎」。又鹽鐵論遵道、散不足、世務皆言「椎車」，則作「椎」字不誤可證。⊙牟庭曰：釋魚曰：「蜃小者珧」，秦策：「頓弱曰：無把銚推耨之勞，而有積粟之實。」高注：「銚，芸苗器也。」據此，知古有珧銚，即淮南氾論所謂「摩蜃而耨」也。鹽鐵論散不足曰「古者推無柔」，柔、輮同。輮，車輞也。又非鞅曰：「推車之蟬攫，負子之教也。」淮南説林曰：「古之所為不可更，則推車至今無蟬匷。」高注：「蟬匷，車輞。匷，讀如孔子射於矍相之矍。」廣雅曰：「韗，轣輞也。」據高誘讀如矍相，即車渠之渠同音字也。古者推車無輞，負子始教人為之輞。然則推車者，一輪小車，人所推行。韓非之意，言古者未知駕馬，僅有推車也。淮南高注今本誤作蟬匷車類，不可通。⊙王先慎曰：「推」字不誤。管子禁藏篇云「推行銚耨以當劍戟」，即此所本。推車，謂推引其車。盧、顧説非。⊙劉師培曰：案注，則本文當作「珧蜃」。注「即推輪也」上當脱「推車」二字。⊙于思泊師曰：按王説是也。但「珧銚」，本應作「珧䥊」，即「銚耨」之異文，注文可證。晏子春秋諫上第十八「執銚耨」。此文「銚」字涉旁注而誤入正文，因奪「䥊」字耳。⊙奇猷案：舊注三「蜃」字原作「䥊」，據藏本改。劉説謂注「即推輪也」上當有「推車」二字，是也。爾雅釋魚「蜃，小者珧」，郭注：「珧，玉珧，即小蚌。」詩小雅「瞻彼洛矣」，毛傳：「天子玉琫而珧珌。」文選左思魏都賦「弓珧解檠」，良注：「以蛤骨飾弓曰珧。」爾雅釋器：「弓以蜃者謂之珧。」據此，則珧銚者，以蜃骨為銚也。（説文銚下云：「耕者必有一耒、一耜、一銚。」）故舊注云：「珧，蜃。以蜃為銚也。」而，猶與也，詳王引之經傳釋詞。時至春秋戰國，耨器以銅或鐵而不以珧，車則以馬拉而不以人推。

〔九〕王先慎曰：乾道本「道」下有「推」字。顧廣圻云：「今本無，按此不當有。」今據删。⊙奇猷案：王删是，今從之，迂評本亦無。

〔一〇〕盧文弨曰：「推」，當作「椎」，下同。⊙王先慎曰：盧説非。「推政」，與六反篇「推愛」句法正同，義見上。⊙奇猷案：王説非，盧説亦非。王謂「推政」與六反篇「推愛」同，謬甚。「推愛」注「推，行也」。此文「推政」而言「行政」，下文「不行推政」而言「不行行政」，豈可通乎？此文「推政」乃「推車時代之政」之簡省語。謂揖讓、高慈惠、道仁厚皆推車時代之政。

〔一一〕顧廣圻曰：今本「非」下有「也」字，誤。

〔一二〕王先慎曰：趙本「也」作「難」。盧文弨云：「難字衍。張本作也，亦可省。」⊙奇猷案：智者不為推車時代之事，而遵適宜當代之行。聖人不行推車時代之政，而行適宜當代之法治。又案：此節所論即五蠹篇「世異則事異，事異則備變」之意。

法所以制事〔一〕，事所以名功也〔二〕。法有立而有難〔三〕，權其難而事成則立之〔四〕。事成而有害，權其害而功多則為之〔五〕。無難之法，無害之功，天下無有也〔六〕。是以拔千丈之都，敗十萬之衆，死傷者軍之乘〔七〕，甲兵折挫，士卒死傷，而賀戰勝得地者，出其小害計其大利也。夫沐者有棄髮，除者傷血肉〔八〕，為人見其難，因釋其業，是無術之事也〔九〕。先聖有言曰：「規有摩，而水有波，我欲更之，無奈之何！」此通權之言也〔一〇〕。是以説有必立而曠於實者，言有辭拙而急於用者〔一一〕，故聖人不求無害之言，而務無易之事〔一二〕。人之不事衡石者〔一三〕，非貞廉而遠利也，石不能為人多少，衡不能為人輕重，求索不能得，故人不事也〔一四〕。明主之國，官不敢枉法，吏不敢為私〔一五〕，貨賂不行〔一六〕，是境内之事盡如衡石也。此其臣有姦者必知，知者必誅。是以有道之主，不求清潔之吏，而務必知之術也〔一七〕。

〔一〕奇猷案：舊連上，盧文弨曰「當分段」，今從之。又案：有度篇云：「審得失有法度之制者加以羣臣之上，則主不可欺以詐偽；審得失有權衡之稱者以聽遠事，則主不可欺以天下之輕重。」即「法所以制事」之義。

〔二〕奇猷案：名，即揚權篇「使名自命」之名。因事而有功，故事所以名其功。

〔三〕顧廣圻曰：今本無上「有」字，按此不當有。⊙奇猷案：此不當無「有」字。「法有立而有難」，言法有立之而有難者，非謂凡立法皆有難也。王先慎依顧説删，非是。迂評本、凌本皆與趙本同，沿趙本而誤也。

〔四〕王先慎曰：乾道本無「則立之」三字，顧廣圻云：「藏本、今本有」，今據補。⊙奇猷案：王補是，今從之，迂評本、凌本亦有。

〔五〕顧廣圻曰：今本無「則」字，誤。⊙奇猷案：南面篇云：「凡功者，其入多，其出少，乃可謂功。」又曰：「舉事之道，計其入多其出少者可為也。」

〔六〕王先慎曰：天下無不難之法，無不害之功，但權事之成否，功之多寡耳。乾道本「有」上無「無」字，則文不成義，顧廣圻云「今本有，按此當有」，今據補。⊙奇猷案：王補是，今從之，迂評本、凌本亦有。用人篇云：「舉事無患者，堯不得也」，即此旨。

〔七〕舊注：乘，謂其半也。⊙王先慎曰：「乘」無半義，「乘」當作「垂」，形近之誤，說見內儲說篇。⊙太田方曰：「乘」，當作「垂」。管子地員篇云「不無有三分而去其乘」，「乘」亦「垂」字之誤。舊說半者，博雅云「棄，二也」，蓋據是矣。⊙高亨曰：王先慎謂「乘」當作「垂」是也。古者謂三分之一為垂，淮南子原道訓云「文王砥德修政三年，而天下二垂歸之」，高注「文王三分天下有其二」，是其證。⊙奇猷案：「乘」作「垂」是。軍之垂，猶軍之半也。

〔八〕王先慎曰：見六反篇。廣雅釋詁一：「除，瘉也。」欲病瘉者，攻以藥石，藥石所達，血肉必傷。⊙松皐圓曰：秦策「扁鵲請除」，注：「欲去其病也。」⊙奇猷案：除，原意為去舊出新之意，如老子「朝甚除」，王弼注云「除，潔好也」，是其義。故去其病亦得謂之除也。

〔九〕王先慎曰：「事」，當作「士」。⊙太田方曰：為，猶若也。⊙于思泊師曰：按事、士古字通，不應改作。金文「卿事」即「卿士」，是其證。⊙奇猷案：為，讀本字亦通。如論語「其為人也孝弟」之「為人」。業，事也，主道篇「賞偷則羣臣墮其業」，業字與此業字同義。又案：「事」，當作「患」。蓋「患」壞為串，與「事」形近而誤為「事」也。因難而不為其事，乃無術之患。本書用「無術之患」一語甚多，如難二篇「無以不當聞，而以太多說，無術之患也」，是其例。「事」字固誤，作「士」亦不妥，蓋上言人，此言士，不相應也。

〔一〇〕太田方曰：規，正圓之器，以銅或鍮為之。摩、磨音通，言磨滅則窕摇也。規者，所以正圓。水者，所以取平。而有磨與波則不能正圓取平，宜改易之，又何拘焉？此通達於權變之言也。言先王之法雖善良，而歷年久遠，有不適時，則宜更易之矣。荀子正論篇云「此規磨之說也」，注：「規磨之說，猶差誤之說也。規者正圓之器，磨久則偏盡而不圓，失於度程也。」⊙奇猷案：荀子注引此文「通」下有「於」字。又案：荀子注「盡」當為「晝」，宜訂正。文子云：「水雖平必有波，衡雖正必有差」，與此同義。又案：摩、波、何為韻。「無奈之何」，猶言無可奈何。摩，即孟子滕文公篇「墨子摩頂放踵」之摩，趙注「摩頂，摩突其頂」，是摩即磨損之意。

〔一一〕奇猷案：廣雅釋詁：「曠，遠也。」曠於實，謂非即可見功之事。

〔一二〕顧廣圻曰：今本「易」作「益」，誤。⊙奇猷案：「務」上當有「不」字。上文云「無難之法，無害之功，天下無有也」，故此云「聖人不求無害之言」。上文云「規有摩，水有波」，故此云「聖人不務無易之事」。無「不」字則義不蒙。

〔一三〕盧文弨曰：當提行。⊙奇猷案：此仍與上相貫，不當提行。又案：事，治也，即從事某事之意，如外儲說右上「不事仕而事力」之事。太田方訓事為闕，未確。

〔一四〕松皋圓曰：管子：「權衡者，所以起輕重之數也。然而人不事者，其心非惡利也。權不能為之多少其數，而衡不能為之輕重其量也。人知事權衡之無益，故不事也。」⊙太田方曰：後漢書馮衍傳「棄衡石而意量」，注：「衡，秤衡也。」三十斤為鈞，四鈞為石。⊙奇猷案：此文謂衡雖能使人知輕重，石雖能使人知多少；但衡石不能使人增益而成富，故人不事也。（揚權篇云：「衡不同於輕重」，即謂衡僅能知輕重而不同於輕重，故不能使物減輕或加重。亦可證此文之意。)若法明正，人必不利用法而得其私利，不得利則人不從事於枉法為非也，故下文云：「貨賂不行，是境内之事盡如衡石也。」

〔一五〕王先慎刪「私」下「利」字曰：案「利」即「私」之誤而複者。官不敢枉法，吏不敢為私，二文相對，不當多一字。御覽八百三十引正無「利」字，今據刪。⊙奇猷案：王刪是，今從之。

〔一六〕顧廣圻曰：藏本同。今本「行」下有「者」字，誤。⊙王先慎曰：御覽引亦有。⊙奇猷案：迂評本、凌本有「者」字。顧説是。

〔一七〕奇猷案：六反篇云：「陳輕貨於幽隱，雖曾、史可疑也；懸百金於市，雖大盜不取也。不知則曾、史可疑於幽隱，必知則大盜不取懸金於市。」即此旨。

慈母之於弱子也，愛不可為前〔一〕。然而弱子有僻行，使之隨師；有惡病，使之事醫。不隨師則陷於刑，不事醫則疑於死〔二〕。慈母雖愛，無益於振刑救死〔三〕，則存子者非愛也。子母之性，愛也〔四〕。臣主之權，筴也〔五〕。母不能以愛存家，君安能以愛持國〔六〕？明主者，通於富强則可以得欲矣〔七〕。故謹於聽治，富强之法也。明其法禁，察其謀計。法明則内無變亂之患，計得則外無死虜之禍〔八〕。故存國者，非仁義也〔九〕。仁者，慈惠而輕財者也；暴者，心毅而易誅者也〔一〇〕。慈惠則不忍，輕財則好與。心毅則憎心見於下，易誅則妄殺加於人。不忍則罰多宥赦，好與則賞多無功。憎心見則下怨其上，妄誅則民將背叛〔一一〕。故仁人在位，下肆而輕犯禁法，偷幸而望於上〔一二〕；暴人在位，則法令妄而臣主乖，民怨而亂心生〔一三〕。故曰：仁暴者，皆亡國者也。

〔一〕舊注：不可以愛養之也。⊙俞樾曰：「愛不可為前」，猶言無前於此者，正見其愛之至也。舊注非是。⊙奇猷案：俞說是。五蠹篇云：「人之情性，莫先於父母，皆見愛而未必治也。」先與此文前同義。謂人之情性，莫前於父母之愛子，正可證此文之義。

〔二〕太田方曰：疑，比也，讀若「侈疑於君」之疑。⊙奇猷案：疑借為擬。成六年左傳杜注：「惡，疾疢也。」

〔三〕太田方曰：振，拯也。

〔四〕奇猷案：子母之愛是天性，存子是師與醫，愛與存子為不相干之二事。

〔五〕太田方曰：筴，猶言計算。⊙奇猷案：權，謂權術。此文謂臣與主之謀計是權術。飾邪篇云：「君以計畜臣，臣以計事君，君臣之交，計也。」是謀計與仁愛為相反對之二事。

〔六〕奇猷案：六反篇云「母厚愛，子多敗」，故母不能以愛存家。本篇下文云「仁暴者，皆亡國者也」，故君不能以愛持國。

〔七〕奇猷案：「富强」下當有「之法」二字，下文云「富强之法」可證。

〔八〕王先慎曰：乾道本「則」作「於」，顧廣圻云：「今本於作則」，今據改。⊙奇猷案：王改是，今從之。迂評本、凌本亦作「則」。

〔九〕奇猷案：松皐圓依山氏改「義」為「暴」，是也。此啟下文，下文以仁暴對言可證。

〔一〇〕顧廣圻曰：「暴」當作「義」。⊙王先慎曰：顧說非。此以仁暴對言。心毅則憎心見於下，易誅則妄殺加於人，即暴之實迹。若義則無憎心妄殺之事。下「暴人在位」與「仁人在位」比勘，尤其證。此意謂仁人之亡人國，無異於暴者之亡人國也。⊙奇猷案：顧說誤，王氏已辯明之矣。但王氏謂「仁人之亡人國，無異於暴者之亡人國也」則不洽。當云「仁人之亡國，無異於暴者之亡國」，故下云「仁暴者，皆亡國者也」。蓋韓非以桀、紂之暴固足亡國，然行仁義則國亦足亡也。五蠹篇云「偃王行仁義而喪其國」是也。

〔一一〕奇猷案：飾邪篇云：「賞過者失民，用刑過者民不畏。」蓋以賞無功，則民務得慈惠之賜，而不務立功得賞，民不務立功得賞則失民之用，是失民用者，好與之弊也。妄誅，即用刑過，用刑過則民鋌而走險，故不畏其上而背叛也。

〔一二〕奇猷案：「禁法」二字當倒，上文作「明其法禁」可證。望，謂希望得賞，詳姦劫弑臣篇。難二篇云「賞無功則民偷幸而望於上」，即此義。

〔一三〕太田方曰：臣主乖，謂君臣不和。⊙奇猷案：安危篇云「廢堯、舜而立桀、紂，則人不得樂所長而憂所短。失所長則國家無功，守所短則民不樂生。以無功御不樂生，不可行之齊民。如此，則上無以使下，下無以事上」，即此臣主乖之義。

不能具美食而勸餓人飯，不為能活餓者也〔一〕；不能辟草生粟而勸貸施賞賜〔二〕，不能為富民者也〔三〕。今學者之言也，不務本作而好末事，知道虛聖以說民〔四〕，此勸飯之說，勸飯之說，明主不受也。

〔一〕陶鴻慶曰：案活餓不必美食，「美」當為「羹」之壞字。⊙奇猷案：陶說是，尹桐陽說同。又案：趙本、凌本「為能」二字誤倒。

〔二〕王先慎曰：「勸」字淺人依上文誤加。⊙奇猷案：此文不誤。謂儒、墨之徒不能辟草生粟，（上文云：「孔、墨不耕耨，則國何得焉。」）而勸人主行仁義，貸施賞賜（顯學篇云「今世之學士語治者，多曰『與貧窮地以實無資』」，又云「今上徵斂於富人以布施於貧家」），不能為富民也。

〔三〕盧文弨曰：「能為」倒。⊙奇猷案：盧說是，上作「為能」可證。王先慎依盧校改。

〔四〕顧廣圻曰：藏本同。今本無「知」字，「聖」作「惠」，皆誤。⊙奇猷案：虛聖，指儒、墨所稱道之堯、舜、禹、湯等，詳六反篇「虛舊之學」條。迂評本、凌本與今本同，蓋皆不知「虛聖」二字之義而改也。本務，指辟草生粟。末事，指貸施賞賜。此文謂學者不知言辟草生粟之事，僅知道說堯、舜、禹、湯行仁義以悦於民也。

書約而弟子辯，法省而民訟簡〔一〕。是以聖人之書必著論，明主之法必詳事〔二〕。盡思慮，揣得失，智者之所難也〔三〕；無思無慮，挈前言而責後功，愚者之所易也〔四〕。明主慮愚者之所易〔五〕，以責智者之所難〔六〕，故智慮力勞不用而國治也〔七〕。

〔一〕顧廣圻曰：「簡」當作「萌」，在「訟」字上。萌，氓也。「民萌訟」與「弟子辯」相對。訟，猶辯也。⊙奇猷案：顧說是。約，簡略也。

〔二〕王先慎曰：乾道本「詳」下有「盡」字。顧廣圻云：「今本無盡字，按此不當有。」今據删。⊙太田方曰：著，明也，詳也。論，説也。⊙奇猷案：王删是，今從之，迂評本、凌本亦無。聖人之書，於條文之外，著有詳明之論，則意義明確，而無弟子辯之弊。明主之法，於條文之外，著有詳明之事例。如一九八六年湖北荆門包山二號楚墓出土簡文，文中載，左馭番成有釟田，番成無子，死後，其釟田由何人繼承，由左尹判決（詳文物一九八八年第五期。可參閲上詭使篇「身死田奪」注），即釟田法所詳之事例。

〔三〕奇猷案：如子産聞婦人哭聲而斷為手絞其夫者，韓子曰：「恃盡聰明，勞智慮，而以知姦，不亦無術乎！」（詳難三篇）即此文之例。

〔四〕奇猷案：法有明文，文詳事例，則可按法援例以制事，故用人篇云：「中主守法術則萬不失。」又主道篇云「羣臣陳其言，君以其言授其事，事以責其功」，即所謂挈前言而責後功也。

〔五〕顧廣圻曰：藏本同。今本「慮」作「操」，誤。

〔六〕顧廣圻曰：「以」，當作「不」。⊙奇猷案：顧説是。

〔七〕盧文弨曰：「力勞」二字淩本無。⊙顧廣圻曰：當作「故智不勞，力不用，而國治也。」⊙王先慎依盧校改曰：顧説與原文不合，非是。⊙奇猷案：「力勞」二字無由致衍。此承上「盡思慮」言，疑此當作「智慮不盡，勞力不用，而國治也。」今脱「不盡」二字，「勞力」又倒為「力勞」。迂評本亦删「力勞」二字，誤與淩本同。

酸甘鹹淡，不以口斷而決於宰尹，則厨人輕君而重於宰尹矣〔一〕。上下清濁，不以耳斷而決於樂正，則瞽工輕君而重於樂正矣。治國是非，不以術斷而決於寵人，則臣下輕君而重於寵人矣〔二〕。人主不親觀聽，而制斷在下，託食於國者也〔三〕。

〔一〕盧文弨曰：張本下兩句皆無「於」字，此亦當衍。⊙王先慎曰：乾道本下兩句亦有「於」字，盧説非。⊙奇猷案：藏本下兩句亦皆無「於」字，誤。於，在也。

〔二〕奇猷案：如子罕相宋是，詳外儲説右下。

〔三〕王先慎曰：張榜本此下接「今生殺之柄」云云，不提行。⊙奇猷案：如子之相燕是，詳外儲説右下。有度篇云：「羣臣廢法行私重，則主有人主之名，而實託於羣臣之家也。」

使人不衣不食而不飢不寒，又不惡死，則無事上之意。意欲不宰於君，則不可使也〔一〕。

〔一〕太田方曰：宰，制也。⊙奇猷案：無事上之意者，則不可以罰禁。無欲則不可以賞勸，故不可使。太公望誅狂矞、華士即此意。又案：張榜本自「使人」至此皆删去。此數語與上下皆不連屬，舊連下文，今另為一段。

今生殺之柄在大臣〔一〕，而主令得行者，未嘗有也〔二〕。虎豹必不用其爪牙而與鼷鼠同威〔三〕。萬金之家，必不用其富厚而與監門同資〔四〕。有土之君〔五〕，説人不能利，惡人不能害，索人欲畏重己，不可得也〔六〕。

〔一〕王先慎曰：乾道本「之」作「人」，今據張榜本、趙本改。⊙奇猷案：王改是，今從之，藏本、迂評本皆作「之」。外儲説右下「民知殺生之命制於子罕」，與此句法同，亦可證。

〔二〕奇猷案：二柄篇云：「人主非使賞罰之威利出於己也，聽其臣而行其賞罰，則一國之人皆畏其臣而易其君，歸其臣而去其君矣。」即此義。

〔三〕奇猷案：虎豹不用其爪牙則與鼷鼠之用爪牙同，無虎豹之威矣。二柄篇：「使虎釋其爪牙而使狗用之，則虎反服於狗矣。」而猶則也。

〔四〕王先慎曰：而，猶則也。而、則古通用，見經傳釋辭。⊙奇猷案：周禮地官司門：「祭禮之牛牲繫焉，監門養之。」鄭注：「監門，門徒。」史記信陵君傳：「魏有處士曰侯嬴，年七十，家貧，為大梁夷門監者。公子聞之，往請，欲厚遺之。不肯受，曰：臣修身潔行數十年，終不以監門困故而受公子財。」是監門為守門者之稱，且供養甚薄者，故五蠹篇云：「堯之王天下也，茅茨不翦，采椽不斲，糲粢之食，藜藿之羹，冬日麑裘，夏日葛衣，雖監門之養不虧於此矣。」此文蓋謂富者資其財用與監門之資其財用同，則其人雖富厚與監門無異矣。

〔五〕王先慎曰：趙本「土」誤作「上」。⊙奇猷案：「上」字誤。

〔六〕奇猷案：「欲」，當作「之」。守道篇云：「明主之立法也，其賞足以勸善，其威足以禁暴，善之生如春，惡之死如秋，故民勸極力而樂盡情。」可發明此文。

人臣肆意陳欲曰俠，人主肆意陳欲曰亂；人臣輕上曰驕，人主輕下曰暴〔一〕。行理同實，下以受譽，上以得非，人臣大得，人主大亡〔二〕。

〔一〕孫詒讓曰：「驕」，當作「撟」，謂撟君也。荀子臣道篇云「有能比知同力，率羣臣百吏而相與彊君撟君，君雖不安，不能不聽，遂以解國之大患，除國之大害，成於尊君安國謂之輔」，即此所謂「人臣輕上曰撟」。此俠與撟皆美名，亂與暴皆惡名，故云「下以受譽，上以得非」。若作「驕」則不得為譽矣。「撟」字又作「矯」（荀子楊注「撟與矯同，屈也。」），後忠孝篇云「故烈士內不為家，亂世絕嗣而外矯於君」，義亦同。⊙王先慎曰：五蠹篇專詆俠、驕之無益人主而為邦之蠹，則韓非不以俠、驕為美名可知。此下以受譽指時人而言，孫説失本書之旨。⊙太田方曰：驕、矯通，壯也。詩云：「矯矯虎臣。」中庸云：「强哉矯。」⊙奇猷案：王説是。本篇首指出八種反民，而「有俠」與「高傲」即在八種之中，且曰「有俠者官職曠也，高傲者民不事也」，有俠、即此所謂俠，高傲、即此所謂驕，是韓非詆俠詆驕甚明。孫以下文受譽為證，殊不知下文之受譽亦詆斥之詞。（詳下）

〔二〕王先慎曰：張榜本自「有土之君」至此皆删去。⊙太田方曰：非、誹通。⊙奇猷案：本篇首指出八種反民之後，而總結之曰：「此八者匹夫之私譽，人主之大敗也。」則此所謂譽，乃匹夫之私譽。此文蓋謂人臣之俠與驕，人主之亂與暴，名雖不同，其行逕之理乃同一實質，而臣下行之則受譽，君上行之則受誹；人臣因之而大得其益，人君因之而大失其利；乃不合理之現象也。此與下文亦不屬，舊連下，今另為段。

明主之國，有貴臣無重臣。貴臣者，爵尊而官大也〔一〕；重臣者，言聽而力多者也〔二〕。明主之國，遷官襲級，官爵受功〔三〕，故有貴臣。言不度行，而有偽必誅〔四〕，故無重臣也。

〔一〕王先慎曰：乾道本「者」上無「臣」字。顧廣圻云：「藏本、今本有臣字。」先慎按：有「臣」字是，今據補。依下文「也」上當有「者」字。⊙奇猷案：王補是，今從之，迂評本、凌本均有。

〔二〕奇猷案：孤憤篇云：「無令而擅為，虧法以利私，耗國以便家，力能得其君，此所為（同謂）重人也。」重人與重臣同。擅國之柄，又力能得其君，是謂多力也。

〔三〕顧廣圻曰：句有誤。⊙王先慎曰：此言凡遷官襲級，必因其功而官爵之。「官爵受功」與八經篇云「爵禄循功」語意正同。⊙奇猷案：顧説是。推韓子之意，當係遷官襲級必以功勞，但誤文未知所當作。王引八經篇「爵禄循功」以比此文「官爵受功」，但八經篇此句全文為「爵禄循功，請者俱罪，則内不因矣」，與此全句「遷官襲級官爵受功」迥别也。太田方、松皐圓改「受」為「授」，亦未確。

〔四〕王先慎曰：「不」當作「必」。⊙奇猷案：「言不度行」，疑當作「言必度其行」。此針對上所云重臣之所以成，乃由於「言聽」，故此言使無重臣之道是「言必度其行，而有偽必誅」，意謂其言必度其行，是否言與行一致，如不一致則必有偽，有偽則必誅之。

八經第四十八〔一〕

一、凡治天下，必因人情。人情者，有好惡，故賞罰可用〔二〕。賞罰可用則禁令可立而治道具矣〔三〕。君執柄以處勢，故令行禁止。柄者，殺生之制也。勢者，勝衆之資也〔四〕。廢置無度則權瀆，賞罰下共則威分〔五〕。是以明主不懷愛而聽，不留説而計〔六〕。故聽言不參則權分乎姦，智力不用則君窮乎臣〔七〕。故明主之行制也天〔八〕，其用人也鬼〔九〕。天則不非〔一〇〕，鬼則不困〔一一〕。勢行教嚴逆而不違〔一二〕，毁譽一行而不議〔一三〕。故賞賢罰暴，舉善之至者也；賞暴罰賢，舉惡之至者也；是謂賞同罰異〔一四〕。賞莫如厚，使民利之。譽莫如美，使民榮之。誅莫如重，使民畏之。毁莫如惡，使民恥之。然後一行其法，禁誅於私。家不害功罪，賞罰必知之〔一五〕，知之道盡矣〔一六〕。

因情〔一七〕

〔一〕顧廣圻曰：此篇多不可通。⊙奇猷案：趙本脱下「八」字。又此篇題名為經，故語多簡約，與內、外儲諸篇之經同例。又因此篇難讀，故多竄誤耳。

〔二〕奇猷案：人之情，好賞惡罰。制分篇云：「民者，好利禄而惡刑罰。」

〔三〕奇猷案：藏本、迂評本重「禁令可立」四字，誤。又案：此為韓非以刑賞為治之主要論據。人欲利禄則必用其力以立功，惡刑罰則必息其姦以避罪。故不愛利禄之隱士，不畏刑戮之游俠，韓子極力詆之。（詳五蠹、顯學、詭使、六反等篇）至於賞刑不中，亦能引起人淡於利禄不畏刑戮之念，故安危篇論賞罰不中曰：「如此，則人失其所以樂生而忘其所以重死，人不樂生則人主不尊，不重死則令不行。故治世使人樂生於為是，愛身於為非也。」

〔四〕奇猷案：二柄篇云：「明主之所導制其臣者二柄而已矣。二柄者，刑德也。殺戮之謂刑，慶賞之謂德。」功名篇曰：「短之臨高也以位，不肖之制賢也以勢。」殺戮是死，慶賞是生。

〔五〕太田方曰：廢置，猶黜陟也。無度，貨賄公行，請謁並聽，失法制也。⊙奇猷案：「廢置無度」與「賞罰下共」相對言，顯係言法令之廢置無度，即朝令暮改之意。解老篇云：「治大國數變法則民苦之，是以有道之君貴靜，不重變法。」民苦之則輕法（詳安危篇），民輕法則君之權廢。故曰「廢置無度則權瀆」也。有度篇云：「威不貳錯，制不共門，威制共則衆邪彰矣。」外儲説右下：「馬驚於出彘，而造父不能禁制，非轡策之嚴不足也，威分於出彘也。」皆此「賞罰下共則威分」之義。太説非。

〔六〕太田方曰：物氏曰：「説、音悦。」是物氏讀留如宿諸之宿。不以留悦於心而計事也。⊙奇猷案：「不懷愛而聽」，謂不因愛於心而偏聽其言也。叢刊本上「不」字誤「以」。留悦於心而謀事，則悦者為之，不悦者棄之，此乃偏見也。

〔七〕顧廣圻曰：今本「智力」作「智術」，誤。⊙奇猷案：顧説非。當作「智術」。韓非主張用術。八説篇云：「無術以用人，任智則君欺，任修則事亂，此無術之患也」，可明此「智術不用則君窮乎臣」之義。而，猶則也。又案：人主聽言，當參驗衆端，否則臣將壅主而擅權。揚權篇云「毋專信一人而失其都國焉」，與此文「聽言不參則權分乎姦」同旨，内儲説上篇云「觀聽不參則誠不聞，聽有門户則臣壅塞」，亦此旨。

〔八〕舊注：不可測也。⊙奇猷案：制，即上殺生之制。謂明主行其制如天之無私。揚權篇云：「若地若天，孰疏孰親。」天地無親疏，即無私也，故下云「天則不非」。舊注未確。

〔九〕舊注：如鬼之陰密。⊙奇猷案：「人」字疑為「術」字之誤。難三篇：「法者編著之圖籍，術者藏之於胷中，故法莫如顯而術不欲見，是以明主用術則親愛近習莫之得聞也。」故此文云「其用術也鬼」。鬼乃隱密不可捉摸者，故以鬼為喻。

〔一〇〕舊注：既高不測，誰能非之。⊙奇猷案：非，誤也。行制無私則無誤，即無不中者也。或讀非為誹，謂賞罰既如天之無所偏私，則無可誹矣，亦通。

〔一一〕舊注：既陰密，誰能困之。⊙松臯圓改「困」為「因」，曰：「因」，原作「困」，寫者誤。好惡不示，故無可因。揚權篇：「主上不神，下將有因。」曰鬼，曰神，其意一也。⊙奇猷案：鬼不可捉摸，故不能困。此言用術與去好惡有別，不可為比。（去好惡乃無為而已，用術則為積極之行動。故藉於好惡謂之因，而用術不鬼則不得言因也。）松説非。

〔一二〕舊注：雖逆天下不敢違，此勢之用也。⊙王先慎曰：乾道本注「雖」誤作「誰」，據趙本改。⊙松臯圓删「逆」字曰：「逆」字與「違」字形似而衍。⊙奇猷案：松説是。下文「毁譽一行而不議」與此對文，此不當多一字。案教，即用人篇「其教易知」之教，謂法也。而，猶則也，詳王氏經傳釋詞。此文謂勢行於下，又嚴其法教，則人不敢違背其主。舊注望文生訓。又案王改是，今從之。

〔一三〕舊注：毁譽一行而天下不敢議。⊙奇猷案：毁，即下文「毁莫如惡」之毁，謂惡名。譽，即下文「譽莫如美」之譽，謂美名。一，即五蠹篇「法莫如一而固」之一，謂一而不變也。此文謂明主之行毁譽也，有罪者毁之，有功者譽之，不因愛惡而有不同，故人不議。

〔一四〕奇猷案：同謂同於己者，異謂異於己者。善者賞賢罰暴，惡者則賞暴罰賢，是皆賞其同於己者，而罰其異於己者，即賞同罰異之義。

〔一五〕顧廣圻於「法」下注曰：句絶。又於「私家」下注曰：禁誅連文，姦劫弑臣篇云「以禁誅於己也」，外儲説右篇云「夫不處勢以禁誅擅愛之臣」，皆可證。顧氏又於此下注曰：藏本同。今本「功」作「公」。按句有誤。⊙王先慎於「不害」下注曰：不害，即無害。王氏又於此下注曰：「不害」二字當連上為句，「功罪賞罰必知之」為句。知功罪賞罰則治天下之道得矣。今本「功」誤「公」，顧氏又以「不害」屬下為句，故疑有誤。⊙劉師培曰：案「不害」當作「不言」。⊙奇猷案：此文不誤。其句讀當為「然後一行其法」(句)「禁誅於私」(句)「家不害功罪」(句)「賞罰必知之」(句)「然後一行其法，禁誅於私」二句義屬上。謂賞譽誅毁既使之厚美重惡，然後按法一行，禁誅於姦私。愛臣篇「萬乘之君無備，必有千乘之家在其側」，亡徵篇「人主之國小而家大」，是家者，指卿大夫。(左傳襄二十六年：「大夫將富，政將在家。」家指大夫與此同。)「家不害功罪」，謂卿大夫等大臣，不得干害功罪。蓋干害功罪，則必有功者因其蔽而不得賞，有罪者因其蔽而不受罰。或如二柄篇所云：「世之姦臣，所惡則能得之其主而罪之，所愛則能得之其主而賞之。」皆干害功罪之義。「賞罰必知之」，太田方釋為「有功者必知而賞之，有罪者必知而罰之」，是。諸説皆未得其讀。迂評本、凌本與今本同，亦誤。

〔一六〕松皐圓曰：「知之」二字疑複衍耳。宜作「治道盡矣」。⊙奇猷案：疑當作「知之則治道盡矣」，謂知有功者而賞之，有罪者而罰之，則為治之道盡矣。今脱「則治」二字，義遂不可通。松氏改為「治道盡矣」，頗嫌文氣不貫。

〔一七〕舊注：一曰「收智」。⊙奇猷案：藏本無此題注。

二、力不敵衆，智不盡物〔一〕。與其用一人，不如用一國〔二〕。故智力敵而羣物勝，揣中則私勞，不中則在過〔三〕。下君盡己之能，中君盡人之力〔四〕，上君盡人之智〔五〕。是以事至而結智，一聽而公會〔六〕。聽不一則後悖於前，後悖於前則愚智不分〔七〕。不公會則猶豫而不斷，不斷則事留。自取一，則毋墮壑之累〔八〕。故使之諷，諷定而怒〔九〕。是以言陳之日，必有筴籍〔一〇〕。結智者事發而驗〔一一〕，結能者功見而。謀成敗〔一二〕，成敗有徵，賞罰隨之〔一三〕。事成則君收其功，規敗則臣任其罪〔一四〕。君人者合符猶不親，而況於力乎〔一五〕？事智猶不親，而況於懸乎〔一六〕？故非用人也不取同，同則君怒〔一七〕。使人相用則君神，君神則下盡〔一八〕下盡下則臣上不因君而主道畢矣〔一九〕。

主道〔二〇〕

〔一〕王先慎曰：此謂一人之力一人之智也。

〔二〕舊注：用君之一人之智力，不知任衆而用國也。⊙盧文弨曰：注「用君」下「之」字衍，又「不知」當作「不如」。⊙奇猷案：難三篇云「夫物衆而智寡，寡不勝衆，智不足以偏知物，故因物以治物；下衆而上寡，寡不勝衆，君不足以偏知臣，故因人以知人」。外儲説右下：「救火者令吏挈壺甕而走火，則一人之用也，操鞭箠指麾而趣使人則制萬夫。」皆此文之義。

〔三〕顧廣圻曰：藏本同。今本「在」作「有」。⊙王先慎曰：「在」當作「任」，形近而誤。今本以臆改也。⊙陶鴻慶曰：案「在」當為「任」之誤。謂為臣下任過也。下文云「事成則君收其功，規敗則臣任其罪」，主道篇云「有功則君有其賢，有過則臣任其罪」，義並與此相反。⊙奇猷案：王、陶説是。任、在二字易誤，南面篇「人主之過在已任臣矣」，今各本「任」下誤衍「在」字可證。又案：揣，度也。

〔四〕王先慎曰：乾道本「人」下無「之」字。顧廣圻云：「藏本、今本有之字。」今據增。⊙奇猷案：王增是，今從之，迂評本、淩本亦有。

〔五〕松皐圓曰：下君矜而自用。中君賞罰既立，羣臣不怠。上君則集思廣益，事盡其宜也。

〔六〕松皐圓曰：結智，謂聚結衆智，擇其善者以斷事。⊙太田方曰：一聽，謂一一而聽也，謂偏謀於衆也。⊙奇猷案：內儲説上篇「一聽」節：齊湣王聽竽，好一一聽之。是一聽，即一一聽之。一一聽之者，謂分離各言事者而聽其各別之言，蓋不使臣下互知所言也。公會，謂公開會合以辯難，即解老篇「議於大庭」之意。古者原有此類公開辯論會，如內儲説上「鄭君召羣臣而與之謀所以對魏」，史記商君傳商鞅、甘龍、杜摯之辯難，皆此例。此文謂有事發生，則集結衆智。集結之法，先一一聽之，然後公會以辯難。

〔七〕奇猷案：此文謂不先一一聽之即行公會辯難，則後言之人必參考前人之言而反前人之説，立異以邀功，故愚智不分也。

〔八〕顧廣圻曰：「留」字句絶。藏本、今本「一」下有「聽」字，「毋」下無「道」字。按「自取一」三字逗，下文聽法云「使君自取一以避罪」，即此句之義。下句有誤。⊙王先慎增「聽」字删「道」字曰：按顧讀誤。「自取一聽」句，上「一聽而公會」「聽不一則後悖於前」兩見。此言君自取一聽，即不為臣下所動，自毋墮入臣下谿壑之憂。乾道本錯誤不可讀，改從藏本、今本。⊙物双松從今本，釋曰：謂百事廢留，其卒必至君自以其意取裁之也。⊙奇猷案：

「道」乃「墮」音近而複衍者，今藏本無「道」字，是，今據删。（今藏本無「聽」字，與顧校不同。）顧氏句讀是。「不公會則猶豫而不斷，不斷則事留」，謂不公會辯難，頭緒紛繁，君必猶豫而不能斷，不能斷則事留而不行。「自取一，則毋墮壑之累」，謂君聽衆言之後，自取其一（自取，謂不因臣而作決定。）則不致墮入臣下之谿壑也。王、物説皆未得。今本、迂評本、凌本乃因上「一聽」而妄增「聽」字，不可據。

〔九〕顧廣圻曰：藏本同。今本「而」下有「不」字。按句有誤，未詳。⊙王先慎曰：諷，諫也。「諷定而怒」，即下「揆伍必怒」意。⊙高亨曰：廣雅釋詁：「怒，責也」。下文云「同則君怒」，又云「行參必折，揆伍必怒。不折則瀆上，不怒則相和。折之微是以知多寡，怒之前不及其衆」，又云「故姦得而怒」，諸「怒」字皆斯誼。蓋盛氣而呵責之即怒也。⊙奇猷案：諷，發言。高謂「怒，責也」，是。此文謂在公會時，使羣臣發言，即相與辯論之意。諷定（即辯論終結）之後，君因其言而責其實，如南面篇所謂「言無端末，辯無所驗者，此言之責也」。迂評本、凌本與今本同誤。

〔一〇〕王先慎曰：乾道本「日」作「曰」，趙本作「由」，盧文弨云：「由，藏本作日，是。」今據改。⊙物双松曰：謂羣下陳言者不得徒説，必有筴籍，因以為據也。⊙奇猷案：王改是，今從之。迂評本、凌本亦作「由」，誤。又案：依物説，則此句當釋為「其陳言必書之筴籍」。或以筴籍為紀録，則此句當釋為「在公會諷時，必有發言之紀録」。兩説均通。

〔一一〕奇猷案：「結智」，即上文之「結智」。謂所聚結衆智，待事發之後，驗其謀是否無失。

〔一二〕王先慎曰：「謀」當作「論」，字之誤也。⊙奇猷案：此文「而」下當有「論」字，「論」字句絶。「謀」字屬下。八姦篇「功勞之臣不論」，功以論言之，可為此脱「論」字之證。

〔一三〕顧廣圻曰：今本不重「成敗」二字。⊙奇猷案：此文「謀」下當有「有」字。王先慎依今本删「成敗」二字，蓋因不知上脱「論」字、及此脱「有」字而改「謀」為「論」，遂不得不删「成敗」二字以成句。凌本與今本同，亦誤。迂評本、藏本與此同，是宋、元、明三本不誤。趙用賢妄删也。

〔一四〕奇猷案：「規」字不當有，即「敗」字之譌衍。上文「成敗有徵」，成與敗之主詞皆爲事，可見「事成」之「事」字當貫下，亦爲此「敗」字之主詞甚明。又案：藏本「收」作「人」，誤。主道篇云：「臣有其勞，君有其成功。」

〔一五〕奇猷案：合符，謂符節相合以爲信也。荀子儒效篇楊注：「符節，以全竹爲之，剖之爲兩，各執其一，合之以爲驗也。」今合符雖重要，君猶不親爲，則勞力之事更不親爲之矣。

〔一六〕顧廣圻曰：「智」，當作「至」。⊙奇猷案：主道篇云「君有智而不以慮，使萬物知其處，是故去智而有明」，謂君不從事智慮，即此「事智不親」之義。上文「事至而結智」，謂事至而結集衆智，亦人主不用智之明證。此文謂君人者智猶不用，况於懸想乎？文義甚明，不煩改字。

〔一七〕松臯圓改「非」爲「其」，曰：「其」原作「非」，寫者誤。説疑篇「内外左右，其諷一而語同」，下文云「觀聽之勢，其徵在比周而賞異，誅罰而罪同」，此不取同之義也。⊙奇猷案：松説是。津田鳳卿改「非」爲「其」。姦劫弑臣篇云「凡人之大體，取舍同者則相是也」，故用人不取其同者。同者必有一辭同軌之嫌，故君責之。

〔一八〕王先慎曰：乾道本不重「君神」二字，顧廣圻云：「今本重。按句有誤。」先慎按：君神，即上文「其用人也鬼」，義取其不可測度也。「君神」二字當重，改從今本。⊙物双松曰：「下盡」，謂臣盡心力。⊙奇猷案：王氏重「君神」二字是，今從之，迂評本亦重。「相用」，疑當作「相告」。使人相告姦，則君知下之姦情，故君神也。餘詳下注。

〔一九〕太田方曰：因者，即下文所謂「臣有二因」。揚權篇云：「主上不神，下將有因。」⊙王先慎於「上」字下注曰：「則」上衍「下」字。⊙奇猷案：内儲説上篇述「周主亡玉簪」事，末云「於是吏皆聳懼，以爲君神明也」，又述「商太宰使少庶子之市」事，末云「市吏甚怪太宰知之疾也，乃悚懼其所也」，揚權篇云：「主上不神，下將有因。」以此證之，此文當作「君神則下悚懼」（悚，本字。聳，假字），下盡悚懼則臣上不因君而主道畢矣」，今脱去二「悚懼」字，又衍上「盡」字與下「下」字耳。因君者，謂因君之言或行而為私也。下節「臣有二因」云云，是因君之例。喻老篇云：「君見賞，臣則損之以為德；君見罰，臣則益之以為威。人君見賞，而人臣用其勢；人君見罰，人臣乘其威」，亦因君之例。趙本、藏本、凌本無下「下」字，是。迂評本無「下盡」下「下」字、無「上」字，誤。王氏以「下盡則臣上」為句，殊不可解。

〔二〇〕舊注：一曰「結智」。

三、知臣主之異利者王，以為同者劫〔一〕，與共事者殺〔二〕，故明主審公私之分，審利害之地，姦乃無所乘〔三〕。亂之所生六也：主母，后姬，子姓，弟兄，大臣，顯賢〔四〕。任吏責臣，主母不放〔五〕。禮施異等，后姬不疑〔六〕。分勢不貳，庶適不争〔七〕。權籍不失，兄弟不侵〔八〕。下不一門，大臣不擁〔九〕。禁賞必行，顯賢不亂〔一〇〕。臣有二因，謂外內也〔一一〕。外曰畏〔一二〕，內曰愛。所畏之求得，所愛之言聽，此亂臣之所因也〔一三〕。外國之置諸吏者，結誅親暱重帑〔一四〕，則外不籍矣〔一五〕。爵禄循功，請者俱罪，則內不因矣〔一六〕。外不籍，內不因，則姦宄塞矣〔一七〕。官襲節而進，以至大任，智也〔一八〕。其位至而任大者，以三節持之〔一九〕，曰質、曰鎮、曰固。親戚妻子，質也〔二〇〕。爵禄厚而必，鎮也〔二一〕。參伍責帑，固也〔二二〕。賢者止於質〔二三〕，貪饕化於鎮〔二四〕，姦邪窮於固〔二五〕。忍不制則下上〔二六〕，小不除則大誅〔二七〕，而名實當則徑之〔二八〕。生害事，死傷名，則行飲食；不然，而與其讎；此謂除陰姦也。翳曰詭，詭曰易。易功而賞，見罪而罰，而詭乃止〔二九〕。是非不泄，説諫不通，而易乃不用〔三〇〕。父兄賢良播出曰遊禍，其患鄰敵多資〔三一〕。僇辱之人近習曰狎賊，其患發忿疑辱之心生〔三二〕。藏怒持罪而不發曰增亂，其患徼幸妄舉之人起〔三三〕。大臣兩重，提衡而不踦曰卷禍〔三四〕，其患家隆劫殺之難作〔三五〕。脱易不自神曰彈威〔三六〕，其患賊夫酖毒之亂起〔三七〕。此五患者，人主之不知，則有劫殺之事〔三八〕。廢置之事，生於内則治〔三九〕，生於外則亂〔四〇〕。是以明主以功論之内，而以利資之外〔四一〕，故其國治而敵亂〔四二〕。即亂之道〔四三〕，臣憎則起外若眩，臣愛則起内若藥〔四四〕。

起亂〔四五〕

〔一〕奇猷案：趙本、迂評本「以」下有「異」字，誤。孤憤篇云：「臣主之利相異者也。主利在有能而任官，臣利在無能而得事；主利在有勞而爵禄，臣利在無功而富貴；主利在豪傑使能，臣利在朋黨用私。」

〔二〕奇猷案：事，謂賞罰之事。上文云：「賞罰下共則威分。」二柄篇云：「田常徒用德而簡公弒，子罕徒用刑而宋君劫。」即此「與共事者殺」之義。

〔三〕王先慎曰：下「審」字衍。公私之分，利害之地，并蒙「故明主審」四字而言。⊙奇猷案：以習慣言，凡對句有公共主詞者，後句可省主詞，但後句不省動詞，故下「審」字當有。迂評本改下「審」字為「别」，蓋泥於不重字而改之。又案：地字義近於分别，蓋利所在之地與害所在之地不同，故曰審利害之地。難三篇「知侈儉之地」，地字與此義同。八說篇：「不作而養足，不仕而名顯，此私便也。息文學而明法度，塞私便而一功勞，此公利也。」

〔四〕舊注：主母，君幼稱制。后姬、子姓，則強庶逼。兄弟，則公子擅國。大臣，代主執物者。顯賢，則虛名掩君。⊙王引之曰：古者謂子孫曰姓，或曰子姓。特牲饋食禮曰：「子姓兄弟，如主人之服。」鄭注曰：「所祭者之子孫。言子姓者，子之所生。」曲禮曰：「納女於天子曰備百姓。」鄭注曰：「姓之言生也。天子，皇后以下百二十人，廣子姓也。」玉藻曰：「縞冠元武，子姓之冠也。」注曰：「謂父有喪服，子為之不純吉也。」喪大記曰：「卿大夫父兄子姓立於東方。」注曰：「子姓，謂衆子孫也。姓之言生也。」楚語曰：「帥其子姓，從其時享。」（韋注曰：「姓，同姓也」，非是。下文曰：「比爾兄弟親戚」，乃始言同姓耳。）越語曰：「凡我父兄昆弟及國子姓。」（韋注曰：「國子姓，年在衆子同姓之列者」，亦非是。）列子說符篇曰：「秦穆公謂伯樂曰：子之年長矣，子姓有可使求馬者乎？伯樂對曰：臣之子，皆下才也。」韓子八經篇：「亂之所生者六也，主母、后姬、子姓」云云。史記外戚世家曰：「既驩合矣，或不能成子姓。」（見經義述聞校呂氏春秋疑似篇「喜效人之子姪昆弟之狀」條）⊙王先慎曰：弟兄倒，下文「兄弟不侵」，明此當作「兄弟」，舊注未譌。乾道本注「子姓」作「之姓」，「代王」作「代主」，今據趙本改。⊙奇猷案：王改是，今從之，藏本「王」亦作「主」。迂評本「弟兄」作「兄弟」，可證王說。亡徵篇云：「不為人主之孝，而慕匹夫之孝，不顧社稷之利，而聽主母之令。」是主母指太后也。王引之以子姓為子孫，是。下文「庶適不爭」，蒙此子姓言之，是子姓為庶。如此，則君之子孫除正適以外皆為子姓。兄弟，君之兄弟。大臣，執柄之臣。顯賢，指二心私學、巖居窞路之士，所謂賢者顯名而居者。（詳詭使篇）

〔五〕舊注：廢亂輒責於臣。⊙王先慎曰：此謂以法任吏，以勢責臣，則主母有所畏憚，不敢放肆。注說非。⊙奇猷案：亡徵篇云：「主母畜穢，外內混通，男女無別，是謂兩主，兩主者，可亡也。」此文又以主母為生亂之原因，兩文比較，則此文當釋為以法任吏，以勢責臣，如主母因私而包蔽則君不依。且任吏責臣，主母有何畏憚？主母畏憚，人君何以必無畏憚？故王氏所釋於理不洽。論語里仁注：「放，依也。」

〔六〕劉師培曰：案「疑」當作「擬」，擬即詭使篇擬妻竝后，愛臣篇之主妾無等也。又内儲説下云「驪姬貴，擬其后妻」，亦其證。⊙奇猷案：本書多以疑為擬，不必改字。如八説篇「不事醫則疑於死」，亦以疑為擬。説疑篇云：「内寵並后，亂之道也。」蓋姬擬於后則争，故生亂。又劉氏引文見説疑篇，非詭使篇也。施，施行。

〔七〕舊注：不令庶子貳適也。⊙奇猷案：藏本、叢刊本「適」作「過」，誤。又案：適、嫡同，謂嫡子。不以權勢分屬於嫡庶，則嫡庶不争也。

〔八〕舊注：權柄國籍不失於下也。⊙盧文弨曰：「籍」，張本下作「藉」，此亦當同。⊙顧廣圻曰：籍，讀為藉。⊙太田方曰：籍者，班爵禄之典制也。孟子：「諸侯惡其害己也，而皆去其籍。」⊙奇猷案：籍，勢位也。籍、藉雖通，但以作籍為正。並詳三守篇「因傳柄移藉」條。此文謂權勢不失於下，則君之兄弟不侵於君。舊注非。下文「籍」字非此義，盧説非。

〔九〕舊注：不令一門專制，則不得權。⊙盧文弨曰：「擁」，當從土旁。王先慎曰：注「權」當為「擁」之誤。⊙奇猷案：盧説是。此謂羣臣不出於大臣之一門，即非大臣之同黨，則人君不致為大臣所壅蔽。姦劫弑臣篇云：「以私為重人者衆，而以法事君者少矣。是以主孤於上，而臣成黨於下。」是下一門則君上孤，與此文可互證。舊注非。

〔一〇〕王先慎曰：「不」下有脱字，「亂」字屬下。「亂臣有二因」為句，下文「此亂臣之所因也」即其證。今以「亂」字屬上，非。⊙松皐圓曰：禁私行，賞公功，則養虚望者不得飾辯智以亂國也。⊙奇猷案：松説是。詭使篇：「令之所以行、威之所以立者，恭儉聽上；而巖居非世者顯。」故不禁顯賢則令不行，威不立，此所謂亂也。外儲説右上太公望殺狂矞、華士曰「吾恐其亂法易教也」，亦禁顯賢則不亂之旨，皆可證。王氏不明此義，遂以為有脱文而以「亂」字屬下，非是。

〔一一〕奇猷案：因，與上文「因君」之因同，詳上。

〔一二〕舊注：外臣行威，物皆畏。⊙王先慎曰：外，謂敵國。內，謂近習。注非。

〔一三〕奇猷案：所畏之國有所求索必予之，則彼得。八姦篇云：「大國之所索，小國必聽。為人臣者，事大國而用其威。」故此云「所畏之求得，此亂臣之所因也」。八姦篇云：「貴夫人，愛孺子，託於燕處之虞，乘醉飽之時，而求其所欲，此必聽之術也。為人臣者內事之以金玉，使惑其主。」即此文「所愛之言聽」為亂臣所因之義。

〔一四〕顧廣圻曰：藏本無「結」字，今本「結誅」作「誅其」，皆誤。按帑讀為孥，下同。⊙孫詒讓曰：「結」，當作「詰」，同聲叚借字。外國之置諸吏者，謂鄰國之為內臣求官者，戰國時往往有之。結誅，謂詰其罪而誅之。⊙王先謙曰：結，孫説是。帑，不誤。重帑，謂厚幣。敵所親暱重賂為反間者，則詰而誅之。⊙奇猷案：孫以「結」當作「詰」，是。五蠹篇「事强則以外權士官於內」，即此外國置吏之義。親暱，謂外國來置吏者所親暱之人。亡徵篇云：「羈旅僑士，重帑在外，上間謀計，下與民事。」是「重帑」，謂擁有厚幣為敵國來反間之人。親暱之人，及重帑之人，皆與外國之來置諸吏者狼狽為姦者也，今詰而誅之，則不敢相與為姦，故外不藉矣。迂評本與今本同，亦誤。吕氏春秋孟秋云「詰誅暴慢，以明好惡」，可為孫説「詰誅」連文之證。

〔一五〕王先慎曰：籍，讀為藉，下同。

〔一六〕奇猷案：藏本「因」作「固」，誤。

〔一七〕王先慎曰：乾道本「宂」作「充」，顧廣圻云：「今本充作宂。」先慎按：作「宂」是也。塞，訓為閉。淮南主術訓、晉語注並云：「塞，閉也。」外不藉，內不因，則姦宄之途閉。後人誤以塞為充滿，故改「宄」為「充」以就其義，非也。改從今本。孫詒讓云：「充疑作兑」，亦誤。⊙奇猷案：王改是，今從之，迂評本亦作「宄」。

〔一八〕奇猷案：當作「任其智也」，脱「任其」二字。古籍重文多作「＝＝」，此「大任」下之「＝＝」脱去，又脱「其」字耳。問田篇謂「明將措於毛伯，聖相關於州部」乃「明主之備」。顯學篇云：「試之官職，課其功伐，則庸人不疑於智愚。故明主之吏必起於州部，猛將必發於卒伍。」可知韓非主張大任之官必由州部陞遷，且以此知其是否有智。此文「官襲節而進，以至大任，任其智也」，謂官襲級（節，級也）陞遷，以至於大官，給以重任，乃任其有智也。但八説篇云「無術以任人，任智則君欺」，故任其智，必有術以持之。因此，下文云「其位至而任大者，以三節持之」，「三節」者，術也。由此可知「以三節持之」，正對「任其智」而言，亦可證此當作「任其智也」。

〔一九〕王先謙曰：襲節，猶上言襲級，節、級義同。「以節持之」，亦謂以上下之等治之。⊙奇猷案：三節，即下質、固、鎮。故此節字與「襲節」之節義别。説文：「節，竹約也。」段注：「約，纏束也。竹節如纏束之狀。」釋名釋形體：「節，有限節。」有限，即有約。是節之義原為約也。故所謂符節者，即以符為約束也。禮樂記「好惡無節於内」，又禮器「無節於内者觀物弗之察也」，吕氏春秋重己篇「節乎性者也」，諸節字與此義同，皆當訓為約束。下文所言質、固、鎮，即為三約也。以三節持之，謂以三約束執持之也。王説非。

〔二〇〕奇猷案：愛臣篇：「明君之蓄其臣也，盡之以法，質之以備。」所謂質之以備者，即質其親戚妻子以備其變也。

〔二一〕奇猷案：鎮，壓也。有功者必進爵益禄，爵禄又尊而厚，是所以壓其心也。

〔二二〕王先慎曰：「貴帑」，當作「責怒」，形近而誤。下立道云：「行參以謀多，揆伍以責失。行參必折，揆伍必怒」，即其義。⊙奇猷案：王説是。揚權篇云：「參之以比物，伍之以合虚。」參伍責怒固也，謂以參伍之驗，以責其言之實，所以固其事也。

〔二三〕奇猷案：或謂質賢者之妻子親戚即足止其姦心。案：此謂賢者不待鎮、固，有質則足以持之矣。如或説則「賢者」當作「姦人」然後可通，蓋賢者并無姦心，不必止也。

〔二四〕奇猷案：貪饕之人，僅親戚妻子之質不足以持之。然以尊爵厚祿之鎮，可以化之矣。

〔二五〕奇猷案：姦邪之人，詭計多端，雖有姦行，君不易察，故親戚妻子之質無用於彼，尊爵厚祿亦僅能使之富貴，不足以勸其心。若參伍責怒，則彼無所逃而窮矣。

〔二六〕顧廣圻曰：藏本「下上」作「上下」，今本作「下失」，皆誤。⊙王先慎曰：當作「上不制則下忍」，與「小不除則大誅」文正相對。「忍」「上」二字互譌也。⊙奇猷案：凌本「上下」作「下失」，與今本同，亦誤。迂評本「下上」作「上失」，疑為門無子意改，蓋迂評本沿襲今本，見今本作「下失」不可通，遂改為「上失」也。案：「上」疑「肆」字之誤。忍，謂容忍。制，謂以刑戮制之。（上文云：「柄者，殺生之制也。」是制者以刑戮制之也可證。）八說篇云：「仁者慈惠而輕財者也。慈惠則不忍，不忍則罰多宥赦。故仁人在位，下肆而輕犯法禁。」即此忍不制則下肆之義。

〔二七〕王先謙曰：即毫末不拔，將尋斧柯意。⊙奇猷案：內儲說上：「游吉不肯嚴形。鄭少年相率為盜，處於雚澤，將遂以為鄭禍。游吉率車騎與戰一日一夜，僅能剋之。」即此例。

〔二八〕顧廣圻曰：「而」上當更有「誅」字。徑者，謂顯誅也。下文乃隱誅之。生者，不誅也。害事者，實不當也。死者，誅之也。傷名者，名不當也。則行飲食者，以飲食行其誅也。不然者，不行飲食也。而與其讎者，以所誅與其讎也，故曰「此謂除陰姦也」。⊙于思泊師曰：按顧說非。而、如古字通。而名實當，即如名實當也。⊙奇猷案：于師說是。但「徑」下當增「誅」字。顧氏以徑為顯誅，乃增義為訓，非。「而名實當則徑誅之」，猶言如其罪行當於誅殺者則不必借以他事，可徑誅殺之也。迂評本、凌本與今本同，誤。又案：顧釋下文「生害事」云云，是。行飲食，謂以毒殺之。與其讎，蓋使其讎殺之也。

〔二九〕盧文弨拾補「醫」作「翳」、「易功」作「見功」，曰：（趙本）「繫」、秦本作「翳」，「詭」字藏本不重。（趙本）「易均」、「張本作「易功」，亦譌。⊙顧廣圻曰：藏本不重「詭」字，今本「醫」作「緊」。按句有誤，未詳。又按：今本「功」作「均」，誤。⊙王渭曰：下「易」字當作「見」。⊙俞樾曰：按「醫」字無義。趙本作「緊」亦非也。「醫」，當作「翳」。翳者，蔽也。下文「易功而賞，見罪而罰，而詭乃止矣」。下「易」字乃「見」字之誤，見功、見罪是不翳也。不翳而詭乃止，可證「翳曰詭」之義。⊙陶鴻慶曰：案俞氏讀醫為翳，是也。翳者，隱也。即上所謂除陰姦也。上文飲食以行誅，與讎以行誅，皆隱其事實而以詭道行之，變易正法，不可常用，故曰「翳曰詭詭曰易」。下云「見（今誤作「易」，從顧校改。）功而賞，見罪而罰，而詭乃止，是非不泄，説諫不通，而易乃不用」。⊙劉師培曰：案易與施同。詩彼何人斯「我心易也」，韓詩作「施」。大戴文王觀人篇「徑施不拂」，荀子正名篇作「徑易而不拂」，均易與施通之證。施，即邪也。⊙高亨曰：按「曰」當為「因」，蓋「因」或作囙，囙譌為「曰」也。翳，蔽也。詭，詐也。易，輕也。人臣輕其君則行詭詐，行詭詐則君壅蔽，故曰翳因詭，詭因易也。揆之下文，其意符洽。俞樾説迂曲。⊙物双松曰：詭，詭變下事以欺其上也。易，更易上令以欺下也。⊙奇猷案：迂評本、凌本與今本同。案：此文當從秦本改「醫」為「翳」，從藏本删一「詭」字，從盧、王説改下「易」字為「見」。原文當作「翳曰詭，曰易。見功而賞，見罪而罰，而詭乃止」。此「見功而賞」云云，與下「是非不泄」云云，以平筆釋詭、釋易，明此亦當詭、易平言，不當重「詭」字甚明。「翳」字、「見」字皆以形譌為「醫」、為「易」也。翳字當如俞氏釋，詭、易二字之義當從物氏所解。王先慎從俞説改，于思泊師與劉説同。

〔三〇〕王先謙曰：不為臣下所輕易。⊙奇猷案：是非不泄，謂君不以所聞之是非洩於衆臣也。説諫不通，謂君不以臣之諫説漏於他人也。如此，則羣臣無所資藉以更易上令，故曰而易乃不用。韓子以漏泄而無藏，不能周密，而通羣臣之語，為亡國之徵（詳亡徵篇），故此云然。

〔三一〕奇猷案：播送父兄賢良於敵國，敵國將資之以禍我，故曰遊禍。楚伍子胥奔吴，吴因之以伐楚；晉重耳奔秦，秦因之以謀晉」，皆其例。

〔三二〕太田方曰：齊懿公刖邴歜之父而使歜僕，納閻職之妻而使職驂乘，後二人謀弒懿公，即是類。⊙奇猷案：狎，戲也。疑，惑也。發忿，謂忿恨發於心。辱，謂恥辱。與僇辱之人親近，彼必因忿辱之心而生賊害之念。又案：歜、職弒懿公事，見左傳文十八年。

〔三三〕奇猷案：藏怒於心，懸其罪而不誅，彼必恐誅，妄動，作亂，徼幸成其功。如難四篇所舉高渠彌弒鄭昭公即其例。亡徵篇云「藏怒而弗發，懸罪而弗誅，使羣臣陰憎而愈憂懼，而久未可知者，可亡也」，與此文可互明。又案：藏本「幸」作「倖」，字同。

〔三四〕王先謙曰：若齊闞止、田常之比。⊙奇猷案：提衡，猶言稱衡，詳有度篇。跱，偏重也，詳亡徵篇。韓子以大臣兩重則必争事勢而為亡國之徵，亦詳亡徵篇。又案：田、闞事詳說林上。⊙孫詒讓曰：「卷」，當作「養」。謂養成禍亂也。養、卷形近誤。⊙奇猷案：「卷」字不誤。讀如論語衛靈公篇「卷而懷之」之卷，即今「捲」字。卷禍者，謂因他人之争鬬而被捲入其中之禍害也。今所謂捲入漩渦，即此義。孫氏改「卷」為「養」，非是。

〔三五〕孫詒讓曰：隆，讀為鬨。吕氏春秋察微篇：「楚卑梁公舉兵攻吴之邊邑。吴王怒，使人舉兵侵楚之邊邑。吴、楚以此大隆。」大隆，即大鬨也。孟子云「鄒與魯鬨」，孫奭音義引劉熙注云：「鬨，構也，構兵以鬬也。」（說文門部云：「鬨，鬬也」。）此云家隆，即家鬨，亦謂私家構兵争鬬也。隆與鬨古音相近得相通借，古文苑揚雄宗正箴云：「昔在夏時，太康不恭，有仍二女五子家降。」降與隆聲類亦同，古字通用。彼家降與此家隆事異而義同。⊙奇猷案：愛臣篇「將相管主而隆家」，隆家，謂盛大其家也。隆家與此家隆同。亡徵篇：「大臣兩重，父兄衆强，内黨外援以争事勢者，可亡也。」又云：「大臣隆盛，外藉敵國，内困百姓，以攻怨讎而人主弗誅者，可亡也。」說林上：「韓宣王謂樛留曰：吾欲兩用公仲、公叔其可乎？對曰：不可，王兩用之，其多力者樹其黨，寡力者借外權。」據此，是大臣欲爭事勢，必先内黨或外援以隆其家，作為爭事勢之實力。故大臣兩重，必造成家隆之患。如田氏與闞氏之爭，田氏先行收下取民（詳二柄篇）以隆其家，正是此例。孫説非。

〔三六〕王先謙曰：彈，疑殫形近而誤。脱易不自神則威竭盡於外。「彈威」無義。⊙奇猷案：「彈」字不誤。彈，分割也。外儲説右上「夫痤疽之痛也，非刺骨髓則煩心不可支也，非如是不能使人以半寸砥石彈之」，六反篇亦云「彈痤者痛」，證以顯學篇「嬰兒不擲痤則寖益」，（擲，判也，即割分之。）則所謂彈痤者，乃以半寸砥石割裂痤疽之意。是彈有分割之義無疑。故此所謂彈威者，分割其威也。脱，亦易也。（左傳僖三十二年「無禮則脱」，杜注：「脱，易也。」史記禮書「凡禮始乎脱，成乎文」，索隱云：「脱，疏略也。」疏略，亦易也。）神，即揚權篇「主失其神」之神。神者，不可測知也。「脱易不自神曰彈威」，猶言簡慢疏略，不自為神以處事則主威分也。觀下句，知此文言備内之事。備内篇云：「明主不舉不參之事，不食非常之食；遠聽而近視，以審内外之失；省同異之言，以知朋黨之分。」舉不參之事，食非常之食，是脱易也。不遠聽近視、省同異之言，是不自神也。津田鳳卿亦以彈為殫，與王説同，皆不明彈字之義而改也。

〔三七〕奇猷案：夫，即丈夫。備内篇云：「丈夫年五十而好色未解也，婦人年三十而美色衰矣。以衰色之婦人事好色之丈夫，則身死見疏賤，此后妃夫人之所以冀其君之死者也。唯母為后而子為主，則令無不行，禁無不止，男女之樂不減於先君，而擅萬乘不疑。此鴆毒扼昧之所以用也。」即此所謂「賊夫酖毒之患」。酖、鴆同，毒酒也。

〔三八〕王先慎曰：「主」下「之」字當衍文。⊙奇猷案：王説是，迂評本無「之」字。

〔三九〕顧廣圻曰：自此下皆未詳。⊙王先謙曰：國事廢置，皆當自内主之，由人主權其利害則無不治。

〔四〇〕王先慎曰：外，謂敵國也。上文「外曰畏，所畏之求得，此亂臣之所因」，即其義。⊙奇猷案：王説是。廢置生於外，即内儲説下所謂「敵國廢置」。

〔四一〕王先謙曰：論功於朝廷，取利於敵國。⊙松皐圓曰：內儲說下：「參疑廢置之事，明主絕之於內，而施之於外，資其輕者，輔其弱者，此謂廟攻。參伍既用於內，觀聽又行於外，則敵偽得。」與此段意相發明。

〔四二〕王先慎曰：乾道本「故其」作「其故」，盧文弨曰：「張本作故其」，顧廣圻云：「今本其作是，按句有誤。」先慎按：作「故其」語已明顯，今據改。⊙奇猷案：王改是，今從之。迂評本、凌本與今本同，亦誤。

〔四三〕顧廣圻曰：按句有誤。⊙王先謙曰：即，就也。即亂，猶左傳言「即死」。謂去安就危也。⊙王先慎曰：拾補「亂」下有「亡」字，盧文弨云：「亡，藏本作之，并非。」⊙奇猷案：趙本、迂評本、凌本「亂」下皆有「亡」字，誤。王先謙所釋是，下二句即「即亂之道」。

〔四四〕王先謙曰：不當憎而憎則亂臣起外，若楚伍員之類。不當愛而愛則亂臣起內，若吳太宰嚭之類。眩不自持，形骸之疾。飲藥致斃，心腹之疾。⊙太田方曰：其臣憎於君，則外藉大國之權以眩其主，所謂外因也。內儲說下云：「是以姦臣者，召敵兵以內除，舉外事以眩主。」其臣愛於主，則因燕虞醉飽以為其私，猶毒藥入於腹而發起也，所謂內因也。⊙奇猷案：王說未允。太氏釋前句是，但釋後句則不當。「臣愛則起內若藥」，謂臣愛其君，則以愛為掩護以藥殺其君。如鄭君美女藥殺鄭君（詳內儲說下）是其例。

〔四五〕舊注：一曰「亂起」。

四、參伍之道，行參以謀多，揆伍以責失〔一〕。行參必拆〔二〕，揆伍必怒〔三〕。不拆則瀆上，不怒則相和〔四〕。拆之徵足以知多寡〔五〕，怒之前不及其衆〔六〕。觀聽之勢〔七〕，其徵在比周而賞異也。誅毋謁而罪同〔八〕。言會衆端，必揆之以地，謀之以天，驗之以物，參之以人。

四徵者符，乃可以觀矣〔九〕。參言以知其誠，易視以改其澤〔一〇〕，執見以得非常〔一一〕，一用以務近習〔一二〕，重言以懼遠使〔一三〕，舉往以悉其前〔一四〕，即邇以知其內〔一五〕，疏置以知其外〔一六〕，握明以問所闇〔一七〕，詭使以絶黷泄〔一八〕，倒言以嘗所疑〔一九〕，論反以得陰姦〔二〇〕，設諫以綱獨為〔二一〕，舉錯以觀姦動〔二二〕，明說以誘避過〔二三〕，卑適以觀直諂〔二四〕，宣聞以通未見〔二五〕，作鬬以散朋黨〔二六〕，深一以警衆心〔二七〕，泄異以易其慮〔二八〕。似類則合其參〔二九〕，陳過則明其固〔三〇〕，知罪辟罪以止威〔三一〕，陰使時循以省衰〔三二〕，漸更以離通比〔三三〕。下約以侵其上〔三四〕，相室約其廷臣〔三五〕，廷臣約其官屬，兵士約其軍吏〔三六〕，遣使約其行介，縣令約其辟吏〔三七〕，郎中約其左右，后姬約其宮媛，此之謂條達之道。言通事泄則術不行〔三八〕。

立道

〔一〕王先謙曰：多，猶勝也，賢也，故行參以謀之。又揆之於伍，其衆以為失者則加罪責。⊙奇猷案：王說未允。如王說不但與下文不洽，且與韓子思想亦不合。（韓子主張一是皆取決於君，不因衆臣以為失即加罪責，蓋恐三人而迷也。讀姦劫弒臣篇及內儲說上說一諸例即可知之。）參，謂參驗形名。（詳揚權篇）多與失對舉，明多乃指功言。（本書「多」字之用法，多以為相對事物之稱，詳飭令篇「小者不毁」條。此以多與失相對，其為指功無疑。）故行參以謀多，猶言行參驗以謀功也。二柄篇「人主審合刑（同形）名者言與事也。為人臣者陳而言，君以其言授之事，專以其事責其功」，即此義。揚權篇云：「參之以比物，伍之以合虛。」物是有，虛是無，則物與虛亦為相對事物之稱。失為過失，屬於虛一面，故揆伍以責失，猶言揆於伍以責其過失也。（伍，謂錯綜諸事，詳揚權篇。）

〔二〕盧文弨曰：「拆」，藏本、張本作「折」。⊙王先謙曰：三人從二人，不用者必折抑之。⊙太田方曰：拆，分異也。⊙奇猷案：太說是。行參必分拆其言而驗其功，功當其事，事當其言則賞；功不當其事，事不當其言則罰。（見二柄篇）義甚明，不必改字。今藏本仍作「拆」，惟迂評本、張本作「折」。王先慎此及下皆改為「折」，松皐圓此及下皆改為「柝」，均非。王先謙依誤文為解，亦非。

〔三〕奇猷案：怒，責也。（詳上）下同。揆伍必責其失。

〔四〕王先謙曰：羣下和同，非上之利，故必責以怒之。⊙奇猷案：左傳昭二十六年「國外有援，不可瀆也」，杜注：「瀆，優也。」此文謂不分拆其言以驗功，則功不當言者，君必不能發覺，故下優（同慢）其上。不責其失，必致羣臣比周為姦。

〔五〕顧廣圻曰：今本「徵」作「微」。按句有誤。⊙王先慎改「徵」為「微」曰：此謂分別衆諜於極微，始知得失之多少。作「微」字是，改從今本。⊙高亨曰：按制分篇「然則去微姦之奈何」，孫詒讓云：「當云：微姦之法奈何。微者，職之借字。說文見部云：職，司也。」按此微字亦借為職。拆之必有司察，故曰拆之微足以知多寡也。王說非。⊙奇猷案：徵，謂證驗，即上文「成敗有徵，賞罰隨之」之徵。此文謂分拆所得之證驗，足以知功之多寡。義甚明顯，改「徵」為「微」，義反晦澀，王說非。高氏又以微為職，更難通。且孫以制分篇之微為職亦不確，詳彼。

〔六〕高亨曰：按前、剪正俗字。此謂怒而剪裁之，刑罰僅及其人不及其衆也。說文「歬，不行而進謂之歬，從止，在舟上」，即前後本字也。又「𠝣，齊斷也，從刀，歬聲」，隸變作「前」，即剪裁本字也。古書通以「前」為「歬」，以「翦」為「前」，俗又造「剪」以當「前」。莊子人間世「不為社者且幾有翦乎」，釋文：「崔本翦作前。」周禮巾車「木路前樊鵠纓」，鄭注：「前，讀緇翦之翦。」是前、翦通用之證。⊙奇猷案：前即前後之前。怒，責也，詳上。説文：「及，逮也。」小徐云：「及前人也。」則及有與人相接之義。此文謂責之之前不與其衆相及，即不洩露於其衆也，蓋恐其衆告知其人也。内儲説上「淖齒聞齊王之惡己也，乃矯為秦使以知之」即其例。高訓前為翦，太田方謂怒之前為怒於未然之前，松皐圓訓前為始，尹桐陽訓為湔，皆未確。

〔七〕王先謙曰：拆、怒雙承，此句有誤。⊙奇猷案：此下言觀聽，非言拆怒也，王氏誤。「觀聽之勢」猶言觀與聽之情勢。觀聽，義詳下。

〔八〕盧文弨曰：「也」字衍。⊙顧廣圻曰：今本「毋謁」作「罰」，誤。⊙王先慎曰：臣下比周則賞在立異。又案：「毋」字衍。誅謁，即上文「爵禄循功，請者俱罪」意。⊙劉師培曰：案「比周賞異」，謂因比周而有功，其功不賞。「誅毋謁而罪同」，謂不請於君而擅誅與受誅者同罰。「罪同」下當有「也」字，今脱。⊙高亨曰：按此當作「其徵在罰比周而賞異，誅女謁而罪同」。罰字轉寫脱去，女、毋篆形相近而譌也。知脱「罰」字者，罰與賞對，「誅毋謁而罪同」句，今本「毋」作「罰」，即上句「罰」字竄入下句，而下句又脱「女」字也。知「毋」當作「女」者，詭使篇云「女謁並行」，是其例證。王説非。⊙奇猷案：謁，謂告姦。毋謁，謂不告姦也。不告姦則有罰，故曰誅毋謁。下文云：「謁過賞，失過誅」，即其義。「賞」，當作「譽」。觀聽，即内儲説上「觀聽不參」之觀聽。徵，即象徵之徵。姦劫弑臣篇云：「凡人之大體，取舍同者則相是也，取舍異者則相非也。」南面篇：「相愛者比周而相譽，相憎者朋黨而相非。」據此，則比周者為朋黨，其同一朋黨之人則相譽，不同於一朋黨之人則誹之，故聽譽之不同則知朋黨之分。「觀聽之勢，其徵在比周而譽異也」，謂觀聽之勢，必觀聽臣下所表現之象徵，其象徵在比周而譽異。罪同，謂失姦者與姦者同罪，即失過誅也。

〔九〕松皐圓曰：天時、地利、物理、人情，用此四者計度比例以取考證，然後是非善惡可斷也。⊙奇猷案：言會衆端，猶言會合衆人之言。揆，度也。

〔一〇〕王先慎曰：「改」，當作「攷」，形近而誤。澤，讀為擇，謂擇守也。參聽人言以審察其誠否，易地而觀以考驗其擇守。禮記射義「澤者，所以擇士也」，澤有擇義，其字又相通。曲禮上鄭注「澤，或為擇」，是其證。⊙松皋圓曰：不為愛憎變操者，誠忠之臣也。故有時示威怒，改恩情，亦察忠邪之術也。⊙奇猷案：王謂「改」當作「攷」，澤讀為擇，是也。但所釋則未允。易，無「易地」之義。易，邪也（詳上「詭曰易」注）。邪與正相對，則邪有側旁之意。「易視以攷其擇」，謂從旁視之，以考察其擇守。此乃考功之要旨也。王說非。松氏所釋與此句文法組織不洽。

〔一一〕太田方曰：執見在之物以察陰情。非常，謂難察之事也。

〔一二〕物双松曰：專職以使令之，所以使近臣各有所務也。⊙太田方曰：務，讀為矜。此是韓昭侯罰典衣與典冠之類。⊙高亨曰：「務」，當作「矜」，形近而譌。矜借為兢，詩小旻「戰戰兢兢」，左宣十六年傳作「戰戰矜矜」，即矜、兢通用之證。爾雅釋訓：「兢兢，戒也。」則單言兢亦有戒誼矣。⊙于思泊師曰：務，應讀作侮。詩棠棣：「外禦其務」，左僖二十四年傳「務」作「侮」。爾雅釋言：「務，侮也。」廣雅釋詁：「侮，輕也。」「一用以侮近習」，言一其用，無所專寵，以輕近習也。⊙奇猷案：一用，猶言專用、不兼職也。韓子主張一人不兼官，一官不兼事，詳二柄篇「臣不得越官而有功」條。用人篇云「明主使士不兼官，故技長」，故此言一用。務，謂從事。務近習，謂從事於親近習慣之事。既一人不兼二事，且使人不變易其事而習慣其事，解老篇云「工人數變業則失其功，作者數搖徙則亡其功」，又云「事大衆而數搖之則少成功」，是其證。

〔一三〕王先慎曰：乾道本「言」作「官」。顧廣圻云：「藏本、今本官作言」，今據改。⊙王先謙云「重其禁令，則遠使知懼」。⊙太田方曰：重言，再詔也。遠遣者各召入再三屬託，無他故焉，彼必相疑，不至為姦。內儲說上所謂

「龐敬縣令，遣市者行，而召公大夫而還之」之類。⊙奇猷案：王改是，今從之，迂評本亦作「言」。王先謙、太田方二説均通。

〔一四〕奇猷案：舉其往事以知其目前之情况。或釋前為前時之前，不通。

〔一五〕太田方曰：邇，「武王不泄邇」之邇。就親暱而探其内情。卜皮知御史陰情之類。⊙奇猷案：太説是。謂就其所親暱之人以探其内情。卜皮事亦見内儲説上。

〔一六〕俞樾曰：「疏置」，當作「置疏」，與「邇」對，今作「疏置」則不對矣。⊙太田方曰：疏、不親也，置、所置也。親所置則姦人修飾難察矣。揚權篇云：「欲治其内，置而勿親；欲治其外，官置一人。」⊙奇猷案：太説是。謂疏其所置之官以察其外行。

〔一七〕松皐圓曰：内儲説上所云「挾知而問」也。

〔一八〕太田方曰：泄、媟通。漢書枚皐傳云：「好嫚戲，以故得泄黷貴幸。」⊙松皐圓曰：荀子注：「泄與媟同，慢也。」⊙奇猷案：詭使，謂詭譎而使之，詳内儲説上。公羊傳桓八年注：「黷，渫黷也。」渫、媟同。黷、瀆通。此文謂詭譎而使之，以杜絶其瀆慢之行為。可參閲内儲説上「疑詔詭事」諸例。

〔一九〕奇猷案：嘗，試也。可參閲内儲説上「倒言反使」諸例。

〔二〇〕俞樾曰：「論反」當作「反論」，「反論」與「倒言」相對，傳寫誤也。⊙奇猷案：内儲説下云：「事起有所害，必反察之。是以明主之論也，國害則省其利者，臣害則察其反者。」内儲説上云「倒言反事」，故反、指事言，則「反」字實係「反事」二字之省，與言正相對。論反以得陰姦，謂論事之反面以察其是否有陰姦也。俞説非。

〔二一〕王渭曰：諫，讀為間。⊙王先謙曰：為，讀為偽。⊙太田方曰：諫，諫争之官。獨為，言專任也。揚權篇云「上不與義之，使獨為之」是也。⊙奇猷案：王渭説是。太氏釋「獨為」亦是。間，即今言間諜。綱，謂紀綱，猶今言糾正。此文謂設為間諜以糾正專任之人，蓋恐其有姦也。依王先謙說則當釋為「糾正獨為者之僞詐」，雖亦可通，但嫌累贅。

〔二二〕太田方曰：舉錯，如「舉直錯諸枉」之舉錯。⊙奇猷案：有度篇：「以法治國，舉措而已矣。」舉錯與舉措同。是舉錯者，謂以法舉錯也。舉錯以觀姦動，猶言舉措其法以察姦人動靜。或以舉錯為指責錯誤。既指責其錯誤則不必觀其動矣，其誤甚明也。

〔二三〕奇猷案：難三篇：「法者，編著之圖籍，設之於官府而布之於百姓者也，故法莫如顯。是以明主言法，則境內卑賤莫不聞知也。」是所謂明說者，謂明說其法也。明說其法使人皆知，則不致有因不知而犯法者，故明說所以引人避過也，用人篇「明主之表（表，亦法也。）易見，故約立」，亦此義。

〔二四〕于思泊師曰：按卑適，應讀作俾敵。金文俾字通作卑，曾伯簠「具既卑方」，散氏盤「迺卑西宮，褱武父誓曰：……」，均其證也。至適、敵字通，古籍習見。俾敵以觀直諂，言使其敵對以觀其直與諂也。⊙奇猷案：于師讀卑為俾，甚是。但適當讀本字，義為迎合某人之意，姦劫弑臣篇「適夫人非所以事君也，適君非所以事夫人也」，二適字與此文適字同義。卑適以觀直諂，謂使彼迎合己意以察其為直為諂也。說林下：「晉中行文子出亡，過於縣邑。從者曰：此嗇夫，公之故人，公奚不休舍？文子曰：吾嘗好音，此人遺我鳴琴；吾好珮，此人遺我玉環；是振我過者也。」此文子使嗇夫迎合己意察知嗇夫諂媚之例。

〔二五〕奇猷案：說疑篇「使郎中日聞道於郎門之外，以至於境內日見法，非其所難也」，是所謂宣聞者，宣聞其道（道即人主所頒之法令）於下也。宣聞以通未見，謂宣聞其道於下以通之於未見之人。蓋古者識字者少，雖以法著於圖籍以頒布於人民，人民多不能識。況古者宣傳工具缺乏，雖有著法之圖籍，能見者當亦不多，故仍靠於口頭之宣傳。是以此文云然。

〔二六〕王先謙曰：上文「不怒則相和」意。⊙物双松曰：作鬭，謂使下相怒不比周也。⊙奇猷案：物説是。謂使其內部起鬭以散其朋黨。上文「不怒」，謂君不責，此「作鬭」，謂使之鬭，不能相比。王説非。

〔二七〕王先謙曰：深藏於一心則衆莫測喜怒。⊙王先慎曰：乾道本「警」作「敬」，顧廣圻云「藏本、今本敬作警」，今據改。⊙奇猷案：王改是，今從之。今元、明兩本（迂評本、藏本）皆作「警」。且本書警、敬二字又有嚴格之分別，如外儲説左上「警兩和」、「警鼓」、「警敵」等皆用警字，是其例。又案：深一，即內儲説上所謂「深知一物，衆隱皆變」之術也。此謂人君深知一事之詳情，則可警衆人之心也。王説未允。

〔二八〕奇猷案：亡徵篇：「太子已置而娶於强敵以為后妻則太子危，如是則羣臣易慮。」則易慮者，謂心在某事而考慮另從一事。此文謂故泄異事，使變易其慮也。

〔二九〕奇猷案：類似可疑之事，必合之參驗而取決。參驗，謂參驗形名，詳上。內儲説下篇有似類節。

〔三〇〕王先慎曰：固，猶故也。⊙尹桐陽曰：陳過，謂陳言而過當也。⊙奇猷案：固，即上文「曰鎮曰固」之固，王説非。此謂陳其過則可明其是否固定不變。如尹説則當釋為臣下之陳言而過當者，則指明彼必有智故。義雖可通，但與上下各句主辭皆為君不同，故其説不確。

〔三一〕顧廣圻曰：藏本、今本「知」下有「罪」字。王渭曰：「按句有誤。」⊙王先慎曰：辟，即避字。既知避罪，則上可以止威。⊙太田方曰：辟，刑也。能知其罪，能刑其罪，人莫犯法，故至於無刑。書云「辟以止辟」是也。⊙高亨曰：爾雅釋詁：「辟，辠也。」「止」，當作「正」，形近而譌。莊子在宥篇「禍及止蟲」，釋文：「正，本作止，崔本作正。」應帝王篇「不震不正」，釋文：「正，本作止。」即止、正互譌之證。知辟罪以正威者，言知下之罪，則刑罰咸當，而用威得其正矣。王説非。⊙奇猷案：「知」下當有「罪」字，此與下陰使時循相對，不當少一字，今據迂評本、藏本、趙本、凌本補。「止」字不誤。太氏釋「知罪辟罪」，是。此文謂知其罪、刑其罪以止其威。揚權篇：「主施其法，大虎將怯；主施其刑，大虎自寧。法刑苟信，虎化為人，復反其真。」即此義。諸説皆誤以威為主之威，宜其不可通也。（揚權篇：「探其懷，奪之威。」以威為臣之威可證。）

〔三二〕顧廣圻曰：今本「衰」作「衷」，誤。⊙王先謙曰：陰遣使循視敵國，省其衰敝之釁。⊙太田方曰：省，讀如「退而省其私」之省。衷，誠也。省察其誠否。⊙奇猷案：「衰」作「衷」是，迂評本、凌本亦作「衷」。太氏所釋是。此乃言人主考察之術，非言省察敵國之術。王説誤。陰使，謂陰使使密查也。時循，時巡也。此如内儲説上「衛嗣君使人為客過關市」是其例。

〔三三〕王先謙曰：慮我使與外國通比，又逐漸更易以離其交，故下申之云「言通事泄，則術不行」。⊙太田方曰：通比，謂朋黨比周。⊙奇猷案：「漸更」二字未詳。此句當係言離臣下相通、比周之術。王説顯非原文之意。且此節僅及御臣，未及對外，而王氏釋通比為與外國通比，其誤甚明。或釋漸更，謂以漸更調官吏，使不致激變也，與「離通比」義不相屬，亦非。

〔三四〕松皐圓曰：居上者，約束其下，不得擅行。在下者，侵凌其上，有姦必告。管子「君臣之道，下得明上，賤得言貴，故姦人不敢欺」。⊙奇猷案：探下文所言，是上級約束下級，此文「以」當作「不」。「下約不侵其上」，謂上級約束其下級，則下級不侵其上級。

〔三五〕奇猷案：相室，宰相也，詳孤憤篇。

〔三六〕奇猷案：松皐圓以「兵士」與「軍吏」互易，非也。「士」雖是「卿、大夫、士」中之末等，而「吏」更在等之外。士，有文士，亦有武士。吕氏春秋愛士篇以陽城胥渠為士。趙簡子興兵攻翟，陽城胥渠統千四百人與翟人戰，「皆先登而獲甲首」。據此，則此文「兵士」不是「兵卒」，而是統兵之士。至於「吏」是文職人員。「軍吏」當是在軍中之吏，可能是在軍中管文書者，故「軍吏」在「兵士」管轄之下。

〔三七〕盧文弨曰：「令」，張本作「吏」，非。⊙奇猷案：迂評本亦作「吏」，非。「縣令」，本書多見，如內儲說上「卜皮為縣令」是其一也。

〔三八〕奇猷案：此句疑是下節錯簡於此，詳下節「注三」。

五、明主，其務在周密。是以喜見則德償〔一〕，怒見則威分〔二〕。故明主之言隔塞而不通，周密而不見〔三〕。故以一得十者下道也，以十得一者上道也〔四〕。明主兼行上下，故姦無所失〔五〕。伍、官、連、縣而鄰，謁過賞，失過誅〔六〕。上之於下，下之於上，亦然〔七〕。是故上下貴賤相畏以法，相誨以和〔八〕。民之性，有生之實，有生之名〔九〕。為君者有賢知之名，有賞罰之實〔一〇〕。名實俱至，故福善必聞矣〔一一〕。

參言〔一二〕

〔一〕顧廣圻曰：「償」，當作「瀆」。⊙奇猷案：此謂君見其喜於某人（主喜即是德），則臣下資君此德取償於其人。內儲說下「君先見所賞，則臣鬻之以為德」，即其義。顧說非。

〔二〕盧文弨曰：「則」，藏本作「其」。⊙王先慎曰：作「則」是。⊙奇猷案：內儲說下：「君先見所罰，則臣鬻之以為威。」

〔三〕松皐圓曰：外儲說右上：「好惡見則下有因而人主惑矣，辭言通則臣難言而主不神矣。」⊙奇猷案：上節末句「言通事泄則術不行」當在此下。

〔四〕王先慎曰：上、下二字互誤。⊙高亨曰：或曰：以一得十者，侍一人之智察欲得十人之姦也。以十得一者，用十人之相窺以得一人之姦也。王說失之。⊙奇猷案：或說是也。此即以一國之目視，以一國之耳聽之義。

〔五〕奇猷案：謂明主兼行上下之道，則姦不失矣。

〔六〕王先慎曰：「失」字衍。⊙太田方曰：「官」疑「家」字之誤。管子：「五家為軌，四里為連。」周禮：「五家為鄰，五鄙為縣。」釋名：「五家為伍，又謂之鄰。鄰，連也，相接連也。」⊙奇猷案：「官」，當為「閭」之誤。「閭」易誤為「官」，詳難三篇「東匠之閭」條。連，當係一名詞。禮王制：「天子千里之外設方伯，五國以為屬，屬有長，十國以為連，連有帥。」十國以為連，當係周初之制。至春秋、戰國，諸侯亦襲用「連」一詞，但其制大變，齊語、管子小匡篇並云「五家為軌，十軌為里，四里為連，十連為鄉」，則「連」為什伍制度中之一環無疑。以此文所列秩序言之，當係自伍起層上以至於縣。伍即齊語、管子之軌，合五家。閭即里，（閭、里同，詳難三篇。）合五十家。連合二百家。縣當大於鄉，合若干鄉或若干家則不可考矣。（周禮地官大司徒「五州為鄉」，鄭注：「萬二千五百家。」當與此不同，不可為比。）此文「伍、閭、連、縣而鄰」者，謂伍、閭、連、縣，各各相鄰也。或以連為動詞，誤。史記商鞅傳「令民為什伍而相收司連坐，不告姦者腰斬，告姦者與斬敵同賞，匿姦者與降敵同罰，令民為什伍」，即此所謂「伍閭連縣而鄰」。「告姦」即「謁過」。「不告姦」即「失過」。王刪「失」字，非。

〔七〕奇猷案：謂謁過賞、失過誅之法，上級對下級，下級對上級，皆適用。

〔八〕顧廣圻曰：句有誤。⊙王先慎曰：「和」，當作「利」。⊙劉師培曰：案「和」，當作「知」。知即知姦。謂國有私告任坐之法，則民均以知姦相誨也。⊙奇猷案：王說是。上文云「賞莫如厚，使民利之」。今謁過者賞，故相誨以利也。

〔九〕奇猷案：民性之所欲者二：曰有生，曰養生。有生者，生之實也。賞利者，所以養生也。故賞利為生之名。

〔一〇〕奇猷案：知，讀智。八說篇云：「人主不親觀聽而制斷在下，託食於國者也。」故失賞罰之權則無為君之實，正是此文反筆。

〔一一〕奇猷案：功名篇：「名實相持而成，形影相應而立。」故名實必須俱至。名實俱至，則人得其性、君得其位也。又案：以臣言，福善，指賞譽。以君言，福善，指賢名。名實既至，則臣有賞譽，君有賢名，故曰福善必聞於耳矣。或以此有賢知福善等字而斷為非法家言，殊謬。又案：本書言賢知福善多矣，如主道篇「有功則君有其賢」，本篇上文云「智力不用則君窮乎臣」，大體篇「福莫久於安」，有度篇「賞善不遺匹夫」，皆其例。或者蓋泥於主道篇「去智而有明，去賢而有功」之類語句而構成此說。殊不知韓子去智、去賢，乃君不用其智賢慮事而用臣下之智賢，非謂君不須賢智也。君御臣之術，何嘗非賢智之用歟？至於福、善二字，觀上引大體篇、有度篇文，其義亦可明矣。

〔一二〕奇猷案：此目與本節之義不洽。太田方、松皐圓俱以此二字為下節之目，而以本節之目已佚。松氏移末節趙本之「主威」二字於此，太氏則意補「周密」二字。按：考察下節文義，此為下節之目無疑。但此節目未知所當作。末節「主威」二字，顯係趙用賢所增（詳下）。且「主威」二字與此節義亦不洽。太氏見本節首有「周密」二字而摭以為目，亦未見其宜。

六、聽不參則無以責下〔一〕，言不督乎用則邪說當上〔二〕。言之為物也以多信〔三〕。不然之物，十人云疑，百人然乎，千人不可解也〔四〕。吶者言之疑，辯者言之信〔五〕。姦之食上也，取資乎衆，籍信乎辯，而以類飾其私〔六〕。人主不饜忿而待合參，其勢資下也〔七〕。有道之主，聽言，督其用，課其功，功課而賞罰生焉〔八〕，故無用之辯不留朝。任事者知不足以治職，則放官收〔九〕。說大而誇則窮端〔一〇〕，故姦得而怒〔一一〕。無故而不當為誣，誣而罪，臣言必有報〔一二〕，說必責用也〔一三〕，故朋黨之言不上聞。凡聽之道，人臣忠論以聞姦〔一四〕，博論以內一〔一五〕，人主不智則姦得資〔一六〕。明主之道，己喜則求其所納，己怒則察其所搆，論於已變之後，以得毀譽公私之徵〔一七〕。衆諫以效智故，使君自取一以避罪〔一八〕。故衆之諫也，敗、君之取也〔一九〕。無副言於上以設將然〔二〇〕，今符言於後以知謾誠語〔二一〕。明主之道，臣不得兩諫，必任其一語，不得擅行，必合其參〔二二〕，故姦無道進矣〔二三〕。

聽法〔二四〕

〔一〕奇猷案：聽其言而不參驗則不知當否，故無從以責其下。

〔二〕王先慎曰：不督其用，徒聽其言，則姦邪之説當於人主之心矣。⊙松皐圓曰：外儲説左上：「人主之聽言也，不以功用為的，則説者多棘刺、白馬之説。」⊙奇猷案：督，責也。六反篇：「明主聽其言必責其用。」

〔三〕王先謙曰：言以多而易信，即三人成市虎義。⊙奇猷案：三人成市虎，詳内儲説上「龐恭與太子質於邯鄲」節。

物，事也。

〔四〕顧廣圻曰：句有誤。⊙王先慎曰：凡不然之物，十人以為然則疑信已半；若百人言之，愈不能決；至於千人之言，則已以為不然者亦已為然矣。此足上文「言之為物也以多信」義。顧以為誤，非也。⊙奇猷案：王説未允。以今語釋之，此文之意謂「不然之事，一人言之未信，十人言之，疑信參半，百人言之則以為然而不疑矣，此後，即使千人言不然，亦解不開其深信不疑的死結」。

〔五〕王先慎曰：吶者言之方以為疑，辯者言之心無不信矣。

〔六〕王先慎於「籍」下注云：「籍，讀為藉。藉，助也。」又於此下注曰：「信，讀為伸。辯士以相類之事文飾其私也。」⊙松皐圓曰：「取資乎衆」，謂藉助衆以營私便也。孤憤篇「敵國為之訟，羣臣為之用，左右為之匿，學士為之談，此四助者，邪臣之所以自飾也」。「籍信乎辯」，謂借辭辯以信私義也。八姦篇：「為人臣者，求諸侯之辯士，養國中之能說，使之以語其私。為巧文之言，流行之辭，示之以利勢，懼之以患害，施屬虛辭，以壞其主。」⊙奇猷案：松說是。王句讀誤。但王釋「以類飾其私」是。如燕子之以堯、舜禪讓以飾其簒奪（詳外儲說右下）是其例。食，蝕也，即侵蝕之意。管子君臣篇「明君在上，便嬖不能食」，食字與此同。

〔七〕奇猷案：饜，飽也，引申之則為盛。此文謂不能期待於參驗之辯說，若不盛怒以去辯者，而必待合於參驗而後去之，則以勢資下也。蘇代為子之說燕王，（見外儲說右下）燕王不即盛怒以去之，必待其後驗之事實證明子之為姦邪然後去之，則未至事實證明之前，已資子之成勢之機會矣。

〔八〕王先慎曰：張榜本「生」作「上」，誤。⊙奇猷案：藏本、迂評本無「而」字。誤。而，猶則也，詳王氏經傳釋詞。二柄篇云：「為人臣者陳而言，君以其言授之事，專以其事責其功。功當其事，事當其言，則賞。功不當其事，事不當其功，則罰。」可明此文之義。

〔九〕顧廣圻曰：「官收」，當作「收官」。「放」字當衍，卽「收」字之誤耳。王渭曰：「句絶。」⊙王先慎曰：顧、王說是。張榜本無「任事」至下「說」十四字，而以「大而誇」為句，非。⊙松皐圓曰：井曰：「收下宜有俸字。」⊙太田方曰：「收」下脱「禄」字，或「璽」字。奇猷案：此當依太田方增一「璽」字。「收璽」二字在本書常連文，外儲說左下云「梁車用法而成侯收璽」，又云：「梁車遂刖其足，趙成侯以為不慈，奪之璽而免之令。」奪璽亦收璽也。外儲說右下云：「王因收吏璽自三百石以上皆效之子之。」由此可知「收」下脫「璽」字殆無疑。「收璽」，即免職之官繳還印信也。放，釋也。放官，猶言免職也。趙本、迂評本、凌本皆以下「說」字屬此為句，非。

〔一〇〕王先慎曰：句。⊙奇猷案：其言大而誇者則窮詰其端末。

〔一一〕王先慎曰：而，猶則也。下「誣而罪臣」同。既得其誇大之姦情，則人主必怒。⊙奇猷案：怒，責也。謂窮詰之則姦無所隱，可得而責之。王說非。

〔一二〕「臣」字下顧廣圻曰：以上皆有誤。⊙王先慎曰：謂非為他事所阻，而功不當其言為誣，誣則罪臣。⊙奇猷案：「無故而不當為誣（句）誣而罪（句）」「臣」字屬下。此文謂無他事故之阻而功不當其言者是為誣，誣則加罪罰。顧、王二氏皆未得其讀。

〔一三〕奇猷案：報，復也。「臣言必有報」，謂臣之言必以後事復之，視其是否有驗。

〔一四〕王先慎曰：張榜本「聞」作「文」，非。⊙奇猷案：「以聞姦」，以姦聞於上也。

〔一五〕王先謙曰：內，與下納同。一人，謂君。⊙奇猷案：「博論以內一」句絕，「人」字屬下。「一」即亡徵篇「用一人為門户」之一。一，不必指一人，乃一人為首之朋黨。此文謂人臣之論，若以姦聞於上者，必忠直不辯。其論欲以一納於上者，必閎博以寬。如蘇代、潘壽等欲納子之於燕噲，其論則廣引古事（詳外儲說右下），是閎博以寬也。故人主之聽言，當能分別之也。王讀誤。

〔一六〕奇猷案：智，讀知，字通，本書多互用。松皐圓改為「知」，非。

〔一七〕王先謙曰：聞辯言而喜，必求其所納之虛實；聞訐言而怒，必察其所搆之是非。又於已變之後考論之，則毀譽公私皆得其徵驗矣。⊙奇猷案：此謂明主之道，當已喜悦之時，而臣下有納言者，當求其所納之言是虛是實，八姦篇「貴夫人、愛孺子，託於燕處之虞，乘醉飽之時，而求其所欲，此必聽之術也」，故此曰「喜則求其所納」。但當盛怒之時，納言者將藉君怒以搆禍於人，故必察其所搆為是為非，而論求其虛實。論是非當於己已變其情緒之後，即不喜不怒之時，則毁譽公私之徵驗可得矣。王說倒因為果，非。又案：藏本、迂評本無「論」字，非。

〔一八〕顧廣圻曰：今本無「故」字。⊙奇猷案：王先慎從今本删「故」字，非也。故字句絶。智故，猶言智巧（詳主道篇），本書習見。「以效智巧」，即今語「耍滑頭」。衆諫，猶今言「多其説素」。此文謂陳言者對一事多為説素以弄其智巧，使君在其諸説素中取其一説。彼所以如此者，實欲避免罪責。蓋事有敗時，則君自取之也，彼不負失敗之責任，故下文曰「敗，君之取也」。内儲説上：「三國兵至韓，王欲割河東而講，召公子汜而告之，對曰：講亦悔，不講亦悔。（中略）王曰：為我悔也，寧亡三城而悔，無危乃悔，寡人斷講矣。」「講亦悔，不講亦悔」，是對一事表二説素。韓王斷之，是君自取也。

〔一九〕王先慎曰：防衆諫敗取也。⊙奇猷案：「之」字當衍。「故衆諫也」句絶。「敗」字逗。此謂故多為説素者，如事有敗，則君自取之也。王説非。

〔二〇〕奇猷案：副言，謂輔助之詞。如内儲説上「或者一人有煬君者乎」。「一人有煬君者」為主語，「或者」為副言。又如上引公子汜語，若「不講亦悔」為主語，則「講亦悔」為副言。此文謂無使其既有一語，而又副以另一或然之詞於其主語之上，設為二者均有可能實現。凡二相反之語，必將有一為然，有一為不然。今二者兼言，是摩稜兩可之詭語也。

〔二一〕盧文弨曰：「今」，疑「令」。⊙顧廣圻曰：今本無「語」字。按句有誤，未詳。⊙王先慎曰：「今」，當作「令」。「語」字衍。言能符於後則為誠，不符則為謾。符，猶合也。⊙奇猷案：王説是。迂評本亦無「語」字。

〔二二〕奇猷案：「語」字當衍。淺人見諫為語，遂妄增一「語」字。「行」當作「言」，此皆言「言」，不言「行」。兩諫，即兩種説素。一，即兩諫之一。

〔二三〕松皋圓曰：道，由也。

〔二四〕奇猷案：此目當移置下節末，上節「參言」二字當移在此，説詳上。

七、官之重也，毋法也；法之息也，上闇也〔一〕。上闇無度則官擅為〔二〕，官擅為故奉重，無前則徵多，徵多故富〔三〕。官之富重也，亂功之所生也〔四〕。明主之道，取於任〔五〕，賢於官〔六〕，賞於功。言程，主喜俱必利。不當，主怒俱必害。則人不私父兄而進其仇讎〔七〕。勢足以行法，奉足以給事〔八〕，而私無所生，故民勞苦而輕官〔九〕。任事也毋重，使其寵必在爵〔一〇〕，處官者毋私，使其利必在祿〔一一〕，故民尊爵而重祿〔一二〕。爵祿所以賞也，民重所以賞也則國治〔一三〕。刑之煩也，名之繆也〔一四〕，賞譽不當則民疑〔一五〕。民之重名與其重賞也均〔一六〕。賞者有誹焉，不足以勸；罰者有譽焉，不足以禁〔一七〕。明主之道，賞必出乎公利，名必在乎為上。賞譽同軌，非誅俱行〔一八〕，然則民無榮於賞之内〔一九〕。有重罰者必有惡名，故民畏，罰所以禁也，民畏所以禁則國治矣。

類柄〔二〇〕

〔一〕物双松曰：官之權重，由無法也；法之不行，由上闇也。

〔二〕奇猷案：藏本、迂評本無「也上闇」三字，誤。度，即有度篇之度。無度者，無法度也。

〔三〕顧廣圻曰：今本重「奉重無前」四字。⊙奇猷案：王先慎從今本重「奉重無前」四字。迂評本與今本同。案：此當重「奉重」二字。讀「官擅為故奉重，奉重無前則徵多，徵多故富」。奉，奉養，即食禄。前通翦（詳上）。翦，裁也。奉重而不裁減其奉則徵税多也。王訓前為先（前有先訓，詳上），故有此誤。

〔四〕王先謙曰：「亂功」，無義，「功」字當衍。⊙陶鴻慶曰：案「亂功」當作「亂政」，「政」誤為「攻」，又誤為「功」耳。⊙于思泊師曰：按王説非。詩七月「載纘武功」，傳：「功，事也。」此謂亂事之所生也。⊙奇猷案：制分篇有所謂「畸功」「姦功」，皆指虚功、不合法之功。此所謂「亂功」，當亦此類。官上報虚功、不合於法而立之功，因之受賞而富重，故亂功之所以産生，是由於官求富重所引起。

〔五〕舊注：能任事則取之。

〔六〕舊注：能守官則贊揚之。

〔七〕奇猷案：程，中程也。所言之人能中程而主喜之，則言者與被言者俱賞。所言之人不當而主怒之，則言者與被言者俱罰。故言者不敢私於父兄，而仇讎亦不肯不進。蓋父兄之無能者，言之將有罰；仇讎之有能者，言之可得賞也。外儲説左下：「邢伯子荐其讎，曰：私讎不入公門。」是荐讎之例。又藏本、迂評本「其」作「上」，誤。

〔八〕奇猷案：外儲説左下：「苗子曰：晉國之法，上大夫二輿二乘，中大夫二輿一乘，下大夫專乘，此明等級也。且夫卿必有軍事，是故循車馬、比卒乘，以備戎事。有難則以備不虞，平夷則以給朝事。」故此文倖足以給事，即給軍事、朝事也。

〔九〕王先謙曰：民皆力耕，故勞苦；不為官擾，故輕官。⊙奇猷案：謂民皆力耕農而輕於官所予之任。此句既承上文徵多言，故輕官即輕任官之賦役也。

〔一〇〕顧廣圻曰：今本「也」作「者」。按依下文當作「者」。⊙奇猷案：「也」字不誤。此文謂君任之事勢也毋重，使其所得之寵賞必與其爵位相稱。故「任」字之主詞為君，與下句「處」字之主詞為臣不同，若改「也」為「者」則不通矣。王先慎依顧説改，非。凌本誤與今本同。

〔一一〕奇猷案：此謂臣之居官職者毋敢私為，使其利即在禄之中，即不使私增俸也。

〔一二〕奇猷案：爵禄不循功而可以寵賞得，則民務私門之交，因私門之譽以求賞，是爵禄之得也易，故民不重視。故心度篇云「好力者其爵貴」，可與此文相互發明。

〔一三〕王先慎曰：官輕則民重。⊙奇猷案：民重賞則致力以求賞，故令行禁止而國治矣。上文云：「賞罰可用則禁令可立而治道具矣。」即此旨。王説非。

〔一四〕奇猷案：此名，指賞譽之名，詳主道篇。賞譽繆誤則民輕法，民輕法則必輕犯禁令（説詳上文「賞罰可用」條），故刑煩也。

〔一五〕奇猷案：謂賞譽不當則民疑法。八説篇「錯法以道民也又貴文學，則民之所師法也疑」，與此文同旨。又案：藏本「譽」誤「舉」。

〔一六〕奇猷案：名與賞民均重之。詭使篇：「民之急名也甚，其求利也如此。」

〔一七〕奇猷案：有，讀又。宜賞者又誹之，則不足以勸善；宜罰者又譽之，則不足以禁邪。五蠹篇云：「毀譽賞罰之所加者相與悖繆也，故法禁壞而民愈亂」，是其義。

〔一八〕王先慎曰：非、誹字同。此即蒙上「賞者有誹焉不足以勸」句。⊙松皋圓曰：五蠹篇云：「譽輔其賞，毀隨其罰。」⊙奇猷案：藏本「賞」誤「當」。

〔一九〕王渭曰：句有誤脱。⊙奇猷案：王説是。此句上下皆有脱文，當云「有厚賞者必有美名，然則民無榮於賞之內，民無榮於賞之內則不行請謁，不行請謁則法不壞矣」。上文「賞譽同軌，非誅俱行」二語平列，而下文「有重罰者必有惡名」云云係承「非誅俱行」言，則此必係以「有厚賞者必有美名」云云承「賞譽同軌」一語，并與「有重罰者必有惡名」云云相對，其證一。「有厚賞者必有美名，然則民無榮於賞之内」，文義仍未完，而民無榮於賞之内之結果，必係以功求賞，而不壞法以得賜，故此下當接以「民無榮於賞之内則不行請謁，不行請謁則法不壞矣」，并與下文「民畏所以禁則國治矣」相對應，其證二。「賞之内」，謂因私門之請謁而得之賞，乃内部之賞，不合於法，不足以當大衆而譽之，則雖得賞亦不光榮，故有厚賞必有美名則民不榮於賞之内，既不榮賞之内則必不行請謁以求内賞，不求内賞則法不壞矣；文氣一貫，其證三也。

〔二〇〕奇猷案：此目當移置下節末，上節「聽法」二字當移此，說詳上。

八、行義示則主威分〔一〕，慈仁聽則法制毁〔二〕。民以制畏上，而上以勢卑下〔三〕，故下肆很觸而榮於輕君之俗則主威分〔四〕。民以法難犯上，而上以法撓慈仁〔五〕，故下明愛施而務賕紋之政〔六〕，是以法令隳。尊私行以貳主威，行賕紋以疑法〔七〕，聽之則亂治，不聽則謗主〔八〕，故君輕乎位而法亂乎官，此之謂無常之國〔九〕。明主之道，臣不得以行義成榮，不得以家利為功〔一〇〕。功名所生，必出於官法；法之所外，雖有難行，不以顯焉；故民無以私名〔一一〕。設法度以齊民，信賞罰以盡民能〔一二〕，明誹譽以勸沮，名號、賞罰、法令三隅〔一三〕，故大臣有行則尊君，百姓有功則利上，此之謂有道之國也〔一四〕。

〔一〕奇猷案：「示」字無義，當係「榮」字之壞誤。下文「不得以行義成榮」承此言，作「榮」可證。行義，指劍俠之徒能舍身行義者。詭使篇：「凡所治者刑罰也，今有私行義者尊。」五蠹篇：「行仁義者非所譽，譽之則害功。」私行義、行仁義者，即此文「行義」也。

〔二〕奇猷案：八説篇云「慈惠則不忍，不忍則罰多宥赦」，故曰法制毀。制，謂殺戮之權，詳上。

〔三〕奇猷案：卑下，謂使其下卑躬以事上。

〔四〕盧文弨曰：凌本「很」作「狠」。⊙奇猷案：藏本「很」作「狠」。很、狠正俗字，凌本蓋「狠」之誤也。説文：「很，行難也。」亡徵篇「很剛而不和」，很字即此義。觸，謂犯法。榮於輕君之俗，謂以輕君法令為榮之俗。五蠹篇云：「俠以武犯禁。」

〔五〕奇猷案：此謂民以法難行而犯上之法，上又出於仁慈，不治其罪，曲法而從之。撓，曲也。

〔六〕舊注：務為貨賕。⊙顧廣圻曰：「紋」字有誤，未詳所當作，下同。⊙孫詒讓曰：「紋」當作「納」，篆文「納」作𦁧，「紋」作䋈，二形相近而誤。納，謂納貨財子女也。國語鄭語説褒姒云：「褒人有獄而以為入。」入、納義同。⊙奇猷案：孫説是。明，不隱也。説文：「賕，以財物枉法相謝也。」此文謂貨賄公行。

〔七〕王先慎曰：「法」下當有「令」字。⊙奇猷案：貳，擬也。又案：此不必有「令」字，八説篇：「貴文學以疑法」，五蠹篇：「盛容服而飾辯説以疑當世之法」，皆不言「疑法令」可證。王氏蓋泥於對句，上言「主威」，而此必以「法令」對之，殊謬。疑，同擬，敵對也。

〔八〕顧廣圻曰：「主」，當作「生」。⊙王先謙曰：「謗主」與「亂治」對文，句義本通，不煩改字。⊙奇猷案：顧説是。「不聽則謗生」承上「尊私行以貳主」言。詭使篇「士之有二心私學者，焉得無深慮勉知詐與誹謗法令以求索」，是謗詣誹謗法令，非言誹謗人主，故以作「生」為是。下文云「君輕乎位」，乃謂法不固而君位輕，亦可證此文之謗係指謗法也。生，發生，產生。

〔九〕奇猷案：主道篇：「羣臣守職，百官有常，因能而使之，是謂習常。」故法亂為無常。

〔一〇〕奇猷案：家，謂卿大夫之家，詳上「家不害功罪」條。

〔一一〕松皐圓曰：民不得以私行、私義為名也。⊙奇猷案：藏本、迂評本不重「法」字，誤。

〔一二〕顧廣圻曰：今本無「能」上「民」字，按不當有。⊙奇猷案：王先慎依顧説删，非也。六反篇云「賞罰無私，使士民明焉，盡力至死」，士民盡力至死，即盡民能也。凌本與今本同，亦誤。又案：法度所以齊民氓之等，詳安危篇「齊民」注。

〔一三〕王先慎曰：此下當有脱文。⊙劉文典曰：案「隅」疑當為「偶」字之誤也。爾雅釋詁：「偶，合也。」謂名號、賞罰、法令三者相合也。⊙奇猷案：王説是。揚權篇云：「規矩既設，三隅乃列。」此文「三隅」下當脱「乃列」二字。

〔一四〕奇猷案：此下當移上節「類柄」二字為本節節目，説詳上。類者，類似也。行義者分威類於人主之柄，故曰類柄。趙本、迂評本、凌本於此下有節目「主威」二字。蓋此節之目已層移於上，致此節無目，趙氏見節首有「主威」二字，遂摭之以補目於此，殊不知本節乃言人臣行義分主之威而類於主威，非人主之威也，故「主威」二字實非本節之義。迂評本、凌本沿趙本之誤。盧文弨補「主威」二字，蓋據之趙本。王先慎又據盧説增，非是。

卷十九

五蠹第四十九〔一〕

上古之世，人民少而禽獸衆，人民不勝禽獸蟲蛇〔二〕，有聖人作，搆木為巢以避羣害，而民悦之，使王天下，號之曰有巢氏〔三〕。民食果蓏蜯蛤，腥臊惡臭而傷害腹胃，民多疾病〔四〕，有聖人作，鑽燧取火以化腥臊〔五〕，而民説之，使王天下，號之曰燧人氏。中古之世，天下大水，而鯀、禹決瀆。近古之世，桀、紂暴亂，而湯、武征伐。今有搆木鑽燧於夏后氏之世者，必為鯀、禹笑矣。有決瀆於殷、周之世者，必為湯、武笑矣。然則今有美堯、舜、湯、武、禹之道於當今之世者，必為新聖笑矣〔六〕。是以聖人不期脩古〔七〕，不法常可〔八〕，論世之事，因為之備〔九〕。宋人有耕田者〔一〇〕，田中有株〔一一〕，兔走，觸株折頸而死，因釋其耒而守株，冀復得兔，兔不可復得，而身為宋國笑〔一二〕。今欲以先王之政，治當世之民，皆守株之類也。

〔一〕奇猷案：五蠹者，即本篇末所指之學者、言古者、帶劍者、患御者、商工之民。

〔二〕王先慎曰：御覽七十八引「衆」作「多」，「蟲蛇」作「虵虺」。⊙奇猷案：文選東征賦注引仍與此同。

〔三〕王先慎「號」下補「之」字曰：各本「號」下無「之」字，御覽有，依下文當有。⊙奇猷案：有「之」字是，今據補。又案：一九八〇年八月二日人民日報載石器時代的人云：「在新几内亞的密林中發現一個還生活在石器時代的原始部落。這個部落按他們所在地的名稱叫『巴宗』。他們不懂農業，全靠狩獵和採集野果生活。『巴宗』人的房子是搭在四十英尺高的柱子上的茅草屋。他們往上爬時毫不費力。每個茅草屋有兩個相對開的入口處，屋内的『地』用藤蔓編成。『巴宗』人不知道什麽炊事用具。他們的烹飪術就是把當作食品的獵物扔在篝火中，然後過一些時候從火中取出來食用。」據此，可證韓非此文所説搆木為巢確是事實。

〔四〕津田鳳卿曰：山云：「腹，當作腸。解老：民以腸胃為根本。」⊙奇猷案：山説是。

〔五〕奇猷案：禮内則「大觿木燧」，注：「木燧，鑽火也。」疏引皇氏云：「晴則以金燧取火於日，陰則以木燧鑽火也。」論語陽貨篇「鑽燧改火」，集解引馬曰：「周書月令有更火之文，春取榆柳之火，夏取棗杏之火，季夏取桑柘之火，秋取柞楢之火，冬取槐檀之火。一年之中，鑽火各異木，故曰改火也。」據此，則燧者乃用以鑽火之木。木雖因季節而變，但統名之曰燧也。

〔六〕王先慎曰：「舜」下脱「鯀」字，「湯武禹」當作「禹湯武」。

〔七〕舊注：在扶世急也。⊙松皐圓曰：「修」，宜作「循」。謂不必循行古事也。⊙太田方曰：禮記：「禮也者，反本修古，不忘其初。」商子「不修古而王」，商君傳「修」作「循」。趙策：「修古無愆」，鮑注改「修」為「循」，吴注：「姚云：一作『循』。史記商君傳正作『循』。韓文考異引方氏云：唐人書修近循，楚辭亦有誤者。」則此字古已混耳。⊙奇猷案：修訓為治亦可通，但以作循義長。八説篇云：「當大争之世而循揖讓之軌，非聖人之治也。」正是此文之義，作「循」可證。

〔八〕顧廣圻曰：今本「可」作「行」，誤。⊙奇猷案：常者，永不變之謂。解老篇云「凡物之一存一亡，乍死乍生，初盛而後衰者，不可謂常。唯夫與天地之剖判也具生，至天地之消散也不死不衰者謂常」，即此意。常可者，猶言永常可行者。儒家稱道往古（見下文），以為往古之法永久可行。韓非主張變古，故曰不法常可。

〔九〕奇猷案：莊子盜跖篇非孔子云：「古者禽獸多而人少，於是民皆巢居以避之。晝拾橡栗，暮栖木上，故命之曰有巢氏之民。古者民不知衣服，夏多積薪，冬則煬之，故命之曰知生之民。神農之世，卧則居居，起則于于，民知其母，不知其父，與麋鹿共處，耕而食，織而衣，無有相害之心，此至德之隆也；然而黄帝不能致德，與蚩尤戰於涿鹿之野，流血百里。堯、舜作，立羣臣，湯放其主，武王殺紂。自是以後，以强凌弱，以衆暴寡，湯、武以來皆亂臣之徒也。今子修文、武之道，掌天下之辯以教後世，縫衣淺帶，矯言偽行，以迷惑天下之主而欲求富貴焉，盜莫大於子。」韓子即本此文而演繹也。淮南子氾論訓云：「夫殷變夏，周變殷，春秋變周，三代之禮不同，何古之從。」亦法家言也。

〔一〇〕奇猷案：王先慎據藝文類聚九十五、御覽四百九十九及八百二十二、九百七、事類賦二十三引删「田」字。按有「田」字亦通，不必删也。

〔一一〕太田方曰：株，斷木也。慧琳音義卷三「株，杌。考聲云：殺樹之餘也」。

〔一二〕王先慎曰：藝文類聚引「笑」上有「所」字。

古者丈夫不耕〔一〕，草木之實足食也；婦人不織，禽獸之皮足衣也〔二〕。不事力而養足，人民少而財有餘，故民不争。是以厚賞不行、重罰不用而民自治。今人有五子不為多，子又有五子，大父未死而有二十五孫。是以人民衆而貨財寡，事力勞而供養薄，故民争，雖倍賞累罰而不免於亂〔三〕。

〔一〕盧文弨曰：「古」下似當分段。⊙奇猷案：舊連上，今從盧説提行。

〔二〕王先慎曰：張榜本、趙本「婦人」作「婦女」。

〔三〕奇猷案：韓非此論，蓋為法治的必要張本，只有法治才能平亂。有度篇云「治亂決繆，絀羨齊非，一民之軌，莫如法」，即其旨。

堯之王天下也〔一〕，茅茨不翦，采椽不斲〔二〕，糲粢之食，藜藿之羹，冬日麑裘〔三〕，夏日葛衣，雖監門之服養，不虧於此矣〔四〕。禹之王天下也，身執耒臿以為民先〔五〕，股無胈〔六〕，脛不生毛，雖臣虜之勞不苦於此矣〔七〕。以是言之〔八〕，夫古之讓天子者〔九〕，是去監門之養而離臣虜之勞也，古傳天下而不足多也〔一〇〕。今之縣令，一日身死，子孫累世絜駕，故人重之〔一一〕。是以人之於讓也，輕辭古之天子，難去今之縣令者，薄厚之實異也。夫山居而谷汲者，膢臘而相遺以水〔一二〕；澤居苦水者，買庸而決竇〔一三〕。故饑歲之春，幼弟不饟〔一四〕；穰歲之秋，疏客必食〔一五〕。非疏骨肉愛過客也〔一六〕，多少之實異也〔一七〕。是以古之易財，非仁也財多也〔一八〕；今之争奪，非鄙也，財寡也〔一九〕；輕辭天子，非高也，勢薄也；爭土橐〔三〇〕，非下也，權重也。故聖人議多少、論薄厚為之政。故罰薄不為慈，誅嚴不為戾，稱俗而行也。故事因於世，而備適於事〔三一〕。

〔一〕盧文弨曰：「堯」下亦當分段。⊙王先慎曰：乾道本「也」下有「有」字。顧廣圻云：「今本無『有』字。按當云『堯之有天下也』。李斯列傳可證。」先慎案：「有」字係後人用史記校記于「王」下失刪耳。北堂書鈔一百四十三、御覽八十、初學記九引並無「有」字，今據刪。⊙奇猷案：王刪是，今從之。又舊連上，今從盧校提行。又案：「王」，動詞，言為天下王。

〔二〕王先慎曰：御覽一百八十八引「斲」作「刮」。案李斯傳、淮南主術訓亦作「斲」。此下李斯傳有「雖逆旅之宿不勤於此矣」，似非韓子原文。此下云「古之讓天下者，是去監門之養而離臣虜之勞」，不言逆旅之宿，明韓子無此十字。餘亦煩省不同，當各依本書。⊙太田方曰：史記始皇紀索隱曰「采，木名，即今之櫟木也，亦作採」。胡三省曰「余謂采椽者，蓋自山采（猷案：同採）來之椽，因而用之，不施斧斤，示樸也」。愚按淮南子作「樸角不斲」，韓詩外傳作「樸椽不斲」。爾雅釋木云：「樕，樸心。」疏：「槲樕有心能濕，江、河間以作柱。」玉篇：「採，槲也。」即採、樸、槲實一物，皆可以為椽柱，胡氏未深考耳。且以「茅茨」對「采椽」，則為木名可知矣。⊙奇猷案：作椽之木多矣，何必限於採木、樸木？胡氏以為採來之椽較為近之，但亦未得采字之義。余以為采當讀為彩。蓋自山上採來之木即以為椽，未經斲削，故曰彩椽（木斲後變為白色）。淮南子、韓詩外傳作「樸椽」，樸亦非木名，乃樸素之樸。太說非。

〔三〕王先慎曰：御覽二十七、又八十、又六百九十四引並作「鹿裘」，李斯傳亦作「鹿」。

〔四〕王先慎曰：御覽八十引「虧」作「敵」，八百四十九及北堂書鈔一百四十三引作「厭」，並誤。虧，損也。⊙奇猷案：監門，守門者，供養甚薄，詳八説篇。

〔五〕王先愼曰：御覽八十二引「耒臿」作「木畚」。

〔六〕王先愼曰：乾道本「胈」作「肢」，據張榜本改。李斯傳亦作「胈」。御覽引作「股無完胈」。⊙松皐圓改「肢」作「胈」曰：胈，一作肢，非。史記集解：「胈，膚毳毛。」山曰：「莊子：堯、舜於是乎股無胈，脛無毛。」⊙奇猷案：王、松改是，今從之。迂評本亦作「胈」。

〔七〕奇猷案：禮少儀鄭注：「臣，謂囚俘。」則臣虜猶言俘虜。古以俘虜為奴僕，故云。

〔八〕王先愼曰：「以」，張榜本作「又」，誤。

〔九〕奇猷案：「天子」，當作「天下」。姦劫弑臣篇：「伯夷、叔齊者，武王讓以天下而弗受。」説林上：「湯讓天下於務光。」説林下：「堯以天下讓許由。」外儲説右下：「人之所以謂堯賢者，以其讓天下於許由。」皆言「讓天下」可證。

〔一〇〕王先愼曰：「古」，張榜本、趙本作「故」。古、故字通。⊙奇猷案：「故」字誤。上文「古之讓天下」，作「古」字。

〔一一〕門無子曰：累世絜駕，言累世乘軒不徒行也。⊙奇猷案：絜，蓋借為挈。禮大學「是以君子有絜矩之道」，鄭注云：「絜，猶挈也」，是其證。挈駕，謂挈舉軒車而乘之。

〔一二〕舊注：谷水難得，故節以水相遺也。⊙王先愼曰：説文：「膢，楚俗以二月祭飲食也。臘，冬至後三戌臘祭百神。」風俗通引「相遺以水」作「買水」。

〔一三〕舊注：澤者苦水，故買人功使決竇也。⊙王先愼曰：「庸」，張榜本作「傭」。⊙奇猷案：説文：「庸，用也。傭，均也，直也。」案庸者，用其力以求功，故曰庸。是「庸」為本字，「傭」為借字也。

〔一四〕舊注：幼弟可惜，猶不饟之也。⊙王先愼曰：意林、御覽八百四十九引「幼」作「從」。⊙奇猷案：作「從」者誤也。饑歲之春，至於至親而可憐惜之幼弟不之饟，正可明其不足也。

〔一五〕王先慎曰：乾道本「穰」作「饟」，涉上文而誤，據拾補改。盧文弨云：「饟，張本作穰。疏，意林作過。」⊙奇猷案：王改是，今從之，迂評本、叢刊本正作「穰」。穰歲，豐年也。又案：意林「疏」作「過」，是。下文「非疏骨肉愛過客也」，承此言，作「過」可證。今作「疏」者，乃蒙下「疏」字而誤也。

〔一六〕王先慎曰：乾道本無「客」字，顧廣圻云：「今本過下有客字，按疏下當有客字。」先慎按：顧説非。「非疏骨肉」逗。御覽、意林引同，無下「愛過客也」四字，改從今本。「愛過客」蒙上「疏客必食」言。過客，即疏客。⊙奇猷案：王補是，今從之，凌本與今本同。迂評本誤作「客過」。

〔一七〕盧文弨曰：意林「實」作「心」。⊙王先慎改「實」為「心」曰：案御覽亦引作「心」。⊙奇猷案：王説非。多，謂穰歲糧多。少，謂饑歲糧少。「多少之實異也」，猶言糧多少之實際情況不同。上文「厚薄之實異也」，與此同一文例亦可證。若作心，則謂待幼弟與過客之心有多少之不同，顯然非此文之義。

〔一八〕盧文弨曰：張本「之」作「人」。⊙奇猷案：藏本、迂評本亦作「人」，誤。「古之」與下「今之」相對，不當作「人」也。

〔一九〕奇猷案：淮南子齊俗訓：「民有餘則讓，不足則争。」論衡治期篇：「讓生於有餘，争起於不足。」

〔二〇〕顧廣圻曰：今本「争」上有「重」字。按未詳。⊙王先慎補「重」字曰：按「争」上有「重」字是。「輕辭天子」，「重争土橐」，相對為文。「土」當作「士」，形近而誤。士與仕同。橐與託通。淮南修務、説林「項託」，漢書董仲舒傳孟康注作「項橐」，是橐、託通用之證。士橐，即仕託，古今字。外儲説左上篇「晉國之辭仕託者國之錘」，又云「晉國之辭仕託慕叔向者國之錘」，彼云「辭仕託」，此云「争仕託」，可見仕託之義。⊙奇猷案：「重」字不必有，疑係今本所增。王以土橐為仕託。案仕託為託食之士，非實任官，當無權勢可言，故作「仕託」與下文「權重」之語不合。疑「土橐」，即管子地員篇之「橐土」。管子云「粟土之次曰五沃。五沃之狀，剽忞橐土。蟲易全處，忞剽不白，下乃以澤，其種大苗、細苗」云云。尹注：「剽，堅也。忞，密也。橐土，謂其土多竅穴。若橐多竅，既堅密，故常潤澤而不乾白，此乃葆澤之地也。」據此，則橐土者，宜於種殖之土地。此文之意，蓋謂古天子棄其天下而不惜，今之諸侯，不但不願棄其諸侯之位，且不惜用兵動衆而争土橐；蓋以爭有土橐之地足以成其霸王之尊。正如初見秦篇云：「荆可舉則民足貪也，地足利也，（中略）霸王之名可成也。」南面篇亦云：「無地無民，堯、舜不能以王，三代不能以强。」故此言「争土橐，非下也，權重也」。或曰：「橐，透母；地，定母；皆舌頭音通轉。『橐』假為『地』。『土橐』即『土地』。後文齊謂子貢曰吾所欲者土地也，正是『爭土地』之明證。」奇猷案：或説有理。

〔三二〕奇猷案：後文云「世異則事異，事異則備變」，與此文可互明。

古者文王處豐、鎬之間〔一〕，地方百里，行仁義而懷西戎，遂王天下。徐偃王處漢東，地方五百里，行仁義〔二〕，割地而朝者三十有六國〔三〕，荆文王恐其害己也，舉兵伐徐，遂滅之〔四〕。故文王行仁義而王天下，偃王行仁義而喪其國〔五〕，是仁義用於古而不用於今也。故曰：世異則事異。當舜之時，有苗不服，禹將伐之。舜曰：「不可。上德不厚而行武，非道也。」乃修教三年，執干戚舞，有苗乃服〔六〕。共工之戰〔七〕，鐵銛矩者及乎敵，鎧甲不堅者傷乎體〔八〕，是干戚用於古不用於今也。故曰：事異則備變。上古競於道德，中世逐於智謀，當今爭於氣力。齊將攻魯，魯使子貢説之。齊人曰：「子言非不辯也，吾所欲者土地也〔九〕，非斯言所謂也。」遂舉兵伐魯，去門十里以為界〔一〇〕。故偃王仁義而徐亡，子貢辯智而魯削。以是言之，夫仁義辯智，非所以持國也。去偃王之仁，息子貢之智，循徐、魯之力〔一一〕使敵萬乘，則齊、荆之欲不得行於二國矣。

〔一〕奇猷案：「文」，原作「大」，王先慎依盧文弨改，是，今從之。文選東方曼倩答客難李注引韓子曰「文王行仁義而王天下，偃王行仁義而喪其國」，即節録此文，作文王可證。又案：舊連上，盧文弨云「似當分段」，今從之。

〔二〕奇猷案：博物志引徐偃王志云：「徐君宫人娠而生卵，以為不祥，棄之水濱，獨孤（史記秦本紀正義、水經濟水注並作「孤獨」。）母有犬名鵠蒼，獵得所棄卵，銜以東歸，獨孤母以為異，覆煖之，遂蛹成兒，生時正偃，故以為名。徐君宫中聞之，乃更録取，長而仁智，襲君徐國，仁義著聞，欲舟行上國，乃通溝陳、蔡之間，以己為天瑞，遂稱徐偃王。」

〔三〕王先慎曰：論衡非韓篇作三十二國。⊙劉文典曰：案「割地而朝者」當作「陸地之朝者」。淮南氾論篇、人間篇並作「陸地之朝者」，論衡非韓篇作「陸地朝者」，皆其證也。⊙奇猷案：淮南説山訓亦作三十二國。後漢書東夷傳、博物志、水經濟水注并與此同。又案：劉説非也。古代無海上交通，當亦無自海來朝者，故無須分為陸地之朝者與水路來朝者。史記周本紀「西伯乃獻洛西之地以請紂去炮烙之刑」，是古者自有割地而朝之事。至漢初有海上交通，始有由海征伐之事，史記朝鮮傳：「武帝元封二年，遣樓船將軍楊僕從海攻朝鮮。」朝鮮既便於自海攻，當亦便於自海來朝，於是有陸地來朝者與海路來朝者之别，故劉安言陸地之朝者以别於自海來朝者。王充則直以此義竄改韓非之文，非是。

〔四〕盧文弨曰：徐偃王，當周穆王時，與楚文王相去遠，譙周據此以駁史，失之不考。⊙黄暉曰：滅徐偃王事，諸説不同。史記秦本紀云「徐偃王作亂，繆王長驅歸以救亂」，趙世家、潛夫論志氏姓篇同，並謂與周穆王同時。謂楚文王滅之者，韓非子五蠹篇，楚辭七諫、沈江，說苑指武篇，淮南說山訓高注。謂周穆王使楚文王滅之者，後漢書東夷傳。謂楚莊王滅之者，淮南人間訓。但言周王使楚滅之者，博物志八、水經濟水注引劉成國徐州地理志。謂周穆王與楚文王為時相去甚遠及穆王長驅千里為不合情事者，譙周古史考。（秦本紀正義、趙世家索隱。）案譙蓋以楚文王為春秋時熊貲，然楚文王事左傳多載之，亦不見滅徐偃王事。梁玉繩以為仍韓子之誤，盧召弓亦不以譙周為是。仲任以為滅於强楚，（見論衡非韓篇）蓋從韓非之説而未明言為楚文耳。韓愈徐偃王廟碑五百家注引樊汝霖説以為穆王所與連謀，伐徐者為熊勝，則從史記也。胡克家通鑑外紀注曰：「古時傳說，不必盡合，楚之文王，或亦如晉之文公，不必祇有一也。」其說最通。（黄説見論衡校釋幸偶篇）

〔五〕奇猷案：喻老篇云：「以名號為罪，徐偃王是也。」

〔六〕蔣超伯曰：淮南氾論訓「舜執干戚而服有苗」，高注：「舜時，有苗叛，舜執干戚而舞於兩階之間，有苗服從。」氾論本韓非。高注「兩階」，不知何本。偽古文尚書因曰：「舞干羽於兩階七旬，有苗格其實。」⊙奇猷案：吕氏春秋上德篇云「三苗不服，禹請攻之。舜曰：以德可也。行德三年而三苗服」，又召類篇云「舜却苗民，更易其俗」，與淮南所説及韓子此文，皆謂服三苗為舜時事。然荀子成相篇云「禹勞心力堯有德，干戈不用三苗服」，史記五帝紀云「三苗在江、淮、荆州，數為亂，於是舜言於帝堯，遷三苗於三危以變西戎」，則以為堯時事，與此異，未知孰是。

〔七〕松皐圓曰：物双松曰：「共工氏在女媧時，而前乎舜、禹，而下文云：干戚用於古不用於今也，可疑。案路史共工氏傳：太昊氏没，俶亂天常，竊有冀方。唐表言共工氏有地在弘農之間。豈舜、禹之後，弘農間别有共工氏歟？又案：路史：勾龍生垂，垂臣高辛，為堯共工，生噎鳴，是為伯夷，生四岳，太岳生先龍，先龍生玄氏，玄氏、乞姓；湯革夏，伐氏，氏人來朝，而共工氏世官。則豈是歟？」圓案：外儲說云：「堯舉兵而誅共工於幽之都。」下分古、今言之，屬文之宜，不必拘也。荀子「堯伐驩兜，舜伐三苗，禹伐共工」，注：「禹伐共工，未詳。」秦策亦有此語。吳注「此游士之辭。凡戰國言帝王事類如此，皆不足辨矣」，此說近之。⊙奇猷案：共工，當係一部落之氏姓。古代之部落，游徙無定，勢强則近來，敗弱則遠遷。故女媧時有共工之名，而堯、舜時亦見。舉凡古代部落皆如此。殷之先起於舜，而强於夏末，周之先起於堯，而强於商之末，皆其例。但共工一部落，自舜、禹以後未見紀載，諒於舜、禹之後遠徙未返，或即於此戰被消滅則不可考矣。吳師道以為游士杜撰，蓋不明古代氏族之發展而妄言也。松氏引外儲說文見外儲說右上，引荀子見議兵篇。

〔八〕門無子曰：銛，箭簇也。⊙盧文弨曰：「矩」，張本作「短」。⊙顧廣圻曰：今本「矩」作「距」，誤。案當作「短」。⊙太田方曰：鐵銛，見戰國策。博雅云：「鉀謂之銛，謂如鏵也。」說文：「銛，从金，舌聲，讀如棪。」方言云「錟謂之鈹」，注：「今江東呼大矛為鈹。」初學記漁條云：「銛，取黿鼉也」，何承天纂文云：「鐵銛有距，施竹頭，以之擲黿鼉。」愚謂鐵銛若今漁人箝魚之杈。⊙奇猷案：八說篇亦有「鐵銛」之名。說文：「銛，臿屬。」則銛實為類似於臿之兵器。矩，即鉅之借字。矩之本字為巨，說文「巨，規巨也」，蓋即謂規矩，故巨為矩之本字。莊子天下篇「以巨子為聖人」，釋文云：「崔本作鉅。」是巨、矩、鉅三字原為一字。墨子備穴篇「鐵鉤鉅長四尺」，備高臨篇作「鉤距」，孫詒讓云：「鉅與距通。」荀子議兵篇言兵器亦有「宛鉅鐵釶」，是鉅為兵器之一種，較平常兵器為長，故可於敵高臨或穴攻時用以拒敵。（敵高臨皆用梯，梯之為制，當係以梯裝置車上，人立梯上，其車推至城下，梯上之人即可直至城上。今執長鉅立城上者，敵梯尚未靠城牆即可以鉅擊之，或拒其梯不使近。）銛短，用以拒敵則有不便，是以用為鉅者增長之使如鉅，故曰「鐵銛鉅者」，正表示兵器進步。鐵銛之增長為鉅者既長，故曰「及乎敵」。若作「短」則義不通。今本「矩」作「距」，或因字通之故。張本作「短」，則不明此義而改也。王先慎依盧、顧說改，亦誤。「鎧甲不堅者傷乎體」，謂鎧甲不堅則恐其傷於體，故為堅固之鎧甲，亦示兵器之進步也。

〔九〕奇猷案：藏本、迂評本無「土」字。

〔一〇〕奇猷案：左傳哀公十五年子貢為魯使齊，史記仲尼弟子傳：「田常欲作亂於齊，憚高、國、鮑、晏，故移其兵欲以伐魯，卒以子貢之說按兵無伐。子貢又說吴，說越，說晉。吴果攻齊而敗之，魯急遂解。」疑吴尚未出兵攻齊以救魯，齊兵已去門十里，故子貢見說齊不得遂，轉而說吴、越也。

〔一一〕劉師培曰：案「循」當作「脩」，言脩徐、魯之兵力也。⊙奇猷案：劉說是，陶鴻慶說同。脩、循二字形近易誤，詳上。

夫古今異俗，新故異備。如欲以寬緩之政、治急世之民，猶無轡策而御駻馬〔一二〕，此不知之患也〔一三〕。今儒、墨皆稱先王兼愛天下〔一三〕，則視民如父母〔四〕。何以明其然也？曰：「司寇行刑，君為之不舉樂；聞死刑之報，君為流涕〔五〕。」此所舉先王也〔六〕。夫以君臣為如父子則必治，推是言之，是無亂父子也〔七〕。人之情性，莫先於父母，皆見愛而未必治也，雖厚愛矣，奚遽不亂〔八〕？今先王之愛民，不過父母之愛子，子未必不亂也〔九〕，則民奚遽治哉！且夫以法行刑而君為之流涕，此以效仁，非以為治也。夫垂泣不欲刑者仁也，然而不可不刑者法也。先王勝其法不聽其泣，則仁之不可以為治亦明矣。且民者固服於勢，寡能懷於義。仲尼，天下聖人也，修行明道以遊海內，海內說其仁，美其義，而為服役者七十人，蓋貴仁者寡，能義者難也。故以天下之大，而為服役者七十人，而仁義者一人〔一〇〕。魯哀公，下主也，南面君國，境内之民莫敢不臣。民者固服於勢，誠易以服人〔一一〕，故仲尼反為臣，而哀公顧為君。仲尼非懷其義，服其勢也。故以義則仲尼不服於哀公，乘勢則哀公臣仲尼。今學者之説人主也，不乘必勝之勢，而務行仁義則可以王〔一二〕，是求人主之必及仲尼，而以世之凡民皆如列徒〔一三〕，此必不得之數也。

〔一〕王先慎曰：淮南氾論訓高注：「騂馬，突馬也。」

〔二〕奇猷案：知，讀為智。八説篇云：「處多事之時，用寡事之器，非智者之備也；當大争之世，而循揖讓之軌，非聖人之治也。」多事之時，大争之世，是急世也。寡事之器，揖讓之軌，是寬緩之政也。下文所言仁義，亦寬緩之政。

〔三〕王先慎曰：乾道本無「稱」字。顧廣圻云：「今本『皆』下有『稱』字，按句有誤。」先慎按：有「稱」字其義已明，乾道本脱「稱」字。顯學篇云「孔子、墨子俱道堯舜」，此即儒、墨皆稱先王兼愛之證。⊙奇猷案：王補是，今從之，迂評本、凌本亦有「稱」字。

〔四〕盧文弨改「視民」為「民視君」，曰：「民視」二字舊倒，「君」字脱，俱依張本補正。⊙顧廣圻曰：句有誤。⊙王先慎曰：按「視民」，當作「民視」，盧説舊倒是也。「君」字不當有。「先王兼愛天下，則民視之如父母」，此即指先王之民而言。張本增「君」字，非也。⊙奇猷案：王説非也。此文當作「則視民如父母之愛子」，今脱「之愛子」三字。下文「今先王之愛民不過父母之愛子」，承此言，作「父母之愛子」可證。藏本「視」上更有「民」字，迂評本「視民」作「民視」，皆以不知有脱文而妄改之以求通也。

〔五〕奇猷案：「流涕」上當有「之」字，上句有「之」字可證。之，指被行刑之罪人。無「之」字，句不通。

〔六〕太田方曰：此學者所稱舉先王之事也。

〔七〕奇猷案：藏本上「父子」誤倒。下「父子」之「父」字當衍。亂子，謂不肖之子。

〔八〕盧文弨拾補重「父母」二字、「雖」上增「君」字、删「矣」字，曰：「父母君」三字脱。⊙陶鴻慶曰：案盧校非也。厚愛，猶言加愛，指父母言，與君無涉。此言人子皆見愛於父母，而未必皆治，父母雖加愛其子，子未必不亂也。下云「今先王之愛民不過父母之愛子，子未必不亂也，則民奚遽治哉」，正承此言。如盧校則下文為複矣。⊙奇猷案：「皆見愛」下當有「其子」二字。「人之情性，莫先於父母，皆見愛其子而未必治也」，謂人之情性，莫先於父母之愛其子，即八説篇「慈母之於弱子也，愛之不可為前」之意。「然皆見愛其子而未必治也」，「也」下有脱文，疑當依六反補入「夫父母（父母二字六反篇作當家，當家即父母，今改作父母以就此文。）之愛子，財貨足用，財貨足用則輕用，輕用則侈泰，親愛之則不忍，不忍則驕恣，侈泰則家貧，驕恣則行暴，此雖財用足而厚愛，輕刑之患也」。此下接「雖厚愛矣，奚遽不亂」，如此則文通義順。今依六反篇補入之文，未能必其與此脱文之字句無出入，但所脱文之義則可必其如此。藏本無「矣」字。迂評本重「父母」二字，「雖」上有「君」字、無「矣」字。盧氏諒係據迂評本為説。陶氏已辯明盧氏之誤，但陶氏所説亦牽强難通。王先慎依盧説增删，亦非。

〔九〕王先慎曰：乾道本「子」下無「未」字。顧廣圻云「今本子下有未字」，王渭云「當有」，今據補。⊙奇猷案：王補是，今從之，迂評本亦有「未」字。

〔一〇〕顧廣圻曰：今本下「而」字下有「為」字，誤。按一人，仲尼也。⊙奇猷案：迂評本、凌本亦有「為」字，誤。浙江局本亦誤增「為」字。

〔一一〕顧廣圻曰：藏本、今本重「勢」字。按句有誤。⊙王先慎重「勢」字曰：按有「勢」字是也。「固服於勢」句，文義屬上。「勢誠易以服人」句，文義屬下。⊙陶鴻慶曰：此文本云「乘勢易以服人」，下文云「以義則仲尼不服於哀公，乘勢則哀公臣仲尼」是其證也。乘、誠以聲近而誤，又脱「勢」字耳。⊙奇猷案：陶説是。難勢篇「桀、紂得成四行者」，乾道本「成」誤「乘」，是成、乘二字音近易誤，亦可證此「誠」易誤為「乘」也。迂評本、凌本沿今本之誤。功名篇云：「桀為天子能制天下，非賢也，勢重也；堯為匹夫不能正三家，非不肖也，位卑也。」即此文之義。

〔一二〕顧廣圻曰：藏本、今本「務」上無「勝」字。按句有誤。⊙王先慎刪「務」上「勝」字曰：「勝」字衍，今據刪。「務行仁義」四字當重。⊙奇猷案：無「勝」字是，今據刪。迂評本、凌本亦無「勝」字。此當連下「則可以王」為句，王氏未得其讀，故以「務行仁義」四字當重也。

〔一三〕舊注：則七十子也。⊙顧廣圻曰：藏本、今本「而以」下「勢」字作「世」，誤。按「勢」上當脱「服」字。⊙王先謙曰：作「世」文義自明，無庸增「服」字。⊙奇猷案：王先慎依王先謙説改「勢」為「世」，是，今從之。迂評本、凌本亦作「世」。又案：注則、即同。

今有不才之子，父母怒之弗為改，鄉人譙之弗為動〔一〕，師長教之弗為變。夫以父母之愛，鄉人之行，師長之智，三美加焉，而終不動其脛毛，不改〔二〕；州部之吏，操官兵、推公法而求索姦人〔三〕，然後恐懼，變其節，易其行矣。故父母之愛不足以教子，必待州部之嚴刑者，民固驕於愛、聽於威矣〔四〕。故十仞之城，樓季弗能踰者，峭也；千仞之山，跛牂易牧者，夷也〔五〕。故明王峭其法、而嚴其刑也。布帛尋常，庸人不釋〔六〕；鑠金百溢，盜跖不掇〔七〕。不必害則不釋尋常，必害手則不掇百溢〔八〕，故明主必其誅也。是以賞莫如厚而信，使民利之；罰莫如重而必，使民畏之；法莫如一而固，使民知之〔九〕。故主施賞不遷，行誅無赦。譽輔其賞，毀隨其罰，則賢不肖俱盡其力矣〔一〇〕。

〔一〕牟庭曰：按鄉人，似是妻子之稱也。南史張彪傳呼妻曰「鄉里」，沈約詩亦曰「還家問鄉里，詎堪持作夫」。疑自秦時質言稱妻曰鄉人，六朝沿其遺語也。⊙奇猷案：怒、譙，皆責也。禮鄉飲酒義：「鄉人、士君子，尊於房中之間。」鄭玄注云：「鄉人，鄉大夫也。」韓子此文之鄉人，當即此義。鄉大夫為鄉中長者，故鄉中有不才之子則譙之。且為鄉大夫者，當係品行端莊之人，可為鄉中表率者，與下文鄉人之行為三美中之一亦合。牟氏以鄉人為妻子之稱，未確。蓋妻子之行未必美也，且此以鄉人與父母、師長並列，其為鄉里中之長者亦可斷言也。至於論語鄉黨篇「鄉人飲酒，杖者出，斯出矣」，及「鄉人儺，朝服而立於阼階」之鄉人，乃指一般鄉里中之人，與此不同，不可混淆也。

〔二〕顧廣圻曰：下有脱文。⊙奇猷案：證以下文「變其節，易其行」句，此下疑當脱「其節行」三字。

〔三〕奇猷案：問田篇云：「徐渠問田鳩曰：『公孫亶回，聖相也而關乎州部。』」顯學篇云：「明主之吏，宰相必起於州部，猛將必發於卒伍。」是州部之吏為地方小官。考周禮地官之屬有州長，位次於鄉大夫。州長職云「掌其州之教治政令之灋」，先鄭云：「二千五百家為州。」則州部之吏，即州長之下屬官。且州長既係掌其州之教治，則不才之子當在教治之列，故與此文之義亦合。又案：推，即「推行」之推。

〔四〕奇猷案：六反篇云：「母之愛子也倍父，父令之行於子者十母；吏於民無愛，令之行於民也萬父。母積愛而令窮，吏威嚴而民聽從，嚴愛之筴亦可決矣。」與此文可互證。

〔五〕松皐圓曰：史記李斯傳集解云：「許慎曰：樓季，魏文侯之弟。」索隱：「峭，峻也，高也。」⊙奇猷案：史李斯傳「牂」作「牂」，字同。集解云：「詩云：牂羊羵首。毛傳曰：牝曰牂。」猷案：説文：「牂，牝羊也。」又韓詩外傳卷三云：「夫一仞之牆，民不能踰；百仞之山，童子登遊焉，陵遲故也。」

〔六〕王先慎曰：八尺曰尋，倍尋曰常。論衡非韓篇「釋」誤「擇」。

〔七〕舊注：金銷爛，雖多，跖棄而不掇。⊙王先慎曰：論衡「溢」作「鎰」，「掇」作「搏」，李斯列傳引與論衡同。案此當各依本書。⊙奇猷案：説文：「鑠，銷金也。」案正在銷之金，温度甚高，故盜跖不取。又案：「溢」本字，「鎰」後起字，詳説林下。

〔八〕顧廣圻曰：今本「手則」作「則手」，誤。⊙奇猷案：迂評本、凌本與今本同。案「手」字疑衍。「不必害」與「必害」相對，此不當多一「手」字，其證一。以手取物謂之掇，則掇即指手言，自不必多贅一字，其證二。有人見掇鑠金則害其手，遂妄增一「手」字。趙用賢必係見「必害手」與上「不必害」不對，而掇必用手，故乙之。

〔九〕盧文弨曰：「故」，張本作「固」，二字古通。⊙顧廣圻曰：今本「故」作「固」，誤。⊙王先謙曰：下文云：「明主之道，一法而不求智，固術而不慕信」，即此所謂「一而固也」，作「固」是。⊙奇猷案：王先慎依王先謙説改「故」為「固」，是，今從之，迂評本、凌本亦作「固」。一，謂統一。固，謂不變。定法篇云「不一其憲令則姦多故」，故法宜一。解老篇亦云：「治大國而數變法則民苦之」，故法宜固。難三篇云「法者，編著之圖籍，設之於官府，而布之於百姓者也，故法莫如顯，明主言法則境内卑賤莫不聞知也」，即此「使民知之」之義。又案：八經篇云：「人情者有好惡，故賞罰可用，賞罰可用則禁令可立而治道具矣。賞莫如厚，使民利之；譽莫如美，使民榮之；誅莫如重，使民畏之；毁莫如惡，使民恥之；然後一行其法。」與此文同旨，皆韓子重賞罰之重要理論。

〔一〇〕奇猷案：守道篇云「治世之臣，功多者位尊，力極者賞厚，情盡者名立，故民勸極力而樂盡情，故能使用力者自極於權衡而務至於任鄙，戰士出死而願為賁、育，守道者皆懷金石之心以死子胥之節」，即此文之旨。

今則不然。以其有功也爵之，而卑其士官也〔一〕；以其耕作也賞之，而少其家業也〔二〕；以其不收也外之，而高其輕世也〔三〕；以其犯禁也罪之，而多其有勇也〔四〕。毀譽、賞罰之所加者相與悖繆也，故法禁壞而民愈亂〔五〕。今兄弟被侵必攻者廉也〔六〕，知友被辱隨仇者貞也〔七〕。廉貞之行成，而君上之法犯矣。人主尊貞廉之行，而忘犯禁之罪，故民程於勇而吏不能勝也〔八〕。不事力而衣食則謂之能〔九〕，不戰功而尊則謂之賢〔一〇〕。賢能之行成，而兵弱而地荒矣。人主說賢能之行〔一一〕，而忘兵弱地荒之禍〔一二〕，則私行立而公利滅矣〔一三〕。

〔一〕松皐圓曰：士官，讀為仕宦。⊙尹桐陽曰：士，事也。⊙奇猷案：「其」上原無「以」字。盧文弨云：「其上當有以字，與下同。」猷案：藏本、迂評本正有「以」字，今據補。又案：士、事古同字。官，猶職也，詳二柄篇。此文士官者，猶言職事也。八姦篇云：「明主之為官職爵祿也，所以進賢材，勸有功也。」以官職（官職即職事）勸功亦可證。又案：舊連上，今提行以便閱讀。

〔二〕奇猷案：家業，即田宅也。法家皆以田宅獎勵農民，（古者寓兵於農，則以田宅勵兵即勵農也。）商鞅利田宅來三晉之民以墾草闢地，（詳杜佑通典卷一食貨一）詭使篇「陳善田利宅所以戰士卒也」，皆可證。

〔三〕奇猷案：收為已用謂之收。八姦篇「收大臣廷吏以辭言」，收字與此文收字同義可證。此指伯夷、叔齊之流言之。(事詳姦劫弒臣篇)詭使篇云「夫立名號所以為尊也，今有賤名輕實者世謂之高」，亦此義。

〔四〕王先慎曰：乾道本「禁」下無「也」字。盧文弨云「也字脱，張、凌本有，與上二句同」，今據補。⊙奇猷案：王補是，今從之，迂評本亦有。又案：此指游俠言，詭使篇云：「刑罰所以擅威也，而輕法不避刑戮死亡之罪者世謂之勇夫。」

〔五〕奇猷案：悖，逆也。繆，同謬，誤也。八經篇云：「賞者有誹焉，不足以勸；罰者有譽焉，不足以禁。」

〔六〕舊注：世謂之有廉隅之人。⊙奇猷案：解老篇云：「所謂廉者，必生死之命也。」

〔七〕王先慎曰：乾道本無「被」字。顧廣圻云：「今本友下有被字，誤。」先慎按：「知友被辱」句，與上「兄弟被侵」相對為文，不當少一字，改從今本。⊙奇猷案：王增「被」字是，今從之，迂評本、凌本亦有。顯學篇「取不隨仇」，則隨仇者，謂追隨其友而仇其仇也。解老篇云「必行其私，信於朋友，不可為賞勸，不可為罰沮，人臣之私義也。私義行則亂」，此即貞廉之行也，故下文云「貞廉之行成，而君上之法犯矣」。可明此文。兄弟被侵必攻者，知友被辱隨仇者，即本篇後文所指五蠹之一的帶劍者。

〔八〕王先慎曰：禮記儒行「不程勇」，注：「程，猶量也。」⊙物双松曰：「程」，「逞」字誤。⊙太田方曰：昌言云：「角才智，程勇力。」⊙奇猷案：王説是。民程於勇，猶言民相與較量其勇力，即謂行私鬬也。法家嚴禁私鬬，(史記商君傳：「商君之法，為私鬬者各以輕重被刑。」本書内儲説上言刑棄灰於街者而防止私鬬，本篇下文「明主之國，無私劍之捍」，皆可證。)故此文云然。定法篇「是不可程也」，程為比較、較量也，亦可明。

〔九〕奇猷案：即六反篇：「游居厚養，牟食之民，而世尊之曰有能之士。」

〔一〇〕王先慎曰：乾道本無下「則」字。顧廣圻云：「藏本、今本有則字，誤。」先慎案：上「則謂之能」與此句法一律，有「則」字為是，今據補。⊙奇猷案：王補是，今從之，迂評本、凌本亦有。即詭使篇所謂巖居窞處之徒，顯名而居，世稱之為賢者。

〔一一〕王先慎曰：乾道本無「成而兵弱而地荒矣人主説賢能之行」十五字。顧廣圻云：「藏本、今本有」，今據補。⊙奇猷案：王補是，今從之，迂評本、淩本亦有。但「弱」下而字當衍。

〔一二〕王先慎曰：乾道本「荒」作「弱」。顧廣圻云「藏本、今本下弱字作荒」，今據改。⊙奇猷案：王改是，今從之，迂評本、淩本亦作「荒」。

〔一三〕王先慎曰：乾道本「公」上有「功」字。顧廣圻云「藏本、今本無功字」，今據删。⊙奇猷案：王删是，今從之，迂評本、淩本亦無。「功」即「公」之譌衍。

儒以文亂法〔一〕，俠以武犯禁，而人主兼禮之，此所以亂也。夫離法者罪，而諸先生以文學取〔二〕；犯禁者誅，而羣俠以私劍養。故法之所非，君之所取；吏之所誅，上之所養也。法趣上下四相反也，而無所定〔三〕，雖有十黄帝不能治也。故行仁義者非所譽，譽之則害功〔四〕；文學者非所用，用之則亂法〔五〕。楚之有直躬〔六〕，其父竊羊而謁之吏。令尹曰：「殺之。」以為直於君而曲於父，報而罪之〔七〕。以是觀之，夫君之直臣，父之暴子也。魯人從君戰，三戰三北。仲尼問其故。對曰：「吾有老父，身死莫之養也。」仲尼以為孝，舉而上之。以是觀之，夫父之孝子，君之背臣也〔八〕。故令尹誅而楚姦不上聞，仲尼賞而魯民易降北。上下之利若是其異也，而人主兼舉匹夫之行〔九〕，而求致社稷之福，必不幾矣〔一〇〕。古者蒼頡之作書也，自環者謂之私，背私謂之公〔一一〕，公私之相背也，乃蒼頡固以知之矣〔一二〕。今以為同利者，不察之患也〔一三〕。然則為匹夫計者，莫如脩行義而習文學〔一四〕。行義脩則見信，見信則受事；文學習則為明師，為明師則顯榮；此匹夫之美也。然則無功而受事，無爵而顯榮，為有政如此〔一五〕，則國必亂，主必危矣。故不相容之事，不兩立也〔一六〕。斬敵者受賞，而高慈惠之行；拔城者受爵祿，而信廉愛之說〔一七〕；堅甲厲兵以備難，而美薦紳之飾〔一八〕；富國以農，距敵恃卒，而貴文學之士；廢敬上畏法之民，而養遊俠私劍之屬。舉行如此，治強不可得也。國平養儒俠，難至用介士，所利非所用，所用非所利〔一九〕。是故服事者簡其業，而游學者日衆〔二〇〕，是世之所以亂也。

〔一〕奇猷案：舊連上。盧文弨云「似當分段」，今從之。

〔二〕王先愼曰：乾道本「生」作「王」、無「取」字，拾補「王」作「生」、有「取」字。盧文弨云：「王，張本作生。」顧廣圻云：「王，當作生。今本學下有取字，依下文當有。」先愼按：盧、顧說是，今據改。張榜本「諸」誤「誅。」⊙奇猷案：王改是，今從之。文學係指儒家之詩書，（詳六反篇）而在先秦習慣以先生稱習詩書者，如莊子天下篇「其在於詩、書、禮、樂者，鄒、魯之士，搢紳先生多能明之」，是其例。淮南子道應訓亦云「惠子為惠王為國法已成，而示諸先生，先生皆善之」，亦指儒者言可證。

〔三〕太田方曰：「趣」，當作「取」。法，謂「法之所非也」。取，謂「君之所取也」。上，謂「上之所養也」。下，謂「吏之所誅也」。⊙奇猷案：太說是。趣、取二字古通，本書趣、取多互用，詳難勢篇。高亨說同，不具引。

〔四〕奇猷案：行仁義者，指儒者。上文云「仲尼修行明道以遊海內，海內說其仁，美其義」，可證。八說篇「博習辯智如孔、墨，孔、墨不耕耨，則國何得焉」，又以仁者暴者並舉曰「仁者慈惠而輕財者也，暴者心毅而易誅者也，仁暴者皆亡國者也」，皆此害功之義。

〔五〕顧廣圻曰：今本「文」上有「工」字。按句有誤，未詳。⊙王先慎補「工」字曰：按有「工」字是。上文「行仁義者非所譽」，與「工文學者非所用」句法一律，明此不當少一字。⊙劉師培曰：「文」上脫「習」字。下文云「莫如修行義而習文學」，又曰「文學習則為明師」，是其證。⊙奇猷案：劉說是。本書言「習文學」或言「服文學」（顯學篇「習談論，服文學」。服，亦習也。）無有言「工文學」者，王增「工」字非。迂評本、凌本亦有「工」字，蓋沿今本誤也。

〔六〕陳詩庭曰：直躬事詳於呂覽書，兩稱「直躬者」，兩稱「直躬」，無「者」字。胡致堂曰：「直躬，猶曰正己，而呂氏春秋以為人姓名，妄也。」何屺瞻謂「屬『者』於下，則呂覽未始以為人姓名，致堂自誤也」。案致堂之論，必以其時習聞先儒以為人名，故偶閱呂覽，遂不暇細繹文義而為是說也。論語釋文曰：「躬，鄭本作弓，云直人名弓。」廣韵二十四職：「直，又姓。楚人直弓之後。」是猶趙岐孟子注「弈人名秋，通一國謂之善弈秋，子張又善鼓琴，號曰琴張」之類。（王伯厚謂即左傳弔宗魯之琴張以駁趙注，然左傳琴張，賈逵、鄭衆以為即顓孫氏。）知不得以直弓為正己矣。吾以鄭注定「直弓」為人名。⊙王端履曰：論語「吾黨有直躬者」，孔注：「直躬，直身而行也。」鄭注：「直人名弓。」陳仲魚（鱣）云：「韓非五蠹篇：楚之有直躬，其父竊羊而謁之吏，令尹曰殺之，以為直於君而屈於父，執而罪之。呂覽當務篇：楚有直躬者，其父竊羊而謁之上，上執而將誅，直躬者請代，將誅，告吏曰，父竊羊而謁之，不亦信乎，父誅而代之，不亦孝乎，荊王乃不誅，孔子曰，異哉，直躬之為信也，一父而載取名焉，故直躬之信不若無信。又淮南氾論：直躬，其父攘羊而子證之。高誘注：直人躬，楚葉縣人也，躬蓋名，其人必素以直稱者，故稱直躬。雖同作躬而皆以為人名，故鄭據之。孔以古弓字從身訓為直身，失之鑿矣。」（釋文：躬鄭本作弓。）⊙松皐圓曰：「之」字為「人」字之誤。⊙奇猷案：松説是，津田鳳卿説同。本書人、之二字多互誤，八説篇「今殺生之柄在大臣」，乾道本「之」誤「人」是其例。又案：躬當係其名，其行直，人號之曰直躬，如盜跖即此類。鄭説近理。

〔七〕俞正燮曰：吕氏春秋當務篇云：「直躬請代誅，王聞之乃不誅也。孔子曰：異哉，一父而載取名焉。」案此事當以韓非之言為信。韓非云「令尹誅之而楚姦不上聞」，則直躬死矣。莊子盜跖篇云「直躬證父，信之患也」，所言比干、子胥、鮑子、勝子、（或云申屠狄，申通勝。或云太子申生。）尾生皆是死者。論語云：「葉公問於孔子曰：吾黨之直者異於是。」或葉公屬有此事，聞孔子之言以告而誅之歟？

〔八〕王先慎曰：兩「父」字皆當作「母」，涉上文而誤。御覽四百九十六引尸子：「魯人有孝者，三為母北，魯人稱之。」汪繼培云：「此即下莊子事。韓詩外傳十及新序義勇篇並云養母，與尸子同。韓子以為養父，非也。」

〔九〕王先慎曰：乾道本「兼」下有「也」字。顧廣圻云：「藏本、今本無也字。」先慎按：此不當有「也」字，今據删。⊙奇猷案：王删是，今從之，迂評本、凌本亦無。

〔一〇〕奇猷案：幾、冀通，希望其事成功曰冀，詳姦劫弒臣篇。

〔一一〕盧文弨曰：説文引作「自營為厶」，營、環本通用，「私」當作厶，下同。⊙顧廣圻曰：説文又云：「公从八，从厶，八，猶背也。」引此曰「背厶為公」。⊙王先慎曰：據説文所引，則本書本多古字，今盡改之，不一存焉，惜哉。⊙奇猷案：人主篇：「當途之臣得勢擅事以環其私」，仍用「環」字，則韓子原作「環」，而許慎改為「營」也。

〔一二〕奇猷案：以、已同。

〔一三〕奇猷案：孤憤篇云：「臣主之利相異者也。主利在有能而任官，臣利在無能而得事；主利在有勞而爵禄，臣利在無功而富貴；主利在豪傑使能，臣利在朋黨用私。」八經篇云：「知臣主之異利者王，以為同者劫。」

〔一四〕王先慎曰：「行」當作「仁」。上文云「行仁義，工文學」，此云「修仁義，習文學」，仁義、文學，篇内對舉，明「行」為「仁」之誤，下同。⊙劉師培曰：案「修行義」當作「行仁義」。上文「行仁義」凡四見，又以「行仁義」與「□（今補習字）文學」並言，此「文學」與上相應，則「行義」必「仁義」之訛。蓋本脱「仁」字，校者因於「行」上增「修」字，後人據之復改下文「仁義行」為「行義修」，則歧之又歧矣。⊙奇猷案：王説是。下文「行」字亦當作「仁」。劉説非也，下文「行義脩」承此言，作「脩」可證。説文：「修，飾也。」六反篇：「虛舊之學不談，矜誣之行不飾矣。」虛舊之學，即文學，即儒墨之學。矜誣之行，指仁義高世之行。是韓子以仁義所以飾行，非所以為治，故上文云「仁之不可以為治亦明矣」。此文斥儒者以仁義為飾，飾仁義則可見信於人，故下文曰「仁義脩則見信」也。

〔一五〕盧文弨曰：「為」字，凌本無。⊙顧廣圻曰：「有」字衍。⊙王先慎删「為」字曰：按「為」字衍，依凌本删。顧謂「有」字衍，非也。⊙奇猷案：迂評本亦無「為」字。案為、有二字當衍其一，疑迂評本、凌本以意删之，不敢遽從。

〔一六〕奇猷案：藏本、迂評本「兩」上有「可」字，是。津田鳳卿、松皐圓、太田方均依迂評本補。

〔一七〕太田方曰：「廉」，當作「兼」。慈惠之行，謂儒也。兼愛之説，謂墨也。⊙奇猷案：太説是。墨子言兼愛，故非攻。今君人者予爵禄於拔城者，而又信兼愛之説，是矛盾也。

〔一八〕奇猷案：八説篇云「搢笏干戚，不適（同敵）有方鐵銛」，即此文之義。搢，薦同。古者插笏於紳，故曰搢笏或薦紳也。

〔一九〕奇猷案：顯學篇「所利」作「所養」。

〔二〇〕王先慎曰：乾道本「游」上有「於」字。顧廣圻云「藏本、今本無於字」，今據删。⊙奇猷案：王删是，今從之，迂評本、凌本亦無「於」字。

且世之所謂賢者〔一〕，貞信之行也。所謂智者，微妙之言也〔二〕。微妙之言，上智之所難知也。今為衆人法，而以上智之所難知，則民無從識之矣〔三〕。故糟糠不飽者不務粱肉〔四〕，短褐不完者不待文繡〔五〕。夫治世之事，急者不得，則緩者非所務也。今所治之政，民閒之事，夫婦所明知者不用，而慕上知之論，則其於治反矣。故微妙之言，非民務也。若夫賢良貞信之行者〔六〕，必將貴不欺之士〔七〕。不欺之士者，亦無不欺之術也〔八〕。布衣相與交，無富厚以相利，無威勢以相懼也，故求不欺之士〔九〕。今人主處制人之勢，有一國之厚，重賞嚴誅，得操其柄，以修明術之所燭〔一〇〕，雖有田常、子罕之臣，不敢欺也，奚待於不欺之士〔一一〕？今貞信之士不盈於十，而境內之官以百數，必任貞信之士，則人不足官，人不足官則治者寡而亂者衆矣。故明主之道，一法而不求智，固術而不慕信〔一二〕，故法不敗，而羣官無姦詐矣〔一三〕。

〔一〕奇猷案：舊連上，盧文弨云「且下似當分段」，今從之提行。

〔二〕奇猷案：貞信之行，指儒、墨之行，微妙之言，指儒、墨之言。或謂微妙之言指道家之言，不確。本篇言五蠹之民，道家不在內，一也。外儲説左上「言有纖微難察而非務也，故李、惠、宋、墨皆畫策也」，李、惠、宋、墨即李克、惠施、宋榮子、墨翟，纖微難察之言，即微妙之言。則微妙之言蓋儒、墨之言，二也。八説篇「察士」云云一段，與此文比較，（見下）文義相同，直指出楊朱、墨翟之名，三也。據此，則微妙之言係指理論高深之言，而主要是指儒、墨之理論。

〔三〕奇猷案：八説篇云：「察士然後能知之，不可以為令，夫民不盡察；賢者然後能行之，不可以為法，夫民不盡賢。楊朱、墨翟，天下之所察也，干世亂而卒不決，雖察而不可以為官職之令。」與此文可相互發明。

〔四〕王先慎曰：「粱」，當作「粱」。⊙奇猷案：晏子諫上「百姓老弱，凍寒不得短褐，飢餓不得糟糠」，孫星衍音義云：「糠，當為穅。」

〔五〕王先慎曰：御覽八百五十四引「飽」作「厭」，「務」作「待」，「肉」下有「而飽」二字，「待」作「須」，「繡」下有「而好」二字。⊙奇猷案：「短」當作「裋」，詳喻老篇。

〔六〕顧廣圻曰：「良」字當衍，上文云：「且世之所謂賢者，貞信之行也。」⊙奇猷案：顧説是。賢，動詞。若作「賢良」，為名詞，則此語無動詞，不通。

〔七〕王先慎曰：「將」，張榜本作「待」。⊙奇猷案：趙本、凌本亦作「待」，誤。

〔八〕顧廣圻曰：今本「不」上有「貴」字。「無不」下當有「可」字。⊙奇猷案：此當衍「無」下「不」字。意謂何謂不欺之士？所謂不欺之士者，亦無欺人之術。後人見上皆言「不欺」，遂妄增「不」字耳。又：王先慎依今本增「貴」字，非。蓋此申言不欺之士之定義，有「貴」字則義不通。凌本亦有「貴」字，蓋依今本增也。

〔九〕奇猷案：無威勢以制欺人之士，故求不欺之士而與之交。

〔一〇〕王先慎曰：張榜本無「所」字。⊙奇猷案：「以修明術之所燭」，殊不辭，疑當作「察參伍以修明術，明術之所燭」。難三篇述子産聞婦人哭而知其姦而評之曰：「姦必待耳目之所及而後知之，則鄭國之得姦者寡矣；不任典成之吏，不察參伍之政，不明度量，恃盡聰明、勞智慮、而以知姦，不亦無術乎。」據此，則不用耳目，不盡聰明，不勞智慮而燭姦必用術，術之脩則必察參伍之政，可證此文之脱誤也。張榜知此文有誤，遂删二「所」字，但仍不通也。

〔一一〕奇猷案：田常、子罕，詳二柄篇。

〔一二〕奇猷案：一法，謂統一其法令，詳上。固術，謂固守其術，難三篇云「術者藏之於胷中以偶衆端而潛御羣臣者也，故術不欲見，是以明主用術則親愛近習莫之得聞也」，即此固術之義。智，智巧。信，貞信。「一法而不求智，固術而不慕信」，猶言一其法令而不求智巧之治，固守其術而不慕臣下之貞信。

〔一三〕奇猷案：迂評本「官」作「臣」，誤。此文以「官」言，上文「境内之官」、「人不足官」，作「官」可證。

今人主之於言也，説其辯而不求其當焉；其用於行也，美其聲而不責其功焉〔一〕。是以天下之衆，其談言者務為辯而不周於用〔二〕，故舉先王言仁義者盈廷，而政不免於亂；行身者競於為高而不合於功，故智士退處巖穴，歸禄不受，而兵不免於弱。政不免於亂，此其故何也〔三〕？民之所譽，上之所禮，亂國之術也。今境内之民皆言治，藏商、管之法者家有之，而國愈貧〔四〕，言耕者衆，執耒者寡也〔五〕；境内皆言兵，藏孫、吴之書者家有之，而兵愈弱，言戰者多，被甲者少也。故明主用其力，不聽其言；賞其功，必禁無用〔六〕；故民盡死力以從其上。夫耕之用力也勞，而民為之者，曰：可得以富也。戰之為事也危，而民為之者，曰：可得以貴也〔七〕。今修文學、習言談〔八〕，則無耕之勞、而有富之實，無戰之危、而有貴之尊，則人孰不為也〔九〕？是以百人事智而一人用力，事智者衆則法敗，用力者寡則國貧，此世之所以亂也。故明主之國，無書簡之文，以法為教；無先王之語，以吏為師〔一〇〕；無私劍之捍，以斬首為勇。是境内之民〔一一〕，其言談者必軌於法，動作者歸之於功，為勇者盡之於軍。是故無事則國富，有事則兵强，此之謂王資〔一二〕。既畜王資而承敵國之釁，超五帝，侔三王者，必此法也〔一三〕。

〔一〕王先慎曰：乾道本無「焉」字。顧廣圻云「今本功下有焉字，按依上句當有」，今據補。⊙奇猷案：王補是，今從之，迂評本、凌本亦有「焉」字。太田方、松皐圓皆刪「用」字曰：「用字衍。」或曰：此「用」字非衍，上文「於言」上當有「聽」字，「聽於言」與此「用於行」相對。案：二説均通。又案：聲，為名聲。此段舊連上，今提行。又案：亡徵篇云「好辯説而不求其用，濫於文麗而不顧其功者，可亡也」，與此文可互明。

〔二〕津田鳳卿曰：山云：「談言字倒，下文作言談可證。」⊙奇猷案：津説是，松皐圓説同。又案：言談者，指從衡家。周，合也，詳和氏篇。

〔三〕奇猷案：迂評本重「兵不免於弱」，是。

〔四〕王先慎曰：乾道本無「愈」字。顧廣圻云：「藏本、今本國下有愈字。」先慎按：依下文當有，今據補。⊙奇猷案：王補是，今從之，迂評本、凌本亦有「愈」字。商鞅獎勵墾地（詳商君書墾令篇），管仲改進農業（詳管子地員篇）。

〔五〕奇猷案：王先慎從趙本改「民」為「言」，是，今從之，凌本亦作「言」。與下文「言戰者多」句法同。

〔六〕王先慎曰：乾道本「必」作「伐」。顧廣圻云：「今本伐作必，按句有誤。」先慎按：無用，即上「不周於用」，故明主必禁之。乾道本作「伐」，誤，改從今本。⊙奇猷案：王改是，今從之，凌本亦作「必」。案「必」篆作𠨶，「伐」篆作㣺，㣺壞為㣺，與伐形近而又因功伐多有連文，故「必」誤為「伐」也。

〔七〕王先慎曰：舊本「之」下無「為」字，藝文類聚五十五、御覽六百七引並有「為」字，是也。「戰之為事也危」，與「耕之用力也勞」相對，不應少一字，今據補。⊙奇猷案：王補是，今從之，松皐圓亦補「為」字。又案：六反篇云：「使民以力致富，以事致貴，以過受罪，以功致賞」，可與此文互明。六反篇又云「人主，其任官者當能，其賞罰無私，使士民明焉，盡力致死則功伐可立而爵祿可致，爵祿可致而富貴之業成矣。富貴者，人臣之大利也。人臣挾大利以從事，故其行危至死，其力盡而不望」，亦可明此文之旨。

〔八〕王先慎曰：藝文類聚、御覽引「言談」並作「談論」。⊙奇猷案：作「談論」者誤也，上下文皆作「言談」可證。

〔九〕奇猷案：外儲說左上趙襄主以中章、胥已為中大夫，予之田宅，中牟之人弃其田耘賣宅圃而隨文學者國之半，即此例。

〔一〇〕顧廣圻曰：「王」當作「生」，與「吏」對。⊙奇猷案：顧說非也。韓子以儒者所稱先王之仁義為先王之語，即六反篇所謂「書策之頌語」、「虛舊之學」。問田篇謂「廢先王之教」，與此「無先王之語」正相同，尤為明證。且書簡之文，先王之語，二文相對，皆指虛舊之學，更可明「王」不當作「生」。定法篇云：「法者憲令著於官府，此臣之所師也。」史記李斯傳：「諸有文學詩書百家語者蠲除去之，若有欲學者以吏為師。」即此文「無先王之語，以吏為師」之義。文學詩書百家語皆書簡之文、先王之語也。和氏篇，商君焚詩書於秦。又案：六反篇云「行劍攻殺，暴憿之民也」，行劍攻殺者，私劍也。

〔一一〕松皐圓「是」下補「以」字曰：從山氏補「以」字。⊙奇猷案：松補是，太田方亦補「以」字。

〔一二〕太田方曰：王資，言王業資之以興。管子：「國修而鄰國無道，霸王之資也。」⊙奇猷案：資，猶今語「資本」、「基礎」。王資，為王之基礎。

〔一三〕奇猷案：說文：「侔，齊等也。」

今則不然，士民縱恣於内，言談者為勢於外，外内稱惡以待强敵，不亦殆乎〔一〕！故羣臣之言外事者，非有分於從衡之黨，則有仇讐之忠，而借力於國也〔二〕。從者，合衆弱以攻一强也〔三〕；而衡者，事一强以攻衆弱也；皆非所以持國也。今人臣之言衡者皆曰：「不事大則遇敵受禍矣。」事大未必有實，則舉圖而委，效璽而請兵矣〔四〕。獻圖則地削，效璽則名卑，地削則國削，名卑則政亂矣〔五〕。事大為衡未見其利也，而亡地亂政矣。人臣之言從者皆曰：「不救小而伐大則失天下〔六〕，失天下則國危，國危而主卑〔七〕。」救小未必有實，則起兵而敵大矣〔八〕。救小未必能存，而交大未必不有疏，有疏則為强國制矣〔九〕。出兵則軍敗，退守則城拔，救小為從未見其利，而亡地敗軍矣。是故事强則以外權士官於内〔一〇〕，救小則以内重求利於外〔一一〕，國利未立，封土厚禄至矣；主上雖卑，人臣尊矣；國地雖削，私家富矣。事成則以權長重，事敗則以富退處。人主之於其聽說也，於其臣〔一二〕，事未成則爵禄已尊矣；事敗而弗誅，則游說之士，孰不為用矰繳之說而徼倖其後〔一三〕？故破國亡主以聽言談者之浮說，此其故何也？是人君不明乎公私之利，不察當否之言，而誅罰不必其後也〔一四〕。皆曰「外事大可以王，小可以安。」夫王者，能攻人者也；而安，則不可攻也。

强，則能攻人者也；治，則不可攻也〔一五〕。治强不可責於外，内政之有也〔一六〕。今不行法術於内，而事智於外，則不至於治强矣。鄙諺曰：「長袖善舞，多錢善賈〔一七〕。」此言多資之易為工也〔一八〕。故治强易為謀，弱亂難為計。故用於秦者十變而謀希失，用於燕者一變而計希得，非用於秦者必智，用於燕者必愚也，蓋治亂之資異也。故周去秦為從，期年而舉〔一九〕；衛離魏為衡，半歲而亡〔二〇〕。是周滅於從，衛亡於衡也。使周、衛緩其從衡之計，而嚴其境内之治〔二一〕，明其法禁，必其賞罰，盡其地力以多其積，致其民死以堅其城守，天下得其地則其利少，攻其國則其傷大，萬乘之國、莫敢自頓於堅城之下，而使强敵裁其弊也〔二二〕，此必不亡之術也。舍必不亡之術而道必滅之事，治國者之過也。智困於内而政亂於外〔二三〕，則亡不可振也。

〔一〕奇猷案：稱，讀去聲。外内稱惡，猶言外内相稱為惡。津田鳳卿以「稱惡」當作「構怨」，未可從。又案：此段舊連上，今提行。

〔二〕顧廣圻曰：今本「忠」作「患」，誤。⊙高亨曰：按忠借為中。淮南子説山訓「則中不平也」，高注「中，心也」。（中心字通以衷為之）仇讎之中，猶言仇讎之心。有仇讎之心而借力於國，若伍子胥以吴伐楚是也。忠、中古通用，書仲虺之誥「建中於民」，釋文：「中，本或作忠。」詩隰桑「中心藏之」，孝經引「中」作「忠」。是其證。⊙奇猷案：高説是。解老篇「仁者謂其中心欣然愛人也」，中心即衷心亦可證。今本不明此義而改之。迂評本、凌本亦作「患」，蓋沿今本之誤。此文謂言外事諸侯者，非有關於從衡之黨，則有欲借國力以報仇讎之私衷。

〔三〕王先慎曰：乾道本强、弱互易，今據拾補改。⊙奇猷案：王改是，迂評本正作「合衆弱以攻一强」，不誤。

〔四〕顧廣圻曰：藏本「舉則」作「則舉」，今本「委」下有「地」字。按句有誤。⊙俞樾曰：「舉則」二字誤倒，當從道藏本。韓子原文本作「事大必有實，則舉圖而委，效璽而請矣」，「未」字「兵」字皆衍文也。言事大必有事大之實，非空言事大而已，舉圖而委，效璽而請，皆其實也。所謂舉圖而委者，謂舉地圖而委之大國，故下文云「獻圖則地削」也。所謂效璽而請者，謂收百官之璽效之大國而請大國發之也，故下文云「效璽則名卑」也。外儲説右上云「王因收吏璽自三百石以上皆效之子之，子之大重」，此雖非以小事大，然效璽之事則同。效璽非請兵，淺人不得其解，於請下增入「兵」字，殊失本旨。趙用賢本乃於上句「委」字之下增「地」字以配之，謬矣。下文「救小未必有實，則起兵而敵大矣」，「未」字亦衍文，謂救小必有救小之實，起兵敵大，是其實也，與此文正相對，因涉下文「救小未必能存」句而衍「未」字，遂於事大必有實句亦增「未」字。淺人不詳文義，率意增益，往往如此。⊙奇猷案：王先慎據藏本改「舉則」為「則舉」，是，今從之。以事或物授人謂之委，如左傳襄三十一年「子皮以為忠，故委政焉」，委字即此義。事大國必先委以地圖，史記荆軻傳：「燕使荆軻刺秦王，偽為欲事秦，令荆軻持督亢之地圖入秦，因秦王寵臣蒙嘉以見秦王，嘉先言於秦王曰：燕王願舉國為内臣，謹獻燕督亢之地圖。」是事大國委圖之例，故此曰「舉圖而委」。趙氏不知此義，妄增地字，則不通矣。蓋委者為圖，非委地，而削地則在委圖之後，故下文曰「獻圖則地削」。效璽者，以璽效於人也，即委質為臣之意。史記燕世家「燕王噲收印自三百石吏已上而效之子之，子之南面行王事，噲顧為臣」。即效璽為臣之例。今請大國之兵以救亡，則必效璽稱臣，故曰「效璽而請兵」，故下文曰「效璽則名卑」。「事大未必有實，則舉圖而委，效璽而請兵矣」，猶言事大國未必有救亡之實利，而必先舉圖以委於人，效璽而請人之兵，故下文云「事大未見其利，而亡地亂政矣」，亦八姦篇「聽大國為救亡也，而亡亟於不聽」之旨。諸説不明此義，而泥於對句，又因「則舉」二字誤倒，於是趙氏增「地」字，俞氏删「兵」字「未」

字、並謂請為請大國發之，更嫌增辭為義，失之。又下文俞刪「未」字，亦非。

〔五〕奇猷案：國削，謂國家削弱。飾邪篇云「齊攻任扈而削魏」，又云「法慢妄予而國日削」，又云「國律慢，用者弱，而國日削」，削字皆此義。太田方改「國削」為「國小」，津田鳳卿改為「國危」，松皐圓改為「國弱」，皆非。又案：稱臣於人故名卑，名卑則號令不行，故政亂也。且效璽事强，則强國必派員來國任事（詳下文「事强則以外權士官於內」條），亦所以亂政也。

〔六〕奇猷案：此語蓋立於某一國度而言，如以燕言之，則謂燕不救其他山東小國，並與小國會盟以伐秦，則秦將亡其他小國，而燕形成孤立之勢，是失天下也。

〔七〕奇猷案：而，猶則也，詳王氏經傳釋詞。國危則必效璽而請兵，故曰國危則主卑。

〔八〕奇猷案：上文云：「從者，合衆弱以攻一强也。」今救小未必能得其實利，而起兵敵大國之事已成矣。俞氏謂「未」字衍，非。

〔九〕盧文弨曰：上「有」字似不必有。⊙顧廣圻曰：藏本同。今本無上「有」字，誤。⊙王渭曰：「交」，當作「敵」。⊙奇猷案：顧、王説是。賈誼新書過秦論云：「九國嘗以十倍之地，百萬之師，叩關而攻秦。秦人開關延敵，九國之師逡巡而不敢進。秦無亡矢遺鏃之費而天下已困矣。於是從散約敗，爭割地而賂秦，秦有餘力以制其弊。」此即説明敵秦而有疏，終為秦所制。

〔一〇〕顧廣圻曰：藏本同。今本「士」作「市」，誤。上文云「而卑其士官也」。⊙奇猷案：今本固誤，（迂評本、凌本俱誤作市。）但顧舉上文「卑其士官」之「士官」以為此「士官」之比亦未洽。上文士官猶言職事，而此文士當為仕，動詞，如詭使篇「好名義不進仕者世謂之烈士」之仕。仕官者，仕人以官也。此文謂事强國則强國必以其權勢仕人於國内為官，蓋有監視之意。史記張儀傳「秦惠王免張儀相，使之相魏以為秦」，是其例。

〔一一〕奇猷案：藏本無「内」字，誤。此謂救小國，則内臣以國之重，借救小而得外利。史記蘇秦傳：「趙王使蘇秦約諸侯，説韓，韓王曰：今主君詔以趙王之教，敬奉社稷以從。説魏，魏王曰：今主君以趙王之詔詔之，敬以國從。説齊，齊王曰：今足下以趙王之詔詔之，敬以國從。蘇秦為從約長，并相六國，行過洛陽，車騎輜重，諸侯各發使送之甚衆，疑於王者。」據此，是蘇秦借趙之重，救六國為名，以得外利也。

〔一二〕盧文弨曰：「之」下「於其」二字、「説」下「也」字皆衍，凌本無。⊙奇猷案：此文義與下不相屬，王先慎依盧説刪，仍與下文義不相蒙。此文疑當作「人主之於其聽説也，不責名實於其臣」，二柄篇云：「為人臣者陳而言，君以其言授之事，專以其事責其功，功當其事、事當其言，則賞，功不當其事、事不當其言，則罰。」今人主聽説不以名實責臣，故下文云事未成則已尊之，事敗而又不誅。今「也」下有脱文，義遂不可通。（今所補「不責名實」四字，不敢必韓子之原文即此四字，但此文之意則可斷言是如此。）

〔一三〕奇猷案：淮南子説山訓云「好弋者先具繳與矰」，高注：「矰，短矢。繳，所以繫者。」蓋射鳥者以繩繫矰而射之。（詳本書説林下篇「靖郭君將城薛」節）矰繳弋鳥，未必得鳥，但可以得鳥，蓋以喻説者未必能中事，但可徼倖中事。

〔一四〕盧文弨曰：「乎」，張本作「於」。⊙奇猷案：藏本、迂評本亦作「於」。上文「國利」即公利，「人臣尊」「私家富」是私利。二柄篇云「為人臣者陳而言，君以其言授之事，專以其事責其功，功當其事，事當其言，則賞；功不當其事，事不當其言，則罰」，是為人君者，察當否之言，而以誅罰必其後也。可明此文。

〔一五〕津田鳳卿曰：「强則」當作「强者」，「治」上當有「而」字，上文可證。⊙奇猷案：松皐圓與津説同。案强，即强者，「者」字可省。「而」字亦可省，津説太泥。

〔一六〕顧廣圻曰：今本「有」作「脩」，誤。⊙奇猷案：有，讀如禮坊記「父母在不敢有其身」之有，有，猶言專有之。

（鄭注「有，猶專也。」）此文謂國家之治與强不可求之於外，内政中已專有之也。今本不知此義而改之，迂評本、凌本襲今本之誤。

〔一七〕奇猷案：北堂書鈔一百七引「錢」作「財」。

〔一八〕奇猷案：説文：「工，巧飾也。」

〔一九〕奇猷案：此指西周，史記周本紀：「赧王五十九年倍秦，與諸侯約從，將天下鋭師出伊闕攻秦，秦昭王怒，使將軍摎攻西周，西周君犇秦，頓首受罪，盡獻其邑三十六，口三萬，秦受其獻，歸其君於周，周君王赧卒，遷西周公於𢠸狐，後七歲秦莊襄王滅東、西周。」

〔二〇〕王應麟曰：據此，是周滅於從，衛亡於衡。按史記赧王倍秦與諸侯約從。衛爲衡之事，未詳。⊙王先慎曰：全祖望云：「六國盡亡而衛尚存，韓子之言謬矣。」案六國表「秦莊襄王六年，五國共擊秦，拔魏朝歌，衛從濮陽徙野王」。衛故屬魏，或因衡而不救，此韓子當時事，聞見有真，當不謬也。⊙奇猷案：王説是。韓子所謂亡，乃人君無權即爲亡，詳有度篇。衛自元君十三年徙野王之後，史公已無事可紀，僅言「二十五年，元君卒，子君角立。君角九年，秦并天下，立爲始皇帝。二十一年，二世廢君角爲庶人，衛絶祀」。是徙野王後三十三年中，無號令之施，實爲亡國，僅秦始皇未廢其祀而已。且周之滅在約從攻秦後七年，故所謂「期年而舉」亦此義可證。

〔二一〕顧廣圻曰：今本「而」下有「嚴」字。按句有誤。⊙王先慎從今本補「嚴」字曰：有「嚴」字是。⊙奇猷案：王説是，今從之，凌本與今本同。忠孝篇：「山東之言從横未嘗一日止也，然而功名不成，霸王不立者，虚言非所以成治也；是以三王不務離合而正，五霸不待從横而察，治内以裁外而已矣。」與此文同一旨趣，正可明此文嚴境内之治之義。嚴其治，謂嚴謹其治國之道。諒顧氏不明此義而以句有誤也。迂評本「嚴」作「急」，蓋以上句作「緩」而改為「急」，殊不知此當以嚴言而不得以急言也。

〔二二〕奇猷案：頓，即初見秦篇「甲兵頓」之頓，勞弊也。裁，制也。松皐圓、尹桐陽皆讀頓為屯，未確。

〔二三〕顧廣圻曰：內、外當互易，上文云「而事智於外」。⊙奇猷案：顧說是。

民之故計，皆就安利如辟危窮〔一〕。今為之攻戰，進則死於敵，退則死於誅則危矣。棄私家之事而必汗馬之勞，家困而上弗論則窮矣〔二〕。窮危之所在也，民安得勿避。故事私門而完解舍，解舍完則遠戰，遠戰則安。行貨賂而襲當塗者則求得，求得則私安，私安則利之所在，安得勿就〔三〕？是以公民少而私人衆矣〔四〕。夫明王治國之政，使其商工游食之民少而名卑，以寡趣本務而趨末作〔五〕。今世近習之請行則官爵可買，官爵可買則商工不卑也矣〔六〕；姦財貨賈得用於市則商人不少矣。聚斂倍農而致尊過耕戰之士〔七〕，則耿介之士寡而高價之民多矣〔八〕。

〔一〕顧廣圻曰：今本「政計」作「故計」。按句有誤。⊙王先慎曰：按趙本改「如」為「皆」，非也。「政」當作「自」。⊙奇猷案：今本「政計」作「故計」，是，今從之，迂評本、淩本亦作「故」。「政」蓋「故」形近而譌。故，即智故，詳主道篇。如，猶而也。趙用賢不知如猶而，遂改為「皆」也。辟，同避。又案：舊連上，盧文弨云「當分段」，今從之。故計，猶今俗語「鬼計」也。

〔二〕奇猷案：迂評本「則」作「其」，誤。論功勞謂之論，詳飾邪篇「論從其下」條。

〔三〕洪頤煊曰：案管子五輔篇：「上彌殘苛而無解舍，下愈覆鷙而不聽從。」商子懇令篇：「高其解舍。」解舍即今之廨舍。吴子治兵篇「馬疲人倦而不解舍」，説文：「卸，舍車解馬也，謂所卸止之地。」其音義並同。⊙顧廣圻曰：解、廨同字也。⊙俞樾曰：「解舍完」三字衍文也。「事私門而完解舍則遠戰」，與「行貨賂而襲當塗者則求得」兩文相對，不當衍此三字也。「求得則私」，「私」乃「利」字之誤。「遠戰則安」「求得則利」與上文窮危相對，安對危言，利對窮言也。「安私安則利之所在」當作「安利之所在」，上文「窮危之所在也，民安得勿避」，此云「安利之所在，安得勿就」，兩文亦相對。⊙王先慎曰：「解舍完」三字不當有，應增一「者」字。下「行貨賂而襲當塗者則求得」，正有「者」字，此不當少一字。⊙奇猷案：此文不誤。「事私門而完解舍，解舍完則遠戰，遠戰則安」，承上「為之攻戰，進則死於敵，退則死於誅則危矣」而言。説文：「完，全也。」完解舍，謂保全其解舍。古者避徭役必有懲罰，其懲罰之法，諒即籍没解舍及妻孥，故欲避兵役者，必事私門以資掩護。（詭使篇云：「士卒之逃事伏匿附託有威之門以避徭賦而上不得者萬數」，即事私門以避役之明證。）有私門之掩護，則解舍可以保全，解舍可以保全則生活可以無憂，生活無憂則不務立功得賞，故遠戰，遠戰則身安而不危矣。是以遠戰之原因為解舍完，解舍完之原因為事私門。「行貨賂而襲當塗者則求得，求得則私安，私安則利之所在安得勿就」，承上「棄私家之事，而必汗馬之勞，家困而上弗論則窮矣」言之。飾邪篇云「羣臣賣官於上而取賞（同償）於下」，據此，則行貨賂而襲當塗，目的在於得官。是求得者，求得官也。「私安」對上「家困」言。姦劫弑臣篇云「行財貨以事貴重之臣者，身尊家富，父子被其澤」，據此則所謂私安者，蓋謂身尊家富父子被其澤。故「行貨賂」云云之意，蓋謂行貨賂以襲當塗者，目的在於得官，既得官自不必從事汗馬之勞，且能身尊家富父子被其澤，如此則利之所在，安得不就？俞、王二氏不明此義，泥於對句而改之，非是。

〔四〕奇猷案：為公之民少，為私之人衆。

〔五〕王先慎曰：拾補「趨」作「外」。盧文弨云：「趨譌，舊人改。」先慎按：張榜本作「減」，較舊義為近。⊙松皋圓刪「寡」字，改「趨」為「外」，曰：「寡」字從山氏削。「外」，一作「趨」，非。⊙奇猷案：「趣」，當作「舍」，蓋因趨、舍多連文，故易誤。「作」下當有「者」字。寡，少也。舍，去聲，即「取舍」之舍。本務，指耕農。末作，指工巧。使商工游食之民少而名卑，故舍本務而趨末作者少也。此法家困末作之旨，本書多見。（姦劫弑臣篇「商君說秦孝公困末作而利本事」。）迂評本「趨」作「外」，張榜本作「減」，均誤。詭使篇云：「倉廩之所以實者，耕農之本務也。」

〔六〕王先慎曰：張榜本無「也」字。⊙奇猷案：請，謂請謁。飾邪篇謂「釋法禁而聽請謁則羣臣賣官」。八姦篇云：人君「聽左右之謁，父兄大臣上請爵禄於上，而下賣之以收財利及以樹私黨，故財利多者買官以為貴。」

〔七〕顧廣圻曰：「致尊過」，今本作「不貴」，誤。⊙奇猷案：迂評本、凌本與今本同，誤。

〔八〕松皋圓曰：廣絶交論注引「高價」作「商賈」。⊙奇猷案：作「商賈」是也。「商賈」與「高價」皆因形近而誤。津田鳳卿、高亭說同。

是故亂國之俗〔一〕，其學者則稱先王之道，以籍仁義，盛容服而飾辯說，以疑當世之法而貳人主之心〔二〕。其言古者，為設詐稱，借於外力，以成其私而遺社稷之利〔三〕。其帶劍者，聚徒屬，立節操，以顯其名而犯五官之禁〔四〕。其患御者〔五〕，積於私門，盡貨賂而用重人之謁，退汗馬之勞〔六〕。其商工之民，修治苦窳之器，聚弗靡之財〔七〕，蓄積待時而侔農夫之利〔八〕。此五者，邦之蠹也。人主不除此五蠹之民，不養耿介之士，則海内雖有破亡之國，削滅之朝，亦勿怪矣〔九〕。

〔一〕奇猷案：舊連上，今提行。

〔二〕奇猷案：「籍」上「以」字當衍。籍、借同。八說篇「貴文學則民之所師法也疑」。（文學為儒者，儒者稱道仁義。民之所師法者為法與吏，上文「以法為教，以吏為師」。）又案：荀子非十二子篇云「弟佗其冠，神禫其辭，禹行而舜趨，是子張氏之賤儒也。正其衣冠，齊其顔色，嗛然而終日不言，是子夏氏之賤儒也」，即「盛容服而飾辯說」之例也。

〔三〕顧廣圻曰：「古」，當作「談」，上文云「言談者為勢於外」。⊙高亨曰：為，借為偽。⊙奇猷案：顧說是，松皐圓說同。為設，即設為。言談者，談從衡者也。（見上文）忠孝篇云「言從者曰，從成必霸，言横者曰，横成必王」，即言談者設為之詐稱也。津田鳳卿、松皐圓皆改「為」為「偽」，非。蓋詐稱，即偽，若更有偽字則義複矣。

〔四〕王先慎曰：五官，謂司徒、司馬、司空、司士、司寇，典司五衆者。⊙奇猷案：帶劍者，即上文所指之勇者、俠者。節操，即上文所指貞廉之行。詭使篇云：「刑罰所以擅威也，而輕法不避刑戮死亡之罪者世謂之勇夫。」上文亦云「俠以武犯禁」。

〔五〕盧文弨曰：「患」，疑是「串」字。爾雅「串，習也」。此猶言近習。⊙俞樾曰：患，讀為串。詩皇矣篇「串夷載路」，毛傳「串，習也」，釋文云：「串，本作患。」是其證也。⊙王先慎曰：盧、俞說是。張榜本、趙本改作「近」，非。⊙奇猷案：此蒙上文事私門遠戰者言，御當係役音近而譌。患役者，蓋謂患於任兵役者。盧、俞二氏改「患」為「串」，非是。迂評本、凌本亦作「近」，蓋不知御為役之誤而改之也。下文謂由於重人之包蔽，患御者退汗馬之勞（即不服兵役），尤可明此「患御者」即「患役者」矣。吕氏春秋用衆篇云「孟賁庶乎患術，而邊境弗患，得之衆也」，患術即患役（術、役通，詳吕氏春秋校釋），謂孟賁雖然不服兵役，但邊境無患者，得於衆人守之也。可明此文患御亦即患術，亦即患役，亦可明患役是患於服兵役也。

〔六〕奇猷案：積，習也。荀子解蔽篇「私其所積」，楊注：「積，習。」

〔七〕顧廣圻曰：藏本同。今本「弗」作「沸」，誤。⊙太田方曰：沸靡，謂奢侈也。⊙松皐圓曰：山曰：「荀子：天下諸侯無靡費之用。沸、費音近，或通。大學鄭注：拂，讀為費可證。費用侈靡之財，謂其無用也。」⊙劉文典曰：案沸靡，猶亡徵篇、外儲説左上篇之「煎靡」也。今本作「沸」，於義為長。⊙奇猷案：修、治二字同義，當衍其一。「修苦窳之器」，與「聚弗靡之財」相對，不當多一字。苦窳，惡也。詳難一篇。苦窳之器，即今言偷工減料之器。又案：作「沸靡」是，迂評本、凌本亦作「沸靡」。或弗、沸古通。財，即貨也。蓋古者貨物皆可為交易之媒介，故貨亦稱財。弗靡之財，猶言奢移之貨。修苦窳之器，指工言。聚弗靡之財，指商言。

〔八〕顧廣圻曰：牟、侔同字也。⊙奇猷案：牟，猶言謀取也。

〔九〕奇猷案：耿介之士，忠貞正直之士。

顯學第五十

世之顯學，儒、墨也〔一〕。儒之所至，孔丘也。墨之所至，墨翟也〔二〕。自孔子之死也，有子張之儒〔三〕，有子思之儒〔四〕，有顏氏之儒〔五〕，有孟氏之儒〔六〕，有漆雕氏之儒〔七〕，有仲良氏之儒〔八〕，有孫氏之儒〔九〕，有樂正氏之儒〔一〇〕。自墨子之死也，有相里氏之墨〔一一〕，有相夫氏之墨〔一二〕，有鄧陵氏之墨〔一三〕。故孔、墨之後，儒分為八，墨離為三，取舍相反、不同〔一四〕，而皆自謂真孔、墨，孔、墨不可復生〔一五〕，將誰使定世之學乎〔一六〕？孔子、墨子俱道堯、舜，而取舍不同，皆自謂真堯、舜，堯、舜不復生，將誰使定儒、墨之誠乎？殷、周七百餘歲，虞、夏二千餘歲，而不能定儒、墨之真〔一七〕，今乃欲審堯、舜之道於三千歲之前，意者其不可必乎！無參驗而必之者，愚也；弗能必而據之者，誣也。故明據先王，必定堯、舜者，非愚則誣也〔一八〕。愚誣之學，雜反之行，明主弗受也〔一九〕。

〔一〕王瑗仲曰：呂氏春秋尊師篇曰：「孔、墨徒屬彌衆，弟子彌豐，充滿天下。」又當染篇曰：「孔、墨之後學，顯榮於天下衆矣，不可勝數。」此孔、墨所以為顯學者也。

〔二〕奇猷案：至，極也。史記孟荀傳云：「墨翟，宋之大夫，善守禦，為節用，或曰並孔子時，或曰在其後。」孫詒讓墨子閒詁考之頗詳，確定其生於春秋末季，而墨子數適他處自魯出發，遂又確定墨子為魯人。余以為墨子，宋人。第一、墨子書中多用宋方言，如魯問篇「劉三寸之木」，揚雄方言云「秦、晉、宋、衛之間謂殺曰劉」，是劉為墨子鄉語。第二、史記雖未明言為何國人，然謂為宋大夫，大夫之職多為世襲，則墨子之先世必居宋無疑。墨子行踪多自魯出發者，或因墨子好學，以鄒、魯文物繁盛而徙居於魯也。漢書藝文志著録墨子七十一篇，今存者缺數篇。

〔三〕梁啟超曰：荀子非十二子篇稱子張氏、子夏氏、子游氏之賤儒，則子張門下甚盛可知。⊙奇猷案：史記仲尼弟子傳顓孫師，陳人，字子張。

〔四〕梁啟超曰：史記孟子荀卿列傳稱「孟子受業於子思之門人」，則子思門人應不少。非十二子篇稱「子思唱之，孟軻和之，世俗之儒受而傳之」，則思、孟蓋同一派，末流或小異耳。⊙津田鳳卿曰：漢書藝文志子思二十三篇，名伋，孔子孫，為魯繆公師。⊙王瑗仲曰：藝文志注以孟子為子思門人，與史記不同。⊙奇猷案：子思有二：一為孔子孫名伋字子思，一為孔子弟子原憲亦字子思。此當係指孔伋。蓋韓非學於荀卿，荀子非者為孔伋，則韓子乃從其師為説。且以非十二子篇觀之，其能成學派者為孔伋，與此所非為一影響頗大之學派合。

〔五〕皮錫瑞曰：孔門弟子顔氏有八（按為顔無繇、顔回、顔幸、顔高、顔祖、顔之僕、顔噲、顔何，見史記仲尼弟子傳），未必即是子淵。（經學歷史）⊙梁啟超曰：顔淵先孔子卒，是否有弟子傳其學無可考。此文顔氏之儒，不知出誰何也。⊙王瑗仲曰：聖賢羣輔録曰：「顔氏傳詩，為諷諫之儒。」羣輔録似出僞托，不盡足據。

〔六〕王瑗仲曰：孟氏之儒當謂孟子門下。史記儒林傳云「孟子、荀卿之列，咸遵夫子之業而潤色之，以學顯於當世」，則其授受之廣可知。聖賢羣輔録曰：「孟氏傳書，為疏通致遠之儒。」趙岐稱孟子通五經，尤長於詩書，則羣輔録謂傳書或有本。

〔七〕梁啟超曰：漆雕氏者，漢書藝文志儒家有漆雕子十二篇，原注云：「孔子弟子漆雕啟後。」⊙奇猷案：仲尼弟子傳作「漆雕開」，字同。後文「漆雕之議」云云，是漆雕學説之要旨。

〔八〕盧文弨曰：「良」，張本作「梁」。⊙顧廣圻曰：藏本「良」作「梁」。按梁、良同字也。⊙梁啟超曰：孟子稱「陳良、楚産説周公、仲尼之道，北方之學者未能或之先」。仲良豈陳良之字，如顔子淵稱顔淵，冉子有稱冉有耶？⊙奇猷案：良，迂評本亦作「梁」，字同。漢書古今人表中上有仲梁子，但列與齊襄王（起公元前二八二）同時，而孟子生於周烈王四年、即齊威王七年，（公元前三七二）卒於周赧王二十六年、即齊湣王三十五年（公元前二八九），孟子卒年下距襄王即位六年之久。考古今人表之體例，凡列某人與某王同時，必為生於某王之時（如孟子列與齊威王同時，則孟子生於齊威王七年即其例），是仲梁子生於襄王之時，未及見孟子，故梁氏謂仲梁子即孟子所稱之陳良，未確。小戴記檀弓上篇「曾子曰：尸未設飾，故帷堂小斂而徹帷。仲梁子曰：夫婦方亂，故帷堂小斂而徹帷」。據此可得二事：第一、小戴記為漢人所輯，採有各家解禮之説，而此條之文亦顯見其為注釋曾子之語，當非與曾子同時，與上所説仲梁子在孟子後無衝突。第二、小戴記雖引仲梁氏説僅此一條，然可知其為傳曾子之學者。詩定之方中毛傳引仲梁子語，則仲梁子亦傳詩，毛詩源自子夏，然則仲梁子乃兼有曾子、子夏二家之學派。鄭注檀弓云：「仲梁子，魯人。」又案：左傳定五年有仲梁懷，蓋其先也。

〔九〕顧廣圻曰：孫，孫卿也。難三篇云：「燕子噲賢子之而非孫卿。」⊙津田鳳卿曰：「孫」上恐脱「公」字，漢書藝文志公孫尼子二十八篇，注七十子弟子。太平御覽引公孫尼子。一曰「恐公孫丑也」。或曰指孫卿子，非。⊙梁啟超曰：孫氏即孫卿。或指孫氏為公孫尼子，恐非。⊙奇猷案：此孫氏以指公孫尼子為是。蓋本篇乃詆儒者，諒韓非不致詆譭其師。且韓非對其師頗愛護，難三篇云：「燕子噲賢子之而非孫卿，故身死為僇。」燕子噲非孫卿，韓非即出此憤慨語，豈在此又指其師而詆之，於理不合。且公孫氏本可省稱為孫氏，王先謙荀子集解卷首云「孫卿者，蓋郇伯公孫之後，以孫為氏也」，即其例。聖賢羣輔録云「公孫氏傳易」，當即此人。

〔一〇〕梁啟超曰：曾子弟子有樂正子春。此文樂正氏疑即傳曾子學者。孟子弟子亦有樂正子，當屬孟氏一派也。⊙奇猷案：此以指曾子弟子之樂正子春為是。子春以孝名聞，且有信而見信於齊(均詳説林下「齊伐魯」條)，則亦其時之大儒也。吕氏春秋有孝行篇，主旨是言孝道，多引曾子語，并述樂正子春下堂而傷足事，可知孝行篇為樂正氏學派之著作。

〔一一〕奇猷案：莊子天下篇云：「相里勤之弟子五侯之徒，南方之墨者苦獲、已齒、鄧陵子之屬，俱誦墨經，而倍譎不同，相謂別墨。」聖賢羣輔録亦言墨者有相里勤。元和姓纂引韓子曰「相里子，古賢也，著書七篇」，今本書無此文。漢書藝文志亦無相里子書。

〔一二〕孫詒讓曰：蒲阪圓引山仲質云：「相夫，一本作祖夫。」案廣韻二十陌伯字注云：「韓子有伯夫氏，墨家流。」則古本「相」或作「伯」。山氏所見本作「祖夫」，疑即「伯夫」之誤。(相或當為柏之誤，古柏伯聲同字通。)⊙王先慎曰：意林「夫」作「芬」。

〔一三〕梁啟超曰：墨派可分為四：相里勤、五侯之徒，得之於勤儉力行者多。苦獲、已齒、鄧陵子之徒，得力於理論學者多。相夫氏一派不詳。宋鈃、尹文一派，得力於非攻寬恕者多。⊙奇猷案：今墨子書有若干篇每篇分上中下内容相似之三篇，諒即此三人同時聽墨子講授之紀録。傳墨子學的弟子頗多，禽滑黎是其主要者。吕氏春秋尊師篇云「高何、縣石子，齊國之暴者，指於鄉曲，學於子墨子；索盧參，東方之鉅狡也，學於禽滑黎。此四人者，刑戮死辱之人也，今非徒免於刑戮死辱也，由此為天下名士顯人，以終其壽，王公大人從而禮之」，此亦皆主要的墨子弟子。又戰國之世，戰争頻繁，民生塗炭，厭戰者多，故墨子非攻之説頗受歡迎，且發展為偃兵之説，且盛傳於戰國。如本書内儲説上篇「惠施欲以齊、荆偃兵」，吕氏春秋審應篇「趙惠王謂公孫龍曰：寡人事偃兵十餘年」，皆是。關於墨子之學，梁啟超墨子學案論之甚詳，可參閱。

〔一四〕王先慎曰：相反不同，語意重複，蓋一本作「相反」，一本作「不同」，校者旁注於下，刊時失删耳。⊙奇猷案：取舍相反不同，係指儒墨各派而言。在總綱上儒、墨取舍於堯、舜相反，在各派上，儒八派取於孔，墨三派取於墨，亦皆不同。故此語係包含兩重意義，不得删其一。王説非。

〔一五〕王先慎曰：乾道本不重「孔墨」二字。顧廣圻云：「今本不上更有孔墨二字，按當有。」先慎按：北堂書鈔九十六引重「孔墨」二字，今據增。⊙奇猷案：王增是，今從之，迂評本亦重。

〔一六〕王先慎「世」上補「後」字曰：據張榜本、趙本補。⊙奇猷案：世謂當世，凡本書不明言上世而僅言世者皆此義。如姦劫弑臣篇「世之愚學」，六反篇「世主聽虚聲而禮之」，本篇首「世之顯學」皆其例。世之學，猶言當世之學，即上所舉儒八派、墨三派之學。此文謂將誰使定當世之學是真是僞。今本（迂評本同）及書鈔泥於孔、墨為前，遂於此加「後」字，非是，不可為據。

〔一七〕津田鳳卿曰：「七百」當作「千有」。⊙高亨曰：案此二句當作「虞、夏七百餘歲，殷、周二千餘歲」，殆淺人所改也。虞、夏約五百歲，而曰七百餘歲；殷、周約千四百歲，而曰二千餘歲；皆根據傳聞，致有差誤耳。七百餘歲加二千餘歲則為三千餘歲，故下文曰「今乃欲審堯、舜之道於三千歲之前」，則殷、周與虞、夏當互易明矣。⊙奇猷案：此文不誤，其計算法當為殷末周初算起至韓非、及虞末夏初算起至韓非。儒家之學起於周公，周公當殷末周初之世，自殷末周初至韓非七百餘歲。墨家托始於夏禹，禹當虞末夏初之世，自虞末夏初至韓非二千餘歲。（夏約五百年，殷約七百年，加入周七百餘年，故自夏初至韓非約二千年，此言二千餘歲者，蓋據傳聞有差誤耳。）且審此文之義，係謂距今僅若千年之事，猶不能定其真，況距今更遠之事，何能定其真？故七百餘歲、二千餘歲，顯係指距離，非實指殷、周之年歲、與虞、夏之年歲之多少也。又自夏初算至韓非，則是二千餘歲，加入虞之年歲，故為三千歲。堯又在虞之前，故下文云「三千歲之前」。

〔一八〕奇猷案：明，讀如書皋陶謨「天明畏」之明。既弗能必而又彰明之，並據之以為法，是謂之「明」「據」。

〔一九〕顧廣圻曰：今本「反」下有「之」字。按當有。⊙奇猷案：王先慎依顧說補「之」字，是，今從之。儒、墨各派之行，是為雜行。與法相背之行，謂之反行。

墨者之葬也，冬日冬服，夏日夏服，桐棺三寸，服喪三月〔一〕。世主以為儉而禮之〔二〕。儒者破家而葬〔三〕，服喪三年〔四〕，大毁扶杖〔五〕，世主以為孝而禮之。夫是墨子之儉，將非孔子之侈也；是孔子之孝，將非墨子之戾也。今孝戾、侈儉俱在儒、墨，而上兼禮之。漆雕之議〔六〕，不色撓，不目逃，行曲則違於臧獲，行直則怒於諸侯〔七〕，世主以為廉而禮之〔八〕。

宋榮子之議〔九〕，設不鬬爭〔一〇〕，取不隨仇〔一一〕，不羞囹圄〔一二〕，見侮不辱〔一三〕，世主以為寬而禮之。夫是漆雕之廉，將非宋榮之恕也；是宋榮之寬，將非漆雕之暴也。今寬廉、恕暴俱在二子，人主兼而禮之。自愚誣之學、雜反之辭爭，而人主俱聽之〔一四〕，故海內之士，言無定術，行無常議〔一五〕。夫冰炭不同器而久，寒暑不兼時而至，雜反之學不兩立而治，今兼聽雜學繆行同異之辭，安得無亂乎〔一六〕？聽行如此，其於治人又必然矣〔一七〕。

〔一〕盧文弨曰：墨子公孟篇作「三日」。淮南齊俗篇與此同。⊙王先慎曰：北堂書鈔九十二、御覽五百五十五引此作「三日」，「服」作「執」。⊙王瑗仲曰：作「三日」非。淮南子齊俗訓高誘注云：「三月之服，是夏后之禮。」後漢書王符傳注引尸子云「禹制，喪三日」，亦當作「月」，宋書禮志引尸子正作「三月」。墨子節葬篇曰：「墨子制為葬埋之法曰：棺三寸足以朽骨，衣三領足以朽肉。」⊙奇猷案：桐質鬆，不足為宮室之材，則以桐為棺者，示不費有用之材也。舊連上，今提行。

〔二〕王先慎曰：乾道本「世」下無「主」字。盧文弨云：「主字脱，據下文補。」先慎按：北堂書鈔、御覽引有「主」字，今據補。⊙奇猷案：王補是，今從之，迂評本正有「主」字。

〔三〕王先慎曰：北堂書鈔、御覽引有「賃子而償」四字。⊙王瑗仲曰：墨子節葬篇曰：「匹夫賤人死者殆竭家室，諸侯死者虛車府。」（車乃庫字之譌）此所謂破家而葬也。⊙奇猷案：津田鳳卿依淵鑑類函補「賃子而債」。（債、償同義。）案此四字不必有。

〔四〕王先慎曰：北堂書鈔、御覽引「服」均作「執」。⊙王瑗仲曰：喪服經：「為父斬衰三年，父卒，為母齊衰三年。」説苑修文篇「齊宣王謂田過曰：吾聞儒者喪親三年」，則戰國時非儒者蓋不盡持三年服也。

〔五〕王瑗仲曰：墨子節葬篇：「上士之操喪也，必扶而能起，杖而能行。」禮喪服四制曰：「百官備，百物具，不言而行事者，扶而起，言而後行事者，杖而起。」鄭玄注云：「扶而起，謂天下諸侯也。杖而起，謂大夫士也。」

〔六〕王先慎曰：上有漆雕之儒，此別一人。⊙王瑗仲曰：案上漆雕氏指漆雕啟，此則漢書藝文志所謂漆雕啟後著書者也。葉德輝曰：「說苑引孔子問漆雕馬人：臧文仲、武仲、孺子容三大夫之賢。家語好生篇引作漆雕憑，疑一人，名憑，字馬人。」孔子弟子漆雕氏啟之後，它無所見，或即馬人。⊙奇猷案：一人所建之義曰義，二人以上相與建之義曰議，如外儲說右上「昆弟二人立議曰」，議亦此義。下議字同。此漆雕當即上文漆雕氏，詳後。

〔七〕洪亮吉曰：此則孟子所云「北宮黝之養勇，不膚撓，不目逃」者，漆雕氏之學也。⊙梁啟超曰：漆雕子十二篇，已佚，其學說賴此廑存。儒家以智仁勇為三達德，故見義不為謂之無勇，孔子疾之。曾子云：「吾嘗聞大勇於夫子矣，自反而不縮，雖褐寬博吾不惴焉，自反而縮，雖千萬人吾往矣。」即「行曲則違於臧獲，行直則怒於諸侯」之義。孟子稱北宮黝不膚撓，不目逃，不受於褐寬博，亦不受於萬乘之君，正與漆雕說同。黝疑即漆雕氏之儒。孟子又稱孟施舍似曾子，北宮黝似子夏，蓋儒家實有此一派。二者殆皆儒家者流也。⊙奇猷案：撓，即詭使篇「賤爵禄不撓上者謂之傑」之撓，屈也。(詳彼)不色撓者，蓋謂雖以威嚴之勢臨之，亦無屈從之色。孟子公孫丑上篇趙岐注：「不目逃，云人刺其目目不轉睛。逃，避也。」又案：違，避也。臧獲，俘虜以為奴隸者，詳喻老篇。怒，責也。行曲，指不仁義。行直，指有仁義。「行曲則違於臧獲，行直則怒於諸侯」，言己行而不合於仁義時，則雖臧獲之下賤亦必避之；己行而合於仁義者，則雖諸侯之尊亦必責之。又案：以此漆雕之議為準繩，在吕氏春秋中可辨別出若干篇為此派學者之著作，如忠廉篇、不侵篇是也。又：戰國之世，各國或争霸，或保國，此派之旨為廉勇，正為各國君主所需之士，故為君主重視。如吕氏春秋順說篇云「惠盎見宋康王，康王疾言曰：寡人所說者勇有力者」，又正名篇云：「尹文見齊王。尹文曰：『使若人於廟朝中，深見侮而不鬭，王將以為臣乎？』王曰：『否。

大夫見侮而不鬭，則是辱也，辱則寡人弗以為臣矣。』」可見君主重視此派之一斑。

〔八〕梁啟超曰：廉，訓廉隅之廉，謂有圭角也。⊙奇猷案：詭使篇：「難予謂之廉。」難予，謂不受人主之賜予也。有度篇「輕爵禄，易去亡，以擇其主，臣不謂廉」，是世主以輕爵禄為廉也。漆雕之徒，不畏諸侯，爵禄不足以勸之；是輕爵禄者，故世主以為廉也。

〔九〕顧廣圻曰：荀子正論篇云：「子宋子曰，見侮人之不辱，使人不鬭。」又天論、解蔽皆云宋子。漢書藝文志宋子十八篇，在小説家，云：「孫卿道宋子，其言黄、老意。」⊙陳澧曰：荀子云：「上功用，大儉約，而慢差等，是墨翟、宋鈃也。」楊倞注云：「宋鈃，孟子作宋牼。」（非十二子篇）韓非子云宋榮子，宋榮即宋牼。（聖賢羣輔録之宋鉶即宋鈃）宋牼説秦、楚罷兵，是設不鬭爭。⊙王先慎曰：莊子逍遥游：「宋榮子猶然笑之，且舉世譽之而不加勸，舉世非之而不加沮，定乎内外之分，辯乎榮辱之竟。」釋文：「宋榮子，司馬、李云：宋國人也。崔云：賢者也。」宋榮即宋鈃，榮、鈃偏旁相通，月令：「腐草為螢」，吕覽、淮南作蚈。榮之為鈃，猶螢之為蚈也。⊙奇猷案：諸説均是。宋子、宋牼、宋榮子、宋鈃、宋鉶（鉶疑鈃之誤）皆為一人。清華學報載唐鉞尹文和尹文子一文中亦證宋鈃、宋牼、宋榮子為一人。又案：本書外儲説左上謂李、惠、宋、墨之言纖察微難，宋當即此宋榮子。然則漢志何以列宋子於小説家？宋子今佚，内容不明。考墨家主張明鬼，今墨子書中有明鬼篇，篇中列舉鬼神靈驗之事，其事皆來自道聽途説，明鬼篇云「莫聞莫見則以為無，何不入鄉里而問之」，可證。意者宋子書内容如此，而漢志以「街談巷語道聽途説者之所造」入小説家，此宋子之所以列入小説家也。吕氏春秋去尤篇是宋榮學派之作，可參。

〔一〇〕王先慎曰：「設」，疑「語」譌。⊙高亨曰：説文：「設，施陳也，从言，从殳，殳、使人也。」設既從言，則本為陳言敷論之誼。設不鬭爭，正用此誼耳。莊子人間世篇：「忿設無由，巧言偏辭。」淮南子原道篇：「口不設言，手不指麾。」本書難二篇：「李子設辭。」又五蠹篇：「為設詐稱。」并用設之本誼也。王先慎疑「設」為「語」譌，失之。⊙奇猷案：高說是。設不鬬爭，猶言設為不鬬爭之論。下文「取不隨仇，不羞囹圄，見侮不辱」，即所設不鬬爭之論。

〔一一〕蒲阪圓曰：孟子曰：「楊子取為我。」言舍怨仇不相隨者，宋子所取也。物本「隨」作「墮」，非。⊙津田鳳卿曰：謂不追隨仇人而報其怨。隨即下文「隨之以劍」之隨。⊙梁啟超曰：「隨」，疑為「墮」字之通假字。不墮仇者，猶言不傾摧其仇人也。⊙奇猷案：津說是。取，讀為趣。（取、趣字通，詳難勢篇。）隨仇，即五蠹篇「知友被辱隨仇者貞也」之隨仇，謂追隨其友而仇其仇。故取不隨仇者，猶言趣不隨人之仇，蓋不鬬爭也。

〔一二〕奇猷案：不耻囹圄之辱。蓋不耻囹圄之辱者，則不與暴虐之法令爭。

〔一三〕王瑗仲曰：荀子正論篇：「子宋子曰：明見侮不辱，使人不鬬。」人皆以見侮為辱，故鬬也；知見侮之為不辱，則不鬬矣。此見侮不辱之說也。⊙奇猷案：莊子天下篇云：「宋鈃、尹文，見侮不辱，救民之鬬。」

〔一四〕奇猷案：爭，競爭也。

〔一五〕顧廣圻曰：今本「議」作「儀」，誤。⊙劉文典曰：案今本「議」作「儀」是也。說文「儀，度也」，正與「術」字相對成義。作「議」則非其指矣。顧校非是。⊙奇猷案：顧說是。議，即上「漆雕之議」之議。行無常議者，謂相與議立其行，各派不同也。如漆雕學派所議者為行直怒於諸侯，宋榮學派所議者為見侮不辱。

〔一六〕奇猷案：迂評本讀「學」字逗，「辭」字句，非。雜學、繆行、同異之辭三者皆以聽為動詞。

〔一七〕奇猷案：其於治人，必無定法也。

今世之學士語治者多曰〔一〕：「與貧窮地以實無資〔二〕。」今夫與人相若也〔三〕，無豐年旁入之利而獨以完給者，非力則儉也。與人相若也，無饑饉疾疚禍罪之殃獨以貧窮者〔四〕，非侈則惰也〔五〕。侈而惰者貧，而力而儉者富〔六〕。今上徵斂於富人以布施於貧家，是奪力儉而與侈惰也。而欲索民之疾作而節用，不可得也。

〔一〕奇猷案：舊連上。盧文弨曰：「今下當分段」，今從之。

〔二〕奇猷案：「地」字當衍。下云「徵斂於富人以布施於貧家」，是與貧窮者乃徵自富人，徵自富人者當為資財而非地可證。八説篇「仁者慈惠而輕財者也，輕財則好與」，「與」字即此文與字之義，謂以財施與於人也。後人不知此與字之義，以為與貧窮下無屬辭，見下文豐年饑饉皆關於農事，「力而儉」之力關於耕作，遂妄增一「地」字也。

〔三〕王先慎曰：乾道本「若」作「善」，下同。俞樾云：「善字皆若字之誤。與人相若也，猶曰鈞是人也。俗書若字作若，善字作善，兩形相似而誤。」先慎按：張榜本「善」字作「若」不誤，今據改。⊙奇猷案：王改是，今從之。

〔四〕奇猷案：疚，病也。盧文弨意改「疚」為「疫」，非。

〔五〕奇猷案：王先慎據張榜本改「惰」為「惰」，下同。案惰、惰同，不必改字。

〔六〕奇猷案：藏本重「富」字，誤。

今有人於此〔一〕，義不入危城，不處軍旅，不以天下大利易其脛一毛，世主必從而禮之，貴其智而高其行，以為輕物重生之士也〔二〕。夫上所以陳良田大宅，設爵禄，所以易民死命也〔三〕，今上尊貴輕物重生之士，而索民之出死而重殉上事，不可得也。藏書策，習談論，聚徒役，服文學而議說〔四〕，世主必從而禮之，曰：「敬賢士，先王之道也。」夫吏之所稅，耕者也；而上之所養，學士也。耕者則重稅，學士則多賞，而索民之疾作而少言談，不可得也。夫立節參民〔五〕，執操不侵，怨言過於耳必隨之以劍，世主必從而禮之，以為自好之士〔六〕。夫斬首之勞不賞，而家鬬之勇尊顯，而索民之疾戰距敵而無私鬬，不可得也。國平則養儒俠，難至則用介士，所養者非所用，所用者非所養，此所以亂也。且夫人主於聽學也〔七〕，若是其言，宜布之官而用其身〔八〕，若非其言，宜去其身而息其端。今以為是也而弗布於官，以為非也而不息其端，是而不用，非而不息，亂亡之道也。

〔一〕奇猷案：舊連上，今提行。

〔二〕奇猷案：孟子盡心上篇：「楊子取為我，拔一毛而利天下不為也。」則此文所指為楊朱學派。列子楊朱篇：「古之人損一毫利天下不與也，悉天下奉一人不取也，人人不損一毫，人人不利天下，天下治矣。」此為楊朱學說之要義。六反篇：「畏死難，降北之民也，而世尊之曰貴生之士。」亦此義。

〔三〕王先慎曰：乾道本「宅」作「澤」。顧廣圻云：「藏本、今本澤作宅。」先慎按：作「宅」是，今據改。內儲說上篇云「賜之上田上宅」是其證。⊙蒲阪圓曰：「夫上所以」，疑衍「所以」二字。⊙奇猷案：王補是，今從之，迂評本亦作「宅」。詭使篇：「夫陳善田利宅，所以戰士卒也」，與此文同義，作「宅」可證。又案：蒲說亦是也，證以詭使篇文，「所以」二字當衍。又案：疑「大」字亦當作「上」，內儲說上作「上田上宅」，詭使篇作「善田利宅」，皆以美好言可證。又案：詭使篇云：「賞祿，所以盡民力易下死也。」下文「出死」，詳守道篇。

〔四〕奇猷案：此指儒、墨。五蠹篇「仲尼修行明道以游海內，海內説其仁，美其義，而為服役者七十人」，墨子公輸篇「臣（墨子自稱）之弟子禽滑釐等三百人」云云，即所謂聚徒役也。

〔五〕顧廣圻曰：藏本、今本「民」作「明」。⊙蒲阪圓曰：明、名通。物云：「言勵立節操，參以名譽，不為人所侵侮也。」⊙太田方曰：韻會：「參，叢立貌。」⊙奇猷案：此指漆雕派言，下文「怨言過於耳必隨之以劍」，可證。五蠹篇「其帶劍者，聚徒屬，立節操，以顯其名而犯五官之禁」，指游俠言。余前校謂「參民」為聚徒之意，不確。案「參」當為「齊」之譌。「齊」「參」，古文作[illegible]、[illegible]（皆見金文編），形近易誤。本書詭使篇云：「難禁謂之齊。」則齊民者，難禁之民也。五蠹篇所言帶劍者犯五官之禁，正是難禁之民。詭使篇云「輕法不避刑戮死亡之罪者，世謂之勇夫」，勇夫者，亦難禁之民，亦即齊民也。迂評本、凌本與今本同，王道焜本「民」作「名」，皆以不明「參」字之義而改之也（王本出今本及迂評本，全書無出今本、迂評本之右者，偶有數字不同，亦皆意改或筆誤。此「名」字當亦王氏見「參明」不可解而改之，不可據也）。

〔六〕蒲阪圓曰：自好，荀子：「善在身，介然必以自好也。」説苑：「申公子倍自好也。」孟子：「鄉黨自好者不為。」注：「自喜好名者也。」⊙奇猷案：呂氏春秋正名篇：「尹文見齊王。尹文曰：今有人於此，深見侮而不鬭，王將以為臣乎？王曰：否，夫見侮而不鬭，則是辱也，辱則寡人弗以為臣矣。」據此，則戰國之王者甚尊崇俠士。

〔七〕顧廣圻曰：藏本、今本「主」下有「之」字，今本「於聽」作「聽於」，皆誤。⊙奇猷案：迂評本、凌本與今本同，誤。

〔八〕王先慎曰：「官而」，張榜本、趙本作「而官」，誤倒。⊙奇猷案：叢刊本與趙本同，誤。

澹臺子羽〔一〕，君子之容也，仲尼幾而取之，與處久而行不稱其貌〔二〕。宰予之辭，雅而文也，仲尼幾而取之，與處而智不充其辯〔三〕。故孔子曰：「以容取人乎，失之子羽；以言取人乎，失之宰予。」故以仲尼之智而有失實之聲〔四〕。今之新辯濫乎宰予，而世主之聽眩乎仲尼，為悅其言，因任其身，則焉得無失乎？是以魏任孟卯之辯而有華下之患〔五〕，趙任馬服之辯而有長平之禍〔六〕。此二者，任辯之失也。夫視鍛錫而察青黃，區冶不能以必劍〔七〕；水擊鵠雁，陸斷駒馬，則臧獲不疑鈍利〔八〕。發齒吻形容〔九〕，伯樂不能以必馬；授車就駕而觀其末塗，則臧獲不疑駑良。觀容服，聽辭言，仲尼不能以必士；試之官職，課其功伐，則庸人不疑於愚智〔一〇〕。故明主之吏，宰相必起於州部，猛將必發於卒伍〔一一〕。夫有功者必賞，則爵祿厚而愈勸；遷官襲級，則官職大而愈治。夫爵祿大而官職治，王之道也〔一二〕。

〔一〕奇猷案：史記仲尼弟子傳：「澹臺滅明，武城人，字子羽。」

〔二〕盧文弨曰：「『久』字藏本無。」⊙奇猷案：弟子傳云：「澹臺滅明，狀貌甚惡，欲事孔子。孔子以為材薄。既已受業而退修行，行不由徑，非公事不見卿大夫，南游至江，從弟子三百人，設取予去就，名施乎諸侯。孔子聞之曰：吾以言取人，失之宰予；以貌取人，失之子羽。」索隱云：「家語：子羽有君子之容，而行不勝其貌；宰我有文雅之辭，而智不充其辯。孔子曰：以容取人則失之子羽，以言取人則失之宰予。今云滅明狀貌甚惡，則以子羽形陋也，正與家語相反。」猷案：家語為王肅僞作，此條疑即本之韓子此文。又案：今藏本仍有「久」字，惟迂評本無。

〔三〕顧廣圻曰：藏本同。今本「處」下有「久」字。⊙奇猷案：弟子傳：「宰予，字子我，利口辯辭。宰我為臨菑大夫，與田常作亂，以夷其族，孔子耻之。」索隱云：「左氏無宰我與田常作亂之文，然有闞止字子我，而田、闞爭寵，子我為陳恒所殺，恐字與宰予相涉，因誤云然。」猷案：索隱説是，考詳難言篇。

〔四〕奇猷案：藏本「故」上有「以」字，誤。

〔五〕王先慎曰：華下，即華陽。事在秦昭王三十四年、魏安釐王四年。⊙奇猷案：孟卯、即昭卯，詳外儲説左下。參閲初見秦篇「軍華下」注。

〔六〕奇猷案：注詳用人篇。

〔七〕顧廣圻曰：「區」，他書又作「歐」。⊙王先慎曰：區、歐古通。周禮司桓氏職文云：「凡金多錫則刃白。」考工記：「六齊，視錫之品數以為上下。」故治劍必鍛以錫，然色之青黄仍不能決其劍之利鈍。

〔八〕奇猷案：臧獲，俘虜之為奴隸者，詳喻老篇。趙策：「吴干將之劍，肉試則斷牛馬，金試則截盤盂。」蘇秦傳：「陸斷牛馬，水截鴻鵠。」

〔九〕王先謙曰：按五字不成句。形容在外，不待發也。「吻」下當有二字，與「視鍛錫」句相配，而今奪之。⊙物双松曰：觀馬必啟其口視其齒。⊙蒲阪圓曰：一本「形」上有「相」字。⊙津田鳳卿曰：案「形」上恐脱「察」字，上下文可例。⊙奇猷案：此言相馬事，伯樂為善相馬者，則一本「形」上補「相」字是。説文：「吻，口邊也。」十過篇：「晉獻公欲假道於虞以伐虢，乃使荀息以垂棘之璧與屈産之乘賂虞公而求假道焉，（虞公）遂假之道，荀息伐虢以還，反處三年，興兵伐虞，又尅之，荀息牽馬操璧而報獻公，獻公説曰：璧則猶是也，雖然，馬齒亦益長矣。」據此，知察馬之老幼，必發其口而觀其齒，故曰「發齒吻」也。形容者，形貌也。說林下：「伯樂教二人相踶馬，一人舉踶馬，其一人從後而循之，三撫其尻而馬不踶，此人以為失相，其一人曰：子非失相也，此其為馬也，踒肩而腫膝，夫踶馬也者，舉後而任前，腫膝不可任也，故後不舉，子巧於相踶馬，而拙於任腫膝。」據此，知相馬之形貌足明馬之踶與否，則馬之駑良亦當能於其形貌觀察而得，故云「相形容」也。今脱「相」字，義遂不可通。伯樂，注詳說林下。

〔一〇〕奇猷案：六反篇云：「不聽其言也則無術者不知，不任其身也則不肖者不知。聽其言而求其當，任其身而責其功，則無術不肖者窮矣。」用人篇：「治國之臣，效功於國以履位，見能於官以受職，盡力於權衡以任事。」皆此旨。

〔一一〕奇猷案：州部，詳五蠹篇。問田篇云：「陽城義渠，明將也，而措於毛伯；公孫亶回，聖相也，而關於州部。」

〔一二〕陶鴻慶曰：案「爵禄大」當作「爵禄勸」，承上「爵禄厚而愈勸」而言。作「大」者，涉上文「官職大」而誤。⊙奇猷案：「爵禄大」，當作「爵禄厚」，因上「大」字而誤也。爵禄所以勸人，作「爵禄勸」則不辭矣。陶說非。

磐石千里〔一〕，不可謂富；象人百萬〔二〕，不可謂强。石非不大，數非不衆也〔三〕，而不可謂富强者，磐不生粟〔四〕，象人不可使距敵也。今商官技藝之士，亦不墾而食〔五〕，是地不墾與磐石一貫也〔六〕。儒俠毋軍勞，顯而榮者則民不使〔七〕，與象人同事也。夫禍知磐石象人〔八〕，而不知禍商官儒俠為不墾之地、不使之民，不知事類者也。

〔一〕奇猷案：舊連上，盧文弨云「磐下當分段」，今從之。

〔二〕盧文弨曰：「象人」，或作「俑人」。韓詩外傳四作「愚民」。⊙王先慎曰：象人，即俑人也。孟子曰「始作俑者其無後乎」，謂其象人而用之也。作「象人」是。

〔三〕王先慎曰：「數」，當作「象人」二字，上下文可證。⊙劉文典曰：案「石非不大，數非不衆」，相對為文。數指百萬言之，故曰「非不衆也」。王說未審。⊙奇猷案：劉說是。

〔四〕顧廣圻曰：「磐」下當有「石」字。⊙太田方曰：合纂類語「磐」下有「石」字。⊙奇猷案：有「石」字是。

〔五〕物双松曰：商官，商賈納貨得官者也。⊙松皐圓曰：五蠹篇：「官爵可買則商賈不卑矣。」⊙奇猷案：時至春秋、戰國，商業發達，為商者利市百倍，故五蠹篇云「聚斂倍農」。因商賈富有，而官爵又可買，遂買官以庇其商業之發展，并借以避免徭役，故五蠹篇極詆事私門而遠戰、行貨賂而求得、商賈買官以自高等壞現象。準此，則當時商賈必多為買有官銜之人，故此直呼為商官也。如子貢既曾仕衛，又鬻財於曹、魯之間（詳仲尼弟子傳），是以官為商之例。

〔六〕奇猷案：松皐圓、太田方皆改上「墾」字為「耕」，非也。此文「與」上當有「者」字。此文謂今商官技藝之士不墾地而得食，是不墾地者，其與盤石無分別也。

〔七〕王先謙曰：「顯而」，當作「而顯」。⊙劉師培曰：案「者」當作「諸」。顯而榮諸，即顯而榮之也。若作「者」則與上下文義不屬。⊙奇猷案：劉說是。但者、諸古同字，詳王氏經傳釋詞，不必改字。蒲阪圓改「顯而」作「而顯」，未確。飾邪篇「無功者受賞則財匱而民望，財匱而民望則民不盡力矣」，即此旨。顯而榮，猶顯且榮。

〔八〕顧廣圻曰：「禍知」，當作「知禍」。此以「知禍」與下句「不知禍」相對也。⊙陶鴻慶曰：案顧校是。禍當讀為過。廣雅釋詁：「過，責也。」⊙奇猷案：顧說是，松皐圓亦改為「知禍」。韓非以商官儒俠為不墾而食者、不使之民，乃為禍於國。亡徵篇直言「羣臣為學，門子好辯，商賈外積」為亡國之徵，故此實一「禍」字。陶說非。

故敵國之君王〔一〕，雖說吾義，吾弗入貢而臣；關內之侯〔二〕，雖非吾行，吾必使執禽而朝〔三〕。是故力多則人朝〔四〕，力寡則朝於人，故明君務力。夫嚴家無悍虜〔五〕，而慈母有敗子〔六〕，吾以此知威勢之可以禁暴，而德厚之不足以止亂也〔七〕。

〔一〕奇猷案：舊連上。盧文弨曰「故下似當分段」，今從之。

〔二〕太田方曰：魏策「王不若與竇屢關內侯」，鮑注：「侯於關內耳，此時未有爵。」吴注：「關內侯不獨起於秦也。」⊙奇猷案：漢書百官表列爵二十級云「皆秦制，以賞功勞」，其第十九級為關內侯。考秦所立官爵，多係戰國舊制，證以魏策，則關內侯亦戰國舊制而秦採用者。呂氏春秋貴信篇云：「齊桓公伐魯，魯人不敢輕戰，去魯國五十里而封之，魯請比關內侯以聽。」關內侯之地位比於附庸耳，詳呂氏春秋校釋。

〔三〕奇猷案：執禽而朝，義詳難一篇。

〔四〕奇猷案：藏本、叢刊本「朝」作「或」，誤。

〔五〕顧廣圻曰：李斯列傳引「悍」作「格」。⊙奇猷案：李斯傳索隱云「格，彊悍也」，是悍、格同義。索隱又云：「虜，奴隸也。嚴整之家本無格悍奴僕也。」

〔六〕蒲阪圓曰：母以厚愛，處子多敗。呂氏春秋：「家無笞怒，則豎子嬰兒之有過也立見。」⊙奇猷案：見呂氏蕩兵。

〔七〕奇猷案：內儲說上「董閼于為趙上地守」、「子產相鄭」等數例，皆嚴刑以禁暴之例，可參閱。

夫聖人之治國〔一〕，不恃人之為吾善也〔二〕，而用其不得為非也。恃人之為吾善也，境内不什數〔三〕；用人不得為非〔四〕，一國可使齊〔五〕。為治者用衆而舍寡〔六〕，故不務德而務法。夫必恃自直之箭，百世無矢〔七〕；恃自圜之木，千世無輪矣〔八〕。自直之箭、自圜之木，百世無有一，然而世皆乘車射禽者何也？隱栝之道用也〔九〕。雖有不恃隱栝而有自直之箭、自圜之木，良工弗貴也〔一〇〕，何則？乘者非一人，射者非一發也。不恃賞罰而恃自善之民，明主弗貴也，何則？國法不可失，而所治非一人也。故有術之君，不隨適然之善〔一一〕，而行必然之道。

〔一〕奇猷案：舊連上。盧文弨云「夫下當分段」，今從之。

〔二〕奇猷案：姦劫弑臣篇云：「聖人之治國也，固有使人不得不愛我之道，而不恃人之以愛為我也。恃人以愛為我者危矣，恃吾不可不愛者安矣。」

〔三〕松皐圓曰：五蠹篇「今貞信之士不盈於十」，謂寡也。

〔四〕王先慎曰：乾道本無「為」字，顧廣圻云「今本得下有為字」，今據補。⊙奇猷案：王補是，今從之，迂評本亦有。

〔五〕奇猷案：齊，等也，詳安危篇。一國可使齊，謂一國之人無論智愚賢不肖皆齊等也，即有度篇「愚智提衡而立」之義。蓋韓子主張不重賢，不用智，依法而行，各盡其能，故智愚可使各守其職，賢不肖不侵，守道篇：「度量信則伯夷不失是，而盗跖不得非。法分明則賢不得奪不肖，强不得侵弱，衆不得暴寡。故圖不載宰予，不舉六卿；書不著子胥，不明夫差。孫、吴之略廢，盗跖之心服。」亦此旨。

〔六〕顧廣圻曰：今本「者」作「也」，誤。⊙奇猷案：迂評本「者」亦作「也」，而以「為治也」三字屬上為句，誤。

〔七〕王先慎曰：意林、御覽九百五十二引「恃」作「待」，下同，「矢」下有「矣」字。案困學紀聞卷十引作「恃」，與此合。⊙奇猷案：困學紀聞云：「劉夢得用此語恃作俟。」案：恃形誤為待，劉引蓋恃音誤為俟也。

〔八〕盧文弨曰：「世」，張本作「歲」。⊙王先慎曰：意林、御覽引亦作「歲」。困學紀聞引仍作「世」，與此合。⊙奇猷案：藏本、迂評本亦作「歲」。

〔九〕奇猷案：藏本、趙本、張榜本「栝」作「括」，說詳難勢篇。

〔一〇〕王先慎曰：「雖有」二字衍。「而」下「有」字當作「恃」。⊙津田鳳卿曰：山云：「多上有字。」鳳卿按：上「有」字恐「曰」字之誤。⊙劉文典曰：下「有」字涉上文而衍。⊙奇猷案：劉說是。下「有」字既可因上「有」字而衍，又可因「自」字而譌衍，錯誤之可能性較大。「雖有」至「之木」十五字為一句。

〔一一〕舊注：適然，謂偶然也。⊙太田方曰：鬼谷子云「事有適然，物有成敗」，注：「適然者，有時而然也。」⊙奇猷案：適然之善，謂以德化偶然可得一善人。必然之道，謂必可使人為善之道，即法術也。

今或謂人曰〔一〕：「使子必智而壽」，則世必以為狂〔二〕。夫智，性也。壽，命也。性命者，非所學於人也〔三〕。而以人之所不能為說人，此世之所以謂之為狂也。謂之不能，然則是諭也。夫諭，性也〔四〕。以仁義教人〔五〕，是以智與壽說也〔六〕，有度之主弗受也〔七〕。故善毛嗇、西施之美〔八〕，無益吾面，用脂澤粉黛則倍其初〔九〕。言先王之仁義，無益於治，明吾法度，必吾賞罰者亦國之脂澤粉黛也〔一〇〕。故明主急其助而緩其頌〔一一〕，故不道仁義。

〔一〕奇猷案：舊連上。盧文弨云「今下當分段」，今從之。

〔二〕張榜曰：狂與誑同。

〔三〕太田方曰：荀子性惡篇云：「凡性者，天之就也，不可學，不可事。」⊙奇猷案：解老篇云：「聰明睿智，天也。」

〔四〕王渭曰：句有誤。⊙王先慎曰：張榜本、趙本「諭」皆作「喻」。⊙蒲阪圓曰：「謂之不能然」句，「謂」疑「說」誤，言說之不能如其言也。「則是諭也」句，「夫」字屬下，言以性命之說相諭耳，無益於事也。「諭性也」三字疑注文誤入正文。⊙松皐圓刪「諭性也」三字曰：離騷「世既莫吾知兮，人心不可謂兮」，王逸云：「謂，猶說也。」⊙高亨曰：諭，借為諛。今或謂人曰，使子必智而壽，而事實不能如此，則是諂諛矣。諭、諛古音通。荀子修身篇「以不善和人者謂之諛」，楊注：「諛與俞同。」莊子駢拇篇「通如俞兒」，淮南子氾論作「臾兒」。則諭、諛亦可通用矣。「夫」下「諭」字涉上文「諭」字而衍，「性也」涉上文「智性也」而衍，「夫」字屬下為句。⊙奇猷案此十三字當係舊注誤入正文者，且有脱誤。謂，說也。諭，告也。「夫諭」下脱「非」字。「謂之不能(句)然則是諭也(句)夫諭、非性也(句)」意謂說之而不能為，然則是告之可智與壽，告之可智與壽是告之而已，非其性可有智與壽也。此甚類本書舊注者之手筆。且上言狂，此言諭，既與上文不類，更可明注家換字訓釋之一般方法。迂評本無此十三字，蓋以其不通而又突出而刪之也。蒲、松二氏句讀均誤。

〔五〕王先慎曰：乾道本無「義」字。顧廣圻云「今本仁下有義字，按依下文當有」，今據補。⊙奇猷案：王補是，今從之，迂評本、凌本亦有。

〔六〕盧文弨「說」下補「人」字曰：「人」字脱，一本有。⊙奇猷案：「人」字可省。迂評本有「人」字，不足據。(迂評本多妄改)王先慎據盧說增，非。

〔七〕奇猷案：有度，即有度篇之有度，謂有法度也。

〔八〕顧廣圻曰：藏本作「嗇」，是也。今本作「嬙」，誤。按左昭三年傳釋文「嬪嗇，本又作嬙」。哀元年「妃嬙，本又作奇猷案：迂廧。」嫱在説文新附。⊙王先慎曰：藝文類聚五十二、御覽六百二十四、七百一十九引并作「嫱」。⊙評本亦作「廧」。莊子齊物論作「毛嫱」。齊物論云：「毛嫱、麗姬，人之所美也。」釋文：「毛嫱，古美女。一曰：越王美姬也。」

〔九〕奇猷案：較初時面倍其美。

〔一〇〕陶鴻慶曰：案「必吾賞罰」下當有脱句。上文云「故善毛嗇、西施之美，無益吾面，用脂澤粉黛則倍其初」，與此相對為文，明此文「必吾賞罰」下亦必有一句與「則倍其初」相配，而其下當云「法度賞罰者，亦國之脂澤粉黛也」。人主篇云「威勢者，人主之筋力也」，又云「勢重者，人主之爪牙也」，此文例與彼同，因上下兩「賞罰」字相混，致中間字句誤奪，則語意不完。⊙奇猷案：陶説是。今擬於「必吾賞罰」下補「則倍其始，法度賞罰」八字，雖不能必其為原文，然其義當如此，補之以便閲讀。

〔一一〕松皐圓改「助」為「功」曰：從山氏正。⊙津田鳳卿曰：評林：「賞罰法度，治之助也。明主必急之而緩其智壽之頌。」⊙奇猷案：評林訓助字是。此非言功，松説非。頌同誦，謂誦説先王之仁義，上文「言先王之仁義」，下文「不道仁義」皆可證評林謂「智壽之頌」非。

今巫祝之祝人曰：「使若千秋萬歲。」千秋萬歲之聲聒耳〔一〕，而一日之壽無徵於人，此人所以簡巫祝也。今世儒者之説人主，不善今之所以為治，而語已治之功〔二〕；不審官法之事，不察姦邪之情，而皆道上古之傳，譽先王之成功〔三〕。儒者飾辭曰〔四〕：「聽吾言則可以霸王。」此説者之巫祝，有度之主不受也。故明主舉實事，去無用；不道仁義者故〔五〕，不聽學者之言。

〔一〕王先慎曰：乾道本上「歲」字與下「秋」字互易，「聒」作「括」。盧文弨云：「千歲譌，下同。括，藏本作聒。」顧廣圻云：「藏本下秋字與上歲字互易，是也。今本二秋字皆作歲，誤，戰國策云：犀首跪行為儀千秋之祝。藏本括作栝，案當作聒。」先慎按：此當讀「使若千秋萬歲」句，「千秋萬歲之聲聒耳」句。「括」，張榜本作「聒」，是，今據改。⊙太田方曰：慧琳音義三十三「聒耳」，云：「讙聒也。」倉頡篇：擾亂耳孔也。」奇猷案：王改是，今從之。迂評本下「秋」字與上「歲」字互易，與藏本同，「括」、作「聒」，與張本同。又案：盧、顧二氏所校藏本不同，今藏本作「栝」，與顧校合。又案：舊連上，今分段。

〔二〕王先慎改「善」為「言」曰：據張榜本、趙本改。⊙奇猷案：此當於「善」上補「言」字。「言」與下句「語」相對。此文謂今世儒者之說人主，不言搞好現今之所以為治，而說些從前已治的功績。乾道本脫「言」字，張榜本、趙本則脫「善」字。王改「善」為「言」，非是。

〔三〕奇猷案：傳，謂傳聞，即上所謂先王之仁義。譽，謂稱譽。譽先王之成功，猶言稱譽先王之功績，文法與忠孝篇「譽先王之德厚」同。唐敬杲以「皆道上古之傳譽」逗，非是。

〔四〕王先慎曰：乾道本無「者」字，「飾」作「釋」。顧廣圻云：「藏本、今本釋作飾。今本儒下有者字。按句有誤。」先慎按：有「者」字是，「釋」當作「飾」，今據增改。⊙奇猷案：王改是，今從之，迂評本、凌本與今本同。

〔五〕盧文弨曰：「者」字舊人删。⊙顧廣圻曰：「者」字當衍。⊙俞樾曰：者字古與諸通。禮記郊特牲云：「或諸遠人乎」，儀禮士虞禮注引作「或者遠人乎」是其證。廣雅釋言：「諸，之也。」「不道仁義諸故」，即不道仁義之故，與「不聽學者之言」，兩句相對。諸、之互用，古書多有，禮記少儀篇「申之面，拖諸幦」，孟子滕文公篇注「諸海注之江」，皆是也。大戴記將軍文子篇：「道者孝弟，説之以義，而觀諸體者與。」諸、并猶之也。顧氏以「者」為衍而以「故」字屬下讀，失其義矣。⊙奇猷案：俞説是。上文「顯而榮者」以者為諸可證。故，謂故事。仁義之故，猶言先王仁義之故事，即上文所謂「上古之傳」也。

今不知治者必曰〔一〕：「得民之心。」欲得民之心而可以為治〔二〕，則是伊尹、管仲無所用也，將聽民而已矣〔三〕。民智之不可用，猶嬰兒之心也。夫嬰兒不剔首則腹痛〔四〕，不揊痤則寖益〔五〕。剔首、揊痤必一人抱之，慈母治之，然猶啼呼不止，嬰兒子不知犯其所小苦致其所大利也〔六〕。今上急耕田墾草以厚民產也，而以上為酷；修刑重罰以為禁邪也，而以上為嚴；徵賦錢粟以實倉庫、且以救饑饉備軍旅也，而以上為貪〔七〕；境內必知介，而無私解〔八〕，并力疾鬭所以禽虜也，而以上為暴。此四者所以治安也，而民不知悦也〔九〕。夫求聖通之士者，為民知之不足師用。昔禹决江濬河而民聚瓦石，子產開畝樹桑鄭人謗訾。禹利天下，子產存鄭，皆以受謗，夫民智之不足用亦明矣。故舉士而求賢智，為政而期適民，皆亂之端，未可與為治也〔一〇〕。

〔一〕奇猷案：舊連上。盧文弨云「今下當分段」，今從之。

〔二〕藤澤南岳曰：或曰「欲字衍。」⊙奇猷案：此當衍「可」字。衍「欲」字則文氣不足也。

〔三〕奇猷案：南面篇云：「伊尹毋變殷，太公毋變周，則湯、武不王矣。管仲毋易齊，郭偃毋更晉，則桓、文不霸矣。」又曰：「適民之心，恣姦之行也。」

〔四〕舊注：首病不治則加痛也。⊙王先慎曰：「腹」乃「復」字之譌。素問瘧論：「病極則復。」復與復通，說文「復，重也」，今皆以「復」為之。注訓為加，是所見本作復不誤。⊙奇猷案：此未詳，或古有嬰兒不剔首則腹痛之說。王氏以素問「病極而復」為證而改「腹」為「復」，案「病極而復」與此文義不相蒙，王說殊謬。

〔五〕舊注：謂癰也。䤋威而潰之，披䤋也。⊙王先慎曰：「攔」字不見於字書。下作「揊」，亦後起之字。注作「䤋」，是也。說文「副，判也。周禮曰：副，辜祭。籀文作䤋」。今周禮「副」亦作「䤋」，副、䤋同。古本韓子作「䤋」，或改作「副」，寫者又誤加手旁，校者又於下文去刀旁，展轉譌誤，遂不成字，幸注文猶存真。又案：注「威」字當為「痤」之譌，「披䤋」二字亦倒。下「揊」，張榜本、趙本作「攔」，非。⊙津田鳳卿曰：正字通攔、副、䤋、擘通。按「攔」即俗「副」字。⊙太田方曰：寖益，言膿腫漸加也。⊙奇猷案：王說是。攔字不見於他書，疑正字通即採自韓子此文。外儲說右上：「夫痤疽之痛也，非刺骨髓則煩心不可支也，非如是不能使人以半寸砥石彈之。」攔與彈義當相近，彈當為判之意，判、亦分也。

〔六〕奇猷案：「子」字當衍，上文作「嬰兒」，無「子」字可證。

〔七〕王先慎曰：乾道本無「上」字。顧廣圻云：「今本以下有上字。」先慎按：有「上」字是，上下文皆有，乾道本脫，從今本增。⊙奇猷案：王增是，今從之，迂評本亦有。

〔八〕顧廣圻曰：今本作「境內教戰陣閱士卒」，誤。按「境內必知」者，八說篇云「此其臣有姦者必知」，又云「而務必知之術也」是其義。「介」當作「分」，「分而無私」者，制分篇云「宜務分刑賞為急」，又云「亡者其制刑賞不分也」云云是其義。「解」字上下當有脫文。⊙奇猷案：「解」下當脫「舍」字。「境內必知介（句）而無私解舍（句）」介，謂介冑，指戰陣之事。五蠹篇云：「民之故計，皆就安利如辟危窮。今為之攻戰，進則死於敵，退則死於誅則危矣。窮危之所在也，民安得勿避。故事私門而完解舍。解舍完則遠戰，遠戰則安。」意謂民皆避攻戰之事，而完其私人之解（同廨）舍，正與此文反正其義，故「解」下必脱「舍」字無疑。「境内必知介，而無私解舍」，猶言使境内之民必知戰介之事，而不以其私人之廨舍為事。顧説誤，迂評本、凌本與今本同，亦誤。

〔九〕盧文弨曰：凌本作「知之而不悦也」，并注云：「謂民不悦也。」⊙奇猷案：「民不知悦也」，猶言民不知悦其所以安之道。所以安之道，即上耕墾、刑罰、徵賦、知介四者。迂評本與凌本同，顯係意改。凌本係以趙本、迂評本合校，故此文乃迂評本改之，而凌本抄迂評本也。

〔一〇〕王先慎曰：乾道本無「士者」至「治也」七十六字。顧廣圻云：「藏本、今本有，未詳所出。」先慎案：御覽九百五十五、事類賦二十五引并有「子産開畝樹桑，鄭人謗訾」二句，是宋本不盡脱也。今據藏本補。趙本「而民聚瓦石」下并有注云「有以擊禹也」五字。張榜本末句「可與」作「可以」。⊙奇猷案：王補是，今從之，迂評本、凌本亦有。晏殊類要引亦有「禹决江疏湖，而民聚瓦石，□民智之不足用亦明矣」，亦為宋本未盡脱之徵。但各本略有差異，今藏本（顧校藏本與今藏本不同，因稱今藏本以别於顧校。）張榜本「存鄭」下并有「人」字，當係誤衍。今藏本、迂評本、凌本皆有注五字，與趙本同，但今藏本、迂評本「有」作「欲」。吕氏春秋樂成篇：「禹之决江水也，民聚瓦礫。事已成，功已立，為萬世利。禹之所見者遠也，而民莫知之。故民不可與慮化舉始而以樂成功。」又曰：「子産始治鄭，使田有封洫，都鄙有服。民相與誦之曰：我有田疇而子産賦之，我有衣冠而子産貯之，孰殺子産，吾其與之！後三年，民又誦之曰：我有田疇而子産殖之，我有子弟而子産誨之，子産若死，其使誰嗣之。使鄭簡當民之誹訿也而因弗遂用，則國必無功矣，子産必無能矣。非徒不能也，雖罪施於民可也。」子産事，左襄三十年傳載與吕氏春秋略同。又案：「夫求」以下，疑皆非韓子原文。本書皆言「法術之士」、「有術之士」或「智術之士」、「能法之士」、「智法之士」、「貞信之士」、「賢士」等等，未見用「聖通之士」（本書雖有用聖字之處，如難言篇「至智説至聖」，觀行篇「聖賢之樸淺深矣」，説疑篇「聖主明君」，詭使篇「聖智成羣」，又云「汎愛天下謂之聖」，六反篇「聖人之治也」，五蠹篇「仲尼天下聖人也」，用聖字皆此類），實爲僞造之徵。且文勢與上亦不類。余疑「夫求」以下爲「舊注」者之作。

卷二十

忠孝第五十一

天下皆以孝悌忠順之道為是也，而莫知察孝悌忠順之道而審行之，是以天下亂。皆以堯、舜之道為是而法之，是以有弒君〔一〕，有曲於父〔二〕。堯、舜、湯、武，或反君臣之義，亂後世之教者也。堯為人君而君其臣，舜為人臣而臣其君〔三〕，湯、武為人臣而弒其主、刑其尸，而天下譽之，此天下所以至今不治者也〔四〕。夫所謂明君者，能畜其臣者也；所謂賢臣者，能明法辟、治官職以戴其君者也〔五〕。今堯自以為明而不能以畜舜，舜自以為賢而不能以戴堯，湯、武自以為義而弒其君長，此明君且常與，而賢臣且常取也〔六〕。故至今為人子者有取其父之家，為人臣者有取其君之國者矣〔七〕。父而讓子，君而讓臣，此非所以定位一教之道也。臣之所聞曰〔八〕：「臣事君，子事父，妻事夫，三者順則天下治，三者逆則天下亂，此天下之常道也，明王賢臣而弗易也。」則人主雖不肖，臣不敢侵也。今夫上賢任智無常〔九〕，逆道也；而天下常以為治，是故田氏奪呂氏於齊，戴氏奪子氏於宋〔一〇〕，此皆賢且智也，豈愚且不肖乎？是廢常、上賢則亂，舍法、任智則危。故曰：「上法而不上賢。」

〔一〕奇猷案：「弑」下當脱「其」字。此以堯、舜并言，下文「曲於父」指舜，此「弑其君」當係指堯。史記五帝紀：「帝摯立，不善，崩，而弟放勳立，是為帝堯。」所謂「不善」，當係帝摯無道。既無道而崩，可能為臣所殺。殺帝摯者當以帝堯之嫌疑最大，故此文堯弑其君必有所本。司馬貞索隱云：「古本不善作不著，音張慮反，俗本作不善。不善，謂微弱不著，猶不著明也。衛宏云：摯立九年，而唐侯德盛，因禪位焉。」此顯係司馬貞為帝摯諱，及為帝堯弑君之嫌疑諱，而託為古本，并曲解文字。一、不善，無微弱之義。諒彼亦自以為不善無微弱之訓，不能取信於人，遂託為古本改為「不著」。二、史記明言帝摯崩後帝堯始立，并無禪讓之事，其所謂德盛，正如西伯之德盛，卒至武王滅殷、殺紂。準此，則索隱之説顯非史記原文之意。且古史中其為儒家所諱而遂竄改者正多，如古今兩本竹書紀年載伊尹殺太甲，本書姦劫弑臣篇武王讓天下於夷、齊，今正史所載皆不同，是其例，正可明此文堯弑其君可能為實事。趙本、迂評本、凌本「弑」作「亂」，諒亦係諱堯有弑君之名而改之也。篇中韓非自稱臣，則上韓王書也。

〔二〕顧廣圻曰：今本無「於」字，誤。⊙王先慎删「於」字曰：案「弑君」、「曲父」相對，「於」字不當有。下「舜見瞽瞍，其容造焉」，即承「曲父」言。⊙陶鴻慶曰：案「於」蓋「放」字之誤。弑君、放父，事正相類。下文云：「瞽瞍為舜父而舜放之」，又云「放父殺弟不可謂仁」，是其證也。「曲」字或誤或衍，未詳。⊙奇猷案：顧説是。五蠹篇「以為直於君而曲於父」，作「曲於父」與此文法同可證。五蠹篇：楚直躬，其父竊羊而謁之吏謂之曲於父，此舜放父為曲於父，是曲於父者有不利於父之意。王、陶説皆非。迂評本、凌本與今本同，亦誤。

〔三〕奇猷案：史記五帝紀：「堯立七十年，得舜，二十年而老，令舜攝行天子之政，薦之於天，堯辟位凡二十八年而崩。」故堯未崩時尚為人君，而以其臣舜為君；舜此時為人臣行天子之政，是以其君堯為臣也。

〔四〕王先慎曰：乾道本無「為」字，盧文弨云「為字脱，藏本有」，今據補。⊙奇猷案：王補是，今從之。但今藏本無「為」字，惟迂評本有。史記夏本紀：「湯率兵伐桀，桀走鳴條，遂放而死。」殷本紀：「周武王率諸侯伐紂，紂兵敗，入登鹿臺，衣其寶衣，赴火而死，周武王遂斬紂頭，縣之白旗。」卽弑主、刑尸也。莊子盜跖篇云：「堯不慈，舜不孝，禹偏枯，湯放其主，武王伐紂。」又云：「堯殺長子，舜流母弟。」呂氏春秋當務篇云：「堯有不慈之名，舜有不孝之行，湯、武有放殺之事。」史記五帝紀張守節正義引竹書紀年云：「昔堯德衰，為舜所囚也。舜囚堯，復偃塞丹朱，使不與父相見也。」

〔五〕奇猷案：説文：「辟，法也。」飾邪篇「當魏之方明立辟」，辟亦法也。

〔六〕奇猷案：與同予。飾邪篇：「人主又以過予，人臣又以徒取。」明君，自以為明之君。賢臣，自以為賢之臣。

〔七〕奇猷案：如燕噲讓子之。燕噲自以為明而讓子之，子之自以為賢而取燕之政。詳外儲説右下。

〔八〕尹桐陽曰：此自稱曰臣，説韓王之言也。

〔九〕王先謙曰：常，上文所謂「常道」也。⊙奇猷案：上，同尚。王説是。下文「廢常」，常，亦謂常道。上賢、任智、無常三者皆逆道。亡徵篇云「好以智矯法，可亡也」。以智卽任智。

〔一〇〕奇猷案：均詳二柄篇。

記曰〔一〕：「舜見瞽瞍，其容造焉〔二〕。孔子曰：當是時也，危哉，天下岌岌！有道者，父固不得而子，君固不得而臣也〔三〕。」臣曰：孔子本未知孝悌忠順之道也〔四〕。然則有道者，進不為臣主，退不為父子耶〔五〕？父之所以欲有賢子者〔六〕，家貧則富之，父苦則樂之；君之所以欲有賢臣者，國亂則治之，主卑則尊之。今有賢子而不為父，則父之處家也苦；有賢臣而不為君，則君之處位也危。然則父有賢子，君有賢臣，適足以為害耳，豈得利焉哉〔七〕！所謂忠臣不危其君，孝子不非其親。今舜以賢取君之國，而湯、武以義放弒其君，此皆以賢而危主者也，而天下賢之。古之烈士，進不臣君，退不為家〔八〕，是進則非其君，退則非其親者也〔九〕。且夫進不臣君，退不為家，亂世絶嗣之道也〔一〇〕。是故賢堯、舜、湯、武而是烈士，天下之亂術也。瞽瞍為舜父而舜放之，象為舜弟而殺之〔一一〕。放父殺弟，不可謂仁；妻帝二女而取天下，不可謂義〔一二〕。仁義無有，不可謂明。詩云：「普天之下，莫非王土，率土之濱，莫非王臣〔一三〕。」信若詩之言也，是舜出則臣其君，入則臣其父、妾其母、妻其主女也〔一四〕。故烈士内不為家，亂世絶嗣；而外矯於君，朽骨爛肉，施於土地，流於川谷，不避蹈水火〔一五〕，使天下從而效之，是天下徧死而願夭也，此皆釋世而不治是也〔一六〕。世之所為烈士者〔一七〕，雖衆獨行〔一八〕，取異於人，為恬淡之學而理恍惚之言〔一九〕。臣以為恬淡，無用之教也；恍惚，無法之言也。言出於無法，教出於無用者〔二〇〕，天下謂之察。臣以為人生必事君養親，事君養親不可以恬淡；之人必以言論忠信法術〔二一〕，言論忠信法術不可以恍惚。恍惚之言，恬淡之學，天下之惑術也。孝子之事父也，非競取父之家也；忠臣之事君也，非競取君之國也。夫為人子而常譽他人之親曰：「某子之親，夜寢早起，强力生財以養子孫臣妾」，是誹謗其親者也。為人臣常譽先王之德厚而願之，是誹謗其君者也〔二二〕。非其親者知謂之不孝〔二三〕，而非其君者天下此賢之〔二四〕，此所以亂也。故人臣毋稱堯、舜之賢，毋譽湯、武之伐，毋言烈士之高〔二五〕，盡力守法、專心於事主者為忠臣。

〔一〕奇猷案：此下所引見孟子萬章篇，則所謂記者，孟子書也。舊連上，今提行。疑別本論語有孔子之言。

〔二〕舊注：造，愁貌也。⊙周中孚曰：大戴保傅篇「靈公造然失容」，賈誼新書作「蹙然」。案古書造、蹙通，韓子忠孝篇「舜見瞽瞍，其容造焉」，孟子作「其容有蹙」是也。⊙奇猷案：「瞍」，藏本作「叟」，字同。孟子趙注：「其容有蹙踖不自安貌。」

〔三〕奇猷案：墨子非儒下亦云：「舜見瞽叟就然，此時天下圾乎。」離騷：「高余冠之岌岌。」

〔四〕王先慎曰：拾補「未」下旁注「末」字，盧文弨云：「末，張、凌本作未。」⊙奇猷案：藏本無「也」字。

〔五〕盧文弨兩「不」字下補「得」字曰：「得」字脱，張、凌本有。⊙王先慎從盧説補「得」字曰：有「得」字是，今據補。「臣主」當作「主臣」。言進不得為主之臣，退不得為父之子也。⊙奇猷案：盧、王説非也。「進不為臣主」，謂進不為其臣之主，堯讓位於舜，是堯不為舜之主，正承上文「君固不得而臣」言之。「退不為父子」，謂退不為其父之子，舜放瞽瞍，是舜不為其父之子，正承上「父固不得而子」言。盧、王二氏未得其旨。

〔六〕奇猷案：迂評本「欲有」作「欲其」，下同，誤。

〔七〕顧廣圻曰：今本「焉哉」作「哉焉」，誤。⊙王先慎曰：「焉哉」，當作「哉焉」，「哉」字句絶，「焉」字屬下讀。顧説非。⊙奇猷案：王說非。迂評本、凌本與今本同，誤。「焉哉」，語氣較重。

〔八〕奇猷案：詭使篇：「好名義不進仕者世謂之烈士。」蓋好名義則以不進仕為高，故曰進不臣君。不進仕卽不受君禄，不受君禄則家不富，故曰退不為家也。

〔九〕奇猷案：不臣其君，是以其君不善而不事之。不為其家，是以其親為不善而不富之。

〔一〇〕奇猷案：外儲說右上太公望殺狂矞華士曰：「彼不臣天子，是望不得而臣也，則望當誰為君乎？」故人不臣其君則亂也。不為家，家將貧困，無以為生，故絶嗣也。

〔一一〕王先愼曰：依上文「殺」上當有「舜」字。⊙奇猷案：王說是。藏本、迂評本無「父而舜」三字，誤。舜放父殺弟未聞，但史記五帝紀舜父瞽叟與弟象屢欲殺舜，則舜放之殺之，亦甚可能。

〔一二〕奇猷案：五帝紀堯以二女妻舜。

〔一三〕奇猷案：小雅北山篇，亦見說林上。

〔一四〕松皐圓曰：妾，猶婢也。左傳：「男為人臣，女為人妾。」又：「定姜曰：余以巾櫛事先君，而暴妾使余。」又：「蠶妾在桑上。」妾字義可見也。書費誓「臣妾逋逃」，孔傳：「男曰臣，女曰妾。」⊙奇猷案：信，讀誠。謂誠如詩之言，人皆為王之臣，今舜之行反於詩之言也。

〔一五〕王先愼曰：施，陳也。⊙陶鴻慶曰：案「亂世絶嗣」四字當在「而外矯於君」句下，上文云「且夫進不臣君，退不為家，亂世絶嗣之道也」，文義與此同。⊙奇猷案：此謂烈士以為人之生也如朽骨爛肉陳於土地之上，至於死後則流於川谷，故不重視其生，不重視其生則不避蹈水火之害，是以不畏人君之誅而矯於君，此顯學篇所言漆雕之流也。據此，則「朽骨」云云當與「外矯於君」銜接，「亂世絶嗣」是家事，故當接「内不為家」。陶說非。又案：先秦一些俠客（烈士）以為人不過是一堆朽骨爛肉，故無所畏懼。呂氏春秋知分篇述次非赴江刺蛟事，次非曰：「此腐肉朽骨也。棄劍以全己，余奚愛焉。」於是赴江刺蛟，殺之。孔子聞之曰：「不以腐肉朽骨而棄劍者，其次非之謂乎。」卽其例也。

〔一六〕松皋圓曰：「治」下「是」字當作「者」。⊙奇猷案：松說是。又案：偏，猶盡也。釋，遺也。遺，棄也。此文謂天下之人倣傚烈士，於是天下之人皆死而願夭，皆棄當世之事而不治。

〔一七〕于思泊師曰：按為、謂古通。

〔一八〕王渭曰：「雖」，當作「離」。四字為一句。⊙奇猷案：王說是。

〔一九〕奇猷案：解老篇云「恬淡有趨舍之義」，又云「所謂廉者，必生死之命，輕恬資財也。」據此，恬淡，蓋謂對於某物不加重視而輕棄之之義。烈士有輕生輕爵禄之主張，故稱其學為恬淡之學。顯學篇：「漆雕之議，不色撓，不目逃，行曲則違於臧獲，行直則怒於諸侯，世主以為廉而禮之。」蓋世主以漆雕不畏死，輕棄爵禄為廉而禮之，是亦烈士之流，而其學為恬淡之學也。烈士、漆雕之流不但不足以使，且又使人轉相仿效，故下文曰「恬淡無用之教也。」理，治也。老子曰：「道之為物，惟恍為惚。」是恍惚為撲朔迷離不可捉摸之意。烈士、漆雕之流自以為仁義，然其所稱之堯、舜、湯、武又與所謂仁義之定義相反，則其論使人難於捉摸，故謂之恍惚之言。恍惚之言無常法，故下文曰「恍惚、無法之言也」。太田方云：「韓非之學本於老子，而此篇言恬淡無用，恍惚無法，意者此篇出於後人傅會而非韓非所著也。且以老子之言無用無法，則解老篇亦在所斥矣。」太氏蓋未明此義，以老子虛靜無為為恬淡恍惚之學，謬矣。

〔二〇〕王先慎曰：乾道本「教」作「數」，盧文弨云：「數，張本作教。」顧廣圻云：「藏本數作教，案依上文是也。」今據改。⊙奇猷案：王改是，今從之，迂評本亦作「教」。

〔二一〕顧廣圻曰：今本無「之人」二字。按此不當有。⊙王先慎曰：「之人」當作「人生」，屬下讀。上文「人生必事君養親」，此作「人生必言論忠信法術」。「人生」誤作「之人」，趙本不思其誤，從而删之，非也。⊙奇猷案：「之人」當作「治人」，屬下讀。之、治音近而誤。言論忠信法術所以治人者，其證一。下文「言論忠信法術不可以恍惚」，蓋以恍惚之言無法，故不足以治人，其證二。以文法言，「治人……以……」與文法合。王氏因改「之人」為「人生」，遂不得不以下文「以」字為衍文，非是，其證三也。迂評本、凌本與今本同，蓋不知「之」為「治」誤而删也。藏本、迂評本不重「事君養親」四字，均誤。⊙王先慎曰：依上文不當有「以」字。⊙奇猷案：王氏旣誤改「之人」為「人生」，遂以「以」字為衍文。但「人生必言論忠信法術」，文亦不通。且上文事君養親之事、養二字為動詞，而此「言論」二字為一名詞，無「以」字則此句無動詞。王氏之誤甚明也。或從王説改「之人」為「人生」、删「以」字及「法術」二字，而以言、論為二動詞，與下文言論、忠信、法術三者并言亦不合。又迂評本無此「言論忠信法術」六字，非。

〔二二〕王先慎曰：乾道本無「是」字，顧廣圻云「今本誹上有是字，按依上文當有」，今據補。⊙松皐圓曰：荀子：「後王者，天下之君也，舍後王而道上古，譬之猶舍己之君而事人之君也。」⊙奇猷案：王補是，今從之，迂評本、凌本亦有。願，慕也。

〔二三〕王先慎曰：乾道本無「之」字，顧廣圻云：「藏本有之字，是。今本謂作其，誤。」今據補。⊙奇猷案：王補是，今從之，迂評本與藏本同可證。凌本與今本同，誤。

〔二四〕顧廣圻曰：藏本、今本無「此」字。⊙吴汝綸曰：「此」，「皆」之壞字。⊙奇猷案：吴説是。「天下皆賢之」，文氣較勝。迂評本、凌本亦無「此」字，蓋不知其誤而删之也。王先慎據顧校删，非。

〔二五〕奇猷案：伐，功伐。

古者黔首悗密惷愚〔一〕，故可以虛名取也。今民儇詗智慧〔二〕，欲自用，不聽上，上必且勸之以賞然後可進，又且畏之以罰然後不敢退。而世皆曰：「許由讓天下，賞不足以勸；盜跖犯刑赴難，罰不足以禁〔三〕。」臣曰：未有天下而無以天下為者許由是也，已有天下而無以天下為者堯、舜是也；毀廉求財，犯刑趨利，忘身之死者，盜跖是也。此二者殆物也〔四〕，治國用民之道也不以此二者為量〔五〕。治也者，治常者也；道也者，道常者也。殆物妙言，治之害也〔六〕。天下太平之士〔七〕，不可以賞勸也；天下太平之士〔八〕，不可以刑禁也〔九〕。然為太上士不設賞，為太下士不設刑，則治國用民之道失矣。故世人多不言國法而言從横〔一〇〕。諸侯言從者曰「從成必霸」〔一一〕，而言横者曰「横成必王」，山東之言從横未嘗一日而止也，然而功名不成，霸王不立者，虛言非所以成治也。王者獨行謂之王，是以三王不務離合而正，五霸不待從横而察，治內以裁外而已矣〔一二〕。

〔一〕舊注：悗，忘情貌。⊙盧文弨曰：「古」下當分段。⊙孫詒讓曰：爾雅釋詁：「密，静也。」悗密，謂忘情而静謐也。莊子大宗師篇云：「悗乎忘其言也。」⊙太田方曰：此篇出於後人傅會。始皇二十六年始更名民曰黔首，而韓非死於始皇十四年，焉能稱秦制，是後人傅會之疏漏也。⊙奇猷案：禮祭義「明命鬼神以為黔首則」，有「黔首」之名。小戴記為漢人所輯，不敢必其前於韓非。但秦始皇改制所用諸名稱多為先秦舊名，如「皇帝」為三皇五帝之號；天子自稱曰「朕」，朕原為天子諸侯之自稱；「郡縣」之名早已行於春秋、戰國；漢書百官表謂「關內侯」為秦制，而「關内侯」已見於魏策，亦見本書顯學篇，皆其例。是「黔首」一名當亦可能為戰國已有，但僅行於某地，至始皇二十六年始明令頒行天下，故太氏此證亦不能成立。（太氏另一證已辯其誤於上。）又案：藏本、趙本、迂評本、凌本「惷」均作「蠢」，字同。左傳昭二十四年「今王室實蠢蠢焉」，説文「惷」下引「蠢」作「惷」可證。又案：孫謂「悗密」謂忘情而静謐，非也。悗密，為勤勉從事之意，即今語「埋頭苦幹」。「悗密」是雙聲謰語，亦作「密密」、「密勿」、「黽勉」，詳説林下篇「何為密密十年」注。又案：舊連上，今從盧説分段。

〔二〕王先慎曰：詗，音朽政反，反間也，見漢書淮南王安傳注。近人謂「詗」當作「譎」，非。⊙奇猷案：説文：「儇，慧也。」史記淮南王傳注「徐廣曰：詗，伺候采察之名也」，則詗為能偵察真偽之意，故漢書注以「反間」釋之。

〔三〕王先慎曰：乾道本無「罰」字。顧廣圻云「今本不上有罰字，按依上文當補」，今據增。⊙奇猷案：王補是，今從之，凌本亦有。

〔四〕盧文弨曰：二，指許由、盜跖言。⊙王先慎曰：「二」，趙本偽作「三」，下仍作「二」不誤。⊙奇猷案：凌本與趙本同，迂評本并下文「二」亦作「三」，均誤。彼誤以許由、堯舜、盜跖為三者，故改之也。物，猶事也，詳有度篇。堯、舜無以天下為與許由之無以天下為同實，皆為賞不足勸，一也。盜跖貪財，罰不足禁，二也。此二者皆危事也。

〔五〕奇猷案：以十四字為一句。

〔六〕奇猷案：五蠹篇：「微妙之言，上智之所難知。」案微妙之言無常。既稱許由、堯、舜輕天下之廉，又譽盜跖犯刑赴難之勇，是稱譽無常也。

〔七〕顧廣圻曰：藏本、今本「士」上有「之」字。按「平」當作「上」，見下文。⊙奇猷案：王先慎據藏本、今本增「之」字。案迂評本、凌本亦有，依下文例亦當有，今據補。又案：顧氏謂「平」當作「上」，是，松皐圓、太田方説同。「太上士」，指輕爵禄、不進仕之人。

〔八〕顧廣圻曰：「平」，當作「下」，見下文。⊙奇猷案：顧説是，松皐圓、太田方説同。「太下士」，指為害於治者。盜跖固害於治，而下文所言從横家之流亦其類也。

〔九〕王先慎曰：乾道本「以」下有「為」字。盧文弨云：「以下為字張本無。」顧廣圻云：「為字當衍。」今據删。⊙奇猷案：王删是，今從之。

〔一〇〕奇猷案：為太上士不設賞，為太下士不設刑，是賞罰不中也。賞罰不中，則言從横者，中則有利，不中亦無罰，於是不言國法而言從横，正是五蠹篇論人主聽從衡者之言而誅罰不必其後之意（韓非之時，言從横之風甚熾，八姦篇、五蠹篇及此皆可見。故在此申論一筆，冀人主取消太上士不設賞、太下士不設刑之舊俗，而以刑罰止之也），上下文義可銜接。或以「故世人多不言國法」云云至末與上文不相屬，乃不明此義之故也。又案：藏本、迂評本「人」作「臣」，誤。

〔一一〕顧廣圻曰：「侯」字當衍。⊙奇猷案：顧説是，松皐圓説同。

〔一二〕顧廣圻曰：「合」字句絶。「横」字句絶。「止」字當衍，卽「五」之形近而複誤耳。「察治内以裁外而已矣」九字為一句。⊙王先慎曰：趙本止作「正」，「横」下有「而」字，句讀亦異，蓋趙用賢改增以成其義也。⊙劉文典曰：趙本作「是以三王不務離合而正（句）五霸不待從横而察（句）治内以裁外而已矣」，當從之。⊙奇猷案：劉説是。迂評本、淩本與趙本同。今據改「止」為「正」，「察」上增「而」字。此文謂三王不務離合之外交，而其國之治已正；五霸不待從横之策計，而其國之治已明；蓋治其内以制其外可耳。五蠹篇云「嚴其境内之治，明其法禁，必其賞罰，盡其地力以多其積，致其民死以堅其城守，萬乘之國莫敢自頓於堅城之下而使强敵裁其弊也」，正是「治内以裁外之意」。

人主第五十二〔一〕

人主之所以身危國亡者，大臣太貴，左右太威也〔二〕。所謂貴者，無法而擅行，操國柄而便私者也〔三〕。所謂威者，擅權勢而輕重者也〔四〕。此二者，不可不察也。夫馬之所以能任重引車致遠道者，以筋力也。萬乘之主、千乘之君所以制天下而征諸侯者，以其威勢也。威勢者，人主之筋力也。今大臣得威，左右擅勢，是人主失力。人主失力而能有國者，千無一人〔五〕。虎豹之所以能勝人執百獸者，以其爪牙也。當使虎豹失其爪牙，則人必制之矣〔六〕。今勢重者，人主之爪牙也。君人而失其爪牙，虎豹之類也〔七〕。宋君失其爪牙於子罕，簡公失其爪牙於田常，而不蚤奪之，故身死國亡。今無術之主，皆明知宋、簡之過也，而不悟其失，不察其事類者也〔八〕。

〔一〕松皐圓曰：此篇多與孤憤、二柄、和氏諸篇相同者，蓋出後人之所附託也。⊙太田方曰：此篇多用愛臣、二柄、孤憤、五蠹、和氏、備内諸篇語，亦後人之增耳。⊙奇猷案：以本篇與愛臣、孤憤等篇之文相同，不能必其不出於韓非，蓋本書中文多互見也。但本篇文勢實與各篇不類，且用辭亦甚特殊，如：(一)「大臣太貴，左右太威」，愛臣篇作「愛臣太親，人臣太貴」，以太親與太貴對舉，義較長，蓋太威與太貴實無分別。(二)「法術之士奚時得進用，人主奚時得論裁」，孤憤篇作「法術之士奚道得進，而人主奚時得悟乎」，此文改「進」為「進用」猶可通，而改「悟」為「論裁」，「論裁」二字殊晦澀。(三)「推功而爵禄，稱能而官事」，孤憤篇有「見功而爵禄」一語，此改「見」為

「推」尚可通，但配一句為「稱能而官事」，「官事」二字殊不辭。此皆抄襲者竄改之痕迹，則此篇不出於韓非之說，信而有徵。

〔二〕顧廣圻曰：今本「威」作「戚」，誤。⊙奇猷案：凌本與今本同，亦誤。下文「所謂威者」承此言，作「威」可證。愛臣篇云：「人臣太貴，必易主位。」亡徵篇云：「大臣甚貴，偏黨衆强，壅塞主斷而重擅國者，可亡也。」二柄篇：「人主非使賞罰之威利出於己也，聽其臣而行其賞罰，則一國之人皆畏其臣而易其君，歸其臣而去其君矣。」故左右太威，足使身危國亡也。

〔三〕奇猷案：國柄，卽二柄篇之二柄。二柄者，刑與德也。

〔四〕劉師培曰：案「威者」下有脱文，以上文「無法而擅行」律之，當有「□□而□□」五字。⊙奇猷案：劉說是，今擬補「無令而妄為」五字。孤憤篇云「重人也者，無令而擅為，虧法以利私」，與此文相類可證。有度篇云「審得失有權衡之稱者以聽遠事，則主不可欺以天下之輕重」，則輕重者，謂能左右其事，彼以為輕則輕，彼以為重則重也。

〔五〕奇猷案：藏本不重「人主失力」四字，誤。

〔六〕顧廣圻曰：今本「當」作「而」，誤。⊙陶鴻慶曰：當，讀為嘗，試也。⊙于思泊師曰：按當、嘗古字通。當使，卽嘗使，猶言試使也。孟子萬章「是時孔子當阸」，說苑至公篇「當」作「嘗」。荀子性惡「今當試去君上之埶」，「當」應讀作嘗，「君子先祖當賢」，注「當，或為嘗也」，均其例證。⊙劉文典曰：當，與儻同。⊙奇猷案：于、劉兩說均通。當、儻同，考詳王氏經傳釋詞。凌本與今本同。迂評本「當」作「向」，皆不明當字之義而改也。

〔七〕奇猷案：當作「虎豹失爪牙之類也」，脱「失爪牙」三字。

〔八〕陶鴻慶曰：案「過」當為「禍」，古通用。禍承上文「身死國亡」言。⊙奇猷案：陶說是。身死國亡，禍也。失其爪牙，失也。宋、簡事，詳二柄篇。

且法術之士，與當途之臣，不相容也〔一〕，何以明之？主有術士，則大臣不得制斷，近習不敢賣重。大臣、左右權勢息，則人主之道明矣。今則不然，其當途之臣得勢擅事以環其私〔二〕，左右近習朋黨比周以制疏遠〔三〕，則法術之士奚時得進用，人主奚時得論裁？故有術不必用，而勢不兩立，法術之士焉得無危〔四〕？故君人者非能退大臣之議，而背左右之訟，獨合乎道言也，則法術之士安能蒙死亡之危而進説乎？此世之所以不治也。明主者，推功而爵禄，稱能而官事，所舉者必有賢，所用者必有能，賢能之士進，則私門之請止矣〔五〕。夫有功者受重禄，有能者處大官，則私劍之士安得無離於私勇而疾距敵〔六〕，游宦之士焉得無撓於私門而務於清潔矣？此所以聚賢能之士，而散私門之屬也。今近習者不必智，人主之於人也或有所知而聽之〔七〕，入因與近習論其言，聽近習而不計其智，是與愚論智也。其當途者不必賢，人主之於人或有所賢而禮之，入因與當途者論其行，聽其言而不用賢〔八〕，是與不肖論賢也。故智者決策於愚人，賢士程行於不肖〔九〕，則賢智之士奚時得用，而主之明塞矣〔一〇〕。昔關龍逢説桀而傷其四肢〔一一〕，王子比干諫紂而剖其心，子胥忠直夫差而誅於屬鏤〔一二〕。此三子者，為人臣非不忠，而説非不當也。然不免於死亡之患者，主不察賢智之言，而蔽於愚不肖之患也〔一三〕。今人主非肯用法術之士，聽愚不肖之臣，則賢智之士孰敢當三子之危而進其智能者乎？此世之所以亂也。

〔一〕奇猷案：孤憤篇云：「智術之士明察，聽用，且燭重人之私情；能法之士勁直，聽用，且矯重人之姦行。故智術能法之士用，則貴重之臣必在繩之外矣。故智術之士與當塗之人，不可兩存之仇也。」又案：舊連上，今提行。

〔二〕王先慎曰：環，讀為營。說文引本書「自營為私」，五蠹篇作「自環為私」與此同，卽其證。⊙奇猷案：此係許慎改韓子，詳五蠹篇。

〔三〕奇猷案：疏遠，謂新進者。新進者尚未得近主，故曰疏遠。

〔四〕奇猷案：此文當作「故有術之士不必用，而又與左右近習勢不兩立，法術之士焉得無危」，今脱去「之士」「又與左右近習」八字。

〔五〕王先慎曰：乾道本「賢」下有「用」字，顧廣圻云「藏本、今本無用字」，今據删。⊙奇猷案：王删是，今從之，迂評本亦無。「有賢」當作「是賢」。

〔六〕王先慎曰：「疾」下當有「於」字。此與下「務於清潔」文正相對。⊙奇猷案：王說非也。「疾」字是急促之意，不宜用「於」字連下。本書用「疾」字不少，皆無連用「於」字者。如內儲說上篇「疾習射」，外儲說左上篇「疾耘耕」，皆其例。又案：八姦篇云：「明主之為官職爵禄也，所以進賢材勸有功也。」

〔七〕王先慎曰：知，讀為智。與下「或有所賢」句相對。孤憤篇正作「智」。⊙奇猷案：王說是。下文「不計其智」之「智」卽指此「或有所智」可證。

〔八〕奇猷案：「用」下當有「其」字，無「其」字文義不足。

〔九〕王先慎曰：程，量也。

〔一〇〕奇猷案：「而」原作「以」，王先慎從趙本改，是，今從之。又案：集解本「主」上衍「人」字，誤。

〔一一〕盧文弨曰：「肢」，張本作「支」。⊙奇猷案：藏本、迂評本亦作「支」，字同。

〔一二〕奇猷案：關龍逢、比干、子胥，皆詳難言篇。

〔一三〕王先慎曰：乾道本無「於」字，顧廣圻云「今本蔽下有於字」，今據補。⊙奇猷案：王補是，今從之，凌本亦有。

飭令第五十三〔一〕

飭令則法不遷〔二〕，法平則吏無姦。法已定矣，不以善言售法〔三〕。任功則民少言，任善則民多言〔四〕。行法曲斷〔五〕，以五里斷者王〔六〕，以九里斷者强〔七〕，宿治者削〔八〕。

〔一〕盧文弨曰：「飭」，張本作「飾」，古通用。⊙顧廣圻曰：此篇皆商子靳令篇文。⊙王先慎曰：秦本商子作「飭」，與此同。⊙太田方曰：此篇與商子靳令篇文略同，疑後人附益。⊙奇猷案：本篇文字除自「宜其能」至「故莫爭」數句與本書用人篇重出外，其餘全同於商君書靳令篇，惟無靳令篇所論六蝨與仁義之語。容肇祖曰：「本篇或係法家者流之餘論，其較完全者掇入商君書，其較删節者掇入韓非子，既非商君所為，又非韓非所著也。」案：韓子稱道商君，并屢道商君之法，如和氏篇、姦劫弑臣篇、内儲説上、定法篇等皆直引商君之法。至定法篇則更以商君之法與申不害之術并論，以為商君之法申不害之術「不可一無，皆帝王之具」。韓子推崇商鞅，自不待言。而對於商君之法，甚為熟悉，則韓子曾見商君之書無疑。且韓非係集先秦法家之大成，總法家法、術、勢三派而成其一家之言，故其書多採摭管仲、子産、商鞅、申不害、慎到等法家之説。因韓非甚重商君之法，則此篇採自商君書極為可能。且韓子此書本多採於先儒著作，喻老、説林、内外儲説、難篇等甚夥，姦劫弑臣篇「厲憐王」一段，直鈔自荀子。又古人見他人之文與己意相同而抄録以為己説者，亦不限於韓非，李斯上二世書襲五蠹、顯學之文是其顯例，則此篇之鈔自商子亦不足為怪。且韓非鈔靳令亦并非無條件之鈔襲，本篇删靳令論六蝨一段，乃韓非有意改易，蓋以國之蠹不止六蝨之官，已另有五蠹、顯學二篇專論為害於國之民，故此删之。至其他與商君書不同之文而可兩通者，疑皆韓非改之以就己意者。此類删改之痕迹，正可證明韓非有意於鈔商子。至於今存商君書之真偽問題，考商君書更法篇之文為史記商君傳所徵引，則更法篇最少為當時公孫鞅與甘龍、杜摯辯論之紀録。其他各篇亦多與商子思想及秦國環境相合。斬令篇一文乃言商君法治之原則，方策周密，條理井然，與他書所見商君法治之精神亦合。且本書内儲説上引公孫鞅曰「行刑重其輕者」云云一段，與靳令篇同（見本篇末），雖商君書去彊、説民二篇有「行刑重其輕者」類似之文，但義同而字句多不同，可見内儲説上係鈔自靳令篇，則韓非所見商君書有靳令篇無疑，而靳令篇之出於商鞅亦可斷言也。容氏謂「本篇係法家末流之餘論，其較完全者掇入商君書，其較删節者掇入韓非子」，容氏以此篇作於法家末流已嫌無據，而造偽者亦當無一文兩託之理（託於商君書其文為古，又託於韓子，既不古而又使人懷疑，豈有造偽託古之人愚至於此耶），而兩託又必以繁入商君而簡入韓子，更為不近情理之論。或謂此為後人讀商君書之筆記，編者既編入韓子，又以入之商君書中，而靳令與本篇不同之文，則為後人分取各書以雜厠其間，冀掩其偽造之迹。此説更迂迴曲折，一、靳令篇乃一法治之重要論文，并非筆記體裁，雖靳令篇多與去彊、説民二篇相同，然亦可理解為靳令分為去彊、説民二篇，而靳令為兩篇之總綱。二、既為讀商君書之筆記，當附在商君書中，編者既編入商子以後，何以又故意編入韓非？先秦法家多矣，何不編入管子、慎子等等？三、後來之另一人更為奇特，其分取各書以雜其間，是何作用？且既非彼偽造，又何跡之必掩？此皆不能自圓其説之談。又案：朱少濱師云：「飭、靳一聲之轉。」如朱師所説，則「靳」可能為商鞅之方音，或秦地方言，而韓非轉録時改為通行語。又飭、飾二字古通，本書多互用。飭，申明也。

〔二〕王先慎曰：商子「法不遷」作「治不留」。⊙奇猷案：定法篇云：「法者，憲令著於官府。」是著於官府者為法，而未著於官府者為令。法既著於官府者則有常，是謂常法。飾邪篇云「國有常法，雖危不亡」，故常法為國家之大典，不使其遷變。若時飭其令則法愈明，姦人無由遷法以就私。商子作「治不留」，是啟下文之「宿治」言之亦通，但以作「法不遷」義長。蓋此四句皆言法，自「任功」以下言治，此當各從本書。松皋圓依商子改「法」為「治」，義不可通，蓋「治不留」可通，「治不遷」則不可通矣。

〔三〕王先慎曰：「售」當作「害」，形近而誤，商子作「害」是其證。⊙奇猷案：王說是。飾邪篇云「治國之道，去害法者，則不惑於智能，不矯於名譽矣」，蓋智能、名譽之士，務為仁義之言以害法，故去之。則此文「不以善言害法」，謂不因智能名譽之士之善言卽舍法而從私意。飾邪篇又云：「舍常法而從私意，則臣下飾於智能，臣下飾於智能則法禁不立矣。是妄意之道行，治國之道廢矣。」亦可證此文之義，并明「售」為「害」字之誤。

〔四〕奇猷案：任以事而責其功，論其功而爵禄，則民無怨言。八說篇「賞無功則下怨其上」，五蠹篇云「亂國之俗，其學者稱先王之道，籍仁義，盛容服而飾辯說」。二「言」字，猶言「意見」。

〔五〕顧廣圻曰：「曲」當作「由」。⊙王先慎曰：商子亦誤作「曲」。⊙奇猷案：顧說是，俞樾說同。飾邪篇云：「當燕之方明奉法審官斷之時」，「奉法」、「審官斷」，與「行法由斷」相類可證。飾邪篇又曰「奉法已亡，官斷不用，左右交爭，論從其下」，是官斷者，謂依法斷事。此文由斷，當卽由官斷之意。

〔六〕舊注：能參驗五里然後斷定其罪，如此者王也。⊙王先慎曰：此謂行法之速也。五里斷、九里斷皆對宿治言。舊注非。⊙奇猷案：詳下。

〔七〕舊注：既王且強。⊙王先慎曰：行九里而斷較五里為遲矣，然亦能斷，則其國必強。舊注并王而言，誤。商子「九」作「十」。⊙奇猷案：詳下。

〔八〕舊注：宿，置也。若委置其法則必削⊙奇猷案：商君書說民篇：「國治：斷家王，斷官彊，斷君弱。有姦必告，則民斷於心，上令而民知所應，器成於家而行於官，則事斷於家。故王者刑賞斷於民心，器用斷於家。治則家斷，亂則君斷。治國者貴下斷。故以十里斷者弱，以五里斷者彊。家斷則有餘，故曰日治者王。官斷則不足，故曰夜治者彊。君斷則亂，故曰宿治者削。故有道之國，治不聽君，民不從官。」據此，一、斷，謂斷其事是否合法，斷其器物是否奢侈浪費，故曰「有姦必告則民斷於心」（有姦必告，則遇有犯法之事，民卽自行決斷其不可犯，或有可告姦之事，民卽決斷而告之，因此，不必官吏之告誡而無犯法之人，不必官吏之搜索而姦已上聞），故曰「器用斷於家」（奢侈浪費之器用，家皆斷而不用，不必官吏之查禁，則姦財淫貨不行於市）。二、既能使民斷於心，則無犯法之民；既能家斷於事，則無姦貨流行。是以其國必治，而霸王之業可成。若必由於官之搜索查禁然後人不犯法、貨不橫流，則雖可以治國，但已浪費國力，故僅能及於彊國之境。至於一是皆待君斷而後能行，仰君斷而後能禁，是以一人之力索一國之姦邪，則姦之得者寡矣。（本書難三篇云：「姦必待耳目之所及而後知之，則國之得姦者寡矣。」）三、明於此，則所謂五里、十里，（或九里）乃指範圍之大小言。五里、十里疑卽商君什伍連坐之範圍，秦地廣人稀，伍與伍相距五里，什與什相距十里，故五里之伍為一基本單位，十里之什為一大單位。若每一基本單位皆斷而不犯法，則國必大治，故曰「以五里斷者王」。若必通過大單位然後能禁姦，則遜於五里斷者，故曰「以十里（或九里）斷者強」。若必待君斷而後能禁姦，則姦人必衆，其國必亂，而治國之事必致宿留而不行，故曰「宿治者削」也。舊注固誤，王說亦未確。又案：舊連上，今提行。

以刑治，以賞戰〔一〕，厚禄以周術〔二〕。行都之過，則都無姦市〔三〕。物多末衆，農弛姦勝，則國必削〔四〕。民有餘食，使以粟出，爵必以其力，則震不怠〔五〕。三寸之管毋當，不可滿也〔六〕。授官爵、出利禄不以功，是無當也〔七〕。國以功授官與爵，此謂以成智謀，以威勇戰〔八〕。其國無敵。國以功授官與爵，則治見者省，言有塞〔九〕，此謂以治去治，以言去言〔一〇〕。以功與爵者也，故國多力〔一一〕，而天下莫之能侵也。兵出必取，取必能有之；案兵不攻必當〔一二〕。朝廷之事，小者不毁〔一三〕，效功取官爵〔一四〕，廷雖有辟言，不得以相干也〔一五〕，是謂以數治〔一六〕。以力攻者，出一取十；以言攻者，出十喪百。國好力，此謂以難攻；國好言，此謂以易攻〔一七〕。其能，勝其害〔一八〕，輕其任，而道壞餘力於心〔一九〕，莫負乘宫之責於君〔二〇〕，内無伏怨，使明者不相干〔二一〕，故莫訟；使士不兼官，故技長；使人不同功，故莫爭。言此謂易攻〔二二〕。

〔一〕顧廣圻曰：三字爲一句，見商子。⊙奇猷案：定法篇云「公孫鞅之治秦也，賞厚而信，刑重而必，是以其民用力勞而不休，逐敵危而不却」，卽此義。

〔二〕顧廣圻曰：藏本、今本「周」作「用」。按句有誤。⊙王先愼曰：「周術」，商子作「自伐」。⊙奇猷案：此文當作「厚禄以勸功，參驗以用術」。定法篇云：「公孫鞅之治秦也，賞厚而信，刑重而必，是以其民用力勞而不休，逐敵危而不却」，即厚禄以勸功也。孤憤篇云「今人主不合參驗而行誅，不待見功而爵禄」，姦劫弑臣篇云「人主非有術數以御之，非參驗以審之」，可明「參驗以用術」之意。商君不用術（詳定法篇），而韓非則法、術、勢并用，故改商君書之文以就己意。藏本、今本「周」作「用」是也，但又脱去「勸功參驗以」五字。案「厚禄以周術」不通，「厚禄」與「法」爲類，與「術」不相蒙，而「參驗」與「術」爲類，故結合韓非之思想改之。迂評本、凌本亦作「用」不誤。

〔三〕顧廣圻曰：今本「行都之過」作「國無姦民」。⊙王先愼改「行都之過」作「國無姦民」，曰：商子正作「國無姦民」。

又「市」，商子作「示」。⊙奇猷案：行，讀如十過篇「寡人行城郭及五官之藏」之行，巡視也，禮樂記「使之行商容而復其位」，鄭注「行，猶視也」，荀子王制篇「行水潦」，楊注「行，巡行也」，皆其證。過，卽八經篇「謁過賞，失過誅」之過，謂犯罪行為。「行都之過，則都無姦市」，猶言巡視都邑之犯罪行為，則市無姦財貨賈。韓非主張嚴禁姦商，五蠹篇云「姦財貨賈得用於市則商人不少矣」，故欲使市無姦財貨賈，則必巡視都邑是否有犯法牟利之人。內儲說下：「昭奚恤之用荊也，有燒倉廥窌者，而不知其人。昭奚恤令吏執販茅者而問之，果燒也。」茅少則必貴，故此販茅者燒倉廥，是犯過也；燒倉廥而茅貴，則姦市起矣；正可說明此文之義。行都之過，所以翦除姦民也，故商子作「國無姦民」。又商子嚴校本作「示」，他本仍作「市」不誤。今本「行都之過」作「國無姦民」者，蓋不明「行都之過」之義，援商子改之。迂評本、凌本與今本同，蓋沿今本之誤也。王說非。

〔四〕王先慎曰：乾道本「末」作「者」。顧廣圻云：「今本者作末，案依商子是也。」今據改。⊙太田方曰：物，謂珍玩淫巧之物。末，謂商賈。⊙奇猷案：王改是，今從之，迂評本、凌本亦作「末」。又案太氏以物指珍玩淫巧之物，是，解老篇「不以馬遠淫通物」，物亦指淫巧之物可證。但末非指商賈，末謂末作之民，卽工人。姦，指商言。上文「姦市」，五蠹篇「姦財貨賈」，以姦形容市、形容賈，故此易商賈而言姦也。此文猶言淫物多而工藝之人衆，農事弛緩而商賈勝於市，則國必削弱。亡徵篇以商賈外積為亡國之徵，顯學篇以磐石比商官技藝之士，則此文言國削之義可見。

〔五〕顧廣圻曰：「震」，當作「農」，見商子。⊙王先慎曰：上「爵」字當重，商子作「官爵」亦重是其證。⊙奇猷案：顧、王說是。「使以粟出爵」，謂使農以粟出於官而官府出爵於農。

〔六〕舊注：雖受不多，然無當則不可滿也。⊙王先慎曰：意林「毋」作「無」。商子「三寸」作「四寸」，「毋」亦作「無」。⊙劉文典曰：案「無當」，卽外儲說右上篇「今有千金之玉卮而無當也」。淮南子說林篇「三寸之管而無當，天下弗能滿」，高注「當，猶底也」。⊙奇猷案：毋、無字同。注「無當」二字舊倒，從藏本正。

〔七〕奇猷案：外儲説左下：「桓公謂管仲曰：官少而索者衆，寡人憂之。管仲曰：君無聽左右之謂請，因能而授禄，録功而與官，則莫敢索官，何患焉？」與此文可相互發明。

〔八〕顧廣圻曰：成，讀為盛。「威」，當作「成」，亦讀為盛。商子靳令篇作「盛」，去强篇作「成」。⊙奇猷案：顧説是。又案：「以成智謀，以成勇戰」八字當重，商子亦重可證。又案：盛，多也，豐也。凡物豐滿皆謂之盛。後人不知成借為盛，見勇戰，遂改「成」為「威」也。

〔九〕顧廣圻曰：「見」字當衍。「有」當作「者」。商子作「則治省言寡」。⊙劉師培曰：「塞」字當從靳令篇作「寡」，與「省」對文。⊙奇猷案：顧、劉説均是也。「塞」卽「寡」形近而譌。上文「任功則民少言」，少言，卽言寡可證。迂評本無此六字，以「治」字句絶，蓋不知其誤，以義不可通而删也。

〔一〇〕陶憲曾曰：「以治去治」，商君書靳令篇作「以法去法」，誤。以治去治，卽上文治省之意。⊙奇猷案：陶説是。「以言去言」卽上言寡之意。迂評本「去治」作「出治」，誤。

〔一一〕松皐圓曰：「與」上宜有「授官」二字。⊙奇猷案：松説是，但「者也」二字當衍。六反篇云「賞罰無私，使民明焉，盡力致死。富貴者，人臣之大利也。人臣挾大利以從事，故其行危至死，其力盡而不望」，卽「以功授官與爵則國多力」之義。

〔一二〕顧廣圻曰：「當」，當作「富」，見商子。⊙奇猷案：顧説是。此卽五蠹篇「有事則兵强，無事則國富」之意。當、富二字形近而誤。

〔一三〕王先慎曰：商子「小」作「少」，下有「多者不損」句，疑此脱。⊙陶鴻慶曰：商子「小」作「少」，古少、小通。此下當依商子有「多者不損」四字。蓋謂事之多少各有定程。⊙劉師培曰：案「事」字當依商子作「吏」，并當據彼補「多者不損」四字。⊙奇猷案：陶、劉二說均是也。下文「效功取官爵」承此言，明作「吏」為是。篆文事吏([illegible])形近易訛。多、少二字為相對之辭，本書多用為二相對事物之稱，如說難篇「說者因為之飾其美而少其不為也」，「說者為之舉其過而見其惡而多其不行也」，又云「彼自多其力」，亡徵篇「國亂而自多」，六反篇「世尊之」「世少之」對言，皆可證。多係指善之一面，少指惡之一面，故此文之多指為人稱譽者，少指為人誹毀者。「朝廷之吏，少者不毀，多者不損」，猶言朝廷之官吏，其為人誹者、不因人之誹而遭毀，其為人譽者，亦不因人之譽而有所增損，皆使其效功而受爵祿，因能而任官職，功多者位尊，力極者賞厚，卽有度篇「譽者不能進，非者弗能退」之意。或謂少為功少，多為功多，未確。

〔二四〕奇猷案：商君書「功」下有「而」字，是。

〔二五〕王先慎曰：辟言，卽上善言也。商子「辟」作「辯」。⊙劉師培曰：案商子「辟」作「辯」，「干」作「先」，是。⊙奇猷案：「廷」字當刪。嚴萬里校商君書以為宜作「朝廷」，未確。蓋此文主詞卽上「朝廷之吏」，非「朝廷」也。「辟」字不誤，說文：「辟，法也。」飾邪篇「當魏之方明立辟」，辟，亦法也。辟言，謂合法之言。王氏謂卽上「善言」，未確。案上文善言，乃人之所謂善言，卽仁義之言，非法家之善言，法家之善言為合法之言。又本書用「辯」字係指美聽而不合於用之言，如難二篇「言語辯，聽之說」，五蠹篇「子貢辯智而魯削」，皆其例。故作「辯言」與此文之義不合。「干」，當從商君書作「先」，因下文「不相干」而誤。「效功取官爵，雖有辟言，不得以相先也」，猶言效功而取官爵，不得因有合法之言卽先得其賞，正是南面篇「雖有賢行，不得踰功而先勞」之比。

〔二六〕奇猷案：本書多以數為術，但此數字非術之義，蓋商鞅言法不言術，詳定法篇。難一篇云：「臣盡死力以與君市，君垂爵祿以與臣市，君臣之際，非父子之親也，計數之所出也。」此文「效功取官爵」正是此意，故數治當釋為計數而治。迂評本脫此上三十五字。

〔一七〕奇猷案：國人好力，以力攻人，出一可取人之十。國人好言，遇敵人來攻，必致出十喪百。所以，國好力者，人難攻我；國好言者，人易攻我。

〔一八〕王渭曰：此以下皆當依本書用人篇改正。⊙顧廣圻曰：用人篇云：「人臣皆宜其能勝其官。」⊙奇猷案：王說是。但自「其能」至下文「故莫爭」五十二字，當係用人篇錯簡於此。一、據漢書藝文志此適為二簡之字數。二、當時錯簡係插在「難攻國好」之下，而「其能」上原無「言此謂以易攻」六字，故下文「莫爭」下仍存「言此謂易攻」五字，後人依商君書校補「言此謂以易攻」六字，而下文之「言此謂易攻」五字失删，此為錯簡之痕迹甚明。三、「其能勝其官」「不足」一句，校之用人篇，知此句「其」字上連「人臣皆宜」四字為句，則錯來之簡，係起自「其能」云云可知，此亦錯簡之痕迹未泯者。四、今用人篇有此文，蓋後人依別本補入而此失删。準此諸證，此五十二字為錯簡無疑。

〔一九〕顧廣圻曰：「道壞」，用人云「莫懷」。

〔二〇〕顧廣圻曰：「乘宮」，用人云「兼官」。⊙奇猷案：藏本「宮」作「官」。

〔二一〕顧廣圻曰：用人云「明君使事不相干」。

〔二二〕顧廣圻曰：此五字涉上文而衍。⊙奇猷案：顧說是。

重刑少賞，上愛民，民死賞〔一〕；多賞輕刑，上不愛民，民不死賞〔二〕。利出一空者，其國無敵；利出二空者，其兵半用；利出十空者民不守〔三〕。重刑明民大制使人則上利〔四〕。行刑，重其輕者，輕者不至，重者不來，此謂以刑去刑〔五〕。罪重而刑輕〔六〕，刑輕則事生〔七〕，此謂以刑致刑，其國必削。

〔一〕俞樾校商君書曰：「死賞」，當作「死上」，下同，聲之誤也。商君書去彊篇曰「重罰輕賞則上愛民民死上，重賞輕罰則上不愛民民不死上」，可證此文之誤。⊙王先慎曰：「上愛民」，卽下「以刑去刑」義。⊙朱少濱師曰：案韓非子亦作「死賞」，不得謂此文有誤。⊙奇猷案：韓子所謂少賞，乃必賞者則賞，不必賞者不賞，卽計功行賞也。六反篇：「賞罰不阿則民用。富貴者，人臣之大利也。人臣挾大利而從事，故其行危至死，其力盡而不望。」外儲說左下：「以功受賞，臣不德君。」皆可明民為賞而死，非為上而死之旨，俞說非。六反篇又云：「輕刑罰，民必易之，犯而不誅，是驅國而棄之也，犯而誅之，是為民設陷也。」故重刑為愛民，輕刑為不愛民也。松皐圓與俞說同，并改「死賞」為「死上」，非是。詭使篇「賞禄，所以盡民力易下死也」，亦「民死賞」之證。

〔二〕王先慎曰：乾道本「民」下無「不」字，顧廣圻云：「今本民下有不字，按此當有。」改從今本。⊙奇猷案：王補是，今從之，迂評本、凌本、商君書皆有「不」字可證。多賞，是無功者亦可得賞。八說篇「賞無功則下怨其上」，下怨其上，故不愛上也。

〔三〕門無子曰：空，音孔。利出一空，利由一穴而出。⊙松皐圓曰：管子：「利出一孔者其國無敵，出二孔者其兵不詘，出三孔者不可以舉兵，出四孔者其國必亡。」⊙奇猷案：「民不守」，商君書作「其國不守」，是。二柄篇：「人臣之情，非必能愛其君也，為重利之故也。」故此所謂利，指君之慶賞言。利出一孔，謂慶賞僅出於君；利出二孔，謂慶賞不獨出於君，另一人亦可行慶賞；利出十孔，則能行慶賞之人多矣。二柄篇云：「殺戮之謂刑，慶賞之謂德，人主自用其刑德，則羣臣畏其威而歸其利矣。世之姦臣則不然，所惡則能得其主而罪之，所愛則能得其主而賞之。」卽利出一孔、二孔、十孔之義。利出其君則民聽其君，故國強無敵；利出二孔，則兵之半為君用、半為臣用;利自十孔出,則兵之能用於君者寡矣,故曰其國不守。

〔四〕王先謙曰:平日重刑,俾民知上惛,臨事又大為禁制以使之。⊙奇猷案:商君書無「民」字,以「制」字為句。案句有誤,未詳。王釋恐非此文之本義。

〔五〕顧廣圻曰:今本不重「至」字,按此不當有。⊙王先慎删一「至」字曰:案商子亦不重「至」字,今據删。又案:此下當有「其國必强」四字,與下「其國必削」對文。⊙奇猷案:王删是,今從之,迂評本、凌本亦不重,內儲説上有此文(見下)亦不重「至」字可證。又案:王以此下當有「其國必强」一句,亦是也。又案:內儲説上「公孫鞅曰:行刑重其輕者,輕者不至,重者不來,是謂以刑去刑」氣與此同,直指明為公孫鞅曰,則靳令篇之出於商鞅,及韓子此篇係鈔自靳令篇為一有力之證明。

〔六〕盧文弨曰:「刑輕」二字張本倒,下同。⊙奇猷案:藏本、迂評本與張本同,誤。「刑輕」與「罪重」相對,不當倒,商君書與此同可證。

〔七〕奇猷案:「刑輕」二字當衍。「則事生」三字屬上為句。內儲説上:「子産相鄭,病將死,謂游吉曰:我死,子必用鄭,必以嚴莅人。夫火形嚴故人鮮灼,水形懦人多溺,子必嚴子之形,(同刑)無令溺子之懦。子産死,游吉不肯嚴形,(同刑)鄭少年相率為盗,處於雚澤,將遂以為鄭禍。」是此文之例。

心度第五十四

聖人之治民,度於本,不從其欲,期於利民而已〔一〕。箱故其與之刑,非所以惡民,愛之本也〔二〕。刑勝而民静,賞繁而姦生〔三〕。箱故治民者,刑勝、治之首也,賞繁、亂之本也。夫民之性，喜其亂而不親其法〔四〕。故明主之治國也，明賞則民勸功，嚴刑則民親法。勸功則公事不犯，親法則姦無所萌〔五〕。故治民者，禁姦於未萌；而用兵者，服戰於民心。禁先其本者治，兵戰其心者勝〔六〕。聖人之治民也，先治者强，先戰者勝〔七〕。夫國事務先而一民心，專舉公而私不從，賞告而姦不生，明法而治不煩〔八〕。能用四者强，不能用四者弱。夫國之所以强者，政也；主之所以尊者，權也。故明君有權有政，亂君亦有權有政，積而不同，其所以立異也〔九〕。故明君操權而上重，一政而國治。故法者，王之本也；刑者，愛之自也〔一〇〕。

〔一〕奇猷案：管子正世篇云：「聖人者，明於治亂之道，習於人事之終始者也。其治人民也，期於利民而止。」卽韓子此文所本。「明於治亂之道，習於人事之終始」，卽「度於本」之義。則度於本者，度取所以治民之根本原則也。南面篇云「適民心者，恣姦之行也」，故此曰「不從其欲」也。又案：心度者，度臣下之心也。

〔二〕奇猷案：愛之本在不傷民，欲不傷民則必使民不敢犯禁，欲民不犯禁則設為刑罰以畏之，故曰「與之刑」，卽飭令篇「以刑去刑」之旨。六反篇論重刑、輕刑一節可參閱。

〔三〕奇猷案：而，猶則也，詳王氏經傳釋詞。刑勝則民畏刑而不敢犯法，故靜。賞繁，卽飭令篇「多賞」，多賞則無功者欲得，欲得則生姦宄之心。外儲說右下：「使民有功與無功俱賞者，此亂之道也。」

〔四〕顧廣圻曰：「喜其亂」，今本無「其」字，誤。⊙奇猷案：顧說是。迂評本、凌本與今本同，亦誤。案喜其亂，非謂喜其國亂，乃不變法而治，安於當時之亂世。和氏篇云「細民安亂」，又云「細民惡治」，卽此義。又：不親其法，不親聖人治民之法。

〔五〕奇猷案：明賞，則人皆相勸立功以求賞，故不為詐欺以犯公事而求得。嚴刑，則民不敢犯法而親其法，民親其法則勇於告姦，故姦無所匿而姦不萌矣。如此，則人無犯法之心，卽説疑篇所謂「禁姦之法，太上禁其心」也。

〔六〕奇猷案：兵皆欲立功得賞，是其心服於戰也。「禁姦於未萌」是「禁先其本」。

〔七〕奇猷案：謂禁先其本而治國者强，先服兵心而後戰者勝。

〔八〕奇猷案：私不從，猶言不從其私也。賞告，謂賞告姦者。

〔九〕奇猷案：説文：「積，聚也。」明君聚權於一身，亂君散權於臣下，是「積不同」。明君立政以法，亂君立政以意，是「立異」。用人篇云：「釋法術而心治，堯不能正一國。」

〔一〇〕顧廣圻曰：藏本、今本「者也」作「本也」。按當作「自也」。⊙劉師培曰：案者、自二字均係「首」訛，上文云「刑勝，治之首也」，此其證。「者」「自」字形均與「首」近，因以致訛。⊙劉文典曰：藏本、今本「者」作「本」是也。「王之本」與「愛之自」相對為文，作「自」則詞相複矣。顧校非是。⊙唐敬杲選注改「者」為「本」曰：自，古鼻字。鼻，始也。⊙奇猷案：劉説是，迂評本、凌本亦作「本」，今據改「者」為「本」。案自、本、首，義均通。

夫民之性，惡勞而樂佚。佚則荒〔一〕，荒則不治，不治則亂，而賞刑不行於天下者必塞〔二〕。故欲舉大功而難致而力者，大功不可幾而舉也〔三〕；欲治其法而難變其故者，民亂，不可幾而治也〔四〕。故治民無常，唯治為法〔五〕。法與時轉則治，治與世宜則有功〔六〕。故民樸，而禁之以名則治；世知，維之以刑則從〔七〕。時移而治不易者亂，能治衆而禁不變者削〔八〕。故聖人之治民也〔九〕，法與時移而禁與能變〔一〇〕。

〔一〕奇猷案：荒，謂荒廢本業。六反篇：「財用足則隳於用力。」又案：舊連上，今提行。

〔二〕王渭曰：「亂」字當更有。「賞」字衍。⊙顧廣圻曰：「天」字當衍。「塞」字有誤，未詳。⊙奇猷案：顧說衍「天」字是，但當重「賞刑不行於下」六字。原文當云「不治則亂而賞刑不行於下(句)賞刑不行於下者必塞」。謂不治則國亂而賞刑不能行於其下，賞刑不能行於其下則姦不上聞，故曰塞也。上文「治民者禁姦於未萌」，其禁姦於未萌之法，為用刑賞使人告姦，上已言之。今刑賞不行於下，則人不告姦，故塞也。

〔三〕顧廣圻曰：藏本、今本「致」下無「而」字，按當作「其」。⊙奇猷案：而，猶其也。本書多用而為其，詳二柄篇。幾，希望成其事之意，詳姦劫弒臣篇「幾不亦難哉」條。迂評本、凌本與今本同，皆因不明「而」字之義而删也。力，卽飭令篇「國好力」之力，亦卽本篇下文「國不事力」之力，指勞力、戰鬬力等等。「致而力」，使其出力。

〔四〕王先慎曰：「欲治其法」當作「欲治民亂」，上言「欲舉大功而難致其力者，大功不可幾而舉也」，此言「欲治民亂而難變其故者，民亂不可幾而治也」，「舉大功」、「治民亂」相對為文。⊙松皐圓曰：「商君曰：聖人苟可以强國，不法其故。」(商君書更法篇)⊙奇猷案：此言變法治國。姦劫弒臣篇「秦民習故俗之有罪可以得免，無功可以得尊顯也，故輕犯新法」，可明此文「治其法」，謂治其新法，「變其故」，謂變其故俗。和氏篇云「細民安亂」。此文「民亂」卽細民安亂。此文之意謂：欲治其新法，如果難變其故俗，而細民安於亂(卽安於故俗之亂)，則無希望於治矣。

〔五〕王先謙曰：當作「唯法為治」，文誤倒。⊙奇猷案：王說非也。此文不誤。為，謂製作、建立。常，謂不變。此文謂：治民無不變(卽無不變故俗者)，唯治而立法，卽唯治而變法也。故下文云「法與時轉則治，治與世宜則有功」。

〔六〕王先慎曰：乾道本「治與」作「與世」，顧廣圻云「藏本、今本與世作治與」，今據改。⊙奇猷案：王改是，今從之，迂評本、凌本亦作「治與」。五蠹篇云：「世異則事異，事異則備變。」

〔七〕顧廣圻曰：藏本同。今本無「世知」二字，誤。按知讀爲智。下當有「而」字。⊙王先慎曰：趙本有「世」字無「知」字，亦非。⊙奇猷案：顧說是。名，謂毀譽之名，詳詭使篇「三曰名」條。智，謂智巧，詳主道篇「去舊去智」條。此文謂民既質樸，則以毀譽之名以禁其惰；若世之人事智巧（事智巧必行詐僞而犯法禁），則以刑維之，使彼不敢行其巧詐而聽上之令。又案：顧氏所謂今本卽趙本，今趙本與王校同，當係顧氏誤也。

〔八〕顧廣圻曰：「治衆」二字誤，未詳所當作。⊙王先謙曰：「治不易」，當作「法不易」。「能治衆」，「治」字當衍。能衆，卽下能耕、能戰是也。⊙奇猷案：王氏謂上治字當作法，下治字當衍，是也。下文「法與時移而禁與能變」承此言，作「法」可證。但王氏釋「能衆」爲能耕、能戰則未確。蓋此所謂「禁不變」，當非開禁，而是變更禁令以禁絶之之意。則能耕能戰之士，正是法家者流所朝夕獎勵者，自非爲禁之對象。考主道篇「去其智，絶其能」，有度篇「數至能人之門」，又云「能者不可弊，敗者不可飾」，諸能字皆與此文能字義同，則能係指姦人之有姦邪之能者，如田常、子罕（二人詳二柄篇）之類。能者，智巧多端，飾善以成其姦邪，原有之禁令不足以禁，故宜變其禁令以禁之。如田常厚施於百姓，私大斗斛區釜以出貸，小斗斛區釜以收之，齊嘗大饑，父子相牽而趨田成氏者不聞不生，此故習所不禁，而儒者所稱道也，然而田成以此得齊民而成其篡弑之功，若簡公早變其禁令，禁大臣施貸之故習，豈有田氏篡齊之禍？（事亦詳外儲說右上）正是此文之例。

〔九〕顧廣圻曰：藏本同。今本下「治」字作「也」。按：此字衍。⊙劉文典曰：案今本是也。上文「故明主之治國也」，下文「故賢君之治國也」，句法正與此一律。顧校失之。⊙奇猷案：劉說是。凌本與今本同，今據今本改

「治」為「也」。迂評本無「也」字，亦誤。

〔一〇〕顧廣圻曰：今本「能」作「治」，誤。

能越力於地者富〔一〕，能起力於敵者强，强不塞者王〔二〕。故王道在所聞，在所塞〔三〕。塞其姦者必王。故王術不恃外之不亂也，恃其不可亂也。恃外不亂而治立者削〔四〕，恃其不可亂而行法者興。故賢君之治國也，適於不亂之術〔五〕。貴爵則上重〔六〕，故賞功爵任而邪無所關〔七〕。好力者其爵貴，爵貴則上尊，上尊則必王〔八〕。國不事力而恃私學者，其爵賤，爵賤則上卑，上卑者必削〔九〕。故立國用民之道也，能閉外塞私而上自恃者，王可致也〔一〇〕。

〔一〕顧廣圻曰：「越」當作「趨」。下句「能起力」，「起」亦當作「趨」。⊙奇猷案：廣雅釋詁：「越，疾也。」「越力於地」，即疾力於地，即姦劫弒臣篇「力田疾作」、外儲説左上篇「疾耘耕」之意。下文「起」字當作「越」。「越力於敵」，謂疾力對敵，即顯學篇「疾戰距敵」之意。顧改為「趨」，未確。

〔二〕陶鴻慶曰：「强不塞者王」，文不成義，疑當作「姦不塞者亡」。下文云「故王道在所閉（原作聞，從顧校改。）在所塞，塞其姦者必王」，與此文反正相應。「强」以涉上而誤，「王」以聲同而誤耳。⊙奇猷案：塞即上文「賞刑不行於下者必塞」之塞。不塞，謂不閉塞也。（人皆告姦則上知姦，故不閉塞。）强而又不閉塞，故能成王也。陶説非。

〔三〕顧廣圻曰：藏本同。今本「聞」作「開」。按當作「閉」，下文云「能閉外塞私」。⊙奇猷案：此承「不塞者王」而言，聞，謂聞下之姦，即不塞之意，五蠹篇「令尹誅而楚姦不上聞」，聞字即此義。此文謂能成為王者之道，在能聞下之姦，而又能塞姦，故下文云「塞其姦者必王」。如顧說改「聞」為「閉」，閉與塞義複矣。今本（迂評本、凌本與今本同）蓋不知「聞」字之義而改之也。陶鴻慶依顧說改，（其說見前）非是。

〔四〕顧廣圻曰：「治」當作「始」。⊙奇猷案：松皋圓改「治立」為「立治」曰：治、立誤倒。言惟養外交，欲使鄰敵不肯亂我，恃此以立政治，故弱。松說是。「立治」與下「行法」相對為文。南面篇「拂於民心而立其治」，以立治連文可證。飾邪篇云曹、荆、許、鄭等皆「不明其法禁以治其國，恃外以滅其社稷者也」。與此文同義，治其國，即立治也。顧說改「治」為「始」，不確。

〔五〕王先慎曰：乾道本「適」上有「敵」字，顧廣圻云：「藏本、今本無敵字。按當云道於不可亂之街。」先慎按：敵即適之誤而衍者，據藏本、今本刪。⊙陶鴻慶曰：案適，讀丁立反，主也。謂主於不可亂之術也。不必改「適」為「道」。⊙劉師培曰：「敵」字衍。適為專主。⊙奇猷案：王、陶、劉謂「敵」字衍，是也，今據刪。適，當讀如姦劫弒臣篇「適夫人」之適，亦五蠹篇「備適於事」之適，順適、適合之意。此文謂聖人之治與不亂之術相順適。「治適於不亂之術」與「備適於事」文法相類。

〔六〕奇猷案：此句突然而來，「貴」上當有脱文，以上下文求之，其義當為「不聽私學之言，論功而任爵，論功而任爵則爵貴，爵貴則上重」。「不聽私學之言」，應上「恃其不可亂」并起下文「不事力而恃私學」之文。「論功而任爵」，應上「行法」并起下「好力者其爵貴」之義。「論功而任爵則爵貴，爵貴則上重」，起下結論「故賞功任爵而邪無所關」一語。文氣之關聯當如此。又案：詭使篇云：「士之有二心私學者，焉得無深慮勉智詐與誹謗法令以求索，上無其道，則智者有私詞，賢者有私意，聖智成羣，造言作詞，以非法措於上。」據此，則私學者乃造言作詞之流。五蠹篇云：「其言談者，務為辯而不周於用。」是言談者亦造言作詞之類。五蠹篇又云：「士民縱恣於内，言談者為勢於外，外内稱惡以待强敵，不亦殆乎！故群臣之言外事者，非有分於從衡之黨，則有仇讐之忠而借力於國也。」據此，則上文所謂恃外，乃恃於從衡之勢；下文恃私學，謂恃言從衡之士。五蠹篇「（上略）事大為衡，未見其利也，而亡地亂政矣，（中略）救小為從，未見其利，而亡地敗軍矣」，故上文云「恃外不亂而立治者削」。五蠹篇又云：「周滅於從，衛亡於衡，使周、衛緩其從衡之計，而嚴其境内之治，明其法禁，必其賞罰，盡其地力之積，致其民死以堅其城守，萬乘之國莫敢自頓於堅城之下，此必不亡之術也。」正是不亂之術之義，并可證「貴爵」上必有「論功而任爵」之語。

〔七〕王先慎曰：飭令篇「辟言不得以相干」卽其義。⊙奇猷案：「爵任」當作「任爵」。闕，猶言措置，詳有度篇。此文謂依法賞功任爵，則姦邪之人無所措其姦，卽謂姦邪之人不得行其請謁或賣官鬻爵也。王說非。

〔八〕奇猷案：好力，卽上文「越力於地」、「越力於敵」。越力於地、越力於敵而進爵，則爵之進不易，故人貴之。人皆貴爵，則欲進爵者，僅有耕戰一途，人皆盡力於耕戰，則國强而主尊矣。

〔九〕奇猷案：私學之士務為辯說以干主，朝為布衣，暮登卿相，高官尊爵，則爵之進也易，故人賤之。其欲進爵者，皆務為言談，不服耕戰，則國弱而主卑矣。

〔一〇〕王先慎曰：上「也」字衍。⊙奇猷案：王說是。又案：閉外，卽閉外交，亦卽不恃外之意，承「王術」言。塞私，卽塞私學，承上「用民」言。

制分第五十五〔一〕

夫凡國博君尊者〔二〕，未嘗非法重而可以至乎令行禁止於天下者也〔三〕。是以君人者分爵制祿，則法必嚴以重之〔四〕。夫國治則民安，事亂則邦危。法重者得人情，禁輕者失事實〔五〕。且夫死力者，民之所有者也。情莫不出其死力以致其所欲〔六〕。而好惡者，上之所制也。民者好利祿而惡刑罰〔七〕。上掌好惡以御民力〔八〕，事實不宜失矣〔九〕。然而禁輕事失者，刑賞失也〔一〇〕。其治民不秉法，為善也如是，則是無法也〔一一〕。故治亂之理，宜務分刑賞為急〔一二〕。治國者莫不有法，然而有存有亡。亡者，其制刑賞不分也〔一三〕。治國者，其刑賞莫不有分。有持以異為分，不可謂分〔一四〕。至於察君之分，獨分也。是以其民重法而畏禁〔一五〕，願毋抵罪而不敢胥賞〔一六〕。故曰：不待刑賞而民從事矣。

〔一〕門無子曰：制者，制刑賞也。分者，功罪分明也。⊙奇猷案：本篇文字及論調實不如他篇蒼勁，且用虚詞亦多特殊，如「夫凡」、「是故夫」等是。又如「掌好惡」、「胥賞」、「微姦」、「畸功」、「循約」等詞，與全書皆不類。又本篇數字用為法字之義，而他篇法、數二字絶不相混。（他篇數字僅用為術，如姦劫弑臣篇「度數之言」，即法術之言。或用為計數，如難一篇「計數之所出也」。無用數為法者。）則此篇之不出於韓非，信而有徵。但以思想言，則與他篇之旨相合。今篇中各條皆麗以他篇同旨之文以供比較。

〔二〕顧廣圻曰：「夫」、當作「大」。⊙奇猷案：夫、凡二字，案理當衍其一。但本篇用詞多有不必要之詞連用。如「有持以異為分」，「持」字不必有；「是故夫」，「夫」字不必有；「其務令之相規其情者也」，上「其」字及「者也」二字不必有；「安得不容其二」，「容其」二字不必有；皆其例。故此以「夫凡」二字連文，諒原文如此。

〔三〕顧廣圻曰：「天」字當衍。⊙奇猷案：顧説是。

〔四〕顧廣圻曰：藏本、今本「制禄」作「禄制」。⊙奇猷案：迂評本、凌本亦作「禄制」，誤。太田方、松皐圓未見乾道本，從今本讀之，故太氏疑「則」為「刑」誤，松氏訓則為法，皆非。「法」字當在「以」字下，下文作「法重」可證。

〔五〕奇猷案：守道篇云：「聖王之立法也，功多者位尊，力極者賞厚，情盡者名立，善之生如春，惡之死如秋，故民勸極力而樂盡情，此之謂上下相得。」卽此「法重者得人情」之義。六反篇云「法之為道，前苦而長利，仁之為道，偷樂而後窮，聖人權其輕重，出其大利，故用法之相忍，而棄仁人之相憐也，學者之言皆曰輕刑，此亂亡之術也」，故此文云「禁輕者失事實」。

〔六〕顧廣圻曰：今本「情」上有「人」字，誤。⊙奇猷案：迂評本、凌本「情」上亦有「人」字。案當作「人之情」。今本脱「之」字。此文謂欲得粟者致其力於耕，欲得賞者致其力於戰。

〔七〕奇猷案：八經篇云：「人情者有好惡，故賞罰可用。賞罰可用則禁令可立而治道具矣。君執柄（賞罰之柄）以處勢，故令行禁止。」卽此義。又案：此文為倒句體，順讀之則為「民者好利禄而惡刑罰，而好惡者，上之所制也」。或以「而好惡者上之所制也」為一整句，義屬上，而以「民者好利禄而惡刑罰」義屬下，未確。如此，則下文之文理亂矣，讀下文自明。

〔八〕王先慎曰：乾道本「掌」作「賞」，顧廣圻云「藏本、今本賞作掌」，今據改。⊙奇猷案：王改是，今從之，迂評本、凌本亦作「掌」。

〔九〕王先謙曰：「不宜」，乃「宜不」倒文。⊙奇猷案：王説是。

〔一〇〕奇猷案：上掌其好惡而御其死力，原可不失於長利之事實。然而以輕禁處之，則與所期望之事實不符，其故何也？曰：非掌好惡之失，乃刑賞之失也。

〔一一〕松皐圓曰：飭令篇：「法已定矣，不以善言害法。任功則民少言，任善則民多言。」善字同義。⊙高亨曰：疑

「不」下脱「以」字。⊙奇猷案：松氏釋善字是。善，謂仁義賜予、赦罪免刑。八説篇：「慈惠則不忍，不忍則罰多宥赦」，故此所謂善卽上文之禁輕。又此文當以「法」字句絶，「是」字句絶。謂其治民既不秉法而行，又如是之為善，則是與無法相同也。若如高説增「以」字，則以「其治民不以秉法為善也」為句，「如是」二字下屬，此與法家思想不合。法家以秉法行賞并非為善，亦非惠予，乃有功者所應得，故外儲説左下云：「以功受賞，臣不德君。」且如高氏之説，僅應上文「賞」字，而上文「刑」字則無著矣。

〔一二〕奇猷案：急於分别刑賞，當刑者刑，宜賞者賞。

〔一三〕奇猷案：當刑者反予賞，當賞者反受罰，是刑賞不分也。如彌子瑕矯駕君車罪當刖，衛君反賢之（詳説難篇），是其例。

〔一四〕盧文弨改「以異」為「異以」，曰：異、以二字舊倒，今從張本。⊙顧廣圻曰：「異」字衍。⊙陶鴻慶曰：「持異」二字於義無取，當為「待共」二字之誤。謂人主恃大臣左右共為賞罰也。外儲説右上篇云：「射者衆，故人主共矣。」又右下篇云：「賞罰共則禁令不分。」卽此共字之義。下云「至於察君之分，獨分也」，獨與共文正相對，亦其證矣。三守篇云「愛人不獨利也，待譽而後利之，憎人不獨害也，待非而後害之」，卽此所謂「待共以為分也」。蓋下文所舉賞告任坐之法，通施於臣民，斯為察君之獨分矣。⊙奇猷案：此文不誤。「持」字略頓。異，謂刑賞為二事。謂有人所持刑賞之分，以刑賞為相異之二事為分也，卽今所謂形式之分、或名義之分，而實用時則當刑予賞，當賞受罰，是刑賞混淆，故曰不可謂分。至於明察之君則不然，當刑者刑，當賞者賞，刑賞分明，各有其獨立之作用，故曰獨分也。盧氏未得其句讀。顧氏删「異」字，則文不成義。陶氏改為「待共以為分」，既言共則不分，故義不通。松皐圓改「持」為「特」亦無義。王先慎依盧説改，非是。

〔一五〕奇猷案：明主之刑賞分明，則人皆重視法而不敢犯法之禁。

〔一六〕王先慎曰：胥與須古今字。須，俟也。⊙奇猷案：謂民願不觸犯刑罰，而不敢以無功而待賞。

是故夫至治之國，善以止姦為務。是何也〔一〕？其法通乎人情，關乎治理也〔二〕。然則去微姦之道奈何〔三〕？其務令之相規其情者也〔四〕。則使相闚奈何〔五〕？曰：蓋里相坐而已〔六〕。禁尚有連於己者，理不得相闚〔七〕，惟恐不得免。有姦心者不令得忘〔八〕，闚者多也。如此，則慎己而闚彼。發姦之密，告過者免罪受賞，失姦者必誅連刑〔九〕。如此，則姦類發矣。姦不容細，私告任坐使然也〔一〇〕。

〔一〕王先慎曰：乾道本無「也」字，顧廣圻云「今本何下有也字」，今據補。⊙奇猷案：王補是，今從之，迂評本、凌本亦有。又案：舊連上，今提行。

〔二〕松皋圓曰：關，亦由也。⊙奇猷案：關，貫也。貫通治理也。

〔三〕顧廣圻曰：藏本、今本「之」下有「道」字，按非也，此當衍「之」字。⊙孫詒讓曰：此當云「然則微姦之法奈何」，此篇首以「法重」發端，以下至篇末「法」字凡十五見，此「去」亦卽「法」之壞字，校者不知其誤，因移著「微姦」之上，遂不可通矣。微者，覹之借字。說文見部云：「覹，司也」。墨子迎敵祠篇云「謹微察之」，亦以微為覹，與此正同。「微姦之法」，謂司察姦人之法也。「之」非衍字。藏本、今本「道」字固後人肊增。顧校亦未允。⊙奇猷案：有「道」字是，迂評本、凌本亦有，今據補。微，小也。微姦者，小姦也。下文「姦不容細」，姦以細言，與此以微言同。去小姦之法奈何，文甚通。小姦相對於大姦而言。大姦者，黨與衆多，伺主之隙以傳柄移籍，故去大姦之道必伐其藥。（參閱揚權篇）至下文所云「相規其情，盍里相坐」等等，皆去小姦之道也，故此微姦卽小姦無疑。顧氏删「之」字，「去微姦奈何」，文義不足。孫氏改爲「微姦之法奈何」，殊嫌周折。且所舉墨子「謹微察之」爲證，而墨子之微乃密之借字（微借爲密，考詳内儲説下），亦非借爲覹也。王先愼從孫説改（見下），亦非。

〔四〕盧文弨曰：「規」，張本作「闚」。⊙顧廣圻曰：規，讀爲闚，與下文互見。「其情者也」句有誤。⊙王先愼曰：微姦之法，務令人彼此闚察其隱情也。「其務令之相規其情者也」十字爲一句。顧氏句讀未明，故疑誤。⊙奇猷案：王氏以十字爲一句，是。此謂去小姦之道，務令人彼此相闚察其隱情。

〔五〕王先愼曰：「則」上當有「然」字，此與上「然則微姦之法奈何」句法一律。⊙奇猷案：王説是。

〔六〕舊注：同里有罪，罪必相坐。⊙奇猷案：「蓋」當爲「盇」字之誤。易豫卦「朋盇簪」，王弼注：「盇，合也。」舊注謂「同里」，是其所見本不誤也。松皐圓、太田方以蓋、闔字通，皆不確。（蓋、盇雖可通借，但多爲誤字。如禮檀弓：「子蓋言子之志於公乎」，注：「蓋、當爲盇」，是鄭玄亦以蓋爲誤字也。）

〔七〕顧廣圻曰：「理」，當作「里」。⊙劉師培曰：顧説是也。「得」字疑衍。⊙松皐圓「得」下補「不」字曰：尚，賞字誤。「得」下脱「不」字。⊙奇猷案：此當依顧説改「理」爲「里」，依松説「得」下補「不」字。尚與儻同，詳王氏經傳釋詞。禁儻（同倘）有連於己者，里不得不相闚，猶言犯禁之罪倘有關連於己者，因爲同里不得不彼此闚察，蓋恐有犯之者，己將與之連坐也。故下文云「惟恐不得免」。太田方亦補「不」字。

〔八〕劉師培曰：案「忘」係「作」訛，作，古作㐂，與亾相近，故㐂訛爲亾，後人又易爲「忘」。「不令得作」，卽不令姦心得起也。⊙奇猷案：松皐圓、太田方皆改「忘」爲「志」，是，志、忘形近而誤。此謂不令有姦心者逞其姦計。

〔九〕王先謙曰：誅則必，刑則連。

〔一〇〕舊注：任，保也。同里相保之人則坐之，故曰任坐。⊙王先愼曰：乾道本注「故曰」作「人則」，改從趙本。

⊙陶鴻慶曰：案「私」當為「利」字之誤。「利告」，承上「告過者免罪受賞」而言。「任坐」，承上「失姦者必誅連刑」而言。商子開塞篇云「刑用於將過則大邪不生，賞施於告姦則細過不失」，義與此同。此誤作「私告」，則失其旨矣。⊙奇猷案：「私告」，謂以所得姦情私告於官也，陶說非。「任坐」，謂任人之罪而連坐也，舊注非。又王改是，今從之。

夫治法之至明者，任數不任人〔一〕。是以有術之國，不用譽則毋適〔二〕，境內必治，任數也；亡國使兵公行乎其地，而弗能圉禁者，任人而無數也〔三〕。自攻者人也，攻人者數也〔四〕。故有術之國，去言而任法〔五〕。凡畸功之循約者難知〔六〕，過刑之於言者難見也〔七〕，是以刑賞惑乎貳〔八〕。所謂循約難知者，姦功也；臣過之難見者，失根也〔九〕。循理不見虛功〔一〇〕，度情詭乎姦根〔一一〕，則二者安得無兩失也〔一二〕？是以虛士立名於內〔一三〕，而談者為略於外〔一四〕，故愚怯勇慧相連而以虛道屬俗而容乎世〔一五〕。故其法不用，而刑罰不加乎僇人〔一六〕。如此，則刑賞安得不容其二〔一七〕？故實有所至，而理失其量〔一八〕。量之失，非法使然也，法定而任慧也〔一九〕。釋法而任慧者，則受事者安得其務〔二〇〕？務不與事相得，則法安得無失，而刑安得無煩〔二一〕？是以賞罰擾亂，邦道差誤，刑賞之不分白也〔二二〕。

〔一〕奇猷案：「法」字當衍。數，法也，詳上注一。舊連上，今提行。

〔二〕盧文弨曰：「適」，張本作「過」。⊙顧廣圻曰：今本「則毋適」作「而得人之情」，誤。按適、敵同字也。⊙王先慎曰：按張本作「過」，是也。謂有術之國，不用人之譽則毋過。過，卽下「過形之於言者難見」之過。過與適形近，乾道本因誤為「適」，趙用賢改「則毋過」三字為「得人之情」，誤。顧氏謂適、敵同，亦未見作「過」之本，從而為之辭也。⊙劉師培曰：案「適」當作「讁」。讁者，過也。⊙奇猷案：顧說是。八說篇云：「人主不察社稷之利害而用匹夫之私譽，索國之無危亂，不可得也。」用譽則國危亂，故此文云「不用譽則無敵」，正是反正之義可證。張本作「過」，今本作「而得人之情」，（迂評本、凌本與今本同。）皆不得「適」字之義而妄改也。王、劉說亦非。

〔三〕松皐圓曰：圉，禦通。⊙奇猷案：兵，謂敵國之兵。

〔四〕奇猷案：任人則國亂，猶自攻其國。任數則國治，猶攻人之國。

〔五〕奇猷案：言，謂稱譽之言。

〔六〕王先謙曰：畸功，謂偏畸不當理者，如攘奪增級之類。循約，謂與立功之約相依循，故曰姦功，虛功也。⊙王先慎曰：乾道本「難」作「雖」，顧廣圻云：「藏本、今本雖作難。」先慎按：「難」字是，下文所謂「循約難知」卽承此而言。今據改。⊙奇猷案：王改「雖」為「難」，是，今從之，迂評本、凌本亦作「難」，但今藏本仍作「雖」。又案：王先謙說是。荀子天論篇楊注：「畸者，不偶之名，謂偏也。」

〔七〕盧文弨曰：「刑」，舊校改「形」，本通用。⊙松皐圓曰：徒聽談論，能陳情事，功辯麗辭，若可采用，過失之形，最難早見，是說客之所以騁詐誤事也。⊙奇猷案：松釋是。迂評本「刑」作「形」。此謂僅形之於言而未形於功之前，其過難見，用言者必有此弊。

〔八〕奇猷案：貳，謂不一致也。有過者刑之，而過形於言者免罰，是刑不一致也。有功者賞之，而畸功者亦賞之，是賞不一致也。如此，則刑賞惑亂矣。

〔九〕王先謙曰：「之」字當衍。⊙松皐圓曰：下云「姦根」，可見姦言邪説為過失之根本也。若聽其言必試以事，則其失根可去也。⊙奇猷案：王説是。謂失敗之根源，卽在今之難見其過。松氏以失為過失，未確。

〔一〇〕松皐圓曰：姦臣行事，匿情營私，若循常理推之，徒見其有功而乖實之迹，終不得而見也，必過加賞。如陳需召楚兵，翟璜召韓兵，微令敵國攻其國者，姦也，因往講解却敵軍者，功也，能去國患，似循常約，然論其實，則皆構謀要賞，豈容誅乎？⊙奇猷案：陳需、翟璜事詳内儲説下。

〔一一〕松皐圓曰：辯士議事，巧言如流，若以常情度之，徒見其合理，而挾私之源遂為難得而察也，必彼詭誑，如蘇代譏齊王，潘壽説禹情，其實為子之游説，而外託乎正論也。⊙奇猷案：蘇代、潘壽事，皆詳外儲説右下。

〔一二〕松皐圓曰：二者，刑賞也。刑賞并疑貳，故曰兩失。

〔一三〕奇猷案：虛士，謂有虛名之士。松皐圓改「虛」為「處」，未確。

〔一四〕奇猷案：五蠹篇：「言談者為勢於外。」則此文談者，卽言談者。又案：略，謀也。

〔一五〕奇猷案：愚、怯、勇、慧，指四種人。六反篇云「學道立方，離法之民也，而世尊之曰文學之士」，姦劫弑臣篇云「世之愚學，皆不知治亂之情，讘䛟多誦先古之書以亂當世之治」，是以愚學，卽文學之士，故此文「愚」，指文學之士。六反篇云「畏死難，降北之民也，而世尊之曰貴生之士」，貴生之士畏死難，為法家所忌，故此文「怯」指貴生之士。六反篇云「私劍攻殺，暴憿之民也，而世尊之曰磏勇之士」，故此文勇指磏勇之士。六反篇云「語曲牟知，偽詐之民也，而世尊之曰辯智之士」，辯智者，慧也，故此文「慧」指辯智之士。文學之士指儒者，貴生之士指楊朱派。（皆詳顯學篇）儒者言仁義之道，楊朱言貴生之道，以法家觀之，皆為虛而無用之道，故曰虛道。晉語「必屬怨焉」，韋注：「屬，結也。」磏勇之士，私劍攻殺；辯智之士，詐取爵禄（可參閲五蠹篇）；結於世俗，轉相倣效，故曰屬俗。此文謂愚、怯、勇、慧之人，相比而至，以其虛道屬俗而受容於世。

〔一六〕奇猷案：六反篇論文學之士、貴生之士、磏勇之士、辯智之士云「世主聽虚聲而禮之，故名賞在乎私惡當罪之民」，是此文所謂僇（同戮）人者，乃當加刑戮之人。

〔一七〕顧廣圻曰：藏本「二」作「貳」，是也，上文云「刑賞惑乎貳」。⊙王先謙曰：「容其」二字當衍。⊙奇猷案：迂評本亦作「貳」，是。此文謂當加刑戮之人而不加刑罰，安得不容刑賞之有貳？義亦通，不必删「容其」二字。雖「容其」二字在此句中不甚必要，但本篇用詞多此類，詳上「夫凡國博君尊」條。今既可通，故不宜删之。

〔一八〕顧廣圻曰：今本「實故」作「故實」。按句有誤。⊙王先謙曰：「故實」是也，「至」字誤。⊙松皐圓「實故」作「故實」，「所」下補「不」字曰：從井氏補「不」字。謂賞多虚功也。⊙津田鳳卿曰：失量，失其正也。⊙奇猷案：今本「實故」作「故實」，是，迂評本、凌本同，今據改「實故」為「故實」。故，謂智故，卽智巧也，詳主道篇「去舊去智」條。實，讀為誠。而，猶則也，詳王氏經傳釋詞。理，猶言法紀，詳解老篇「道理之者也」條。量，謂量度。此文謂智巧誠有所到來，則法紀失其量度之效，故下文云「量之失，非法使然也，法定而任慧也」（慧，卽智巧）。

〔一九〕王先愼曰：「法定」，當作「釋法」。⊙劉師培曰：當作「法不定而任慧也」。⊙奇猷案：法定，法已訂定也。上文云「治國者莫不有法」，故此云法定也，卽謂已有定法也。今既已有定法而又以智慧臆度，是以法失其度量之效，故度量之失，非法使之失，乃任慧使之失也。飭邪篇云「法已定矣，不以善言害法」，正可明此文之義，善言害法，卽任慧害法（卽理失其量）也。主道篇云「去智而有明」，謂去其智巧而任法然後有明，卽此文正面之筆可證。王氏見下文有「釋法」之文，遂以此亦當作「釋法」，殊不知下文另為一句，語氣與此不同，不可為比。劉説增「不」字，亦不確。

〔二〇〕奇猷案：説文：「務，趣也」，卽旨趣。受事者無法可循，則不得其為事之旨趣，卽用人篇所謂「其心難知，喜怒難中」也。

〔二二〕奇猷案：為其事之旨趣，與所受之事不相吻合，則是觸犯刑法，當受刑法之誅，如此，則犯法者衆，故法失而刑煩也。（可參閱用人篇「釋法術而心治」云云一段。）

〔二三〕顧廣圻曰：「不分」，當作「分不」。⊙王先慎曰：顧說非。「白」下脱「黑」字，用人篇「如此則白黑分矣」，説疑篇「為人主者誠明於臣之所言，則別賢不肖於黑白矣」，皆有「黑」字是其證。⊙奇猷案：此當作「刑賞之白黑不分也。」此文自「釋法而任慧」至此，顯係脱自用人篇，用人篇作「白黑分矣」，此作「白黑不分也」，正是正反之筆。顧説固誤，王氏謂當作「刑賞之不分白黑」，殊不辭。

附録

一、韓非子佚文

史志載韓子五十五篇，與今本合，似無殘缺。王氏集解列有若干條。其中有見於五十五篇中者，並非佚文。王氏一時疏忽，以為佚文者，本宜删去，因集解既列，今姑存之，但加以説明，使讀者有以考覈。此外王氏所列及余所搜得之若干條不見於五十五篇中者，今皆列入。其見於他書者，均為注明。但其見於他書者，疑是類書誤以他書為韓子也。奇猷識。

明主之治國也，適其時事以致財物，論其税賦以均貧富，厚其爵禄以盡賢能，重其刑罰以禁姦邪。使民以力得富，以事致貴，以過受罪，以功置賞，而不望慈惠之賜。此帝王之政也。

王先慎曰：羣書治要四十引。⊙奇猷案：此見六反篇，「置」作「致」，「望」作「念」。

解狐與邢伯柳為怨。趙簡主問於解狐曰：「孰可為上黨守？」對曰：「邢伯柳可。」簡主曰：「非子之讎乎？」對曰：「臣聞忠臣之舉賢也不避仇讎，其廢不肖也不阿親近。」簡主曰：「善。」遂以為守。邢伯柳聞之，乃見解狐謝。解狐曰：「舉子，公也。怨子，私也。往矣，怨子如異日。」

王先慎曰：羣書治要卷四十引。「仇讎」以上又見藝文類聚卷二十二，「邢」並作「荆」。⊙奇猷案：此疑係治要據外儲說左下「中牟無令」條「解狐薦其讎」條「解狐舉邢伯柳」條改作。

師曠鼓琴，有玄鶴銜明月珠在庭中舞，失珠，曠掩口而笑。

王先慎曰：北堂書鈔卷一百九引。「庭中舞」以上又見初學記卷十六注引。⊙奇猷案：此似即十過篇「師曠援琴而鼓，一奏之，有玄鶴二八，道南方來」云云之異文。

孫叔敖冬日黑裘，夏日葛衣。

王先慎曰：北堂書鈔卷一百二十九引。⊙奇猷案：此當係外儲說左下「孫叔敖相楚，冬羔裘，夏葛衣」之異文。

孫叔敖相楚，糲飯菜羹，枯魚之膳。

王先慎曰：北堂書鈔卷一百四十三引。「菜羹」以上又見初學記二十六注引。⊙奇猷案：此見外儲說左下「孫叔敖相楚」條中，「飯」作「餅」。

昔齊桓公入山，問父老，此為何谷？答曰：「臣舊畜牛生犢，以子買駒，少年謂牛不生駒，遂持而去，傍鄰謂臣愚，遂名愚公谷。」

王先慎曰：藝文類聚卷九引。事又見劉向説苑。⊙奇猷案：見説苑政理篇。

勢者君之馬也，威者君之輪也。勢固則輿安，威定則策勁，臣從則馬良，民和則輪利。為國有失於此，覆輿奔馬，折策敗輪矣。輿覆馬奔，策折輪敗，載者安得不危。

王先慎曰：藝文類聚卷五十二引。⊙奇猷案：此當係外儲説右上「國者君之車也，勢者君之馬也」云云之異文。

聖人立法，賞足以勸善，威足以勝暴，備足以必完。

王先慎曰：藝文類聚卷五十四引。⊙奇猷案：此見守道篇，「賞」、「威」、「備」上均有「其」字。

水激則悍，矢激則遠。

王先慎曰：太平御覽三百五十引。⊙奇猷案：此二語見呂氏春秋去宥篇、淮南子墬形訓兵略訓、説苑談叢篇。

楚王有白猿，王自射之，則搏矢而熙。熙，戲也。使養由基射之，始調弓矯矢，未發，而猿擁樹號矣。由基，楚共王之臣養叔也。調，調張也。矯，直也。擁，抱也。

王先慎曰：案此見太平御覽卷三百五十引，事類賦卷十三注引同，「煕」字作「嬉戲」二字，無「始」字。⊙奇猷案：此與説林下「惠子曰羿執鞅持扞」云云，同一旨趣。

天下有至貴而非勢位也，有至富而非金石也，有至壽而非千歲也。願恕反性則貴矣，適情知足則富矣，明生死之分則壽矣。

王先慎曰：太平御覽卷四百五十九引。

吴鐸以聲自毁，膏燭以明自鑠。

王先慎曰：太平御覽卷四百五十九引。⊙奇猷案：淮南子繆稱訓有此二語。

魏武侯浮西河而下，中流，謂吴起曰：「美哉山河之固，魏國之寶也。」對曰：「在德不在險。昔三苗氏左洞庭而右彭蠡，德義不修，而禹滅之。夏桀之居，左河、濟而右太華，伊闕在其南，羊腸在其北，修政不仁，湯放之。商紂之國，左孟門，右太行，常山在其北，大河經其南，修行不德，而武王滅之。王恃險而不修德，舟中之人盡敵國也。」武侯曰：「善。」

王先慎曰：太平御覽卷四百五十九引。⊙奇猷案：見説苑貴德篇。

輿人成輿則願人富貴也，非輿人仁，不富不貴則輿不售也。

王先慎曰：太平御覽卷四百七十二引。⊙奇猷案：見備内篇。

加脂粉則膜母進御，蒙不潔則西施棄野，學之為脂粉亦厚矣。

王先慎曰：太平御覽卷六百七引。⊙奇猷案：顯學篇云：「善毛嗇西施之美，無益吾面，用脂澤粉黛則倍其初。言先王之仁義，無益於治，明吾法度，必吾賞罰者，亦國之脂澤粉黛也。」疑御覽即據此文改作。

勢者君之輿也，威者君之策也，臣者君之馬也，民者君之輪也。勢固則輿安，威定則策勁，臣順則馬良，人和則輪利。而為國皆失此，有覆輿、走馬、折策、敗輪矣。

王先慎曰：太平御覽卷六百二十引，與藝文類聚引文不合。⊙奇猷案：此當係上「勢者君之馬」云云條之異文。

為人君者猶壺也，民亦水也，壺方水方，壺圓水圓。

王先慎曰：外儲説「壺」作「盂」，太平御覽卷六百二十引。⊙奇猷案：此當即外儲説左上之文，而御覽改「盂」為「壺」，非佚文也。

孫叔敖相楚，衣羖羊裘。

王先慎曰：太平御覽卷六百九十四引。⊙奇猷案：此二語當即外儲説左下「孫叔敖相楚，冬羔裘」之異文。

公儀休相魯，其妻織布。休曰：「汝豈與世人爭利哉？」遂燔其機。

王先慎曰：太平御覽卷八百二十引。⊙奇猷案：此見史記循吏公儀休傳。

物有所宜，才有所施，各處其宜，故上下無為。

王先慎曰：意林卷一引。⊙奇猷案：此見揚權篇。

愛人不得獨利，待譽而後利之，憎人不得獨害，待非而後害之。

王先慎曰：意林卷一引。⊙奇猷案：此見三守篇。

不蔽人之美，不言人之惡。

王先慎曰：意林卷一引。⊙奇猷案：見内儲説上「江乞為魏王使荆」節。

以上王氏集解原輯

解其長劍，免其危冠。

奇猷案：文選左太冲吴都賦注、張景陽七命注引。

六國時，張敏與高、惠二人為友，每相思，不能得見，敏便於夢中往尋，但行至半道，即迷不知路，遂回，如此者三。

奇猷案：文選沈休文别范安成詩注引。

晏嬰相齊，妻不衣帛，馬不食粟。

奇猷案：太平御覽六百八十九事類賦十二北堂書鈔一百二十九引。事類賦、書鈔「妻」並作「妾」。

又案：此條當係外儲説左下「孟獻伯相魯」節後之異聞。

二、韓非子真偽考

陳奇猷

秦王見韓非孤憤、五蠹之書而悦之，太史公亦言韓非孤憤、五蠹、内外儲、説林、説難，並録其説難之文，皆與今所存韓子同，是今所存孤憤、五蠹、内外儲、説林、説難出於韓非無疑。漢書藝文志法家著録韓子五十五篇，與乾道本合。班固係本之劉向别録，劉向乃據中秘之藏，今五十五篇，當即劉向之舊。雖今存韓篇後附有李斯駁韓非書及李斯上韓王書二篇，諒係劉向編録時，因李斯二書與韓非上書言存韓有關，故録之以供參考。

又余所考校今存本，除存韓篇中李斯二書外，尚有魏、晉、南北朝時某氏所附之異聞於内外儲説，後漢劉陶之反韓非附於難四，更有北魏劉昞之注混合正文。自五十五篇中芟去此類文字，餘均與韓非思想相洽。飭令篇雖係録自商君書，然已經删節修改，當係因韓非與商鞅同流，採摭以充實己之學説，不得謂之贋品。人主與制分兩篇，因文勢與各篇不類，諒不出於韓非之手。（詳各本篇題注）但此兩篇疑亦係劉向編入，即劉向五十五篇之本已包括此兩篇在内，並非劉向以後脱兩篇而後人僞造以足五十五篇之數，何則？曰：若曾脱去二篇，則古籍中當引有韓子佚文，今考韓子佚文中，雖有不見於今五十五篇者，然大抵皆類書改削，或引他書而誤題韓子之名（詳韓非子佚文篇），此其明證也。

三、韓非子舊刻本述要

一、今存韓非子刻本有宋乾道黄三八即印本（省稱乾道本）、明正統道藏本（省稱藏本）、明趙用賢本（簡稱趙本，顧廣圻識誤稱今本）、韓子迂評本（省稱迂評本）、張榜本（省稱張本）、孫月峯本、周孔教本、王道焜本、凌瀛初本（簡稱凌本）、黄策本、孫鑛本、葛鼎本、秦季公本（簡稱秦本）、二十子本、管韓合刻本，别有盧文弨省稱張本之明張鼎文本。

一、上述各本中最優為乾道本、藏本，其次為趙本，再次為迂評本，再次為張榜本、凌本，其他各本，余雖曾取以校讎，但可取者甚少。

一、今存諸本中，可分為三大類：（一）顯學篇脱「士者為民」至篇末云云，乾道本屬此類。（二）和氏篇自「未為主之害也」害字起脱至姦劫弒臣篇「亦知方正之不」止，並姦劫弒臣之目亦脱去，連和氏為一篇，所脱之文適為乾道本第四卷之七、八兩頁。説林下自篇首起脱十六條，餘連上篇，故説林不分上下篇。此即五十三篇本，藏本屬此類。（三）此兩處不脱，趙本及其他各明刊本皆屬之。此三種類型正可藉以考訂刻本源流。

一、清乾、嘉間，發見宋乾道黄三八郎印本，一為張古餘藏原印本，一為黄丕烈藏述古堂影鈔本，兩本皆有缺漏。（詳韓非子考證資料輯要黄氏影宋鈔本韓非子跋）黄氏以兩本參校補足，即吴鼒本（省稱吴本，篇中即以此本稱乾道本）與涵芬樓四部叢刊本（省稱叢刊本）所自出。以吴本與叢刊本比較，亦略有不同，吴本間有筆誤，叢刊本則間有因製版時壞爛而誤填之筆。浙江局本據吴本翻刻，解老篇「可以長久樹木」句誤重「樹木」二字，五蠹篇「而仁義者一人」句「而」下誤增「為」字，他無出入，堪稱善本。

一、元何犿校讎中秘書得五十三篇本，此即何犿本之來源。何犿本未見，但觀其所作校韓子序，知所脱文與藏本同，故中秘本與藏本同出一源。但藏本並非出何犿本，蓋據何犿序，犿本削去舊注，而藏本有舊注也。藏本所據者，當為與中秘相同之刻本。何犿序又謂中秘本與處士臣謙（許謙，詳刻本序注。）家藏本無異，則臣謙藏本亦即此。藏本和氏篇後所脱之文適為乾道本之第四卷七、八兩頁，而乾道本此兩頁與前後行款不同（乾道黄三八郎原印本未見，然以叢刊本觀之，此兩頁每行字數十九與其他各頁每行字數自二十餘至三十餘不等不同），顯係依別本補入，可見乾道本與中秘本、藏本皆同據一本。乾道本依以補缺之別本，究為寫本或刻本則無考矣。

一、據趙本凡例，其時有通行之近本，其脱落之篇章與何犿本同，當即據何犿本翻刻。

一、趙本凡例謂據之篇章具全之宋本，而校以諸本。自其凡例推之，所謂諸本者，即藏本與近本。余今校勘之結果，知趙氏所謂宋本即乾道本，雖趙本字句與乾道本多有不同，但大部分為趙氏意改，餘則求之藏本與近本，故趙本可謂出於乾道本也。又據其凡例推之，趙氏並何犿原刻本亦未見。（趙本凡例云：「元何犿至元中所進韓子止五十三篇，謂姦劫亡一篇，説林亡下篇，内儲説下篇六微内似類以下亡數章，則世之不見全本亦以久矣。」此類語氣顯見其僅據存於近本中之何犿韓子序為説。）其所援以校勘者，即其凡例十所指之藏本、近本。

一、迂評本序例云：「文從趙本，目仍何氏。」是迂評本實出自趙本，僅目與何犿本同而已。今其書間有與趙本不同而與藏本合者，諒取之何本。

一、張榜本、孫月峰本、周孔教本、黄道焜本、凌本、黄策本、孫鑛本、二十子本、管韓合刻本皆與趙本同，其出於趙本無疑。

一、此外有張鼎文本，未見，觀其序文，知姦劫弑臣與和氏分篇，是亦五十五篇本也。又其序署嘉靖四十年，而趙用賢本序署萬曆十年，兩序相距二十年，可見其不出於趙本。盧文弨拾補書韓非子後云「丁酉，借得馮己蒼所校張鼎文本，張刻本固不佳，然其晦滯驟難曉處，轉恐似本文。」今取盧氏拾補所列張本之異文觀之，多有與藏本合，則張本必係出於近本而以乾道本補其缺也。

一、王應麟漢藝文志考證云：「韓子五十五篇，今本五十六篇。」似宋時有一爲五十六篇本。四庫提要以「六」字爲傳寫之誤，但未言「六」爲何字所誤，以提要上文推之，其意係以「六」爲「五」字之訛，若然，則王氏所見即乾道本也。

四、韓非子舊注考

陳奇猷

一、舊注，即本校注中所稱之「舊注」，乃唐李瓚所作（詳後）。

二、篇中多有混入正文之注語，主道篇、揚權篇、解老篇、二柄篇均有之。而此混入正文注語之下又往往贅有「舊注」，如二柄篇混入正文之注語「守業其官所言者貞也」，其下又有注釋此混入正文之「舊注」。可知此混入正文注語之作者爲前於「舊注」之人。疑此人爲劉昞（詳後）。

三、難四篇中於韓非難一古事之後又有一難韓非之辭，疑此難韓非之辭爲劉陶之反韓非（詳後）。

四、内外儲説各篇，多有在一古事之後列一「或曰」，紀該事之異聞，當是魏、晉文士讀内外儲之筆記（詳後）。

新唐書藝文志法家著録「尹知章管子注三十卷。又注韓子，卷亡」。今以管子之注與本書「舊注」比較，本書有度篇多與管子明法篇之文相同，但兩篇之注迥異，顯非出於一人手筆，故本書之「舊注」必非尹知章所爲。

元何犿校韓子序（見後舊刻本序）云：「臣犿所校讎中秘書，有韓子五十三篇，與處士臣謙家藏本無異，舊本有李瓚注，鄙陋無取，臣盡為削去」（明焦竑國史經籍志著録韓子二十卷，李瓚注。疑即本之何説），是何犿明言本書「舊注」出於李瓚。四庫提要云：「瓚為何代人，犿未之言，王應麟玉海已稱韓子注不知誰作，諸書亦別無李瓚注韓子之文，不知犿何所據也。」案何犿之言，至為明顯，謂中秘書與謙家藏本韓子有李瓚注，提要未審何犿之語，而曰「不知犿何所據」，疎矣。

查舊唐書卷一七六、新唐書卷一七四、唐語林卷六皆有李瓚其人，為李宗閔之子，疑即注韓子之李瓚。舊唐書云：「瓚，大中朝進士擢第。令狐綯作相，特加獎拔，瓚自員外郎知制誥，歷中書舍人、翰林學士。綯罷相，出為桂管觀察使，御軍無政，為卒所逐，貶死。」

魏書劉昞傳云：「昞注周易、韓子、人物志、黃石公、三略，並行於世。」今混入正文之注，疑即劉昞所作之韓子注。劉昞韓子注行於世。劉昞在前，李瓚在後，故劉昞注之混入正文者，而李瓚不知其非韓子之文而加注也。

後漢書劉陶傳云：「陶著書數十萬言，又作七曜論、匡老子、反韓非、復孟軻及上書言當世便事、條教、賦、奏、書記、辯疑，凡百餘篇。」今難四篇中之又一難即劉陶之反韓非無疑。

韓子内外儲説為連珠體之始祖，魏、晉文士多仿傚而為之，晉陸機演連珠五十首（見文選）是其著者。北史李先傳云：「魏明元帝即位，召先讀韓子連珠論二十二篇。」（楊升菴外集云：「韓非書中有連語，先列其目，然後著其解，謂之連珠。」）則韓子内外儲説諸篇在魏、晉、南北朝時為文壇所重視。以此推之，内外儲説中之異聞，必是出於魏、晉、南北朝時如陸機、李先之流，讀内外儲説時紀録之異聞，以備參考者。

五、有關韓非之紀載

陳奇猷　輯

關於韓非事蹟，今所知者不多。除後列史記、戰國策之紀載外，尚有余所考得之若干事。因此，余不更為韓非作傳。若另作一傳，亦不過重複上列資料，徒費篇幅，徒見繁瑣，於讀者毫無補益。故讀者逕閲後列紀載及韓非生卒年考卽可。奇猷識。

韓非傳（史記）

韓非者，韓之諸公子也，喜刑名法術之學，而其歸本於黄老。非為人口吃，不能道説，而善著書。與李斯俱事荀卿，斯自以為不如非。非見韓之削弱，數以書諫韓王。韓王不能用。於是韓非疾治國不務修明其法制，執勢以御其臣下，富國彊兵，而以求人任賢，反舉浮淫之蠹而加之於功實之上。以為儒者用文亂法，而俠者以武犯禁。寬則寵名譽之人，急則用介胄之士。今者所養非所用，所用非所養。悲廉直不容於邪枉之臣，觀往者得失之變，故作孤憤、五蠹、内外儲、説林、説難十餘萬言。然韓非知説之難，為説難書甚具，終死於秦，不能自脱。（此下録説難篇全文，猷誌）人或傳其書至秦，秦王見孤憤、五蠹之書曰：「嗟乎！寡人得見此人與之游，死不恨矣。」李斯曰：「此韓非之所著書也。」秦因急攻韓。韓王始不用非，及急，迺遣非使秦。秦王悦之，未信用，李斯、姚賈害之。毀之曰：「韓非，韓之諸公子也。今王欲並諸侯，非終為韓，不為秦，此人之情也。今王不用，久留而歸之，此自遺患也。不如以過法誅之。」秦王以為然，下吏治非。李斯使人遺非藥，使自殺。韓非欲自陳，不得見。秦王後悔之，使人赦之，非已死矣。申子、韓子皆著書傳於後世，學者多有。余獨悲韓子為説難，而不能自脱耳。

太史公曰：老子所貴，道虛無，因應變化於無為，故著書、辭稱微妙難識。莊子散道德放論，要亦歸之自然。申子卑卑，施之於名實。韓子引繩墨，切事情，明是非，其極慘礉少恩，皆原於道德之意，而老子深遠矣。

韓世家（史記）

桓惠王卒，子王安立。王安五年，秦攻韓，韓急，使韓非使秦，秦留非，因殺之。九年，秦虜王安，盡入其地為潁川郡，韓遂亡。

始皇本紀（史記）

始皇十年，大索，逐客，李斯上書説，乃止逐客令。李斯因説秦王，請先取韓，以恐他國。於是使斯下韓，韓王患之，與韓非謀弱秦。

十四年，韓非使秦。秦用李斯謀，留非。非死雲陽。韓王請為臣。

十七年，内史騰攻韓，得韓王安，盡納其地，以其地為郡，命曰潁川。

姚賈譖殺韓非（戰國策）

四國為一，將以攻秦，秦王召羣臣賓客六十人而問焉，曰：「四國為一，將以圖秦，寡人屈於內，而百姓靡於外，為之奈何？」羣臣莫對。姚賈對曰：「賈願出使四國，必絶其謀，而案其兵。」乃資車百乘，金千斤，衣以其衣，帶以其劍。姚賈辭行，絶其謀，止其兵，與之為交，以報秦。秦王大說，賈封千户以為上卿。韓非短之曰：「賈以珍珠重寶，南使荆、吴，北使燕、代之間三年，四國之交，未必合也，而珍珠重寶盡於內。是賈以王之權、國之寶、外自交於諸侯，願王察之！且梁監門子，嘗盜於梁，臣於趙，而逐於世。監門子，梁之大盜，趙之逐臣，與同知社稷之計，非所以厲羣臣也。」王召姚賈而問曰：「吾聞子以寡人財交於諸侯，有諸？」對曰：「有。」王曰：「有何面目復見寡人？」對曰：「曾參孝其親，天下願以為子；子胥忠於君，天下願以為臣；貞女工巧，天下願以為妃。今賈忠王，而王不知也。賈不歸四國，尚焉之？使賈不忠於君，四國之王尚焉用賈之身？桀聽讒而誅其良將，紂聞讒而殺其忠臣，至身死國亡。今王聽讒，則無忠臣矣。」王曰：「子監門子，梁之大盜，趙之逐臣。」賈曰：「太公望，齊之逐夫，朝歌之廢屠，子良之逐臣，棘津之讎不庸，文王用之而王。管仲，其鄙之賈人也，南陽之敝幽，魯之免囚，桓公用之而霸。百里奚，虞之乞人，傳賣以五羊之皮，穆公相之而朝西戎。文公用中山盜而勝於城濮。此四士者，皆有詬醜大誹於天下，明主用之，知其可與立功也。使若卞隨、務光、申屠狄，人主豈得其用哉！故明主不取其汙，不聽其誹，察其為己用，故可以存社稷者，雖有外誹者不聽，雖有高世之名、無咫尺之功者不賞，是以羣臣莫敢以虚願望於上。」秦王曰：「然。」乃復使姚賈，而誅韓非。

附：李斯督責之術（史記李斯傳）

李斯數欲請間諫二世，不許，而二世責問李斯曰：「吾有私議，而有所聞於韓子也。曰：堯之有天下也，堂高三尺，采椽不斵，茅茨不翦，雖逆旅之宿，不勤於此矣。冬日鹿裘，夏日葛衣，粢糲之食，藜藿之羹，飯土匭，啜土鉶，雖監門之養，不觳於此矣。禹鑿龍門，通大夏，疏九河，曲九防，決渟水，致之海，而股無胈，脛無毛，手足胼胝，面目黎黑，遂以死於外，葬於會稽，臣虜之勞，不烈於此矣。然則夫所貴於有天下者，豈欲苦形勞神，身處逆旅之宿，口食監門之養，手持臣虜之作哉？此不肖人之所勉也，非賢者之所務也。彼賢人之有天下也，專用天下適己而已矣。此所以貴於有天下也。夫所謂賢人者，必能安天下而治萬民。今身且不能利，將惡能治天下哉？故吾願肆志廣欲，長享天下而無害，為之奈何？」李斯子由為三川守，羣盜吳廣等西略地，過去弗能禁。章邯以破逐廣等兵，使者覆案三川相屬，誚讓斯居三公位，如何令盜如此。李斯恐懼，重爵禄，不知所出，乃阿二世意，欲求容，以書對曰：「夫賢主者，必且能全道而行督責之術者也。督責之，則臣不敢不竭能以徇其主矣。此臣主之分定，上下之義明，則天下賢不肖莫敢不盡力竭任以徇其君矣。是故主獨制於天下而無所制也，能窮樂之極矣，賢明之主也，可不察焉。故申子曰：有天下而不恣睢，命之曰以天下為桎梏者，無他焉，不能督責，而顧以其身勞天下之民，若堯、禹然，故謂之桎梏也。夫不能修申、韓之明術，行督責之道，專以天下自適也，而徒務苦形勞神，以身徇百姓，則是黔首之役，非畜天下者也，何足貴哉！夫以人徇己，則己貴而人賤；以己徇人，則己賤而人貴。故徇人者賤，而人所徇者貴，自古及今，未有不然者也。凡古之所為尊賢者，為其貴也；而所為惡不肖者，為其賤也。而堯、禹以身徇天下者也，因隨而尊之，則亦失所為尊賢之心矣。夫可謂大繆矣，謂之為桎梏，不亦宜乎？不能督責之過也。故韓子曰：慈母有敗子而嚴家無格虜者，何也？則能罰之加焉必也。故商君之法，刑棄灰於道者。夫棄灰，薄罪也，而被刑，重罰也。彼唯明主為能深督輕罪。夫罪輕且督深，而況有重罪乎？故民不敢犯也。是故韓子曰：布帛尋常，庸人不釋，鑠金百鎰，盜跖不搏者，非庸人之心重尋常之利深，而盜跖之欲淺也，又不以盜跖之行為輕百鎰之重也。搏必隨手刑，則盜跖不搏百鎰；而罰不必行也，則庸人不釋尋常。是故城高五丈，而樓季不輕犯也；泰山之高百仞，而跛牂牧其上。夫樓季也而難五丈之限，豈跛牂也而易百仞之高哉？峭塹之勢異也。明主聖王之所以能久處尊位，長執重勢，而獨擅天下之利者，非有異道也，能獨斷而審督責，必深罰，故天下不敢犯也。今不務所以不犯而事慈母之所以敗子也，則亦不察於聖人之論矣。夫不能行聖人之術，則舍為天下役何事哉，可不哀邪！且夫儉節仁義之人立於朝，則荒肆之樂輟矣；諫說論理之臣開於側，則流漫之志詘矣；烈士死節之行顯於世，則淫康之虞廢矣。故明主能外此三者，而獨操主術，以制聽從之臣，而修其明法，故身尊而勢重也。凡賢主者，必將能拂世摩俗，而廢其所惡，立其所欲，故生則有尊重之勢，死則有賢明之謚也。是以明君獨斷，故權不在臣也。然後能滅仁義之塗，掩馳說之口，困烈士之行。塞聽揜明，内獨視聽，故外不可傾以仁義烈士之行，而内不可奪以諫説忿争之辯。故能犖然獨行恣睢之心而莫之敢逆。若此，然後可謂能明申、韓之術，而修商君之法。法修術明，而天下亂者，未之聞也。故曰王道約而易操也，唯明主為能行之。若此，則謂督責之誠，則臣無邪；臣無邪，則天下安；天下安，則主嚴尊；主嚴尊，則督責必；督責必，則所求得；所求得，則國家富；國家富，則君樂豐。故督責之術設，則所欲無不得矣。羣臣百姓，救過不給，何變之敢圖！若此則帝道備，而可謂能明君臣之術矣。雖申、韓復生，不能加也。」書奏，二世悦，於是行督責之術益嚴。

六、韓非生卒年考

陳奇猷

史記韓非傳云：「人或傳韓非書至秦，秦王見孤憤、五蠹之書曰：嗟乎，寡人得見此人與之游，死不恨矣。李斯曰：此韓非之所著書也。秦因急攻韓，韓王始不用非，及急，迺遣非使秦。秦王悦之，未信用，李斯、姚賈害之。毁之曰：韓非，韓之諸公子也，今王不用，久留而歸之，此自遺患也，不如以過法誅之。秦王以為然，下吏治非。李斯使人遺非藥，使自殺。」據此，則韓非乃死於入秦之後。但韓非在何年入秦，史記所載不同：

韓世家云：王安五年，(紀元前二三四)秦攻韓，韓急，使韓非使秦。

始皇本紀云：十四年，(紀元前二三三)韓非使秦，秦用李斯謀留非，非死雲陽。

六國表：始皇十四年，秦將桓齮定平陽、武城、宜安。韓使非來，我殺非。

是韓非使秦，紀表與世家相差一年。王先慎云：「按秦攻韓，紀、表未書，『始皇十三年用兵於趙』，『十四年定平陽、武城、宜安』，而後從事於韓，則非之使秦當在韓王安六年，紀、表為是。吴師道以非為韓王安五年使秦，據世家言之，不知作五年者，史駁文也。」（見集解初見秦篇）奇猷案：韓非卒年與使秦之年，不必相同，世家明言韓非使秦在韓王安五年（即秦始皇十三年），紀、表乃就非見害之年言而連帶記其使秦，未書其使秦之年，似為駁文耳。韓非傳既言秦因急攻韓，則攻韓乃為猝然之事，自不必與用兵於趙之事相關聯。且以强大之秦而攻弱小之韓，在攻趙同時略分兵力即可制韓而有餘，況秦攻趙亦當非傾全國之兵以赴，略調國内剩餘之卒，即可為急攻韓之舉。且秦攻韓之原因為欲得韓非，秦王之欲得韓非，乃賞識非才能，欲用之以定天下，豈能遷延至趙事定而後攻韓耶？故王氏必以趙事定而後攻韓之説，不切事實也。又韓非入秦上書言存韓，秦王下其議於李斯，斯加以駁斥，然後李斯使韓，斯入韓又久未得見韓王，（皆詳存韓篇）李斯得見韓王與否，可勿論，但斯害非當自韓返秦之後，故李斯害非之理由為「久留而歸之，此自遺患也。」可見韓非入秦後曾久留於秦，再經李斯、姚賈之害，下吏治，然後因李斯所遺藥以自殺，則自入秦至自殺，其間之遷延時日，自非短暫，故韓非以韓王安五年即秦始皇十三年入秦至始皇十四年始卒，可以斷言也。

韓非之生年，史不詳，近人有兩種推測：

一、生於韓釐王十五年前後。韓非與李斯同學於荀卿，其使秦在韓王安五年，翌年見殺，時斯在秦已十五年，若韓、李年略相當，則非壽在四十、五十之間。

二、生於韓釐王初年。據本書問田篇，堂谿公與韓非同時，據外儲說右上堂谿公又與昭侯同時，大約堂谿公在昭侯時年尚輕，不過二三十歲，及其與韓非談論時已九十餘歲，則其時韓非不過二十餘歲，大約韓非之年較長於李斯，其被殺時已六十餘歲，約生於韓釐王初年。

案：陳千鈞君力主後一說，（詳學術世界一卷二期韓非新傳）此說近之。但計算略有差誤，韓非卒年當不小於六十五歲，其生年當在韓襄王之末。據韓非傳知秦王見孤憤、五蠹之書不知為誰何所作，問之李斯，李斯即以韓非對，則李斯必係與韓非同學於荀卿時已見韓非之書，不然，李斯入秦後，秦、韓遠隔，即或可見傳來之韓非書，亦不能知為韓非作。據始皇本紀，李斯入秦在始皇元年前一或二年，據李斯傳，李斯欲西入秦而辭荀卿，則李斯讀韓非書當在始皇前一或二年以前。是韓非之學於李斯入秦前已大有成就，其年齡當可能為五十歲左右之人。準此推算，韓非被害當在六十五歲左右。又堂谿公既曾與韓昭侯對答，以堂谿公生於昭侯初年計算，至昭侯末約二十歲，至韓釐王末約八十歲，是年韓非在二十歲以上，韓非以此時與堂谿公對問，於時代亦合。故韓非卒年六十五左右而生於韓襄王末年。

前一說，主要為假定韓非之年與李斯相當，此假定實不能成立。韓、李同學，不能即為同年，孔子弟子曾參少孔子四十六歲，仲由僅少孔子九歲，曾、仲二人相距三十七歲，皆為仲尼弟子，同門而學，是其顯明之例，則其說不攻自破矣。（前一說，見錢穆諸子繫年）

七、韓非子考證資料輯要

陳奇猷　輯

漢書藝文志法家韓子五十五篇。名非。韓諸公子。使秦，李斯害而殺之。

北史李先傳「明元即位，召先讀韓子連珠論二十二篇」。奇猷案：楊升菴外集云：「韓非子書中有連珠語，先列其目，而後著其解，謂之連珠。」案連珠即今內、外儲説。

隋書經籍志子部法家韓子二十卷、目一卷。韓非撰。

舊唐書經籍志丙部子録法家韓子二十卷。韓非撰。

唐書藝文志丙部子録法家韓子二十卷。韓非。

又尹知章注韓子。卷亡。

宋史藝文志子類法家類韓子二十卷。韓非撰。

宋鄭樵通志藝文略韓子二十卷。韓非撰。唐有尹知章注，今亡。

宋晁公武郡齋讀書志子類法家類韓非子二十卷。韓非撰。

宋陳振孫直齋書録解題法家類韓子二十卷。韓諸公子韓非撰。漢志五十五篇，今同，所謂孤憤、説難之屬皆在焉。

宋王應麟漢藝文志考證韓子五十五篇。史記韓非傳「喜刑名法術之學，而其歸本於黄、老。作孤憤，五蠹，内、外儲，説林，説難十餘萬言。」注：新序曰：「申子書號曰術，商鞅書號曰法，皆曰刑名。」東萊吕氏曰：「太史公謂非喜刑名法術之學，則兼治之也。」索隱：「按韓子書有解老、喻老二篇，是亦崇黄、老之學也。」今本二十卷五十六篇。（辨見後）沙隨程氏曰：「非書有存韓篇，故李斯言非終為韓不為秦也。後人誤以范睢書厠於其書之間，乃有舉韓之論，通鑒謂非欲覆宗國則非也。」

清四庫全書總目子部法家類韓子二十卷。（内府藏本）周韓非撰。漢書藝文志載韓子五十五篇。張守節史記正義引阮孝緒七録載韓子二十卷，篇數卷數皆與今本相符。惟王應麟漢藝文志考證作五十六篇，殆傳寫字誤也。其注不知何人作。考元至元三年何犿本稱「舊有李瓚注，鄙陋無取，盡為削去」云云。則注者當為李瓚。然瓚為何代人，犿未之言，王應麟玉海已稱韓子注不知誰作，諸書亦别無李瓚注韓子之文，不知犿何所據也。犿本僅五十三篇，其序稱内佚姦劫一篇，説林下、六微内似類以下數章。明萬曆十年趙用賢購得宋槧與犿本相校，始知舊本六微篇之末尚有二十八條，不止犿所云數章。説林下篇之首尚有「伯樂教二人相踶馬」等十六章，諸本佚脱，其文以説林上篇「田伯鼎好士」章逕接此篇「蟲有蚘」章。和氏篇之末自「和雖獻璞而未美未為玉之害也」以下脱三百九十六字。姦劫篇之首自「我以清廉事上」以上脱四百六十字，其脱葉適在兩篇之間，故其次篇標題與文俱佚，傳寫者各誤以下篇之半連於上篇，遂求其下篇而不得，其實未嘗全佚也。今世所傳又有明周孔教所刊大字本，極為精楷，其序不著年月，未知在用賢本前後，考孔教舉進士在用賢後十年，疑所見亦宋槧本，故其文均與用賢本同，無所佚闕。今即據以繕録而校以用賢之本。考史記非本傳稱「非見韓削弱，數以書諫韓王，韓王不能用，悲廉直不容於邪枉之臣，觀往者得失之變，故作孤憤、五蠹、内外儲説、説林、説難十餘萬言」，又云「人或傳其書至秦，秦王見其孤憤、五蠹之書」，則非之著書當在未入秦前。史記自叙所謂「韓非囚秦，説難、孤憤」者，乃史家駁文，不足為據。今書冠以初見秦，次以存韓，皆入秦後事，雖似與史記自序相符，然傳稱「韓王遣非使秦，秦王説之，未信用，李斯、姚賈害之，下吏治非，李斯使人遺之藥自殺」，計其間未必有暇著書，且存韓一篇，終以李斯駁非之議及斯上韓王書，其事與文皆為未畢。疑非所著書本各自為篇，非殁之後，其徒收拾編次以成一帙，故在韓在秦之作均為收録，併其私記未完之稿亦收入書中，名為非撰，實非非所手定也，以其本出於非，故仍題非名以著於録焉。

清四庫全書子部法家類存目韓子迂評二十卷。（内府藏本）舊本題明門無子評，前列元何犿校上原序，署「至元三年秋七月庚午」，結銜題「奎章閣侍書學士」。考元世祖、順帝俱以至元紀年，而三年七月以紀志干支排比之皆無庚午日，疑「子」字之誤。奎章閣學士院，設於文宗天曆二年，止有大學士，尋陞為學士院，始有侍書學士，則犿進是書在後至元時矣。觀其序中稱「今天下所急者法度之廢，所少者韓子之臣」，正順帝時事勢也。門無子自序稱「坊本至不可句讀，最後得何犿本，字字而讎之，皆不失其舊，乃句為之讀，字為之品，間取何氏注而折衷之，以授之梓人」云云。蓋趙用賢翻刻宋本在萬曆十年，此本刻於萬曆六年，故未見完帙，仍用何氏之本。然犿序稱「李瓚注鄙陋無取，盡為削去」，而此本仍間存瓚注，已非何本之舊。且門無子序又稱取何注折衷之，則併犿所加旁注亦有增損，非盡其原文。蓋明人好竄改古書以就己意，動輒失其本來，萬曆以後刻版皆然，是書亦其一也。門無子不知為誰，陳深序稱「門無子，俞姓，吴郡人，篤行君子。」然新舊志乘皆不載其姓名，所綴評語大抵皆學究八比之門徑，又出犿注之下，所見如是，宜其敢亂舊文矣。

清四庫全書簡明目録韓子二十卷。周韓非撰。凡五十五篇。舊本多所佚脱，明趙用賢始得宋槧校補。又周孔教家大字刻本，與趙本亦同，今用以互校，視他刻本為完善。其注不知何人作，元何犿稱為李瓚，未知何據也。

清孫氏祠堂書目諸子法家韓非子二十卷。一、明趙用賢刊本。一、明吴勉學刊本。一、明葛鼎刊本。一、明十行本，缺二卷。一、依宋刻校本。

清孫星衍廉石居藏書記韓非子二十卷。明趙用賢校，依宋本校刊，有注。嘗見宋刊本有序，無撰人名，後題「乾道改元中元日黄三八郎印」。曾屬吾友畢以珣校勘，卷十一末有「相與訟者子產離之而毋使通辭」一條，共七十六字，餘亦有文字異同。漢志韓子五十五篇，合篇數無佚。隋志韓子二十卷，目一卷，新、舊唐志、宋志皆二十卷，各家書目同。俱不言何人注。趙用賢凡例云「元何犿本謂舊有李瓚注，盡為删去，不知犿何據指為李瓚。今因宋本俱列，不敢輕加删削。」按之宋本亦有注，是書目録家缺載。又有明吴勉學校刊本，無注。若史記正義引阮孝緒七略云「韓子二十卷」，蓋誤以劉向七略為七録也。索隱云：「著書三十餘篇，號曰韓子」，豈初見秦諸篇由後人所續與？抑唐本缺卷也？俟考。

清盧文弨羣書拾補韓非子　是書有明馮舒己蒼據宋本道藏本以校張鼎文本外，又有明凌瀛初本。黄策大字本，今并以校明神廟十年趙用賢二十卷全本。而以是者大書，其異同作小字注於下。此書注乃元人何犿删舊李瓚注而為之者，亦甚略，且鄙謬者亦未刊去。明孫月峰評點本並無注，兹不取在所校本中。

又書韓非子後（丁酉）　商、韓之術，用之使秦强，不知正乃所以速其亡也。今當聖道大明之日，其説之謬，夫人而知之，固不待於禁絶。若非之辭辯鋒鋭，瀾翻不窮，人以其故尤愛之。非之於説固其所專攻也，如内儲、外儲等篇，猶今經生家所謂策目預儲以答主司之問者耳。是本爲明趙文毅校刊本，遠出他本之上，余向借之北平黄崑圃先生，後先生以歸余。乾隆丙子以凌瀛初本校一過。閲二十一年丁酉，借得馮己蒼所校張鼎文本，乃以葉林宗道藏本、秦季公又元齋本并趙本合校者，因覆取參對，改正甚多。張刻本固不佳，然其晦滯驟難曉處，轉恐似本文。趙本、凌本乃文從字順，安知非後人不得其解而以意更定者乎？注傳爲李瓚作，不能盡知本意，稍涉奥僻，便置不説。頃讀八説篇有云「登降周旋，不逮日中奏百」，趙氏疑當如左氏所云「距躍三百，曲踊三百」之百解，余以荀子議兵云「魏氏之武卒，衣三屬之甲，操十二石之弩，負服矢五十個，置戈其上，冠軸帶劍，贏三日之糧，日中而趨百里」，以解此方合。馮氏於崇禎戊寅一年中閲此書四過，余隔二十一年乃再閲，遠不逮矣。

清顧廣圻韓非子識誤序　予之爲韓子識誤也，歲在乙丑，客於揚州，太守陽城張古餘先生許宋槧本。太守所借也，與予向所得述古堂影鈔正同，第十四卷失第二葉，以影鈔者補之。前人多稱道藏本，其實差有長於趙用賢刻本者耳，固遠不如宋槧也。宋槧首題「乾道改元中元日黄三八郎印」，亦頗有誤。通而論之，宋槧之誤由乎未嘗校改，故誤之迹往往可尋也，而趙刻之誤，則由乎凡遇其不解者必校改之，於是而并宋槧之所不誤者方且因此以致於誤，其宋槧之所誤，又僅苟且遷就，仍歸於誤，而徒使可尋之迹泯焉，豈不惜哉！予讎勘數過，推求彌年，既窺得失，乃條列而識之，不可解者，未敢妄説。庚午在里中，友人王子渭為之寫録，間有所論。厥後攜諸行篋，隨加增定。甲戌以來，再客揚州，值全椒吴山尊學士知宋槧之善，重刊以行，復舉識誤附於末。竊惟智恭學短，曾何足云，庶後有能讀此書者，將尋其迹，輒以不敏為之先道也。嘉慶二十一年歲在丙子秋八月元和顧廣圻序。

又韓非子識誤跋　韓子各本之誤，近又得其二事。外儲説左下兩云「孟獻伯」，「孟」皆當作「盂」。盂者晉邑。杜預云「太原盂縣」者是也。獻伯，晉卿，盂其食邑，以配謚而稱之，猶言隨武子之比矣。説疑云「楚申胥」，申胥當作「葆申」，葆申者，楚文王之臣，極言文王「茹黄狗、宛路矰、丹姬」事而變更之，下文所謂「疾爭强諫以勝其君」者也，見吕氏春秋，高誘注曰「葆，太葆官，名申」，又載説苑，「葆」作「保」，古今人表同，葆、保同字也。時已刊成，補識於後，己卯孟陬廣圻又書。

清黄丕烈影宋鈔本韓非子跋　余既收得影宋鈔本韓非子，自謂所遇之厚，無過於是。方擬手校同異於趙本，以備徵信之用。適錢唐何夢華過訪士禮居，見案頭有此書，亦詫為奇絶。越一日，作札告余曰：「頃與張古餘司馬談及，知韓非子宋刻乃在渠處，豈非奇之又奇乎？」余聞之喜甚，即往謁古餘，古餘未晤，蓋古餘與余久神交而未曾謀面者也。適西賓夏方米與之熟，方米以他事往候，請觀其書，歸為余言其真。余即屬方米往假，果以是書來，一見稱快，始信余本之真從宋本出也。然非一本，張本缺第十四卷第二葉，余本却有，余本缺第十卷第七葉，張本有之，則余本非從張本出矣。顧又有疑焉者，余本為述古堂所鈔，後歸延令季氏，此可憑兩家書目信之。乃余本中間有與張本絶不相謀者，一行一字，動見差誤，如謂鈔時僞爲，則十卷七葉何以聽其空白以傳信於後乎？或者所影鈔之本有修板鈔補之病，遂據以傳録，故訛舛如是乎？此外板心細數及刊刻字數，影鈔者或缺或不同，大約脱略及誤書耳。至於字之筆畫稍有異同，此影鈔者莫辨其形，似致有此失也。今悉以朱筆手校於上，以別紙影鈔宋刻之真者附於末，庶不改影鈔之舊，并可存宋刻之真。倘天壤間又有影鈔之原本出，則錢氏之影鈔者亦不任咎矣。世之古書何限，安能執一以求合耶？我輩生遵王、滄葦之後，而所見翻勝二君，此幸之至者也。張本爲李書年觀察物，古餘借校，故在郡中。觀察爲河南夏邑人，今官江蘇糧儲道，聞其宦於京師，欲以三十金求售於孫伯淵，伯淵未之買，并爲言此書之可寶，今將子孫世守矣。古餘之借難之又難，而余之見幸之又幸。因并描其藏書諸家圖書以誌源流，首列「張敦仁讀過」一印，此書得見之由也。每册圖書未能悉摹，兹但取其一，次其先後。每印所在，遵天禄琳琅例，注出某卷某葉，日後得見宋刻，欲定余手校所據本者，可按此知之。爰損舊裝，續補於後，他日千里歸，索觀此本，定詫余喜未見書之性又出渠上矣，特未識後之讀書者，能諒余區區愛書之心，而不以余爲多事否也！八月六日甲辰蕘翁識。

八、韓非子舊刻本序

陳奇猷　輯

韓非子舊刻本序，多有裨於考證，并可藉以窺見韓子版本之源流，今選録重要者若干篇以供參考。宋乾道黄三八郎本序已見卷首，此不重出。奇猷識。

校韓子序

〔元〕何犿

奎章閣侍書學士臣犿謹昧死言：臣犿所校讎中秘書，有韓子五十三篇，考之班固藝文志韓子五十五篇，今已亡其二篇。又史記本傳小司馬索隱注，有説林上下篇，今止存上篇，亡其下篇。又第十卷内儲説下六微内亡去似類一章，有反一章，參疑一章，其廢置章亦有殘缺不全。與處士臣謙家藏本無異，今因之，不敢妄為增定。舊有李瓚注，鄙陋無取，臣犿盡為削去。謹與臣謙考讎，略加傍注。既成，倣前漢劉向以殺青書可繕寫。按韓子名非，七國時韓之諸公子也。以書諫韓王安，不用，退而發憤，觀往者得失之變，著書十餘萬言。秦王見其書曰：「嗟乎，寡人得見此人與之游，死不恨矣。」韓王乃遣非入秦，秦王悦之，為李斯、姚賈所害。其書言法術之事，賤虚名，貴實用，破浮淫，督耕戰，明賞罰，營富强。臣犿竊謂人主智略不足，而徒以仁厚自守，終歸于削弱耳。故孔明手寫申、韓書以進後主，孟孝裕亦往往以為言，蓋欲其以權略濟仁恕耳。今天下所急者法度之廢，所少者韓子之臣。伏唯萬幾之暇，取其書少留意焉，則聰明益而治功起，天下幸甚。臣犿不勝惓惓昧死上。至元三年秋七月庚午，奎章閣侍書學士臣犿謹昧死頓首進上。

奇猷案：元何犿本韓非子今未見，此序附韓子迂評中。又案：謙當即許謙，元金華人，字益之，晚號白雲山人。見元史百八十九儒林傳。

校刻韓非子序

〔明〕張鼎文

漢書諸子略凡十類，百八十九家，法家居第四。唐六典子類十四，藝文志子類十七，六百九家，法家皆居第三。太史公曰：「法家嚴而少恩，然其正君臣上下之分，不可改也。」夫治，太上以道，其次以法。韓子，法家，其所著書，非無鉤箝決摘之術。當是時，天下專習法令，以吏為師，詩書六藝之文棄而不講，故終其書，無仁義忠厚之言，無欽恤明慎之意。今讀其五十五篇，篇言其概。曰初見秦，數秦之失，而欲一舉以成霸王之道，從衡之説似之。曰存韓，連荆、魏以疑齊、趙，齊、趙定而天下服，是故不免有非終為韓之疑，李斯得以殺非者此也。曰難言，多懼思也，其將有言也，而先固其主歟！曰愛臣，收權也。曰主道，虚静以待下，黄、老之遺術也。曰有度，强國也，國可以刑法强，不可以刑法亡，而況可以刑法使臣忠廉仁義也歟哉！曰二柄，罪必刑，功不賞，虎其君，狗其臣，豈功疑惟予，罪疑惟去之意？曰揚權，名正物定，執一以静，道德虚静，安用刑法？曰八姦，蠱君之術盡矣。曰十過，人主之通鑒也。曰孤憤，憤大臣也，其阻於當塗作歟？曰五不勝之勢，歷肝膽矣。曰説難，以逆為順，多虞也。曰和氏，以和氏之刖，喻吴起之支解，商君之車裂也。曰姦劫弑臣，以管仲之治齊，商君之强秦，為使天下必為己視聽之道也。曰亡徵，可亡之道四十八，而刑法之意寓焉。風摧蠹木，雨壞隙牆，湯、武之於桀、紂是也。曰三守，其端一也，幾事密則無三劫之患矣。曰備内，家道也，防及妻子，誰與信者？曰南面，嚴於收權，而終以必行，通變不倦，革道也。曰飾邪，龜筴無信，而明法有功也。曰解老，深於老也，有道之君貴静，不重變法，執數十年而不帝，非無法則無術也。非，韓人，而在秦，處申、商之間，韓亦不霸，秦亦不帝？曰説疑，獨以問田，吴起支解，商君車裂，曰亂主闇君之咎也。曰定法，申不害佐韓，七十年而不霸，商君乘强秦之資，賢不如勢，勢不必賢，亦以法術勝仁義之説也。曰問辯，法令有定，文學不得非之，誹謗之令無已也。曰難四，天子無道，諸侯伐之；諸侯無道，大夫伐之，故湯、武王而齊、晉霸，安得以為常也？曰難勢，天下孝子之愛親，是何言也？曰難三，以儉而無食，不免於貧。齊桓公侈于桀、紂，猶冠五霸，是何言也？曰君之俗，是固以太公殺狂矞為當者也。曰難二，趙簡子處危而士奮，言可感也，謂不可使百族之子皆若時，亦詭其説。矯軻之正耶，非肆其妄耶？曰難一，齊桓公三往處士，乃其好仁義之美節，而以為輕上侮之、燕噲事，與孟子不同。而禹、益相詐，啟、益相攻，抑亦滋惑之甚。禹、益異世，得謬其傳；之、噲同以忍心從事。國狗社鼠，古今有之；忍痛彈疽，未易得也。四曰右下，五節。責成立功，善馭臣也。子庶幾殺之不怨，利之不庸之意。然用有公私，則王霸之所由别也。三曰右上，三節。以君治臣，而一切可戲而不可食也。中山好士而可攻，必其士怠而兵弱，農惰而國貧者，然耶非耶？二曰左下，誅賞毁譽，事，則亦春秋之所以示戒者也。曰外儲説四：一曰左上，以先王仁義不能正國，皆諸嬰兒之塵飯塗羹，天地江海日月山谷為量，而有長利大功之積。曰内儲説上篇，詭秘矯詐，無所不至，而下篇參疑廢置之於立法。曰用人，立可為之賞，説可避之罰，未嘗無怨心者。曰功名，主得臣，而名實成也。曰大體，以梯所為，而非特表出之，固智術之所尚也。曰觀行，資於人也。曰安危，自勵也。曰守道，重於全身，預謂非也有此言也！曰喻老，重賞罰也，在君則勝臣，在臣則勝君，亦收權之意也。曰説林，皆古人詭稽突后稷、皋、伊、周、召、管仲、隰朋、百里奚、蹇叔、舅犯、趙衰、范蠡、大夫種、逢同、華登為霸王之佐。明於任臣，則趙敬侯縱欲無度，而饗國數十年；不明於任臣，則燕噲有聖王之節，而不免於亂，好專也。曰詭使，私智相高，故上不勝下。曰六反，母之愛子也倍父，父之令行於下也十母，吏之於民也無愛，吏之令行於民也萬父，慈不勝嚴也。曰八説，文之變也，頗不類非之作。八説曰：「法以制事，事以名功。法立而有難，權其難而事成則立之；事成而有害，權其害而功多則為之。」權術也。商、管異世，而非並稱，可疑也。八經曰：明主之行制也天，其用人也鬼。夫以智力窮人，卑道也。曰五蠹，曰顯學，曰忠孝，文之至也。五蠹之意，以文學言談盛於耕戰，帶劍私門末作之弊，亦其時之遺波也。顯學之意，以學術無益，而富彊有用，廣譬長喻，心駭而神動也。忠孝之意，詆訾孔子、堯、舜、湯、武於君臣父子兄弟之間，皆非所以教天下，狂者之言也。曰人主，與近習當塗論人言行，智者決策於愚人，賢士程能於不肖，通論也。曰飭令，陰符之遺也。曰心度，禁先其本，兵戰其心，言豫也。曰制分，刑賞分別也。蓋里相坐，止姦也；私告任坐，發姦也。五十五篇，略止此矣。夫非之學止於刑名，非之意主於刻核。考其學術，與荀卿、李斯、商鞅、尸佼、李悝、申不害之徒共為師友，各以智術相勝。當時不知李斯之害己，是不智也；卒墮於斯之術中，而不能出，是無術也。為法之弊，反中其身，非、斯則同，特後先耳。非之書未行，止於獄死；斯之術已用，遂至車裂。天道之報昭昭哉！序以為非喜刑名法術，而其歸本於黃、老。余則以非喜黃、老而歸其本於刑名。但其書出自先秦，載古人事多奇倔，後世儒者賴以為據。古今學士列於諸子，與經世並行。其文則三代以下一家之言，絶有氣力光焰。秦王讀之，已有寡人得見斯人死不恨矣之嘆，况千載之下，舉業害文，大傷氣格。學士選其近正者讀之，未必不如更幟易令，登陴一鼓，以助三軍之氣也。漢志、史記列傳、隋唐志皆云二十卷五十五篇，而王伯厚獨言今本五十六篇，未知所定。嘉靖辛酉歲五月端陽日浙西張鼎文書。

奇猷案：辛酉，嘉靖四十年。

韓非子書序

〔明〕趙用賢

余讀韓非子書，蓋喟然而嘆曰：世道之趨於權譎也，君臣之間，相御以智，而相傾奪以捭闔抵巇之説也，其至秦而極乎！先王之道既熄，諸侯各競於詐力，而列國之士，各騁其機略辯數，以務尊安其國，榮顯其身。當春秋之季，所號稱良大夫者，如晏嬰、叔向、公孫僑之徒，其馳詞執禮，往往相厲以仁義，而相訓飭以忠儉信惠，是猶先王之遺也。至戰國，而儀、秦之徒，始以其縱横之説勝。言從親之固，則諱其善敗之端；語衡合之利，則匿其恐愒之迹。雖其揣摩馳騖，務出於奇詭，而要之陳形勢之便利，規情事之變合，天下猶各以其説，提衡而立。故當時之君，得士者昌。而士之設智能、批患難者，亦使世主蒙其益，而顯功名於天下。蓋稍蠶食而及於始皇之身，關東諸國，既皆削弱，無可倚以抗秦。而士之争趨秦者非得秦權，則無以震讋諸侯，而快其志；非訐激其詞，亦無以當主意，而盡關遊士之口。故干秦之説，愈相軋而愈不勝，卒足以亡其身。余於非子，有深慨焉。夫非子固嘗與李斯師事荀卿，斯自視以為不如非矣。及斯已柄秦，盡用其所學，非固以量斯之在吾術中。而他所獨制恣睢，上以塞聰揜明，而下以拂世摩俗，非之智又足以先斯而逆其所必至。故斯方以一法制、明主威，而非則曰當途之臣擅勢而環其私；斯方以遏黨與、絶異趣，而非則曰獨任之過，將乘賢而劫其君。當人臣憂死之不暇，而虞其有田常、子罕之厄，且以大臣之一詞同軌於近習，將使之行不法而化其主，是皆斯之所醞釀鬱積以基亡秦之禍，而非乃以疎遠，一旦斥而言之，宜乎犯斯之所甚忌，而死不旋踵也。昔者范雎羈旅入秦，一言而合，繼踵卿相。夫昭王之明不及秦皇，李斯之專不及魏冉，非又始皇之願得與同遊者，其才出雎遠甚，而卒不免僇辱為天下笑者，雎當秦之益親，猶數年而始得盡發太后、穰侯之私，故其主信之不疑，而讒邪不得以投其間。非徒知振暴其短，可以傾斯説而奪之柄，而不知斯以干寵忌前之心，挾狠戾無親之主，乃欲自奪於説，而投其聽之會，不亦難哉！太史公蓋悲非之為説難，而卒不能以自免。余以為非之持説者甚工，而其所以用術者則甚悖，是其所以死也。使非而幸緩須臾，秦皇方且回慮易聽，當有深計而不疑，交争而不罪者，何以成沙丘之禍，而鑿鑿一中非之所料如此哉！非子書，大抵薄仁義，厲刑禁，盡斥堯、舜、禹、湯、孔子，而兼取申、商慘刻之説。其言恢詭叛道，無足多取。然其意則悲廉直不容於邪枉，一切欲反浮淫之蠹而覈之功罪之當，要亦有足采者。嗟乎！三代而後，申、韓之説常勝。世之言治者，操其術而恒諱其跡。余以為彼其盡納聖賢之旨，而獨能以其説擊排詆訾，歷千百年而不廢，蓋必有所以為韓非子者在矣，惡可忽哉，惡可忽哉！此書舊亡和氏、姦劫、説林凡三篇，他所逸者通五十餘章，今悉補次無闕。明萬曆十年壬午春三月，吴郡趙用賢撰。

韓子凡例

〔明〕趙用賢

一、漢志、隋、唐志皆云：韓非子二十卷，五十五篇，而王伯厚獨言今本五十六篇。元何犿至元中所進韓子止五十三篇，謂姦劫亡一篇，説林亡下篇，内儲説下篇六微内似類已下亡數章，則世之不見全本亦以久矣。今按古本，説林下篇之首尚有「伯樂教二人相踶馬」等凡十六條。近本俱自上篇「田伯鼎好士」章逕接下篇「蟲有蚘」章，所以遂謂脱此下篇，其實未嘗亡也。又據近刻，六微篇後共闕二十八條，亦按古本校定，共為五十五篇。獨伯厚本無從而考。然此書遂庶幾於大全矣，覽者幸無妄意於牽合割裂也。

一、按隋、唐志云：韓子注不詳名氏，元何犿本獨謂「舊有李瓚注，鄙陋無取，盡為削去」，不知犿又何據而指為李瓚也。今所載注語，果涉瑣猥無識，第因宋本具列，不敢輕加删削，要以存舊章而已。

一、按宋本和氏第十三，姦劫第十四，篇目既具，文亦無闕。時本乃自「和雖獻璞而未美，未為王之害也」下，逕接「我以清廉事上」句，既脱和氏末章，又并姦劫篇目而失之。讀者至此，往往有殘缺之嘆。近本乃不加詳考，至并姦劫篇目亦行削去，使古人成書，幾為臆説所廢。今復校定，一準宋本。覽者究心，當自得其完闕之異。

一、是書訛缺既久，歷考近本，無慮數十，皆出一軌。至閲道藏中所載，乃知近本又承此而訛也。獨宋板大篇完整毋闕，而句字之間參錯復多，今依諸本更定。其間或有舛謬不可解者，尚餘十一，不敢强為之説，以俟夫博雅者重加采輯，庶幾此刻為之先驅耳。

合刻管子韓非子序

〔明〕王世貞

汝師之為諸子，於道好莊周、列禦寇，於術好管子、韓非子，謂其文辭，毋論高妙，而所結撰之大旨，遠者出人意表，而邇者能發人之所欲發於所不能發。顧獨管子、韓非子不甚行世，即行而其傳者多遺脱謬誤，讀之使人不能勝也，往往不盡卷而庋之高閣。於是悉其貲力，後先購善本凡數十，窮丹鉛之用，而後授梓。梓成，謂世貞曰：「子其序之。」世貞曰：「唯唯。」夫敬仲欲存糾於齊不得，改而縛於小白，卒相之，為天下萬世榮。非子欲存韓於秦不得，改而走秦，卒受僇，為天下後世笑。夫見榮之與見笑於人也，奚啻隔霄淵？雖然，是二君子者，其始寧不欲出奇捐生，以殉所事哉？然而奇有所不得不屈，奇屈而生有所不得不愛，愛生而欲有所自見，則不得終避讎敵甘心焉而臣事之。夫二君子者，其所以愛生一也，然而有相有僇者何也？齊不成霸形，而桓公之霸心發則機合，機合，仲不得不重。秦并天下之形成，亡所事非，而非以并天下之説説之，欲勝其素所任之臣而自炫功，則機不合，機不合，非不得不輕。夫豈唯輕而已，秦之幸非之利秦，以不若虞非之利韓遠也。今夫始皇者，固暴伉嗜殺人也。然其明智，寧出齊桓下。鮑子一薦仲而立相，李斯一間非而立僇。非二子之工於薦與間若是也，勢也。夫勢之所在，則天也。天不欲南洚楚，北洚戎、狄，蠶食周，故委仲於齊以為周屏翰。天不欲碩果韓芽五國，棄而授之秦，而轉授漢，故聽非子之庾紲仰藥而不之恤。夫鮑子者，助天為福者也，非能為福者也。李斯者，助天為虐者也，非能為虐者也。然則管子與非子材班乎？曰惡乎班！夫管子者，太公亞也。太公所毘，父子皆聖辟，其用國三分之一也，而以當必涣之受。管子之毘，中人也，其用國九分之一也，而以當方勁之楚與戎、狄。然則太公伸而周王，管子抑而齊霸。周不太公不廢王，齊不管子不為霸，固也。不然，而管子之書尚在，其論四維，辨心術，亦寧無敬怠義欲之微旨一二乎！孔子蓋深知之，故慨然而嘆曰：「如其仁，如其仁。」世固未有不仁其德而仁其功者。非子之所為言，雖鑿鑿辨悍，衡名實，推見至隱，而其伎殫於富彊而已。秦不用非，不害并天下，以秦之守守之，必亡。用非可以并天下，并天下而以秦之守守之，無救亡。夫并天下之與亡俱等，亦安所事非子？是故非子之於霸若不足，而管子之於霸蓋有餘也。然則文殊乎？曰不殊也。管子，齊鉅卿也。諸法語名跡，門人家老能筆之，稷下之學士大夫能飾之。其於人也，辯而覈，肆而典，能為戰國始者也。韓非子，韓之疎屬公子也，有所著述，以發其畜而鳴其不平。其於文也，峭而深，奇而破的，能以戰國終者也。毋論吾洙、泗家言，以較魯儒之左準右繩差不類，然何至摧名法家，苛察皦繞，錯若惠施、公孫龍之氾濫詭詩哉！其言各十餘萬而贏，度不能無傳而少有益者，要之非西京以後傳益也。吾故曰不殊也。蓋管子之言，後見汰於孟氏，而極於宋。韓子之言，太史公若心喜之，而列之老子傳。唐以尊老子，故析之；宋以絀老子，故復合之。其析其合，要非以為韓非子也。嗟夫，儒至宋而衰矣。彼其睥睨三代之後，以末世無一可者，而不能不心折於孔明。乃孔明則自比於管子，而勸後主讀韓非子之書。何以故？宋儒之所得淺，而孔明之所得深故也。宋以名舍之，是故小遇遼小不振，大遇金大不振。孔明以實取之，是故蕞爾之蜀與彊魏角而恒踞其上。嗟夫，汝師之所為合刻也，其悠然而抱膝也，毋乃有世思哉！汝師曰：「否，否。吾嗜其文辭，若薦三臡者，以味薦而已矣。」吴郡王世貞撰。

奇猷案：趙用賢字汝師。明史卷二二九有傳。

韓子迂評序

〔明〕陳 深

世有申、韓之書，何自而出也？自劉向、班固皆以為法家者流，本出於理官之明罰敇法，而刻者為之，殘及至親，傷恩薄厚，失其本矣。竊以為不然。凡治之衰也，起於相勝；而亂之作也，成於相激。激之甚，則亂從而生焉。蓋上古之治天下，忠與質焉耳矣。忠之極也，質勝之；質之極也，文勝之。文不與浮飾期，而浮飾自至，浮飾不與詐欺期，而詐欺自至。非關世也，所漸者然也。戰國之時，詐欺極矣。縱横之徒徧天下，而以馳騖有土之君，以至君畏其臣，臣狎其君，而簒弒攸起，諸侯是以不救。此皆上下浮謟，而怠慢紓緩，不振於法之效也。於是申、韓之徒出，而以名實之説勝之矣。名實者，按名求實，嚴刑必誅，詳於法律，而篤於耕戰。凡以破浮淫之説，而振其怠慢紓緩之情也。其用意固亦無惡於世。但其憤激之甚，至於刑棄灰，廢詩書，以吏為師，則秦禍之必至耳。使其遇聖主明王與之折衷，被之以封疆折衝之任，則其治功豈可量哉！然余以為二子之徒，但可以為臣，而不可以為相；可以從命，而不可以為命。使其遇堯、舜、湯、武法度修明之世，則為股肱之良；其在桓、文、孝公之時，亦足以治兵力農而營富彊；使其遇始皇、二世，直喪亡之雄耳。何也？物有受也，人有器也。今讀其書，上下數千年，古今事變，奸臣世主隱微伏匿，下至委巷窮閭婦女嬰兒人情曲折，不啻隔垣而洞五臟。非著書當在未入秦之先，年未壯也，而已能如此事如指掌，何其材之蚤也！其識事也蚤，其命物也材，窮智究慮，淵竭谷虛，故不終其天年，而中道夭絶。後之君子，悲其志，想見其人，悼其術之不終，而惜其不遇聖主明王以裁之，不究以死。非死至今千八百年矣，而書不磨滅。唐、宋以來，病其術之不中，黜而不講。故其文字多舛駁而不讎，市亦無售。近世之學者，迺始艷其文詞，家習而户尊之，以為希世之珍，沿訛習舛而不以為怪。今門無子乃得何氏善本，為之訂其訛謬，而品題其當否，表其文詞，梓而出之，以俾世學之覽觀。自門無子之書出，而訛本盡廢，文從字順，章妥句適，一如韓氏之舊，不亦大愉快矣哉！門無子之用心亦勤矣。門無子，吴郡人，姓俞氏，巖居嗜古篤行君子也。年七十，修身焠文，不窺市，不醜窮，不慁貴人。書成而示余，余故得以肆目於是，而條陳其本末云。萬曆六年歲在攝提格冬十二月丁丑朔長興陳深子淵甫識。

刻韓子迂評序

〔明〕門無子

夫言期於用，言而無用，言雖善無當也。衆人皆以為然，而吾亦以為然者，六經也。衆人皆以為然，而吾獨不以為然者，宋儒也。衆人皆不以為然，而吾獨然者，韓子之書也。韓子之書，言術而不止於術也，言法而不止於法也。纖珠碎錦，百物具在。誠汰其砂礫，而獨存其精英，則其於治道，豈淺鮮哉！顧用之何如耳。王安石用周禮而成靖康之亂，漢文帝用黄、老而致刑措之功，視用之何如耳。試以今之天下，與韓子之書，何非今日之弊？以韓子之言，用之於天下，何非今日之用？或曰：刻矣，不可用也。是又不然。子産不云乎？夫火烈，人望而畏之，故鮮死焉。人之蹈水而不蹈火者，以火之不可犯也。使民視吾法如火之不可犯，則天下豈有不治，而民不寡過者乎？故曰火未嘗殺人，非火之不殺人，人自不犯也。以韓子為刻而不可用者，宋儒之言也。夫宋儒之言，密如蝟毛，刻則刻矣。以試於用，則如棘刺之母猴。故法之刻而不可用者，秦也；言之刻而不可用者，宋儒也。言而無用，言雖善無當也。今世之學者，皆知嗜韓子之文，而不得其用。及市諸坊，則皆魯魚之害，羡文錯簡，分離乖隔，至不可句讀，幾於失傳也。余念曰：得非刑棄灰之報乎？最後得何氏（名犿）本，字字而讎之，則皆不失其舊。則又喜曰：先秦之文，當不使遂湮也。顧無副本，度久之遂湮而無難。竊不自量，而肆筆於是，句為之讀，字為之品，間取何氏注而折衷之，以授之梓人，而號之曰韓子迂評。巖居無事，取得意者數篇，坐溪谷而高吟之。蒼翠烟霞之際，清湍修竹之間，不覺其頤之解也。歲攝提孟陬之辰，門無子書於灊山之木石居。

奇猷案：歲攝提孟陬為萬曆六年戊寅。

刻韓子迂評跋

〔明〕門無子

余晚年最愛韓子，論事入髓，為文刺心。求之戰國之後，楚、漢之先，體裁特異，余甚珍之。所恨者，世本訛謬，每至脱字漏句，斷文錯簡，魯魚亥豕，輒為廢卷。迨得何氏本讀之，暢然無礙，神骨俱輕。兹刻與同志共之，覽者當助余一快。萬曆己卯三月戊午門無子記。

奇猷案：己卯為萬曆七年。

重校韓子迂評引

〔明〕不題名

門無子謂余曰：「漢志韓非子五十有五篇，元何犿至元間所進止於五十三篇，已亡其二矣。内儲説六微篇又亡其二十有八條，句文殘缺，章或脱簡，盡離其真。苟因何本而刊定之，猶未能備。比閲吳郡趙先生本，則篇章具在，不亡也。欲易之則工鉅，守殘則不全，獨奈之何？」余曰：「文從趙本，目則仍何氏，可乎？蓋説林篇雖合，名不易也。姦劫之目不令，而文之氣脈獨與和氏貫，則補其文而仍其合，無傷也。且夫錯簡何病哉？譬之舊衣，札脱縷絶而散置之，則襟袖裳幅皆失其故度。然視其朕猶在，取而屬之，如故縫矣。古人之精，必表而後見。子而有當於心者，必品題而設飾之，青黄筆端，千古魂動，則吾子專契之力也。夫文從趙本，則於義理合；目仍何氏，則於近本無害；屬之如故縫，則章句適；青黄而設飾之，則精神見。猶匠石之移梁易棟，不運斤物，而故度依然無恙，斯為國工。雖然，世徒以其文之最而尸祝之邪，抑謂其深於道而能文邪？要其歸一城旦書耳，何足以重儒者之苦心！」門無子曰：「善。」

奇猷案：此引附韓子迂評中，不題撰人名氏，篇中所説乃説明韓子迂評援用之版本，當係門無子自作，因設為問答體，故不便更題己之姓名而缺之也。

重校韓子迂評凡例

〔明〕門無子

一、説林原有上下二篇，亡其下篇。今按古本，下篇之首有「伯樂教二人相踶馬」以下凡十六條，近本自「田伯鼎好士」章逕接下篇「蟲有蚘」章，所以遂謂脱其下篇，其實未嘗亡也。今悉照古本補入，仍依何氏合為一篇。

一、古本和氏篇後，有姦劫弑臣一篇，文亦無闕。近本乃自「和雖獻璞而未美，未為王之害也」下逕接「我以清廉事上」句，既脱和氏後半，又并姦劫篇目而失之。今按古本「姦劫弑臣」四字，殊不雅馴，而二篇氣脈原自貫暢。門無子曰：但補其文，而闕其目，仍依何氏合為一篇，但更端以別之。

一、和氏篇「和雖獻璞而未美」以下缺其三分之二，今照古本補入，是為全篇。

一、姦劫篇首「凡姦臣皆欲順人主之心」至「田成之所以弑簡公也」，為第一段。次接「處非道之位」，至「天下知之者少則義非矣」，為第二段。次接「世之學術者説人主」以下，為第三段。世本訛謬，前後不倫，上下文不相蒙，展卷不勝憤悶。今如此序次，無闕文，亦無脱簡，讀之妥順，當是韓子故聲。

一、内儲説六微篇亡其二十八條，今照古本補入，已為全書。但篇目仍依何氏本五十三篇，似為無害。

一、門無子喜讀外家語，以世傳韓子訛謬不可讀，後得何氏本而梓之，已訂其十之七八。然自今讀之，其批釋句讀，亦尚不能無恨。門無子世稱國校，尚爾有遺，信乎讎對之難。管子曰：「思之未得，鬼神來教之。」而世本乖剌若此，校之又不能盡，而非也不少有凴依，啟予夢寐恍惚間，可知人死一往不返也。

一、姦者，人臣欺主，劫者，人臣弑主，殺者，反報而伏其辜。曰姦，曰劫，曰殺，是何言也？口説且不可，況可筆之書乎？而以為篇目乎？此書之在當時，為權臣所惡，世主所不堪，是以不得死。孔子作春秋，於定、哀多微辭。居當世，包周身之術，正不如此皎皎核核也。篇目五十有五，乃獨亡其一，不無意焉，感而記之。

韓子迂評後語

〔明〕茅　坤

客有以門無子近刻韓子迂評示余者，且曰：「又多乎哉！是書不行久矣，不他之刻，而是之刻，何無當也？」余曰：「不然也，客之不當也，不謂其流乎？不然也。昔人固謂其捨短取長，可以通萬方之略無論已。顧先秦之文，韓子其的彀焉。其書二十卷，五十三篇，十餘萬言。纖者，鉅者，譎者，奇者，諧者，俳者，欷歔者，憤懣者，號呼而泣訴者，皆自其心之所欲為而筆之於書，未嘗有所宗祖其何氏何門也。一開帙，而爽然，砉然，爀然，渤然，英精晃盪，聲中黄宫，耳有聞，目有見。學者誠以嚴威度數為表，慈悲不忍傷人為實，而以觀其權略之言，則可藉以整世而齊民，如執左契而無難矣。聖經賢傳，覃思困神，而時或出其百家之勝者以觀閲之，則亦足以遊目而蕩胸。腼肉炰羹，饜其至者，而時或設以奇珍小藻，水陸酸辛，則雖鳌吻裂鼻，縮舌澀齒，而亦足以快腹。韓子之文，余不知其不可也，而子何謂其無當也！李斯，亦先秦人也，顧其心止於持禄，而不在用世。而其所為勸行督責一書，不過剿韓氏之廼魄耳，非且奴畜之，而肯為其伯仲乎？斯與非俱事荀卿，自以為不如非，既已忌而譖殺之。及其奏對，則言必稱其語，可以知其心服矣。陽翟，亦先秦人也，所著有十二紀、八覽、六論，雜取儒生之言，倣依古學，而緣飾於義理，故其文亦沉鬱孤峻，如江流出峽遇石而未伸者，有哽咽之氣焉。余固曰：「先秦之文，韓子則擅場矣，陽翟亦驂乘焉，客何謂其無當也！」既已答客問，遂書於孤石堂示諸生。歸安茅坤。

韓非子序

〔明〕張　榜

夫審乎不龜手之藥，或不免乎洴澼絖，而可以博裂地之封者，而後可與讀韓非氏。夫韓非氏之不能以其身免也，兆已在乎其所著之書矣。而博士家神明而用之，烏在其賈要領於咸陽之市者，我不借之以發肝膈之幽思而折衷中之奇致哉！故掇其才，可以發吾才；而鑒其所以用才者，且可沉可訾，以善用吾才。張儀之才不及蘇季，以其不及也，而又以其當季子時也，是故弢之以存舌，而舌之餂然者，終鼓掉於東西之國，而莫之伉。非之才過李斯，以其過也，而謂可以當李斯時而自為時也。故舌如電夬，而無以其舌存，而併無以其要領存。是故士有才而張之也，毋寧其謹闔之也。且我觀韓子，而知猜之不可長，而知凶德之不可首也。韓子以生人之類，自君臣至其妻其子而皆我之賊也。其妻子而賊，則誰不為賊者乎？秦王猜鷙，韓非教猱，則豈顧以非子為親於其妻與子而不為賊乎？而韓子之法，擊斷無諱，秦王不斷之於非，且誰斷耶？鄰父之於宋人也，謂不築圮牆而虞盜，而宋人竟疑鄰父為盜。桃誰氏為吴王鑄截甲之劍，曰：「謹闔之毋泄，亦毋輕試也。」吴王曰：「不試，且烏知善。且吾能從子之言而毋泄，而不能必子之為我毋泄也。」殺桃誰氏。此二者，非子之謂也。置其人，論其文，過刻者，猶之乎芟之也；其過俚者，猶之乎芟之也；內、外儲篇，懼其芟之而不成一體，然評語不甚賞許者，猶之乎意芟之也。曰如是，是可善用韓非氏。至夫善用韓非氏者，寧僅僅盡是也。萬曆龍在辛亥律應應鍾哉生明，金陵張榜賓王甫題。

韓非子凡例

〔明〕凌瀛初

一、考漢志、隋唐志，韓子俱五十五篇。元何犿至元間所進止五十三篇，謂姦劫亡一篇，説林亡下篇。今按古本説林下篇之首，有伯樂以下凡十六條，近本俱自上篇田伯鼎章逕接下篇蟲有蚘章，所以遂謂脱此下篇，其實未嘗亡也。又據近刻内儲説六微篇亡其二十八條，何氏本未詳，趙宗伯本則篇章俱在也。今悉照古本校定補入，是為全書。

一、按宋本，和氏、姦劫原成二篇，文亦無闕。近本乃自「和雖獻璞」章下逕接「我以清廉事上」句，既脱和氏後半，又并姦劫篇目而失之。展卷不勝憤悶。至於近本，倡為臆説，以為「姦劫」字語不祥，削去篇目，尤失古人故聲。今所校定，一準宋本。

一、何本殘缺頗多，又失去二篇，無益參考，第其注釋可採，獨存其序。

一、是書坊刻粗率，字畫不端，更有魯魚之謬，讀者不能無恨焉。兹嚴加考校，而尤酷意精工，焕然一新，非昔比矣，識者當自拭目。

一、凡遇篇目，各成終始，不與後篇牽聯為一，以便嗜古者隨己見以披覽焉。

按先秦之文，百氏倡説，韓子獨其的彀焉。今鉛槧之士，豔其文詞，珍為帳中物也，靡不家習而户尊之。第是書自唐、宋以來，病其峭刻，黜而不講。故其文字多舛駁而不讎，市亦無售，幾於失傳也。不佞遍覓諸本，止陳氏迂評、趙宗伯本稱善。陳祖何犿，而趙宗宋也。不佞尤於二氏中互相究考，反覆讎校，訛謬之疵，什去其八矣。及閱何氏所載傍注，間有漏遺，竊不自量，從而折衷之。要之，彷彿舊章，何敢妄意牽割也。其間或有金根之謬，不能盡解者，則俟博雅君子刊定之。守柔子識。

重刻韓非子序

〔明〕王道焜

文章家嘗論喜快之言毗於陽，哀怨之言毗於陰。陽則飄飛而曼衍，莊周、列禦寇是已；陰則礉切而參差，屈原、韓非、馬遷是已。屈原怨而哀，韓非怨而憤，馬遷怨而悲。自吾夫子曰可以怨，而大舜以怨慕孝，屈原、馬遷以哀怨忠。韓非之書十餘萬言，皆成於發憤感怨。賤虚名，貴實用，明賞罰，破浮淫，極法術之變詭而不失其正者也。蓋非為韓疎屬公子，畸致乏援，至一見王，棄不用，卒之秦，雖欲存韓而不可得，為李斯所譖，身戮以死，其為怨憤，寧忍言哉！今天下名法覈而治功起，所急者不在權略，而正在仁恕，又與何犿之言異，安所事非之書用之？第文章之道，日峭而深，宜乎膾炙其詞，弇州所謂薦三鬜者以味薦耳。余友趙濬之諸同社嗜古若渴，尤嗜非之書。始焉讎其訛舛，已而彙諸家異同箋評之，復請正諸先輩板行之，其為好亦已甚矣。雖然，昔馬遷傳韓非，附於老子，謂本原道德之意。孔明等其書於商、呂，而自擬管、樂，其寄託不亦遠乎？則吾儕嗜非，不徒豔其文詞，而天下用非者，又寧止工其法術已哉！漫次為叙。武林王道焜昭平父題并書。

重訂韓子凡例

〔明〕趙世楷

一、先秦文，莫如韓子古峭。今鉛槧之士，豔其文詞，珍為帳中秘，有以也。第諸刻舛駁，向稱陳氏洎趙宗伯二本最善。陳祖何犿而趙宗宋本，兹刻互證於二家云。

一、漢志、隋、唐志，韓子俱五十五篇，元何犿所進止五十三篇，謂姦劫亡一篇，説林亡下篇。今按古本，説林下篇之首，有伯樂以下凡十六條。近本俱自上篇田伯鼎章遝接下篇蟲有蚘章，所以遂謂脱，其實未嘗亡也，今悉補入。

一、按宋本和氏篇後有姦劫弑臣一篇，文亦無闕。近本乃自「和雖獻璞而未美未為王之害也」下遝接「我以清廉事上」句，既脱和氏後半，又并姦劫篇目而失之，今悉校定。

一、内儲説六微篇亡其二十八條，今照古本補入。但篇目仍依何本五十三篇，似為無害。

一、批如陳氏迂評，海內所豔。邇如楊升菴、孫月峯俱有批本，并采他選評語雅馴深妙者，用為鼓吹。裁定出家大人同社諸先生，而手為讎校，則不佞世楷也。校成於天啟五年夏溯日。錢塘趙世楷繩美甫識。

重刻韓非子序

〔清〕吴　鼒

翰林前輩夏邑李書年先生好藏古書精槧，而宋乾道刻本韓非子尤其善者。嘉慶辛未，先生方為吾省布政使，察賑鳳潁，鼒以後進禮謁於塗次，求借是書，先生辭以在里中。又六年，丙子六月，余在揚州，先生督漕淮上，專使送是册來，迺屬好手影鈔一本，以原本還先生。明年丁丑五月，携至江寧，孫淵如前輩慫恿付梓。又明年戊寅五月，刻成，而淵如已歸道山，可痛也。是本為明趙文毅刻本所自出，却有以他本改易處。元和顧君千里實為余校刊。千里十四年前已見此册，抉摘標舉，具道此槧之所以善，宋槧誠至寶，得千里而益顯矣。千里別有識誤三卷，出以贈余，附刻書後，仍歸之千里。昔鼒為朱文正師恭跋御製文及代擬進御文，屢邀兩朝褒賞，文正曾以奏聞今上。退謂其子錫經，必以稾還鼒，聽入私集。且與鼒書曰：「一不可掠人之美，一不欲亂我之真也。」鼒老且病，然尚思假年居業，以期有以自立，不敢鷃披隼翼，鹿蒙虎皮也。是年月陽在己，己巳朏，舊史氏吴鼒序。

韓非子集解序

〔清〕王先謙

韓非處弱韓危極之時，以宗屬疏遠，不得進用，目擊游説縱横之徒，顛倒人主以取利，而奸猾賊民，恣為暴亂，莫可救止。因痛嫉夫操國柄者不能伸其自有之權力，斬割禁斷，肅朝野而謀治安，其身與國為體，又燭弊深切，無繇見之行事，為書以著明之。故其情迫，其言覈，不與戰國文學諸子等。迄今覽其遺文，推迹當日國勢，苟不先以非之言，殆亦無可為治者。仁惠者，臨民之要道，然非以待奸暴也。孟子導時王以仁義，而惡言利，今非之言曰：「世之學術者，説人主，不曰乘威嚴以困姦衺，而皆曰仁義惠愛。世主亦美仁義之名，而不察其實。」蓋世主所美，非孟子所謂仁義；説士所言，非仁義即利耳。至勸人主用威，唯非宗屬，乃敢言之。非論説固有偏激，然其云明法嚴刑，救羣生之亂，去天下之禍，使强不陵弱，衆不暴寡，耆老得遂，幼孤得長，此則重典之用，而張弛之宜，與孟子所稱，及閒暇明政刑，用意豈異也。既不能行之於韓，而秦法闇與之同，遂以鉏羣雄，有天下。而董子迺曰秦行韓非之説。考非奉使時，秦政立，勢成，非往即見殺，何謂行其説哉？書都二十卷，舊注罕所揮發。從弟先慎為之集解，訂補闕譌，推究義藴，然後是書釐然可誦。主道以下，蓋非平日所為書，初見秦諸篇，則後來附入者。非勸秦不舉韓，為宗社圖存，畫至無俚，君子於此尤悲其志焉。光緒二十三年冬十二月葵園老人王先謙序。

韓非子集解弁言

〔清〕王先慎

韓非子舊有尹知章注，見唐書藝文志，不載卷數，蓋其亡久矣。元何犿稱舊有李瓚注，李瓚無考。宋乾道本不題姓名，未知孰是。太平御覽、事類賦、初學記注所引注文，與乾道注本合，則其人當在宋前。顧其注不全備，且有舛誤，近儒多所匡益。因旁采諸説，間附己見，為韓非子集解一書。其文以宋乾道本為主。間有譌脱，據它本訂正焉。光緒二十一年孟冬月長沙王先慎。

九、韓非子舊評輯要

陳奇猷 輯

歷代學者對韓子之評論綦夥，今摘其要者録為一帙。雖評韓者多以儒評韓，然儒、法不同，自所難免也。奇猷識。

漢劉安淮南子泰族訓：仁義者，治之本也。今不知事修其本，而務治其末，是釋其根而灌其枝也。且法之生也，以輔仁義。今重法而棄義，是貴其冠履而忘其頭足也。今商鞅之啟塞，申子之三符，韓非之孤憤，張儀、蘇秦之從横，皆掇取之權一切之術也，非治之大本，事之恒常，可博聞而世傳者也。子囊北而全楚，北不可以為庸；弦高誕而存鄭，誕不可以為常。

漢司馬遷史記韓非傳：韓非知説之難，為説難書甚具，終死於秦，不能自脱。

漢桓寬鹽鐵論刑德篇：御史大夫曰：「執法者國之轡銜，刑罰者國之維檝也。故轡銜不飭，雖王良不能以致遠；維檝不設，雖良工不能以絶水。韓子曰：疾有固者，不能明其法勢，御其臣下，富國强兵以制敵禦難，惑於愚儒之文詞，以疑賢士之謀，舉浮淫之蠹，加之功實之上，而欲國之治，猶釋階而欲登高，無銜橛而禦捍馬也。今刑法設備而民猶犯之，況無法乎，其亂必也。」文學曰：「轡銜者，御之具也，得良工而調。法勢者，治之具也，得賢人而化。執轡非其人，則馬奔馳；執軸非其人，則舩覆傷，昔吳使宰嚭持軸而破其舩，秦使趙高執轡而覆其車。今廢仁義之術而任刑名之徒，則復吳、秦之事也。夫為君者法三王，為相者法周公，為術者法孔子，此百世不易之道也。韓非非先王而不遵，舍正令而不從，卒蹈陷穽，身幽囚，客死於秦，本夫不通大道而小辯斯足以害其身而已。」

漢揚雄法言：申、韓之術，不仁至矣，若何牛羊之用人也！若牛羊用人，則狐狸螻螾不腝臘也與？或曰：刀不利，筆不銛，而獨加諸砥，不亦可乎？曰：人砥則秦尚矣。或曰：申、韓之法非法與？曰：法者，謂唐、虞、成周之法也。如申韓！如申韓！（法言問道篇）或問韓非作説難之書，而卒死乎説難，敢問何反也？曰：説難蓋其所以死乎。曰：何也？曰：君子以禮動，以義止，合則進，否則退，確乎不憂其不合也。夫説人而憂其不合，則亦無所不至矣。或曰：説之不合非憂邪？曰：説不由道，憂也。由道而不合，非憂也。（問明篇）

漢王充論衡非韓篇：韓子之術，明法尚功。賢無益於國不加賞，不肖無害於治不施罰。責功重賞，任刑用誅。故其論儒也，謂之不耕而食，比之於一蠹。論有益與無益也，比之於鹿馬，馬之似鹿者千金，天下有千金之馬，無千金之鹿，鹿無益，馬有用也。儒者猶鹿，有用之吏猶馬也。夫韓子知以鹿馬喻，不知以冠履譬。使韓子不冠徒履而朝，吾將聽其言也。加冠於首，而立於朝，受無益之服，增無益之仕，言與服相違，行與術相反，吾是以非其言而不用其法也。煩勞人體，無益於人身，莫過跪拜。使韓子逢人不拜，見君父不謁，未必有賊於身體也。然須拜謁以尊親者，禮義至重，不可失也。故禮義在身，身未必肥；而禮義去身，身未必瘠而化衰。以謂有益，禮義不如飲食。使韓子賜食君父之前，不拜而用，肯為之乎？夫拜謁、禮義之效，非益身之實也。然而韓子終不失者，不廢禮義以苟益也。夫儒生，禮義也；耕戰，飲食也。貴耕戰而賤儒生，是棄禮義求飲食也。使禮義廢，綱紀敗，上下亂，而陰陽謬，水旱失時，五穀不登，萬民饑死，農不得耕，士不得戰也。子貢去告朔之餼羊，孔子曰：「賜也，爾愛其羊，我愛其禮。」子貢惡費羊，孔子重廢禮也。故以舊防為無益而去之，必有水災；以舊禮為無補而去之，必有亂患。儒者之在世，禮義之舊防也，有之無益，無之有損。庠序之設，自古有之，重本尊始，故立官置吏。官不可廢，道不可棄。儒生，道官之吏也，以為無益而廢之，是棄道也。夫道無成效於人，成效者須道而成。然足蹈路而行，所蹈之路須不蹈者。身須手足而動，待不動者。故事或無益而益者須之，無效而效者待之。儒生耕戰所須待也，棄而不存如何也！韓子非儒，謂之無益有損。蓋謂俗儒，無行操，舉措不重禮，以儒名而俗行，以實學而偽説，貪官尊榮，故不足貴。夫志潔行顯，不徇爵禄，去卿相之位，如脱躧者。居位治職，功雖不立，是禮義為業者也。國之所以存者，禮義也。民無禮義，傾國危主。今儒者之操，重禮愛義，率無禮之士，激無義之人。人民為善，愛其主上，是亦有益也。聞伯夷風者，貪夫廉，懦夫有立志。聞柳下惠風者，薄夫敦，鄙夫寬。此上化也，非人所見。段干木闔門不出，魏文敬之，表式其閭。秦人聞之，不敢攻魏。使魏無干木，秦兵入境，境土危亡。秦，彊國也。兵無不勝，兵加於魏，魏國必破，三軍兵頓，流血千里。今魏文式闔門之士，却彊秦之兵，全魏國之境，濟三軍之衆，功莫大焉，賞莫先焉。齊有高節之士曰狂譎、華士，二人兄弟也，義不降志，不仕非其主。太公封於齊，以此二子解沮齊衆，開不為上用之路，同時誅之。韓子善之，以為二子無益而有損也。夫狂譎、華士，段干木之流也，太公誅之無所却到。魏文侯式之，却彊秦而全魏，功孰大者！使韓子善干木闔門高節，魏文式之是也。狂譎、華士之操，干木之節也，善太公誅之，非也。使韓子非干木之行，下魏文之式，則干木以此行而有益，魏文用式之道為有功，是韓子不賞功、尊有益也。論者或曰：魏文式段干木之閭，秦兵為之不至，非法度之功。一功特然，不可常行，雖全國有益，非所貴也。夫法度之功者，謂何等也？養三軍之士，明賞罰之命，嚴刑峻法，富國强兵，此法度也。案秦之强，肯為此乎？六國之亡，皆滅於秦兵。六國之兵非不鋭，士衆之力非不勁也。然而不勝，至於滅亡者，强弱不敵，衆寡不同，雖明法度，其何益哉？使童子變孟、賁之意，孟、賁怒之，童子操刃與孟、賁戰，童子必不勝，力不如也。孟、賁怒，而童子修禮盡敬，孟、賁不忍犯也。秦之與魏，孟、賁之與童子也。魏有法度，秦必不畏，猶童子操刃，孟、賁不避也。其尊士式賢者之閭，非徒童子修禮盡敬也。夫力少則修德，兵强則奮威。秦以兵强，威無不勝。却軍還衆，不犯魏境者，賢干木之操，高魏文之禮也。夫敬賢，弱國之法度，力少之强助也，謂之法度之功如何？高皇帝議欲廢太子，吕后患之，即召張子房而取策，子房教以敬迎四皓而厚禮之。高祖見之，心消意沮，太子遂安。使韓子為吕后議，進不過彊諫，退不過勁力，以此自安，取誅之道也，豈徒易哉！夫太子敬厚四皓以消高帝之議，猶魏文式段干木之閭却强秦之兵也。

治國之道，所養有二：一曰養德，二曰養力。養德者，養名高之人，以示能敬賢；養力者，養氣力之士，以明能用兵。此所謂文武張設，德力且足者也。事或可以德懷，或可以力摧。外以德自立，內以力自備。慕德者不戰而服，犯德者畏兵而却。徐偃王修行仁義，陸地朝者三十二國，强楚聞之，舉兵而滅之，此有德守無力備者也。夫德不可獨任以治國，力不可直任以御敵也。韓子之術不養德，偃王之操不任力，二者偏駁，各有不足。偃王有無力之禍，知韓子必有無德之患。凡人稟性也，清濁貪廉，各有操行，猶草木異質，不可復變易也。狂譎、華士不仕於齊，猶段干木不仕於魏矣。性行清廉，不貪富貴，非時疾世，義不苟仕，雖不誅此人，此人行不可隨也。太公誅之，韓子是之，是謂人無性行，草木無質也。太公誅二子，使齊有二子之類，必不為二子見誅之故，不清其身；使無二子之類，雖養之，終無其化。堯不誅許由，唐民不皆樔處。武王不誅伯夷，周民不皆隱餓。魏文侯式段干木之閭，魏國不皆闔門。由此言之，太公不誅二子，齊國亦不皆不仕，何則？清廉之行，人所不能為也。夫人所不能為，養使為之，不能使勸；人所能為，誅以禁之，不能使止。然則太公誅二子，無益於化，空殺無辜之民。賞無功，殺無辜，韓子所非也。太公殺無辜，韓子是之，以韓子之術殺無辜也。夫執不仕者，未必有正罪也。太公誅之。如出仕未有功，太公肯賞之乎？賞須功而加，罰待罪而施。使太公不賞出仕未有功之人，則其誅不仕未有罪之民非也，而韓子是之，失誤之言也。且不仕之民，性廉寡欲；好仕之民，性貪多利。利欲不存於心，則視爵禄猶糞土矣。廉則約省無極，貪則奢泰不止，奢泰不止，則其所欲不避其主。案古篡畔之臣，希清白廉潔之人。貪故能立功，憍故能輕生。積功以取大賞，奢泰以貪主位。太公遺此法而去，故齊有陳氏劫殺之患。太公之術，致劫殺之法也。韓子善之，是韓子之術亦危亡也。周公聞太公誅二子，非而不是，然而身執贄以下白屋之士。白屋之士，二子之類也，周公禮之，太公誅之，二子之操，孰為是者？宋人有御馬者，不進，拔劍剄而棄之於溝中，又駕一馬，馬又不進，又剄而棄之於溝，若是者三，以此威馬至矣，然非王良之法也。王良登車，馬無罷駑。堯、舜治世，民無狂悖。王良馴馬之心，堯、舜順民之意。人同性，馬殊類也。王良能調殊類之馬，太公不能率同性之士。然則周公之所下白屋，王良之馴馬也。太公之誅二子，宋人之剄馬也。舉王良之法，與宋人之操，使韓子平之，韓子必是王良而非宋人矣。王良全馬，宋人賊馬也。馬之賊，則不若其全。然則民之死，不若其生。使韓子非王良，自同於宋人，賊善人矣。如非宋人，宋人之術與太公同，非宋人，是太公，韓子好惡無定矣。治國，猶治身也。治一身，省恩德之行，多傷害之操，則交黨疎絶，恥辱至身。推治身以況治國，治國之道，當任德也。韓子任刑，獨以治世，是則治身之人任傷害也。韓子豈不知任德之為善哉？以為世衰事變，民心靡薄，故作法術，專意於刑也。夫世不乏於德，猶歲不絶於春也。謂世衰難以德治，可謂歲亂不可以春生乎？人君治一國，猶天地生萬物。天地不為亂歲去春，人君不以衰世屏德。孔子曰：「斯民也，三代所以直道而行也。」

周穆王之世，可謂衰矣，任刑治政，亂而無功。甫侯諫之，穆王存德，享國久長，功傳於世。夫穆王之治，初亂終治，非知昏於前，才妙於後也，前任蚩尤之刑，後用甫侯之言也。夫治人不能捨恩，治國不能廢德，治物不能去春，韓子欲獨任刑用誅，如何！

魯繆公問於子思曰：「吾聞龐擱是子不孝，不孝，其行奚如？」子思對曰：「君子尊賢以崇德，舉善以勸民。若夫過行，是細人之所識也，臣不知也。」子思出，子服厲伯見，君問龐擱是子，子服厲伯對以其過，皆君子所未曾聞。自是之後，君貴子思，而賤子服厲伯。韓子聞之，以非繆公，以為明君求姦而誅之。子思不以姦聞，而厲伯以姦對，厲伯宜貴，子思宜賤。今繆公貴子思，賤厲伯，失貴賤之宜，故非之也。夫韓子所尚者，法度也。人為善，法度賞之；惡，法度罰之。雖不聞善惡於外，善惡有所制矣。夫聞惡不可以行罰，猶聞善不可以行賞也。非人不舉姦者，非韓子之術也。使韓子聞善，必將使之；試之有功，乃肯賞之。夫聞善不輒加賞，虛言未必可信也。若此，聞善與不聞，無以異也。夫聞善不輒賞，則聞惡不輒罰矣。聞善必試之，聞惡必考之。試有功乃加賞，考有驗乃加罰。虛聞空見，實試未立，賞罰未加。賞罰未加，善惡未定。未定之事，須術乃立，則欲耳聞之，非也。鄭子產晨出，過東匠之宮，聞婦人之哭也，撫其僕之手而聽之，有間，使吏執而問之，手殺其夫者也。翌日，其僕問曰：「夫子何以知之？」子產曰：「其聲不慟，凡人於其所親愛也，知病而憂，臨死而懼，已死而哀。今哭夫已死，不哀而懼，是以知其有姦也。」韓子聞而非之曰：「子產不亦多事乎？姦必待耳目之所及而後知之，則鄭國之得姦寡矣。不任典成之吏，察參伍之正，不明度量，待盡聰明，勞知慮以知姦，不亦無術乎！」韓子之非子產，是也；其非繆公，非也。夫婦人之不哀，猶龐擱子不孝也，非子產持耳目以知姦，獨欲繆公須問以定邪？子產不任典成之吏，而以耳定實；繆公亦不任吏，而以口問立誠。夫耳聞口問，一實也，俱不任吏，皆不參伍。厲伯之對，不可以立實，猶婦人之哭，不可以定誠矣。不可定誠，使吏執而問之，不可以立實。不使吏考，獨信厲伯口，以罪不考之姦，如何？韓子曰：「子思不以過聞，繆公貴之；子服厲伯以姦聞，繆公賤之。人情皆喜貴而惡賤，故季氏之亂成而不上聞，此魯君所以劫也。」夫魯君所以劫者，以不明法度邪，以不早聞姦也？夫法度明，雖不聞姦，姦無由生。法度不明，雖日求姦，決其源，鄣之以掌也。御者無銜，見馬且犇，無以制也。使王良持轡，馬無欲奔之心，御之有數也。今不言魯君無術，而曰不聞姦；不言審法度，而曰不通下情。韓子之非繆公也，與術意而相違矣。龐撊子不孝，子思不言，繆公貴之，韓子非之，以為明君求善而賞之，求姦而誅之。夫不孝之人，下愚之才也。下愚無禮，順情從欲，與鳥獸同，謂之惡可也，謂姦非也。姦人外善内惡，色厲内荏，作為操止，像類賢行，以取升進，容媚於上，安肯作不孝，著身為惡，以取棄殉之咎乎？龐撊是子可謂不孝，不可謂姦。韓子謂之姦，失姦之實矣。韓子曰：「布帛尋常，庸人不擇；爍金百鎰，盜跖不搏。」以此言之，法明，民不敢犯也。設明法於邦，有盜賊之心，不敢犯矣，不測之者，不敢發矣。姦心藏於胸中，不敢以犯罪法，罪法恐之也。明法恐之，則不須考姦求邪於下矣。使法峻，民無姦者；使法不峻，民多為姦。而不言明王之嚴刑峻法，而云求姦而誅之。言求姦，是法不峻，民或犯之也。世不專意於明法，而專心求姦。韓子之言，與法相違。人之釋溝渠也，知者必溺身。不塞溝渠而繕船檝者，知水之性不可閼，其勢必溺人也。臣子之性，欲姦君父，猶水之性溺人也。不教所以防姦，而非其不聞知，是猶不備水之具，而徒欲早知水之溺人也。溺於水，不責水而咎己者，已失防備也。然則人君劫於臣，已失法也。備溺不閼水源，防劫不求臣姦，韓子所宜用教己也。水之性勝火，如裹之以釜，水煎而不得勝必矣。夫君猶火也，臣猶水也，法度釜也，火不求水之姦，君亦不宜求臣之罪也。

漢孔鮒孔叢子韓非非聖人辨：陳人有武臣，謂子鮒曰：「夫聖人者，誠高材美稱也。吾謂聖人之知必見未形之前，功垂於身殁之後，立教而戾夫不犯，吐言而辯士不破也，子之先君可謂當之矣。然韓子立法，其所以異夫子之論者紛如也。予每探其意而校其事，持久歷遠遏姦勸善，韓氏未必非，孔氏未必得也。吾今而後乃知聖人無世不有，前聖後聖，法制固不一也。若韓非者，亦當世之聖人也。」子鮒曰：「子信之為然，是固未免凡俗也。今世人有言高者，必以極天為稱，言下者，必以深淵為名，是資勢之談而無其實者也。好事而穿鑿者，必言經以自輔，援聖以自賢，欲以取信於羣愚，而度其說也。若諸子之書，其義皆然。吾先君之所自志也，請略説一隅，而吾子審其信否焉。」武臣曰：「諾。」子鮒曰：「乃者趙、韓、魏共并智氏，趙襄子之行賞，先加具臣而後有功。韓非書曰：夫子善之，引以張本，然後難之，豈有不似哉，然實非也。何以明其然？昔我先君以春秋哀公十六年四月己丑卒，至二十七年荀瑶與韓、趙、魏伐鄭，過東垣而還，是時夫子卒已十一年矣，而晉四卿皆在也，後悼公十四年，智氏乃亡。此先後甚遠，而韓非公稱之，曾無怍意。是則世多好事之徒，皆非之罪也。故吾以是默口於小道，塞目於諸子久矣。而子立尺表以度天，植寸指以測淵，矇大道而不悟，信誣説以疑聖，殆非所望也。」武臣叉手跪下謝之，施施而退，遂告人曰：「吾自以為學之博矣，而屈於孔氏，方知學不在多，要在精也。」

奇猷案：趙襄子行賞事，見難一篇。

三國諸葛亮集載先主遺詔敕後主曰：「諸子及六韜、商君書，益人意智。聞丞相（案指亮）為寫申、韓、管子、六韜一通已畢。未送道亡，可更求。」

晉葛洪抱朴子用刑篇：世人薄申、韓之實事，嘉老、莊之誕談，然而為政無能錯刑，殺人者原其死，傷人者赦其罪，所謂土拌瓦胾，無救朝饑者也。

北史公孫表傳：魏道武以慕容垂諸子分據勢要，權柄推移，遂致滅亡。表詣闕上韓非書二十卷，道武稱善。

北史蘇綽傳：周文留綽至夜，指陳帝王之道，兼述申、韓之要，達旦不厭。

唐李翺李文公集：翺答王載言書云：「六經之後，百家之言興，孟軻、商鞅，荀況、韓非皆足以自成一家之文，學者之師歸也。」

宋歐陽修文忠集論申韓云：「法家以法繩天下，使一本於其術，申、韓之徒，乃推而大之，挾其說以干世主。至其辨職分，輔禮制，於治不為無益。然或狃細苛，持刺深，不可不察也。」

宋蘇軾東坡集韓非論：聖人之所為惡夫異端，盡力而排之者，非異端之能亂天下，而天下之亂所由出也。昔周之衰，有老聃、莊周、列禦寇之徒，更為虛無淡泊之言，而治其猖狂浮游之說，紘紛顛倒，而卒歸於無有。由其道者，蕩然莫得其當。是以忘乎富貴之樂，而齊乎死生之分。此不得志於天下，高世遠舉之人，所以放心而無憂。雖非聖人之道，而其用意固無惡於天下。自老聃之死百餘年，有商鞅、韓非著書，言治天下無若刑名之賢。及秦用之，終於勝、廣之亂，教化不足而法有餘，秦以不祀，而天下被其毒。後世之學者，知申、韓之罪，而不知老聃、莊周之使然。何者？仁義之道，起於夫婦、父子、兄弟相愛之間，而禮樂刑政之原，出於君臣、上下相忌之際。相愛則有所不忍，相忌則有所不敢。不敢與不忍之心合，而後聖人之道，得存乎其中。今老聃、莊周論君臣、父子之間，汎汎乎若萍游於江湖而適相值也。夫是以父不足愛，而君不足忌。不忌其君，不愛其父，則仁不足以懷，義不足以勸，禮樂不足以化。此四者皆不足用，而欲置天下於無有。夫無有，豈誠足以治天下哉？商鞅、韓非求為其說而不得，得其所以輕天下而齊萬物之術，是以敢為殘忍而無疑。今夫不忍殺人而不足以為仁，而仁亦不足以治民，則是殺人不足以為不仁，而不仁亦不足以亂天下。如此，則舉天下唯吾之所為，刀鋸斧鉞，何施而不可！昔者夫子未嘗一日易其言，雖天下之小物，亦莫不有所畏。今其視天下，眇然若不足為者，此其所以輕殺人歟！太史遷曰：「申子卑卑，施於名實。韓子引繩墨，切事情，明是非，其極慘礉少恩，皆原於道德之意。」嘗讀而思之，事固有不相謀而相感者。莊、老之後，其禍為申、韓。由三代之衰至於今，凡所以亂聖人之道者，其弊固已多矣，而未知其所終，奈何其不為之所也！

宋蘇轍欒城文集韓非論：商鞅以法治秦，而申不害以術治韓。憲令著於官府，刑罰必於民心，賞存乎慎法，罰加乎奸令，所謂法也。因任而授官，循名而責實，操生殺之柄，課羣臣之能，所謂術也。法者，臣之所師，而術者，君之所執也。及韓非之學，並取申、商，而兼任法術。法之所止，雖有聖智不用也，術之所操，雖有父子不信也。使人君據法術之自然，而無所復為，此申、韓之所謂老子之道，而實非也，彼申、商各行其說耳。然秦、韓之治行於一時，而其害見於久遠。使非不幸獲用於世，其害將有不可勝言者矣。太史公悲韓非知說之難，而卒以說死，故載其說難於篇。然古之君子循理而言，言之利害不存乎心，故言出而必合，雖有不合，要已無媿於中矣，豈復立法而求其必售邪？今非先立法而後說人，既已不知說矣，而況非之所以說秦，蓋求禍之道乎？太史公以李陵之事不合於漢武帝，終身廢辱，是以深悲之歟！

宋朱熹語録：楊道夫曰：「東坡謂商鞅、韓非得老子所以輕天下者，以是敢為殘忍而無疑。」曰：也是這意。要之，只是孟子所謂「楊氏為我，是無君也」。理明後，便讀申、韓書亦有得。術至韓非說難，精密極矣。

宋晁公武郡齋讀書志：韓非喜刑名法術之學，作孤憤、五蠹、説林、説難十餘萬言，書凡五十五篇。其極刻覈無誠悃，謂夫婦父子舉不足相信。而有解老、喻老篇，故太史公以為大要皆原於道德之意。夫老子之言高矣，世皆怪其流裔何至於是。殊不知老子之書，有「將欲歙之，必固張之」及「欲上人者必以言下之，欲先人者必以身後之」等言，是出於詐，此所以一傳而為非歟！

宋高似孫子略：韓子書，往往尚法以神其用，薄仁義，厲刑名，背詩書，課名實，心術辭旨，皆商鞅、李斯治秦之法，而非又欲凌跨之，此始皇之所投合，而李斯之所忌者。非迄坐是為斯所殺，而秦即以亡，故不待始皇之用其言也。説難一篇，殊為切於事情者。惟其切切於求售，是以先為之説而後説於人，亦庶幾萬一焉耳。太史公以其説之難也，固嘗悲之。太史公之所以悲之者，抑亦有所感慨而發者歟！嗚呼，士不遇，視時以趨。使其盡遇，固無足道，而況説難、孤憤之作有如非之不遇者乎！揚雄氏曰：「秦之士賤而拘」，信哉。

宋黄震黄氏日鈔：韓非盡斥堯、舜、湯、武、孔子，而兼取申不害、商鞅法術之説，加深刻焉。至謂妻子亦害己者，而不可信，蓋自謂獨智足舞一世矣。然以疎遠，一旦説人之國，乃欲其主首去貴近，將誰汝容耶？送死秦獄，愚莫與比。然觀其書，猶有足警後世之惑者。方是時，先王道熄，處士横議，往往故為無稽寓言以相戲。彼其為是言者，亦未嘗自謂真有是事也。後世襲取其餘而神之，流俗因信以為真，而異端之説遂至禍天下，奈何韓非之辯具在而不察邪？非之言曰：「白馬非馬，齊稷下之辯士屈焉。及乘白馬之賦而籍之，不見其非白也。蓋虛辭空辯可以勝一國，考實按形不能漫一人。」今人於異端，有嘗核其實者，否耶？非之言曰：「宋人有欲為燕王削棘刺之端為猿母者，必三月齋然後能見，知王之必不能久齋而紿之爾。王乃養之三乘。冶工言王曰：『果然，則其所以削者必小。今臣，冶人也，無以為削。此不然之物也。』因因而問之，果妄，乃殺之。」今人於異端，果嘗有訊其妄者，否耶？鄭人爭年者，謂我與黄帝之兄同年。非能笑之。今異端自謂出於無始之前，其為黄帝之兄甚矣，而人莫不信。趙主父施鉤梯而緣播吾，刻人蹟其上，廣三尺，長五尺，而勒之曰：主父常遊此。非能笑之。今異端往往鑿蹟崖石之巔，其為播吾之蹟愈悖矣，而人反以為神。非之辯誣若此者衆，姑取節焉，以告惑者。

宋王應麟困學紀聞十：韓子曰：「殷之法，刑棄灰於街者，子貢以為重，問之仲尼，仲尼曰：知治之道也。」以商鞅之法為殷法，又託於仲尼，法家侮聖言至此。又「吏者民之本綱也，聖人治吏不治民。」（内儲説右下）斯言不可以韓非廢。

明楊慎升菴集孔明寫申韓書：宋儒論孔明為後主寫申、韓、管子、六韜曰：「孔明不以經子輔導少主，而乃以刑名法術，何也？」唐子西云：「人君不問撥亂守文，要以制略為貴。後主寬厚，襟量有餘，而權略智謀不足，識者咸以為憂。六韜述兵權，多奇計，管子貴輕重，慎權衡，申子覈名實，韓子切事情，施之後主，正中其病。藥無高下，要在對病。萬金良藥，與病不對，亦何補哉！」此言當矣。予又觀古文苑，先主臨終敕後主曰：「申、韓書益人意志，可觀誦之。」三國志載孟孝裕問郤正「太子清尚」，正以虔恭仁恕答之。孝裕曰：「如君所道，皆家門所有耳。吾今所問，欲知其權略智謀何如耳。」然則孝裕之見，蓋與孔明合。而後主之觀申、韓書，亦先主遺命也。獨以是病孔明，不惟不成人之美，亦不識時務矣。

明胡應麟筆叢：余讀韓非書，若孤憤、五蠹、八姦、十過諸篇，亡論文詞瑰瑋，其抉摘隱微，燁如懸鏡，實天下之奇作也。太史悲其作説難，而卒自罹於禍。余以戰國所稱游説之士，若儀、秦、雎、衍之類，率揣摩時事以行其術，外則挾諸侯强大之勢，内則結羣小昵嬖之援，恫疑愢愒，激諷詭隨，故捷如轉圜，而亡弗響應。非之道，乃欲一切劖剔而掃除之，其與從横家言，正如冰炭之反，若之何其弗至於殺其身也？即微斯、賈之譖，秦用非以取天下而相之，亦必不免，商君、吴起是已，夫又何疑焉？

清陳祖范司業文集讀韓非子：吴師道國策校注序云：「世之小人，固有未嘗知是書，而其心術行事無不合者。」吾於韓非子亦云，世主惟昏愚孱弱者則否耳，苟號為英明剛斷者，率其私心，挾數任術，鮮不與非之言暗合。所謂申、韓之學，天資近者，不學而能；天資遠者，學亦不能也。孔明以教後主，究竟何益？徒累孔明致君之方耳。其書有解老篇，故子長以為原於道德之意而合傳之。然豈可同日語哉？為國用老，足以休養生息，用韓則遂亡而已矣。

清梅曾亮柏梘山房文集書韓非傳後：太史公謂韓非「引繩墨，切事情，明是非」，悲其為説難而不能自脱。嗚呼，非之為説難，非之所以死也。夫人君無智愚賢不肖，莫不欲制人而不制於人，測物而不為物所測，然卒為揣摩智士之所中而不能脱其要領者，彼士也陰用其術，而主不知，故因勢而抵其隙。使知有人焉，玩吾於股掌之上，而吾莫之遁，雖無信臣左右之讒，其不能一日容之也決矣。且古今著書立説之士，多出於功成之後，不然，則無意於世，以潛其身。今非方皇皇焉入世之網羅，獨舉世主所忌諱者誦言之，而使吾畏，亦可謂不善藏其用者矣。不然，非之術固後世功名之士所陰挾以結主取濟者，非獨以發其覆而為禍首，豈不悲哉！吾觀老子之書，以柔為剛，以與為取，處萬物所不勝，而視天下不嬰兒處女若，宜有難免於雄猜之世者，然則老子之不知所終，其已智及此哉。

清陳澧東塾讀書記：韓非子引申子云：「上明見，人備之；其不明見，人惑之；其知見，人惑之；不知見，人匿之；其無欲見，人司之；其有欲見，人餌之。故曰吾無從知之，惟無為可以規之。」一曰：申子曰：「慎而言也，人且知女；慎而行也，人且隨女；而有知見也，人且匿女；而無知見也，人且意女；女有知也，人且藏女；無知也，人且行女。故曰惟無為可以規之。」又云：「獨視者謂明，獨聽者謂聰，能獨斷者故可以為天下主。」（外儲説右上）又云：「失之數而求之信則疑矣。」又云：「治不踰官，雖知不言。」（難三）申不害之術於此可見其略矣。其所謂無為者，本於老子，因而欲使人主自專自祕，臣下莫得窺其旨。趙高説秦二世所謂「天子稱朕固不聞聲」，秦之亡由此術也。劉向別錄稱其「尊君卑臣，崇上抑下」，（漢書元帝本紀注引）此説則有利有病，觀於漢、魏以後可見也。史記韓非傳云：「喜刑名法術之學。」集解云：「申子之書號曰術，商鞅之書號曰法，皆曰刑名。」李奇云：韓非兼行申、商之術。」（見漢書武帝本紀注）澧案：韓非云：「申不害言術，而公孫鞅為法。術者，人主之所執也。法者，臣之所師也。此不可一無，皆帝王之具也。」（定法篇）「法者，編著之圖籍，設之於官府，而布之於百姓者也。術者，藏之於胸中，以偶衆端而潛御羣臣者也。故法莫如顯而術不欲見。」（難三篇）「問者曰：主用申子之術，而官行商君之法可乎？對曰：二子之於法術皆未盡善也。申子言治不踰官，雖知弗言。治不踰官，謂之守職也可，知而弗言，則人主尚安假借矣。商君之法曰：斬一首者爵一級，欲為官者為五十石之官，斬二首者爵二級，欲為官者為百石之官。今有法曰斬首者令為醫匠，則屋不成而病不已。夫匠者手巧也，而醫者齊藥也，而以斬首之功為之，則不當其能。今治官者，智能也。今斬首者，勇力之所加。而治者，智能之官，是以斬首之功為醫匠。故曰二子之於法術皆未盡善也。」（定法篇）然則韓非兼申、商之法術而更進焉者也。

清俞樾春在堂文集申韓論：自太史公有申、韓原於道德之説，而宋蘇氏論之曰：「不殺人不足為仁，則殺人不足為不仁。刀鋸斧鉞，何施而不可。」斯言也，如獄吏治獄，鍛鍊周内而已，烏足以服老、莊之徒哉！然則老、莊之為申、韓，其故何也？曰：聖人之治天下，必本於仁義。仁者，天下之所以生。義者，天下之所以成。仁義之道行，而天下之性剛柔皆得其中，婦人女子皆有難犯之容，介胄匹夫皆有可親之色。何者？所以感之者得其平也。老、莊之學，一死生，齊物我，舉天下之大，而歸之空虚。充其意，君臣父子之名可以不立，禮樂刑政可以不設，善可以無賞，惡可以無罰，天下之治亂可以不知，相與以無事為安而已矣。嗟夫，後世之天下，能遂如大庭、庸成之世乎？不能也。有國家者，不幸而用其説，法敝而不知修，事廢而不知舉，天下靡然不可為矣。大風之起也，行乎空中而已。一遇崇山峻嶺遏之而使回，則走巨石，摧叢柯，扶摇乎數十里之外，未盡其怒也。水之注而東也，渾渾浩浩而已。一遇危磯險陝折之而使回，則潰隄防，毁城郭，奔騰乎數百里之外，未盡其怒也。天下之勢，無異於此。老、莊之説用於天下，則所以感之者，豈得其平哉！智久不用，人有餘智，勇久不用，人有餘勇。鬱之也深，畜之也固，其發之也愈烈，而申、韓之徒出其間矣。吾觀漢初曹參用蓋公言，清静無為，文、景因之，而閭閻富溢，無復限制，武、宣之世，乃復尚嚴。夫文、景之後，不能不為武、宣，則知老、莊之後，不能不為申、韓也。史公之論，其以此發歟！彼蘇氏者，固未得其恉也。

清吴汝綸文集讀韓非子：太史公傳周末諸子，皆不載所為書，以為世多有，故不論也。及為韓非傳，獨取說難著於篇。或曰以非之智而不自脫於秦，子長蓋深傷之。余謂不然。非之咎，在好持高論，實不能行其所言。而說難則本誦師說，非其自作，故背棄尤甚。卒所以不能自脫者，其本不足也，非烏得為智士哉！當戰國之世，諸子紛紛著書干世，其言各有指要。及考其行事，往往不合。太史公病之，故於孫吳傳見其義，曰：「能言者未必能行，然亦未有言行相背如韓非之於說難者。」非為說難有曰：「周澤未渥，而語極知者，身危。」又曰：「辭言無所擊排。」今非初見秦，遂歷詆謀臣不忠，雖意主於存韓，而說則疏矣。至進退人才，尤不宜輕易干與。非一韓客耳，奈何沮姚賈上卿之封？此非說難所稱宋人壞牆之說耶！其卒不自脫，蓋其術有以取之。嗚呼，其亦不智甚矣。不然，秦王始見非書，恨不與遊，及非來，且欲大用。何為聽李斯、姚賈一言，遽欲殺非哉！夫說難之指，類有智術者之言。由其道足以自全於亂世，固明哲保身之君子也，何非之所為如此？余嘗求其說不得，及讀孫卿非相篇，有所謂「凡說之難，以至高遇至卑，以至治接至亂，未可直至」云云者，然後深明其故。蓋非嘗受學孫卿，後雖大變其師之術，而猶掇拾緒言以自佐其論議。孫卿遺春申書，見於戰國策，今荀子無此篇，而非書有之。然則非書之本於孫卿者，蓋亦夥矣。說難之作，則其誦師說而為之者也。第孫卿言略，非乃就而衍之，加詳密耳。然亦豈知言愈詳密，而愈不能自用哉！非他篇多切究情狀，窮極事類物態。持論之高，當時李斯已自謂不及。然由說難推之，使非得志，亦必不能自行其言無疑也。嗚呼，此太史公所為獨著說難以見義歟！獨是非為說難，雖本誦師說，使不出而說秦，人亦未知其智術短淺如此。世之閉户著書，以立言自期許，幸而身廢不用，無由自暴其短者，蓋亦不可勝道矣。若非者，其亦不幸矣夫。

章炳麟國故論衡原道：凡周、秦解故之書，今多亡佚，諸子尤寡。韓子獨有解老、喻老二篇，後有説老子者，宜據韓非為大傳，而疏通證明之，其賢於王輔嗣遠矣。韓非他篇亦多言術，由其所習不純，然解老、喻老未嘗雜以異説，蓋其所得深矣。

韓非雖解老，然佗篇娓娓以臨政為齊，反於政必黜，故有六反之訓，五蠹之詬。夫曰：「斬敵者受賞，而高慈惠之行；拔城者受爵禄，而信廉愛之説；堅甲厲兵以備難，而美薦紳之飾；富國以農，距敵恃卒，而貴文學之士；廢敬上畏法之民，而養游俠私劍之屬。舉行如此，治强不可得也。」（五蠹）然不悟政之所行，與俗之所貴，道固相乏。所賞者當在彼，所貴者當在此。今無慈惠廉愛，則民為虎狼也；無文學，則士為牛馬也。有虎狼之民，牛馬之士，國雖治，政雖理，其民不人。世之有人也，固先於國。且建國以為人乎？將人者為國之虚名役也？韓非有見於國，無見於人；有見於羣，無見於孑。政之弊，以衆暴寡，誅巖穴之士；法之弊，以愚割智，「無書簡之文，以法為教，無先王之語，以吏為師。」（五蠹）今夫「有形之類，大必起於小；行久之物，族必起於少」，（喻老）韓非之所知也。衆所不類，其終足以立烝民蓬艾之閒，有陶鑄堯、舜者，故衆暴寡非也。其有回遹亂常，與衆不適者，法令所不能治，治之益甚。民以情偽相攻，即自敗。故老子曰：「常有司殺者殺。夫代司殺者殺，是謂代大匠斲。」韓非雖賢，猶不悟。且韓非言大體，固曰「不引繩之外，不推繩之内，不急法之外，不緩法之内」

矣。（大體）明行法不足具得姦邪，貞廉之行可賤耶？「不逆天理，不傷情性。」（大體）人之求智慧辯察者情性也，文學之業可絶耶？「榮辱之責，在於己，不在於人。」（大體）匹夫之行可抑耶？莊周明老聃意而和之以齊物，推萬類之異情，以為無正味正色，以其相伐，使並行而不害，其道在分異政俗，無令干位。故曰得其環中，以應無窮者，各適其欲，以流解說；各修其行，以為工宰；各致其心，以效微妙而已矣。政之所具，不過經令；法之所禁，不過姦害。能說諸心，能研諸慮，以成天下之亹亹者，非政之所與也。采藥以為食，鑿山以為宮，身無室家農圃之役，升斗之税不上於王府，雖不臣天子，不耦羣衆，非法之所禁。版法格令，不得剟一字也，操奇説者能非之，不以非之剟其法，不以尊法罪其非。君臣上下六親之際，雅俗所守，治眇論者所駁也。守之者不為變，駁之者無所刑。國有群職，王公以出治，師以式民，儒以通古今，會文理。百工以審曲面埶，立均出度，其權異，其尊不異。地有九州，賦不齊上下，音不齊清濁，用不齊器械，居不齊宫室，其樞同，其取予不同，皆無使相干也。夫是之謂大清明，夫是之謂天下之至柔馳騁天下之至堅。法家者，削小老氏以為省能，令其國稱妧，而不能與之為人。黨得莊生緒言以自飭省，賞罰不厭一，奸惡不厭岐，一者以為羣衆，岐者以優匹士，因道全法，則君子樂而大姦止。

陳奇猷韓非與老子：有人說，老子以無為為治，韓非以法治，兩家的學說是不相干的。然而韓非子書中有解老、喻老兩篇專釋老子之文。於是有些學者認為解老、喻老不出於韓非之手。例如容肇祖以為

「黄老或道家言混入於韓非子書中者」(詳其所著韓非子考證)。但是，如果我們深入探索，不難發現韓非的思想實際上是從老子脱胎而來，其法治是為了要造成「無為之治」而採取的手段，解老、喻老是為了發揮他的思想而作。

先從老子的理想社會説起。老子第八十章：「小國寡民。使有什伯之器而不用，使民重死而不遠徙，雖有舟輿無所乘之，雖有甲兵無所陳之，使人復結繩而用之，甘其食，美其服，安其居，樂其俗，鄰國相望，鷄犬之聲相聞，民至老死不相往來。」這是老子的理想社會，可以説是一個「無為」的社會。至於韓非的理想社會，在韓非子大體篇有比較詳細的描述。大體篇有言：「至安之世，車馬不疲弊於遠路，旌旗不亂於大澤，萬民不失命於寇戎，雄駿不創壽於旗幢，豪傑不著名於圖書，不録功於盤盂，記年之牒空虛。」這是説至安之世没有戰爭，與老子「雖有甲兵無所陳之」同一旨趣。「旌旗不亂於大澤」是指由君主指揮的大型狩獵。古代這種狩獵實際是閲兵。閲兵是戰爭的準備，所以「旌旗不亂於大澤」也是没有戰爭之意。有度篇説：「民不越鄉而交，無百里之戚」，這與老子「鄰國相望，鷄犬之聲相聞，民至老死不相往來」相互隔絶的社會也很接近。既無戰爭，民又不越鄉而交，那麽，也就不需要舟輿，也就是老子所説「雖有舟輿無所乘之」。解老篇説：「治民事務本則淫奢止。民不以馬遠淫通物，所積力唯田疇」，既不通物，無物以供淫奢，淫奢自然停止。淫奢之物，也就是老子所説「什伯之器」。既無淫奢之物，也就無所謂「雖有什伯之器而不用」了。再説，老子所説「使人復結繩而用之」。據易繫辭下説「上古結繩而治」，集解引九家易説「古者無文字，其有約誓之事，事大大其繩，事小小其繩，結之多少，隨物衆寡，各執以相考」，可知結繩是用來記事的。韓非説「記年之牒空虛」，也就是無事可記。既然無事可記，結繩也就不需要了。如此説來，韓非比老子更進一步，即結繩也可不用。老子説「使人甘其食，美其服，安其居，樂其俗」，韓非也有類似的言論，詳後。總上所作的比較，韓非的理想社會與老子差不多，也可以説韓非的理想社會是脱胎於老子的「無為」社會的設想。

老子通過什麼途徑來達到他的理想社會呢？曰「無為」。他的想法是，大家都無為，欺詐没有了，搶劫没有了，戰争没有了，一切都平静了，他的理想社會也就出現了，所以老子説「無為而無不為」（第四十八章）。韓非也是如此。他鼓吹君臣上下無為。君臣上下都無為就可以達到他的理想社會了。主道篇説：「明君無為於上，羣臣悚懼乎下」，揚權篇説：「虛静無為，道之情也」，又説：「物者有所宜，材者有所施，各處其宜，故上下無為」，大體篇説：「上下交樸，以道為舍，治之至也。」治之至，也就是他所冀求的理想社會，也就是「無為」的社會。然而，要人人都自覺地無為是困難的，可以説是做不到的。你「無為」，而個别的人却要「為」，怎麽辦？雖然老子也説了些開導人而使人走向無為的話，如「五色令人目盲，五音令人耳聾，五味令人口爽，馳騁畋獵令人心發狂，難得之貨令人行妨」（第十二章），然而不少人是頂不住五色、五音、五味等的誘惑，想方設法去攫取它，於是就「為」起來了。老子叫統治者「不貴難得之貨，使民不為盜，常使民無知無欲」（第三章），物以稀為貴，難得之貨稀少，他的市場價值自然高貴，不由得統治者使人不貴。「欲」是人的天性，也不由得統治者使之無。所以老子這樣叫也無濟於事。當然，我們不否認有部分覺悟高的人會自覺地無為、自覺地節欲，可是有不少人做不到。韓非有見於此，於是他提出以法為治，用法治使人無為。他在有度篇說：「以法治國，舉措而已矣。矯上之失，詰下之邪，治亂決繆，絀羨齊非，一民之軌，莫如法。明主使其羣臣不游意於法之外，不為惠於法之內，動無非法。」失、邪、亂、繆、羨、非，都是違法的。總的來說，凡是舉動在法之外或法之内都是違法，也就是「為」。相對來說，一舉一動都依法而行（動無非法）就是「無為」。法要峻，罰要重，以嚴刑重罰來迫使人「無為」。守道篇說：「古之善守者，以其所重禁其所輕，以其所難止其所易，故君子與小人俱正，盜跖與曾、史俱廉。禁賁、育之所不能犯，守盜跖之所不能取，則暴者守愿，邪者反正。大勇愿，巨盜貞，則天下公平，而齊民之情正矣。」六反篇也說：「重一姦之罪而止境內之邪，此所以為治也。重罪者，盜賊也；而悼懼者，良民也。欲治者奚疑於重刑？」韓非的這些言論都表明了他要用嚴刑重罰來迫使人不敢犯法，也就是使人不敢「為」。這就做到了老子所冀求的「使夫智者不敢為」（第三章）的願望。從上所論，可以說，老子是「無為為治」的始倡者，而韓非則是推行「無為為治」的具體策劃者，從法治（包括輔助法治的「術」與「勢」）逐漸到達「無為」的理想社會。司馬遷說「韓非喜刑名法術之學，而其歸本於黄老」（史記韓非傳），這話十分中肯。

老子說：「使人甘其食，美其服，安其居，樂其俗。」（見上）這樣説來，老子不是叫人絶對的無為，而是相對的無為，衣食居住等最低限度的生活資料還是要追求的（為）。韓非也說：「人無毛羽，不衣則不犯寒；上不屬天下不著地，以腸胃為根本，不食則不能活。是以不免於慾利之心。慾利之心不除，其身之憂也。故聖人衣足以犯寒，食足以充虛，則不憂矣。」（解老）韓非承認人有欲利之心，所以要

「為」，但是「為」的限度是「衣足以犯寒，食足以充虛」。這點與老子是一致的。然而，韓非注意到：衣食足仍不可以為治。他說：「老聃有言『知足不辱，知止不殆』，夫以殆辱之故而不求於足之外者老聃也。今以為足民可以為治，是以民為皆如老聃也」，民不可能皆如老聃，所以「則雖足民，何可以為治？」（六反篇）因此，韓非認為衣食足之外還要「因人情」。八經篇說：「凡治天下，必因人情」，又說：「人情者，有好惡。」難二篇說：「好利惡害，夫人之所有也」，制分篇說：「民者，好利祿而惡刑罰」，解老篇說：「人莫不欲富貴長壽。」人民怎樣來求得富貴呢？韓非說：「明主之治國也，使民以力得富，以事致貴。」（六反篇）這就可知韓非把可「為」的範圍擴大了，人民在追求衣食之外還可以追求富貴。但是，不管追求衣食也罷，追求富貴也罷，都要合於法，即「動無非法」。臣民都「動無非法」，在法之外、內都不為。君主依法而行賞罰，無需動腦筋，「人主甘服於玉堂之中，而無瞋目切齒傾取之患；人臣垂拱於金城之內，而無扼腕聚脣嗟唶之禍」（守道篇），這就是韓非用法治的力量造成無為之治的理想社會。

韓非與老子的最終目的都是要造成一個「無為」的社會。這一共通點把韓非拉到老子的陣營中去，所以老子的很多話可以與韓非的思想聯繫。因此，韓非作解老、喻老，用他的意向解說老子的話以為他法治的張本。舉例來說：

（一）老子第一章「道可道，非常道」。對第一個「道」字，韓非認為就是「術」。他著有主道、守道篇，都是說人主必須執守的用以治國的、駕御臣下之術。主道篇說：「道者，萬物之始，是非之紀也。是以明君守始以知萬物之源，治紀以知善敗之端」，這幾句話就明白提出了君主必須「守始」「治紀」，也就是要遵守「道」，可知「道」就是君主之「術」。主道篇說：「道在不可見，用在不可知」，難三篇說：「人主之大物，非法則術也。法者，編著之圖籍，設之於官府而布之於百姓者也。術者，藏之於胸中，以偶衆端而潛御羣臣者也。故法莫如顯，而術不欲見。」「道在不可見」與「術不欲見」相對應，更顯示出韓非所謂「道」即是「術」。當然，這是韓非從法治的角度來解釋「道」，老子是否有此意？很難說。

以「道」即「術」解老子「道可道，非常道」，就是說「術可以說得出來，但是說得出來的術不是永恒的術」。韓非子中有七術篇（即内儲説上篇）説「主之所用也七術」，全篇詳說此七種術的内涵。此七術就是可以說得出來的術。然而，解老篇說：「萬物各異理，而道盡稽萬物之理，故不得不化。不得不化，故無常操」，又說：「凡道之情，不制不形，柔弱隨時，與理相應。」既然術之情要柔弱隨時，與理相應，當然不得不變化，所以說得出來的術不是永恒不變的術了。解老篇有一段話說得更明白：「凡理者，方圓、短長、粗靡、堅脆之分也，故定理有存亡，有死生，有盛衰。夫物之一存一亡，乍死乍生，初盛而後衰者不可謂常。唯夫與天地之剖判也具生，至天地之消散也不死不衰者謂常。而常者，無攸易，無定理，無定理非在於常所，是以不可道也。聖人觀其玄虛，用其周行，强字之曰道，然而可論，故曰道可道，非常道也。」但是，要注意，韓非子中不是所有的「道」都是指「術」，有些「道」字是要作別解的，如大體篇「以道為舍」的「道」是指「法」而不是指「術」即其例。這就要讀者仔細辨明了。

（二）老子第三十八章「上仁為之而無以為」。韓非子解老篇有解說：「仁者謂其中心欣然愛人也，其喜人之有福，而惡人之有禍也，生心之所不能已也，非求其報也，故曰上仁爲之而無以爲也。」「以」字讀如左傳定十年「封疆社稷是以」之「以」，杜注「以猶爲（去聲）也」。這就是説，仁是愛人，但這種愛人是中心自然而然發出來的，不爲（去聲）任何報酬而爲之，這就是「上仁」，所以説，上仁爲之，但是無所爲（去聲）而爲之。老子之本義是否如此？不敢説。老子之本義是否也以「以」爲「爲（去聲）」，也難確定。顯然，韓非是從法治的角度來説明此文的。他説，仁是愛人，愛人就是「喜人之有福，而惡人之有禍」，福是指立功受賞，禍是指犯法受罰。站在法治的立場上，當然是希望人都立功而不犯法，所以「喜人有福，惡人有禍」是「生心所不能已也」。受賞、受罰都是由法來裁定，不是由君主來决定，大體篇説得很明白：「禍福生乎道法，而不出乎（君主的）愛惡」，臣下所受的禍福與君主無關，所以「以罪受誅，人不怨上；以功受賞，臣不德君」（外儲説左下篇）。「不德君」就是不感激君主。不感激君主，當然談不上「報答」。所以「喜人有福，惡人有禍」不是冀求其對自己有所「報答」，是爲之無所爲（去聲）而爲之。韓非這樣來説明「上仁爲之而無以爲」，老子是否同意？無法探明了。「上仁」的下句爲「上義爲之而有以爲」，韓非子解老篇也有解説：「義者，君臣上下之事，父子貴賤之差也，知交朋友之接也，親疏内外之分也。臣事君宜，下懷上宜，子事父宜，賤敬貴宜，知交朋友之相助也宜，親者内而疏者外宜。義者，謂其宜也。宜而爲之，故曰上義爲之而有以爲也。」義是要「爲」，但所爲要宜於君、宜於父、宜於知交朋友之相助等等，皆是有所爲（去聲）而爲，故曰「爲之而有以爲（去聲）」。這也是韓非站在法治的立場上所作的解説，爲的是用老子的這句話來闡明「正君臣上下之分、尊主卑臣、明分職、不得相踰越」(司馬談論六家要旨論法家之語),一切都要以「宜」為宗旨。例如「知友被辱隨仇者」(五蠹篇)是不宜。老子本義如何?難以考定。

(三) 韓非子喻老篇說:「制在已曰重,不離位曰静。重則能使輕,静則能使躁。故曰『重為輕根,静為躁君』。故曰『君子終日行不離輜重』。邦者,人君之輜重也。主父生傳其邦,此離其輜重者也,故雖有代、雲中之樂,超然已無趙矣。主父,萬乘之主,而身輕於天下。無勢之謂輕,離位之謂躁,是以生幽而死。故曰:『輕則失根,躁則失君』,主父之謂也。」這是韓非引史事來說明老子第二十六章「重為輕根,静為躁君,是以聖人終日行不離輜重。雖有榮觀,燕處超然,奈何萬乘之主而以身輕天下?輕則失根,躁則失君」之文。據史記趙世家:趙武靈王二十七年傳國於王子何,是為惠文王,惠文王四年,公子成等圍主父,主父餓死沙丘宫。輜重比喻勢位。主父失去勢位,生幽而死,所以君子要終日行不離輜重。韓非是以法、術、勢三者並用為治的,所以很重視勢位。功名篇說:「夫有材而無勢,雖賢不能制不肖。故立尺材於高山之上,則臨千仞之谿,材非加長也,位高也。桀為天子,能制天下,非賢也,勢重也。堯為匹夫,不能治三家,非不肖也,位卑也。千鈞得船則浮,錙銖失船則沈,非千鈞輕錙銖重也,有勢之與無勢也。故短之臨高也以位,不肖之制賢也以勢。人主者,天下一力以共載之,故安;衆同心以共立之,故尊。」此是韓非對勢位的重要性的説明。喻老此文既解説老子文義,又借老子之文來喚醒君主必須鞏固勢位。但是老子本義如何?輜重是否比喻勢位?都難於確定。

(四) 不過,我們深入研究一下解老、喻老,其中有些解説顯然是穿鑿傅會,如解老篇説:「人希見生象也，而得死象之骨，案其圖以想其生也，故諸人之所以意想者皆謂之象也。今道雖不可得聞見，聖人執其見功以處見其形，故曰無狀之狀，無物之象。」「無狀之狀，無物之象」二語見老子第十四章。其意義很明顯，是說，道是没有形狀的形狀，没有實體的物象，不是什麽「意想者謂之象」。韓非所説，純屬傅會。韓非是利用老子此二語説明君道既没有形狀，也没有實體，要君主站在一定的基礎（死象之骨）上去意想，做到「柔弱隨時，與理相應」（見上文）。説明白點，要在「七術」的基礎上意想出適宜的措施。這與老子原文鑿枘鉏鋙，不相和調也。

今僅舉此數例，其他各節，讀者可詳審之。

綜上所論，可知韓非與老子在思想上有相連之處，研究思想史者不可忽視。至於韓非解老，當然是站在法家的立場上、用法家的語言來解釋，這是無疑的。但是韓非距老子不遠，比我們要早二千多年，較瞭解老子本義，所以韓非的解老、喻老是研究老子者十分重要的參考資料。有些字義的解説很值得注意，如老子第五十八章「方而不割，廉而不劌」的「方」字「廉」字，解老篇説：「所謂方者，内外相應也，言行相稱也」，「所謂廉者，必生死之命也，輕恬資財也」，這不是尋常的訓詁，可能是相傳下來的解説，即來自師承。

最後，我提出一個校勘的問題作為本文的結束。上文所引老子第二十六章「雖有榮觀，燕處超然，奈何萬乘之主而以身輕天下」，韓非説「故雖有代、雲中之樂，超然已無趙矣」。韓非把老子「超然」二字屬下讀，是不是韓非所見老子與今本不同？或者，是不是今本韓非子「超然」上下有脱文，當作「燕處超然，□□已無趙矣」？所脱又是什麽字？疑莫能明，敬請方家指教！

（此文載香港道教學院主辦、陳鼓應主編道家文化研究第六輯、一九九五年六月上海古籍出版社出版。）

十、韓非子新校注引用諸家校説列目

凡諸家校説直書「某人曰」者列其名及著作，其説為他人引用者不列。

鮑　彪　戰國策注
王應麟　困學紀聞　漢藝文志考證
張　淏　雲谷雜記
吴師道　戰國策補注
何　犿　何犿校韓非子
楊　慎　楊升庵外集
趙用賢　趙刻韓非子
張　榜　張刻韓非子
焦　竑　焦氏筆乘
門無子　韓子迂評

黄　生　義府

顧炎武　日知録

盧文弨　羣書拾補

錢大昕　潛研堂文集

段玉裁　説文解字注

桂　馥　札樸

梁同書　日貫齋塗説(見頻羅庵遺集卷十五)

孫志祖　讀書脞録

王朝渠　艾學閒譚

王念孫　讀書雜志

洪亮吉　曉讀書齋雜録

梁玉繩　瞥記

李賡芸　炳燭篇

牟　庭　雪泥書屋雜志

惲　敬　大雲山房雜記

曾廷枚　香墅漫鈔　續鈔

張　琦　戰國策釋地

黄丕烈　札記

洪頤煊　讀書叢録

王引之　經義述聞　讀書雜志餘編引　經傳釋詞

周中孚　鄭堂札記

王　渭　顧氏韓非子識誤引

顧廣圻　韓非子識誤

俞正燮　癸巳存稿　補遺

張文虎　舒藝室隨筆

王端履　重論文齋筆録

劉　堅　修潔齋閒筆

陳詩庭　讀書證疑

吴巨禮　辯僞一得

陳　澧　東塾讀書記

蘇時學　爻山筆話

蔣超伯　南漘楛語　窺豹集

郭嵩燾　養知書屋文集
俞　樾　諸子平議
吴汝綸　韓非子點勘
陶憲曾　靈華館叢稿
陶紹曾　微庵掌録
孫詒讓　札迻
李　詳　媿生叢録
陶鴻慶　讀諸子札記
董桂新　讀書偶筆
皮錫瑞　師伏堂筆記　經學歷史
王先謙　王先慎韓非子集解引　荀子集解
王先慎　韓非子集解
劉師培　韓非子斠補　古書疑義舉例補
尹桐陽　韓非子新釋
梁啟超　韓非子顯學篇釋義　要籍解題及其讀法
齊燕銘　論衡札記（稿本）

章太炎　膏蘭室札記
高閬仙（步瀛）師　問難所記
沈錫胙　批孫仲容札迻書眉手稿
朱少濱（師轍）師　商君書解詁
楊樹達　積微居讀書記（北平北海圖月刊第二卷）
王佩諍　流碧精舍談藝璅録（稿本）
王蘧常　諸子學派要詮
孫蜀丞（人和）師　韓非子舉正（稿本）
馬叙倫　古書疑義舉例校録
劉文典　三餘札記
于思泊（省吾）師　雙劍誃諸子新證
孫子書（楷第）師　讀韓非子札記（北平圖刊第三卷、九卷）
高　亨　韓非子補箋（武漢大學文哲季刊第二、三、四期）
朱起鳳　辭通
王振鐸　指南車之車制模型説（大公報史地周刊一一六期）
容肇祖　韓非子考證

王斯睿　慎子校注

蔣錫昌　老子校詁

陳祖釐　韓非子别傳（光華大學半月刊二卷四期）

傅佛崖　校讀韓非子初稿

裴學海　古書虚字集釋

唐敬杲　韓非子選注

黄　暉　論衡校釋

陳千鈞　韓非子書考（學術世界一卷一期）　韓非子新傳（同上第二期）

梁啟雄　韓非子淺解

南京韓非子校注組　韓非子校注

李葆瑞　怎樣運用音韻學知識從事校勘（東北大學古籍整理研究學刊一九八六年第三期）

以下日人校説

物双松　讀韓非子

津田鳳卿　韓非子解詁

松皐圓　定本韓非子纂聞

太田方　韓非子翼毳

安井衡　管子纂詁

藤澤南岳　評釋韓非子全書

松平康國　韓非子國字解

興文社　韓非子講義(日文)

《中華要籍集釋叢書》已出書目

論語彙校集釋(全二册)　黄懷信主撰　周海生、孔德立参撰

文子校釋　［戰國］文子著　李定生、徐慧君校釋

墨子集詁(全二册)　王焕鑣撰

公孫龍子校釋　［戰國］公孫龍著　吴毓江校釋　吴興宇標點

荀子校釋(全二册)　［戰國］荀況著　王天海校釋

韓非子新校注(全二册)　［戰國］韓非著　陳奇猷校注

韓非子校疏(全二册)　張覺撰

吕氏春秋新校釋(全二册)　［戰國］吕不韋著　陳奇猷校釋

逸周書彙校集注(修訂本)(全二册)　黄懷信、張懋鎔、田旭東撰　黄懷信修訂　李學勤審定

易林彙校集注(全三册)　［舊題漢］焦延壽撰　徐傳武、胡真校點集注

老子指歸校箋　［漢］嚴遵撰　樊波成校箋

戰國策箋證(全二册)　［西漢］劉向集録　范祥雍箋證　范邦瑾協校

論衡校注　［漢］王充著　張宗祥校注　鄭紹昌標點

金匱要略校注集解　［漢］張仲景著　劉藹韻校注

世説新語彙校集注　［南朝宋］劉義慶撰　［梁］劉孝標注　朱鑄禹彙校集注